Bibliotheca Anatomica

Albrecht von Haller

BIBLIOTHECA
ANATOMICA.

QUA

SCRIPTA AD ANATOMEN ET PHYSIOLOGIAM
FACIENTIA A RERUM INITIIS RECENSENTUR.

AUCTORE

ALBERTO von HALLER

DOMINO IN GOUMOENS LE JUX ET ECLAGNENS.
PRÆSIDE SOCIETATIS REGIÆ GOETTINGENSIS; PRÆSIDE SOCIETATIS OICONOMICÆ BERNENSIS; SODALI ACADEMIÆ REGIÆ SCIENTIARUM PARISINÆ; ACADEMIÆ REGIÆ CHIRURGORUM PARIS. ACADEMIÆ IMP. NAT. CUR. BORUSS. SUEC. BONON. ARCADICÆ; SOCC. REG. BRIT. BATAVICÆ, BOT. FLOR. BAVARICÆ, HELVETICÆ. COLL. MED. EDINBURGENSIUM.
IN SUPREMO SENATU REIP. BERNENSIS DUCENTUM VIRO.

TOMUS I.

AD ANNUM MDCC.

LUGDUNI BATAVORUM, ex OFFICINA HAAKIANA
MDCCLXXIV.

PRÆFATIO.

Hanc *Bibliothecæ Medicæ* partem anno 1770. vertente absolvi, neque mora, quam passa est, ei detrimento fuit: per eam enim factum est, ut quæ accessiones passim mihi obtigerunt, eas fere omnes, ipsum in opus inferre licuerit. Scopus idem mihi fuit, qui in Botanica parte, tantum ut aliquanto uberius peculiares cujusque scriptoris adnotationes & inventa propria recensuerim. Disputationum & minorum libellorum lætior fuit seges, quæ potius ubertate peccaret minutiarum: neque tamen sustinui omittere, quæ anatomici aut physiologici essent

essent argumenti, cum in iis, quos non vidi, libellis aliqua possint utilia latere posterisque profutura.

Quæ de anima ejusque facultatibus scripta sunt, ea non tota repudiavi, tamen ut in iis parcior essem, neque enim infinitum illum philosophorum & metaphysicorum exercitum putavi huic Bibliothecæ recte immisceri. Peccavi forte, quod admiserim aliqua; peccavi quod non omnia: mediocritatem enim aliquam secutus, fere ea recensui, quorum mihi copia esset, aut quæ alioquin publicas laudes meruissent. In chemicis præverti hactenus partem Bibliothecæ ultimam, quod ea experimenta non potuerim omittere, quæ faciunt ad humores animalis corporis. Ita de animalium historia aliqua præmisi, si quando ad partes animalis, adve ejus fetus, tempora partus, lac, aut humores aliqua utilia docerentur. Ita fiet, ut subinde aliqua repetantur: verum id vitium minus existimavi, quam foret negligentia librorum ad physiologiam utilium.

Non exiguam partem librorum ad rem anatomicam spectantium me fugisse minime dissimulo, qui dudum conquestus sim de mea paupertate. In urbe modica, destitutus Bibliothecarum publicarum auxilio, vix habui præter meam, non amplissiplissimam suppellectilem, unde de libris certa judicia haurirem. Titulos coactus sum passim ex catalogis sumere, neque in eo studio vitia possunt evitari. In Hispanicis libris subvenit mihi amplus catalogus a Viro Ill. Antonio Cap de Villa mecum communicatus; de aliis gentibus video exilia mihi fuisse præsidia. Quare facile erit his addere: & si aliqua in hoc opere est utilitas, non adeo in plena ubertate fuerit, quam quidem in judiciorum ingenuitate, quæ vehementer studui, ut adfectu pura, rem ipsam absque fuco repræsentarent, tantum ut mitiori sententiæ etiam hic, & in superstitibus præsertim Scriptoribus, lubens indulserim.

Debilis valetudo crebrique morbi intercesserunt, ne possem ubique accuratam curam emendandis vitiis adhibere, cum sæpe mihi in lecto, omni librorum usu destituto hac emendatione necesse fuerit defungi. Ita factum est, ut Antonii Meniot opuscula demum ad annum posthumæ editionis recenseantur, quæ oportuisset ad annum 1662. dici, quo prima dissertatio Cl. viri prodiit; neque dubito quin alia ejusmodi vitia irrepserint.

Hac opportunitate propero, ut aliquos in *Bibliotheca Botanica* commissos errores indicem, & castigem. In Asseleri

viri

viridario Adriatico fraudi fuit mihi *viridarii* titulus: nihil enim omnino in eo libello argumenti est Botanici, ut sero nimis libellum inutilem nactus, invitus comperi.

Ita neque in BEDÆ opere, quod citavi, quidquam est botanici.

In eadem *Bibl.* inque T. I. l. penult. lege PAUL ÆGIN. quam vocem typographus corrupit, ut BREG legatur.

Antonium de SGOBBIS legere oportet T. I. p. 356.

Cl. ERXLEBEN fragmenta methodi naturalis recensuit, non OEDERI classes; sic vero sonabant voces Cl. viri, ut facillimum legenti fuerit in errorem incidere. Exscripsisse OEDERUM non dixi.

In LINNÆUM (*) non fui injurius. Scripsit vir ILL. primo anno folia, altero bracteas, tertio perianthium, quarto petala, quinto stamina, sexto pistillum nasci. Monui eam annorum successionem locum habere non posse, cum hæ omnes plantæ partes in herbis aut primo anno, aut certe se-

cundo,

(*) In *Amœnit. Acad.* p. 328. 330. 332. 334. 336. 337.

cundo, in arboribus etiam, perficis potiſſimum, dudum ante ſextum annum perficiantur.

Vitia indicis typographica numeroſa video, inter ea eſt Jacobi Basteri nomen, quod in ipſo opere recte ſcripſi.

Errores nemo vitavit unquam, in longo opere etiam minus, in quo neceſſe ſit aliis fidem adhibere, neque poſſis Tuis oculis ubique uti. Id eſt cavendum, ne malignitas, aut vitioſa voluntas, unquam nos a veri tramite abducat.

Sed neque mihi id ſtudium, is præcipuus mei laboris ſcopus fuit, quod vulgo Bibliographiam vocant, ut accurate editiones inveſtigentur, comparentur, externæ illæ in mole, in typo, in annis notæ definiantur. Non repudio hanc curioſitatem, exigua tamen ejus mihi quidem utilitas videtur. Finis mihi fuit oſtendere, quid quivis auctorum ſibi propriæ haberet laudis, quid rectius vidiſſet, quid primus. Denique ut aliquem eorum guſtum darem, quæ poſſent ab eo libro exſpectari. Bibliographia multo uberiorem poſtulaſſet Bibliothecam. Ego me in iis continui, quæ ipſe poſſem præſtare meos per labores. Quos non ipſe legi, eos ſcriptores dimiſi abſque ullo lo indicio eorum, quæ haberent propria, nisi quod nonnunquam Cl. PORTALII indicatione sim usus, quem citare nunquam neglexi, & cujus nupera volumina auctario materiem subpeditabunt, quæ necdum acceperim.

Lente hic primus Tomus prodiit, aliquanto ut spero expeditius alter, qui totus ad prelum paratus sit.

Ita vale LECTOR benevole, & in sene medios inter dolores scribente, interque insomnes noctes, humanus vitia excusa, quæ vitare non licuerit. Errores typographici alteri Tomo subjungentur.

Bernæ, die 23. Mart. 1774.

BIBLIO-

BIBLIOTHECA ANATOMICA.

LIBER I.

GRÆCI.

§. I. *Primordia Anatomes.*

Non perinde antiquam fuisse Anatomen, ut quidem herbarum fuit peritia, ex ipsa re manifestum est. Interiora animalium nondum homini perspecta fuerunt, quam diu inermis & instrumentis destitutus neque feras bestias devicit, ut in cibum verteret, neque domestica animalia suo imperio subjecit, quæ mactaret, ut eum fames juberet & necessitas. Subito vero neque arcus inveniri potuit, qui omnium primævos mores retinentium gentium commune est præsidium: & si lapidibus aliquando feras homo superavit, non ideo cruentis manibus eas lacerasse videtur, antequam cultri, certe lapidei, inventi fuissent. Alias etiam ostendi, serius domesticorum animalium servitutem inventam esse, multoque minus late per barbaras gentes patere.

Prima adeo Anatomes incunabula in ea tempora pono, in quibus armatus homo devictarum ferarum carnibus ad cibum usus est: alteram periodum, quando cicurata animalia in alimentum convertit. Nihil hic certi est, sed primævæ gentes parcæ fuerunt in animalibus mactandis, aque laniena vetustissima illa artium mater Ægyptus tota aversa fuit. Extat etiam in PORPHYRIO testimonium, PYGMALIONIS demum ævo primum mortalem carnes victimarum casu degustasse, eum tamquam impium a PYGMALIONE de rupe esse præcipitatum, tum alterum qui in sacerdotio ei successisset (*a*): veteres Græcos nullum animal occidisse (*b*). Primum a SOPATRO bovem esse occisum, quod

(a) L. IV.
(b) Ibidem.

quod ſacra libamina corrupiſſet (*c*), prima animalia ab HYPERBIO Martis filio mactata (*d*). Sed carnis porro dulcedine captos homines contra ſeveriſſimas leges crudelibus deliciis indulſiſſe idem addit PORPHYRIUS. In S. S. poſt diluvium primum exemplum mactati animalis in ABRAHAMI vita reperitur, ut tamen rem eo ævo non novam fuiſſe facile ex ipſo ſacri ſcriptoris ſermone perſpicias. Antiquiſſima equidem ſacrificia fuerunt, intra primum ab orbe condito ſeculum. Verum nihil indicat de ea victima hominem ſibi quidquam adrogaſſe, quam, tamquam ſuorum bonorum partem DEO debitam obtuliſſet.

§. II. *Laniena. Prima Anatome.*

Non derogaverit nobilis artis dignitati, ſi primam ejus originem ab inciſis pro humanis uſibus animalibus repetierimus: ea adhuc noſtro ævo popularis eſt, apud omnes gentes, anatome, dum pauci, & in pauciſſimis gentibus, mortales ultra quidquam quærunt, aut curioſitatem in ſubtiliori corporum diſſectione exercent. Non alia fuit Chimenſis anatomes origo, quorum icones manifeſtiſſime ad ſuis interanea delineatæ videntur, ex acutis & numeroſis hepatis lobis, & ex ſimplici ventriculo; eas vero icones ex antiquiſſimis ejus gentis operibus *Andreas* CLEYER depictas dedit. Ea Anatome anguſtis equidem finibus circumſcribitur, cerebrum, cor, pulmones, ventriculus, hepar, lien, inteſtina tenuia, & alia craſſiora, veſica, renes, uterus: deinde carnium, tendinum, nervorum, vaſorum magnorum aliqua cognitio ex eodem fonte potuit manaſſe (*e*).

§. III. *Victima.*

Antiquiſſimus mos eſt ſacrificiorum, perantiquus, & ſi aliquanto nuperior, inſpectionis viſcerum, ex qua felicia, aut minus fauſta præſagia vetuſtæ nationes captaverunt, non ſoli Chaldæi (*f*) aut demum Japetigenæ ſoli, Græcive, ſed toto orbe remoti Peruviæ incolæ. Ejus extiſpicii prima origo videtur a deſiderio nata eſſe, nihil DEO offerendi, niſi quod perfectiſſimum eſſet; inde vero nata ſpe, tunc placatum fere numen, quando victima perfectiſſima fuerit: denique metu male reconciliati numinis, ſi parum ſana fuiſſet, quæ offerebatur, beſtia.

Hepar (*g*) vel potiſſimum veteres illa ætate (*h*) inſpexerunt, iis tamen uſi nominibus, quæ non facile ſit interpretari, capitis, enſis, menſæ (*i*), unguis.

(c) L. I.
(d) PLIN. *hiſtor. nat.* L. VII.
(e) *Spec. med. Sin.*
(f) Ad hos referes GREGORIUM NAZIANZENUM HARTMANN *perit. vet.* Hetruſcis CICERO, alii PROMETHEO tribuerunt.
(g) SUIDAS.
(h) EZECHIEL Cap. XXI. verſ. 26.
(i) Apud RUFUM, qui negat in homine aliquid ſimile reperiri p. 38. Apud NICANDRUM *theriac.* reperitur τράπεζα in jecore aprugno p. 559. 560.

unguis. Portæ non aliam originem habuerunt (*k*). Caput hepatis desiderari pro infaustissimo signo habeatur (*l*).

Sed paulatim & ad reliqua viscera curiositas (*m*) sacerdotum se extendit: cor Romani demum Pyrrhi tempore speculari ceperunt (*m**). Ipsæ denique omoplatæ osseæ avium & agnorum ad divinationem adhibitæ fuerunt, de quibus proprius MICHAELIS PSELLI liber exstet (*n*), & quam divinationem Arabes proprio nomine *aktaf* insigniverint (*o*).

Ministri extispicum ii ipsi coqui fuerunt (*p*), quorum aliqua in deglubendis & aperiendis animalibus, inque eorum bono malignove statu dijudicando peritia exspectabatur. Cor evellere, e lege, pro artificiosa habebatur administratione (*q*).

Peruviani paulo ultra sectionem simplicem progressi, per asperam arteriam flatum in pulmonem impellebant, & sua præsagia captabant (*r*), ut venæ pulmonis tumescerent. Præsecta medulla spinali animal concidere innotuit, cum eo potissimum vulnere boves DIIS oblatos enecare moris esset (*s*). Ipsi Hottentotti, non celebres artifices, animalia dum occidunt, curiose speculantur, & cordis motum adtenti contemplantur (*t*).

§. IV. *Victima humana.*

Crudelissima superstitionum id tamen hactenus habuit ad incrementa facturum Anatomes, quod in homine ea ostenderit, quæ priora illa extispicia in animalibus. Perantiquum vero fuit, & apud plerasque gentes, homines immolare, sive ut carorum amicorum necem superstites vindicarent, sive ut DEOS placarent, quoties illos præter modum iratos esse ex publica aliqua calamitate persuadebantur. CELTÆ (*u*) hominem immolantes ex sanguinis fluxu, ex membrorum laceratione, futuros eventus prævidebant. LUSITANI (*x*) ex intestinis hominum divinabant. SCYTHÆ (*y*) hostes excoriabant, pelles circumferebant, craniis siccatis ad poculorum modum utebantur: quæ quidem crudelitas apud Longobardos superfuit.

A 2 Mexi-

(k) HESYCH.
(l) PLIN. L. XI. n. 73.
(m) v. HARTMANN.
(m*) PLINIUS L. XI. n. 71.
(n) In *B. Vindobon.* LAMBEC. L. VII. p. 224.
(o) HERBELOT. *Bibl. Or.*
(p) ATHENÆUS L. XIV.
(q) GALEN. *Plac. hipp. & Plat.* L. VI.
(r) LAMBERT. *hist. des peupl.* L. XIII. p. 294.
(s) ORIBAS. L. XXXIV.
(t) KOLBE P. I p. 323.
(u) DIODOR. SICUL. L. V. c. 9.
(x) STRABO L. III.
(y) HERODOT. L. IV.

Mexicani perinde incidebant, quos suis Dæmonibus numerosissimos captivos offerebant.

Apud Græcos de ejusmodi divinatione etiam JULIANI ævo (z) superstite Christiani conquerebatur: apud Romanos poëtæ (a). Huc referas cæterum ARISTOMENIS (b) Messenii a Spartanis victoribus incisi cor hirsutum. Num huc pertineat liber de divinatione ex membris corporis humani, cujus codex græcus in *Bibliotheca Vindobonensi* exstat, HERMETI TRIMEGISTO adscriptus (c)? Anthropophagiam quidem hic omitto, cum eæ gentes ab omnibus bonis artibus alienæ fuerint, quæ hostes suos devorant.

Cum hisce immanitatis exemplis ARISTODEMI (d) facinus conjungam. Dux Messeniorum, cum pro salute patriæ virginem Diis oporteret immolare, propriam filiam fortissimus vir obtulit. Eam procus neci erepturus ajebat a se vitium passam utero gerere, neque Diis placandis posse offerri. Ferociens amore patriæ parens propriæ filiæ alvum aperuit, & ostendit, utero esse intemerato. Quod primum & antiquissimum forensis medicinæ exemplum fuit. Parum ab isto extispicio differt alterum exemplum, CYDONIS, Cretensis, cujus filiam, oraculo & sorte jubente ad necem publicam destinatam, LYCASTUS fato amatam puellam erepturus, & ipse gravidam esse adfirmabat. Incidi jussit immanis parens: partibusque supra umbilicum patefactis, vere utero gerere deprehensum est.

Non separo CAMBYSIS (e) inhumanitatem, qui inciso, quem sagitta occiderat, juvene, gloriatus est, se ex destinato cor sagitta feriisse.

§. V. *Cadaverum conditura.*

Antiquissimus hic Ægyptiorum ritus fuit, quorum maxima esset erga mortuos reverentia: sepulchra enim omnibus palatiis splendidiora in ea regione exstructa supersunt. Solebant autem cadavera incidere, non unicus (f), & qui aufugeret paraschistes, sed duo (g) omnino, quos in ipso perantiquo lapide videas studiose in opere versari, ut alter abdomen, pectus alter incidat. Huic incisioni olim GALENUS (h) multum Ægyptios debuisse auctor est, in ea parte medicinæ, quæ manu medetur. Video ut SCHULZIUS hanc Ægyptiorum anatomen elevet, improbabili abusus HERODOTI narratione: quantum enim laboris in cadaveribus ornandis & longissimo linteaminum symmate involvendis

(z) GREGOR. NAZIANZ. *Orat.* III. advers. JULIANUM.
(a) JUVENALIS *Satyr.* VI.
(b) PLIN. L. XI. STEPH. *de urbib.* in *Andania.*
(c) LAMBEC. L. VI. p. 166.
(d) PAUSAN. L. IV. MESSEN.
(d*) PARTHENIUS *Eroticor.* n. 35.
(e) HERODOT.
(f) HERODOTUS L. II. DIODORUS SICUL. I. c. 9.
(g) In editione LUCRETII, quam J. NARDIUS dedit T. 5. f. 2.
(h) In *introductione.*

dis antiqui Ægyptii posuerint, ipsæ superstites mumiæ demonstrant, ut manifestum sit, non timuisse Ægyptios cadaverum consortium, quorum aliunde conditura quadragesimo demum die absolvebatur. Testis est etiam ÆLIANUS (*i*) taricheutas, qui sacras Ibides balsamo condiebant, etiam nostris temporibus obvias, intestina earum longissima esse docuisse, argumento tamen ad interanea respexisse. Et proprio loco PLUTARCHUS Ægyptios, quando corpus inciderunt, viscera sibi ait ostendere, deinde in fluvium projicere (*k*).

Deinde sceletos, quas Ægyptii (*l*) in suis conviviis circumferebant, ne inter delicias necessariæ mortis oblivi scerentur, IDEM vir doctissimus ita interpretatur, ut meræ statuæ sint, ad hominum per morbum contabescentium similitudinem fictæ. Et hæc quidem sententia potest APULEJI testimonio confirmari, qui cum mercurium lignum sibi sculpi curasset, miræ calumniæ dedit occasionem. Magicam enim imaginem esse lacerati cadaveris æmuli criminati sunt, sceletonque dixerunt (*l**). Eadem est GOGUETI opinio, qui & sceleton tantum corpus esse siccatum docuit, & sceleti vocem primum a GALENO pro nuda ossium compage esse sumtam, Ægyptiorum vero sceletos ab ea, & ab hodierna significatione alienam fuisse (*l***).

Ita potuit PLUTARCHO visum esse & HERODOTO (l***), verum sunt, quæ suadeant, multo plus artis in illis antiquis sceletis fuisse. Ænea illa pervetusta ossium compages (*m*), quæ Delphis servabatur, ab HIPPOCRATE ut ferebatur dedicata, certissime ossa expressit, quæ sola consumta carne superessent. LUCANUS quidem ipsa in muria servata (*n*) cadavera ait circumlata fuisse. TRIMALCHIO (*o*) larvam in cœna inferri jussit, ita coaptatam, ut in omnes partes articuli verterentur. GALENUS ubique per sceletos eamdem quam nos ossium compagem intelligit (*p*). Veram demum cupream sceleton in mumia repertam apud BAUDELOTUM LISTERUS vidit (*q*).

Metallicæ sceleti pars inter KIRCHERIANA rariora servatur, cujus membra fibris æneis sunt coaptata (*r*). Sculptam in lapide sceleton SPONIUS habet, variasque in urnis & lapidibus sceletos, nonnullas etiam satis accurate expressas varii collegerunt (*r**).

(i) *Animal* X.
(k) *Conviv. sept. sap.*
(l) In eodem *convivio.*
(l*) APULEJUS in *apolog.* I.
(l**) *Origine de loix* &c.
(l***) Sceleton lignum pictum fuisse.
(m) PAUSAN. L. X.
(n) Περι πενθους.
(o) PETRONIUS ex edit. BURMANNI p. 168.
(p) C. 1.
(q) *Journy* p. 46.
(r) FICORONI gemmæ &c. Rom. 1757.
(r*) MOSHEEN *Bildnisse* T. I. p. 60, 61.

Denique qui nunc maxime in illis regionibus vivunt Judæi, veram ligneam eburneamve ossium compagem in conviviis ostentant (*r***), & APULEJUS (*s*) sceleton ligneam possedit, ob quam Magiæ reus fuit, non certe ob rudem aliquam macilenti hominis effigiem malarum artium. Neque adeo incredibile videri debet, sceletos a veteribus paratas, veri hominis ossa fuisse coaptata. Ipsi ab artibus longe remoti Jukagiri (*t*) amicorum suorum sceletos carnibus nudant & conservant. In Virginia regulorum sceletos parabant, quas propriis pellibus quasi vestitas servarent (*u*). Accuratius etiam antiqui Canariensium insularum incolæ suorum cadavera condiebant (*x*).

§. VI. *Casus fortuitus.*

Is multis modis potuit Anatomen adjuvasse. Narrat GALENUS, ut in Ægypto duas viderit sceletos, in quarum altera a præterlabentibus aquis ossa nudata fuissent, altera sicarii esset, quem a resistente peregrinatore occisum, vultures in sceleti speciem redegissent. Vidi perfectissime nudatum capreoli caput, cum de M. BRUCTERO comite ILL. HOFFMANNO descenderem. Ejusmodi osseæ animalium compages in calidis regionibus minime raræ fuerunt, cum ipsi Elephanti (*y*) a cæli Indostanici æstu, paucos intra dies, in sceleti speciem consumantur: & cum Ægyptus, perinde ut Peruvia, propriam avem habeat, quæ cadaverum carnes continuo devorat, magno valetudinis publicæ præsidio, quam absque iis avibus vitiatus ab impuro nidore aër corrumperet.

Ita bella, & varii casus musculos, ipsa demum ossa nudasse, abdomine aperto, etiam thorace, viscera in apricum produxisse, variam sentiendi vim in musculis, tendinibus, nervis, tum sanguinis de arteriis erumpentem ductum, aliaque revelaverunt, quæ ad anatomen spectant. Palpitantes a morte carnes Poëtæ habent. Per vulnera constitisse, humorem epotum prius in ventriculum venire, quam in vesicam, olim ARISTOTELES (*z*). Rotulas, ut nunc vocantur, AJACIS disci athletici magnitudine diruto sepulchro adparuisse (*a*) legimus, quæ quidem manifesto animalis fuerunt.

§. VII. *Repositoria rariorum, quæ ad Anatomen faciunt.*

Paulatim ceptum est rariora aliqua, potissimum in templis servari. PAUSANIAS (*b*) in fano Dianæ haud longe Capua caput vidit Elephanti, ex quo con-

(r**) RADZIVIL, *iter Palæst.* p. 135.
(s) *Apolog.*
(t) ISBRAND IDES *Reise* p. 245.
(u) HARIOT *Virgin.* De nonnullis Americæ septentrionalis populis LAFITEAU *mœurs de Sauvages* T. II. p. 389.
(x) BOYLE *hist. of the air* p. 182.
(y) BERNIER *Mémoir.*
(z) *Part. anim.* L. III. c. 3.
(a) PAUSANIAS L. I.
(b) L. V.

constaret, cornua esse, qui vulgo dentes dicuntur, & ex superiori maxilla prodire. Romæ ossa ANDROMEDÆ dedicata fuisse PLINIUS (*c*). Ossa gigantum ab ANASTASIO Imp. in palatio servata SUIDAS, tum satyrum pellesque draconum & hippocentauri.

§. VIII. *Pictura.*

Artes apud Græcos materia floruerunt, inter eas etiam potissimum pictura & ars statuaria. Sed eæ artes non potuerunt ad id fastigium provenisse, quod in Græcia adtigerunt, nisi artificibus anatome lucem accendisset. Musculorum toros accurate exprimebant. Sed in Marsyæ antiquo signo Florentiæ adparet, sculptori perfectam fuisse anatomes cognitionem (*e*).

§. IX. *Popularis Anatome.*

Ita nata est apud antiquos ea anatomes peritia, quæ absque propria curiositate nasci potuit. Nata erat apud Græcos Trojanis temporibus, aut certe Homericis, quæ sesquiseculo bello Trojano fuerunt nuperiora. In eo Poëta etsi non quæras Anatomen, tamen indicia reperias non minimæ cognitionis corporis humani, quam eo seculo vulgatam esse existimes, cum non a perito sint, quæ apud HOMERUM reperiuntur. ÆNEAM (*f*) a DIOMEDE ita vulneratum fuisse canit, ut ruptis duobus nervis femur continentibus os in acetabulo fractum fuerit. Alio loco MERIONES THOONI (*g*) venam, quæ secundum dorsum ad collum producitur, nempe cavam, totam abrupit. Alibi ULYSSES (*h*) Cyclopem eo loco ense vulnerare meditabatur, quo diaphragma hepar comprehendit. Periculosissima vulnera esse, ubi clavicula cum pectore conjungitur alibi HOMERUS (*i*).

§. X. *Æstimatio Anatomes, quæ ante Philosophos fuit.*

Ut nolim præter meritum veterum inventa deprimi, ita non sinit amor veri, nimium pretium statuere ei peritiæ, quæ antecessit curiositatem hominum, certos ad fines corpora animalium incidentium, quorum nulla ad hæc usque tempora extat memoria, ne de ÆSCULAPIO quidem aut de HERMETE. Hujus equidem Ægyptii sapientis libri apud veteres non pauci habebantur, & inter eos de corporis constructione, de oculis, & muliebribus (*k*). Sed olim JAMBLICHUS fassus est, Ægyptios suo HERMETI proprios labores inscribere, &

(c) L. IV.
(e) VOLCMAN *Reise nach Ital.* I. p. 480.
(f) *Iliad.* L. V.
(g) L. XIII.
(h) *Odyss.* L. IX.
(i) *Iliad.* L. VIII. Nervus, de quo ibi sermo est, nervus arcus videtur, non hominis *οιστον εθηκε επι νευρη.*
(k) Ferrar. anno 1695. Inter ea est liber *de sensu.* Conf. LAMBEC. L. VII. p. 29.

& quæ FRANCISCUS PATRICIUS edidit (*l*) Hermetica, ea manifesto semi-Christiani sunt, & semi-Platonici. Citatur (*m*) etiam ab EUSEBIO ex MANETHONE secundus Ægyptiorum rex ATHOTIS, qui *anatomicorum* libros scripserit: eum vero auctorem SCHULZIUS (*n*) tamquam fabulosum rejicit. Alii Tosorthron faciunt Anatomes auctorem (*o*). Alii Siphoam MENIS filium, & inter HERMETIS libros sacros primus dicitur esse de hominis structura (*p*). Forte demum is REX de incisione scripserit, quam leges præscribebant, rituum enim tenacissimi, ut nunc Chinenses, ita olim Ægyptii fuerunt. Corpora hominum tabe pereuntium, Regio jussu, aperta (*q*) fuisse, repertum in corde vitium, alibi leges. Ad Ptolomæos revocat SCHULZIUS, nullo tamen producto argumento: & promtissimus fuit ab incisione vulgari ad speculationem morbi insoliti transitus. Ipsi Siamenses cadavera de rogo divulsa semi ustulata incidunt, ut morbi causam adsequantur (*r*). Rudes artium Canarienses corpora avorum suorum ita norant conservare, ut flexilis cutis cum arteriis venisque superesset (*s*). Nuperi Persæ, aut Persarum potius mulieres, quod vix sperasses, cadaver dilectæ MAANI condierunt, quam in Indiam, hinc Romam fidelis conjux PETRUS della VALLE secum vexit. Habere tamen libros anatomicos, sed rudiores, peritior testis est eques CHARDIN. Curiositas Ægyptiorum in omnibus certe artibus eminuit: neque enim nuper, sed ante ARISTOTELIS (*t*) tempora, fimo pullorum exclusionem procurabant, ut putes REAUMURIUM eorum præcepta esse secutum: & ea artificia potuerunt facile pulli anatomen revelasse. Imitati Ægyptios Chinenses furno utuntur (*u*).

Nimii tamen etiam hic ne feceris inventa Ægyptiorum. Quæ enim pathologica eorum placita supersunt, ea a veritate Anatomica sunt quam remotissima. Cor ad quinquagesimum annum singulis annis duarum drachmarum (*x*) pondere crescere: inde pari mensura, pari in tempore minui: Sed a corde ad minimum digitum proprium nervum (*y*) ferri: quæ omnia ostendunt, multa fabulosa eos homines sibi permisisse: omnino ut eorum, qui creduntur nepotes, Chinæ incolæ.

SALOMONIS voces aliquas ad sanguinis circuitum non nemo detorsit (*z*), quæ

(l) Apud CLEMENTEM ALEXANDRINUM.
(m) Conf. P. GERIKE de ATHOTIS, TOSORTHRI & *antiquissimorum Ægyptiorum Anatomia fabulosa*, Helmstätt. 1739. 4.
(n) *Histor.* p. 27.
(o) Apud CLEMENTEM ALEXANDRINUM.
(p) IBIDEM.
(q) PLIN. L. XIX. Phthiriasin legit BORRICHIUS *sapient. lim.* V. c. 5.
(r) *La* LOUBERE p 190.
(s) SPRAT *histor. of the roy. soc.* p. 210.
(t) *Histor.* L. VI. c. 2.
(u) EKEBERG *Sw. wetensk. handl.* 1768. n. 2.
(x) Apud CENSORINUM *de die natal.* PLIN. L. XI.
(y) APION apud GELLIUM L. X. c. 10.
(z) NIEUWETYDT, CRUSIUS *Erklär.* p. 1113. SCHEUCHZER. *physic. sac.* &c.

quæ quidem nihil significant, nisi sanguinem (*a*) porro ex corde non expelli; comparatio enim manifesto sumta est ab orientalium rota, qua utuntur, ut de puteo aquam elevent. Neque enim potuit sanguinis circuitus absque vasorum utriusque generis noto discrimine inveniri, quæ omnia a Judæis longe abfuerunt. Faciles ab antiquitate speramus, quæcunque ex ingenio solo nasci possunt, id enim sub felici cælo hominibus vitæ negotiis minus implicitis, summum fuit. Quæ vero multiplici, neque a casu sperabili, sed imperato ad suos fines experimento nituntur, ea ab ea ætate non speres. Recte olim GALENUS, anatomen non posse disci, nisi per longam exercitationem (*b*).

Chinensibus circuitus (*c*) sanguinis pariter tribuitur: longe certe alienus a nostro (*d*), cum ne arteriarum quidem a venis discrimina didicerint, & ejusmodi vasa sibi finxerint, quæ a rerum natura longissime recedunt. Vide sex vasa sibi parallela a summo pectore ad malleolum deducta, & quatuor alia per longitudinem (*e*) dorsi descendentia. Sed ex BOYMIANO etiam opere (*f*) manifestum est, vocis circuitus apud Chinenses sensum a nostro remotissimum esse. Unicam (*g*) a rerum memoria anatomen in China administratam fuisse lego, & eam crudelitatem unanimes abhorrent (*h*). Icones anatomicæ exstabant in libro Sinensi ad HILDANUM misso (*i*), nuperis ignoratæ. BOYMIUS (*k*) meliores haberi vult iis, quas CLEYER edidit; fatetur tamen, se nescire, unde Chinenses eas habeant, qui a dissectionibus alieni sint.

§. XI. *Anatomes profectus per Philosophos.*

Videtur ÆGYPTIOS celeriter in artibus profecisse, earumque non modicam antiquo ævo peritiam esse consecutos; substitisse deinde, & nihil antiquis inventis addidisse; omnino ut Chinenses, quorum certe magna est cum Ægyptiis adfinitas. Europæi sero ex barbarie emerserunt, primamque suam lucem ab Ægyptiis habuerunt: inter eos ORPHEUS, cui jam ARISTOTELIS tempore nonnulla tribuuntur (*l*), quæ ad physiologiam faciunt. Ita epigenesin docuisse legimus (*m*). Sed etiam MUSÆUS aliqua habet ad historiam animalium pertinentia, in quibus aquilam duos pullos parere scribebat, educare unicum

B

(a) *Ecclesiast.* c. 12.
(b) *Compos. secund. gen.* L. III.
(c) Vox exstat in antiquissimo libro Nuyking apud CLEYERUM p. 93. &c. Primus liber Sinensium de re anatomica agens est in B R. P. I. n. 30. p. 375. In L. *Kang tschu king Letr. édif.* XXI. adeo obscura est anatome ut nihil intelligas.
(d) Per duodecim membrorum vias intra 24. horas humores quinquagesies circumvolvi.
(e) CLEYER.
(f) *Clavis Sin.* p. 141. 75.
(g) *Letr. édif.* L. XVII.
(h) BOYM. p. 15.
(i) *Epist. ined.*
(k) p. 15.
(l) Dubitat num genuina sint ARISTOTELIS opera *gener.* II. n. 1.
(m) *Generat. animal.* L. II. c. 1.

cum (n), & quorum aliqua superſunt (o), non certe genuina, ſed tamen perantiqua. Verum inquietum id Japeti genus, perpetuo in augendis ſuis divitiis occupatum, longe magiſtros ſuos poſt ſe reliquit, cum inveniendi novasque rerum formas cauſasque detegendi ſtudium apud Græcos populare eſſet. Et mihi quidem Anatome fere videtur a Philoſophis (p) perfecta eſſe, & potiſſimum a Pythagoræis, quod minus exſpectaſſes. Cauſa ejus in inveniendo ſolertiæ fuiſſe videtur, quod hæc ſchola Medicinæ indulgeret. Nam & PYTHAGORAS hanc artem coluit, & ad ejus exemplum PYTHAGORÆI (q); & ex ea ſchola Crotone condita peritiſſimi Medici prodierunt, ipſeque DEMOCEDES, & filii PYTHAGORÆ diſcipulus fuiſſe dicitur EMPEDOCLES, & DEMOCRITUS Pythagoræorum fuit imitator, & auditor (r).

Ipſe quidem PYTHAGORAS phyſiologica potius aliqua quam anatomica placita reliquit, quæ tamen minime contemnendam peritiam indicant. Animalia omnia ex ſemine naſci, ex terra minime, non dari nempe generationem, quæ dicitur æquivoca. Semen cerebri eſſe ſtillam, eam humorem & ſanguinem in uterum comitari, ex iſtis univerſum corpus formari, intra dies omnino quadraginta. Senſum (nempe ſpiritum animalem, qui ſenſus eſt medium) calidum eſſe vaporem. Mentem & animam in cerebro habitare. Animalia ſanguine nutriri. Vehicula animæ venas eſſe, arterias (s), & nervos. Semen effundere feminam docuit (t). Et alibi, conceptum ſex diebus eſſe humorem lacteum, ut adparuerit in egeſto a feminis embryone, inde octiduo addito ſanguinem fieri, tunc die 27. carnem, duodecim aliis diebus elapſis jam formatum eſſe fetum (u). Naſci homines menſe ſeptimo & decimo, ex muſicis numeris (x).

§. XII. *Alcmæon.*

Ex ſchola PYTHAGORÆ ALCMÆON fuit. Videtur autem ſtudium rei naturalis in ea univerſa ſchola dominatum eſſe: ad eam vero naturæ partem ſe quemque convertiſſe, quæ ſibi placeret. ALCMÆON dicitur a CHALCIDIO (y) primum mortalium librum de anatome eſſe molitum, qui undique interiit. IDEM capras per aures dixit reſpirare (z), quod videretur ad tubam EUSTACHIANAM pertinere, per quam nempe vapor & aër ex ore in tympanum, inde

(n) IDEM, *ibid.* L. VI. c. 6.
(o) Paris 1566. fol.
(p) Græcis tribuit A. COCCHI *diſc. d'Anatom.* I. p. 47.
(q) ÆLIANUS *var.* L. IX. c. 22.
(r) LAERTIUS L. VIII. c. 7.
(s) Ita LAERTIUS L. VIII. c. 1. manifeſto male, neque enim etiam poſt PYTHAGORAM HIPPOCRATES venas ſalientes dixit arterias.
(t) PLUTARCH. *placit.* V. c. 5.
(u) Apud CENSORINUM L. XI.
(x) CENSOR. L. VIII.
(y) Ad TIMÆUM.
(z) PLINIUS L. XXIII. c. 2.

de in meatum auditorium venire posset, si prætensa tympano membrana foramen haberet (*a*). Olfactum in cerebro fieri, adtractis in respiratione odoribus (*b*). Caput primum generari (*c*). Hominem prius pubescere dixit quam semen generet, uti plantæ prius florent, quam fructum ferant (*d*). Sedem animæ in cerebro posuit (*e*). Semen ex utroque parente advenire (*f*); sexum in fetu redire ejus parentis, a quo uberius semen advenerit (*g*). Semen cerebri portionem esse (*h*), & primum caput perfici (*i*). A venere adipem minui (*k*). Mulas steriles esse, quod vulvæ non dehiscant, mulos ob seminis frigus (*l*). Fetum per totum corpus ali, & undique per cutem alimentum sugere (*m*). Somnum fieri a sanguine in confluentes venas recepto, vigiliam a diffuso (*n*). De oculis aliqua scripsit, quæ CHALCIDIUS laudat.

HIPPON PYTHAGORÆUS, Metapontinus, semen ex medullis venire (*o*) docuit, die sexagesimo fetum formatum esse (*p*), nasci a septimo mense ad decimum (*q*). Solo ex patre semen esse (*r*). Marem fetum nasci ex crassiori semine, feminam ex tenuiori (*t*). In utero sugere (*u*), ut postea HIPPOCRATES. Ab uberiore semine fieri geminos (*x*).

§. XIII. *Empedocles. Anaxagoras.*

Major est aliquanto EMPEDOCLIS fama, viri splendidi, ingeniosi, poëtæ & physici. Pleraque equidem Viri, quæ ad posteros pervenerunt, placita physiologici sunt argumenti. Semina arborum ova dixit (*y*), ut adgnoscas communem naturam utrorumque embryonum perspexisse, qui in plantas convalescunt, aut in animalia. Respirationem alternam fieri ob venas ita sanguinem continentes, ut non plenæ sint. Ita sanguinem deorsum fluere & subire eas venas,

(a) *Histor. anim.* L. I. c. 11.
(b) PLUT. *placit.* L. IV. c. 17.
(c) *Ibid.* L. V. c. 17.
(d) *Hist. anim.* L. VII. c. 1.
(e) PLUTARCH. *placit.* L. IV. c. 17.
(f) CENSORINUS c. 5.
(g) *Ibidem*, c. 6
(h) PLUTARCH. *ibid.* L. V. c. 3.
(i) *Ibid.* c. 17.
(k) CENSORINUS c. 5.
(l) PLUTARCHUS, *placit.* L. V. c. 14.
(m) *Ibid.* c. 16.
(n) C. 24.
(o) CENSORIN. c. 5.
(p) *Ibid.* c. 9.
(q) C. 7. Ita THEANO Pythagoræa, & ipse PYTHAGORAS p. 10.
(r) CENSORIN. c. 5.
(t) C. 6.
(u) *Ibid.*
(x) *Ibid.*
(y) ARISTOTEL. *gener. anim.* L. I. c. 23.

venas, aërem ſurſum ferri & effluere; ſic exſpirationem cieri (*z*). IDEM viſionem fieri exeunte de oculo lumine (*a*); ſapores ab aqua; ſanguinem eſſe animam IDEM (*b*). Somnum a ſanguine refrigerato fieri (*c*). Feminas eſſe a ſemine copioſiori (*d*). Partes hominis alias in mare eſſe, in femina alias, eæque ut conjungantur, in venerem utrumque ſexum ruere (*e*). Greſſilia omnia ſexu diſtingui (*f*). Fetum incipere articulari die 36. perfici 49. (*g*). Exteriora fetus prima diſcerni in animale, inde interna (*h*). Membra fetus formari ſecundum parentis membra (*i*). Monſtra ex geniture adfluentia & penuria naſci, & ex aliis erroribus (*k*). Similitudinem a prævalente ſemine (*l*) alterutrius parentis fieri, ſic ſexum (*m*), & ſexus ſolo calore differre & frigore (*n*), diſſimilitudinem eſſe ab exhalatione. Animalia (*o*) prima imperfecta fuiſſe, ſenſim meliora: fetum per umbilicum ali (*p*). Mulas ſteriles eſſe ob demiſſam & arctam vulvam (*q*), & meatus in uteris corruptos. Cornua bovi caſtrato gracilia & tortuoſa naſci, integro vero recta, baſi latiori &c. (*r*). Viſum per ſubeuntia idola interpretatus eſt, & poſt eum EPICURUS (*s*). Cæſios oculos plus ignis habere, plus aquæ nigros (*t*).

Anatomici etiam, neque facilis, inventi laudem ipſi debemus: auditum nempe eſſe ſcripſit a ſpiritu in aliquid cochleæ ſimile illabente, quod in aure interiori (*u*) exacte elaboratum ad tintinnabuli modum ſuſpendatur. Ungues ex nervis fieri (*x*). Exterius fetus involucrum chorion, interius amnion dixit (*y*). EMPEDOCLIS etiam anatomica ſcripta ſuperfuerunt, quæ DIOCLES ita legiſſe dicitur, ut eadem (*z*) repeteret.

Alia

(z) ARISTOTELES *de ſpirit.* Conf. PLUTARCH. *plac. Phil.* L. IV. c. 22.
(a) PLUTARCHUS, *placit* V. c. 23.
(b) ARISTOTEL. *ſenſ.* & *ſenſil.*
(c) GALEN. *Hipp.* & *Plat. decret.* L. II. ſub fin.
(d) CENSORINUS c 6.
(e) GALEN. *ſem.* L. II. c. 3. ARISTOTELES, *generat. anim.* L. I. c. 18. 23. L. I. c. 1.
(f) ARIST. *ibid.* L. I. c. 23.
(g) PLUTARCH. *placit. phil.* L. V. n. 21.
(h) ARISTOTEL. *gener. anim.* L. II. c. 8.
(i) *Ibid.*
(k) PLUTARCH. *placit.* L. V. c. 8.
(l) *Ibid.* c. 11.
(m) ARISTOT. *gener. animal.* L. IV. c. 1.
(n) ARISTOT. *ibid.*
(o) *Ibid.* c. 18.
(p) CENSORINUS c. 6.
(q) PLUTARCH. l. c. L. V. c. 13. add. c. 8. ARISTOTELES l. c. c. 8.
(r) ÆLIAN. *anim.* L. XII. c. 18.
(s) PLUTARCH. *placit.* L. IV.
(t) ARISTOT. *ibid.* L. V. c. 1. & *Problem.*
(u) PLUTARCHUS περὶ τῶν ἀρεσκόντ. L. IV. c. 16. L. VIII. c. 15.
(x) ARISTOTELES *de ſpirit.*
(y) POLLUX. RUFUS.
(z) Apud PLUTARCHUM.

Alia ex schola ANAXAGORAS non sidera sola observavit, sed & anatomen coluit. Cum enim aries natus esset unico cornu, & superstitiosi Athenienses nescio quid inde metuerent sinistri, noster animal incidit, & reperit, unicam fuisse cerebri cameram, quæ in cornu abierat (*a*). Ejusdem est *homoiomeria*, ut carnes ex carnibus, nervi ex nervis fiant, & caro ex carne alatur (*b*). Sexus diversitatem in semine esse docebat (*c*), ut id a dextris, vel a sinistris corporis partibus deflueret (*d*), quæ etiam PARMENIDI sententia fuit (*e*), ut præterea ab eadem causa similitudinem patris vel matris deduceret (*f*). Ab utroque enim parente semen advenire (*g*) docuit. Credulum tamen fuisse reperio, ut mustelam per os parere, corvum per os concipere scripserit (*h*). Sed id commune fere Græcæ antiquitatis vitium fuit.

§. XIV. *Democritus. Heraclitus.*

DEMOCRITUS per longa itinera, & vitam vero impensam celebris, cum ad universam naturam indagandam labores suos contulisset, non minimam partem studii posuit in anatome. Incidendis in animalibus vitam trivit (*i*), & in eo labore eum HIPPOCRATES deprehendit, si perantiquæ, etiam si spuria est, epistolæ credi potest. Finem laboris sibi proposuerat, bilis vias & furoris caussas detegere. Chamæleontem membratim dissecuit (*k*).

Quæ sparsa supersunt magni viri effata, fere physiologici sunt argumenti. Sapores a figuris particularum (*l*) derivabat. Sensus omnes in unum tactum conjunxit (*m*), ut tamen plures quam quinque sensus dari possint (*n*). Cervi cornua renasci scripsit, quod ejus animalis venæ rarissimæ essent, & capitis ossa tenuissima (*o*): cibi vero vis per eas venas in caput feratur & cornua excitet. Feminam semen fundere (*p*). Sexum in fetu redire ejus parentis, cujus a parte genitali veniens semen prævaluerit (*q*). Galli cantum matutinum absolutæ ciborum coctioni tribuit (*r*). Fetum per os ali (*s*).

 Libri

(a) PLUTARCHUS in PERICLE.
(b) ARISTOTEL. *gener. anim.* L. I. c. 18.
(c) *Ibid.* L. IV. c. 1.
(d) PLUTARCH. *placit.* L. V. c. 7. CENSORINUS, ut alter parens plus dedisset seminis, ita sexum in fetu esse, c. 6.
(e) CENSORINUS, l. c. PLUT. *placit.* L. V. c. 7.
(f) PLUT. *Ibid.* c. 11.
(g) CENSORINUS, c. 5.
(h) ARISTOTELES *generat. anim.* L. III. c. 6.
(i) PETRON. *Satyr.*
(k) PLINIUS l c. L. IV.
(l) THEOPHRAST. *caus.* L. VI. c. 2.
(m) ARISTOTEL. *de sensu & sens.*
(n) PLUTARCH. *placit.* IV. c. 10.
(o) ÆLIAN. L. XII. c. 17.
(p) ARISTOTEL. *gener. anim.* L. IV. c. 1.
(q) Aut prius in uterum pervenerit CENSORINUS, c. 6.
(r) CICERO, *de divinatione.*
(s) PLUTARCHUS, *placit.* V. c. 16.

Libri DEMOCRITO tribuuntur *de natura hominis, sive de carne* L. II. *de sensibus, de humoribus, de rugis L. duo: de vocibus.*

Est etiam in collectione hippocratica libellus *de natura hominis*, quem seorsim græce & latine TOBIAS TANDLER edidit Witteberg. 1609. 4°. cum titulo DEMOCRITI *de natura hominis epitome* ad HIPPOCRATEM *perscripta*. Levidense est compendium anatomes, quod sophistæ alicujus opus esse putaveris, abutentis illustri nomine.

HERACLITUS physiologiam pariter adtigit, ejusque est locus de tempore, quo homo perficiatur (*t*). HERACLITEI etiam philosophi, sicut in universo, ita in corpore nostro perspirari docuerunt; deinde vaporem iterum concrescere, ita humorem fieri vel animam (*u*); qualia fere apud HIPPOCRATEM reperiuntur.

EPICHARMUS fetum octimestrem vivere non posse (*x*) docuit.

§. XV. *Asclepiadæ.*

Hujus scholæ anatomen GALENUS plurimi fecit, in qua a prima juventute in dissecandis (*y*) animalibus filii medicorum instituerentur. Longa enim serie ab ÆSCULAPIO ad HIPPOCRATEM, inde per aliquot porro secula & avi & patres & filii de ÆSCULAPII gente, medicinam cum cultu DEI sui progenitoris conjunxerunt. Renuit J. HENRICUS SCHULZE, eoque aliis locis GALENI utitur, in quibus ipse DIOCLIS PRAXAGORÆ aliorum, Coæ scholæ post HIPPOCRATEM principum, anatomen rudem fuisse fatetur (*z*). Opponit etiam GALENI testimonio Græcorum leges, quæ ab omni, in cadavere, etiam animalium, sævitia erant alienissimæ. Ipse tamen *Daniel Le* CLERC, parcus ille admirator græcanicæ anatomes fatetur, & ossa satis accurate debere tenuisse, qui in iis reponendis quotidie versarentur: & arterias etiam venasque non potuisse ignorasse, qui in corpore humano urendo & incidendo nobis animosiores fuerint, viscera demum & quidquid a Chirurgo ignorari nequit, perspecta habuisse.

Perierunt equidem scripta ASCLEPIADUM, neque possumus de ejus scholæ meritis ex ejus operibus judicare. Satis tamen lucis est in HIPPOCRATICIS scriptis, ut ASCLEPIADUM peritiam hactenus æstimemus: neque enim ex ullo monumento colligas, ipsum HIPPOCRATEM ea invenisse, quæ adeo numerosa de anatome in ejus legitimis scriptis reperiuntur, legitimis inquam, neque enim ex iis firmi quid potest colligi, quæ alterius auctoris esse possint & videantur. Ostendemus, ex iis scriptis manifesto constare & in universum anatomen, & peculiariter humani corporis cognitionem, HIPP. ævo non fuisse ignoratam. Osten-

(t) PLUTARCH. *placit.* V. c. 3.
(u) ARISTOTEL. *probl.* S. XI.
(x) CENSORINUS, c. 7.
(y) *Introduct. Amin. Anat.* L. II. *init.*
(z) De *vulv. dissect.*

Oſtenditur porro ASCLEPIADAS cauſas morborum in partium fabrica fuiſſe ſcrutatos (*a*). Exempla denique ſuperſunt, in quibus de quæſtionibus difficilibus definituri ad eum finem corpora humana inciderunt. Hæc omnia ita apud HIPPOCRATEM narrantur, ut nihil ſibi adroget, ſed videatur de rebus acceptis & vulgo notis ſcribere.

§. XVI. *Hippocrates.*

De magno illo HIPPOCRATE dicimus, HERACLIDIS filio, PERICLI coævo, cum Olympiade LXXX. natus ſit. Ejus quidem præcipuæ laudes a clinica peritia, ab diligentiſſima morborum obſervatione, & a chirurgica peritia repetitæ fuerunt; Neque tamen anatomen neglexit. Ut vero juſtum de viri meritis judicium fiat, accurate cavendum eſt, ne legitima HIPPOCRATIS opera cum iis confundantur, quæ non ſunt magni viri, & quorum pluſcula poſt ERASISTRATUM demum ſuppoſita fuiſſe videntur, quo tempore ATTALIDÆ Pergami Reges cum PTOLEMÆIS (*b*) de Bibliothecæ ſuæ amplitudine certarunt. Tunc enim, ipſo GALENO teſte, ſpurii illi partus prodierunt, quibus falſarii, ut majori pretio venirent, magnorum virorum nomina præfixerunt. Poſt ERASISTRATUM ſcripta fuiſſe, ex frequente arteriarum mentione colligas, quod nomen venis micantibus demum ab eo viro impoſitum eſt. De aliis exiſtimo, poſt HEROPHILUM fuiſſe ſcripta, qui primum nervorum accuratam hiſtoriam tradiderit. Hi autem ſpurii libri cum veris magni viri operibus ab ipſo CLERICO, a J. ANTONIDE *v. der* LINDEN, ab aliis, ita miſti fuerunt, ut multo amplius anatomes compendium ex HIPPOCRATE extraxerint, quam quidem DIVO SENI debetur. Anatomes equidem inſtauratorem GALENUS vocat (*c*).

§. XVII. *Libri magis genuini.*

Librum *de articulis*, cum libro *de fracturis*, cujus ipſe pars eſt, inter optimos HIPPOCRATICORUM refero, ſimplicitate & gravitate tanto viro dignum. Multa hic reperias ſparſim de anatome pronuntiata, alia tamen occaſione. Circa ſummum humerum aliam eſſe hominis fabricam, quam animalium. Inter tendinem juxta alam, & brachii caput uri poſſe, ſed ſolam cutem, neque altius; Subeſſe enim eo loco craſſam venam (arteriam brachialem), & nervum. Verum præcipuus locus hic eſt, ex quo vincas, HIPPOCRATEM in corporibus humanis eam demonſtrationem quæſiviſſe, quæ ad definiendum de litibus chirurgicis requireretur. Male inquit ſe audiviſſe, quod brachium in anteriora elapſum non admitteret, & vix potuiſſe ſe tueri. Ergo ſi quis ſupernam humeri partem carnibus nudaverit, ea quidem parte, qua muſculus (Deltoides) ſurſum tendit, tendinem etiam, qui ſub alis eſt, & juxta claviculam (muſcu-

(a) Exemplo venarum ad aures, quas cum Scythæ ſecent, evirentur.
(b) GALENUS ad L. *de natur. hum. Comm.* II.
(c) *Hippoc. & Plat. decret.* L. VIII.

(musculum pectoralem) nudaverit: adpariturum utique caput brachii in anteriora valde eminere, etiam si non sit elapsum (*d*).

Majus adhuc pondus erit argumenti, si hic liber HIPPOCRATIS fuerit GNOSIDICI fil. Tunc enim anatomen apud ASCLEPIADAS adhuc antiquiori in usu fuisse demonstratum erit. Nostro vero ab EROTIANO tribuitur, & a GALENO, & a PALLADIO. Neque ideo spurium reputavero, quod in eo de *glandulis* auctor se scripturum profiteatur. Nam noster quidem de glandulis liber manifesto spurius est: Sed potest alter antiquior genuinus HIPPOCRATIS partus fuisse, & interiisse. Ad anatomen humanam HIPPOCRATIS æneam etiam sceleton referas, quem Delphis dedicavit (*e*).

In L. *de capitis vulneribus* aliqua ad capitis ossa pertinent. Diploën etiam cranii hic dixit. Tum suturam quam cum litera H. comparat, recte, & ex homine: difficulter vero intelligas ut potuerint ullius capitis suturæ literæ X. similes esse.

In L. *de aëribus*, *aquis & locis* urethra feminina dicitur virili esse brevior, hinc rariorem esse eo in sexu calculum. Aliqua de venis circa aures, quas Scythæ secent, & ob quas sectas viri effeminentur. Semen ex omnibus corporis partibus provenire, sanum a sanis. Macrocephalos artificio deformatos porro ex semine paterno generari simili capitis cum deformitate. Cæterum hunc librum, alio spectantem, non possum non contra omnium auctorum consensum habere pro suspecto. Auctor enim se de Asia dicit, *nostra* regione esse mitiorem (*f*). Coum vero virum nemo pro Europæo habuerit, quæ insula adeo vicina sit Asiæ, & ab Europa remota. Quæ etiam de urbium ad ventos expositione scribit, ea ad Græciam spectare videntur. Citat EROTIANUS & PALLADIUS.

Codex exstat græcus in B. R. P. n. 2146. & latinus n. 7027. Arabice vertente HONAIN in Bibl. *Escurialensi* n. 852. Gallice vertit DACIER.

Paulo proprius ad anatomen spectat Liber περὶ τόπων τῶν κατ᾽ ἄνθρωπον, *de locis in homine*, quem RUFUS HIPPOCRATI tribuit; MERCURIALIS, & vir eruditissimus THOMAS REINESIUS (*g*) minus probant: & ille quidem HIPPOCRATI non aufert, ut tamen ab eo non sit perpolitus. Iste post ARISTOTELIS tempora scriptum esse suspicatur. Ego ne HIPPOCRATES pene ad silentium redigeretur, hunc librum cum genuinis scriptis reliqui, cum inter HIPPOCRATICOS libros ab EROTIANO recenseatur, & a CLERICO pro maxime genuino habeatur (*h*). Sectio I. anatomici est argumenti. Ad oculos venulas a cerebro venire. Tres esse oculi membranas, cerebri duas. Venæ variæ

(d) Conf. *progr.* *Quod Corp. human. sec. Hipp.* Gotting. 1737. 4. & in *Opp. minor.* T. III.
(e) PAUSANIAS.
(f) N. 27
(g) *Var. lect.* p. 75.
(h) p. 120.

riæ capitis, (quas inter arteriæ sunt temporales). Vena cava & ejus rami principes, melius quam in libro de natura humana. Nervi, nempe tendines; suturæ, non bene: ossa artuum, mucus articulorum. Fibræ a ventriculo in vesicam decurrentes, & lotium percolantes. Quatuor habet humores.

Exstat inter libros a THEODORO ZWINGER Basileæ editos, & tabulis illustratos 1579. fol.* In eum commentarius exstat *Francisci* PERLÆ Rom. 1638. 4°.* Paraphrasin dedit,* & HIPPOCRATICAM venarum descriptionem tuetur. Alium commentarium scripsit *Leonhardus* BAUSCHIUS Madrit. 1594. fol. LIND. Gallice vertit DACIER.

Codex exstat in Bibl. R. P. n. 2253. & 2254.

Porro L. περι φυσιος ανθρωπου ne ipse quidem mihi undique placet, & videtur GALENI ævo in suspicionem venisse. Sed GALENUS (*i*), cujus commentario illustratus habetur, ea continere dixit, quæ in maxime genuinis HIPPOCRATIS operibus reperiuntur; & cum eum maxime librum PLATO sit imitatus (*k*), videtur non posse serioris esse ævi. Recenset inter Hippocraticos PALLADIUS & EROTIANUS. Erant GALENI tempore, qui POLYBO tribuerent, qui tamen nihil in HIPPOCRATIS placitis mutaverit. MERCURIALIS inter maxime genuinos libros censet. Quatuor habet humores, quam doctrinam GALENUS habet pro maxime HIPPOCRATICA (*l*).

Prodiit Græce Basil. 1536. 8°. B.B. Porro Parisiis 1548. 4°. OSB. 1584. 4°. Leidæ 1627. 8°. LINDEN. Continetur in *articella* Lyon 1527. 4°. & in collectione Veneta 1497. fol. Latine etiam COPO vertente Lugdun. 1525. 8°. GUNZ, & inter eos libellos, quos ZWINGERUS edidit. Gallice cura DACIER Parisiis 1696. 12. Vol. cum aliis.

Codices M.S. non pauci exstant. In Bibl. R. Par. Græci quidem 2140. 2141. 2142. 2144. 2146. 2253. 2254. 2545. & latinus 6865. tum in B. CAJ. GONV. CANT. n. 959. Exstat etiam in Bibliotheca Sti. REMIGII Rhemensis.

Annon is est *ketab al thabint* de homine, opera HONAIN Arabice versus HERBELOT.

Commentatus est in hunc librum GALENUS, & is commentarius seorsim prodiit cum opusculo HIPPOCRATIS Parisiis 1534. 16°. HERMANNO CRUSERIO interprete MAITT. Tum Lugduni 1549. 16°. ANDREA BRENTIO interprete.*

SYMPHORIANUS CHAMPIER in *collectionem* opusculorum recepit.

Commentatus est etiam J. GUINTHERUS Andernacensis.

JACOBI SYLVII Scholia Lyon 1549. 16°.*

C SEBA-

(i) In *comm.*
(k) In PHÆD.
(l) In eum librum.

SEBASTIANUS PAPARELLA Venetiis 1551. 4°. PLATNER.

BLASIUS HOLLERIUS Basileæ 1562. 8°. PLATNER.

JACOBUS SCUTELLARIUS Parm. 1568. 4°.* Paraphrasis.

J. FRIDERICUS SCHROETER Jen. 1585. 8°.* eadem quæ fere paraphrasis est.

JACOBUS SEGARTA Valentiæ 1596. BODL.

JOHANNES HEURNIUS Lugduni 1609. 4°. & in operibus.

EUSTACHIUS QUERCETANUS Basileæ 1649. 8°.

JOH. GOSTLINI prælectiones M.S. exstant in collectione CAJO. GONVIL. Cantabrig. cod. 1127.

Anonymi commentarius latinus exstat in B. R. Paris. n. 7026. & JOHANNIS ROCHON n. 7025.

Prodiit etiam HIPPOCRATIS COI de *natura humana* libellus novo Gymnasio Bremensi propositus Brem. 1584. 4°. CATAL. WILLER.

Gallice vertit, & commentarium addidit JEAN *de* BOURGES Parisiis 1548. 16°. DU VERDIER.

Venas mirificas seorsim dicemus, quas neminem ait habere veterum GALENUS. Earum venarum par retro a capite per cervicem in crura & malleolos internos, ad pedes usque ire. Alterum a capite juxta aures, & spinam, in testes & malleolos internos. Hæc fuerit vena, quæ in l. *de aër. aquis & locis* tangitur. Tertia ex temporibus in pulmonem, inde divisa dextra in hepar & renem, sinistra in lienem & sinistrum renem tendere dicitur. Quartam per anteriora ab oculis in brachia, tunc porro hinc in lienem auctor ducit, inde in hepar. Repetit & POLYBO tribuit ARISTOTELES (*m*). GALENUS ne POLYBI quidem esse vult (*n*). Fuerit ergo HIPPOCRATICI, aut proximi certe ævi.

Liber περὶ τροφῆς & a GALENO passim, & si recte adtenderis a MERCURIALI, pro genuino est habitus, magis, quam hactenus dicti anatomicus. GALENUS alias HIPPOCRATI (*o*) tribuit, inque eum commentatus est, alias tamen PHERECYDI, PHILISTIONI, nimis certe antiquis viris, aut THESSALO, vel HEROPHILO (*p*). Habet EROTIANUS inter HIPPOCRATICOS.

Obscuritas satis est hippocratica. De perspiratione hic, & de malo effectu ejus evacuationis diminutæ. Radix venarum jecur, radix arteriarum cor, contra quam ARISTOTELES. Videtur ea vox nuperiorem auctorem denotare, si quidem ARISTOTELES nunquam arteriarum nomine ad venas salientes usus est, & quando vasa micare scripsit HIPPOCRATES, venarum nomine eas designavit.

Cir-

(m) *Histor. anim.* L. III. c. 3.
(n) HIPP. & PLAT. *plac.* L. VI. c. 3.
(o) *De optima constitutione.*
(p) Rejicit etiam C. HOFMAN *var. lect.* L. VI. c. 6.

Circuitus hic vox reperitur, cujus sensus obscurus est. Formationem fetus ad 35. diem, motum ad 70. perfectionem ad 210. retulit. Cibus in junioribus αυξοντα.

Græci codices in Bibliotheca *R. Parif.* exstant n. 2140. 2141. 2142. 2143. 2144. 2253. 2254.

Passim & alibi M.S. reperitur, ut in *Collegio* CAJI & GONV. Cantabrigiæ. *Est* inter libellos a ZWINGERO editos.

Interprete NICOLAO *de* CALABRIA in Biblioth. R. Parif. n. 6865.

Arabice *ketab algheda* (q).

Commentarius *Stephani* GOURMELENI Parisiis 1572. 8°. * cum græco textu prodiit, fere paraphrasticus.

Francisci VALESII Commentarius Coloniæ, Complut. 1561. 8°. 1589. fol.

H. CARDANI, Basileæ 1582. 8°.

Alius est Commentarius *Stephani* RODERICI *Castrensis*, Florent. 1635. fol.

Alius M.S. *Johannis le* CONTE in Biblioth. R. P. n. 7079.

Liber περι χυμων genuinus videtur, ob brevitatem, & ea repetita, quæ sunt *in Epidemicorum* libro I., & in *aphorismis*. Citatur inter *Hippocraticos* in Lect. HIPP. & a PALLADIO. Physiologica pauca, nisi eo velis referre humorum motum, huc illuc vergentium. Quare cum morborum historia repetemus.

In *Aphorismis*, qui olim pro HIPPOCRATICIS sunt habiti, aliqua hinc inde ad anatomen & physiologiam faciunt; eaque fere ad muliebria & fetum humanum spectant, neque sunt firmissima.

Adparet quam pauci sint libri, qui utcunque ad anatomen pertineant, & vere sint HIPPOCRATICI. Suffecerit tamen vel ille unus de *articulis* liber, ut eo ævo anatomen aliquam humani cadaveris fuisse constet, & anatomen ad prævisos fines, solvendasque quæstiones solvendas institutam.

§. XVIII. *Libri minus certo* HIPPOCRATICI.

Antiqui hi sunt plerique, ut tamen GALENI ævo non satis pro genuinis habiti fuerint.

Liber περι ανατομης ultimo loco a MERCURIALI repositus, nuper quidem a Cl. viro D. W. TRILLER HIPPOCRATI vindicatur. Compendium est anatomes humanæ, ut ex quinque pulmonum lobis deducas: tum ex corde rotundiori, quam in animalibus, ex liene humano cum vestigio comparato, ex colo prælongo, & recto intestino.

(q) HERBELOT, p. 974.

Codices M.S. aliqui exſtant, ut in Bibliotheca *R. Parif.* n. 2254. & 2146.

Seorſim prodiit ex interpretatione J. REUCHLINI, Tubing. 1512. 4°. GUNZ.

Nonne idem liber eſt *de la compoſition du corps humain*, & *deſcription de toutes ſes parties*, cum commentario a *Johanne de la* FARGUE editus, Lyon 1580. 16°. DU VERDIER.

Hunc ipſum librum J. CAJUS reperit, commiſtum cum libro de oſſibus, eum mutavit, titulum ei fecit περι ανατομης & edidit, & una libellos de oſſium natura, & de glandulis.

Librum de Anatome recenſuit, emendavit, perpetuo commentario illuſtravit vir ILL. D. W. TRILLER, Leidæ 1728. 4°*. cum *Comm. de nova* HIPPOCRATIS *editione adornanda*. Eruditas emendationes adtulit, & recte favi ſimilem pulmonem fecit; renesque cum ovium potius renibus quam cum pomis comparavit. Vereor tamen, ut vena cava cartilagineæ venæ nomen gerere poſſit, uti neque GUNZIUS eam conjecturam probat, qui eam vocem mavult ad pericardium transferre, in *Programmate*, quo in eundem HIPPOCRATIS *libellum commentatur*, Lipſiæ 1737. 4°.*.

Librum περι αρχων η σαρκων ſive *de principiis* MERCURIALIS tertio ordini adſcripſit, neque putes HEROPHILEIS temporibus antiquiorem eſſe, quibus anatome hactenus adoleverat, cum præterea arteriæ nomen pro aorta habeat. Neque adeo DEMOCRITO tribuas, ut *Hermannus* CONRING. Primum HERACLITEAM doctrinam exponit, calidum immortale, & omnia intelligens. Ex ejus parte in putredine fieri membranulas; oſſa ex pingui & frigido coacta eſſe: ex glutinoſo nervos generari, ſic porro. Ita ex quatuor primævis qualitatibus viſcera omnia naſci. Inde anatome viſcerum ſequitur. Cerebrum frigidi metropolis eſt, ut apud ARISTOTELEM. Hic lienis fibras reperias, & tympani membranam, & os cribroſum, nervos opticos, tunicas oculi, lentem cryſtallinam, dentium venas. Hic etiam voce legas deſtitui, quibus guttur præſectum eſt. Medullam ſpinalem non bene medullæ nomine donari monet. Arteriam ſpiritum condere, quod ERASISTRATEUM videtur. Venæ cavæ non mala hiſtoria. Cor & venas ſemper moveri. Venæ cibum trahunt. Plus habet Anatomes, quam reliqua ſcripta HIPPOCRATICA pleraque.

Codices græci exſtant in *Bibliotheca Reg. Parif.* n. 2146. & 2254. Commentatus eſt in eum 1. *Johannes* HEURNIUS. *Jacobus* SYLVIUS 1561. 8°.*, qui præter generalia vix quidquam adtulit, quem video ab Hiſpanis citari cum titulo DIDACI de SYLVA 1548. fol. Prodiit etiam Venet. 1497. fol. Eſt inter libellos a ZWINGERO editos. Gallice vertit DACIER Pariſiis 1696. 12°.

Περι οςεων φυσιος ſive de *oſſium natura* a GALENO habitus eſt pro HIPPOCRATICO, & μοχλικου (r) nomine a veteribus inſignitur, pars nempe prior, quæ

(r) *Gloſſ.* ad vocem παραςατας. Μοχλικον EROTIANUS habet.

quæ brevem osteologiam continet, & ossium numerum. Vesiculæ seminales hic indicantur, hepatis vero quinque lobi animalis anatomen produnt. Hominem tamen majora quam canem intestina habere recte docetur. Inde vena cava superior, inferior, & aliqua de nervis. Tunc venarum plenior historia. Et iterum venæ, sed quatuor illa paria, quæ diximus post librum *de natura humana*. Hanc denuo alia melior historia venæ cavæ excipit. Aorta hic arteria vocatur, & venam huic se submittere dicitur, & hepar septo transverso adhærere. Ad finem bona descriptio paris vagi & intercostalis, quæ quidem HEROPHILEAM peritiam redoleat. Vox fundæ in surali vena, obscuri sensus. Denuo de venis, etiam ad futuras in cerebrum radices agentibus, de vena nutritia tibiæ. Cordis auriculæ hic dicuntur, quas ARISTOTELES nondum habet. Ex quibus omnibus conficias, nuperius ARISTOTELE & post inventa HEROPHILI scriptum esse. Citat librum περι φλεβων auctor *lect.* HIPP.

Codices M.S. passim exstant. In Bibl. Reg. Paris. n. 2140. 2141. 2142. 2143. 2144. 2254. 2545.

Ejusdem ætatis putem esse librum περι καρδιης, quem ne GALENI quidem tempore adgnitum fuisse certum est, neque ab EROTIANO recenseri. ERASISTRATI continet placita, & anatomen nimis accuratam, quam quæ sit HIPPOCRATIS. Humorem pericardii dicit, cor musculum nominat (s). Experimentum refert in sue factum quo constitit, aliquantum de potu in asperam arteriam quasi furtim illabi. Ventriculus cordis dexter brevior hic dicitur, & amplior, sinister sub sinistra mamma positus, uterque intus reticulatus (corrosus). Auriculæ duæ; quæ inflentur & contrahantur. Valvulæ cordis hic primum dicuntur, cum aranearum telis, ob intervalla funiculorum, comparatæ, quos auctor pro nervis habet, & ante eum ut videtur, ARISTOTELES. Earum valvularum numerus, vis ita aortam claudens, ut ne aer contra eas subeat. Arteria altera, nempe pulmonalis, hic primum diserte dicta, suis cum valvulis. Inter omnes libros HIPPOCRATICOS plurimum habet bonæ & veræ anatomes.

Defendit legitimum esse *Georgius* SEGER in l. de libri περι καρδιης *ortu legitimo* Basileæ 1661. 4°.*. Edidit cum enarratione *Jacobus* HORST Francofurti ad Viadr. 1563. 4°. RIV.

In eumdem commentatus est etiam J. NARDIUS *in noct. genial.* X.

Codex exstat in Bibl. R. Paris. n. 2254.

Arabice *ketab alcalb le* BOCRAT HERBELOT.

Liber περι αδενων eamdem de catarrhis habet theoriam, quæ est in libro de *locis hominis*. Glandulæ hic certe spongiosæ dicuntur. Quas in articulis citat HIPPOCRATICUS auctor, eæ potuerint alares esse, & similes aliæ, conglo-

(s) Ob id ipsum spurium facit libellum *Lud.* MERCATUS *de pulsuum harmonia.*

globatas etiam illas colli, mesenterii putes ab HIPPOCRATE indicari, eo enim refero quas ad omentum refert. Ad pancreas pertinere putem, quæ de glandulis intestinorum maximis dicit; sed & renales, & tonsillas, & inguinales glandulas habet. Cerebrum cum glandula comparat. Meatus pituitæ ex veterum habet opinione. Hunc librum & EROTIANUS omittit, & GALENUS juniori scriptori tribuit (t).

Codex exstat in Biblioth. Reg. Paris. II. n. 2254.

Edidit cum tabulis *Theodorus* ZWINGER, Basileæ 1579. fol.*

In libro περι γονης, quem EROTIANUS non habet, subtilis theoria habetur„ a capite in medullam spinalem, inde in renes, denique in testes semen venire (ob vasorum spermaticorum originem). Genituram ab omnibus corporis partibus defluere, semen utriusque sexus commisceri. Marem generari, quando validius semen prævalet, feminam si debilius. Fetum patris esse similem, si semen patris copia prævaluerit, & contra.

J. WILLICHIO interprete prodiit Argentorati 1542. 8°. Cum POLYBI nomine vertente *Albano* TORINO Basil. 1544. Latine etiam versus cum not. GORRHÆI Paris. 1545. 4°.* gr. lat. & 1622. fol. Est inter libellos ZWINGERI. Commentatus est in eum J. SYLVIUS Paris. 1561. 8°. DIDACI de SYLVA commentarium video citari excusum Basil. 1556. 4°. an forte SYLVII. Medice magis quam physiologice scripsit, & fabellas veterum repetit. Gallice per *Guillaume* CHRETIEN Paris. 1556. 8°. ETR. 1559. 8°. MAITT. Italice vertente *Petro* LAURO cum titulo POLYBI, Venetiis 1545. 4°. TREW.

Codices M.S. multi sunt in Bibliotheca Reg. Paris. n. 2140. 2141. 2143. 2146. 2254. & ni fallor 1868. In Patavina Canonicorum Lateranensium Bibl.

Liber περι παιδιου φυσιος, sive *de natura pueri*. Subtilis & iste liber est, quo phænomena generationis ab adtractione & a spiritu repetuntur. Semina utriusque sexus misceri, accedere a matre spiritum, obduci membrana uti panis quum calescit & inflatur. Tunc ovum humanum a Psaltria ex auctoris consilio rejectum, multo adultius certe, neque enim sexto die humani fetus conceptaculum ovi æquale fuerit; neque putem respirationem umbilici ea ætatula conspicuam fuisse. A sanguine menstruo per membranam adtracto fetum incrementa capere. Sanguinem circumfluere secundas, & ab iis resorberi. A spiritu fetum hactenus carneum articulari, artusque prodire intra diem trigesimum, si mas fuerit, & quadragesimum si femina. Membranas & alia omnia ex umbilico produci; ex sanguine secundas nasci. Hæc experimentis confirmat, quæ fecit in ovis gallinæ subpositis, inque singulos dies detractis, quale experimentum etiam ARISTOTELES fecerat. Ut pullus ex ovo vigesimo die excludatur. Fetum ob alimenti defectum calcitrare. Decimo mense mulierem parere. Ex receptione in diversos sinus diversos sexus gemel-

(t) De artic. Comm. L. I.

gemellorum fieri. Pelliceas vestes congestas & conpressas exustas fuisse. Hæc pauca ex pluribus. Putes ejusdem esse auctoris, qui paulo priorem libellum scripsit, & HEROPHILEIS demum temporibus prodiisse aut serius. Spurium esse nobiscum MERCURIALIS. MEIBOMIUS etiam & CLERICUS rejiciunt, in quo nimis multum sit ratiocinii & conjecturæ. POLYBO tribuitur a GALENO, & alibi dubitatur num HIPPOCRATIS sit, num POLYBI (u). Citatur equidem in *primo muliebrium*, sed neque eum librum pro genuino habuerim. EROTIANUS habet inter HIPPOCRATICOS, & CENSORINUS, & PALLADIUS.

Prodiit græce cura *Albani* TORINI, Basileæ 1538. 8°. & cum J. GORRHÆI interpretatione, cumque ejus scholiis, gr. lat. cum l. *de genitura* cura ejusdem GORRHÆI Parisiis 1545. 4°.* 1564. 4°. 1622. fol. BODL. A *Jodoco* WILLICH conversus cum notulis Basil. 1542. 8°.*. Exstat etiam in Artisella Lyon 1527. 4°.* & inter libellos ZWINGERI.

DINI de GARBO *recollectiones in* HIPPOCRATEM *de natura fetus* prodierunt Venetiis 1502. fol. 1518. fol. B. GESN.

ABULABBAS ACHMET BEN MOHAMMED AL SARAKSI circa annum hegiræ 380. hunc librum arabice vertit. Gallice reddidit *Guillaume* CHRETIEN, & edidit Rheims 1553. 8°. DU VERDIER.

Codices Manuscripti passim exstant, ut in Bibliotheca Regia Parisiensi n. 2140. 2141. 2142. 2143. 2144. 2146. 2147. 2254. 2545.

Liber περι επταμηνου & περι οκταμηνου, qui GALENI tempore nondum divisi fuerunt, & manifesto cohærent, antiquis temporibus habiti sunt pro HIPPOCRATICIS. Ex iis enim veteres JURIS CONSULTI suas de tempore partus legitimo leges sumserunt;. Citatur in lectionibus HIPPOCRATICIS l. περι ἑβδομαδος & περι ἑβδομαδων spurium tamen & ipse TRILLERUS vocat (x), & EROTIANUS omittit, & mihi quidem deterioris ævi videtur. Fetus dari septimestres & undecimestres, octimestres vero omnium minime vult vitales esse. A septimo & nono mense in utero fetum ægrotare.

Passim utriusque codices M.S. exstant, ut in B. R. *Paris.* n. 2140. 2141. 2142. 2143. 2144. 2146. 2546. 2254.

In eos exstant commentarii *Hieronymi* CARDANI Basileæ 1568. fol. *Johannis* LALLAMANT Lugduni 1571. 8°. & 1588. 8°. cum *Fabii* CALVI & CORNARII Commentariis, & nova interpretatione. Accedit GALENI fragmentum in *Libro de fetu septimestri*, quod spurium dicitur. Una prodiit Liber de *ætate*. Sunt in libellis ZWINGERIANIS.

Liber περι επικυησιος, sive de *superfetatione*. Chirurgici magis scopi est. Habet tamen duo uteri cornua, omnino ex bestiis, per quæ superfetationem interpre-

(u) Περι κυουμενων διαπλασεως.
(x) In L. de *anatome*.

terpretatur, & de situ pueri aliqua, quem ex majori mamma distinguas, deque graviditatis signis; ut masculum aut feminam femina concipere possit, hoc vel illo teste maris obligato. Non putes genuinum esse.

Exstant codices fere cum priori n. 2140. 2141. 2142. 2143. 2144. 2146. 2254. 2545.

Liber περι αιωνος. Sunt qui conjungant cum libro *de carnibus* & *principiis*. Describitur iterum ovum humanum, quale meretrices abigunt, in quo fetus per suos articulos distinctus sit. Signa conceptus. Vita per septenarios distincta, cum eadem illa severa sententia contra octimestres fetus. Nimis frequenter se ipsum citat, non genuini libelli auctor.

Prodiit cum libellis de octimestri & septimestri partu, cura LALLAMANTII, uti diximus.

In libris practicis HIPPOCRATICIS passim aliqua huc facientia reperias. In *Epidemicorum* L. II. eadem venæ cavæ est historia, quæ cum libro *de ossium natura* prodiit, in quo bis arteria nominatur. ut illegitimum esse librum facile adgnoscas: redit etiam eadem nervi octavi & intercostalis descriptio. GALENUS tamen has venas pro legitimis habet HIPPOCRATIS placitis (y). Dens primæ vertebræ etiam hic nominatur. In eodem libro II. Intestina cola homini fere se habere ut in cane, cæterum majora esse. Ea pendere de mesocolis, ista de spina ex nervis. Locus utique anatomicus, alienissima sede positus, qui comparationem humanæ anatomes cum animalibus continet.

In reliquis *Epidemicorum* libris passim aliqua reperiuntur rariora, quæ ad physiologica pertinent, ut barbata femina, quæ antea pueros aluerat (z).

In L. V. arteriæ a venis distinguuntur, ut vel eo signo iterum adgnoscas, non esse genuinum.

In Libro VII. *Epidemicorum*, sed etiam περι τροφης & alibi, loci sunt HIPPOCRATIS de exhalatione, quæ fit ex vena calida, & de inhalatione, quos locos ILL. vir *Abraham* KAAUW collegit.

In Libro IV. de morbis multa huc pertinent. Semen ab omnibus partibus defluere, & de singulis præcipuis humoribus aliquid ad semen venire. Humores quatuor soliti, sed cor fons sanguinis, caput pituitæ, lien aquæ, jecur fellis. Singula organa suum humorem adtrahere. Nullum in pulmones humorem descendere.

In Libro I. de morbis venæ describuntur, quas veteres splenicam dixerunt & hepaticam.

Liber

(y) *Placit.* HIPPOCR. & PLAT. VI. c. 5.
(z) *Epidem.* VI.

Liber *de diæta primus*, quem Cl. SPONIUS (a) genuinum facit, HERACLITEAM continet sapientiam; omnia ex aqua & igne structa, ex iis elementis combinata temperamenta. Uterum bifidum, semen masculum & femininum, ex alterutrius prædominio sexus & mores in fetu; Theoriam illam celebrem germinum indestructibilium, s. ψυχων, quæ in αδη latent inconspicua, tunc in uterum recepta in fetus convalescunt, perque mortem in regnum invisibile redeunt. Sermo minime HIPPOCRATICUS est, & tantum acumen, ut nunquam, si genuinum esset HIPPOCRATIS opus, posses CELSUM ferre, qui ab eo ipso viro medicinam scribat a philosophia sejunctam fuisse.

Pro commentario in hunc librum haberi potest dissertatio, quam *J. Matthias* GESNER de ψυχαις HIPPOCRATIS edidit Gottingæ 1737. 4°.* quam eamdem recultam & auctam in *Commentariis Societ. Scient. Gottingensis* reddidit.

Gallice vertit DACIER Parisiis 1696. 12°. 2. Vol.

Liber περι ἱερης νουσου sive de Epilepsia multo subtilior HIPPOCRATICIS, & serioris procul dubio ævi est. Anatome cerebri hic traditur, hominis cum animalibus comparati. Falx duræ membranæ & venarum systema hic dicitur, non facile intellectu, quæ a hepate, & a liene adscendere dicuntur: has venas a spiritu auctor ait percurri, ex quo morbus fiat, de quo agitur; & morbum fieri quando pituita in venas delapsa aërem excludit, quæ fere theoria est ERASISTRATEA. Spiritum per nares in cerebrum venire, tum in ventriculum, in pulmones, in venas etiam dispergi, sapientiæ & motus causam esse. Aures cordis habet. Caprarum epilepticarum capita dissecuit, reperit cerebrum humidum, & fœtidum. Cerebrum esse sedem prudentiæ. Habet inter HIPPOCRATICOS EROTIANUS.

Liber *de insomniis*, in quo vox ipsa περιοδος αἱματος reperitur, ad pathologiam potius pertinet. Illa vero periodus quid sit, arduum est dictu, cum a fluminibus non solito modo fluentibus ajat indicari, & alias excedere modum, alias intra esse. Insomnia fere ad mechanicas suas in turbato corpore causas reducit. Cæterum HIPPOCRATES ubique de natura ita loquitur, ut de principio sapiente, & in sano & in ægro corpore motus vitales dirigente, dicere putes. Seorsim edidit *Andreas* BRENTIUS cum præfatione ad SIXTUM IV. P. M. seculo adeo XV. Est etiam in collectione Venet. 1497. fol. Quarta forma absque loco & anno GUNZ. deinde Lyon 1549. 8°. & Græce apud MORELLUM 1586. 8°. Commentatus est J. *Cæs.* SCALIGER Giess. 1610. 8°. &c.

In L. III. de natura muliebri clitoridem dici putes.

(a) *Præfat.* ad HIPPOCRAT.

§. XIX. *Libri male inter Hippocraticos recepti.*

Liber περι αρχαιας ιητρικης, recensus ab EROTIANO, vix tamen potest esse HIPPOCRATIS, si quidem ob primarum qualitatum inventionem a GALENO (*b*) laudatur, hoc vero libro eæ qualitates acriter refutentur. Ipsam demum Anatomen AUCTOR pro inutili habet. Seorsim cum sequente latine versum edidit JANUS CORNARUS Basil. 1543. 4°.

In Libro *de arte*, qui totus est in ratiocinio, legas „ multos in corpore ventres esse, inque omnibus partibus, quæ musculos habent. Omne inconcretum cavum esse, & repleri dum sanum est, flatu, dum ægrum sanie. Porro de aliis corporis humani caveis. In articulis spumosum quid esse, & circa se forulos habere, per quos ichor exsudet.

Hos duos seorsim edidit J. CORNARUS Basil. 1543. 4°.

Inter HIPPOCRATICOS reperitur libellus περι φυσιος ανθρωπου, alius ab eo, quem diximus. Compendium anatomes est, floride scriptum, sed exigui momenti. Bilem viridem noxiam esse.

Vertit Gallice DACIER.

Liber ad Mæcenatem de Natura generis humani exstat M.S. in *Bibliotheca Reg. Paris.* n. 7027. latine.

Græce non exstat HIPPOCRATIS *de structura hominis ad* PERDICCAM *Regem* liber, post ERASISTRATUM scriptus, cum in sinistro cordis ventriculo spiritus habitare dicatur, & arteriæ cum venis inter partes similares corporis numerentur. Numeri aliqui partium: Intestinorum cubiti tredecim. Nomina mensium Romana possent esse a traductore.

In eum l. exstat J. STEPHANI Commentarius Venetiis 1653. fol.

Quis fuerit alius *de opifice hominis* l. ad Demetrium *Eclog. Oxon. Cantab.*

An forte idem liber *de præparatione hominis* ad R. PTOLEMÆUM a J. REUCHLIN latine versus Tubing. 1512. 4°. FREYT.

Codex est inter regios græcus n. 2047. sed novus & alter n. 2301.

Fragmentum *de ætate* ex PHILONE habet hominis vitam per septenarios divisam.

Liber *de Septimanis* HIPPOCRATI tribuitur, cujus latinus codex exstat in Biblioth. R. Paris. n. 7027.

Librum *de oculis* HIPPOCRATIS Arabes citant *ketab alain men albadin le Bocrat* HERBELOT.

Librum

(b) *De facultat. naturalibus*, L. I. c. 2.

Librum *de temperamentis* HIPPOCRATIS Arabes habent, *ketab kesimet alensan va mezag albascho*, si recte scribo, vertente HOGI KHALIFAH.

Alia ab HIPPOCRATE scripta fuisse, aut certe huic viro adscripta, ex HIERONYMO Stridoniensi SCHULZIUS ostendit, ut l. de similitudine fetus ex picta imagine nata.

Librum HIPPOCRATIS *de urinis* habebant Arabistæ, gallice redditum in *Biblioth. Britann.* TAYLORI, inter TYSONI codices n. 4155.

De editionibus HIPPOCRATICORUM operum alias dicemus.

Sic CODICES GRÆCOS operum omnium.

§. XX. *Quanti* HIPPOCRATIS *Anatomen oporteat æstimari.*

Cum primus GALENUS HIPPOCRATEM tamquam instauratorem anatomes extulerit, fere piaculi loco habitum est, si quis tanti viri laudibus detraheret quidquam. Invenisse ductus salivales, vasa lactea, lymphatica, pulmonis vesiculas C. G. STENZELIUS. Circulationem sanguinis perspexisse 27. dissertationibus (*c*) *J. Ant. v. der* LINDEN, Leidæ ab anno 1659. editis 4°.*. Nuper CL. DUTENS eum circulum scripsit abunde descriptum reperiri in operibus HIPPOCRATIS (*d*), quæ eadem STENZELII est opinio, & J. NARDII (*e*), tum *Caroli* DRELINCOURT (*f*), J. RIOLANI (*g*), *Camilli* FALCONET (*h*), ipsius demum viri summi *Jacobi* DOUGLAS. Sed etiam *Leonardus a* CAPOA (*i*) alioquin non credulus, HIPPOCRATEM laudat, quod corpora humana inciderit, ut causam mali inveniret.

Ostendimus alibi, HIPPOCRATI quidem non ignotum fuisse, venas omnes inter se communicare, sanguinem etiam & ad fines earum fluere, & adversus cor per eadem vasa refluere (*k*). In arteriis temporalibus refluxum quidem manifesto docet, & ex eo pulsum deducit (*l*); sanguinem qui ad uterum descendit, eo obstructo versus cor redire (*m*) alibi, in dubio quidem libro scribit: sanguinem ex corde in venas jugulares ire iterum alibi (*n*). Verum neque arteriarum a venis discrimen HIPPOCRATI notum fuisse satis constat, neque usquam scripsit, sanguinem ex arteriis transire in venas, perque eas refluere, in

(c) *De* HIPPOCRAT. *studio anatomes singulari*, Witteb. 1754. 4.
(d) II. p. 44.
(e) *Noct. genial.* 10.
(f) *Epimetra ad diss. de lienosis.*
(g) *Oper. omn.* 1649. p. 556.
(h) *Trait des fièvres*, Paris 1723. 12.*
(i) *Raggionamenti* II. p. 270.
(k) Certe in l. *de alimento*, & *de loc. in homine*. Cum refluxu maris comparat *de humor.*
(l) Περι τοπων, n. 6.
(m) *Virg. morb.* n. 2.
(n) *Morb.* L. IV.

in quo quidem itu & reditu circuitus sanguinis versatur. Frigidissimæ sunt excusationes, quas proferunt, ut ostendant, quare Vir ILLUSTRIS mentem suam non dilucidius declaraverit. Plerique præterea libri, quos citant, post HIPPOCRATEM scripti sunt, ut ii omnes, in quibus arteriæ aliud quidquam præter vasa aerea pulmonis significant. Similia mecum olim CLERICUS monuit, & SCHULZIUS, & *Andr. Ott.* GOELICKE (o). Quæ vero HIPPOCRATICÆ anatomes compendia & CLERICUS dedit & SCHULZIUS, ea certe minus habent utilitatis, quod ex omnibus promiscue libris decerpta sint, qui pro HIPPOCRATICIS collecti prostant, & quorum pars minima certa est.

De Anatome HIPPOCRATIS GALENUS librum scripserat, qui periit (p).

Operum sexaginta HIPPOCRATIS secundum SORANUM codex exstat in Bibliotheca MEDICEA.

HIPPOCRATICAM osteologiam ex operibus quibuscunque extraxit J. RIOLANUS, Parisiis 1613. 8°.

§. XXI. *Prodicus. Aristides. Diogenes. Syennesis. Alii Antiqui.*

PRODICUS parum notus auctor, & incerti ævi, flavam bilem ab etymologia nominis phlegma dixit (q). Non video ut definiri possit, num de discipulo HIPPOCRATIS sermo sit, num de eo PRODICO, qui pro PRÆCEPTORE divi senis habitus est.

ARISTIDES SAMIUS (r) de septenariis dum agit, HIPPOCRATEM videtur secutus esse. Semen nempe in utero muliebri primis septem diebus conglobari & coagulari. Quarta hebdomade caput & spinam dorsi formari, septima totum fetum.

CTESIAS Cnidius in suis Indicis passim rem naturalem adtigit, & semen Elephanti in speciem electri scripsit indurari (s).

PHILISTION Siculus, quem RUFUS Italum vocat, venas per tempora super caput tendentes δρακοντίδας dixit (t). Respirationis utilitatem ponit in ventilatione caloris innati, & in refrigeratione (u). Potulentorum partem in asperam arteriam descendere putabat (x). Inter anatomicos a GALENO recensetur (y).

POLYBUS

(o) *Histor. Anat.* p. 29.
(p) *Util. part.* XIV. c. 4.
(q) GALEN. *placit.* HIPPOCRAT. VIII. c. 8.
(r) A. GELLIUS L. III. c. 10.
(s) ARISTOT. *gener.* L. II. c. 2.
(t) RUFUS *Appell.* L. p. 41. 42.
(u) GALEN. *util. resp.* c. 1.
(x) A. GELLIUS, L. XVII.
(y) *Nat. hum.*

POLYBUS passim inter anatomicos numeratur, ejusque pro operibus libri sunt habiti, qui inter HIPPOCRATICOS exstant. Ita POLYBO tribuitur, fetum 182. dierum posse vitalem esse (z); ut octimestrem non rejiciat.

DIOGENES APOLOLLONIATES, ignotus alioquin auctor, ex professo de Anatome ante ARISTOTELEM scripsit. Duas maximas venas (cavam & aortam) per ventrem secundum spinam dorsi pertendi, alteram secundum dextra alteram per sinistra, ad pedem sui lateris: easdem per collum in caput efferri, & ramos ad omnia membra mittere, dextram dextrorsum, sinistram sinistrorsum. Has duas venas cor adire circa spinam dorsi. Alias vero duas paulo superius per alam ad manum tendere, quarum altera lienaria dicatur, jecoraria altera. Has partim volam manus adire, partim dorsum manus, & in digitos ramos dare. Nimis longum foret enarrare omnia; satis tamen adparet, hunc virum venarum historiam scripsisse; eamque non satis forte veram (a), cæterum minutam.

Citat etiam PRISCIANUS DIOGENIS APOLLONIATÆ librum *physicorum*, inquo semen scripserit essentiam esse sanguinis (b). Aliqua loca CENSORINUS habet, in quibus IDEM docet ex humore carnem fieri, ex ea ossa, & nervos (c). In utero fetum de eminentia quadam sugere (d), & solo ex patre semen advenire (e).

Alter Angiologiæ auctor SYENNESIS *Cyprius* est. Venas crassiores ait ita oriri, ut de oculo præter supercilium per dorsum ad pulmones sub mammis eant, altera de latere dextro in sinistrum, altera de sinistro latere in dextrum. Alteram per hepar ad renes, ad testem, alteram ad lienem, renem & testes, indeque postremo ad genitale produci (f).

Subveniunt ista iis, quæ pro Asclepiadarum Anatome diximus. Adparet enim, ante ARISTOTELEM fuse & per singula, varios auctores de anatome scripsisse.

DIOTIMUS Gymnastes a THEOPHRASTO (g) citatus, tres fecit differentias sudorum, ut inciperent, & medii prodirent, aut novissimi.

MONAS (h) Medicus cum sanguine sudorem comparabat.

EURYPHON Cnidius inter antiquos medicos, aliquo ante HEROPHILUM intervallo

(z) PLUTARCH. *placit. phil.* V. c. 18.
(a) ARISTOT. *hist. anim.* III. c. 2.
(b) L. IV.
(c) CENSORINUS, c. 6.
(d) *Ibid.*
(e) IDEM, c. 5.
(f) ARISTOT. l. c.
(g) *De sudore.*
(h) *Ibid.*

tervallo recenfetur, qui de anatome fcripferint (*i*). Cremnos dixit, quæ vulgo nymphæ audiunt (*k*). Octimeftres fetus negavit vivere poffe (*l*).

Ejusdem fere ævi MEDIUS eft (*m*).

EPIGENES antiquior a THEOPHRASTO citatur, qui κοπον five dolorem laffitudinis in venis & nervis refidere fcripfit (*n*).

SIMONIDES Medicus, & METRODORUS Scepfius fcripferunt de arte memoriæ (*o*), quorum ætatem nunc omitto quærere.

§. XXII. *Plato.*

Philofophus nulli fecundus, qui & DEO digniffime fcripferit, medicinam amavit (*p*); idem paffim theoriam medicinæ & phyfiologiam adtigit, multumque dedit conjecturis, ut fatis credas medicinæ (*q*) nocuiffe. HIPPOCRATEM potiffimum imitatur (*r*), quem etiam SOCRATES magni fecerit.

EJUS liber, qui τιμαιος dicitur, five de *Natura*, leviter utique phyfiologica tradit. Oculos lumen internum emittere. Plantas animatas effe. Animam corpore includi, & male viventes in feminas degenerare, quoad vitia ab elementis contracta exfuerint. Pulfantes venas dicit, quæ funt arteriæ, cor originem & fontem fanguinis. Aliquam partem potus in pulmonem defcendere, popularem fententiam fecutus, ab EURIPIDE etiam & HIPPOCRATE receptam. Semen a capite per cervicem & dorfi fpinam in teftes advenire. Medullam fpinalem primam formari, cerebrum ejus appendicem effe (*s*). Uterum conceptionis cupidum, eaque fruftratum, tamquam animal per corpus oberrare.

Multæ funt editiones. Quæ coram eft, habet CHALCIDII commentarios, & interpretationem, tum aliam elegantem, non plenam, M. T. CICERONIS, græce & latine Parifiis 1579. 4°.

Prodiit cum eadem CHALCIDII interpretatione & verfione Parif. 1563. 4°. Porro curante MEURSIO Lugd. Batav. 1617. 4°. RINK; & cura J. A. FABRICII Hamburg. 1718. fol. & fæpe alias.

Ejus codex eft græcus cum ea interpretatione CHALCIDII (*t*) in Bibliotheca D. MARCI Veneta. Alii in B. R. *Parif.* n. 1815. 1823. 2010. alius in *Baillolenfi* Oxon. cod. 367. TAYLOR & in BODLEYANA.

Jeni

(i) *De nat. human.*
(k) RUFUS.
(l) CENSORINUS, c. 7.
(m) *De nat. human.*
(n) THEOPHRAST.
(o) PLINIUS, *hift. nat.* L. VII. c. 24.
(p) ÆLIAN. *var.* L. IX. c. 22.
(q) CLIFTON. p. 19.
(r) *Uf. part.* L. I. c. 8.
(s) GALEN. *uf. part.* L. VIII. c 12.
(t) f. alterius, qui eum fequitur: Ita in *catalogo* legitur.

Jani BIRCHERODII junioris in TIMÆUM PLATONIS schediasma Altdorf. 1683. 4°. TREW.

PROCLUS DIADOCHUS in eundem TIMÆUM commentatus est, ejusque codex exstat in *Bibliotheca Vindobonensi* (*t*), & alius in *Biblioth. Reg. Paris.* II. n. 2028. Cum eo commentario PROCLI prodiit Basil. 1534. fol.

Opera omnia apud *Henricum* STEPHANUM 1578. 3.Vol. Ex traductione MARSILII FICINI Venet. 1571. fol.*.

Quæ per alia PLATONIS opera dispersa habentur, ea omitto, cum vir omni laude dignus scalpello nunquam usus sit.

§. XXIII. *Aristoteles.*

MAGNI VIRI major, certe in physicis, discipulus, qui ipse sua manu etiam viventia (*u*) animalia dissecuerit, & primus a rerum memoria anatomicas icones depingi curaverit, omnino ad nostros mores literis designatas; medicinæ in universum amator (*x*).

IDEM a PHILIPPO R. & ab ALEXANDRO adjutus (*y*) de animalibus, de eorum moribus, de figura, de fabrica & visceribus innumeras piscium & venatorum relationes conjunxit cum suis adnotationibus, & eo progressus est, ut quid cuique classi animalium commune & characteris essentialis loco sit, accurate in plerisque definiverit: deinde in quoque viscere, membro, humore, exposuerit, ut quodque eorum in quaque classe, & in generibus demum animalium se habeat. Sæpe humana viscera cum animalium visceribus comparavit, sicuti per singula dicemus; ut omnino negari non debeat, summum virum aliquam anatomes humanæ cognitionem habuisse. Errores intermistos adgnosco, ut tres illos cordis ventriculos, quorum unum putes esse auriculam dextram. Verum ut passim reprehensionem non effugerit, & BORRICHII (*z*) censuram hactenus sit meritus, inmensum tamen opus & absque pare condidit, quod ne posteritas quidem susceperit æmulari, eaque fuit felicitate, ut cepta omnia perficeret. Qui enormes pecunias ARISTOTELI erogatas, & ab ATHENÆO (*a*), PLINIO (*b*) & ÆLIANO (*c*) enumeratas rejiciunt, nihil adferunt, cur suppetias summo viro discipulus & discipuli pater non miserint.

Περὶ ζώων ἱστορίας princeps opus fuit ARISTOTELIS. Libro I. communia animalium tendit. Spongias sensum aliquem habere putat, & ad evulsuri adcessum contrahi (*d*). Aliqua, vitiosa, de futuris aliter se in viro, aliter in

(t) LAMBEC. L. VII. p. 44.
(u) Chamæleontem, quem vidit costas adducere & cogere L. II. c. 11.
(x) ÆLIAN. *var* L. IX. c. 22.
(y) IDEM, *ibid.* L. IX. c. 13.
(z) In *Ægypt. sapient.* c. 10.
(a) ÆLIAN. L. IX. c. 13.
(b) L. VIII. c. 16.
(c) L. IV. c. 19.
(d) Conf. L. V. c. 16.

in femina habentibus, aliusque in costis tantum octo (e) error. Omnia animalia oculos habere præter testacea; talpas (f) non habere. Aures omnibus esse, quæ generant, cetis exceptis & phoca. Sic per singulas partes corporis externas it. Inde de partibus internis. Cerebrum venas (g) non habere, obduci tamen cuticula. Tres meatus ab oculis ad cerebrum ducere (h), maximos eorum & minimos ad cerebellum venire. Pars in aure cochleæ similis (i). Viam ab aure in palatum ducere, per quam vena eat. (k). Crocodilum superiorem maxillam movere (l). Epiglottidem larynem tegere. Solus homo auriculas non movet. In magnis animalibus spiritum manifesto cor subire. Sinus tres cordis: Aorta (m) primum hoc nomine impertita (n). Viscera abdominis. Lienem locum cum hepate nonnunquam commutasse. Porro lienem, hepar, renes, alias partes hominis cum iisdem in animalibus partibus confert, ut manifestum fit, aliquam hominis anatomen jam tunc innotuisse. In Naxo fel pecori grande esse, in Chalcide nullum. Portæ hepatis. Meatus a vena & ab aorta ad renem venire; in cavum non penetrare. Vesica homini pro portione amplior. Viam a genitali ad testes (o) esse.

In hunc librum exstant *Christophori* GUARINONII *commentaria* Francofurti 1601. 4°. QUADR.

Lib. II. Iterum de iis, quæ animalia communia habent aut diversa. Leoni collum nullis distingui vertebris. De camelis, papillas habere quatuor, eorum genitale retrorsum spectare. Sues visas esse solidipedas. Sus femina vulvam exserit. Animalia, quibus in pene est ossiculum. Esse quibus firmiores dentes novissimi octogesimo demum anno cum dolore prodierint. Dentes, suffragines, lingua, alia elephanti, ut probe ARISTOTELI innotuerit. Simiæ umbilico carent, natibusque. Crocodilus lingua destituitur, auriculis, mammis. Chamæleon ejusque oculi rotatiles, & variabiles colores; ejus etiam lacertæ anatome, & cerebrum oculis contiguum: dissectum diu spirare. Aves: carere (p) epiglottide: de earum vesicula (q) fellea. Delphinus mammas habet, aut alveolos lacte plenos. Multis piscibus gulam amplam esse (r). Remora pedes habere videtur, nec tamen habet. Per varias classes, quæ in visceribus similia habeant, quæ diversa. Lien oviparis exiguus, capricipiti avi nullus. Vermes cervi-

(e) L. c. c. 15.
(f) C. 9.
(g) C. 16.
(h) Conf. L. I. c. 11.
(i) l. c. c. 11.
(k) *Ibid.* Putes tubam EUSTACHII cum canali carotico confundi.
(l) *Ibid.* c. 2. & alibi.
(m) C. 13.
(n) Conf. GALEN. *diss. arter.* c. 1. & de *sem.* L. I. c. 8.
(o) l. c. 17.
(p) C. 12.
(q) L. II. c. 15.
(r) C. 17.

cervi in faucibus perpetui (*s*). Cervus, Elephantus, Delphinus, felle carent. Fel piſcibus aliis in jecore eſt, aliis de inteſtinis pendet de exiguis meatibus. Veſica carent oripara (*t*), ſola teſtudo marina habet, & quidem grandem. Quatuor (*u*) ventriculi ſunt iis, quibus unica eſt dentium ſeries; eos ventriculos noſter exponit, etiam echinum. Elephantem diſſectum deſcribit, inteſtinum convolutum, ut quatuor alveolos videatur habere; viſcera ſuillis ſimilia, lienem minorem. Ventriculus ſerpentum & viſcera, & magnus appendicum in piſcibus numerus, deque earum varietate. Appendices avium paucæ, & ad finem inteſtini in plurimis poſitæ (*x*). Ingluvies, ventriculus carnoſus. Corvis ingluvies nulla, tinnunculo ventriculus ingluviei ſimilis. Nulla ingluvies ubi collum longum, ut porphyrioni. Lacerta caret aure, genitali, & teſtes intus habet (*y*).

Lib. III. Partes genitales. Hic plurimum laborem ARISTOTELES poſuit, & anatomen earum partium dedit. Ut in piſcibus teſtes ſe habeant, & eorum meatus. Deinde vaſa ſpermatica in quadrupedibus: arteriæ ſunt ex aorta natæ & venæ, & hoc loco citat ſuas icones, etiam literas addit, quæ teſtes & vaſa declarent. Ductus deferens hic dicitur. Elephas teſtes intus habet. Aortæ deſcendentis in lumbis diviſio. Inde uteri quadrupedum, bicornes omnes, vagina cartilaginea. Serpentum uteri. Quæ animalia acetabula in utero habeant. Angiologia ARISTOTELIS (*z*) non optima. Venæ pulmonalis rami arterias comitantur. Arteriæ a meſenterica ad hepar & lienem (*a*). Iterum ſinus cordis tres, & ex ſinu medio aorta. Sinus maximus qui auricula videtur dextra, pars venæ; venæ huic majori tribuit pulmonales venas: tunc venæ capitis & arteriæ ab aorta natæ: negat dari ad jecur & lienem arterias Nervos ex corde naſci, in cujus amplo ventriculo nervi ſint (*b*). Manifeſto vero hic nervos cum tendinibus confundit, qui ſunt circa articulos, & cum ligamentis. Fibræ ſanguinis. Aliqua ad oſſa. Leonem oſſibus eſſe ſolidis, & medulla carere videri, habere tamen nonnunquam (*d*). Cornua boum in Phrygia ſoli cuti adhærere. Locis calidis pili duri, frigidis molles. Cutem ſenſu deſtitui. Cor inverſum. Dura & mollis membrana cerebri. Veſicam habent ſola vivipara & teſtudo. Adipis & ſebi diſcrimen (*e*): utrinque dentata adipem habent, ea vero ſebum quibus unica dentium ſeries eſt. Cerebrum

(s) C. 15.
(t) C. 16.
(u) C. 17.
(x) C. 10.
(y) L. II. c. 10.
(z) C. 3.
(a) *Ibid.* c. 4.
(b) Conf. GALEN. HIPPOCRATIS & PLATONIS *decreta* L. I. c. 10.
(d) C. 7.
(e) C. 15.

brum subpingue est (*f*). A sebo renali oves suffocari. Sanguis variorum animalium varius, homini tenuissimus. Medulla animali juniori cruenta. Lactis discrimina. Suctu frequentiori lac etiam de vetulis elici, tum urticatione ex capris marem non passis, & nonnunquam hædos lac dedisse. Plus casei esse in bubulo lacte, quam in caprillo, etiam mensura addita. De butyro silet. Quæ lac augeant, medicam etiam minuere. Semen homini plurimum, in omni animale album, a nullo gelu constringitur. Pisces vivipari ossa habent, ovipari cartilagines (*g*). Ventriculi bisulcorum (*h*). Ureterum nomen (*i*).

Lib. IV. De animalibus exsanguibus, molluscis, crustaceis, testaceis, insectis. De polypo fuse. Esse marem & feminam, sic sepiam. Crustaceorum descriptio, cancrorum anatome. Testacea. Pectines & patellas locum eorum mutare. Anatome aliqua, omnia mutim habere. Cancelli testarum hospites. Urticæ marinæ sentiunt, & manui adhærescunt. Pisces audire, insecta olfacere: aliquos pisces sonum edere. Ranas mares cantare, ut feminas ad venerem illiciant, una oculos flagrare. Dormire quadrupeda, etiam pisces, & insecta. De sexu distincto: animalia immobilia sunt absque sexu. Dari pisces steriles, absque ovis, etiam anguillas. Anguillam neque marem esse, neque feminam. Frigidis feminas majores esse. Insecta divisa vivere (*k*). Vena a magna ad cor.

Lib. V. de generatione (*l*). Esse quæ generent ex coitu insecta, alia animalia etiam absque coitu. Coitus in variis animalibus. Quæ retro coeant. Piscium coitus. Feminas semen devorare. Perdicum, pisciumque nonnullorum ab aëre conceptus. Sepias etiam & polypos coire. Insectorum feminas caudas suas in marem inmittere, & eorum coitum diuturnum esse. Quæ animalia semel, quæ sæpius in anno pariant, primum de piscium genere, & quibus mensibus; deinde aves & quadrupeda. Quo tempore ista quidem generare incipiant, quo desinant. Etiam de testaceorum partu, & de purpura potissimum. De spongiis aliqua. De locustarum partu. Polypi ova, & sepiæ, ubi iterum figuras suas citat. De insectis: vermem parere, præter papiliones, qui aliquid cnici semini simile, intus tamen durum pariant. Chrysalides & nymphæ, quæ quiescunt, neque stercus emittunt. De bombyce & serico inde in Co insula parato, primum omnium a Pamphila Platis filia. Vermiculos a sole vel a spiritu primordium habere. Bestiolæ in fornacibus Cypriis viventes: Ephemera Hypanis fluvii. Apes feminæ, quas ex longitudine adgnoscas, & quas nonnulli matres dicunt, ut originis suæ gentis auctores; alii mares vocant, qui fuci. Duces nasci sex & septem, & seorsim. Labores apum; colligere ex omnibus, quæ flores ferunt calyculatos. Mel ore evomunt.

(f) C. 17.
(g) L. III. c. 7.
(h) C. 14.
(i) C. 3.
(k) L. IV. c. 7.
(l) Citat suos de stirpibus libros.

munt. Incubant, prodit vermiculus. Vita apum annorum ſex. Veſpæ. Cicadæ. Non ignoravit vir ILL. minimum inter chartas ſcorpium. De ætatibus animalium (*m*).

Lib. VI. Fuſe de avium ovis. In Ægypto pullitiem fimo procurari. Utique ova hypenemia pari. Gallinam inciſam deſcribit. Albumen igne ſpiſſari non vitellum, magis tamen in fervida, quam in igne. Columbas feminas etiam ſe ſupervenire, & inde plurium ovorum fieri fecundas. Punctum ovi ſaliens quod cor, venæ duæ, & membrana vaſculoſa, tum pullus capite & oculis maximis, vena vitelli, & vena membranæ ambientis; Tunc novi animalis progreſſus per dies, adeo accurate, ut capitis ſitum ſuper crus dextrum deſcribat. Reſorbtio vitelli in inteſtinum avis. Pullus in ovo pipit. Ova geminis vitellis. Columbam duos fere pullos una parere, primum marem, inde feminam. Cuculum non eſſe accipitrem, qui columbo propior ſit. De incubatione, minime contemnenda habet (*n*). Piſcium fetificatio: Eorum ova deſcribit, & viſcera reliqua, ex corde pronata, & oculos cum capite grandes. Mares in ſiniſtra ſede generari. Diſcrimina piſcium, parteſque genitales. Vivipari. Cartilagineos ſuperfetare. Cete. Piſces ovipari. Mas ſemine ova conſpergit, alioquin irrita futura. Idem ova cuſtodit, etiam plurimis diebus, quoad animal exeat. Apuas quasdam in ſpuma naſci, neque genus propagare. Anguillam ſexu carere & ovis. Tempus quo varii piſces utero gerunt. Piſcium velox eſſe incrementum, non bene. Fetificatio quadrupedum. Equas venerem appetentes humorem de genitali emittere. Menſes pati omnia animalia, minus tamen abunde quam mulier, & tunc, quando venerem appetunt, ut equas, vaccas. Equa minimum ſanguinis in partu amittit. Coitus & partus per ſingula quadrupeda cicura, deinde & fera. De renibus fetus equini monſtroſis, pene geminis. Mulum generare. Hyænam non habere utrumque ſexum, etſi mas quaſi vulvam habet.

L. VII. Coitus & fetus humanus. Refutat adfectationem illam dextri lateris vel ſiniſtri, quam alteri ſexui HIPPOCRATES tribuit. Fetus quadraginta dierum in aqua conſiſtit, prius diffluxurus, grandibus oculis. Rectius etiam HIPPOCRATE fetum ſeptimo menſe editum infirmum eſſe & imperfectum, meliorem octavo; partum differri ad undecimum. Recte etiam ultimum terminum fecunditatis facit quinque puerorum. Superfetare mulierem, etſi rarius. Fecunditatem, quam vocant, relativam non ignoravit. Ovum humanum: fetus conglobatus. Bovi quatuor ſunt umbilici venæ, recte: ſic ſanguinem umbilico reſecto ad mortem uſque fluere: reſocillari fetum ſanguine de umbilico in ejus corpus repreſſo. Non vagire etiam ſi caput exſtat, niſi totus de utero prodierit. Lac non de papillis ſolis, ſed paſſim de mamma exire. Pleroſque pueros ante ſeptimum diem interire convulſos. Malum pilare mammarum (*o*). Hic liber ſolus cum commentario J. C. SCALIGERI prodiit Lugd. Batav. 1584. 8°.

 L. VIII.

(*m*) C. 14.
(*n*) C. 3.
(*o*) L. VII. c. 11.

L. VIII. Victus animalium varius; urticarum marinarum, testaceorum, piscium, avium, serpentum. Istos vino se inebriare: apud pharmacopolas diu absque cibo vivere, jam tunc adeo dabantur pharmacopolæ. Quadrupeda. Etiam lupos ægrotantes herbas vorare. Fatigatos tridui fame sues, & aves celeriter pinguescere. Mores animalium, mutatio loci. Hic ARISTOTELES pygmæos vere dari confirmat, exilem & hominum gentem & equorum. Aves migratrices. Psittacum, indicam avem, loqui dicunt. Animalium latebræ. Senecta, quam exsuunt, etiam de oculis serpentis decedit. Morbi animalium. Canis rabiem utique habet, & addit demorsa animalia & ipsa rabire, non tamen hominem, de equo etiam fuse. Animalia hybrida. Pisces morbis esse obnoxios, & extenuari (p).

Octo librorum priorum codex exstat in *Bibliotheca Medicea*, inque PLUTEO 87. MONTF.

L. IX. Animalium odia & inimicitiæ. Hic BUFFONIUS hausit, ovem animalium esse stultissimam. Inde historia naturalis cervi. Medicinæ animalium; nidi. Columborum mores. Amor prolis & in ea tuenda sagacitas perdicis. Aliarum avium vitæ genus & memorabilia. De aquila fuse. Tunc pisces & artes quibus prædam capiunt. Araneæ, apes, absque rege non laboraturas, neque ullam habituram curam rei publicæ: necare duces si uno plures fuerint. Vox ducis auditur, antequam examen prodeat. Multa porro de apibus, etiam plantarum, quas amant, catalogus. Sic de vespis. Matres dicit, quæ primum cellulas vespis vulgaribus destinatas fabricent, deinde cellulas matribus præparent. Etiam de fucis aculeo carentibus, qui videantur mares. Crabronum dux unicus. De quadrupedibus. Varia de odio incestus apud equos, camelos. Aves mares veneris patientes. Castrationis effectus varii.

L. X. Alienus a reliquis, medicus potissimum, ad morbos spectat uteri, menses minus salubres, alia. Semen feminas extrorsum projicere, ut abstergi necesse sit, si per insomnia effuderint. Uteri os obliquum, nocere conceptui. Bonum signum esse, si per somnum semen profundant. Feminas sæpe falli, neque recte nosse num conceperint. Varia impedimenta conceptus. Clitoris sub qua foramen ponit, per quod spiritus effletur, sinum, ut puto, aliquem muciferum. Feminam, cum concepisse videretur, quarto anno molam pepperisse, cum dysenteria fuisset adfecta.

Solus latine ex interpretatione & cum commentariis *J. Cæsaris* SCALIGERI prodiit Lugdun. 1584. 8°. D'ETR.

Quinque libros posteriores Germanice cum malis figuris prodiisse GESNER.

Editiones librorum de animalibus sunt numerosissimæ.

Græce Venetiis 1495. fol. apud ALDUM. Ex N. LEONICI Thomæi emendatione Florentiæ 1527. *Catal. Bil.*

Græce

(p) C. 19.

Græce & latine interprete J. C. SCALIGERO, cum *Ph. Jac.* MAUSSAC animadverſionibus Toloſæ 1619. fol. Accedit X. liber plenior & emendatior. BURK.

Latine interprete *Theodoro* GAZA Venetiis 1476. fol. MAITT & de BURE. 1492. fol. MAITT. 1503. fol. UFF. Pariſiis 1524. fol. HEINS. 1533. fol. MAITT. Cum variis aliis ARISTOTELIS libris Baſileæ 1534. fol. B. B. Francofurti 1587. 4°. WILLER. *Petrus* etiam ALCYONIUS latine reddidit. Arabice *Ketab telenin alhaivanat* HERB. & *ketab alhaivan* per HAGI KHAFCH verſ. HERB.

Codices M.S. non ſunt rariſſimi. In *Baillolenſi Bibliotheca* n. 274., in *Mertonenſi*, in D. PETR. *Cantabrig.* In CAJ. GONV. *Cantabr.* n. 981. in B. D. MARCI Veneta. In *Bibl. Reg. Pariſ.* n. 6788. 6789. 6790. 6791. 6792. 6793. in *Scorialenſi Bibliotheca* BUSCH. Mag. V. ex translatione M. SCOTI. Porro apud fratres minores Ceſenæ ni fallor, MONTF. & forte in *Bibl. Reg. Londin.* p. 204. CASLEY.

Græce ut puto in *Vaticana* MONTF. n. 430. & in *Medicea Plut.* 87. Græce in *B. R. Pariſ.* n. 1921. Græce in B. D. MARCI Venet. ſeculi XVI. duo codices.

Editio Florentina cum M. S. S. collata in B. VOSSIANA n. 2705.

Hebraice LAMBEC. *Biblioth. Vindob.* I. p. 178.

Hiſpanice prodiit vertente *Diego de Funes y* MENDOÇA Valentiæ 1621. 4°.

In eos libros commentarii exſtant innumerabiles, *Franciſci* VATABLI Lipſiæ 1520. fol. *Auguſtini* NIPHI *expoſitiones* Venetiis 1546. fol. qui verſionem GAZÆ recognovit.

Tabula in eos libros in *Bibliotheca* D. PETRI *Cantabrigiæ.*

Solent una reperiri *quatuor de partibus animalium* libri.

In eorum I. metaphyſica nonnulla & communia. Libro II. de humoribus animalium, ſanguine, ejus fibris, adipe, ſebo, quæ fere in magno etiam opere reperiuntur. Medullam ſpinalem ab alio adipe aliave medulla differre. Cerebrum non eſſe pingue, quod ſit frigidiſſimum. Homini maximum eſſe. Vivipara eadem habent oſſa, ut delphinus. In omni vivente maxime neceſſariæ partes ſunt, quæ cibum recipiunt, & excrementa egerunt. Viſus ſemper eſt in vicinia cerebri; aves aure carent, & phoca. Membrana nictitans: aves quæ palpebra inferiori nictitant. Piſces carent palpebra. Unus homo habet cilia in utraque palpebra. Linguæ diſcrimina per animalia. Iterum leoni exiguam eſſe medullæ portionem (*q*). Partes ſanguine ali (*r*). A cerebro ut frigidiſſimo fluxiones fieri (*s*).

E 3 Lib. III.

(q) C. 6.
(r) C. 3.
(s) C. 7.

Lib. III. Dentes, cornua, dentium tres classes. Dentes piscium. Nulla cornua iis quibus pedes multifidi. Gula, ea carent pisces. Nihil descendere in asperam arteriam; epiglottide eam operiri, ea aves carere. Cor in nullo sanguineorum desideratur. Ejus tres ventriculi. Ex eo omnes venæ prodeunt, non ex hepate. Venæ duæ, ex quibus reliquæ omnes, earum minor aorta. Pulmo omnibus pedestribus, ad refrigerationem necessarius. Viscerum usus est ad sustentandas venas, tum hepar & lien ad calorem. Renes non reperiri in piscibus, non bene. Phocæ renes bubulis similes, solidi, reliqui omnes cavi. Meatus validi a renibus ad vesicam. Dexter ren superior & minus pinguis. Septi transversi media membrana exilior. Non putat, caput abscissum loqui. Viscera omnia suam habent membranam. Hepar, lien, ventriculus intestina secundum classes animalium. Obscurum quid habet, quasi appendiculam dicere voluerit. Coagulum esse in tertio ventriculo: id solum habere leporem inter multifida. Appendices ventriculi piscium. Iterum ovum incubatum, & in eo primum adparens cor, tunc jecur (*t*).

Lib. IV. (*u*) Fel quibus animalibus nullum sit (nempe vesicula): esse purgamentum inutile. Omenti de ventriculi sutura ortus; prodesse suo calore. Mesenterium venas fulcit, per quas alimentum de intestinis venit. Anatome molluscorum. Nulla viscera habent, nec venas. Habent œsophagum, ingluviem, ventriculum, intestina (*x*). Ventriculus & reliqua molluscorum, ut sepiæ, tum testaceorum. Multa de exterioribus variarum classium partibus, quæ non repetemus. Struthiocamelum pro medio inter aves & quadrupeda animale habet. Consideratio a finibus sumta, manus, pollicis (*y*). Nullæ venæ insectorum.

Hi quatuor libri plerumque una prodierunt, & cum prioribus & sequentibus libri numerantur 19.

Græce apud ALDUM 1495. fol.

Latine *Theodoro* GAZA interprete Venetiis 1503. fol. cum priori opere UFF. Parisiis 1524. 1533. fol. 1542. 1583. fol. GRON. Basileæ 1534. fol. B. B. Puto & Venetiis 1492. fol. *Cat.* WILLER. *Aug.* NIPHUS versionem recognovit.

Solus prodiit gr. lat. Francofurti 1585. 4°. D'ETR.

Primum librum *Nicolaus* LEONICUS latine reddidit & explanavit.

Codices græci duo sunt in B. D. MARCI (*z*). Codex græcus est in *Vaticana* & tres in B. R. P. n. 1853. & cum *Theodori* METOCHITÆ Schol. n. 1935. 1936. tum in B. D. MARCI. Vindobonæ, cum scholiis M. EPHESII LAMBEC. VII.

(t) C. 4.
(u) Citat suum lib. *de incessu & motu anim.* c. 13.
(x) *De cochlea*, L. IV. c. 5.
(y) C. 10.
(z) In alio L. IV. numerantur, in alio L. II.

VII. p. 92. 98. 99. Commentarii in eos libros M. EPHESII in B. R. P. n. 1923. 1925. tum in MEDICEA, & inter codices VOSSII, & Scholia M. EPHESII in B. R. Par. n. 1924. Codex alius ARISTOTELIS in Vindobonensi LAMBEC. VII. p. 81.

Latine exstant in *Bibl. Reg. Paris.* n. 6788. 6789. 6790. 6791. 6792. 6793. &, ut puto in B. CAJO GONV. n. 981. Reperiuntur etiam in *Bibl. Reg. Lond.* in Leidensi p. 309. in Mertonensi, si latini sunt.

In eos ll. *Danielis* FURLANI commentarius primus prodiit Venet. 1574. 8°. B. B. In generalibus se continet, & quæ ad ordinem spectant. Ubique ostendit, ARISTOTELI finem fuisse, refutare PLATONEM. Commentatus etiam exstat AVERRHOIS.

EJUSDEM *de generatione animalium* L. V.

Lib. I. De generatione ex putredine, quam pro certa recipit. Dari in eodem genere arbores, quæ fructum ferunt, & steriles alias, quæ tamen fructiferas adjuvant. Feminam dicit, quæ in se ipsa gignit, non bene, neque enim polypus femina est, neque testacea. Serpentibus testes gemini, & totidem meatus. Uteri omnibus bipartiti. Magis venerea, quibus nulli testes. Testes mera pondera, necessaria, ut meatus seminales extendantur. Solum erinaceum testes intus ad lumbos habere: addit paulo post elephantum. Causas dat variæ fabricæ finales, & mechanicas, in utero, pene, testibus. Rationes eorum profert, qui semen a toto putarunt decidere; earum princeps filiorum cum parentibus similitudo, & manci ex mancis geniti. Deinde hæc omnia refutat. Similitudinem refellit, quod barbati imberbes, cani nigros generent; fetus avorum maternorum non patrum similes sint visi; plantæ similes sibi stirpes generant, etsi non habent fructus; insecta, animal sui dissimile. Menses excrementa esse, eam esse materiem, quam ad fetus fabricam mater conferat. Contra semen femininum. Masculum semen (*a*) formam dat & principium motus, femina materiem. Pisces feminæ dant ova, mas semen adspergit. Omnia gressilia sexum habere, esse quasi plantas divulsas, ut mascula pars a femina seorsim vivat.

Lib. II. Vermis totus in animal abit, ovi pars aliqua. Insecta parere vermiculum. Aurelia ovum est. Pro epigenesi. De semine fere similia, colliquescere adservatum, non congelari. In semine animam vegetabilem esse. Mens extus accedit in corpora (*b*). Calor animalis, ab igne diversus, generat, cum iste destruat. Menstrua semen sunt, minus purum. Causa menstruorum. Ex animalibus diversarum specierum coeuntibus primum animal mistum ex utroque parente nasci, deinde feminæ similia. Humor, quem feminæ in coeundo emittunt, nihil facit ad generationem & conceptum. Feminas etiam absque voluptate concipere. Semen maris non in uterum, sed ante eum

(a) Citat GALENUS *sem.* L. II. c. 2.
(b) C. 3.

eum effundi. Menstruum a semine masculo coagulari. Cor primum formari, deinde venas umbilicales. Partes fetus non ad parentis partes fingi, ovi exemplo. Rubelliones omnes ovis fetos reperiri. Interiora fetus prima formari, & superiora. Alimentum per venulas & meatulos resudare, & in carnem cogi. Lineamenta partium corporis prima consistere, deinde colorem, & duritiem accedere. Caput & oculos post cor gigni, quod humore abundent. Dentes solos perpetuo crescere. In multis animalibus, & potissimum ruminantibus, plura esse vasa umbilici & cotyledones. Fissipeda fere carere acetabulis, venamque umbilici ipsis singularem esse. Infantem in utero de caruncula sugere non recte dici, ubi putes HIPPOCRATEM pungi: eo etiam pertineant, quæ de conceptu dicit ex penetratione odorum. Mulum subinde generare, & mulam concipere, non tamen perficere. Ovum est cujus pars animal est, pars alimentum.

Lib. III. Piscium ovum unicolor. Aves rapaces neque salaces esse, neque multiparas, neque generare ova subventanea. Ova absque coitu gignuntur. Ovi membranæ duæ, & membrana vitelli propria. Incubationem diebus tepidis celerius perfici. Piscium ova; per intervalla a femina poni; non fecunda esse, nisi maris semen adspergatur. Celerrimam eam esse venerem. Neque corvum ore coire, neque mustelam per os parere. Ova piscium cartilagineorum, mollium, polypi, perinde a maribus adspergi. Insectorum generatio, potissimum apum. Fucos non esse mares ut inermes, apes non feminas ut armatas. Generare ergo reges & se & apes. Cellulæ regiæ paucæ. Reges non laborant, ut generationi possint vacare. Vespas matrices inter se coire visas. Generatio testaceorum, & vermium. Ostrea non emittere genitale quid, neque ova, quæ vocant, eo facere. Initium animalis est in albumine, alimentum in vitello (*c*).

Lib. IV. (*d*). Refutat ANAXAGORÆ, DEMOCRITI & EMPEDOCLIS de generatione opiniones. Tamen ad EMPEDOCLEM redit, & fieri feminam si materies ob caloris inopiam non recte concreta fuerit, argumento spadonum: & patri similem fieri per eamdem rationem fetum, qua mas sit, superante motu, tum qui a mare est in universum, tum qui peculiariter a patre: matri vero, si superet quidem motus a mare, non superet qui a patris persona. Testis dextri prærogativa ut masculos faciat. Monstra ex homine & animale mista, omnino dari non posse. Causa monstrorum, proximis fetubus & vitellis coalescentibus. Androgyni, homines potissimum & capræ, quæ hircinæ dicuntur. Hepatis & lienis loca permutata; alterum tamen genitale semper irritum est. Alii rariores circa partes genitales errores, & de Perinthia femina, quæ per vesicam fæces reddebat, cuique anus incisus iterum coaluit. Pro superfetatione, potissimum leporum. Hirundinum pullis præpuncti oculi convalescunt. Iterum molæ exemplum post tres annos redditæ. Lac quibus in animalibus generetur. Prona omnia animalia partu edi, præeunte capite.

L. V.

(c) C. 1.
(d) Citat *sua problemata*.

L. V. Oculi cæsii & nigri, & unde. Cæsii magis a luce moventur & a visibilibus, nigri minus. Aures in phoca nullæ. Pilorum discrimina & calvities. Cani a caloris diminutione. Unde pilorum diversi colores. Vox animalium, quare maribus per pubertatem mutetur Dentes in senio erumpentes.

Hi quinque libri Græce cum reliquis apud ALDUM prodierunt 1495. fol.

Latine a *Theodoro* GAZA versi cum prioribus, Venetiis 1503. fol. UFF. Sic Parisiis 1524. 1533. fol. Basileæ 1534. fol. B. B.

Seorsim cum PHILOPONI, JOH. GRAMMATICI commentariis per NICOLAUM PETRUM CORCYRÆUM latine versis, vertente T. GAZA Venet. 1526. fol. B. B. Notæ mere paraphrasticæ.

Prodierunt etiam cum *partibus animalium*, & nonnullis minoribus opusculis Francofurt. 1585. 4°. græce.

Codex græcus est in Bibl. Reg. Paris. n. 1864. alius n. 1853. In Vindobonensi alius LAMBEC. VII. p. 99. In Medicea Plut. 87. Duo in B. D. MARCI Veneta & in Vaticana n. 430.

Latini codices in B. R. P. n. 6788. 6789. 6790. 6791. 6792. vertente M. SCOTO, & 6793. vertente *Theodoro* GAZA.

In Mertonensi etiam & CAJO GONVIL. reperiuntur. Libri quatuor priores in Vindobonensi LAMBEC. VII. p. 81.

Commentarii in eos *Alexandri* APHRODISÆI B. R. P. n. 1921. & AVERRHOIS in operibus. J. etiam GRAMMATICUS in eos commentatus est, cujus codex græcus est in B. D. MARCI. Inter codices VOSSIANOS n. 2227.

Commentarii *Michaëlis* EPHESII exstant in B. R. P. n. 1923. tum in MEDICEA. T. METOCHITÆ commentarii B. R. P. n. 1935. 1936. tum in B. D. MARCI. Anonymi Scholia B. R. P. n. 1949. 2066.

Totum opus *de animalibus* sæpe conjunctum prodiit. Vertente GAZA Venetiis 1476. 1492. fol. 1503. fol. Parisiis 1524. 1533. fol. Basileæ 1534. fol. B. B. Græce & latine ex Bibliotheca *Isaaci* CASAUBONI Lugd. 1590. fol. Græce apud ALDUM 1553. 8°. GRONOV. & cura F. SYLBURGII Francofurti 1587. 4°.

Francisci VATABLI in ARISTOTELEM de animalibus commentarius ad totum opus videtur pertinere, Lipsiæ editus 1520. fol.

Quæ vocantur *parva naturalia* ARISTOTELIS, huc faciunt.

De sensu & sensili. Multa quidem hic reperias, quæ nostro ævo inutilia videntur & obscura: passim etiam explicationes rerum naturalium a nostris alienas experimentis. Admireris tamen, quam frequenter cogitata & adnotatio-

 nes

nes vetustus auctor proferat, quæ cum nostris nuperis inventis accurate consentiunt. Eo referas septem colores primigenios cum septem consonantiis comparatos, & gratiam utrorumque a numeris pendentem. Homini maximum inter animalia cerebrum esse. Animal esse quod sentit, non animal quod non sentit. Adtentio etiam auctoris ad phænomena, quæ sponte se offerunt, summa est. Meatus oculorum in vulneratis abscissos fecisse cæcitatem: homines a carbonum halitu exanimari.

Vertit eum l. *J. Lucillus* PHILALTHEUS Venetiis 1544. 1549. 1559. 1573. fol. cum M. EPHESII scholiis. Græce prodiit Venet. 1527. fol. Solus Francofurti 1596. 8°. absque commentario, quantum video.

Theodorus METOCHITA in eum commentatus est. Alius *J. Alexandri* APHR. commentarius, & *Simonis* SIMONII Lyon 1566. TREW. & AVERRHOIS arabicus commentarius M.S. est in B. R. P. I. n. 316. T. de AQUINO commentarius in B. *Mertonensi*.

De memoria & reminiscentia, quarum ista solius est hominis. Fere argumenti est metaphysici.

In istum commentati sunt PLOTINUS, *Michaël* EPHESIUS, THEMISTIUS, METOCHITA, quorum iste latine tantum superest: Porro *Thomas* ab AQUINO, *J. Ludovicus* VIVES, *Simon* SIMONIUS, qui textum etiam græco-latine edidit Genuæ 1566. fol. PLAT. In hunc & in priorem librum commentatus est *J. Gutierés de* GODOY Giennii 1629. 4°.

De somno & vigilia. Dormire omnia animalia, quæ oculos habent, dormire insecta; de ostraceis minus notum esse; ubi vides, divisionem animalium fere eam, quæ LINNÆI. Porro explicationes aliquæ mechanicæ & physiologicæ. Sanguinem in capite tenuissimum, in partibus infernis crassissimum esse.

Prodiit seorsim gr. latine cum LEONICENI versione Giess. 1610. 8°. GUNZ. & græce cum aliis nonnullis Francof. 1550. 8°.

In eum librum THEMISTIUS commentatus est, & *Thomas* de AQUINO. *Claudii* CAMPENSIS commentarius prodiit Parisiis 1556. 8°. BODL. Cum L. de memoria & reminiscentia Venet. 1527. MEAD.

De somniis. Hic de erroribus sensuum agitur. Visum accuratiorem esse, & tactum corrigere. Degenerationem colorum ab inspecto corpore splendente recenset, omnino ad NEWTONIANUM ordinem.

In hunc librum JAMBLICHUS, THEMISTIUS, *Michaël* EPHESIUS, *Theodorus* METOCHITA & *Thomas* de AQUINO commentatus est. Iste cum lib. de divinatione, & de somno & vigilia, ex versione *Nicolai* LEONICI Giessæ latine prodiit 1610. 8°. FABR. annum citat 1614.

De

De divinatione ex insomniis. Negat a Diis inmitti. Sensum omnium perceptionum in somnio acriorem esse. Commentatus est in eum T. de AQUINO.

De animalium motione. Motus facit involuntarios, ut cordis & pudendorum: voluntarios; & non voluntarios, quo respirationem refert.

Ex versione *Nicolai* ALCYONII Codex est in Bibl. D. MARCI Veneta: & in *Oxon.* & *Cant. Ecl.*

Prodiit Basil. 1534. fol. cum aliis ex P. ALCYONII interpret. & Parisiis 1533. fol.

In eum commentatus est VINCENTIUS BELLOVACENSIS, *Michaël* EPHESIUS, *Theodorus* METOCHITA, *Petrus de* ALVERNIA, & *Bernardinus* CRIPPA. Iste Venetiis 1566. 4°.

Liber *de animalium incessu* (πορειας). Omnia a dextris moveri, homini dextra fortiora esse. Exsanguia animalia dissecta vivere, esse enim quasi catenas animalium, non perinde sanguinea. Ut serpentes & pisces flexu moveantur, ut quadrupeda & aves. Iterum uropygium volatum dirigere, aut ejus loco pedes retrorsum projectos. Bipedem necesse esse habere inferiora graviora superioribus. Pedes quadrupedum semper pares esse. Elephantum utique suffraginem flectere. Quadrupedum, multipedum, testaceorum iter. Omnia nimis generalia.

Prodiit Græce apud ALDUM 1495. fol. cum aliis, & latine Basileæ 1534. fol. cum aliis ex versione *Nicolai* ALCYONII B. B.

Codex est in B. MERTONENSI. In hunc librum *Michaël* EPHESIUS & *Theodorus* METOCHITA commentati sunt.

De extensione & brevitate vitæ. Omne animal calidum esse, & humidum, senectutem vero frigidam & siccam. Venerem longævitati nocere, hinc mulum equo longæviorem esse & asino. Aquatilia minus longæva terrestribus.

Prodiit græce & latine cum libro de divinatione Basil. 1536. 8°. MAITT. Græce Lipsiæ 1568. 8°. Cum lib. *de juventute & senectute* Parisiis 1548. 4°.

Arabice est *ketab alomo v thaulho v caschro* HERB.

Codex exstat in Bibl. *Medicea* Plut. 84.

In eum est commentarius *Mich.* EPHESII, & Paraphrasis THEODORI.

De juventute, senectute, morte & vita, a quo libello non puto separari deberet librum *de spiratione.* Calorem cum altrice anima conjunctum esse conceptionem. Senectutem ejus caloris decrementum, mortem ejusdem exstinctionem. Eum calorem in corde habitare, inque sanguine, ebullire & iterum concidere, ita cordis motum fieri. Refrigerium accipere ab aëre respirato, vel ab aqua, ut in piscibus. Insecta non respirare. Cete pulmonem habere

bere & dormire. Exemto corde teſtudines vivere: a corde in piſcibus ramum ire in branchias & ad ſingulas dividi. Etiam in piſcibus alternis vicibus cor a calore elevari. Non eſſe perpetuum pulſus cum reſpiratione concentum.

Codex in Bibl. D. MARCI, græce exſtat.

In librum de reſpiratione commentatus eſt *Michaël* EPHESIUS, & paraphraſis exſtat THEODORI. Libellum *de ſpiritu* vertit & edidit *Daniel* FURLANUS Hanov. 1605.

Libri *de juventute*, *ſenectute*, *vita*, *morte*, *reſpiratione* græce prodierunt Francofurti 1550. 8°. Libri *de juventute*, *ſenectute*, *longævitate*, *brevitate*, *divinatione* cum gloſſis *Mich.* EPHESII cura C. GESNERI: acc. LEONICI THOMÆI *explanatio primi l. Ariſtotelis de partibus animalium* Baſil. 1541. 8°. B. B. Etſi pleraque meræ ſunt theoriæ, tamen experimenta intercedunt. De ſomniis aliqua, ſuperſtitione plena, & eventibus a natura alienis ſomniorum. N. LEONICI comm. ſunt generalia. Hic locum reperias; de pede locuſtæ irritato, qui exſiliat, quaſi ſentiret, locum alium, de duabus partibus diviſi inſecti, quæ vivunt. Alia citat quæ de greſſu animalium dixerit.

Libri *de ſomno*, *vigilia*, *juventute & ſenectute*, *vita & morte*, *& de reſpiratione* græce Francofurt. 1550. GUNZ.

Libri *de longitudine & brevitate vita*, *de juventute*, *ſenectute*, *vita & morte* græc. lat. Pariſ. 1548. 4°. B. B.

Libri *de animalium ingreſſu*, *motu*, *ſpiritu cum aliis* Francofurt. 1585. 4°. B. BERN.

Toti libri *parvorum naturalium* prodierunt latine Lipſ. 1510. & absque anno MAITT. latine. Tum Venetiis apud *Octavianum* SCOTUM absque anno. *Bibl.* BERN. Baſileæ 1546. 4°. & *Nicolao* LEONICO interprete apud Juntas 1527. 4°. MAITT. Pariſ. 1530. fol. & ex verſione *J. Geneſii* SEPULVEDÆ Pariſ. 1532. fol. FABR. & P. ALCYONIO interprete Venet. 1519. fol. commentarii paraphraſtici ex ratiocinio nati & aliorum ſcriptorum collatione.

Vertit etiam *Franciſcus* VATABLUS. Vertit *Joachimus* PERIONIUS, & ea editio prodiit Duaci 1590. 4°. Cat. WILLER, a *Nicolao* GRAUCHIO reviſa.

Commentatus eſt in eos libros *Michaël* EPHESIUS, cujus commentarii prodierunt Pariſiis 1527. fol. B. HEINS. *Georgius* PACHYMERIUS. ALBERTUS M. cujus commentarius cum ipſis libris prodiit Colon. 1498. fol. min. B. DRESD. & M.S. Porro *Thomas de* AQUINO hos eosdem libros expoſuit Padua 1493. fol. Venet. 1505. & *J. de* MECHLINIA, & *Martinus de* CORBENIS, & *Johannes* PARISIENSIS, & *Auguſtinus* NIPHUS, cujus editio eſt Veneta 1523. fol. Item *Jacobus* SCHEGKIUS. PETRI *de* ALVERNIA commentarii prodierunt Pariſiis 1660. fol. B. TIG. *Johannes* GANDAVENSIS, quæſtiones ſuper parvis naturalibus dederunt Venet. 1505. fol. PL.

Notas

Notas addidit J. PERIONIUS.

Libros paraphrasticos THEMISTII *de memoria*, *somno*, *insomniis & divinatione*, Græce *Victor* TRINCAVELLIUS edidit Venet. 1534. fol. FABR. Latine vertit H. BARBARUS, quæ editio sæpe recusa fuit; primum Tarvisii 1481. tum Venetiis 1500. fol. Paris. 1528. fol. Basileæ 1533. fol. 1545. 4°. Venet. 1530. 1542. 1549. 1554. 1570. fol. & 1587.

Codex M.S. commentariorum *Mich.* EPHESII in hos libros omnes est in B. R. P. n. 1925. & 1923. græce, & in B. MEDICEA PLUT. 85. inque B. D. MARCI, perinde græce.

ANONYMI *commentarii* in Dom. *S. Petr. Cantabr.* n. 1695.

Libri *de somno*, *divinatione*, *senectute*, *vita & morte anim.* exstant, cum iisdem commentariis, ad n. 1922. in B. R. Paris.

In libros *de somno*, *motu animalium*, *divinatione*, *vitæ longitudine*, *senectute* &c. commentarii ejusdem in eadem Bibliotheca, græce n. 1882. & in *eosdem* & *de memoria* n. 1934.

Commentarii in libros *de somno & vigil. motu anim. brevit. vitæ*, *senect. & juventute* græce in BAVARICA BIBLIOTH.

Theodori METOCHITÆ in eosdem libros omnes comm. M.S. B. R. P. n. 1935. græce, tum in B. BAVAR. in VATICANA, n. 671. & in B. D. MARCI.

In solos libros *de incessu animalium*, & *de sensu & sensilibus* EJUSDEM commentarius est in eadem B. Regia Parisina n. 1936. In libros *de somno*, *insomniis & divinatione* n. 1888. in eosdem & *de insomniis* B. R. P. n. 1886. & 1887.

AVERRHOIS in libros *de sensu & sensat. memoria & reminiscentia*, *somno & vigilia*, *morte & vita*, *causis longæ & brevis vitæ* commentarii M.S. sunt in Bibl. Collegii CAJO-GONVILENSI *Cantabrigiensi.*

Alexandri APHRODISÆI in eosdem libros omnes commentarii, cum ipsis libris in B. R. Paris. n. 1921. In libros *de sensu & sensibili* ib. n. 1928.

THEMISTIUS in lib. *de Memoria*, *somno*, *insomniis & divinatione* B. R. P. n. 1891.

ALBERTI M. in hos libros commentarii in B. MEDICEA. PLUT. 83. in B. R. P. n. 6527. & 6512. 6523. hi latini.

AVICENNA in libros *de somno & vigilia*, *memoria & reminiscentia* in Bibl. LAUDUN. J. HENNON in eorum plerosque, in B. R. P. n. 6529.

Anonymi in hos libros commentarii græci in B. R. P. n. 2066. & 1949.

Petri POMPONATII commentarii fuerunt apud NAUDEUM.

Anonymi in libros *de ſenſu, ſenſili, memoria, reminiſcentia, ſomno & vigilia, longævitate & brevitate* vitæ in Collegio Balliolenſi.

Commentarii in eos libros anonymi B. D. MARCI (præter librum de ſenſu).

In libros *de ſenſu & ſenſat. memoria & reminiſcentia Thomæ de* AQUINO commentarii ſunt in Bibl. BAILLIOL.

Petri de ALVERNIA commentarii in libros *de ſomno & vigilia, juventute & ſenectute, morte & vita, motibus animalium* in C. BALLIOLENSI; in libros *de ſenectute & juventute, & in reliquos* in C. D. PETR. Cant. n. 1716.

In omnia parva naturalia in COLL. MERTON. bis. In eadem *Guilielmus* BURLEY commentatus eſt.

Omnia P. N. græca exſtant in *B. Cantabrig. B. R. Londin. B. R. P.* n. 1861. 2011. In *Bibl. Bavarica.* In *Scorialenſi* BUSCHING *Mag.* T. V. In B. D. MARCI græci aliquot codices & latini, anonymo interprete. Omnia, ut puto, latine in *Coll. Trinitatis Cantabrig.*

Libri *de ſenſu & ſenſibili, memoria & reminiſcentia, ſomno & vigilia, divinatione, juventute & ſenectute* n. 2035. B. R. P.

Libri *de motu animalium, ſenſu, memoria, ſomno*, in B. D. MARCI.

Libri *de ſenſu, ſenſibili, memoria & reminiſcentia, ſomno & divinatione, animalium motu & inceſſu* in Bibl. R. P. n. 1853. græce, & *de inſomniis* n. 1859.

De ſenſu & ſenſato, ſomno & vigilia in Colleg. CAJ. GONVILL.

Libri *de ſomno & vigilia, memoria, & reminiſcentia, ſenſu & ſenſato* B. C. *Chriſti Oxon.* 1581.

IIDEM & præterea *de morte & vita, differentia ſpiritus & animæ* C. CAJ. GONVIL. *Cantabr.* n. 982.

De animalium greſſu, motu, juventute & ſenectute, vita & morte &c. Bibl. S. MARCI.

De longitudine & brevitate vitæ, vita & morte, memoria, inſomniis, motu animalium, ſenſu & ſenſibili in B. R. P. n. 2027. græce.

De memoria, reminiſcentia, ſomno, vigilia, longitudine vitæ n. 1860. B. Corp. Chriſti Oxm.

De ſomno & vigilia, inſomniis & divinatione in Bibl. MONASTERII *de* LYRA Dioc. *Ebrincenſis.* MONTF.

De memoria, reminiſcentia, longitudine & brevitate vitæ, motu animalium in Bibl. MEDICEA Plut. 84. interprete anonymo.

De

De sensibus, memoria, somno, divinatione, insomniis, & motu animalium ibid. Plut. 87. & cum libro *de senectute* LAMBEC. VII. p. 76.

De sensu & sensilibus, memoria; somno & vigilia & divinatione B. MEDIC.

De rememoratione, somno, vigilia, sensu, sensato, causis longæ & brevis vitæ in B. BODLEY. n. 3623.

Librorum *de animalium incessu, sensu & sensibilibus, motu animalium, senectute &c. & respiratione* codex in Bibl. MEDICEA Plut. 81.

Lib. *de somno, vita & morte, longitudine & brevitate, juventute & senectute* in VATICANA n. 429.

Libri *de somno, vigilia & divinatione per somnia* in Bibl. R. P. n. 6781.

De sensu & sensibili & de somno B. R. P. n. 2032.

Lib. *de animalium incessu* solus LAMBEC. VII. p. 99. in B. R. Paris. n. 1864. & in MEDICEA Plut. 87. in B. *publ.-Cantabr.* n. 2286.

Solus l. *de motibus animalium* Colleg. BAILLIOL. n. 274.

Solus liber *de sensu & sensibili* B. R. P. I. n. 302. Bibl. R. Lond. p. 214. B. *Mon. de* LYRA MONTF. Vindobonensi VII. p. 81. Arabice B. R. Paris. II. n. 2028. 2034.

De somno & vigilia B. R. Lond. & una *de divinatione in somno* BODLEY.

De memoria & reminiscentia B. R. Lond. B. D. MARCI.

De longitudine & brevitate vitæ, latine in B. MEDICEA Plut. 85.

De principiis motus, progressus, & motu animalium, Coll. Nov. Oxm.

Porro ARISTOTELES in libro περὶ θαυμασίων ἀκουσμάτων recenset ea, quæ de bestiis & de universa natura valde peregrina & singularia auditu accepit, & quorum multa exstant in *historia animalium.* Intercedunt tamen & alia, ut mel thracium: mel ex buxo ponticum venenatum. Hydromel in Illyria. Scorpiorum immensa copia in via Susis in Mediam ducente, quod videtur ad scorpiones Caschanenses etiam nostro ævo celebres spectare. Insaniæ varia genera. Montes ignivomi varii, etiam Liparicus, non vero Vesuvius. Metalla statim sita & crescentia. Indicum aes auro simile, olfactu separabile. Oleæ peculiares, & quam Hercules in Olympiis plantaverit, hactenus superstes. Fluxus & refluxus lunam sequens in freto Siculo. Cæruleum metallum Demonesi. Columnæ in specu ex guttis consistentes. Alnos in Creta fructum ferre. Pisces Babyloniæ fossiles & volatiles. In Ombricis insulis etiam mulieres plerumque geminos & tergeminos parere. Populi Phaëtontiæ, Violæ Aetneæ copiosissimæ. Venenum celticum, quo tactæ feræ continuo pereunt & putrescunt, & cujus antidotus cortex querna sit aut folium κοράκιον. Oleum ex terebintho in insulis Gymnasiis prope Iberiam. In M. Comio fons oleo stillans. Lapides ardentes in Ponto, nempe lithanthraces. In Bisaltis bina ovium

eisse

esse jecinora. Plurima manifesto fabulosa intercedunt. Multum num iste liber genuinus sit, disputatum est, & de ea re vide FABRICIUM (*e*).

Græce edidit H. STEPHANUS Parisiis 1557. 8°. B. B. & *Frid.* SYLBURG Francofurti 1587. 4°. B. B.

Vertit *Dominicus* MONTESAURUS. Emendavit C. GESNER. Codex est in Bibliotheca Vindobonensi (*f*).

PHYSIOGNOMICA. De ingenio & indole & vitiis ex pilis, coloribus, similitudine animalium, adgnoscendis. Nimia multa & fabulosa. Parvi homines valde acuti, & cur.

Codex exstat in Bibl. D. MARCI. Græci duo in C. MERTONENSI, in BAILLOLENSI; in BODLEYANA. In *Bibl. Medicea*, & Vindobonensi LAMBEC. VII. p. 100. Ex Arabica lingua latine versus in Bibl. J. MORI Ep. Norvicensis.

Latine edidit A. LACUNA Parisiis 1535. 8°. & *Jodocus* WILLICH—Witteberg. 1538. 8°.

Jacobus FONTANUS, ut intelligo, Parif. 1611. 8°.

Græce F. SYLBURG. Francofurti 1587. 4°.

Arabice etiam versus habetur.

Gallice Parisiis 1553. 8°. *La physiognomie du grand Philosophe Aristote par Jean le* BON.

In hunc librum *Petrus* HISPANUS commentatus est B. Dom. S. PETRI *Cantabr.* n. 1716.

Περι ακουςων brevis libellus. Cur voces aliis & aliis in animalibus aliæ sint, generales contemplationes. Apud *Henricum* STEPHANUM græce 1557. 8°. B. B.

Περι χρωματων. Generalia primo aliqua de colorum causis. Deinde, varia botanici potius argumenti, de colore foliorum, florum, fructuum, eorumque mutatione, de papavere albo & nigro, Inde de coloribus pilorum & pennarum avium. Animalia alba infirmiora esse. Pilos nunquam fieri coloris alicujus vividi.

Codex exstat in Bibl. MEDICEA Plut. 84. & in VATICANA, in B. R. Parif. n. 2032. 2035. 1865. & in B. D. MARCI hi græci. Porro in Coll. D. Trinitatis Oxon. in BAILLOLENSI.

Græce cum aliis nonnullis ARISTOTELIS edidit Francofurti 1587. 4°. F. SYLBURG.

Latina antiqua editio exstat Venetiis 1496. *Cælio* CALCAGNINO interprete, & cum ACTUARIO de urinis Ultraject. 1670. 8°.*

Græco-

(e) *Biblioth. Gr.* III. p. 138.

(f) LAMBEC. VIII. p. 100.

Græco-latina editio est *Simonis* PORTII Florent. 1548. 8°. HEINS. Parisiis 1549. 4°. cum commentariis.

Commentatus est in hunc l. *Michaël* EPHESIUS.

In Lib. *de anima* II. & III. multa ad nostrum scopum faciunt; de sensu in genere, de quinque sensubus, quibus plures ARISTOTELES non putat dari, de visu & iis quæ videntur, de auditu, & iis quæ audiuntur. Nimis etiam hic generalia auctor sequitur. De anima nutritiva &c.

Liber *de generatione & corruptione* totus est in generalibus.

In *problematibus* pluscula ad physiologiam faciunt, quod quidem opus vix dignum est ARISTOTELE, & infinita habet repetita. Quæ ad sudorem & odorem pertinent, eadem fere apud THEOPHRASTUM reperiuntur. In aliis doctrina ARISTOTELI propria proponitur, ut in iis plurimis, quæ homini dicuntur propria esse.

Partem tantum antiqui operis esse FABRICIUS (g). Aliqua similia apud ATHENÆUM reperiuntur L. II.

Totum opus per titulos in universum digestum est. Quæ ad sonos, odores, venerea, laborem, ea ad physiologiam faciunt: tum Sectiones priores 14. deinde a 27. ad 38. Physiognomia etiam tangitur, & hic mentio fit myopum & presbyopum.

Codices Manuscripti græci exstant in B. MEDICEA Plut. 87. in *Vindobonensi*, in Bibl. R. Par. n. 1865. 2035. & in B. D. MARCI Veneta aliquot alii. Porro in *Mertonensi*, in B. D. PETRI *Cantabr.* in VOSSIANA, inter libros F. BERNARDI, de quorum lingua minus mihi constat.

Græce Venet. 1497. fol. B. B. Græce etiam nitide prodierunt cum ALEXANDRI problematibus *Friderici* SYLBURGII cura Francof. 1585. 4°.

Vertit *Theodorus* GAZA Venetiis 1493. fol. Florent. 1518. fol. cum comment. P. *de* APONO & *Petri de* TUSSIGNANA repertorio.

Video editiones citari Parisiis 1524. fol. 1533. 8°. Lyon 1537. 8°. Basil. 1537. fol. mihi non visas.

Editiones aliæ sunt Basileæ 1566. 8°. Lugd. 1558. 8°. 1578. 12°. TREW. cum ZIMARÆ probl. Amstelod. 1650. 12°. 1686. 12°. & alias excusæ.

Problemata medica latine vertente *Georgio* VALLA, quæ ad oculos spectant prodierunt Venetiis 1488. fol. B. DRESD. Argentorati 1529. 8°. quæ versio non laudatur.

Gallice Lyon 1554. 8°. *du* VERDIER. Germanice 1482. 4°. 1533. 12°.

(g) p. 145.

In primam ſectionem commentatus eſt MANELPHUS Rom. 1650. 8°.

In omnia ea problemata *P. de* APONO, cujus comm. M.S. exſtant in Bibl. Vindobonenſi, in B. R. P. n. 6543. 6542. 6541. quæ eædem notæ editæ ſunt Venet. 1505. fol. cum GAZÆ verſione & alia antiquiori.

Ludovicus SEPTALIUS commentarios edidit Mediolani Lugdun. 1632. fol.

Julius GUASTAVINUS in decem ſectiones priores commentatus eſt Lugdun. 1608. fol.

Tabula in problemata M.S. eſt in B. S. PETRI *Cantabr.*

Opera omnia ARISTOTELIS ſæpe excuſa ſunt. Uſus ſum duabus editionibus, altera Genevenſi 1605. fol. 2.Vol. cui titulus ARISTOTELIS σωζομενα græce-latina, accedunt plurimæ emendationes J. CASAUBONI, & KYNARI STROZÆ duo libri politicorum gr. lat. in quibus ARISTOTELI non explicata perſequitur. Eadem ut puto fuerat editio Lugdun. 1590. fol. HEINS. Altera pariter gr. lat. Genevæ 1606. 8°. 2.Vol.* cujus tamen ordo paulo alius eſt, eadem forte quæ Lugdun. 1597. 8°. FABR. Porro ex recenſione *Guilielmi* DUVAL Pariſ. 1619. fol. 1629. fol. PL. 1654. 2.Vol. MENK.

Græce apud ALDUM MANUTIUM Venet. 1495. 1496. 1498. fol. 4.Vol. B. B. Baſileæ 1531. fol. 1539. fol. 1550. fol. HEINS. hæc adjuvante C. GESNERO. Venetiis apud ALDUM 1552. 8°. Porro cura *Friderici* SYLBURG Francofurti 1587. 4°. 5.Vol. B. B. quam laudat FABRICIUS.

Latina antiqua verſio imperante FRIDERICO II. facta, Venetiis 1484. fol. cum commentariis AVERRHOIS, LEHM. tum 1496. fol. B. *Tigur.* Porro cum variorum commentariis Baſileæ 1518. fol. 1542. fol. 1548. fol. 1563. fol. Lugd. 1548. 8°. 1549. fol. 1551. 12°. decem voluminibus 1580. 12°. 1581. Venetiis 1540. 8°. 1564. 8°. 1572. 8°. cum commentariis AVERRHOIS, & pariter cum AVERRHOIS commentariis 1551, fol. 1562. fol. & 8°. 8.Vol.* reviſa a B. TOMITANO. Genevæ 1608; tum abſque iis commentariis Francofurti 1593. 8°.* novem parvis voluminibus. Hæc FABRICIUS. Romæ denique 1668. 4°. & 1669. cum paraphraſi P. SYLVESTRIS MAURISI.

Codex M.S. exſtat in Bibl. AMBROSIANA Mediolanenſi, & in B. D. MARCI. Venetiis.

Arabes mature ARISTOTELIS opera in ſuam linguam converterunt, ope ABU BASCHAR, HONAIN, ejus fil. ISCHAK, & aliorum, HERBELOT.

Amiſſi ſunt ανατομων libri octo LAERTIO dicti (*h*) Εκλογαι ανατομων (*i*); neque enim puto hanc eſſe ARISTOTELIS *Anatomiam*, quæ in B. R. Londin. ſupereſt CASHLEY p. 207. aut apud HANS SLOANE.

Amiſſa

(h) L. V. n. 25.
(i) Ibid.

Amissa sunt etiam Problemata ex DEMOCRITO (*k*).

Εγκυκλια (*l*).

Περι ζωων ηθων και βιων (*m*).

Ζωικα (*n*).

Alius liber de vita & morte a nostro diversus (*o*).

Ιατρικα (*p*): de temulentia (*q*).

Περι ιχθυων (*r*).

Περι οψεως (*s*);

Quæ de animalibus habemus, esse tantum quinquaginta librorum epitomen, quos de animalibus ARISTOTELES scripsisset HIEROCLES auctor est. Verum nostri certe libri nihil habent, cur habeas pro compendio, cum auctor se in lites passim dimittat.

Tribuunt ei *kethab al thebb* sive L. V. *de medicina* Arabes, (HERBELOT;) puto ιατρικα & *ketab dem v nagscho de sanguine & ejus per venas motu*, IDEM.

§. XXIV. *Peripatetici.*

CALLISTHENES, infelix ille ARISTOTELIS nepos, laudatur ob oculi fabricam bene descriptam (*t*).

In universum Peripatetica schola Anatomen amavit. Illusor ille LUCIANUS in *anatome* (*u*) *vitarum* MERCURIUM loquentem introducit, qui inter merita Peripateticorum varia inventa de semine, generatione & fetus in utero formatione recenset.

STRATONEM dicemus. Fetus vitales a septimo mense ad decimum admisit (*x*).

§. XXV. *Theophrastus.*

THEOPHRASTUS ERESIUS inter botanicos nobis dictus est. Libellos tamen aliquos reliquit, in quibus non quidem anatomica, sed physiologica quædam

(k) Ibid.
(l) N. 26.
(m) ATHENÆUS VII.
(n) APOLLONIUS.
(o) Ibid.
(p) LAERTIUS n. 26.
(q) ATHENÆUS L. XI.
(r) IDEM L. VII.
(s) Vide FABRICIUM p. 195.
(t) CHALCIDIUS in TIMÆUM.
(u) N. 26.
(x) CENSORINUS c. 7.

dam tradidit. In libro *de odoribus*. Hominem olfactu esse obtusissimo, cum equi hordeum certis locis natum repudient. Animalia non videri delectari odore, nisi cibi sui. Odoramenta fortiora capiti dolorem inferre. Aromata capiti illita, urinam suo odore imprægnare, etiam Juniperum. Magnam esse odorum & saporum & utriusque sensus cognationem: nullum odorem saporis esse expertem, & vicissim.

Quos dicemus libros, eorum PHOTIUS meminit n. 216. & eorum aliquos totos in bibliotheca habet.

Liber *de odoribus* seorsim prodiit interprete ADRIANO TURNEBO Parisiis 1556. 4°. MAITT. Gallicæ versioni *Jean de* l'ESTRADE *adnotationes addidit* Paris. 1556. B. EXOT.

De Sudoribus. Perspiratio differt a sudore, quod perpetuo & absque sensu emanet. Sudores varii, inter eos acidi. Capitis sudor non olet, neque senum. Pueros difficilius sudare, quod eorum cutis densissima sit. Difficulter sudare, quibus alvus laxa sit, aut multa urina fluat; facile, quibus alvus & vesica adstringatur. Tergo magis sudari, & facie: & in somno. Magis pedibus sudare qui anguntur. Seorsim prodiit cum lib. *de vertigine* gr. lat. cum adnotationibus BONAVENTURÆ GRANGER Paris. 1576. 8°. MEAD. Deinde cum operibus omnibus græce apud ALDOS 1552. 8°. Gr. lat. in HEINSII editione.

Codex exstat in B. R. P. n. 2278. & minorum libellorum omnium in B. D. MARCI, bis.

Possis huc referre libellum *de piscibus in sicco viventibus*. De Exocœto, qui quotidie in siccum prodeat, quo somnum capiat. De piscibus fossilibus, quorum alii nascantur ex ovis derelictis & evolutis, alii absque ovis, & sponte sua.

In operibus omnibus prodiit, & in nostra editione ex D. FURLANI interpretatione. Codex est in B. R. Paris. n. 2278.

De animalibus quæ colorem mutant, brevis libellus. De Chamæleonte, qui in omnes colores transeat, non tamen in album, neque in rubrum, & ipse per se colorem mutet. A spiritu eam mutationem esse, pulmonem enim maximum habere, toti corpori æqualem, atque adeo plenum esse spiritus. De Tarando Scythico cervo, qui colorem mutat.

De *sensu* l. seorsim prodiit lat. cum PRISCIANI LYDI expositione Basileæ 1544. fol. B. HEINS. Cum eodem comment. & MARSILII Venet. 1497. BODL. inque ALDINA, non in HEINSIANA.

M.S. exstat in B. VOSSIANA MONTF. in B. R. Paris. n. 2073. in *Biblioth.* S. REMIGII Rhemensis, in B. BAVARICA, inque B. D. MARCI, tum commentarius in eum PRISCIANI.

De

De animalibus, quæ sponte adparent, ut de ranis post pluviam, de locustis, muribus &c. Hic mures ægyptios videas salientes, neque incedentes pedibus anticis.

Conjuncti prodierunt apud ALDUM 1495. fol. libri *de piscibus, de singultu, de doloribus, de ebrietate, de sudore.*

Et in proprio *selectu* l. *de sensu, de colorem mutantibus, de paralysi, de syncope, de singultu, de κοποις, de animalibus, quæ subito confertiora adparent, de animalibus invidis, de sudoribus, de apibus* apud *Henr.* STEPH. 1557. 8°. Græce. cum ARIST. ακουσ. & θαυμ.

Interierunt citati a LAERTIO libri, *de senectute: de succis, cute & carnibus: de hominibus, de diversitate vocis animalium ejusdem generis: de animalibus, quæ latibula & fossas faciunt, de animalibus* L. VII. & iterum L. VI: *de atra bile; de spiritibus: de pilis: de humoribus* L. V. *de fortuitis animalibus: de generatione, de visu* L. IV.

Passim in botanicis aliqua huc pertinent. Nullum animal suave olere (*y*).

§. XXVI. *Diocles Carystius.*

THEOPHRASTI tempore vixit, paulo antiquior (z) libellum tamen ad ANTIGONUM (*a*) Asiæ Regem, DEMETRII patrem, dedisse dicitur, splendidus vir & pro altero HIPPOCRATE habitus. Primus dicitur *de administrationibus anatomicis* (*b*) scripsisse, & solet GALENUS eum in catalogis anatomicorum recensere (*c*), neque tamen inter eos numerat auctores, qui accurate sint in anatome versati (*d*). Descripsit certe in utero (*e*) cotyledones, quas abesse recte SORANUS ostendit. Non concipere feminas reliquit, quæ nullum semen aut nimis parcum (*f*) effundant. Correxit CTESIAM, qui semen elephanti dixerat ab egestione consolidari (*g*). Omnes membranas meninges vocavit (*h*). Respirationem caloris innati esse ventilationem cum refrigeratione (*i*). Ad utrumque uteri latus cavitates aliquas esse, in quibus fetus nutriatur (*k*). Processus (tubas uterinas) cum cornubus comparavit (*l*). Quid uva sit (morbus uvulæ),

(y) *Caus. plant* L. VI.
(z) Ante ERASISTRATUM GAL. *Aphor.* VI.
(a) Pro ANTIGONO GONATA FABRICIUS habet, sed GALENUS ubique ante HEROPHILUM numerat, PRISCIAN. I. IV.
(b) GALEN. *adminiſt.* L. II. c. 1.
(c) *Adminiſtr.* L. IX. c. 2. *Natur. hum.*
(d) *De vulv. diſſ.* c. 9.
(e) SORAN. GALEN. *diſſ. vulv.*
(f) PLUTARCH. *placit.* V. c. 9.
(g) PRISCIAN. l. c.
(h) GALEN. *adminiſt. anat.* IX. c. 2.
(i) GALEN. *util. reſpirat.* c. 1.
(k) EROTIANUS in voce κοτυληδονες, qui eam opinionem refutat.
(l) GAL. *diſſ. vulv.* c. 3.

læ), primum rectius interpretatum esse (*m*). Fetum a septimo mense ad decimum vitalem nasci posse (*n*). Præcipuus demum locus Anatomicus DIOCLIS (*o*) a MACROBIO conservatus est. Ovum humanum descripsit, membranaceum, quod altera hebdomade guttis sanguinis tegatur; tertia addit sanguinem in ejus vesiculæ centro adparere, quarta cogi in carnis mollioris speciem: quinta figuram humanam apis magnitudine subinde reperiri, omnia per membra expressam: in feminino fetu hæc sexta demum hebdomade conspici. Ita porro pergit per hebdomadas mutationes enarrare, quæ fiunt in homine nato. Post septem dies umbilicum delabi, post bis septem oculos ad lumen se convertere, post septies septem oculos & totam faciem converti, septimo mense dentes incipere emergere. Post ter septem menses loqui, post quater septem incedere, & quæ plura sequuntur. Fatendum est tamen, MACROBIUM hæc omnia ita cum STRATONE Peripatetico communia facere, ut eum priori loco nominet: unde iterum putes DIOCLEM vixisse, quando numerosi jam ex Lyceo celebresque viri prodierant. Ut tamen de vero auctore sit harum hebdomadum, tamen ad HIPPOCRATICA placita ficta esse adparet.

Ipse suas mularum dissectiones (*p*) citat, quarum locos male dispositos causam esse sterilitatis cum EMPEDOCLE recepit Librum XXXIII. PRISCIANUS citat de *semine*, ubi negat DIOCLES spumam esse, quod gravius aqua sit.

§. XXVII. *Praxagoras.*

Cous, NICARCHI filius, Asclepiades, & ipse post DIOCLEM (*q*) solet numerari (*r*), præceptor HEROPHILI, & passim inter incisores recensetur, alias tamen inter eos, qui obiter in ea arte sint versati (*s*): medica potius laude inclaruit, & conjecturas in physiologiam intulit. Habet acetabula uteri (*t*), arterias pulsare ait vi ingenita (*u*), & dixit arteriarum (*x*) motum sensibus obvium, primusque fuisse videtur, qui pulsus (*y*) nomine nostro sensu usus sit. Cerebrum (*z*) pro efflorescentia quadam spinalis medullæ habuit. Aortam venam crassam dixit (*a*). Utilitatem respirationis esse in corroboratione animæ (*b*). Processus ab utero ad utraque ilia (*c*) missos dixit sinus. Arterias valde

(m) GALEN. *compos. sec. loc.* L. VI.
(n) CENSORIN. c 7.
(o) *In somn. Scip.* ex libro *de hebdomadibus.*
(p) PLUTARCH. *placit. phil.* L. V. c. 14.
(q) CELS. *præf.* L. I. GALEN. *compos. sec. loc.* c. VI.
(r) *Nat. hum.* Ante ERASISTRATUM GAL. *Aphor.* VI.
(s) GALEN. *vulv. diss.* c. 9.
(t) IDEM, ibid. fin.
(u) *Diff. puls.* L. IV. c 2.
(x) Ibid.
(y) HIPP. PLAT. *decret.* L. VI. c. 1.
(z) *Util. part.* L. VIII. c. 12.
(a) Apud RUFUM I.
(b) *Util. respir.* c. 1.
(c) *Vulv. diss.* c. 3.

valde angustas in nervos mutari (*d*). Arterias nullum præter spiritum humorem (*e*) continere ante ERASISTRATUM docuit, & videtur primus eo nomine usus esse, ut vasorum alterum genus designaret, quem paulo post ERASISTRATUS secutus est. Humoribus solis & sanitatis phænomena & morbi tribuit (*f*). Nervos ex corde deduxit, ut ARISTOTELES (*g*). Pituitam vitream dixit (*h*). Excerpta ex libro *de lassitudine & de sudoribus* cum ARISTOTELIS problematibus prodierunt Francof. 1585. 4°. græce.

§. XXVIII. *Plistonicus.*

Discipulus PRAXAGORÆ, quem pariter inter incisores minus accuratos GALENUS recensuit (*i*). Physiologica aliqua placita ejus supersunt, ut cibum per putredinem coqui. Cerebrum inutile esse (*k*) & quamdam quasi spinalis medullæ adpendicem (*l*). Sinus nomine (*m*), ut PRÆCEPTOR, ad tubas uteri usus est. Multum ut iterum PRÆCEPTOR (*n*) humoribus tribuit, & de iis librum reliquit.

Inter anatomicos auctores recensetur (*o*) PHILOTIMUS, & ipse ex PRAXAGORÆ schola, & perinde in humoribus occupatus. Processus uteri, quæ tubæ dicuntur, sinus dixit (*p*).

ÆGIMIUM, Veliensem, forte Eliensem, huc refero, cujus opus non nimis certo (*q*) genuinum, GALENI tempore exstabat. Pro primo halitus est (*r*), qui pulsus nomine in nostrum sensum usus sit (*s*): ut adeo ante HEROPHILUM scripsisse oporteat. CLERICUS ipso HIPPOCRATE antiquiorem facit. Verum cum & iste, & ARISTOTELES, pulsus nomine minus definite usi sint, putes ante AEGIMIUM scripsisse, minime ejus inventa tacituri, si ejus libris uti potuissent.

CHRYSIPPUS GNIDIUS, medicus, ERASISTRATI præceptor, nihil edidit anatomici argumenti: sanguinis vero mittendi metum videtur cum ERASISTRATO communicasse. Pneumaticorum atavum vocat GALENUS (*t*). Inter Anatomicos recensetur (*u*). DIONY-

(d) HIPP. & PLAT. *decret.* L. I. c. 6.
(e) GALEN. *differ. puls.* L. IV. c. 2.
(f) GALEN. *introduct.*
(g) ID. HIPP. PLAT. *decret.* L. I. c. 6.
(h) GALEN. *loc. adfect.* L. II.
(i) *Vulo. diss.* c. 9. Eodem tempore quo HEROPHILUS GAL. *Aphor.* VI.
(k) GALEN. *util. part.* L. IX. c. 3.
(l) GALEN. *util. part.* L. VIII. c. 12.
(m) *Vulo. diss.* c. 3.
(n) GALEN. *de atra bile.*
(o) *Nat. hum.*
(p) *Vulo. diss.* c. 3.
(q) GALEN. *diff. puls.* L. IV. c. 2.
(r) IDEM, ibid. L. I.
(s) L. IV. c. 2.
(t) *Diffic. puls.* II. fin.
(u) *Nat. hum.*

DIONYSIUS OXYMACHI filius ante EUDEMUM vixit, & aliquid efflorescentiæ nomine impertiit, quod venam non esse RUFUS monet, an valvulam (x).

§. XXIX. *Erasistratus.*

ERASISTRATUS Ceus, Juliates, CHRYSIPPI discipulus, & ARISTOTELIS (x*), vir splendidus, ANTIOCHUM SELEUCI filium sanavit, cum amore uxoris sui jam senescentis patris flagraret, atque adeo SELEUCI NICANORIS temporibus floruit. Anatomen interlapsam restituit, ex GALENI (y) testimonio, ut ante HEROPHILUM, celeberrimum incisorem, vixisse necesse sit, cum præterea GALENUS manifesto, antiquiores, ERASISTRATUM & HIPPOCRATEM, ab HEROPHILO sejungat. THEOPHRASTI temporibus vixisse aliqui dixerunt, & cum Peripateticis (z). Vivos homines (a) incidisse, antiquissima fama est, veniam dante ANTIOCHO (b): hominis certe cerebrum dissecuit, ut ex propriis summi viri verbis adparet, quæ apud GALENUM exstant (c). Idem primus arterias lacte plenas in hœdis (d) vidit, in quo animale reperi, vasa lactea non parvis ramulis per mesenterium decurrere, sed in truncum, perinde ut venas rubras confluere, ut eo facilius sub oculum cadant. Videtur experimentum in arteria fecisse, calamum in eam inseruisse, & infra calamum pulsantem vidisse. Valvulas cordis arteriosas bene descripsit, & ex uno ostio sanguinem in pulmonem venire docuit (e), ex altero spiritum in reliquum corpus: valvularum etiam officium, qua obstant relapsuris humoribus, recte utique exposuit. Vias peculiares urinæ refutat, quas alii ante eum docuerant (f). Venosas valvulas humorem in cor admittere, effluxurum morari rectissime omnia. Arteriarum nomine ex primis videtur eas venas distinxisse, quæ saliunt, & in quibus ipse docebat, solum spiritum, respirando adtractum reperiri (g), cum per alterum genus venarum sanguis fluat. In iis arteriis, & in cordis ventriculo sinistro, sanguinem reperiri, quod difflato per vulnus spiritu sanguis in locum inanitum succedat (h). Inflammationem fieri sanguine in fines vasorum soli spiritui destinatorum inpacto (i). Transsudationem sanguinis docuit (k). Et arteriæ & venæ pulmonem ineunt. Ab intercostalibus enim arteriis nonnun-

(x) *Appell.* I. p. 42. (x*) LAERT.
(y) HIPP. PLAT. *decret.* L. VIII. c. 1.
(z) Negat id GALENUS *fac. nat.* L. II. c. 3. sed alias ipse fatetur multa cum Peripateticis communia habere.
(a) CELS. *præf.*
(b) SELEUCI filio *Deo.* COCCHI *della sc. dell arte anat.* p. 14.
(c) *Plac.* HIPP. & PLAT. L. VII.
(d) *An sang. nat.* &c. *Administr.* L. VII. fin.
(e) In lib. *de febrib.* apud GALENUM *Placit.* L. VI. c. 6.
(f) *Facult. nat.* II.
(g) Post PRAXAGORAM. Vide GALEN. *num sanguis nat. arter. cont.* & PLAT. *decret.* L. I. c. 6. &c.
(h) GALEN. *facult. natur.* I. II. c. 3.
(i) GALEN. *Meth. med.* L. II. VII. &c.
(k) CÆLIUS *chron.* L. II. c. 10.

nunquam sanguinem in pulmonem adscendere dixit, & ex aorta ad pulmonem arteriam ex aorta venire prius quam spinam adtingat, cujus extrema ad asperam arteriam veniant (*l*), denique ex arteria aorta in spina jacente venire in pulmonem arteriam, quæ sit inflammationis sedes (*m*). Deinde ex magna vena, spinæ adjacente, ex corde orta & finita ubi a vertebris septum transversum nascitur, venam prodire, in quam pus veniat in morbo laterali, & sursum exspuatur, neque deorsum veniat, quod ea vena non ultro producatur (*n*). Truncum azygam esse puto, venam bronchialem: GALENUS de vena interpretatur, quæ a cava ad pulmones eat. Omnes porro venas & arterias & vasa aërea per pulmonem una extendi docuit (*o*). Nervos omnes ex cerebro ipso ejusque medulla nasci (*p*), senex demum adgnovit, ut unum cerebrum nervorum principium esset (*q*), juniori, ut nuperis, meninges imposuerant. Prior autem ERASISTRATI sententia apud RUFUM videtur conservari (*r*), nervos alios esse sensorios, cavos, a meningibus ortos, alios motorios a cerebro & cerebello (*s*) natos. Ex capite spiritum animalem venire, ex corde vitalem (*t*). Eo ipso loco cerebrum hominis cum cerebro animalium comparat. Ventriculos duos, communicantes, cerebellum, παρεγκεφαλίδας nomine (*u*); ventriculum cerebelli: cerebri intestinula, & cerebelli convolutiones dixit. Venam (*x*) magnam, quæ sanguinis sit receptaculum, & arteriam quæ spiritus, in minimos ramos dividi docet, quorum exiguitas faciat, ne sanguis in spirituosa vasa irrumpat. In plethora tamen sanguinem sua vasa dilatare, irrumpere in arterias, sic inflammationem & febrem fieri (*y*). Arterias primus cum venis & nervis inter partes universum (*z*) corpus constituentes numeravit. Hepatis carnem parenchyma (*a*) dixit, sic in aliis visceribus, jecore, pulmone, liene, cerebro (*b*).

Per invisibiles meatus bilem ex hepate in fellis vesiculam venire (*c*). Musculum, dum spiritu repletur, in latitudine augeri, in longitudine minui (*d*).

In physiologicis multus fuit, & propria placita secutus est, quo effecit, ut

(l) GALEN. *loc. adfect.* L. V.
(m) Ibid. Conf. *arter. ven. sect.* c. 9. (n) Ibid. (o) Ibid.
(p) *In lib. divisionum* apud GALENUM.
(q) *In aphorism.* L. VI. n. 10.
(r) Apud GALENUM *placit.* HIPP. & PLAT. L. VII. c. 3. f. διαφερειν.
(s) *Appell.* II. fin.
(t) HIPP. PLAT. *decret.* II. c. 8.
(u) GALEN. *util.* L. VIII. c. 12.
(x) GALEN. *vena sect. adv.* ERASISTRAT.
(y) Apud GALEN. in *introd.* PLUTARCH. *placit.* L. V. c. 29.
(z) GALEN. in *introduct.*
(a GALEN. *med. comp. sec. loc.* VIII. c. 7.
(b *Nat. hum.* I. *Introduct.*
(c) GALEN. *de loc. affect.* L. V. c. 3.
(d) Ibid. L. VI.

ut GALENUS ſemidogmaticum dixerit. Adtractiones (e) negabat, in ventriculo, in veſica urinaria, aut in bilis veſicula (f) locum habere.

Ventriculum cibos toto concoctionis tempore ajebat (g) complecti, neque eam concoctionem elixationem eſſe (h), vim autem coquendi eſſe in ſpiritibus (i); & alibi totam levigationem ciborum, & ſubductionem excrementorum, & diſtributionem, quæ in cremorem ſunt converſa, a complexu ventriculi eſſe (k). Bilem inutilem eſſe, & a ſanguine per vaſa ſecerni, quæ minora ſint, neque eum poſſint recipere (l). Epigeneſin docet (m). Multa de humore nervum alente (n) ſcripſerat, & de morbis, qui inde eveniunt. Humores parvi faciebat: nihil de atra bile docebat, de flava parum; neque humorum vitia admittebat (o). Alibi tamen GALENUS fatetur, accurate egiſſe de ſeparatione bilis flavæ (p). Sanguinem eſſe alimentum (q). Spiritum naturæ (r) coadjutorem. Ultima nutriri ex vicinis vaſis nutrientibus a lateribus vaſorum adtracto ſanguine (s). In pulſibus erat negligentior (t). Facultatem vitalem in ventriculis cordis habitare (u) docuit. Primas in pulſu dilatari (x), ab impulſo ſpiritu (y), arterias cordi proximas, deinde ex ordine minores & remotiores. Arterias diſtentas pulſare, cor dum evacuatur (z). Reſpirationis utilitatem eſſe arteriarum repletionem. Spiritum per pulmones adtrahi, quo arteriæ repleantur (a): nullum ex pulmone in pectus ſpiritum effundi (b). Pulmonem alterne moveri (c). Succeſſionem in locum evacuatum ad explicandam reſpirationem (d) adhibuit, & in eam fieri partem per circumpulſionem, ut PLATO. Aërem in arterias pulmonis venire. Sterilitatem fieri, quod uterus carnoſus quaſi cicatrices habeat (e). PLATONEM (f) refutavit, qui humo-

(e) *Nat. hum.* l. c.
(f) GALEN. *fac. nat.* III. c. 13. I. c. 5.
(g) GALEN. *fac.* L. III. c. 8. (h) Ibid.
(i) *Fac. nat.* II. c. 8. Hæc & ſequentia in libris fere *de naturalibus operationibus*, & in *ſermonibus univerſalibus* docuit, quos GALENUS in ſuis Lib. *de facultat. naturalib.* refutat.
(k) *Fac. natur.* II. c. 8.
(l) GALEN. *fac. nat.* II. c. 2.
(m) *Facult. natur.* II. c. 3.
(n) GALEN. *de atra bile.* (o) IDEM, ibid.
(p) *Utilit. part.* IV. c. 13.
(q) De *nutritione* agit in L. II. ſermonum.
(r) GALEN. *introduct.*
(s) *Facult. natur.* L. II. c. 3.
(t) HIPP. & GAL. *placit.* VI. c. 1. *Diffic. pulſ.*
(u) GALEN. HIPP. PLAT. *placit.* V. c. 6.
(x) *Diffic. pulſ.* IV. c. 1.
(y) *Diff. pulſ.* IV. c. 2.
(z) *Util. reſpir.* c 1. *Diff. pulſ.*
(a) *An ſang. natur. in art.*
(b) *Admin. anat.* L. VIII. c. 5. (c) Ibid. L. VII. c. 2.
(d) GALEN. in *Timaeum.*
(e) PLUTARCH. *placit.* V. c. 9.
(f) MACROB. *ſaturnal.* L. VII. Ægri hæc ERASISTRATI monita PLUTARCHUS fert, *Quæſt. conv.* VII. c. 1.

humorem ex pharynge in asperam arteriam descendere dixerat. Famem esse a fibrarum vacuitate, & tolli ventre vinculis adstricto (*g*), causam bulimi fassus est se ignorare (*g**).

Vir cæterum modestus & moratus (*h*), qui aliter cum sentiret, tamen HIPPOCRATEM refutare detrectabat (*i*). Summa etiam apud posteros ejus auctoritas fuit, unde factum est, ut eo mitius eum GALENUS impugnaverit, & etiam eo ævo sectatores ERASISTRATI Præceptoris placita venerati sint.

Scripsit etiam duos libros *anatomicorum de singulis passionibus* (*k*).

§. XXX. *Herophilus.*

PRAXAGORÆ discipulus, in universum ERASISTRATO coævus (*l*), Chalcedonius potius quam Carthaginiensis (*l**). Antiquiorem ERASISTRATO facit CLERICUS. Verum si omnino ERASISTRATUS in SELEUCI NICANORIS aula vixit, PTOLEMÆI vero *Lagidæ* tempore in Ægypto (*m*) HEROPHILUS dissectionibus operam dedit, non potest fieri, ut alter altero memorabili intervallo superior fuerit.

Illustre omnino nomen est HEROPHILI, qui totam medicinam, herbas, praxin & anatomen sibi ornandas sumserit. Maxima tamen ejus in anatome laus fuit, tanta, ut FALLOPIUS nusquam HEROPHILUM errasse, incauta quidem phrasi usus, testem se dederit (*n*). Quare viventium reorum corpora, perinde ut ERASISTRATUS, dictus est incidisse, qua voce, puto, veteres raritatem humanæ (*o*) anatomes expresserunt, etsi posteritas serio eam calumniam accepit. Inter instauratores anatomes a GALENO (*p*) recensetur, & exquisitissimus dicitur incisor (*q*).

Quæ de Cl. viro supersunt, fere fragmenta sunt, a GALENO conservata. Multum in nervis laboravit; eos a ligamentis & a tendinibus distinxit, cum quibus ab ARISTOTELE, forte & ab HIPPOCRATE (*r*), confusi fuerant. Poros nervorum opticorum dixit (*s*): tum cerebri sinus & eorum concursum, quem vocavit torcular (*t*). Ventriculum in cerebello (παρεγκεφαλίς) præcipuum (*u*) habet.

(g) GELL. *noct. attic.* L. XVI. c. 3. ex *lib. divisionum*. (g*) GELLIUS.
(h) GALEN. *de atra bile.*
(i) *Facult. natur.* I. c. 15.
(k) CÆLIUS *acut.* III. c. 4.
(l) *Diff. puls* L. IV. c. 3. Cum PLISTONICO *Aphorism. comm.* L. VI.
(l*) Ita GALEN. *us. part.* I. c. 8.
(m) Alexandriæ vixisse, ideo cum calamis Ægyptiorum crenam medullæ oblongatæ comparasse GALEN. *admin. anat.* IX. c. 5.
(n) CELSUS: TERTULLIANUS. Hunc unum laudavit L. *a* CAPOA.
(o) GALEN. *diss vulv.* c. 5.
(p) HIPP. PLAT. *decret.* L. VIII. c. 1.
(q) *Diss. vulv.* c. 5.
(r) RUFUS II.
(s) *Util part.* L. X. c. 12.
(t) *De util. part* L. X. c. 6.
(u) GALEN. *util. part.* L. VIII. c. 11.

habet. Calamum medullæ oblongatæ dixit (*x*), & quartum ventriculum (*y*). Nervos voluntati obedientes a cerebro & medulla ſpinali (*z*) naſci docuit. Retinam tunicam in oculo invenit & arachnoideam (*a*). Venæ arterioſæ & arteriæ venoſæ nomen impoſuit (*b*). In pulſu contractionem percipi (*c*). Auriculas (*d*) pro cordis partibus accepit, in cordis valvulis negligentior (*e*). De principio venarum ambigit (*f*). Ecphyſin duodecim digitorum recte deſcripſit (*g*). Hepatis in animalibus varietates dixit, potiſſimum in lepore (*h*). Venas (*i*) inteſtina adeuntes in glandulosa quædam corpora dixit terminari, eas inteſtina nutrire. Eas venas per vaſa lactea interpretantur, obſcurius tamen Herophilum ea vaſa, quam Erasistratus deſignaſſe certum eſt. In partibus genitalibus utriusque ſexus diligenter verſatus eſt. Uterum gravidæ feminæ ante partum ne ſtilum quidem admittere (*k*). Paraſtatam adenoiden dixit, qui ſint in maribus (*l*), varicoſos vero paraſtatas qui poſſunt eſſe ſeminales (*m*) veſiculæ. Ex Galeni tamen verbis etiam cellulæ fuerint, in quas ductus deferens, etiam in cane, ad veſicæ exitum contrahitur: partem enim vaſis ſeminalis Herophilus vocat, qui paraſtata ſit varicoſus. Epididymis inventum eſt Herophili. Feminarum ab utero exeuntes in ilia proceſſus cum circuli revolutione (*n*) comparavit. Uterum in iis, quæ pepererunt, aſperæ arteriæ initio aut polypi capiti ſimilem fieri (*o*). Semen femininum (*p*) extrorſum docuit effundi. Teſtes arteriam habere ab utero. In nonnullis mulieribus (*q*) quatuor vaſa venoſa vidit, quæ a renalibus vaſis ad uterum venirent, vaſa nempe ſpermatica.

In fragmento (*r*) quod Cocchius edidit, ligamentum teres deſcribit, quod ex capite femoris exit in acetabulum, & luxationem ejus oſſis ſanum impedit, idemque ruptum nequit reſtaurari. Quo loco tamen Herophilus verum ligamentum νεῦρον vocat.

De oculis locus eſt apud Aetium II. 3. 46.

Nunc ad phyſiologica. In ſeminalia vaſa ſanguinem venire, & eundo albeſcere (*s*) docuit; neque teſtes multum ad generationem conferre (*t*). Cauſas motrices eſſe in nervis, muſculis, arteriis (*u*).

Pulſum

(x) *Adminiſtr.* L. IX. c. 5. *uſ. part.* VIII. c. 11. (y) Ibid.
(z) Rufus III. fin. (a) Idem, l. c. (b) Idem.
(c) Galen. *dignoſc. pulſ.* L. I. c. 3.
(d) Galen. *adminiſt.* VI. c. 11.
(e) Galen. *Placit.* L. VI. c. 6. Cordis diſcriminationes dixit Her. ib. I. c. 10.
(f) Ibid. c. 5. (g) Ibid. c. 9. *uter. diſſ.* I. (h) Ibid. c. 8.
(i) *Util. part.* IV. c. 19.
(k) Galen. *fac. natur.* L. III. c. 3.
(l) *Util. part.* L. IX. c. 11.
(m) Galen. *ſem.* I. c. 16.
(n) *Vulv. diſſ.* c. 3. (o) Soranus.
(p) Galen. *de diſſ vulv.* (q) *Diſſ. vulv.* c. 5.
(r) In lib. *dell anat.* p. 83.
(s) Priscian. L. IV. (t) Galen. *de ſemin.*
(u) Plutarch. *placit.* L. IV. c. 22.

Pulsum a superioribus medicis neglectum accurate contemplatus est, ut ob subtilitatem (*x*) tamen musicarum rationum ab eo adhibitarum nuperi eum laborem deseruerint. Ita definivit ut GALENUS, non ut HIPPOCRATES (*y*). Pulsum a corde esse (*z*): ex corde per tunicas vim in arterias manare, cujus ope dum distenduntur, undique adtrahant (*a*). Pulsuum varietatem prosecutus est. Palpitationem a pulsu separavit (*b*). In pulsu distinxit magnitudinem, celeritatem, vehementiam & rhythmum (*c*). Dixit pulsum plenum, quo tamen nomine GALENUS putat potius crebrum intellexisse (*d*), plenum enim pulsum (*e*) HEROPHILUM negat habere. Vehementiam a robore vitalis facultatis deduxit (*f*). Tempus etiam in pulsu consideravit. Caprizantem dixit (*g*).

Pulmonem naturali appetitu moveri, ut animam adducat & reddat: & quatuor in respiratione motus esse, dum aerem externum pulmo recipit: dum quod accipit ad pectus permanat: dum contractum a pectore rursus accipit: dum receptum extrorsum propellit. Adparet, putasse acrem ex pulmone in pectoris cavum effundi (*h*).

Humoribus cæterum solis & sanitatis phænomena tribuit, & morbi, uti præceptor ejus PRAXAGORAS (*i*).

Denique artem fere incertam esse scripsit, & obscuram, pene ad Pyrrhoniorum morem (*k*).

§. XXXI. *Eudemus.*

EUDEMUS (*l*) cætera parum notus, a GALENO inter instauratores anatomes refertur.

Cirrhos dixit (*m*) processus ab utero ad utraque ilia emissos. Quinque esse ossa metacarpi & metatarsi, duo vero pollicis & hallucis, recte docuit, argumento ossa humana accurate ipsi perspecta fuisse (*n*). Esse ossiculum perexiguum quod acromium dicitur (*o*), minus bene. In intestinis succum salivæ similem ex aliis glandulis venire GALENUS, de quibus inde ab HEROPHI-

(x) PLIN. L. XI. p. 633. Contra tamen ista, potius nimis subtiliter in pulsu versatos fuisse, qui post HEROPHILUM scripserunt, GALENUS *diff. pulf.* III. c. 1.
(y) HIPP. & PLAT. *decret.* L. VI. c. 1.
(z) *Util. pulf.* & *diff. pulf.* L. IV. c. 2.
(a) GALEN. *diff. pulf.* L. IV. c. 1.
(b) *Diff. pulf.* L. IV. c. 2. (c) Ibid. L. II. c. 6. (d) Ibid. ad fin. (e) Ibid. L. III.
(f) *Diff. pulf.* L. III. c. 2. (g) Ibid. L. I. c. 29.
(h) PLUTARCH. *placit.* L. IV. c. 22.
(i) GALEN. *introduct.*
(k) SEXTUS *in Mathem.*
(l) *Placit.* HIPP. & PLAT. L. VIII. c. 1. Eodem tempore cum HEROPH. *Comm. aphor.* VI.
(m) *Vulv. diss.* c. 3.
(n) *Util. part.* L. III. c. 8.
(o) RUFUS.

LO & EUDEMO lites fuerint inter anatomicos (*p*). De nervis & cerebro utiliter ſcripſit (*q*). Proceſſus, qui nunc ſolent ſtyliformes vocari, cum gallorum calcaribus comparavit (*r*). Quid efflorescentia ſit, quam EUDEMUS venam dixit, non dixerim (*s*).

EUDEMUS & LYCON platonici multa de genio animalium, & victu, & de eorum partibus reliquerant, APULEJO teſte (*t*).

§. XXXII. *Schola* HEROPHILI & ERASISTRATI.

Et ERASISTRATI ſchola & HEROPHILI (*u*) ab eorum virorum exceſſu floruit. Neque continuo Anatomen deſeruerunt. Sectatores enim HEROPHILI chorioideos (*x*) proceſſus primi dixerunt. Utraque tamen ſenſim ſchola anatomen negligentius tractaſſe videtur. Nam HEROPHILEI quidem in empiricos fere degeneraverunt, qui anatomen univerſam habebant pro inutili (*y*), aut certe a ſolo caſu aliquam in ea arte lucem exſpectabant; totaque anatomica ars languit, fere ad MARINI tempora, qui paulo ante GALENUM vixit. Eum enim virum GALENUS vocat anatomes diu intermiſſæ reſtauratorem.

Anatomes ſtudium Alexandriæ conſtanter excultum fuiſſe videtur, ut etiam GALENI tempore eo medici confluerent, qui corporis humani cognitioni ſtudebant, & ipſe etiam GALENUS. Neque potuiſſet Chirurgia Alexandriæ florere, niſi Anatome præluxiſſet.

Multum certe pro Anatomes incrementis præſtiterunt reges PTOLEMÆI, & in CLEOPATRÆ uſque tempora diſſectiones Alexandriæ frequentatæ fuerunt. Gravidam feminam inciſam, fetum perfectum in ejus utero repertum, regnante CLEOPATRA talmudici (*z*) ſcriptores.

ERASISTRATI ſchola (*a*) diutius ſuperfuit, multumque in ea convellenda laboris ipſe poſuit GALENUS. ERASISTRATEOS nomen impoſuerunt carotidi, quod ei ligatæ ſopor ſuperveniret. Ex ea etiam ſchola XENOPHON, ex primis ERASISTRATI diſcipulis, fuit, qui de *appellationibus partium corporis humani* ſcripſit (*b*); & alter APOLLONIUS Memphitanus, quem auctor libri GALENO adſcripti citat, qui in ſimilis fere tituli opere feminarum dentes dixerit eſſe triginta (*c*). An IDEM qui APOLLONIUS STRATONIS f. ERASISTRATEUS, qui pulſum

(p) *De ſemine* L. II. c. 6.
(q) GALEN. *loc adſect.* L III.
(r) RUFUS *appell.* I. p. 30.
(s) RUFUS p. 42.
(t) APOLOG. I.
(u) GALEN. *diff. pulſ.* IV. c. 2.
(x) GALEN. *admin.* L. IX. c. 3.
(y) CELS. *præf.*
(z) GUNZBURGER *Medic. talmud.* p. 11.
(a) Nominat eos GALENUS *de arte.*
(b) GALENUS *Introduct.*
(c) *De natur. & ord. cujusque corp.*

pulſum tribuit dilatationi arteriæ, quæ fit a ſpiritu, e corde miſſo (*d*). Ex eadem ſchola fuit MARTIALIS, non ignobilis inciſor. Ea ſecta nervos deducebat a meningibus (*d**).

§. XXXIII. HEROPHILEI *Aliqui.*

In ea ſchola HEROPHILEA (*e*) multum de pulſu laboratum eſt. CHRYSERMUS pulſum dixit dilatationem a contractione arteriarum (*f*) exſurgente undique tunica, & rurſus conſidente, ab animali facultate & vitali.

BACCHIUS (*g*) pulſum dixit contractionem & diſtentionem eſſe, quæ ſimul in omnibus arteriis fiat. Ante HERACLIDEM vixit (*h*).

HERACLIDES ERYTHRÆUS, CHRYSERMI clariſſimus diſcipulus, diſtentionem & contractionem vocavit, arteriarum & cordis (*i*), a vitali & animale facultate plurimum valente factam. Septem libros ſcripſit de pulſu.

Cum eo ſenſit APOLLONIUS MUS (*k*) HEROPHILI diſcipulus. Ejus 29. fuerunt libri *de pulſu.*

ALEXANDER Philalethes STRABONIS ævo HEROPHILEÆ ſcholæ præſes (*l*), non ubique cum HEROPHILO ſenſit (*m*), ſi idem eſt, quem ALEXANDRUM ASCLEPIADEUM PRISCIANUS dixit. Duas HEROPHILEUS ille dedit pulſus definitiones (*m**), ejusque diſcipulus DEMOSTHENES Philalethes perinde duobus etiam de pulſu modis ſcripſit, nimis fere tædioſe, quam ut velim (*n*) exſcribere, atque cum PRÆCEPTORE ſenſit. IDEM *de oculis* (*o*) aliqua reliquit. Semen ſanguinis eſſentiam dixit (*o**).

Eum ARISTOXENUS, & omnes una priores ſententias, refutavit, pulſumque dixit (*p*) eſſe functionem arteriarum & cordis peculiarem. ALEXANDRI Philalethæ diſcipulus (*q*) fuit.

ZENO, ex præcipuis HEROPHILI ſectatoribus, pulſum (*r*) dixit eſſe partium arterioſarum miſtam ex contractione & dilatatione functionem.

ANDREAS CARYSTIUS, non aliunde notus, callum docet a medulla oſſium adfuſa, & circa latus fracturæ coagulata naſci, non certe imperite (*s*).

Inter

(d) GALEN. *diff. pulſ.* L. IV. c. 17. (d*) IDEM, *Comm. aphor.* VI.
(e) Eam nominat GALENUS *de arte.*
(f) *Diff. pulſ.* L. IV. c. 9.
(g) In *auſcult.* ap. GALEN. *diff. pulſ.* L. IV. c. 1.
(h) GALEN. *Epidem.* IV. *comm.* 1.
(i) *Diff. pulſ.* L. IV. c. 10. (k) Ibid.
(l) STRABO L. XII. Ei potius credas quam PRISCIANO L. IV., qui facit ASCLEPIADEUM.
(m) GALEN *diff. pulſ.* IV. c. 16.
(m*) apud GALENUM *diff. pulſ.* L. IV. c. 9.
(n) GALEN. ibid. IV. c. 5. (o) Ibid. (o*) *De ſem.* L. I.
(p) *Diff. pulſ.* L. IV. c. 10. & c. 4.
(q) Ibid. L. IV. c. 7. (r) Ibid.
(s) CASSIUS *probl.* 58.

Inter Empiricos HERACLIDES TARENTINUS pulſus dedit definitionem, motum eſſe cordis & arteriarum (*t*).

GLAUCIAS (*u*) fieri ambidextros ſi in partem dextram uteri ſemen inciderit, neque enim in ea parte generari muliebre corpus, cum dextra in parte mares generentur (*x*).

GAJUS, HEROPHILEUS poſterioris ævi, in aquæ timore cerebrum ejusque membranam externam pati ſcripſit. Inde originem ſumere nervos voluntarios & ſtomachum adeuntes (*y*).

§. XXXIV. *Philoſophi aliqui.*

PHILOSOPHI, qui circa ea tempora floruerunt, parum ad anatomen contulerunt. STRATON equidem (*a*) THEOPHRASTI diſcipulus, qui unice ad rem naturalem ſe convertit, loci, quem ex DIOCLE citavimus (*b*) forte verior auctor fuerit. Scripſerat de *natura humana*, de *generatione animalium*, de *concubitu*, de *ſomno*, de *inſomniis*, de *viſu*, de *ſenſu*, de *fame*, de *cibo* & *incremento* (*c*).

STOICI ſubinde de rebus phyſiologicis cogitarunt. Sterilitatem ab eo vitio derivarunt, quo ſemen de pene non recta (*d*) projiciatur. Vocem a corde oriri. ZENO, DIOGENES BABYLONIUS & CHRYSIPPUS docuerunt, ſolo ex patre ſemen adminiſtrari (*e*). Una & ſimul fetum fingi a ſpiritu ſemen comitante (*f*); animam ali (*g*).

CHRYSIPPUS Stoicus Philoſophus de anima ſcripſit (*h*), eam in corde habitare docuit (*i*), venasque a corde oriri (*k*), longo ſermone ob hæc omnia a GALENO refutatus. CLEANTHES cor evulſum palpitare dixit (*l*).

A Stoicis Pneumaticos multa ſumſiſſe, GALENUS auctor eſt (*m*).

EPICURUS in univerſum finales cauſas removit (*n*), & negavit, oculos ad videndum (*o*), magnos muſculos ad magnos motus factos eſſe, maluitque, magnos

(t) GALEN. *diff. pulſ.* L. IV. c. 3.
(u) Apud EROTIANUM. (x) Ibid.
(y) Apud CÆLIUM.
(a) CICERO *Acad.* I. (b) p. 53.
(c) LAERTIUS L. V. c. 3.
(d) PLUTARCH *placit.* V. c. 9.
(e) CENSORIN. c. 5. (f) C. 6.
(g) CHRYSIPPUS, CLEANTHES, ZENO, apud GALEN. HIPP. PLAT. *decret.* L. II. fin.
(h) GALEN. HIPP. & PLAT. *decret.* L. III. c. 1. (i) Ibid.
(k) Ibid. L. II. c. 5.
(l) Apud CICERON. *nat. deor.*
(m) HIPPOC. & PLAT. *decret.* L. II. c. 5.
(n) LACTANT. c. 6.
(o) GALEN. *util. part.* L. I. c. 21. Add. LACTANT.

magnos fieri motus, quod musculi magni sint, quæ impia sententia nuper reviviscit. In eumdem sensum etiam animalia prima imperfecta nata fuisse & eorum species intercidisse (*p*). Ab utroque parente semen advenire (*q*). Scripsit de *visu*, de *tactu*, de *phantasia* (*r*).

HIPPARCHUS, sed uter non dixerim, visum explicavit, per radios ex objecto venientes, & alios qui ab oculo veniunt, qui utrique sibi occurrant (*s*), se amplectantur, & una ad oculum veniant, fere ut PLATO.

ARATUS Solensis, Medicus & Astronomus, scripsit *de medicina* (*t*), & in multis capitibus unam se futuram vidisse auctor est, multas in aliis. Ejus exstabat *Anatome* (*u*), & anthropogonia & ισολογια (*x*).

MNESITHEUS inter anatomicos (*y*) a GALENO recensetur. Exstat de eo locus, ubi Elephantum negat felleam vesiculam habere (*z*). A RUFO etiam citatur (*a*).

DIEUCHES est inter anatomicos GALENO dictos (*b*), & MEDIUS (*c*). CLEITARCHUS (*d*) ἰνας dixit externos musculos, & neurometores, & vulpes, quem ob eam rem RUFUS carpit (*e*). De piscibus vocalibus scripsit (*f*), & περι σκελετων (*g*).

§. XXXV. ASCLEPIADES (*h*).

Bithynus, Prusias, Cianus (*i*), MITHRIDATICORUM temporum, non quidem anatomen adtigit, physiologiam autem abunde, vir audax, & qui videatur ingenio valuisse. EPICURUM secutus fines rerum rejicit (*k*), & salutarem in morbis Naturæ potestatem (*l*) negat, vanosque labores accusat (*m*). DEMOCRITUM secutus, nomina sola fere mutavit, & moles dixit singulas pro atomis

(p) LACTANT. l. c.
(q) CENSORIN. c. 5.
(r) LAERTIUS.
(s) PLUTARCH. περι των αρεσ. IV.
(t) POLLUX HEMSTERH. p. 171.
(u) SUIDAS.
(x) Auctor vitæ.
(y) *Nat. hum. Comm.* II.
(z) *Admin.* VI. c. 8.
(a) *Appell.* I. p. 44.
(b) *Nat. human.* (c) Ibid. Conf. p. 30.
(d) POLLUCI & ATHENÆO CLEARCHUS.
(e) *Appell.* I. p. 40. Habet & ATHENÆUS L. IX.
(f) ATHEN. L. VIII. (g) IDEM, L. IX.
(h) Vide BLASII CARYOPHYLLI *de Asclep.* in *Giorn. de letter. d'Ital.* T. XI. p. 241.
(i) Ibid.
(k) GALEN. *util. part.* L. I. c 21. conf. L. XI. c. 8.
(l) IDEM, *facult. natur.* I. c. 14.
(m) IDEM, *util. part.* L. V. c. 5.

atomis (*n*), pro vacuo meatus. Ipſam adtractionem rejecit (*o*), hinc etiam tractricem vim ventriculi, veſicæ urinariæ & felleæ: hic ERASISTRATUM ſecutus (*p*). Morbos ab impedita perſpiratione fieri (*q*).

Animam ex aëre compoſuit, cum reſpirationis utilitatem dixerit, animam generare (*r*). Nervos negat ſentire (*s*). Mechanicas ubique rerum cauſas quæſivit (*t*). Ita in ſolo pulmone idem arterias (vaſa micantia) tenuiores eſſe quum venæ ſint, opinatur quod perpetuo labore extenuentur (*u*), venas ibidem ob laborem ſuum craſſiores fieri. Reſpirationis mechanicam, ſed perobſcuram rationem dedit (*x*). Cor & arterias dixit diſtendi, dum implentur ſpiritu in eas influente per ſubtilem contextum, quo intus inſtruantur, & quando nunc nihil ultra influit, tunicam in priorem ſtatum (*y*) redire. Pulſum adeo eſſe diſtentionem & contractionem cordis & arteriarum (*z*). Vehementiam pulſus eſſe a copia & ſubtilitate ſpirituum (*a*). Cibi non coctam (*b*) ſed disjectam (*c*) materiem docuit per corpus animale decurrere, in lacteum humorem mutatam. Negavit ex vomitu ciborum, & ex vulneribus, eorum naturam diſpaleſcere (*d*). Ureteres vix notos habuit, ait enim id quod bibitur (*e*), in halitum reſolvi, in veſicam transmitti, iterumque in aquam cogi. Et ASCLEPIADEI præceptorem imitati negabant craſſum aliquem ductum veſicam ſubire, ſiquidem ea flatum impulſum retineat (*f*), abuſi populari experimento. In pueris articulationem membrorum incipere die 26. & perfici 5omo, in feminis vix quarto menſe abſolvi (*g*). Solas feminas Naxias octavo menſe parere, ex JUNONIS favore (*h*), qui locus, ſi de noſtro agitur ASCLEPIADE, COCCHII defenſionem everteret, quando ASCLEPIADEM a ſuperſtitionis accuſatione tuetur. Nervos non ſentire, de ligamentis, ut puto, locutus (*i*). In frigidis regionibus vitam produci, in calidis contrahi ante *Franciſcum* BACON docuit. Aethiopes trigeſimo anno mori, Britannos ad 120. annum vivere (*k*). Species corporum ad oculos venire (*l*). Omnem delectum humorum rejecit, quorum

(n) IDEM, *de theriac. ad Piſ.* c. 11. add. *introduct.*
(o) IDEM, *facult. natur.* l. c.
(p) IDEM, *facult. natur.* L. III. c. 13. (q) Apud CELSUM.
(r) GALEN. *utilit. reſpirat.* c. 1.
(s) IDEM, *loc. adfect.* L. II.
(t) CÆLIUS *acut.* I. c. 14.
(u) GALEN. *Util. part.* L. VI. c. 13.
(x) PLUTARCH. IV. c. 22.
(y) GALEN. *differ. pulſ.* L. IV. c. 10.
(z) Ibid. c. 15. Addit in libro de *reſpiratione & pulſibus* paulum aliter ſcripſiſſe.
(a) GALEN. *diff. pulſ.* L. III. c. 2.
(b) CELS. *præfat.* (c) PRISCIAN. L. IV.
(d) GALEN. *facult. nat.* L. III. c. 8.
(e) IDEM, ibid. L. I. c. 13. (f) Ibid. L. III. c. 13.
(g) PLUTARCH. *placit.* L. V. n. 21.
(h) STEPHANUS *de urbib.*
(i) RUFUS, & GALEN. *facult. nat.* L. I. c. 3.
(k) Apud PLUTARCHUM in *placit. phil.* L. V. c. 30.
(l) GALEN. *facult. nat.* c. 1.

quorum unum medicamentum purgans habet (*m*). Morbos imputavit (*n*) corpusculis, quæ per invisibilia foramina subsistendo, iter claudunt.

Ut hæc se habeant, certe non exiguam reliquit sectatorum turbam, neque brevis ævi. Nam PHILONIDES, MOSCHION, CASSIUS, THEMISON & THESSALUS, atque tota adeo secta methodica, plurimum huic viro tribuit, erantque GALENI (*o*) ævo Asclepiadei medici, & maximi eum CELSUS fecit (*p*).

Methodica secta, & princeps THEMISON anatomen etiam magis sprevit (*q*).

§. XXXVI. LUCRETIUS CARUS.

Fere ejusdem, quæ ASCLEPIADI fuit, ætatis, ATTICO & CICERONI coævus, EPICURI sectam secutus poemate ejus viri placita expressit, quod superest. Ejus duo libri ad physiologiam pertinent, quorum in primo (nempe III.) fusissime laboret, ut animam corpoream faciat, & mortalem, & per artus diffusam: hinc omnia sentire, etiam ossa & dentes.

Libro IV. fuse agit de oculo, tum de reliquis sensibus, de generatione & venere, deque somno breviter, de cibis & nutritione &c. Utrique sexui suum semen esse, & in fetu ejus parentis sexum redire; cujus semen vicerit. Ictericos flava videre.

Editione utor, quam J. NARDUS dedit, Florent. 1647. 4°.*

§. XXXVII. M. TULLIUS CICERO.

TIMÆUM libere vertisse diximus.

Deinde in Lib. II. *de Natura deorum*, dum loquentem STOICUM introducit, œconomiæ animalis quoddam quasi compendium tradit. Deglutitionem ciborum a lingua detrusorum, & descendentium; dum partes inferiores dilatantur, superiores vero contrahuntur. Inde longa alvus & tortuosa, quæ modo dilatatur, modo adstringitur. Respiratio: spiritus in alterum cordis ventriculum receptus, dum alter ab hepate sanguinem accipit. Venæ & arteriæ, a corde profectæ, per totum corpus diductæ, jam nunc manifesto distinctæ. Sensus, oculi etiam potissimum: flexuosum iter sonorum. Vox: nares cornuum similes, quæ ad nervos resonant. Hanc CICERONIS physiologiam nuper D. *Joh.* BRISBANE cum ALBINI tabulis edidit Lond. 1769, fol.

In *Tusculanarum* L. I. a sede animæ vias quasi perforari; ad oculos, aures, nares.

(m) *Facult. natur.* L. I. c. 13.
(n) CELS. *præf.* L. I.
(o) CELSUS *præf.*
(p) *Facult. nat.* I. c. 3.

HIERONYMUS de BONO de medica facultate in M. T. CICERONE omnino comperta libellum dedit in CALOIERI *nuova racolta* T. III.

§. XXXVIII. A CORNELIUS CELSUS.

Erit alias laudibus hujus viri ſuus locus. Anatomen, etſi non putes exercuiſſe, tamen paſſim adtigit. Anatomen ſuam fere ex HEROPHILO & ERASISTRATO habere, & modo de homine dicere, modo de animale perſpicaciſſimus MORGAGNUS (*r*). In *præfatione* libri, quæ fere compendium eſt hiſtoriæ medicæ, Anatomes utilitatem contra EMPIRICOS tuetur.

In L. III. Clyſteres nutriteos primus dixit. L. II. vias lotii peculiares.

In Libro IV. anatomes viſcerum compendium dedit. In eo neſcio num poſſis Cl. virum tueri, ne culpam ſubeat, quod animalium anatomen propoſuerit. Jecinori quatuor fibras tribuit, quod quidem poſſis hactenus excuſare. Lienem non ſepto ſed inteſtino innatum vult. Cæcum tamen inteſtinum potius ex homine deſcribere, & lienem non ex animale ſumere videtur, qui latum faciat. Ligamenta habet a ventriculo ad hepar & lienem euntia, & a rene ad colon. Vulvam dextra magis tenere: Veſicam in viro ſiniſtra.

In L. VII. dum *chirurgicas adminiſtrationes* tradit, varia habet anatomica. Teſtem eſſe glandulam, ſanguinem non emittere, non dolere niſi inflammatum. De ſepto ſcroti, ſed obſcure dixit, ima parte teſtem mediis tunicis contineri, leviter connexum, a ſuperiori tantum circumdatum eſſe. Oculi aliqua anatome. Lapillos vidit & pilos in ſteatomate: illos in ſtercore. In nervis, adnotante MORGAGNO (*s*) plus tribuit meningibus quam medullæ. Venæ & arteriæ nomine promiſcue uſus eſt.

In libri VIII. principio oſſium brevem pariter dat hiſtoriam. Reperiri capita absque ſutura, quatuor autem ſuturas deſcribit, neglecta, quantum video, frontali. Duæ ſuturæ palati. Collum rectum teneri a duobus validis nervis, quos Græci καρωτας dicunt, (ex qua voce carotidum arteriarum nomen putes manaſſe). Spinam dorſi non poſſe luxari, niſi duabus membranulis ruptis, quæ per duos a lateribus proceſſus feruntur, & nervis ruptis quibus continetur. Os pubis in feminis magis in exteriora recurvari. Voces aliquas ad canales ſemicirculares referas. Tota hæc hiſtoria elegans eſt, multoque melior, quam ea, quæ ante CELSUM dicta fuerunt.

In hæc oſteologica commentatus eſt *Petrus* PAU, *ſuccenturiati anatomici* titulo Leid. 1616. 4°.*

Anatomen CELSI nuper anglice edidit D. *Joh.* BRISBANE.

COLUMELLAM non repeto, etiamſi ejus viri aliqua, dum de animalium caſtratione agit, ad phyſiologiam pertinent, ut libro VIII. ubi patruum ſuum L. Co-

(r) Epiſt. IV. (s) Epiſt. V.

L. COLUMELLAM ait (*t*) arietes feros ovibus imposuisse vulgaribus, & lolio gallinas ait saginari.

SCRIBONIUS LARGUS videtur puncta lacrumalia velle.

Memorabilis in eo locus est „ si quis super laqueum in brachio venam percusserit, perinde sanguinem incitari ex ea parte, quam ex inferiori loco cum percussa est vena. Multa de his ASCLEPIADEM habere, quæ medici non viderint. Vinculum sanguinem magis ex vulnere exprimere. Ita præjudicata opinio vim veri jam se efferentis oppressit (*u*).

§. XXXIX. JULIUS OBSEQUENS.

Hanc scriptorem ævo ob sermonis puritatem Augusteo passim adscribunt, neque posteriorum temporum eventa ulla habet. Prodigia collegit, ex LIVIO etiam potissimum.

Fragmentum ALDUS edidit ab a. urbis 505. ad AUGUSTI ævum; prodiit etiam Florentiæ apud JUNTAS 1515. 8°. & Venetiis 1518. Argentor. 1514. 8°. Basileæ 1521. 8°. 1532. Priorem partem libri supplevit undiquaque *Conradus* LYCOSTHENES Basileæ 1552. 8°.* Lyon 1553. 12°. ut tamen sua distinxerit: recusam curante notasque addente J. SCHÆFFER Argentorati 1679. 8°. Denique emendatus & plenius a *Thoma* HIARNE Oxon. 1703. 8°. recusa est. Ita FABRICIUS. Nuper vero cura Cl. OUDENDORP, cum iisdem SCHÆFFERI notis, & supplemento LYCOSTHENIS; & cum figuris Leidæ 1720. 8°.

In iis quæ sunt OBSEQUENTIS, puer dicitur quatuor manubus pedibusque præditus; aliasque tripes, unus & alter. Equus quinque pedibus. Puella capite unico, pedibus quatuor. Puer biceps, biceps; gallus quadrupes aliusque quinque pedibus. Androgynus puer aperta alvo, ut nudum intestinum adpareret. Agnus biceps; puer capite unico, artubus duplicatis. Puellæ pectoribus connatæ. Exta duplicia. Hæc OBSEQUENTIS. Alia LYCOSTHENES adjecit.

EPIGENES Byzantinus horum temporum fuit; scripsit etymologica, in quibus passim aliqua nostri scopi reperias. Ultimum senium anno 112. dixit terminari (*x*), fetum a septimo mense ad decimum partu edi posse (*y*).

VARRONIS *Tubero* egit de origine humana (*z*). Mulas in Africa fecundas esse.

PROCULUS THEMISONIS discipulus de natura hominis scripsit (*a*).

§. XL. ATHENÆUS.

Difficillima hic ubique est chronologia, cum vix ulla alicujus medici ætas definiatur, nisi a SUIDA, multis seculis remoto, neque certo auctore. Siquidem

(t) C. 3. n. 21. (u) C. 21.
(x) CENSORIN. *dies nat.* c. 17.
(y) C. 7. (z) C. 9.
(a) GALEN. *diff. febr.* L. II. c. 6.

dem vero THEODORUS (b) medicus ATHENÆI discipulus fuit, eumque THEODORUM PLINIUS laudat, necesse est ATHENÆUM aliquo ante PLINIUM tempore vixisse.

ATHENÆUS iste, Attaleus (c) Cilix, sæpe GALENO dictus, auctor sectæ fuit pneumaticorum, nisi eam totam sectam malis ad ERASISTRATEOS referre, qui pariter spiritui fere omnia phænomena humani corporis imputabant (d). Nomen sectæ apud GALENUM reperitur, ubi tribuitur CHRYSIPPO Stoico (e); deinde nostro ATHENÆO (f). Noster de universa medicina scripsit (g).

Pulsum definivit vim (h) vitalis contentionis, & fusius alibi pulsum dixit, motum esse natum per dilatationem naturalem & involuntariam spiritus, qui in arteriis est, & in corde, & qui ex se ipso movetur, & una cor movet & arterias (i). Contractionem etiam in pulsu dixit (k).

Sed alia etiam anatomica scripsit. Testes (l) fecit inutiles (m), non longe hic a Peripateticis dissidens. Feminas negavit habere excrementum seminale, cum sanguineum habeant, iterum ex ARISTOTELE (n), & sicut papillas maribus, ita feminis seminalia membra fuisse constituta, similitudine paria, non officio (o). Fetum tamen plus habere a matre quam a patre dixit, ut animalia ex vulpe & ex cane nata matri sint similiora (p). Qualitates tamen vulgares retinuit (q), calidum, frigidum, siccum & humidum.

§. XLI. ARETÆUS.

Pneumaticum fuisse CLERICUS ex loco de Angina ostendit: mirum cæterum videri possit, eximium virum, omniumque medicorum Græcorum disertissimum, adeo latuisse, ut demum in *Euporistis* citetur. Anatomica collegit J. WIGGAN, quæ ARETÆUS cuique fere morbo præmisit, ego auxi.

Minute quidem vix quidquam descripsit, dudum vero a summo viro, BOERHAAVIO, est adnotatum, nusquam errorem admisisse. Pulmonem fecit insensilem,

(b) THEODORUS decimus septimus LAERTII L. II. c. 8. fin. Lichenes bulbis curavit PLIN. L. XX. n. 40.
(c) *De arte.*
(d) GALEN. *introduct.*
(e) *Diff. pulf.* L. II. fin. Placere Pneumaticis Stoicorum principia ibid. L. III. c. 1.
(f) *Diff. pulf.* L. IV. c. 14.
(g) De *Elem.*
(h) *Diff. pulf.* L. III. c. 2.
(i) Ibid. L. IV. [illegible]4.
(k) GALEN. *diff. pulf.* L. IV. c. 10. 11.
(l) In libris de *semine*, quorum septimum citat GALEN. *form. fet.* L. II.
(m) GALEN. *de semin.* L. II. c. 1.
(n) IDEM, ibid. L. II. c. 4.
(o) GALEN. *de semin.* L. II. c. 1.
(p) *Format. fet.* L. II. ex libro *de semine* VI.
(q) GALEN. *introduct.*

ſenſilem, ut alii veterum. Arteriam craſſam, quæ nobis aorta eſt, & venam cavam inflammari, hancque graviſſimarum febrium cauſam eſſe. Venas a jecore oriri, quod ſit fons ſanguinis (*r*). Utrumque truncum venæ cavæ bene deſcribit. Icterum fieri a viis bilis obſtructis. Interiorem inteſtini tunicam in dyſenteria exire. Renes glanduloſos eſſe & ſinus habere, ex quibus ureteres. Inanem veſicam contrahi. Ligamenta uteri recenſet, & teretia, & lata, hæc cum velis recte comparat. Uteri tunicam intimam chorio adhærere. Senſum & motum eſſe a nervis. Decuſſationem nervorum pariter docet, ut CASSIUS, & viciſſim in eodem latere adparere; quæ mala ſint a nervis medullæ ſpinalis. Ad venam dextram cubiti facilem ab hepate fluxum eſſe (*s*) &c. In tetano auriculas moveri (*t*). Ductus ducentes ab hepate ad renes (*u*). Hæc WIGGANUS, locis additis. Satyriaſin etiam feminas non tangere docet, nihil enim habere quod erigatur, ut clitoridem ignoraverit (*x*). Linguam muſculum eſſe. Ligamenta ſenſu carere admirabundus reperit. Hepar, renes, mammas naturæ eſſe glanduloſæ (*y*). Hydatides habet (*z*).

§. XLII. AGATHINUS.

Pneumaticus (*a*), de pulſu commentatus eſt; eum ait cordis & arteriarum (*b*) eſſe contractionem (*c*). Eum librum dicavit HERODOTO MENONIS diſcipulo, qui apud Romanos praxin medicam exercuit (*d*). In pulſu contractionem negavit percipi (*e*). Pulſum plenum facit tenſum & contractum ſpiritu perpetuo repræſentante (*f*). Contra PHILONIDEM ſcripſit, pulſumque in ſola arteria oſtendit exſiſtere (*g*). Nimis loquacem fuiſſe GALENUS (*h*).

§. XLIII. SORANUS.

SORANUS Epheſius ante ARCHIGENEM (*i*) vixit, qui SORANI citaverit alopeciam, princeps cæterum Methodicorum, quem CÆLIUS AURELIANUS aut latine vertit, aut imitatus eſt. ANDROMACHI theriacam citat, ut eo viro non ſit antiquior (*k*); neque CÆLIUS, SORANI translator, ARCHIGENEM citat, ut juniorem. De noſtro dico SORANO, cujus liber περὶ μήτρας καὶ γυναικείου αἰδοίου

(r) *Diut. cur.* L. I. c. 5. (s) Ibid.
(t) *Cauſ. ſign. acut.* I. c. 6.
(u) *Cur. acut.* L. II. c. 6.
(x) *Cauſ. & ſign. acut.* L. II. c. ult.
(y) *Cauſ. acut.* L. III. *diut.* L. II.
(z) *Diutur. cauſ.* L. II.
(a) GALEN. *diff. pulſ.* L. IV. c. 10. 11.
(b) *De pulſibus definitiones.*
(c) GALEN. *diff. pulſ.* L. III. (d) IDEM. (e) l. c. L. I. c. 3. (f) GALEN.
(g) IDEM, *diff. pulſ.* L. IV. c. 10. (h) Ibid.
(i) MYREPSUS *alopec.* 84.
(k) ADRIANI ad tempora SUIDAS relegat & CLERICUS. Verum, cum ARCHIGENE ATHENÆI diſcipulo antiquior ſit, & iſte ATHENÆUS diſcipulum habuerit PLINIO antiquiorem, non videtur SORANUS PLINIO poſterior eſſe.

αιδοιου Parisiis prodiit 1554. 8°.* & 1556. 8°. ASTRUC; & repetitur in L. XXIV. ORIBASII. Gr. lat. *de vulva & muliebri pudendo interprete* J. B. RASARIO apud MORELLUM 1556. 8°. cum THEOPHILO B. B. Latine cum VESALIO Venetiis 1604. fol. Nam etsi juniori alicui SORANO aliqui tribuunt, interque eos Cl. FABRICIUS (*l*), noster tamen eo ævo vixit, quo anatome florebat, & etiam in homine exercebatur, quæ tempora brevia fuerunt, & ante GALENUM. Exiguus est libellus, ex humana anatome natus, uterum enim nusquam bicornem facit, & diserte negat, ut in animalibus convolutum esse, neque male cum cucurbitula medica conparat; ei etiam fundum tribuit, qui in animalibus nullus est, & humeros, & ostium, & cervicem duplicem, τραχηλον & αυχενα, & demum κολπον. Duas arterias uteri recenset, venas duas ex renalibus natas. Testes glandulosos, masculorum dissimiles, basi esse latiuscula. Porum spermaticum ex utero per utrumque testem, in cervicem vesicæ inseri, de arteria ut videtur vaginali locutus. Hæc omnia se ait in herniosa femina vidisse. DIOCLEM male utero cotyledones tribuere, quæ in solis sint animalibus, quo loco sua περι ζωογονιας υπομνηματα citat. In Galatia suibus uterum exstirpari. Inde hymenem transversum describit, qui in coitu rumpatur, & nonnunquam totam vaginam claudat. Pterygomata porro habet s. nymphas, & νυμφην s. Clitoridem, a qua nymphæ descendunt.

Alium librum SORANI CAGNATUS (*m*) imposturam vocat, qui MÆCENATI sit inscriptus, ut tamen ANDROMACHI theriacam habeat: addit, variis ex signis latine scriptum esse. Verum hæc nostrum SORANUM non feriunt, qui multo meliora quam GALENUS de utero doceat.

Apud AETIUM SORANI locus reperitur, ubi agitur de seminis fluxu, & de fecundæ feminæ dignotione.

SORANUS vero nuperior, cujus *Isagogen artis medendi* habemus, pauca aliqua de re physiologica admiscuit, ut de conceptu & de fetus formatione. Eam *Isagogen* Basileæ anno 1528. fol.* excusam, alias dicemus.

§. XLIV. MOSCHION.

MOSCHION a CLERICO refertur ad tempora NERONIS. Fuit certe ASCLEPIADEUS medicus ejus nominis, qui non ubique cum ASCLEPIADE consensit. *Correctorem* præterea GAL. vocat, & pulsum addit, secundum MOSCHIONEM esse etiam cerebri & ejus membranarum distentionem (*n*).

Verum an iste idem fuerit MOSCHION, cujus *de mulierum morbis* opus habemus, & græce & latine, ex antiqua versione, de ea quidem re quæri potest. Eum ad TRAJANI ævum refert LAMBECIUS, cum certe SORANUM citaverit

(l) L. XII. p. 684.
(m) *Voc. obscur.* L. IV. c. 9.
(n) GALENUS *diff. puls.* L. IV. c. 16.

verit (*o*). Non poteſt MOSCHION eſſe, quem PLINIUS citavit, ſi PLINIUS SORANO antiquior eſt, ut vulgo ſolent recipere.

Methodicus equidem fuit, qui circulum metaſyncriticum (*p*) habeat, tum analepticum, & paſſim diatriton citet (*q*). SORANUM dixi ex eadem ſecta fuiſſe (*r*), tum MNASEAM. JULIÆ AGRIPPINÆ medicamentum Mo. ait ſe miſiſſe pro maribus generandis, quæ eo uſa DIOGENIANUM pepererit: quod nomen diſplicet.

Latine ſcripſit, qui voces latinas habeat, σπυβον (*s*), λαμνειαν pro lamina; inde in græcum converſus eſt. Et manifeſto ex latino ſe vertiſſe ipſe auctor eſt in codice Vindobonenſi (*t*).

Anatomen uteri cæterum omnino ex SORANO deſcribit, & iconem dat eum ſuis literis, quæ certis partibus reſpondent. Separat τραχηλον uteri ab αυχενι ſive parte ſuperiori (*u*). Ovaria ponit ad αυχενος latera, rotunda, baſi graciliori, & extendi juxta porum uriticum, per quem feminæ ſemen emittant, extrorſum porro verſus poni, & collo veſicæ jungi. Uterum ut SORANUS cum cucurbita comparat. A ſuperiori parte deſcendere in medium pterygomata, quæ latinis pinnacula, & aërem arcere. Signum vivi partus eſſe, ſi inſtar ovi chorion tangi poteſt, & multus humor levis efflit μδ.

Græce edidit H. WOLFIUS in collectionis ſuæ Tomo I. ad codicem AUGUSTANUM, emendatum a GESNERO Baſileæ 1566. 4°.*. Redit in collectione II. muliebrium anni 1586. 4°.* & in tertia SPACHIANA.

Plenior codex exſtat in Bibliotheca Vindobonenſi (*x*). Alius latinus capitum 182. in Medicea (*y*), & in Auguſtana Græcus, quo WOLFIUS uſus eſt in priori collectione, quæ Latini Baſileæ 1566. 4°.* prodiit, qui disjectum equidem & in harmoniam cum aliis muliebrium auctoribus diſpoſitum dedit. Ejus verſionis auctor de ſe (*z*) ipſo teſtatur, varia ſe vertiſſe, & ſcripſiſſe ophthalmica & chirurgumena, philjatria (*a*) & theorematica. Codex iſte aliqua & potiſſimum anatomica, pleniora habet.

§. XLV. CASSIUS FELIX.

CASSIUS a CELSO (*b*) citatur; alius ut videtur, a noſtro, cum CELSUS eum virum a methodicis alienum faciat, quod de noſtro non verum eſt, qui vulgo *jatroſophiſta* dicitur. In ejus opuſculo & ASCLEPIADEÆ (*c*) ſectæ veſtigia

(o) n. 151. (p) n. 135. (q) n. 151. (r) n. 160. (s) n. 136.
(t) LAMBEC. L. VI. p. 135. (u) n. 5.
(x) LAMBEC. L. VI. p. 134.
(y) *Plut.* 73. (z) *Præf.*
(a) Non judæorum, ut WOLFIUS v. LAMBEC. p. 136.
(b) L. I. *præfat.*
(c) *Probl.* I. ubi ASCLEPIADES HEROPHILUM refutat. De *conſenſu partium* n. 40. de *poris* n. 81.

gia reperio, & methodicæ (*d*). Ejus ἀπορίαι φυσικαὶ passim editæ sunt græce & latine Tigur. 1562. 8°.* Gesneri cura, qui subinde Hadriani Junii errores corrigit. Problemata sunt 84. Gesnerus etiam notulas adjecit. Prodiit etiam græce Francofurti 1585. 4°.* Paris. 1541. 8°. Mead. Leidæ 1596. 16°.* Græce & latine Lipsiæ 1653. 4°.* cura *Andreæ* Rivini. Latine Paris. 1541. 4°. cum notis *Hadriani* Junii, & cum *principibus medicis* apud H. Stephanum. Problematum non exigua pars ad anatomen, & ad physiologiam pertinet. In balneo humorem adtrahi. Oscitantes minus accurate audire. Cerumen morientibus dulce esse. Ad lucem conversos sternutare. Nervos ex basi cerebri dextri in sinistra ferri & vicissim (*e*). A situ gulæ fieri, ut a magna buccea strangulemur. Experimenta ad exhalationem cutis. *Andreas* Rivinus suæ editioni notas & varias lectiones adjecit.

Non differunt medicæ quæstiones ab iis, quæ de animalibus agunt & de quadrupedibus, ut possit ex Merklino videri, nam is titulus est editioni Paris 1541. 4°. B. B.

Codex exstat in B. R. P. n. 6114. latinus. Græci in B. D. Marci.

§. XLVI. Archigenes.

Pneumaticus (*f*) scriptor, Agathini discipulus, in arte medendi (*g*) minime spernendus, a spiritu solo omnia in corpore gubernari docuit (*h*). Juvenalis ævo celebritatem maximam nactus, non potest multo posteriori loco poni.

Physiologica ejus loca pluscula a Galeno conservata sunt, fere de pulsu. Eum definivit cordis & arteriarum distentionem & contractionem *naturalem* (*i*), quam vocem ad Agathini definitionem addidit. Deinde octo pulsuum fecit qualitates, magnitudinem, vehementiam, celeritatem, crebritatem, plenitudinem, ordinem, æqualitatem, & rhythmum (*k*).

Ex primo genere magnum pulsum parvo obposuit, sic porro vehementem (*l*) debili, plenum vacuo. Iterum pulsum longum, latum, altum & eorum contrarios dixit (*m*).

De *Vehementia* pulsus (*n*) peculiariter scripsit, & cum Magno in eo (*o*) consentit, in aliis contra eumdem disputat (*p*).

Carpit

(d) Circulum metansyncriticum citat n. 15. (e) n. 41.
(f) Idem, *diff. puls.* L. III. & L. II. fin.
(g) Galen. *diff. puls.* L. IV. c. 1. L. III. c. 1. & alias.
(h) *Introduct.*
(i) Galen. *diff. puls.* L. II.
(k) Idem, ibid. L. II. c. 4.
(l) Ibid. c. 6. & 10.
(m) L. II. c. 7. 8.
(n) L. III. c. 1.
(o) Ibid. (p) Ibidem.

Carpit (*q*) eum in pulſu languido. A GALENO citatur, quod gravem dixerit, qui languidus, tardus & rarus (*r*).

Pulſum plenum definivit (*s*), non ut GALENUS probet (*t*). Habet & dicrotum (*u*). Fartum etiam pulſum definivit, ναστόν, quem negat ſe GALENUS intelligere, nos, ex arundinis cognomine, pro pleno & duro haberemus. Infantum pulſum (*x*) parvum & celerem eſſe dixit. In ſomno pulſum pleniſſimum (*y*) eſſe. Cibum prementem facere pulſus languidiores, minores, celeriores (*z*). In lethargo pulſus locum calidiorem eſſe (*a*).

Ex ſectatore ARCHIGENIS (*b*) GALENUS repetit, aërem inſpiranti homini in corpus ſubire, neque exire exſpiranti, atque adeo in cor venire.

MAGNUS, pariter pneumaticus (*c*), coævus ARCHIGENI, aut potius paulo prior, ſcripſit ad DEMETRIUM libros de inventis poſt tempora THEMISONIS (*d*). In pulſus definitione addit inflationem & concitationem ſenſibilem cordis, ad ea quæ ARCHIGENES propoſuerat (*e*). Vehementiam pulſuum eſſe qualitatem (*f*) ſimplicem. Pulſum infantum negavit celerem eſſe (*g*). ASCLEPIADEM reprehendit, qui nervis negaverat ineſſe ſenſum (*h*).

APOLLONIUS neſcio (*i*) quis, quem GALENUS cum ARCHIGENE eo loco conjungit, pulſus in ſomno ſcripſit eſſe inaniſſimos.

HERODOTUS (*k*), celebris medicus Pneumaticus, Romæ artem exercuit, nulla autem ſcripta reliquit.

PHILUMENI, Methodici, de ſiti locus exſtat in ORIBASII ſynopſi (*l*). Eum medicum CÆLIUS cum SORANO conjungit. A MOSCHIONE citatur, quod cutem aliquando de pudendo prodire reliquerit.

(q) *Diff. pulſ.* L. III.
(r) Ibid.
(s) Ibid. L. I. c. 6.
(t) Ibid. L. II. c. 4.
(u) Ibid. L. I. c. 17.
(x) GALEN. *cauſ. pulſ.* c. 1.
(y) Ibid. L. III.
(z) Ibid. L. III.
(a) GALEN. *de pulſ. ad tiron.*
(b) *De nat. human.*
(c) GALEN. *diff. pulſ.* L. III. c. 2.
(d) IDEM, ibid. L. III. c. 1.
(e) IDEM, ibid. L. IV. c. 13.
(f) IDEM, ibid. L. III. c. 1.
(g) *Cauſ. pulſ.* L. I
(h) GALEN. *loc. adfect.* L. II.
(i) *Cauſ. pulſ.* L. III.
(k) GALEN. *ſimpl. med. fac.* L. I. c. 27. *diff. pulſ.* L. IV.
(l) C. 38.

§. XLVII. PLINIUS. DIOSCORIDES.

DIOSCORIDES de humoribus animalium aliqua habet. Caprarum in montibus Justinis veratro & scammoneo pastarum lac alvum ducere.

PLINIUS etsi longe infra Romani, & consularis, viri dignitatem fuerit, anatomen suis exercere manubus, ex veterum tamen lectione, qua vir illustris excelluit, passim adnotationes anatomici & physiologici argumenti collegit. Libro VII. de homine agit, ejus nativitate, longævitate, morte, sepultura. Libro IIX. de quadrupedibus. Libro IX. de aquatilibus. Libro X. de avibus. Libro XI. de insectis & variis & animalium succis, visceribus, nervis, arteriis. Libris XXVIII. XXIX. XXX. XXXI. XXXII. de remediis ex animalibus sumtis.

Deinde peculiariter in libro XI. habet, post ARISTOTELEM, de apibus, ex solo rege generari universas. Inde peculiariter capita animalium, & cornua, & de cerebro, fonte pulsatili homini proprio; auribus in nonnullis mortalibus mobilibus, oculis: de hominibus noctu videntibus: de dentibus, eorum duplice ordine, & in summo senio reparatione. De lingua; corde, ejus in victimis absentia, tum capitis jecinoris defectu. De felle, extis. Ventriculos elephanto esse quatuor, cætera viscera, quæ suis. De renibus, utero, adipe & sebo, medulla, de arteriis quæ sanguine & sensu careant. De partu animalium, & lacte. De manu, & sedigitis, de pedibus, testibus. De voce, de facie cum physiognomia ex TROGO. De fame, de coctione ciborum. Fatendum est fere omnia esse ex ARISTOTELE. Evulso liene animalia vixisse.

In Libro VIII. (*m*) primam vertebram atlantem dici; & passim alia in hunc modum.

In Libro X. de exclusione pulli.

In errores PLINII anatomicos scriptus est *Nicolai* LIONICENI liber III.

PLINII libri 7. 8. 9. 10. 11. qui huc faciunt, ab *Henrico v.* EPPENDORF germanice versi, prodierunt Argentorati 1543. & 1565. fol. cum iconibus EGENOLPHIANIS.

Liber VII. solus, qui de homine agit Parisiis 1553. 4°. MAITT.

In Librum IX. de naturali historia castigationes & de aquatilibus adnotationes *Franc.* MASSARII Basil. 1542. 4°.

GIERONIMO HUERTA Alcalæ 1602. 4°. edidit *traducion de los libros de Plinio de los animales*, & l. 9. *de Plinio* 1603.

§. XLVIII. PLUTARCHUS.

ILL. viri, ADRIANO coævi, varia utcunque ad physiologiam spectant, ut duæ *de esu carnium orationes*, in quibus earum usum dissuadet.

(m) n. 26.

Inter *Quæstiones naturales* libri IV. huc pertinent de ſenſibus, de voce, reſpiratione. In libro V. de monſtris, de ſomno, vegetatione. Loci cæterum ſunt veterum philoſophorum.

Quæstiones convivales paſſim aliqua habent huc pertinentia, de presbyopia, de concubitus tempore, jejunio, fame & ſiti, bulimo.

Libri de *placitis* PHILOSOPHORUM multa habent phyſiologici argumenti, a veteribus conſervata.

Seorſim prodierunt ex verſione *Guilielmi* BUDÆI Argentor. 1516. 4°. &c.

Codex exſtat in BODLEYANA Bibliotheca n. 131.

Duo loci de utriusque alimenti receptaculo ſeorſim prodierunt Baſileæ 1544. 8°.

§. XLIX. A. GELLIUS. ALII.

Varias controverſias & alia antiquæ Græciæ monumenta paſſim (*n*) collegit, ut de puerperiis mulierum, partusque tempore; cum HADRIANI pro undecimeſtri partu reſponſo. Libro V. de videndi modo agit. Lib. VIII. de memoria. Lib. X. de numero fetuum, qui uno partu ſint editi. L. XVI. de fame & bulimo, ex ERASISTRATO: tum de partu difficili & Aggrippino. Libro XVII. de potus in aſperam arteriam deſcenſu. Libro XIX. de ventris a timore motu, & de pudore. Suo ævo diſcrimen arteriarum a venis innotuiſſe, neque venarum nomen ad arterias deſignandas nunc adhibitum fuiſſe alibi monet.

Ineunte etiam ſecundo ſeculo ALCINOUS Platonicus vixiſſe putatur, in cujus libro de doctrina PLATONIS aliqua de viſu, reſpiratione & membris hominis traduntur. Editus eſt Venetiis 1497. DOUGL. & 1535. 8°.* Pariſ. 1532. 8°. DOUGL. Gr. lat. cum LAMBINI Scholiis Paris 1567. 4°. MEAD.

§. L. CLAUDIUS ÆLIANUS.

In variis hiſtoriis inque libro I. varia ad naturam animalium & phyſiologiam ſpectantia reperias, equidem ad movendam admirationem ornata, etiam monſtroſa. Sic paſſim aliqua de acutiſſimo viſu.

In Libro XVII. de animalibus ſingularia quidem & auditu grata potiſſimum collegit, paſſim tamen de eorum victu, generatione, morbis & medicamentis aliqua refert, quæ ad nos faciunt, etſi omnia collectitia ſunt. Ruminantium ventriculi, cum nominibus, libro V. c. 41.

(*n*) L. III. *noc. attic.*

§. LI. EROTIANUS.

Ερωτιανου των παρ' Ιπποκρατει λεξεων συναγωγη Parif. 1567. 8°.* edita, ad Archiatrum ANDROMACHUM fcripta, breviffima, inter voces HIPPOCRATICAS aliquas habet anatomicas, ut αρτια arterias fignificare, aut bronchia, illas tamen rectius. De articulis. Κιων pro medulla fpinali. Γαργαρεων cujus morbus eft uva. Κοτυληδονες HIPPOCRATIS, & DIOCLIS. Πικεριον pro butyro. Τονοι. Brevia omnia; & pleraque practica.

Latine vertit *Bartholomæus* EUSTACHIUS, fummus anatomicus, & edidit Venetiis 1566. 4°. cum l. de multitudine HAKNEL.

Prodiit etiam cum FOESII HIPPOCRATE Genev. 1657. fol.

§. LII. PHLEGON. ALII.

HADRIANI Libertus. *In mirabilibus* multa exempla gigantum, & androgynos, & partus multiplices, & fexus mutatos; & monftra refert.

In altero libello *de longævis* plurima exempla habet hominum, qui ab anno 100mo ad 170. vixerunt. Senem 136. annorum ipfe vidit.

Uterque libellus editus eft græce cum verfione latina *Guilielmi* XYLANDRI Bafileæ 1568. 8°. & in collectionis *Gronovianæ* T. 8. B. B. Notas in eum dedit J. MEURSIUS, in magna collectione confervatas.

ARTEMIDORUS Daldianus, ejusdem ævi vir, fcripfit *Oneirocriticorum* Libros V. qui græce prodierunt apud ALDUM 1518. 8°. B. B. cum tit. περι ονειροκριτικων βιβλια. Latine vertente *Jano* CORNARIO Bafileæ 1537. 8°. 1544. 8°. GUNZ. Lyon. 1546. 8°. PL. Græce & latine Parif. 1603. 4°. B. B. cum *Nicolai* RIGAULT eruditis notis ex duobus codicibus. Epitomen dedit *Carolus* FONTAINE Genevæ 1555. 8°. Parifiis 1566. 16°. Germanice verfus eft cum MELANCHTHONI infomniorum judicio Argentorati 1597. 8°. Annaberg. 1600. Liber pleniffimus fed vanus, & abfque ulla probabili caufa: neque enim aliquam corporis conditionem præfagit, fed fortunæ dona, quorum nullus cum fomniis nexus eft. Pleniffime autem percurrit imagines quascunque, plantarum, animalium, actionum vitæ humanæ, quibus præfagia fuperftruit. Notas aliquas editor addit.

Non feparabo ASTRAMPSYCHI, ignoti hominis, una editum poëma *oneirocriticon* fiv. *verfus fomniorum interpretes*. Paffim prodierunt & potiffimum græce & latine cura *Friderici* MORELLI Parif. 1599. 8°. B. B. Edidit etiam J. MEURSIUS Haag. 1605. Hafniæ 1631. 4°. Codices græci funt in Bibl. D. MARCI in Colleg. *Caji* GONVIL. *Cantabr.* &c.

§. LIII. RUFUS EPHESIUS.

Illuftris medicus, hujus ut ex SUIDA videtur, ævi, in omnibus fere artis medicæ partibus eminuit. Botanica diximus. De atra bile ita fcripfit, ut GA-

LENUS,

LENUS, parcus aliorum laudator, neget aliquid addi posse. Parum vero est, quod de Cl. viri laboribus ad nos pervenit.

Ad nos spectant περι ὀνομασιας των του ανθρωπου μοριων ad filium Lib. III. quorum magna pars eadem est in utroque libro. Dictio nitida & simplex. In libro I. externas primum partes recenset. Clitoridem nympham dici diserte docet, deinde pterygomata, quæ μυρτοειδεα. Nervos per ossis cribrosi foramina descendere. Ventriculum cordis dextrum sinistro & capaciorem esse, & tenuiorem. Thymus glandula & Pancreas. Ex jejuno intestino bivium in cæcum, inque colon. Pancreas. Jecoris animalium celebres illas aruspicum particulas in humano non reperiri. Vascula seminalia duo glandulosa (prostata); duo varicosa. Tubas manifesto ex ove describit. Venæ lienis graciles. Arterias & venas a veteribus confusas nunc separari. Obesam feminam impraegnari non posse (o). Amnion & ejus liquorem ab urinaria membrana distinguit, duasque venas umbilicales facit, hic brutis animalibus usus. Dentium classes constituit. Alter liber primus brevissimus est.

In Libro II. Infundibulum primum reperias, juxta quod nervi optici discedant. In oculis epidermidem ante corneam descendentem vidit. Tirones jussit in simiis dissecandis se exercere. Tonsillas facit sex, membranulis altius consertis convolutas. In renis internis membranulæ ad modum cribri pertusæ. Semen crassum, grandinosum esse: sterilem humorem in prostata varicosa generari, dum testibus connectuntur, nempe in vesiculis. Testes quasi ex pulte constare. Bilem perpetuo per ductum choledochum in intestinum venire. Spiritum per pulmones in pectus elabi, & inde in pulmonem redire. Uterum pariter, ut SORANUS, cum cucurbitula comparat. Arterias spiritum & sanguinem continere. Per foramen cæcum nervum prodire. Ventriculi pleni situm describit, & partes genitales capræ.

Libro III. osteologiam continet. Acromion exiguum esse ossiculum.

Editiones Græce cum SORANO Paris. 1554. 8°.* 1556. 8°. ASTRUC. Latine etiam 1554. 8°. Paris. cum ARETÆO G. MORELLO interprete, tum cura *J. Pauli* CRASSI Basileæ 1581. 4°.*. Latine porro cum VESALIO Venet. 1604. fol. & nuper gr. & lat. ex editione *Guilielmi* CLINCH Londin. 1726. 4°.* cum dissertatione de RUFI anatome.

Editio, quam *Martinus* BOGDAN paraverat, nunquam prodiit (*p*).

M.S. codices sunt in Bibl. Card. OTTOBONI, in B. R. Par. n. 2151. duo codices; n. 2261. 2262. 2263. 2264. 2220. in AMBROSIANA bis, in B. PELISSERII, in collectione NICETÆ.

Arabice tribuunt ei *Ketab al thebb*, sive de medicina librum HERBELOT.

Paulo

(o) Apud RAPAZI Cent. IX. c. 3.
(p) BARTHOLIN. *epist. cent.* IV. *epist.* XI.

Paulo ante RUFUM in Ægypto medici fuerunt, græcæ linguæ minus periti, qu futuris nomina imposuerunt (*q*).

§. LIV. LUCIANUS.

Celebris religionis & philosophiæ illusor, passim aliqua obiter adspergit ad medicorum historiam pertinentia. Possis etiam huc referre totum librum *de longævis*, quos inter plusculi sunt veterum philosophorum. Chaldæos hordeo viventes longævos esse.

Iste libellus seorsim ex interpretatione & cum notis *J. Henrici* MAJI prodiit 4. sine anno.

Cygni cantum in libro de electro & cygnis ad propria experimenta rejicit. Prodiit etiam Norimbergæ 1537. 4°.

§. LV. MARINUS.

MARINUS, Præceptor QUINTI, anatomes interlapsæ (*r*) dicitur a GALENO instaurator, qui dissectionis speculationem multum auxerit (*s*), ei tamen nimium indulserit (*t*). Veteres legit & citavit (*u*).

Primus equidem administrationes anatomicas scripsit, sed imperfectas (*x*).

In musculis curiosior fuit (*y*). Masseteres habuit pro parte musculorum temporalium (*z*), hic non subtilis. Nervorum septem paria facit, ut opticus primus sit. Par septimum nervorum unicum numerat, etsi GALENO duo videntur (*a*); durumque ejus ramum habet, & ejus foramen cæcum, & cum Quinto anastomosin, apud ORIBASIUM. Par sextum nervorum nomine insignivit (*b*), & ad palatum duxit. Duo genera fecit glandularum, quorum alterum vasis firmandis destinetur, alterum humorem gignat, aliqua membra irrorantem, quibus vocibus putes conglobatas glandulas & conglomeratas distingui. Addidit densas & siccas mesenterii glandulas, aliasque (*c*) raras humidasque, quibus internæ intestinorum tunicæ illiniuntur.

Eos viginti MARINI libros in trium librorum compendium GALENUS contraxit (*d*).

§. LVI.

(q) *Appell.* I.
(r) *Placit.* HIPP. & PLATON. L. VIII. c. 1.
(s) GALEN. ad l. *de nat. hum.*
(t) IDEM, *admin.* L. VII. c. 10. Eum etiam L. IV. c. 7. carpit, dum in explicatione *aphorism.* 24. & 54. L. VI.
(u) *Admin.* IX. c. 2.
(x) GALEN. *admin.* II. c. 1.
(y) *Muscul. diss. proam.*
(z) *Musc. diss.* c. 6.
(a) Apud ORIBASIUM.
(b) *Util. part.* L. XVI. c. 6. *Nerv. diss.*
(c) GALEN. *sem.* L. II. c. 6.
(d) *Propr. libr.*

§. LVI. Quintus. Alii.

Quintus (*e*) Lyci præceptor, aliquanto Galeno ætate superior (*f*). Is quidem vir nihil ipse scripsit (*g*). Roma ob infelicem curationem ejectus fuit (*h*).

Lycus Macedo, Quinti discipulus (*i*), in Hippocratem de calido innato scripsit, eo libro Galeni odia meritus. Fusissime (*k*) de musculis egit: etiam logica, sed vitiose (*l*) & negligenter (*m*) tradidit. Non supra quinque oculi musculos fecit; & ejus libri a morte demum auctoris celebritatem adsecuti sunt (*n*). Scapulam a subclavio adigi (*o*). Toti claviculæ musculum a capite natum inseri docuit (*p*), (nempe cleidomastoideum). Musculos a capite in scapulas descendentes caput detrahere putavit, cum scapulas potius ex Galeni mente elevent (*q*). Masseteres ignoravit (*r*), quod pene incredibile videtur, cum jam Hippocrati noti fuerint. Urinam esse excrementum (*s*) nutritionis renum. A morte viri opera prodierunt. In eum Galenus scripsit.

De mensura vaginæ muliebris locus exstat apud Oribasium (*t*).

Idem Galenus in Martialem Erasistrateum juvenis acriter (*u*) scripserat. Is libros de *anatome* duos, suo ævo celebres (*x*), ediderat.

§. LVII. Præceptores Galeni.

Pelops, Galeni præceptor (*y*) in anatome versatus est (*z*), & *tres libros institutionum* Hippocraticarum scripsit; universum corpus dissecuit & musculos, & ea sola dixit, quæ oculis adparent (*a*). Masseterem a temporali separavit (*b*). Cerebrum pro principio venarum non bene habuit (*c*). De costis: de spina dorsi.

In

(e) *Admin. anat.* IV. c. 10.
(f) Galen. ad 1 *nat. hum.*
(g) *De natur. human.*
(h) Galen. *praecognit.* ad Posth.
(i) *Aminist.* L. IV. c. 10.
(k) Galen. *musc. diss.*
(l) *Admin. anat.* L. I. c. 3.
(m) L. IV. c. 7. ibid.
(n) Ibid. L. IV. c. 7.
(o) *De musc. diss.*
(p) Galen. *musc. diss.* (q) Ibid.
(r) *Muscul. diss.* c. 6.
(s) Galen. *fac. natur.* L. I. fin. *Util. part.* L. V. c. 5.
(t) L. 24. fin.
(u) *De anatome* Erasistrati Galen. *lib. propr.* (x) Ibid.
(y) *Admin. anat.* L. I.
(z) *Placit.* Hipp. & Plat. VI. c. 3.
(a) *Muscul. diss. proœm.* (b) Ibid. c. 6.
(c) In 2. Hippocrat. *introduct.* apud Hipp. & Plat. *decret.* L. VI. c. 3. & 5.

In libro 3. de diffectione (*d*) venarum egit.

Smyrnæ putes vixiffe (*e*).

ÆLIANUS MECCIUS compendium voluminum anatomicorum a patre fuo confcriptorum edidit, in eo de totius corporis anatome & de mufculis fcripfit, & ea fola & ipfe dixit (*f*), quæ adparent, eftque in pretio habitus. Mafleteres mufculos feparavit a temporalibus (*g*). Radii tamen motum recte defcripfiffe GALENUS negat (*h*).

NUMESIANUS, & ipfe PELOPIS difcipulus, & GALENI præceptor (*i*) fuit, quem ifte Corinthi audivit. De mufculis recte fcripfit (*k*).

Sic SATYRUS, cujus aliqui (*l*) libri exftabant.

ANTIGENES QUINTI difcipulus, inter anatomicos a GALENO recenfetur.

STRATONICUS SABINI difcipulus, & ipfe GALENI præceptor fuit (*m*). Ex matris femine feminam, ex patris femine marem generari docuit (*n*).

§. LVIII. GALENI TEMPORA.

HERACLIANUS (*o*) ALEXANDRIÆ GALENI in ftudio anatomico fodalis fuit. Eum recenfet inter anatomicos, qui fpurias illas venas HIPPOCRATICI auctoris non viderint.

Anatome adeo hactenus exercebatur, non tamen ut floruiffe dicas. Raros fuiffe GALENUS fatetur, qui in vivis animalibus experimenta capere noffent, & qui cordis vafa fe ligaturos (*p*) receperant, non ftetiffe promiffis: cumque juvenes mille denarios depofuiffent, quo pretio experimentum ERASISTRATEUM inftitueretur, medicos conditionem non recepiffe (*q*).

Supererant & tunc, cum plerique a veterum generofitate degenerent, aliqui tamen, qui pueros (*r*) expofitos diffecarent. RUFI tempore fimias incidebant (*s*).

§. LIX. GALENUS.

GALENUS equidem practica potiffimum laude inclaruit.

Sollicite

(d) C. 5. (e) *Aphor.* L. VI. c. 18.
(f) *Mufc. diff. proœm.* (g) Ibid. c. 6.
(h) *De mufc. diff.*
(i) Ad *lib. de nat. hum.* & *adminift.* L. I.
(k) GALEN. *de mufc. diff.*
(l) Ibid. Eum GALENUS audivit, *Adminiftrat. anat.* L. I.
(m) *De atra bile.*
(n) GALEN. *de femin.* L. II. c. 5.
(o) *De natur. human.* L. II.
(p) *Adminiftrat. anat.* L. VII. c. 14.
(q) Ibid. L. I. c. 16. (r) Ibid. L. III. (s) Ibid. *init.*

Sollicite legi, & recte VESALIUM sensisse reperio, qui variis ex causis, etiam ob vasa umbilicalia in animalibus evanescentia, in homine secundum vesicam superstitia, negavit homines (*t*) ab eo viro incisos fuisse.

Sed innumeris locis GALENUM adparet de animalibus dicere (*u*), quorum pluscula recensui. Et quando locus est, ubi oportebat de suis incisionibus loqui, nunquam cadavera humana suis manibus incisa memorat (*x*), etsi sceletos humanas citat (*y*), quas viderit.

Exercitationem equidem requirit, quia cum destituerentur nihil egerint medici, qui in bello adversus Germanos gesto aliqua barbarorum corpora inciderunt (*z*). Negat etiam anatomen ex libris disci, cujus nulla absque exercitatione (*a*) possit esse notitia.

Sed in simiis potissimum GALENUS anatomen administrabat, aliquando in aliis animalibus (*b*). Suas Romæ factas incisiones (*c*) passim citat; & testes EUDEMUM Peripateticum, ALEXANDRUM (*d*) Damascenum, consulem BOETHUM, alios. In brutorum dissectionibus non modice versatus fuit, & potissimum difficillima experimenta in vivis animalibus suscepit, quæ ne nostro quidem ævo facilia forent, ut nervorum subtiles sectiones, qui musculos intercostales adeunt.

Multa etiam invenit (*e*) rectiusque dixit, etsi passim, quoties plurima luce erat opus, utique prolixo sermone, quasi aliqua nebula se involvit, & veterum monumenta cum suis ita miscet, ut quæ hominis sint monumenta, quæ bestiæ, non distinguas: inconstans etiam, ut eamdem partem corporis aliter & aliter describat (*f*). Multa cum scripserit, subinde in aliis & aliis libris eadem aliter tradit. Ita in lib. *de motu musculorum* intercostalibus musculis omnibus exspirationem tribuit: in libro 2. *de causis respirationis* solis internis, cum externi costas elevent. Aliqua etiam, non difficillima, suis in simiis non potuit reperire, ut venas spermaticas, quæ ex renalibus truncis in uterum veniunt, olim HEROPHILO visæ (*g*).

Cum GALENO cæterum anatome undique intercidit: eum solum ignavi illi nuperi exscripserunt, neque certa, vel unici corporis dissecti, memoria est ad FRIDERICI II. tempora, totis decem seculis, & ultra.

Introductio s. Medicus, liber inter GALENICOS receptus, præter aliquam medicinæ historiam continet, & externarum corporis partium appellationes, & inte-

(t) *Rad. Chin.* p. 119.
(u) *Administ. anat* L. I. c. 2.
(x) *Compos. sec. gen.* (y) Ibid. (z) Ibid. (a) Ibid.
(b) *Muscular. dissect.* Simias & alia animalia *de nervor. dissect.*
(c) *Administ. anat.* L. I. (d) Ibid.
(e) RIOLANUS in *anthropog. le* CLERC P. III. L. 3. c. 6.
(f) Conf. C. HOFMANN *præfat. apolog.* & c. 120.
(g) *Diss. vulv.* c. 5.

interiorum aliquam anatomen & physiologiam; ossa etiam tangit, & humores, & peculiares aliquas fabricas in vivis adnotatas. Hic putes majorem sanguinis circulationem exponi, cum venæ cerebri dicantur ab arteriis sanguinem accipere, & ad torcular convehere. Cum tamen eodem loco etiam eas venas a corde suum sanguinem habere dicat, non videtur auctor circuitum sanguinis recte habuisse perspectum.

Græce & latine prodiit Paris. 1536. 8°. & Basileæ 1537. 8°. cura *Seb.* SINCKELER.

Latine cum nonnullis aliis Basil. 1529. fol. Vertit J. GÜNTHER. GUNZ.

Codices græci sunt in Bibl. R. Paris. n. 2113. 2280. 2282. 2304. 2306. latine n. 6863. 7030.

Ars Medicinalis GALENI. Fere tota est in signis bonæ malæve temperiei cujusque partis humani corporis. Ad anatomen vix facit, nisi quatenus de pulsu, urina, aliisque signis agit. Hic ergo diversæ figuræ capitis humani, & utique cordis nimis calidi, frigidi, hepatis pariter aliqua in qualitate excedentis signa reperias, quæ utcunque huc revoces. Interspersæ sunt rariores aliquæ adnotationes, ut de homine crebro vomente, ob bilarium meatum in pylorum inmissum: de ventriculo parvo, rotundo; vesica contracta visa, renibus perangustis. Peculiares animæ facultatibus sedes tribuit, quas posteri retinuerunt, fere ad nostra usque tempora, aut alias certe nihilo firmiores hypotheses substituerunt. Non esse perpetuum pulsum inter & respirationem concentum.

Codices M.S. numerosi exstant. In B. R. P. n. 1883. 2175. 2278. 2304. 2306. hi græci, tum in B. D. MARCI. Latine in B. Reg. Paris. n. 6868. 6871. 7029. 7030. Hebraice in Bibl. Vindobon. T. I. Latine, ut puto, in BODLEYANA n. 1252. in VOSSIANA n. 2202. in *Colleg. Norvic. Oxoniensi* n. 1130. in B. CAJ. GONVIL. n. 962.

Prodiit cum nonnullis aliis in *articella* Lyon 1527. 4°.* & alias, cum quatuor versionibus, inter quas est LAURENTII & N. LEONICENI. Exstat etiam in RUSTICI PLACENTINI collectione Venetiis 1507. 8°. & cum nonnullis aliis Basileæ 1549. fol. tum Paris. 1548. 4°. OSB. græce, tum Antwerp. 1549. 8°. Venet. 1606. 24°.* lat. ex versione *Nicolai* LEONICENI. Demum Helmstätt. 1587. 8°.

Frequentissima est in hanc artem JOHANNITII introductio; tum Commentarii HALI RODOHAM (REDHOAM) quorum codices M.S. sunt in B. R. Paris. lat. n. 6868. 6869. 6870. 6871. 7029. 7030. in *Bibl. Escurialensi* n. 799. 878. arabice; in *Coll. nov.* n. 1134. in *Mertonensi* n. 687. 688. in *Coll.* D. PETRI *Cantabr.* n. 1866. in *Coll. Omnium anim.* n. 1430. in BODLEYANA n. 2753.

Prodiit JOHANNITII *introductio* Venetiis 1501. fol. 1507. 8°. GUNZ. 1519. folio, & alias Lyon 1516. 8°. &c.

Exstat

Exstat etiam in Bibl. *Pembrokiana* (*Eclog. Cant.*) commentarius in l. *Tegni* & in B. *Norvic. Oxon.* n. 1130. & in BODLEYANA n. 2753. & imperfectus in *Medicea:* tum Quæstiones *Simonis de* GRAVENER in B. CAJ. GONV. n. 960. & secundum M. BENEDICTUM in B. CAJ. GONVIL. *Cantabr.* n. 960.

JOHANNIS XX. *Pontif. Rom. Comm.* in *B. Pat. Can. Later.*

TRUSIANI, qui *plusquam commentator* dicitur, comm. prodiit Bonon. 1489. fol. Eum vixisse circa annum 1300. CHAMPIER *clar. script.*

THADDÆI FLORENTINI Comm. quem edidit THOMAS DIONYSIUS POLIUS Neapol. 1522. fol. B. B. ad scholarum saporem ex Arabibus descriptus.

Exstat porro commentarius in *Microtechni* HUGONIS BENTII Senensis Papiæ 1518. fol. exc. B. B. & Venetiis 1498. fol. TREW. 1491. fol. TREW. 1508. folio.

Baptistæ FIERÆ Mantuæ 1515. fol. Venet. 1548. fol.

J. SERMONETÆ Venetiis 1498. fol.

Nicolai LEONICENI Lyon 1525. fol. Venet. 1606. 12°. Helmst. 1587. 8°.

Introductorium in artem parvam Conradi STÖKLIN Lyon 1516. 8°. Hagenau 1533. folio.

Comm. Jacobi FOROLIVIENSIS Papiæ 1519. fol. Venet. 1520. fol. B. Bern. 1547. fol. quem vide suo loco.

Antonii CITADINI *auscultationes in parvam artem Galeni* Favent. 1523. fol. B. B. quem vide.

Johannis MANARDI Basileæ 1529. 8°. 1536. 4°. Bibl. Bern.

Symphoriani CAMPEGII Lyon 1516. 8°. Vocat *Paradoxa.*

R. J. *Agricolæ* Basil. 1543. 4°.

Hieronymi THRIVERII Lyon 1547. 12°.

Martini AKAKIA Lyon 1548. 16°. Venet. 1549. 8°. 1587. 8°.

J. Bapt. MONTANI Venet. 1554. 8°. & *tabula* 1558. fol.

Julii DELPHINI Venetiis 1557. 4°.

Theodori ZWINGER *tabula & commentarii* Basil. 1561. fol.*

Nicolai VIESII *comm.* Antwerp. 1560. 8°.*

J. ARGENTERII Montereali 1568.*

Oddi de ODDIS *exactissima & lucidissima expositio* Venet. 1574. 4°. 1608. 4°. LIND. Brixiæ 1607. 4°. GUNZ.

Jacobi SCHROK Francofurt. 1583. 8°.

Vincentii MONDINII Bonon. 1586. 4°. ORL.

Francisci VALLESII Complut. 1567. 8°. Venet. 1591. 8°. Colon. 1594. fol.

Andreæ LAURENTII Francofurti 1628. fol.

Sanctorii SANCTORII Venet. 1612. fol. 1630. 4°.* Lyon 1631. 4°. LIND. 1632.

Simonis a CAMPIS Neapol. 1642. 4°. 1647. LIND.

De utilitate artis parvâ Andreas PLANER Tubing. 1579. 4°.

Commentarios *Philippi de* SOLDECILLA Catalauni citat S. CHAMPIER, quos putes ineditos esse (*h*).

De constitutione artis medicæ L., quem non oportet confundere cum *arte medica*. Tabulas & commentarios dedit *Theodorus* ZWINGER Basil. 1561. fol.* In ipso opusculo compendium de elementis corporis humani continetur, quo generalia quædam traduntur. Ossa ibi legas, & cartilagines, & adipem, sensu carere.

Inter libros *de elementis secundus* agit de humoribus quatuor principibus animalium: in eo medicamenta proprium humorem evacuare, contra ASCLEPIADEM docetur, & contra ATHENÆUM disputatur, qui quatuor facultates pro elementis habebat. Hoc suum opusculum GALENUS citat in *ord. legendor. libr.* & in *arte*.

Prodiit cum aliis Parisiis 1546. fol. græce, & cum libro de *optima constitutione* Paris. 1530. 8°. GUNZ. Cum variis vertente J. GUINTHERO Basileæ 1529. 4°. GUNZ. Cum libris de *naturalibus facultatibus* Lugd. 1548. 12°. Solus vertente J. *Guinther* Paris. 1541. MAITT. Solus vertente *Victore* TRINCAVELLIO Lyon 1550. 16°. cum commentario *Jacobi* SYLVII. Paris. 1558. 8°. OSB.

Commentarius in hunc librum exstat J. B. MONTANI Hanau 1595.

Codex M. PARIS. gr. est in B. R. n. 1097. tum in *Taurinensi*, in B. CAJ. GONV. & in B. Montis S. *Michaëlis*. In *Mertonensi* n. 685. In *Vindobonensi* LAMBEC. L. I. p. 181. hebraice, & latine n. 705. cum commentario *Nicolai de Anglia*. Dicitur etiam versum a HONAIN BEN ISCHAR exstare in B. *Reg.* HERBELOT. p. 181. cum titulo *Ketab al Mezage*. Est in B. *Escur.* n. 869. 876. arabice.

In libro *de temperamentis* (*i*) primo GALENUS temperamenta exponit, & hominem temperatissimum; in *secundo* signa cujusque temperamenti, ubi peculiaris est ille locus de EUDEMO philosopho bilioso, & de duplici in aliis, in aliis simplici meatu bilis, quorum illis alter ramus supra pylorum in ventriculum inmittitur, alter in ecphysin, his si prior ille major fuerit, familiaris & bilis vomi-

(h) De *clar. Gall. Hisp.*

(i) Prius scripserat GALENUS de *elementis*, *methodo medendi*, de *facultatibus simplicium*, de *semine*.

vomitus: si simplex ductus est, tunc omnis bilis per jejunum descendit, ut in EUDEMO. Citat ipse GALENUS hoc opus in suo *ordine legendorum librorum*, & in *arte*.

M.S. codex exstat latinus n. 7015. & in *Mertoniensi Oxon.* n. 685. & græcus in *B. R. Paris.* n. 2267. & Arabicus cum *Greg.* ABULPHARAGII commentariis n. 1097. Exstat etiam in B. MEDICEA & in *Vindobonensi* I. p. 181. hic hebraice.

Prodiit seorsim T. LINACRO interprete Cantabrigiæ 1521. 4°. AMES. Paris. 1523. fol. Lugdun. 1588. 8°. OSB. & prius Venetiis 1498. 8°.

In eos de *temperamentis* libros habetur *Gaspar* LOPEZ CANARIO Complut. 1565. fol. commentarius CAP. de VIL.: & *Felicis* AEORAMBONI, tum *Jacobi* SEGARTA Valent. 1596. 1598. fol. Bibl. BODL. F. VALLESII Venet. 1591. 8°. Colon. 1594. fol. & *Periocha* C. GESNERI Sangall. 1584. 8°. Porro Comm. M.S. *Joh.* ROCHON B. R. P. n. 7025. LIND. Arabice vertit HONAIN, cum titulo *Ast bakſat*, qui codex exstat in Bibl. *Escurialensi* n. 874. & liber 2. & 3. n. 845. & n. 876. cum notis anonymi.

In librum HIPPOCRATIS *de natura humana Comm.* I. Legitimum esse HIPP. opus firmissime demonstrat, potissimum ex PLATONE. HIPPOCRATEM & hic, & in aliis scriptis quatuor humores docere ostendit. Cæterum in generalibus versatur, ut vincat, hominem non esse unum. Citat librum suum de *Elementis* HIPPOCR.

Prodiit cum aliis GALENI libris Paris 1534. fol. nempe l. *de atra bile*, *bona habitudine*, *& pulsibus*, cum *libris* vero *de inæquali temperie*, & de *facultatibus naturalibus* Paris. 1540. fol. & cum libris *de victus ratione salubri* cura *Hermanni* CRUSERII etiam Paris. 1534. 12°. MAITT. Solus vertente J. GUINTHER cum scholiis J. SYLVII Lyon 1549. 16°.* 1553. 16°. Commentatus est etiam J. B. MONTANUS. Codex græcus est in B. D. MARCI.

Commentarius secundus *Nicolao* MACCHELIO interprete refutat imaginaria quatuor venarum paria, & veriorem sententiam HIPPOCRATIS docet inveniri in Lib. II. *Epidemicorum*.

GALENUS duos in HIPPOCRATEM *de natura humana* libros scripserat, *de propr. libr.* I. c. 6.

EJ. de *atra bile* alia ex sanguine assato, alia deteriori ex bile flava assata. Non concrescere, acidam, & acerbam esse, cum terra fervere, quam partem corporis tetigerit eam exedere, mortem inferre si deorsum prodierit, in eo diversam ab aliis nigris inferne decedentibus. Nigra salubriter cum urina defluere iis, quibus menses restiterunt.

Prodiit Paris. 1530. 8°. & ibidem cum aliis 1534. fol. Basil. 1529. 4°. vertente GUINTHERO & græce 1546. fol. Vertit etiam *Julius* MARTIANUS. In eum l. paraphrasis habetur *Prosperi* ALCACANI Lugd. 1538. 8°. Commentatus

tus est J. B. MONTANUS Hanau 1595. & *Casp.* HOFMANN Francof. 1630. fol.* Codices græci exstant in B. Reg. Parif. n. 2269. & 2271. Alii tres in B. D. MARCI Veneta.

EJ. de *optima corporis constitutione* parvus libellus; Heduæ a J. LALEMANTIO editus 1578. 8°.

Et de *bona habitudine*. Citat hos duos parvos libellos GAL. in l. de *arte*.

Prodiit cum prioribus Parif. 1534. fol. 1546. folio, & cum lib. de *elementis* ibidem 1530. 8°. Græce. Cum aliis nonnullis Heduæ 1578. 8°. GUNZ. Cum aliis versus a J. GUINTHER Basil. 1529. 4°. GUNZ.

EJ. de *bona corporis habitudine* (k), Venetiis 1498. BODL. & cum priori vertente GÜNTHERO Basil. 1529. 4°. GUNZ. Græce cum priori Paris 1530. 8°. GUNZ. Codices supersunt, ut latinus in B. Reg. Parif. n. 6865.

EJ. de *ossibus ad tirones* ab *Augustino* GADALDINO ad fidem codicum græcorum recognitus. De articulationibus. De suturis. Ossa capitis, eorum suturæ, inter eos sutura literæ H similis, ossa ipsa valde obiter, tantum septem. In osse sacro & coccyge prodit, se simiæ anatomen tradere; nam tres tantum ossis sacri vertebras, tres coccygis facit, cui sint suæ conjugationes nerveæ. Adgnoscit pro suo GALENUS *lib. propr.* c. 1. 3. & *de ord. leg. libr.* & in l. de *arte*.

Codex exstat græcus in B. R. P. & in NICETÆ collectione. Sæpe seorsim prodiit, græce primum Parif. 1535. & cum libro *de septimestri partu* aliisque pariter græce per J. CAJUM Basileæ 1557. 8°. GUNZ. Græce & latine cum notis VESALII, SYLVII, EUSTACHII, HENERI & aliorum Leid. 1665. 12°.* ex Bibl. *J. v.* HORNE. Latine vertente F. BALAMIO Lugd. 1549. 12°. Parisiis etiam 1548. 4°. Porro Hafniæ 1579. 8°.* cum præfatione J. FRANCISCI Ripensis & sceleto Vesaliana. Cum notis marginalibus *Joh.* SIGFRIED Helmstätt. 1599. 8°. PLATN. & 1579. vertente *Salomone* ALBERTI 8°. MERKL. Prodiit etiam Rostoch. 1636. Cum libro *de nervorum, venarum & arteriarum dissectione vocalium instrumentorum & vulvæ dissectione*, & *de musculorum motu* Lyon 1551. 16°.* cum iconibus nonnullis ossium rudibus: iterum latine Leid. 1627. 8°. Gallice vertente *Johanne* CANAPE Lyon. 1541. 12°.* & 1583. 4°. & iterum vertente *Joh.* LOYNE cum SYLVII commentariis Orleans 1571. DRAUD B. *Exot.* Commentarius in eum l. anonymi est in Bibl. Reg. Parif. n. 6816. Commentarios SYLVII, G. FALLOPII, INGRASSIÆ, *Ludovici* COLLADO, J. RIOLANI & aliorum alias dicemus.

EJUSD. *de musculorum dissectione ad tirones* l. A. GADALDINO interprete, latine solum exstat, neque perfectus est, senile opus, cum & post libros *de usu partium*, & post eos scriptus sit, quibus GALENUS egit *de anatomicis administrationibus*. Scopus autem fuit addere si quæ LYCUS prætermisisset. Fatetur se

(k) Scripserat de *respirationis utilitate*, de *anatome*.

se simiis in administrationibus usum esse, passim tamen de hominis anatome seorsim dicit, & musculum simiis proprium a spina scapulæ in cubitum ire. Sex musculos oculi facit. Lumbricales sibi tribuit inventos, & interosseos. Platysmatis myodis nomen invenit. Rectum internum capitis, rectum lateralem, & intertransversalem descripsit (*l*). Duos levatores scapulæ a capite derivat, quorum alterum LYCUS ignoraverit. Duos scapulæ rhomboideos facit. Biventrem ossi hyoidi tribuit, & a processu styliformi non bene derivat. Et cutaneum habet ani sphincterem, & profundum.

Adgnoscit hoc opusculum GALENUS *de suis libris* c. 3. & in *arte*.

Codex est in B. R. P. n. 2219. Cum libro *de administrationibus* cura J. CAJI prodiit Basileæ 1544. cum aliis Lugd. 1551. 16°.* 1556. 8°. GUNZ, interprete GADALDINO. Gallice vertit *Jacobus* DALECHAMP, & edidit Lyon 1564. VERDIER.

EJUSD. (*m*) de *nervorum dissectione ad Tirones Augustino* GADALDINO interprete. Iterum patet, GALENUM animalia bruta dissecuisse, cum primum nervum non habeat, & lobos cerebri anteriores ajat ad nasi principium pervenire. Aquæductum tamen FALLOPII non ignoravit, & canalem per quem par durum exit. Nervum recurrentem sibi tribuit. Iterum increpat scriptores, qui confuderint, quæ in simiis & quæ in aliis animalibus reperiuntur. Ipse in primo nervo cervicis fabricam distinguit, quæ in simiis est, & quæ in aliis animalibus: sic in nervo tertio dorsi; nusquam hominis memor. Tres in foramine jugulari octavi nervi ramos facit: inter eos glossopharyngæum. Habet accessorium nervum, & intercostalem, sed ab octavo pari natum. Citat GALENUS & inter antiquiores suos repetit l. c. c. 3. tum in *arte*.

Prodiit cum sequente *Antonio* FORTOLO interprete Parisiis 1526. 4°. GUNZ. tum Basileæ 1529. 8°.* cumque aliis *Aug*. GADALDINO interprete Lyon 1555. 16°.* 1556. 8°. GUNZ. Gallice verterat DALECHAMPIUS. Codex M.S. exstat in *Bibl. Reg. Paris*. n. 2164. & 2219. in Vindobonensi L. I. p. 181. iste hebraicus.

EJUSD. *de venarum arteriarumque dissectione* liber, ab *Antonio* FORTOLO versus, deinde a VESALIO castigatus, & ex vetusto codice græco emendatus. Hic arteriarum historiæ venarum præmittitur fabrica, quem ordinem etiam VESALIUS secutus est, & qui multorum errorum auctor fuit. Iterum, dum GALENUS de venis jugularibus agit, manifesto ostendit, nunquam se in eam venam in homine inquisivisse: manifestam enim ait ejus esse fabricam, quando ulcus pinguedinem sit depastum, qua ambitur. Iterum aortæ ramum tribuit adscendentem, & descendentem alterum, quem errorem ne VESALIUS quidem correxit. Primus cæterum angiologiæ auctor, quæ alicujus momenti sit. Habet anastomoses venarum mammariarum cum intercostalibus, & epigastricis; sinistram venam

(l) Apud ORIBASIUM p. 200.
(m) Citat *administrationes anatomicas*.

venam ſpermaticam a renali deducit. Citat hunc l. GALENUS l. c. inter antiquiores c. 1. & repetit c. 3. tum in l. de *arte*.

Prodiit ſeorſim *Anton.* FORTOLO interprete Pariſ. 1526. 4°. Baſil. 1529. 8°.* & cum iis *quæ medice dicta a* TIMÆO Lyon 1550. 8°. cum aliis libellis ibidem 1551. 16°.*. Codex græcus exſtat in B. R. P. n. 2164. hebraicus in *Vindobonenſi* L. I. p. 181.

An ſanguis in arteriis natura contineatur. Ex melioribus GALENI opuſculis, ab ipſo citatum de *lib. propr.* c. 9. & in l. de *arte*, in quo multum dedit experimentorum. Cum enim ERASISTRATUS ſpiritum per arterias ferri docuiſſet; GALENUS autem de arteria inciſa omnem etiam venarum ſanguinem per vulnus proſilire oſtendiſſet; ERASISTRATI demum ſectatores effugium in eo quæſiviſſent, ſpiritum arteria pertuſa erumpere inviſibilem, in arteriam vero de proximis venis ſanguinem confluere, multis experimentis hunc errorem GALENUS refutavit. In arteria utrinque ligata, tamen ſanguinem reperiri: aërem non venire ad cor, niſi forte pauciſſimum. Alteri quidem experimento erroneam opinionem ſuperſtruit: vim nempe motricem a corde in arterias diffundi, ut ſe pandant & ſpiritum adtrahant (*n*). Nuperior eſt libro de *placitis*.

Prodiit cum nonnullis aliis libellis Pariſ. 1536. fol. vertente J. GUINTHER, & ſeorſim interprete *Victore* TRINCAVELLIO Lugduni 1550. 12°. Vertit etiam *Julius* MARTIANUS ROTA.

De anatomicis adminiſtrationibus libri.

GALENUS dudum aliud opus *de anatomicis adminiſtrationibus* ſcripſerat libris duobus, ad MARINI ordinem concinnatum, ſub initia principatus M. ANTONINI. Nunc petente Conſule FL. BOETHO, cui multas oſtenderat adminiſtrationes, majus opus elaboravit. Citat idem in l. *de ord. leg. libr.* Inde his etiam libris per incendium amiſſis meliores reddidit, ſtudioſis viris flagitantibus (*o*). Citat in l. de *arte*.

Verum ſtatim in principio oſtendit, quem arcta fuerit veteribus anatomes diſcendæ occaſio. Oſſium enim fabricam Alexandriæ jubet condiſcere, ubi Medici auditoribus oſſa oſtendant: ſe vel ex ſepulchris oſſa habuiſſe: vel caſu favente, quo fluvius ſepulchrum eluiſſet, ut ſola nuda oſſa ſupereſſent, iterum cum latronis cadaver in via vulturibus eſſet expoſitum. Deinde ad muſculos uti jubet ſimia brevioris capitis, dentibus caninis non exſertis, etſi ſit etiam his aliqua in muſculis tibiæ, inque cervicis, & femoris commiſſura ab homine diverſitas. In principio ſe ſimias aliis diſſecandas permiſiſſe, quod viliorem putaverit eſſe laborem, deinde ipſum incidiſſe: ut nihil quidquam de hominis cadavere ad ſpeculandos muſculos inciſo meminerit. Se octo muſculos inveniſſe,

(n) Repetit in VII. *adminiſtr.* ſub fin.
(o) BOETHO Romæ vivente lib. ſcripſi de HIPPOCR. *anatome*, & ERASISTRATI, & de *vivis ſecandis* & de *mortuis*; de *reſpirationis cauſis*, de *voce*.

nisse, duos ad buccarum motum factos; duos ad brachia. Porro palmaris tendinis carnem detexit. Inde musculos brachii exponit & ligamenta. Hæc l. I.

Lib. II. musculos & ligamenta pedis dicit. Laudat hanc rudiorem anatomen, & ERASISTRATUM non quidem nominatum pungit, qui valvulis cordis esset immoratus. De Iliaco, de Psoa. Ruptum cursori bicipitem, ut intelligo, nihil nocuisse vidit. Musculum in poplite ab aliis intermissum reperit. Ungues non habere vasa, neque nervos, contra ERASISTRATUM.

Lib. III. de nervis vasisque manus (*p*). Se Sophistam insensilitate partis manus & digitorum laborantem sanasse, cum audiisset a lapsu id malum provenisse, & medicamenta spinæ dorsi admovisset. Nervorum sex etiam in brachio truncos habet. Musculum, ut puto, pectoralem minorem a se detectum citat c. 3. Venas cubiti perinde in homine vivo se habere, ut in simiis. Iterum ostendit se homines non dissecuisse: simias enim jubet incidere, ut medici periti ad laborem accedant, quando hominis dissecandi occurrit occasio. Cum non essent exercitati, medicos germanorum corpora in bellis a D. MARCO gestis nactos nihil præter viscera vidisse. Posse vero etiam latrones aut homines feris expositos medicis permitti: & infantes expositos a medicis incidi solere, qui testentur, esse simiarum persimiles. Nullo vero verbo indicat, se aliquam harum incisionum ipsum tentasse.

Lib. IV. Musculi faciei, colli, scapularum. Platysma myodes sibi inventum tribuit c. 1. sed ait a ligamento ex prima vertebra orto nasci. Simias homini proximas esse: sic ubique. Musculos oculorum omittit.

Lib. V. Musculi thoracis, abdominis, spinæ. Hic recti abdominis musculi tendinem in omnibus animalibus ad summam costam ait produci.

Lib. VI. de visceribus ad digerendum cibum spectantibus. Hic sex suos ordines animalium constituit. Omni animali superioribus dentibus destituto plures esse ventriculos. Male adfirmat, Elephanto suam esse fellis vesiculam. Duplicem [illegible] vasis choledochi iterum statuit. Mesenterium ex bruto describit, Fasciculos a sphinctere ani ad cutem, & ad acceleratorem habet, quorum iste dilatet.

Lib. VII. potissimum de corde (*q*) agit. In omnibus quadrupedibus se perinde habere. Non esse musculum ob saporem, & quod non ex arbitrio moveatur. Magnis animalibus in corde os inesse: id se prædixisse, cum elephantum Romæ inciderent, & id os repertum esse a coquis Cæsaris. Insignis curatio pueri, cui cor denudatum erat, cum abscessu sub sterno ab ictu laboraret. GALENUS sternum perforavit (*r*). Iterum sanguinem in arteriis reperiri demonstravit.

M 2 Lib.

(p) Scripsi commentarios de singulorum animalium sectionibus c. 9.
(q) Citat lib. de HIPP. & PLATON. *decretis*.
(r) Citat suum librum de *dissect. anatom.* c. 12.

Lib. VIII. (*s*). De organis respirationis. Animalibus quæ inciderit, esse omnibus 12. costas, non bene. Pulmonem a pleura distare. Bona experimenta: perforato thorace ab uno latere dimidium vocis perire, omnem si utrinque, etiam tantum musculis intercostalibus incisis; etiam nervis tantum ligatis aut dissectis, demum destructa medulla spinali (ut tamen motus septi transversi supersit). Sed & costas excidit, miro experimento, & in musculis scapularum incisis nervis motum suppressit. Ut omnino magnam solertiam in his experimentis demonstraverit. Sub finem libri contra ERASISTRATUM meliora docentem, ostendere vult, esse in pectore aërem, eumque adparere, si per has vel illas administrationes accessum tibi ad eas partes aperueris. Ipse tamen fatetur, in exiguis respirationibus vix adparere, pulmonem a transverso septo recedere.

Lib. IX. De cerebro. Partem aliquam hujus anatomes describit. Spatium esse inter duram & piam membranam; septem lucidum dicit, fornicem, aquæductum, qui non bene vocatur SYLVII, conarium, flexus chorioïdeos, ventriculum tertium etiam & quartum, calamum scriptorium; Multum hic usus HEROPHILO. Ventriculos primus dixit. Tuba aurificum ad inflandum utebatur (*t*).

Periit reliqua hujus libri IX. pars, & medullæ spinalis anatome. Tum Lib. X. de oculo, lingua, pharynge. Lib. XI. de larynge, osse hyoide. L. XII. de arteriarum venarumque historia. L. XIII. de nervis cerebri Lib. XIV. de nervis medullæ spinalis. Lib. XV. de partibus genitalibus. Ita enim GALENUS hos libros in sua propriorum operum historia recenset (*u*).

Seorsim prodierunt libri de administratione anatomica Parisiis 1531. fol. ut lego, vertente J. GUINTHERO Andernacensi, tum Lyon 1551. 16°.*. Græce Parisiis 1531. fol. Basil. 1531. fol. Cum ll. *de musculorum motu* II. Basileæ 1544. 4°. CAJO edente, & adnotationes adjiciente. Vertit etiam Gallice DALECHAMPIUS, & prius Gallice prodierant Lyon 1512. 8°. WACHEND.

Codex exstat in Bibl. D. MARCI, & in Parisiensi græcus n. 1819. tum in Leidensi & in Medicea aliqua excerpta.

Vocalium instrumentorum dissectio interprete *Augustino* GADALDINO. Cartilagines laryngis tres recenset, ut arytænoidea unica numeretur: musculi plerique hic dicuntur, etiam aryarytænoideus, ventriculi laryngis, glottis.

Græce non exstat. Prodiit Lyon 1551. 16°.* 1556. 8°. A. GADALDINO interprete cum aliis GUNZ. Num hic liber sit de voce, cujus codex exstat inter MEDICEOS?

Lib. *de dissectione vulvæ* (nempe uteri). Manifesto iterum adgnoscas, GALENUM humana cadavera non incidisse. Uterum enim in cellulas non dividi rationibus variis demonstrare satagit, cum unica muliebris uteri inspectio suffe-

(s) Citat lib. de *pulmonum & thoracis motu*; & de *respirationis causis*.
(t) C. 2. (u) C. 3.

suffecisset. Sed etiam urinaculum in umbilico, & in utero acetabula recipit. Vasa spermatica ab HEROPHILO in nonnullis mulieribus inventa, solis in simiis quæsivit. Quæ pro tubis habentur, mihi male descripta videntur, & propiora brutorum animalium fabricæ. Qui enim dicas, versus uterum latescere, nisi auctor ipsa cornua pro tubis haberet. Cervicem vesicæ duram & cartilagineam dicit, in vetulis etiam magis. Uterum in graviditate tenuiorem reddi. Citat GALENUS.

Seorsim prodiit, vertente J. GUINTHERO Paris. 1536. fol. Lyon 1551. 16°.* *J. Bernardo* FELICIANO interprete Francofurti 1604. 12°. Vertit etiam J. CORNARIUS.

Codex græcus exstat in Bibl. Reg. Paris. n. 2269. & alius n. 2271.

Lib. de *instrumento odoratus Ludovico* BELLISARIO interprete. Tunicam quidem pituitariam minime ignoravit late patere: neque tamen in ea olfactus sedem esse docet, sed in ventriculis cerebri anterioribus, quo aër per foramina ossis cribroſi veniat: exili experimento adductus, juvenis qui a nigella alte adtracta gravem sensum in capitis intimis perceperit. Mucum etiam in nares per eas vias descendere.

Exstat cum aliis nonnullis Paris. 1536. fol. Codex græcus in B. Reg. Paris. n. 2164.

Libri (x) *de usu partium* XVII. Eos scripsit GALENUS, dum M. ANTONINUM in bello Germanico occupatum Romæ exspectabat, valetudini COMMODI præfectus, post consulis BOETHI discessum. Integrum vastum opus ad nos pervenit, quod est ex optimis, quæ GALENUS reliquerit. Primo libro de manus pulcherrima fabrica. Cur digiti facti sint, cur quinque, cur inæquales, cur in tres phalanges divisi. Usus unguium, ad subtiliorem apprehensionem. Tendinum flexoriorum divisio. Bene refutat EPICURUM, & ASCLEPIADEM, qui ex magnitudine motus musculos magnos fieri scripserant, ut fines prævisos everterent. Nam cur gemini musculi facti ad magnos motus. Cur homini pollex magnus, simiæ parvus & imbecillis. Nihil certe hic invenit, quod carpat auctor nuperus, qui GALENO insultat, quod de inventis his partium corporis animalis usibus docendo hymnos DEO gratissimos se canere gloriatur (y).

Lib. II. (z). Musculi & motus manus, carpi, cubiti, brachii. Cur aliter in manu pollex positus, aliter in pede: de aptitudine fabricæ cubiti. Humeri ossa sesamoidea habet.

Lib. III. Ingeniose ostendit, hominem ad artes a natura factum, manu eguisse; nullos hinc Centauros potuisse exstare, ad officia humana futuros inutiles.

(x) Citat suum l. de *arte*; citat etiam se ipsum de HIPP. & PLAT. *dogmat.* de *musculorum motu*.

(y) *Interpret. de la natur.* p. 175.

(z) Citat *anatomicas suas administrationes*, nempe *priores*.

utiles. Tunc de aptitudine fabricæ pedis humani. Malam contra EUDEMUM ſententiam defendit, in numero oſſium metacarpi & metatarſi. In homine tendines extenſores in principium tibiæ ſe inmittere, in ſimiis ultra produci.

Lib. IV. (*a*) de viſceribus abdominis. Omenti exſciſſi jacturam alimentorum coctioni nocere. Inteſtina convaluiſſe, quorum interior tunica abſceſſerat. Venas utique dari inteſtina nutrientes, quæ hepar non adeant: ipſiſſimas lacteas, ut adparet ex citato HEROPHILI loco. Ab iſto libro profectus eſt error epidemicus, quo meſocolon pro lamina poſteriori omenti ad noſtra tempora deſcriptum eſt. Colorem cibos coquere. Sacci nomine inteſtinum craſſum intelligit.

Lib. V. (*b*). Porro de inteſtinis. Subito curatus homo, copioſe moto vomitu. Diaphragma deorſum ad ſedem maſſæ cibariæ motum determinare. Bilem excrementum eſſe, in ventriculum venire. Potiſſimum, & verboſe, de renibus.

Lib. VI. (*c*). De corde. Mireris adfirmare GALENUM, ſe de ſolo homine dicere, cum tamen cor ubique in medio thorace ponat, ad animalium fabricam. Gulam equidem ſatis recte ait a quarta vertebra dextrorſum redire, inde ubi in ventriculum nunc veniat, ſiniſtra petere. Habet fibras in corde alias longas, alias transverſas: illas cor brevius reddere, has illis contrarias, anguſtius. Pulmonem ſponte non moveri, ſed a thorace. ASCLEPIADEM refutat, nimis mechanicum. Valvulas cordis aperire oſtia, a corde introrſum tractas, ut ſubeant ventriculos, quæ præſto ſunt; valvulam ex triglochinibus arteriæ pulmonalis oſtium claudere. Vena coronaria cordis, vena anterior. Succum alibilem per arteriam pulmonalem ad cor ferri, per venam ſpiritum in ſiniſtrum ventriculum. In dextro ventriculo plus ſanguinis eſt, in ſiniſtro plus ſpiritus. Nullum nervum in cor diſtribui, ut neque in hepar, renes & lienem. Ventriculorum cordis apicem verti ſiniſtrorſum. In magnis animalibus os in corde eſſe, in parvis aliquid ſubcartilagineum. Ventriculos ſemper eſſe duos aut unum: dextrum ventriculum factum eſſe ob pulmonem. In fetu arteriæ magnæ propaginem, & cavæ venæ orificium ad pulmonem pertinere. Experimentum, arterias umbilicales ligatas facere, ut omnes arteriæ ſecundarum quieſcant; facere & venas: ſed in fetu ab illo vinculo pulſum non tolli, ab iſto utique. Iter per foramen ovale, perque ductum arterioſum recte exponit.

Lib. VII. (*d*). De pulmone. Iterum animalia deſcribere vincitur, cum quintum lobum venæ cavæ ſubjectum deſcribat. Aërem ad cor venire, & in ſiniſtro ventriculo cum ſanguine miſtum eſſe, qui in dextro purus ſit. Aërem in

(a) Citat ſe ipſum de *plac.* HIPPOC. & PLATONIS.

(b) Citat lib. de *facultatibus.*

(c) Alias ſe dicturum de animalibus ſi vixerit c. 3. Citat ſuum librum de *diſſecandi ratione*, & de *motu pulm.*

(d) Citat lib. de *voce* HIPPOCR. & PLAT. *deeret.*

in asperam arteriam inflatum non penetrare in vasa sanguinea. Spiritum in cor trahi eo dilatato. Larynx & ejus musculi, ut in *administrationibus*. Multum sibi placet in nervis ab octavo pare recurrentibus, quos videtur invenisse: eorum metam etiam definit, unde redeunt, & teleologiam, hanc inanem. Aliquantum de potu in asperam arteriam venire. Pulmonem sanguinem refrigerare, fuligines exhalare. Bronchos in pulmone imperfectos esse.

Lib. VIII. de cerebro. Collum non habere animalia, nisi quae pulmonem habent, (cete ignorat). Contra ARISTOTELEM, cerebrum non esse factum propter cordis refrigerium. Nervum auditorium linguali duriorem facit. Tenues membranas de meninge dura per suturas exire, & pericranium facere. Iterum inspiratio & exspiratio aëris, quae fit in cerebri ventriculis. Conarium esse de genere glandularum, quae sunt in divisionibus vasorum, nempe conglobatam. Thalamos opticos dixit. Vena GALENI. Magnae valvulae indicium (e). Funiculi in nervo pia membrana involuti.

Lib. IX. Porro de cerebro. Duae viae pituitae a cerebro ad nares, duae aliae in palatum ducentes. Rete mirabile accurate satis describit, ut se habet in animalibus ruminantibus. Sinus vocat venas in membranam duram receptas. Nervorum paria, non connumerato primo, ut qui ramos non edat. Iterum non caecum esse canalem nervi auditorii, sed obliquum. Nervos ex medulla spinali duros provenire, ex cerebro molles, illos ad motum valere, hos ad sensum: sed tamen etiam nervos molles, si longe processerint, denique motorios fieri: ut eorum aliqui longe satis naturam sensilem retineant, ut octavus (sextus), cujus ramos GALENUS facit, quos intercostales vocamus.

Lib. X. (f), de oculis, in quibus, & in opticis, noster fusior est. Iterum adgnoscas oculos ovillos incidisse. Nam ligamenta dicit, quae eant a chorioidea tunica ad retinam, quae in ovibus sunt permanifesta. Spiritum esse inter uveam & lentem. Cataractam in humore aqueo colligi; opacam lentem crystallinam glaucoma facere. Oculorum musculos dicit, sex, non dicta trochlea, & septimum quem putes bulbosum esse. Duos etiam musculos obliquos palpebrae tribuit. Nullum se reperire musculum, qui dicatur ad magnum angulum poni. Lentem crystallinam tantum anterius tunicam habere. Puncta & ductus lacrumales habet. Retinam impressionem lucis sentire. Humorem aqueum dixit, quod spatium CELSUS inane fecerat. Nervos opticos non ire in decussim ad latus alterum, secundum priorum sententiam. Chorioideam tunicam esse a pia cerebri membrana. Arteriae retinae.

Lib. XI. Partes externae faciei & capitis. Musculi temporales quibus in animalibus maximi sint, nempe rapacibus, homini & simiae minimi. Dentes & eorum aptitudo contra EPICURUM & ASCLEPIADEM. Mira in MOSEN calumnia, quae eo redit, ut DEO potestatem tribuerit, etiam ex materia inepta aliqua fabricandi: id negat GALENUS DEUM posse, sed materia uti ad ea, ad quae

(e) C. 14.
(f) Citat lib. *de visu*.

quæ sit aptissima. Musculi faciei: alarum nasi. De ossium medulla: esse in leone aliquam in ossibus majoribus. Ossium catalogus: iterum ut prius hic os incisivum repetit. Ductus WHARTONI.

Lib. XII. de musculis & de articulatione & motu capitis, quæ capita ad multam inter VESALIUM & EUSTACHIUM litem occasionem præbuerunt.

Lib. XIII. De medulla spinali ejusque nervis & ordine. Ligamentum longum vertebras connectens describit, & mucum in eo spatio repertum.

Lib. XIV. de genitalibus virorum & mulierum partibus. Uterum a conceptu ad unguem claudi. Duo uteri sinus, obscure tacti, tot in quoque animale, inquit GALENUS, quot sunt mammæ. Intus habere feminas eas genitales particulas, quas mares extus habent. Caprillum uterum describere videtur. Ob manus homo animalium perfectissimum. Testiculus masculus & femineus, ob venam sinistri testiculi a renali venientem. Vasorum mammæ & uteri societas. Membranæ fetus, inter eas allantoides. Semen muliebre effundi in pudendam. Urinam non fluere si urethra sicca fuerit. Epididymides in feminis esse, sed parum conspicuas.

Lib. XV. (*g*) porro de pudendis. Hic ductus arteriosus, foramen ovale, & ejus valvula, usus & conglutinatio. Cutis epiphyses feminarum ad ornatum factas esse: nymphas tegere naturæ orificium. Inde musculi coxendicis, & femoris. Chorion cum placenta eodem nomine comprehendit.

Lib. XVI. (*h*). Nervorum, arteriarum, venarum per universum corpus distributio. Nervorum opticorum a thalamis originem videtur sibi tribuere. Iterum arteriæ aortæ ramus adscendens & descendens. Hic ganglia describit nervis abdominis mista, ex nervo octavo & spinalibus natis. Nervum intercostalem manifesto pari octavo tribuit. Iterum sibi vindicat inventum platysma myodes, & ejus nervos ab inferioribus reflexos. Ex animalibus docet, renem dextrum esse altiorem. Arteriæ testis plexuosæ. Arteriæ abdominis aliquæ. Arteriæ capitis, & vertebrales. Recte opticas derivat a carotide interna. Subtiles arteriolarum & venularum a cerebro cum pericranii vasis anastomases. Arterias & venas sensu carere.

Lib. XVII. brevis est, & in generalibus versatur. Nihil esse in corpore animalis inutile.

Seorsim egregium opus passim excusum est. Latine *Nicolao* CALABRO interprete Parisiis 1528. 4°. MAITT. 1531. fol. MAITT. 1538. fol. min. DOUGL. cura J. SYLVII; 1543. fol. ID. Lyon 1550. 8°. TELLIER. Basil. 1531. fol. per J. GUINTHERUM. Græce Basileæ 1544. 4°. curante CAJO. Liber IV. solus per VITUM ORTELIUM Wittebergæ 1549. 8°. HAENEL. Pars libri III. primum Basileæ 1544. fol. græce curante CAJO.

Codex

(g) Citat lib. de *plac.* HIPPOCR. & PLATONIS.
(h) Citat de *usu respirationis & pulsuum*, & lib. de voce.

Gallice excusi sunt Lyon 1565. 8°. PL. 1566. VERD. Paris. 1608. 8°. 1659. 4°. DOUGL. 1664. 4°. Vertente J. DALECHAMP.

Codex ex legato anno 1009. ad *facultatem* medicam Parisinam pervenit (*i*).

Codex M.S. exstat in Bibl. D. MARCI, & in *Medicea* duo, & græci in *Bibl. Reg. Paris.* n. 2148. 2281. & alius, in quo tres libri desunt postremi n. 2154. Pars libri XIV. & XV. in B. R. P. n. 2253. græce. Erat in Bibliotheca *Mich.* CANTACUZENI VERDIER. Imperfectus codex n. 946. in Coll. C. GONVIL. *Cantabrigiæ*. Arabice titulo GALINUS *fe menafè al aadha*, vertente & commentante HONAIN FILIO ISAACI cognomine AL EBADI exstat in *Bibliotheca Reg. Parisina* I. n. 988. inque Bibl. NARCISSI Archiepiscopi Armaghiensis n. 1709. & alius codex in B. R. Paris. n. 1044. vertente ABDALRAHMAN BEN ALI BEN ABU SADIR, qui & scholia adjecit. De eo codice HERBELOTUS. Novem libri, a decimo ad 17. in *Bibl. Escurialensi* n. 845.

Commentarios C. HOFMANNI 1625. editos alias dicemus. Compendium *Erotematum* nomine dedit J. LONICER Francofurti 1548. & 1550. 8°.* de quo & ipso alias.

Lib. *de utilitate respirationis* (*k*) vertente J. CORNARIO. Refutat priores medicos, potissimum ERASISTRATUM. Spiritum ad cerebrum non valde per arterias venire, cum vinculum carotidibus injectum animali vix noceat, per experimentum. Respirationem voluntariam esse. Utilitates esse fuliginis exhalationem, refrigerium caloris naturalis, animalis spiritus nutritionem. A GALENO citatur de suis ll. c. 7. & in l. de *arte*. Codex exstat in Bibl. MEDICEA, & in *Parisina* n. 6865. (latinus) & in B. D. MARCI.

Seorsim prodiit Parisiis 1533. fol. MAITT. 1553. fol. Cum sequente J. CORNARIO interprete Basil. 1556. fol. GUNZ.

Brevis libellus *de causis respirationis*, eodem CORNARIO interprete Basileæ 1536. fol. GUNZ. Fere ut priori l. distinguit respirationem naturalem, cujus instrumentum sit diaphragma, & violentam. Aliqui ante GALENUM diaphragma scripserant princeps esse respirationis organum. Musculos summi humeri in contenta respiratione laborare. Citat hunc librum GALENUS inter antiquiora sua scripta, & in l. de *ord. leg. libr.* & in *arte*. Juniorem se edidisse dolet, tum sequentem (*l*).

In *Parisina Bibl. Regia* exstat codex M.S. latinus n. 7015. Prodiit etiam cum l. *de difficultate respirationis* Paris. 1553. fol. interprete J. VASSÆO.

De pulsuum usu (*m*) T. LINACRO interprete. Brevis libellus. Arterias dilatari, ita spiritum adtrahere; non ideo dilatari, quia cor spiritum impellat, ut

(i) GUI. PATIN. *Letres* I. p. 52.

(k) Citat suos libros *de pulsuum causis*, de *placitis* HIPP. & PLATONIS. Promittit cum l. in lib. de *diffic. spirandi*.

(l) *Administr. anat.* L. 2.

(m) Citat librum de *respirationis usu*.

ut ERASISTRATUS. Citat hoc opus in libro suo de *arte*. Communicationem ex arteriis in venas defendit & vicissim.

Græce prodiit Parisiis 1543. fol. MAITT. Latine T. LINACRO interprete Paris. 1528. 8°. Lugdun. 1549. 12°. Codex latinus exstat in B. R. P. n. 7011. & in Coll. CAJO GONVIL. *Cantabrigiæ* n. 948.

De substantia facultatum naturalium, breve fragmentum, interprete *Bartholomæo* SYLVANIO Saloniensi. Num plantæ animatæ sint (*n*), & sensum habeant? Habere tantum sensum alimenti, quod ipsis conveniat aut noceat.

J. GUNTHERO interprete Paris. 1528. 8°. tum Lugduni 1551. & 1552. 12°.

Codex est in B. D. MARCI.

Denotatio dogmatum HIPPOCRATIS ex STOBÆO. HIPPOCRATI quatuor illos humores tribuit. Vertit C. GESNERUS. Lugduni 1556. 8°. GUNZ. Emendatus per J. CAJUM græce prodiit Basil. 1557. 8°. GUNZ.

Fragmentum *de iis quæ medice dicta sunt in* TIMÆO. Seorsim prodiit Lyon 1550. 8°. & cum priori A. GADALDINO interprete Lyon 1556. GUNZ.

De HIPPOCRATIS *&* PLATONIS *decretis* libri IX. *J. Bernardo* FELICIANO interprete. Fusissimum hoc & dialecticum opus, CHRYSIPPO oppositum. L. I. Contra eum CHRYSIPPUM & ERASISTRATEOS ostendit, sinus cordis sanguine plenos esse, non spiritu. Iis sinubus læsis sanguinem prorumpere, non perinde, si ventriculi cerebri aperiantur. Cor non valde sentire, neque eo læso aut presso vocem deficere. ARISTOTELEM etiam refutat, qui a corde nervos dixit oriri. Arterias a corde oriri, non nervos. Ligamenta ut a nervo & tendine differant: sensu eadem carere (*o*). Principium libri deficit.

Lib. II. (*p*). Animam non in corde habitare, nec ex corde vocem prodire, neque arteriis interceptis animal obmutescere, sed utique nervis obstrictis, quos veteres cum arteriis ligaverint, indeque in errorem sint abducti. Cerebrum esse organum motus voluntarii, cor involuntarii. Iterum in animalibus basin cordis in medio pectore collocat. Experimenta adducit ut vox supprimatur aspera arteria aperta, aut ligatis nervis.

Lib. III. utique non esse in corde rationis sedem, sed in cerebro. Quæ sequuntur in Lib. III. IV. & V. fere ad animæ naturam pertinent, in qua CHRYSIPPUS unicam facultatem admittebat, GALENUS plures. Hæc autem ex Poetarum auctoritate, & ex ratiocinio potius, quam ex anatome a GALENO definiuntur.

In

(*n*) Liber iste scriptus est exhortante BOETHO, post illos de *dissectione arteriarum & nervorum* libellos. Citat eumdem GALENUS in *introduct.* & *arte*.

(*o*) Citat suum de *administrationibus* & de *usu partium* opus, ut id quod dicimus sit ex novissimis auctoris laboribus.

(*p*) Citat librum de *thoracis & pulmonum motu*, *de musculis*, *de voce*.

In Libro VI. (*q*), jecur esse principium venarum contra ERASISTRATUM & PELOPEM. Ex fetus potissimum exemplo sententiam suam tuetur, tum ex valvularum ductu, quæ ex hepate in cor sanguinem admittant, non contra. Meatum, quem vena cava ad cor dat, pulsare. Venam cavam a jecore adscendere, dare cordi ramum, inde sursum pergere.

Lib. VII. (*r*), a cerebro nervos oriri. Aliqua de oculo & visu. Non prius sensum & motum perire, quam apertis ventriculis cerebri. Nervum totum vagina a dura matre obvolvi. In universa medulla sedem esse animæ.

Lib. VIII. De quatuor elementis HIPPOCRATI dictis & PLATONI (*s*); de quatuor humoribus primis, pariter HIPPOCRATI dictis.

Libro IX. varia theoretica continentur, de methodo inveniendi, nisi quod exempla ex medicina sumit.

Codex græcus exstat in B. S. MARCI, præter librum I. & græcus in Parisina n. 2278. Libri IV. in *Coll. Caj.* GONVIL. *Cantabrigiæ*.

Vertente *J. Bern.* FELICIANO prodiit Basileæ 1550. 16°. Lugduni 1550. 16°. Vertente J. GUNTHERO Parisiis 1534. fol. Liber I. solus J. CAJO interprete Lovan. 1556. 8°. GUNZ. Græce Basil. 1544. curante J. CAJO cum l. de administrationibus & musculorum motu.

De facultatibus naturalibus libri III. (*t*), *Thoma* LINACRO interprete, emendati ad græcorum exemplarium fidem ab *Hieronymo* DONZELLINO. Aspere hic contra ERASISTRATUM scribit, ut ipse fatetur c. 7. cui alioquin parcere solet, tum contra ASCLEPIADEM, quorum illum accusat, quod silentio HIPPOCRATICA placita opprimere voluerit. Inde peculiariter de adtractione alimenti, etiam excrementi, in renibus: in eos nihil venire ASCLEPIADES dixerat, neque ureteres adgnoscebat. GALENUS contra accuratis & subtilibus experimentis, & vinculo ureteri primum uni injecto, tum alteri, ostendit, utique ligatos ureteres intumescere renes inter & vinculum, una vesicam inaniri, solutos ureteres lotium in vesicam reddere, præcisos inter peritonæum & intestina lotium effundere, tunc iterum vesicam inanem esse. Defendit humorum adtractionem specificam, ut certum medicamentum bilem ducat, non aquam. Omnem bilem primum in vesiculam venire. Pro quatuor qualitatibus, a quibus omnia gignantur & perimantur. Eas HIPPOCRATEM docuisse, inde ARISTOTELEM.

Libro II. agit de facultate coctrice contra ERASISTRATUM: de alimenti distributione, secretione bilis, urinæ. Ut succi fiant, a colore innato alimentum

N 2

(q) Citat lib. de *naturalibus facultatibus*.
(r) Citat librum de *dissectionibus*.
(s) Citat librum de *elementis secundum* HIPPOCR. *Commentar. in septem.* II. *Aphorismorum*.
(t) Citat etiam de *ord. leg. libr.* & *in arte*.

tum alterante. Bilem atram esse partem ciborum, quæ in lienem recipiatur, naturalem tamen: morbosam quæ acida sit (*u*).

Lib. III. de retentrice facultate. Uterum claudi quo fetum vivum retineat, eo mortuo aperiri. Omnia receptacula semper plena esse, ut ventriculum, vesicam, contrahere enim se ad modum contentorum. Cibos jam in ore præparari & cum saliva conteri. Experimentum, non certe facile, neque a quoquam repetitum adducit, quo constat, deglutitionem superesse etiam, si prius stratum fibrarum gulæ dissecueris, denique si utrumque. Per minimos meatus sanguinem inter arterias & venas communicare. Habet motum ventriculi peristalticum. Pro tractrice adeo facultate gulæ, ventriculi, vesicæ utriusque. Nutrimentum utique adtrahi. Motum peristalticum describit.

Codex exstat M.S. in Bibl. Reg. Parif. n. 2267. græcus iste, tum in B. D. MARCI, & in *Medicea*, & *Leidensi*, & in *Vindobonensi* P. I. p. 181. latine in B. Coll. CAJI & GONVILE n. 947.

Seorsim latine prodiit Parif. 1528. 8°. vertente T. LINACRO, tum Lugduni 1540. fol. 1548. 12°. 1550. 12°. Vertisse etiam J. GUNTHERUM Parisiis 1528. 8°. 1534. fol. 1547. 12°. in elogio adfirmat Cl. HERISSANT, quæ vix concilies. Græce Antwerp. 1547. 8°. HEINS.

In eos libros commentarius exstat *Jacobi* SEGARTA Valent. 1596. B. BODL. & M.S. commentarii *Nicolai de* ANGLIA in *Bibl. Reg. Parif.* n. 7015. tum *Johannis* ROCHON ib. n. 7025. Arabice exstat vertente HONAINO in *Bibl. Escurialensi* n. 841. 842. 844. 876.

De motu musculorum Libri II. a N. LEONICENO conversi, utique minime inutiles, etsi GALENUS non bene tendinem ex ligamento & nervo componit, neque bene caput musculi, sive punctum, ad quod contrahitur, in nervi ponit ingressu. Recte vero de antagonistis musculis scribit, quorum uterque alterne laxetur & tendatur. Altero antagonista destructo, alterum agere, & in actione manere.

Lib. II. Musculos voluntarios etiam in somno operari, argumento maxillæ inferioris, quæ dormienti non delabatur. Etiam in somno animam suos musculos in motum ciere: ab ea esse respirationem, non vero motum intestinorum, aut cordis.

Citat hunc l. de *ord. leg. libr.* & in *arte*.

Prodiit cum administrationibus, & placitis hipp. atque nonnullis aliis Græce, curante J. CAJO, Basil. 1544. 4°. Latine ibidem 1528. 8°. & cum duodecim libris anatomicis sæpe citatis Lyon 1551. 16°.*. Gallice vertente J. CANAPE Parif. 1541. 4°. Lyon 1552. bis. Codex græcus exstat in *Bibliotheca Reg. Parisina* n. 2278. & alius n. 1849. & in B. D. MARCI.

Libellus

(*u*) Lib. de *succis* citat. Libros de *usu partium* demum promittit.

Libellus brevissimus de *motu thoracis & pulmonis*. Pulmonem a thorace motum habere, nullum a se ipso, ut in vulneribus adpareat.

M.S. exstat latine in *B. R. Paris.* n. 6865. Prodiit cum nonnullis aliis Paris. 1536.

Quod animi mores corporis temperamenta sequantur, interprete *Bartholomæo* SYLVANIO. De anima: non nimis liquet GALENO, superesse eam, quando corpus destruitur. A corporis vitiis animam valde pati: & a cibis mutari.

Prodiit Parisiis 1528. 8°. & cum aliis 1617. 12°. GUINTHERO interprete. Commentarius in eum est J. B. PERSONÆ, Bergomi 1602. B. BODL.

De fetuum formatione interprete *J. Bernardo* FELICIANO; JANUS etiam CORNARIUS vertit. Ex novissimis, & optimis GALENI operibus. Animalibus iterum indulsisse ex funiculo umbilicali. agnoscas, cui duas venas tribuit, & urinæ ductum (x). Pro epigenesi. Animalium formationem comparat cum formatione plantarum: ex semine in istis sursum caulem, deorsum radiculas protendi: sic venam umbilicalem hinc venas omnes jecinoris gignere, quæ colligantur in venam cavam, tunc cordi insertam; inde venas partium inferiorum edere. Venam umbilicalem hepar efficere. Fuse contra CHRYSIPPUM, cor non primum oriri, neque ex eo reliqua. Nam nervorum & cerebri, diversum esse a vasis & a corde principium. Fabricationem corporis fetus fatetur se ignorare, cum anima ne quidem in adulto homine suos musculos notos habeat, quibus utitur, neque ullam sapientiam possideat tanto parem operi. Sed neque de anima se certi quid nosse.

Prodiit cum nonnullis aliis vertente J. GUNTHERO Parisiis 1536. fol. Gallice *de la formation des enfans au ventre de la mere* Paris. 1559. 8°.

An omnes particulæ fetus una formentur Nic. RHEGINO interprete, brevis libellus: negat autem una formari.

Prodiit cum aliis Paris. 1536. fol. vertente GUNTHERO, & Basileæ eodem anno.

Codex græcus exstat in Bibl. Reg. Paris. n. 2164.

De semine Lib. II. (y), *J. Bernardo* FELICIANO interprete. L. I. Semen in uterum venire. Fetum fieri ex semine, id non in vapores dissipari, ut doceat ARISTOTELES, neque ex menstruo sanguine fetum formari. Nam semen accurate clauso utero retineri, quoties femina concipit. Ex semine nervos fieri, & membranas, & vasa. Deinde fetus de utero sanguinem trahit & spiritum,

 ita

(x) Citat suos libros de *arter.* & *pulf. util.* de *usu respirationis*, de *placitis* HIPPOCR. & PLATONIS, de *usu partium*; *librum quo refutat, quæ* CHRYSIPPUS *de anima scripsit*, & l. de *animæ speciebus*.

(y) Citatus in l. de *arte*. Citat V. lib. de HIPPOCRATIS *dissectione*.

ita ex illis vasa arteriosa & venosa, nervi & membranæ ex solo semine generantur. Iterum cum plantis animalia comparat. Deinde ex nervis membranas, ex sanguine carnem & viscera formari; vasa ex fistulata seminis substantia, cerebrum ex puro semine. Cor arterias generare, hepar venas. Semen ipsum & in testibus formari & in vasis. Testes non esse inutiles, neque merum pondus avium, argumento. Semen robur dare viro; semine non generato viros effeminari, ipsas etiam feminas testibus exemptis pinguescere. Videtur auctor vesiculas seminales quidem non satis adgnovisse, sed meatus utique seminales, in quibus semen colligatur. Vasa (z) serosa ab epididymide in testem euntia dicere videretur, nisi id inventum præsidia superaret, quæ veteribus in anatome suppetebant. Glandulas fauces irrigantes hic describit.

In libro II. Semen non extrorsum effundi, sed per meatus seminales in vulvam ejici, contra HEROPHILUM, exemplo in vidua quadam adducto. Inde subtiliter quærit, quare fetus modo patri similis sit, modo matri? utrique putat parenti filios similes esse, quia uterque semen ad eos formandos dedit. Posse vero alterum semen altero in quibusdam partibus prævalere (a). Redit ad semen dextri testis masculum, & sinistri debilius femininum. Feminas esse maribus organis genitalibus similes, tantum eas partes, cum vis in femina minor sit, non fuisse extrorsum propulsas. Etiam talpæ oculos intus latere, neque emergere. Deinde glandulosos parastatas in viris describit, a seminalibus diversos, & quatuor esse in meatu urinario sibi proxima oscula: glandulas vero eas non semen generare, sed humorem urethram irrigantem. Liquorem prostaticum infecundum esse. Hic etiam evidens locus est de ductibus salivæ sublingualibus, ut de re vulgo nota.

Prodiit Græce Paris 1533. 8°. GUNZ. Latine cum aliis libellis GALENI Basileæ 1536. fol. 1593. fol. vertente J. GUNTHERO; & apud ELZEVIRIOS Leidæ 1634. 16°.*.

Exstat codex latinus in Bibl. Reg. Par. n. 6865.

De septimestri partu J. Bernardo FELICIANO interprete. Brevis libellus, in quo 182½. dierum fetubus privilegium dat fetus septimestris, ut vitales sint.

Prodiit græce cum libro *de ossibus &c.* Basil. 1557. 8°. curante CAJO; & græce etiam ib. 1549. 8°. prodiit etiam Paris. 1536. fol.

Etsi in classes alias rejecti sunt, faciunt tamen huc etiam ad phænomena in homine sano perpetua, atque adeo ad physiologiam, quæcunque GALENUS de pulsibus scripsit.

Et primum liber de *pulsibus ad Tirones*, quem GALENUS inter sua antiquissima opera citat, ab *Augustino* GADALDINO conversus. Brevis & simplex. Pulsum melius in carpo percipi. Principia ex quibus pulsuum discrimina derivantur. Causæ quare mutentur. De somno recte, pulsum in eo retardari, inde

(z) C. 15. (a) De *usu partium*.

inde corpore percalefacto augeri, in longo somno iterum lentiorem esse. Recte de pulsus mutatione a balneo, cibo, animi adfectu. Inde de mutatione a morbis.

A GALENO citatur in libro de *ord. leg. libr.* & in l. de *arte.*

Prodiit seorsim Græce Parisiis 1529. 8°. GUNZ. An IDEM, an plures libelli Colon. 1529. 8°. & græce Paris. 1543. fol. Codex græcus est in Bibl. BODLEYANA n. 707. In eum est *Martini* GREGORII commentarius Lyon 1550. 12. alius *Leone* ROGANI Neapoli 1556. 8°. Rom. 1560. 8°. LIND. Venet. 1571. 8°. iterum alius *Ferdinandi* MENA, *cum multis castigationibus* Complut. 1550. 4°. alius *J. Baptistæ* NAVARRO Valent. 1628. 8°. auctus a *Luca* FUSTER, ibid. 1651. 8°. 1693. 4°. CAP. de VIL. denique F. SANCHEZ Tolos. 1636. 4°.

Omnia de pulsibus opera *Hermannus* CRUSER Campensis conjuncta edidit Paris. 1532. fol. in compendium contracta Venet. 1575. 8°.*.

Codex GALENI *de pulsibus* exstat in B. MEDICEA, ut intelligo, & in B. *Cassinensi*, & duo codices in B. D. MARCI græci; tum in B. Reg. Paris. n. 2157. 2229. 2276. tum in BODLEYANA; in *Vindobonensi* L. VI. p. 94. & ibid. hebraicus codex I. p. 181. Latinus in B. R. Par. n. 7015. Ab HONAINO conversus arabice reperitur in Bibl. Reg. Paris. n. 1043.

Aliud est opus GALENI *de pulsu libellus ex* GALENO *passim collectus, & velut in formulas reductus* Paris. 1538. 4°. aut *de pulsibus libellus ex* GALENO *collectus* e GESNERO *editus*, Tigur. 1555. 8°.

De pulsuum differentiis GALENI libri III. subtile opus & eristicum, ARCHIGENI potissimum oppositum. In libro I. & II. scribit contra nominum dignitatem, quæ CHRYSIPPUS plurimi faciebat, & contra definitiones. Historia pulsus; primum dictum esse HIPPOCRATI. Ex natura arteriæ, & præcipuis discriminibus longi, lati, alti, moderati, & contrariorum pulsuum facit obscuros pulsus 27. quorum tantum duos fatetur vulgo nomen invenisse, magnum & parvum. Deinde alia discrimina recenset pulsus pleni, duri, æqualis & contrariorum (*b*). De subtilibus medicis, qui arteriæ contractionem & quietem se ajant percipere. Porro subtilissime & ipse in alia infinita pulsuum discrimina se dimittit, ex compositis discriminibus simplicibus nata. Dicrotus pulsus, undulans, formicans, caprizans.

Lib. II. totus est contra ARCHIGENEM & Pneumaticos: ARCHIGENEM male pulsus distinxisse, & denominasse, pro sua subtilitate demonstrat.

Sic. Libro III. iterum contra ARCHIGENEM & *Pneumaticos* de pulsu vehemente, languido, gravo, pleno, duro, molli.

Lib. IV. Utique denudatæ arteriæ pulsum posse percipi. Enarrat fuse & una refutat definitiones pulsus, quas discipuli HEROPHILI & ERASISTRATI proposuerant; ut hic liber imprimis ad historiam medicinæ pertineat.

Totum

(b) Promittit lib. *de pulsibus dignoscendis & præsagiendis.*

Totum opus de pulsibus, eorum differentiis, dignitione, causis & præsagiis citat in l. de *arte*.

Codex exstat, cum priori, in MEDICEA Bibliotheca, & bini in B. Reg. Paris. n. 2161. & 2157. & in B. D. MARCI. Latinus solus in Bibl. R. Par. n. 6865. Cum priori CRUSERUS edidit.

GALENI *de dignoscendis pulsibus* Lib. IV. (*c*) intolerabili laxitate sermonis & abundantia scripti, ut sua tamen hic experimenta GALENUS narret. L. I. utique contractionem in pulsu percipi, & ut percipiatur. Arteriæ pulsum mutari, ut manus prona fuerit, aut supina. Quietem subinde se percepisse.

Lib. II. de distentione. Differre pulsum celerem a frequenti. Formicantem crebrum esse, & tamen tardum. De magno & parvo pulsu.

Lib. III. de pulsu celeri & tardo: de quantitate distentionis, & rhythmo.

Lib. IV. Iterum contra Pneumaticos, de pulsu pleno, & vacuo. Ipse sed asiatice de plenitudine sententiam dicit.

Codex M.S. est in B. MEDICEA, & in B. D. MARCI græcus, & pariter græcus in B. R. Paris. n. 2157. 2158. 2161.

Cum priori libro CRUSERUS edidit.

GALENI *de causis pulsuum* Libri IV. Lib. I. Bene declarat quid sit facultas, causa nempe incognita. Pulsuum discrimina a facultate. Causæ remotiores. A calore pulsus major & crebrior. Discrimina ab instrumentis.

Libro II. (*d*) agit de causis pulsus inæqualis, ex vitio instrumentorum, facultatis &c. Peculiariter inde de causa pulsus discreti, vermiculantis, undosi, aliorum.

Lib. III. Inde utiliter de pulsuum differentia, nata ab ætate, sexu, calore, somno, vigilia, balneo calido, frigido, a cibo, potu &c. Addit causas & mechanismos harum mutationum. Et plenos & vacuos pulsus rejicit. Pulsus in somno rarus & parvus.

Lib. IV. pulsus adfectuum animi, morborum. In phrenitide pulsum parvum esse, & cum convulsione aliqua quasi abrumpi, neque sensim evanescere. Multa citat ex *Isagoge*.

Cum priori CRUSERUS edidit.

Cum priori codex exstat in Bibliotheca MEDICEA, & in Parisina græce n. 2137. 2161. & in Bibl. D. MARCI. Loca GALENI de pulsu citata habet CARDANUS *Contradict.* L. II. *tr.* 2.

Libros *de præsagitione* possumus omittere.

In

(c) Citat Lib. I. de *puls. different.*
(p) Citat Lib. 2. de *differ. puls.*

In Lib. XI. & X. *de simplicibus medicamentis*, aliqua exstant de lacte, de sanguine, de adipe, aliisque animalium humoribus.

In obsoletarum vocum HIPPOCRATIS *expositione*, quam J. CORNARUS interpretatus est, tangit passim etiam nomina partium corporis humani.

Græce prodiit apud H. STEPHANUM 1564. 8°.*.

Codex græcus exstat in *Bibliotheca Reg. Paris.* n. 2177.

In definitionibus Medicis aliqua etiam ad anatomen spectant, ad generationem, conceptionem, humores.

Codices exstant græci M.S. in B. R. Par. n. 2151. 2175. & 2252. & in AUGUSTANA inque Vindobonensi L. VI. p. 196. & 145. In *Bibl. Regia Londinensi* CASHLEY p. 216. in CAJI & GONVIL. Bibl. n. 948.

Prodierunt J. PHILOLOGO interprete Parisiis 1528. 8°. MAITT. & Coloniæ 1529. 8°. Græce & latine cura *Sebastiani* SINCKELER Basil. 1537. 8°.

Aliqua passim alibi anatomici argumenti GALENUS habet, ut de humoribus animalium, lacte, sanguine in Lib. de *alim. facult.* L. III. tum alia in Lib. de *diffic. respir.* in commentariis HIPPOCRATICIS de *aëre aquis & loc.* & in VI. *Epidem.* de venis illis mirificis; in L. III. *de compos. medicam secund. gener.* de tendinibus, & de modo quo discatur anatome. In L. de *sympt. caus.* I. c. 2. humoris aquei post ulcus reparationem reperias.

In libris VI. de *locis adfectis* multa anatomica aut habet, aut repetit. Eo refero, ex vitio medullæ spinali illato vocis defectum, & crurum resolutionem nasci. Vocales nervos, (recurrentes) a se ipso inventos esse, quorum læsione vox deleatur, ut ipse viderit cum aliquis strumas ungue revelleret: Sic etiam a nervis refrigeratis. Nervorum plexus cervicalis. A lapsu ex vitio medullæ spinalis, sensus perierat, motu superstite: id malum sustulit GALENUS medicamentis ad medullam spinalem admotis. Tres tantum digiti resoluti. Aquam plurimam esse in pericardio, urinæ similem. Experimenta per quæ constat, dissecta medulla spinali, alios & alios pectoris motus destrui. De vasis a vena cava ad pulmonem euntibus, quæ GALENUS negat reperiri. Arteriam bronchialem adgnoscit. De resorbtione puris & aquæ de pectore; etiam mulsum in pectus infusum per os redire. Pulmonem proprio motu destitui. Musculorum abdominis descriptio. Dari anastomoses venæ cavæ & portarum in hepate. Ex morsu viperarum icterus. Lapis ex ano prodeuns nonnullis dictus, GALENO non visus. Vomica per urinas egesta. Uterus tactus videtur sursum aut in latus retrahi. Arterias penis insignes esse, quas adeo neque VESALIUS invenit, neque COLUMBUS. Capra, quam GALENUS de utero materno exciderat, sponte ambulavit, se linxit, lac selegit de multis liquoribus, ruminavit, ex plantis variis olfactu selegit sibi idoneas. Miratur auctor, ut animalia apte utantur instrumentis adeo nuper sibi cognitis. Pudenda per desuetudinem Veneris rugosa fieri & flaccida. Bilem de hepate in vesiculam per proprios ductus ferri.

In libro VI. de *methodo medendi* de duplici aponeurosi musculorum rectorum abdominis dicit, quarum altera sit a transverso M. alia a peritonæo.

In *Commentario* ad *libros* HIPPOCRATIS *de articulis* multa huc faciunt. De musculi antagonistæ actione, si alter resolutus fuerit, ut sana pars a continente & proximo adtrahatur. Promittit se alio libro dicturum de arteriarum & venarum communicationibus.

In L. II. os jugale peculiare defendit.

In L. *de fract. comm.* I. de brachii articulatione agit, inque editionibus nostris figuræ additæ sunt sceletorum. De numero ossium carpi & tarsi. Pollicem manus tribus constare officulis, pedis halluci duo esse, & quinque ossa tarsi.

In libello *de philosoph.* varia sunt de objectis sensuum, oculo, respiratione, somno, generatione animalium, partu gemellorum, septimestribus, tempore formationis fetus, incremento.

In *comm. ad hipp. vict. acut.* III. motum habet antiperistalticum.

§. LX. GALENI *Deperdita.*

Amissi sunt junioris GALENI Comm. in TIMÆUM libri IV. præter superstes fragmentum. L. in MARTIALEM, LL. *de matricis dissectione*, *de cognoscendis oculorum morbis*, hi videntur reliquis antiquiores esse, & prius scripti quam GALENUS PELOPEM audivit. Tum Smyrnæ scripsit de *pulmonis & thoracis motu* libros III. quorum pleraque PELOPIS, finis esset GALENI. Inde cum secundo Romam venisset, *de causis respirationis* libros II. (*e*), *de voce* libros IV. BOETHO dicatos (*f*). *De anatomia* HIPPOCRATIS (*g*). *De sectione secundum* HIPPOCRATEM. *De anatomia* ERASISTRATI, quos libros GALENUS propter MARTIALEM sibi invisum se scripsisse ait. De usu partium L. I. in gratiam BOETHI scriptum. Inde post libros de usu partium egit de LYCO *in anatomia ignoratis* (*h*), & L. II. *de anatomia* LYCI. De MARINI *anatomicis epitome librorum* IV. *In* ASCLEPIADEM L. VIII. *De anima contra* ASCLEPIADEM. *De procreandis liberis* (*i*). Porro *de anatomia mortuorum* (*k* . *De sectione vivorum* Lib. II. (*l*). *De sectionis controversia* (*m*). *De thorace & pulmone* L. III. (*n*). *Commentariorum* HIPPOCR. *de humoribus fragmenta* exstant in

(e) *Introduct. Aph.* VI. *de nervorum origine.* (f) Ibid. (g) Ibid.
(h) Eum scripsit, ut calumniam dilueret, alia eum inventa sibi tribuere *de libr. propr.*
(i) In *Comm.* ad lib. *de natur. human.*
(k) De *ord. leg. libr.* & *introduct.*
(l) In *introduct.* & erat in B M. CANTACUZENI.
(m) *Introduct.* & l. *de ord. leg. libr.* (n) Ibid.

in *B. R. Parif.* n. 2117. quos ipfe GALENUS citat *de libris propr. De temperamris animalium* (o). *De partibus humanis* (p). *In* HIPPOCR. *de nutritione* Lib. IV. (q).

Quis eft liber *de corporis humani fabrica*, cujus codex græcus eft inter Parifinos II. n. 2097. In B. CANTACUZENI MICH. citantur codices *de membris hominis & equi* (r).

Quid eft *anatomia* GALENI in M.S. *Caroli* THEYER n. 6603. De abortivo fetu B. CAJI GONVIL. *Cantabrigiæ* n. 946. & ibid. n. 6605. & in Bibl. VOSSIANA. Epiftola *de humano corpore* ibid. n. 956.

Multa apud ORIBASIUM reperiuntur, quæ merito GALENO tribuas. Olfacere nos inter infpirandum. Peritonæum undique de corpore folvi poffe. Glottidem præcipuum effe vocis organum, & viam aëris contrahere & dilatare &c.

§. LXI. *Spuria* GALENI.

Inter fpurios GALENI libros primum dicemus *An animal fit quod in utero eft*, *Horatio* LIMANO interprete editum. Utique animal effe. Fetum per os etiam nutriri, cum continuo fugere norit. Oratorie contra ASCLEPIADEM. Seorfim prodiit *Matthia Theod.* MELANELLO Antwerpienfi interprete Antwerpiæ 1540. 4°.*.

Liber *de oculis* a DEMETRIO latine verfus, continet anatomen, pathologiam, & therapiam oculi. Anatome in mufculis vitiofa eft, quos facit duodecim, alibi vero rectos quatuor, bulbofum, obliquos duos, quos tribuit conjunctivæ, tres palpebræ, inferioris duos. In magnis animalibus nervos opticos cavos adparere. Hic habes theoriam memoriæ, quæ fiat in parte poftrema cerebri, intellectus, cujus fedes fit in medio, fenfus communis & phantafiæ in anterioribus. Duos nervos opticos uniri, ut unicum videamus objectum. Auctor GALENUM nominat & citat. Prodiit Parif. 1536. & *de oculis* l. & *anatome oculorum.* Vertit etiam & edidit *Matthæus Theodorus* MELANELLUS Antwerp. 1540. 4°.

In libro fpurio *de Renum adfectorum dignotione*, aliqua eft anatome renum.

Liber *de fpermate* docet epigenefin, & ut artus alii ex aliis in fetu prodeant, venæ & arteriæ autem omnium noviffimæ. Non peffime in laxiori utero fetum reddi ampliorem & viciffim. Defcribit feminalia organa. Deinde adgnofcas tempora Arabum: nam fecundum quatuor humores diem dividit, inque tribus horis, quibus bilis dominetur, fetum ait cholericum generari, in tribus horis phlegmatis phlegmaticum, & porro. Sanguini etiam hepar pro fede dat, phlegmati pulmonem, bili flavæ fuam veficulam, nigræ lienem.

(o) *In introd.* (p) Ibid.
(q) *De libr. propr.*
(r) VERDIER p. 62.

Animam facit alterius a corpore naturæ. Inde de Planetarum in formando temperamento poteſtatibus. Multum citat PORPHYRIUM, AMMONIUM, DEMOCRITUM, THEODORUM PLATONICUM, ANDRONICUM PERIPATETICUM, EMPERNOMUM Philoſophum.

De natura & ordine cujusque corporis. Auctor multa Hippocratica ait latine ſe reddidiſſe. Ridicule, veteribus placuiſſe corpora mortuorum ſecare, ejus nihil eſſe opus, & humanitatem vetare. Sæpe citat APOLLONIUM. Porro formationem fetus tradit.

Anatomia parva. Citat GALENUM. Aliqua ex anatome porci. Matricis ſeptem cellulæ, & cerebri deſcriptio.

Anatomia vivorum. Non reſpondet titulo, ſed eſt compendium anatomicum, ne elementis quidem partium fibrisve neglectis. Citat frequenter GALENUM & YSAAC. Inter cordis partes cartilaginem recipit. Una cor ſalire & arterias omnes. Piſcibus duplex eſſe hepar. Pulmonem ſenſu carere. Sex non plures muſculos oculi habet, rectos quatuor & duos obliquos. Hepatis multos facit lobos. Fetus ſitum conglobatum recte deſcribit. Pulmonis lobi quinque. Lienem habere meatum, per quem atram bilem ad ventriculum det. Cor primum creari. Cordis tres ventriculos numerat. Nervus phrenicus, ſatis bene. Manifeſto arabis opus eſt, vel ex titulis, quibus DEUM CREATOREM citat.

Codex erat in Bibl. *Mich.* CANTACUZENI. VERDIER p. 62.

Liber *de compagine membrorum, ſive de natura humana.* De quinque ſenſuum organis aliqua, & de præcipuis viſceribus, deque coitu & formatione fetus.

Erat inter libros *Mich.* CANTACUZENI.

Lib. *de virtutibus corpus noſtrum diſpenſantibus,* parvus libellus; de corde, hepate, fetus formatione.

Codex exſtat in B. R. *Pariſ.* n. 6865. latinus, & n. 7015.

De voce & anhelitu, ſubſtitutus, ut videtur, vero & antiquo GALENI *de voce* libro. Epiglottis hic dicitur, qui eſt larynx, & ejus anatome proponitur. Ductus ſalivales linguæ manifeſto deſcribuntur.

De utilitate reſpirationis (s). Non ſentire oſſa, medullam, adipem, cartilagines, ligamenta, cerebrum, pulmonem, hepar, ſplenem, glandulas. Senſus inſtrumentum eſſe in membranis. Motum diaphragmatis eſſe voluntarium. Chylum non omnem ad hepar venire, ſed perinde ad aortam. ARISTOTELEM fere ſequitur. Negat tamen, contra ARISTOTELEM, poros in pulmone conſpicuos eſſe, aut tres cordis ventriculos.

Compendium pulſuum potius ſemejoticum eſt.

De

(s) Citat HIPPOCRATEM *de generat. anim.*

De motibus manifestis & obscuris. Dicitur a JOHANNITIO ex græco factum esse arabicum, inde a M. TOLETANO latinum. Liber prioribus multo melior. GALENUS ipse loquens introducitur, & sua opera citat, suaque experimenta. Scopus est ostendere, in motibus qui a voluntate cientur, tamen etiam aliquid naturale se admiscere: vel in motu linguæ, quæ appetat & se ipsam moveat; sic in motu palpebrarum, sternutatione, tussi &c. Vomitum fieri a vi expulsiva, licet ruminatio sit voluntatis opus. Memorabile est, quod errorem subrepsisse ajat ex anatome simiarum, quam oporteat corrigere, non ex hominis, sed ex equorum, & ungulas habentium animalium fabrica. Deglutitionem præter voluntatem sæpe fieri. Non inficetus liber ex GALENICIS a CHRISTIANO aliquo compilatus est, neque enim alius hominem pro TITIO PETRI nomine citaverit. Neque GALENUM adgnoscas, quando scribit auctor, suo ævo esse demonstratum, inferiorem tantum pectoris partem a diaphragmate moveri, superiorem a musculo, qui de collo descendat.

Lib. *de urinis* in quem exstat Comm. *J. Baptistæ* NAVARRO Valent. 1628. 8. &c.

§. LXII. L. APULEJUS.

L. APULEJUS, Madaurensis, medicus, historiam piscium molitus est, & aliquam partem ejus operis absolvit, de generatione eorum ex limo, de viviparis, de oviparis. Anatomen etiam ARISTOTELIS imitatus est, & de particulis animalium inquisivit. In lepore marino duodecim ossa in ventre concatenata reperit, talorum suillorum similia (*t*).

§. LXIII. ALEXANDER APHRODISÆUS.

In Caria natus, GALENO coævus, ex secta fuit Peripatetica.

Ejus varios in ARISTOTELEM Commentarios citavimus, qui etiam arabice exstant (*u*). Scripsit etiam *de nutritione & augmento*, & codex M.S. exstat in *B. R. Paris.* n. 2028. tum *de sensu & sensibili* Græce Venet. 1524. fol. MEAD.

Sed potissimum ejus exstant ιατρικα αποϱηματα και φυσικα πϱοβληματα L. II. Græce, Francofurti 1585. 4°. cura F. SYLBURGII: Venet. 1497. fol. Græce & latine Paris 1550. Latine interprete *Georgio* VALLA Venet. 1488. fol. TREW. 1501. fol. TREW. 1519. fol. FABR. Plures editiones non cito, ne cum aliis ejusdem auctoris Quæstionibus non visos libros confundam. Eorum librorum passim codices exstant græci, ut in *Bibl. Reg. Parisf.* n. 1893. & n. 2048. Libri V. in B. R. P. n. 1883. 1884. Exstat etiam in B. Oxon. BODLEYANA, græce. Tres pariter codices græci in B. S. MARCI. Sectiones VII. in MEDICEA a G. VALLA latine versæ.

Multa sunt argumenti medici, & physiologici, plurima quidem ex ARISTOTELE descripta. Num genuina sint dubitatur. Ita etiam hic myopes habes

(t) *Apolog.* I.
(u) HERBELOT.

bes & presbyopes. De cohæsione canum in venere copulatorum. Quatuor esse humores, ex iis tamen putrescentibus tantum tria febris genera oriri. Bubonem oriri ex adliso halluce, quod providæ animæ auxiliaris potestas partibus vim patientibus subveniat, venire autem eam in humore blandissimo, sanguine, venasque replere, ita tumorem oriri. Mulas steriles esse, ob seminum utriusque parentis diversitatem. Ad maxillam paralyticam alteri lateri cur remedia admoveantur: ob duos musculos antagonistas, quorum altero resoluto, alter debilitatum sodalem ad se trahit. Cremasteres acutissimo sensu prædictos esse. Cur septimestres fetus vitales, non octimestres? Quod DEUS mundum septem sideribus subjecerit, &c.

§. LXIV. DIONYSIUS ÆGEUS.

Apud PHOTIUM n. 185. & 211. DIONYSII ÆGEI *dictyaca* recensentur, plenius equidem n. 185. Centum ibi quæstiones sunt, de quibus DIONYSIUS in utramque partem disputavit. Earum bene multæ sunt physiologicæ: reliquæ medicæ. Nihil de ætate viri reperio, putem tamen GALENO nuperiorem esse: cum de venis quærat, num ex hepate oriantur, an ex corde potius, quam quæstionem GALENUS agitaverat. Quærit etiam de calore naturali num ad ciborum coctionem faciat. Num cor spiritum emittat, num ab arteriis adtrahatur, quod videtur pneumaticæ sectæ vestigium. Num nervi ex corde nascantur, num ex meninge potius, quem utrumque errorem GALENUS refutavit. Cibos potissimum a putredine digeri.

§. LXV. ATHENÆUS. MARCELLUS.

ATHENÆI dipnosophistas diximus in *botanicis*. Habet, etsi rarius, locos aliquos veterum ad physiologiam spectantes, ut in L. IX. de piscibus voracibus, vocalibus & robustis. ARISTOTELIS opus de animalium historia exagitat L. VIII. Vim torpedinis per lignum penetrare ibid. Lib. XII. de DIONYSIO præpingui HERACLEÆ tyranno.

MARCELLUS SIDETES M. ANTONINI Philosophi tempore de pulsibus poëma scripsit, ab HIERONYMO laudatum, & ab AETIO. LAMBEC. L. VI. p. 147. seqq.

§. LXVI. JULIUS POLLUX.

In hujus viri *Lexico* pluscula continentur medici argumenti, & in libro II. potissimum de nominibus partium humani corporis, quorum abundantiam admireris. Habet κλιτορίδα. Inde internas corporis partes enumerat. Cordis ventriculus sinister crassior, qui aërem continet, dexter qui sanguinem tenuior & amplior. Uteri partes ex SORANO. Pulmonum rami dicuntur aortæ. Costas recte habet duodecim. Tenue intestinum hinc in colon, inde in cæcum intestinum

ſtinum terminatur, ut in RUFO. Pharyngem & laryngem recte diſtinguit. Nervum coxam femori colligantem iſchium dici, eodemque nomine articulum venire. In libro IV. de morbis & partu aliqua; in Lib. V. de animalibus & tempore agit, quo utero gerunt.

Utor editione *Tib.* HEMSTERHUSII, quæ Amſtelodami prodiit 1706. fol.* cum ſuis, & *Wolfgangi* SEBER, *Godofredi* JUNGERMANN, *Joachimi* CUHN & *Henrici* LEDERLINI notis.

Ex Libro II. quæ ad nomina partium corporis humani pertinent, collecta exſtant cum EROTIANO apud H. STEPHANUM 1564. 8°.*.

§. LXVII. HESYCHIUS.

Ejus Lexicon coram habeo apud ALDUM excuſum Venetiis 1514. fol. Grammaticum equidem opus, unice deſtinatum interpretationi vocum aliquanto obſcuriorum. Intercurrunt etiam appellationes partium corporis humani, parce tamen & breviſſime.

In PTOLOMÆI HEPHÆSTIONIS libris de *varia eruditione*, quorum fragmenta apud PHOTIUM conſervantur, aliqua huc ſpectant, ut cor canis hirſutum.

§. LXVIII. ANONYMI ΕΙΣΑΓΩΓΗ.

Εισαγωγη ανατομικη, quam primus *Petrus* LAUREMBERG edidit Lugduni 1613. 4°.* græce & latine, nuper cum TRILLERI & ſuis commentariis recudi fecit *J. Stephanus* BERNARD Leidæ 1744. 8°.*

Boni ordinis libellus eſt, manifeſto vero nuperioris ævi. Venam & arteriam habet, eo ſenſu, quo nos ſolemus accipere. Multa manifeſto ſunt ex ARISTOTELE, etiam tres cordis ventriculi & pulſus ab ebulliente humore factus. Proſtatas duas numerat, quas ſibi GALENUS vindicat; habet & nymphas & Clitoridem, & araneam oculi tunicam, & reticularem, inventa HEROPHILI. Στρομβον comparat quod in aure eſt. In notis Cl. editor loca ſcriptorum parallela confert, & ſubinde veriorem lectionem indagatur.

§. LXIX. GEOPONICI.

In ultimis libris hujus collectionis animalium hiſtoria continetur, & aliqua paſſim ad ſcopum noſtrum ſpectant. In libro XIV. 48. ex DEMOCRITO artificium deſcribitur, ut fimi ope ova excludantur. Ut magna hepata anſerum obtineantur, perpetua animalis quiete. In L. XVI. ut deterſa equæ natura, & perſtrictis eo odoramento naribus admiſſarius ad coitum incitetur. Antiqua ex APSYRTO fabula, ligato teſte dextro feminas generari, ſiniſtro mares. Et alia id generis.

§. LXX. CÆLIUS AURELIANUS.

Quinti ſeculi alii faciunt: neque tamen eo ævo methodicam ſectam ſuperfuiſſe opinor, neque quemquam citat juniorum, ne GALENUM quidem. In clinicis ſuis adnotationibus, hinc inde aliqua anatomici argumenti intercurrunt. Eſſe qui vaſcula reperiſſe velint, per quæ abſceſſus expurgentur (x). Pſoæ muſculi clunium, qui interius & exterius adhærent (y). Iſchia coxarum initia (z). Cordis motum ſimilem eſſe arteriarum (a). Typhloteron inter tenuia inteſtina numerat, ut putes appendiculam velle (b).

§. LXXI. CENSORINUS.

CENSORINUS *de die natali* ſcripſit, circa medium ſeculum tertium, alio quidem fine. De ſeminis tamen origine loca veterum collegit. De formatione fetus, de partus tempore, quæ etiam ex CHALDÆORUM ſunt ſententia, & alibi non exſtant. CHALDÆI cauſam, cur homo 7. 9. aut 10. tantum menſe naſcatur, non alio, ab aſtris ſunt interpretati.

Editiones ſunt Venet. 4°. abſque anno MAITT. Paris 1514. cum aliis. Venet. 1531. 8°. HEIST. Lugdun. 1595. BODL. MAITT. E. PUTEANO edente Lovan. 1628. 4°. Cum *Henr.* LINDENBROGII notis Hamburg. 1611. 4°. MAITT. 1614. 4°. in catal. Cum ejusdem LINDENBROGII, *Eliæ* VENETI, & aliorum notis, cura *Sigebert.* HAVERCAMP Leidæ 1743. 8°.* 1767. 8°. & ex recenſione *Andreæ* GOEZ Altdorf. 1744. 8°. TREW.

§. LXXII. LACTANTIUS.

LUCIUS CÆCILIUS FIRMIANUS LACTANTIUS de opificio DEI parvum libellum ſcripſit, cui finis fere fuit oſtendere, apte & concinne corpus humanum a DEO conſtructum eſſe: ſcopus etiam fuit LUCRETIUM refutare & EPICURUM, qui negaverant ad prævifos fines corpora animalium fabricata fuiſſe. Lotium putavit ex recto inteſtino in veſicam urinariam percolari. Sexum a dextro aut ſiniſtro uteri latere definiri cum priſcis docuit.

Editiones duas coram habeo, & nitidam eam, quam *Nicolaus* LENGLET DUFRENOI Pariſiis edidit 1748. 4°. 2.Vol. Prodiit primum Romæ 1465. deinde 1468. Venet. 1509. fol. & curante *Joh* D. WILLICH cum commentariolo 1542. 8°.*. Inter LACTANTII opera Baſil. 1563. fol. B. B.

Codex exſtat in B. MEDICEA, & in BARBERINA MONTF. Scripſit poſt perſecutionem DIOCLETIANI.

§. LXXIII.

(x) *Chron.* V. c. 10.
(y) Ibid. c. 1. (z) Ibid.
(a) *Acut.* 55. c. 34.
(b) *Chron.* IV. c. 6.

§. LXXIII. Oribasius.

Oribasius Sardianus, Juliani Imperatoris amicus, vir ill. & splendidus, in compendio ex scriptis priscorum medicorum collecto, libro 24. & 25. de anatome egit: commodamque pene absque ratiocinatione epitomen dedit eorum, quæ per vasta opera Galeni dispersa habentur (*c*); additis quibusdam ex Rufo de ossibus potissimum, & loco ex Lyco. Etsi codices procul dubio nostris uberiores habuit, multosque scriptores, quibus caremus, non tamen memini, me multa in Oribasio reperisse, quæ non alibi legamus. Neque pro exemplo sit ductus salivaris maxillaris, quem etiam Galenus habet, etsi apud Oribasium locus ad utrumque latus frenuli paulo accuratius (*d*) definitur, in quo ejus fontis est ostium. Totum ambitum anatomes persequitur, viscera, ossa, musculos, nervos, vasa, hæc brevius. De oculo satis bene. Continuam nares & fauces membranam vestire. Pulmo uterque aperto utrinque pectore concidit. Vena Portarum continuo in quatuor ramos dividitur. Pars genioglossi musculi ossi hyoidi inserta. Venæ retinæ.

Duobus ex codicibus editiones hujus operis perfectæ sunt. Alterum a *Nicolao* Sammichelio habuit *J. Baptista* Rasarius, quem latine vertit, alterum G. Morellus, videtur autem præferre priorem. Græce prodiit Paris. 1556. 8°. Heist. cum titulo *Collectaneorum artis medicæ liber quo totius corporis humani sectio explicatur ex* Galeni *commentariis.*

Latine Basil. 1557. 8°.* pulchre, neque tamen cum figuris, nisi laqueorum & machinarum, in secundo operum tomo.

Græce & latine curante *Guilielmo* Dundass, qui & notas adjecit Leidæ 1735. 4°.* satis vitiose, cum Rasarii interpretatione.

Solus libellus de musculis cum variis Galeni Lyon 1548. 4°. ut lego & 1551. 16°.*

Non diversum puto Oribasii l. ad Constantinum Porphyrogenetam de sectione animalium (*e*).

§. LXXIV. Nemesius.

Nemesius Episcopus Emesenus, quarti seculi fuit, cum neque nuperiores scriptores citet, neque multo posterius ævum admittat auctoris a paganismo ad religionem christianam transitus. Ejus opus περι φυσεως ανθρωπου prodiit latine vertente *Georgio* Valla Lyon 1538. 4°. B. Bern. & melius ex versione N. Ellebodii in Bibliotheca Patrum Fabr.

Græce

(*c*) Aliqua ex amisso de voce libro reperiri p. 53. *edit.* Dundass, conjectata esti.
(*d*) p. 55.
(*e*) Verdier p. 62. in *Bibl. Mich.* Cantacuzeni.

Græce & latine vertente *Nicasio* ELLEBODIO Antwerp. apud PLANTIN 1565. 8°. nitide* Paris 1644. fol. (Bibl. Tigur.) & Oxonii 1676. 8°.* quæ ed. cum duobus codicibus comparata est, adjectis nonnullis notis.

Anglice *the Nature of men*, vertente *Georgio* WITHER Lond. 1636. 12°.*.

Codices exstant græci in B. R. P. n. 225. 2077. 2299. in AMBROSIANA, ESCURIALENSI, B. D. MARCI. Est & in BODLEYANA codex n. 2524.

Physiologiæ Galenicæ est epitome, quæ nihil habet proprii. Novi ab editore OXONIENSI locum c. 20. trahi ad circulationem sanguinis, quod tenuem sanguinem ex vicinis venis adtrahat, is vero elementum fiat vitalis spiritus. Verum ea ipsa GALENI theoria est. Sic quæ dicit de acerbo nigroque ex liene succo, intestina ad contractionem excitente: sic quæ de flava bile calorem addente corpori nihil habent SYLVIANÆ hypotheseos simile.

Ex eo auctore plurima ADAMANTIUM sumsisse FABRICIUS.

Gregorii NYSSENI, vergentis etiam seculi quarti scriptoris, liber περι κατασκευης ανθρωπου vertente *Dionysio* PARVO Basileæ prodiit græce & latine 1567. folio SCHULZ, tum alias & emendatius cura *Johannis* MABILLON in *analectis* Parisiis 1677. 8°. Græce Venetiis 1536. 8°. Græco-latine J. LEUNCLAVII cura Basileæ 1561. 8°.

Codices septem exstant in Bibl. *Cæsarea* (*f*), alii in Regia *Parisina*. Græci in BODLEYANA n. 95. 144. tum 1900.

BASILII M., fratris hujus GREGORII, homilia *de opificio hominis* plenior prodiit cura *Francisci* COMBEFISII in editione operum Paris. 1679. 8°. 2. Vol. FABR. Fabrica corporis humani hic simili fere studio describitur.

EJ. *de generatione hominis* L. III. in B. R. P. n. 2299.

In HELIODORI *æthiopicis* legitur de medico ACESTINO, qui amorem CHARICLEÆ manu injecta ex pulsu adgnoverit.

MAGNUS (*g*) jatrosophista, medicus in theoria magis quam in praxi versatus, *de urinis* scripsit ORIBASII fere tempore.

Codex exstat in libris PELISSERII, & in B. *Mich.* CANTACUZENI liber erat cum titulo MAGNI EMESENI Medici, in animalia HIPP. explicatio cum figuris, VERDIER. Citatur etiam in B. R. *Paris.* n. 2260. in BODLEY. n. 261.

JAMBLICHUS *de mysteriis* apud ALDUM 1516. fol.* habet aliqua de somniis a Diis inmissis, ubi PORPHYRIUM refutat.

§. LXXV.

(f) LAMBEC. I. p. 97. III. p. 119.
(g) THEOPHILUS, *init.*

§. LXXV. Vegetius.

Fl. Vegetii *de mulomedicina* L. IV. pleni ſunt anatomicarum adnotationum, & ſi quemquam poſt Galenum anatomen coluiſſe dici poteſt, Vegetius erit. In L. II. „in ſuffuſione eſſe, qui jubeant in naribus quærere in ipſa calloſitate foramina ſubtiliſſima, in ea tenuem inſerere fiſtulam per quam vinum inſufflatur. In libri quarti initio (*h*) oſſa equi deſcribit, omnino 176. barbaris nominibus, ſed ad naturam: tum dentes diverſarum claſſium, quorum 24. molares numerat, caninos quatuor, rapaces (ſ. inciſores) duodecim. Inde eorum dentium mutationes, uti trigeſimo menſe medii ſuperiores delabantur, anno quarto incipiente canini, quos alii ſuppleant: ſexto anno equum molares exæquare, quos primos mutavit, ſeptimo omnes æqualiter explere, & nunc dentes excavari incipere &c. Sed & menſuras dat (*i*) & partium externarum, & nervorum, quos muſculos interpretor, & venas enumerat.

In *Veterinariorum collectione* Paris 1530. fol. a Ruellio edita, aliqua huc referas de equis admiſſariis, equarum fecundatione, graviditate, partu &c. Absyrtus de malide articulari, nullum eſſe bilis in equo receptaculum. Hierocles de tempore quo animalia ventre gerunt.

§. LXXVI. Priscianus.

Theodorus Priscianus, cui editor nomen dedit Octavii Horatiani, qui diſcipulus fuit Prisciani, libro IV. opiniones veterum de ſemine colligit, deque ejus materia diſputat, tum de nutritione, partu, ejusque tempore. Citat etiam abortum maſculum, quem ipſe prope Gazam viderit, trigeſimo die undique dearticulatum, corde grani papaveris magnitudine. Porro quoddam quaſi phyſiologiæ compendium exhibet. Fermentationem in homine, etiam ſuo nomine expreſſam, admittit.

Liber, quem IV. diximus, prodiit cum reliquis cura *Hermanni* comitis v. Neuenaar Argentorat. 1532. fol.* neque reperitur in editione *Th.* Prisciani Baſileenſi 1532. 4°.*. Alia editio eſt Argentorati 1544. fol. & 4°.

Uterum in inguen illapſum, indeque fluentem cum dolore urinam, habet in *Gynæciis*, quæ cæterum non ſunt anatomica.

Marcellus, excæcatam lacertam ſana recipere lumina.

§. LXXVII. Macrobius.

Aurelii Theodoſii Macrobii *Saturnalia* paſſim loca habent medici argumenti, potiſſimum verſus operis finem. Quærit num feminæ viris frigidiores ſint. Cerebrum ſenſus expers ſenſum in reliquis membris gubernare. Adeps ſenſu deſti-

(h) C. 1. (i) Ibid.

destituitur, & ossa, & medulla. De voce, de rubore pudentium. De nervo a corde ad digitum minimum sinistrum tendente. Ut visio fiat. Num recte ERASISTRATUS PLATONEM refutaverit, qui aliquam de potu particulam in asperam arteriam venire reliquerit.

In *Somnio* SCIPIONIS locum DIOCLIS s. STRATONIS conservari diximus: tum HIPPOCRATICUM ovum.

Utor editione Leidensi *1670.* 8°.* cum notis J. PONTANI, J. MEURSII, *Jacobi* GRONOVII.

§. LXXVIII. ADAMANTIUS.

Sophista. EJUS PHYSIOGNOMICORUM L. II. græce prodierunt Parisiis 1540. 8°. Romæ 1545. 4°. Francofurti 1587. 4°.*. Græce & latine vertente J. CORNARIO Basileæ 1544. 8°. Gallice 1556. 8°. & 1656. 8°. per *Jean le* BON, FABRIC. Vixit imperante HONORIO, ante AETIUM, a quo citatur, qui CONSTANTIO librum inscripserit. Vana pleraque habet, aliqua tamen de diversa diversarum gentium statura & corporis figura. Eunuchos a nativitate dicit.

POLEMONEM citat, noster vero POLEMON non potest antiquus ille esse, cum & Christianus fuerit, & dictione usus sit impura (*k*). Ejus interpretatio *signorum natura* Romæ, 1545. 8°. prodiit, & Francofurti 1587. 4°.*. Latine edente *Nicolao* PETREJO Corcyreo Venetiis 1552. 4°.*. Italice per *Carolum* & *Franciscum* MONTECUCCOLI Padua 1622. 4°. D'ETR. 1626. 4°. TREW, 1652. 4°. cum ADAMANTIO. Edidit etiam cum CARDANO *Martinus de* LAURENDIERE Paris. 1658. fol. græce & latine. Plurima certe vana & nimia. Ejus definitiones humanarum effigierum s. ὅροι ἀνθρωπ των ἰδέων cum priori opere prodierunt ejusdem ingenii.

MELAMPI de palpitationibus ad PTOLEMÆUM opusculum, quod fere prioribus conjungitur, potius ad semejoticen referas. Codex libellorum PTOLEMÆI & MELAMPI græcus elegans est in B. R. Par. n. 2118. tum alius n. 2037. in quo & ADAMANTIUS.

§. LXXIX. AETIUS.

AETIUM anatomici argumenti nihil habere PHOTIUS n. 221. & FREINDIUS. Habet tamen, sed parce. In *Tetrabiblii* IV. *sermone* I. s. libro 16. caput 1. est de anatome uteri, fere ex GALENO. Inde de fetus incrementis, de secunda, ejusque generatione, de menstruis. Cotyledones in muliere minores esse, quam in animalibus. Jubet capram aut cervam incidere, quo rectius hæc innotescant. Signa conceptionis, fetusque masculi vel feminæ. Antiades libro VIII. a tonsillis distinguit. Gurgulionem vocat ipsam particulam, uvam morbum. Myopem definit, qui pusilla prope conspiciat. Utor editione quæ est inter *principes* H. STEPHANI 1567. fol.*

Synopsis AETII de urinis dicitur exstare in *Bibl. Medicea Plut.* 25.

§. LXXX.

(k) FABRIC. III. p. 130.

§. LXXX. Paulus.

Paulus Ægineta in suo medicinæ compendio nullum dissectioni partium corporis locum tribuit. Breviter tamen, ut mala potissimum describit, quibus manu medentur, particulas etiam tangit, in quibus morbus est, ut tonsillas, uvam, venæ arteriæ nervique in cubiti flexione situm, dentium ortum, testem, scrotum, androgynos varios, clitoridem ampliorem, menses muliebres, claviculam. Pauli de *urinæ significatione* l. seorsim prodiit Argentorati 1529. 8°. Bibl. Thomas.

§. LXXXI. Isidorus.

Etymologicorum L. XI. est de homine, ejus partibus, ad quas ubique physiologiam addit, uberior quam Hesychius. Inde de portentis, gigantibus, monstris fabulosis & deformibus hominibus. In Lib. XII. etiam de animalibus aliqua huc spectant. Coram est editio apud *Gunterum* Zainer 1472. fol.

§. LXXXII. Theophilus.

Theophilus, a dignitate dictus *protospatharius*, medicus, Heraclii temporibus vixit. Ejus pluscula huc faciunt.

Primum ejus quinque libri περι της του ανθρωπου κατασκευης prodierunt græce quidem Parisiis 1540. 16°. 1555. 8°.*. Græce & latine J. P. Crasso interprete Paris. 1555. 8°. Ita Platner ut duas in uno anno apud G. Morel editiones prodiisse necesse sit; sed utique ejusmodi editio prodiit anno 1576. 8°. Astruc. Curante J. Alb. Fabricio in ejus *Bibl. Græca*, recusus est gr. & lat. T. XII.

Latine J. P. Crasso interprete Venetiis 1537. 8°. Pl. Basil. 1539. 4°. cum Guinthero, & 1581. 4°.*.

Codex græcus exstat in B. R. Paris. n. 2155. 2297. Est inter Codices Ashmolianos n. 7711. Libri VI. non expressa lingua dicuntur in Bibliotheca *Guil.* Pelissier fuisse, Montfaucon.

Multa in universum habet Nemesii similia, & passim pene ad verbum. Manum pedemque primum, inde ex ordine viscera describit. In nervo olfactorio aliquantum a Galeno recedit, eum enim pro primo nervorum pare habet, contendit autem communem cum primo originem habere. Contra Galenum etiam quinque ossa metatarsi numerat. In venis mesenterii utique veram ad jecur sanguinis viam locum habere docet, sed ita & veteres docuerant. Diaphragma ventriculum claudere. Reliqua, quæ huic viro tribui video, non sunt nova. Finis operis intercidit. Mire a *Jacobo* Sylvio spernebatur (*l*).

Ej. Περι της των ουρων διαφορας πραγματεια. Latine prodiit in *Articella* Venet. 1483. 1493. 1507. 8°. 1523. 4°. Boehm. Lyon 1527. 4°.* Argentorati 1533.

(l) *Ord. leg. libr.*

1533. 8°.*. Inter H. STEPHANI *principes* cum tit. de Excrementis. Inde *Albano* TORINO interprete l. *de recrementis vesicæ* Basil. 1535. 8°.*. Est etiam inter Principes cum titulo l. *de retrimentorum vesicæ cognitione*, apud H. STEPHANUM 1567. fol.*. Græce ιατροσοφιστης περι ουρων apud MORELLUM Parisiis 1608. 12°. & in CHARTERIANO GALENO. Græce & latine cura *Thoma* GUIDOT Leid. 1703. 8°.* cum plurimis commentariis.

Codices M.S. perfrequentes sunt, in *Leidensi* Bibliotheca, in BODLEYANA, in MEDICEA *plut.* 73. 74. in R. *Londinensi* CASHLEY. p. 206. in *Metensi cathedrali*, in PELISSERIANA, in AMBROSIANA cum nomine PHILOTHEI: in Bibliotheca porro SANCTI EBRULPHI, VATICANA CHRISTINEA duo, & unus in PETAVIANA. In *B. R. Paris.* n. 2220. 2229. 2257. 2306. 2307. 2316. Latine, aut Græce in Coll. *omn. animar.* n. 1430. in CAJO GONVIL. n. 958. in BODLEYANA n. 2753. in libris R. BURSCOUGH. n. 7671. in *Coll. nov. Oxon.* n. 1134. in *Cathedrali Wigorniensi* n. 760. in *Coll. Mertonensi Oxon.* n. 687. 688. 722. in BODLEYANA n. 1355. in SLOANEA n. 8851. in C. THEVERI libris, n. 6565. Latine in B. *R. Par.* n. 7030. 6868. 6869. 6870. 6871. A. 7102.

In eum Glossæ sunt in C. CAJ. GONV. n. 960. P. HISPANI commentarius est in B. R. P. n. 6956. & fragmentum commentarii ib. n. 7030. b. & commentarius in eundem THEOPHILI librum aliquoties in B. VATICANA PETAVII; & in B. D. PETRI *Cantabr.*

Thomas GUIDOT præter physiologicam, satis longam, præfationem notas adjecit historicas, & chronologicas, & criticas.

Ipse auctor noster librum ab anatome partium urinæ secernendæ inservientium, & aliqua physiologia orditur. Reliqua melius inter semejotica dicentur.

Synopsis hujus parvi libelli reperitur M.S. in B. CÆSAREA, & in PARISINA.

THEOPHILI compendium ORIBASII est in B. *Vindobonensi*, LAMBEC. III. p. 157.

Lib. de *excrementis alvi* a GUIDOTO editus potissimum ad semijotica pertinet. Exstant codices græci in B. *Vindobonensi* LAMBEC. L. VI. p. 104. 158. in BODLEYANA n. 261. *Parisina* n. 2307.

Lib. *de pulsibus* a *Pontio* VIRUNIO versus latine in *Articella* editus est Venet. 1502. 1527. &c. Cum PHILARETI corrupto nomine jam Venet. 1483. excusum, a. 1507. 8°. edidit *Albanus* TORINUS Basil. 1533. 8°.*.

Codices M.S. sunt in B. VATICANA *Suecica* & PETAVIANA, in MEDICEA, in B. *Franci* BERNARDI, in BODLEYANA n. 1252. in MERTONENSI Oxonii, n. 687. 688. 960. B. R. BURSCOUGH n. 7671. in CATHEDRALI METENSI, B. S. EBRULPHI, *B. R. Paris.* n. 6809. 6870. 6871. 6871. A. 6868. 7102. 7029. 7030. cum nomine PHILARETI, græce vero cum nomine THEOPHILI n. 2219. 2210. & 2257. In *Vindobonensi* græce VI. p. 121. in *cathedrali Wigorniensi* n. 760.

n. 760. in *Coll. nov. Oxon.* n. 1130. 1134. in *Coll. Oxon. anim.* n. 1430. inter libros *Caroli* THEYER n. 6565. in B. CAJI GONVIL. n. 958.

In eum libellum commentarius etiam est *Petri* HISPANI, B. R. P. n. 6956. & commentarius in B. D. PETRI *Cantabr.* n. 1872. atque glossulæ n. 7759.

Brevis est physiologia, deinde pulsuum differentia pro sexu, ætate, regione &c. Separat pulsum celerem a frequente, magnum a pleno.

§. LXXXIII. STEPHANUS ATHENIENSIS. MELETIUS.

STEPHANUS ante MELETIUM vixit, a quo laudetur, discipulus THEOPHILI. In MAGNI tractatum de urinis scholia addidit. B. R. P. n. 2220. 2229. 2260.

MELETIUS.

Monachus: ejus est *de natura structuraque hominis* opus. Edidit latine *Nicolaus* PETREJUS CORCYRÆUS Venet. 1552. 4°.*

Numerosissimi codices exstant. Græci in B. R. Paris. n. 2223. 2224. 2222. 2226. 2227. 2299. 2225. 2242. 2257. 2300. In Vindobonensi (*m*), in OTTOBONIANA, in TAURINENSI, in B. D. MARCI Veneta, in B. Ducis Bavariæ, in BODLEYANA n. 260. 261. & iterum n. 131. eratque in Bibl. *Mich.* CANTACUZENI. Sunt etiam, ut minus certe mihi de lingua constet, in ESCURIALENSI, VATICANA, MEDICEA, PELISSERIANA. B. R. P. de MESME.

Mireris MELETIUM in ipso opere citari, quod cum MELETII nomine exstat (*n*). Opus ipsum ad NEMESIANI fere similitudinem fictum est, magis tamen & philosophicis & theologicis ratiociniis mistum. Vide miram theoriam musicam febrium intermittentium (*o*). STEPHANUM citat (*p*), BASILIUM (*q*), GREGORIUM NYSSENUM (*r*), & GREGORIUM theologum.

Epitome MELETII citatur, quæ est in *Bibl.* VINDOBON. (*s*).

Ejus liber *de vita hominis*, aliusque l. de *Natura hominis* exstat M.S. in BODLEYANA. L. de *anima* in B. R. P. n. 2299. & versus politici *de urina* in B. R. P. n. 2240. deque *quatuor elementis* medicum opusculum ibidem.

Anonymus *de structura hominis* ex GALENO, HIPPOCRATE & MELETIO, græco barbarus exstat in B. *Vindobonensi* (*t*).

§. LXXXIV.

(m) LAMBEC. L. VI. p. 163. 168. NESSEL iste plenior impressis.
(n) p. 46. (o) p. 143.
(p) Ibid. (q) p. 77.
(r) p. 114. (s) p. 122.
(t) LAMBECIUS; Lib. VI. p. 101.

§. LXXXIV. Theophilactus Simocatta.

Sophista, hujus etiam ævi fuit, & seculi septimi incipientis. Ejus exstat dialogus περι διαφορᾶς φυσικων αποϱηματων και επιλυσιω; αυτων. Edente Bonaventura Vulcanio prodiit Leid. 1596. 16°.* & Gr. lat. Lipsiæ edente *Andrea* Rivino 1653. 4°.* quæ utraque editio cum Cassio conjungitur, cum notis. De torpedinis vi per retia & instrumenta penetrante. Vultures triennio utero ferre. Cur lepores superfetent. Cur locustæ feminæ non canant. De basiliscis. A Rhetore omnia.

§. LXXXV. Photius.

Loca veterum in bibliotheca sua conservasse alias diximus. Hic etiam historia reperitur Dionysii tyranni Heracleæ, adeo obesi, ut infixis acubus necesse fuerit eum excitare. Insignis Dionysii Aegei locus hic conservatur (*n*).

Carmen ineditum de sanguine exstat in B. R. P. n. 2224.

§. LXXXVI. Rabanus Maurus.

Rabani Mauri glossæ theotiscæ de corporis humani partibus ex auctoris ore a Walafrido Strabo exceptæ, a Goldasto in T. II. *scriptorum alemannicorum* editæ. Liber primus, quo de rebus ad medicum spectantibus agitur, in nupera aliqua lingua traditis. Voces latinas ex germanicis deformavit, *Chela* pro *Keble*.

§. LXXXVII. Suidas.

Grammaticus seculi XI. in lexico suo vocabula medica habet & functiones earum partium, quibus græci partes corporis humani insigniebant. Ad historiam etiam medicam pertinet, ut tamen cum cura legas, non ubique fidum ducem futurum. Hermogenis cor villosum habet.

Duæ editiones coram sunt, latina Basileæ 1581. fol. interprete *Hieronymo* Wolf,* & Græco-latina Kusteri Cantabrig. 1705. fol. 3. Vol. B. B.

Michaelis Pselli *quomodo partus concipiatur* liber: Ejus codex est in B. R. P. n. 2299. Et de *divinatione ex omoplatis ovium & agnorum* Lambec. L. VII. p. 224.

§. LXXXVIII. Manuel Phile.

Του σοφωτατου Phile ϛιχοι ιαμβικοι περι ζωων ιδιοτητος. Græce Venetiis 1533. 8°.* B. B. curante Arsenio; deinde multo plenius exemplar Fabricius habuit, & in B. libro V. c. 16. specimina ejus edidit.

Cum auctariis *Joachimi* Camerarii, versibus latine redditis a *Georgio* Bergmanno, editi sunt Lipsiæ 1574. 4°. & 1596. 8°. tum cura J. *Cornelii de* Paauw Utrecht.

(n) p. 710, 711.

Utrecht 1730. 4°.* qui multum conqueritur de audacia CAMERARII. Demum nuper ope Cl. WERNSDORFII Lipsiæ 1768. 8°. aucta ex codicibus Oxoniensibus & Augustino.

Codex græcus exstat in Bibliotheca *Taurinensi* MONTF. & in BODLEYANA seculi XIV. & in B. D. *Bavaria*.

ÆLIANUM secutus mores & aliquam physiologiam animalium tradit, ut de incremento cornuum, de renascentibus hirundinum oculis, de concisis echinis convalescentibus.

§. LXXXIX. NICEPHORUS BLEMMYDA. ALII.

Seculi VIII. Ejus carmen *de urinis ægrotorum*, aliud *de judicando ex sanguine*, exstant in B. *Augustana* (x). Porro NICEPHORI in B. *Regia* PARISINA poema *de urinis* (a), quod alii MAXIMO PLANUDÆ tribuunt (b). Excerpta ex ejus MAXIMI de urinis conjectura sunt in B. R. P. (c).

NICEPHORI CHUMNI, qui eodem seculo exeunte vixit, tract. *de anima sensitiva & vegetativa est* in B. R. P. (d).

NICEPHORUS GREGORAS, *utrum bruta ratione sint prædita.* Visionem non fieri emittendo M.S. In B. BODLEYANA n. 48. græce.

NICEPHORI, Patriarchæ Constantinopolitani, *Oneiro criticum secundum alphabetum* prodiit cum ARTEMIDORO, RIGALTI cura Paris 1603. 4°.* Gr. lat. Meræ fabulæ. Codex est in B. CÆS. LAMB. L. VI. p. 117.

JOHANNIS, Prisdrianorum episcopi, ætatem ignoro, qui *de urinis* librum ex antiquis collegit (e), & *de intestinis* (f) ex ARCHELAO, STEPHANO, PALLADIO, aliis, & *de excrementis* (g).

J. TZETZES græcus l. de urinis dicitur esse in B. BODLEYANA n. 88.

§. XC. JOHANNES ZACHARIÆ F. *vulgo* ACTUARIUS.

Circa sec. XIII. vixisse videtur, ex alterius libri dedicatione ad *Johannem* APOCAUCHUM. Ejus exstat *de actionibus & adfectibus spiritus animalis*

(x) LAMBEC. L. VI.
(a) N. 2303.
(b) Ibid. n. 2220. Etiam Bononiæ KNIPHOF.
(c) N. 2286.
(d) N. 2105.
(e) Ibid. n. 2286. etiam Vindobonæ LAMBEC. L. VI. p. 1071.
(f) Ibid.
(g) Ibidem.

malis liber ad JOSEPHUM RAZENDYTAM datus, quem *Johannes* ALEXANDRINUS latine vertit. De anima. Coctionem ciborum indeque natos spiritus describit, ubi venam cavam λαβδοειδῆ vocat: tum cerebrum dicit, cerebellum, nervos, nervos motorios, qui posterius a cerebro propagentur, sensorios qui anterius. Aliqua de sensubus internis, externis. De iis, quæ ante oculum versantur.

De *nutritione* ejusdem *spiritus animalis* pariter ad *Johannem* RAZENDYTAM scripsit.

Utriusque libri codices M.S. exstant in *B. R. Paris.* n. 2304. 2305. 2306. 2307. 2098. 2232. & græcus pariter in BODLEY. n. 261. Tum in *Vindobonensi* (h), in MEDICEA plut. 75. inque *Bavarica*.

Græce prodierunt Parisiis 1557. 8°. FABR. Latine Venet. 1547. 8°. 1554. 4°. FABR. Lyon 1556. 8°.* & inter Principes.

EJUSDEM VII. l. *de urinis*. Vertit *Ambrosius* LEO *Nolanus* Venet. 1579. 4°. FABR. Basileæ a. 1520. 8°. duæ editiones prodierunt, quarum altera emendata est GUNZ. Porro Paris. 1522. 4°. tum a *Jac.* GOUPYLO recensus Paris. 1548. 4°. 1556. 8°. FABR. & inter *principes* H. STEPHANI; tum cum aliis de urinis scriptoribus Traject. ad Rhen. 1670. 8°.*

Codices græci exstant in B. R. Paris. n. 2158. 2232. 2260. 2304. 2305. 2305. 2307. in BODLEYANA n. 261. tum in B. D. MARCI, & in AUGUSTANA; in MEDICEA *Plut.* 74. & 75. in REMIGIANA Rhemensi; in AMBROSIANA græci, & in VINDOBONENSI. In B. CAJI & GONVILLA n. 949. nempe lib. de *Differentiis urinarum*; de *caussis*, de *cognitione*: de *prognosticatione urinarum*.

MAGNUM, & ALEXANDRUM, citat & THEOPHILUM, se primum tamen putat de urina plene egisse. Præmittit physiologiam aliquam partium corporis humani, quæ urinæ generandæ inserviunt: cordis, hepatis, cerebri: agit de sanguine, de excrementis, magis equidem semejoticus. Lotii colores definit, tum nubes, suspensa, & sedimenta. Reliqua fere ad semejoticen spectant. Rariores etiam urinas habet, ut cæruleam quam JANUS PLANCUS vidit, viridem, quam ego.

In *methodo medendi* L. III. describit venas, quæ vulgo secantur, in brachio &c. In L. I. agit de temperamentis functionibus, vitali, sentiente, nutritia. De pulsibus etiam, urinis, nutritione, vena cava.

§. XCI. GEORGIUS SANGUINATITIUS.

Vulgo HYPATUS vocatur, quod consulari dignitate functus sit, seculi XV. auctor.

EJUS librum *de partibus corporis humani Stephanus le* MOINE edidit, in *Varior. Sacror.* L. I.

Reddidit

(h) LAMBECIUS L. VI. p. 111.

Reddidit gr. & latine J. *Stephanus* BERNARD Leid. 1744. 8°.* cum *Isagoge Anatomica*.

Nomina ſunt partium externarum corporis humani.

Ejus libri codex eſt in B. MEDICEA PLUT. 74. Verſus politici de partibus corporis ad NICOLAUM V. Pontificem in B. R. Par. n. 2276. græce.

Citatur etiam ejusdem GEORGII Lib. *de pulſibus* FABRIC. Bibl. gr.

Guilielmi ANEPONYMI Philoſophi ſeculi XIV. *de calore vitali* Argentorati 1567. 8°. GUNZ.

§. XCII. VARII IGNOTÆ ÆTATIS.

Ignotæ, certe mihi, ætatis ſunt, quos nunc recenſeo. ALEXANDER medicus, neſcio quis, cujus opuſculum de *dignoſcendis in ægroto pulſibus*, & *aphoriſmi* de *urinis* ſunt in B. R. P. n. 2316. An TRALLIANUS?

MARCILIUS MONACHUS, cujus libellus de *pulſibus* in eadem Bibliotheca reperitur, idem, puto, qui in *Bibl. Cæſarea* MARCELLUS dicitur (*i*).

CALLISTUS, qui perinde de *pulſibus* ſcripſit.

MATHUSALAH, Monachus M. Sinai, cujus manu pluſculi codices deſcripti ſunt, l. *cur ſeptimeſtres & novimeſtres partus vitales ſint, octimeſtres minime* (*k*).

Κυρου Μερκουριου *de pulſibus* l. In B. VOSSIANA n. 2129.

ATHENÆUS *de urinis*, in BODLEYANA n. 88. græce.

ÆNEAS *de urinis & pulſibus* (*l*).

CHRISTODULI *Synopſis de urinis* B. BODL. n. 261.

PARTHENII *de humani corporis ſectione* L. cum G. VALLÆ operibus prodiit Argentorati 8°.* apud SYBOLDUM.

SYNESIUS *de inſomniis*. Græce 1518. 8°. B. B. cum ARTEMIDORO περι ενυπνιων ὁ τινες Συνεσιου ειναι φασιν, & cum N. GREGORÆ interpretationibus Pariſ. 1553. fol. Græce & lat. interprete *Ant.* PICHON, cum ejus viri notis & *Nicephori* GREGORÆ commentariis Pariſ. 1586. 8°. PL. 1612. fol. L. cura D. PETAV. Venet. anno 1516. fol. B. B. Latine M. FICINO interprete Lyon 1549. 16°. cum aliis de inſomniis libellis. Latinam puto eſſe editionem Venetiis 1497. fol. adjunctis libellis MARSILII & PRISCIANI B. *Com. Waſſenaar*. Codex græcus exſtat in B. AUGUSTANA. Opus auctoris ingenio non deſtituti, ſtylo

Q 2

(i) LAMBEC. L. VI. p. 99.
(k) IDEM, ibid. L. VII. p. 81.
(l) FABRIC. L. XIII. p. 39.

ſtylo ſcriptum tumidiori, multisque ornatum veterum locis. Pertinet tamen fere ad vaticinia, omnino enim putat a ſomniis aliqua præſagiri. De quadam ſpiritu phantaſtico, qui animæ vehiculum ſit. De interpretandis ſomniis.

§. XCIII. ANONYMI GRÆCI.

Fragmentum de colore ſanguinis Leidæ 1745. 8°. cura Cl. BERNARDI editum.

Anonymus de ſenſu & ſenſibili BODLEY. n. 131.

Anonymus de quatuor humoribus, BODLEY. n. 131. græce.

Anonymus de pulſibus, qui ſua ex *Gregorii* NYSSENI ore habere vult, ibid. n. 2316.

De pulſibus compendium BODLEY. n. 88. & 131. græce.

Alius Anonymus de urinis n. 2260. & alius n. 2257. & n. 2207.

An & alius B. Vindobon. L. VI, p. 122. & VII. p. 153.

Alius Græcus BODLEY. n. 260. 261.

Anonymi opuſcula quinque, inter quæ eſt lib. de urinis n. 2224.

Anonymi tractatus de urinis, ex GALENO, MAGNO, & THEOPHILO collectus, cum ſcholiis & malis iconibus, ibid. L. II. p. 478.

De urinis in collectione B. MED. *Plut.* 75.

Anonymus de urinis in B. D. MARCI.

Anonymus de urinis & pulſibus B. R. P. n. 2287.

Anonymus de excrementis in Bibl. *Vindob.* LAMBEC. L. VI. p. 104.

Anonymus de atra bile ex libris GALENI, RUFI, POSSIDONII & AETII in B. D. MARCI græce.

Anonymi de corporis humani generatione, in B. R. Par. n. 1766.

Anonymus de formatione hominis in *Eclog. Oxon. Cantabr.*

Ibid. Caput de partubus ſeptimeſtribus *Plut.* 74.

Anonymus de partu ſeptimeſtri BODLEY. n. 131.

Anonymus de infante in utero B. R. P. n. 2276.

Anonymi ſynopſis de natura hominis. In B. *Guil.* PELISSIER.

Anonymus græcus de ſemine humano BODL. n. 131.

Collectio

Collectio rerum variarum medicarum Anonymi, in qua & botanica & nomina partium corporis humani reperiuntur, in Bibl. *Vindobon.* LAMBEC. L. VI. p. 124. & aliæ eclogæ ex HIPPOCRATE & GALENO, ibid. L. VI. p. 153.

Anonymi variarum partium corporis humani descriptio. B. R. Parif. II. n. 2224.

Anonymi physiologia hominis B. MED. *Plut.* 74.

Anonymi tabulæ aliquæ partium externarum corporis humani, cum græca interpretatione, quas J. *St.* BERNARD sculpi curavit, & cum *Isagoge anatomica* edidit Leidæ 1744. 8°.* Pro antiquissimis habet iconum anatomicarum: sed MOSCHIONIS figura antiquior fuit.

Anonymi opus anatomicum græcum, cujus fragmentum *Joseph Cohen Ben* JOCHANAN conversum dedit. Comparatur vesica humana cum vesica quadrupedum, & negatur ovipara vesicam ejusmodi habere (*m*).

Anonymi de venarum numero, B. R. P. n. 2303.

(m) OERTESCHI, *Diar. Venet.* L. VI. p. 291.

LIB.

LIBER II.

ARABES.

§. XCIV. Talmud.

Orientales gentes conjunctas reliqui, quæ lingua moribusque in plerisque consentiant. Judæi equidem misti cum Arabibus, medicinam frequenter fecerunt, & Arabum opera in suam linguam verterunt. Incidendi artem non putes exercuisse, sunt tamen apud eos vestigia veræ anatomes.

Et Talmudici quidem auctores ante Arabum tempora vixerunt. Ii, cum in minutissimas passim quæstiones se dimitterent, multa subtiliter discusserunt, quæ ad physiologiam & ad anatomen pertinent. In partu ossa pubis diduci docuerunt (*n*), neque post unum alterumve diem superfetare feminam (*o*). Quæ animalia diversorum generum fecundam venerem inter se exerceant, quæ minime, non imperite definiverunt (*p*), sed neque situm fetus male expresserunt (*q*). Caudam equinam dixerunt, quæ finis est (*r*) medullæ spinalis. Tres renes, duo intestina (*s*) recta inventa narrant. Ipso utero & liene exsecto (*t*) animal supervivere monent. Incisam feminam (*u*) gravidam, & fetum vivum repertum, imperante Cleopatra: scortum membratim dissectum, in eo (*x*) musculum clitoridis visum. Hæc obiter, ex perito quidem talmudicæ eruditionis viro, olim meo discipulo, ut plura in iis collectionibus latere non dubitem.

§. XCV. Josephus *Medicus*. *Alii*.

Josephi constitutiones s. ritus mactationis & inspectionis victimarum huc spectant, quarum codex est in Bibliotheca Regia Londinensi (*y*).

Abraham ben R. Jehudah de urinis Lambec. L. I. p. 180.

Isaac, qui Salomonis Arabiæ regis filius dicitur, plura descripsit, quæ sunt inter Constantini Africani opera, & libellum *de oculis* Lugdun. 1515. fol. Porro

(n) Pinæus, p. 189.
(o) Salom. Levic. *de femina*.
(p) Ginzburger, *medic. Talmud*. p. 8.
(q) Ginzburger *medic. Talmud*. p. 9. (r) Ibid. p. 10. (s) p. 11.
(t) Ibid. (u) Ibid. (x) Ibid.
(y) Caseley, p. 245.

Porro librum *de stomacho* Lugduni cum priori. EJUS CONSTANTINO tubuli l. de *stomacho* BODL. n. 2753.

Compendium libri GALENI, quem vocant *Megatechni* Lugduni cum priori.

Lib. *de urinis* Leid. 1515. a CONSTANTINO AFRICANO versus, in B. R. Lond. p. 206. Bibl. ORIEL. Oxon. B. R. Par. n. 391. 424. 426. 6871. A. & in GUNZIANA, atque WOLFIANA. In *Coll. nov.* B. n. 1130. In B. R. BURSCOUGH. n. 7671. MERTON. n. 730. BODL. n. 2753. B. CLARENDON n. 138. Hebraice LAMBEC. L. I. p. 182. In eum l. commentarius exstabat apud GUNZIUM. In eumdem l. expositiones & quæstiones M.S. in B. CAJI GONVIL. n. 960.

De *somno & visione.* In Orielensi Oxon. A RAZEO, SERAPIONE & MESVE citatur.

ABU JACUB ISCHAK *ben* SOLIMAN *al* ISRAELI scripsit *Ketab alnabh*, s. *de pulsu* (z).

MOSES MAIMONIDES, magnus ille suæ gentis præceptor, anatomica aliqua & physiologica dedit in APHORISMIS Venet. 1497. fol. editis de pulsu & urinis &c.

§. XCVI. ARABES. HONAIN BEN ISAAC.

Inter antiquissimos est HONAIN, qui idem videtur esse JOHANNITIUS. Vixit seculo nono, & multa scripsit, a RAZEO passim laudata.

Introductio ad artem parvam GALENI & sæpe edita. De quatuor humoribus, facultatibus, spiritibus, oculis, coitu, brevissime & obiter.

Ecce aliquas editiones. In *articella* 1483. fol. Lugdun. 1505. 8°. Venet. 1507. 8°. 1522. fol. cum collectione J. de KETHAM. Argentorati 1534. 8°.

Codex exstat in MEDICEA *Plut.* 73. in B. *Escurialensi* arabice n. 848. Arabice etiam in Bibl. NORFOLK. Latine in B. R. Par. n. 6869. 6870. 6871. 6871. A. 7038. 7039. 7502. In B. S. EBRULPHI Uticensi, MERTONIENSI n. 687. 688. 689. 735. 739. BODLEYANA n. 1252. *Trinit. Dublin.* n. 502. In *Wigorniensi* n. 760. *Coll. nov. Oxon.* n. 1134. In VATICANA, SUECICA, WOLFIANA, ut puto. Hebraice in B. BODL. n 6172. Anglice in libris H. SLOANE n. 8767. In eum l. commentarii sunt P. HISPANI B. R. P. n. 6956. 7030. b. Glossæ anonymi C. THEYER n. 6565. Cum glossis *Stephani de* CHAVETE in B. CAJI & GONV. n. 958. Glossulæ M. BENEDICTI ibid. n. 960. Glossulæ *Henrici de* WYNTON n. 1135. B. *Coll. nov. Oxon.* & notulæ in Bibl. Brit. n. 1789.

Lib. *stomachi* editus Lugduni 1515. fol. cum CONSTANTINO, & inter opera CONSTANTINI Basileæ 1536. cujus in principio aliqua anatome & physiologia ventriculi traditur. Cum titulo CONSTANTINI in *Coll. Merton.* n. 722. Diximus cum ISAACO.

L. *de*

(z) HERBELOT, p. 980.

L. *de oculis* pariter cum CONSTANTINO editus. Conf. p. 127.

L. *de somno & visione* COLL. ORIEL. n. 859. Conf. p. 127.

L. *urinarum* a CONSTANTINO versus. In *Cathedr. Wigorniensi* n. 760. in B. *S. Mar. Magdalen.* n. 2316. C.

Lib. *de memoria*, RAZEO dictus.

Lib. *de oblivione* Lugd. 1515. fol.

Opusculum medicum, cujus codex est in B. *Escurialensi* n. 879. idem fuerit tum Medicina JOHANNITII Bibl. NORFOLK. n. 3101. latine in ll. F. BERNARD. n. 3665. & *Roberti* BURSCOUGH n. 7679. & in B. BODLEYANA n. 2444.

HONAINUM adeo perite anatomen exposuisse, ut cum magno studio eum audiverit GABRIEL f. BAKTISCHUA, jam in summa auctoritate constitutus, lego apud ABULPHARAJUM p. 172.

ISA BEN MASSAH de coitu cum multis responsis & problematibus. In Bibl. *Escurialensi* n. 883.

§. XCVII. VARII PHYSIOGNOMI & ONEIROCRITICI.

OMAR BEN SEID KHALIL BEN SEID ALI SALCAHI, MAHOMETO adfinis, scripsit *Oneirocriticon* HERBELOT.

JONAM SCHAFEI natus anno 120. Hegiræ scripsit *Tanki fi elm alcajafat*, f. physiognomiam HERBELOT.

Celeberrimus auctor SARACHSI, qui ad finem seculi X. vixit, reliquit *Ketab al Num v Alrujah* HERBELOT.

Deinde *Abu Abdallah Mohammed ben Seirim*, tempore Mamuni, filii Aronis, somniis interpretandis in aula Califfæ præfectus, mira ea in arte præstitisse dicitur. Scripsit *Eschkharat fi elm al alabanat*, quem librum HERBELOTUS suspicatur opus ipsum esse ARTEMIDORI: atque in idem commentarium exstare NASSER EDINI AL THUSSI, cum titulo *Schareh al Escharah*, scriptum circa annum Hegiræ 650.

APOMASARIS *apotelesmata f. de significatis & inventis somniorum ex Indorum Persarum Ægyptiorumque disciplina* ex B. J. SAMBUCI, interprete *Joh.* LEUNCLAVIO Francofurti prodierunt 1577. 8°. B. B. Gallice versa Paris 1581. 8°. DU VERDIER. Græce scriptus liber interpretationum somniorum, auctore Christiano homine, quod est manifestissimum. Plurimum autem citat eumdem AMET f. Seirim, ejusque miraculosas somniorum interpretationes tradit. Sed ipse liber omni vero aut probabili fundamento caret: ex somniis enim non de hominis-

tem-

temperamento & valetudine aliqua divinantur, sed omnino mera fortunæ dona, aut mala.

Verum vivebat eo fere tempore jocosus homo, *Alkendi* inimicus, GIAFAR BEN MOHAMMED BEN OMAR ABU MAASCHAR vulgo ALBUMASAR, Balkensis, qui anno 279. Hegiræ obiit (*a*), Mathematicus, cujus & alia scripta exstant astrologica. Hunc vulgo cum nostro APOMASAR confundi, LEUNCLAVIUS queritur, qui tamen Saracenicæ religionis fuerit, noster autem Christianus. Suspiceris LEONEM GRÆCUM, qui nostra *apotelesmata* circa n. 1160. in suam linguam convertit, nomen ABU MASARIS præfixisse, ut suæ conpilationi auctoritatem conciliaret.

Sub oculis nunc sunt ACHMETIS filii SEIRIM *oneirocritica* edita e *Bibliotheca Regia* a *Nicolao* RIGAULT Paris 1603. 4°. B. B. cum ARTEMIDORO. Multo plenius opus est quam ABU MAZARIS, quem non vero cum nomine LEUNCLAVIUS ediderat. Neque tamen ACHMEDIS est, qui in aula KHALIFÆ MAMUNIS vixit; nam is ipse ACHMET multis locis suo cum nomine ob peculiares somniorum interpretationes a nostro citatur. Opusculum ipsum, quod Græce hic & latine adjacet, inutile est & fabulosum.

Duo codices exstant in B. VINDOBONENSI.

Adjungam ZEINEDDIN OMAR BEN MODHAFFER BEN ALWARDI librum *Oneirocriticum Mocad Demat al Wardiat*, HERBELOT, cui alii titulum faciunt *alfiat v wardiat fil tabir* ad n. 850. Heg. Et SCHAFEDDIN AL TEFLISSI, & BEN ALADUJAH *ketab almenamat*, HERBELOT.

Et AHMET *ben* KHALAF AL SEGESTANI l. cum titulo *Tohfat almeluk fi Tadbir*, HERBEL. & NASRI fil. JACOBI Dinurensis, l. arabicum, qui somniorum interpretationem continet ex ARTEMIDORO. In B. BODLEY. n. 2945. & 5668. & 6290.

Denique duos Anonymos, alterum *Dhekirat u kaschf ma deahal altabsir*, & *Kenz Alruja al mamum*.

§. XCVIII. RAZEUS.

Princeps fere medicorum Arabum ABUBECKER MOHAMMED EBN ZACHARIA EL RASI.

In anatomicis vix quidquam habet proprii, ex ipsa enim lege sua a cadaverum, etiam animalium, Medici Mohammedani arcentur. Quare græca unice repetierunt, & parum omnino conservarunt; quod non sit in superstitibus ejus linguæ codicibus. Inter opera selecta RAZEI ad ALMANZOREM pertinet huc liber, in quo anatome GALENICA continetur. Hic etiam orificia reperias, ex quibus saliva prodit. Nonne idem est ABU BOCAR fil. ZACHARIÆ de *anatomia* ad R. MANSUR cujus codex est in B. *Lips*.

(a) ABULFARAI *hist. dynast.* p. 178.

Lib. I. agit de anatome.

Lib. II. de signis temperamentorum & physiognomia medica hactenus fere facit,

Tum in Lib. VII. venarum numerosarum historia, quæ medicis secari solent. Salvatellam habet, angularem oculi, alias venas. De humoribus animalium, lacte, butyro L. III.

In *Continente*, cujus coram habeo editionem Venetam 1542. folio mag. libro XVIII. aliqua de digestione, de urinis, de pulsu habet, de restituendis amissis corporis partibus, de mamillis & lactis copia, practica potissimum. Citat filium Mesve, Johannem Grammaticum in commento pulsuum, plurimum tamen Galenum.

§. XCIX. Varii.

Garibai Bensaid Cordubensis vixit circa annum Hegiræ 353. scripsit tractatum de fetus generatione, de puerperarum & infantum regimine, cujus codex arabicus est in *Bibl. Escurialensi* n. 828. Agit in eo de semine ejusque qualitate, ut cognoscatur, num fetus in utero latens mas sit an femina, cur fetus membra crescant aut decrescant, quanto tempore fetus in alvo sit gestandus: de partus nunc proximi indiciis, de puerorum dentibus, eorumque mutationibus.

Ætatem ignoro Ebn Heman celebris apud Arabes Anatomes auctoris (*b*).

§. C. Hali Ebnôl Abbas.

Al Magiouschi a religione dictus. Aliquanto junior Razeo, quem tanquam nuperum & celebrem virum suspensa manu castigat. Scripsit *regalis dispositionis* libros 20., theoriæ 10. libros & totidem praxeos. Arabice *Kamel alsannat al thabbiat*, qui apud Arabes classicus liber fuit, quoad ab Avicenna fama est superatus. In illis libris tres priores anatomici sunt & physiologici argumenti, & osteologiam, myologiam, vasa, nervosque ex Galeno recensent. Etiam Haly, ut omnes Arabes, habet ostia ductuum salivalium, quæ sub lingua sunt. Liber septimus est de pulsu, urinis, excrementis. Mea editio est Lugdun. 1523. 8°. maj. Tiss.

§. CI. Avicenna.

Abu ali Houssain Ben Abdallah Ben Sina, celeberrimus Arabum, vir cæterum ingenio potens, perinde ut Razeus ad anatomen nihil adtulit proprii laboris.

Canonis L. I. *Fen.* I. totum ad physiologiam & ad anatomen spectat, quam a capite ad calcem persequitur, ossa nempe, musculos, arterias venasque, humores.

(b) Herbelot.

mores. Agit de elementis, temperamentis, membrorum divisione, viribus, facultatibus naturalibus. Merae confabulationes. Seorsim prodiit *Francisco* Lebio curante Vicentiae 1611. 16°.*

In *Fen.* III. accedunt descriptiones viscerum cum eorum morbis conjunctae. Cum Galenicis passim Aristotelis placita miscet, ut tertium cordis ventriculum.

Multa dogmata Avicennae ad posteros manarunt, ut quatuor humores nutritii (*c*).

Passim errores addit priorum placitis. Venam sine pare habet pro ramo venae pulmonalis (*d*). Diaphragmaticum nervum a recurrente derivat (*e*).

Habet tamen constrictionem pupillae, quae visum prohibet (*f*). Hymenem ex arteriis & venis contextum nescio an non primus (*g*). *Seilem*, peculiarem venam, inter medium digitum vel anularem deducit ex ramo (*h*) venae nigrae (ulnaris) ad dorsum manus eunte. Ductum ab oculo ad nares habet (*i*). Ossa pubis in partu discedere. Duo aryepiglottidei musculi.

Solus L. I. prodiit ex versione Gerardi Carmonensis Patav. 1479. fol. *Fen.* I. solum etiam Venet. 1647. 12°. Trew, & cum scholiis A. Gratioli Venet. 1580. fol. Heins. Codex ejus arabicus est in *B. Escurialensi* n. 818.

In Lib. I. exstat commentarius Alaeddin Ali Ebn Alnaphisi vulgo Alkarschi, cujus codex arabicus est in libris *Escurialensibus* n. 880. tum 814. De utilitate partium. Codex etiam est inter libros Narcissi Archiepiscopi Dublinensis n. 1712.

In I. etiam *Canonis librum expositio cum quaestionibus Jacobi de* Foro Livii prodiit Venet. 1500. fol. Trew; tum Ugonis Senensis Venet. 1498. fol. Trew, Papiae 1518. fol. Trew.

In eumdem librum I. habetur Plempii commentarius Lovan. 1658. fol.* Scholia ejus viri parum habent frugis anatomicae.

In L. I. *Fen* primi *Antonii* Ponce Santa Cruz *commentaria* prodierunt Madrit. 1622. fol. & Bernardini Paterni Venet. 1496. 4°. Lind. Cum Johannitio Venet. 1507. 8°.

In *Fen.* IV. Primi Libri *expositio* Ugonis Senensis Venet. 1503. fol. 2.

Ejusdem

(c) *Canon.* L. I. *Fen.* 1. *doctr.* 4.
(d) p. 24. b.
(e) p. 17. b.
(f) L. 3. *Fen.* 3. c. 1.
(g) L. III. *fen.* 21. c. 1. *tr.* 1.
(h) p. 29.
(i) L. III. *fen.* 5. *tr.* 1. c. 2.

Ejusdem auctoris *anatome matricis praegnantis & de generatione.* *Cum Anatomia embryonis* latine seorsim prodiit Venet. 1502. BODL. & super eum libellum expositio *Jacobi de* FOROLIVII Bonon 1485. fol. MAITT. Venet. 1518. fol. cum DINO in idem opusc. B. GESN. app.

M.S. ejusdem libelli, & FOROLIVIENSIS Commentarii codex exstat in B. *fratrum minorum* Cesenae MONTFAUC.

In *Cantica* brevissima physiologia praemittitur. Edidit A. DEUSING Groningae 1649. 16°.*. In ea Commentarius *J. Jacobi* LOPEZ. Bilbilitani exstat Tolos. 1527. fol.

Anatomia Membrorum simplicium & iis similium fuerit forte L. I. Canonis. Exstat in B. BODL.

L. *de corde* seorsim editus Venet. 1495. fol. 1507. 8°. Lyon 1557. 8°. parcissime ad anatomen spectat, & fere de spiritibus agit, deque remediis eos excitantibus. Redit in operibus omnibus. Vertit J. BRUYERINUS. Commentatus est in eum DIDACUS LOPEZ.

Inter philosophica opera sunt libri de *animalibus*, qui & ipsi anatomica continent, latine excusi per M. *Michaëlem* SCOTUM GRONOV.

AVICENNA *de urinis* exstat in B. *Taurinensi*, & graece in B. R. P. n. 2260. & 2307. & alius codex, ubi lib. de urinis dicitur ex scriptis AVICENNAE concinniatus n. 2219. Ad codicem 2307. additur a J. ACTUARIO conversum esse.

De *somno* libellus EJUSD. in B. R. Par. II. n. 2260. graece.

De *pulsibus* codex inter VOSSIANOS n. 2129.

Canonis editio mea est Venet. 1555. fol.* operum omnium & 1568. fol. 2. Vol.*.

ALADDIN ABU HASSAN ALI EBN AL KIRCARSEI prolegomena commentario in Canonem praemisit, in quibus de anatome & de usu partium deque instrumentis anatomicis agitur. Codex est in B. R. Par. I. n. 1002. arabicus.

In totum AVICENNAM dicemus *Julii* PALAMEDIS commentarios Venet. 1584. fol. & J. MONGII, ibid. 1594. fol.

§. CII. ALHAZEN.

Hic recenseo, cum ad aevum AVICENNAE ab editore referatur. In HERBELOTO nihil de hoc viro lego, cujus Optices libros VII. *Federicus* RISNER edidit Basileae 1572. fol.*. Prodiisse etiam lego Ulyssipone 1542. 4°. & Conimbricae a. 1573. apud CLEMENT. Oculi dat anatomen, non bonam, rectam enim lineam per medium pupillae, in medium nervum opticum ducit: enormem etiam facit cameram posteriorem humoris aquei, vitreum corpus perexiguum.

gium. Visionis organum ponit in lente crystallina. Pyramidem visoriam habet, ut vulgo solemus. Usum dicit vitrorum convexorum.

Codex exstat in B. JACOBEA Londinensi n. 8510.

§. CIII. AVENZOAR.

Ejus *Theisir* equidem morborum curationem a capite ad calcem continet, habet tamen admistas partium corporis humani descriptiones, ut oculi, ubi fuse agit de pupillæ dilatatione & constrictione. Sic de utero aliqua & de menstruis. Prodiit Venetiis 1553. fol. & alias, ejusque laudes in practica parte hujus bibliothecæ locum invenient.

RABBI MOSES vulgo *Maimonides* Venet. 1497. fol. & alias, etiam anatomica aliqua continet.

§. CIV. AVERRHOES.

EBN EL VVELID EBN RUSCHIT f. AVERRHOES commentatus est in ARISTOTELEM; & in Canticum AVICENNÆ. Paraphrasis de partibus & generatione animalium ex hebraico conversa est Romæ, 1521. fol.

In GALENI librum III. de facultatibus naturalibus in B. *Escurialensi* n. 879.

Deinde *Colliget* f. Medicinæ compendium scripsit, sæpe recusum & Venet. 1542. fol.* cujus liber primus est Anatome, fere illi similis quam AVICENNA dedit. Valde barbare conversa est; inde a BRUYERINO melius redditus, ad physiologicam varia habet, de instrumentis sensuum, de respiratione, de nutritione, de generatione. Subtiliter ARISTOTELEM adversus GALENUM tuetur.

Anatomica AVERRHOIS M.S. seorsim in B. *Orielensi Oxonii* reperiuntur n. 859.

De semine humano tractatus latine ab HELIO Cretensi versus erat in Bibl. THOMASIANA.

§. CV. VARII.

FACREDDIN MOHAMMED BEN OMAR ELRAZI circa annum 600. scripsit *Ketab al Ferassat*, f. de *physiognomia*.

ABU BECKER YESDY sub finem seculi XIII. scripsit *de rerum naturalium proprietatibus*. Ejus operis pars I. est de homine & quadrupedibus, de avibus altera. In B. R. Par. I. n. 140.

§. CVI. ALSAHARAVIUS.

ABULCASEM EL CALAF EBN ABBAS EL ZAHARAVI, qui modo ALBUCASIS dicitur, modo ALSAHARAVIUS, cum nomine, quod modo dixi, edidit excusum August. Vindel. 1519. fol. (k) librum *theoretica nec non practica medicinæ*, in

(k) FREIND ex codice M.S.

cujus principio, ut reliqui ARABES, agit de physiologia, de humoribus & de anatome corporis humani. Citat librum *introductorium* HANIN (HONAIN f. JOHANNITII) & alium cum eodem titulo RAZEI; alium EBN ALGEZAR, alium ASAHAL BEN AMRAM (ISAACI) qui dicitur KETHAB ALWATZA, quos omnes dicit plenos esse, ipse brevis & barbarus.

Chirurgia solet nomen præferre ALBU CASIS. In ea passim aliqua sunt anatomici & physiologici argumenti. Non vitales esse fetus quinos: abortu vero etiam quindenos una prodiisse. Chirurgum vult anatomes peritum esse. Sed laudes viri dicemus in Chirurgicis. Coram est editio Argentor. 1532. fol.*

Icones citat DOUGLASSIUS, quæ non sunt in vetere editione, & si essent, non videntur antiquæ esse: nostrarum certe figurarum homines vestes gerunt germanicas. Quare neque figuram anatomicam trium ventrum ad ABU CASEM refero, & reliquas in Argentoratensi editio 1532. fol.* reperiundas, quæ non sunt in editione Veneta 1520. fol.*

§. CVII. *Nuperiores Arabes.*

ALI BEN MOHAMMED ABILPHATH BEN ALDERAIHEM Mosulensis. Animalium utilitates, historiam etiam insectorum, dedit cum eorum proprietatibus &c. In B. *Escurialensi* n. 893.

MOHAMMED ALGAPHEKI, Cordubensis, scripsit, intra sextum Hegiræ seculum, Directorem, de corporis humani anatomia CASIRI n. 830.

Anonymi tr. anatomicus, de totius corporis humani fabrica, temporibus *Philippi* VALESII scriptus Parisiis B. R. P. n. 394.

ABDALLA ABIL PHARAGIUS vulgo EBNO'L THAJEBBI. Scripsit de octimestri partu ad HIPPOCRATIS & GALENI mentem, de capillis & calvitie: de siti ejusque causis, de urinis & pulsibus. Codex exstat in Bibl. *Escurialensi*, n. 883.

ABULCASIM AHMET IBN ALERAKZI tract. de humano corpore in B. BODL. n. 2408. arabice.

HAMDALLA ABUBEKER fil. ELCASWINI, circa 750. annum hegiræ f. seculo 14. scripsit *Nuschet-ul-culub* f. delicias cordium. In P. II. agit de homine, ejus variis partibus, facultatibus & anima (*l*).

ABU JUDAS ABU ISAI ASTELAGI Judæus Toletanus de anatomia &c. Ejus codex scriptus est a. 789. *B. Escurial.* n. 868.

ABDALRAHMEN NASSIR BEN ABDALLA, paulo nuperior, scripsit *bab fi afrar al nekah*, f. arcana concubitus & de remediis ad venerem incitantibus, B. R. Paris. I. n. 1091.

HAMED

(l) *B. R. Par.* I. n. 127.

HAMED MANSUR fil. MOHAMMED scripsit *kitab techrib*, siv. librum anatomiæ, cum figuris satis malis, eumque dicavit MIRZAE PIR filio GEHANGIR nepoti TAMERLANI sub initia seculi VIII. Hegiræ (*m*).

KEMALEDDIN ABU'L BAKRI MOHAMMED EBN MUSA EBN ISA AL DAMIRI obiit n. 808. Heg. Scripsit historiam animalium.

HALY RODOHAM Comm. in lib. *Techni* Papiæ 1501. fol. & alias excus.

MOHAMMED BEN IBRAHIM BEN SAAD AL ANSARI seculo Hegiræ XI. scripsit *assai al Riassat fi elm al Ferassat* s. physiognomiam (*n*).

In ultimo codice (*o*) auctor vocatur MOHAMMED BEN ABU THALEB AL ANSARI ALSOFI, titulus fere idem est *Ressabat fi elm al ferassat*.

JESU HALI, fil. vel potius ISSA BEN ALI AL CAHHAL scripsit *Tadhkerat alcahhalia* de morbis & anatome oculorum, hæc in tractatu I. Fere ut alii Arabes.

CANA MUSALI de BALDACH, corruptum nomen, de iisdem oculorum mulis scripsit. Magis medici & chirurgici quam anatomici argumenti. Uterque Venetiis 1499. fol.* una editus est, & alias.

§. CVIII. *Aetatis ignota.*

MAHUMEDIS filii ALASI Hispani *de cognoscendis venarum pulsibus* codex exstat in B. R. P. II. n. 1046.

ABUL CASSEM ALI de hominibus proceris *esmaibu v sefaten* HERBELOT.

ABU MASSA de memoria & oblivione scripsit *ketab hefd u nossina*; & eodem titulo ABU THAHER HAMMED.

OBEIDALLAH IBN MOHAMMED AL SAMARCANI est tract. de *agiaib alcolub* s. de corde, arabice in B. BODLEY. n. 3294.

PYRATUS de pulsibus, nisi est PHILARETUS, hebraice in B. R. Par. I. n. 903.

KANKAH scripsit *ketab almaira* sive de puerperio HERBELOT.

KOTOB OL ACTAB cognomine MURBASCHAH tr. physiognomicus B. BODL. n. 94.

MIR ALISCHIR AL CHANGII tract. physiognomicus. Si est AL CHANZI Mesves, prioris erit ævi. In B. BODLEY. n. 63. 94.

ABILCASSEM OMAR BEN ALI Muselensis de morbis oculorum, cum eorum descriptione, compositione & anatome. In B. *Escurialensi* n. 889.

ALMAGERITHI s. Madritensis codex, in quo historia animalium, & generatio &c. In B. *Escurial*. n. 895.

§. CIX.

(m) *B. R. Par.* I. n. 151.
(n) HERBELOT. *B. R. Par.* I. n. 962.
(o) n. 963.

§. CIX. *Auctores Anonymi.*

Anonymus in *sir* (vel *sehr*) *alojun* anatomen & morbos oculi habet. HERBELOT.

Anonymus cum oculorum morbis eorum anatomen dedit CASIRI n. 871.

Africani auctoris *Ketab Agiaib u Garaib* f. de rebus admirandis. Lib. VIII. de animalibus agit & de anatome (*p*).

Lexicon rerum Saracenicarum & Græcarum anatomica etiam continet. Reperitur in Bibl. AMBROSIANA MONTF.

VANSLEBIUS Anonymi fragmentum ad anatomen spectans Aleppo adtulit, B. R. P. I. n. 597.

Alia est in eadem Bibliotheca disputatio de corporis humani natura, fabrica & figura n. 318.

In TUFHIT UL MUBARIZI pars prior agit de corpore & anima, elementis & membris &c. Ibid. n. 171.

MIFTAH UL NUR in eadem Bibliotheca, de hominis generatione, & de oculo agit, n. 132.

Nomina partium corporis humani arabica ex AVICENNA collecta Bibl. BODLEY. n. 3931.

Anonymi lib. de medicina, tum *de pulsibus*, *urinis*, *ossibus*, *musculis*, *nervis*, *venis*, *arteriis*, *anatomia totius corporis humani deque rebus physiologicis* B. *Escurial.* n. 867.

Sic *Tohfat albahiat* l. de physiognomie.

Liber AL BAHAGIAT AL ENSIAT FIL FERASSAT AL ENSANIAT, de physiognomia agit, & opus *Tohfat al Bahiat* illustrat B. R. Par. n. 961.

HERMETI tribuunt *Kenz alasvar v dhekhair alabrar.* In eum librum multi exstant commentarii SCHEK SUSIHA AL BABELI: THABIT BEN CONAH AL HANANI: & HOSSAIN BEN ISCHAR AL TABANI. HERBELOT.

DHV *fi marefut ma jedell alaimi alsauth v alain* f. de bonis & malis vocis visus qualitatibus. HERBELOT.

De vita animalium arabice Vol. I. Inter libros NARCISSI Archiepiscopi Dublinensis n. 1716.

De somno quiete motu aliis CASIRI n. 890.

Fragmen-

(p) HERBELOT. p. 813.

Fragmentum *de codice sanguinis* ex doctrina medica Persarum edidit ex codice B. Leidensis STEPHANUS Leid. 1745. 8°.

Persæ habent libros anatomicos cum malis figuris CHARDIN.

§. CX. CHINENSES.

Hos tamquam orientales populos huc repono, etsi neque a nobis Europæis, neque ab Arabibus quidquam videntur didicisse. Ova anatum in furnulo proprio dudum norunt excludere (*q*). Anatomen Sinicam ex *Nuy King* antiquissimo libro, sumtam citavi. Subtilitatem non desideres, quam in sanguinis circulatione, & viis, inque pulsibus horumque figura adhibuerunt. Ea reperias in *Andreæ* CLEYER medicina Sinica, indigesto opere, cujus primus *de pulsibus tractatus ab erudito Europæo* ex eo libro *Nuy King* collectus est.

Succedit de iisdem pulsibus fragmentum, pariter ab erudito Europæo concinnatum, in quo pulsus per loca, morbos aliasque conditiones, ex Sinensium medicina descriptus datur.

Iterum excerpta ex literis eruditi Europæi in China continent encheireses tangendi pulsus, circuitus expressionem, pulsus per morbos, & præsagia inde sumta, iterum ex *Nuy King*; figuras demum pulsuum, causasque.

Denique VANG SCHO HO (*r*) medici, qui sub familia CYN scripsit, ante CHRISTUM natum l. de pulsibus diversarum viarum cordis, hepatis & porro: deinde figuræ pulsuum. De locis pulsuum & ad quemque remediis.

Operi titulus est *medicina Sinicæ specimen* Francof. 1682. 4°.

Deinde in E. N. C. Dec. II. ann. IV. app. *Clavis sinica* cum vero nomine *Michaëlis* BOYMII cura COUPLETI redit, quam ad CLEYERUM Siamo Bataviam miserat. Meliori ordine redit hic excerptum quatuor librorum VANG SCHO HO Adparet ibi, Chinenses absque anatome super solas hypotheses humidi radicalis & innati caloris suam artem struxisse: & ne viscerum quidem numerum recte tenere, aut vesicam a renibus rite distinguere; vias imaginarias humorum sibi fingere: numerum pulsuum, in quibus sibi placent, male definire, cum in hora Europæa non supra 562½. respirationes, pulsusque a 2250. ad 2812. numerent, sibique a pulsu rariori præter rem male metuant. Locos cæterum accurate definiunt, & iconibus exprimunt, in quibus in sinistra manu, & in dextra, duobus locis pulsum tangunt. Species etiam hic & præsagia pulsuum reperias, omissis, quæ alia CLEYERUS ediderat.

Exstant etiam in B. R. Par. libri *Nuy King* (*s*) f. Anatomiæ. Eorum 1. impe-

(q) EKEBERG *wetensk. handl.* 1738. trim. 2.
(r) *Du* HALDE T. 3. ubi aliqua ex eo decerpta sunt.
(s) I. n. 30.

imperantibus TAMING (ante præſentem Dynaſtiam). 2. Imperante TIEN KI ex eadem familia. 3. *Chang Kiai pia* iterum imperantibus TAMING ſcriptus.

In T. III. operis J. B. *du* HALDE etiam compendium habet anatomes Chinenſium, viarum ſanguinis, circuitus, qualem, ſed per eadem vaſa, ſibi fingunt, pulſuum, cum eorum indiciis. Auctores non citat.

In B. BODLEY. cod. 2804. 2805. eſt lib. I. & ejus pars I. mutila, tum 2. 3. libri *Mekue* de pulſuum ſcientia.

Deinde de corporis humani partibus interioribus p. I. 2. 3. 4. 5. 6. 7. 12. 13. 14. 15. 16. 17. 19. 20. 21. 22. 23. 24. hi poſteriores libri plus ſemel in B. BODLEY. n. 2795. 2796. 2797. 2798. 2799. 2800. 2801. 2802. & 2803.

In B. R. Par. (*t*) exſtat etiam liber *Me kive* ſ. determinatio pulſus mutilus equidem; & alter (*u*) TAI SO SU ME KIVE, auctore TAI SU, in quem PE-CI-ANG commentatus eſt, imperante VAN LIE ſub familia TAMING & ſeculo XVI.

Ad HILDANUM etiam liber Chinenſi lingua ſcriptus miſſus fuerat, cum figuris anatomicis (*x*).

CHIN *kieu ce yao* M.S. continet tabulas anatomicas variarum regionum in manu & pede, quæ acu poſſunt conpungi. B. R. Par. n. 58.

TUM *Gin tu king* vel *Tum gin chin kieu tu kim* ejusdem eſt generis, & perinde eas corporis partes iconibus exprimit, ſcriptus ſeculo XI. imperante familia *Sum* (*tſong*). Sic *K. Gin-Cum* B. R. Par. n. 31.

In Japonia QUOTIEY ſcripſit codicem *Micos dakio*, in quo arteriæ & venæ delineatæ ſunt TEN RHYNE *arthrit.* p. 160. 160.

(t) I. n. 60.
(u) n. 32.
(x) *Epiſt. inedit.*

LIBER

LIBER III.

ARABISTÆ.

§. CXI.

CONSTANTINUS AFRICANUS, qui decimo seculo in Cassinensi Cœnobio obiit, primus Europæorum, qui Arabum doctrinam in Occidentem retulit: inter sua recenset libellum *de stomacho*, cum ejus visceris aliqua descriptione; Porro brevem *de urinis* libellum, quem codices M.S. ajunt ex ISAACI l. arabico versum esse, B. R. Paris. n. 6884. Ejus sunt codices in B. *Mertoniensi* n. 686. ASHMOL. n. 7745. CAJ. GONVIL. n. 962. 976. BODL. n. 1252.

Lib. *de coitu*, quem alibi *de spermate* video vocari. Solos Græcos citat & GALENUM describit.

M.S. codex est in B. R. Par. n. 6884. & 6988. & in ASHMOLIENSI n. 7529. CAJ. GONVIL. n. 976.

EJUSD. *de animæ & spiritus discrimine*. Aliqua hic cerebri & ejus ventriculorum & nervorum descriptio. Græcos iterum solos citat, sed intercedunt voces arabicæ non conversæ. Hypotheses cæterum hic habet, ex veterum more.

Sic *de oculo* B. *S. Mar. Magd.* n. 2314.

EJUSD. Lib. *de humana natura & principalibus membris corporis humani* reperitur in editione operum Basil. 1541. fol. non in mea 1536. fol. 1539. fol. f. *oper. Med. hact. desid.* B. B.

Aliqua in CONSTANTINO laudat PORTALIUS; villosam intestinorum tunicam: Uvulam alimenta ad œsophagum dirigere. Asperæ arteriæ anulos postice truncatos esse. Sed ea & veteres habent.

Glossa in GALENI anatomen est in B. R. Lond. p. 203.

§. CXII. *Crepuscula Medicinæ.*

Huic tamen viro Medicina multum debet, vel *ob scholam Salernitanam* (y), in

(y) A. 1010. rudimenta Salerni exstant, Circa a. 1060. schola publicata est MAZZA *historia Salernitana*.

in quam plurima ejus merita sunt, quæ etiam ipsa antiquissimos auctores hebræos & græcos habuit (z).

Hæc conamina renascentis artis hactenus FRIDERICUS II. imperator, magnus bonarum artium patronus, ita adjuvit, ut lege sanciret, ne quis ad medendum manu admitteretur, nisi anatomen didicisset. Sanxit præterea, MARTIANO puto medico suadente, ut certe in Sicilia omni quinquennio corpus humanum dissecaretur, utque ad eam solennem anatomen ex universo regno medici & chirurgi convocarentur. Ita occursum est hactenus barbare legi PONTIFICIS BONIFACII, qua anatome proscripta fuit, cum soli clerici medicinam exercerent, quibus putabatur anatome dedecori fore (a). Ex ea tamen lege etiam anno 1571. post EUSTACHIUM *Nicolao* BUCCELLO anatome fuit interdictum. Sed etiam ALEXANDRI BENEDICTI ævo anatomes studiosus torturæ periculum subiit, cum ossa aliqua humana in ejus scriniis reperta pro sanctorum reliquiis haberentur (b).

In Academia Bononiensi, quæ ejus principis favore coaluit, OTTUS AGERIUS LUSTRULANUS, & ARMUNDUS GUASCO Medicinam docuerunt, & is quem novissimum diximus, anatomen primus aperuit (c).

Rex Siciliarum ROBERTUS, de Normannica stirpe, NICOLAUM RUBERTUM *de Regio* jussit ARISTOTELEM & GALENUM latine reddere, quo factum est, ut medicis Italis antiqui artis fontes recluderentur (d).

§. CXIII. FRIDERICUS II. IMPERATOR.

Ejus reliqua *de arte venandi cum avibus* cum MANFREDI R. adnotationibus Augustæ Vindelicorum 1596. 8°.* cura *Joachimi* CAMERARII prodierunt. Omitto quæ ad accipitrinam artem pertinent: sed multa admista sunt anatomica. Glandulæ duæ, quæ linimentum secernunt. Viscera. Gruum aspera arteria bis inflexa. Ventriculi nonnullarum avium carnosi, in rapacibus nervosi. Vitæ longitudo, reliqua.

Michaëlis SCOTI FRIDERICI II. coævi *liber physionomiæ*. Perantiquam seculi XV. editionem coram habeo. Pleraque pertinent ad generationem, conceptum, graviditatem. Deinde temperamenta: denique signa physiognomica ex quaque corporis parte desumta. Plena omnia subtilitatis & superstitionis. Prodiit etiam Parisiis 1526. 8°. An nostra editio fuerit Bisuntina 1487. 4°. MAITT. Italice prodiit Venegia 1537. 8°. D'ETR.

EJUSD. *de secretis naturæ opusculum* passim cum Alberti M. lib. *de secretis mulierum*

(z) R. ELINUM & ATALA saracenum MAZZA.
(a) P. CASTELL. *de peste* p. 23. ROLFINK *diss. anat.* p. 187.
(b) *Anat.* V. c. 23.
(c) *Jos.* GUILIELMIN. *in orat. hab* a. 1735.
(d) G. de CAULIAC. *præf.* GIANNONE *histoir.* L. XXII. p. 167.

mulierum prodiit Amstelodami 1669. 12°. 1740. 12°. Argentorati 1615. &c. & Gallice vertente *Nicolao* VOLLAYR Paris. 1590. 16°. B. EXOT.

Vertit l. ARISTOTELEM de animalibus in B. *Oxon. Cantabr.*

Inter *versiculos Salernitanos* plusculi sunt anatomici & physiologici argumenti, ut de numero dentium.

In THOMÆ *de* AQUINO numerosis operibus sunt etiam ll. *de occultorum naturæ effectuum, & propriis cordi causas declarantes, studentibus physice maxime necessarii* Lipzik 1495. & 1499. 4°. MAZUCHELLI, cujus codex exstat in Bibl. *Medicea* Plut. 84.

§. CXIV. ÆGIDIUS.

Petrus ÆGIDIUS aut ÆGIDIUS *Corboliensis*, monachus & PHILIPPI AUGUSTI medicus (e), Salernitanæ scholæ discipulus, sub seculi XII. finem *de urinis* & *de pulsibus* carmina scripsit, passim excusa Venet. 1499. Lugd. 1505. 12°. GUNZ. 1515. 8°. 1526. 8°. Basileæ 1529.

Codices *de urinis* exstant in B. R. *Lond.* (f); in *Coll. Novi Oxon. Biblioth.* n. 1134. (cum GILBERTI ANGL. commentario): in BODLEYANA n. 1013. 1043. 1252. 2072. in LAUDIANA n. 1043. b. in Regia CASHLEY p. 207. in B. *Hans* SLOANE n. 8991. *Mertonensi* n. 687. 688. 755. B. *Norfolkiensi* n. 3088. B. *Cathedr. Wigorniensi* n. 760. B. *Caroli* THEYER n. 6565. & ut puto in Bibl. NORFOLK. n. 3107. In B. R. BURSCOUGH n. 7671. B. E. TYSON. n. 4159. cum comm. anonymi, in LL. FRANC. BERNARD. n. 9633. In *Catal. Coll. Oxon.* & S. *Trinit. Cantabr.* n. 396. in B. R. Par. (g); in B. *Corp. Christi Oxonii.* Pleniorem codicem possidebat DAUMIUS. Anglicus commentarius est in B. H. SLOANE n. 8941.

Sic carmen de pulsibus exstat M.S. in B. R. *Londin.* (h), BODLEYANA, n. 1043. 1252. *Mertonensi* n. 688. B. *Norfolk.* n. 3088. Bibl. D. *Petri* n. 1872. B. *Cathedr. Wigorn.* n. 760. B. C. *Car.* THEYER n. 6565. B. R. *Par.* n. 6882. A. & in *Paulina Lipsiensi*, & pulchrum exemplum inter codd. ASHMOLIANOS n. 7745. Non illepidi cæterum sunt versiculi, ut ea ætas ferebat.

In libellum de urinis commentatus est GENTILIS *de* FULGINO, & AVENANTIUS *de* CAMERINO, cujus codex in *Coll.* D. PETRI *Cantabr.* n. 1874.

Semejotici potissimum argumenti esse opinor, neque enim vidi. Reliquos libros ei viro tributos Cl. WITHOF ut spurios repudiat.

(e) ASTRUC *hist. de Montpel.* NAUDE' *panegyr.*
(f) CASHLEY p. 206. 207. cum commentario.
(g) N. 8160. cum glossis n. 6988.
(h) CASHLEY.

§. CXV. Trotula.

Trotula in ipſo libello dicitur femina medica fuiſſe, quæ recte adgnito morbo puellam flatubus uterinis laborantem (*i*) ſanaverit. Erotis nomen Juliæ L. audaces & mendaces editores præfixerunt. Manifeſto enim feminarum Salernitanarum mores citantur, & Magister (*k*) Geraldus, qui ſpecillis uſus ſit, duodecimo ſeculo inventis, & Theodoricus, qui, ſi fuerit non incelebris ille chirurgus, noſtrum opuſculum etiam ſerioris ævi fuerit. Feminam etiam medicam ſaracenam citat (*l*). Cum Trotulæ nomine prodiit *Experimentarius Medicinæ continens* Trotulæ *curandarum ægritudinum muliebrium ante inde poſt partum* Argentorati 1544. fol. 1543. Zocha. Venetiis 1555. 8°.*. Cum Erotis nomine in Gynæciorum collectione Baſil. 1566. 4°.* & in ſecunda 1586. 4°.* tum in tertia. Codex M.S. in Bibl. Bodl. n. 3541. & l. de paſſionibus mulierum in Ashmoliana eſt n. 7769. & in Bibl. Roberti Burscough n. 7684. & *Colleg. nov.* n. 1135. & *Mertonienſi Oxon.* n. 697.

Pauca anatomici ſunt argumenti, de ſignis imprægnationis, ſitu fetus in utero.

Exſtat cum Cleopatræ nomine in *Gynæciorum collectionibus* de morbis mulierum l. cujus & M.S. codices ſunt in Bibl. R. *Par.* n. 6988. 7106. 7066. & 7656. & in B. *Medic. Plut.* 73. ubi quatuor libri citantur.

Tum Theodotæ l. *geneſiæ* ad ſorores, in eadem *Bibliotheca*. Nihil quidquam habent anatomici argumenti.

Trotulæ minoris codex eſt in B. Caji Gonvil. n. 963. & in B. Bodleyana.

§. CXVI. Rogerius Baco. Varii.

Inter Rogerii libellos eſt l. *de arte memorativa*, qui hactenus huc pertinet. Tanner.

De viſu & ſpeculis in B. R. *Lond.* p. 136. *de ſomno & vigilia* in B. Bodl. n. 1791.

Rolandus, hujus 13. ævi fere medii auctor, chirurgiam ſcripſit, barbaro ut eo ſeculo fieri ſolebat ſtilo. Cujusque corporis hum. partis morbis anatomicam deſcriptionem præmittit, ſed breviſſimam.

Thaddæus Florentinus vergente eo ſeculo vixit. Ejus exſtant in Galeni *microtechnen* commentarii Neapoli 1522. fol. B. B. a *Thoma Dionyſio* Polio editi. Anatome eſt ex Arabibus. Ejusdem in Johannitii *iſagogen* Venet. 1527. fol.

Guilielmi de Saliceto, Placentini, Veronenſis Profeſſoris, liber IV. anatomes compendium continet, cum phyſiologia, qualem ea ætas ferebat.

Exſtat

(i) p. 490. (k) p. 525. (l) p. 515.

Exſtat in collectione chirurgica Venet. 1490. fol. 1546. fol.* & alias. Obiit anno 1277.

RICHARDI ANGLICI tract. *de anatomia* eſt in B. R. *Pariſ.* n. 6988. 7656. *Compendium medicinæ* in B. BODLEYAN. Ejus *de urinis* lib. eſt in CAJ. GONV. n. 959. & *Coll. nov. Oxon.* & l. *de pulſibus* ibid.

RICHARDI SALERNITANI *de anatomia* fragm. in B. BODL. n. 3541.

GUALTHER BIBELESWORTH monachus ſcripſit gallice tr. *de infantium generatione, partu & nutritione.* Vixit imperante EDUARDO I. TANNER.

LANFRANCUS GUILIELMI *de* SALICETO diſcipulus, de quo alias dicemus, medicus Mediolanenſis, ſub finem ſeculi XIII. Lutetiam venit. Cujusque partis corporis humani, ut de ejus malis agit, addit anatomen. Videtur habuiſſe ſuas icones calvariæ p. 217. b. quæ vero in mea ſunt editione, eæ quidem ſunt VESALII. De corruptione etiam, & formatione embryonis agit &c. In parotide ſemen generari. Dari & viros, qui poſt teſticulos habent additamenta quædam lateralia, & inter ea quaſi vulvam, per quam urina exeat. Cum G. *de* SALICETO prodiit Venet. 1546. fol.*.

Tribuitur ei tr. *de imprægnatione mulierum* (m).

COPHON anatomen porci ſcripſit eo, ut putatur, ævo. Vixit certe ante GILBERTUM ANGLICUM, a quo citatur: & videtur tamen in eo animale ſe exercuiſſe, de quo agit. M.S. codex eſt anglicus B. E. TYSON. n. 4161. De prelo prodiit Venet. 1502. fol.* & cum DRYANDRI anatome Marburg. 1537. 4°.*. Abdominis & pectoris viſcera breviſſime tradit. Pulmones per arundinem inflare jubet.

§. CXVII. ALBERTUS. ALII.

ALBERTUS MAGNUS, Polygraphus, paſſim anatomen & phyſiologiam adtigit, ex libris doctus.

Lib. *de ſecretis mulierum* pars prior tota pertinet ad generationis negotium, cujus hominem cœlibem oportebat eſſe quam ignariſſimum. Multum aſtrologiæ admiſcuit. Coram eſt antiquiſſima editio cum commentario 4. forma, anno non expreſſo, ſed omnino ſeculi XV. forte Aug. Vindelic. 1489. 4°. Alterius eſſe auctoris ſecundum nonnullos diximus (n). Germanice vertit *Hier.* BRAND. Noviter elaboratus l. recuſus eſt Nürnberg 1768. 8°.

In *libris de animalibus* XXVI. tres libri multa anatomica continent. Monſtra etiam (o) collegit, ut puellam absque mamma. Prodierunt Romæ 1478. fol. BURC. MAITT. Mantuæ 1479. fol. ID. & BURC. TREW. Venet. 1495. fol. HAENEL. & ibid. 1497. fol. 1519. fol. HAENEL. Paſſim video aliqua minime contemnenda continere. In Germanicam etiam linguam converſi ſunt a G. H. RYFF,

(m) In *B. Reg. Par.* n. 6957.
(n) In *Bibl. Botan.* T. I. p.
(o) GESNER *Biblioth.*

H. RYFF, Francofurti 1545. fol. libri 16. Codex exstat cum titulo „L. XX. sunt ARISTOTELIS, sex alios addidit ALBERTUS„ in B. MEDIC. Plut.73. tum alius codex in *Coll. Merton.* n. 753. *Coll.* CAJ. GONV. n. 951. absque numero librorum, & in D. S. PETRI *Cantabrig.* n. 1867. Libri 26. in *Coll.* SIDNEY SUSSEX *Cantabrig.*

EJUS *de nutrimento & nutribili* l. prodiit Venet. 1517. 4°. & una *de Memoria & intellectu*; tum *de sensu & sensato*, & *de motu animalium* commentarius in B. D. PETRI *Cantabrig.* n. 1877.

EJUS *de homine* l. Venet. 1498. fol. TREW.

EJUS *de monstrosis hominibus* CAJ. GONV. n. 951.

EJUS *de anatomia humani corporis* ibid.

EJUS *de augenda memoria omnibus ingeniis* Bonon. 1491. fol.

Exstant ejus libelli *de nutrimento*, *de sensu & sensato*, *de memoria & reminiscentia*: *de intellectu & intelligibili*, *de somno & vigilia*, *de spiritu & respiratione*, *de motibus animalium*, *de juventute & senectute*, *morte & vita*, qui in ARISTOTELEM videntur commentarii. Codd. sunt in BODLEY. n. 1320. *Coll.* CAJO GONV. *Cantabrig.* n. 985. in D. S. PETRI *Cantabrigiensi*, in B. R. *Paris.* n. 6527. in AMBROSIANA. & MEDICEA Plut. 83. & in B. *Hans* SLOANE n. 8954. anglice, in BODLEYANA n. 1911. ubi etiam Cod. est *de portentis*. *De sensu*, *sensato*, *memoria & reminiscentia* Codd. in *Coll. nov. Oxon.* n. 1193. Opera in 19. libris in CAJI B. & GONV. n. 952.

JOH. XX. Pontificis maximi *de hominis formatione* tr. in B. CAJI GONV. *Cantabrigiæ.*

EJUS *glossæ de puerorum natura in B. Pat. Canon. Later.* EJ. l. *de oculis* CAJI GONV. n. 966.

BERNARDI SYLVESTRIS l. *de macrocosmo & microcosmo* versibus elegiacis reperitur apud BERNARDI *anonymum* p. 73. Conf. p. 111.

VINCENTIUS *de Beauvais* s. *Bellovacensis* in *speculo doctrinali*. Græcos compilat & Arabes. Editionem cito Venet. 1595. fol.* L. 16. est de avibus, L. 17. de piscibus, L. 18. de animalibus, L. 19. de bestiis, L. 20. de reptilibus, L. 21. de natura animalium, L. 22. de succis animalium, ut lacte, L. 28. de homine & corporis humani partibus, L. 31. de generatione hominis agit.

§. CXVIII. P. de APONO.

PETRUS *de* APONO, Professor Medicinæ, Patavii deinde Tarvisii, ubi per medicam praxin divitias nactus consenuit.

EJUS *conciliator controversiarum, quæ inter philosophos & medicos versantur* prodiit Venet. 1496. fol. RIV. 1548. fol.* & alias. Legerat antiquos, & GALENUM dili-

diligenter, potissimum tamen Arabes. Magna pars operis pertinet ad physiologica. Solet doctorem aliquem, & sæpe quidem ARISTOTELEM, receptæ sententiæ opponere, tunc producere utriusque rationes, suasque, & de lite definire. Verum auctoritatibus hic potius quam experimentis ex ipsa natura petitis pugnat. De suturis tamen, quarum mirificas figuras producit, suam sententiam ex inspectis craniis fert, & exemplum adducit, in quo viderit, ex uno puncto tres suturas discedere. In editionibus antiquis lego ad *differentiam* 199. reperiri figuras musculorum abdominis, quæ in mea desunt.

§. CXIX. Alii Scriptores Sec. XIV.

VITELLIO, qui se dicit Thuringa Polonum, & librum suum dicat fratri *Guilhermo de* MORBEKA pœnitentiario, vixit seculo XIV. cum ea fuerit PETRI *de* MORBECA ætas: non adeo seculo nono vixit, ut in dedicatione scribit *Georgius* TANNSTELLER, cum in ALHAZENII theoremata commentatus sit, qui circa annum vixit 1274. Liber tertius *perspectivorum* huc facit, in quo oculum describit & rationem videndi. Lentem crystallinam habet pro organo visus, & conum visorium admittit. Omnino legi meretur. Prodiit Noribergæ 1535. fol. B. B. Basil. 1572. fol.* & alias.

BERNARDUS GORDON, Scotus, scripsit anno 1312. *Lilium medicinæ*, cum Monspelii degeret, editum Lugduni 1474. 8°. Ferrar. 1486. fol. Venet. 1496. 4°. MAITT. Lugduni 1550. 8°.* Francofurti 1617. 8°.*.

Gallice etiam prodiit *fleur de Lys en Medecine*, versum anno 1377. Lyon 1495. fol. MAITT. Codex M.S. exstabat apud GUNZIUM. De fabrica partium brevissime agit, quarum morbos describit.

Scripsit porro *de urinis & pulsibus* libellum, seorsim editum, absque loco & anno 8. & Ferrariæ 1486. fol. MAITT. inque editione Lugdunensi Lilii 1550. 8°.*. In isto libello mechanismum pulsus cordisque motum ex scholarum sententia describit. Codex exstat *de urinis & pulsibus & anatomia* in Coll. J. BAPT. *Oxon.* n. 1747. *De urinis* in B. *Hans* SLOANE n. 8859. & F. BERNARDI n. 3682.

HENRICUS *ab* HERMONDAVILLA medicus, cujus scripta passim in bibliothecis M.S. latent, ut in B. CAJ. GONV. n. 972. in *Bibl. Reg. Paris.* & anglice in B. E. TYSON. n. 4161. Anatomen demonstrabat in tredecim figuris.

TRUSIANUS plusquam commentator claruit circa 1300. CHAMPER.

Ejus est, TURRISANI *de* TURRISANIS, veriori nomine dicti, *plusquam commentum* in GALENI *artem parvam*, & *quæstiones de hypostasi*, quod prodiit Bonon. 1489. TREW. Venet. 1514. fol. 1517. fol. B. B. Fusum volumen, ex Arabibus compilatum, Monachi Carthusiani.

J. de PARIS, Monachus, hujus est seculi. Ejus l. *complexionum s. temperamentorum* est in B. R. Paris. n. 7125.

In VITALIS *de* FURNO opere Argentorati 1531. folio * excuso, quod verum est lexicon, etiam partes humani corporis recensentur.

DINUS *de* GARBO super IV. fen. L. I. AVICENNÆ commentarios dedit Venet. 1514. fol. Ejus *reflectiones* in HIPPOCRATIS lib. *de natura fetus* prodierunt Venetiis 1502. fol.*

In *summa* a *Thoma* GARBO DINI filio edita exstat *Francisci de* ZANELLIS Bononiensis tractatus *de animatione seminis*. Ea summa prodiit Venet. 1521. fol. Lyon 1529. fol. & alias: & in eam FRANCISCUM *Johannis de* PENNA *reprobationes* dedit LIND.

§. CXX. MUNDINUS.

Ex gente DEI LUZZI, idem qui de LENTIIS dictus est inter botanicos (p), primam anatomen humanam Bononiæ administravit (q). Tres feminas incidit, duas anno 1315. unam anno 1306. Obiit anno 1318. ORL. Librum idem scripsit, quo aliqua pars anatomes continetur. Cum ex cadaverum humanorum sectione natus fuisset, tanta ei libro fuit auctoritas, ut passim in Italia legibus sanctum sit (r), ne in alium librum Medici de anatome prælegerent. Quare numerosæ fuerunt Anatomiæ MUNDINI editiones. Coram est Lugd. 1551. 12°.*. Habeo & minuta forma editam 1527. 24°.*. Alias editiones habet *Jacobus* DOUGLASS Papiæ 1478. fol. ORL. Bonon. 1482. fol. *Andrea* MORSIANO emendante, cui video addi aliam ibid. 1484. 4°. cura *Hieronymi de* MAFFEIS excussam HEISTER. Aliam porro Venetam 1494. fol. MEAD. 1498. fol. MOEHS. hæc cum malis figuris, 1500. fol. 1507. fol. ORL. Argentor. 1509. ORL. 1513. GUNZ. Papiæ 1512. 4°. Lugduni 1525. 8°. Venetiis 1638. 12°. GUNZ. Rostock. 1514. in catal. Venet. 1538. 12°. THOM. Lugdun. 1528. 8°. 1529. ORL.

Italice Venet. 1508. 8°. MUNDINUM etiam *Martinus* POLLICH *de* MELLERSTATT Lipsiæ absque anni expressione edidit, satis ruditer. Editionem, quam J. DRYANDER dedit Marburg. 1541. 4°.* suo tempore dicemus; tum quas J. BERENGARIUS, & M. CURTIUS curaverunt.

Codex exstat in B. R. Paris. n. 6967.

Describit musculos abdominis, & hactenus viscera imi ventris, & medii & supremi, breviter neque tamen absque physiologia. Intestini coli cellulas habet, neque male describit cæcum intestinum. Hepar, etsi lobos quinque ex scholarum sententia facit, satis sensit, in homine non ita manifesto dividi. In testibus muliebribus carnosas glandulas vidit. Diversitatem vasorum epigastricorum inter uterum & mammas communium, quæ sunt in muliere, ab iisdem in animalibus vasis, ex porca definivit, septem tamen uteri cellulas retinet.

Exstat

(p) Conf. ORLAND. *script. Bologn.* & lege *B. Botari*, T. I. p. 229.
(q) COCCHI *disc. Tosc.* p. 57.
(r) Patavii 1599.

Exstat etiam ejus M.S. cod. *de pulsibus*, & dicitur in *artem Medicinalem* GALENI scripsisse.

Bononiæ anatome hactenus floruit, ut quotannis aliqui canes dissecarentur (s).

§. CXXI. J. de GADDESDEN. ALII.

In *Rosa* illa *Anglica*, quam CAULIACUS fatuam vocat, aliqua capita argumenti sunt anatomici, ut de anatomia oculorum, aurium, narium Venetiis 1506. fol.*. Compendium operis exstat inter libros H. SLOANE n. 8966.

GENTILIS *de* FULGINEO *reprobationem* dedit *aliquorum dictorum* MUNDINI. Ex Arabibus monet, nervos ventriculi, & recurrentes, nasci ex pare octavo. Nervos cervicales inter duas quasque vertebras de columna spinali prodire, non per vertebræ foramen &c. Cum MUNDINO MELLERSTADII prodierunt.

In *collectione operum*, quæ Venetiis apud OCTAVIANUM SCOTUM absque anni indicio excusa est, multa sunt argumenti anatomici aut physiologici, ut quæstio 56. de calore in juvene puero. Q. 61. num sperma femininum habeat vim activam. Tractatus de fame & siti. Tract. de temporibus partus. Tractatus de corde & ejus motu, ventriculis. Ex genio seculi omnia.

Codex expositionis in ÆGIDIUM *de pulsibus* dicitur in Eclogis Oxonio Cantabr.

MAGISTER ALDOBRANDINUS circa anno 1310. scripsit de quatuor partibus corporis humani. *Biblioth.* MEDIC. Plut. 73. MAURUS Salernitanus *de urinis* in B. *Cath. Wigorn.* n. 896. B. FRANC. BERN. n. 3654. *Coll. S. Trinit. Cant.* n. 396. B. R. P. n. 6964.

§. CXXII. ARNALDUS *de* VILLANOVA.

His barbaris temporibus etiam hoc fuit vitium, ut quisque medicus de omnibus artis partibus scriberet, iis etiam, quarum nulla ei poterat esse peritia. Ita noster chemicus, astrologus, theologus & medicus in *speculo* medicinæ anatomes compendium dedit. Libellum etiam de *humido radicali* habet, cujus codex est in B. R. Par. n. 6949. Alium *de coitu*. Hæc in editione Lugduni 1532. fol.* prodierunt.

Codex *de pulsibus*, *de urinis*, *de chiromantia* est in *Colleg. nov. Oxon.* n. 1126. *De pulsu* in *Paullina Lipsiensi*. *De pulsu*, *de urinis*, *de temperamentis simplicibus* in B. ASHMOL. n. 7775.

Philippi VALESII ævo anonymus tractatum Parisiis scripsit anatomicum & chirurgicum, cujus codex est in B. R. Paris. L. n. 394.

(s) ALDROVAND. OrnithOlog. II. p. 490.

§. CXXIII. *Guilielmus de* CAULIACO.

Pontificis chirurgus & capellanus, celeberrimi operis chirurgici auctor, quod diu classici auctoris locum in Gallia tenuit. Tractatu primo anatomen tradit. Aliqua certe in ossibus vidit, ut etiam *Guilielmum de* SALICETO, LANFRANCUM & *Henricum de* HERMONDAVILLA corripiat, qui acromion pro osse peculiari habuerant &c. Sic in malleolo eos corrigit, & alias. MUNDINUM citat. Scripsit anno 1363. ipso teste AUCTORE.

Fr. Henrici DANIEL tract. *de urinis* scriptus anno 1404. inter ASHMOLIANOS codices est n. 7763. & anglice, vertente ex latino auctore, in Bibl. BODL. n. 3605.

§. CXXIV. *Bartholomæus de* GLANVILLE.

Ex comitibus de *Suffolk*. In opere *de proprietatibus rerum* sæpissime excuso, & cujus plurimos codices alibi citavimus, libri IV. pars occupatur in humoribus. Liber V. totus est anatomici argumenti, neque breve compendium. Compilat Arabes & Græcos, & plurimum utitur CONSTANTINO & Arabibus. Unicam editionem cito, quæ coram est Norimberg. 1483. folio *.

Alius est liber *de natura rerum* XIX. in libros divisus, seculi XIII. quem nunc video a BARTHOLOMÆO diversum esse, & cujus liber I. de anatome, L. III. de hominibus monstrosis agit. Exstat in B. Reg. *Londin.* n. 209.

The knowing of Urines script. anno 1393. Inter codices ASHMOLIANOS n. 7688.

§. CXXV. NICOLUS.

Nicolaus NICCOLUS exeunte etiam seculo XIV. vixit, non contemnendus auctor, sed prolixissimus. Ejus *sermones medicinales septem* prodierunt Venetiis 1491. fol.* 1500. fol. 4. Vol. MAITT. 1507. fol. 1515. 1533. fol. MAITT. ut quisque sermo fere suum volumen impleat.

Sermo III. agit de dispositionibus oculorum, nervorum & organorum sensoriorum, de anatomia capitis.

Sermo IV. de gutture, corde, pulmone &c.

Sermo V. de dispositionibus hepatis, fellis, splenis & vesicæ, œsophagi & stomachi, de appetitu.

Sermo VI. de membris generationis, testibus & utero.

Sermo VII. de chirurgia & anatomia membrorum exteriorum, ossium, musculorum, oculorum, nasi, aurium, epiglottidis &c.

Arabes compilavit, neque suum experimentum interposuit.

Codex M.S. sermonis III. n. 6984. sermonis IV. & V. n. 6985. V. VI. exstat in B. R. *Par.* n. 6986. Sermonis VII. n. 6987. *De generatione* F. BERNARD. n. 3655.

IDEM

IDEM *expositionem & Quæstiones* ad l. *Tegni* GALENI dedit Venet. 1519. fol. BOEHMER & alias excusas.

Bernardus CHAUSSADE Regum Galliæ medicus tractatum scripsit *de generatione & conceptione præcipue filiorum*, cujus codex est in Bibl. Reg. Parisina n. 7064.

§. CXXVI. VARII.

Antonii GUAGNIER opera Papiæ 1497. fol. B. B. Venet. 1497. fol. Aliqua habet de generatione, de graviditate. Intercedunt ridiculæ fabellæ.

Clemens CLEMENTINUS in L. I. Basil. 1535. fol. habet aliqua anatomica & physiologica.

Circa hæc tempora *Petrus* RANZANUS anno 1442. in M S. annalibus mundi scripsit de Bojanis nasi reparatoribus.

ROLANDUS Medicus J. DUCIS BEDFORDIÆ, qui Galliam pro HENRICO VI. rexit, reductorium physiologiæ 5. libris scripsit, cujus codex est in B. R. Lond. p. 215.

MASUR *of the influence of the Planets on human bodies* anno 1414. script. Codex ASHMOLIANUS n. 7701. Annon ABU MASAR.

De generatione, *nativitate*, *arte domandi*, *custodia*, pulchritudine, morbis & medicinis equorum codex est anni 1427. In ASHMOL. n. 7522.

Jacobus de FORLIVIO *Expositionem* dedit in AVICENNÆ *aureum de generatione Embrii capitulum* Venet. 1502. fol. 1512. fol. 1518. fol. *

EJUSDEM est *expositio* in AVICENNÆ canonem cum quæstionibus, & *Jacobi de* PARTIBUS regimine, Papiæ 1500. fol. TREW. 1512. fol. Venetiis 1541. fol.

EJUSDEM *est Commentarius in l. artis* GALENI *cum quæstiquibus* 91. Venet. 1491. fol. TREW. in 1. 3. Papiæ 1501. fol. TREW. 1514. fol. Venet. 1508. fol. 1547. fol. LIND. In edit. Veneta est antiqua translatio cum commentariis HALY RODOAM, tum nova versio cum expositione *Jacobi* FOROLIVIENSIS. EJUSD. positio supra 3. *microtechni*. Quæstiones super l. Microtechni: Additæ novissimæ LAURENTIANI & LEONICENI conversiones Venet. 1520. fol. B. B. Hujus JACOBI plurimæ sunt quæstiones physiologici argumenti.

Hugo BENTIUS f. *de* BENZIIS in tres libros *microtechni* GALENI *lucidentissimam expositionem* dedit Venet. 1496. fol. HORST. 1498. fol. TREW. 1516. fol. 1523. fol. B. MAZ. Papiæ 1518. TREW. & in I. fen L. I. AVICENNÆ *expositionem*

nem una excusam, & in IV. Fen. L. I. cum adnotationibus JACOBI *de* PARTIBUS Canonici, CAROLI VII. medici, Venet. 1517. folio, TREW. 1523. fol.

Joh. MARLIANI quæstio de caliditate corporis humani tempore hiemis & ætatis, Norimberg. 1501. fol. LIND.

L. *de homine & conservatione sanitatis Italice* Bonon. 1474. fol. de BURC.

J. Matthæus de GRADIBUS in *Practica prima & secunda* f. *commentario in IX. Almanzoris* Papiæ 1497. fol. & alias. Anatomen organorum sensus & viscerum tradit DOUGLASS.

Leonardus BERTAPALIA in l. *de apostomatibus vulneribus, ulceribus &c.* Venet. 1546. fol.* aliqua admiscet anatomica. Anno 1439. & 1440. factas duas cadaverum humanorum dissectiones citat.

Bapt. FIERÆ *in artem medicinalem* GALENI comment. & *de virtute movente pulsum* Mantuæ 1515. fol.

Petri de MONTAGNANA *de urina judiciis* Paduæ 1487. 4°. GUNZ.

J. de CONCOREGIO *de dispositionibus capitis, cordis, pectoris, hepatis, splenis agit in Practica nova medic.* Anatomen a capite ad calcem ex Arabibus collegit. Prodiit Papiæ 1509. fol. B. B. Venetiis 1478. 1515. 1521. fol. 1587. 8°.

Petri de ALVERNIA commentarius in ARISTOTELIS lib. *de motibus animalium, longitudine & brevitate vitæ, juventute & senectute, respiratione, vita & morte* Venet. 1507. fol. Conf. p. 44.

Bartholomæi de MONTAGNANA *de urinis* Cod. CAJ. GONV. *Cantab.* n. 973. Bibl. NORFOLK. n. 3184.

Michaelis SAVANAROLÆ *de pulsibus, urinis & egestionibus* Venet. 1552. fol. 1562. fol. Lyon 1560. 8°. Scripsisse etiam lego *de physiognomia*, quem libellum *Theodorus* GAZA græce reddiderit. SCARDEONIUS.

Guidonis de CAVALCANTIBUS *de natura & motu amoris venerei*, cum enarratione *Dini de* GARBO Venet. 1498. fol. LIND. Refer ad DINUM p. 146.

MATTHEOLI Perusini (PARISANI MAITT.) *artis memoriæ de præceptis artificialibus & regulis medicinalibus ad augendam memoriam tractatus* 1470. Bibl. DRESD. Argentor. 1498. 4°. Codex est in B. JACOBEA *Londin.* n. 8515. Multa etiam alia scripsit B. DRESD. *Matthæus de* VERMIS *de arte memorandi* dicitur in B. BODLEY. n. 6564. idem ut puto.

Petri de MONTIS opus *de dignoscendis hominibus* f. libri sex *de hominum natura & cognitione interprete ex Hispanico* G. AYORA Cordubensi Mediolani 1492. fol. BURC.

Le compost & calendrier des Bergers. — Avec la physiognomie Paris 1497. fol. BURC.

Artisella

Articella collectio est variorum librorum, quæ Venetiis 1493. fol. 1500. fol. TREW. & alias prodiit. In ea continetur JOHANNITIUS & alia.

Angelus THYPHERNAS *de generatione hominis* Bononiæ 1488. 4°. PORTAL. Absurdum lego opus esse.

Ægidius ROMANUS Cardinalis *de corporis humani formatione* Venet. 1523. Rimini 1626. 4°. PORTAL. Pro epigenesi. Posse absque viro concipi.

Antiochus TIBERTUS Cesenas, *Chiromantiæ* L. III. scripsit Bononiæ 1494. quos DRYANDER edidit Mogunt. 1538. 8°. B. B. 1541. 8°.* cum iconibus plicarum, quæ sunt in manubus, & ex quibus signa desumuntur. Liber scriptus est anno 1494. Demonstrare vult dari chiromantiam. Lineæ planetis subjectæ, & earum vanissimæ icunculæ. Ad finem acc. icones majores manuum cum collibus planetariis & lineis. Præsagia non ad medicinam solam, sed ad fortunæ dona spectant.

Antonius ZENON, Venetus, *de natura humana & de embryone* librum scripsit Venet. 1491. 4°. DOUGLASS.

BENEVENUTUS GRASSUS *de oculis eorumque ægritudinibus & vitiis* Venet. 1500. 4°. M.S. Codex F. BERN. n. 3650.

§. CXXVII. MARSILIUS FICINUS.

Vir magni suo tempore nominis, philosophus Platonicus. Ejus exstant lib. III. *de vita sana* Florent. 1489. Venet. 1498. fol. Bononiæ 1501. 4°. B. B. Argentorati 1511. 4°. & alias editi. Cum diæteticis multa hic exstant physiologica de calido naturali, & humore radicali, sanguine, alimento, vitæ & longævitatis causis. Primus & secundus l. gallice versus a *Johanne* BEAUFILS, prodiit Paris. 1541. 8°. VERDIER. Omnes vertente *Guy le* FEVRE *de la* BODERIE Paris 1581. 8°. B. EXOT.

§. CXXVIII. VARII *Sec.* XV.

CONRADUS MENGENBERGER *im Puch der Natur* circa annum 1478. edito, compendium dat librorum ARISTOTELIS de animalibus: & de homine etiam & ejus anatome & partibus agit, & de animalium discriminibus. In mea editione additæ sunt icunculæ.

Rob. de RICCO L. *de formatione hominis* Nurnberg. 1470.

Das Buch vom Estand Blaburen 1475. 8°. MAITT.

Hieronymi MANFREDI *de homine* l. II. Primus agit de conservatione sanitatis,

nitatis, secundus de causis in homine. Prodiit Venet. 1497. fol.* MAITT. 1474. fol. alii.

Petri RAVENNATIS *Phœnix* s. *de artificiosa Memoria* Venet. 1491. 4°. MAITT. Vicentiæ 1541. 4°. B. Bern. 1600. 4°.*. Mirifica historia certis testibus confirmata memoriæ artificialis *Petri de* TOMASIIS quem vulgo PETRUM *de* MEMORIA vocabant. Tota res nititur adsociatione idearum. Sumebat sibi ædem aliquam sacram, in qua multæ fenestræ essent & columnæ; ita paulatim ad centum millia *locorum* collegit, quos peregrinando per Italiam sibi familiares fecerat. In quemque eorum locorum disponebat imaginem aliquam, quæ ipsa vinculo aliquo ad eam rem retineretur, cujus volebat recordari. Alphabeti loco utebatur formosis puellis, eas ordine naturali disponebat, ut præcedentes literæ locum darent. Ita sequentes personam, syllabam BRA vel TRA exprimebat BENEDICTO vel THOMA cum rapis, BAR per RAYMUNDUM cum baculo. Casus ita definiebat, ut caput personæ esset nominativus, manus dextra genitivus. Verba exponebat per hominem id agentem, quod verbum vult. Ita auxiliis, quæ ridicula videri possunt, facultatem sibi adquirebat revocandæ imaginis, quamcunque vellet. Artem suam etiam discipulos docuit. Totum codicem juris civilis, sermones concionatorum & professorum exprimebat, carmina innumera, locos ex jure sumtos 20000. memoria retinebat. Hæc omnia simpliciter narrat.

§. CXXIX. *Johannes de* KETHAM. ALII.

Germanus sub finem seculi XV. vixit: ejus exstat *Fasciculus medicinæ* revisus per GEORGIUM *de M. Ferrato* Venetiis 1491. folio, MAITT, TREW, 1495. fol. PLATN. 1500. fol. 1513. fol.* 1522. fol.

In eo fasciculo primus libellus agit *de anathomia & diversis infirmitatibus corporis humani*: Additas habet in mea editione icones: primam venarum cutanearum, quæ secantur, vel potius locorum in corporis humani superficie, in quos scalpellum oportet adigere.

Sequitur libellus *de conceptione*, cum figura corporis muliebris, in qua uterus minime male exprimitur: deinde tractatus de seculi more conpilatus de generatione. Si hæ figuræ in prima editione reperiuntur, fuerint utique inter sculptas anatomicas icones antiquissimæ.

Johannes a KETAM dicitur icones pulcherrimæ partium corporis humani præparasse, apud PASCHALEM GALL.

Codex *de matrice mulieris, & impragnatione* est inter libros F. BERNARDI n. 3669.

Hieronymi BRUNSCHWYGK *Chirurgia* Argentorati 1497. fol. & alias edita continet etiam aliquam anatomen.

J. SERMONETA *Comm. in techni* GALENI Venet. 1498. fol.

§. CXXX.

§. CXXX. *Gabriel de* ZERBIS.

Veronensis, monachus, infelix homo (*t*) & dedecorosus (*u*), Patavii ad annum usque 1505. Professor (*x*), librum *anathomiæ corporis humani* edidit Venetiis 1502. fol.*. Vastum opus, adeo Gothice impressum, siglis adeo incommodis, & dictione ita barbara, ut laborem legendi nunquam potuerim sustinere, cum præterea ea capita, quorum legendorum tædium exhausi, meræ fuerint compilationes, non quidem hominis ignari, aut judicio destituti. Utilia aliqua passim apud hunc virum MORGAGNUS detexit. Historiam habet cadaveris incorrupti TULLIÆ. Nervum olfactorium inter nervos recepit. Is liber recusus est cum titulo *Opus Anathomiæ totius corporis humani & singulorum membrorum*, Venetiis, absque anno TREW.

EJUSDEM *anatomia matricis* — & *de anatomia* & *generatione embryonis*. Una prodiit & a DRYANDRO recusa est Marburg. 1537. 4°.* Unam habet venam umbilicalem, ex hominis anatome, non ut GALENUS duas.

RUSTICUS PLACENTINUS edidit Venet. 1507. 8°. collectionem, in qua sunt *Isagoge* JOHANNITII. L. PHILARETI *de pulsibus*. THEOPHILUS *de urinis*. Ars parva GALENI cum duplici versione. Porro I. Fen. AVICENNÆ. & *Cantica*. *Jacobi de* PARTIBUS collecta pro anatomia.

Udalrici BINDER *epiphaniæ medicorum. Speculum videndi urinas hominum, Clavis aperiendi portas pulsuum* 1506. 4°.

§. CXXXI. M. HUNDT.

Magnus HUNDT, Parthenopolitanus, Poliater Joachimsthaliæ, *Anthropologium de hominis dignitate, natura & proprietatibus, de elementis, partibus & membris humani corporis, de juvamentis, nocumentis, accidentibus, vitiis, remediis & physiognomia eorum, de excrementis & exeuntibus, de spiritu humano ejusque natura, partibus & operibus &c.* edidit Lipsiæ 1501. 4°.*. Ex seculi genio virum æstimare oportet, neque nimis deridere etymologias, ut hepatis a jacente *pir* (igne) derivati. Sed etiam icones excusasse decet, quas aut primus suo operi addidit, ut olim Eruditissimo PLATNERO (*y*) visum est, aut certe inter primas: rudissimæ enim sunt, & ad descriptionem fictæ, non ad anatomen, ne animalis quidem. Hic literas etiam in iconibus sculptas reperias. Cellulas uteri septem depingit. Non mala tamen icon est, qua futuras expressit.

§. CXXXII.

(*t*) A famulitio satrapæ Turcici frustatim concisus, cum in eo curando infelix fuisset.
(*u*) Ob furtum in exilium abiit CARP. in MUNDINUM p. XVII. b.
(*x*) TOMASIN *Gymn.* p. 291.
(*y*) De M. HUNDT Lips. 1734. 4.* cum vita AUCTORIS.

§. CXXXII. *Jacobus* PEILIGK.

Jacobi PEILIGK ut putatur, neque enim nomen additum eſt, *compendioſa capitis phyſici declaratio principalium corporis humani partium figuras liquido oſtendens* Lipſ. 1499. fol. PL. 1516. PL. 1518. fol. parvo*. Integra eſt anatome ex ARABIBUS ſumta & ex CONSTANTINO, ſed breviſſima. Icones videntur ad deſcriptiones auctorum Arabum depictæ, eædem rudiſſimæ, & ex ingenio & ad auctorum placita factæ, & majores quam HUNDTII & pauciores, antiquiores etiam, ſi quidem liber anno 1499. prodiit. Ad naturam non eſſe depictas, manifeſtum eſt.

§. CXXXIII. VARII.

Von dem wunderbaren Kind, ſo im Lande Heſſen gebohren worden 1503. SCHEUCHZER.

Opuſculum de arte memorativa longe utiliſſimum in quo artificioſis praeceptis &c. Cracau 1504. 4°. CLEMENT.

Alexandri ACHILLINI *de ſubjecto phyſionomiæ & chyromantiæ* l. Bonon. 1503. fol. Papiæ 1515. fol. MAZUCH.

EJUSD. *de chyromantiæ principiis & phyſionomiæ* fol. abſque loco & anno. MAZUCH.

IDEM Philoſophus Peripateticus, & Philoſophiæ anno 1506. Profeſſor ordinarius, edidit Bononiæ 1520. 4°.* *Annotationes anatomicas*, brevem libellum, potiſſimum collectaneum ex MUNDINO, anatome vivorum, & arabibus. Corpora tamen humana inciſa vidit, & rariora aliqua adnotavit. Oſſa numeravit, in eo labore non felix, cum tarſi oſſa anno 1503. ſeptena numeraverit, anno 1502. tantum quina. Nervos olfactorios alias demonſtravit, alias non potuit reperire. Medullam ſpinalem in lumbis finem facere monuit. Venas varias deſcribit, ſaphenam, ſalvatellam. Ligamentum penis ſuſpenſorium habet. Duos ureteres longe diſtinctos vidit. Habet, ut reliqui Arabes & barbari, ſublinguales ſalivæ fontes. Rete mirabile ſe vidiſſe adfirmat. Nervum quarti paris invenit & ſibi tribuit.

Alios duos libros citat DOUGLASSIUS, *de humani corporis anatomia* Venet. 1521. 4°. editos & *adnotationes in* MUNDINI *anatomiam* in *Johannis de* KETAM collectione Veneta 1522. fol.

Georgi SEBUTI DARIPINI *ars memorativa concionatoribus & J. C. utilis & fructuoſa* Colon. 1506. 8°. CLEMENT.

Pomponii GAURICI, aſtrologi, *de phyſiognomia* &c. Florent. 1504. 8°. Piſauri 1504. 8°. Antwerp. 1528. 8°. & cum J. de INDAGINE Urſell. 1603. 8°.

Baptiſta FULGOSUS *de memorabilibus* Medulæ 1508. fol. Monſtra habet.

§. CXXXIV.

§. CXXXIV. *Eucharius* RHODION. ALII.

Eucharius ROESLIN, qui latino nomine se RHODIONEM dixit, Germanice anno 1513. Worms 4°. (HIRSCH) edidit *Der schwangern Frauen und Hebammen Rosengarten*, porro August. Vind. 1528. 8°. 1530. 1532. 4°. 8°. 1551. 8°. 1565. 1582. 1603. 8°. B. EXOT. 1608. 8°. B. EXOT. Erfurt 8°. & alias: latine versum, & editum Francofurti 1532. 8°. 1537. DOUGL. 1544. 8°.* Paris. 1535. 8°. Venet. 1536. 8°. Paris. 1538. 12°. Francof. 1551. 1563. 8°.*. cum titulo de partu hominis & quæ circa ipsum accidunt. Gallice Paris. 1536. 1540. 12°. ibid. 1577. 16°. VERDIER. 1586. *des travaux & enfantemens des femmes, & le moyen de survenir aux accidens, qui peuvent echoir devant & apres iceux travaux.* Vertit *Paul* BIENASSIS. Belgice (z) *het kleyn vrœdwyfs boek* Amsterd. 1667. 8°. &c. Capita tria priora anatomici sunt argumenti. Situm fetus in utero describit & membranas, & partum naturalem atque vitiosum, etiam monstri. Reliqua chirurgici & practici argumenti sunt.

Petrus LEO Spoletanus *de urinis* Venet. 1514. fol. cum aliis libris ejus argumenti.

J. B. RUBEI *monstrum apud urbem natum* Rom. 1513. 4°. CINELLI.

§. CXXXV. *Symphorianus* CHAMPIER. ALII.

Medicus Lugdunensis, inde archiater Lotharingicus. Collectorem sæpe citavimus. Praxin potissimum sibi tradendam sumsit. Exstat tamen ejus libellus in duos libros divisus, quo *Medicinale bellum inter* GALENUM & ARISTOTELEM *gestum* describitur, quorum hic cordi, ille autem cerebro favebat. Primus l. cerebri & cordis de principalitate humani corporis contendentium continet certamen Lugduni 1516. 8°.

EJUS L. I. *de medicinæ claris scriptoribus* potest legi ob aliqua historica; intercedunt enim notitiæ auctorum parum notorum.

In *artem parvam* GALENI paraphrasin scripsit Lyon 1516. 8°.

EJUSDEM *speculum s. epitome* GALENI *de elementis, generatione animalium &c.* Lyon 1516. 8°. 1527. 8°. LIND.

In collectione absque loco & anno habet *collectiones medicinales* etiam physiologicas, tum HIPP. *de natura hominis*. B. B. In *Cribrationibus* Lyon 1534. 8°.* ad finem brevis est physiologia.

Conradi STÖKLIN liber *introductorius in artem parvam* GALENI *de principiis universalibus medicinæ tam theoricæ quam practicæ ex doctrina* AVICENNÆ Lyon 1516. 8°.

CAJETANUS *de anima sensu & sensibilibus* Venet. 1514. fol.

Philosophis, medicis & theologiis pernecessarium opusc. de tribus virtutibus animæ Lugd. 1519. 8°.

(z) An non etiam *Rosengaart der vrouwen* 1559. 12. B. LIND.

§. CXXXVI. J. Gersdorf.

J. Gersdorf, dictus Schielhans, Chirurgus, edidit *Feld- und Stadtbuch der Wundarzney* Strasburg 1517. fol.*. In ejus libro tertio continetur *Vocabularius der Anatomei*, nomina nempe partium corporis humani latina, cum germanica interpretatione. In L. I. ab anatome incipit & iconem habet sceleti atque systematis viscerum. Recus. Francf. 1526. fol. 1540. fol. Sussm. 1542. fol. 1551. 4°. Thomas. 8°. Lind. 1598. 4°. 1606. 4°. Ger. Belgice *het velt boek* &c. Amsterdam 1622. 4°. B. Lind.

In alio libro practico anonymo, Argentorati 1519. fol. edito, etiam anatome continetur.

§. CXXXVII. J. de Vigo &c.

Membrorum principalium corporis figura Lips. 1515. fol. Maitt. an forte Peyligk.

J. de Vigo, Chirurgus primarius Pontificis, suæ chirurgiæ de more seculi præposuit compendium anatomicum, compilatitium, ex Arabibus & Mundino. In L. IX. habet cadaverum condituram. Sæpissime prodiit, ut Lugdun. 1561. 8°.*

Johannis Glogoviensis *Physionomia ex illustribus scriptoribus collecta* Cracoviæ 1518. 4°.* D'Etrees.

Nicolai Peranzoni *de memoria naturalis reparatione* Ancona 1518.

Caroli Bovilli Samarobrini *liber cordis* Paris. 1519. 4°. B. Bern. In rarissimo libello de corde & universo corpore auctor aliqua ex genio seculi philosophatur, iconem etiam nescio quam trium ventrium dat, quos vocat tres orbes.

Martini Pollich de Mellerstad, Lipsiæ Professor, *De complexione quid est & quot sint*, absque anno 4°. Theoriæ inutiles. Ej. editionem Mundini dixi p. 146.

Joh. Diurii *scrinium Medicinæ* Bourdellis 1519. 4°. Thomas. cum titulo *Medicinæ theoricæ & practicæ Enchiridium* recusum a G. H. Ryff Argentorati 1542. 12°.

Alexandri ab Alexandro Diss. 4. *de rebus admirandis, quæ in Italia nuper contigere, de somniis, quæ a viris spectatæ fidei prolata sunt, de laudibus* Juniani Maji *Maximi somniorum conjectoris* Rom. 4°. absque anno circa hæc tempora prodiit Clement.

§. CXXXVIII. *Ludovicus* Bonaciolus.

Primam editionem opusculi ignoro, quod Lucretiæ, Alexandri VI. filiæ circa initia seculi XVI. Auctor dicavit. Titulus est *Enneas muliebris*. Editionem primam citat Douglas Argentin. 1537. 4°. Antiquior, sed absque anno & loco fol. excusa est, Maittairio dicta & C. Gesnero.

Cum

Cum tit. *Muliebrium* L. II. est inter Gynæcia Basil. 1566. 4°.* &c. Germanice cum aliis Erfort. 8°. Riv.

Non omnino est absque bona fruge, ut auctor inter instauratores locum fere mereatur. In L. I. de conceptu, graviditate, partubus etiam monstrosis agit. In II. libro habet anatomen partium muliebrium. Nymphas a Clitoride distinguit. Hymenem aliquanto rectius describit, septem tamen sinus retinet uteri. Inde transit ad fetum, ejusque integram anatomen & formationem. In editione Leidensi 1641. 16°.* solus reperitur II. liber. Historiolas etiam narrat, parum habentes fidei, ut puellæ in balneo imprægnatæ. Ossa pubis in partu ait laxari.

Contra eum scripsit Ponticus Verunnius. Notatum est, Mundinum a Bonaciolo exscribi. Tomasinus *in gymnas.*

§. CXXXIX. *Joh. ab* Indagine.

Ej. *introductiones apotelesmaticæ in Chiromantiam physiognomiam complexiones hominis Canones de ægritudinibus* Francofurti 8°. absque anno *, tum 1546. 8°. 1556. 8°. 1662. 8°. Argentor. 1622. 8°. 1630. 8°. Mediolan. 1601. Valde serio in opere suo versatur, & singulas lineas manus depingit: atque interpretatur. Inde ad physiognomiam transit, ad morum indicia ex facie sumenda, & ex cujusque faciei particula, cum multis figuris. Porro de temperamentis.

Alias titulum habet *Chiromantia Physiognomia ex aspectum manuum hominis* cum iconibus manuum. Deinde *Periaxiomata de faciebus signorum* cum figuris faciei ex quibus temperamenta divinantur. Canones astrologici de judiciis ægritudinum: ex astrorum statu. Complexionum (nempe temperamentorum) prorhetica secundum dominium planetarum Colon. 1549. 8°. B. B. *Kunst der Chyromanthie physiognomes &c.* fol. Argent. 1523. fol. 1540. fol. In editione Ursell. 1603. & Argentinensi 1630. accesserunt Pompeji Gaurici & Grataroli ejusdem argumenti opuscula. Liber datus est anno 1522.

Barptolomæi Coclitis, chyrurgici & distillatoris, *Chyromantia & Physionomia anaphrasis*, cum *approbatione Al.* Achillini Bonon. 1523. fol. 1536. & 1586. D'Étr. Argentor. 1534. B. B. 1536. B. B. Gallice *la physionomie naturelle & la chiromance* Paris 1560. 8°. D'Étr. Rouen 1598. Rufforth. Liber per singula diffusus, de temperamentorum ex facie dignitione, de omnibus partibus, ex quibus aliqua possunt ad animum divinandum sumi: hinc de figura capitis varia, de capillorum colore & oculorum, & omnibus fere conspicuis hominis partibus.

Accedunt Andreæ Corvi Mirandolani numerosissimæ figuræ manuum suis cum plicis & earum explicationes. Id. *Compendium physionomiæ* Leidæ prodiit 1597. 8°. Gunz. Gallice *compendium & brief enseignement de physiognomie & de Chiromance* Paris 1550. 8°. Trew. Lyon 1578. 16°. B. *Exot.* Citat bellum anno 1498. gestum.

Antonii Cittadini *auscultationes in artem parvam* Galeni 1523. fol. B. B.

 Aristo-

ARISTOTELIS sectator, vir acris, in N. potissimum LEONICENUM, tum in TRUSIANUM, UGONEM SENENSEM & J. de FOROLIVIO pugnat, qui eumdem librum priores erant interpretati: ipsum etiam in GALENUM,, quoties ab ARISTOTELE dissentit. Habet inter ratiocinia innumerabilia aliquas res gestas, ut subitam mortem ex opinione.

§. CXL. VICTORIUS. D. LOPEZ. ALII.

Benedictus VICTORIUS Faventinus in practica magna posthuma, & imperfecta, Venetiis 1562. fol. edita cum morbis partium corporis humani earum anatomen conjungit.

The seying of urine of all the colours there it may been of Lond. 1525. 4°. AMES.

DIDACUS LOPEZ commentarium in l. AVICENNÆ *de cordis viribus* edidit Tolet. 1527. fol. quem DOUGLASSIUS ad anatomen refert, qui tamen forte practici argumenti fuerit.

Francisci MARTINEZ *de la complexion de las mugeres* Madrit. 1529. 8°.

THEOPHRASTI PARACELSI l. *de natura hominis* Basil. 1568. 1573. 8°. Capite 17. de anatomia agit, non equidem Arabista.

EJUSD. *de generatione hominis, massa corporis humani, secretis creationis* Basil. 1576. 8°. B. *Exot.*

EJUSDEM *vom Harn und Puls-Urtheil, und der Physionomie* Cölln 1568. 4°. Argent. 1608. 8°. *de urinarum & pulsuum judiciis* Argent. 1568. 8°.

In editione operum Argentor. 1605. fol. continetur l. *de generatione hominis nunc primum editus*, deinde l. *de viribus membrorum: fragmentum de matrice, de anatome oculorum: de urina & pulsibus, physiologia medica, de generatione.*

In P. II. fragmenta *de sanguine, post mortem fluente: de homunculis & monstris: de animalibus ex sodomia natis*, absurda omnia.

Antonius GAZIUS *de somno ejusque necessitate* Basil. 1539. fol. L. GUNZ. Antiquior equidem.

Guilielmus HORMAN Salisburiensis dicitur anno 1535. obiisse, & anatomen C. II. scripsisse DOUGLASS.

Sebastiani MONTUI *Annotatiunculæ in errata recentiorum medicorum per* L. FUCHS collecta Lugduni 1533. 8°. 1548. 8°. Contra Fuchsii errores nuperorum: an vero etiam anatomica tangat, non novi.

Laurentii PHRISII *Spiegel der Arzney, gebessert und übersehen durch* OTT. BRUNFELS Strasburg 1529. fol. RIV. *Vom Auctor selbst wieder gebessert* Strasburg 1532. fol. RIV. EJ. *ars memorativa artificialis & naturalis* 1523. 4°.

Christoph

Christoph CLAUSER, *daß die Betrachtung des Menschen-Harns ohne andern Bericht zu empfahen unnützlich* Zürich 1531. 4°. cum excerptis ACTUARII.

GALEACII CAPELLI *anthropologia* apud ALDUM 1533. 8°. B.B. Laudes feminarum, neque huc faciunt.

Christophori HEYL *artificialis medicatio sive* GALENI l. *de artis medicæ constitutione, de auxiliorum legitimo usu &c.* Mogunt. 1534. 4°.

F. Joh. Romberti de KYRSPE *artificiosæ memoriæ congestorium* Venet. 1533. 8°.* Habet ut P. RAVENNAS methodum imprimendi sibi in memoriam desideratas voces, per imagines in sua loca dispositas, earumque imaginum partes. Hieroglypha etiam pro ideis dedit exprimendis. Artem suam vere exercuit.

Ludovicus LOBERA circa annum 1540. lib. *de anatomia* hispanicum cum paraphrasi latina edidit MANGET.

J. MONHEIM *elementorum physiologiæ s. philosophiæ naturalis* T. II. P. I. Colon. 1542. 8°.* Natura animæ, partis ejus, & facultates, sensus & alia physiologica. P. III. Animalia.

§. CXLI. *M.S. Codices.*

Codices aliquos M.S. hic repeto, qui in bibliothecis exstant.

BERNARDI Precanensis, *de pulsibus* B. R. Paris. n. 6957.

Pauli VENETI *de* COMITIBUS, *de pulsibus & urinis* B. R. P. n. 6995.

M. Petri de NAUDILLIS *de impregnatione mulierum.* B. R. Par. n. 7066.

M. Johannis PATARANI *regimen de conceptione* ibid.

M. Jordani de TURRI *de mulierum impregnatione* ibid.

J. Baptista BORRIUS *de Chiromantia* B. NORFOLK. n. 2986.

Walther BURLÆUS *in parva naturalia* ARISTOTELIS *Coll. Mar. Magdal. Oxon.* n. 2287. & *Coll. nov. Oxon.* n. 864.

Simon BREDON trifolium medicum L. I. *de urinarum judiciis.* L. III. *de pulsibus* DIGBY. apud BODLEY. n. 1761.

JACOBUS *de arte memorativa* B. JACOB. Londin. n. 8496.

Gualtherus AGILONUS *de pulsibus* R. BURSCOUGH n. 8496.

WALTHER *summa de urinis* B. BODL. n. 1300.

FORMAN *of the proportion of man* B. ASHMOL. n. 7796.

Petrus de S. ÆGIDIO *de splene & hepate & eorum passionibus* cod. angl. n. 2462.

Waltheri

Walsheri de AVIGNON *de urinis & contentis* B. *Hans* SLOANE n. 8981.

Mag. ALEXANDER *de coitu* B. BODLEY. n. 3541.

Tract. *de urinis* secundum *Mag.* ALEXANDRUM ibid.

Henrici de WYNTON *quæstiones medicinales super* JOHANNITII *Isagogen Coll. Nov. Oxon.* n. 1135. BECKET. B. R. S.

J. de GALLICANTU *notulæ super* JOHANNITIUM n. 7789. B. Angl.

Guil. SCOTI, medici Wattingtoniensis, *de differentiis urinarum* Codd. E. BROWNE n. 4202. BECKET B. R. S.

GALFREDI *de* MONMOUTH l. *somniorum* B. *Cathedr. Westmunst.* n. 1239.

WILHELMUS ANGLICUS *de urina non visa* B. *Mar. Magd. Oxon.* n. 2515.

H. W. *ord. præd. de urinis vel uricrisium* L. III. anglice. In B. *Coll.* CAJI GONV. n. 968.

HENRICUS *de urinis* ibid. n. 969.

G. J. JERYCH *de urinis* B. *Hans* SLOANE n. 8986.

§. CXLII. CODICES ANONYMI.

Anonymi *anatomia corporis humani* B. R. P. n. 6976. 6891. 6992. & 7030. A. & 7036. seculi XIV. & in MEDICEA Plut. 73. inque *Cantab.* CAJI & GONV.

Liber *anatomiæ Coll. nov. Oxon.* n. 1130.

Anatomia humani corporis F. BERNARD. n. 3652. & DIGB.

Anatomia incerti auctoris DIGB. apud BODLEY. n. 1798.

De anatomia membrorum BODL. ex DIGB. n. 1761.

Tract. *anatomiæ* CAJI GONV. n. 959.

Anonymi *descriptio corporis humani* B. *Cathedr. Met.*

Anonymi *de homine & corporis humani partibus & accidentiis* in Bibl. *Vindobonens.* apud LAMBEC. VII. p. 239.

Corporis humani partium appellatio & explicatio B. R. Par. n. 7097. & 6810.

Anonymi *physiologia* L. VII. forte superioris.

Fragmentum *anatomicum gallicum* B. R. P. n. 7072.

Varia nomina quibus ossium partes & sedes indicantur. Ibid.

A treatise of the parts of human body and their uses in P. K. *Lond.* CASHLEY p. 267.

Tractatus

Tractatus *anatomicus* in B. BODLEY. n. 3541.

Tractatus *de natura animalium* B. BODLEY. n. 1302.

L. *de anatomia corporis humani* B. NORFOLK. n. 3060. & cum eodem titulo n. 2057.

Anatome medicorum

Anatome necessaria Car. THEYER n. 6565.

An anatomical figure of the parts of the body; & *a printed anatomical figure to shew the parts of man*, in libris *Eduardi* BROWN n. 4161.

De partium animalium B. BODLEY. n. 6232.

De humani corporis artificiosa dissectione B. *Hans* SLOANE n. 8940.

De corpore humano Fr. BERNARD n. 3651.

De homine, anima, facultatibus, de membris & eorum officiis B. BODLEY. n. 3907.

De anatome Coll. S. *Mar. Magd.* Oxon. n. 2349.

Idea med. & anatom. B. BODL. n. 8955.

Glossarium in quo membrorum corporis humani nomina ibid. n. 2582.

Tractatus *physiognomicus* ibid. n. 2058.

De arte Chiromantica ibid. n. 2072.

De temperamentis & physiognomia corporis humani B. *Hans* SLOANE n. 8997.

De physiognomia ibid. n. 8739.

Physiognomia versificata B. BODL. n. 2159.

De quatuor complexionibus B. *Cathedr. Wigorn.* n. 760.

The five senses and seven virtues belonging to man. In BODLEYANA ex LAUDIANIS n. 1049.

Anonymus *de saporibus* B. R. P. n. 6891.

De oculis B. C. MAR. MAGD. n. 2314.

De artificiali memoria Coll. BALLIOL. n. 251.

De somniis C. J. B. OXON. n. 1747.

Anonymus *de pulsibus* B. R. Par. n. 8160.

Anonymus *de discrepantia pulsuum* cum singulorum iconibus in VOSSIANA n. 2168.

De pulsu forte ARNALDI ASHMOLE n. 7775.

Of the four humours 1444. ASHMOLIAN. n. 7712. 7720.

Anonymus *de pulsibus* B. BODLEY. n. 3541.

For to know blood of man or woman B. *Hans* SLOANE n. 8941.

Sanguinis inspectio in flebothomica secundum judicium ARISTOTELIS & AVICENNÆ B. C. *Hans* SLOANE n. 8967. 391.

Voces propriæ avium & quadrupedum B. R. P. n. 6810.

Anonymi opusculum *de secretis mulierum* B. R. Paris. n. 7106. & alius 8161. A. Poëma.

Anonymus *de partu* B. R. P. n. 6992.

A physical tract. of the conception and birth BODLEY. n. 2062.

L. *de congressu ex dictis multorum collectus* CAJ. GONV. n. 966.

The secret diseases of women BODLEY. n. 273.

L. *de coitu & de delectatione animalium in coitu* CAJI GONV. n. 976. apud BODL. n. 1748.

De signis conceptionis F. BERNARD n. 7650.

De prægnantibus B. CAJI GONVIL. *Cantab.* n. 958.

De generatione & formatione partium & de constitutione hominis & morbis ejus B. Coll. CAJ. GONV. n. 949.

De urinis B. *Hans* SLOANE n. 8775. & 8740.

De urina & pulsu B. CAJI GONVIL. n. 956.

De urinis Bibl. *Coll. nov.* n. 1135. *Coll. S. Mar. Magd. Oxon.* n. 2314. Alius tr. *de urinis* ibid. BODL. n. 2626. 2060.

Anglice *de urinis* ASHMOLE n. 7713. F. BERN. n. 3652. & duo alii CAJI GONVIL. n. 978. alter cum figuris.

Carmen de urinis ASHMOLE n. 7775.

The treatise of urines anglice partim, partim latine 1438. ASHMOL. n. 7705.

Declaratio omnium urinarum M.S. In B. ASHMOL. n. 7791. 7722.

De urina coloribus & consistentia, in B. ASHMOL. n. 7790.

De urinarum differentia B. BODL. n. 1013.

Declarationes & significationes urinarum anglice B. ASHMOL. n. 7706.

De

De urinis & pulsibus Bibl. Bodley. n. 2184.

A book of urines verse and prose H. Sloane n. 3929.

The doom of urin being a comment on Ægidius, ibid.

Urinarum varii colores in membrana depicti B. Ashmol. n. 7765.

De monstris & belluis L. II. in B. Vossiana.

De monstris & belluis ibid. n. 2536.

Monstrorum figuræ elegantes : & hominum monstrosorum descriptio. Bodley. n. 2144.

De sex rebus non naturalibus Bodley. n. 2118.

Practica equorum, avium & aliorum animalium ibid.

Anonymi *medicina practica cum figuris* apud Gunzium.

Onomasticon medicum B. Bodley. n. 6222.

§. CXLIII. Auctores Suspecti.

Suspectos nonnullos libros apud J. *Franciscum de* Leempoel reperio, ex Sandero aliisque citatos, quos nusquam in ullo catalogo unquam reperi, &, ut verum fatear, non puto exstare.

Astanius, græcus auctor, Alcinoo coævus, de *veris anatomes fundamentis* Paris. 1532. 12°. improbabilis eo ævo titulus.

Johannes Costans Afer, de *musculis & tendinibus*, Antwerp. 1557. 12°.

Ornandus Albissus *de corde, liene & vesica* Venet. 1552.

Hermannus Asthnar, *regiomontanus, indefessus anatomicus, de corde & ejus annexis* Genevæ 1529.

Hermanni Fochstein *observata ex dissectis* Genev. 1536.

J. Joseph. Philipp. Hyacinthus Bado *de musculis oculi, ossibus nasi, nervisque opticis.*

Philippus Hestor *de hepate, ventriculo, intestinis & eorum functionibus.*

Hermannus Kristch Strichts, *de sensibus ex ordine.* Barbarum nomen.

LIBER IV.

RESTAURATORES ANATOMES.

§. CXLIV.

Causæ instauratæ Anatomes.

Paulatim duobus remediis anatomes malis obventum est: restitutis primum bonis literis, GALENO & aliis veteribus meliori sermone redditis, aut græce editis, ut aliquanto certe propior ad naturam accessus daretur, quam quidem per Arabes, & ipsos Græcorum exscriptores, hactenus patuerat. Adjuvit etiam artem & typographia inventa, & figurarum lignearum sculpendarum artificium, quod sub finem seculi XV. ad corporis humani partes exprimendas primum adhibitum, inde intra quinquagesimum annum ad suum fastigium pervenit.

Porro ad florentem eo tempore picturam anatome in subsidium vocata est, potissimum etiam a *Michaële Angelo* BUONAROTA, qui & homines & animalia incidit (*a*), & cutem detraxit, ut subjectos videret musculos. Accurata anatomes peritia in ejus figuris percipitur, ut tamen justo rigidius musculos expresserit. Citantur ejus 22. tabulæ anatomicæ, quas ipse sculpserit: Inter eas sceletos est quam Cl. MOEHSEN possidet, negat tamen satis esse emendatas figuras.

Sed etiam RAPHAEL SANCTIUS tunc demum ad summum in arte fastigium pertigit, quando ad nudates musculos cepit delineare MOEHSEN Bildn.

Verum etiam M. ANTONIUS TURRIANUS, Anatomes Professor Patavinus, usus est LEONARDO *da* VINCI, qui musculos & ossa in ejus usus delineavit, quare hujus viri icones peritiam anatomes sapiunt, teste VASARI. Integram corporis humani anatomen ex propriis experimentis conscripsisse, & MUNDINUM atque GABRIELEM a ZERBIS correxisse DOUGLAS: cujus libri nullam memoriam reperio LEONARDI ipsius exstant *tetes de caracteres* 60. recusæ anno 1730.

Bartholomæus TORRE, pictor, perpetim corpora dissecabat, ut ex cadaverum pædore vitiata valetudine anno 1554. perierit. Sic L. *Carli* CIVOLO natus anno 1559. MOEHSEN.

Deinde

(a) In vita ab *Ascanio* CONDIVI scripta Florent. 1746. 8.

Deinde & ipſa natura nuperis medicis innotuit. Itali quidem primi corpora humana diſſecuerunt. Senſim tamen ad alias gentes utilis audacia pervenit. Anno 1376. Monspelii venia diſſecandorum corporum humanorum data eſt *(b)*. Ita porro Pariſiis anatomicum ſtudium apertum eſt, ut tamen in utraque ſchola chirurgi cruento opere defungerentur, quod clericis illis, ſtolatiſque, magiſtris videretur eſſe dedecori.

§. CXLV. Literatores.

Georgius VALLA Placentinus *de expetendis & fugiendisque rebus* Noriberg. 1501. fol. 2. Vol. B. B. multa habet huc facientia. In L. XXI. ſenſus, generationem animalium, ſomnum, incrementum. L. XXV. de lacte, caſeo, butyro, ſtercore, animalibus. L. XXVII. de pulſu. L. XXVIII. aliqua eſt partium anatome. L. XLVII. de corpore, pulſu, ſputis excrementis, teleologia. L. XLVIII. de urina, temperamentis, pulſu, ſomno. Primus puriori ſtylo ſcripſit, & græcorum nomina pro arabicis reſtituit, POLLUCE multum uſus. EJUSD. *de corporis commodis & incommodis* l. Argentorati 8°. absque anno. Aliam editionem video citari apud EUCHARIUM datam, curante J. CÆSARIO cum *Al.* BENEDICTO. Exſtat etiam Veneta anno 1538. Partes fere tantum externas adtigit.

Video citatum ejus *opuſculum de natura oculorum* Argentorat. 1529. & *de natura partium animalium* ibid. 8°. THOMAS. Ad Problemata ALEXANDRI de re medica adnotationes dedit Argentorati 1529. 8°.* & *de pulſuum differentiu.*

GALEOTTUS MARTIUS Narnienſis *de homine* L. II. MEAD. B. DRESD. circa annum 1470. absque anno & loco, & Bonon. 1476. 4°. Mediolan. 1490. fol. cum G. MERULÆ *obſervationibus*, & GALEOTTI *refutatione objectorum* THOMAS. & iterum Mediolani 1399. fol. MAITT. Baſileæ 1517. 4°. B. Bern. *(c)*; Oppenheim 1610. 8°. in catal. Libro primo partes exteriores corporis humani, ſecundo internas tradit. Ex antiquis græcis philologis & medicis earum partium adfectiones colligit, non ingratus lectu, ſed ut longe a vera eruditione diſtet.

Georgii ALEXANDRINI (MERULÆ) in GALEOTTUM *adnotationes* ſeorſim prodierunt Mediolani 1477. MAITT. Antiqua etiam editio eſt absque anno 4°. B. DRESD. & alia Baſil. 1517. 4°.* Aſpera cenſura, ſed quam plerumque GALEOTTUS meritus ſit. Certone tamen veteres ſcortum pro ſcroto dixerint?

IDEM *in* G. VALLÆ, *in* ALEX. *problemata adnotationes* edidit Pariſ. 1520. fol.

Raphael MAFFEJUS VOLATERRANUS in *commentatorum urbanorum* L. XXIV. XXV. de homine agit, & de animalibus. Collectio.

Ludovicus CÆLIUS RHODIGINUS *in lectionum antiquarum* libro III, & IV. partes corporis humani internas & externas percurrit, adque eas locos poëtarum,

(b) ASTRUC *morb. mulier.* IV. p. 173.
(c) In hac editione apologia GALEOTTI deſideratur.

rum, aliorumque præter medicos scriptorum collegit. L. V. est de sudore. De animalibus passim. Apud Wachel 1599. fol. B. B.

Rud. AGRICOLA *de inventoribus* L. IX. agit de iis qui per oculos audiunt &c.

§. CXLVI. *Nic.* LEONICENUS. ALII.

Nicolaus LEONICENUS, medicus equidem sed literator magis & philosophus, inter opera Basil. 1532. fol. B. B. habet librum de virtute formatrice, in quo potissimum GALENI, ARISTOTELIS, SIMPLICII, AVICENNÆ sententiam exponit; tum aliqua de dipsade & aliis serpentibus.

Sed potissimum in libro de PLINII *& aliorum medicorum erroribus tertio*, anatomicos errores PLINII, AVICENNÆ, & hujus commentatorum exagitat. Quam male in gutturis & pharyngis significatione Arabes se gesserint, fuse exponit. De mesenterio & lactibus. De ductu bilario, in ventriculum inserto, quem ultra GALENI placita MUNDINUS ornaverit. De pyloro. De loco ubi primum fæces generentur. Etiam CELSI errores retegit. Hæc Ferrariæ prodierunt 1509. 4°.*

PANDULFI COLLENUTII defensio nihil ad has censuras habet.

LEONICENUS etiam *artem medicinalem* GALENI interpretatus est, libello Venet. 1606. fol. 12°. & alias excuso.

Polydorus VERGILIUS *de rerum inventoribus* scripsit libros VIII. sæpe recusos. Coram est editio Lugdunensis 1546. 8°. B. B. Liber emendatus anno 1499. aliqua habet, quæ huc referas: de arte memoriæ SIMONIDIS ex PLINIO & QUINTILIANO in L. II.

EJUSD. *de prodigiis* L. III. Basil. 1531. 8°. B. B. 1552. 8°.* Leid. 1644. 8°. Monstrosi aliqui partus hic inter alia mirifica recensentur.

§. CXLVII. *Alexander* BENEDICTUS (BENEDETTI).

Accedimus ad eos, qui manu sua anatomen adjuverunt, medicos, aut incisores. *Alexander* BENEDICTUS, in pago *Legnago* agri VERONENSIS natus, celebris Medicus castrensis, edidit *Anatomicen*, *sive historiam corporis humani*, cujus coram habeo editionem Parisinam 1514. 4°.* & Argentoratensem 1528. 8°.*. Aliæ sunt editiones Venetiis 1493. 8°. 1498. 8°. MAZZUCH. 1502. 4°. MAITT Paris 1519. 4°. Basil. 1517. 8°. MAZ. Colon. 1527. 8°. GUNZ. edente CÆSARIO apud EUCHARIUM. Dedicatio est anni 1497.

Parum habet præter ea, quæ ex GALENO hausit. Dictione utitur multo puriori, quam priores scriptores. Ipse tamen manu sua secuit, & frequentes habuit auditores (*d*), etiam senatorios, ut de nimia turba conqueratur (*e*).

Rariores

(d) L. III. c. 1. p. 23.
(e) L. V. p. 22.

Rariores tamen adnotationes addit vir multa expertus. In Creta ex vulnere genu cornu prodiiſſe vidit, rupicapræ cornu ſimile. Calculum circa acum crinalem natum, quam pro ſua humanitate adgnoſcit, fuiſſe deglutitam. Calculum bilarium deſcribit, primus ni fallor medicorum. Nervum penis ab imperito chirurgo funeſto eventu extractum fuiſſe. Virginem lac dediſſe. Felix puris in pleuriticis per urinam & anum effuſio. Sagittæ ferrum vigeſimo poſt acceptum vulnus anno de naribus ejectum. *Hermolaus* BARBARUS, ALEXANDRI amicus, in minima luce legebat, impatiens majoris. Opiſthotonus caſtoreo ſublatus. In gravida cerva fetum bene formatum vidit.

Prodierunt inde *opera* ejus *medica omnia* Venet. 1533. fol. ſ. *de ſingulis corporis humani morbis a capite ad pedes* B. THOMAS. cui in editione mea (*f*) Baſilienſi etiam *anatomes* L. V. ſubjuncti ſunt, & reliqua viri opera. Ea prodiit 1549. fol.* & 1539. fol. & 1572. fol. BOERNER. Etſi minime a ſuperſtitione liber eſt, veterumque fabulis, habet tamen paſſim aliqua, non ingrata lectu, etiam anatomici argumenti. Gallinis caſtratis tamen vitellos in lumbis generari, ſponte vero ſua conſumi, neque in ova perfici (*g*). Partus monſtroſi polypi, in quo fetus mas, palmæ magnitudine (*h*). Et ejusmodi exempla plura citare facile foret, ſufficiat monuiſſe hunc virum, magis quam plerosque priores, mereri legi. Aliquam etiam deſcriptionem partium corporis dat, quarum morbos exponit.

Exempla prodigioſæ inediæ duo Bernæ anno 1604. 8°. prodiiſſe, BOERNER.

§. CXLVIII. *Antonius* BENIVENIUS.

De abditis & admirandis morborum & ſanationum cauſis Florent. 1507. 4°. ASTR. Baſil. 1529. 8°.*. Memorabile & lectu dignum opus, in quo aliqua ad phyſiologiam pertinentia inter pathologicas adnotationes recenſentur. Atreta, anus & vulva: bulimos: cor piloſum, alia.

Henrici STRÖMER *de morte hominis* Lipſ. 4°. absque anno inter 1516. & 1542.

§. CXLIX. *Jacobus* BERENGARIUS.

Carpenſis, Profeſſor Bononienſis, hinc vulgo dictus CARPUS, clinicus & anatomicus celeberrimus, primus humanæ anatomes inſtaurator, *Bartholomæi* EUSTACHII etiam & CARTESII teſtimonio (*i*), CELLINUS, idoneus judex, laudat ejus in delineando peritiam, & bonum, ut vulgo vocant, *guſtum*, quam elegantiam non exſpectaſſes ipſi tribui.

Centum corpora humana ſua manu diſſecuit, unde fama nata eſt, in ægrorum

(f) Etiam in Veneta BOERNER de *Al.* BENEDICTO.
(g) L. XXIV. c. 4.
(h) L. XXV. c. 29.
(i) *Miſcell.* II.

rum moribundorum corporibus artem exercuisse (*k*), quam criminationem *Johannes* ASTRUC diluit (*l*). Poterat eam calumniam adjuvisse nescio quæ in docto viro turpitudo morum, qui ob *honestiam* aliquos pæderastiam ajat sequi, eamque excuset (*m*), anatomen autem hominum nocentium vivorum laudet (*n*). Dictio barbara est, qualem non exspectes ab ALDI MANUTII discipulo. GALENUM tamen & CELSUM diligenter legerat, hunc Arabistis fere ignotum.

EJUS duo sunt opera. Prius, *Commentaria cum amplissimis additionibus supra anatomiam* MUNDINI *cum textu ejus in pristinum nitorem redacto*, Bonon. 1521. 4°.*. Tres potissimum ventres, eorumque viscera tradit, multa cum refutatione priorum, etiam potissimum *Gabrielis a* ZERBIS, tum aliorum, qui eo tempore in omnium manubus erant, arabistarum: quare si quis ejus seculi vitia & errores perspicere cupiat, inveniet, quo sibi satisfaciat, in hoc ipso opere. Multa tamen ex sua corporis humani peritia addidit, etiam difficiliora. Medullam spinalem cum ACHILLINO, sed accuratius, vidit circa duodecimam vertebram (*o*) dorsi desinere, neque unquam ultra secundam descendere, eamdem in nervos abire, fissura etiam dividi. Nervum olfactorium sensit satis nervorum esse similem, etsi molliorem esse adnotavit. Rete mirabile, cum maxime cuperet, fassus est se non posse reperire, cum centies in humano capite inquireret (*p*); ita neque porum nervi optici (*q*), & septem uteri (*r*) cellulas eo ævo ab omnibus receptas, ut ægre (*s*) duos in utero sinus se reperire fassus sit. Fetum humanum undique perfectum vidit (*t*), ut tamen pedibus careret. Ruptum ex abscessu uterum & fetum in ventrem effusum (*u*) describit, & tres aliquando testes (*x*) visos. Cum aquam in venam renalem injecisset, vidit eam effluere circa caruneulas (*y*) papillis muliebribus similes. Venas cutaneas absque sodalibus esse arteriis adnotavit (*z*). Ultimum saccum coli pro cæco accepit intestino (*a*), & appendiculam pro vitiata fabrica naturali cæci. Cartilagines arytænoideas duas esse adgnovit. Fetum facie semper versus rectum intestinum conversa edi (*b*). Puncta lacrumalia habet, & pinguedinem, quæ tarsum humectet. Unicam esse venam umbilicalem monuit. Mensuram intestinorum (*c*) tredecim ulnis Bononiensibus definivit (*d*). Sinus frontales dixit: negavit aliquid a cerebro ad nares venire: sphincterem vaginæ habet & pinguetudinem epiglottidi insidentem, & carnem glandulosam super glottidem. Aquam pericardii in vivis animalibus vidit. Unicam valvulam venosam cordis depinxit. Musculi valvu-

(k) L. a CAPOA *raggionam.* II. p. 60.
(l) *De morb. vener.* p. 618.
(m) p XII. b. (n) p. V.
(o) p. CCCCXCVI. b.
(p) p. CCCCLIX. a. b.
(q) p. CCCCLII. b.
(r) p. CCXVI. b.
(s) p. CCXVIII.
(t) p. CCXXII. (u) p. CCXII.
(x) p. CXIV. b. (y) p. CCXXIX.
(z) p. CCXXV. (a) p. CXV.
(b) p. CCLXV. (c) p. CX. b. (d) Ibid.

valvularum cordis. M. Thyreoepiglottideus, Venæ parietales: aquæductus FALLOPII hic reperiuntur.

Fetum ſuperne duriorem, inferne gelatinoſum eſſe veriſſime vidit. Septi cordis poros vix ſe videre faſſus eſt. Obliquum abdominis muſculum cum ſodali alterius lateris intricari. Oeſophagum a ſepto transverſo ſtringi. Piam matrem in cerebri ventriculos venire. Duram membranam cerebri cranio adhærere. Olfactorium nervum clavæ comparat. A latiſſimo colli muſculo fibras in auriculam venire. Levator palpebræ (etiam AVICENNÆ dictus) & transverſus urethræ ei innotuerunt. Venam renalem in ureterem non dilatari monet. Septum ſcroti. Anaſtomoſes arteriarum ſpermaticarum cum venis. Urachum ſolidum eſſe. Ab uretere in cervicem veſicæ fibras deſcendere. Cellulæ ductus deferentis. Clitoris, Hymen. Unica vena umbilicalis. Arteriæ cordis. Additamentum inteſtini cæci. Porro, ne nimis longus ſim: laryngem in deglutiendo adſcendere docuit. Deinde ſinum ſphenoideum, frontales, pelvim femininam ampliorem, pectus virile latius; cor homini ſoli obliquum, arterias ſeminales utrinque duplices: homines urinam per umbilicum reddentes, vetulas menſtruatas, ſuperfetationem. Hæc ultima PORTALIUS.

Sed ea enarrare infinitum foret, quæ recte vidit. Non debent ideo ipſi duo oſſicula (e) auditus tribui, quæ manifeſto indicet, ab aliis eſſe inventa; neque ductus ſalivales WHARTONI, qui a GALENO ad Arabes, etiam ad Arabiſtas, in omnibus operibus anatomicis non interrupta ſerie ad eum deſcenderint. Invenio apud hunc virum teſtimonium irrefragabile (f) pro antiquo more, quo Cardinales teſtes Pontificis nuper electi contrectarunt, fruſtra ob certos fines ad fabulas rejecto.

Icones habet pluſculas, muſculorum abdominis, cum duabus recti muſculi tendineis lineis. Deinde muſculorum qui cuti detractæ ſubſunt, in pictorum uſum, etiam crucifixi hominis. Sceletos duas, manum & pedem oſſeum, & venas, quæ in brachio ſecantur.

Alterius Cl. viri operis titulus eſt *Iſagoga breves perlucida & uberrima in anatomiam humani corporis ad ſuorum ſcholaſticorum preces in lucem edita* Bonon. 1522. 4°.* & 1523. 4°.* & Venet. 1535. 4°.*, quæ editio minus nitida eſt. Habet etiam editionem Bonon. 1514. 4°. cum figuris SCHULZ. Alia eſt Argentor. 1533. 8°.* alia Colonienſis 1529. 8°. DOUGL. Anglice cum titulo *a deſcription of the body of man beeing a practical anatomy* Londo 1664. 12°. DOUGL.

Anatomen ſolam, perinde trium ventrium, & dorſi collique tradit. Figuras priores repetit, addit alias in editione 1523. feminæ cum utero, uteri, ubi ſatis adparet, ſimplicem vidiſſe, & rudes cerebri figuras, cordisque ventriculos,

(e) p. CCCCXXXVII. Tempore ACHILLINI inventa eſſe MASSA *Ep.* V. p. 556.
(f) p. CXCV. b.

culos, & spinam dorsi. In editione 1522. aliæ uteri figuræ sunt, & pauciores. In Veneta duæ aliæ accedunt figuræ feminæ cum suis genitalibus partibus. Rariores morbos adnotat, ut amputatum aliquoties uterum. Venas depingit, quæ secari solent.

§. CL. VARII.

Gabrielis de TORRAGA *compendium eorum, quæ super techni* GALENI *& aphorismos* HIPPOCRATIS *scripta sunt. Figura amplissima rerum naturalium, præternaturalium & contra naturam.* Burdigal. 1524. fol.

Jacobus MARTINUS paraphrasin AVERRHOES *de partibus & generatione animalium* ex hebraico latinam reddidit Rom. 1521. fol.

Wenceslai BAYER *de Ellebogen de virtute motiva & suis instrumentis* d. Lipsiæ 1526. 4°. TREW. Et *de principatu cordis* Lipsiæ 1533. 4°. TREW.

§. CLI. *Matthæus* CURTIUS.

Papiensis. Non separo collegam BERENGARII, qui eloquio tantum valuit, quantum scalpello CARPENSIS. Græcos & legit, & docuit Scholasticos suis arabibus præferre, GALENUMque in scholas revocavit. In MUNDINI ANATOMEN *Explicationem* CAMILLUS BONUS a morte demum Cl. viri edidit Papiæ 1550. 8°.* tunc mutato paulum titulo *Commentarium elegantem & doctum* Lugduni 1551. 12°. Recusus est Venet. 1580. 8°. PLATN. Etsi minus in dissecando quam CARPENSIS se exercuit, non tamen nullum in ea arte laborem posuit. Voces quibus monet, vermem non esse, quæ pro ea habeatur pellicula, videntur ad valvulam magnam cerebri spectare (*g*). In ventriculos cerebri se sæpe accurate inquisivisse (*h*), & tertium ventriculum pro via ab anteriori ad posteriorem male haberi. Rariores etiam aliquos eventus narrat, ut calculi per anum editi (*i*), & in nominibus CARPENSEM castigat, qui utique male epiglottidis nomine laryngem intelligebat (*k*). Codex M.S. exstat in B. R. Par. n. 6968.

EJUSDEM *de musculis eorumque partibus, motibus & dissectione compendium* paucarum paginarum exstat in editione Lugdunensi.

EJUS *de fetu septimestri lib.* cum libris de dosibus prodiit Venet. 1562. 8°.*

§. CLII. *Jason a* PRATIS.

Zirikseæ Seelandicæ medicus, edidit Antwerpiæ 1564. 4°. (puto 1524.) DOUGLAS Libros II. *de uteris*, recusos Amstelodami 1657. 12°.*. Generationem utique describit, sed collatitia opera, & literaria atque mythologica.

EJUSD. lib. *de pariente & partu* Antwerp. 1527. 8°. DOUGL. Amstelod. 1657. 12°.*. Simile opusculum, cujus minima pars ad anatomen pertinet, major ad medicinam.

EJUS

(g) p. 337. (h) p. 339. (i) p. 135. (k) p. 286.

Ejus *de arcenda sterilitate & progignendis liberis* Antwerp. 1531. 4°.* Vix quidquam ad rem ipsam facit libellus hominis seniliter facundi, in aliena & ethica discurrentis, mulierosi & turpiculi. Vampyrorum Cretensium historiam habet, qui revivificant, suasque uxores ineant, ut necesse sit palo per cor adacto feriam demum mortem reis inferre.

§. CLIII. *Petrus* Brissot. Alii.

Quanta sibi odia hoc opere vir doctus sibi conciliaverit, alias dixero. Scripsit autem *de Vena secanda tum in pleuritide tum in aliis viscerum inflammationibus libellum apologeticum* Venet. 1539. 8°.* & curante *Renato* Moreau Paris. 1622. 8°.*. Venæ cavæ, venarumque brachii, historiam breviter adtigit.

Ein Monstrum, wie es zu Freiburg in Meissen gefunden worden. am fordern Theil ein Kind, am untern ein Kalb, mit beschornem Kopf einem schwarzen Münchhaupt gleichförmig 1522. Scheuchzer.

Petrus Crinitus *de honesta disciplina* l. 25. Paris. 1525. fol. & ap. Chouet 1598. 12°. In Lib. VII. agit de spatio humano vitæ, & de pondere humani cordis, quod crescat & decrescat. L. VIII. est de anatomica disciplina; ibi de Aristomene Messenio dicit, qui hirsuto corde fuit, & veterum de humano corde effata L. XXIII. Habet etiam aliqua de monstris, de fetu gemello Theodosii ævo nato, de chamæleonte.

J. Walterius Viringus Atrebas *tabulam isagogicam ossium corporis humani olim Lovanii editam, nunc recognitam & auctam* dedit Duaci 1527. fol. cum figura ænea. Ita Douglas. Sed ostendam ad annum 1597. potius pertinere.

§. CLIV. *Albertus* Durer.

Albrecht Durer, celebris pictoris germani *vier Bücher von menschlicher Proportion* Nürnberg 1525. fol. Draud. B. *Exot.* 1527. fol. Heist. 1528. fol. Platn. Arnheim 1604. fol. Gunz. Post mortem auctoris latine *de symmetria partium in rectis formis humanorum corporum* Noribergæ 1532. fol. Platn. 1533. fol. Freyt. & *de varietate figurarum & flexuris partium & gestibus imaginum* ibid. 1534. fol. Porro Paris. 1557. fol. ubi adjecta est tabula partium corporis humani externarum variis linguis expressarum. Redit in operibus omnibus Arnheim 1604. fol. Gallice sunt *quatre livres des parties & pourtraits du corps humain*, vertente *Ludovico* Meygret Paris 1559. fol. Arnheim 1603. fol.* 1614. fol.*. Italice *symmetria dei corpi humani* Venet. 1591. fol. Bibl. *Exot.*

Magno labore dimensus est partes corporis humani, virilis & feminini, gracilis & torosi, earumque proportiones tum numeris expressit, tum tabulis: deinde faciei magnam varietatem, & gestuum. In pictorum potissimum usus scripsit, ad summam tamen divini operis curiositatem intelligendam utile est opus.

§. CLV. Varii.

Joachimi Fortii Ringelbergii Antwerpiensis *de homine* lib. Antwerpiæ 1529. 8°. Lugdun. 1531. 8°. Basil. 1538. 8°. Douglas.

Antonius Fortolus edidit Galeni lib. *de dissectione venarum arteriarum & nervorum* Basil. 1529. 8°.* Stylum laudat C. Gesner.

Jodoci de Mancetis *de dignitate & excellentia hominis* L. IV. Basil. 1532. 8°.

H. Cornelius Agrippa egit de pharmacia, coquinaria, anatome in libro *de vanitate scientiarum & incertitudine* cujus multæ sunt editiones, inter eas Lyon 1530. 4°. 1544. 12°. Opera omnia prodierunt 1605. 8°.

Alexandri *ab* Alexandro *noct. genial.* L. V. Paris 1532. fol. Fere ad jura pertinet. L. II. c. 19. agit de partibus corporis humani honoratis & religiosis. C. 21. de Cola pisce celebri urinatore. L. V. c. 25. de extis inspiciendis, & inde sumtis rerum futurarum indiciis. L. III. c. 2. se testem dat incorrupti corporis puellæ ad viam Appiam in sepulchro repertæ, quam pro Tullia Marci F. habebant. Superstitiosus homo, qui L. V. c. 23. umbras describat, quas viderit. Refer ad p. 156.

Joachimus Camerarius, senior, *de ostentis* libros II. edidit Wittebergæ 1532. 8°. B.B. & Basileæ 1552. 8°. cum J. Obsequente. Moneo ne putes ad monstra pertinere. Fere de cometis agit.

Ejus *exquisitio nominum quibus partes humani corporis appellari solent* Basil. 1551. fol. B. An.

Lucas Gauricus, forte celebris ille astrologus, *de conceptu natorum & septimestri partu* Venet. 1533. 4°. Dougl.

Janus Cornarius celebris operum Græcorum interpres, non quidem anatomicus. In Ejus *universæ rei medicæ epigraphe s. communicatione recognita & aucta* Basil. 1534. 4°. B.B. aliqua etiam partium corporis humani recensio, & nonnulla physiologica sunt, quam brevissima.

Marianus Sanctus Barolitanus, celebris chirurgus & inventor apparatus magni, edidit Venetiis 1535. 8°.* L. *de lapide vesica excidendo*, in quo anatomen vesicæ dat brevissimam.

Andreas Lacuna, Segobiensis, non quidem incisor, *Anatomicam* tamen *methodum* s. *de sectione corporis compendium* scripsit Paris 1535. 8°. (*l*). Galeni opera in epitomen contraxit Basil. 1551. fol. 1571. fol.

Joh. Pici, ex Mirandolæ principibus, *de phantasia* lib. *in quo de imaginationis facultate & natura agitur* Basil. 1536. 8°. 1568. 8°. Lind.

Euricii

(l) In eo lego apud Cl. Portalium reperiri valvulam intestini cæci, & fluxum atque refluxum sanguinis ex corde, & in cor.

Enricii Cordi *de urinis* lib. revisus est editus a *Joh.* Dryandro Francof. 1543. 8°. Trew. a morte auctoris. *De abusu uroscopiæ conclusiones* ib. 1546. 8°.

§. CLVI. *Nicolaus* Massa.

Venetus, & ipse barbara dictione usus, minime tamen inanis auctor, qui corpora humana frequenter dissecuerit. Ejus liber *introductorius anatomiæ s. dissectionis corporis humani* Venet. 1536. 4°. editus, anno 1559. 4°.* recusus est & 1594. 4°. Catal. lib. germ. ab anno 1500. ad 1600. Tres fere ventres describit, ad morem Mundini, in reliqua anatome brevior: cæterum administrationem descriptioni addit. Panniculum carnosum universi corporis se vult ostendisse (*m*), etiam testibus productis. Appendiculam vermiformem plenius descripsit (*n*). Papillas renales habet (*o*), & earum ductus uriniferos. Gemellos in utero vidit placentasque duas (*p*). Capita rotunda vasorum menses fundentium in utero se vidisse putat (*q*). Uteri unicam facit cavitatem (*r*). Tertium cordis ventriculum se vidisse (*s*) opinatur, forte eam partem ventriculi dextri, quæ arteriæ pulmonali subjicitur. Fetus epigastriis conjunctos incidit (*t*). Pulmonem pene semper pleuræ adhærere monuit. Nervos olfactorios veros nervos esse confirmat (*u*). Officula auditus malleolos vocari dicit (*x*). Musculosam linguam natura sibi tribuit. Epigastricam venam peculiari cura describit (*y*), & venas intercostales inferiores a vena cava ad 9. & 10. vertebram natas (*z*). Coctione ossa pubis separari (*a*). Musculum habet frontalem. Ligamentum suspensorium penis. Pulmones pectus accurate replere. Ligamenta non sentire. Tres etiam recti musculi abdominis incisiones, & crassitiem versus collum vesicæ habere Portalius monet.

Ejusdem *epistolæ medicinales* Venet. 1542. 4°. 1550. 4°.* & 1558. 4°.*. Mihi tomus I. est anni 1550. alter anni 1558. Aliqua continent anatomica, ut L. I. ep. V. duram matrem nunquam non toti intus cranio adhærere (*b*): in eudem & malleolum neque se neque Berengarium invenisse, qui circa tempora Achillini innotuerint (*c*). Epistola VI. confirmat nervum olfactorium. Vesalii, nam non alio refero, figuras musculorum linguæ negat sibi placere. Nervos in linguam macerando deduxit. Alio loco negat se foramina in extrema vulva reperiisse, quæ Dryander velit invenisse. Epistola de superfetatione fere inanis est.

In L. II. epistola 25. de generatione hominis huc facit. Feminam sexagenariam mense decimo quinto monstrosam puellam peperisse. Obiit anno 1564.

 §. CLVII.

(m) p. 10. (n) p. 81. (o) p. 30.
(p) p. 43. b. (q) p. 44. (r) p. 45.
(s) p. 56. (t) p. 57. b. (u) p. 87. b. 88.
(x) p. 93. (y) p. 126. (z) p. 71.
(a) p. 36. (b) p. 55. (c) p. 55. b.

§. CLVII. GUNTHERUS (*d*).

J. GUNTHER vulgo GUINTER, Andernacensis, Professor Parisinus, cum laude docuit, dimidia parte sumtuum, cum gradum mereretur, ob eruditionem donatus. Negat unquam corpora humana incidisse VESALIUS, GUINTERI discipulus (*e*). Scripsit tamen *Institutionum anatomicarum* libros IV. Paris 1536. 8°. MAITT. Basileæ 1536. 8°. & iterum 1539. 4°.* cum THEOPHILO excusas, & Venetiis 1538. 16°.* 1556. 16°. emendante *Andrea* WESALIO. Porro Lyon 1541. 8°. MEAD. Paris 1558. 8°. GUNZ. Witteberg. 1617. 8°. GUNZ. cum figg. 1616. 8°. HERISS. & Patav. 1585. 8°. GUNZ. cum alia dedicatione VESALIANA. GALENI compendium est. Administrationes anatomicas etiam in artubus addit. Musculos interosseos dicit (*f*), quos GALENO ignotos fuisse putat. In duobus cadaveribus (*g*) venam humerariam ex axillari trunco provenisse, & ei comitem progressam esse. Unicum ductum seminalem facit. Corpora humana utique dissecuisse vult D. HERISSANT, & jocum VESALII vocat, quod nobis testimonium est. Verum & ipse in præfatione fatetur, se VESALIO & SERVETO in administrationibus usum esse, eorumque ope partes corporis humani a se ostensas; & vasa spermatica inventa iterum VESALIO tribuit (*h*).

In magno opere *de veteri & nova medicina* Basil. 1571. fol. 2.Vol. excuso B. *Bern.* dialogus IV. V. & VI. est de re anatomica. Vix excuses senem, qui VESALIANA & FALLOPIANA & EUSTACHIANA aliqua inventa potuerat legisse, neque ea in suos usus verterit. Hic etiam suum errorem repetit, pancreas dici glandulosa quædam in mesenterio corpora (*i*), ad descriptionem ex animalibus carnivoris sumtam. Hic etiam mutuam anastomosin venarum & arteriarum seminalium manifesto adfirmat (*k*).

Multos libros veterum latine vertit, GALENI l.l. *de facultatibus naturalibus: de semine: de atra bile: de administrationibus anatomicis: de placitis* HIPPOCRATIS *&* PLATONIS: *introductorium: de vulva consectione; de formatione fetus, de elementis, comm. in* HIPPOCRATEM *de natura humana.* Ipse commentatus est in HIPPOCRATEM *de natura humana.*

Inter Medicos redibit: interim moneo, scriptum esse ejus elogium, *éloge historique de J. Gonthier d'Andernach* a D. L. A. *Prospero* HERISSANT Paris 1765. 12°.*.

§. CLVIII. J. DRYANDER.

Vero nomine EICHMANN, in Gallia medicinam didicit, Marburgi docuit, Astrologiæ deditus, neque laudatus a collega *Euricio* CORDO. *Anatomen humani*

(d) Putem potius GUNTHERUM dictum esse: civis enim ejus *Hubertus* DAMIUS in elogio Γουνθηριον vocat, aliter græca scripturus, si WINTERUS verum nomen esset.
(e) *Rad. Chin.* p. 177.
(f) p. 105. (g) p. 109. (h) p. 30.
(i) p. 151. (k) p. 160.

humani capitis Marburgi 1536. 4°. ediſſe lego in catalogo THOMASIANO (*l*), neque vidi. Meâ editio eſt *Anatomiæ pars prior, in qua membra ad caput ſpectantia recenſentur & delineantur* Marburg. 1537. 4°.*. Anno 1535. & 1536. duo corpora humana inciderat.

Numeroſæ ſunt figuræ, neque ad BERENGARIANAS fictæ: in iis pluſcula primus expreſſit, corticis & medullæ in cerebro diverſitatem (*m*), & in cerebello, hic ſatis bene (*n*): nervos olfactorios, etſi opticos vocat (*o*): uvulam & ſulcos palmatos palati (*p*): ſuturas: pulmonem cum aſperæ arteriæ ramis, thoracis compagem.

Inde edidit Marburgi 1541. 4°.*. Anatomiam MUNDINI *ad vetuſtiſſimorum aliquot manuſcriptorum codicum fidem collatam, juſtoque ordini reſtitutam.* Addidit notulas, in quibus MUNDINUM corrigit, tum icones CARPI ſuasque (*r*), & quas diximus, & alias nonnullas, ut inteſtinorum, ubi adpendicula cæci inteſtini primum delineari adparet, renem cum vaſis, hepar, hoc ruditer, vaſa ſpermatica & genitalia maſcula: eadem in feminis. Habet oſſiculum ſeſamoideum inter os cuboides & minimum digitum; epididymidem ſatis bene; ſinus in extrema vulva mucoſos dixit. Renem dextrum facit humiliorem.

EJUSD. *der ganzen Arzney gemeiner Inhalt* Frankfurt 1542. fol.* & correctius, in titulo 1547. fol.*. Initium operis eſt anatome aliqua, in qua icones priores redeunt, & propriæ & BERENGARIANÆ, accedit figura venarum cutanearum omnium, & alia venarum internarum & externarum, in qua arteriæ duæ umbilicales, vena unica, & azyga non male exprimuntur.

IDEM *Antiochi* TIBERTI *de Chiromantia* L. III. recognovit & edidit, Mogunt. 1538. 8°. B. B.

Apud MASSAM (*s*) dicitur in vivis feminis & in extrema vulva foramina quædam inveniſſe, ſinus, ut videtur, mucoſos.

§. CLIX. *Jacobus* SYLVIUS.

Verius *du* BOIS, Ambianus, nondum eo tempore quidquam ediderat; neque tamen poteſt ejus viri recenſio differri, cum ante VESALIUM eum neceſſe ſit laudare, cujus Præceptor fuerit, perinde ut GUNTHERUS. Ab anno 1531. Pariſiis docuit, cum VESALIUS de ephebis non exceſſiſſet, plauſu cæterum, quam ipſe FERNELIUS, majori. Vir doctus & utriusque linguæ gnarus, primus HIPPOCRATEM & GALENUM Pariſiis interpretatus eſt (*t*), in arte pharmaceutica exercitatus, neque certe in anatome peregrinus, cujus pluſcula inventa ſint, etſi non frequentiſſime humana corpora incidit (*u*).

EJUS

(l) Habet etiam C. GESNER.
(m) f. 6. (n) f. 8. (o) f. 7. (p) f. 9.
(r) Sæpe ex GALENO, aliquando ex ſuis inciſionibus, etiam anno 1529. & 1530. peractis.
(s) Epiſt. [illegible] 23. (t)
(u) Non potuiſſe valvulas venoſi in corde oſtii invenire VESAL. *rad. Chin.* p. 151.

Ejus prima prodiit exstat *isagoge*, III. libris scripta *in libros* Hippocratis & Galeni *anatomicos*, compendium nempe anatomicum a capite ad calcem. Hic magno certe cum levamine memoriæ, musculis nomina imposuit, cum & prisci, & Vesalius atque Fallopius, incommode certe numeris sint usi, quos alius & alius auctor aliter constitueret. Administrationem etiam addit, & suadet vasa indagare humoribus coloratis per tubulos inmissis, qui primus ad anatomicas injectiones gradus fuit. Valvulam foraminis ovalis (*x*), & valvulas venarum inter primos invenit, & in variis truncis venarum (*y*) designavit. Musculum quadratum, qui ad flexores accedit in pedis planta (*z*), & pyramidales (*a*), & recti tibiæ veram originem, glandulas bronchiales, aliasque conglobatas primus dixit.

Magni pretii subjecit *observata in variis corporibus secandis*, tum morbosa varia, tum quæ perpetua essent. Hic videas Cl. virum detexisse peritonæi in eo loco integritatem, qua credebatur ab omni antiquitate, a vasis spermaticis perforari: verum enim vidit vir Cl. etsi quæ vidit pro re præter naturam accidente habuit (*b*). Vidit etiam venam cavam continuo supra diaphragma in cor insertam, etsi iterum pro re a naturæ instituto aliena habuit (*c*). Porro anastomoses vasorum uteri cum epigastricis (*d*); Appendicem vermiformem (*e*), tria ligamenta coli, varietates vasorum (*f*). Auctor & ipse est spurii pancreatis. Habet lobulum Spigelii.

Inde dissectiones dedit animalium, ut simiæ, in qua duo ligamenta coli (*g*) vidit, & venam, qualem Galenus, inter cor & diaphragma ex cava natam, unde origo erroris scholarum. In condylis femoris duo ossa sesamoidea (*h*) vidit, & in tibiæo musculo. Vaccæ uterum prægnantem ad naturam descripsit, tum alia ex aliis animalibus, etiam ex leone &c. Carnivora animalia nullum colon habere monuit.

Maturi senis opus, prodiit demum ab ejus morte Parisiis 1555. 8°. Dougl. 1561. 8°.* Venet. 1556. 8°. Plat. 1572. Catal. Willer. Paris. 1587. 8°. in Catal. & in operum collectione. Codex M.S. exstat in B. R. P. n. 6878. Gallice vertit J. Guillemin & edidit *l'introduction sur l'anatomique partie de la physiologie* Paris 1555. 8°. B. *Exot.* Verdier.

In Galenum *de ossibus commentarios* dedit Paris. 1561. 8°.*. Sola hominum ossa in eo Galeni libro describi contendit, & etiam ibi virum tuetur, ubi manifesto errat, ut in osse incisivo, osse sacro, acromio. Sceletos hominis & variorum animalium coram habuit, ut totus libellus indicat (*i*). Ossa carpi accuratius describit. Rudimenta dentium in fetu, sinus ethmoideos: os unguis, tres apophyses clinoideas dixit.

Ejus

(x) p. 22. b. (y) Ibid. (z) p. 55. b. p. I. 26.
(a) Ibid. (b) p. 70. (c) p. 70. b. (d) p. 70. b.
(e) p 71. pro vitio habet.
(f) p. 270. (g) p. 71. b. (h) p. 72. b.
(i) *In vita* & de *ossib.* p. 24. b. decem numerat.

Ejus *de menstruis mulierum & hominis generatione*: & in operibus omnibus. Hic libellus pene totus practici est argumenti. Gallice *de la nature & utilité des mois des femmes* Paris 1560. 8°. & *de la génération de l'homme* vertente *Guilielmo* CHRETIEN, ib. 1559. Latine *de mensibus mulierum & hominis generatione* Paris 1556. 8°. 1561. 8°. B. B. Basil. 1556. 4°. Medice magis quam physiologice scripsit, & ad veterum placita.

In GALENI *de natura humana* lib. commentarius.

In HIPPOCRATIS elementa commentarius 1561. 8°. B. B. Generalia ad scholarum saporem.

Isagoge in L. GALENI *de utilitate partium*, & *Epitome l. de facultatibus naturalibus*, libelli brevissimi.

Disputatio de partu infantulæ Aginnensis. Fatentur editores, hunc libellum forte ad *Jacobum* GOUPYLUM magis pertinere. Puella erat, concepta, ut mater adfirmabat, die Maji 27. partu edita 15. Decembris, nondum absoluto mense septimo. Octimestrem esse putabat GOUPYLUS an SYLVIUS, septimestrem FERNELIUS. Una *Caroli* FONTANERII, J. C. SCALIGERI, *Guilielmi* PLANCII & aliorum de eo partu epistolæ prodierunt.

Utinam non exstaret (*k*) alius SYLVII libellus, *Vesani* nempe *cujusdam calumniæ* in HIPPOCRATIS & GALENI *rem anatomicam depulsio* Parif. 1551. 8°. STOL. Venet. 1555. 8°.*. Veteres SYLVIUS noster deperibat, & potissimum GALENUM, indignissime adeo tulit, VESALIUM tot in eo viro errores detegere. Erat præterea avarus SYLVIUS, morumque adeo severiorum. Itaque in VESALIUM asperrime stomachatur, ut pronuntiare sustinuerit, omnia, quæ summus incisor propria habeat, unica pagina posse conplecti; ipsasque figuras nihili esse. In paucis recte, aut certe probabiliter GALENUM excusat. In multis longissime a natura aberrat, ut in suturis, osse incisivo, septem sterni ossibus, quæ ætatis nostræ vitio raro septena esse queratur: in ossis sacri tribus vertebris, in azyga vena & ramo venæ cavæ infra cor edito, quo loco iterum ad mutatam staturam refert, si aliter nos ea viderimus, quam GALENUS: sic in cavitate ventriculorum anteriorum ad os cribrosum producta (*l*). Sinus tamen sphenoideos describit. Chorion placentam obducere recte docet. Venam azygon ait se vidisse intra pericardium cavæ insertum, quod est improbabile.

Operum omnium editionem plenam, etsi minus nitidam, curavit *Renatus* MOREAU Genev. 1630. fol.* 1635. fol.

§. CLX. *Johannes* FERNELIUS.

Patriam cum SYLVIO communem habuit, & una, in alio tamen collegio, Parisiis medicinam docuit. Matheseos peritus, purissimo latino sermone usus; praxi

(k) Vide de eo judicium SANCTORII *meth: vitand. error.* p. 215.

(l) p. 76. b.

praxi clinica celebrior, ingenio ad bonum ordinem sibi præscribendum, & ad verum perspiciendum excitato, cepit GALENI jugum clanculum excutere. Manu quidem sua in dissectionibus non videtur se exercuisse, & nimiam in anatome sedulitatem improbavit (*m*). Scripsit tamen physiologiæ s. *de naturali medicinæ parte* libros omnino septem, editos Paris. 1538. 1542. DOUGL. Venet. 1547. 8°. ID. Lyon 1551. 16°. ID. 1554. fol. 1644. 8°. NICOLAI, recusos in editione operum Parisina 1567. fol.* Francofurti 1574. fol. 1577. fol. WILL. 1578. fol. 1581. fol. WILL. Leid. 1645. 8°. Genev. 1637. 4°. & auctius curante T. BONNET 1679. fol. & in Ultrajectina 1656. 4°.* aliisque. Primus liber anatomen corporis humani brevem continet, latinam, fere ex GALENO sumtam, cujus etiam errores retinet. Peritonæum tamen integrum facit. Notatum est, ligamenta decussata & cartilagines semilunares genu hic reperiri (*n*). Alter liber est de elementis, & partibus similaribus: tertius de temperamentis, quæ negat simplicia esse. L. IV. de elementis, ubi pro re paradoxa docet, omne inflammabile in oleo habitare. L. V. de facultatibus. Tres præcipuas partes corporis esse, trium animarum sedes, cor, cerebrum, jecur, ex isto etiam venas oriri. Nervorum præcipuam partem esse medullam, neque ex meningibus nasci. L. VI. de functionibus & humoribus. Respirationem esse actionem voluntariam. L. VII. (*o*) de procreatione. Ubique non potest dissimulari, plus habere subtilitatis, quam veræ cognitionis naturæ.

Codices M.S. FERNELIANÆ physiologiæ exstant in B. R. P. n. 7068. 7107.

In l. I. II. *de abditis rerum causis*, aliqua tangit de facultatibus naturalibus. Calorem non esse causam ciborum coctionis.

In *Pathologiæ* L. III. agitur de urinis deque pulsibus, Leid. 1645. 8°. & alias editæ.

In libros de anatome, de elementis: de spiritu & calido innato, de temperamentis, de facultatibus, functionibus & procreatione, nempe Physiologiam, tum in L. II. de abditis rerum causis exstant commentarii J. RIOLANI patris Paris. 1610. fol.

§. CLXI. *Johannes* MANARDUS.

Hujus seculi fuit, sed circa ista tempora ultimi jam senii. Passim in *epistolis* Basil. 1549. fol.* & alias excusis, aliqua habet anatomici argumenti, ut L. II. ep. ult. de stomacho & ejus vocis significatione. L. XI. epist. 1. de differentiis pulsuum. L. XIII. ep. 3. de significatione vocum manus & brachii. L. XV. de bilis colore &c. Ultimæ epistolæ sunt anni 1536.

In *artem parvam* GALENI Basil. 1536. 4°.* commentarium edidit, in quo de temperamentis egit.

Annus

(m) PLANCIUS in vita.
(n) PORTAL.
(o) C. 17.

Annus non est ad manus, quo prodiit *Hieronymi* FLORENTINI l. *de hominibus dubiis.* Fetum defendit ab ipso primo conceptu animatum esse.

§. CLXII. VARII.

Anonymi lib. *de pulsibus passim ex* GALENO *collectus & veluti in formulam redactus* Paris. 1537. 4°. PLATN. Nonne est, quæ dicetur, GESNERI collectio.

Guillaume CHRETIEN, Medicus Regius, qui multa J. SYLVII opuscula in Gallicam linguam convertit: ejus est etiam *Philalethes sur les erreurs anatomiques de certaines parties du corps*, Lyon 1536. 12°. VERDIER. alii Orleans. Varia porro antiquorum Gallice reddidit, ut lib. *de genitura* HIPPOCRATIS Paris. 1559. 8°. L. *de natura pueri* Rheims 1553. 8°.

Hieronymi ACCORAMBONI Eugubini *de natura & usu lactis* Venet. 1536. 8°.*. Basileæ 1538. 4°. BUR. Auctor LEONE X. imperante praxin fuerat secutus: & dudum hunc libellum scripserat; quem, cum interiisset, studiosus Germanus reparavit, practici vero potissimum est argumenti. Lac temperatum facit, neque calidum neque frigidum.

Jodoci WILLICH, Resellani, Prof. Francof. ad Viadrum, *physiognomia Aristotelis latine facta.* EJUSD. *oratio in laudem physiognomiæ* Witteberg. 1538. 8°. B.B. WILLICHIUS non brevem addidit præfationem: multa in textu græco emendavit, & in tabulas ARISTOTELIS placita conjecit. Oratio nulla nisi velis præfationem. IDEM edidit Argentorati 1542. 8°. *observationes in* LACTANTIUM *de opificio* DEI, ex GALENI fere libris de usu partium sumtas.

EJUS *commentarius anatomicus*, *in quo est omnium partium corporis humani diligens enumeratio* Argentor. 1544. 8°.*. Compendium anatomicum ex GALENO. Tanta eo ævo CLAUDII fuit auctoritas, ut miretur noster, BERENGARIUM rete mirabile nunquam vidisse.

EJUSD. *urinarum probationes cum notis Hieronymi* REUSNER Basil. 1582. 8°.

Joh. FERRERII diss. *auditum visu præstare contra vulgatum* ARISTOTELIS *placitum* Venet. 1539. 4°. OSB.

Nicolai de SABIO *viscerum viva delineatio* Venet. 1539. fol.*. Nusquam vidi indicatas duas tabulas, viri unam, alteram feminæ, in quarum utraque viscera abdominis eo ordine sibi quasi per strata imponuntur, quem in corpore humano tenent, eodem modo, ut in REMMELINI *Catoptro.* Rudes sunt cæterum, & hepar multilobe.

ALBINUS ad DOUGLASSIUM citat *tabulam anatomicam* antiquam, in folio oblongo sculptam, notatam DOM. FIORENTINI nomine, in qua sit sceletus, cum figuris musculorum anteriorum & posteriorum corporis humani, in usus pictorum delineatis. Antiquam esse addit, annum non definit.

Ein gar künstlich, allen Leib- und Wundärzten nützliches Werk, in 6. Figuren, mit Innhalt aller Blutschlag- und Flechs-Adern, samt den Gebeinen des ganzen Leibes Augspurg 1539. fol. Auctorem *Johannem de* NECKER vocat TREW. Nonne VESALII?

Aliud est etiam *opusculum duarum tabularum* Argentorati 1544. fol.* editarum, quarum prima dicitur *Abconterfeytung eines Manns Leib, wie er inwendig zu sehen ist* — altera *eines Weibs Leib.* Strata etiam viscerum sibi succedunt, sed alio modo quam in tabulis Venetis: colores pariter additi.

Idem forte huic fuerit, aut certe imitamentum, *Auslegung und Beschreibung der Anatomie, oder wahrhafte Abconterfeytung eines inwendigen Cörpers des Mannes und Weibes, mit Erklärung seiner innerlichen Glieder* Ulm 1541. 4°. quod GUNZIUS habet & PLATNERUS; & quod Argentorati dicitur prodiisse 1544. 4°. apud FRÖLICH in alio *Catalogo.*

Et demum *description & demonstration des membres intérieurs de l'homme & de la femme* Paris 1560. 4°. nisi est VESALII.

§. CLXIII. *Andreas* VESALIUS.

Anno equidem 1538. GÜNTHERI *Institutiones* ediderat, anno vero 1539. (*p*) primum librum anatomici argumenti publici juris fecit, juvenis adhuc, ut annum 25. non excederet. Cum incredibili ardore in anatomen ferretur, Lovanii, deinde Parisiis, per omne genus periculi, perque ferrum fere & ignes (*q*) cadavera sibi comparavit. Vix natus annos 22. a GUNTHERO præceptore meruit primo loco inter adjutores numerari; & ea jam ætate ignorata prioribus vasa spermatica a sua origine repetiit, qui nunc nobis vulgaris labor videtur, in corpore tamen pingui, cujus vasa nullo liquore repleta sunt, non est ex facillimis. Bononiæ anno 1538. vel 1539. fuit, & Patavii eam *epistolam dedit*, docentem *venam axillarem dextri cubiti in dolore laterali secandam* &c. Basileæ 1539. 4°.*. Iconem addidit venæ cavæ, intercostalis superioris, sine pari, & mammariarum: in qua non bene venam sine pari undique simplicem facit, cæterum e dextro brachio sanguinem in pleuritide utilius educi putat, cum ejus brachii vena cum vena sine pare propius connexa sit. Hæc epistola in editione VESALIANORUM operum Leidensi non reperitur. Recusa fuerat Patavii 1544. 8°. THOMAS.

Hoc etiam anno aliquot icones Venetiis edidit (*r*).

Maximo interim studio ad plenum opus anatomicum edendum se paravit. Delineatoribus usus est peritissimis, & sculptoribus, quantum in ligno fieri potest, artificiosissimis non quidem TITIANO, cujus nomen non videtur celaturus fuisse (*s*) Sculpto-

(p) Natus est 1514. cal. Jun. Vid. FUCHS p. 24.
(q) Conf. in epistol. *de radice China.*
(r) Epist. ad OPORINUM.
(s) TITIANO quidem tribuit vir curiosissimus MOEHSEN *Bildnisse* p. 89. Non tamen reperio coæva testimonia.

Sculptorem nominat *Johannem* STEPHANUM, quem vir harum rerum peritus habet pro JOHANNE *de Calcar* (*t*). Plena corpora, robusta, umbris masculis expressit. Primum edidit Basileæ 1542. fol.* *suorum librorum de corporis humani anatome epitomen* folio maximo. Eo opere sceletos, & musculi totius corporis, & vasa, viscera & nervi, & integra corpora utriusque sexus exprimuntur, quæ figuræ pleræque in magno opere redeunt, tantum quod hic musculorum duo *strata* in una icone reperias. Germanice recusa est paulo post, *des menschlichen Körpers Anatomey kurzer Auszug durch Albanum zum* THOR vulgo THORINUM Basel 1543. fol. magn.* in qua ed. icones aliquanto numerosiores sunt, & aliquæ ex magno opere desumtæ. Latine epitome passim recusa est Parisiis 1560. 8°. D'ETR. cum figuris & sine figuris ALB. Witteberg. 1582. 8°. THOM. 1585. 8°. 1603. 8°. Colon. 1600. fol. PLATN. Leid. 1616. 4°.* Amsterdam 1633. 4°.* curante *Petro* PAUW, varie aucta, de qua editione suo loco dicam; demum Amsterdam 1617. fol. alio cum titulo Anatomia VESALII &c. & 1642. fol.* cura *Nicolai* FONTANI, de qua ipsa editione dicendi locus erit. Subiit eadem epitome BUWMANNI opus, & GEMINI, GREVINI & PLANTINI. Eamdem puto esse VESALII *Beschreibung und Anzeig Manns und Weibs innerlicher Glieder in* 12. *Kupfer-Figuren* 1559. fol. Cæterum Epitomes sermo brevis est, & ad summa rerum capita spectat.

In prima juventute NOSTER tantam famam sibi comparaverat merendo, ut ab anno 1540. ad 1544. (*u*) Patavii anatomen docuerit: inde Bononiæ (*x*), & Pisis (*y*) demum, maximo 800. (*z*) coronatorum salario conductus: & tanto cum plausu publice dissecuerit, ut celebres (*a*) alioquin anatomici taciti de ejus demonstrationibus discederent. Ardentis ingenii vir edidit adeo annos nondum plenos natus 29. *de corporis humani fabrica libros* VII. immortale opus, & quo priora omnia, quæ ante se scripta fuissent, pene reddidit supervacua. Non tamen omnia sunt ejusdem pretii. Libro I. quo de ossibus agit, masculo stylo ossa majora expressit, & tamquam geographus provinciæ suæ rivos montes & valles, accuratis verbis, per suas sedes & partes descriptas dedit. Nova etiam non pauca, aut rectius visa, adjecit. Suturas erroneas GALENI & HIPPOCRATIS reformavit, os incisivum, os peculiare acromii, sacri tria ossa, sterni septena, ad naturæ nutum correxit. Sesamoideis ossibus ea addidit, quæ sunt in condylis femoris. Cartilagines laryngis arytænoideas ostendit duas esse. Omnes autem priorum figuras ita suis superavit iconibus, ut ne conparari quidem possent. Non ita eminuit in minutis ossibus capitis, quæ longa maceratione oporteret dissolvere, ut in palatino, aut ethmoideo, vix enim ea separavit: sinus tamen pituitarios sphenoideos habuit perspectos. Officula auditus, cor-

(t) Ibid.
(u) TOMASIN *gymnas.* p. 76.
(x) Anno 1543. Bononiæ VESALIUS ostendit, venam sine pare supra cor oriri SYSIUS *ven. direct. sec.* p. 606
(y) VESALIUS Pisas accersitus in scholis fuse dixit de venarum ex corde ortu, CUNEUS p. 71.
(z) *Rad. Chin.* p. 54. ic. 12.
(a) *Præfat. de rad. chin.*

cornua minora ossis hyoidei primus delineata dedit. Mireris ut minuta vascula, per obscuros canales cranii euntia, sagax indagaverit. Transitum muci ex cerebro ad nares rejecit.

In libro II. musculos tradidit, descripsit accuratius per singula, quam ante eum, & post eum, ad WINSLOWUM usque quisquam. Depinxit torosos & robustos musculos, minutias iterum non est secutus, ut in oculorum (*b*) & faciei, atque laryngis musculis non debeat audiri, eas enim particulas fere ex animalibus sumserat. Invenit nonum pedem moventium, vidit hyoepiglottideos. Ligamenta, fere primus, ubique musculis addidit. Simiarum in pectore musculos rejecit, quibus homines carent. Pectineum minime ignoravit, neque fasciculum a sphinctere ani in cutem euntem, aut veram originem musculi coracohyoidei. Tendinem bicipitis in summo cavo glenoideo scapulæ vidit, notante PORTALIO. Tendinem musculi in universum monuit, non esse a nervo.

In libro III. & IV. vasa & nervos dedit. In neutris eas, quas in musculis, laudes est adsecutus, neque enim poterat tantus rerum tenuium ambitus intra paucos annos, etiam a VESALIO, perspici. Quare passim hic cum GALENO errat, quos lapsus non est necesse repetere. Quartum tamen nervorum par viderat, etsi non sustinuit proprio cum nomine separare: sinum quintum duræ membranæ invenit. Arteriam sub calamo micare, contra GALENUM. Arterias cum venis communicare: senibus eas in cartilagines verti. Venam sine pare intra pericardium non aperiri. Emissarium dixit, cum ramo tertio Quinti de cranio exeuns. Nervum, qui dicitur decimus, pertinere ad spinales monuit. Quinque nervi brachialis truncos recensuit, omisso articulari.

Libro V. Abdomen tradit, ejusque viscera, cum singulorum situ, nexu vario, & icone. Multa hic bona, non ita, quæ de renibus & mulierum (*c*) partibus genitalibus profert, quæ & ipsa ex brutis fere sumsit animalibus. Ligamentum penis suspensorium aut invenit, aut perfecit. Ligamentum conspicuum coli delineavit, verumque laxioris intestini ductum. Jecur solidum & absque lobis esse monuit, & bullas aqua plenas vidit, quæ nostro ævo solent hydatides vocari. Prostatam muliebrem, & ductum a testibus in cervicem uteri meantem refutavit. Habet etiam appendices epiploicas coli, & glandulas œsophageas, & vesiculas ovarii. Bilem perenni rivo per ductum choledochum in intestinum venire. Hepar simplex esse. Fibræ lienis. Vesiculas seminales hic & in *examine obss.* FALL. dixit. Prostatam unicam facit. Habet septum tunicæ vaginalis testes, lobulum SPIGELII.

Liber VI. est de pectore, corde, pulmone, mediastino, hic primum pro dignitate dicto. Verum situm cordis VESALIUS restituit, & septum impervium defendit, & sanguinis ex venarum ramis in truncum relapsum docuit, non obscurum circuitus sanguinis rudimentum. Eminentias intra venarum corpus dixit,

(b) *Rad. Chin.* p. 157. Conf. exam. obs. FALLOP. p. 126.

(c) ARANT. *obss.* p. 104. Fatetur VESALIUS raro se uterum gravidum incidisse *rad. Chin.* p. 207. & necdum secuisse, cum opus suum ederet *Exam. obs.* p. 154.

dixit, & cum valvulis arteriosis cordis comparavit, quas tamen in *examine observationum* FALLOPII non vult pro valvulis haberi, neque satis J. B. CANANO credit, qui in variis venis valvulas viderat. Foramen ovale & ductum arteriosum satis bene describit. Valvularum venæ pulmonalis verum officium intellexit. Auriculam dextram cordis majorem esse. Nullum esse os cordis. Pericardium transverse positum delineat, mediastinum bestiarum rejicit. Aquam pericardii in vivo vidit homine. Marginem cordis acutum habet.

Lib. VII. Cerebrum & caput. Etiam in cerebro minutias non est secutus. Pituitæ tamen in nares vias rejecit. Corticem cerebri distinxit. Strias a glandula pineali, aquæductum, cornu ventriculi cerebri descendens, sinum quintum suum invenit. Rete mirabile repudiavit. Negat anteriorem ventriculum patere in nervum olfactorium. Corporis callosi lineam mediam dixit & duos sulcos, adnotante Cl. PORTAL. Audio jam VESALII tempore fuisse, qui de vi refractili lentis crystallinæ cogitarent.

In fine operis vivorum animalium incisiones aliquas jubet administrare, & inter eas id experimentum fuse exponit, quod solent HOOKIO tribuere, & quo flatu in pulmonem impulso vita & cordis motus moribundi animalis suscitatur. Fecit experimentum nervi recurrentis. Pulmonem aperto pectore collabi. Renem excidit & lienem. Cor in systole longius fieri.

Ubique post descriptiones partium administrationes adjicit, per quas partes humani corporis in apricum deducuntur.

Prima & vera est editio Basileensis 1543. fol.* altera etiam ab auctore emendata Basil. 1555. fol.* pleniori sermone, passimque aucta, ut venarum valvulis nuper inventis, iconibus, certe in meo exemplo, nihilo deterioribus.

A morte auctoris hoc opus Venetiis recuderunt 1568. fol.* figuris diminutis, tum 1604. fol. Lugduni 1552. 12°. 2.Vol. absque iconibus*. Habet etiam DOUGLAS editiones Francofurtenses 1604. 1632. 4°. quas suspicor esse CASSERII, certe posteriorem. Nostro demum ævō BOERHAAVIUS & ALBINUS cum aliis operibus summi viri recusum dederunt, iconibus æneis affabre depictis, addita docta præfatione, qua vita VESALII continetur, nominibus etiam receptis ad musculos adjectis, quod magnum est laboris lectori incubituri compendium. Leid. 1725. fol. 2.Vol.*

Ut primum adparuit magnum opus, continuo omnium in se convertit oculos, tum medicorum, tum etiam bibliopolarum, qui in tanta bonarum iconum penuria VESALIANAS solas laude viderent dignas esse.

Primum *Thomæ* GEMINI, Chalcographi, prodiit *totius anatomiæ declaratio æri incisa* Londin. 1545. fol.* 1552. fol. 1559. fol. GUNZ. 1645. fol. BODL. Idem fere quod BUWMANNI opus, epitome nempe & tabulæ musculorum, vasorum, & viscerum, omissis præter sceletos & in capite aliqua, ossibus. Icones satis subtiliter exsculptæ sunt, de quibus tamen VESALIUS vehementur conqueritur (*d*). Deinde

(d) *Rad. Chin.*

Deinde *Johannes* BUWMANN, Chirurgus Tigurinus, edidit *Anatomie, d. i. kurze und klare Beschreibung* (e) *aller Glieder des menschlichen Leibes, aus den Büchern D. Andreæ* VESALII *gezogen* Nürnberg 1551. fol.* 1575. fol.*. Icones perinde æri insculptæ sunt. Est epitome, & magni operis figuræ pleræque musculorum vasorum & viscerum, non perinde ossium; omnino ut in GEMINO.

Exstant etiam *Beschreibung und Anzeigung Mannes und Weibes innerlicher Glieder, in* 12. *Kupfer-Figuren verfaßt und gezogen aus der Anatomie* A. VESALII 1559. fol. THOMAS.

In Gallia GEMINUM imitatus est *Jacobus* GREVINUS. Et ipse dedit Epitomen VESALII cum ejus iconibus, & iisdem etiam de magno opere excerptis figuris musculorum, viscerum, sceletorum. Titulum fert *Anatomiæ totius æri inscripta delineatio* Parisiis 1564. fol.* & Gallice *les portraits anatomiques de toutes les parties du corps humain gravés en taille-douce* Paris. 1569. fol.* 1575. fol. 1578. fol. GUNZ. cum titulo *les figures & portraits des parties du corps humain* GUNZ. ubi manifestius est GREVINUM GEMINI institutum secutum esse. Addidit IDEM aliqua, quibus poteramus caruisse.

Iterum Antwerpiæ prodierunt *Vivæ imagines partium corporis humani aereis formis expressæ* Antwerp. apud Plantinum 1572. 4°. maj. * 1579. 4°. maj. *. Iterum epitome est VESALII, tunc icones, sed multo numerosiores, etiam aliquibus ad VESALIANAS adjectis, mutuo ex VALVERDO sumtis: omnibus in formam minorem concisis. Editorem se profitetur *Christophorus* PLANTINUS typographus.

Belgice etiam prodierunt *levende beelden van de deelen des menschelycken lichnames met de verclaringe* Antwerp. 1568. fol. CARLSON.

Præterea VESALIANÆ icones fere in omnia opera hujus, & sequentis seculi transierunt, VALVERDI, PAREI, INGRASSIÆ, S. ALBERTI, CASSERII, BAUHINI, demum BARTHOLINI.

Denique icones VESALIANÆ, quæ musculos potissimum exteriores exprimunt, in usum pictorum sæpe sunt recusæ. Coram habeo octo tabulas, quas *Jacobus* DOUGLAS excudi fecit, ante *bibliographiam*, & quas circa annum 1750. recusas dederunt. Varia in iis Cl. editor correxit: sceleti etiam adjectæ sunt.

Quæ tabulæ cum nomine sculptoris *François* TORTEBAT prodierunt, eæ pariter VESALIANÆ sunt, ad picturam accommodatæ Paris. 1667. fol. GUNZ. 1668. fol. MOEHSEN, cum titulo *Abrégé d'anatomie accommodé aux arts de peinture & de sculpture*: curante D. des PILES., qui TORTEBATI nomine se texit. Tabulæ sunt duodecim, sceleti, & musculorum. Germanice *Zergliederung des menschlichen Körpers auf Mahlerey und Bildhauer-Kunst gerichtet* Augspurg 1706. fol. GRAU. quam editionem periti non laudant. Tum S. T. GERICKE *kurze Verfassung der Anatomie, wie selbige zur Mahlerey und Bildhauerey erfodert wird* Berlin 1706. fol. MOEHS.

Hoc

(e) TREW. vocat *kurzer Auszug der Beschreibung &c.*

Hoc cæterum eximio opere, ut VESALIUS suffragia gratæ posteritatis meruit, ita sibi infinitarum litium causa fuit. Qui in universæ Europæ cathedris medicinam docebant, eo potissimum tempore GALENI auctoritatem unanimes venerabantur. Eam cum a VESALIO viderent labefactari, odia sua in juvenem converterunt, per quem sibi non liceret vera docuisse. *Jacobus* SYLVIUS (*f*) perpetuam ipsi denunciavit inimicitiam, si quidquam in GALENO carperet. CAJUS GALENI codices ad VESALIUM missos ab eo viro corruptos fuisse calumniatus est, ut quod carperet haberet. F. PUTEUS pro GALENO propriam scripsit apologiam, ab *Antonio* FOSSANO (*g*) archiatro CAROLI V. excitatus. *Archangelus* PICCOLHOMINIUS sustinuit adfirmare, omnia, quæ bona haberet VESALIUS, ea ex HIPPOCRATE & GALENO sumta esse (*h*).

VESALIUS aliquamdiu in laboribus anatomicis perstitit, & obtrectatores suos animose repressit. Basileæ anno 1546. deit, & ne tempus periret, sceleton (*i*) in schola Medica dedicavit, quam anno 1728. reparatam, non sine reverentia vidi, eum in ea Academia incisoris munere pene puer fungerer. Edidit eo anno acrem in GALENUM censuram, cui titulum fecit *de radicis Chinæ usu epistolam* ad *Joachimum* ROELANTZ Basil. 1546. fol. (*k*) * Venet. 1546. 8°. Lugduni 1547. 16°.*. Memorabilis liber, tum ad VESALII historiam, tum ad anatomes GALENICÆ emendationem. GALENUM non homines secuisse, sed simias: sæpe etiam cum veterum descriptionibus suas conjecturas absque anatome animalium natas miscuisse. Hæc per singula demonstrat, in utero, vena sine pare, venæ cavæ parte quam GALENUS cor inter & septum transversum finxit, ventriculis cerebri, ossibus fere plerisque, in cerebello (*l*), in umbilici absentia, in cæco intestino (*m*), ad quas partes omnes describendas GALENUS solis brutis animalibus usus est. Porro os cordis fictitium rejicit, hepatisque fibras, duosque uteri sinus: & alia via gulam per diaphragma penetrare docet, alia aortam: negat cavos processus mamillares cerebri in olfactus organum produci, aut in ventriculum vas breve aperiri. Se ipsum emendat, quod hymenem sibi non visum omiserit, quem nunc demum inventum restituit. Habet valvulam pylori, hic & in magno opere. Rejicit caveam ligamenti ovarii. Tubas, quæ dicuntur FALLOPII, ex animalibus habet; prostatam muliebrem refutat. Physiologica equidem aliqua etiam agitat, & incisorum hominum meminit, qui ex morbo exstincti fuerant (*n*).

Magno interim cum detrimento anatomes factum est, ut VESALIUS, calumniis adversariorum incensus, suas in GALENUM adnotationes flammis tradiderit (*o*).

Ipsa

(f) *Rad. Chin.* p. 177. 56.
(g) CUNEI *exam.* p. 4.
(h) *Prælect.* p. 207.
(i) HILDAN *Nutzen der Anatom.* p. 159.
(k) Quarta f. MEAD, sed coram est.
(l) GALENUS pone cerebrum ponit, & ossis meminit, quo a cerebro separatur p. 132. 145.
(m) Simiæ grande, homini minutum & longum p. 113. ed. 12.
(n) p. 112. 173. (o) p. 196.

Ipſa etiam gloria VESALII optimæ arti nocuit. Per egregias enim curationes ſummam nactus auctoritatem, maximam porro vitæ partem in aula CAROLI V. & PHILIPPI II. trivit, gratioſus nunc archiater, ab omni autem incidendorum corporum facultate excluſus, niſi quod aliquando viſcera hominis ex morbo aliquo ſingulari interemti luſtraverit.

Quare novam magni operis editionem anni 1555. non perinde auxit, aut emendavit, ut quidem poterat ab ardore exſpectari, quo in Anatomen ferebatur.

Cum tamen *Franciſcus* PUTEUS eam, quam dicemus, pro GALENO apologiam edidiſſet, non potuit ſe VESALIUS continere, quin *Examen apologiæ Fr.* PUTEI *pro* GALENO *in Anatome* diſcipuli *Gabrielis* CUNEI ficto nomine ſcriberet Venet. 1564. 4°.*. Verus auctor ſe prodidit, cum inciſorum per bella cadaverum meminit, quibus interfuerit (*p*), tum quod *examen obſervationum anatomicarum* FALLOPII citet, quod nondum prodierat (*q*). Cæterum ex ſcriptis ſuis prioribus fere deſumtus eſt liber, non undique utiliſſimus. Simiæ femur cervicem magis habere obliquam, & humanæ ſimiliorem (*r*) monet.

Denique *Anatomicarum Gabrielis* FALLOPII *obſervationum examen* eodem anno edidit Venet. 1564. 4°.* cum aliquo prius tempore hoc examen ſcripſiſſet die 17. Dec. 1561. tertio die poſtquam FALLOPII librum acceperat, & Madriti, ubi ne cranium quidem humanum potuit adipiſci. Quare pleriſque locis potius priora ſua repetit, quam vere *reſpondet*. Sunt tamen aliqua, ex brutis quidem ſumta, in aurium anatome, inque aliis capitis oſſiculis, nova & diligenter dicta; de punctis, ex quibus natura oſſea ſe diffundit, ut cartilaginem conſumat: de plexu nervi VII. cum V. de peritonæi ad veſicam habitu, de muſculo auris interno, ſed anno demum 1561. viſo; de epiphyſi, quæ in ruminantibus beſtiis locum tenet cellularum maſtoidearum, de promontorio; de ſtapede, cochlea, veſtibulo, feneſtris, canalibus ſemicircularibus, aquæductu, ejus arteria, ſinubus capitis pituitoſis: inter quos maxillarem minime ignoravit, de nervo quarto. Recuſum eſt *examen* Hanov. 1609. 8°. & cum operum editione Leidenſi.

Quando hic liber prodiit, VESALIUS (*s*) ultimam ſuam hieroſolymitanam peregrinationem jam adierat. Ejus exilii variæ cauſæ traduntur a variis, magis mihi vero probabilis ea cauſa videtur, quæ vulgo recepta eſt. Hominem enim ex morbo exſtinctum præcipiti ſtudio vir optimus incidit, ut cor miſeri ſub manibus & ſcalpello palpitaret. Tanti criminis reus factus, PHILIPPI II. non quidem clementiſſimi principis interceſſione, obtinuit, ut religioſa peregrinatione culpam redimeret. Eum reducem viderunt Cl. viri patriam repetere: ſed in Zacyntho inſula morbo exſtinctus periit, quinquagenario non major (*t*).

Chirur-

(p) Ita ALBINUS, DOUGLAS.
(q) MARTINE ad EUSTACH. p. 16.
(r) p. 8.
(s) Præfat.
(t) *Hubertus* BARLANDUS apud THUANUM. A. PARE' *de la générat.* p. 236. nono ab occaſu VESALII anno, tecto quidem nomine, ut facile tamen adgnoſcas.

Chirurgia magna libros VII. a morte viri edidit *Prosper* BORGARUCCI Venet. 1568. 8°.*. In eo opere partium corporis humani datur descriptio, ossium etiam potissimum, deinde musculorum, viscerum, vasorum. Hæc in libro I. Accedunt quatuor sceleti, parva forma, verum subtiliter expressæ. FALLOPIO tribuit CARCANUS (*u*).

A. WESALII *institutionum anatomicarum* libri IV. Bruxell. 1585. 8°. VATER. fuerint GUINTHERI.

Franciscus VESALIUS *Andreæ* Frater J. C. Anatomen amavit, & Ferrariæ corpora humana incidit (*x*). IDEM fratris *de radice China* epistolam edidit.

§. CLXIV. VARII.

Ludovicus VASSÆUS (*le* VASSEUR), Meldensis, *Jacobi* SYLVII discipulus, epitomen anatomes GALENICÆ conjecit in libellum, oui titulum fecit in *Anatomen corporis humani tabulæ quatuor* Paris. 1540. 4°. 1541. 4°. 1553. 4°. &c. DOUGLAS. Venet. 1549. 8°.* Lyon 1560. 8°. Venet. 1644. GUNZ. Gallice cum titulo *l'Anatomie du corps humain reduite en tables* Lyon 1552. 16°. Paris. 1555. 8°. vertente *Joh.* CANAPPE. Adeo tenax fuit GALENICÆ doctrinæ, ut hymenem a BERENGARIO restitutum rejiciat, quod ejus GALENUS nusquam meminisset. Fictitium pectoralem musculum simiarum, a recto abdominis musclo productum recipit. Exemplum meum ab anonymo variis anatomicis adnotationibus, & iconibus auctum est, ut duarum renis pelvium, & PORTALIUS exempli meminit, ad quod quatuor nou optimæ tabulæ accesserint.

EJUSD. *de judiciis urinarum tract.* Paris. 1541. 8°. Lyon 1549. 12°. Venet. 1549. 8°.* Tigur. 1555. 8°. LIND. Colon. 1579. 8°. WILLER. Varietates urinarum: inde morbi, qui ex urinis adgnoscuntur, & cujusque urinæ significatio. Porro vis colorum, hypostasium &c. Ex veteribus, nullo suo experimento. Fatetur admisto felle taurino sibi impositum fuisse.

Antonii LUDOVICI *de re medica opus* Olyssipon. 1540. fol. 1543. fol. Inter varia opuscula esse *Erotemata de usu respirationis*, & *de corde ad librum exquisitissimum*, DOUGLAS.

Josephi STRUTHII, Posnaniensis, *ars sphygmica s. pulsium doctrina supra 1200. annos desiderata* lib. V. *conscripta* Basileæ 1540. 8°. ASTRUC. 1555. 8°. 1602. 8°.* ab auctore correctus prius quam a. 1568. obiret. Medicinam Patavii docuit, & apud SOLIMANNUM exercuit: librum scripsit ex arithmeticis & theoria media mistum, lectu tædiosum. Classes pulsuum facit quinque, in quarum qualibet oppositi sibi pulsus continentur; eæ classes sunt magnus: celer: frequens: vehemens: mollis. Ex his cum mediocritate componit pulsus 17. & Quintam superam dicit, quæ est post distensionem, inferam, quæ

(u) *Vulner. cap.* p. 4.
(x) AMAT. LUSIT. *Curat. Cent.* I. *hist.* 60.

quæ poſt contractionem: nova etiam vocabula facit pulſus eurythmi, arhythmi, heterorhythmi, pararhythmi. Ex rhythmo porro cum muſica comparato, in diſtenſione longa, brevi, ſemibrevi, minima, exceſſu duplo, triplo, dimidio, ſeſquialtero, ſeſquitertio XV. alias pulſuum claſſes conſtituit: alias iterum ex pulſus inæqualitate, ut myurum, ſerratum, intermittentem, intercurrentem, undoſum, formicantem. De dicroto ſeorſim agit: tum de variis ſpasmodicis pulſibus, quos mirificis figuris exprimit: de hectico, ſerpentino &c.

Lib. II. agit de tactu pulſus. Valde ſubtiliter: de diverſitate ex arteriæ ſitu profundo, ſuperficiali. Pulſum modicum, elevatum, depreſſum figuris, neque abſonis exprimit. Raritatem & crebritatem per quietem longam & brevem definit, vehementem a ponderibus, quæ pulſus geſtat.

Lib. III. de cauſis pulſuum ſubtiliter, ſed absque experimento.

Lib. IV. de pulſibus ſexuum, ætatum, temperamentorum, anni temporum, regionum, exercitii corporis, balnei, cibi, potus, animi adfectuum, veneris, doloris, de pulſu in iis tenſo, vibrante, ſerrante. De pulſu morborum. Hæc in univerſum operis pars reliqua melior eſt. Amorem ſe ex pulſu adgnoviſſe.

Lib. V. Prognoſis ex pulſu; aſphyxia, pulſus febrilis: de pulſibus ſinguli viſceris adfecti ante BORDEUM: pulſus criticus.

Petri XIMENE, Valentini, *dialogo de anatomia*, *inſtitutiones medicæ*. Circa hæc tempora prodiiſſe CAP. de VIL.

Pamphili MONTII *medendi methodus* Aug. Vindel. 1540. 8°. Habet etiam anatomica & phyſiologica.

EJUS *de temperamento æquali ad pondus*, L. I. *de hominis temperatura ex* GALENI *intentione* L. I. Bonon. 1532. fol. Venet. 1545. 8°. cum aliis ORLAND.

Valentinus POLIDAMUS *de pulſibus & urinis* Baſil. 1540. fol. L.

Joh. AGRICOLA in GALENUM *de arte medicinali* Baſil. 1541. 8°. commentatus eſt. EJUSD. *de præſtantia corporis humani* ſermo inter orationes Ingolſtadienſes excuſus eſt.

Non ſerius recenſeo EOBANI HESSI *de tuenda valetudine* ſæpe recuſum opuſculum. Coram eſt editio Francofurti 1582. 8°.*. Habet aliqua phyſiologica.

Neque *Franciſci* BONAFEDE lib. *de ſemeſtri partu* MAZ.

Conradus GESNER omni alia laude quidem magis inclaruit. Huc tamen pertinent tract. *de lacte & operibus lactariis*, cum eo DOUGLASSIUS referat, 1541. 8°.* editum. Addo paſſim in hiſtoria animalium etiam anatomica aliqua tangi, ut de quadrupedum ruminantium ventriculo, & de univerſa viſcerum fabrica, fere ex ARISTOTELE, tum de longævitate, geſtationis tempore, partuum numero, lacte & humoribus.

Edidit

Edidit Basileæ 1541. 8°. aliquot opuscula minora ARISTOTELIS *de senectute, vita & morte, longævitate, brevitate vitæ*, divinatione, cum M. EPHESII expositione.

Edidit etiam libellum *de pulsibus* ex GALENI *libris collectum* in *enchiridio rei medicæ triplici* Tigur. 1555. 8°. LINDEN. Nonne idem lib. p. 179.

Francisci NICONISII *de fetu nato ex uxore, marito absente, per somnium* Cracov. 1541. 8°.

Gualther Hermann RYFF *des Menschen wahrhaftige Beschreibung, oder Anatomie* Strasburg 1541. fol.*. Icones DRYANDRI repetit (y), tum conjunctas, tum inter sermonem anatomicum & physiologicum interspersas. Gallice *Description anatomique de toutes les parties du corps humain* — Paris 1545. fol. VERDIER. Homo inconstans, neque anatomicus, edidit etiam Argentorati 1542. 12°. J. DIURII *Medicinæ theoricæ & practicæ Enchiridion cum sententiis ex C.* CELSO *delectis* GUNZ, si huc facit.

EJUSDEM *de memoria artificiali quam memorativam artem vocat opusculum & de naturali memoria* 1541. 8°.* Argentorati ut puto. Per imagines & locos.

Deinde *Spiegel und Regiment der Gesundheit auf Deutschland gerichtet* Frankfurt 1555. 8°. Si huc facit.

EJ. *groß Wundarzney* Strasb. 1559. fol. cum brevi membrorum corporis humani descriptione.

Anatomie des os du corps humain de GALEN. *trad. du latin par Jean* CANAPPE Lyon 1541. 12°.*

Gerardi BUCOLDIANI *brevis narratio de puella, quæ sine cibo & potu vitam per annos aliquot in pago Roed egit* Paris. 1542. 8°. MAITT. Giess. 1673. fol. cum aliis. Recusa est apud LENTULUM. Ne cælo quidem æstuoso bibebat.

Simon PORTIUS *de eadem puella Germanica, quæ fere biennium vixerat sine cibo potuque* scripsit Florent. 1551. 4°. BUR.

IDEM libellum (ARISTOTELIS) *de coloribus* gr. & lat. cum recensione & notis edidit Florent. 1542. 4°. BUR. 1548. 4°. B.B. & *de coloribus oculorum* ib. 1550. 4°. B.B. Oculi descriptio anatomica, & multa peripatetica disputatio.

IDEM *de colore* Florent. 1551. 4°.* B.B. agit etiam de tactu & sensibus.

Nicolai ROCHEI *de morbis mulierum curandis* Paris. 1542. 12°. & in Gynæciis BAUHINI & SPACHII. Descriptionem habet partium genitalium utriusque sexus, tum de mensibus & conceptu aliqua.

Antonii BOZZAVOTRA *quæsitum de calido innato* Neapol. 1542. 4°. TOPPI.

(y) Habet titulum not. ad DOUGLAS.

Daniel BARBARO *predica de' sogni composta per il* P. HYPNEO *da Scio* Venez. 1542. 8°. MAZ.

§. CLXV. *Iterum* VARII.

Bassianus LANDUS Placentinus, Professor Patavinus, philosophus peripateticus, a sicario occisus (z). Ejus *anatomes corporis humani* L. II. prodierunt Basileæ 1542. 8°. *Not. ad* DOUGLAS. Francof. 1605. 8°.* 1652. 8°. DOUGLAS. Ex GALENO, nullis cum nuperorum inventis.

EJ. *tr. de incremento* Venet. 1556. 8°.*. Physiologici est argumenti. Incrementum describit, quod fiat a facultate alimentum in meatus & amplos & parvos fundente. Eos meatus plenos esse halitu aëreo, qui excussus alteri corpori loco cedit & in se coit. Bono ordine, sed non anatomicus.

Albanus HYLL, Cambro-Britannus, *de anatomia* GALENICA scripsit TANNER.

Jacob SCHEGK, Philosophus peripateticus. Ejus est *de animæ principatu dialogus* Tubing. 1542. 8°. Alter disputatorum cordis causam erat, alter cerebri.

EJUSD. *de primo sanguificationis instrumento* L. I. & *de calido & humido* L. I. Argentorat. 1581. 8°. DOUGLAS.

EJ. *de corde & ejus principatu* Francofurti 1585.

EJ. *de plastica seminis facultate* l. 3. Argentorati 1580. 8°. PL.

EJUSDEM *tractationum physicarum & medicarum* T. I. *septem libros complectens* Francofurt. 1585. 12°. 1590. 12°. DOUGLAS. Libro tertio contendit, spiritum, qui in ventriculis cerebri continetur, esse vitalem, non animalem. Quanto de corde & ejus principatu agit. IDEM.

EJUSD. *prælectiones in* GALENI *libros de arte parva* studio *Sebastiani* BLOSSII prodierunt Francofurti 1589. 8°. WILLER.

EJUSD. *disputationes physico-Medicæ* VIII. Francofurti 1590. 12°. HUTH, si huc faciunt.

§. CLXVI. *Jacob* RUEFF.

Jacobi RUEFF, Chirurgi Tigurini, lib. *de duplice infante utroque feminei sexus* anno 1543. *nato capitibus duobus, brachiis quatuor, totidem pedibus disjunctis; uno vero corpore a collo ad umbilicum* Tiguri 1544. GESNER *Biblioth.*

EJUSDEM *de conceptu & generatione hominis* L. VI. Tiguri 1554. 4°.* Francofurt. 1587. 4°. HEIST. Basil. 1586. 4°. *in gynæciis.* Argentor. 1580. 4°. 1587. 4°. & 1597. fol. inter SPACHIANOS libellos. Latine versum est a *Wolfgango* HALLER,

(z) TOMASIN. *Gymnas. Patav.*

HALLER, cujus gentis cum mea communis est origo, JOHANNES nempe HALLER, qui in bello civili periit. Germanice *Schön lustig Trostbüchlein von den Empfängnüssen und Geburthen der Menschen und ihren vielfältigen Hindernüssen, samt Figuren* Zürich 1569. 4°. B. Exot. *Hebammen-Buch, daraus man die Heimlichkeiten des weiblichen Geschlechtes erkennen kann, welchergestalt der Mensch in Mutterleib empfangen und gebohren wird* &c. Frankfurt 1580. 4°. 1588. 4°.* WILLER. Belgice *bock van de vroet wyf door* EVERARD Amsterdam 1672. 4°. De formatione hominis longa & hypothetica narratio, cum figuris ad mentem auctoris exponendam fictis, ut coagulum, ex utroque semine conpactum, quod paulatim vasis obducitur. Porro secundas dixit & fetus formationem. Uteri anatome cum figuris VESALIANIS: partus: & monstrorum farrago, cum eorum iconibus: horum tamen aliqua ipse vidit. In hoc simplicis viri opusculo voluerunt nuper Chirurgi aliqui circuitum sanguinis invenire. Nihil autem noster supra seculum sapuisse voluit. Utique vero forcipem ad expediendum fetum mortuum nuperæ Anglicæ non dissimilem delineavit. Editio germanica a latina aliquantum differt.

EJUSDEM *opus chyromanticum* Noribergæ 1560. 4°. UFFENBACH. An verum.

§. CLXVII. VARII.

Martini AKAKIÆ in artem medicinalem GALENI Paris. 1543. 4°. Venet. 1544. 8°. 1587. 8°. Lyon 1548. 16°. Basil. 1549. 8°. LIND. De morbis muliebribus libri, qui vix huc spectaverint.

Pauli GRISIGNANI de Salerno, l. *de pulsibus & urinis* Salern. 1543. 8°. LIND.

Angelus FORSTIUS Venetus, Medicus & Astrologus, *de mirabilibus & vita humana naturali fundamento* Venet. 1543. 8°. 1555. 8°. apud DOUGL.

Paulus DIONISIUS *de materia oculi* versu hexametro 1543. DOUGL.

Hieronymi THRIVERII BRACHELII, Professoris Lovaniensis, *super naturam partium solidarum cum* ARISTOTELE & GALENO *disceptatio* Antwerp. 1543. 8°.

EJUSD. *in artem parvam* GALENI Lyon 1547. 12°.

EJ. *in* l. 3. *de temperamentis* commentarius Francofurt. 1547. 16°. L. Gallice versus Lovan. 1555. 16°. *Bibl. Exot.*

Michaelis Angeli BLONDI *de cognitione corporis per adspectum* l. *collectus ex* HIPPOCRATE, ARISTOTELE, GALENO, item l. *de maculis corporis*, Romæ 1544. 4°. D'ETR.

EJUSD. *de memoria* l. Venet. 1545. 8°.

Pompilii

Pompilii AZALI, Placentini, *de omnibus rebus naturalibus, quæ continentur in mundo* Venet. 1541. fol. Si huc facit.

Eberhards SCHOEN *Unterweisung der Proportion und Stellung des Leibes, liegend und stehend* Nürnberg 1543. 4°.

§. CLXVIII. J. B. CANNANUS.

Hoc anno rarissimum CANNANI opus prodiit, aut priori. Dudum fueram suspicatus, nunc coram est exemplum, ex *Johannis* GESNERI liberalitate mecum communicatum, quod ex *Conradi* GESNERI nomine, propria summi viri manu inscripto, certum est jam anno 1543. ab *Augustino de* MUSTO Ferraria ad GESNERUM missum esse. Alterum exemplum debeo liberalitati CELSISSIMI Comitis de BUTE. Sed etiam exemplum hujus libri exstat in B. Dresdensi, & monetur videri editum ante anno 1545. ex nomine jam anno 1545. inscripto *Aurifabri*, & nomine pictoris citato, qui anno 1556. de vita recesserit. Ferrariensis fuit, Archiater JULII III. contemporaneus FALLOPII, qui nostri candorem enixe laudat, suo ævo inter viros illustres (*a*) recensus, inventor valvularum venosarum, in azygæ renalis & iliacæ ortu (*b*) positarum, diligens incisor, qui caput etiam crocodili dissecuit (*c*), & in utero gemellifero levem tantum divisionem reperit (apud AMATUM).

Hujus rarissimi libri quatuor tantum plena exempla ajunt reperiri. Titulus est *Musculorum humani corporis picturata dissectio per* J. *Baptistam* CANNANUM, *Ferrariensem medicum, in Bartholomæi* NIGRISOLII *Ferrariensis Patritii gratiam nunc primum in lucem edita* quart. min. absque anni locive memoria. In præfatione auctor dicit HIERONYMUM Carpensem figuras delineasse, se dissecuisse, *Antonium Mariam* CANNANUM demonstrasse. Reliquos libros continuo secuturos, quorum iste primus sit. Icones æri incisæ, non malo sculptoris artificio, musculi in systemate primum depicti, deinde singuli ut tamen ossa una exprimantur. GALENUM solum præ oculis habet: musculos describit. Palmarem in tertium articulum ducit. Flexores brachiales habet duos, quorum prior in ossiculum metacarpi quartum, alter in os metacarpi indicis se immittit. Perforationem tendinum sublimis habet, & pronatorem quadratum, & insulas tendineas, quibus tendines extensorii digitorum conjunguntur: habet porro indicatorem, pollicis tres extensores, lumbricales, palmarem brevem (*d*), interosseos octo, & abductorem anularis digiti (*e*). Tabulæ sunt 27.

§. CLXIX.

(a) FIORAVANTI *tesoro praef.* FALLOP. *obss.* p. 102.
(b) VESAL. *Exam. obss* FALLOP. p. 83. add. AMATUM FALLOP. p. 118. b.
(c) AMATUS *cur.* p. 202.
(d) Inventum CANANI. FALLOPIUS *obss.* p. 102. b. 103. Pinxisse VALVERDUM, sed male.
(e) CANANO tribuit BOSIUS *facult. anat.* p. 65.

§. CLXIX. T. DUNUS.

Thaddæi DUNI, Locarnensis ob religionem profugi, qui Tiguri in Helvetia vixit, *Miscellanea* prodierunt Tiguri 1592. 8°.*. In iis agitur c. 3. de perinæo ejusque particulæ latino nomine in c. 4. de partibus similaribus, in c. 14. de adtractione.

Ad lib. de arte evacuandi per venas sectionem addidit, *tabulam venarum omnium Vesalianam suis cum notis* Lutet. 1544. 8°. Tigur. 1570. 8°.

EJUSD. *l. de respiratione* Tiguri 1588. 8°.*. Scopus quidem est ostendere, contra GALENUM, respirationem non esse de numero actionum voluntariarum. Cæterum citat (*f*) anatomen, quam Tiguri administravit, & (*g*) experimentum factum pectore aperto.

Jani CORNARII *de utriusque alimenti receptaculis* cum ADAMANTII versione Basil. 1544. 8°. Vertit etiam GALENUM *de uteri dissectione*, *de fetus formatione*, *de semine*, Basil. 1536. fol.* & ARTEMIDORUM 1539. 4°. Refer ad p. 172.

§. CLXX. *Johannes* TAGAULT.

Johannes TAGAULT, Ambianus. EJUS sunt *institutionum chirurgicarum* Lib. V. Parisiis 1543. fol.* Lugduni 1560. 8°.* & in collectione GESNERIANA Tiguri 1555. fol. Huc refertur a DOUGLASSIO ob sceletorum tres figuras, quæ libro quinto subjiciuntur. *Guidonem de* CAULIACO meliorem in stylum reformavit.

Aloysii MUNDELLÆ *epistolæ medicinales* Basil. 1543. 4°.*. Est inter eas Epistola VII. de situ œsophagi, occasione doloris, quem duo ægroti circa undecimam vertebram dorsi percipiebant. Dorso os ventriculi admoveri defendit.

Ej. *theatrum* GALENI f. *index ejus operum* prodiit Argentorat. 1568. fol. & alias.

Johannes GORRÆUS, vir utriusque linguæ peritus, edidit anno 1545. 4°. (GUNZ), & alias Paris. 8°. HIPPOCRATIS *de genitura & natura pueri libellum*, græce & latine, cum annotationibus ad tempora partus spectantibus.

In ejusdem *definitionibus* Paris. 1564. fol.* & alias excusis, vocabula anatomica veterum explicantur, satis fuse & copiose.

EJ. *de urinis* Venet. 1545. Paris. 1555. 16°. LIND.

Petri GORRÆI tr. *de urinis* Venet. 1545. Paris. 1555. 16°. Putes utrumque GORRÆUM non differre. Sed non vidi.

Ludovicus BUCAFERREA, *Alexandri* ACHILLINI discipulus, cum anno 1545. obierit, hic recensetur. EJUS est *oratio de principatu partium corporis*, quæ inserta

(f) p. 83. (g) p. 93.

inserta in *Francisci* PUTEI apologiæ librum III. una excusa est Venet. 1562. 8°.* Turin. 1583. LIND. Pro ARISTOTELE, contra GALENUM, cor defendit principium esse venarum.

Antonio PELLEGRINI *signi della natura nell uomo* Venez. 1545. 8°. D'ETR. 1569. 8°.

Trattato de Phisionomia da molti sapientissimi huomini racolto Venez. 1545. 8°. D'ETR.

§. CLXXI. J. P. INGRASSIAS.

J. Philippus INGRASSIAS, Rachalbutensis siculus (*h*), celebris Medicus & anatomes Professor Neapolitanus, ubi statua ipsi erecta fuit, stapedis verus, teste FALLOPIO, inventor, etiam vesicularum seminalium, etsi locum ignoro, quo id inventum publicavit. Siciliæ ab anno 1563. archiater, porro Panormi vixit. Severus eruditionis exactor neminem ad medicinam exercendam admisit, nisi publice medicas conclusiones propugnasset, Anatomen certe unius corporis humani in singulos annos procuravit. In peste Panormitana primus Tribunalis ad urbem conservandam instituti consultor, stipendium lautissimum magno animo rejecit. Effossis papireti aquis salubritati publicæ prospexit. Obiit anno 1580. Edidit anno 1544. ut mihi quidem videtur, *Jatrapologiam adversus barbaros medicos* Venetiis excusam 8.°.*. Pleraque practica sunt. In duodecimo tamen adversariorum errore tres spiritus, tres diffluentes virtutes a tribus principiis post AVERRHOEM receptas refutavit. In *Errore* 13. eos refellit, qui spiritum alterius spiritus vehiculum fecerant.

EJUSDEM *trattato di due mostri nati in Palermo in diversi tempi visi con raggionamento fatto sopra l' infirmità epidemica dell anno* 1558. Palermo 1560. 4°. MONGIT.

Princeps viri opus est in GALENI l. *de ossibus commentaria* Panorm. 1604. fol.* qui dudum a morte auctoris a nepote cognomine editus est. Textus GALENI græcus & latinus, commentarius fusissimus, cum Auctor se ad minima quæque dimiserit: scrobum, suturarum & tuberculorum facierum & linearum minutus enarrator. Os cribrosum recte descripsit. Trium ossiculorum auditus plusculas figuras dedit; musculum mallei depinxit, eum ad accuratam sonorum perceptionem facere meminit. Nervum mollem auditorium a duro distinxit, istum cum Quinto cohærere, inde fieri docuit, ut surdi sonum instrumenti audiant, quod dentibus tenent. Cellulas ethmoideas habet. Vera origo arteriæ ophthalmicæ; discrimen pelvis in utroque sexu. Foramen ab oculis ad nares ducens non ignoravit. GALENUM amat excusare, non tamen ut contra verum defendat, in solum EUSTACHIUM acris. VESALII icones repetiit (*i*).

In

(h) Non Panormitanus MONGITORE bibl. sic. I. p. 361. quem totum vide.
(i) *Parere dio in* 8. *raggionamenti* II. p. 45.

In libro *de tumoribus* contra veteres teſtimonium docet, recte inſpicienti tamen in cerebro venulas apparere.

§. CLXXII. *Carolus* STEPHANUS.

IDEM, quem in Botanicis laudavimus, vir doctus, edidit Pariſ. 1545. fol.* *de diſſectione partium corporis humani libros tres*, quorum ſermo ad ipſum ſpectat, etiam ex judicis ſententia (*k*), figuræ ad chirurgum STEPHANUM *de la* RIVIERE. Gallice aliquanto majori forma prodierunt Pariſ. 1546. fol. *. Opus ſuum unice ex autopſia natum (*l*) ait, jam anno 1539. ad dimidium librum tertium perfectum fuiſſe, ob litem (puto cum RIVERIO) vero editionem ſuſpenſam. Chirurgus STEPHANUS (VERDIER vocat eum *Jean* RIVIERES) in diſſectionibus CAROLUM adjuvit, & figuras delineavit.

Opus, ut ea ætate, minime contemnendum: Libro I. oſſium hiſtoriam continet, & ligamentorum. Habet ſinus frontales, meniſcos cartilagineos, qui ſunt in maxillæ inferioris cum temporum oſſe articulo, tum qui ſunt in genu. Habet etiam glandulas, quæ in articulis ſedent, & glutinoſum quid, inſidens epiglottidi. Foramina nutritia oſſium, ligamenta ſpinæ dorſi dixit. Inde nervos, arterias & muſculos, ut in deſcriptione GALENUM ubique præ oculis habeat, non tamen ut in erroribus eum ſequatur, nam ſeptimum muſculum oculi GALENI negat ſe reperiſſe. Extenſoris pollicis pedis longi duos facit tendines, unum in oſſa tarſi, alterum in pollicem pedis inſertum (*m*). Extenſorem digitorum pedis brevem etiam a tibia venire (*n*). Pollicis in manu flexorem habere caput unum ab humero, alterum a radio (*o*). Icones minus bonæ: primus tamen ſingulos muſculos etiam ſeparatos de corpore expreſſit. Panniculum carnoſum refutat. In nervis videtur uberior. Non confundit, certe in icone, nervum intercoſtalem cum octavo. Nervos brachii minime male habet ad oſſa adaptatos. Depingit nervos poſteriores oſſis ſacri. Sceleti rudes. Vaſa etiam cutanea delineat, & interna, ſed minus bene. Tuba aurifabrorum ad vaſa inflanda utebatur.

Libro II. viſcera dicit, icones vero in integris fere corporibus dat, ut nimis ſint exiguæ. Ventriculorum cerebri anteriorum cornu deſcendens videtur exprimere. Rima in caveam internam medullæ ſpinalis ducens, in qua aqua continetur. Septum ſcroti habet, jam MASSÆ tactum; & glandulas MEIBOMII; iconem appendiculæ, hæc PORTAL.

Lib. III. femineum ſexum tradit, multis figuris, & muſculorum diſſectionem. Cum hymenem rejecerit, factum eſt, ut tota ſchola Gallica cum errorem ſequuta ſit.

(k) *Recherches ſur la Chirurgie en France*, p. 128.
(l) p. 2.
(m) STEPHANUS p. 322.
(n) p. 320. (o) p. 315.

Cl. MAITTAIRE recenset *Caroli* STEPHANI *anatomiam*, apud STEPHANUM editam Paris. 1536. 8°. Nostrum opus apud *Colineum* prodiit, neque aliud vestigium hujus prioris operis reperi.

§. CLXXIII. J. B. MONTANUS. ALII.

J. Baptistæ MONTANI, celebris Professoris Patavini, veterum magni interpretis, *tabulæ in artem parvam* GALENI Venet. 1546. folio; Patav. 1558. fol. LIND. & *explanationes in eamdem artem* Venetiis 1554. 4°. LIND. 1560. 8°.

In 2. fen. L. I. AVICENNÆ *de pulsibus & urinis* commentatus est Venet. 1555. 8°. LIND.

In 4. fen. L. I. AVICENNÆ ib. 1556. 8°. LIND.

EJ. *Idea doctrinæ* HIPPOCRATICÆ *de generatione pituitæ, humore melancholico, coctione & præparatione humorum* Basil. 1558. 8°. 1565. 8°. Francof. 1621. 8°. LIND.

EJ. *In* GALENUM *de elementis, natura humana, atra bile, & temperamentis Periochæ* Hanau 1595. 8°. LIND.

EJUSD. *de fæcibus & urinis* Patav. 1554. 8°.* *de excrementis* Paris. 1555. 12°. HEINS.

Christ. BAUDUYN & J. MAGNIEN *Ergo temperamenta signis possint deprehendi* Paris. 1546. fol.

Anton. TACQUET & *Christoph.* FERNAND *Ergo functiones humoribus respondent ut hi temperamentis* Paris. 1546. fol.

Aloysii TRISSINI, Professoris Ferrariensis, *Problematum medicinalium & sententium libri sex posthumi* Basil. 1546. sed dedicatio est anni 1542. Patav. 1629. 8°.*. Magna pars operis pertinet ad fines, ob quas variæ corporis humani partes hoc neque alio modo constructæ sint, & ad teleologiam; illa ex GALENO, hæc ex proprio ingenio.

§. CLXXIV. VARII.

Robertus RECORD scripsit *the urinal of physic* dedicatum anno 1547. editum Londini 1582. 8°. 1599. 8°. 1665. 8°. OSB. Habet vasa urinaria, cum figuris.

Thomas VICARY, Chirurgus primarius regius, ab HENRICO VIII. ad ELISABETHAM, scripsit *the english man's treasure or the true anatomy of man's body* London 1548. 1636. 4°. DOUGLAS.

Alium titulum habet *Johannes* AMES, *a profitable treatise of the anatomy of man's body compiled by* T. VICARY *and published by the surgeons of S. Bartholomy hospital* London 1577. 12°.

Jean

Joan DUBRAVII *de piscinis* Breslau 1547. 8°. auctius a CONRINGIO redditus, habet aliqua de propagatione piscium.

J. FONTANI *Physiognomica* ARISTOTELIS *ordine compositorio edita* Parisiis 1611. 8°. sed scripta anno 1547.

Hippolyti GUARINONI *chylosophia* T. I. Oenipont. 1548. fol. THOMAS.

Christophori LANGTON *de rebus non naturalibus &c.* Londin. 1548. 8.

Tr. *of urines, of their colours &c.* ibid. 1552. 8°. TANNER.

Julii ALEXANDRINI, Tridentini, *Enantiomatum* GALENI *aliquot* l.l. Venet. 1548. 8°.*. Studium Cl. viri fuit, mollire, quæ in GALENI libris sibi contraria esse videretur. De partibus ex spermate aut sanguine formatis & consistentibus: de pariendi tempore modo & caussis: de appetitu veneteo: exempla clysterum per vomitum rejectorum. De pulsu veloci cum frequente conjuncto aut non conjuncto: De functionum & facultatum numero.

Johannis LONICER *erotemata in* GALENI *libros de usu partium* Francofurti 1548 8°. B. TIG. 1550. 8°.*. Singuli libri peculiaria momenta in compendium contracta & in ea quæstiones.

Ludovicus de BOURGES edidit cum commentario HIPPOCRATIS *de natura humana* libellum Paris. 1548. 16°. VERD. In B. *Exot.* dicitur JOHANNES.

Antoine du MOULIN *de diversa hominum natura s. de physiognomia ratione* Lugdun. 1549. 8°.*. Gallice *la physionomie naturelle* Lyon 1550. 8°. VERDIER.

J. *de* VIOO & *Guil.* BOGATII *Ergo nostra triplex substantia triplici humore conservatur* Paris. 1547.

§. CLXXV. *Ambrosius* PARE'.

Regius Chirurgus, modesto tamen titulo Tonsoris perpetuo usus, per castrenses casus exercitatus, in curatione felix, hinc CAROLI IX. peculiari gratia solus inter Reformatos aulicos lanienæ Parisinæ ereptus. Latinis literis non erat imbutus, ut GALENUM ab *Johanne* CANAPE versum legeret, tamen in secando non imperitus, cum etiam in scholis medicis cum *Theodorico de* HERY chirurgo cadavera inciderit. Edidit pluscula anatomici argumenti. Huc *Brieve collection de l'administration anatomique avec la maniere de conjoindre les os &c.* Paris 1549. 8°.* 1550. 8°. D'ETR. Compendium anatomicum VESALIANUM, nonnullis ornatum adnotationibus. In operibus omnibus multo auctius redit, & latine versum. Habet musculos pyramidales.

Idem videtur, sed auctum, *Anatomie universelle du corps humain composé par* A. PARE' *revû & augmenté par l'auteur* & J. BOSTAING Chirurgien juré Paris 1561. 8°. DOUGLAS.

EJUSDEM *deux livres de Chirurgie* L. I. *de la génération de l'homme, des monstres tant terrestres que marins* Paris 1573. 8°.*. Ipse liber redit inter opera, n. 23., paulum mutatus. Major pars ad chirurgiam spectat, neque bene hymenem rejicit. Testimonium adfert pro discessione ossium pubis. Uterum cum mola præcrassum vidit. Latine in SPACHIANIS muliebribus Argentorati 1597. fol.

Liber (qui 24.) de monstris multa evidenter fabulosa habet, multa ex RUFO sumta, tamen etiam admista vera & utilia.

EJUSD. *discours de la Mumie — de la licorne &c.* Paris 1582. 4°. Mumiam docet parare. Est liber 26. magni operis.

In operibus omnibus Libri II. III. IV. & V. anatomici sunt argumenti. Figuræ ex VESALIO & fere anatome universa. Plerasque VESALII icones repetit, subtiliter sculptas, sed diminutas. Non tamen est absque bonis & propriis observationibus; nimisque deprimitur a RIOLANO, qui PAREUM a junioribus medicis parisinis opera, quæ suo nomine ediderit, pretio redemisse dicit. Sed ea nimia sunt. Ad proprias adnotationes referas valvulam pylori, male a COLUMBO rejectam. Musculum bulbosum oculi ad bruta animalia relegatum. Venam coronariam ventriculi superiorem supra phrenicam ortam. Mucronatæ cartilaginis prolapsum. Cephalicæ venæ historiam; plerumque a basilica nasci, tantum supra flexum humeri tuto secari, in ipso flexu enim nervum cutaneum magnum subjectum habere. De vena portarum, de renalibus. Hymenem rejicit, quem tamen etiam nimis integrum vidit (*p*). Peritonæum a vasis spermaticis non perforari. Vomerem describit, pro non descripto. Ligamenta insensilia esse non ignorant (*q*). Conditura cadaverum docuit.

Prodierunt opera PAREI latine, conversa a J. GUILLEMEAU Paris. 1582. fol.* 1561. fol. DOUGL. Francofurti 1594. fol. TREW. 1612. fol. Paris. 1573. fol. B. *Exot.* 1575. fol. *le* TELL. 1579. fol. Bibl. *Exot.* libris 26. 1607. fol. 1614. fol. Gallice Paris. 1575. fol. HOUSSET (Libri 26.) 1628. fol. HOTT. Lyon 1641. fol. VI. edit. 1652. fol. HOTT. 1668. fol. quæ duodecima est editio.

Belgice Dordrecht 1649. fol.

Anglice vertente *Thoma* JOHNSON Lond. 1634. fol. Bibl. BODL. 1678. fol. DOUGL.

Germanice, vertente PETRO UFFENBACH Frankfurt 1601. fol. TREW. 1635. fol. IDEM.

§. CLXXVI.

(p) L. XXIII. c. 42.
(q) L. IX. c. 40.

§. CLXXVI. Varii.

Fortunati Affeytat *de hermaphroditis* Venet. 1549. Dari in utroque sexu fecundos.

Eustachii Quercetani in Lib. Hippocratis *de natura humana Commentar.* Basil. 1549. 8°. Lind.

Collectio libellorum de somniis Hippocratis, Galeni, Synesii, Augerii Ferrerii Lyon 1549. 16°. Lind.

Innocentio Ringhieri *dialoghi delle vita e della morte* Bologna 1550. 8°. si huc facit, D'Etr.

Martini Gregorii *Comment. in* Galeni *Introductionem ad pulsus* Lyon 1550. 12°. Lind.

Bernhardini Montanna Archid. *libro de la anatomia del hombre con un coloquio del Marquis de Mondexar* D. Luis Hurtado *a circa del suenno que de la generacion nacimiento y muerte del hombre* Valadolid 1550. fol. N. Ant.

Alfons. Munoz *de la Anatomia del hombre* 1550. fol. An Idem.

§. CLXXVII. *Hieronymus* Cardanus.

Castellione natus prope Mediolanum, celebris Mathematicus, & Medicus, non quidem Anatomicus. Scripsit *de subtilitate* Libros XXI. Noriberg. 1550. fol. Mea editio est Basil. 1560. fol.*. Gallice Paris. 1584. 8°.*

In L. VIII. agit de lacte. Hispanicum minus habere seri recte adnotat.

L. IX. & X. iterum de animalibus, & eorum admirandis. Animalia, quibus partes resectæ regenerantur. Chamæleon inflatione colores mutat, totum rotat oculum. Iterum cornua multa, & unicum. De elephanto fuse. Moveri linguam bovis & palpitare integro a morte die. Lupum piscem ventre consuto convalescere. Hybris ex vulpe & cane nata. Pisciculi bipedes.

L. XI. de homine & ejus mensuris &c. de longa inedia septem dierum, de magno hominum robore. Cola piscis. Ungues non renascentes &c.

L. XII. Porro de homine: vir qui lac de mammis reddebat. Ut fimo gallinarum ova ad fetum perficiendum foveantur absque matre. Denuo monstra & nævi. Eximiæ memoriæ exempla.

L. XIII. de sensibus: aetiologia fabricæ organorum, per quas sensus exercemus. Per cranium concussum audiri.

L. XIV. de anima ejusque facultatibus.

In L. XVII. inter varia de strabonibus, de motu musculorum, roboris maximi signis: & sparsa alia per reliquum opus.

L. XVIII.

L. XVIII. Homo ſylveſtris, degener. Pyrophorus ex ſanguine humano paratus. JOHANNIS calculatoris perfecta oblivio. Se noctu videre.

Multa vidit vir curioſus & peregrinator, & multa legit, non tamen debet ei absque cautela plurima fides adtribui.

In ejus Libris 17. *de varietate rerum*, ſæpe excuſis & anno 1550. fol. & Baſil. 1557. fol.*, quæ nitida eſt editio, cum ſcopus auctoris ſit, miracula rerum deſcribere, pluſcula huc pertinent. Liber quidem VII. agit de animalibus & de iis quæ ex animalibus producuntur. Fecunditas animalium: animalia quæ lapides devorant. Sexus: ætas, pubeſcendi tempus, propagatio. Julus diſſectus in diverſa diſcurrit. Alas cordis (aures) omnium noviſſimas in animale moveri. Serpentes dociles. Animalia cornubus multiplicibus. Equus androgynus, pene ex vulva prodeunte, qui ad equas hinniebat. Canis teſticondus. Aves hybridæ, potiſſimum phaſiani. Piſces parum habere ſanguinis, recte. Branchias ad molendum cibum factas eſſe. In tinca, quam vivam inciderat, vidit cor moveri, id recte deſcribit; gula carere, ventriculum in oris eſſe vicinia, habere pericardium & imperfectum diaphragma. Leporum marinorum anatome. Anguillarum duos eſſe ſexus. Pinnarum fabrica. Cetorum adeps non concreſcit. Porro ova, etiam gemella.

L. VIII. de homine. Qui inmoto gutture deglutiebat. Robuſti homines. Venus flagris incitata. Senſus. Q. capillos moveant. Ipſius CARDANI peculiaria. In exſtaſin rapiebatur pro lubitu: videbat quæcunque volebat, videbat in tenebris. Gigantes, longævi: de ſomno & vigilia. Multa intercedunt ſuperſtitioſa & vana.

Libro XIV. Oſtenta & monſtra, bicorporea, bicipitia: inter ea deſcribitur puella, quam *Gabriel* CUNEUS diſſecuit.

Lib. XV. victimarum portentoſi defectus. De ſonis aliqua. Mirificam de ſe ipſo facultatem iterum prædicat, poſſe ſe pro arbitrio in exſtaſin rapi, ſeparatione quadam ſui ipſius in cerebro facta.

EJUSDEM *contradicentium medicorum* L. II. Venet. 1545. 8°. OSB. Lugd. 1548. 4°. MER. Pariſ. 1565. 8°.* Marpurg. 1607. 8°. Loca ARISTOTELIS & GALENI, aut GALENI & Arabum, etiam GALENI varia loca inter ſe, comparare, contrarias ſententias expendere, de expenſis judicium ferre auctori ſcopus fuit. Sæpe ARISTOTELI contra GALENUM favet, etiam Arabibus. Phyſiologici argumenti multa admiſcentur. De tempore quo fetus in utero geritur. De atra bile. An in carne tactus. Oſſa an ſentiant. De cordis, cerebri & medullæ ſpinalis prærogativis. Cerebrum per nares purgari. Oculi colores. Viſionem fieri in lente cryſtallina. De pulſu varia. Conſtricto corde arterias dilatari. Reſpirationem miſtam eſſe ex voluntaria & naturali. De ſanguinis & lactis partibus, de bile. Teſtes non eſſe membra principalia. De ſemine maſculino, feminino, variæ quæſtiones.

EJUSD.

EJUSD. *somniorum Synesiorum omnis generis insomnia explicantes* libri IV. Basil. 1562. 4°. CLEM. Germanice CARDANI *Traumbuch* Basel. 1563. 4°. UFF.

EJUSD. in HIPPOCRATEM *de septimestri & octimestri partu commentarius* Basileæ 1568. fol. & in HIPPOCRATEM *de alimentis* Romæ 1574. 8°. Basileæ 1582. 8°. UFF.

EJUSD. *opera senilia* inter quæ *de dentibus* Lyon 1638. 8°.*. Vix quidquam habet anatomici argumenti.

EJUSD. *metoposcopia* L. XIII. & 800. *figuræ faciei humanæ* Paris. 1658. fol. latine & etiam gallice.

Franc. SANSOVINO *l'edificio del corpo humano* Venet. 1550. 8°. HEINS.

§. CLXXVIII. L. FUCHS.

Leonhardus FUCHSIUS, Wembdingensis Suevus, Tubingæ Professor, non quidem per suas incisiones celebris, verum tamen adfulgens sensit, & GALENUM Arabibus, GALENO VESALIUM sagax prætulit.

EJUSD. *de corporis humani fabrica ex* GALENO & VESALIO *concinnata epitome* Tubing. 1551. 8°. PL. Duobus libris ossium & musculorum historiam complectitur. VESALIUM unice sequitur, præter locorum quorumdam in GALENO emendationes, in quibus proprio utitur judicio. Accessit P. II. *de instrumentis nutritionis, propagationis speciei, cordis, cerebri*, Lugdun. 1555. 8°.*

EJUS *institutionum medicinæ sive methodi ad* HIPPOCRATIS, GALENI *aliorumque veterum scripta recte intelligenda* L. V. prodierunt primum anno 1554. tum Lyon 1560. 8°.* Basil. 1583. 8°. 1594. 8°. 1605. 8°. UFF. 1618. 8°. ex catal. SCHULZ. dedicatio data est anno 1553. Multa ad nos spectant, & liber I. totus, quo cum physiologia veterum auctor integram anatomen conjunxit.

In L. II. physiologica aliqua huc pertinent.

Nonne idem fuerit opus, cui titulus *Methode ou brieve introduction pour parvenir à la connoissance de la vraye medecine traduite par Guill.* PARADIN. Lyon 1552. 16°. B. EXOT.

Scripserat olim *Paradoxorum medicinæ* L. III. *in quibus multa Arabum errata indicantur & confutantur* Basileæ 1535. fol.* recusos Paris. 1540. 8°.*. Nolui tamen ante VESALIUM Cl. virum recensere, quem doctissimum incisorem FUCHSIUS in posterioribus operibus ubique fere secutus sit. Arabes hic potissimum confutat, tamen & alios, ut CELSUM ob pylorum inter intestina numeratum. Bilem omnem ad duodenum confluere, id unicum esse. Jejunum non rectum esse, ut Arabes doceant, neque ad ileon intestinum numerosiores venas accedere. Mesenterium male cum intestinis numerari. Contra venas in utero fetus urinam emittentes MUNDINI; contra septum uteri & sinus. Diaphragma

phragma carne non destitui contra *Al.* BENEDICTUM; ab eodem male tres in corde ARISTOTELICOS ventriculos defendi. Non esse in gula musculos. Male ab ALEXANDRO gulam dici ante asperam arteriam poni, male ab eodem cum ea arteria pharyngem confundi, aut cum larynge. Non dari epiglottidis musculos. Hæc ante VESALII libros editos ex GRÆCORUM monumentis docet.

Hujus libri primam editionem puto esse *Errata recentiorum medicorum* LX. *numero adjectis eorundem confutationibus* Hagenoæ 1533. 4°.

In posteriori, quam diximus, editione *Seb.* MONTUI annotatiunculas explodit; tum inter *tres apologias* Basil. 1540. 4°. Alia est editio Francofurti 1567. fol. in qua *Sebastiani* MONTUI *ineptarum adnotatiuncularum refutatio: &* FUCHSII *propriæ de mumia sententiæ refutatio accessit* TREW.

An huc etiam faciunt *Difficilium aliquot quæstionum & hodie passim controversarum explicationem continentes* libri III. Basil. 1540. 4°. Redeunt in operibus omnibus Francofurti 1604. fol. excusis.

Scripserat etiam Argentorati 1535. 8°.*. *Compendium artis medicæ*, in quo brevis anatome & physiologia continetur.

§. CLXXIX. *Eduardus* WOTTON.

Oxoniensis, vir utraque lingua doctissimus, scripsit *de differentiis animalium* libros 10. Paris. 1552.*. In libro I. anatomica & physiologica varia continentur: tempus quo quodque animal utero fert: generatio animalis: viscera: partes: humores. Libro II. de differentiis animalium a generatione, sexu, sensibus, vitæ longitudine est vel brevitate sumtis. L. III. de sanguineorum animalium differentia ex partibus internis, externis, generatione, humoribus repetita. L. IV. de homine ejusque partibus externis, internis, voce, generatione, vita, monstris. L. V. de quadrupedum viviparorum partibus internis, externis, generatione, ruminatione. L. VI. de quadrupedibus oviparis. L. VII. de avium partibus interioribus, exterioribus, coitu, generatione, voce. L. VIII. de piscibus, earum partibus internis, externis, sexu, generatione. L. IX. de insectis & eorum partibus & generatione. L. X. de exsanguibus & zoophytis. Sine ordine omnia, fere collectitia ex veteribus, & etiam potissimum ex ARISTOTELE.

§. CLXXX. VARII.

Jacob MILICH, mathematici & medici, *oratio de studio doctrinæ anatomicæ* Wittebergæ 1550. 8°.

EJUSD. *Oratio de partibus & motibus cordis*, ibid. 1551. 8°. LEHMANN.

EJ. *Oratio de pulmone & discrimine asperæ arteriæ & œsophagi.* Exstant inter *declamationes* PH. MELANCHTONIS Basil. 1542.

Matthiæ

Matthiæ CORNACIS *historia quinquennis fere gestationis in utero* Viennæ 1550. 4°.* Basil. 1564. 8°.

Nicolai JACQUART & *Petri* CASTILLE *Ergo facultatibus actiones & spiritu numero pares* Paris. 1550.

Alberti NOVOCAMPIANI *adnotationes in fabricationem hominis a* CICERONE l. 2. *de natura Deorum descriptam.* Et *Dissertatio utrum cor an jecur in formatione fetus consistat prius* Cracov. 1551. 8°.

Sebastiani PAPARELLÆ, Professoris Perusini, *commentarii II. in* HIPPOCRATEM *de natura humana* Venetiis 1551. 4°.

Ej. *de calido* L. III. Perus. 1573. 4°.*. In L. II. ad scholarum gustum de calore naturali agit.

Opera omnia prodierunt Maceratæ 1582. fol. HOTTON.

Monstrum infantis bicorporei in Middleton Strange London 1552. SCH.

AMATUS LUSITANUS in *curationibus medicinalibus* Florentiæ 1551. 8°. & alias excusis, passim physiologicas morborum variorum rationes dedit, & duobus locis valvulas venæ sine pare defendit, atque J. B. CANNANUM testem advocavit, sed in earum usu aberrans, negat quidquam in cavam venam admittere (r). Vascula liquore replevit (s).

Bartholomæus MAGGIUS *de vulnerum a globulis sclopatorum illatorum curatione* Bonon. 1552. 4°. & in collectione GESNERIANA. Cephalicam venam rarissime ex jugulari provenire.

Sebastiani Theodori WINSHEMII oratio *de studio doctrinæ anatomicæ* exstat in declamationum P. MELANCHTHONIS T. IV.

MENELAS WINSEMII disput. 15. enumerat Cl. PORTAL.

In *Philippi* MELANCHTHONIS lib. *de anima* Wittebergæ anno 1552. 8°.* 1553. 8°. 1580. fol. excuso continetur physiologia & enumeratio partium corporis humani ad modum veterum, & nomenclator græcus atque latinus. Ductuum salivalium ad latus linguæ apertorum habet ostiola.

In *Declamationum* T. IV. etiam orationes de rebus medicis Argentorati 1558. 8°. editæ continentur. De canalibus, qui a faucibus orti descendunt in corpus ibid. LIND.

Franc. BRIGARD, & *Guill.* GUERENTE *an facultates sint in partibus solidis, an in spiritibus* Paris. 1552.

Francisci Antonii GALLI *anatomes enchiridion partes corporis humani brevi ordine mire explicans* Neapoli 1552. 4°. Ex veteribus esse, habere hymenem PORTAL.

(r) *Cent.* I. *Curat.* 52. *Cent.* V. *Curat.* 70.
(s) *Cent.* IV. *Curat.* 11. p. 21.

§. CLXXXI. *Michaël* SERVET.

In Villa nova Arragoniæ civitate natus, passim patriæ nomen gessit: acris ingenii vir, & anatomes minime imperitus, quem J. GUINTHERUS secundo a VESALIO loco inter eos discipulos numerat, qui sibi adjumento fuerint. Idem Arianus, & in sententia obstinatæ firmitatis homo, quæ ei causa fuit perniciei: ex legum enim a Romana ecclesia ad Genevensem transmissarum nondum emollito rigore supremo supplicio adfectus est, cum ferocissimis verbis in Trinitatem ab omnibus Christianis Ecclesiis adoptatam inveheretur. In novissimo suo scripto *de Restitutione christianismi* anno 1553. 8°. edito omnium rarissimo, & in ejus operis libro V. locus exstat, apud WOTTONUM (*t*), DOUGLASSIUM & MOSHEMIUM (*u*) recusus, in quo circuitus sanguinis per pulmones manifesto traditur. Ex aere & sanguine in pulmone spiritus vitalis paratur. Eum sanguinem pulmo longo itinere præparat, & ex vena arteriosa (arteria pulmonali) in arteriam venosam (venam cognominem) per vasa ex arteriosis in venosa natura mista transmittit, omnino ut in hepate sanguis ex venæ portarum ramis in ramos venæ cavæ. Inter argumenta suæ opinionis est magnitudo venæ arteriosæ, quæ nutriendo pulmoni multo minor suffecisset: septum cordis parum pervium, & alia debiliora. Adparet verum vidisse, quod ne GALENUS quidem ignoraverat, & quod paulo prius *Realdo* COLUMBO videtur innotuisse, etsi serius magnum inventum a REALDO editum est. HARVEJI laudibus neuter detrahit.

§. CLXXXII. *Petrus* BELON,

Cenomanus, peregrinator, plantarum studiosus & animalium. EJUS l. *de medicato funere*, & *de medicamentis ad servanda cadavera* prodierunt Paris. 1553. 4°.* quorum priori pollincturam veterum, & sepulchra describuntur. Pissasphalto solo mumias condiri docuit.

EJUSD. *L'histoire de la nature des oiseaux avec leur description & naïfs portraits* en VI. livres, Paris 1555. fol.* & 4°. Liber primus omnino ad anatomen pertinet. Sceletos avis cum sceleto humana comparatur, reliquarum etiam partium aliqua adest anatome. In ala post ulnam & brachium carpum habet, & metacarpum, duobus ossibus constantem, tunc digitos. In crure tarsum nullum, & unicum os metatarsi, hæc vitiosa. De generatione etiam aliorum animalium. De ovis variis, etiam testudinis.

In Lib. II. *de aquatilibus* Paris. 1553. 8°. CLEM. RONDELETIUM exscripsit. Gallice de piscibus tria opera edidit. *Histoire de la nature des poissons avec leur description, & naïfs portraits retirés du Naturel* Paris 1555. fol.

Histoire naturelle d'étranges poissons marins avec leurs portraits gravés en bois, la vraye description du Dauphin &c. Paris 1551. 4°.

La

(t) *Ant. and modern learning.*
(u) *Versuch einer vollständigen Ketzergeschichte* ad fin.

La nature & diversité des poissons avec leurs portraits représentés au plus près du naturel Paris 1555. 8°. 1560. CLEM.

§. CLXXXIII. VARII.

J. B. THEODOSII *Epist. medicinales* L. VIII. Basil. 1553. 8°.*. In *Epist.* VIII. agit de arteriarum dilatatione & motu. In *Epist.* XV. de tribus corporis humani facultatibus. *Epist.* XVI. de pulsuum ratione. *Epist.* XIX. de Melca, Colostrô. *Epist.* XXIII. de lacte, sanguine, spermate. *Epist.* LIV. de spiritibus. *Epist.* LVI. de cholera citrina & rubra.

J. BRUYERINUS libros 2. 6. & 7. *Colliget* AVERRHOIS melius latine reddidit.

Physionomie d'ARISTOTE *traduite* par *Jean le* BON Paris 1553. 8°. B. *Exot.*

Ferdinandi MENÆ GALENI lib. *de pulsibus ad tirones cum commentariis & castigationibus* Complut. 1553. 4°. LIND.

Simon PONCET & J. LESTELLE' E. *felicius a somno mares concipiuntur* Paris. 1553.

Alfonsus FERRUS in l. *de Caruncula* describit etiam organa urinaria.

§. CLXXXIV. *Guilielmus* RONDELET,

Universitatis Medicæ Professor Monspeliensis & Cancellarius, vir illustris, etsi RABELAISII satyram passus est, doctus, & tamen naturæ studiosus (x), quæ laudes eo ævo rarissime conjungebantur, cui, non quidem soli, Academia Monspeliensis theatrum debet anatomicum. Propria manu in dissecando (y) utebatur adeo cupide, ut proprium filium sustinuerit incidere. Ejus *de piscibus marinis libri* 18. *& genuinæ effigies* prodierunt Lugduni 1554. fol.* & *pars altera*, *in qua testacea*, *Zoophyta*, *pisces aquæ dulcis*, *ranæ*, *testudines*, *lacertæ*, *amphibia* aliqua continentur. Veteres studiose legerat, pisces, rudiuscule quidem, delineari curaverat, eorum mores vitamque observaverat, plerumque etiam aliquam anatomen dederat, cum egregiis nonnunquam inventis. In Delphino fabricam viscerum & uteri, & renum dixit, in castore veram folliculorum fabricam, in avibus inque leporibus glandulas pingues, quæ ano adsident. Vesicam natatoriam habet, ejusve loco spatium aere plenum, quale in lupo vidit. Piscium appendices. Anguillarum coitus. Passim aliqua ad hominis anatomen, ut vesiculæ seminales: de dorsali vena, parum utique etiam nostro ævo nota, adnotatio. De asperæ arteriæ cartilaginibus, & bronchorum, de pulmonibus, de renis papillis. Valvulam Coli videtur invenisse, & ab eo habuisse POSTHIUS. Quare meretur diligenter legi. Gallice vertit JOUBERTUS & edidit Lyon 1558. fol.

(x) L. GRYLLUS *peregrin. med.* p. 6. vixit cum RONDELETIO in marinis occupato.
(y) RIOLAN *anthrop.* p. 57.

§. CLXXXV. Varii.

Problemes d'Aristote *& autres Philosophes & medicins selon la composition du corps humain avec ceux* d'A. Zimara *traduits du grec ;* item *les solutions* d'Alexandre *d'Aphrodisée sur plusieurs questions physicales* Lyon 1554. 8°. Paris 1570. 16°. Verd. B. *Exot.*

Martini a Brembach *de bile* Lipsiæ 1554. 4°.

Ej. *de sanguine & pituita* ibid. 1556. 4°. Hefter.

J. Donati Sanctorii lib. *de semine nec non de ejus virtute informante* Neapol. 1554. 4°. Lind.

Ejusd. *epistolæ medicinales* ibid. 1623. 4°. Lind.

Lud. de Bourges & J. Verduc E. *in parco menstrui fluxu mas, in largiori femina concipitur.* Paris. 1554.

§. CLXXXVI. *Francisci de* Valeriola

Enarrationum medicinalium L. VI. Lugduni 1554. fol.* quæ nitida est editio, 1589. 8°. Dougl. Genev. 1605. 8°.*. Plerumque in conciliandis veterum antiphoniis versatur. Agit tamen peculiariter de visu in L. III. & de testium principatu. In IV. de primo voluntarii motus instrumento. Multa ubique ex libris veterum eruditio. Cruentationem cadaveri ex præsentia homicidæ exemplo confirmat, edito inter observationes a T. Bonnet datas.

Ejusd. *commentarii in lib.* Galeni *de constitutione artis medicæ* 1577. 8°.* Lyon 1626. 8°. Amplissimis commentariis auctorem suum interpretatur. Multa ad Physiologiam pertinent. Num musculus, num potius tendo sit instrumentum motus voluntarii. An a cerebro an a corde facultas animalis. Partes unde fiant, an a sanguine an a semine, an ab utroque. Cur nonnulla membra non regenerentur. Semen an opifex sit, an sola materia: an animatum, an a toto secedat, an a muliere &c. Passim Galeni in sententia sua inconstantiam arguit. Eruditione tamen potius abundat, quam rerum ipsarum peritia.

Ejusd. *loci Medicinæ communes tribus libris digesti* Lugdun. 1589. 8°.*. Magna pars ad nos spectat, in L. I. ad humores, temperamenta, facultates, conceptionem, formationem fetus: in L. II. de rebus non naturalibus, somno, venere. Appendix practici est argumenti. Ad quemque titulum præmittit suam dissertationem. Deinde locos eo spectantes ex Hippocrate & Galeno subjicit, ut in compendio præcipua eorum virorum placita habeas.

§. CLXXXVII. *Laurent.* Joubert.

Laurentius Joubert, Valentinus, Fallopii discipulus (z), Universitatis Monspeliensis Cancellarius, jam anno 1558. (*a*). edidit librum I. *de risu*, qui gallice

(z) In Guid. p. 439.

(a) Passé 20. ans Joubert in dedicat a. 1578. datæ.

gallice ab auctore versus est & Lyon 1560. 8°. B. *Exot.* prodiit, VERD. Addidit deinde *librum secundum & tertium*, qui ab auctore recensi prodierunt gallice Paris 1579. 8°.* vertente *J. Paulo* ZANGMEISTER Augustano. Risum a corde derivat, quod diaphragma in consensum trahat: cum vero in solo homine arctus sit diaphragmatis cum corde nexus, solum etiam hominem ridere. A diaphragmate etiam fieri, ut ridentium facies fere sit, quæ nitentium, dum dura egerunt. Musculos describit, qui risum faciunt.

L. I. & la II. *partie des erreurs populaires*, Antwerp. 1600. 8°. a J. BOURGEOIS edita, tum Avignon 1585. 12°. HUTH. Bourdeaux 1578. 8°. 2. Vol. D'ETR. Codices habuit editor, a *Christophoro de* BEAUCHATEL nepote auctoris; præfatio data est anno 1579. Italice vertente *Alb.* LUCHI *da* COLLE Firenz. 1592. 4°. BOEHMER Pars I. Libri *de erroribus vulgi medicinam medicorumque dignitatem deformantibus* prodiit *latine cum scholiis* J. BORGESII Antwerp. 1600. 8°. Prima pars fere tota huc pertinet. Secunda agit de conceptu & generatione, de nævis, de fecunditate utriusve sexus: de fetu multiplici, quem defendit, de partu serotino. Ossa pubis in partu non discedere: de nodis funiculi, de galea fetus, de lactis mictu, de lacte etiam virginum, de virginitatis signis, ubi hymenem rejicit, de consensu uteri cum mammis. Libera dictio, BOCACCIANA & jocularis, multis calumniis occasionem dedit: Errores vulgi passim exagitavit. Pars II. diætetica est, quam auctor (b) imperfectam reliquit.

De inedia diuturna, cujus exempla colligit causasque inquirit. Hunc libellum filius ISAACUS gallice vertit.

Quæstio *de lingua quam puer a nemine edoctus loqueretur.*

Opera omnia conjuncta latine prodierunt Lyon 1582. fol.* Francofurti 1599. fol. a morte auctoris. Inter ea ad anatomen aut physiologiam spectant ex *Paradoxorum decadibus duabus* in I. n. 7. adipem qui igneo calore dissolvitur in corporibus animalium frigore non concrescere. In n. 8. Melius cibum coquere vigilantes: Struthiocamelum ferrum non coquere caloris ope. In Dec. II. n. 1. sanguinem menstruum non esse venenatum. In V. partes spermaticas a semine nutriri: in VI. singulas partes ab humore adtracto, sibi proprio, ali. In VII. Facultatem formatricem nunquam in vita quiescere. In VIII. adtractionem fieri similitudine substantiæ.

Inter octoginta subjectas *conclusiones* plusculæ sunt physiologici argumenti.

In T. II. huc faciunt scripta fere eristica, ut T. JORDANI *contra* Parad. 7. Decadis II. & JOUBERTI *responsio*. F. VALERIOLA *in omnia paradoxa cum responsione*.

Hæc omnia ad genium seculi scripta, ratiociniis nituntur & auctoritatibus, non experimento.

Para-

(b) Ante 50. annum moriens.

Paradoxa seorsim prodierunt Lugdun. 1566. 8°. WILL.

In *Guidonis de* CAULIACO anatomica commentarium dedit Lugd. 1575. 4°.* Musculorum intercostalium descriptionem correxit.

Osteologia M.S. est in B. R. Par. n. 7025.

§. CLXXXVIII. *Guilielmus* GRATAROLUS,

Bergomensis, ob religionem profugus & Professor Basileensis, edidit *de memoria reparanda, augenda & conservanda, & de reminiscentia* lib. Tiguri 1554. 8°. Basil. eodem anno 8°. MERKL. cum aliis opusculis Lugd. 1555. 16°. porro Francofurti 1591. 12°.* 1596. 12°. & cum H. RANZOV diætetico. Gallice vertente *Stephano* COPPE *deux livres de preceptes & de moyens de recouvrer, augmenter & contregarder la mémoire* Lyon 1556. 16°. VERDIER. 1586. 16°. *de* BURE. Paris 1577. 16°. D'ETR.

EJUSD. *de prædictione morum naturarumque hominum facili, ex inspectione partium corporis* Basil. 1554. 8°. 1564. CALV. Tigur. 1555. 8°. Lugd. 1555. 16°. & Gallice cum priori *œuvre singulier, qui demontre à faire facilement juger des mœurs & nature des hommes selon la considération des parties du corps* Lugduni 1556. 16°. Paris 1577. 16°. D'ETR.

§. CLXXXIX. VARII.

Nicolai SELNECKER, Theologi, *de partibus corporis humani* Wittebergæ 1555. 4°.

Johannes LANGIUS, Lembergius Silesius, Professor Heidelbergensis, vir eruditus, epistolas scripsit, multo serius excusas, sed ad hæc tempora pertinentes, qui natus sit anno 1485. obierit anno 1565. In Lib. I. quærit de calore naturali, virtute formatrice: de sanguinis ex mortuis profluvio. Monstrosa etiam varia ex animalibus nata refert (c), ut cornutam cervam. De vitæ termino naturali.

In L. II. de seminalium canalium anfractibus. De homine cui de pectore minor frater pependerit. De mensibus. Omnes humores in hepate generari. De sudore calido & frigido. De fetu mortuo in utero retento & per abscessum excreto. De viis puris ex aliis visceribus ad lotium ducentibus. De epiglottide; aliquid de potu furtim in pulmones irrepere. Circuitum etiam sanguinis minorem adgnovit. Sæpe prodierunt doctæ epistolæ, veterum lectione plenæ, ut 83. priores Basil. 1554. 4°. deinde epistolæ 144. Francofurti 1589. 8°. Hanov. 1605. 8°.*

Francisci MICHINI *de S.* ANGELO *observationes anatomicæ* Venetiis 1554. 4°. excusæ. Vir CL. cujus summa merito auctoritas est, *J. Baptista* MORGAGNUS nuper

(c) *Epist.* 70.

per ostendit, nullam in iis observationibus FRANCISCI industriam fuisse, qui FALLOPII tantum observationes descripserit (*d*).

(d) *Sign. & caus. morb.* L. p. 143.

§. CXC. *Balduinus* RONSSEUS.

Ejus lib. *de hominis primordiis* primum prodiit Goudæ 1555. 8°. ad DOUGL. Lovanii 1559. 8°. LIND., tum Leidæ 1594. 8°.*. Organorum genitalium historia & icones aliquæ, tum fetus sensim formati, ex RUFFIO. De conceptu, graviditate, monstris, partu accelerato & retardato, de mensibus &c.

EJUSD. *Miscellanea s. epistolæ medicinales* Leid. 1590. 8°. & cum aliis operibus 1618. 8°.* 1654. 8°. Amsterd. 1661. 8°. LIND. Aliqua huc faciunt, ut de fetu mortuo frustulatim expulso: de rene bovis unico, de funiculo infantis deciduo, de somno pomeridiano, de clausura matricis.

EJUSD. *in Chyromantiam brevis Isagoge* Noriberg. 1560. 4°. cum TRICASSII *narratione Chyromantiæ*.

§. CXCI. *Renatus* HENER &c.

Lindaviensis, Medicus, FUCHSII discipulus, VESALIO ignotus, indignatione tamen quadam ob asperrimum libellum motus, scripsit *adversus* J. SYLVII *depulsionum anatomicarum calumnias pro Andrea* VESALIO *apologiam* Venetiis 1555. 8°.* editam, & in operibus omnibus recusam. Laudo viri animum, qui pro vero contra auctoritatem pugnam susceperit: cæterum vix proprii quid apud eum reperio. VESALIUM fere ex VESALIO defendit.

Mathurini MONTANI *genialium dierum commentarii in Julii* PAULI *responsum de humano partu* Paris. 1555. 8°.

Ludovici COLLADO, Valentinus, VESALII discipulus, *in* GALENI *lib. de ossibus ad tirones enarrationes* Valent. 1555. 8°. N. ANT.

Jean GUILLEMEAU *introduction sur l'anatomique partie de la phys. d'Hippocrate* 1555. 8°. GOULIN.

M. Antonius MONTISIANUS, Geminianensis, *adversus* GAZAM, *qui hist. anat. c.* 13. *in part. inquit, jecur supra septum positum esse a dextro latere* 1555. SANDER.

Nicole de HAULTPAS, Medecin de Dourlans, *Livre de la nature humaine, où il est traité de la formation de l'enfant au ventre maternel* Paris 1555. 8°. MAITT.

J. LYGÆI *de corporis humani harmonia* Lib. IV. Paris. 1555. 4°. OSB. Compendium anatomes & Physiologiæ maxime subtile. Cor describit.

Hadriani JUNII (*de* YONGHE), viri docti, *Nomenclator* voces etiam anatomicas continet.

Ej. *de Coma*, philologicum equidem ſcriptum, prodiit Auguſt. Vindel. 1555. 8°. Baſileæ 1558. Pariſiis 1563. 8°. Antwerp. 1577. 8°. 1583. 8°. Francofurti 1596. 8°. Roterodami 1708. in his tribus editionibus auctius.

Mainetto Mainetti, Profeſſor Piſanus, in Aristotelem *de ſenſibus & ſenſilibus* commentatus eſt Florentiæ 1555. fol. Bologn. 1580. fol. Orland.

Wahre Abconterfeytung eines Kalb-Kopfes, ſo anno 1555. *im Dorfe Lader geworfen worden iſt*, Augſpurg Scheuchzer.

§. CXCII. Varii.

Reineri Solenandri, Clinici, Montani diſcipuli & in Italicis ſcholis educati, *Apologia qua* Julio *Alexandrino reſpondetur* pro *Johanne* Argenterio Florent. 1556. 8°.*. *Solenander* Argenterium Neapoli audierat. Refutat hic Julii *Antargenterium*. Lis eſt *de generalibus* quibusdam *poſitionibus*, in quibus Argenterius a Galeno diſſentiebat. Ejus *conſiliorum* Sectio I. a *J. Franciſco de* Gabiano Lugduni 1584. 16°. cum conſiliis J. B. Montani prodierat, quatuor aliæ ſectiones acceſſerunt anno 1596. & ſunt *Conſiliorum Medicinalium* Sectiones V. Francofurti 1596. fol. Hanau 1609. fol. *. Practici quidem viri, aliqua tamen habent noſtri ſcopi in obſervationibus raris Quintæ Sectioni adjectis. Fluxus menſium per nares. Menſes gravidarum; menſes vetularum aut continuati, aut redeuntes.

J. Franciſci, Ripenſis, lib. *de oculorum fabricatione & coloribus*, *elegiaco carmine inſcriptus* Witteberg. 1556. 12°. Platn.

Hippocratem *de natura humana* Hafn. 1571. & Galeni *conſtitutionem artis medicæ* ibid. 1573. edidit Barthol.

Johannis Argenterii, Turinenſis Profeſſoris, arguti ingenii viri, *de ſomno, vigilia, ſpiritu, de calido innato* l. Florent. 1556. 4°.* non 1566. Lyon 1560. 4°. Spiritus animales refutat &c.

Ejusd. in *artem medicinalem* Galeni enormes tres *commentarii* Montereali 1565. fol. Willer. Pariſ. 1578. 8°.* &c. Plurima quidem phyſiologica continet, ſed ex genio ſeculi, abſque anatome aut inventis propriis.

Ejusd. *de urinis* l. ſæpe excuſus, ejusdem eſt ingenii.

Opera omnia Francof. 1610. fol. in qua editione etiam de ſomno & vigilia l. continetur.

Henrici Paxmann *propoſitiones de partibus humani corporis & methodo* Witteberg. 1556. 8°.

Franceſco Antonio Catto *Iſagogæ anatomicæ* Neapoli 1556. 8°. Topp.

Erſchreck-

Erschreckliche Geburt eines Kalbes, welches den 28. Heum. 1556. zu Kleisdorf gebohren ist Nürnberg SCHEUCHZER.

Wahre Abconterfeytung eines Kalbes, welches den 3. Martii 1556. in einem Städtlein Bergersdorf genannt gebohren wurde, mit 6. Füssen, 2. Häuptern und zwey Schwänzen Nürnberg SCHEUCHZER.

Wahre Abcontrafeytung eines Kalbes, welches allein mit 2. Füssen lauffet 1556. SCHEUCHZER.

§. CXCIII. *Julius Cæsar* SCALIGER,

Medicus & Polyhistor, non quidem Anatomicus. Ad rem tamen nostram pertinet ejus *exercitationum exotericarum* liber XV. adversus CARDANUM Paris. 1557. 4°. Francofurti 1582. 8°.* reliqui 14. libri nunquam prodierunt. Acuti ingenii vir in CARDANO, credulo alioquin & pene temerario narratore, plurima carpit. De generatione fuse, de partu cæco & informi. De pilis & capillis. Partes animalium. Cor ovis evulsum diu palpitans. An novæ animalium species enascantur. Gigantes, nani. Mensuræ. Venus. Respiratio. Vitæ longitudo varia. Sensus. Ovum. Animi adfectus & ejusmodi alia numerosissima. Passim peculiare aliquod inventum apud acutissimum virum deprehendes.

EJUSD in HIPPOCRATIS *de insomniis l. commentarius*, fol. sine loco & anno GUNZ. mihi Amstelod. 1659. 12°. *. De se ipso & de somnio matris, quod gentis suæ eversionem portenderit. De venæ sectione, quam ex vena maxime distante præfert.

De partu septimestri exstat epistola in SYLVII operibus.

In ARISTOTELIS *historiam animalium* commentarii Tolos. 1619. fol. cum ejusdem operis propria interpretatione.

In *comm. ad libros de plantis* ARISTOTELIS adnotavit, perdices Vasconicas in ventriculo lapillos habere.

§. CXCIV. VARII.

Julii DELPHINI *in artem parvam* GALENI Venet. 1557. 4°. GUNZ.

EJUSD. *de spiritu, de facultatibus principibus animæ*, inter *quæstiones medicinales* Venet. 1559. 8°.

Conradi LYCOSTHENIS *prodigiorum & ostentorum chronicon* Basileæ 1557. fol.*. Non est JULIUS OBSEQUENS, sed multo uberior compilatio, ex variis scriptoribus collecta, singularium & rariorum in meteoris, animalibus, plantis, tempestate, terræ motu, inundatione phænomenorum. Inter ea rariora tamen numerosissima sunt monstra, plurima fabulosa, pene omnia ad arbitrium depicta: tamen etiam vera: plures pueri galea cranii destituti, pueri cum adnato ad pectus altero fetu: fetus duplicati, pulli quadricipites, rana caudata.

Porro animalia rariora, casus etiam medici, partus retardati, vir cultrivorus, plantarum etiam monstra. Etiam fraudulentæ mulieris historia nuperæ Argentinensi similis, quæ ventrem finxit crassissimum.

Claude CELESTIN *des choses merveilleuses en nature, des erreurs des sens &c.* ex latino sermone vers. par *Jac.* GIRARD Lyon 1557. 8°. B. *Exot.*

Francisci Martini de CASTRILLO *de dentitione & ordine quo dentes proveniunt* Pinciæ (Valladolid) 1557. 8°. Madrit. 1570. 8°. DOUGLAS.

J. LALAMANTII *in* HIPPOCRATIS lib. *de septimestri & octimestri partu, & de ætate accedunt Problemata ab hac tractatione non aliena* Lugduni tum Genevæ 1571. 8°.*. Septimestres fetus vitales esse, & se nepotes habere gemellos, quorum alter pusillus sit, alter debilis. Comm. in L. *de ætate* & reliqui anno 1562. scripti fuerant.

Cum libro *de diebus decretoriis* GALENI scripserat *de mora partus in utero* Lugduni 1599. 4°.

IDEM lib. *de optima corporis constitutione* GALENI vertit & emendavit Heduæ 1578. 8°. LIND.

In *J. Nicolai* BIESII *Medicina theoretica* Antwerp. 1558. 4°.* Physiologia aliqua est ad veterum saporem, in L. I.

EJ. *comment. in* GALENUM *de arte* Antwerp. 1560. 8°.

Leonis ROGANI *de memoria reparanda, augenda, servanda* liber Romæ 1558. 8°. B. THOMAS.

EJUSD. in lib. GALENI *de pulsibus ad tirones commentarius, in quo omnia quæ* GALENUS *in 16. libris transegit brevi exponuntur* Rom. 1560. 8°. Venetiis 1575. 8°.* 1597. LIND.

EJ. *de urinis* L. III. ex HIPPOCRATE & GALENO *collecti* Venet. 1575. 8°.* 1597. 8°.

Adjectus textus GALENI ad TEUCRUM.

J. Jac. PAVISII, Calabri, *de accretione* l. Patav. 1558. 4°. HORST.

Thomæ MOSTELII, Plauensis, *Synopsis distributionis arteriarum in corpore humano quemadmodum a* VESALIO *copiosissime describitur* Wittebergæ 1558. 8°.*

EJ. *Synopsis exortus & distributio omnium nervorum* ibid. eodem anno*.

Blasii HOLLERII in HIPPOCRATIS lib. *de natura humana Commentarius* Argentorati 1558. 8°.

Antonii FERRARI (dicti il GALATEO) lib. *de situ Japygiæ* Basil. 1558. 8°.* etsi liber multo est vetustior: redit etiam in *Thesauro Italico* in Belgio edito.

Broco-

Brocolaccas primus dixit, qui hodie Vampyri dicuntur; animas, quæ de sepulchris exeunt & amicos atque cognatos infestant. Id ne faciant, superstites cor palo trajiciunt, corpus flammis dant.

J. Vincentius ROGERIUS, Salernitanus, edidit Neapoli 1558. *quæsitum quam utilissimum an mater ad prolis generationem concurrat active.* Absurdum esse libellum, PORTAL.

EJ. *in artem parvam* GALENI comm. Basil. 1581. 4°.

§. CXCV. *Franciscus* VALESIUS,

Covarruvianus, Archiater Regis Hispaniæ, GALENI adsiduus lector & defensor. Anatomen quidem non exercuit, scripsit vero, quæ ad physiologica pertinent. Titulus est *de urinis compendiaria tractatio. De pulsibus libellus* Compluti 1569. 8°. sed DOUGLAS præmittit editionem Lugdunensem 1559. 8°. deinde addit recentiores Taurini 1588. 8°. Patavii 1591. 8°. N. ANT. Coram sunt *controversiarum medicarum & philosophicarum* L. X. sæpe recusi, ut Compluti 1564. 1565. Hanov. 1606. fol. Lugd. 1625. 4°. MERCL. Francof. 1582. fol.* 1590. fol. 1595. fol. & in operibus omnibus Colon. 1592. fol. 1594. fol. DOUGLAS. Earum *controversiarum* duo libri huc pertinent, primus de temperamentis & humoribus: alter de functionibus corporis humani, & de visceribus. Quæstiones ad morem veterum, eo fini destinatæ, ut contra Arabes & nuperos GALENUM tueatur, ratiociniis potius quam experimentis.

EJUSD. *de iis quæ physice scripta sunt in sacra Scriptura*, f. *de sacra philosophia liber singularis* Francofurti 1592. 8°.*. Varia huc pertinent, de semine, de generatione, de lingua, de loquela, de *Petro* PONTIO, qui surdos docuerit loqui: de nutritione, de termino vitæ: de mensibus, conceptu, fecunditate, fetu, graviditatis tempore: ubi puellam quinto mense natam defendit, de virginitate, physiognomia, chiromantia, organis visus, & auditus, senectute, lacte, oculis, cursim fere omnia.

In *artem parvam* GALENI commentatus est Complut. 1567.* Venetiis 1591. 8°. WILLER. Aliqua de facultatibus naturalibus & animalibus, de discordia anatomicorum, & de administratione anatomica.

§. CXCVI. *Realdus* COLUMBUS.

Matthæus (e) *Realdus* COLUMBUS Cremonensis, pharmacopola, *J. Antonii* PLATII Chirurgi (*f*), deinde VESALII discipulus (*g*) & familiaris (*h*), inde successor, per quindecim annos incisor (*i*) Patavinus (*k*); Pisis etiam & Romæ docuit,

(e) Vulgo REALDUM vocant.
(f) *De re anat.* L. I. p. 24.
(g) VESAL. *fabr. corpor. hum.* L. I. p. 113.
(h) *Exam. obss.* FALLOP. p. 73.
(i) L. XV
(k) Docuit ibi ab anno 1544. ad 1546. TOMASIN *Gymnas.* p. 76. & anno 1543. cum J. CAJO concurrerat CAJI *script. prop* p. 163.

docuit, ut intra unum annum cadavera humana quatuordecim (*l*) dissecuerit (*m*), viva etiam animalia frequenter inciderit (*n*). Non adeo undique contemnendus homo, ut quidem CARCANUS reliquit, qui nervos penis, satis certe crassos, negat a COLUMBO potuisse reperiri, & aliena opera ad scribendum eguisse objicit. Errores commisisse non diffitemur, nimisque acriter non solum contra GALENUM, sed etiam contra præceptorem VESALIUM dixisse. Id volo, multa habere hos quindecim libros, propter quæ utiliter legantur. Nam libro quidem XIV. vivorum animalium incisiones describit. REALDUS canes suibus substituit, & multa utiliter vidit: cor constringi quando arteriæ dilatantur, & vicissim: cerebri motum cum cordis motu incidere, & perinde cerebrum alterne dilatari & constringi, hoc ante nuperos. Aqueum humorem in vivi animalis pericardio esse confirmavit: pulmones inflatos cor amplecti, & pulsum altius exsurgere, hoc ex VESALIO. Ventriculi sinistri sanguinem calidissimum esse.

Libro XV. rariores adnotationes suas ex incisis cadaveribus natas recenset, plurimas quidem ad morbos spectantes, tamen & anatomicas. Giganteum caput habet, cujus maxilla cranio connata erat, & ossium varietates. Lazari vitrivori peculiarem in nervis fabricam describit, qui gustu caruerat. Venarum varietates & viscerum adnotat: pueri tradit anatomen, cui alius fetus de pectore prodibat: Androgynos aliquot, hymenem, feminam utero nullo dicit, quæ videtur per urethram virum admisisse.

Præterea in L. VII. sanguinis per pulmones circuitum verissime descripsit, & per arteriam venalem sanguinem cum aere ad sinistrum ventriculum duci docuit, accuratius quam SERVETUS Ita & sanguinem in ea vena (nam vena est pulmonalis) vidit, eum viva animalia incideret, & eum solum sanguinis ductum cordis valvulas permittere. Neque alia desunt viri inventa.

In libro I. ad IV. ossa describit, non omnino inutiliter, artuum potissimum ossa. Epiphysium asperitates habet alterne cavas, & sibi respondentes. In L. II. cartilagines. Libro III. ligamenta. Stapedis sibi tribuit inventum, paucis consentientibus. Os sacrum diligenter describit. Sceleton docuit componere. Crocodilum superiorem maxillam solam, psittacum utramque movere se ait primum invenisse. Laryngem humanum descripsit. Ligamenta stylohyoidea habet.

L. V. est de musculis. Bursas adiposas dixit. Palmarem longum deesse vidit.

L. VI. de jecore & venis.

L. VII. de corde & arteriis. Arterias penis sibi inventas tribuit. Nullum fuisse in quodam cadavere pericardium. Arteriam vertebralem per magnum occipitis foramen cranium subire docuit. Lentem crystallinam non esse in medio oculo, sed anteriori loco.

Lib. VIII.

(l) L. XV.
(m) *De re anat.* p. 262. male 256.
(n) L. XIV.

Lib. VIII. de cerebro & nervis. Quartum nostrum pro nervo numerat.

Lib. IX. de glandulis. Spurium illud GUNTHERI pancreas refutavit. Glandulæ in poplite.

Lib. X. membranam innominatam ex coalescentibus musculorum oculi tendinibus factam sibi inventam jactat.

Lib. XI. de visceribus abdominis. Carunculas in vagina muliebri habet. Solum os coccygis in partu moveri. Ductus dicit prostaticos. Duplicaturam pleuræ male in artem introducit.

Lib. XII. de fetu.

Lib. XIII. de velamentis corporis.

Ejus operis titulus est *de re anatomica libri* XV. editi Venetiis 1559. fol.* deinde Parisiis 1562. 8°. & 1572. 8°. PL. etiam Francof. 1590. 8°. & 1593. 8°.* 1599. 8°. DOUGL. Germanice demum vertente J. A. *Andr.* SCHENCKIO Francofurti 1609. fol. THOM. cum titulo *Anatomia deutsch, mit einer Zugabe, worinn Sceleta Bruta begriffen.*

Obiit anno demum 1577. (*o*).

§. CXCVII. J. VALVERDE.

Johannes VALVERDE, a patria dictus *de Hamusco*, Hispanus, discipulus COLUMBI. Ejus *historia de la composicion del cuerpo humano* invenio prodiisse 1556. fol. N. ANT. plerique tamen auctores annum citant 1559. Italice vertit ipse VALVERDE, adjuvante *Antonio* TABO, & edidit, titulo facto *anatomia del corpore humano composta per* M. G. V. Rom. 1560. fol.* etsi in calce Venetiis dicitur prodiisse. Recusa est 1606. fol. Inde latine prodiit *Michaële* COLUMBO Centellensi vertente, *anatome corporis humani* Venet. 1589. fol.* 1607. fol.* in qua postrema editione latera figurarum commutata sunt.

Ipsum opus pene totum ex VESALIO (*p*) transcriptum est, tam sermo quam icones, & istæ diminutæ passim & vitiatæ. Aliquæ tamen, non multæ, rariorum eventuum adnotationes accesserunt, & venarum cutanearum, tum uteri gravidi, & musculorum subcutaneorum duæ tabulæ. Minorem *sanguinis circulationem* non ignoravit. In editione 1589. adjecit editor quatuor musculorum totius corporis novas tabulas, quarum auctorem ignoramus. Ipse JOHANNES corpora humana non incidit (*q*).

§. CXCVIII.

(o) *Giorn. de letter. d'Ital.* T. XIII. p. 213.
(p) Multa a ROMANIS habere, nempe ab EUSTACHIO, FALLOPIUS *obs.*
(q) CARCANUS. VESALIUS.

§ CXCVIII. J. B. PORTA.

Ejus viri *Magia naturalis*, cujus libri IV. Antwerp. 1560. 8°.* prodierunt, in libro II. habet consilia, ut varia inter se commisceantur animalia, & novæ inde & utiles varietates progignantur. Est fere collectio ex veteribus, de animalibus ex putredine provenientibus, de quadrupedibus & avibus, ex hybride venere natis, de catulis nanis, de mulo fortissimo ex tauro & asina nascente; de rhinobato, ex squatina & raja generato, cujus in Neapolitano freto reperti iconem sibi *Simon* PORTIUS ostenderit. Ut possint diversi generis aves ad adulterium illici. Monstra avium. In L. IV. c. 8. succino se apes inclusisse scribit. Oculum esse cameram obscuram primus docuit.

EJUSDEM *de humana physiognomia* L. IV. Vici 1586. Neapol. 1602. fol. FOLK. Hanov. 1693. Ursell. 1601. Francofurti 1618. 8°. GUNZ; Romæ 1650. 8°. Italice *Fisionomia di tutto il corpo humano* Neapoli 1598. fol. D'ETR. vertente *Girolamo di* ROSA 1611. fol. D'ETR. Padova 1616. 4°.* Vicent. 1615. fol. RINK. Romæ 1637. 4°. Venetiis 1644. 4°. 1652. 8°. Gallice *Fisionomie humaine ou l'on voit si clairement les mœurs & les desseins des hommes, qu'on semble penetrer jusqu'au plus profond de leurs ames* trad. *par le Fr.* ROULT. Rouen 1660. 8°. HOUSS. Germanice Francofurti 1601. 8°. BERT. cum iconibus, in quibus facies hominis cum facie animalis comparatur.

Ej. *physionomia cælestis* L. VI. Neapoli 1603. 4°. D'ETR. Argentor. 1606. 8°. Italice *celeste fisionomia* Padova 1623. 4°. D'ETR.

In utroque opere ex signis externis vult hominum mores, naturas & consilia expiscari. In altero non ab astris, sed a temperamento humorum docet hominum mores & animi adfectiones pendere. Arabum tamen nænias repetit, & heroum dat vultus.

Ej. *Chirofisionomia* hactenus inedita, prodiit Neapoli 1678. aut 1677. 4°.

Hactenus huc pertinent libri *de refractione optica* Neapoli 1593. 4°.

§ CXCIX. VARII.

Caspari PEUCER, infelix MELANCHTHONIS generi, ob *cryptocalvinismum* diuturno carceri inclusi, mathematici & medici eruditi, *de cerebro* disputatio Witteberg. 1560. 8°.

EJUS *oratio de cerebro* Witteberg. 1560. 8°. HEIST. Idem ut videtur opus.

EJUS *oratio de sympathia & antipathia rerum in natura* ibid. 1574. 4°. HAENEL.

EJUS *de præcipuis divinationum generibus — ubi monstrantur causa & fontes physicarum prædictionum* Witteberg. 1572. 8°.* Servestæ 1591. 4°. CHIV. Francof.

Francof. 1607. 8°. HOTTON. Gallice *les devins ou principale sorte de divinations* Anvers 1584. 4°. DU VERDIER. Pleraque ad alium finem pertinent. Multa somnia ad dæmones refert. In priori sectione celebris locus reperitur, ex quo nonnulli eruere voluerunt, PEUCERO sanguinis circuitum notum fuisse. Verum vulgarem certe GALENI sententiam proponit, de sanguine per venam cavam in cor adveniente, & de aere per venam pulmonalem ad cor redeunte.

Ein neu seltsames Wunder im Land Bayern im Dorf Reid 3. Decemb. 1560. *durch Michaël* MOSER Augspurg. Vitulus biceps SCHEUCHZER.

La vraye figure d'un monstre né au païs de Berry en la terre du Sr. d'Aumont 1560. fol. SCHEUCHZER.

Wahrhaftige Abbildung der Mißgeburt, so anno 1560. *zu Zumershausen von einer Frauen gebohren ist* Augspurg fol. SCHEUCHZER.

Patricio TRICASSO *enarratio principiorum Chyromantiæ.* EJ. *opus Chyromanticum* Noriberg. 1569. 4°. UFFENB. EJ. *la Chiromance trad. de l'Italien* Paris 1560. 8°. 1583. 8°. B. EXOT.

Bruno SEIDEL *de usitato apud Medicos urinarum judicio* Erford. 1560. 8°. 1562. 8°.* 1571. 8°. Non nimium lotio tribuendum esse monet: Signum esse unicum inter multa: a cibis; a regionibus, a temperamentis, aliud & aliud prodire.

P. BOISTEAU *Histoires prodigieuses extraites de plusieurs fameux auteurs grecs & latins* Paris 1560. 4°. maj. TR.

RAYNALDES *byrthe of mankynd* 1560. 4°.* OSB. Antiquiorem esse puto.

LIBER V.

SCHOLA ITALICA.

§. CC.

Hæc Schola a renatis literis universam Europam per sesqui seculum erudivit, ut paucissimi incisores sint, qui ex ea non prodierint. Hanc epocham a *Gabriele* FALLOPIO (FALOPPIA (*r*)) ordior, Mutinensi, magno anatomes incremento, etsi quadragesimum (*s*) annum non superavit, natus anno 1523. (*t*), & exstinctus anno 1563. Ab anno 1548. Ferrariæ, inde Pisis, ab anno 1551. vero Patavii ad mortem usque docuit (*u*). VESALII discipulum non fuisse compertum est (*x*). Candidus vir, in anatome indefessus, magnus inventor, in neminem iniquus, nisi forte in EUSTACHIUM, acrem virum, quem videas neminem fere coævorum amicum habuisse. GUILANDINUM ex captivitate Mauritanica ære suo redemit. In VESALIUM, cujus viri potissimum menda correxit, summa reverentia usus est. Ad septem usque intra annum cadavera humana dissecuit, quod eo tempore rarissimum habebatur (*y*). Princeps viri opus sunt *Observationes anatomicæ* Venet. 1561. 8°.* 1562. ibid. GUNZ. excusæ, tum 1571. 8°. PLATNER, & Paris. 1562. 8°.* Colon. 1562. 8°. Eædem cum VESALII operibus Leid. 1725. fol.* prodierunt. In systema has observationes redegit, inque quinque libros distribuit *Johannes* SIEGFRIED Helmst. 1588. 8°.* (*z*) Anno 1557. absoluta fuerant. Eximium opus, & cui nullum priorum comparari potest. De vasis & ossibus fetus primus justus scriptor. Ossa enim fetuum, primus inter mortales contemplatus est. Primus etiam cartilagines recte adnotavit, quæ induratæ cum osse coalescunt, & vulgo dicuntur epiphyses. Ubique ostendit, quot ex ossibus fetus unum os adulti hominis coaluerit. Articulationum novam tabulam dedit, trochoidem ginglymum addidit.

(r) Nobilis familia Mutinensis, ex qua noster *Gabriel* natus est TASSONI *Secchia rapit. Cant.* II. n. 2.

(s) GUILANDINUS *de papir.* MARCOLINUS in *præf.* ad FALLOPII lib. de *aquis medicatis*.

(t) Anno 1528. quintum vel sextum annum agebam *de tumoribus* p. 83. b. Edit. Venet. 4.

(u) TOMASIN *Gymnas.* p. 76.

(x) MARTINE ad EUSTACHIUM p. 18.

(y) *Melchior* ADAMI p. 205.

(z) MARTINE l. c.

didit. Vestibulum, organi auditus, canales tres semicirculares, anulum tympani, chordam tympani (*a*), fenestras, cochleam invenit, aquæductum uberius dixit, cui nomen inventoris datum est. Stapedis inventi gloria INGRASSIÆ pro suo candore cessit (*b*). Os ethmoides VESALIO obiter dictum, accuratius descripsit, cum suis processibus conchæ similibus, atque cavernulis. Sic cum sinu suo os sphenoides & in universum sinus pituitarios fetuum. Dentium caveam, arterias venasque, & nervos dixit, & duplicem proventum, atque nervorum dentalium superiorum canalem. In musculis accurate versatus est, invenit bene multos, ut occipitales, auriculæ tres musculos, levatorem palpebræ superioris, pterygoideum externum, geniohyoideum, trachelomastoideum, rectum lateralem capitis, posteriorem auriculæ, occipitalem, cervicalem descendentem, musculos veli palatini, & pharyngis plerosque, pyramidalem abdominis, non undique VESALIO ignotum. Musculorum intercostalium veriorem dedit descriptionem, & internos solos ad sternum venire ostendit. Musculos faciei multo, quam VESALIO, rectius proposuit, & oculi musculos, & potissimum obliquos trochleamque: tum musculos ossis hyoidis, laryngis, capitis. De sphinctere vesicæ recte sensit, contra VESALIUM, stylopharyngæi in os hyoides insertionem vidit.

Inde vasa tradit. Subtiliter passim in iis versatus est, ut etiam parvas illas anastomoses venarum phrenicarum cum mammariis, venæ sine pari cum renalibus, & lumbaribus, mammariarum cum epigastricis & intercostalibus aliasque minutas anastomoses dicat. Venas sinusque medullæ spinalis invenit, & meningeam arteriam & ethmoideam, & cerebrales arteriarum carotidum ramos persecutus est; Venam porro jugularem utramque, & vertebralem. Venam umbilicalem unicam esse monuit, interque dextras & sinistras venas faciei, mammarum, hypochondrii, abdominis, aliarum (*c*) partium dari anastomoses. Azygæ duas insertiones in venam cavam dixit: Arteriæ penis veram originem. Valvulas venarum rejecit. Arterias in sinus cerebri inseri, eosque sinus pulsare negavit, contra VESALIUM. Ductus arteriosi dignitatem & amplitudinem ostendit. Carotidem multo rectius descripsit, in sinus duræ membranæ terminari recte negavit. Vertebralem per magnum foramen accipitis subire contra VESALIUM ostendit. Nervos oculi constituit, quartum par invenit, tres ramos Quinti paris recensuit, ramum recurrentem nasalem primus dixit, tum paris octavi nervum glossopharyngeum. Fabricam musculosam gulæ vidit. Villosam inde ventriculi & intestinorum tunicam, valvulas conniventes, ut vocantur. De itinere bilis veriorem sententiam aperuit. Renis meatus rectos vidit, aut fistulas, & opercula s. papillas, quæ has fistulas (partes pelvis) oppleant. Vesiculas seminales plenius confirmavit; clitoridem uberius descripsit, & restituit, & hymenem, & uteri tubas, & ligamenta teretia. Nerveum plexum cordis & mesenterii indicavit: fragmenta difformia cartilaginea in bronchis: palati

(a) Hanc non undique perspexit.
(b) *Obs.* p. 25. b. 26.
(c) p. 128.

palati mollis & uvulæ discrimen, cornicula lacrumalia, ductum nasalem, glandulam lacrumalem unicam, duram indolem capsulæ crystallinæ, ligamentum ciliare, tunicam vitream, sinus duræ membranæ petrosos quatuor, venam mastoideam. Non dari in teste muliebri semen. Nervos præter opticum dura piaque membrana obvolvi perite negavit. Bilis verum iter docuit, ut distento duodeno ex hepate in vesiculam veniat. Duas in rene pelves vidit. Pauca hæc; & plura supersunt, quæ in viro minus divite exegissem.

EJ. *de corporis humani anatome compendium* Venet. 1571. 8°.* Patavii 1585. 8°.*. Viscerum & musculorum brevis absque vasis & nervis historia, ab ignaro discipulo magni viri rudi calamo excepta. Passim etiam vitia typographi. Multa eorum similia quæ habet in observationibus, correctiones nempe VESALII. Humerariam venam ab axillari, non a jugulari interna provenire (*d*). Latissimum dorsi utique scapulæ adhærere (*e*).

Non differunt *institutiones anatomicæ*, quæsunt in *posthuma operum collectione*. Non esse FALLOPII, sed alicujus discipuli opus C. HOFMANNUS (*f*).

EJ. *Quæstio de principio venarum, ubi defenduntur medici & philosophorum solvuntur rationes*. In collectione opusculorum Patavii 1566. 4°.* edita a *Petro* AGATHO. Venas ab hepate provenire, non a corde; breviter omnino.

EJ. *lectiones de partibus similaribus* C. H. a VOLCHERO COITER editæ Noriberg. 1575. fol.*. Ad veterum theorias. Medullam tamen in ossibus leonis reperiri. Non inesse in arteriis vim pulsandi insitam, neque eas ultra vinculum micare.

EJ. *Expositiones in* GALENI *lib. de ossibus, cui additæ a* F. MICHINO *figuræ venarum* Venet. 1570. 8°. DOUGL. & in collectione posthuma operum, ille libellus in Tomo III. iste in primo. Observationes sex. In prima canis incisio; in tertia dicuntur meatus parvi flavo subamaro succo pleni, ab hepate tendentes ad pancreas, vera nempe vasa lymphatica. Obs. 4. est de anastomosibus inter venam axillarem & sine pari, nullis valvulis impedita. Obs. V. subtiles inter venam sine pare & venam intercostalem superiorem a subclavia natam anastomoses, hujusque sine pari venæ duæ insertiones in emulgentem & cavam venam. Obs. VI. Eodem loco nasci ex vena cava jugularem exteriorem, internam & vertebralem: De musculis peculiaribus penis canini. Expositio in lib. GALENI longus est & verbosus liber, plenus controversiarum.

In lib. *de vulneribus*, hominem ab omento destructo nihil passum. Tendines cæsos parum dolere. Caput a cerebro exacte repleri. Medullam spinalem infra primam vertebram lumborum nervorum similem esse, superne cerebri.

In lib. *de ulceribus* anno 1557. describit duo punta lacrumalia & geminum lacrumarum meatum.

Opera

(d) p. 21. (e) p. 28.
(f) *Instit.* p. 212.

Opera omnia prodierunt Francofurti 1600. fol.* Venetiis 1584. fol. 1606. fol.*. Hanc editionem BARTHOLINUS Francofurtensi longe præfert (g).

Solæ observationes ab AUCTORE suo editæ sunt. Reliqua opera fere incomta, deinde plena inutilium enarrationum, & longe minus rebus gravia.

§. CCI. *Levinus* LEMNIUS. ALII.

Zirikzeæ in Zeelandia Medicus clinicus. Ejus *de habitu & constitutione corporis quam complexionem vocant* Antwerp. 1561. 8°.* Venet. 1567. Erford. 1582. 8°. Jenæ 1587. 8°. Francof. 1591. 16°. WILLER. Vaga quædam confabulatio varii scopi. De natura spirituum, de corporis humani elementis, temperamentis simplicibus, compositis, eorum signis & effectis. Impuberes lac aliquando in mammis habere.

EJUS *de occultis naturæ miraculis* L. IV. Colon. 1581. 8°.* & alias. Plurima huc faciunt, ut de similitudine puerorum cum parentibus, de nævis ex imaginatione prægnantium natis. Semen a muliere addi. Uter sexus prævaleat in fetu, & quare: partus monstrosi: androgyni. Hæc in libro I.

Libro II. agit de galea, cum qua pueri nascuntur. De physiognomia. De somniis. De saliva, lacte.

L. III. convalescentes cur salaces.

L. IV. de presbyopibus, myopibus. Cur dexter oculus obtusior. Qui artubus truncatis nascantur. Animalia quæ absque semine proveniunt. Tempora quibus utero geritur. De hominis procreatione, pubescentia. Intercedunt aliqua nimia & fabulosa, ut molæ volatiles cum unguibus Lib. I.

EJ. *de termino vitæ* Leid. 1689. 12°. &c. Ita lego.

Petrus FRANCO, Chirurgus Lausannensis, edidit Lyon 1561. 8°.* *traité tres ample des hernies*, quo fere universa chirurgia continetur. Ubique anatome earum partium additur, quarum curationem auctor exponit, & ossium, oculorum, partium genitalium mascularum, femininarum descriptio &c. Peritonæum a vasis spermaticis non perforari.

Ferdinandi CASSANI *quæstiones duæ, quod sanguis & pituita in sanorum corporum venis actu sint; 2. quod sedimenta sanorum & ægrorum ejusdem sint speciei* Neapoli 1561. 8°. L.

AGOSTINO COLUMBA *della natura de cavalli* & T. GRISONE *modo di connescere la natura di cavalli* Venez. 1561. 8°.

(g) *Vindic. anat.* p. 3.

§. CCII. *Theodorus* ZWINGER.

Theodori ZWINGER fenioris, Medici Bafileenfis, qui nova dogmata PARACELSI cum veteribus Medicorum claſſicorum fententia conatus eft conjungere, doctus cæterum vir. Edidit anno 1561. fol. Bafileæ fuas in l. *de arte medica* GALENI, & in l. *de conftitutione artis medicæ tabulas*, Parif. 1561. fol. TREW.

IDEM anno 1579. fol.* edidit 22. libros HIPPOCRATIS græce & latine, tabulis illuftratos, fententiis in ordinem fecundum locos digeftis.

EJ. Περι των περιττωματων της πρωτης πεψεως Bafil. 1584. 4°.*. Generalia ad fcholarum morem.

EJ. *Phyfiologia medica* THEOPHRASTI PARACELSI *dogmatibus illuftrata* Bafileæ 1610. 8°.*. Vaftum opus, in quo quidem fe cum Paracelfiftis conciliat, ut tamen contra eos veram anatomen defendat. Fatetur vitia maxima Paracelficæ fectæ, & exempla dat.

In *theatro vitæ humanæ*, inchoato a *Conrado* LYCOSTHENE & XIX. libris abfoluto Bafil. 1565. fol.* 1571. fol.* TREW. 1586. fol. & alias edito, etiam anatomica adtigit, collectaneo opere, ex veteribus fere, fub fuos titulos compilato. Aliqua ad artes pertinent, ad medicinam, chirurgiam, medicorum virtutes. In L. XVI. fufe agit de animi adfectibus. In L. XVIII. de vita humana ab ipfo retro fetu, de conceptu, partu, multiplici & ferotino, demum de vita hominis ad ipfum ufque fenium. Virtutes & vitia fenfuum: mortis genera & caufæ, fufiffime. Longævitas, Fames, Sitis, Gigantes, nani, morbi varii. Cadaverum fepultura, conditura, abftemii, idiofyncrafia. Anatomen regum Ægyptiorum laudat.

§. CCIII. *Francifcus* PUTEUS,

Vercellenfis. Ejus *apologia in anatome pro* GALENO *contra Andream* VESALIUM prodiit Venetiis 1562. 8°.*. Auctor vir nobilis fuit, parum latinus, & longe minus anatomicus, & unicum fibi finem propofuit, GALENUM falvum facere. Adfirmat GALENUM corpora humana diffecuiffe: editionem Bafileenfem mancam effe, & multas GALENI voces omittere. Vide ut fe torqueat, quando GALENUM excufat, mufculis inter coftas modo exfpirationem tribuentem, modo infpirationem (*h*): aut venam fine pari cor inter & diaphragma inferentem (*i*): aut Hepati lobos adfignantem, quos nofter quatuor omnino vult fe in principe Sabaudo vidiffe (*k*) etiam teftibus adductis; quando demum cotyledones in utero reperiri adfirmat (*l*), ob eam rem a *Gabriele* CUNEO refutatus, quando denique fe ipfum teftatur membranam allantoideam (*m*) excrementis

(h) p. 84. b. 8
(i) p. 137. b.
(k) p. 153. b.
(l) p. 164. b.
(m) p. 165. b.

mentis plenam vidisse. In solis figuris capitis refutandis veram sententiam tenuit, quarum quintam negat (*n*) locum habere posse. Plusculas orationes addit medicorum, qui Bononiæ de venarum ex hepate origine disputaverint (*o*), BONFILIOLI, VICTORII, MAGGII.

§. CCIV. VARII.

Antonio Maria VENUSTA, Rhætus ex Tellina Valle, edidit Venet. 1562. 8°.* & Milano 1614. 12°. QUADR. *discorso generale intorno alla generatione al nascimento delli huomini, al breve corso della vita humana.* Germanice recusus est Frankfurt 1618. 8°. HEIST. *von der Geburt des Menschen.* In parte priori agit de origine animæ & corporis hominis, pro seculi genio vage, cum plurimis variis opinionibus, qualis est de lunæ vi. Porro de coitu, generatione, partu naturali & difficili, monstris & nævis agit. Plures masculos nasci tamen perspicaciter, ex hypothesi, vidit. De proceris etiam hominibus, & pygmæis, & longævis.

Johannis CARVINI, medici Montis Albani, *de sanguine dialogi* VII. Lugduni 1562. 8°.* Hanov. 1605. 12°. DOUGL. *Jacobi* SYLVII discipulus. Dialogo I. agit de sanguinis essentia & veterum quatuor humoribus. Dial. VII. de judicio ex sanguine, ubi pingue aliquid ait se in sanguine venoso vidisse, quod pro adipe habet. Collectitia cæterum materia.

Petrus GYLLIUS in *historia elephantis*, quam cum ÆLIANI animalibus Lugduni 1562. 8°.* edidit, aliquam captæ hujus belluæ anatomen dedit, dentesque, hos accurate, tum hippopotami dentes, & varia ad horum animalium physiologiam, ut de rara respiratione Elephanti.

Janum BIFRONTEM *de operibus lactariis* Tiguri 1562. 8°. editum, utcunque huc referas.

§. CCV. *Bartholomæus* EUSTACHIUS.

Bartholomæus EUSTACHI, Sanseverinas Anconitanus, Anatomicus & Professor Romanus, vir acris ingenii, parcus laudator, sed ad inveniendum, & ad subtiles labores a natura paratus, omnium incisorum ad nostra usque tempora maximum in sua arte ambitum suis laboribus complexus est, omniumque, quos ego novi, plurima inventa, plurimasque correctiones ad perficiendam artem adtulit. Obiit anno 1570.

Pauca quidem sunt, quæ ipse edidit. Libellus primum *de renibus* Venetiis prodiit 1563. 4°. cum *opusculis* recusus ibidem 1564. 4°.*. In hoc opere primum exemplum exstat anatomes repetitæ, comparatarum diversarum in diversis cadaveribus fabricarum corporis humani, & varietatum. Icones etiam, quas ante virum GEMINUS & pauci alii dederant, æri insculptas, absque literis

(*n*) p. 19. n. b.
(*o*) p. 117. &c.

ris obscurantibus per geometricum gnomonem interpretari docuit. Infinita fere sunt, quæ in exiguum libellum stipavit. Renem dextrum humiliorem esse contra universam antiquitatem ostendit. Experimento confirmavit, post ligatos ureteres vesicam inanem reperiri. Ureterum ad ingressum suum in vesicam fictitias valvulas rejecit. Capsulas renales invenit. Papillas renis & pelvim, & ejus ramos, uberrime descripsit, & ductus uriniferos. Vasorum renalium copiosissimas varietates iconibus expressit. VESALIANAM renum historiam ex animalibus sumtam, undique emendavit. Aerem ex arteria ursit in ureterem.

EJUSD. *de dentibus libellus* Venet. 1563. 4°.* & *in opusculis*. Studium idem. In ipso fetu dentes adgressus, viginti vidit promordia: fabricam inde, arteriasque & venasque dentium dixit: & varietates per numerosissima exempla in ordinem reduxit. Prima hæc exempla dedit plenæ, exquisitæ & minutæ anatomes.

Hi libelli redierunt in opusculis anatomicis Venetiis 1564. 4°.* editis, tum 1574. & 1653. ut lego, quæ eadem curante BOERHAAVIO Leidæ anno 1707. 8°.* recusa sunt, tum Delphis 1736. 8°. additis iconibus, quæ in plerisque exemplis desiderabantur, & quas *Dominicus* GUILIELMINUS ad editorem misit, quas ipsas tamen prius C. BAUHINUS cum suo theatro ediderat, & GUILIELMINUS recudi fecerat. In hac collectione præter priora exstat *ossium examen*. Scopus viri & hic, & in fere omnibus suis laboribus fuit, GALENUM hactenus tueri, ut certe non recte a VESALIO carpi ostenderet. Ita in hoc libello EUSTACHIUS vincit, non ad simias eas GALENI descriptiones natas esse, quas eo VESALIUS retulerat: non quidem satis candide: parum enim interest lectoris, quale animal præ oculis GALENUS habuerit, id unice interest nostra, scire, num aliam ab humana fabricam describat; neque probari potest, quod EUSTACHIUS & octo tarsi ossa defendat, & tres sacri ossis vertebras, etsi in sterno male pro GALENO orantem SYLVIUM deserit. Fuse agit de articulatione capitis cum vertebris, & brachii cum carpo; tum de sesamoideis ossiculis; ossa universa simiæ studiose descripta dedit. Rejecit membranam allantoideam humanam.

In libello *de motu capitis*, qui prioris est appendix, describit musculos novos aut parum notos, cleidomastoideum, rectum anticum majorem, rectum anticum minorem, rectum lateralem, & alium inter primam & secundam vertebram musculum dicit.

De vena sine pari. Hic verba VESALII præmittit, ad quæ sua antigrammata regerit. Venam sine pari ad octavam vel nonam costam constanter dividi, quod etiam apud FALLOPIUM reperias. Venam intercostalem superiorem superiora costarum intervalla nutrire. Venam sine pare per singula animalia persequitur, & ea occasione ductum thoracicum ex equo describit. Hic etiam valvulam depingit, quam EUSTACHIANAM dicunt, & ostendit, minime se ignorasse, unum, continuum, valvulosum, anulum in quoque venoso cordis ostio dari. Habet etiam valvulam coronariam.

De

De vena communi profunda brachii. Truncum VESALIO opponit, qui a basilica (axillari) natus, profundus, arteriam comitatur, in flexu cubiti cum cephalico humerario raro conjungatur: inde tres ramos profundos edat, quorum medius est inter ossa. Figuras harum venarum ex simia & ex cane depictas addit, ut constet, ea animalia a GALENO non esse depicta.

De organo auditus. Hic musculus mallei internus, (is quidem jam a VESALIO depictus), & stapes, & stapideus musculus, & tuba describitur, quæ vulgo dicitur EUSTACHIANA. De stapede invento cum INGRASSIA contendit cum que COLUMBO. Verum neuter quidquam in organo auditus invenit, cur credas pariter ut EUSTACHIO stapedem ipsi cognitum fuisse. Habet modiolum & septi cochleæ partem osseam. Cochleæ primus iconem dedit. Vestibulum, chordam tympani a FALLOPIO non satis intellectam rectius exponit. In editione Veneta opusculorum EUSTACHII *Petri Matthæi* PINI adnotationes habentur, in quibus indicantur loca veterum & nuperorum, ad quæ EUSTACHIUS respexerat, ut tamen auctorem non nominaret. Præfationes etiam non sunt absque utilitate, ad tempora definienda, quibus quamque particulam EUSTACHIUS invenit.

Ad EROTIANUM *adnotationes* edidit, Venet. 1566. 4°. & libellum *de multitudine*, qui nuper Leidæ 1746. 8°.* recusus est. In eo libello auctor jam senex satis ostendit, GALENI, quem adeo constanter defenderat, errores se nunc perspicere. Denique fatetur, se ad tuendum GALENUM aliqua juvenibus demonstrasse, quæ vere aliter se habeant. Adfert aliqua ad arteriolas interiores nervi optici, & retinæ oculi tunicæ; nervosque plerosque longe per cutem decurrere, atque in adipe pene evanescere docet.

Longe amplius opus vir magnus susceperat, *de anatomicorum controversiis*: eo fere fine, ut ostenderet, quantum a perfectione nuperi abessent, qui adeo acriter GALENUM carpsissent. Multorum annorum laborem in hoc opus & in 39. tabulas impendit, quas multis annis ante FALLOPII observ. incisas fuisse P. M. PINUS (*p*) testis est, & ipsa res ostendit, aliquas earum ante octo illas paratas fuisse, quas cum opusculis edidit (*q*). Ipsius tamen EUSTACHII voces (*r*) etiam de solis iconibus venæ sine pari intelligi possunt. Neque negat MORGAGNUS, tabulas EUSTACHII ad organum auditus pertinentes demum post lectum FALLOPIUM accessisse (*s*). Eas EUSTACHIUS anno 1574. moriens PINO reliquit, ex cujus familia ad RUBIORUM thesauros transierunt, & denique Urbini detectæ, cura *J. Mariæ* LANCISII (*t*) Romæ 1714. fol. editæ sunt, communicato cum MORGAGNO & FANTONO consilio. Opus ipsum totum præter tabulas periit.

Ex-

(p) In *indice* HIPP.
(q) MORGAGN. ad T. XIII.
(r) *Opusc.* p. 68.
(s) *Opuscul.* I. p. 20.
(t) Conf. *Giorn. de Lett.* T. XII. p. 448.

Eæ tabulæ ad alios fines factæ sunt, quam VESALIANÆ: non enim curabat earum perspicax AUCTOR, totam naturam depictæ partis imitari, eique potius curæ fuit, ut icones suis adnotationibus & emendationibus responderent, eaque potissimum accurate exprimerent, quæ in VESALIO correxisset, aut ipse alioquin noviter invenisset. Deinde indicia sunt manifesta, non potuisse ullo modo ea omnia uno in cadavere ostendi, quæ sunt in tabulis, argumento tabulæ XVIII. & necesse fuisse, ex pluribus corporibus desumtas partium icones in unam universi corporis tabulam componere.

Quæ nova EUSTACHIUS invenerit, nulla pene ratione enumeres, adeo sunt infinita. Quare pauca de plurimis profero, ne ingratus sim in virum, a quo plurima didici, & quo sum uberrime usus. In ossibus præter exquisitas sceletos cum costis per appendices conjunctis & suturis accurate expressis; sectiones variæ ossis petrosi, cochlea, canales semicirculares aperti, os sphenoides dissolutum & simplex, nares internæ, ossa turbinata inferiora in situ, processus adscendentes ossis palati, sterni varietates. Ventriculi laryngis.

In musculis omnia, quam apud VESALIUM, accuratiora, potissimum in musculis profundis, & eorum ab ossibus originibus, tum in musculis minutioribus. Musculi auriculæ primum depicti. Ligamenta musculos coërcentia manus, pedis. Cleidomastoideus, coccygeus, coracohyoidei vera origo, musculi peculiares scroti ab osse pubis nati, splenius colli, transversalis cervicis, quadratus femoris, costarum depressores, levatores, musculi plusculi faciei, pharyngis, laryngis, stylohyoideus alter, uvulæ plerique musc. musculus glandulæ thyreoideæ; oculi veri musculi. Azygos cutaneus perinæi. Fasciculus sphincteris in coccygem euns; stapideus, trochlearis cum trochlea. Levatorem palpebræ ipse EUSTACHIO tribuit VESALIUS, atque Romana industria excitatum se hunc musculum fatetur reperisse (*u*).

Ad viscera præter renes. Verus viscerum in abdomine situs, & in pectore. Ventriculi & pancreatis vera figura, illius ligamenta, ligamenta lienis, colique flexus, cæcum intestinum & adpendiculæ. Mesenterii (*x*) & mesocoli natura, & glandulæ, omentum hepaticogastricum. Hepatis vincula, tubera & vasorum viæ. Bulbus urethræ, ejus corpus cavernosum, & veri urethræ lacus & isthmi. Vesiculæ seminales & earum ductus, atque caput gallinaginis. Uteri vera figura, tubæ, clitoris cum musculis, hymen (*y*), vasa ligamentorum teretium. Pericardii adhæsiones ad magna vasa, venæ pulmonales quatuor, ductus arteriosus; glandulæ bronchis adsidentes. Cerebri pleraque, thalami optici, corpora striata, ventriculi tricornes, fornix, ventriculus tertius rectius, & quartus, & commissura cerebri anterior, cor-

(u) *Exam. obs.* FALLOP. p. 48.
(x) VESALIUS mesocolon laminam omenti posteriorem dixit, unde mira in pancreatis & vasorum sanguineorum historia confusio orta est.
(y) Hujus exsistentiam negaverat apud *Hor.* AUGENIUM *epist.* T. II. *epist.* I. p. 326.

corpora mammillis similia, corpora pyramidalia & olivaria, crura cerebri, velum glandulæ pineali impositum, commissura anterior cerebri, venæ duræ membranæ. Processus a cerebello ad medullam spinalem euntes, retina oculi integra, larynx humanus; ejus vasa, veli penduli palatini vera natura, lamina cribrosa nervi optici, retina ad lentem crystallinam producta. Thyreoideæ glandulæ isthmus.

In nervis, innumera, cum eos VESALIUS negligentius tradidisset, FALLOPIUS verius, sed paucos dixisset. Paria novem, quæ nunc etiam numerantur. Vera nervi intercostalis origo a sexto pare: nervi oculi, nervi octavi paris & intercostalis progressus, hujus a priori discrimen, ganglia magna, nervi abdominales, finis nervi intercostalis in nervos pelvis inserti, nervus quinti paris, nervus phrenicus, nervi artuum cum musculis in vero situ expressi, nervi subcutanei. Nervus splanchnicus ab intercostali natus. Nervus accessorius, & ad eum rami a medulla spinali. Passim, & potissimum in sympathico magno, vix omnia possunt intelligi, amissis AUCTORIS libris.

Ad Vasa. Hic EUSTACHIUS etiam magis, quam in aliis anatomes partibus, posterorum admirationem meretur. Arteriosum systema integrum. vero in situ. Arcus aortæ verus, cum tribus ex eo prodeuntibus magnis ramis. Vasa coronaria cordis, vasa hypogastrica, arteriæ & venæ penis & uteri, miro artificio expressæ. Sic vena cava, sic sine pari vena, sic circuli venarum intercostalium, sic vasa hepatis plenissima, sic vasa mesenterii, mesocoli transversi, & dextri, atque sinistri, vasa pulmonis trium generum, vasa cutanea pulcherrime, vasa artuum in vero situ, & cum musculis. Anastomoses vasorum epigastricorum & mammariorum. Arteriæ penis vera origo. Varietas, in qua nulla est arteria intercostalis superior. Quatuor venæ pulmonales. Rami a vena umbilicali ad hepar. Hæc omnia vir Clar. aut primus invenit, aut certe primus delineavit. Venas potissimum præ oculis habuit, inde arterias.

Editio Romana anno 1714. fol. a *J. Maria* LANCISIO Archiatro adjuvante *Antonio* PACCHIONO & *Francisco* SOLDATO procurata est, & addita figurarum explicatio. Quantum ea a perfectione absit, fuse in sua ostendit ALBINUS. Recusa est Rom. 1728. fol.*

Deinde Rom. 1740. fol.* tabulas antiquas recusas dedit *Cajetanus* PETRIOLUS, Chirurgus, & addidit *Riflessioni anatomiche sulle note di G. Maria* LANCISI. Vitam adjecit EUSTACHII, deinde *Riflessioni* in omnes tabulas; & iterum *Riflessioni aggiunte*, iterumque *spiegazioni aggiunte alle predette omissioni.* Præmiserat unicam tabulam 25. cum titulo *dubii anatomici considerati da Petrioli circa le riflessioni aggiunte alle note di* LANCISI. PETRIOLI disjectas adnotationes aliquo cum tædio legi, ut passim non intelligerem, quæ viro mens foret: arterias enim hepaticas ut possit a renalibus derivare in EUSTACHII figuris, ego non video, neque capsulæ Glissonianæ umbram. *Riflessioni* seorsim etiam prodierunt Roma 1740. fol.* absque tabulis.

Porro J. B. MORGAGNUS in epistola ad LANCISIUM aliqua loca EUSTACHII explicavit, tum J. FANTONUS.

Genevensem editionem 1717. fol.* a *Jacobo* MANGETO curatam omitto, cujus figuræ truncatæ sint.

In Belgio Amstelodami 1722. fol.* tabulæ ipsæ recusæ sunt. non tamen undique editionis Romanæ similes.

J. Benignus WINSLOW cum suo opere anatomico quatuor edidit tabulas EUSTACHII, commentario illustratas, in quem passim ALBINUS animadvertit.

Porro anno 1744. Leidæ *Explicationem tabularum anatomicarum* EUSTACHII ALBINUS edidit fol.* cum tabulis partim Romanas imitantibus, partim absque umbris, in quibus literæ sunt, quæ figurarum explicationi respondent. Pro summa sua peritia, & longa cum EUSTACHIO consuetudine, VIR ILL. plurima obscura in EUSTACHII tabulis declaravit, in quas prælegentem eum audivimus. Ad finem adnotationes addidit, in quibus in MORGAGNUM, LANCISIUM, WINSLOWUM aliosque EUSTACHII interpretes animadvertit. Hanc interpretationem recudi fecit Leidæ 1762. fol.*. Adnotationes quæ librum clauserant, nunc ad suos locos reduxit, & aliqua adjecit, potissimum ad tabulam XXVII. In SENACUM & BERTINUM varia monet. Et tamen supersunt, & in nervis, & in vasis, quæ egent interprete.

Demum *Georgii* MARTINE in *Bartholomæi* EUSTACHII *tabulas anatomicas commentaria*, posthumus Cl. viri labor, ab *Alexandro* MONROO edita sunt Edimburg. 1740. 8°.*. Scopus viri fuit ostendere, quis finis EUSTACHIO in quaque alicujus particulæ delineatione fuerit, potissimum ad refutandum VESALIUM; deinde definire, quæ vir Cl. ante FALLOPIUM, COLUMBUM aliosque coævos viderit. Ordinem demonstrat passim alienum esse, ad corpora juvenilia proportiones sumtas, & figuras fere sextam partem veræ staturæ exprimere. BIANCHI Turinensis explicationem vasorum hepatis EUSTACHIANORUM ostendit undique vitiosam esse.

Tabulæ EUSTACHII aliquæ in SENACI compendium anatomicum transierunt.

Vitam viri scripsit Rom. 1740. *Bernardus* GENTILI, italico sermone.

§. CCVI. VARIA.

Giovanne MARINELLI, Formiani, *tratt. delle medicine pertinenti alla infirmità delle donne* Venet. 1563. 8°. 1674. 8°. Latine versum a J. LIEBAUT: libere tamen, ut ipse JOHANNES subinde loquatur deinde Gallice *maladies des femmes & remedes d'icelles* Paris 1582. 8°.* Lyon 1609. 8°.* auct. a LAZARO PE versionis auctore. Magna pars facit ad anatomen. In L. I. de differentia oris uteri, & oris vulvæ, de fabrica uteri. Feminam prolapso utero tamen

men concepisse. L. III. de mensibus: non esse malignos. Puella novennis menses passa, etiam concepit. Spurium illum seminalem ductum habet, qui ad collum fertur uteri. Pro hymene: non debere sanam puellam in primo coitu dolere, aut sanguinem fundere. Clitoridem videtur pro particula habere vitiosa. De conceptione, graviditate, partu, superfetatione. De androgynis, mancis, monstrosis partubus, hic credulus, qui putet feminam bestias ranis similes peperisse. Lepores utique se androgynos reperisse. De fetus formatione, animatione, situ in utero, quam minus putat conglobatum esse, quam VESALIUS voluerit. Naevos credulus admittit, ut etiam labium leporinum ex viso lepore nascatur. Mancos parentes integros generare filios. Lac in puero lactente. Non nasci lac ex sanguine menstruo, neque continuo generari, si menses defecerint. Lac & ejus generatio. De tempore partus legitimi. Non discedere in partu neque pubis ossa, neque ilium ossa a sacro. Anglis nonnullis coccygem esse longiorem.

Eine seltsame Mißgeburt, so von einer Kuh zu Varnroda &c. Frankfurt 1563. SCHEUCHZER.

Wahrhafte Contrafaitur einer Wundergeburt, so zu Bischen geschehen 5. Mart. 1563. Strasburg, SCHEUCHZER.

Nonne huc pertinent GALE *chirurgical works* Lond. 1563. 8°.?

Joh. CRATONIS, Archiatri trium Impp. *Periocha methodica in* GAL. *libros de elementis, natura humana, atra bile & facultatibus naturalibus* Basil. 1563. 8°.

EJUSD. *microtechne* GALENI studio *Laur.* SCHULZII edita Frankf. 1592. 8°. Hanau 1646. 8°.

EJ. ISAGOGE *in artem medicam*, quae cum consiliis & epistolis prodiit, continet physiologiam ad scholarum saporem scriptam, in qua de humoribus, temperamentis, spiritibus, facultatibus & aliis de eo genere agit.

Inter numerosas CRATONIS epistolas, quae L. SCHULZII cura prodierunt, aliqua etiam ad nos pertinent, ut locus *Petri* MONAVII de circuitu sanguinis per pulmones a PIGAFETTA adgnito in L. V. Epist. ad SERVETI modum, ut sanguinis per septum cordis iter ad sinistrum ventriculum rejiceret. Is fuit *Antonius Franciscus* PIGAFETTA, Chirurgus & Medicus, quem SMETIUS ait ob incestum carceri fuisse mancipatum *misc.* L. X. IDEM in bove ERASTO membranam internam ventriculorum cerebri demonstravit, non ex vulgo certe incisor.

Jacobi HORSTII *enarratio libri Hippocratici de corde una cum explicatione quaestionis an intra pericardium vivi hominis vel ad alendum, vel reficiendum cor natus humor inveniatur* Francof. ad Viadr. 1563. 4°. RIV.

EJ. Professoris Helmstadiensis disp. *de Memoria bona conservanda* Helmstadii 1585. 4°. HEFT.

EJUSD. *wunderbare Geheimnüsse der Natur* Lips. 1588. 4°.* Hujus operis liber IIX. anatomici & philologici est argumenti, collectitius equidem, ut tamen satis apte nomina partium corporis humani germanice reddat.

EJUSD. *Disputationes de temperamentis* Rostock 1588. 4°.

EJUSD. *de secundis corporis humani elementis* ib. eodem anno.

EJUSD. *de corpore humano, ejus partibus & facultatibus* ib. eodem anno.

EJUSD. *de actionibus corporis humani & ejus partium, & modo, secundum quem fiunt*, ib. eodem anno.

EJUSD. *de dispositione corporis humani & ejus partium* ib. 1589. 4°.

EJUSD. *de sanitate & ejus causis* ib. eodem anno HEFTER.

EJUSD. *de aureo dente maxillari pueri Silesii, utrum ejus generatio naturalis fuerit.* Et *de Noctambulonum natura, differentiis, causis & curatione*, denuo auctus liber Lipf. 1595. 8°.* & Germanice *zwey Bücher von dem güldenen Zahn, und von den Nachtwanderern* Lipf. 1596. 8°. THOMAS. vertente priorem *Ge.* COBERO, alterum ipso auctore. Misere sibi imponi passus est bonus senex, ut ex fraudulento illo dente mira mala Turcis præsagiret. In altero libello historiolas noctambulonum recenset, multaque habet collectitia.

Noctambulones jam Lipf. 1593. 8°. prodierant.

§. CCVII. J. C. ARANTIUS.

Julius Cæsar ARANTIUS, Bononiensis, VESALII & *Bartholomæi* MAGGII discipulus, in urbe patria Professor. Ejus exstat *de humano fetu opusculum* Rom. 1564. 8°.* Venet. 1571. 1587. 4°.* 1589. 4°. 1595. 4°. cumque PLAZZONO Leidæ 1664. 12°.*. Brevi, sed utili libello, priores auctores castigat, quod brutorum animalium uteros depinxerint. Membranam placentæ utero obversam dixit: Vasa uteri & aliarum partium arteriosa & venosa inter se communicare adnotavit, nullam vero vasorum fetus cum uterinis esse anastomosin. Spongiosam uteri naturam, quasi ex multis laminis compositam describit. Vasa uteri bene a spermaticis & ab hypogastricis, eorumque conjunctis ramis deducit. Ductus venosus, arteriarum umbilicalium verum iter. Nullum urachum in humano esse funiculo, & ejus locum ligamentum vesicæ solidum tenere, nullamque allantoideam membranam homini datam. Sanguinem in spongiosam naturam uteri lentescere. Capitis maturi fetus conversio. Viæ fetui in utero propriæ, earumque superstes vestigium, foraminis nempe ovalis & arteriosi ductus. Horum pluscula EUSTACHIO non fuerunt ignota, aliqua a FALLOPIO prodita, multa nova, aut clarius exposita.

EJUSDEM *observationum anatomicarum* Venet. 1587. 4°.* 1595. 4°.* Basil. 1679. 8°. Scriptæ sunt ab auctore jam morti proximo anno 1586. (z). Multa hic bona reperias, eo certe seculo nondum publicata; cornu ventriculi anterioris descendens disertius descriptum, pedes HIPPOCAMPI. Verius musculi genioglossi munus, musculos coracobrachialem, obturatorem externum, indicatorem,

(z) *Obs.* p. 129.

catorem, vaginæ sphincterem, glutæi in fasciam latam insertionem, hujus in tibiam, levatorem palpebræ, musculos minores digitorum, hæc fere omnia minime EUSTACHIO ignorata: denique globulos valvularum aortæ. Glottidem & ejus ligamenta rectius describit: non bene ductum seminalem unicum fecit. septum cordis non pervium esse monuit, & circuitum sanguinis minorem cognitum habuit. De arteria lienis flexuosa, de spermaticis, de corpore cavernoso urethræ, testium fabrica ex serpentinis crispisque vasculis composita.

§. CCVIII. *Prosper* BORGARUCCI. ALII.

VESALII discipulus, Chirurgiæ editor, peregrinator, qui Angliam, Parisios, Coloniam, Lovanium viderit, edidit Venetiis anno 1564. 8°.* *della contemplazione anatomica sopra tutte le parti del corpo umano* libros V. Passim VALVERDUM ipsumque VESALIUM humaniter reprehendit, nonnullas etiam in cadaveribus incisis factas adnotationes recenset. Nomenclaturas partium corporis humani variis ex linguis suppeditat. Ipse quidem non incisor.

Jacobi PELLETARII, Cenomani, *de conciliatione locorum* GALENI Parisiis 1564. 8°.*. Passim physiologiam adtingit. Utrum jecori, num lieni crassior sanguis pro alimento sit. An nervi aliqui cavi. Respiratio utrum voluntaria, utrum naturalis. Cerebro nudato num animal sensu, motu & respiratione privetur? Cor num respirationis instrumentum? Vesica num a renibus trahat? &c. Respondet fere ex GALENO.

Alfonzo de TORRES *recapitulacion de los mas famosos autores Griegos y latinos que trataron de la excelencia y generacion de los Cavallos y comese an de dotrinar y curar sus infermedades y tambien de las mulas y su generacion* Tolet. 1564. fol. N. ANT.

Ægidii de HERTOGHE *de gestatione fetus mortui per* 13. *annos* l. prodiit cum M. CORNACE Basil. 1564. 8°.* & cum DODONÆI *observationibus*.

Hieronymi MAGII *variarum lectionum s. miscellaneorum* libri IV. Venet. 1564. 8°. LIND.

Hieronymi MASSARII HIPPOCRATIS *de natura humana l. latine versus & paraphrastice explicatus* Argentorati 1564. 8°. LIND.

Sim. MALMEDY & J. FABRI *E. cuilibet partium principum facultati proprius spiritus* Paris. 1564.

Henrici STEPHANI *Dictionarium medicum vel expositiones vocum medicinalium ad verbum excerpta ex* HIPPOCRATE, GALENO &c. Paris. 1564. 8°.*. Diximus cum EROTIANO. Vocabula etiam anatomica continet.

§. CCIX.

§. CCIX. J. Costaeus.

Laudensis Insuber, Professor Turinensis & Bononiensis, scripsit *de venarum Mesaraicarum veteris opinionis confirmationem adversus eos qui chyli in jecur distributionem fieri negant per mesaraicas venas* Venet. 1565. 4°.* parvum libellum. Ex veterum sententia deducebant nonnulli, si quidem sanguis ab hepate per venas mesenterii veniat ad intestina, non posse adeo per easdem venas contrario ductu ab intestinis succum alibilem ad hepar venire. Eam objectionem noster per auctoritates & ratiocinationes ut potest evertit, nullo suo experimento.

Ejusd. *disquisitionum physiologicarum* in L. I. Canonis Avic. L. IV. Bonon. 1589. 4°. Lind.

Ej. *annotationes in* Avicennae *canonem cum novis aliquibus observationibus, quibus principum philosophorum & medicorum dissensus & consensus indicantur* Venet. 1595. fol. Multa habet argumenti anatomici: totus autem in eo est, ut omnia ad Avicennam referat.

Ej. *de humani conceptus formatione, motu & partus tempore* Papiae 1604. 4°.

Ejusd. *de facili medicina per lactis serique usum* Bononiae 1595. 4°. 1604.* cum in ea urbe Professor medicinae primarius esset. Practici potius argumenti, ex veteribus collatitium opusculum.

In *Decade I. disputationum miscellanearum* post mortem auctoris editarum Patav. 1658. 12°.* aliqua huc faciunt, ut argumenta quibus it demonstratum, librum Hippocratis de alimento genuinum esse.

§. CCX. *Leonardus* Botallus.

Leonardus Botal, Astensis, Fallopii discipulus, *Francisci* Valesii & principis Auriaci Guilielmi I. archiater. Ejus *commentarioli* prodierunt Lyon 1565. 16°.*. Inter eos reperitur accurata anatome renum duorum connatorum cum suis vasis. Deinde vena arteriarum nutrix, foramen nempe ovale, quod ab eodem viro Galli *trou de Botal* etiam nunc dicunt. Id foramen minime Galeno ignoratum pro re nova habet, negatque claudi. Valvulas quasi in homine habere. Redit in operibus omnibus Leidae 1660. 8°.* a *J. v.* Horne editis. Hic icon adjecta est, quae a prima editione abest, in qua valvula ab utroque latere, dextro & sinistro, non male exprimitur, sed eae icones Hornio debentur. Exstant etiam Cl. Galeni & L. Botalli *placita de via sanguinis a dextro ad sinistrum cordis ventriculum* Venet. 1640. 4°. Pl. & *Judicium Apollinis circa opinionem de via sanguinis* Venez. 4°. absque anno Mazuch. In L. de *Catarrhis*, cum priori libello edito, partes adfectas utcunque describit, ut magis tamen in ratiociniis occupetur.

§. CCXI. N. CUSANUS.

N. *de* CUSAN, non medici, *de ſtaticis experimentis dialogi* IV. Baſil. 1565. fol. MAYER. Jubet medicum judicium ferre ex pondere urinæ pariter & ex colore: tum ex ſanguine & urina, quæ pondera aliter & aliter ſe in aliis habeant. Herbarum pondera cum ſapore & odore pariter conſideranda. Jubet etiam clepſydræ ope inſpirationem & exſpirationem ſecundum earum diſcrimina dignoſcere denique fortitudinem hominis innoteſcere putat, ſi in lance una poſueris & pondus æſtimaveris, quod per adtractionem alterius vacuæ lancis ad æqualitatem levari poſſit, & hominis pondus de pondere elevato detraxeris, ita reliquum pondus eſſe hominis fortitudinem. Aliud etiam eſſe pondus vivi & mortui, exſpirantis & inſpirantis. Idem de numerandis ad horologium pulſibus conſilium dedit. Adparet hæc omnia a SANCTORIANIS longiſſime diſtare. Ex OBICIO.

§. CCXII. VARII.

Johannis HALLAWAY *fruitfull and neceſſary work of anatomy* London 1565. 4°. DOUGL. & cum LANFRANCI verſione anglica.

Chriſtophori PECELII *oratio de generatione hominis* Wittebergæ 1565. 8°.

Gaſpar Lopes CANARIO in GALENI *de temperamentis uni & integri commentarii, in quibus fere omnia, quæ in naturalem medicinam partem ſpectant continentur* Complut. 1565. fol. CAP. de VIL.

Cinq livres de la maniere de nourrir & gouverner les enfans de leur naiſſance &c. Poitiers 1565. 4°. DU VERDIER.

Donati ab ALTOMARI *opera omnia* prodierunt Lyon 1565. fol. Neapoli 1673. fol. Venet. 1574. fol. 1600. fol. LIND. In iis reperiuntur tractatus de ſedimento urinarum: quod naturalis ſpiritus in doctrina admittatur & non ſit abolendus; & tabulæ de differentia pulſuum.

Antonii Maria BETTI, Mutinenſis, *de cauſa conjuncta deque bilis coctione tractatus* Bonon. 1566. 8°. DOUGLAS.

J. TAISNERII *opus Mathematicum ſ. phyſiognomia, chiromantia &c.* Colon. Agripp. 1566. fol. D'ETR. Alium titulum habet LINDENIUS nempe *Opus mathem. 8. libris complectens innumeris figuris idealibus Phyſiognomiam & Chiromantiam &c.* Colon. 1583. fol.

Wahre Abcontrafaitur einer Mißgeburt, ſo zu Berttroda den 8. *Aug.* 1566. *gebohren* Schmalkalden eodem anno SCHEUCHZ.

Laurentii GRYLLI *de ſapore dulci & amaro* Prag. 1566. 4°.* liber a morte auctoris ab *Adamo* LANDAVO editus. Diætetici potius argumenti.

Hoc eodem anno prodiit *Caſpari* WOLFII *collectio muliebrium* Baſil. 1566. 4°.* cum MOSCHIONE græco.

Hoc ipſo etiam anno *Aloyſii* LUISINI *collectio de lue Venerea ſ. aphrodiſiacus* duobus in fol. tomis prodiit Venetiis, nuper in Belgio recuſus, practici quidem argumenti, ut tamen paſſim de menſtruis, & de partibus genitalibus, utriusque ſexus aliqua intercurrant.

Simonis SIMONII *Commentarius in* lib. ARISTOTELIS *de ſenſu & ſenſili* prodiit Lyon 1566. fol.

EJ. *de partibus animalium proprie vocatis ſolidis atque obiter de prima fetus conformatione* Lipſ. 1574. 4°. RIV.

Circa hæc tempora vixit *Thomas Rodericus a* VEGA, cujus *lectiones de temperamentis & de reſpiratione* ſunt in *B. R. Par.* n. 7048.

Nicolai RORARII, Utinenſis, *contradictiones, dubia & paradoxa in libros* HIPPOCRATIS, CELSI, GALENI, AETII, AEGINETÆ, AVICENNÆ &c. *cum eorumdem conciliationibus* Venet. 1566. 8°.* 1572. 8°. OSB. Contrarias opiniones, quas apud Veteres reperit, ubique ſtudet conciliare, nimia certe, etſi laudabili, voluntate uſus. Ita, ut de phyſiologicis dicam, conatur oſtendere, non eſſe ſibi contrarios auctores, quorum alter peritonæum dicit fibras habere, alter negat: quorum alter ſuturas ſanitati ait conſulere, negat alter: quorum alius mammas ait ſentire, negat alter. Raro judicium ſuum interponit, tamen aliquando, ut in muſculis intercoſtalibus, quos ait omnes exſpirationi famulari, cum omnes coſtas adducant.

Libri II. quod animalia bruta ſæpe ratione rectius utantur, quam homines, utcunque huc faciunt, cum exempla hic collecta habeantur induſtriæ & prudentiæ, quæ in animalibus apparuerit, Amſtelod. 1666. 12°. BUR.

§. CCXIII. *Volcher* COITER.

V. KOYTER, Groningenſis, FALLOPII & RONDELETII diſcipulus, in Italia vixit, & animalia cum *Ulyſſe* ALDROVANDO diſſecuit, tum humana corpora in aula, quam ipſi CÆSAR ODONUS permiſerat, caſtrenſis aliquamdiu medicus; denique Noribergæ medicus ejus urbis obiit. Multum in ſceletis fabricandis verſatus eſt; ſtatuam etiam, in qua muſculi, venæ, oſſa & ligamenta reperiuntur, in Bibliotheca Noribergenſi (*a*) dedicavit.

EJUS *de oſſibus & cartilaginibus corporis humani tabulæ* Bononiæ 1567. fol. prodierunt, DOUGLAS annum facit 1566. & TREW.

Inde inſigne opus molitus, edidit Noribergæ 1573. fol. maj.* cui titulus eſt *Externarum & internarum principalium corporis humani partium tabulæ atque anatomicæ exercitationes obſervationesque variæ novis & artificioſiſſimis figuris illuſtratæ.* Annum 1575. habet TREW. Aliam habet editionem Lovanii 1653. fol. DOUGLAS. Plures ſunt, neque ejuſdem pretii libelli. I. Introductio in anatomiam.

(a) BAIER *adag.* p. 44.

miam, qua historia artis & instrumentum traduntur. 2. Compendium anatomes in tabularum ordinem conjectum, ex FALLOPIO, EUSTACHIO & VESALIO. 3. Diurna incrementa pullorum in ovis, cum anatome uteri, ad naturam facta. Circulus venosus, punctum saliens, vasa umbilicalia & reliquæ fetus mutationes hic dicuntur. 4. Ossium historia in tabulas digesta, cum sceletis propria manu paratis, non sine costarum insulis; adjectis etiam craniis. 5. Osteogenia, primum hic dicta, ad sceletos coram visas Bononiæ conscripta, præter ea quæ FALLOPIUS habet, cum iconibus sceleti & cranii fetus. Exilissimæ sceleti meminit, quam possideat. Sermonem solum hujus libelli recusum dedit H. EYSSON Groning. 1659. 12°.* & in *Bibliotheca Anat.* MANGETUS. 6. Simiæ caudatæ sceletus, quæ possit cum humana conferri, cum ejus explicatione: multum hic EUSTACHIO utitur, tamen ut suam propriam sceleton describat. 7. Oculi anatome in tabulas conjecta. 8. De auditus instrumento, ex FALLOPIO & EUSTACHIO. 9. Observationes anatomicæ, chirurgicæ, miscellaneæ perutiles, & de nervorum fabrica ex medulla & meningibus. Pars cinerea & rimæ medullæ spinalis, vasa ejus, natura fibrosa & brevitas, contra FALLOPIUM; & cauda equina. Corrugator COITERI, & procerus. Ad nasi musculos aliqua. Ossium varietates & singularia. Porro ex brutis animalibus nobiles observationes. Vita exemto cerebro superstes; motus cerebri arteriosus: Nervi olfactorii; rete mirabile ex nervis factum. Nervi medullæ spinalis omnes anteriores & posteriores. Quinti paris nervi. Animalium ruminantium ventriculus, uterus, primordia novi animalis die 8. vel 10. visi; corpora lutea, hic primum dicta, mucus, quo tubæ in prægnante replentur. Motus cordis in variis animalibus, auricularum ventriculos præcedens pulsus. De pulmonibus quadrupedum oviparorum. Serpentum anatome, & vesicula venenifera, testudinis, erinacei, vespertilionis anatome. Inde avium incisiones, earum etiam tympanum & ossiculum auditus unicum, lingua pici, ventriculus, ingluvies &c.

EJ. *diversorum animalium sceletorum explicationes*, cum *lectionibus* FALLOPII *de partibus similaribus* prodierunt Noriberg. 1575. fol.* 1595. fol. PLATN. Pulchræ sceleti quadrupedum, avium, amphibiorum. Linguæ pici longissimi musculi.

§. CCXIV. *Johannes* WIER, *& alii*,

Archiater Ducis Cliviæ, medicus suo ævo celebris, ad finem *medicarum observationum* Basileæ 1569 4°.* editarum, & sæpe recusarum, dedit de clausa glande virili, vagina & intestini extremi fine clausis adnotationes. Hymenem confirmat, urethram femininam aliter in aliis aperiri docet.

Thaddæi HAGECII *ab* HAGEK *aphorismorum metoscopicorum libellus unus* Francofurti 1584. 8°. cum figg. WILLER. Sed antiquior est liber, cum ejus versio gallica Lugduni anno 1567. 8°. prodierit, cum titulo *nouvelle invention pour incontinent juger du naturel d'un chacun par l'inspection du front & de ses parties*

ties dicke Metoposcopie VERDIER. Germanice etiam prodiit *Tractat von der Metoposcopia* Berlin 1710. 8°.

Franciscus MONSLEO edidit Neapoli 1567. 8°. *artificium memoriæ* MONGIT.

§. CCXV. *Vidus* VIDIUS,

Florentinus, aliquamdiu Parisinus Professor, & FRANCISCI I. Medicus, inde Pisis medicinam docuit, & obiit anno 1567. Multis a morte viri annis demum prodiit *Ars Medicinalis*, a *Vido* VIDIO juniori recognita, cujus tertius tomus continet *Anatomes corporis humani* libros VII. Venet. 1611. fol.*. Francofurti 1626. fol. 1645. fol. 1667. fol. recusos DOUGLAS. Icones quidem VESALII hic reperias, & FALLOPII inventa. Multæ tamen figuræ intercedunt, auctori propriæ. Ossa cranii dissoluta omnia, cum sinubus frontalibus. Stapes curvis crusculis, os ethmoides integrum, os unguis non malum: processus orbitalis ossis palati. Sinus maxillares, menisci in articulatione maxillæ inferioris cum osse temporum, figuræ nervorum peculiares, rami a medulla spinali ad accessorium. Peritonæum negavit perforari. Tubercula quadam depinxit, quæ dicit substantiæ cordis imprimi (*b*), & lineas callosas, ex quibus valvulæ sigmoideæ oriuntur. Sinus medullæ spinalis, cum vena mastoidea; arteriæ vertebrales per foramen magnum occipitis subeuntes & conjunctæ; sic carotides; Musculi occipitales, auricularum, levator palpebræ, pterygoideus externus, trochlea; horum musculorum peculiares figuræ, & fere omnium musculorum, etsi neque nitidæ sunt, neque plenæ. Tunica villosa ventriculi cum magnis poris; Angulus acutus a duobus ductubus bilariis interceptus, hic recte. Larynx, cum ligamentis, non male. Est ubi manifesto a natura recedit, ut in renalibus papillis. Valvulam coli habet, prior forte POSTHIO. Libros chirurgicos veterum *de fracturis & luxationibus* jam Parisiis 1544. fol.* editos non repeto, in chirurgicis dicendos.

§. CCXVI. VARII.

Christophorus WIRSUNG in *Arzneybuch* Heidelberg 1568. fol.* & alias excuso, descriptiones habet omnium externarum & internarum corporis humani partium.

Jac. Anton. MARESCOT *physiologia hygieine & semejotice* anno 1568: exarata est in codice M.S., qui est in B. R. Par. n. 1568.

Michael MARESCOT anatomen docuit, & variis musculis ad exemplum SYLVII nomina imposuit.

J. Francisci FARASARDI, Saxarensis, *de essentia infantis*, *proximi infanti*, & *proximi pubertati* Florent. 1568. 8°. si huc pertinet B. TIGUR.

Jean

(b) Hinc non esse ARANTII corpuscula GOULIN *lettre* M. F. p. 24.

Jean EUSEBE *la science du pouls, le meilleur moyen de juger des maladies* Lyon 1568. 12°. RAST.

J. Baptisti DOLLÆ *in anatomen humanorum corporum tabulæ* a GALENO & *ab aliis recentioribus collectæ* Bonon. 1568. fol. BOEHMER.

Lactantii EUGENII, Narniensis, *de maris & feminæ generatione opusculum* Anconæ 1568. PORTAL. Antiquorum continet hypotheses.

Nicolaus SAMMICHELIUS, Novocomensis, anno 1568. venam bronchialem H. FABRICIO probasse dicitur (c); sed figmentum est quidcunque FABRICIO obtrusit, cum eam venam inter cor & diaphragma scribat in cavam inseri, nisi forte in rarissimam fabricam incidit, qualem nuper ILL. BOEHMERUS dixit.

Hieronymi BRISIANI *Physiologiæ* L. II. si huc faciunt Venet. 1569. 4°.

Steph. FORTIN & *Guil.* FAGOTIN *E. spiritus facultatum instrumenta* Paris. 1569.

Claudius BAILLIF & *Cl.* BAZIN *Ergo mas celerius femina tardius confirmatur* Paris. 1569.

§. CCXVII. J. CAJUS. *Oddus de* ODDIS, *Alii.*

Oddus de ODDIS, Patavinus, reliquit schedas, quas MARCUS filius edidit, ut *Apologiam* pro GALENO & ARISTOTELE L. III. Venet. 1570. 4°.*. In L. II. habet aliqua de cerebro, de nervorum in sentiendo & movendo vi, de utilitate respirationis, contra animæ in corde sedem Chrysippeam pro GALENO, pro venarum ab hepate origine: pro testium in generatione utilitate. Inde libro III. pro vero semine muliebri, pro GALENO in ARISTOTELEM, quem sibi contendit contradicere.

In *artem parvam* GALENI *expositionem* dedit Venetiis 1574. 4°. WILL. Brixiæ 1603. 4°. excusam.

Ej. in 1. *Fen* L. I. AVICENNÆ Venet. 1575. 4°. Patav. 1612. 4°.

J. CAJUS, Britannus, vir doctissimus, multa GALENICA edidit, & commentarios dedit in l. GALENI *de administrationibus anatomicis*: in l. *de motu musculorum*: in l. *de ossibus* &c. Basil. 1574. 4°. DOUGL.

IDEM *libellum de canibus Britannicis* primum *ad* GESNERUM misit, inde perfectiorem edidit Londini 1570. (& 1574.) recusum cura S. JEBB Londini 1729. 8°.*. Cum eo libello animalium rariorum historias dedit, cum earum dentibus (ut in uncia), etiam cum dissectione, ut in chamæleonte.

Deinde *de propriis libris libellus* una editus aliqua continet anatomici argumenti. Musculos abdominis tantum octo admittit, neque pyramidales pro musculis

(c) *Henr.* BOTTER ad HORST. *op.* p. 460.

sculis habet, cum in os non inserantur. Rectorum musculorum incisiones factas esse ad impediendum nimium eorum tumorem. GALENUM minutias solas & lubenter omisisse. VESALIUM, cum quo CAJUS Patavii vixit, GALENI codices vitiasse.

Archangeli MERCENARII *judicium super rationibus* l. I. ARISTOTELIS *de partibus animalium* Patav. 1570. 4°.

Ludovicus FERANDUS *phisionomia dal hombre* edidit 1570. 8°.

Martines de CASTRILLO de OVIEDO *tractado sopra la maraviliosa obra de la boca y dentadura* Madrit. 1570. 8°. D'ETR.

Arnaldi SORBINI tract. *de monstris, quæ a temporibus* CONSTANTINI *hucusque ortum habuerunt*, Paris. 1570. 16°. D'ETR.

§. CCXVIII. *Hieronymus Mercurialis.*

Foroliviensis, Vir Illustris, Professor Patavinus, Bononiensis & Pisanus, eques, eruditione conspicuus, & suo tempore inter principes medicos habitus. Non quidem incisor fuit, passim tamen anatomica & physiologica adtigit. In libris VI. *variarum lectionum in medicina scriptoribus & aliis*, quarum IV. libri Venetiis anno 1571. prodierant BODL. quinque Basileæ anno 1576. 8°. BODL. sex Paris. 1585. 8°. MERKL. & aucti & recogniti ab auctore Venet. 1588. 4°. BODL. 1598. 4°.* 1601. 4°. & fol. MERKL. 1644. fol. pluscula huc omnino spectant, ut tamen vir Cl. potius in emendandis antiquorum scriptorum locis, & conciliandis antiphoniis occupetur, ad quem finem plurimam etiam aliorum scriptorum lectionem adtulit, poëtarum & historicorum. In L. I. de stomacho & œsophago laborat, ut GALENUM cum ARISTOTELE conciliet. De secundis, ubi copulam veneream laudat, quæ fit ad modum animalium, non sine anatomicis erroribus. Aliqua de bile. In L. II. de carne pulmonum, de pulsu. L. IV. de ichore, sudore sanguineo. L. V. satis fuse de ruminatione & de quatuor cornigerorum animalium ventriculis: de risu puerorum & insomniis. L. VI. de meningum nomine, ructu, vomitu, singultu. De cruentatione virginum, quam tentat declinare. An lien aquæ sit sedes.

In doctissimo & elegantissimo opere de *arte Gymnastica* Venet. 1573. 4°.* hactenus physiologica tangit, quod ea cum diæteticis connexa sint, ut de ciborum concoctione, cantu, sudore, tussi &c.

Epistola *de nervo optico* prodiit Patav. 1573. 8°.* cum VAROLII de eodem argumento ad MERCURIALEM epistolis. Laudat amicum, & loca veterum comparat.

Cum *prælectionibus Pisanis* libellus prodiit *de generatione hominis* Venetiis 1597. fol.* Francof. 1602. fol. satis plenus, quo utriusque sexus genitales succos, & mulierum menses, & semen describit. Num testes ad generandum necessarii sint. De conceptu, formatione fetus, similitudine parentum, graviditate,

ditate, partu & partus temporibus; omnia potius ex veterum lectione, quam ex naturæ contemplatione.

Morbi mulierum vix quidquam habet, quod huc spectet.

Invenio cum libro *de morbis puerorum* etiam *de balsamatione corporum libellum prodiisse*, Germanice versum Frankfurt 1605. fol.

Cum libris V. *de morbis cutaneis* exstant *de urinis, fecibus alvi, sudoribus, lacrumis, sputis, mucis, & aurium sordibus tractatus* Venet. 1572. 4°. Basileæ 1576. 8°. Venetiis 1601. 4°. 1625. 4°. &c. Ejusdem semper saporis.

In lib. *de decoratione* testimonium exstat pro chirurgia curtorum TAGLIACOTIS Venet. 1585. 4°. WILLER.

§. CCXIX. *Andreas* CÆSALPINUS.

Aretinus, Professor Pisanus, hinc CLEMENTIS VIII. archiater, vir acuti ingenii, & aptus ad res intuendas alio ex angulo, quam reliqui mortales solebant, etsi in Anatome se non videtur exercuisse, magnus ARISTOTELIS contra scholas & GALENUM defensor. Ejus *Quæstionum peripateticarum* L. V. Venetiis 1571. 4°.* & una quæstione & 16. paginis auctiores ibid. 1593. 4°.* 1614. 4°. tum Genevæ 1588. fol. FREYTAG. Libri IV. priores nihil ad nos faciunt, sed *Quintus* multa habet physiologici argumenti. Hic circuitus minor sanguinis per pulmonem manifesto traditur, L. V. Q. 4. p. 121. b. Valvularum etiam in cordis ostiis positarum officium vir ILL. recte vidit, & in brachio. Nomina arteriæ & venæ pulmones adeuntis suasit reformare. Negavit diversas esse memoriæ & imaginationis sedes.

Præterea in L. V. *Peripateticarum Quæstionum* defenditur, venas etiam & nervos a corde oriri: in corde animam habitare; absque sanguine nullum sensum locum habere. Pro generatione æquivoca. Causam respirationis diversam esse a thoracis motu.

In alio opere *Quæstionum medicarum* L. II. c. 17. p. 234. venas vinculum inter & partes extremas intumescere adnotat, eumque tumorem receptæ sententiæ adversari: verum tamen sanguinis venosi ductum inde non eruit, vero licet proximus; & sanguinem quidem per somnum omnino per venas, non per arterias, ad cor redire docuit; sed a vero hactenus abfuit, quod in Euripi modum sanguinem per easdem venas ire & redire persuaderetur. Prodierunt Venetiis 1593. 4°.*.

In *Quæstionibus Medicis* etiam habet pro chiasmo nervorum aliqua, etsi contra eum validissimum argumentum profert.

In L. demum I. *de plantis* c. 2. aliqua huc faciunt.

§. CCXX.

§. CCXX. P. SEVERINUS.

Petri SEVERINI, Dani, *Idea medicinæ philosophicæ* Basil. 1571. B. B. PARACELSI habet sententias cum HIPPOCRATE, quantum ejus fieri potuit, conciliatas. Et primo generationem ita interpretatur, ut balsamum vitalem in utroque sexu admittat, qui in coitu excernatur ab utroque, cumque spirituoso semine testium mistus a scientia spiritibus insita fabricetur, struatur, Sexuum distinctionem ex tincturis supervenientibus pendere docet. Humores scholarum rejicit, eosque habet pro excrementis. Ex intestinis solum vaporem ad hepar venire. Omnes actiones naturales a spiritibus proficisci. Concoctionum officinas plurimas esse. Non quatuor sed innumera elementa in sanguine contineri: hæc omnia astrologicis & paracelsicis opinionibus mire mista. Recusa est hæc *Idea* cum *Ambrosii* RHODII Comm. Hafn. 1643. 4°. Prodromum Commentariorum edidit DAVISSON Haagæ 1660. 4°. Roterodam. 1668. 4°. Paraverat etiam SEVERINUS Commentarium in SYNESII somnia.

§. CCXXI. VARII.

Jean LOYNE dedit *le livre des os de* GALIEN *avec les commentaires* de J. SYLVIUS *traduits* Orleans 1571. VERDIER.

Michaël de S. PIERRE *anatomicæ corporis humani tabulæ methodice conscriptæ* Paris. 1571. PASCH. GALL.

Jaques AUBERT *des natures & compositions des hommes & d'une chacune partie d'iceux, aussi des signes, par lesquels on peut discerner la diversité d'icelles* Lausanne 1571. 8°. Paris 1572. 16°. VERDIER.

Melchior FLECK *de præstantia corporis humani* Ingolstadii 1571. 8°. inter Orationes Ingolstadienses.

Johannes JONES, Cambrobritannus, Londini 1572. 4°. libellum ediderat DEMOCRITUS *the most ancient philosopher*. Inde anno 1574. 4°. *a brief discourse of the natural beginning of all growing and living things, of heat, generation &c.* & eodem anno 4. GALENI l. *de elementis* anglice versum edidit TANNER.

Theodori CÆLICI *brevis descriptio corporis humani* Wittebergæ 1572. GOEL.

Leonhardi THURNEISSERI, Alchemistæ, προκαταληψις, *oder Praeoccupatio durch zwölf verschiedene Tractaten gemachter Harnproben das 59. Buch.* Francof. ad Viadr. 1571. fol. RIV.

IDEM edidit Berolini 1576. fol.*. Βεβαιωσιν αγωνισμου, *oder Bestätigung dessen, das zänkisch ist, wie die neue Erfindung des Harnprobierens gewiesen ist durch den Inventorem.* In hoc mirifico opere initium fit a compendio anatomico, cujus figuræ partim auctori propriæ sunt, & novæ, ut variæ sectiones viscerum horizontales. Analysin dat urinæ, pondera, sal, sulphur, eorumque elemen-

elementorum proportiones, demum mercurium. In ea, quæ dicitur urinæ analysi, figuræ corporum DURERIANÆ redeunt.

Quas DOUGLASSIUS citat *partium omnium corporis externarum & internarum pictura & icones ad vivum expressæ*, quas ait idem cum historia plantarum Berolini 1578. fol.* prodiisse, eæ minimæ sunt icunculæ sceletorum & viscerum, passim per totum opus dispersæ.

J. de LAUNOY & *Cl.* REBOURS *Non ergo humores alimentis respondent* Parisiis 1571.

Petri de la BISTRADE & *Guill.* LUSSON *Ergo ut semen ita sanguis menstruus benignum excrementum* Paris. 1572.

J. MARTEN & J. HAUTIN *Ergo connata est moriendi necessitas* Paris. 1572.

Bonaventuræ GRANGIER & *Ægidii* HERON *Ergo corpora variora saniora* Paris. 1572.

Barth. PERDULCIS & J. BEAUCHESNE *Ergo melior per somnum quam per vigilias coctio* Paris. 1572.

Clem. REBOURS & *Nic.* LAMBERT *Ergo triplicis coctionis triplex præparatio succus & excrementum* Paris. 1572. Omnia ex Catalogo, quem FACULTAS PAR. edidit.

§. CCXXII. *Constantius* VAROLIUS,

Bononiensis, ibidem anatomes Professor, archiater GREGORII XIII. Pontificis maximi, subtilis & ratiocinator, & incisor, obiit anno 1578. Ejus *de nervis opticis nonnullisque aliis præter communem opinionem in humano capite observatis epistola* ad *Hieronymum* MERCURIALEM prodiit Patav. 1573. 8°.* recusa Francofurti 1591. 8°.* inscio edita VAROLIO. Novam cerebri administrationem adgressus est, ut a basi inciperet (*d*). Icones dedit, rudes equidem (*e*), proprias tamen: descripsit (post EUSTACHIUM) nervorum opticorum a thalamis opticis originem: radicem longiorem nervi olfactorii: ventriculi anterioris figuram tricornem, pontem, cui ipse nomen dedit, & a quo omnes nervos ostendit derivari, glandulas plexus chorioidei, arachnoideam cerebri, membranam, chordæ tympani naturam nerveam. Cerebri ventriculos pituita non spiritu plenos esse ostendit, nullamque ab his ventriculis viam in olfactorium nervum patere, multas ob id inventum GALENICORUM calumnias passus. In *secunda epistola* sua inventa contra objectiones confirmat. In *Francofurtensi editione* numeri figurarum corrupti sunt.

EJ. *de resolutione corporis humani* libri IV. posthumi a J. B. CORTESIO editi sunt (*f*), non quidem Patavii anno 1573. 8°. vivo adhuc Auctore, sed Fran-

(d) *Resol.* p. 140. remotis capitis ossibus, ut oculi cum cerebro maneant.
(e) TARIN *advers.* p. 42.
(f) In *præfat.*

Francofurti 1591. 8°.*. Compendium est physiologiæ ex veterum sententia concinnatum. Aliqua tamen habet propria. Fetus vidit humanos, minimos, æquales muscæ & api (g). Valvulam quam sibi tribuit, ad ilei in colon ingressum positam descripsit, fæces retinentem, quam recte intestinum ileon pendulum vocat, etsi eam & VIDUS dixit, forte ad indicium a RONDELETIO acceptum, qui ante VAROLII editum opus obiit. Rejicit membranam allantoideam: stapedis musculum dixit. Feminas esse magna clitoride, quas dicant hormaphroditas. Erectionem fieri venis penis vel clitoridis compressis. Iridem, dum pupilla dilatatur accedere, ad uveam membranam & vicissim. Aliqua de chordis sonoris glottidis, (ista PORTAL.)

§. CCXXIII. *Julius* JASOLINUS. *J. a* CRUCE.

Ille quidem Medicus & Professor Neapolitanus, Hippone natus, INGRASSIÆ discipulus, edidit primum *quæstiones anatomicas*, *cum osteologia parva* Neapoli 1573. 8°.*

Quæstiones sunt hujusmodi. In prima quærit JASOLINUS *de adipe cordis, & vola manus.* Altera iterum *de cordis adipe:* Posse consistere etiam calidissimis locis. Pabulum esse caloris vitalis. Adjicit incisionem cadaveris, in quo pulmo septem, hepar quatuor, lien tres lobos habuerit.

Osteologia pertinet unice ad commissuras ossium, ad nonnullas vocum interpretationes, adque numerum ossium.

EJ. *de aqua in pericardio quæstio tertia.* Accedit *tractatus de poris choledochis & vesica fellea contra neotericos anatomicos. Nova methodus medendi caruncculas in vesica ductu obortas* Neapol. 1576. 8°.*. Ex seroso sanguine pericardii aquam nasci. Aliquid de potu descendere in arteriam asperam, & pulmones, & ipsum pericardium. Hydrops pectoris. Adipem cordis in aquæ speciem liquari. Titulum dixi, nihil tamen ultra hic reperias.

Sed anno 1577. 8°.* Neapoli prodiit *de poris choledochis & vesica fellea pro* GALENO *adversus neotericos.* Contra FALLOPIUM potissimum dicit „Bilem duobus modis ab hepate secerni: puram, quam ex GALENI sententia vesicula fellis per invisibiles meatus trahat: aliamque permistam, neque sinceram, quam vesicula per ductum choledochum adtrahat, quoties iter ad duodenum obstructum est, aut in digestione ciborum duodenum turget; nam etiam crassam bilem in hepate gigni. Ex vesicula fellea bilem non ob compressionem aliquam, sed a constrictione fibrarum propriarum expelli. Inde iconem dat iconi VESALIANÆ viarum fellearum oppositam. Valvulas ductus cystici describit, vesiculam negat contractilem esse. Cysticum ductum perangustum esse. Caput aviculæ sive sinum in origine ductus cystici primus depinxit. Ductus, quos supponit hepati cysticos in icone expressit. Hi libelli Hanoviæ anno 1654. 4°. &

(g) p. 104.

& Francofurti 1668. 4°.* recusi sunt, cum aliis SEVERINI & CABROLII scriptis. Icon vasorum bilariorum etiam in C. BAUHINI theatro redit T. 38. L. I.

J. Andreæ a CRUCE *chirurgia magna* primum prodiit latine Venet. 1573. fol.* multo vero auctius italice ibid. 1583. fol.* 1584. fol. B. *Exot.* 1596. fol. TREW. Germanice 1606. fol. B. *Exot.* In illa quidem editione L. I. continet brevem capitis humani anatomen cum calvæ figuris & cerebri; sic in L. II. tr. 4. & 5. pectoris. L. V. venæ quæ secari solent numerosæ. Multa cadavera inciderat.

Æmilius CAMPOLONGUS, Patavinus, in patria academia Professor, edidit ibid. 1573. 4°. *theoremata de perfectione humana*, de quibus non dixerim, num aliquid habeant anatomici argumenti. Incisor certe fuit, & cum anno 1578. uterum privatim dissecuisset, ejusmodi laboribus ei interdictum fuit (*h*).

Claudii GUARDINI *responsio ad defensionem humani partus* 175. *dierum* Avenione 1573. 4°. A die 167. fetum vitalem nasci posse.

Alfonsi LUPES, *de venæ natura* Saragossa 1573. 8°. L.

Alfonsus de CORELLA *de venæ natura* Saragossa 1573. 8°. N. ANT. Nonne IDEM.

J. MARANT & J. RIOLAN pat. *E. ortus & interitus hominum causæ contrariæ* Paris. 1573.

J. le PESCHEUR & *Nic.* MARCHANT *E. alimentum omne calefacit* Paris. 1573.

Sim. le PIETRE & J. ROUSSELET *Ergo lac nutricis viri consuetudine deterius* Paris 1573.

§. CCXXIV. VARII.

Mauritii CORDEI Rhemensis HIPP. περὶ παρθενίων *s. de iis quæ virginibus accidunt, cum adnotationibus* Paris. 1574. 8°. De causis primum erumpentium menstruorum, & de causis fluxus periodici, ex HIPPOCRATIS & antiquorum doctrina, contra neotericos.

EJ. libri prioris HIPP. *de morbis mulierum interpretatio & explicatio* Paris. 1585. fol. in *Gynaceis* BAUHINI & SPACHII. Non exiguo volumine multa physiologica tradit, de mensibus, de crena ossibus pubis subjecta, quam se in feminis & in viris primum reperisse gaudet, & quæ urethram incipiat. Ea ossa negat in partu hiscere. Pudenda utriusque sexus, prægnatio, partus. Mammarum venæ, alia plurima.

EJUSDEM & J. BONNIER *Ergo virgo menstruis deficientibus lac in mammis habere potest* Paris. 1580.

J. Nicolai ROGERII *quæsitum difficile accurate explicatum de sede animæ membrorum*

(h) Apud THOMASINUM *Gymnas.* p. 421.

brorum principalium Neapoli 1574. 4°. Non putem esse antiquum ROGERIUM, qui HENRICI VI. ævo vixit.

Petri PICHOT *de animorum natura, morbis, vitiis, nævis eorumque curatione* Bordigalæ 1574. 8°. HOUSS.

Jean LERY *Histoire memorable du Siege de Sancerre* 1574. 8°. ob famem memorabilem, quam viri ob religionem obsessi passi sunt.

Joachimi STRUPPE *de Geelhausen consensus medicorum super secretissimis quibusdam medicinis exoticis, primumque super Mumia ejusque cognatis, ubi mumiæ verum exemplar annis circiter* 2000. *recordatum exhibetur*, Francofurti 1574. 4°. Germanice ibid. eodem anno * cum icone & descriptione Mumiæ fasciatæ. Brevissimus libellus.

Thomas TYGEON, Andogavensis, *Antrum neologicon, in quo demonstratur, obstetricibus non esse fidendum de virginitate aut defloratione mulieris adulteræ testimonium ferentibus* Lugduni 1574. 8°. DOUGL. Addit vir Cl. agere de alis pudendi, clitoride, placenta. Hymenem rejecisse, adfirmasse sinum mutatum lego, neque ineptum esse poetam.

Antonius MIZAULD in lib. *de proportione, symmetria & commensuratione* Paris. 1575. 8°.* habet dimensiones partium corporis humani.

Georgius CALAMINUS carmine heroïco scripsit vitam J. GUNTHERI ANDERNACI Argentor. 1575. 4°. GUNZ.

Thomæ PHILOLOGI *de microcosmi affectionibus maris, feminæ, hermaphroditi, gallique miseriis &c.* Venet. 1575. 4°. an antiqui auctoris Ravennatis.

Il vero ritratto d' un stupendo mostro, quel ha partorito una hebrea nella c. de Venezia 26. Maggio 1575. *che latta da ambedue teste* SCHEUCHZER.

Vincentii MUSTEL & *Petri* DUCHEMIN *Ergo similaris partis nullus præter intemperiem morbus* Paris. 1575.

Fr. du PORT & *Jacobi* NICOLAS *Ergo in sua carne viscerum actio* Paris. 1575.

J. HAUTIN & *Germ.* COURTIN *Ergo jecur omnium humorum officina* Paris. 1574.

J. RIOLAN pater & *Fel.* VISORIUS *Ergo idem calor ortus & interitus causa* Paris. 1574.

J. BEAUCHESNE & *Edmund* PERDRISOT *Ergo diverso tempore principum partium fit conformatio* Paris. 1574.

Guil. LUSSON *Ergo ortus & interitus facultatum aliquis ordo* R. *Fr.* CHOYSNIN Paris. 1574.

Nic. LAMBERT & *Dom.* BOURGOIN *Ergo homo perfectus ab utero* Paris. 1574.

§. CCXXV.

§. CCXXV. *J. Baptista* CARCANUS,

Professor Ticinensis, edidit Lib. II. in quorum *priori de cordis vasorum in fetu unione pertractatur. In altero de musculis palpebrarum atque oculorum motibus deservientibus accurate differitur* Ticin. 1574. 8°.*. Discipulus FALLOPII, & incisor minime de vulgo. In L. I. foramen ovale & ductum arteriosum accurate describit, & VESALII, ARANTII (*i.*) & FALLOPII errores corrigit, quorum iste foramen ovale omiserat, ille canalem arteriosum in foramen mutaverat. Valvulam ejus ductus, aut laxam certe membranam describit, ejus similem, quæ in orificio ductus choledochi pendet. Invertit iter sanguinis per arteriosum ductum meantis, & valvulas venæ sine pari rejicit. Addit germanum medicum, qui eas valvulas adfirmasset, a se refutatum discessisse. Venas & profundas & superficiales penis describit. In L. II. musculos palpebrarum, orbicularem & levatorem, & oculi musculos describit, præceptorem FALLOPIUM & VESALIUM castigat, quorum iste glandulam innominatam pro musculo habuerat. Eam glandulam humorem generare docet, & puncta lacrumalia describit.

EJ. *Lettere del felice successo di sua anatomia fatta quest* anno 1585. 4°. Ticini ut puto. CORTE.

EJ. *Sectio anatomica Caroli* BORROMÆI *vulgo sancti*, exstat cum M. CURTIO.

§. CCXXVI. *Cornelius* GEMMA, *&c.*

Professor Lovaniensis, Medicus & Mathematicus, edidit Antwerpiæ anno 1575. 8°.* libros II. *de naturæ divinis characterismis s. raris & admirandis caussis, indiciis, proprietatibus rerum.* In hoc varii argumenti opere multa reperias de generatione, fetu, molis, monstris, fetubus galeatis, placentis vesicularibus.

Isaacus JOUBERT LAURENTII fil. edidit Lugdun. 1575. 4°.* cum *G. de* CAULIACO interpretationem dictionum anatomicarum barbararum, quas inter etiam sunt anatomicæ.

§. CCXXVII. *Fridericus* PETRUS. *Alii.*

Friderici PETRI, Springensis, *doctrina de oculo & modo visionis* Lipsiæ 1576. 8°.*. Vulgaris oculi anatome, & optices ARISTOTELICÆ defensio.

J. ERBELI *Elogia de memorabili Hippocratis sententia qua corpus intus perspirans statuit* Noriberg. 1576. 4°.

J. LONACI BOSCII *concordia medicorum & philosophorum de humano conceptu atque fetus corporatura, incremento, animatione mira in utero, nativitate, de centauris, satyris, monstris* R. *Andrea* HELLÆPYRO Ingolstad. 1576. 4°. 1583. 4°. LIND.

(i) ARANTIUM in posterioribus editionibus errorem emendavisse ait.

Bonaventura GRANGER vertit THEOPHRASTUM *de sudoribus*; addidit *sudorum prognosticum latinis versibus scriptum* Parif. 1576. 8°. LIND.

Antonio PERSIO *dell ingegno degl huomo* Venet. 1576. 8°. HEINS.

Petri de PERAMATO *libri de semine, de generatione, de spiritibus: de conceptu & partu* f. Lucar de Barrameda Andalusiæ anno 1576. 1590. 1696. fol. LIND. Monstra etiam habet & nævos.

Dominicus LEONUS, Zuccano in agro Lunensi natus, Professor Bononiensis, edidit Bononiæ 1576. 4°.* 1583. fol. *Artem medendi humanos particularesque morbos a capite usque ad pedes.* Capitis & reliqui anatomen corporis humani continet.

J. Jacobus WECKER, Medicus Basiliensis, edidit *syntagma utrimque medicinæ ex græcorum, latinorum & arabum thesauris collectum* Basileæ 1576. fol.*. Initium libri fit ab anatome.

Thomas JORDAN Moravus, minime pigri ingenii medicus, cum *pestis phænomenis* Francofurti 1576. 8°.* excusis dedit tract. *de lapide Bezoar:* & vesiculas veneficas viperæ describit.

Adversus L. JOUBERT *paradoxum* VII. decadis II. scripsit IDEM. Recusa sunt ista cum JOUBERTI operibus.

Eine schröckliche Geschicht von einem grausamen Kind, welches gebohren worden zu Arnheim in Gelderland anno 1576. SCHEUCHZER.

Joh. COTHILLON & *Lud.* DREUX *Ergo spiritus generationis principum* Parisiis 1576.

Germ. COURTIN & *Th.* SCOURION *E. humores temperamentis analogi* Parisiis 1576.

Nic. MARCHAND & *J. de* GAYETTE *E. fetus matri quam patri similior* Parif. 1576.

Jul. BERE' & *Petri* ARTUYS *E. omnis a temperamento facultas* Parif. 1576.

§. CCXXVIII. J. RIOLANUS *Pater. Alii.*

Ambianus, Medicus Parisinus, non quidem anatomicus. Scripsit *Commentarios in VI. libros physiologicos* FERNELII *posthumos*, &, *de rerum causis* Parif. 1577. 8°. Montpelgard 1589. 8°. 1598. 8°.* WILLER. Parif. 1601. 8°. THOMAS, 1620. 8°. Vetusto more scripsit, absque experimento. In catalogo WILLER. titulus est *in libros* FERNELII *partim physiologicos partim therapeuticos commentarii.* Cl. RIOLANI *de principiis rerum naturalium libri* III. Montbeliard 1589. 8°. 1688. 8°.*

EJUSD.

EJUSD. *universæ medicinæ compendium* Paris. 1598. 8°. Basil. 1601. 12°. anatomen continet.

In *operibus omnibus* reperitur etiam anatome.

EJUS *physiologia & pathologia anno* 1586. *exarata* exstat in B. R. Paris. IV. n. 2074. M.S. & in mea *Prælectiones in univ. Medicinam*, anni 1569.

Omnibonum FERRARIUM adducit Cl. DOUGLAS ob l. IV. *de medica infantum arte* Brixiæ 1574. 4°. 1598. editos, in quibus agatur de lacte.

J. MATTHESII *de admirabili auditus instrumenti fabrica* Witteb. 1577. 4°. BOEHM.

Alphonsi BACA *ratio cognoscendi causas & signa tam in prospera quam adversa valetudine urinarum* Hispali 1577. 4°. Venet. 1578. 8°. LIND.

Jacob NICHOLAS & *Paul* QUINEFFAULT *Ergo par feminis omnibus mensium necessitas* Paris. 1577.

Eigentliche Beschreibung der erschrecklichen Mißgeburt, so sich in Hessen zur hohen Eich anno 1577. *begeben durch Ditmarum* MERULAM, SCHEUCHZER.

§. CCXXIX. D. TEREL. F. ULMUS. J. BANISTER.

Dominici TERELII, Lucensis, *de generatione & partu hominis* L. II. Lugduni 1578. 4°. B. Bern. Libellus datur Avenione. Semen non ab omnibus partibus provenire. Menstruum sanguinem ad generationem facere. Hepar primum generari, & ab eo venas nasci. Conceptus, fetus formatio, membranæ fetus. Partus causa. Tempus partus incertum esse. De sterilitate. Masculorum & femininorum partuum causa: similitudo parentum. Nævi, monstra, superfetatio. Experimenti nihil.

Franciscus ULMUS (UMEAU), Pictaviensis, *de liene* l. Parisiis 1578. 8°.*. Succum ex ventriculo in lienem venire, ibi coqui, recipi in arterias, transire ad ventriculum cordis sinistrum, misceri cum aëre ex pulmonibus adveniente, & in spiritum vitalem perfici. Hic etiam primum MERYANAM opinionem legi, sanguinem ex sinu sinistro per foramen ovale in dextram aurem venire.

EJ. *de certa ratione judicandi ex urinis* lib. IV. Venet. 1578. ORL.

Hieronymi XIMENEZ *institutiones medicæ* Epilæ 1578. 1596. 4°. Tolet. 1583. fol.

Joh. BANISTER, Medicus Oxoniensis eruditus, etiam chirurgiam exercuit. Edidit *History of man sucked from the sap of the most approved anatomists in IX. books*, London 1578. fol. TANNER. Non laudat DOUGLASSIUS.

Johannis VISCHER *de usu & officio splenis in homine* Tubing. 1578. 4°. PL.

EJ. *de vero pulmonis in homine usu* ib. 1580. 4°. BOEHM.

EJ.

Ej. tract. *de lactis ejusque partium natura & viribus* Tubing. 1586. 4°. Will.

Antonii Piccioli f. Rapiti *de manus inspectione* Lib. III. Bergamo 1578. 8°. Heins. Bergami 1587. 8°. *Catal. libr.* a. 1500. 1600.

Lud. Dreux & *Cl.* Boivin *Ergo facultatum omnium auctor spiritus* Parisiis 1578.

J. Lamy & *Petri de* L'Ecluse *E. idem calor omnium facultatum auctor* ibid. 1578.

Th. S. Courion & *Cl. de* Pinteville *Ergo sua cujusque coctionis excrementa* ibid. 1578.

Roc le Baillif med. reg. *demosterion ou œuvre demosterie* . . . In collectione continetur n. 5. *une chiromance &c.* Rennes 1578. 4°. Osb.

Ej. *premier traité de l'homme en son essentielle anatomie avec les Elemens & ce qui est avec eux &c.* Paris 1580. 8°. Beart.

Ej. *paradoxes physiologiques* ibid. 1634. 8°.

Abreissung wunderbarer Kinder, so anno 1578. *im Flecken Venrade in Geldern gebohren;* Scheuchzer.

Mißgeburt von einem Lamm im Dorf Steders bey Ulzen im Lande Lüneburg anno 1578. Scheuchzer.

Bildniß einer ungewöhnlichen Geburt eines Kindes, welches anno 1577. *zu Gowermühle in Mecklenburg gebohren ist.*

Simonis Pauli, patris ut puto, *Erinnerung von dieser Geburt* Rostock 1578. Scheuchzer.

Abreissung eines ungestalten Kindes, welches im Dorf Pranst des Landes Cleven am neuen Jahre 1578. *gebohren.* Scheuchzer.

Erschreckliche Geburt, welche Elisabeth Klauben *den* 20. *Jul.* 1578. *zu Kaubenheim in Franken gebohren,* Nürnberg, Idem.

Abconterfeytung einer Mißgeburt, welche gebohren worden im Dorfe Chras, nicht weit von Oderzo anno 1578. Nürnberg. Idem.

Wahrhafte Abconterfeytung der erschrecklichen Wundergeburt eines Knäbleins, welches anno 1578. *in Eufrigo terra del Novarese gebohren ist.* Idem. Idem italice. Septem capita & septem brachia habuisse, præcipuum caput fuisse cyclopis &c. Scheuchzer.

§. CCXXX. *David* Chytræus *&c.*

Davidis Chytræi, theologi, *oratio de structura humani corporis, & expressis in ea sapientiæ divinæ & virtutum vestigiis* Rostock 1579. 8°.*. Breviter & rhetorice.

Leonardi

Leonardi FIORAVANTI *Chirurgia* Venet. 1579. 8°.* & alias edita, etiam aliqua habet anatomici argumenti. In L. II. docet non necessariam esse anatomen. Suas tamen demonstrationes anatomicas recenset: tum integræ anatomes titulos. Nunquam se vitium vidisse in liene. Se homines in bello contra Mauros incidisse.

In *tesoro della vita umana* nasum detruncatum & continuo adglutinatum comprehendisse.

Lupi SERRANO *de senectute aliisque utrimque sexus ætatibus* L. 14. Ulyssiponæ 1579. 8°. Carmen L.

Georgii BULLEYNE *little dialogue between two men concerning apostumations and wounds* Lond. 1579. fol. DOUGL. Multa vir Cl. addit ibi anatomica contineri, & sceleti figuram.

Cosmæ ROSSELII *thesaurus artificiosæ memoriæ* Venetiis 1579. 4°. BODL.

J. Thomas FREIGIUS in *quæstionum physicarum* libris 36. Basileæ 1579. 8°. excusis, inque lib. 31. 32. 33. 34. agit de animalibus; in lib. 31. de anthropologia & anatomia. B. THOMAS.

Eine Wundergeburt von einer Bäurin aus dem Dorf Balduina nahe bey Ferrar. anno 1579. SCHEUCHZER.

Andreæ PLANER *de utilitate artis parvæ* GALENI Tubing. 1579. 4°.

Disputationem medicam *de capite & cerebro hominis ejusque temperamento* Tubingæ dedit 1580. 4°. DOUGL.

Henrici BLACVOD & *Carnoti* GERBAUT *E. partus octimestris non vitalis* Parisiis 1579.

J. *de* GAYETTE & J. DACIER *Ergo quidquid alit dulce* ibid. 1579.

Nic. ELLAIN & *Phil.* HARDOIN *Ergo venus salubris* ibid. 1579.

§. CCXXXI. *Nic.* JOSSIUS, & *Alii.*

Nicandri JOSSII, Venafrani, prodierunt Romæ 1580. 4°.* *opuscula de voluptate & dolore, de risu & fletu, de somno & vigilia, de fame & siti.* Philosophi Aristotelici opus, ratiociniis nixum & auctoritatibus.

Dominique REULIN, Medici Burdegalensis, *Contredits aux erreurs populaires de L. Joubert, ou sont déduites plusieurs questions* Montauban 1580. VERDIER.

J. HUARTE *Examen de ingenios para las sciencias* Juliobrigæ 1580. 8°. Beatiæ 1594. 8°. N. ANT. Medinæ 1603. 8°. HEIST. Barcinone 1607. Compluti 1640. 8°. latine, tum Venet. 1582. 8°. 1603. Coloniæ 1610. 1621. 8°. Argentorati 1612. 8°. Leidæ 1652. 16°. Jenæ 1663. 8°. *L'examen & parfait jugement*

ment des esprits mis en françois par GABRIEL CHAPUIS Paris 1588. 16°*. Scopus est quærere, quæ ingenii facultates ad quodque vitæ genus sint aptissimæ. Multa vero hic habet Physiologica, ex scholarum sapore. Sedes animæ, in cerebro. Tres facultates principes, tres animæ. Ut ex cerebro calefacto, etiam in maniacis, ingenium exaltetur, & vulgares homines eloquentes fiant, per exempla. Discrimina ingeniorum esse a calore, humiditate, & siccitate. Ad medicinam discendam omnes tres facultates animæ requiri. De generatione: ut sapientes & ingeniosi generentur. Feminarum temperamenta. Ut pueri potius, aut puellæ generentur.

Johannes CASSANIO, Monstroliensis, *de gigantibus eorumque reliquiis in Gallia repertis, nec non de admirandis quorumdam viribus qui ad Gigantum naturam proxime accedunt* Basil. 1580. 8°. LE TELLIER. Germanice *Bericht von den alten Riesen und Heunen* vertente J. VOGEL Görliz 1588. 4°. TREW.

Jean de la FARGUE *commentarium & interpretationem* dedit libri HIPPOCRATICI *de la composition du corps humain & description de toutes ses parties avec le raport, qu'il a avec le monde* Lyon 1580. 16°. DU VERDIER.

Traité de l'homme & de son essentielle anatomie Paris 1580. 8°. OSB.

Quis est *Gesnerus de generatione hominis* Francof. 1580. 4°. OSB.

Francesco NUNNEZ *libro del parto umano* Alcala 1580. 8°.

Petri RINOVII & *Petri* VICTORII *Beschreibung und Deutung der zwey Mißgeburten, so anno 1580. zu Havelsberg von einer Frauen gebohren worden* 1581. SCHEUCHZER.

Ludovici LEMOS in GALENI libros *de facultatibus naturalibus* Salmanticæ 1580. 4°. L.

Dan. TOSSANI *Bericht vom hohen Alter der Menschen &c.* Herborn 1600. 8°. MAYER.

Thomas ERASTUS, proprio nomine LIEBLER, Badensis Helvetus, Professor Heidelbergensis, edidit ibid. 1580. 4°. *de pinguedinis in animale generatione, & concretione* libellum DOUGL. prius vero Argentinæ 1579. *de contritione*, & *de sudore* Basil. 1581. 4°. H.

Disputationum & epistolarum medicinalium volumen prodiit Tiguri 1595. 4°. quarum 7. *de dentibus*, 18. *de somno*, 19. *de pituita bile flava aliisque humoribus*, 20. ea est, quam modo diximus *de generatione*.

René THIONNEAU *histoire étrange d'une femme qui a porté enfant 23. mois, & qui enfin a été tiré par le coté os à os* Tours 1580. 8°. PORTAL. Annon idem *René* BRETONNAYAU, cujus est *la génération de l'homme, & le temple de l'ame avec d'autres œuvres poëtiques extraites de l'Esculape de* R. B. Paris 1583. 4°. Poëma Gallicum lubricum de fabrica partium genitalium, de oculis, corde, hepate,

pate, liene, de pleuritide, calculo, colica, podagra, hæmorrhoidibus. Cosmetica aliqua GOULIN.

§. CCXXXII. *Sal.* ALBERTI.

Salomon ALBERTI, Noribergensis, *Hieronymi* FABRICII *ab* AQUAPENDENTE discipulus, Professor Wittebergensis, vir doctus & excitati ingenii. Primum edidit *de lacrumis* disputationem Wittebergæ 1581. 4°.* recusam eum *orationibus*, & *in meis diss. selectis*. Inde *historiam plerarumque partium corporis humani*, cujus multæ sunt editiones. Mea prima est Wittebergæ 1585. 8°.* cum dedicatione eodem anno data. Breve est compendium anatomicum, cum iconibus VESALIANIS. Habet etiam in ista editione valvulæ coli descriptionem, cochleæ figuram, quam sibi inventam tribuit, & papillas renales, cum poris & infundibulis.

In editione 1601. 8°.* multa accesserunt, tum sparsa, tum ad finem varietas in venis renalibus, defectus intestini cæci, valvulæ venosæ cruris & brachii anno 1579. visæ, retardando motui sanguinis, ut putat, destinatæ, cum iconibus, valvula ilei fini præposita, figura perinde hic expressa. Editio 1602. 8°.* nihil differt, etsi typographus dicit, ex schedis auctoris posthumis auctam esse. Recusa est ibid. 1630. 8°.

Excerpta ex ea sunt in B. R. Paris. n. 7112.

Edidit porro Noribergæ 1585. 8°.*. *Orationes & alia*. Orationum tertia est de disciplina anatomica, & historia artis anatomicæ. Addit aliqua de libello GALENI *de ossibus*, in quem prælecturus erat. Hic sulcum cochleæ descripsit, nervo refertum, ejusque cochleæ modiolum.

Dissertatio *de lacrumis* hic redeuns digna est notatu: foramina enim, & cornicula lacrumalia, descripta continet: saccum ut nunc vocatur, ex homine & ex animalibus, ductumque nasalem. Lacrumarum etiam naturam ex animalibus indagatur. Succedunt de vasis renalibus & de valvulis eædem observationes, quæ sunt in posterioribus editionibus historiæ partium. Nullam fuisse cæci intestini appendiculam. Glandulas hic dicit ad uropygium leporum positas; & bulbos pilorum.

In oratione *de mutitate & surditate* Noriberg. 1591. 8°.* excusa, habet aliqua ad nervos, Quintum & Septimum. De iis qui oculis audiverint.

Aliæ *orationes* Witteberg. 1590. 8°.* excusæ sunt. Earum secunda est *de felle ad intestina restagnante*, in qua FALLOPII sententiam de bilis itinere defendit. Tertia est de sudore cruento, & Quæstio V. ad lacrumas pertinet, earumque in levandis animi affectibus utilitatem.

ID. GALENI *de ossibus* libellum Helmstadii 1579. 8°. edidit.

Observationes anatomicas, anno 1620. editas, dictas DOUGLASSIO, non puto exsistere.

Quæstionem an ventriculus suo cremore vere nutriatur Wittebergæ editam citat Cl. TREW.

§. CCXXXIII. *Franciscus* ROUSSET,

Medici, viri ad detegendum verum facti, *traité nouveau de l'hysterotomotokie ou enfantement Cesarien, qui est extraction de l'enfant par incision laterale du ventre & matrice de la femme grosse ne pouvant autrement accoucher, sans prejudicier à l'un ni à l'autre* Paris 1581. 8°. DU VERDIER. Latine *hysterotomotokia* F. ROUSSET C. BAUHINI cura latine reddita Basil. 1588. 8°. Francof. 1602. 8°.* Latine etiam Paris. 1590. 8°. cum carmine pro cæsareo partu BURETTE. Idem liber prodiit etiam in C. BAUHINI *Gynæciis* Basil. 1586. 4°.* & in SPACHIANIS, sed decurtatus. Germanice *von dem Fall äusserster Noth wunderbarer künstlicher Lösung und Scheidung eines Kindes aus Mutterleib* Strasburg 1583. 8°. WILLER, neque enim differre puto.

Vir cordatus & animosus, arduarum administrationum laudator. Icones equidem, quas DOUGLASSIUS citat, non reperio, aliqua tamen habet ROUSSETUS de peritonæo ad spinam dorsi, quam ad epigastrium, laxiori. Vesicam non mere membranosam, sed etiam carneam esse. Superfetationis historia.

IDEM carmen scripsit cum titulo *Scleropalæcyematis s. lithopædii senonensis*, de quo continuo dicemus, Francofurti 1601. 8°.*. Inquirit, cur hic fetus non computruerit.

EJUSD. *exercitatio medica assertionis novæ veri usus anastomoseon cardiacarum fetus ex utero materno sanguinem trahentium in suos pulmones cordi præpositos* Paris. 1603. 8°.

J. Vincentii ROGER *quæsitum an mater ad prolis generationem concurrat puterve*, & *Augustini* DONII *de natura hominis* L. II. Basil. 1581. 4°. PL. Priorem vide p. 213.

Matthæi DRESSER *de partibus corporis humani & de anima ejusque potentiis* L. II. Witteberg. 1581. 8°. BOECL. & 1583. 8°. TREW. 1586. 8°.* Lipsiæ 1589. 8°. correctius & auctius 1593. 1607. 8°. DOUGLAS. 1597. 8°. PLATN. Partium corporis humani nomenclatura, etiam Germanica, cum aliqua descriptione.

Paulus SESSERUS *de divina & admiranda hominis in utero formatione* Basil. 1581. 4°. BUTTN.

Dionysii FURNII *observationes anatomicas* ad hæc tempora refero, quæ sunt in B. R. Par. n. 7112.

Johannis FRAGOSI, Toletani Medici & Chirurgi, *de Chirurgia* lib. Madrit. 1581. fol. & Hispanice *Cirurgia universal nova nuovamente emendata ganadida, en ista sexta impression* Alcale de Henarez 1620. fol. In principio anatomica traduntur. Tendines sensu carere.

Remberti

Remberti DODONÆI celebris herbarii, *tabula physiologico medica* Colon. 1581. 8°. Ej. *Medicinalium observationum exempla* Colon. 1580. 8°.* Hardervic 1621. 8°.

J. Pauli CRASSI *quæstiones naturales & medicæ* Basil. 1581. 4°.* cum RUFO & ARETÆO. Cur homini jecur majus quam aliis animalibus. De somno aliqua. Cur vox acutior pueris, eunuchis, feminis. Cur in pudore rubor. Cur exercitatione membrum augeatur, desidia marcescat.

Georg CORNUTY *E. cuique facultati sua sedes* Paris. 1581.

Lazari THEVENOT & *Henrici* VISCOT *E. motus pueri in utero certo tempore contingit* Paris. 1581.

J. FABER & J. BONARD *E. sensus omnis voluptatis & doloris particeps* Parisiis 1581.

Antoine HOTMAN tr. *de la dissolution du mariage pour l'impuissance & froideur de l'homme ou de la femme* Paris 1581. 1610. 8°.*. Auctor & lectione bonorum librorum valuit, & judicio. Congressum, turpissimum eruendi veri adminiculum recte refutat.

Second traité de la dissolution du mariage pour l'impuissance de l'homme ou de la femme Paris 1610. 8°.*. Quibus notis impotentia adgnoscatur. Obstetrices de virginitate male judicare, & in eo testimonio tamen judices adquiescere.

Ej. πωγωνιας s. *de barba* dialogus Lyon 1586. 8°. Literaria.

§. CCXXXIV. J. ALBOSIUS. *Simon de* PROVANCHERES. *Alii.*

Johannis ALBOSII *portentosum lithopædium s. embryon petrefactum urbis senonensis, in utero per annos* 28. *contentum* Lyon 1582. Basileæ recusum cum ROUSSETO 1588. 8°. Francof. 1601. 8°.* & alias, tum in muliebribus BAUHINI & SPACHERI. Brevis primum descriptio, deinde exercitatio problematica de ejus indurationis causis, & ipsa brevis. Cum A. SENGUERDI libello Amsterd. 1662. 12°.*

Portrait d'un prodige & enfant petrifié lequel a été trouvé au cadavre d'une femme en la ville de Sens, l'ayant porté en son ventre par l'espace de 28. *ans*, SCHEUCHZER. Hanc puto esse iconem, quæ cum editione ROUSSETI anni 1588. prodiit, & in *muliebribus*.

Simon de PROVANCHERES *Epitre à* M. ARNOUL *faisant mention d'un enfant conservé en la matrice par l'espace de vint huit ans Lyon* 1582. DU VERD.

Ej. *de hujus indurationis causis opinio.* Aliqua uteri descriptio; latine cum priori Amstelodami 1662. 12°.

EJUSD. *histoire de l'inappetence d'un enfant de Vauprofonde près Sens, de son desistement de boire & manger quatre aus onze mois, & de sa mort* Sens 1616. 8°. BUR. 1615. 8°. *le* TELLIER.

Le prodige d'un enfant petrifié de la ville de Sens 1582. 8°. B. THOMAS.

Blasio BIAGIO *de memoria naturali & artificiosa in* QUINTILIANI *caput* XI. 2. *commentaria* II. Ferrar. 1582. MAZUCH.

Lud. COCHIN & J. MARQUIS *E pulsus vitæ & mortis index* Parif. 1582.

Claudii BOIVIN & *Ger.* PONTANI *E. omnium corporis partium una confluxio & conspiratio* Parif. 1582.

§. CCXXXV. J. F. SCHROETER, *Alii.*

J. Fridericus, Jenensis, viri filius, cui ea academia plurimum debet, dum in Italia studiis incumbebat, edidit *de omnibus in universum totius corporis humani humoribus l.* Patav. 1582. 4°.*. Ex veteribus, ad seculi genium, ex GALENO fere & ARISTOTELE. Etiam invisibiles humores describit, cambium, rorem. Semen muliebre in teste sibi esse ab *H. Fabricio ab* AQUAPENDENTE præceptore suo demonstratum.

EJ. *de origine & naturæ calidi innati theses* Genæ 1583. 4°.*

EJ. *in lib.* HIPPOCRATIS περι φυσιος ανθρωπου *commentaria* Genæ 1585. 8°.* Peripatetici viri ad scholarum morem liber.

EJ. *exercitationum accommodatarum ad universa medicinæ partes I. de medicinæ definitione* Jen. 1598. 4°. TREW. Alterum *sp. de elementis corporum eorumque qualitatibus* 1598. 4°. TREW.

Tertium *de temperamentis, mixtione & venenis* 1598. 4°. IDEM.

Quartum *de calore nativo & spiritibus* 1599. 4°. TREW.

Quintum *de animæ facultatibus, functionibus & pulsibus* 1599. 4°. IDEM.

Sextum *de humoribus & urinis* 1599. 4°. IDEM.

Septimum *de generatione & partibus corporis humani* 1599. 4°. IDEM.

Conjunctim *Exercitationum medicarum volumen* I. 1599. 4°. TREW.

EJ. *de sanitate & indicationibus* Jenæ 1609. 4°. HEFT.

Andr. HELLEPYRUS *de hominis conceptu* Ingolstadii 1582. 4°. DOUGL.

Urbain HEMARD *recherches sur la vraye anatomie des dens, & propriétés d'icelles avec les maladies qui leur arrivent* Lyon 1582. 8°. Seminia mucilaginea dentium in teneris pueris invenit. Secundorum dentium seminia non vidit, putat tamen adesse.

§. CCXXXVI.

§. CCXXXVI. *Felix* PLATER,

Basiliensis, *Thomæ* in Valesia nati filius, ex stirpe, quæ etiam nunc in prima viri patria floret, primosque locos tenet, vir omnibus charus, magnum patriæ suæ academiæ lumen, quæ PLATERI temporibus in medicina eminuit, clinicus celeberrimus, botanicus, anatomicus, thesaurorum naturalium collector, per quinquaginta annos Professor. Ejus *de partium corporis humani structura & usu* L. III. *tabulis methodice explicati iconibusque accurate illustrati* prodierunt Basileæ 1583. fol.* 1603. fol.* PLATERUS anatomen a prima juventute amavit, & apud laniones sectatus est (*k*). Descriptiones equidem & icones sunt VESALII, etiam COITERI, passim tamen PLATERO auctore multa minutius exposita; icones etiam novæ, ut levatoris palpebrarum musculi: icones organi auditus cum tribus canalibus semicircularibus denudatis, quorum amplius sit ostium: icones oculi & lentis crystallinæ posterius magis convexæ. Primus etiam eam lentem vitri convexi locum tenere docuit, quæ penicillum radiorum in retinam tunicam cogat. Ossa fetus ex propria industria descripsit. Circuitum sanguinis per pulmones admisit. Musculos valvularum cordis dixit.

EJUSDEM *Quæstionum medicorum paradoxarum & endoxarum centuria posthuma* Basil. 162). 8°.* prodiit, cum *Praxi* etiam recusa, Basileæ 1656. 4°.*. Quæstiones physiologicæ sunt 38. Nervos esse sensus organa, non humorem crystallinum (*l*), neque tympanum. Plerumque cæterum in theoria versatur.

Inter eas *prima Quæstio de origine partium earumque in utero conformatione Quæstiones*, cum PINÆO Leidæ prodierunt 1641. 12°.*. Venas primigenias esse, neque a corde natas, aut ab hepate. Ovorum humanorum & fetuum tenerrimorum descriptiones.

Observationum etiam libri III. Basileæ 1641. 8°. variis modis ad physiologiam pertinent: ut memoriæ & animi bonus malusve status. Adfectus animi: sensuum vitia cum causis suis anatomicis: sic motus vitia, & respirationis, singultus, mensium errores, venerisque, & alia id genus, potissimum etiam nani, proceri, androgyni, manci & monstra varia. Inter optimos rariorum scriptores.

EJ. *de mulierum partibus genitalibus icones* cum explicatione in *muliebribus* BAUHINI & SPACHII, *& de discrimine ossium pelvis in utroque sexu*, omnino sunt ex VESALIO.

EJ. *de omnium præstantissimo sensu visus ejusque organo* Basil. 1639. BOEHM nisi filii est J. FELICIS.

§. CCXXXVII.

(k) Ap. *Melch.* ADAMI.

(l) Fuerant VESALII tempore, qui organum visus in retina ponerent, reclamante VESALIO p. 517. 806.

§. CCXXXVII. Varii.

Andreæ Christiani *disput. de somno & vigilia* Basil. 1583. 8°. Boehm.

Ejusd. *de sanitate* Hafn. 1590.

Alfonsi Marescotti *Compendium totius medicinæ* Francofurti 1583. 12°. 1585. 12°. Herborn 1604. 12°. Lind.

Stephani de Vescovis *consilium de lacrymis, vomitu* Brixiæ 1583. 4°. Boehm.

David van Mauden *bedieninghe der anatomien* Antwerpen 1583. fol. min. Trew.

Joh. Brabo *de saporum & odorum causis difficientiis & effectibus* Salmantic. 1583. 8°. Venet. 1592. 8°.

Augustini Buccii, Taurinensis, *dispp. de partium corporis principatu & de spiritus vitalis animatione* Taurin. 1583. *le* Tellier. Paris. 1647. 4°. Dougl.

Nicolai Taurelli, Philosophi Altdorfini, *de partibus corporis humani* Altdorf. 1583. 4°.

Ejusd. & *Georgii* Sytschii *de cordis natura & viribus* theses ib. 1585. 4°.*

Ejusd. *de ventriculi natura & viribus* ibid. 1587. 4°.

Ejusd. *Alpes cæsæ s. Andr.* Cæsalpini *monstrosa & superba dogmata discussa & excussa* (si omnino huc facit) Francof. 1597.

Christophori Irenæi tractatus *de monstris, von seltsamen Wundern*, Ursell. 1584. 4°. aut 1585. 4°. Boehmer.

Anselme Julian *de l'art & jugement des songes avec la physiognomie des songes & visions fantastique*, Paris 16°. absque anno, *du* Verdier, etiam nuper 1704. 8°. recusa.

Michaël Barth *veritates* Hippocratis, *& verorum medicorum physiologia de natura hominis &c.* Annaberg. 1583. 4°. Heft.

Contrafayt eines Haasen, der anno 1583. *zu Türckheim an der Hardt gefangen worden* Heidelberg. Scheuchzer.

J. le Moine & *Franc.* Poirot *E. a semine liberorum cum parentibus similitudo* Parisiis 1583.

§. CCXXVIII. G. Bartisch, &c.

Horatii Augenii, de M. sancto, *de ratione curandi per sanguinis missionem* Turin. 1584. 4°.*. Selectum habet venarum.

Ejusd. Professoris Ticinensis & Patavini lib. II. *quod homini non sit certum pariendi tempus* Venet. 1595. 8°. Francofurti 1597. fol. cum *Consultationibus medicinalibus.*

Georg

Georg BARTISCH *Augendienst, oder Unterricht von allen Augengebrechen* Dresden 1583. fol.* Frankfurt 1584. fol.* Sulzbach 1686. 4°. GRAV. Anatomen etiam & figuras habet oculorum, ex VESALIO imitatas.

Julii Cæsaris CLAUDINI *quæstio de sede facultatum principum.* Cum BUCCIO Turin. 1583. tum Bonon. 1612. 4°. maj.* Basil. 1617. & Paris. 1647. 4°. *cum epicrisi* C. HOFMAN. Venet. 1647. 4°. Ex more veterum. Cum *ingressu ad infirmos* paucula dedit physiologica & de ortu arteriarum & venarum, quæ secari solent. Aliqua etiam dedit *de natura & usu lactis.*

Johannis ÆMYLIANI *naturalis de ruminantibus historia* Venet. 1584. 4°.*. Controversiarum farrago, in quibus auctor fere pro GALENO causam judicat. Melancholiam appetitum facere: aliquid per asperam arteriam deglutiri.

David HERLIZ *exercitationis physiologicæ* L. I. *de causis lacrumarum, visus, sternutationis & sudoris* Gryphswald. 1584. 8°. PLATN.

EJ. *de pluviis prodigiosis von Blutregen*, si huc facit, ib. 1597. 4°. PL.

EJ. *Unterricht von den schwangern Frauen und Kindbetterinnen* Greifswalde 1597. 8°. Stettin 1618. 8°. Descripsit uterum, de nutritione egit.

J. EWIG HIPPOCRATES *de natura humana Gymnasio Bremensi propositus* Brem. 1584. 4°.

Dominici BERTACCII *de spiritibus libri IV. nec non de facultate vitali libri* III. Venet. 1584. 4°. DOUGL.

G. P. lib. *de Memoria & de artificiosa memoria, quam publice profitetur* A. DISEGNI, *vanitate* London. 1584. 12°.

J. RUADAN *de mirabili infante in Hibernia nato.* Obiit 1584. TANNER.

Catharinæ BINDER *inedia* Heidelb. 1584. & Francofurti 1587. Absque sensu & motu jacuit per 9. annos, & nihil admisit quidquam, cibi potusque expers. Redit in collectione P. LENTULI.

J. DURET & *Arn.* de L'ISLE *E. omnes corporis humani partes simul generantur* Paris. 1584.

§. CCXXXIX. J. SCHENK.

Johannis SCHENK *de Gräfenberg*, Medici Friburgi in Brisgoja, *observationum* tomi VI. dicuntur prodiisse. Basil. 1584. 8°. 4. Vol. GRAU.

EJUSD. *observationum medicarum monstrosarum de capite humano* L. I. Friburg. Brisg. 1599. 8°. & prius Basil. 1584. 8°. WILLER.

L. II. *de partibus vitalibus* ib. 1595. 8°.

L. III. *de partibus naturalibus Sectio posterior* ib. 1596. 8°.

L. IV. *de partibus genitalibus utriusque sexus* ibid. 1596. 8°.

L. V. *de partibus externis.*

L. VI. *de febribus.*

L. VII. *de venenis & alexipharmacis.*

Omnes VII. libri conjuncti cum titulo *Observationum Medicarum* prodierunt Francofurti 1600. fol. Friburg. 1609. fol. Francofurti 1604. fol. Lugduni 1644. fol. TREW. cura C. SPON: denique Francofurti 1665. fol.* cura *Laurentii* STRAUSS, quæ editio nuperis observationibus auctior est. Etsi Pathologica quidem pleraque sunt, & chirurgica, anatomica tamen quam plurima intercedunt, ut in L. I. omne genus monstrificæ fabricæ in capite, etiam pueri bicipites & connati, suturarum varietates, de cerebri fabrica & ventriculis, somno, vigiliis, memoria, oculi fabrica, humoribus, musculis, tunicis: sic de aure, reliquis sensibus, dentibus &c.

L. II. De laryngis fabrica, & pulmonum, & pleuræ.

L. III. de deglutitione, gula, ventriculo, fame, siti, singultu, vomitu, intestinis, hepate, bilis organis, sanguine, liene, renibus eorumque vasis, vesica urinaria, omento, peritonæo.

L. IV. utriusque sexus genitalia organa; androgyni; conceptus, graviditas, partus, menses.

L. V. humerus, brachium, manus, femur, genua, pedes, cutis, monstra bicorporea.

L. VII. idiosyncrasiæ.

§. CCXL. *Jacques* GUILLEMEAU.

Aurelianensis, vir obstetricius & chirurgus regius. Edidit Parisiis 1598. fol.*. *Tables anatomiques avec les pourtraits & declaration d'icelles.* Tabulæ sunt VESALIANÆ ex VALVERDE sumtæ, additis paucis aliunde collectis. Adjecta pauca nupera inventa, proprii vix quidquam. Citat sex priores tabulas, quas cum *Michaele de St.* PIERRE Chirurgo Lotharingo dudum ediderit, & eo frontispicium libri pertinet, in quo insignia HENRICI III. expressa sunt, qui anno 1589. periit.

EJUSD. *de l'heureux accouchement des femmes* Paris 1609. 8°. 1620. 8°.* 1643. 8°. Varia habet physiologici argumenti, feminas imprægnatas cum inperforato hymene, menstruorum insolitas vias, aliosque errores, ossa pubis in partu discedentia, signa graviditatis, atretarum partus.

Les œuvres de J. GUILLEMEAU collecta prodierunt Rouen 1649. fol.*. In hac editione integra anatome L. VII. distincta continetur, neque additur, num

num fit ex *Germani* COURTIN lectionibus. Additæ sunt eædem ex priori libro tabulæ.

Porro *liber de la generation de l'homme*, cum doctrina conceptus, prægnationis, partus.

Traité sur les abus qui se commettent sur les procedures d'impuissance des hommes & des femmes. Contra congressum.

La Chirurgie françoise Paris 1598. fol.* etiam belgice Dort. 1597. fol. & anglice excusa. In T. VI. censum habet arteriarum & venarum, quæ vulgo incidi solent.

In l. *des maladies de l'oeil*, Paris 1585. 8°. 1618. 12°. sæpe alias excuso, etiam germanice Dresden 1710. 8°. pars prima est aliqua brevis oculi anatome.

§. CCXLI. A. BOTTONUS, &c.

Guilielmus Adolphus SCRIBONIUS, Marburgensis, scripsit *Ideam medicinæ secundum logicas leges informandæ & describendæ &c. de inspectione urinarum contra eos qui ex qualibet urina de quolibet morbo judicare volunt &c.* Basileæ 1585. B. B. De urina pro genio seculi.

Albertini BOTTONI, Patavini Professoris, *de morbis muliebribus* L. I. Patav. 1585. 4°.* & in gynæciis SPACHII atque BAUHINI. Fuse de mensibus & eorum noxio sanguine, periodis, vitiis, nimio profluvio, suppressione. De semine muliebri aliqua, sed practica fere omnia, ad sui seculi saporem.

EJUSD. *operis* L. II. Venet. 1588. 4°.

Vespasiano ANGELICO *discorsi raccolti tr. della anatome nobiltà ed eccellenza dell huomo* Lodi 1585. 4°. si huc facit. MAZ.

Joach. CURÆI *physica s. de sensibus & sensibilibus* Witteberg. 1585. 8. HEIST.

Petri Moneduluti LASCOVII *de homine magno in rerum natura miraculo, & partibus ejus essentialibus* L. II. Witteberg. 1585. 8°. HUG. 1595. 8°. PLATN. nisi error subest.

J. BOCKELII *anatome sive descriptio partium corporis humani* L. V. Helmstadii 1585. 8°. PLATN. 1588. 8°. Compendium anatomicum ad scholarum gustum, ex VESALIO sumtum.

EJ. *de generica differentia partium corporis humani: ad IX. caput artis parvæ* GALENI, Witteberg. 1592. 4°. HEFT.

Philippi SCHERBII, acuti philosophi, *de usu respirationis* Altdorf. 1585. 4°. Lipsiæ 1614. 8°.

Matthiæ FLACCII *commentarii de vita & morte* Francofurti 1585. 4°. lego etiam 1584. HEIST. Herborn. 1616. 8°. Ex veteribus collecti.

Cornelii PLEYER *examen tractatus Guilielmi Adolphi* SCRIBONII *contra unguentas impostores* anno 1585. 8°. Basileæ editus, & Erfurt. 1623. 8°.

Horum temporum est *Franciscus* FRIZIMELICA, cujus codex M.S. *de pulsibus* est in B. R. P. n. 7082.

Petri GEROULT & *Æg.* GIRARD *E. cuique facultati suus spiritus* Paris. 1585.

Aug. FRONDEBOEUF & J. GROUST *Non solis prægnantibus & puerperis lac in mammis* ibid. eod. anno.

Steph. GUERMELEN & *Jac. de* CAPPE *E. facultas omnis naturalis a corde* Paris. eodem anno.

Petri ROHT περι του ουρου *de urinis* Basil. 1585. 4°. RIV.

§. CCXLII. *Arch.* PICCOLHOMINEUS,

Ferrariensis, Philosophus peripateticus, subtilis homo, non equidem valde anatomicus, ut tamen eam artem non undique ignoraverit: Quæ vero ipsi inventa tribuit DOUGLASSIUS optimus, ea ad unum omnia in antiquioribus scriptoribus reperio, nisi quod ea iconibus expresserit, ex arbitrio fictis, quæ alii ex conjectura proposuerant, ut venæ cavæ ramorum cum ramis venæ portarum anastomoses.

Ejus adeo sunt *anatomicæ prælectiones*, *explicantes mirificam corporis humani fabricam &c.* Rom. 1586. fol.*. Musculorum abdominis malas dedit icones. Cineream cerebri partem, & lineam abdominis albam propriis nominibus distinxit. Docuit, imi ventris musculos corpus convertere. Fasciculum ab ani sphinctere ad acceleratorem ad stringendum potius factum esse. Habet ductus prostaticos. In colo duas valvulas, & vinculum. Ligamenta hepatis, superius ad diaphragma, & anterius, & ad duodenum, lienem, epiploon adnexa. Medullæ spinalis rimam & caveam.

§. CCXLIII. *Caspar* BAUHINUS,

Medici Lugdunensis filius, vir præcocis ingenii, *Hieronymi ab* AQUAPENDENTE discipulus, in juventute anatomen exercuit, quam in senio rei herbariæ postposuit. Edidit anno 1586. *Muliebrium* collectionem, in qua ROUSSETI opus latine versum dedit.

Inde Basileæ anno 1588. 8°.* edidit idem ROUSSETI *de cæsarea sectione* opus, & varie auxit: historias similes addidit suas aliasque, uteri incisi aut per abscessum exesi, cum bonis ægrotæ rebus. Demum valvulam coli anno 1579. a se repertam, valde tunc juvene, & Parisiis corpora incidente: ilei nempe celebrem valvulam, quam præceptori *Guilielmo* CAPELLO ostenderit anno 1586. in duobus cadaveribus humanis confirmatam: in cane circuli similem docet esse, verumque officium adsignat.

Porro

Porro Basileæ 1588. 8°. HAN. prodiit *de partibus corporis humani externis h. e. universalis methodi anatomiæ, quam ad* VESALIUM *accommodavit, l. unus*: qui idem videtur recusus cum titulo anatomes L. I. iterato editus a. 1591. 8°. WILLER: tum liber II. *partium spermaticarum similarium partium anatomen continens* 1592. 8°. WILLER; & 1596. 8°. cum priori. 1691. 1692. 8°. Catal. HAENEL male, ut puto.

Inde edidit Basileæ 1590. 8°.* *de corporis humani fabrica libros* IV. qui sunt explicatio aliqua tabularum VESALII, etiam literis additis; novi præter valvulam coli nihil, sed addita aliqua ex FALLOPIO & COLUMBO. Nomina musculorum SYLVIANA adoptavit.

Exinde secutæ sunt *institutiones anatomicæ corporis & virilis historiam proponentes* Basileæ 1592. 8°.* Lugduni 1597. 8°. Integrum iterum anatomes compendium, brevius aliquanto, adnotationibus aliorum scriptorum ad marginem rejectis. Eædem certe sunt *Institutiones* auctæ cum novis aliquot figuris, quæ Bernæ redierunt 1604. 8°. Icones hic aliquæ auctoris accesserunt, renis excarnati cum pelvi, tum vesiculæ felleæ, cum valvulis cervicis, & angulo acutissimo, quo cysticus ductus cum choledocho uniatur, tum figuræ VAROLII & JASOLINI. Recusæ sunt Basileæ 1609. 8°. TREW. Francofurti 1618. 8°. BOECK. UFF. pro quinta editione. Non puto differre L. IV. *de corporis humani fabrica Basileæ* excusos 1600. 8°. Neque *anatomicam corporis virilis & muliebris historiam* HIPPOCRATIS, ARISTOTELIS, GALENI — *auctoritatibus illustratam* Lugduni 1597. 8°. apud *le* PREUX.

EJ. *de partibus corporis humani* Basil. 1602. 4°. HEFT.

Appendix ad theatrum anatomicum C. BAUHINI Francof. 1600. 8°. UFF.

Theatri anatomici titulum reperiri lego in editione Francofurti 1605. 8°. ibique icones accessisse HAENEL. multum auctum, cum paginæ sint 1302.

Tandem hæc omnia in majus opus transierunt, *theatrum* nempe *anatomicum infinitis locis auctum* Francof. 1621. 4°.* ut tamen dedicatio sit anni 1605. Compendium est anatomicum ex primo opere anni 1590. natum, sed multo auctius, ut collectæ fere hic habeantur omnium scriptorum sententiæ, & ad eas omnes aditus aperiatur per hunc quasi pinacem. Controversiæ ad marginem rejectæ sunt. Aliquoties (*m*) monet, se vidisse ossa pubis in partu diducta. Hymenem sed obscure dicit. Nomina musculorum pleraque constituit, quæ nunc in usu sunt. In dura membrana duas fecit laminas (hoc PORTAL.)

Alterum opus sunt *vivæ imagines partium corporis humani* æneis formis expressæ cum Theatro editæ, & seorsim anno 1640. 4°.*. Figuræ sunt VESALIANÆ, in minorem formam redactæ, additis sceletis nonnullis, octo tabulis EUSTACHIANIS, tabulis valvularum venosarum FABRICIANIS, tum BOTALLIANA, & figura valde singulari duarum venarum sibi simillimarum, qualis unica solet esse,

(m) Etiam cum PINÆO p. 171.

esse, & azyga vocari: iterum eadem unica cum superiori & inferiori in venam cavam apertis ostiis. Porro polypi cordis, tabulæ nonnullæ organorum auditus, in quarum aliqua (*n*) & orbiculare ossiculum & longus mallei processus exhibetur. Tabulæ nonnullæ CASSERIANÆ. Medullæ spinalis bona tabula, legitimo loco finitæ, cum cauda equina ex LAURENTIO. Foramen ovale, non bene, arcus aortæ recte etsi obscure. Azyga & hemi-azyga. Hepar quod vocant excarnatum, ductus venosus. Ren lobulosus, & ren cum sua capsula. Edidit filius J. CASPAR. Ideo vero recenseo, quod RIOLANUS (*o*), nimis acerbe BAUHINO exprobret, undique eum omnia sua conrasisse.

EJUSD. *de Hermaphroditorum monstrosorumque partium natura*, Oppenheim. 1614. 8°. DOUGL. Francofurti 1600. 8°. TREW. (*p*), sed non credit TREW. eo anno prodiisse. Francofurti, (non Oppenheim) 1629. 8°.*. Plurima ex libris omnis generis collecta, monstrorum, gigantum, nanorum, animalium rariorum, nævorum. Multa parum fida, pauca propria. Cum in lepores androgynos inquireret, nullum invenit. Describit herniam medullæ spinalis.

EJUSD. *præludia anatomica* Basil. 1601. 4°. citat Cl. PLATNER, aliquam, ut puto, disputationem.

EJ. *de ossium natura*, Basil. 1604. 4°. BOEHMER.

EJ. *de homine oratio* ib. 1614. 4°.*. Brevissimum compendium anatomicum.

EJ. *Epistola anatomica curiosa in E. N. C. Dec. I. ann. III.* app. prodiit, qua nova sua inventa, aut demonstrata describit. Valvulam coli, impedientem retrogressum fæcum intestinalium. Valvulas in collo vesiculæ felleæ. Ventriculos laryngis. Venæ azygæ cum vena cava & venis inferioribus anastomoses. Arteriam ex vena pulmonali in aortæ truncum sub diaphragmate insertam, quam & depinxit.

EJUSD. *introductio ad doctrinam pulsuum* prodiit cum STRUTHIO 1602. 8°. Tabulæ sunt ex scholis exque STRUTHIO concinnatæ.

§. CCXLIV. VARII.

Christophori RUMBAUM *de partibus corporis humani exercitationes quædam, quibus generatio, substantia, usus, sanitas, morbus & curatio illarum exponitur* Basileæ 1586. 8°. Ex Arabibus & GALENO sua habere DOUGLAS.

Alberici GENTILIS disp. *de nascendi tempore* Witteberg. 1586. 8°. DOUGL.

Salustius SALVIANUS, Romanus, celebris de piscibus scriptor, *de calore naturali, acquisititio & febrili* Rom. 1586. 8°. BODL.

EJ. *de urinarum differentiis, caussis & judiciis* ibid. 1589. 8°. L.

EJ.

(n) L. III. t. 24. f. 7.
(o) *Oper.* p. 739.
(p) Rejicit eam editionem CLEMENT.

Ej. *variarum lectionum de re medica* L. III. Rom. 1588. 8°. non certissime.

Samuel MACRINUS *de humoribus* Wittebergæ 1586. 4°. PL.

J. HARTMANN *de lactis ejusque partium natura & viribus* Tubing. 1586. 4°.

Celsus MANCINUS *de cognitione hominis quæ lumine naturali habetur* P. I. Ravennæ 1586. 4°. Si huc facit.

Ej. *de somniis ac Synesii somnio, de risu & ridiculis, Synaugia Platonica* Tremonæ 1592. 4°. WILLER. 1598. 8°. HUGO.

Petri LAFFILE' & *Phil.* GRESLET *E. mulieri definitum est tempus pariendi* Paris. 1586.

J. HUGUET & *Petr.* MARIE *E. præstat sensuum officia esse intermissa quam continua* Paris. 1586.

Discours pour conserver & augmenter la memoire, & un traité de physionomie Lyon 1586. 16°.

Bericht, wie im Dorf Schmidweilen im Gericht Kobelberg ein Mägdlein sieben Jahre lang weder geessen noch getrunken, und doch erhalten worden. Aus Befelch der Oberkeit Heidelberg 1586. SCHEUCHZER. Puto *Cath.* BINDER p. 257.

§. CCXLV. *Marcellus* DONATUS,

Medicus & Secretarius D. Mantuæ; Ejus *de medica historia mirabili* L. VI. prodierunt Mantuæ 1686. 4°. MERKLIN. Venet. 1588. 4°. IDEM. 1597. 4°.*. Inde aucti a *Gregorio* HORSTIO recusi sunt Francofurti 1613. 8°. & 1664. 8°.*

Varia ad physiologiam pertinent, ut repentina canities, sudor sanguineus, imaginationis, & memoriæ rariora, & animi adfectuum effecta. Vomitus, singultus, inedia diuturna. Partus serotinus, fecunditas longævorum. Superfetatio. Proles numerosa. Adipis exuberantia. Monstra. Idiosyncrasiæ. Cæterum ex veteribus & nuperis undique collecta sunt rerum miracula, cum aetiologia, qualem ea ætas ferebat.

Gregorius HORSTIUS addidit librum VII. in quo inediæ diuturnæ, fetus Senonensis, & Mussipontanus, nævi varii, monstra, homines proceri. Partus a morte. In nuperiori editione iterum aliqua accesserunt, & magicæ potissimum historiæ.

§. CCXLVI. VARII.

Michaelis GAVASSET, Novellariensis, libri, quorum secundus est *de præludiis anatomicis, tertius de exercitatione methodi anatomicæ* Venet. 1587. 4°.*. Auctor CAPIVACCII discipulus libro III. describit musculos, nervos, vasa & ossa brachii, nullo suo experimento, mere ex GALENO, L. II. est fere in generalibus.

Marsilii

Marsilii CAGNATI, Veronensis, *variarum observationum* libri IV. Romæ 1587. 8°.*. L. II. prodierant Romæ 1581. 8°. Potissimum in veterum libris laboravit, quibus criticam facem adhibuit, ut varia eorum loca emendaret, quorum pluscula ad rem anatomicam aut physiologicam faciunt, ut in L. III. duo loci HIPPOCRATICI de genitura: de ovorum putaminibus: de appellatione arteriarum. Promiscue veteres venæ & arteriæ nomine uti. De oculorum splendore. In L. III. de HIPPOCRATIS libro *de Natura humana*: de medullæ appellatione. In L. IV. de lumbis: de HIPPOCRATICA ovi humani adnotatione. Raro propriam naturæ observationem adtulit. Ova tamen intra gallinarum uteros nonnunquam indurari monet, sanguinem cervi utique fibrosum esse & coagulari (q).

In diss. *de morte causa partus* Rom. 1602. 4°. contra AVICENNAM pugnat, ossa pubis in partu negat discedere PORTAL.

Johannis GARCÆI *oratio de origine venarum* Francof. 1587. 4°. B. BOEHM.

Georgii BERTINI Campani *medicina viginti* l.l. *absoluta* Basileæ 1587. fol. B. B. habet etiam physiologiam & aliqua anatomica.

PROCACINI l. *de nutritione corporis humani* Rom. 1587. 8°. FALC.

Histoire d'une fille, qui ne boit ni ne dort, & ne jette aucun excrement Francofurti 1587. 8°. D'ETR.

Neue Zeitung aus Maringen im Bayerlande, darinn ein unnatürlich Kalb gefallen. Augspurg 1587. SCHEUCHZER.

Paschal ROLLIN *histoire memorable d'une fille d'Anjou, laquelle a été 4. ans sans user d'aucune nourriture, que de peu d'eau commune* Paris 1587. 12°. PORTAL.

Cl. TARGIONIUS meminit M.S. anatomici cum figuris, auctoris itali, qui regnante HENRICO III. vixerit.

C. TAGLIACOZZO *epistola de naribus multo ante abscissis reficiendis*, exstat cum MERCURIALE de decoratione Francofurti 1587. 8°. Iter lacrumarum correxit.

EJUS etiam tota *chirurgia curtorum* Venet. 1597. fol.* & alias edita ad naturæ in uniendis & reparandis partibus corporis humani vires pertinet.

Enochi SARACENI, Genevensis, *de humorum necessitate & proximis humani corporis principiis* Heidelberg 1587. 4°.

Dan. JAGENTEUFFEL *de tribus in corpore humano concoctionibus* Witteberg. 1587. 4°. HEFT.

Ger. DENIZOT & *Petr.* PIIART *E. facultas nutrix omni viventi necessaria* Paris. 1587.

Petr.

(q) p. 32.

Petr. COLLIER & *And.* MELIE *Ergo ut vir sic mulier confert ad generationem fetus* Paris. 1587.

Jac. DURET & *Guill.* FOURNIER *Non E. partium corporis par ad vitam necessitas* Paris. 1587.

§. CCXLVII. *Eustachius* RUDIUS.

Eustachii RUDII *de usu totius corporis humani* Venet. 1588. 4°. DOUGL.

EJ. *de naturali & morbosa Cordis constitutione* Venet. 1600. 4°. In B. P. L. dicitur *de virtutibus & vitiis cordis* Venet. 1587. 4°. Negat musculum esse.

EJ. *de pulsibus* L. II. Patav. 1602. 4°. DOUGL.

Petri PIIART & *Pl.* SEGUYN *E. iisdem nutrimur quibus constamus* Paris. 1588.

Steph. du FOUR & *Guil.* L'HOSTE *E. omne vivens calidum* Paris. 1588.

Phil. HARDOUYN & C. PISO *E. Calidis magna vox* Paris. 1588.

Cl. BOIVIN & G. BRAYER *E. contentis continentibus & impetum facientibus corpus humanum absolvitur* Paris. 1588.

Cl. FAVELET & J. LIART *An omnes partes simul informantur* ib. eod. anno.

Anutius FOESIUS, Dividunensis, Medicus Parisinus, edidit Parisiis 1588. fol. Genevæ 1657. fol.* & alias recusam *Oeconomiam* HIPPOCRATIS, alphabeti serie dispositam, nempe dictionarium, in quo etiam anatomicas voces interpretatur.

Oliva SABUGA *de* NANTES BARRERA *dicta brevia circa naturam hominis. Vera philosophia de natura mixtorum hominis* & mundi *antiquis occulta.*

EJ. *conoccimiento de si misino en el que si dan avisos los quales antenderà su naturaleça y sobra las causas naturales porque vive y porque muere* Madriti prodiisse 1588. 4°. lego, alii cum titulo *nueva filosofia del hombre*, & Barcinone 1622. 8°. N. ANT. Madrit 1728. 4°. Hominem esse inversam arborem, succum nervorum totum corpus alere.

Alfonsi BERTOTII *de generatione pituitæ*, *humore melancholico*, *coctione & præparatione humorum* Francof. 1600. 8°. 1621. 8°. LIND. sed libellus scriptus est anno 1588.

Ananiæ JEAUCURII *explicatio characterum inventorum in lateribus duorum Halecum* 1588. 8°. *le* TELL.

Caroli CRASSI *tabula de signis conceptus* Venet. 1588. 8°.

Cyriacus LUCIUS *de humoribus & superfluitatibus* Ingolstadii 1588. 4°. PLATN.

La Fisionomia del Giorgio RIZZACASA Carmagnola 1588. 4°. Bibl. BERN. 1607. 4°. D'ETR. Habet etiam proportiones partium corporis humani, deinde de signa temperamentorum, animorum, vitiorum, virtutum. Inde significationes ex quaque corporis humani parte sumtas.

Daniel MOEGLIN *de compositione, generatione & conservatione humani corporis* Tubing. 1588. 4°. WILLER.

EJ. *de nutritione & humoribus humanum corpus nutrientibus* ib. 1589. 8°. B. BOEHM. 1590. 4°. IDEM.

EJ. *de humano corpore* ib. 1591. 4°. IDEM. Ex VESALIO.

EJ. *Disputatio anatomica I. Praeludia continens* ib. 1594.

EJ. *Prolegomenor. reliquam partem continens* ib. 1594.

EJ. *De fabrica renum eorumque constitutione* ib. 1594. 8°. HEFT.

Ger. NENNIUS, Sledanus. Ejus est *compendium medicum res omnes medicae curationi subjectas pertractans* Franeker 1588. 4°. LIND.

§. CCXLVIII. *Andreas* LIBAVIUS,

Halensis, Director Gymnasii Coburgensis, Chemicus potius & Practicus, scripsit tamen *positiones declarativas visionis per rationes naturales* Jen. 1589. 4°. MUN.

EJ. Tractatus duo physici — *alter de cruentatione cadaverum injusta caede factorum, praesente qui occidisse creditur* Basil. 1594. 8°.*. Multa de sanguine, de adfectibus in eo residentibus, de cruentatione ab eo adfectu orta, & alia disputat.

In singularibus quorum pars I. ib. 1599. 8°. Altera etiam 1599. 8°. Tertia 1601. 8°. Quarta pariter 1601. 8°. excusa est; varia huc spectant, de dentium generatione, Noctambulis, Nyctoblepis, Vagitu uterino, Mumia, de Ranis L. II.

EJ. *de vagitu expresso fetus in utero adhuc conclusi* Noriberg. 1597. 4°.

EJ. *de partibus corporis humani medio ventre contentis* Coburg. 1604. 8°.

EJ. *de spiritibus, humoribus, innato calido & facultatibus* ib. 1608. 4°.

EJ. *de gammaris quos vulgo cancros appellant* ib. 1608.

De sede animae ib. 1610. 4°.

De ovo gallinarum & pulli in eo generatione ib. 1610.

Physica lactis consideratio ib. eod. anno.

De lacrymis cruentis & aliis tum raris, tum jucundis: de sanguine, historiis ib. 1610.

EJ. *de respiratione piscium, testatorum, crustatorum* ib. 1609.

In *appendice necessaria arcanorum Chymicorum contra* H. SCHEUNEMANNUM Francofurti 1615. fol. reperitur encheiresis transfusionis sanguinis, quam ex consilio alchemistae noster suadet adhiberi.

EJ. *de ventriculorum lapides coquentium virtute* Coburg. 1615. 4°.

§. CCXLIX.

§. CCXLIX. P. Forestus.

Petrus Forestus, Alcmarienſis, celebris practicus, non quidem anatomen exercuit, in numeroſis tamen ſuis operibus pluſcula habet huc facientia. Et primum *de incerto & fallaci urinarum judicio quo uromantes utuntur*, integrum librum edidit Leidæ 1589. 8°.*. Initium operis phyſiologicum eſt, eo vaſa viasque urinæ deſcribit. De urina etiam ex veterum more varia addit, de bile qua tingitur & aliis elementis, de hypoſtaſi, de nubecula.

Inde in magno opere, quo *ſingularum corporis humani partium morbos* rariores ſibique viſos perſequitur, paſſim earum partium tradit anatomen, quarum vitia eſt dicturus. Ita menſes naturales, aut in aliena loco averſos, occaſione menſium ſuppreſſorum dicit; ita de pene ejusque actione, ut omnino hactenus omnia ejus opera utiliter legantur.

Ph. Canaye *L'organe ou l'inſtrument du diſcours* 1589. 8°. B. v. der AA.

Conradi Hoddæi *philoſophica viſus commendatio* Witteb. 1589. 4°. Platn.

Jac. Martinus Scotus *de corporum generatione* Francofurti 1589. 8°. niſi phyſici eſt argumenti.

§. CCL. B. A. Abbatius, *Alii.*

Baldi Angeli Abbatii, Eugubini, *de admiranda vipera natura* Urbini 1589. 4°.* Noriberg. 1603. 4°. Gron. & Haag. Comit. 1660. 12°.*. Anatomen animalis dat, in univerſum obiter, accuratius vero partium genitalium, penium bifurcatorum &c. Ova viperarum demonſtrat. Rudes veterum errores refutat de venere per os exercita, de detruncato a femina maris capite. Integrum ovum pari, ſed membranas a fetu erodi, ut exeat.

Johannis Paduani *de ſingularum humani corporis partium ſignificationibus* Veron. 1589. 4°. Lind.

Emanuelis Nonnii, Olyſſiponenſis, *de tactu & tactus organis L. I.* Olyſſip. 1589. 8°. Douglas.

R. D. P. *la Pogonologie ou diſcours faceitieux des barbes leur origine ſubſtance, difference, proprieté des barbes* Rennes 1589. 8°. *de* Bure.

§. CCLI. J. Posthius. *Alii.*

Johannes Posthius, Palatinus Germersheimii natus, diſcipulus Rondeletii, etiam Patavii eruditus, Würzburgi, deinde Heidelbergæ Profeſſor & Archiater, vir doctus, & poëta, neque anatomes imperitus. Edidit *obſervationes anatomicas*, quæ cum R. Columbi opere anatomico Francof. 1590. 8°.* & 1593. 8°.* prodierunt. In iis multa ſunt notatu digna, potiſſimum etiam coli valvula, quam putes a Rondeletio habuiſſe, ſedulo a Cl. viro monitus, ut ut ipsam naturam consuleret. Duplicem lienem vidit, processus renum mammillares, quos RONDELETIO tribuit: valvulas in femorali vena. Valvularum cordis veram utilitatem habet, & ductus primus lacteos vidit ad papillam tendentes. Sinus duo septi narium. De musculis varia. Biventrem musculum a processu mastoideo oriri, non a processu styloideo, & tendinea parte ad os hyoides adhærere. De levatore scapulæ a quinque processibus transversis colli nato: de lumbricalium musculorum tendine in tertium digiti articulum misso.

Alexander CYRILLUS *de plantarum & animalium proprietate* Rom. 1590. 8°. GRON.

Jacobi ZABARELLÆ *de rebus naturalibus* L. XXX. Colon. 1590. fol. & alias.

Johannis WERNER disputatio VIII. *de miranda hominis in utero formatione* Helmstad. 1590. 4°.

EJ. Disp. IX. *de nutritionis, auctionis, attractionis, retentionis lege, ratione, ordine* 1590. 8°. ibid.

EJ. Disp. X. *de visionis & auditionis doctrina* ibid. 1590.

EJ. & J. STURMII *De odorationis, gustationis & tactionis doctrina* ib. 1590. inanes omnes.

Andreas LEON *de anatomia declaracion de los temperimentos, pulsos, urinas* Hispanice Besæ (Beatiæ) 1590. 4°. C. de VIL.

Joh. WIGAND *vera historia de succino Borussico, de alce Borussica, de herbis in Borussia nascentibus* Jena 1590. 8°.*. De alce aliqua & dentium classes numerique.

Bernhardi TELESII *de usu respirationis liber* Venet. 1590. 4°. OSB.

EJUSD. *quod universum animal ab unica anima substantia gubernetur* Venet. 1590. 4°.

EJ. *de saporibus* ibid. OSB.

EJ. *de somno* ibid. eod. anno.

Ordine di cavalcare e modi di conoscere la natura di cavalli e per fare eccellenti razze Venet. 1590. 4°. cum figuris.

Ambr. PAPER *nöthiger Bericht von schwangern und gebährenden Frauen* Magdeburg 1590. 8°. CARLS.

J. Theodori MINADOI *medicarum disputationum* Lib. I. Tarvis 1590. 4°. 1610. 4°. de sudore sanguineo: de subjecto adæquato facultatis anatomicæ.

Dan. CLÆPIUS *de visu* Witteberg. 1590. 4°. HEFT.

Michael BAPST *wunderbares Leib- und Wundarzneybuch* II. Theil, *darinn von dem Blut der Menschen, Vögel und Fisch gehandelt wird* Mülhausen 1590. 8°. B. EXOT. 1605. 8°. Eisleben 1597. 4°. TREW.

EJ. vom

EJ. *vom Nutzen des Schmers, Marks, Unschlit, Speck, Fett der Menschen &c.* Eisleben 1600. 4°. B. EXOT.

Chiromantie Kunst Wahr- und Weissagens aus Platone Ptolomeo und Königsbergern gezogen Frankfurt 1590. 8°. B. EXOT.

Jordani BRUNI, Nolani, viri heterocliti, *ars reminiscendi & in phantastico campo exarandi* 8°. circa 1590.

EJ. *de imaginum, signorum & idearum compositione* Francofurti 1591. 8°. CLEMENT.

Hieronymus BRASSAVOLUS edidit *Problema an clysteres nutriant* circa 1590. MANGET.

§. CCLII. *Petrus* UFFENBACH. *Alii.*

Petrus UFFENBACH, Medicus civitatis Francofurtensis, qui plurima aliorum scriptorum opera edidit. Ejus sunt duæ disp. *de generatione & interitu* Argentorati 1591. 4°.

IDEM edidit *Thesaurum chirurgiæ*, Francof. 1610. fol.* cujus bona pars ad PAREUM pertinet; atque inter alia anatomica viri opera.

Hieronymi MONTALTI, Siculi, *de homine sano* lib. III. *in quorum primo agitur de natura & substantia hominis* Francofurti 1591. 8°.*. Theoriæ meræ.

Εργαλειον d. i. *ein Instrument oder fügliches Werkzeug, wie mit dem Gebein und Gräten und andern Theilen des menschlichen Leibs ein Medicus eine rechte Anatomey anstellen soll* Roschach 1591. forma patente WILLER.

Jacobi BORDINGH, Antwerpiani, Professoris Hafniensis & regii archiatri Φυσιολογια (ὑγιεινη παθολογια) *tres medicinæ partes Rostochii & Hafniæ publice enarratæ & junctim editæ* a *Levino* BATTO M. D. & Prof. Rostochiensi Rostock 1591. 8°. MOELLER. *Physiologia* Rostock 1605. 8°.

J. Sebald KOBENHAUPT *de humoribus* Argentor. 1591. 4°.

Caspar KEYLER περι του λυγμου *de singultu* Basil. 1591. 4°. PLATN.

Christian FLEISCHMAN *de somno & vigilia, insomniis & divinationibus ex libris* ARISTOTELIS Argentorati 1591. 4°.

Christophori FERIOLI *nothwendig Bedenken vom Magen* Insbruck 1591. B. EXOT.

J. HAUTIN & *Jac.* COUSINOT *E. temperamentum aliquod ευκρατον* Paris. 1591.

Joannis OBSOPOEI disp. *de temperamento corporis humani, ejusque discernendi notis* Heidelberg. 1591. 4°.

§. CCLIII. *Varii.*

Simon WEISEMAN *de facultatibus & operationibus cordis tractatus cum brevi ipsius cordis anatome* Görlitz 1592. 4°. PLATN.

J. Leonhard AGRICOLA *de omnibus in universum totius humani corporis humoribus* Lipsiæ 1592. 4°. PLATN.

Conrad BOCKEL *de differentia generica partium corporis humani* Witteberg. 1592. 4°. HEFT.

EJ. *Disputt. physiologica* Helmstadii 1596. 8°. MOLZ.

Edmund HOLLING *de chylosi, quæ est prima ciborum, quæ in ventriculo fit coctio* Ingolstad. 1592. 8°.

EJ. *de modo nutritionis* ibid. 1598. 4°. HEFT.

Alphonsi Roderici GUEVARA *de re anatomica* lib. Conimbricæ 1592. 4°. DOUGL.

Johannis HEURNII, Ultrajectini, *Hieronymi* FABRICII discipuli, inde Professoris Leidensis, viri antiquitatis periti, *institutiones medicinæ, aut modus studendi eorum, qui medicinæ suam operam dicarunt* Leid. 1592. 8°. Hanau 1593. Leidæ 1609. 4°. *cum app.* 1662. 12°. & in *operibus omnibus*. Continet physiologiam ad veterum morem.

In opere *de morbis qui singulis partibus capitis insidere consueverunt* Leidæ 1608. 4°.* inque ejus *continuatione de morbis pectoris* 1608. 4°.* & *de morbis ventriculi* ib. eodem anno; & *de morbis mulierum* 1607. 4°.* solet aliquam partium adfectarum descriptionem addere.

IDEM HIPPOCRATIS *de natura humana* lib. duos Leidæ 1609. 4°.* edidit. Tum librum *de veteri medicina*, & *de principiis* suis cum commentariis.

Israëlis SPACHII *de animæ facultatibus earundemque functionibus* Argentorati 1592. 4°.

EJ. *de humoribus* ib. 1592. 4°.

EJ. *De temperamentis* ib. 1598. 4°.

IDEM Argentorati 1597. lib. edidit *Gynæceorum*, in quibus ad BAUHINI editionem accesserunt *Martini* AKAKIÆ *muliebria*, & *Lud.* MERCATI.

Sulpitii RIGAULT & *Guil.* FAUCONNIER *E. facultas a temperamento* Paris. 1592.

§. CCLIV. *Andreas* LAURENTIUS.

André du LAURENS, Professor Montpeliensis, inde Baccalaureus & Licentiatus, demum Doctor Parisinus (r), DURETI discipulus, & archiater Gallicus; EJUS

(r) PRIMIROS *error vulg.* L. I. c. 2.

EJUS *Apologia pro* GALENO *& impugnatio falsæ demonstrationis de communicatione vasorum cordis in fetu* Turon. 1593. *le* TELLIER. Videtur scriptum esse contra *Simonem* PIETRE.

EJ. *admonitio ad Simonem* PETRÆUM *nec non Simonis* PETRÆI *censura in admonitionem Andreæ* LAURENTII Turon. 1593. fol. *le* TELLIER.

Inde edidit *Discours de la vue, des maladies melancholiques, des catarrhes, & de la vieillesse* Paris 1597. 16°.* Rouen 1600. 8°. latine versus a *J. Theodoro* SCHOENLIN *de visus nobilitate & conservandi modo* Monachii 1618. 12°. & in operum LAURENTII tomo altero Francofurti 1621. fol. Anglice *of preservation of the sigth, of melancholy &c.* London 1599. 4°. BODL. Oculi vulgaris anatome: bulbosum musculum ex FALLOPIO rejicit. Sensum visionis in lente exerceri, & in utraque oculi camera cataractas dari. Sedem melancholiæ plerumque in liene esse. Imaginationum ridicularum exempla.

EJUSDEM *Historia humani corporis & singularum ejus partium anatomica* Paris. 1600. fol.* Francofurti 1600. 4°. maj. GUNZ. folio ib.* 1602. 8°. 1615. 8°. & fol. absque anno, sed ut puto 1627. 8°. MER. Lips. 1602. 8°. HEIST. Lugd. 1605. 8°.* absque iconibus, Venet. 1606. 8°.

EJ. *Opera omnia* Francofurti 1627. fol. Hanoviæ 1601. 8°. sine figuris. Gallice versa a *Theophilo* GELEE in operibus omnibus Paris. 1613. fol. 1621. fol. D'ETR. 1640. fol. Rouen 1661. fol. BOECLER. Nuper recusa cum titulo *Anatomie universelle de toutes les parties du corps humain presentée en figures, revue par* H. Paris 1741. fol. 1748. fol. PHILIB. Prius Monspelii ediderat, cum ea in urbe medicinam disceret, nunc ait se relegisse (s). Multum physiologiæ, refutationum, subtilitatis scholasticæ. Icones sunt VESALII, præter medullam spinalem, caudamque equinam, has minime male expressas, foramen ovale satis bene, venasque aliquas & fetuum icones Pinæanas. Habet Coracobrachialem.

Compendium anatomes s. de sectione corporis humani contemplationis Parisiis 1635. 8°.

In T. II. operum sunt *adnotationes in artem parvam* GALENI Francofurti 1628. fol. &c.

Magni operis Epitomen anglico sermone scriptam cum additionibus ex modernis in Anglia inter codices *Natal.* JOHNSON, lego superesse.

Lis viro fuit cum *Simone* PIETRE s. PETREO, quem G. PATINUS maximi faciebat. EJUS SIMONIS *Disputatio de novo usu anastomoseos vasorum cordis in embryone contra A.* LAURENTIUM *exstat* Turonibus 1590. *le* TELLIER. 1593. 8°. LIND. ut vetustius aliquod hac de re opus A. LAURENTII oporteat fuisse.

EJ. PIETRE *demonstratio & historia anastomoseos vasorum cordis in embryone Turonibus* 1593. *cum corollario de vitali facultate cordis in eodem embryone non otiosa* Turon. 1593. ibid. 1613. 8°. LIND.

Lego

(s) p. 21.

Lego eodem anno etiam prodiisse *Apologiam pro* GALENO *& impugnationem novæ ac falsæ demonstrationis de communicatione vasorum cordis fetus* Turon. 1593. 8°. PORTAL. qui nihili facit. Foramen ovali describitur.

EJ. *lenis censura in acerbam admonitionem* A. LAURENTII Turon. 1593. 8°. *le* TELLIER.

§. CCLV. *Varii.*

Johannis HELLESPONTII *tractatus de generatione in communi* L. II. *comprehensus* Leidæ 1593. 8°. Catal. 1500 - 1600.

Thomæ BERGEMANN *de risu* Gorliz. 1593. 4°.

De bile flava & succo melancholico ibid. 1595. 4°.

De humoribus primariis ibid. eodem anno.

De pituita ibid. eodem anno.

De sanguine ibid. eod. anno.

Mart. CONRADI de *ἀσώμοις* *R. Tob.* TANDLER. Witteberg. 1593. 4°. HEFT.

Jacobi TURNERII *de custodienda puerorum sanitate* Florent. 1593. 4°. Habet etiam partum.

Der französischen Academey (quæ fuerit ea Academia ignoro) *Anhang, oder anderer Theil, darinn von allen Theilen des menschlichen Geribs, Erschaffung, Materie, Zusammensetzung, Gestalt, Eigenschaften, Nutz und Gebrauch gehandelt wird. Aus dem Französischen übersetzt durch M. Frid.* CASTALIO Mümpelgard 1593. fol. Catal. libr. 1500 - 1600. Reperio *l'Academie françoise de la Philosophie naturelle & divine sur la creation, utilité & usage des parties corporelles & animales de l'homme &c. par M. de la* PRIMAUDAYE Lyon 1615. quod idem esse videtur opus, sed ejus recentiorem editionem. Anglice London 1614. 8°.

Andreæ CHIOCCI *quæstionum philosophicarum & medicarum* libri III. Veron. 1593. 4°.*. Aliqua huc faciunt, ut de coctione, de fame, de facultate irasibili & pulsifica.

J. Ludovicus HAVENREUTER ARISTOTELEM *de juventute & senectute, vita & morte & respiratione* proposuit, Respondente C. BURGOWER Argentorati 1593. 4°. HEFT.

EJ. *De facultatibus s. potentiis naturalibus* Argent. 1593. 4°. HEFT.

EJ. *De somno & vigilia somnique adfectionibus, quæ sunt in somnio.*

EJ. *De sensibus* ibid. eod. anno.

EJ. In *parva naturalia* ARISTOTELIS commentarius Francofurti 1605. 8°.

Tob. COBER *de lacte & pultibus, quibus infantes passim sustentantur* Gorliz. 1593. 8°. BURKH.

Horatii de SURDIS, Patavini, *de perfectione hominis per naturam competente* Patav. 1593. 4°. LIND.

Bartho-

Bartholomæi HIEROVII *de natura & essentia spirituum corporis humani in genere* Witteberg. 1593.

EJ. *de natura & curatione tussis* ibid. 1595. 4°. HEFT.

Nicolai AGERII *theses physico-medicæ de homine sano* Argentor. 1593. 4°.

EJ. *de vita & morte* ibid. 1623. 4°. HEFT.

EJ. *de duobus animæ sentientis facultatibus appetitiva & loco motiva* ibid. 1623. 4°.

EJ. *de sensibus externis* ib. 1623. 4.

EJ. *de nutritione* ib. 1624. 4.

EJ. *de mente humana* ib. 1626. 4.

EJ. *de auditu & sono* ib. 1626. 4.

EJ. *de monstris* ib. 1633. 4.

EJ. *de olfactu* ib. 1633. 4.

EJ. *de somno & insomniis* ib. eodem anno, HEFT.

§. CCLVI. *Hieronymus* CAPIVACCIUS,

Professor Patavinus, non quidem incisor. Edidit I. *de methodo anatomica* Venetiis 1593. 4.* Francofurti 1591. 8. DOUGLAS. edente TEUCRO ANNÆO PRIVATO (JOH. LONICERO ADAMI fil.) cum ejus in *laudem anatomes oratione*. Compendium est anatomicum, ad omnes corporis humani partes, ex GALENO fere sumtum, ut ne quidem rudes ejus viri errores corrigat, qualis est de vena cava inter cor & diaphragma, aliosque.

EJUSD. *de fetus formatione* lib. Habeo editionem Patavinam, ubi solus hic liber prodiit, duodecim paginarum in fol. libellus: alia est Venet. 1621. fol. TREW. Itidem de fetu, secundis, semine utriusque sexus, menstruis, & generatione, ex veteribus omnia.

Uterque libellus redit in *operibus omnibus* Francofurti 1603. fol. tum liber *de signis virginitatis tam masculi quam feminæ* Venet. 1606. fol.

EJ. *de pulsibus* lib. Venetiis 1601. fol. editus, cum STRUTHIO prodiit Francofurti 1602. 8°.* absque propriis observationibus.

§. CCLVII. *Bartholomæus* CABROL,

Gaillacensis, Chirurgi & Anatomici Monspeliensis, *Alphabet Anatomique* Turonibus 1594. 4°. Monspelier . . . 4°. Geneve 1603. 4°.* 1624. 4°. HEIST. inde latine versum, & Genevæ editum 1604. 4°.* recusum cum SEVERINO & JASOLINO Hanau 1654. 4°.* Francofurti 1668. 4°.*. Prima pars compendium est anatomicum, in tabulas conjectum. Non est absque propriis adnotationibus.

bus. Ita secundum musculum geniohyoideum habet, qui forte fuerit genioglossi in os hyoides insertio. Hymenem putat evanescere. Pulchram editionem dedit *Vopiscus Fortunatus* PLEMP cum titulo *ontleedingh des menschelighen lighams* Amsterdam 1648. fol.* cum variis ex VESALIO & PAVIO & aliunde sumtis iconibus, nullo cum augmento suo.

In *observationibus subjectis* CABROLII aliquae sunt anatomici argumenti. Ita verum ductum sanguinis per venam portarum hactenus docet, ut radices ponat in intestinis, ramos in hepate. Nervos negat cavos dari. Nervum opticum a posteriori cerebro nasci. Absque testibus esse qui generent. Ductum choledochum proxime pylorum apertum fuisse. Mammas quaternas visas; musculum costarum peculiarem. Ren unicus; lienes duo. Lotium per urachum exeuns. Renes coaliti. Fasciculus a sphinctere ani in coccygem euns.

§. CCLVIII. *Johannis* JESSENII *a* JESSEN,

Professoris Pragensis, post subactam Bohemiam ab Austriacis capite plexi, *de homine disputationes* III. Wittebergæ 1594. 4°.

EJ. *Universalis humani corporis contemplatio* ibid. 1598. 4°. BOEHMER.

EJ. *de generatione & vitæ humanæ periodis tractatus duo* Witteb. 1602. 4°.* Oppenheim 1610. 8°. cum *Galeotto Martio* LEHMAN.

EJ. *Anatomiæ Pragæ anno 1600. abs se solenniter administratæ historia.* Accedit EJ. *de ossibus tractatus* Wittebergæ 1601. 8°.*. Concinnum compendium anatomicum ex VESALIO aliisque: eruditum cæterum & oratorium opusculum, cum paucis propriis adnotationibus. Aquæductum cum tuba confudit, eumque errorem RIOLANUS, ZYPÆUS, BAYLEUS, DUVERNEY, GOELICKE, QUINCY & alii secuti sunt. IDEM *Examen observationum* FALLOPII edidit Hanau 1609. 8°.

EJ. *de sanguine e vena secta dimisso* Pragæ 1608. 4°. PLATN. Norimbergæ 1668. 8°.*. Sanguinem sponte coire vidit, & ex diversa seri copia alias & alias indicationes nasci. Breve opusculum commentario peramplo illustravit *J. Pancratius* BRUNO.

Mechanicam literarum formationem primus exponere tentavit PORTAL.

Cum *Chirurgicis institutionibus* agit de corporibus condiendis.

§. CCLIX. *Ludovicus* MERCATUS, *Alii.*

L. MERCATUS s. MERCADO, Pintianus, in Patria Professor, deinde archiater PHILIPPI II. Ejus *operum* editiones ita citat LINDENIUS, ut Pars I. Pintiæ sive Valladolid anno 1604. Pars II. 1605. fol. Pars III. Madriti 1594. fol. Pars IV. cura *Zacchariæ* PALTHENII Francofurti 1608. fol. & demum 1620. fol.

fol. prodierit, quæ nostra est editio. Hue pertinet in T. I. l. *de constructione corporis humani*, justum nempe volumen physiologiæ & anatomes GALENICÆ. T. II. *de pulsus arte & harmonia cum cordis historia*. In T. III. Morbi mulierum continent aliqua de mensibus aliisque muliebribus. Recusus est iste quidem in Gynæciis SPACHIANIS.

Johannis BURGOWER, Scaphusini, *themata medica physica de facultatibus s. potentiis naturalibus passim ex tribus* GALENI *libris congesta* Argentorati 1594. 4.

Ej. *de corporis humani partibus* in *Dec.* V. diss. GENATHII Basil. 1622. 4°.

Ej. *de ruminatione humana* ibid. 1625. 4°. in GEN. *Dec.* VII. 1631. 4°. & in HORST. Ep. 53.

Jacobus COCUS *de venis* Witteberg. 1594. 4°.

Ej. *de cerebro* 1595. ibid.

Ej. *de pulmone organo spirabili & vocali* ibid. 1595.

Ej. *de olfactu* ibid. 1598. 4°.

Ej. *Disputationes anatomicæ duæ de partibus corporis humani in genere* ibid. 1604. 4°.

Ej. *de corde, arteriis & pulmonibus* ibid. 1604. 4°.

J. Nicolai STUPANI thes. *de rara & genuina cerebri structura* ibid. 1594. 4°. THOM.

Ej. *de purgationibus menstruis adsertiones* absque anno HEFT.

Ej. *partes corporis humani compendiose enarratæ* Basil. 1601. 4°.*. Brevissimum compendium anatomicum.

Ej. *Medicina theoretica ex* HIPPOCRATE *&* GALENO *collecta* ib. 1614. 8°.* etiam physiologiam continet, non incommodam: Disputationes sunt ab a. 1597. Basileæ propositæ.

Chr. HASTÆUS *de visus operatione & operandi modo* Witteberg. 1594. 4°.

Nonii a COSTA Lusitani *de quadruplici hominis ortu* Patav. 1594. 4°. WILLER.

Guil. ROMANUS *disputationum medicarum liber physiologia fundamento continens* Hanov. 1594. 8°. LIND.

Camilli THESAURI, *de Corneto, pulsuum opus absolutissimum in VI. libros divisum* Neapoli 1594. 4°.

Scipionis MAZELLA *situs & antiquitates Puteolorum* in Thes. BURMAN. IX. habet aliqua de gigantibus Neapoli 1594.

Leonardi BAUSCHII *Comm. in* HIPPOCRATEM *de locis* Madrit. 1594. fol. LIND.

MONGII in AVICENNAM *adnotationes* Venet. 1594. fol.

Petri SEGUIN & J. SALLANT *Ergo vitalis facultas ad vitam omnium maxime necessaria* Parif. 1594.

§. CCLX. *Varii.*

Duncani LIDDEL *de concoctione* Helmſtadii 1595. 4°.

EJ. *de generatione hominis* ibid. 1597. 4°.

EJ. *de altrice, auctrice & vitali facultate* ibid. 1603. 4°.

In ejusdem *operibus omnibus Phyſiologia* primo loco eſt Lyon 1624. 4°.

EJUSD. *ars medica ſuccincte explicata* Hamburg. 1607. 4°. LIND. & 1628. 8°.*. L. II. eſt compendium anatomicum & phyſiologicum.

EJ. *univerſæ medicinæ compendium in diſpp. propoſitum* Helmſtadi 1605. 4°. 1620. 4°. LIND.

EJ. *de dente aureo tractatus nunc primum ex Muſæo Joach.* MORSII *editus* Hamburg. 1628. 8°.*. Contra HORSTIUM, fraudem eſſe, & eam nunc caſu detectam in præfatione *Balthaſar* CAMINACUS monet. Senſerat jam noſter.

Martini WEINRICH, Uratislavianſis, *de ortu monſtrorum comment. in quo eſſentia, differentia, cauſæ & adfectiones mirabilium animalium explicantur* 1595. 8°.*. Spiſſus liber, collectaneus: habet monſtra ab exceſſu, a defectu, numero, ſitu, figura. Cauſæ terror, deſiderium, vitia ſeminis, alia. Pro ſignificatione monſtrorum ominoſa pugnat, & pro hernaphroditis. Rachiticos jubet aquis ſuffocari, tanquam monſtra. Vagitum uterinum putat ſe audiviſſe, credulus homo neque inciſor.

Martini RULANDI f. *vera hiſtoria de aureo dente, qui nuper in puero Sileſio ſeptenni ſuccreviſſe animadverſus eſt*, & EJ. *de eodem judicium* Francof. 1595. 4°.

EJ. *judicii de aureo dente pueri Sileſii demonſtratio adverſus reſponſionem Johannis* INGOLSTETTER 1597. 8°.

Herculis SAXONIA, Pr. Patavini, *de humani conceptus formationis motus & partus tempore* Bonon. 1596. 4°.

EJ. lib. *de pulſibus & urinis* Francofurti 1603. fol. in oper. Ptatav. 1639. fol. 1658. fol. LIND. Bis pulſum dicrotum vidit.

Solus lib. *de pulſibus* Patav. 1603. 4°. Francofurti 1604. fol. & prius cum nonnullis aliis Francof. 1600. 8°.

In *operibus omnibus* Patav. 1639. fol. B. B. huc pertinent in prælect. T. III. Clitoridem recte a FALLOPIO expoſitam eſſe: ab ea caudam noſter diſtinguit. Varia ſuperfetationis exempla. Aliqua de monſtris.

Univerſæ medicinæ Synopſis in quatuor tabulas collecta Venet. 1595. fol.*. Brevis phyſiologia, oculi mala figura, & varia collecta. Ultima Tabula eſt *Gabrielis* CUNEI.

Simonis GEDECCI *defenſio ſexus muliebris contra diſputationem Anonymi, qui voluit probare Mulieres homines non eſſe* Lipſiæ 1595. 4°. BODL.

Antonius

Antonius EVONYMUS *de natura & monstris* Wittebergæ 1595. 4°. HEFT.

Johannis SIEGFRIED *disputationes anatomicæ* Helmstadii 4°. ab anno 1595. ad 1602. propositæ. Earum I. *de partium corporis humani differentiis, generatione* Witteberg. 1595. 4°. HEFT.

Altera de partibus corporis humani similibus in genere, ib. eod. anno HEFT.

De organis generationis in viro Helmstad. 1599. 4°.

De vita & morte Lipsiæ 1632. 4°. THOM.

Georg. PRISTAGORAS *de anthropologia* Witteberg. 1595. 4°. HEFT.

§. CCLXI. *Varii.*

J. Petri UNGII, Smolandi, *præstantissima visus operationis nec non pulcherrima mirifici visionis modi &c.* Wittebergæ 1596. 4°. WILLER.

J. INGOLSTETTER *de dente aureo Silesii pueri responsio ad M.* RULAND, *qua ostenditur neque dentem neque ejus generationem naturalem esse* Lipf. 1596. 8.*. Ridicula de commentitio miraculo pugna. Lego alibi titulum libri *de natura occultorum & prodigiosorum ad J.* HORSTIUM, *qua respondetur ejus de aureo qui putabatur dente* Lipf. 1597. 8. 1598. 8.

EJ. Disput. *de actione naturalium & non naturalium opposita* M. RULANDI *demonstrationi* ibid. 1598. 8.

Hieronymi BRISIANI *physiologia* lib. II. Venet. 1596. 4. BODL.

Ottonis CASMANN *psychologia anthropologica f. animæ humanæ doctrina accedit P. 2. anthropologiæ f. fabrica humani corporis* Hanov. 1596. 8. GUNZ. (1594. 8. TREW.) & Francofurti 1604. 8.

J. Jac. SCHERER *de actionibus corporis humani viventis plerique* Basileæ 1596. 4. PLATN.

Tobiæ DORNKREIL *de essentia & præcipuis partium corporis humani differentiis* Helmstadii 1596. 4. HEFT.

Rud. GOCLENIUS *de sensu & sensibus* Francofurti 1596. 8.

EJ. *psychologia de hominis perfectione, anima, & ejus origine* Marburgi 1597. 8. LIND.

EJ. *aphorismorum chiromanticorum tractatus compendiosus* Lichæ 1597. 8°. B. B. cum COCLITIS compendio. Tres libelli: Chiromantia cum figuris linearum in manu. 2. Astrologia; 3. physiognomia: morum ex faciei partibus divinatio.

EJ. *physiologia crepitus ventris & risus*, Francofurti 1607. 8. LIND.

EJ. *uranoscopica, cheiroscopica & metoposcopica* ibid. 1618. 8.

EJ. *chiromantia & physiognomia specialis cum experimentis memorabilibus* Marpurg. 1621. 8. Hamburg. 8°. eodem anno LIND.

EJ. *de septem rebus non naturalibus* Francofurti 1643. 8.

Sperone SPERONI *dialoghi* Venez. 1596. De partu 11. 12. 13. & 14. mensis.

DURANTIS SCACCHI *subsidia medicina in quibus quod doctu manus præstat ad ærumnas morborum evellendas &c.* Urbin. 1596. 8.* habet oculi aliarumque partium aliquam anatomicam descriptionum.

Christophori (Conrad L.) MEURER *de anatomia oratio, quæ fabrica microcosmi usus & dignitas artis nobilissimæ ob oculos ponitur* Lipſ. 1596. 4. PLATN.

Elisæus LEISCHIUS *de corporis humani partibus in genere* Helmst. 1596. 4°.

EJ. *de partibus similaribus* 1596. 4. ibid.

EJ. *de partibus dissimilaribus* ibid. 4°. eodem anno.

David KYNALOCH *de hominis procreatione & anatome Poëma* Parif. 1596. 4. Amstelodami 1637. 12. Carmen non illepidum.

Christophori BRUNO *de differentiis partium corporis humani a materia desumtis* Lipsiæ 1596. 4.*.

Bernardini PATERNI *in I. fen. I. Canonis explanationes* Venet. 1596. 4. LIND.

Jayme SEGARRA *commentarii physiologici conplectentes ea, quæ ad partem medic. physiologiæ pertinent ad* HIPPOCRATEM *de natura humana, &* GALENUM *de temperamentis Valencia* 1596. fol. BODL. 1598. fol.

Edidit etiam *Commentarios in* GALENUM *de facultatibus naturalibus* Valent. 1596. fol. & *Commentarios physiologicos* ibid. 1603. fol. LIND.

Thomas PHAYRE *regiment of life, whereunto is added a treatise of pestilence and a book of childern* London 1596. Addit DOUGLAS, venarum humani corporis, quæ secari solent, icones accedere.

Petri PONÇON & *Nic.* PIETRE *E. proprii cordis in fetu actio ut hepatis & cerebri* Parif. 1596.

J. MARTIN & *Martin* AKAKIA *E. in contentis continentibus & impetum facientibus sanitas & morbus* Parif. 1596.

Petr. PAULMIER & *Petri* GUENAULT *E. duo nostræ generationis principia semen & maternus sanguis* Parif. 1596.

Cl. BAZIN & *Sim.* BAZIN *E. vis conformatrix semini insita* Par. 1596.

Henr. BLACVOD & J. LAMPERIERE *E. unus est corporis partium mutuusque consensus* Parif. 1596.

§. CCLXII. *Scipio* MERCURIUS.

La commare oriccoglitrice Venet. 1596. 4°. THOMAS. recusa etiam Venet. 1604. 4°. DOUGL. 1618. 8°.* 1621. 4°. BOEHM. Veron. 1642. 4°. BUR. 1652.

1652. 4°.* & alias, etiam Germanice versa a *Godofredo* WELSCH Lipsiæ 1653. 4°.*. Auctor ARANTII discipulus brevem dedit partium generationi inservientium anatomen, cum figuris VESALIANIS. Non est absque adnotationibus, minime inutilibus. Ita allantoideam membranam rejicit, urachum facit ligamentum esse. Nimis tamen multum ratiociniorum & quæstionum.

Ej. liber *de colostro* Veron. 1652. 4°. cum priori.

§. CCLXIII. *Severinus* PINÆUS,

Gallice PINEAU, celebris Chirurgus, lithotomus & incisor, cum quo C. BAUHINUS corpora humana dissecuit. Edidit Paris. 1597. 8°.* *opusculum physiologicum & anatomicum de notis virginitatis & corruptionis virginum, & de partu naturali*, sæpe recusum, ut Francofurti 1599. 8°. THOMAS. Paris. 1607. 8° D. OSB. Leidæ 1639. DOUGL. 1641. 12°.* 1650. 12°. Amstelod. 1663. 12°.* Francof. & Lips. 1690. 12°. Germanice versum Frankfurt 1717. 8°. Erfurt 1759. 8°.. In judicio laboro. Eleganti stylo scripsit, non paucas adnotationes in artis exercitio natas interspersit. Ossa pubis in partu non nihil discedere, & a se invicem & ab osse sacro, contra M. CORDEUM docuit. Vestibulum pudendi & valvulas, sinuum ut putes, mucosorum descripsit. Ventriculos etiam laryngis, vias peculiares fetus, & potissimum pudendum muliebre accuratius dixit; fetusque abortivos cum sceletis. Testiculi extra scrotum siti exempla. Non dixerim PINÆUM Germanum (*t*) aliquem exscripsisse. Non tamen dissimulari potest, icones manifesto imaginarias esse (*u*). Non bene hymenem rejecit, eique pro nota intemeratæ pudicitiæ carunculas substituit, quæ manifesta sint vitiatæ puellæ indicia.

In editione Leidensi 1641. figuræ pudendi quatuor accesserunt, quibus Parisina caret.

Multa alia anatomica præparaverat, & communicaverat cum *Andrea* LAURENTIO, sed ea interciderunt (*x*).

§. CCLXIV. *Varii.*

Bartholomæi CASTELLI *totius artis medicæ compendium, in quo quidquid ab* HIPPOCRATE, GALENO, AVICENNA &c. *ad eamdem artem scriptum est, acervatim continetur*, Messan. 1597. 4°. LIND. 1598. 8°. alii Venet. 1667. 8°. Basil. 1628. 8°. Patav. 1713. 1721. 4°. Genev. 1746. 4.* &c. Amaltheum CASTELLO BRUNIANUM Patav. 1696. 4. In Lexico sæpe recuso voces anatomicæ explicantur.

Hug. PREVOSTEAU & *Germ.* CLERSELIER *E. fetus in utero sanguine menstruo nutritur* Paris. 1597.

Nic.

(t) DRELINCOURT *feminarum* ov. p. 50.
(u) *Fig.* p. 145. 149. etiam 152. Nimis enim pro sua ætate perfectæ sunt.
(x) Non prodiisse LAURENT. *histor.* p. 21.

Nic. ELLAIN & *Sim. le* TELLIER *E. solus sanguis alimentum ultimum* Parif. 1597.

Israël HARVET, Aurelianensis, *Discours contre Laur.* JOUBERT, *dans lequel il est montré, qu'il n'y a aucune raison, que quelques uns puissent vivre sans manger plusieurs jours & plusieurs années*, Niort. 1597. 16. *le* TELLIER.

EJ. *confutatio causarum abstinentiæ puellæ Consolentaneæ* a F. CITESIO *redditarum, & apologiæ pro* JOUBERTO Aurelian. 1602. 8. B. *Bern.* Inanis altercatio.

Girolamo PROVENZALE, CLEMENTIS VIII. archiatri & Archiepiscopi Surrentini l. *de sensibus* Rom. 1597. 4. MANDOS.

Petri HOFMANN *de somno & vigilia* Jen. 1597. 4 BURCH.

Sigismund SCHILLING *de sanguine* Lipf. 1597. 4.

EJ. *de procreatione hominis* ibid. 1610. 4. HEFT.

Fabianus HIPPIUS *de corporis humani ex semine ortu* ibid. 1597. 4. HEFT.

J. Walther VIRINGUS dedit *tabulam anatomicam ossium corporis humani* Duaci 1597. fol. DOUGLAS. J. A. v. d. LINDEN annum habet 1527. non bene ut puto, cum dedicata sit Archiduci ALBERTO. Scripsisse tamen dicitur *de jejunio* anno 1547. 4.

Salvius SCLANUS *Comm. in libros tres artis medicæ*, edidit Venet. 1597. 4.

Petrus Paulus GALLIO, Perusinus, librum dedit *de pulsibus* Perusiæ 1597. 4. In add. ad DOUGLASSIUM *Petrus* GALEA vocatur, & *P. Paulum* GALEA dicit LINDANUS.

Traumbuch ARTEMIDORI, Argentorati 1597. 8. Amberg. 1600. 8. B. *Exot.*

§. CCLXV. *Varii.*

B. PERERII *de magia, de observatione somniorum* Colon. 1598. 8. WASSEN.

Lalii PEREGRINI *tractatus de animi adfectibus cognoscendis & emendandis* Romæ 1598.

Luberti ESTII *de spiritibus* Heidelberg. 1598. 4. HEFT.

Alexandri MASSARIÆ lib. *de urinis & pulsibus*, Francofurti 1608. 4. Venetiis 1618. 4. Lugd. 1634. fol. 1654. fol. 1671. fol. cum aliis operibus Clinici viri.

J. de RENOU & J. PERRIN *E. cor princeps unicum* Parif. 1598.

Nic. PIETRE & *Ant.* BRAYER *E. animi mores sequuntur temperamentum corporis* Parif. 1598.

Sim.

Sim. BAZIN & P. COLLIER *E. magis ab aere quam ab alimentis corpus mutatur* Parif. 1598.

Jac. ZWINGER *de fomno ejusque caufis & accidentibus* Bafileæ 1594. 4.*.

§. CCLXVI. *Carolus* RUINUS.

Carlo RUINI, Senatori Bononienfis, *Anatomia del Cavallo . . . infirmità e fuoi remedi* Bologna 1598. 4. THOMAS. Venet. 1599. fol.* 1618. fol. 2. Tom. B. v. der AA. Germanice vertente *Petro* UFFENBACH Frankfurt 1603. fol. Gallice *la Connoiffance du Cheval, l'Anatomie & les remedes* Paris 1647. fol. D'ETR. 1655. fol. D'ETR. 1667. fol.

Etfi hoc opus nuper (*y*) accufatur, quod valde imperfectum fit, mihi quidem omni laude dignum videtur. In V. libris primi tomi integra per omnes fuas partes anatome hujus animalis continetur, multo accuratior, quam hactenus ullo in animale factum fuerat; cumque additæque pulchræ icones, ad naturam depictæ, nifi forte fubtilis anatome aliquantum neglecta fuerit. Vifcera vero, offa, etiam mufculi fatis plene recenfentur, & delineantur.

§. CCLXVII. *Ulyffes* ALDROVANDUS,

Medicus & Profeffor Bononienfis, univerfæ naturæ fuo tempore peritiffimus, thefaurorum rei naturalis indefeffus collector, animalia etiam incidit, a M. *Antonio* ULMO, J. BUTTNERO, C. VAROLIO, J. B. CORTESIO, J. C. ARANTIO & COITERO adjutus. Avium etiam potiffimum anatomen dedit, quarum folarum hiftoriam ei edidiffe contigit. In Xenodochio pauperrimum obiiffe, noftro ævo negatur, & thefauri certe etiamnum in patria univerfitate ftudiorum adfervantur.

Ejus adeo *ornithologiæ f. de avibus hiftoriæ* prodierunt L. XII. Bononiæ 1599. fol.* 1606. fol. Francofurti recufæ 1610. fol.*. Hoc mihi elaboratius opus videtur inter ALDROVANDIANA, etfi multam antiquæ eruditionis farraginem fubinde minus defiderares. In Tomo I. coftarum in aquila mediam articulationem & adpendicem; offa vera fterni & duplices claviculas, tum reliqua aliæ offa femorisque, etiam myologiam aquilæ defcribit, & membranam nictitantem, denique prima ni fallor membranæ pupillaris rudimenta; Sic pfittaci roftrum dixit, cujus pars fuperior mobilis eft, fuosque habet mufculos; Picæ linguam, & revolutum circa univerfum caput mufculum. Graculi Bohemici anatomen; hæc VAROLII.

Tomus II. quo libri XIII. ad XIX. continentur Bononiæ 1600. fol.* & 1637. fol.* prodiit, & Francofurti 1629. fol.* Multa etiam hic tomus anatomica habet, ut gallinæ partes genitales, & ovarium, & uropygium ejusque mufculos, omnia ifta a *M. Ant.* ULMO diffecta & depicta. Ovum etiam incubatum

 per

(*y*) BOURGELAT *hippiatr. Tr. præf.*

per singulos dies, etsi non minutissime descripsit. Tertio demum die punctum saliens vidit, & ex eo nascentem truncum venosum. Porro sceleton sturni hic reperias, cum adpendicibus costarum rectricibus. Otidem J. C. ARANTIUS incidit; upupæ etiam aspera arteria icone exprimitur.

T. III. quo *aves aquaticæ* traduntur Bonon. 1603. fol.* Francofurti &c. Libri sunt XIX. & XX. In præfatione equidem Cardinali MONTALTO gratias agit, qui paupertati suæ subvenerit. Anatomica multa habet „Cygni asperam arteriam mirifice in pectore curvatam; intestina cæca duo; costas; claviculas superiores & inferiores. Ardeæ stellacis laryngem & œsophagum amplum, absque ingluvie, ventriculum canini similem, cæca intestina duo. Mergi stellaris laryngem inferiorem, sedentem in asperæ arteriæ divisione, cum duobus foraminibus pellucida membrana obductis. Onocrotalum, ejus ductum bilarium a vesicula fellis distinctum, cæca intestina brevia, gulam carnosam, ossa levia, & absque medulla. Sceleton, & sacci fabrica, in quo prædam recondit. Hunc CORTESIUS dissecuit. Porro gruis sceleton & alia non pauca.

EJUSDEM *de quadrupedibus volumina* III. Primum *de solidipedibus* Bonon. 1616. fol. B. *Bern.* 1639. fol.* 1642. fol. BURKH. Francofurti 1623. fol.*. Deteriora ista, ut posthuma, anatomici vix quidquam habent.

Tomus II. s. *Quadrupedum bisulcorum historia.* Collegit ex chartis ALDROVANDI primum *J. Cornelius* UTERVEERIUS, deinde *Thomas* DEMPSTER Bonon. 1613. fol. 1620. fol. B. *Bern.* 1642. fol.* Francof. 1647. fol.*. Infinita ex veteribus collectanea, anatomica vix ulla. Monstra aliqua.

Tomus III. s. *de Quadrupedibus digitatis viviparis* L. III. & *de Quadrupedibus oviparis* L. II. Bonon. 1616. fol. 1637. fol.* 1642. fol. LIND. 1645. fol.* Francofurti . Sceleti hic aliquæ, aliæ ex COITERO, aliæ fictitiæ, ut stellionis & salamandræ. Dentes solet adnotare, in mustela, mure, lynce.

EJUSD. *de piscibus* L. V. *de cetis* L. I. Collegit *J. Cornelius* UTERVEER Bononiæ 1613. fol. B. *Bern.* potius 1612. 1638. fol.* 1642. fol. BURCKH. Francofurti 1629. fol. 1640. fol. Brevior aliquanto mythologia, anatomes parum.

EJUSD. *de animalibus insectis* L. VII. Bonon. 1602. fol. B. *Bern.* 1620. fol. 1638. fol.* mutatis ut puto solis titulis, Francof. 1623. fol.*. Ad anatomen pauca habet, fere de bombycibus. Historia naturalis alias dicetur, minime certe contemnenda.

EJUSD. *de serpentibus & draconibus* Bonon. 1602. fol. 1640. fol.*. Vix quidquam habet, præter viperæ dentes concavos majores quatuor, minores in gingivis 34.

EJUSD. *de reliquis animalibus exsanguibus, utpote de mollibus, crustaceis, testaceis & zoophytis* Bononiæ 1606. fol. B. *Bern.* 1642. fol.* Francof. 1623. fol.*. Collectanea.

EJUSD.

Ejusd. *Monstrorum historia cum paralipomenis omnium animalium, quæ in voluminibus* Aldrovandi *desiderantur*. Collegit *Bartholomæus* Ambrosinus Bonon. 1642. fol.* 1646. fol. Pluscula habet utiliora. In *paralipomenis* quidem *J. Antonii* Godii anatome lucii piscis, vesica natatoria gulæ inserta, vulva, hepar. Anatome cyprini, & duplex aerea vesicula. Dentes hystricis & cæcum intestinum peramplum, ligamentis percursum. Suis sceletos; & vertebrarum imarum colli & supremarum dorsi spinæ prælongæ. *Monstrorum* enormis farrago, cum fabulis innumeris: pauca propria, pullorum fere tripedum & quadrupedum. Etiam ova humana partusque naturales & præter naturam.

In *Musæo Metallico* (z) lapides piscium reperiuntur.

Adde *Ovidii* Montalbani *curas analyticas aliquot naturalium observationum* Aldrovandicas *circa historias* Bononiæ 1671. fol.

§. CCLXVIII. *Varii.*

Josephi Liceti, Fortunii patris, Genuensis, Medico-Chirurgi *la Nobiltà de principali membri dell Uomo* Bologna 1599. 8°.

Ejusd. *il ceva overo dialogo dell excellenza ed uso di Genitali* Bologna 1598. 8°. *Scrittor Ligurin.* Nihil boni habere Portal.

Samuel Satler *de ratione formali subjecti anatomici qua est motus voluntarius* Basileæ 1599. 4°. Riv.

Andrea Bastelli, Melphitani, *speculum medicinæ* Mediolani 1599. 4°. tractat etiam de pulsibus & urinis.

Josephi Phavorini *a* Clavariis, Fabriani, *medicarum exercitationum lib. in quo physiologia explicatur* Camerin. 1599. 4°. Lind.

Ejusd. *synopsis de hominis excellentia* Perus. 1607. fol. Lind.

Petri Piiart & *J. le* Mercier *E. sudor concoctionis excrementum* Parisiis 1599.

Nic. Jabot & *Franc.* Dissaudeau *E. a solo coitu mala* Paris. 1599.

Rob. le Secq & *Ant. le* Plege *E. viventibus mori omnibus fatale* Paris. 1599.

Guil. Clerselier & *Steph.* Gorion *Non ergo seminis excretio solius naturæ opus* Paris. 1599.

Jehan Heroard, Medici regii, *hippostéologie ou discours des os du cheval* Paris 1599. 4°. Minime contemnendus labor Caroli IX. jussu susceptus & Henrici III. cujus hoc solum fragmentum superest. Simpliciter scriptus l., mera anatome absque conjecturis, raro eo seculo exemplo. Ossa animalis a capite

(z) Vide etiam de editionibus Aldrovandianis Clement. T. I.

pite ad calcem describuntur, cum nominibus ex gallica lingua fictis. Membranam stapedis primus habet. Spongiosa proprie ossa inter temporalia & occipitalia describit, tum dentes. Artus utrique: in superiori humerus capite bifido, radius nullus, ossa carpi sex, os metacarpi unicum cum duobus stylis accessoriis, digitus unicus ejusque tria ex ordine ossa. Fèmur pariter biceps: patella acuta, tibia absque fibula, talus trochleæ similis, calx, ossa tarsi sex, metatarsi unicum & digitus unicus.

Marci Antonii ULMI, Bononiensis, *opinio de fine medico barbæ humanæ* Mutinæ 1599. 4°. LIND.

EJ. *physiologia barbæ humanæ editio altera* Bonon. 1603. fol.*. Garrulus homo, alieno loco doctus. Nihil dicit, nisi barbam factam esse ad virilitatem indicandam.

EJ. *Uterus muliebris* Bononiæ 1601. 4°.*. Diximus, neque valde male, dissecuisse cum ALDROVANDO. In hoc libro aliqua habet ad muliebria adnotata. Cæterum ex pube & mensibus sumta signa temperamentorum. Arabes & Barbaros potissimum citat.

Diomedis CORNARII, Archiatri Austriaci, *historiæ admirandæ* Lipf. 1599. 4°.*. Reviviscentes aliqui. Urinarum falsum judicium. Fetus mortuus per quadriennium gestatus: & sceletus per 13. annos. Partus a morte matris. Dens aureus.

§. CCLXIX. *Varii.*

Franciscus RANCHIN, Cancellarius Monspeliensis, edidit *caput I. sur l'anatomie de G. de* CHAULIAC Parif. 1600. B. *Exot.*

EJUSD. in ARISTOTELIS *physiognomiam* Tolof. 1616. 4°.

In *opusculis medicis* Lugduni 1627. 4°. maj. ab *Henrico le* GRAS editis *liber de morbis virginium* continetur, & *de virginitatis signis.* Hymenem rejicit, & signa virginitatis valde incerta reddit.

Hippolyti BOSCI, Ferrariensis, *de facultate anatomica lectiones* VIII. *cum quibusdam observationibus* Ferrar. 1600. 4°.*. CANANI discipulus anatomen humanam exercuit, & in compendio isto anatomico multas adnotationes minime inutiles fabricæ potissimum morbosæ dedit. Fetus describit natos aperto abdomine: lienem appendice auctum. Valvulas venosas non vidit, a PRÆCEPTORE suo inventas, abductores vero pollicis & digiti annularis laudat. Duos lienes vidit, peritonæum in hernia rumpi negat.

Filippo GESUATO *Plutosofia nella quale si spiega l'arte della memoria tanto naturale quanto artificiale* Vicenza 1600. 4°. D'ETR.

Harder BALIGH *de natura hominis* Francof. ad Viadr. 1600. 4°. HEFT.

Gioseppo ROSACCIO *il microcosmo nel quale si tratta dell anima vegetabile, sensibile, rationale* Fiorenza 1600. 8°. D'ETR.

J. AESCHARDT

J. AESCHARDT *de temperamento* Jenæ 1600. 4°. HEFT.

EJ. *de vi imaginationis* ibid. 1598. 4°. HEFT.

Adami ZALUZANII *oratio pro anatomia & instauratione totius studii medici in regno Bohemiæ* Prag. 1600. 4°. BOEHMER.

EJ. *adversaria medica* in GALENUM & AVICENNAM L. VII. *quibus singulæ medicinæ partes ad artis logicæ rationem rediguntur* Francof. 1604. 8°. LIND.

In OLIVERII *des* SERRES *du* PRADEL *domo rustica* fere ut in aliis ejus generis operibus aliqua exstant ad venerem, conceptum, partum, ætatem, venerem animalium pertinentia 1600. 8°.*. Conf. B. *Bot.* I. p. 395.

Hieronymo CORTEZ *phisionomia e varios secretos de naturaleça Saragossa* 1600. 8°. D'ETR.

Joh. MAGIRI *physiologiæ peripateticæ* L. VI. Francofurti 1600. 8°. 1629. 8°.* Genev. 1638. 8°. Physiologiam cum reliquis physicis tractat pro scholarum usu. Theses ex ARISTOTELE decerpit, eas commentario illustrat.

EJ. *anthropologia s. commentarius in* MELANCHTHONEM *de anima* Francofurti 1603. LIND.

Sebastien ROUILLARD *Capitulaire auquel est traité d'un homme né sans testicules, & qui a neantmoins toutes les autres marques de virilité, & est capable des œuvres du mariages* Paris 1600. 8°. PORTAL. De testicondis, virilitate, eruditi advocati opusculum.

Franc. ELLAIN & *Ant. de* GUYNANT *E. temperamentum calidum humidum longioris est vitæ* Parif. 1600.

Petri COLLIER & *Petri* BARON *E. facultatum est spirituum par est numerus* Parif. 1600.

Bonav. HUCHETTE & *Ant.* ROUSSEL *Non ergo conceptionis τεκμαρειs lac in mammis* Parif. 1600.

Michaël POLL *de auditu* Francofurti ad Viadr. 1600. 4°.

EJ. *Structura anthropologica s. somatologia, quam ex optimis physiologis & anatomicis apte constructam publici juris fecit* Brandenburg. 1616. 4°.*. Compendium anatomicum octo disputationibus divisum, opus candidati medicinæ. Theoria mera.

§. CCLXX. *Hieronymus* FABRICIUS.

Anno 1566. primam anatomen administravit, in oppido AQUAPENDENTE natus ad radicem Apennini M. cujus nomen ipsi viro, non bene, passim imponitur; FALLOPII cæterum discipulus, Professor Patavinus ab anno 1565. (a)

 ovvenit

(a) BUCCELLA tamen circa 1571. Patavinus fuit incisor TOMASIN *Gymn. Patav.* p. 419.

ovem prægnantem vivam anno 1576. incidit, & per quinquaginta fere annos secuit cadavera, verum anno demum 1600. libellos edere cepit. Ea forte causa fuit, cur senilia ista opera, non ad naturam facta, eam minus accurate (b) exprimant. In magnis opibus, cum heredem ingratum sibi dedisset, ex mœrore periit (c). Contentiosus, magnifica villa & hospitali vita sibi placuit. Equestres honores obtinuerat, quod SARPIO vulnerato adfuisset (d). Aliquando Germanos offendit, quod eorum linguam vituperasset.

Primum recenseo *de venarum ostiolis librum*, quod ea *ostiola* anno jam 1574. invenerit. Brevissimus libellus, cum pulchris iconibus, artuum valvulas exprimentibus; quarum utilitatem vir Cl. non perspexit. Primum prodiit Patav. 1603. fol.* deinde recusus est ibid. anno 1625. fol.* & in operibus omnibus. Inventum, quod nonnulli Fratri *Paulo* SARPI (e) adscripserunt, CANANI fuerat.

EJUSDEM libelli *de visione, voce, & auditu* prodierunt Venet. 1600. fol.* deinde Patavii 1603. fol. Francofurti 1614. fol.*. Hic & in plerisque aliis operibus anatomen partis primo loco dedit, deinde actionem, denique utilitatem. Oculi figuras dedit 46., nitidas eas, sed parum anatomicas.

Lib. *de auditu* imperfectior est FALLOPIANO, ut canales semicirculares innumerabiles fecerit, qui tribus non plures sunt. Musculum externum, parum certum, sibi vindicat, quem etiam CASSERIUS sibi tribuit. Icones non bonæ, longissimum tamen mallei processum depictum dedit, & officulum quartum, fere ut C. BAUHINUS, helicis processum, auriculam cartilagineam.

EJUSD. *de larynge vocis instrumento*, cum prioribus. Ex homine & aliquot animalibus laryngem, ejus cartilagines, musculos & ventriculos satis nitide depinxit. Habet ossicula in ligamentis hyothyreoideis, ossicula triticea hyoidei ossis, glottidem cum ligamentis, ventriculos, musculum hyoepiglottidem, epiglottidis sinus mucosos in ove visos, arcum aortæ. Laryngem anserinum reddere vocem animali propriam, si inflaveris.

EJUSDEM *de formato fetu* Patavii 1600. fol. TREW. 1603. fol.* Venetiis 1620. fol. DOUGL. Splendidum opus, in quo humana anatome cum animalium fabrica comparatur, numerosissimis ornatum iconibus, in quibus præcipuum operis decus est, quæ ad naturam factæ sint, etsi non minutum valde in ipsis studium est. Arcus aortæ bene, sic valvula for. ovalis, ductus venosus, vasa placentæ, funiculus, numerosi rami venæ umbilicalis hepatici, vasa omphalomesenterica canis, magna varietas fetuum quadrupedum. Duæ laminæ amnii. Anulus fossæ ovalis. Sanguinem in fervida cogi.

EJUSD. *de locutione & ejus instrumentis tractatus* Venet. 1603. 4°.* (1601. DOUGL.) 1625. fol.*. Et organa describit, & soni physicam originem. Iconem dat, in qua uvula. Literarum formationem subobscure describit.

EJ.

(b) Deteriora esse, RIOLAN. *anthropolog.* p. 32.
(c) THOMASIN I. p. 314.
(d) Vita SARP. p. 114.
(e) FULGENTIUS in vita PAULI.

Ej. *de brutorum loquela* Patav. 1603. fol. Dougl. & 1625. fol.* theoreticus fere libellus.

Ejusd. *de musculi artificio ossium dearticulationibus &c.* Vicentiæ 1614. 4°.*. Aristotelem fere & Galenum sequitur: de nervo tamen ita negat, ex eo tendinem nasci, ut tendinem ex osse provenire, in musculi carnem interspergi, ex ea secundo colligi, iterumque in os inmitti recte doceat. Nullum nervum ad tendinem ire. Ex Maja, exsangui animale, plurima adfert.

Ejusd. *de respiratione & ejus instrumentis* L. II. Patav. 1615. 4°.*. Intercostalium musculorum actionem ita proponit, ut ad Galeni sensum interni musculi exspirationis sint instrumenta, externi inspirationis. Segmenta cartilaginea costarum contrario cum ossis motu agitari recte vidit, & eorum musculos ab intercostalibus distinguit. Musculi serrati postici inferioris insertionem in costas dat pro re nova. Aliqua adducit ad respirationem avium. Libellus scriptus est anno 1599.

De motu locali animalium secundum totum Patav. 1618. 4°.* nempe de gressu in genere, de gressu avium, gressu quadrupedum & multipedum, volatu, natatu, reptatu. Potissimum legi merentur, quæ de gressu humano scripsit, quo libello artus inferioris corporis humani anatome continetur, cum observationibus fere ad singulos musculos additis. Obliquum ossis femoris situm adnotat. Tendinem latum femoris exteriorem patellam ambire, ei adhærere, tum toti inter musculos femori, genu extendere, femur extrorsum ad coxendicem trahere. Musculos femoris flexores etiam tibiam flectere. Iliacum musculum parte suæ majori femur extrorsum vertere. Anno 1599. se musculum sub poplite geminum vidisse, superiorem, inferiorem. Peronei longi cartilagineam naturam ad os cubiforme vidit, ansulam etiam ab ejus tendine ad os cuboides venire, & movere articulationem calcanei cum osse cubiformi, astragali cum osse naviculari. Musculum transversum pedis novum describit, a pollice ad minimum digitum, etiam ad anularem euntem. Plantarem internum in simia semper desiderari, in homine aliquando. Palmarem etiam a ligamento transverso provenire. Aetiologias Galenicas ubique adspergit. Utiliter etiam in anatome comparata avium versatur, reliqua minoris sunt momenti. Pennatis animalibus simile fere ut homini femur esse, brevius tamen, ne alis officiat. Femora posterius poni, quam centrum sit gravitatis: æquilibrium naturam variis modis restituere, quos recenset, uropygii pondere, pedis digitis antrorsum porrectis, osse ilium maximo, & anterius posito quam alæ. De alis multa. Alis abscissis vel colligatis caput antrorsum in terram ruere. Ut vermes repant, progressione facta per fibras anulares, contractione per longas.

Ejusd. *de gula, ventriculo, intestinis*, (omento & mesenterio), Patav. 1618. 4°.*. Senile opusculum, plenum Galenicarum sententiarum, ratiociniorum & repetitionum. Habet tamen satis bene intestinorum valvulas, & hominem ruminantem. Valde commendat animalium anatomen. Avibus duos præter ingluviem ventriculos, quatuor ruminantium animalium ventriculos describit,

scribit, & notas ex quibus intestina distinguuntur. Aliqua de liquore, qui deglutitus in pulmonem veniat. Partem omenti dixit, quæ hepatis lobulum obvolvit.

Hieronymi SENIS *de totius animalis integumentis* Patav. 1618. 4°.*. Depositi senis opusculum, anatomes subtilioris expers. Habet tamen cuticulæ duas laminas: & tunicam corneam de oculis serpentis cum reliqua senecta s. epidermide decedere vidit: Musculum cutaneum erinacei dixit.

Obiit anno 1619. octogenarius (*f*).

Posthumum prodiit opus curante J.ᵉ PREVOT *de formatione ovi & pulli* Patav. 1621. fol. ALB. 1625. fol.* cujus etiam aliquæ tabulæ explicatione destituuntur. Incubantis indicæ gallinæ ova contemplatus est, comite & socio PEIRESCIO (*g*). Ex chalazis fetum formari sibi persuasit, cicatriculam prætervidit. Gallinæ tamen uterum, ex infundibulo ova accipientem, ovariumque bene dixit, & vasculosos petiolos, & membraneos. quibus dissilientibus ovarium vitellum dimittat, infundibulum, cloacam, vesiculas duas pervias, fetus incrementa a die 14. albuminis formationem, figuram venosam. De cavitate aerea sensim aucta. Carina, magni oculi. Vitellus in abdomen resumtus.

A. 1625. Patavii conjuncta prodierant *opuscula de formatione fetus, de formatione ovi & pulli, de locutione & de venarum ostiis* fol.*.

Hæc quæ diximus, scripta primum *Johannes* BOHN collegit, & cum *operum omnium anatomicorum & physiologicorum* titulo edidit Lipsiæ 1687. fol.*. Non ubique primas editiones BOHNIUS secutus est: præfationes non bene omisit.

Inde Leidæ ediderunt FABRICII opera, eodem cum titulo, cum B. S. ALBINI præfatione, in qua vita AUCTORIS describitur Leidæ 1737. fol.*. ILL. editor in præfatione potissimum de valvulis egit. Præfationes hic restituuntur, paginæ cæterum paginis editionis Lipsiensis respondent.

Majus opus, *totius animalis fabricæ* (*h*) *theatrum* molitus erat, & tabulas paraverat supra trecentas, sed chartæ interciderunt; tabulæ in Belgium (*i*) delatæ sunt, & nisi fallor in BOERHAAVII & THOMSII libris fuerunt (*k*). Myologicas icones *Thomas* BARTHOLINUS possidebat (*l*), quas *J. Ant. v. der* LINDEN inæstimabiles vocat (*m*).

Prælectiones de ossibus M.S. sunt in B. R. *Par.* IV. n. 7112.

In *operationibus* legas hymene inciso virgini plurimum fœtidi sanguinis emisisse.

T. THUILIUS, Mariæmontanus, viri funus indixit Patav. 1619. 4°.*

§. CCLXXI.

(f) THOMASIN *Gymnas.* p. 444.
(g) *Vit.* PEIRESC. p. m. 50.
(h) *Præfat.* ad lib. *de voce & loquela.*
(i) *J. v.* HORNE.
(k) *Præf. ad oper. Chirurg.*
(l) *Cent.* III. *epist.* 92.
(m) *Med. physiol.* p. 286.

§. CCLXXI. *Julius* CASSERIUS,

Placentinus, felix Chirurgus (*n*) *Hieronymi* FABRICII ab anno 1609. non inviti successor, ad annum 1616. (*o*), insignis anatomicus; potissimum etiam animalium anatomen cum humana conjunxit, & copiosas easque perpulchras icones addidit. Aliqua eum inter & FABRICIUM æmulatio intercessit, cum junior CASSERIUS multo uberius eadem tractaret, quæ senex, dudum illustris, cursim indicaverat.

EJUS *de vocis auditusque organis historia anatomica* prodiit Ferrariæ 1600. fol.*. Laude anatomica præceptorem suum superavit, in theoria minus felix, in descriptionibus nimis parcus, ut major ejus a tabulis laus quam a sermone sit. Neque eæ vitiis suis liberæ sunt, cum nervum diaphragmaticum a recurrente deducat, hunc cum cervicalibus conjungat. Multum laborem in anatome comparata posuit, & animalium fabricam plurimis tabulis explicavit, humanam etiam myologiam & osteologiam ornavit.

In larynge invenio nova aliqua aut propria; inscriptiones musculi sternohyoidei & sternothyreoidei, perforationem biventris, a solo EUSTACHIO depictam, ligamenta a quibus vocis gravitas, & acumen pendet. Arcum aortæ. De ductu WHARTONI aliqua. Ranarum vesicas sonoras, ventriculos laryngis in animalibus, foramina epiglottidis, tympana cicadarum descripsit. Isthmum habet thyreoideæ glandulæ. Duplicia ligamenta glottidis.

Melius de aure scripsit, musculum, quem sibi tribuit, stapideum ex animalibus, musculos auriculæ tres posteriores in homine, & superiorem, & auriculæ ligamenta: locum quo ductus salivalis paroticus buccinatorem perforat, canales semicirculares, cochleam in homine osse liberatam, nudamque, officula auditus ex multis animalibus, cerebrum piscium. Pars membranacea septi spiralis hic primum dicta.

EJUSD. *pentaesthésejon h. e. de quinque sensibus liber organorum fabricam, actionem & usum continens* Venet. 1609. fol.* & multo minus splendide Francofurti 1609. 1610. LIND. 1612. fol. min.* 1622. fol. cum tit. Anatomia nova HEIST. Musculi primum manus & pedis, splendide, sed parum accurate. Tunc musculi ossis hyoidis & linguæ, musculi nasi, narium sectiones, musculi, quos inter myrtifolium sibi tribuit: tria ossa spongiosa, cellulæ ethmoideæ: etiam de orbitariis aliqua, cerebri aliquæ figuræ. Musculi oculi suo in situ, levator palpebræ, sinus sebacei MEIBOMIANI, fibræ uveæ. In auditu priora repetit.

Denique diu ab auctoris morte prodierunt *tabulæ anatomicæ* omnes novæ 98. Venet. 1627. fol.* cum SPIGELIO, inde, cum eodem, Amstelodami 1644. fol.* dimi-

(n) THOMASIN I. p. 336.
(o) IDAM *Gymnas.* p. 80.

diminuto porro volumine SIMONIS PAULI cura Francofurti 1632. 4°.* cum germanica interpretatione, & 1656. 4°. & FICKIO edente ib. 1707. 4°. Has tabulas edidit *Daniel* BUCRETIUS (*Rindfleisch*) Uratislaviensis, qui ad evitandam inquisitionis severitatem (*p*) religionem patriam ejuravit, & monachus denique factus, dissuadente præceptore RIOLANO, in cœnobio obiit. Duas aut tres editiones uno anno prodiisse MOEHSIUS *Bildnüsse* p. 96.

Tabulæ 78. CASSERII sunt, viginti alias minus necessarias BUCRETIUS addidit. Lego adeo tamen accuratum fuisse editorem, ut tabulam, quæ sibi displicuisset, deleverit, magna ob eam rem odia passus. Verum in ipso opere non videor mihi me nimiam severitatem adgnoscere. Novas omnes esse tabulas male promittitur, plurimæ enim sunt VESALII, aliæ ex prioribus CASSERII operibus repetuntur. Neque Editor omnia intellexit, quæ utilia in ære insculpta fuerant. Ad nova referas musculos dorsi suis cum tendinibus hic primum delineatos, trachelomastoideum, complexi tendineas inscriptiones, cervicalem descendentem, interspinales colli, costarum levatores, abdominis pyramidales, bene expressos, anastomoses arteriarum mammariarum cum epigastricis, rhomboideum superiorem scapulæ, intercostalium contrarios ductus, novas & magnas icones musculorum brachii pedisque, coraco brachialem, lumbricales, quadratum femoris, plantarem longum; musculum plantæ pedis transversum aliosque hic fere in ea sede primum nitide expressos. Valvulas porro intestinorum, etiam in intestino inverso, omenti originem colicam, hepaticam & gastricam, arteriam splenicam serpentinam, capsulas renales (male a rene remotas): fibras musculosas vesicæ, caput epididymidis, prostatam unicam, bulbum urethræ, arteriam intra corpus cavernosum penis decurrentem, ejus septum pectini simile, dilatationem urethræ intra glandem, valvulas & mediam eminentiam cervicis uteri, fibras longas posteriores vesicæ: cerebri icones, fornicem, raphen inferiorem corporis callosi, membranam arachnoideam, nervulos medullæ oblongatæ ad accessorium pertinentes, circulum Willisii. Hæc certa, non quod non alia supersint, aut quod omnia nova sint, sed quod rectius delineentur. Id in universum vitii CASSERIUS habet, quod ossa non satis mundaverit, atque adeo fines musculorum plerumque minus sint distincti. Ubique pictoris manum laudes, non perinde dirigentem incisoris sollicitudinem.

Tabulæ libello de formato fetu SPIGELII additæ etiam ex CASSERIANIS sunt. Inter eas placenta est excarnata, & hymen, primum recte depictus.

§. CCLXXII. *Codices M.S. aliqui.*

In ASHMOLIANIS codicibus est *Anthropologia or a treatise containing a short description of man; the first part anatomical: the second physiological.*

SCHYRONII univ. Monsp. Decani *Institutiones medicinæ Hans* SLOANE.

In

(p) *Oper.* p. 229. 739.

In BODLEYANIS l. de puella quæ vixit sine cibo vixit.

Etienne SIMON scripsit ad A. LAURENTIUM de organo visus epistolam, quæ in *Bibliotheca Regia* servatur PORTAL.

§. CCLXXIII. *Varii.*

Christophori GUARINONI, Valtelinensis, *de generatione viventium* Francofurti 1601. 4°.

Ej. *de methodo doctrinarum* ibid. 4°. eod. anno.

Ej. *de venarum principio* ibid. 1601. 4°.

Ej. *de natura humana sermones tres* ibid. 4°. eod. anno. Ovi incubati phænomena habet.

Omnia recenset *Xaverius* QUADRIUS in *dissert. critiche historiche* T. III.

Ej. *Comment. in librum* ARISTOTELIS *de historia animalium* Francofurti 1601. 4°. TREW.

Federici BONAVENTURÆ, Urbinatis, J. C. *de natura partus octomestris adversus vulgarem opinionem libri* X. *in quibus natura humana partus traditur*, Francofurti 1601. fol. ut lego, Venet. 1602. fol.*. Enormis liber, plenus objectionum, responsionum, auctoritatum. Decimestrem partum esse optimum, octimestrem tamen vitalem, septimestrem deteriorem. De partu, formatione fetus, & physiologica varia.

Ej. *de octimestris partus natura adversus vulgatam opinionem disputatio* Urbin. 1600. fol.* Compendium prioris operis.

J. Baptista SYLVATICI *controversiæ medicæ centum* Mediolan. 1601. 4°. maj.* Francof. 1601. fol. LIND. Huc faciunt n. 2. cur magnum cor timiditatem designat, & vicissim. N. 5. num detur sudor sanguineus. N. 13. an dentur clysteres nutritii. N. 79. num semen muliebre ad generationem requiratur. N. 81. num superfetatio locum habere possit. Ad veterum saporem omnia & potissimum GALENI.

Antonii DA CRUZ, Lusitani, *Recopilaçäo da Cirurgia*. Ejus Pars I. est *Anatomia de todos los membros do corpo humano simples e compostos* Lisboa 1601. 4°. 1605. 4°. 1630. 4°. 1688. 4°. 1711. 4°. CAP. de VIL.

Christophori STAUDII *de modo visionis* Erfurt. 1601. 4°. PLATNER.

Girolamo RIVA *giudizio intorno il tempo del parto umano* Veron. 1601. 4°. Nullum esse certum tempus.

Conradi BATTI, Rostochiensis, *Orationes duæ, quarum prima botanologica, altera anatomica* Regiomont. 1601. 4°. HEFTER.

Friderici MOELLER *de sensibus interioribus* Francofurti ad Viadr. 1601. 4°.

EJ. *de animalibus ortis ex putredine* ibid. 1602. 4°. HEFT.

In disp. *Bartholomæi* SCHROETER & *J. Casimiri* GERNANDI Heidelberg 1601. 4°. B. B. aliqua sunt physiologica.

Guilielmi LUSSON & *Petri* VERNEY *E. est uteri motus naturalis* Parif. 1601. 4°.

Ægidii HERON & *Petri de la* BOISSIERE *Ergo partium omnium alimentum sanguis* Parif. 1601. 4°.

Michael TOUTAIN & *Hon.* GOMER *Ergo solus genitor spiritus conformat* Parisiis 1601. 4°.

§. CCLXXIV. *Franciscus* CITESIUS.

CITOIS, Pictaviensis, Cardinalis RICHELIENSIS medicus, vir doctus, & inter præcipuos sui ævi, clinicus equidem, edidit *Abstinentem Consolentaneam*, cujus primam editionem non vidi. Verum secuta est altera, cui *adnexa est apologia* pro JOUBERTO Augustoriti primum edita 1602. 8°. B. *Bern.* recusa in P. LENTULI collectione, Bern. 1604. 4°.* & cum CITESII *opusculis* 1634. 4°.*. Puella anno 1599. sensim a febre sensus habuit hebetiores, & denique omnino absque cibo vixit, ut tamen interim incrementa sua caperet. JOUBERTUM contra HARVETUM tuetur, qui asitias omnes rejicit.

Deinde addidit, anno a LINDENIO non indicato, recusum in operibus libellum *Abstinentiam puellæ Consolentaneæ ab* J. HARVETI *confutatione vindicatam, cui præmissa est ejus puellæ ἀναστασις.* Vereor ne tota res fraudulenta fuerit, custodibus enim admotis puella ad cibum sumendum rediit. Lustra hiberna animalium, & abstinentiam suæ puellæ contra HARVETUM denuo tuetur.

§. CCLXXV. *Varii.*

Fortunati FIDELIS *de relationibus medicis* Panorm. 1602. 4°. Lipf. 1674. 8°.* cura *Pauli* AMMAN. Eadem est T. REINESII *Schola medica* Lipsiæ 1675. 8°.* Multa huc spectant, de virginitate, de potentia & impotentia, graviditate, fetus incremento & temporibus partus, monstris, signis vitæ & mortis, mola, animatione embryonis. Meliora signa strangulationis & suffocationis.

Jaques de MARQUE, Chirurgus Parisinus, scripsit *paradoxe ou traité medullaire, où il est amplement prouvé que la moelle n'est pas la nourriture des os* Paris 1602. 12°. Annum 1609. ponit DOUGLASSIUS.

Réponse au paradoxe de J. de MARQUE, *où il dit que la moelle n'est pas la nourriture des os* Paris 1607. 12°. D'ETR.

Jacobi LAVELLII *Comm. in lib. de pulsibus ad tirones* Venet. 1601. 4°. OSB. 1602. 4°. VATER. 1609. 8°. cum *compendio Medic.* 1620. 4°. LIND.

J. Baptistæ

J. Baptistæ PERSONÆ, Bergomensis, *comm. in* GALENI *librum quod mores animi sequantur temperamentum corporis* Bergomi 1602. BODL.

Alexandri RIVERII *carmen in quosdam medicos & chirurgos asserentes certa esse virginitatis indicia*, Parisiis 1602. 4°. PORTAL.

Sylvii LANCEANI *de mola generatione & una fetus formatione* Rom. 1602. 8°. LIND.

Ferdinandi Roderici CARDOSI *tract. de sex rebus non naturalibus* Olyssip. 1602. 8°. PLATN.

Giacomo AFFINATI d'ACUTO, Romani, *il muto che parla, dialogo ove si tratta dell' eccellenze e de diffetti della lingua humana* Venez. 1602. 8°. D'ETR.

Fabricio PADOANO *Discorso sopra li anni climacterici* Bologna 1602. 4°. B. EXOT.

J. Philippi BRENDEL *de sanguinis procreatione* Jen. 1602. 4°. BOEHM.

Martini SCHROETER *de partibus internis ventris medii* Jen. 1602. 4°. RIV.

Nicolai BRUNO *de hepate venarum ortu* Marburg. 1609. 4°.*

Tanequin GUILLAUMET *l'osteologie c. à. d. le discours des os du corps humain* Nismes 1602. 12°.*. Ex VESALIO, cujus errores manifesto retinet, ut venam jugularem pro arteria meningea habitam.

Guillielmi de BAILLOU & P. MARCHAL *Ergo omni homini sua μοιρα πεπρωμενη suus genius* Paris. 1602. 4°.*

Henrici de MONANTHEUIL & *Jac.* LETUS *Ergo omnium partium corporis conspiratio* Parisiis 1602. 4°.

§. CCLXXVI. *Rod. a* CASTRO.

Roderici a CASTRO, Lusitani, *de universa mulierum medicina* Pars I. *theorica* Hamburg. 1603. fol.* 1628. 4°. 1662. 4°. LIND. Quatuor libri priores argumenti sunt anatomici & physiologici; de uteri & mammarum anatome, de semine & menstruo sanguine, de coitu, conceptu, & uteri gestatione, & de partu & lacte. Salmanticæ ALDERETUM audivit, undique Galenicus, & Hamburgi vixit. Anatome collectitia, multum physiologiæ. Partus octimestres infelices esse persuadetur. Allantoideam membranam admittit, negat ossa pubis in partu discedere, molamve absque mare concipi.

In EJUSD. *medico politico* Hamburg. 1614. 4°.* edito aliqua huc faciunt, ut de virginitatis illæsæ aut violatæ signis.

§. CCLXXVII. *Baptista* CODRONCHUS.

Medicus Imolensis, scripsit *de morbis qui Imolæ & alibi anno 1601. communiter vagati sunt — morbo novo prolapsu nempe mucronatæ cartilaginis* Bonon. 1603. 4°.*. In hoc libello cartilaginem mucronatam hactenus describit, morbumque omnino vix cuiquam dictum.

Libellus de iis qui aqua immerguntur Francofurti 1610. 8°.* editus, vix huc facit.

§. CCLXXVIII. *Varii.*

Fridericus CÆSIUS, princeps, anno 1603. Academiam Lyncæorum instituit, & ipse præparavit apiarium, & metallophyton, quæ *Fr.* STELLUTUS edidit MAZUCHELL. mihi non visa.

Francisci BONAMICI, Florentini, Professoris Pisani, *de alimento* libri V. Florent. 1603. 4°. Huc liber III. de appetitu alimentorum, liber IV. de formatione fetus. Lib. V. de consequentibus fetum.

Joh. BRACHMANUS *de carnea Wschoviensis abortus galea* Ligniz 1603. 4°. BOEHMER.

Joh. AUSTRIACI *de memoria artificiosa* Argentor. 1603. 8°.*. Ad cubicula & columnas certas literas revincit: deinde loco signorum res ipsas supponit, ut sylvam veram pro sylvæ nomine. Nimis laboriosa omnia. Recusus Lipsiæ 1678. 8°.

J. Hieronymi MARAFIOTÆ, Palestinensis Calabri, *de arte reminiscendi per loca & imagines ac per notas & figuras in manibus positas*. Cum libello, quem modo dixit, & eodem anno prodiit. Concionator, manubus usus est pro locis supinis & pronis, in quibus 92. loca disponit, incipiendo a sinistris. In eos locos circulos, triangula & figuras varias ex imaginatione sumtas ordinat, sibique alphabetum fingit ex rebus literarum similibus ut A. ex circulo, cujus crura compede conjunguntur. B. ex duobus cruribus, compede junctis. I. ex crure unico. Ex his literis, adjectis lineis nonnullis, syllabas format, eas syllabas per manus distribuit. Nomina propria per imagines designat, tum entia quæ dicuntur modalia. Addit, nemini se artem suam aperuisse, ne vulgaris redderetur. Recusus est libellus cum aliis de memoria operibus Franc. & Lips. 1678. 8°. LIND. Primum Venetiis prodierat.

Antonii Laurentii POLITIANI *de risu ejusque caussis & affectibus* Marpurg. 1603. 8°. D'ETR.

Jourdain GUIBELET M. D. *trois discours philosophiques* 1. *de la comparaison de l'homme avec le monde.* 2. *Du principe de la génération de l'homme.* 3. *De l'humeur melancholique*, Evreux 1603. 8°.*. Primus sermo lusus est ingenii. Ita lunæ hepar comparat, cerebrum jovi, linguam mercurio, marti hepar. Cum plantis etiam hominem comparat, ut arundines SALOMONIS gracilia sint fenesenecionum crura. Sed & machinas omnis generis in homine reperit. Aliquanto magis serius est alter de generatione sermo, partiumque etiam continet anatomen, & multum græcæ lectionis. In serm. de melancholia varia exempla habet hominum per imaginationis errorem sanatorum.

Federico ZERENGHI, Narniensis, *breve compendio di Cirurgia e vera descrizzione del hippopotamo* Napoli 1603. 4°. D'ETREES. De eo animali varia, etiam osteologica dicitur docere, autoptes.

Elpidii BERRELARII *de risu* Florent. 1603. 4°. LIND.

Sebastiani MEYRONIS (MEYER) *institutiones medicæ primæ artis fundamenta* Friburg. 1603. 12°. B. THOMAS.

EJ. *laudes divinæ majestatis s. miracula in homine*, ibid. 1621. 4°. THOMAS.

Jacobi FONTANI *responsio ad disp. rescriptam* D. SERPILLONII *de usu partium, de actione earum & de motu musculari*, Avenione 1603. 8°.

EJUSD. *deux paradoxes apartenants à la chirurgie, le I. contient la façon de tirer les enfants de leur mere par la violence extraordinaire : l'autre est de l'usage des ventricules du cerveau contre l'opinium la plus commune* Paris 1611. 12°. Ventriculorum cerebri descriptio ex præparatione *Petri* BONTEMS. PORTAL.

EJ. *Discours problematique de la nature, usage & action du diaphragme* Aix 1611. 12°. M.S. servari in B. Regia PORTAL. Docere Cl. virum diaphragma inter inspirandum contrahi.

Alberti le FEVRE & *Dionysii* GUERIN *E. semen muliebre prolificum* Parisiis 1603. 4°.

Petri LAFFILE & *Claudii* RABEUX *Ergo corporis temperamentum saluberrimum* Paris. 1603. 4°.

Jean le MERCIER & *Simon de* CUBES *Ergo duo tantum partus vitalis tempora* Paris. 1603. 4°.

J. BEHM *μικροκοσμος s. hominis encomium oratio* Lips. 1603. 4°. HEFT.

§. CCLXXIX. *Guilielmus* FABRICIUS,

A pago *Hilden* prope Coloniam nomen sibi imposuit HILDANI, celebris sui ævi Chirurgus, Medicus etiam & Poliater Bernensis, vir in instrumentis inveniendis ingeniosus, animosus in tentandis administrationibus. Anatomen passim adtigit, tres sceletos Coloniæ dedicavit (q), etiam Bernæ, adhuc superstites, rara eventa huc facientia collegit, ad quæ amplissima *praxis* & literarum diffusum commercium ei viam aperiebat.

Primus libellus huc faciens est *de puella Coloniensis inedia*, qui apud P. LENTULUM editus est.

De

(q) *Nutz der Anatomey* p. 139.

De monstro Lausannæ equestrium exciso narratio Oppenheim 1614. 8°.

Inde in *observationibus Chirurgicis*, quarum centuria prima Basil. 1606. 8°. LIND. altera Genevæ 1611. 8°. tertia Oppenheim 1615. 8°. Prima, secunda & tertia Lugduni 1641. 4°. Quarta Oppenheim 1619. 4°.* quinta Francofurti 1627. 4.* sexta . . . . prodiit, etsi in universum sunt argumenti chirurgici, multa tamen huc facientia continent. Omnia recensere nimium foret: In prima ad oculi anatomen, nervos molles: duram membranam cerebro undique adhærere. In Cent. III. a nævo, ut putat, collum uteri cum vesicæ collo propendens. Costæ duæ osseæ callo conjunctæ. Negat callum confirmatum emolliri posse. (Redit etiam in l. de vulnere gravissimo). In Centuria quinta. Obs. 4. est de cerebro per plurimos annos incorrupto: obs. 33. de inedia prodigiosa puellæ Meursiensis; obs. 36. de vomitu semestri: obs. 40. de mensibus absque noxa retentis: obs. 47. de urina per vomitum & alvum rejecta. Ejusmodi plurima per totum opus sparguntur. Monstra etiam passim dixit in Cent. III. & alibi. In L. VI. obs. 39. ossa pubis & ilium in partu hiscere, & cocoygem retrorsum cedere docet. Ureterem cavæ venæ insertum minus admiseris.

In *epistolarum Centuria* Oppenheim 1619. 4. edita * plurima huc pertinent. Epist. 15. est HELBLINI de oculo artificiali. Ep. 45. ARNISÆI de laxatis ossibus pubis in partu, de parenchymate hepatis excarnando: de foramine ovali & ductu arteriosо in fetu patulis. Epist. 63. HILDANI de sceleto procera Ebroduni reperto. Epist. 68. de puero dentato. Epist. 69. & 77. de Apolloniæ SCHREYER abstinentia LENTULO dicta. Epist. 87. & 89. P. PAW de valvula coli, vero anulo. Epist. 88. HILDANI cum ea valvula facta experimenta.

EJ. *Kurze Beschreibung der Fürtreflichkeit, Nutz und Nothwendigkeit der Anatomey* Bern. 1624. 8.*. Numerosos narrat casus, qui ob ignoratam anatomen infauste evenerunt. Succedit Sceletopœja: icones ossiculorum auditus cum quarto ossiculo: collectio exemplorum fabricæ in ossibus rarioris, sceleti quadrupedum minorum & avium, larynx inferior anatis. Iconem propriam habet venarum brachii.

Opera omnia prodierunt Francofurti 1646. fol. 1682. fol.* & alias.

Deinde servantur in *Bibliotheca Bernensi* tres tomi, epistolarum 437. quas comparavi, & multas reperi ineditas esse.

Inter eas est G. *Christiani* STOUGAARD de vasis lacteis, quæ viderit in animale a morte persistentia anno 1632. Epist. XI. de sceleto, cujus enorme & giganteum femur Bernæ in Bibliotheca depictum servatur. Epist. 13. & 14. de fetubus absque ano natis. Epist. 30. anus vitiose in vesicæ collum patens. Epist. 41. fetus vaccinus cæsareo partu eductus, aqua in cellulosam telam effusa deformatus. Epist. 42. *Henrici* SCHOBINGERI fetus hirsutus. Epist. 44. nævi varii. Epist 51. iterum STOUGAARD de vasis lacteis, in capella potissimum visis. Ep. 64. & 73. de oculo suo artificiali HILDANUS. Ep. 66. J. BURGOWER

GOWER de puero, cui digiti in difforme tuber coaluerant. Ep. 120. qua dicitur *Ap.* SCHREYERÆ historiam veram esse. Epist. 176. eamdem ad cibum rediisse. Epist. 185. de nævo. Epist. 285. *Ludovici* SCHARANDÆI monstrum porcinum, ejus simile, quod descripsi. Epist. 313. *Franciscus* MONHEIM de abstinente Morsiensi. Ep. 340. VESLINGIUS, tendines in adultis hominibus parum acriter sentire. Epist. 353. HILDANUS, perforatis ossibus nitidiores se parare sceletos. Epist. 354. de sua anatomica suppellectile & rarioribus adnotatis, eadem quæ in l. *de util. anatomes.* Epist 367. Anatome agnæ monstrosæ cum melioribus iconibus, quam fuerant in editione Oppenheimensi 1615. Caput unicum, corpora duo. Epist. 432. *Andreas* SINGER de monstro. Additæ sunt nudæ novæque icones monstrorum varii generis. Legas etiam de ostiolo in membrana tympani, de erectione penis a vulnere musculi temporalis in puero facta. Sinistrum renem semper altiori loco poni, recte, contra recepta placita. Sanguis de ore naribusque feminæ mortuæ erumpens.

Denique inter codices posthumos est exemplum *vom Nutz der Anatomey* ad novam editionem ab ILL. AUCTORE paratum. Compendium anatomes tradit, suas incisiones corporum humanorum recenset. Varia experimenta, quæ videntur omnino aliquod in membrana tympani foramen demonstrare Vasa lactea sibi in capella a STOUGAARDO demonstrari passus est, septuagenario major; hactenus sapientior HARVEJO, qui ea vasa pertinaciter repudiavit. Renem sinistrum constanter altiorem esse & hic recte docet. Scapulas in tortura diffringi: ob quem sævissimum eventum judices monet, ne porro certo supplicio incertum crimen puniant.

Vitam viri descripsit *Christianus Polycarpus* LEPORIN Quedlinb. 1722. 4.*

§. CCLXXX. *Ludovicus* KEPLER,

Astronomus, magni ingenii vir, passim paradoxus, edidit Francof. 1604. 8. *paralipomena* ad VITELLIONEM, quorum quintum caput est de modo visionis. In eo humorum oculi usum contra scholas defendit.

Anno 1611. Pragæ (r) edidit *dioptricen s. demonstrationem eorum, quæ visui & visilibus propter conspicilla non ita pridem inventa accidunt*, recusam Londini 1682. 8°.*. Lentis vitreæ convexæ phænomena ad lentem crystallinam oculi adplicavit, ostendit eam lentem vitri convexi munere fungi, penicillum vero radiorum in retina convenire. Necesse esse, ut mutetur oculus, siquidem & remota & proxima distincte cernere debet: retinam adeo alterne ad lentem oculi crystallinam debere adduci, iterumque removeri: id officium tribuit processibus ciliaribus, qui vitreo humore repulso lentem antrorsum agant. Causam presbyopiæ & myopiæ declarat. Nostram in oculi lentem anterius sphæroideam, posterius hyperbolicam esse. Experimentum imaginis in retina expressæ. Inde lentis concavæ adfectiones. Plurima certe hic nova docet.

 Longe

(r) WOLF Augustæ Vindelicorum.

Longe alterius generis est *methodi conciliandarum sectarum in Medicina discrepantiam*. S. I. Regiomont. 1628. fol. MOLLER. *Cimbr. lit.* in qua mathematica, metaphysica, cabbala & magia miscentur.

In *astronomicis* primus pulsuum in minuto numerum æstimavit, & bene.

Felicis ACORAMBONI *in* GALENI *librum de temperamentis .. quæ in his depravata erant ex antiquissimis codicibus græcis M. emendantur* Rom. 1604. fol. PLATNER.

Fabii PAULINI *universa antiquorum anatome tribus tabulis explicata, ex Rufo* EPHESIO, *cum matricis anatome ex* SORANO Venet. 1604. fol. THOMAS.

EJ. *in lib. artis medicinalis* GALENI *per tabulas Oeconomia* Hanau 1610. fol. LIND.

Henning ARNISÆI, Professoris Helmstadiensis, inde Archiatri Danici, *de generatione hominis* l. Francofurti 1604. BUTTNER.

EJUSDEM *Observationes anatomicæ, ex quibus controversiæ multæ medicæ & physicæ breviter deciduntur*, prodierunt Francofurti ad Viadrum 1610. 4°.*. De ventriculis cerebri: nervis, quos recte docet medulla constare; de usu urachi, felleæ vesiculæ, lienis. Ossa pubis in partu disjungi, proprio experimento docet, etiam post facilem partum (s). Caudam equinam recte describit, ex propria industria, & ex lumbis prodire nervos, inferiores adnotat, cum medulla eo non producatur. Processus mammillares cavos esse negavit.

EJUSD. *de partus humani legitimis terminis* Helmstadii 1618. 4°.* diss. 1. 2. 3. idemque *liber* Acc. *observationes & controversiæ anatomicæ* Francofurti 1641. 12.*. Pro partus tempore recipit finem mensis noni. Observationes adjectæ prius sunt opusculum. Ultimo loco sunt controversiæ anatomicæ, theses nempe physiologicæ variæ. Recte adnotat, in viris etiam mammaria vasa cum epigastricis uniri; medullam spinalem in summis lumbis desinere. Compendium fere priorum.

Observationes anatomicas dicemus, quæ sunt in G. HORSTII Obss.

Apud HILDANUM Epist. 45. ad musculos aliqua.

Icones anatomicas Helmstadii depingi curavit, potissimum musculorum, magnas & splendidas, quæ etiam nunc adservantur, præter feminarum imagines, quas anxius pudor jussit removere (t).

David CHABODIE *le petit monde où sont représentées les plus belles parties de l'homme* Paris 1604. 8°. D'ETR.

G. des INNOCENS *osteologie où histoire générale des os du corps humain*, Bourdeaux 1604. 8°. Vidi apud ILL. BERGERUM, peculiare quid continere non meminit.

Andreæ

(s) Repetit hæc de partus tempore p. 277. & in *Epist.* 45. ad HILDANUM.
(t) SCHMIDT de germanorum in anatome meritis.

Andrea RICCII *Traumbüchlein* Magdeburg 1604. 4°. B. EXOT.

Andr. WILCKIUS *de humani corporis & animæ refectione & propagatione* Erford. 1604. BUTTNER.

And. le GROS & *Janus* PETIT *Ergo Lien expurgatur per urinas* Parif. 1604. 4°.

Jacob LETUS & *Car.* BOUVARD *E. mulieri quam viro venus aptior* Parifiis 1604. 4°.

Guil. LESCAILLON & *Georg.* ARBAUD *Non ergo mortis terminus prorogari potest* Parif. 1604. 4°.

§. CCLXXXI. *Gregorius* HORST,

Torgenfis, JACOBI filius, Profeffor Gieffenfis, medicus inde Ulmenfis. EJUS *de animæ facultatibus* diff. Witteberg. 1603. 4°.

EJUSD. *nobilium exercitationum de humano corpore & anima* lib. prodiit Wittebergæ 1604. 8. 1607. 8.

EJ. *de elementis & temperamentis* ibid. 1606. HEFT.

EJ. *de fomno & fomniis* ibid. 8. eod. anno. HEFT.

EJ. *de fanitate corporis humani* ibid. 1606. HEFT.

EJ. *de partibus corporis humani & earum actionibus* ibid. HEFT.

EJ. *difputatio de pulfibus* ibid. 1607. HEFT.

EJ. *fcepfis an corpus humanum poft mortem durare poffit colore floridum & incorruptum, & an fluxus fanguinis cadaveris humani occifi præfentiam interfectoris indicet*, ibid. 1606. 8. D'ETR. 1609. 8. alii.

EJ. *de naturali confervatione & cruentatione cadaverum* ib. 1608. 8. GUNZ.

EJ. *medicarum inftitutionum compendium* ibid. 1609.

EJ. *obfervationum medicinalium fingularium* L. IV. *Acceffit epiftolarum & confultationum liber* Ulm. 1625. 4.* Norimberg. 1652. 4. Obfervationes fere funt ad feculi ingenium. In *Epiftolis* paffim aliqua huc faciunt. *Henricus* HOPFNER Lipfienfis negat in Sect. IV. dari certa virginitatis figna, HORSTIUS PINÆUM fequitur. Bonus HILDANUS anifi femen, carbones & pilos per urinam dejecta admittit, nævosque, ut putat alios. HORSTIUS de pilis agit, præter naturam nafcentibus. *Melchior* SEBIZ monftrofam molam defcribit; adfines cafus habet HORSTIUS, aliaque monftra. *Andreas* HILDEBRAND de cruentatione cadaverum. *Joachim* TANCKIUS de liene hepatis fimili. *J. Rudolphi* SALZMAN varietates anatomicæ, ut in pyramidalibus mufculis, in vena cephalica perforante bicipitis caput alterum. *Heming* ARNISÆUS de prægrandi liene.

Iterum *Andreas* HOPFNER de hepate ad ſeptum transverſum adnato, valvula coli pervia. *Henning* ARNISÆUS de viis fetus in adulto apertis. *Henrici* BOTTERI de SAMMICHELII vena bronchiali. De coalitu oris, & vulvæ. Urina per anum, per vomitum. *Michaëlis* DOERING quæſtiones anatomicæ. De muſculorum motu *Philippus* MÜLLER & alii. In Supplemento de atreta, cui rectum inteſtinum in vaginam patebat. Hernia umbilicalis congenita. Puella, quæ ſubmergi non poterat.

Poſteriores libri obſervationum ſucceſſerunt *cum ſecundo libro epiſtolarum*, Ulm. 1628. 4°.* Noriberg. 1637. 4°. Francofurti 1661. 4°. LIND. & *complementum* ad L. II. *epiſtolarum* Ulm. 1631. 4°.* Herborn 1631. 4°. LIND.

In *obſervationibus poſterioribus* multa ad morbos mulierum, menſes devios; hæmorrhagiam funeſtam ex gingivis gravidæ: fetus ex terrore monſtroſus, forte galea cranii deſtitutus: mus, ſi Diis placet, a virgine editus. In *chirurgicis* puellus pene impervio, puella nimis arcta. In *Epiſtolis* fœtor cadaveroſus puellæ cætera ſanæ.

EJ. *de cauſa ſimilitudinis parentum* Gieſſæ 1619. 4°. 1628. 4°.* Marburg. 1642. 4°.*. Orationes ſunt & meræ theoriæ. Androgynam ibi dicit, viri ſimiliorem. Altera pars eſt de ſeptimeſtri & octimeſtri partu.

EJ. *Conciliatoris enucleati Pars medicinam theoreticam illuſtrans* Gieſſ. 1614. 4°.* 1648. Diſputationes tres, quarum pars major pertinet ad phyſiologiam.

EJ. *de corpore humano exercitationes* ibid. 1606. 12°. quæ ſunt de principiis, oſſibus, cartilagine, ligamento & aliis partibus ſimilaribus, tum diſſimilaribus, membris generationis, organis vitalibus & generationi ſervientibus: tum ſenſui & motui animali. Additamentum *obſervationum anatomicarum* redit in Epiſtolis.

Porro cum titulo *Diſputationis* III. *Coronidis* II. pariter XII. *diſputationes* in operibus ſunt *de* anima & ſenſibus, quæ conſtituunt librum II. de natura humana.

Hæ conjunctæ efficiunt *de natura humana* libros II. Witteb. 1607. 8°. LIND. Francofurti 1612. 4°.* excuſos. Phyſiologiæ compendium, plenum quæſtionum ſcholaſticarum, cum iconibus ex VESALIO ſumtis, PINÆO & FABRICIO.

EJ. diſſ. I. *de anatomia vitali & mortua* Gieſſæ, redit cum operibus.

EJ. *de natura amoris* Gieſſ. 1611. 4°.* Marpurg. 1642. 4°.*

EJ. *de natura motus animalis voluntarii exercitatio ſingulis* Gieſſæ 1617. 4°.* excuſa, *Jacobi* MULLERI reſp. opus ut videtur, redit inter Epiſtolas. Muſculum oſtendit, dum figuram mutat & craſſeſcit, eamdem aream ſervare, & tanto breviorem reddi, quanto ſit craſſior. Transverſum abdominis muſculum unicum eſſe.

EJ.

EJ. *Centuria problematum medicorum. Accedit consultationum & epistolarum medicinalium* L. III. Ulm. 1636. 4°.*. Centuria practica est. In *Epistolis & consultationibus* de linguæ freno aliqua, quale vitiose magnum vidit. Ruminans homo. Pus de pulmone per urinam exiisse.

Aliquæ observationes de noctambulone & urina per alvum & os rejecta sunt inter obss. HILDANI.

Marcelli DONATI etiam historias medicas libro VII. auxit.

Opera omnia prodierunt Noriberg. 1660. fol. Goudæ 1661. 4°.*. Priora huc redeunt. L. II. de natura humana hic constituunt *Institutionum medicarum* Partem I. In *physicarum institutionum* L. II. aliqua sunt de anima. Prodierant 1637. 4°. Wittebergæ.

In T. II. sunt *Miscellanea de inediis miraculosis: de embryone putrefacto multis annis gestato, de nævis,* ex epistolis sumta. Observationes nempe & epistolæ in ordinem methodicum dispositæ hic redeunt.

§. CCLXXXII. *Paulus* LENTULUS,

Nobili gente natus, cum *G. Fabricio* HILDANO Poliater Bernensis. EJ. *historia admiranda Apolloniæ Schrejeræ virginis in agro Bernensi inediæ* Bern. 1604. 4.*. Collectio accedit, in qua BUCOLDIANI libellus, & CITESIANA, & variæ ex J. LANGIO, J. PONTANO, J. COBOLDO, N. EBERO, *Al.* BENEDICTO, L. JOUBERT, J. WIERO, HILDANO, C. GEMMA, *Mart.* DEL RIO, CARDANO, aliisque adfines historiæ repetuntur. Ipsa triennalis illa abstemia, hebes animo, corpore vix moto, excrementis cessantibus, pene per annum cibum nullum admisit, custodibus adhibitis, nullo fæcum vestigio percepto. Eadem postea ad cibum sumendum rediit.

§. CCLXXXIII. *Johannes* RIOLANUS, JOHANNIS *Filius*,

Vir doctus, veterum scriptorum peritus (*u*), & acerrimus defensor, incisor hactenus exercitatus, & per quatuor annos in schola medica dissector (*x*), qui artem anatomicam Chirurgis male relinqui doleret (*y*), iconum osor, per quas VESALIUS excelluisset (*z*): ut ea ætas ferebat longævus, & ultra dimidium seculum Professor Parisinus, vir asper & in nuperos suosque coævos immitis ac nemini parcens (*a*), nimis avidus suarum laudam præco, & se ipso fatente anatomicorum princeps. Ad hunc RIOLANUM pertinuerint *duæ disputationes Non ergo conceptionis τεκμηριον lac in mammis* Paris. 1601. 4°. resp. *Antonio* ROUSSEL & *Ergo actionis causa ευκρασια* Paris. 1604. 4°. resp. *Claudio* CHARLES.

 Cum

(u) Legerat omnes *schol. anat. præf.*
(x) p. 68.
(y) *Anthropol.* p. 57. & in *præf. Enchiridii.*
(z) p. 52. 53.
(a) PATINUS, amicus RIOLANO in *Epist.* 40. ad SPONIUM. Nimium vino addictus *Ep.* 133.

Cum tamen non satis certus sim, non esse prioris RIOLANI, primum opus nostri censeo *libellum de monstro nato* Lutetiæ anno 1605. 8.* Parisiis excusum, fetus nempe duos femininos, pectoribus connatos, quales descriptos dedi. Cor duplicatum, quatuor ventriculis, venæ duæ umbilicales confluentes. Credulus monstrorum hybridum defensor.

Deinde anno etiam 1605. 8°.* Parisiis edidit *Comparationem veteris medicinæ cum nova*, HIPPOCRATICÆ *cum hermetica, dogmatica cum spagirica contra Alchimistas.* Pro vera anatome contra poeticam illam alchemistarum anatomen.

EJ. *Examen animadversionum* BAYCYNETI & HARVETI. Aquam non nutrire.

EJUS *Schola anatomica novis & raris observationibus illustrata* Parisiis prodiit 1608. 8. cum annos natus non plus 27. (*b*), tamen per octo annos corpora humana incidisset. Primum magni operis rudimentum. Osteologiam s. comm. in GALENI lib. *de ossibus* continet, quæ præcipua hujus operis pars est; deinde musculos; de vasis aliqua, partesque genitales mulierum cum fetu. Hymenem adserit, fetus viscera & ossa cum adulto homine comparat. Recusa hæc schola est Genevæ 1624. 8. non aucta, & Paris 1652.

Anatomen corporis humani Paris. 1610. 8. excusam habet LINDEN.

EJUSD. *osteologia ex veterum & recentiorum præceptis descripta*, in qua *Isagogica de ossibus tractatio, cum osteologia infantium ad septennium*, GALENI *de ossibus* lib. *cum* J. SYLVII *commentario*, RIOLANI *explanationes apologeticæ pro* GALENO *adversus novatores. Simiæ osteologia & osteologia ex* HIPPOCRATIS *libris eruta* Paris. 1614. 8.* 1613. 12. RAST. Primus libellus non redit in anthropographia, neque valde nova continet. Explanationes brevissimæ & parvi momenti sunt: Simiæ osteologia aliquanto utilior. Manus a pede discrimen ostendit, dentes fuse describit, cellulasque ethmoideas & sphenoideum sinum. Osteologia HIPPOCRATICA brevis.

Porro, cum *Nicolaus* HABICOT anno 1613. 8. edidisset *Gigantosteologiam*, qua ossa Tentobocchi gigantis se putabat describere, prodiit Paris. 1613. 8°. *Gigantomachie pour repondre à la Gigantosteologie.* Auctor se medicinæ studiosum dicit, sed ipse erat RIOLANUS.

Cum respondisset HABICOT in *discours apologetique touchant la vérité des géants contre la Gigantomachie* Paris 1615. 8. rediit altera refutatio gigantum cum titulo *Gigantologie, histoire de la grandeur des Géants, où il est démontré, qae de toute ancienneté les plus grands hommes & géants n'ont été plus hauts que ceux de ce tems* Paris 1618. 8. Recte RIOLANUS: fabula enim erat, quam HABICOTIUS defendebat.

EJUSD. RIOLANI *discours sur les hermaphrodites où il démontre contre l'opinion commune qu'il n'y en a point de vrais* Paris 1614. 8. BUR. Contra hunc libellum scripsit *Jacobus* DUVAL.

EJUSD.

(b) *Oper.* p. 849.

EJUSD. ut putatur *Extrait des œuvres nouvellement imprimées de* M. HABICOT 1615. & *jugement* de HERACLITE & de DEMOCRITE 8. parvi libelli.

EJUSD. *Anthropographia ex propriis & novis observationibus concinnata* Paris. 1618. 8.*. Ipsum opus laudabo, quando de posteriori editione agam. Accessit huic editioni Anatomica fetus historia, ex collectione sumta, quam paulo prius diximus: tunc descriptio hymenis a se ipso visi: & gratiarum actio pro theatro anatomico, rogante A. LAURENTIO condito, cujus curam Archiatet sibi commisisset: denum aliqua de theatri anatomici conditionibus. Denique observationes in viventibus animalibus anatomicæ. Motum cerebri vidit, & in vivis animalibus, & in hominibus, quibus morbus calvariam consumsisset. Recurrentes nervos resectos præter vocem ereptam animali non nocere. De cordis motu, non optime. Pulsum fieri a sanguine in arterias projecto.

Alia editio auctior successit Parisiis 1626. 4. adjectis opusculis osteologicis anno 1614. editis. Tertia ibid. 1649. fol.* edente *Guil.* PATIN. Titulus est *Opera anatomica*. Paucos annos anatomæ dederat auctor, inde decem integris annis peregre absfuerat cum *Maria* MEDICEA, exsule Regina, & pluscculis annis nulla occasione usus fuerat incidendi. Quare in lectione potissimum scriptorum veterum & nuperorum operam suam posuit, & eruditissimum flosculisque undique sumtis ornatum opus contexuit, integram nempe anatomen, in plerasque corporis partis utiles aliorum scriptorum adnotationes congessit. Neque tamen propria fruge cassum dedit opus. Non possunt hic ex magno opere decerpi, quæ invenit, pauca sufficiat citasse. Omentum vidit hepati cavo insertum, & ejusdem finem dextrum intestinalem (*c*). Laxata sæpe vidit ossa pubis, & sacrum os ab ilium ossibus dimotum. Coracohyoideum musculum a costa superiori scapulæ nasci recte monet. Orbicularem palpebræ in tres musculos dividit; carunculam lacrumalem a glandula cognomine separat. Fibras musculares felleæ vesiculæ rejicit. Venarum longi tubuli. Unicum esse intestinum tenue. Appendicula vermiformis. Corpus HIGHMORI. Unicum vas epididymidis. Cor nihil patitur ligato nervo octavi paris. Hymenem restituit, carunculas ejus reliquias esse ostendit. Renis pelves duæ visæ. Sphincteres ani duo, quorum exterior vesicam comprehendit; hujus a calculis natæ cellulæ. Arterias umbilicales se de sua vagina retrahere, & eas relinquere innanes PORTAL. Fetus tubarius. Lienem situm mutare. Cartilagines semilunares. Vascula hepati cystica. Valvula in vena intercostali. Myloglossum rectius mylohyoideum vocat. Pro motu totius pelvis super ossa femoris. Quatuor ligamenta clitoridis. Arterias umbilicales ex aorta nasci. Tendines interosseorum & lumbricalium musc. conjungi. Psoas minor tendinea expansione majorem complectitur & iliacum. Variæ glandulæ conglobatæ. Appendices epiploicæ coli (*d*). Nigredinis Aethiopum sedem esse in cuticula. Ligamentum a processu styliformi in maxillæ angulum. Valvulas venæ sine pari vidit, & in origine venarum renalium alias. Clitoridis musculos sibi tribuit, fetumque in ovario vidit. Liga-

(c) Mesocolon tamen cum omento confundit.

(d) Hæc DOUGLAS.

Ligamentum inter offa pubis (ifchii ipfe vocat). Ramos præcipuos arteriæ aortæ reftituit, a prioribus turbatos.

Una prodierunt *ofteologica*, quæ dixi. Deinde *opufcula anatomica nova*, quæ eodem etiam anno 1649. Londini 4.* prodierunt. Quæftio in hæc verba *Non ergo propter motum fanguinis in corde circulatorium mutanda* GALENI *methodus medendi* Parif. 1645. Circuitum fanguinis aliquem admittit, ex eo tamen ramorum minorum venæ portarum, cavæ & aortæ fanguinem excludit, quem negat, nifi in cafu inediæ ad cor redire. Multo etiam lentiorem facit circuitum.

Inde porro de circulatione agit, quam primum fe adfirmat inveniffe novam, & multis HARVEIANUM circuitum tamquam impoffibilem refutat, veftigia etiam circuitus ex veteribus recolit.

EJUSD. *notæ in duas* J. WALÆI *differtationes*. Contra experimenta pugnat ratiociniis.

Tunc plerosque anatomicos fui feculi invadit; primum fuum olim patronum *Andream* LAURENTIUM. De vena faphena aliqua. Arcum aortæ bene defcribit, & ejus arteriæ divifionem in fuperiorem & inferiorem truncum rejicit.

Inde *Cafparum* BAUHINUM, a quo fe compilari queritur.

Adrianum SPIGELIUM. Rectos abdominis mufculos pelvim elevare. Motus periftalticus in homine vifus.

C. BARTHOLINUM umbratilem anatomicum vocat, qui fua ex BAUHINO habeat, & ex Patavinis.

Cafparum HOFMAN, acutum virum, fed qui fanguini manus non intinxerit.

VESLINGIUM, quem tamen reliquis præfert, in quos fcripferat. Hic alternationem in anulis mufculorum abdominis fibi tribuit, ut exterior quisque altior fit.

Aemilium PARISANUM, cum quo de diaphragmate litigat.

Raræ obfervationes anatomicæ. D. BEDEAU de viro, cui vifcera in alterum latus transpofita. Puella villofa. Homo, cui imperfectior alter de ventre prodibat.

Libellus *de monftro* recufus.

EJ. & J. *du* CLODAT difp. in hæc verba: *Ergo cor movetur in fetu* Parifiis 1621.

EJ. *fetus hiftoria* ibid. 1628. 8.

EJUSD. *Enchiridion Anatomicum & pathologicum* Parif. 1648. 12. Leidæ 1649. 8.* Parifiis 1658. 8.* aliquantum auctum. Lipfiæ 1674. 8.* Francofurti 1677.

1677. 8. Lugduni 1685. 8. Gallice, manuel anatomique & pathologique démontré par l'usage Paris 1661. 12. Uff. Lyon 1672. 12. 1682. 12. Hoin. vertente Sauvin. In aliquibus editionibus, ut in Leidensi & Lipsiensi, adjectæ sunt tabulæ Veslingii; alter vero tomus nunquam prodiit, quem Riolanus promiserat (e). Utile compendium, quo pleraque continentur, quæ auctor propria habet, etiam ad morborum sedem & causas: senile cæterum opus, in quo Riolanus totius longæ & laboriosæ vitæ inventa collegit. Multa etiam habet, quæ in magno opere desiderantur. Mireris post quam I. libro osteologiam dederat, sexto osteologiam suam recentem cum ligamentis & cartilaginibus redire. Osteogenia fere ex Fallopio & libro Riolani anno 1614. 8. excuso. In musculis nova nomina excogitavit. Myotomen subjecit myologiæ. Dentium anatomen docuit ex animalibus eruere. In pede lumbricales tres ad quinque reperiri, ortos ex tarsi ligamenti articulari. Interosseos musculos ab uno principio nasci, ex massa carnea ossium metacarpi cavum replente. Musculos auriculæ, nimis potius numerosos recenset. Ciliaris musculus. Fasciculus a sphinctere in levatorem ani. Tabulæ seorsim prodierunt Leidæ 1649. 4°. Francofurti 1677. 8°.

Ejusd. *opuscula anatomica varia & nova* Parif. 1652. 12.*. *De circulatione sanguinis & doctrina* Hippocratis *tractatus*. Novus libellus neque idem cum eo quem diximus, ejusdem tamen scopi. Repetit suam circulationem Riolaneam, in qua sanguis venæ portarum crassior ad cor non redit, neque per pulmones sanguis circumit, sed per septum cordis ex dextro ventriculo in sinistrum transit: dari vult tempora, quibus sanguis in arterias ex venis refluat. Mihi videtur vim veri sensisse, gloriam Harveji ferre non potuisse.

Notationes in I. exercitationem Harveji *de circulatione sanguinis*. Acerbum de Harveianis exercitationibus judicium, absque experimento natum. Ossicula duo in carotide primum cranium ingrediente describit. Sanguinem vult per venas descendere. Experimenta Harveji & Walæi evadere nititur.

Highmori *anacephalæosis*. Errores potissimum angiologicos notat.

Anatome pneumatica, a flatu nempe adacto nata phænomena. Multa experimenta capere suadet, ex aliis recepta, neque sibi visa. Redit in sequente collectione.

* *Responsio ad* Harveji *primam exercitationem de circulatione sanguinis*, scripta post editum *enchiridion*.

Responsio ad secundam Exercitationem de circulatione sanguinis, & ad tertiam.

Notationes in Gassendum *de circulatione sanguinis.*

(e) Contra Guiffartum.

De transpositione partium naturalium ex sinistro latere in dextrum, visum in latrone Fraucœur.

Responsio ad nova experimenta anatomica PECQUETI, ut chylus hepati restituatur, aspera & frivola disp.

Admonitio ad Petrum GUIFFART *de cordis officio novo.*

Defensio adversus P. Marquard. SLEGEL *de circulatione sanguinis.* Inanis.

Caput ex physiologia C. HOFMANNI inedita, contra circulationem HARVEJI. Spreverat inventum doctus, nec experimentis innutritus senex.

EJ. *opuscula nova anatomica &c.* Paris 1653. 8°.*. Plures aspertimi libelli, a docto sene ad memoriæ dictamen & absque novo experimento scripti. *Judicium de venis lacteis* S. *de unione vel synanastomosi venæ Portæ cum Cava*, & *Examen libri* T. BARTHOLINI *de lacteis thoracicis.* Chylum ad hepar tamen ferri. BARTHOLINUM præpropere ad unicum experimentum suum inventrem publicasse. Ductum qui nunc thoracicus dicitur, venam esse, quæ de mesenterica in cavam adscendat, & certis tantum sub conditionibus chylo repleatur. *Lymphatica* T. BARTHOLINI *refutata.* Inventa esse a HIGHMORO. *Hepatis funerati & resuscitati Querimonia ad medicos Parisienses. Animadversiones secundæ ad anatomiam reformatam* T. BARTHOLINI. Acribologia, ad auctoritates exacta, Valvulam (EUST.) se ex bove sumsisse, & C. STEPHANO. Se valvulas in vena sine pari demonstrasse. T. BARTHOLINI *dubia anatomica de lacteis thoracicis* a RIOLANO *resoluta*, RONDELETIUM, dum de vena dorsali dixit, intellexisse ductum thoracicum, (quod nullo modo probabile sit). *Commentatio adversus novum de venis lacteis commentum.* Venas lacteas chylum ad hepar vehere: si in homine reperiantur, quod incertum sit, esse ramulos venarum mesaraicarum.

Anno 1655. 8°.* prodierunt *Responsiones duæ prima ad experimenta nova* PECQUETI, *altera in duos Doctores Parisinos adversus sanguificationem in corde*, nec non RIOLANI *judicium novum de venis lacteis thoracicis.*

EJ. *E. hepar sanguificationis opifex* Paris. 1655. 4°.

EJUSDEM *opuscula quædam physiologico-medica* in Germania edita 8°.*, & cum *enchiridii editione Parisina* anno 1658. 8°.*. Continent *Commentarium adversus novum de venis lacteis commentum* PECQUETI. Non poterat ferre acer senex, hepar de dignitate sua detrudi, dum chylus ad cor, insalutato hepate traducebatur.

Additamentum in quo declaratur RIOLANI *judicium generale de motu sanguinis in brutis & in homine*, adversus SLEGELIUM. Volebat jam tunc acerbus judex experimentis in animalibus captis utilitatem negare, quam in homine iis HARVEIUS tribuebat. Alius est a priori in SLEGELIUM libellus.

EJUSD. *de unguibus* parvus libellus, & alter *de pilis.*

De valvulis venarum. Historia inventi ab ipso retro DIONYSII ἐξανθισμα. Nervi & arteriæ femoris.

In

In editione *Enchiridii* Lugd. 1682. 8°. Gallica DOUGLASSIUS addit, prodiisse anatomen fetus humani & animalis viventis, observationes easdem puto quas indicavimus.

Lego Parisiis anno 1629. 4°. prodiisse *les œuvres anatomiques de* RIOLAN.

§. CCLXXXIV. *Varii.*

Georgii GRASSER *examen microcosmici theatri s. de fabrica corporis humani* Argentorati 1605. 8°.*. Compendium collectitium. Renem duplicem describit. Morbos cum partium corporis humani historia conjungit. Germanice versum est cum titulo: *Summarische Erklärung der anatomischen Contrafaitur eines Mannsbildes* Strasburg 1606. 8°.

EJUSD. *vitæ humanæ delineatio jatrica* Spir. 1615. 4°. HEIST.

Menelai WINSEMII, Leovardiensis, *compendium anatomicum disputationibus triginta in illustri Franekerana propositum* Franeker. 1605. 4°. LIND. Conf. p. 203.

Joh. TALENTON *in rerum variarum & reconditarum thesauro* Francofurti 1605. 8°.*. Varia habet ad rem anatomicam, ut de ætate animalium humana breviori; de permutato hepatis & lienis situ: de pygmæis. Linguam solam gustus sedem esse.

Rafael GUALTEROTTI, nobilis Florentini, *scherzi degli spiriti animali dettati con l' occasione dell' oscurazione dell* a. 1601. Firenze 1605. 4°. B. *Bern.* Varia de sensibus, de cerebro, de spiritibus animalibus, de viribus imaginationis.

Jaeques D'AMBOISE, Medici & Chirurgi, *an ab oculis contagio* Paris 1605. 4°. lego citari.

Jac. FABRICIUS *de urinis* Rostok. 1605. 4°.

EJUSD. *de tussi* ibid. 1626. 4°. RIV.

Thomæ BRUNI *discorsi academici delle grandezze del microcosmo* Venez. 1605. 4°. TREW. si huc facit.

Balthasar GITLER *de venarum & arteriarum vero & genuino exortu* Lips. 1605. 4°. BOEHM.

SCHERZ *de tactu, gustu & olfactu* Francof. 1605. VATER.

EJUSD. *de homine* Witteberg. 1606. 4°. VATER.

Dionys. GUERIN & *Albert.* GOLEMOFSKY *E. pulsuum cognitio medico necessaria* Paris. 1605. 4°.

Germani CLERSELIER *Ergo a pulmone in thoracem transmissio* Paris. 1605. 4°.

Rob. le SECQ & JAMOYN *E. semen a toto corpore deciduum* ibid. 1605. 4°.

Hieron. TACQUET & *Stephani le* FRONT *Ergo potest mulier non menstruata utero gerere* ibid. 1605. 4°.

§. CCLXXXV. *P. Paulus* SARPI,

Acerrimus jurium patriæ suæ defensor eo tempore, quo plerique romanæ ecclesiæ adseclæ nondum didicerant fulmina pontificia spernere, erecti ad verum percipiendum animi, & rectissimi judicii vir; dicitur anatomicis etiam experimentis esse delectatus (*f*). Ipsum sanguinis circuitum sunt, qui summo viro inventum tribuant (*g*), & exstat testis (*h*), qui apud discipulum, & successorem SARPII, FULGENTIUM, codicem M.S. se legisse dicat, quo is circuitus describeretur. Hactenus hæc testimonia *Georgius* ENT admittit, ut ab HARVEJO SARPIUM habuisse contendat, quæ de circuitu noverat (*i*). Sed dudum ipse adversarius HARVEI RIOLANUS SARPII non esse tantum inventum ostendit (*k*). Ipse demum P. FULGENTIUS circuitum sanguinis omnino amico suo & patrono non tribuit.

Valvulas vero venosas IDEM utique a SARPIO inventas esse auctor est (*l*). Cum enim vir ILL. secum obstaculum meditaretur, quod sanguinem venosum sustineret, ne relaberetur, incidisse eum per experimenta in valvulas, quæ huic officio præfectæ essent. In hunc sensum & RIOLANUS scripsit, & WALÆUS, & alii, & in vita PEJRESCI GASSENDUS. Verum cum H. FABRICIUS anno jam 1574. valvulas venosas invenerit, quo tempore SARPIUS vigesimum annum non excesserat, cum potuerit a CANANI & SYLVII testimoniis ad valvulas investigandas adduci, cum SARPIUS, alienissimis laboribus vitam impenderit, & nihil præstiterit, quod spem faciat tanti inventi, nolim immensis viri laudibus hanc adsuere (*m*). Neque HIERONYMUS verum inventorem valvularum dissimulare sustinuisset, si omnino a SARPIO, viro summæ auctoritatis, valvularum indicium accepisset.

EIDEM SARPIO motum uveæ inventum vitæ auctor GRISELINUS tribuit (*n*), & tribuebat utique H. FABRICIUS. Sed tota antiquitas ejus inventi particeps fuit. Vidit etiam SARPIUS, qua erat sapientia, non esse in visis corporibus adfectiones, quas in sensibus nostris inesse persuademur.

§. CCLXXXVI. *Varii.*

Scipion du PLEIX *les causes de la veille & du sommeil, des songes de la vie & de la mort* Paris 1606. 12°. B. Bern. 1609. 12°. THOMASIUS. Juris C. & advocatus ex scholarum sensu hæc tractat, non ille expers ingenii.

J. Vincentii GOSII, Medici Taurinensis, *tabula anatomica ex optimorum authe-*

(f) GRISELINI *vit.* p. 19.
(g) WALÆUS, LERVATUS. *Joh.* LEONICENUS *apol.* & *astul. metamorph.* p. 76. ULMUS, T. CORNELIUS. GEMMA *ital. letter.*
(h) VESLINGIUS in *Epist.* 26. *Cent.* I. BARTHOLINI.
(i) *Apolog. pro circul. sang. pref.*
(k) In WALÆUM p. 613.
(l) In *vita* p. 28.
(m) Confer MORGAGNI argumenta in *Epist. Anat.* XV. n. 86. prolata.
(n) p. 27.

auctorum sententiis, quibus accesserunt chirurgicæ aliquæ operationes, quæ inter secandum demonstrantur Turin. 1606. 4°. Opus uberius CABROLIANO, fere similis scopi PORTAL.

Alfonsi de FREYLAS *Si los melancholicos pueden sabir lo que esta por venir con la fuerça de la imagination* Giennii 1606. 4°.

Ildephons NUNNEZ *L. de pulsuum essentia, differentiis, cognitione, causis & prognosticis* Salmantic. 1606. 4°. CHIV.

J. Ant. de FONTECCHIA *dictionarium medicum* Complut. 1606. 4. N. ANT.

Balthasaris SCHULZII, Uratislaviensis, *Synopsis historia naturalis de mundo, item de homine* Witteberg. 1606. 12°. LIND.

Filiberto Gherardo SCAGLIA *fisionomia naturale* Napoli 1606. D'ETR.

Philothei Eliani MONTALTI *optica de visu, de visus organo & objecto* Florent. 1606. 4°. PLATN. Genev. 1613. 4°. PLATNER Philippum vocat.

Christoph. STIMMEL *de singultu* Erford. 1606. 4°. RIV.

Christoph. PREIBIS *de sanitate & morbo* Witteberg. 1606. 4°. HEFT.

EJ. *de generationis simplicis & corruptionis natura* Lipsiæ 1620. 4°.*. Physici potius argumenti.

EJ. *fabrica corporis humani octo disputationibus in alma Lipsensi comprehensa* Lipsiæ 1621. 4°. LIND.

Jacobi MARTINI *theorematum anthropologicorum s. exercitationes περὶ τῆς ψυχῆς* huc faciunt VII. *de vita & morte* Witteberg. 1606. 4°. VIII. *de potentia sensitiva* ib. IX. *de suprema cavitate* 1605. H. X. *de visu* ib. 1608. XI. *de auditu* ibid. XII. *de odoratu & gustu* ibid. XIII. *de sensibus internis atque de vigilia, somno & insomniis* ibid. 1608. 4°.

Alterius collectionis I. *in qua variæ theses explicantur* 1610. II. *omnium corporis humani ossium ligamentorum & unguium naturam declarans* 1611. HEFT. III. *de nervorum & arteriarum natura* ibid. 1611. 4°. IV. *Omnium corporis humani venarum naturam explicans* 1611. 4°. HEFT. V. *de panniculo, ligamento carne, tendine & pinguedine* 1611. VI. *de infimo ventre* 1611. HEFT. VII. *de medio ventre* eod. anno, H. VIII. *de ventre supremo* eod. anno, H. IX. & ultima *de humoribus & spiritibus* eod. anno.

Claudii CHARLES & *Lud.* DEMONCEAUX *Ergo solus sanguis fetum alit* Parisiis 1606.

Ludovici SEPTALII, Mediolanensis, docti viri, *lib. de nævis* Mediolan. 1606. Patav. 1628. 8°. 1651. Argent. 1629. 8°. Dordrecht 1650. 12°.* Genev. 1687.*. Nævorum sedes, proportiones partium humani corporis & mensuræ. Non agit de monstrifica fabrica per matris terrores inducta.

De morbis mucronatæ cartilaginis recenset LIND. Mediolani 1632. 8°. ubi fabricam ejus cartilaginis dicitur tradere.

In B. R. *Par. de partu octimestri* libellus continetur T. IV. n. 7014. & de eo libello L. SEPTALII epistola.

Commentariorum in ARISTOTELIS problemata 2. Vol. fol. prodierunt Francofurti 1602. Lugdun. 1631. fol.*. Vide in *Addend.*

§. CCLXXXVII. *Iterum* VARII.

Latini TANCREDI, Camerotani, Professf. Neapolitani, *de fame & siti* L. III. Venet. 1607. 4°.*. Plurimas controversias proponit, & fere pro GALENO judicat. Appetitum nasci ex melancholia: calorem domesticum nostrum corpus non consumere. Aliquid de potu in pulmonem descendere. In hydrophobia catulorum imagines putat per urinam descendere.

Wilhelm GOERRE Pictor. Cum anno 1607. ediderit *inleydingh tot de practyk der algemeenen schilderkonst*, huc refero, etsi annum verum primæ editionis ignoro libri, ejus *natuurlyke en schilderkonstige ontwerp der menschkunde* Amstel. 1683. 8°. & 1730. 8°.* editum. Pro pictoribus scripsit. De proportionibus primum partium corporis humani, quas non vult nimis stricte observari. Inde de physiognomia tum gentili, tum ejus in facie humana cum animalium facie consensu: porro de signis adfectuum animi in facie expressis, de ossibus & musculis, ad quos icones addit VESALIANAS.

Thomæ CORNACCHINI *medicina practica rationalis & empirica* Venet. 1607. fol. Patav. 1609. fol. LIND. Aliquarum corporis humani partium anatomen dat, & de urinis & pulsibus agit.

Thomas GARZON Piazza *universale* Venet. 1607. fol. In ea est caput de anatomicis, cum ejus artis compendio: tum de memoria artificiali aliud.

Josiel ABRECH, Hunepæi, *ὀνειροκριτικὸς liber novus, in quo omne genus imaginum cerebro dormientium concepta evolvuntur: cum instructione de variis somniorum generibus, eorumque legitima interpretandi ratione* Tremoniæ 1607. 8°.

Girolamo INGEGNERI *fisionomia naturale nella quale si tratta del saper conoscere, delle fattezze esteriori, la vita natura e costumi di qualsivoglia persone* Milano 1607. 8°. D'ETR. Vicenza 1615. fol. RINK. alii Viterbo 1615. 8°. Padova 1623. 4°. ibid.

Conr. DECKER *theses ex universa anthropologia* Heidelberg. 1607. HEFT.

Aegid. Christoph. Henrich LOEBER *de vita & morte* Jen. 1607. HEFT.

STRAUCHII *de vita & morte* Witteberg. 1607. VATER.

Adam LUCHTEN *quæstio de adipe* Helmstad. 1607. 4°. LIND.

Joachimi OELHAFEN, Gedanensis, Anatomes Professoris, multæ sunt Disputationes. *De fetu humano* Gedani 1607. 4°. PRÆTOR.

Ej.

Ej. *de partibus abdominis continentibus* Gedan. 1613. 4°.*. Polypos cordis describit, & herniam uteri ex nixu ortam. Ossa pubis frequenter, sed etiam os sacrum ab osse ilium discedere.

Ej. *de hepate* ibid. 1614. 4°. VATER.

Ej. *de motu cerebri* ibid. 1615. 4°. PLATN.

Ej. *de usu ventriculorum cerebri* 1616. 4°. VATER.

Ej. *de usu renum ενδοξα & παραδοξα* ibid. 1616. 4°.*. Renes ad generationem & seminis præparationem facere. Non mala disputatio. Cum MEIBOMIO *de usu flagrorum* recusa est Hafn. 1669. 12°.*

Ej. *an ventriculi actio primaria sit chylosis* 1630. 4°. PRÆTOR.

Ej. *de corde & venarum principio* 1643. 4°. PRÆTOR.

Jean LANAY *réponse au paradoxe de M. Jacques de* MARQUE *où il dit que la moelle n'est pas la nourriture des os* Paris 1607. 8°. PORTAL.

Ej. *le triomphe de la moelle pour replique au traité medullaire, où replique à M. J. la* MARQUE Paris 1609. 12°. Negat PORTAL intelligi posse.

Gellius SASCERIDES, Prof. Hafniensis, *de spiritu & calido innato* Hafniæ 1607. 4°.

Ej. *de corpore humano* ibid. 1609.

Ej. *de rebus non naturalibus, aere, alimento, excrementis* ib. 1610. 1611. 1612.

Petri SEGUYN & *Fr.* PLACET *Ergo sum cuique parti spiritus* Paris 1607. 4°.

Stephani la FRONT & *J. de* GORRIS *Non ergo homini certum nascendi tempus* Paris. 1607. 4°.

Quirini de VIGNON & *Gab.* BRARD *Non ergo potest immutari naturalis temperies* ibid. 1607. 4°.

Georg. ARBAUT & *Gregorii* CERTAIN *Ergo procreatrici reliquæ facultates famulantur* ibid. 1607. 4°.

§. CCLXXXVIII. *Ludovica* BOURGEOIS.

Louise BOURGEOIS dite BOURSIER, obstetricis Regiæ, *observations sur la stérilité, perte de fruits &c.* L. I. Paris 1608. & puto ex icone 1642. 8°.*. L. II. 1642. 8°.*. L. III. 1626. 8°.* 1644. 8°.*. Germanice *Hebammenbuch* Oppenheim 1619. 4°. & Hanau T. II. ibid. 1652. 4°. T. III. Frankf. 1648. 4°. Inter obstetricios casus multa habet pertinentia ad historiam fetus & graviditatis, & rariores circa partus eventus.

§. CCLXXXIX. *Thomas* FIENUS. *Alii.*

FIENI, Archiatri Archiducis ALBERTI, *de viribus imaginationis tractatus* Lovan. 1608. 8° LIND. Leid. 1635. 16.* Lips. 1657. 12°. Lond. 1657. 8°. OSB. Utique imagi-

imaginationem matris posse fetum mutare, & signare; tum in conceptu, tum per graviditatis tempora. Exempla adducit magna ex parte falsa, & absurda, ut fetus capite concham referente, tamen per undecim annos vitalis, ex amici narratione.

EJUSD. *de formatione fetus lib. in quo ostenditur animam rationalem infundi die tertio* Antwerp. 1620. 8°.* & L. II. *in quo prioris doctrina plenius examinatur & defenditur* Lovan. 1624. 8°. BOEHMER, & *pro suo de animatione fœtus tertio die Apologia adversus Antonium* PONCE SANTA CRUZ Lovan. 1629. 8°. BURET. Ipse titulus ostendit de rebus dici, quæ nullam demonstrationem admittunt. Potius thomistica disputatio, quam medica.

In *Semejotica s. de signis medicis* Lyon 1664. 4°. bono ordine ex veteribus agit de urina, & de pulsu.

In *Guilielmi* SALUSTI domini in BARTAS *premiere semaine* Geneve 1608. 12°.* sexta pars huc pertinet, qua hominis physiologia describitur, cum adjectis notis; tum aliqua ex IV. & V. die quo animalia recensentur. De morbis agitur in die I. hebdomadis secundæ.

Bernardini CAJI *de octimestri partu* Venet. 1608. 4°. 1610. 4°. LIND. cum lib. *de alimento.*

Hectoris SCLANOVII *diascepsis anatomica patavina de vasis umbilicalibus, & secundinis: tr. de partu Gabsheimensi nupero* Francofurti 1608. 8°.*. *Hieronymi* FABRICII discipulus & CASSERII sodalis: in priori libello nihil valde boni docet; duas venas umbilicales, & urachum in funiculum productum admittit. Inde fetum bicipitem ejus similem describit, qualem & ego vidi, tamen ut anatomen non adtingat: ut ejus originem a nescio quo matris amplexu derivet.

Julii GUASTAVINII *Commentarii in decem priores* ARISTOTELIS *problematum sectiones* Lyon 1608. fol.

Tobiæ KNOBLOCH (o), Marcobrettani, *Disputationes anatomicæ explicantes mirificam corporis humani fabricam & usum* Witteberg. 1608. 4°.* 1612. 8°.* hic auctius. Dissertationes sunt 24. quibus totus ambitus anatomes & physiologiæ absolvitur, anno 1607. defensæ, cum iconibus VESALIANIS, & nonnullis, nisi fallor, propriis, ut quatuor ventriculorum animalis ruminantis.

EJ. *Constitutiones anatomicæ & psychologicæ recens editæ* Witteberg. 1661. 8. add. ad DOUGLASS. idem puto liber.

Disputationem de ossibus Wittebergæ anno 1604. editam habet HEFTER, & *de partibus supremi ventris continentibus & contentis*, ejusdem anni.

Charles DESPAIGNE *table méthodique & sommaire de tous les muscles du corps humain* Tours 1608. 4°. Rouen 1652. 4°. PORT.

EJ.

(o) Alius est JOHANNES de KNOBLOCH, Professor etiam Francofurti ad Viadr. MOEHSEN.

Ej. *table méthodique pour acquerir parfaite connoissance du corps humain* Rouen 1652. Nomenclator Ib.

Anton. MERINDOL *diss. de possibili sexuum metamorphosi* Aix 1608. 12°. A testibus latentibus rem explicat, & negat esse androgynos.

Justi CNUTII *compendium universæ medicinæ juxta doctrinam* HIPPOCRATIS & GALENI Vicetiæ 1608. Patav. 1666. 8°.

Joachim FLEISSER *de sexu s. de natura maris, feminæ & hermaphroditi* Witteberg. 1608. 4°. BURKH.

Christian BECMAN περι παιγονιφυιας Jen. 1608. 4°.

Jac. WERNICHER *de visu* Francof. ad Viadr. 1608. 4°.

Ej. *de vita & morte* Lipf. 1606. HEFT.

Ej. *De partibus externis* ibid. 1611. 4°. HEFT.

Valentin RULAND *de procreatione hominis* Basil. 1608. 4°. THOMAS.

Jacob WERENBERG *de corporis humani fabrica* dispp. X. Witteb. 1608. 4°. Ej. *de anima* disp. X. ibid. 1609. 4°. HAEN. & in disput. GENATHI Dec. I. Basil. 1618. 4°.

Casp. FINCK *de monstris* Giessæ 1608. 4°. HEFT.

Franc. PLACET & *Symphorian* HAUTIN *Ergo suus cuique humori sapor* Basil. 1608. 4°.

Renatier CHARTIER & *Henrici* BLACVOD *Ergo duo generationis nostræ primordia* Paris. 1608. 4°.

Georgii CORNUTY & *Philiberti* GUYBERT *Ergo pulmonis motus naturalis* ibid. 1608.

Joh. de GORRIS & *Nic.* HENAULT *Ergo principes animæ facultates sedibus distinctæ* ibid. 1608.

§. CCXC. M. MUNDINUS.

Mundini MUNDINI, Vicentini, *disputationes de iis, quæ inter peripateticos & medicos controversa sunt de semine* Tanes. 1609. 4°.

Ej. *de Genitura pro Galenicis adversus peripateticos & nostræ ætatis philosophos disputatio, in qua nova dogmata spectantia ad fetuum generationem, similitudines, morbos hæreditarios, facultatem formatricem, animarum conceptibilium origines refellit, nec non animatio seminis adversus recentiores defenditur* Venet. 1622. 4.

Ej. *ad disputationem de genitura additamentum apologeticum* Venet. 1626. 4°.* potissimum contra A. PARISANUM. Non quidem iniquam sententiam defendit, dum

dum semen de omnibus partibus decidere, earumque modulum repræsentare negat. Cæterum experimenta anatomica non invenio.

§. CCXCI. J. A. SCHENK. *Alii.*

J. Andreas SCHENK *Anatomia, oder künstliche Aufschneidung und Zerlegung eines vollkommnen menschlichen Körpers* Frankfurt 1604. fol. cum iconibus a MERIANO sculptis.

LÆLII A FONTE *de modo visionis* Francofurti 1609. 8°.

EJUSD. *de visu num omissione fiat, num receptione* Francofurti 1609. 8°. *. Pro receptione.

J. Baptistæ de GELLO, Florentini, *de natura humana fabrica dialogi X.* italice scripti, a J. WOLFIO latine versi Amberg. 1609. 12°. THOMAS.

Theodori BARONII *de operationis mejendi triplici læsione & curatione* L. II. Papiæ 1609. 4°.*. Practici equidem argumenti. Hæmorrhoidum tamen sanguinem ad vias urinæ verti, & per eas salubriter excerni recte vidit. Vias urinarias describit, earumque physiologiam, undique Galenista. Venas habet a portis in vesicam euntes.

Wolfgang WALDUNG *de respiratione* Altdorf. 1609. 4°. WILL.

EJ. *de monstris* ibid. 1611. 4°. WILL.

Tobiæ TANDLER DEMOCRITI *de natura humana epistola* ad HIPPOCRATEM *perscripta* Witteberg. 1609. HEFT.

EJ. *de noctisurgio* ibid. 1613. 8°.

EJ. *de humoribus corporis humani* ibid. 1616. 4°. HEFT.

Nic. Abraham de la FRAMBOISIERE, vulgo FRAMBESARII, medici Regii, opera conjuncta prodierunt Paris. 1631. fol. B. *Bern.* Lyon 1644. fol. BODL. In ea collectione etiam *scholæ medicæ* habentur *multo ampliores, in quibus de theoria & praxi disputatur.* Physiologiam etiam continent.

EJUS *état des parties du corps humain* Paris 1609. 12°.

Trois livres de la santé fecondité & maladies des femmes pais du latin de J. LIEBAULT *augmenté par* LASARE PE' *&c.* Paris 1609. 12°. Versio ex *Johanne* LIEBAULT. (Conf. p. 228.)

Claudii BOYVIN & J. COUSIN *Ergo corpus triplici facultate regitur* ib. 1609.

Phil. HARDOUIN & J. PIETRE *Ergo fetus integra formatio diversis temporibus absolvitur* ibid. eod. anno.

EJ. & *Lud.* SAVOT *Ergo affectus animi res non naturales* ibid.

Nicolas

Nicolas MARCHAND & *Lud.* SAVOT *Non ergo chrystallinus humor præcipuum est visus instrumentum*, ibid.

Guil. BEARD & *Hieronymi* GOULU *Ergo a calore insito incrementum* ibid. eod. anno.

Demetrius CANEVARIUS circa hæc tempora scripsit. Ejus *Commen. de hominis procreatione* Venetiis editus citatur in *Bibl.* BODL.

§. CCXCII. *Nicolaus* HABICOT,

Non quidem eruditus homo, sed exercitatus incisor, plura quam eo seculo solebant cadavera dissecuit, hinc multa rectius aliis vidit.

EJUS *Semaine ou pratique anatomique par laquelle est enseigné par leçons le moyen de les assembler les parties du corps humain les unes d'avec les autres sans les interesser* Paris 1610. 8°. 1630. 8°.* 1660. 8°.* & Belgice vertente *Caspare* NOLLENS *de anatomische weeke ofte practyk — het mittel de partyen des menschelycken lighams sonder de eene of de andere te beschadigen van een te scheyden* Haag. 1629. 8°.*. Passim quidem errores aliqui admisti sunt, ut solida appendicula cæci intestini, allantoidea membrana flatu repleta, unicus ductus seminalis, pro novo invento, negati uvulæ musculi. Aliqua tamen vitia multis meritis redemit. Multa etiam subtilia vidit. Tria ligamenta vesicæ, ad pubem ac rectum intestinum euntia; conjunctionem vasorum phrenicorum cum brevibus, duo hepatis ligamenta. Levatorem ani intra pelvim præparare docuit. Eminentia dividens uterum. Arcum aortæ recte dixit, & veram coracohyoidei originem. Thyreopalatinus in cartilaginem scutiformem insertus. Foramen ovale sæpe in adulto homine patulum. Quatuor ossiculorum auditus ligamenta, mallei & stapedis duo, duæ incudes: vasa tympani, stylothyreoideus musculus. Verus ordo musculorum interosseorum, RIOLANO ignoratus (p), interni tres, externi quatuor. Musculos intercostales internos ad sternum continuari. Levator scapulæ duplex. Constrictor pharyngis fere ut apud ALBINUM, cum originibus, quales VALSALVA propriis nominibus distinxit. Ligamenta scapulæ, carpi, vertebrarum. Vasa pelvis non male: omnia ex propria industria, absque familiari eo ævo VESALII repetitione.

EJUSD. *Paradoxe myologique par lequel il est démontré contre l'opinion vulgaire que le diaphragmate n'est pas un seul muscle* Paris 1610. 8°. duos nempe musculos esse, dextrum & sinistrum.

EJUSD. *Gigantosteologie ou description des os d'un géant* Paris 1613. 8°.*. Nimis hic se credulum præbuit famæ rerum non visarum. TEUTOBOCCHI gigantis 30. pedum sceleton, in Gallia effossum esse referebatur, descriptum a PIERRE MESENGER, cum titulo *histoire veritable du géant* TEUTOBOCCHUS *lequel fut enterré aupres du Chateau de Chaumont* Paris 1613. & Belgice Utrecht 1614.

(p) Du CHANOI p. 43.

1614. GOULIN. Tam enormem staturam ut approbet, noster rumores vanissimos quosque colligit, etiam MARGARETÆ Hollandicæ 365. pueros. Ipsum se gigantem quindecim pedes altum vidisse. Hæc, cum tamen fateatur, ossa sui TEUTOBOCCHI ab ossibus humanis differre, etiam femoris obliquitate, trochanterum defectu. Inde per singula ossa sua describit, & dentes, non nimios, cum ipse alias dentem quadrilibrem viderit. De alio gigante 25. pedum in sepulchro reperto.

Adversus hunc libellum prodiit *l'imposture decouverte des os humains faussement attribués aux Roi* TEUTOBOCCHUS 1614. Proportiones non respondere humanis ossibus. Sed etiam *Gigantomachiam* RIOLANUS ediderat. Respondit anonymus (q) *discours apologetique touchant la vérité des géants contre la Gigantomachie d'un soi-disant eschollier de médecine* Paris 1614. 8°. D'ETR. Defendit Chirurgos Parisinos.

Prodiit etiam *Monomachie où réponse d'un compagnon chirurgien nouvellement arrivé de Montpelier aux calomnieuses inventions de la Gigantomachie de* RIOLAN anno 1614. vel 1615.

Contra priorem *apologiam* prodiit *réponse à un discours apologétique touchant la vérité des géants par Nicolas* HABICOT Paris 1615. 8°. D'ETR. Omittit gigantes, & censores suos adgreditur.

Et *Jugement des ombres d'Heraclite & de Democrite sur la réponse d'Habicot au discours attribué à* GUILLEMEAU 1617. Hoc RIOLANO tribuitur.

Iterum reposita est *Gigantologia* quam dixi Paris. 1618. 8°. & ad istam denuo HABICOTIUS respondit in *Antigigantologie ou discours de la grandeur des géants par* N. HABICOT Paris 1618. 8°. HOUSS. aut 1619. 8°. D'ETR. Sed vana res fuit, teste PEIRESCO, neque eæ erant ossium proportiones, quæ in homine (r).

Video etiam apud CL. PORTAL *touche chirurgicale*, scriptum HABICOTI 1618. contra RIOLANUM, & *correction fraternelle sur la vie* D'HABICOT, *où l'on fait voir en passant la critique de ses ouvrages, & notamment de la gigantosteologie* 1618. 8°. Ironia.

EJUSD. *Question chirurgicale dans laquelle il est demontré que le chirurgien doit assurement pratiquer la bronchotomie* Paris 1620. 8°.*. Anatomen laryngis præmittit, in qua denuo stylothyreoideum reperias, & musculum robustum a primæ colli vertebræ processu transverso venientem, quem vocat Acanthothyreoideum. Stylohyoideum musculum in linguam inseri docet, inque cartilaginem scutiformem.

In *problemes medicinaux & chirurgicaux* Paris 1617. 8°.* vix quidquam est, quod mereatur citari.

§. CCXCIII.

(q) Esse Chirurgum GUILLEMEAU.
(r) *Merc. de France* 2. Contin. 1613. p. 2. ad p. 272.

§. CCXCIII. *Lambertus* SCHENKEL.

Gazophylacium artis memoriæ collectum studio Lamberti SCHENKELII Argentorati 1610. 8°.* D'ETR. recusum Lips. 1678. 8°. Gallice versum cum titulo *le Magazin des Sciences ou le vrai art de memoire découvert par* SCHENKELIUS, *traduit par Adrien le* CUIROT Paris 1623. 12°. D'ETR. Similis tituli opusculum exstat *Petri* JUVERNAY Paris 1643. 8°. D'ETR.

Hunc libellum non contigit vidisse. Sed Lugduni anno 1618. & 1619. 12°.* prodiit *collectio*, quæ non potest ab opere SCHENKELII divelli. Auctor se vocat J. PAEPP *Galbaicum*, nomen autem in ipso opere passim legitur PAPEN. Primus libellus est εισαγωγη s. *introductio facilis in praxin artificiosæ memoriæ* 1618. Citat experimenta discipulorum, qui integras conciones repetierint, & triginta voces sibi prælectas, cum numeris ordinem exprimentibus. Utitur imaginibus pro syllabis & vocibus suppositis, ut *ala-band*, & *ensis* Alabandensem denotent. Inde literas convertit in homines, ut Eusebius ante Thomam vocem & exprimat. Iterum literas in ordines distribuit, ut quinque priores hominibus, quinque alias insigni aliquo, tertias instrumento, quartam classem actione aliqua exprimat. Reliqua sunt ex RAVENNATE. Postulat pro concionatore quatuor cubicula, in singulo locos centum, ut imagines suas ordinet. Eos locos eradere jubet, ut aliis imaginibus cedant.

EJUSD. *artificiosæ memoriæ fundamenta clarius quam unquam demonstrata* Lyon 1619. 16°.* Mutat signa in magnas imagines, suo ordine collocatas, quæ signorum connexio tota arbitraria mihi non videtur absque maximo labore obtineri posse. Laudat auctor GORAJUM, qui centum vocabula intra quartam horæ partem retineat, novique testamenti totum caput intra horam discat, qui plures quam quatuor epistolas dictet &c.

Incipit a centum & ultra rebus familiaribus, quas per angulos cubiculorum disponit: his alias res, retinendo destinatas, adponit, ut ordinem servent & numerum: ita cultrum cum J. CÆSARE conjungit, cum Tiberi TIBERIUM. Exemplum dat centum idearum, per quinque cubicula dispositarum. Deinde consilia sibi magis propria aperit. Alphabetum constituit nominum propriorum, quibus numeri idearum augeri possunt: dum cuilibet hominum, nam sunt homines, per manus pedesque quinque aut novem ideæ adnectuntur. Ex his hominibus vocabula conponit, Anchoram ex Andrea, Conrado, Raphaele. Adjuvari putat memoriam, si his hominibus aliquæ actiones tribuantur, ut crescant, minuantur, artus amittant, adquirant. Ita ex uno CATONE varia agente, quatuor fiunt ideæ. Ordinem idearum obtinet per angulos cubiculi, & secundum lineas diagonales, ad imitationem literæ M. aut alterius dispositas. Declinationes & casus exprimit homine nudo, aut vestito, & quolibet casu in suum artum suamque corporis sedem inscripto. Finis operis iterum est in imaginibus.

Jani PHOSPHORI (iterum ut puto *J. Pappii*) SCHENKELII *detecti editio tertia*,

tertia, in qua quidquid obscuritatis pracedentes editiones habebant, candide aperitur Lyon 1619. 12°.*. Fere priora noster repetit paulo magis explicata, & in lectiones divisa. Primo de locis, in quæ mens debet imagines disponere. Altero l. docet ut imagines in sententias coalescant. L. III. ut ab initio, si id solum retineri queat, reliqua sponte fluant. L. IV. Vocabula ut per imagines exprimantur, per colores, per hieroglypha, numeri per res aliquas, quæ ejus sint numeri. L. V. Ut integra concio in memoria retineri possit. Celeritatem putat obtineri per imaginum compendia, quæ multas voces exprimant: ex retentione solarum præcipuarum: ex repetitionibus. Ut per exercitium memoria convalescat. L. VI. iterum de locis, magis hic ornatis, in cubiculis, cælo, geographia, & de eorum evacuatione. L. VII. de cubiculis singula debere singulæ arti servare, aut artis parti. De retinendis citationibus: de pluribus epistolis una dictandis. L. VIII. de singulis artibus. L. IX. Ut possit artificiosa memoria adjuvari. Imagines melius operari motas, quam stabiles. Debere grandes esse: actiones vero fædas, aut ridiculas. Methodus studendi per præparationem ad lectiones & repetitionem. SCHENKELII discipulum sententias reddidisse 25. voces 25. deinde voces 300. sententias 240.

* Χειοις (κριοις) *Jani* PHOSPHORI *in qua* SCHENKELIUS *illustratur, memoriæ dignitas probatur* Lyon 1619. 12°.* Multa similia priorum. Locorum & imaginum ratio ex veteribus, ipsis auctorum locis adductis repetit, & CICERO SCHENKELIO nimis obscuro præfertur. Sequuntur iterum lectiones, & imagines per actiones connectuntur. JORDANUM BRUNUM angulosas figuras pro LULLIANIS rotundis adhibuisse, nimis vero difficiles esse.

Hæc fuse ut parum nota descripsi. Videtur exigua hujus artis esse utilitas, & ad extemporaneam tantum admirationem spectare, non ut stabilis ad remota tempora rerum memoria firmetur. Placet vero ob lucem, quam addit associationi idearum & indoli memoriæ.

§. CCXCIV. A. BRUXIUS. *Alii.*

Adami BRUXII *Simonides redivivus s, ars memoriæ & oblivionis tabulis expressa* Lipf. 1610. 4°. BODL.

Henrici KORNMANN, Kirchhainensis, *Sibylla trygandriana s. de virginitate, virginum statu & jure tractatus* Francofurti 1610. 12°.* & ibid. 1696. 8°. Colon. 1765. 8°. Lascivus & pruriens libellus, qui de hymene etiam aliisque virginum adtributis quærit.

EJUSD. *de miraculis mortuorum ex ecclesiasticis & profanis historiis collecta. Quæstiones physica, medica &c.* Francof. 1610. 8°.* & ibid. 1696. 8°. BURCKH.

EJ. *miracula vivorum s. de varia natura; variis singularibus proprietatibus, & signis hominum vivorum* Francofurti 1614. 8°. PLATN. ib. 1696. 8°.

EJ. priora opera collecta Francofurti 1696. 8°.

Hiero-

Hieronymus PERLANUS *de morte, causa graviditatis, abortus & partus* Romæ 1610. 4°. 2. ed. PORTAL.

J. Georg. SCHENK's *Wunderbuch von menschlichen unerhörten Wunder- und Mißgeburten* Frankfurt 1610. 4°.* & latine ibid. 1609. 4°. Pars est libri observationum *Johannis* SCHENKII Germanice versa, multis exemplis undique aucta, & iconibus ornata a folio J. GEORGIO. Hominum monstra habet & animalium, nimis etiam multa & incredibilia.

J. Jac. CHIFLET *Asitia in puella helvetica mirabilis physica extasis* Vesontione 1610. 8°.

§. CCXCV. *Varia.*

Joh. HUCHER *de sterilitate utriusque sexus* Genev. 1610. 8°. DOUGL. Testium penisque anatome cum partus historia.

Henrici PETRÆI, Smalcaldensis, λογος εγκωμιαστικος *studii anatomici laudes & utilitates breviter complectens post exhibitam corporis virilis dissectionem recitatus* Marburg. 1610. 4°.*.

EJ. *agonismata medica Marburgensia* ibid. 1618. 4°.* prodierunt; quindecim disputationes, inter quas sunt physiologicæ *de temperamentis: natura & usu partium in genere: ossibus corporis humani: hepate atque liene: concoctione: vigilia & somno.*

EJ. *de origine formarum e seminio virtute plastica constructo* ib. 1612. 4°. HEFT.

Ernesti SONER *oratio de insomniis* Altdorf. 1610. 4°.* LINDEN.

Nicol. HUNNII *de calore vitali* Wittebergæ 1610. 4°. VATER.

David LIPSIUS *de homine* ibid. 1610. 4°.

EJUSD. ut puto *demonstratio posse hominem per complures annos absque cibo & potu vitam trahere*, cum SMETII *miscellaneis* prodiit.

Symphoriani HAUTIN & *Joh.* AKAKIA *Ergo pueri juvenibus calidiores* Paris. 1610.

Hieronymi GOULU & *Joh. du* VAL *Ergo qualis humor corpori talis color* ibid. 1610.

IDEM & *Ant.* JACQUET *Ergo est spiritus genitor* ibid. 1610.

Joh. COUSIN & *Franc. le* SAGE *Ergo triplex alimenti mutatio* ibid. 1610.

IDEM & *Guil.* DESDAMES *Ergo calor actionum omnium opifex* ibid. 1610.

§. CCXCVI. *Caspar* BARTHOLINUS *Senior*,

Malmogiensis, Medicinæ Professor Hafniensis, demumque Theologus, THOMÆ pater. Ejus *anatomicæ institutiones corporis humani utriusque sexus historiam*

&

& declarationem tradentes Witteberg. 1611. 8°.* Rostock 1622. RINCK. Goslar. 1632. 8°.*. Alias editiones habet LINDENIUS Argentoratensem 1626. 12°. Rostoch. 1626. 12°. Patavinorum & Basiliensium discipulus. Compendium anatomicum & physiologicum, ex more seculi, nullis propriis experimentis, non rejectis erroribus, neque proprio interposito judicio. Passim aliqua ex CASSERIO citat, etiam pronatorem teretem & anconeum. Pubis ossa ab invicem discedere. Ossa dextræ manus ponderosiora.

IDEM opus filius THOMAS edidit Leidæ 1641. 8°.* cum figuris anatomicis VESALII, PINÆI, ASELLII, cumque magni momenti additamentis, ex SYLVIO & WALÆO potissimum sumtis. Eam editionem alias dicemus, recusa est Leid. 1645. 4°. SCHEURLEER. Germanice versa curante S. PAULI Hafn. 1648. 8°.

EJ. *Problematum philosophicorum & medicorum exercitationes* Wittebergæ 1611. 4°.* & 8°.*. Exercitationes sunt decem, auctoribus juvenibus, qui de cathedra responderunt. Quælibet 4. 6. 10. problemata continet, quorum solutio fere ab auctoritate repetitur.

EJUSD. *Controversiæ anatomicæ & affines nobiliores & rariores* Goslar. 1631. 8°.* Prius opus hic totum redit, tum plurimæ aliæ ad LAURENTII morem quæstiones, ubi rationes contrariæ producuntur, & de potiori sententia definitur. Lites pleræque obsoletæ, aliquæ tamen interspersæ observationes.

EJUSD. *Opuscula quatuor singularia de unicornu ejusque affinibus & succedaneis, de pygmæis &c.* Hafn. 1628. 8°.*.

EJ. *Enchiridion physicum ex priscis & recentioribus concinnatum* Argentorati 1625. 12°. Anatomica etiam continet.

§. CCXCVII. *Varii.*

Nicolaus NANCELIUS TRACHYENUS, Noviodunensis, dedit Parif. 1611. fol. *Analogiam microcosmi ad macrocosmum, & proportionem universi ad hominem* TREW. Posthumum opus a PETRO NICOLAI f. editum, recusum Parif. 1629. fol. cum titulo *promtuarii universi.*

Hieronymi DANDINI, *Cæsenatis, de corpore animato* L. VII. Parif. 1611. fol. Cat. rar. SARRY.

Bartholomæi PERDULCIS, Parisini, in *Jacobi* SYLVII *Anatomen & in lib.* HIPPOCRATIS *de natura humana commentarii posthumi* prodierunt ex Bibliotheca *Gabrielis* NAUDE Parif. 1630. 4°. OSB. 1643. 4°.*. Auctor obiit anno 1611. Continet Physiologiam & anatomen, deinde doctrinam de pulsu. Eleganter scriptum opus, sed ut proprii nihil habeat.

Prosperi ALDORESII *Gelotoscopia* Neapoli 1611. 4°. BOEHMER.

Raphael EGLIN *conjectura halieutica characterum piscium marinorum ad latera stupendo prodigio insignitorum desunta* Hanov. 1611. 4°.

Henrici

Henrici SMETII a LEDA *miscellanea medica* cum T. ERASTO, H. BRUCÆO, L. BATTO, *Johanne* & H. WEYERIS *communicata & in 12. libros digesta* Francofurti 1611. 8°. maj.*. Professor Heidelbergensis. Liber X. potissimum huc facit, in quo plurimæ traduntur per 50. annos collectæ adnotationes, & cadaverum incisiones non certe inutiles. Qui quotidie vomebat, absque malo. Rusticus per nares cernens. Polypus cordis in principe. Anatome hominis capite truncati. Cæcum intestinum non esse tenuem appendiculam. Anulus rotundus pylori. Lobulus SPIGELII lieni adnatus. Membranula ventriculos cerebri vestiens: Testicondus. Valvulæ venosæ anno 1582. visæ. Virgo per septem annos asita, cum plena ejus rei gestæ historia. Fetus semestris anatome. Hymen nimis amplus. Puer unico cum teste natus. Principis nimis obesi anatome: cor bilibre, ventriculus amplissimus. Sed nimis multa sunt, quæ bona habet.

In L. VII. *de humoribus* agit. Libro VIII. *de calore*.

Ambrosii RHODII *optica*. Witteberg. 1611. 12°.

Ej. *de spiritu refluente* 1614. 4°. HEFT.

Ej. *dissertationes super medicinam philosophicam* SEVERINI Hafn. 1643. OSB.

Jean MARCHANDOT, Chirurgi, *histoire memorable d'une femme qui a produit un enfant par le nombril aprez l'avoir porté vint cinq mois & demi* Lyon 1611. 12°. PORTAL.

Vincent TAGEREAU *discours sur l'impuissance de l'homme & de la femme* Paris 1611. 8°. PORTAL. anno 1612. 8°. ASTRUC. Advocatus, contra congressum.

Jacques DUVAL *des hermaphrodites, accouchemens des femmes & traitement qui est requis pour les retenir en santé, & bien elever leurs enfans. Avec les figures des laboureurs & verger du genre humain, signes du pucelage, defloration, conception, & la belle industrie dont use la nature en la promotion du concept & plante prolifique* Rouen 1611. 8°. 1612. 8°. D'ETR. Absurdi & fanatici hominis opus PORTAL.

Ej. *reponse au discours fait par le S.* RIOLAN *contre l'histoire de l'hermaphrodite de Rouen*, Rouen 1615. 8°. PORTAL.

Michael DOERING *de medicina & medicis* L. II. Giess. 1611. 4°.*. Causam orat anatomes.

Antonii de DOMINIS, Præsulis Spalatini, infelicis & ingeniosi viri, *de radiis visus & lucis in vitris perspectivis &c.* Venet. 1611. 4°.

Wolfgangi CORVINI *de dignitate, jucunditate & multiplici utilitate cognitionis partium corporis humani* Lipsiæ 1611. 4°. TREW.

Sigismundi GOETZ *oratio pro Philosophis adversus medicos, in qua corporum sectiones carminat*, Argentorati 1611. 8°.

Joh. PIETRE & *Nic.* GIRAULT *Ergo viri mulieribus salubrius degunt* Paris. 1611.

Guil. de BAILLOU & *Guil.* GERBAULT *Ergo partium principum syntimoria* Parif. 1611.

Henrici BLACVOD & *Franc.* LESPICIER *Ergo sanguis humorum princeps* ibid. 1611.

Philiberti GUYBERT & *Jac.* PERRAU *Non ergo omne vivens calidum humidum*, ibid. 1611. idem puto GUYBERTUS cujus exstat *le medecin charitable.*

Gabriel BIARD & *Guil.* DUVAL *Ergo homo microcosmus* ibib. 1611.

Hæc cæterum tempora fuerunt *Galilei de* GALILEIS, magni experimentalis, ut nunc vocatur, physices restauratoris, cui etiam debemus distinctionem ejus quod sentitur, ab eo quod in re ipsa est.

§. CCXCVIII. *Fortunius* LICETUS,

Genuensis, peripateticus, professor Patavinus, inde Bononiensis, multorum librorum auctor. Videtur *de anima seminis humani gonopsianthropologia* titulo aliqua ad suum parentem scripsisse, occasione libelli anno 1599. editi p. 283. quæ nescio num sint excusa. Omitto ea quæ priora de anima numerosa scripsit. Dedit inde *de his quæ diu vivunt sine alimento libros quatuor* Patav. 1612. fol.* ubi in universum etiam de alimento, de functione nutritiva, de fame & siti, de calore nativo, de consuetudinis viribus in inedia agit.

EJ. *de perfecta constitutione hominis in utero* L. I. Patav. 1616. 4°.*. Semen multiplex statuit, virile, muliebre & menstruum sanguinem, ex quo partes fetus rubras generari putat. Tres porro animas distinguit, & tres in semine spiritus, qui partes ordinent. Rationalem animam a DEO addi, postquam aliquam jam perfectionem ejus organa nata sunt. Experimentorum nihil.

EJ. *de monstrorum caussis, natura & differentiis* L. II. Patav. 1616. 4°.* auctius cum plurimis iconibus ibid. 1634. 4°.* & denuo plenius ex recensione *Gerardi* BLASII cum titulo *Fort.* LICETUS *de monstris* Amstelodami 1665. 4°.*. Monstra in classes disposuit, cuique classi ex theoria & veterum more dedit suas caussas, descripsit externam faciem, absque ulla anatome, neque proprium adtulit experimentum. BLASIUS ex nuperorum adnotatione multa monstra addidit.

EJUSD. *de spontaneo viventium ortu* L. IV. Vicetiæ 1618. fol.*. Nulla experimenta, theoria mera.

EJ. *de feriis altricis animæ nemesetica disputationes, in quibus propulsantur ab olim culto mirabili mortalium jejunio oppositiones Asitiastis de Castro* Patav. 1631. 4°.

Athos perfossus s. rudens eruditus in Criomixi quæstiones de alimento dialogus prior Patav. 1636. 4°.

EJ. *de duplici calore* L. I. Uten. 1636. *Scritt. Lig.*

EJ. *de anima subjecto corpori nihil tribuente deque seminis vita & efficientia primaria in formatione fetus. Contra Antonium Ponce de* S. CRUZ Patav. 1631. 4°. BOHL.

Ulysses ad Circen s. de quadruplici transformatione, deque varie transformatis hominibus Utin. 1636. 4°. Bodl.

De quaesitis per epistolas a Cl. *viris responsa* Bonon. 1640. 4°. & *de secundo quaesitis per epistolas* Utin. 1646. 4°. & *de tertio quaesitis per epistolas*, ibid. eod. anno.

De motu sanguinis, origine nervorum, cerebro leniente cordis aestum, imaginationis viribus quarto quaesitis ibid. 1647. 4°.

Ej. aliquae sunt ad T. Bartholinum epistolae, argumenti physiologici, ut in Cent. I. de carnibus lucentibus, de sua sanguinis circulatione, excusatio tertii ventriculi cordis Aristotelici.

§. CCXCIX. *Varii.*

Germain Courtin *oeuvres anatomiques & chirurgiques, edente Etienne* Binet, Paris 1612. fol.* 1656. fol. Septem priores tractatus compendium anatomicum efficiunt, fere undique ex Galeno sumtum: lectiones vero sunt ab anno 1578. ad 1587.

In *Petri* Pigrai *Epitome praeceptorum medicinae chirurgicae* Paris. 1612. 8°.* Gallice Rouen 1642. 8°.* in principio libri aliqua physiologia traditur.

Peter Lowe *discourse of the whole art of surgery* Lond. 1612. 4°. Dougl. Habet etiam anatomica, figuras venarum cutanearum, sceleti, alia.

Johannis Pistorii, Nemausensis, *microcosmus s. liber cephale anatomicus de proportione utriusque mundi* Lyon 1612. 8°.

Caroli le Caron *Oratio habita Ambiani in dissectione corporis humani* Amiens 1612. 8°. De dignitate hominis.

Sigismundi Evenii *disputationes anthropologicae* Witteb. 1612. 4°. B. Thom.

Ej. *de vita*. Witteberg. 1613. 4°. Heft.

Gaspar Brayer & *Joh.* Maunoir *Ergo in nativo calido vita* Paris. 1612.

J. Akakia & *Ant.* Bimbault *Ergo respiratio voluntaria* Paris. 1612.

Guil. Duval & *Claudii* Gervais *Ergo vox vitae radix* Paris. 1612.

Georg. Cornuty & *Gabr.* Hardouin *Ergo ex habitu & functionibus aestimanda temperies* Paris. 1612.

Claud. Charles & *Joh.* de Cleves *Non ergo fetus vivit primum vitam plantae* Parisiis 1612.

§. CCC. *Sanctorius* Sanctorius,

Justinopolitanus, Professor aliquamdiu Patavinus (s). Ejus *oratio in Archilyceo Patavino* anno 1612. habita *. eo loco prodiit. De suis itineribus loquitur.

Ss 2 Inde

(s) Thomasin *Gymn.* p. 293. ab a. 1611.

Inde edidit Venet. 1614. 12°. *medicinam* suam *staticam*. (In *Cat.* ENDTERI annus dicitur 1612.) cujus operis innumeræ sunt editiones, latinæ quidem Lipf. 1626. 8°. HAENEL. Venet. 1634. 12°. ANDERSON. 1660. 4°. 1664. 4°. DOUGLAS. Leid. 1642. 8°. Haag. 1650. 12°. 1657. 12°. Lyon 1690. Lipf. 1670. 8°. 12°. Cum BAGLIVII ad rectum statices usum canonibus Romæ 1704. 12°. Patav. 1713. 12°.* 1723. Leid. 1713. 12°. BURCKH. Argentorati 1713. 8°. Duisburg. 1753. 12°. cum A. RIDIGERI scholiis Lipsiæ 1762. 8°. Cum LISTERI notis Lond. 1700. 12°. 1716. 12°.*

Gallice vertente *le* BRETON Paris 1722. 8°. & cum DODARTII & KEILII libellis, cura *Petri* NOGUEZ 1725. 12°. 2. Vol.

Italice vertente *Francisco* CHIARI Venet. 1743.

Anglice 1676. 12°. & cum QUINCY notis 1712. 8°. & Londin. 1720. 8°. 1723. 8°.*

Germanice vertente J. TIMMIO Brem. 1736. 8°.*

Veteres equidem insensilem transpirationem minime ignoraverunt, HIPPOCRATES etiam potissimum & GALENUS. Nemo vero priorum per experimenta mensuram ejus perspirationis, & pro varietate ciborum, ætatum, sexuum, rerum quas non naturales vocant, morborum denique discrimine diversam ubertatem, adque cibum potumque proportionem definivit. Primus SANCTORIUS ad pondera eam revocavit, collectaque, quæ nusquam peculiariter recenset, experimenta, in brevem libellum stipavit. Velles tabulam experimentorum dedisset, qualem KEILIUS, & per singula ea pericula exposuisset, quibus suas leges superstruxit. Calumnias equidem puto, quæ magni viri inventa ad Cardinalem (t) CUSANUM referunt. Negari tamen nequit, multa videri ad placita GALENI (u) efficta, multa incredibilia, aut certe difficillima expertu: ipsam in universum cibi potusque mensuram, quæ omnibus calculis est pro fundamento, nimiam esse, & pariter nimiam perspirationis ad urinam portionem, ne in calidissima quidem regione per nuperiores ponderationes confirmatam: neque ullam inhalationis habitam rationem: ullam salivæ, sputi, sordium cutanearum: neque omissæ perspirationis tantam esse noxam, quantam SANCTORIUS pronuntiat: aliqua etiam SANCTORII placita sibi contradicere (x): demum a potu maximam perspirationis partem pendere. Olim SCHELHAMMERUS eam excretionis minoris fecit.

Ad H. OBICII objectiones SANCTORIUS *brevissimam responsionem* dedit, sæpe recusam & Leidæ 1713. 12°. BUR.

EJUSD. *Commentarius in* I. *Fen.* I. *libri Canonis* AVICENNÆ Venet. 1626. fol.*. Liber singularis. Maluisses, quidem vir ILL. minus se demersisset in quæstiones scholasticas: multa tamen habet memorabilia, ut thermometrum ad calorem corporis

(t) Conf. SANCTORIUM in I. *Fen.* AVIC. p. 81. tum OBICIUM p. 71. 81. &c. Sed is Cardinalis in generalibus substiterat.

(u) SECKER *de perspirat.* n. 6. 7.

(x) IDEM ibid. n. 26.

corporis humani definiendum. Hygrometrum: pulsilogium. Id motum, & quietem arteriarum, & differentias motuum 133. metiebatur (y), ostendit idem C. BARTHOLINO (z). Etsi magnam partem physiologiæ tractat, anatomica pauca habet, neque in iis excelluit. Adipem fluidum esse.

In artem parvam GALENI *commentatus est*, Venet. 1612. fol. 1630. 4°.* Lugduni 1632. 4°. Fusissimus commentarius, cujus magna pars occupatur in refutandis aliis scriptoribus, potissimum etiam ARGENTERIO. Ad physiologiam & anatomen plurima spectant, sed in quibus fatearis, vix utilitatem aliquam nostre ætati accedere.

In methodo vitandorum errorum Genev. 1631. 4°.* aliqua huc faciunt, ut experimentum, cujus ope femina prægnans a virgine distinguitur. Sphincterem vesicæ vix conspici posse.

§. CCCI. *Varii.*

Gabrielis BERTRAND, Chirurgus, auctor est libri *Refutation des erreurs contenues dans l'histoire de tous les muscles du corps humain de* C. GUILLEMEAU *par un écolier en chirurgie* G. B. Paris 1613. 8°. PORTALIUS non malum ait scriptum esse, negare buccinatorem inflare genas &c.

EJ. *les vérités anatomiques & chirurgicales des organes de la respiration & des artificieux moyens dont la nature se sert pour la préparation de l'air* Paris 1629. 12°. Diaphragma inter inspirandum contrahi, sternum adscendere. Pus per venam sine pari resorberi, & in vasa renalia atque urinam transire. PORT.

Paschasii le COQ *oratio de galli gallinacei natura* Pictav. 1613. si huc facit.

Rodolphi MAGISTRI (*le* MAITRE) Archiatri, *doctrina* HIPPOCRATIS *de limitibus humani partus* Paris. 1613. 12°.

Fr. AGULONII *optica* Antwerp. 1613. fol.

Hieronymi PERLINI *Institutiones medicæ, physiologicæ, pathologicæ & therapeuticæ, quæ binorum diversorum corporum muliebrium temperamenta, morbos & curationes spectant* Hanov. 1613. 4°. TREW. Accedit *Comm. de causa graviditatis, abortus & partus* LIND.

J. ZECCHII (ZECCA) *de urinis brevis & pulcherrima methodus* Bononiæ 1613. 4°.

Ejusdem sunt *consultationes medicinales* Francofurt. 1650. 8°.* 1677. 8°. cum quibus prodiit libellus *de pulsibus*.

Hieronymi NYMMAN *de imaginatione oratio* excusa cum T. TANDLERI diss. *physicis medicis* Wittebergæ 1613. 8°.

Camilli RUBRI *de natura ortus viventium* Macerat. 1613.

Roderici a FONSECA, Olyssiponensis, *de hominis excrementis* libellus Pisæ 1613.

(y) *Methód. vit. error.* p. 289.
(z) *Probl.* 8. *Exercit.* 9.

1613. 4°.*. Lato sensu etiam menses & lac comprehendit, sed ad sentejoticem potissimum pertinet. Veteres fere sequitur.

Christophori NUNNEZ *de coctione & putredine* Madrit. 1613. 4°. pathologici potius forte argumenti.

Ludovicus LUCIUS *de visu* Basil. 1613. 4°. PLATN.

J. Jod. LUCII & J. R. ZIMMERMANN *problemata miscellanea generalia ex medicina theoretica & practica* Heidelberg. 1613. 4°.*.

Eorundem *problemata medica separatim regionis naturalis & vitalis* Heidelberg. 1613. 4°.*. Physiologici argumenti.

Ananias WEBER *de visu* Basileæ 1613. 4°. PLATN.

EJUSD. *de voce & loquela* Lipf. 1622. 4°. HEFT.

EJ. *de thorace s. media cavitate ejusque partibus vita & facultati vitali formulantibus* Lipf. 1622. 4°.*.

EJ. *Oneirologia s. de insomniorum natura & significatione* Lipf. 1624. 4°. PLATNER.

Quirini le VIGNON & *Michael de la* VIGNE *Ergo semen vir & potentia tantum* Parisiis 1613.

Dionysii GUERIN & *Fr.* GUENAULT *Estne major a parvo corde vivacitas* Parif. 1613.

Jac. LETUS & *J.* MERLET *Ergo lien vita* Parif. 1613.

Francisci le SAGE & *Joh.* FOURNIER *Ergo solius εμψυχου nutritio* Parisiis 1613.

Joh. RIOLANI (a) & *Guilielmi de* VAILLY *Ergo tot spiritus quot facultates* Parif. 1613.

Antonii le GROT & *Aegidii le* BLANC *Ergo semen & menstruus sanguis excrementa benigna* Parif. 1613.

Joh. le MERCIER & *Guil. de la* CLAYE *Ergo eodem tempore quatuor humores* Parif. 1613.

§. CCCII. *Iterum Varii.*

Hippolytus OBICIUS, Ferrariensis, contra SANCTORIUM edidit *staticomastigem s. demolitionem staticæ medicinæ* Lipf. 1614. LIND. Ferrar. 1615. 4°.* cum SANCTORIANO opere sæpe recusam, ut Leidæ 1713. 12°. Duisburg. 1753. 12°. Dialogus quo plurima SANCTORIO objiciuntur. Rem ipsam GALENO notam fuisse. Utilitatem non habere, cum SANCTORIUS inutilis partis perspirationem ab utili non doceat separare. Levitatem nasci a copia spirituum, gravitatem a spiritibus evacuatis. Mane corpus levius videri, non a perspiratione, sed ob regeneratos spiritus. A CUSANO ex quarto dialogo *Idiotæ* sua SANCTORIUM habere. *Hierony-*

(a) p. 233.

Hieronymum THEOBALDUM medicum Venetum, in proprio corpore experimenta statica capere, adeo exiguo fructu, ut fere quotannis ægrotet.

Aliam etiam epistolam contra SANCTORIUM OBICIUS scripsit, editam cum *decisionibus de vesicantium usu adversus* CAJUM Vicetiæ 1618. 4°.

Christophori PEREZ *de* HERRERA, Madritensis, *Compendium totius medicinæ in tres libros divisum ex veterum & recentiorum monumentis elaboratum* Madrit. 1614. 4°. LIND.

Joh. PINCIER *otium Marburgense in sex libros digestum, quibus fabrica corporis humani describitur* Herborn. 1614. 8°.* poëma, in quo physiologia & anatome traditur.

Philippi SECHTLINI *lapis lydius inediarum prodigiosarum quas plurimi in multos dies septimanas menses & canos protraxerint* Paderborn. 1614. 12°. HAENEL.

M. Fr. WENDELINI *harmonia Macrocosmi & microcosmi* Servestæ 1614. 4°. HEIST.

Theodor MAY *Urinbüchlein* Magdeburg 1614. 4°.

J. DISSAU *discours d'un monstre* Auxerre 1614. 4°. cum icone PORTAL.

Nic. JACOBI *rechte Bienenkunst in* 3. *Büchern, vermehrt durch Caspar* HOEFLER Leipzig 1614. 8°. si huc facit.

Matthæi BACMEISTER *disputationes medicæ.* Quinta *de vigilia & somno* 1614.

Sexta *de motu & quiete* Rostoch. 1614. 4°. HEFT.

Septima *de superfluorum expulsione* ibid. 1614. 4°.*

Octava *de animi adfectibus* ibid. 1614. 4°.*

Caspar PAFF *de homine* Lipsiæ 1614. 4°. RIV.

J. Jacobus CRAFT *de excretione menstruorum per os* dedit observationem cum Hildaniana Centuria III. Openheim 1614. 8°.

J. Georg NOTTER *de depuratione sanguinis per renes* Argentor. 1614. 4°. BOEHMER.

Joh. de RENOU & *Michaelis* BOMMER *Ergo ex partium temperie virium robur* Paris. 1614.

Gab. HARDOUIN & *Petri* COMMUNY *Non ergo partus mulieri certo tempore contingit* Paris. 1614.

Petri PIJART & *Joh.* MARTIN *Ergo pulsus respirationi proportione respondet* Paris. 1614.

J. MERLET & J. BOURGEOIS *Ergo spiritus ab elementis* Paris. 1614.

Nicolaus JABOT & *Claudius de* POIS *Ergo cum semine morbi* Paris. 1614.

Simon PIETRE & *Petr. de* BEAURAINS *Ergo facultas a materia* Paris. 1614.

§. CCCIII.

§. CCCIII. *J. Cæsar* BARICELLUS.

J. C. BARICELLUS, *a* S. MARCO, Beneventanus, edidit *de hydronosa* (hidronosa) *natura s. sudore humani corporis* L. IV. Neapoli 1614. 4°.*. Eruditionis in enodandis controversis quæstionibus multum, bonusque ordo. Sudoris omne genus, crassum, tenuem, paucum, multum, calidum, frigidum, coloratum, gustabilem, fætidum, suaveolentem, diurnum, nocturnum, hibernum, stupentem etiam & silentem totidem capitibus considerat. De sudoribus etiam in morbis, hæc semejotica, & de sudoribus artificialibus. Naturam non satis consuluit.

EJUSD. *de lactis, seri & butyri facultatibus & usu opuscula* Neap. 1623. 4°.*. Pastoralia aliqua experimenta habet, de coagulatione varia lactis diversorum animalium. Suillum lac, parum notum, mite tamen, blande laxans, dulcem dare & aptum stomacho caseum. Vaccinum minime purgat, maxime caprillum. Ex lacte secundo coacto serum parari tenue. Multa collectanea.

§. CCCIV. *Caspar* HOFMANN,

Gothanus, Professor Altdorfinus, literator, vir eruditus, magnus Peripateticus, ut neque nuperos valde curet, neque ipsi GALENO parcat, quoties ab ARISTOTELE dissentit. Ad summum senium pervenit, & multa scripsit, scalpello vix unquam usus, acris tamen coævorum censor. Lego jam a. 1613. disputationem edidisse *de alimentis & excrementis*, Altdorf. 1613. 4°. THOMASIUS, & *de naturæ officio in sanitatis negotio* ibid. 1613. 4°.

De usu lienis secundum ARISTOTELEM, ib. 1613. 4°. Lipf. 1615. 8°.* Leid. 1639. 16°.*. Erudite sed absque anatome scriptus libellus. Lienem chylum trahere & per venam, & per arteriam, lutosiorem & aqueum. Eo sanguine lienem ali; excrementa emittere in ventriculum, renem, alvum, neque tamen ventriculum a melancholia ad contractionem stimulari, appetitum utique cieri. Contra ULMUM, obstare ejus theoriæ valvulas.

De nervorum origine 1615. 4°. HEFT.

De venarum origine secundum ARISTOTELEM ibid. 1615. 4°. PLATN.

De usu venarum & arteriarum mesaraicarum Noriberg. 1615. 4°. PLATN.

De spiritibus ibid. 1616. 4°.

De ichoribus & in quibus illi adparent adfectus diatriba Lipf. 1617. 8°. LIND.

De usu cerebri secundum ARISTOTELEM ibid. 1618. 4°. (1613. HEFT.) Lipsiæ 1619. 8°.

De usu venæ arteriosæ & arteriæ venosæ 1618. 4°. THOMASIUS.

De hepate ejusque usu secundum ARISTOTELEM, Altdorf. 1621. 4°. THOMAS.

De

De cerebro, medulla spinali & nervis cum biga problematum de motu & usu cerebri, Altdorf. 1622. 4°.* respondente H. DIETRICH. Pro ARISTOTELE in GALENUM de ortu venarum ex corde, cerebri usu &c.

De sanguine Altdorf. 1622. 4°. THOMAS.

De pulmone ibid. 1622. 4°.

De regeneratione hominis ibid. 1623. 4°. THOMAS.

De somno meridiano ib. 1625. 4°.

De partibus similaribus corporis humani ib. 1625. 4°.

De facultatibus naturalibus ministrantibus ib. 1626. 4°. THOMAS.

De calido innato ib. 1626. 4°. THOM.

Quod spiritus nutriantur externo aëre Hamburg. 1627. 4°.

Cur natura fecerit duo vasa sanguinea superflua ib. 1627. 4°.

De natura pulsuum ib. 1628. 4°.

Hæ disputationes. Inter opera majora primo loco sunt *variarum lectionum libri* VI. Lipſ. 1619. 8°.*. Versatur potissimum in emendandis veterum locis, & anatomica parce adtingit. GALENI loca aliqua corriguntur, ut oris ventriculi a stomacho distincti: de carne renum, sanguine nutritio, mesenterio, venis mesentericis; δωδεκαδακτυλου a duodeno distinctione, hæc in libro II. Aliqua etiam HIPPOCRATICA loca emendat. De ichoribus pluscula. De venarum origine ex TIMÆO, quas ex corde mavult oriri. Ex ARISTOTELE de semine, & de testibus. De GALENI in collo uteri inconstantia. Debere χοριον scribi, non χωριον. Aliqua turpicula. Hæc ex libro VI.

EJ. *de Liene, cerebro & ichoribus* Leid. 1639. 12°.* Amstelodami 1659. 12. Francofurti 1664. 12°. Tres sunt priores disputationes, sed datæ anno 1615. De liene diximus. De cerebri usu diatribe ad *Gregorium* HORSTIUM. Dolet animalium anatomen negligi & ARISTOTELEM; non probat, quod anatomici sibi physiologiam tradendam sumant. Cerebrum docet spiritus calidos temperare, ut sensitivi fiant, cordique ignem moderari.

De ichoribus varios locos veterum colligit.

EJ. *Apologia pro Germanis contra* GALENUM Amberg. 1625. 4°. THOMAS. & *Apologia apologiæ pro Germanis contra* GALENUM Amberg. 1626. 4°. THOMAS. si huc facit.

EJUSDEM *commentarii in* GALENI *de usu partium libros* 17. Francof. 1625. fol.*. Doctum omnino opus, quo nuperiorum inventa cum GALENICIS comparat, & subinde aliqua passim a PRÆCEPTORIBUS suis effata admiscet: ut ex futurarum defectu factam cephalæam.

EJUSD. *de thorace ejusque partibus commentarius tripartitus* Francof. 1627. fol.*.

fol.*. Contra GALENUM, animam docet unicam esse, in corde residere, a corde arterias, venas, & nervos oriri Sanguinem per arteriam pulmonalem ex dextro ventriculo prodire, perque venam pulmonalem in sinistrum ventriculum transire: cordis septum nusquam pervium esse. Dictio acuta, experimentorum parum.

EJUSD. *de generatione hominis adversus Mundinum* MUNDINIUM Lib. IV. Francofurti 1629. fol.* & *de formarum origine secundum* ARISTOTELEM *sententia, pertinens ad libros de generatione hominis* ib. Pro ARISTOTELE in GALENUM.

EJUSD. Cl. GALENI *de ossibus ad tirones liber, cum notis perpetuis* Francofurti 1630. fol.*. Aliqua fere grammatica.

EJUSD. *relatio historica judicii acti in campis elysiis coram Rhadamanto contra* GALENUM, *cum approbatione Apollinis* Noriberg. 1647. 12°.*. Varios errores GALENI redarguit, quoties ab ARISTOTELE discesserat.

EJ. *Institutionum medicarum* L. VI. Lyon 1645. 4°.*. Editionem dedicavit *Carolus* SPON. In præfatione profitetur HOFMANNUS, se veritatem, nempe, ut solet his vocibus uti, ARISTOTELEM contra GALÉNUM defensurum. Singulo capiti subjicit *aberrationes*, invidiosum titulum, sub quo ea colligit, quæ sibi in aliis scriptoribus displicent. Alios enim Institutionum auctores ubique carpit, etiam C. BAUHINUM, FALLOPIUM, & C. BARTHOLINUM. Rarius aliqua habet sibi visa, Patavii, aut Basileæ, ut duram membranam cranio adhærentem: passim etiam contra verum pugnat. In physiologia solidas primum corporis partes, inde fluidas describit: potestque pro bono lexico esse. Excrementa pituitosa vidit per tubam deponi. Poros cordis rejicit. Nomina arteriæ venosæ & venæ arteriosæ emendat.

Epitome Institutionum in VI. *libros digesta, ex auctoris autographo* Parisiis 1648. 12°. Francofurt. 1670. 12°. Heidelberg. 1672. 12°.

EJUSD. *de circulatione sanguinis digressio* apud RIOLANUM in opusculis 1652. 12°.* editis. Sprevit nobilissimum inventum, etiam cum contemtu, H. DIETERICI testimonio, & *G. Hieronymi* WELSCHII (*b*).

Post mortem Cl. viri prodiit ejus *Apologia pro* GALENO Lyon 1668. 4°.* ironice dicta, quæ sit pro ARISTOTELE adversus GALENUM oratio, cum perpetua hujus viri confutatione. Multum eruditionis græcanicæ, & in vocabulis laboris, placebitque ei, qui litium obsoletarum inter Peripateticos & scholas nuperiores studiosus fuerit. Acute GALENUM carpit, arguit inconstantiæ, omnia sua ab aliis habere criminatur, & modo huic adhærere veterum, modo alteri. Circulationem minorem per pulmones & hic adoptat & alias, septique cordis foramina rejicit. Venam umbilicalem in vitulo se inmittere in sinum venæ Portarum, hoc recte; & ductum venosum brevem latumque in hepate excarnato vidit. Varietates septi cerebri in animalibus. Cæterum parum habet anatomes.

Præfatio

(b) *Vindiciani somn.* p. 27.

Præfatio data est anno 1635. Codicem amici redemit & edidit *Guido* PATINUS, paulo ante suam mortem.

Pro veritate Adrastea GALENI. *Exercitationes juveniles adversus Parisanum aliosque* 18. *neotericos. Anti Argentarius & Anti Fernelius.* Accedit *Augustini* BUCCII, *Ludovici* BUCCAFERREÆ & J. C. CLAUDINI *de sede facultatum principum* Paris. 1647. 4°. maj. TREW.

Isagoge medica Cur. Variscor. 1661. 12°. edente J. P. BRUNNER Lips. 1664. 12°. LIND. 1678. 12°. NICOLAI.

De calido innato & spiritibus syntagma Francofurti 1667. 4.

Ej. *collatio doctrinæ* ARISTOTELIS *cum doctrina* GALENI *de anima* Parisiis 1647. 4°. maj. TREW.

De partibus similaribus liber singularis defectum suppleturus libri ejusdem argumenti, quem GALENUS *se ait scripsisse* Francofurti 1667. 4°. LIND.

Exstant etiam C. HOFMANNI epistolæ, tum apud C. HORNUNG editæ Noriberg. 1625. 4°.* tum ad REINESIUM Lipsiæ 1660. 4°.* in quibus aliqua sunt anatomici argumenti, ut de FOLII opinione. REINESIUS, doctissimus vir, vitio dat CASPARO, quod obiter res tangat, neque exhauriat. Historiam medicam, quam moliebatur (*c*), non perfecit, & GALENI nova editio, ad quam scribendam aptissimus accesserat, nunquam prodiit. Latebat apud VOLCAMERUM (*d*), nuper ab *Antonio* ASKEW emta.

Vitam Cl. viri dedit *J. Georg.* VOLCAMER in oratione Francofurti 1668. & 1680. cum vita medica edita, bona & æqua.

§. CCCV. *Petrus* PAVIUS.

Petrus de PAUW, H. FABRICII discipulus, Professor Leidensis, theatri anatomici conditor, itineribus per Galliam & Italiam exercitatus, melancholicus homo, valuit acri ingenio & memoria valida (*e*). Ejus *de ossibus primitiæ anatomicæ* prodierunt Leidæ 1615. 4°.* & figuras aliquas proprias habent sinuum pituitariorum cranii. Tubam EUSTACHII bene descripsit: negavit ossa pubis in partu discedere.

Ej. *Succenturiatus anatomicus cum Comm. in* HIPPOCRATEM *de vulneribus capitis & in 4. priora capita* libri VIII. CELSI Leid. 1616. 4°.*. Osteologica etiam continet, & icones ossium numerosas.

Ej. *observationes anatomicæ* 31. pleræque morbosorum corporum prodierunt cum *centuria* III. & IV. *historiarum* BARTHOLINI Hafniæ 1657. 8°.*. Urachum in

(*c*) MEIBOM *de scribend. hist. med.*
(*d*) BAIER *vit. Prof. Altdorf.*
(*e*) Apud *Ever.* VORST. *sermo funeb.*

in funiculo umbilicali non reperiri recte monet. Ventriculus angustissimus post ventris dolores. Polypus cordis. In lumbis pro medulla spinali funiculi unice nervei. Urina per penem in fetu expressa. Varietates aliquæ venarum. Hepatis ad Diaphragma nexus cellulosus. Caput fetus superioribus ossibus destitutum: testes in lumbis fetus. Aneurysma venæ cavæ. Aliqua parum probabilia, ut defectus arteriarum spermaticarum, venæ emulgentis.

Ejus *Methodus anatomica* M.S. exstabat in Bibliotheca *Francisci de* VICK LINDENIO teste. Meminit ejus in promissorum indice, qui prodiit cum *Primitiis*.

Notas & commentaria dedit in editionem *Epitomes anatomicæ* VESALII, quæ Amstelodami anno 1616. 4°. L. & 1633. 4°.* prodiit. Adnotationes numerosæ, potissimum osteologicæ.

De valvula coli agit apud HILDANUM, uti diximus.

Orationem funebrem dicatam memoriæ P. PAVII edidit *Everardus* VORST Leidæ 1617. 4°.*.

§. CCCVI. *Jacobi* SCHALLING. H. CROOKE &c.

J. SCHALLING *ophthalmia s. disquisitio hermetico Galenica de natura oculorum* Erford. 1615. fol.* prodiit, germanice & latine. In principio habet aliquam oculorum anatomen, cum figuris VESALIANIS. Homo cæterum Rosencruzianus.

Helkiah CROOKE *microcosmographia or a description of the body of man, collected and translated out of all the best autors of anatomy especially out of Gaspar* BAUHINUS *and* A. LAURENTIUS London 1615. fol. GUNZ. 1618. fol * 1631. fol. GUNZ. Vastum opus cum iconibus VESALIANIS, paucis aliis ex PLATERO, & LAURENTIO sumtis, & controversiis ad A. LAURENTII morem. Ipse corpora non videtur secuisse, cum deprecetur, quod de partibus genitalibus egerit aut figuras dederit.

Stephani Michaelis SPACHER, Tirolensis, *pinax microcosmographicus 16. tabularum nempe explicatio* 1615. 4°. & *Elucidarius tabulis synopticis microcosmi in laminis incisis æneis; literas & characteres explicans* ibid. 1614. 4°. TREW. Mea editio est Amstelodamensis 1634. fol. gr.* alia 1645. fol. ALB. cum titulo *Pinacis microcosmographici.* Tabula cutaneorum vasorum est LAURENTII, deinde tres tabulæ viscerum & musculorum per stata se subsequentia ex VESALIO. Habet ALBINUS in add. ad DOUGLASS. editionem priorem anni 1613. fol. cum titulo κατοπτρον μικροκοσμικον *visio prima, secunda, tertia.*

Idem omnino opusculum est J. REMMELINI, Ulmensis, *catoptrum microcosmicum* Aug. Vindelic. 1619. fol. Ulm. 1639. fol. DOUGL. Francof. 1660. fol.* cum VITI nomine. Verus inventor est REMMELINUS, etsi prior edidit SPACHERUS, acceptas à REMMELINO icones. Anglice prodiit *A survey of the microcosm or the anatomy of man and woman by Michael* SPACHER *and* REMMELINUS, *corrected by Clopton* HAVERS

HAVERS London 1702. fol. visiones 4. Priorem editionem anni 1675. video citari in Cl. FOLKES Bibliotheca. Germanice *kleiner Weltspiegel oder Abbildung göttlicher Schöpfung* Ulm 1632. fol. edente *J. Lud.* REMMELINO auctoris filio, 1720. fol. Ulm 1744. fol. Institutum idem, quod *Nicolai de* SABIO.

§. CCCVII. *Varii.*

Theodori COLLADONIS, Biturigis, *adversaria s. commentarii medici* T. I. Genevæ 1615. 8°.*. Totus fere liber in *Andream* LAURENTIUM scriptus est, cujus placita ubique refutat. Cæterum auctor græce & latine doctus, BAUHINI & H. FABRICII discipulus, magnus veterum est admirator, iniquior in nuperos. LAURENTIUM carpit ob philautiam, ob plagium, ipsam præfationem ex CÆLIO RHODIGINO sumtam esse objicit. Habet aliquas præceptorum suorum observationes, & cadaverum nonnullas dissectiones. Ictericos non videre flava.

Curtii MARINELLI *de morbis nobiliores animæ facultates obsidentibus* .... *Opusculum continens aliquas controversias, inconstantias & admirationes* GALENI Venet. 1615. 4°.*. Rationes suas non adeo ex natura, sed ex libris & ARISTOTELE repetiit. L. I. agit de anima, cerebro, sensibus internis. Melioris animæ sedem in cerebro ponit, non in ventriculis. In L. II. de motu agit, de musculi fabrica, differentia, partibus quærit: earum præcipuam facit nervum, carnem distinguit a fibris, negat omnem musculum in tendinem abire, qua se ossibus inmittit. L. III. de sensu, sensoriis, nervis, sensuum propugnaculis.

In posteriori opere ostendere suscipit, GALENUM sua ex aliis, vetustioribus, medicis sumsisse: inconstantias vero ad seculi morem meris ratiociniis nixus carpit.

Johannes DUVAL, Pontisianus, scripsit *Aristocratiam humani corporis* Paris. 1615. 8°. LIND.

Caspar DORNAVIUS *Menenium Agrippam s. corporis humani cum republica perpetuam comparationem, obss. historicis, ethicis, politicis, œconomicis, medicis illustratam* edidit Hanau 1615. 4°. LIND.

Caspar. CUNRADI *prosopographia medica* Francofurti 1615. 8°.

Antonii MERINDOLI, Aquensis, lib. *de calido innato & humido primigenio* Lyon 1615. 8°. LIND.

J. SISINII AMABILIS *de natura fœtus disputatio* Rom. 1615. 8°. LIND.

Antonii ZARA *anatome ingeniorum & scientiarum* 1615. Valde laudat le CAMUS. Habet causas corporeas in spiritum operantes.

Francisci TIDICÆI *microcosmus s. descriptio hominis & mundi parallela: quomodo universa rerum natura in homine per imaginem expressa sit. Quanto jure veteres parvum mundum dixerint* Lipsiæ 1615. 4°. LIND. 1638. 4°. IDEM.

Gio. Anton. GRIFFONE *fisionomia del cavallo, del bove* Venez. 1615. 12.

Aegidius ROMANUS *de formatione corporis humani in utero* Parif. 1615. 4°. LIND. IDEM forte qui COLUMNA de quo in *add.*

J. Petr. AUCHTERUS *de tussi* Basileæ 1615. 4°. RIV.

Balthasar SIMON *de humani corporis humoribus* Francof. & Lipf. 1615. 4. HEFT.

Samuelis FUCHSII, Custrinensis, *Metoposcopia & Ophthalmoscopia* Argentorati 1615. 4°. cum iconibus æneis 50. GUNZ.

La Fauconnerie de Charles D'ARCUSSIA *de Capre Seigneur d'Esparron ou un traité de la nature, maladies, anatomie & chasse aux faucons*, Paris 1615. 4°. MARTIN.

Joh. STEINMEZ *oratio utrum femina in sexum masculum per naturam mutari possit*, Jenæ 1615. 4°. THOMAS.

Georgii CORNUTI & *Antonii le* RAT *Ergo cuivis humori certo tempore dominium* Parif. 1615.

Claudii BOIVIN & *Roberti* TULLOUT *Ergo omnium partium simul conformatio* Parif. 1615.

Philippi HARDOYN & *Guilielmi* GUYON *Ergo a pituitæ permixtione bilis vitellina* Parif. 1615.

EJ. & *Barth.* BARALIS *Ergo certo tempore somnus convenit* Parif. 1615.

Nicolai MARCHANT & *Lazari* PENA *E solo sanguine nutrimur* Parif. 1615.

Michael de la VIGNE & *Caroli le* CLERQ *Ergo sanguineis actiones perfectissima* Parif. 1615.

Francisci DUPORT & *Dionysii* ALLAIN *Ergo viventis & mixti temperamentum unum* Parif. 1615.

Joh. BEAUCHESNE & *Barthol.* BARALIS *Ergo fetus per umbilicum nutritur* Parif. 1615.

Johan. HUTIN & *Joh.* TERIER *Ergo fetus octimestris vitalis* Parif. 1615.

§. CCCVIII. *Petrus* LAURENBERG. *Alii.*

Rostochiensis. EJUS *dispp. quinque de visu, auditu, odoratu, gustu & tactu* prodierunt Hamburgi 1616. 4°. MOELLER.

EJ. diss. *de pinguedine* Hamburg. 1617.

De tribus corporis regionibus speciatim de cute, ibid. eod. anno.

De Mesenterio, venis mesaraicis & pancreate, ibid. 1618. 4°. HEFT.

EJUSD.

Ejusd. *Procestria anatomica, in quibus proponuntur pleraque quæ ad generalem Anatomiæ & partium contemplationem attinent & A.* Laurentii *historia anatomica multis locis castigatur* Hamburg. 1619. 4°.*. Ad viscera abdominis, musculos, communia corporis involucra. Non indiligens vir in legendis libris, a natura alienior.

Ej. *de natura* Rostoch. 1633. 4°. Heft.

Ejusd. *Collegium anatomicum XII. disputationibus in Rostochiensi Academia propositum* Rostoch. 1636. 4°.* & cum titulo *Anatomiæ corporis humani* Francof. 1665. 12°.*. Diss. I. est de anatome in genere, partis definitione, & præcipuis partium differentiis Rostoch. 1635. 4°.

Exer. II. *de distributione corporis in regiones, cuticula & cute pinguedine* 1635.

Exer. III. *de panniculo carnoso, musculis abdominis, peritonæo.* 1635.

Exer. IV. *de umbilico & omento, mesenterio, venis & arteriis mesaraicis antiquis & novis lacteis* Asellii 1635.

Exercit. V. *de intestinorum generali & particulari historia* 1635.

Exercit. VI. *de renibus, ureteribus, vesica*, eodem anno.

Exercit. VII. *de liene, jecore, vesicula fellea, ventriculo*, eod. anno.

Exercit. VIII. *de partibus generationi inservientibus, testibus, utero*, eod. anno.

Exercit. IX. *de thorace, mammis, musculis, pleura, mediastino, diaphragmate*, eodem anno.

Exercit. X. *de Pericardio, corde, pulmonibus, aspera arteria*, eod. anno.

Exercit. XI. *de capite in genere, pericranio, meningibus, cerebro, sensoriis* 1636.

Exercit. XII. *de ossibus generatim* 1636. Seorsim etiam prodierunt, & aliquæ penes me sunt. Novis usus Harveji experimentis, circuitum sanguinis per pulmones verum docet: septum cordis impervium adfirmat. Neminem auctorem citat. Solos dissecuisse boves Riolanus (f).

Εισαγωγην ανατομικην edidit, quam diximus p. 111.

In *lauro delphica* Leid. 1621. 4°. Witteberg. 1628. 12°. edita laudat suam in arte Mnemonica peritiam.

Ejus in Mnemonica Ciceronis proloquium exstat in E. N. C. Dec. I. ann. 3. app.

Fabius Columna, magnum in botanicis nomen, cum altera parte suæ *stirpium Ecphraseos* Romæ 1616. 4°. edita, aliqua de animalibus marinis habet, tum de hippopotamo ejusque dentibus. In l. *de purpura* Romæ 1616, 4°.* animalia

(f) *Anthropograph.* p. 32. in C. B. p. 688.

animalia in testis marinis habitantia describit. In iis, quæ ad *Fr.* HERNANDEZ historiam addidit, de zibeto agit, & de modo atque mensura, qua de animale educitur.

Christianus MOLDENARIUS edidit *exercitationes physiognomicas* IV. *libris comprehensas, quorum* I. *de corporis agit* II. *Chiromantiam* III. *Metoposcopiam s. frontis contemplationem* IV. *Oneirocriticam proponit* Wittebergæ 1616. 8°. BODLEYANA.

In *Francisci* PECCETII *Chirurgia* Florent. 1616. fol.* breves descriptiones partium adfectarum reperiuntur.

Stephani MANIALDI, Medici Burdigalensis, non ineruditi, *de partu prodigioso qui visus est in agro Gradiniano juxta Burdigalam* anno 1595. Burdigalæ 1616. 8°.*. Multipara femina concepit, fetum retinuit, iterum concepit, iterum fetum retinuit: utrumque partum & per abscessum, & per vulnus a chirurgo inflictum reddidit. Aliud exemplum partus ventralis, per incisionem educti.

EJUSD. HIPPOCRATIS *Coi chirurgia* Paris. 1619. 8°.* Passim partes adfectas describit, & ad HIPPOCRATICAS descriptiones commentatur.

In *Francisci* JOEL *operibus omnibus* Hamburgi 1616. 4°. Rostoch. 1630. 4°. editis *. Tomus I. continet *universa medicinæ compendium*, editum a *Matthia* BACMEISTER. In principio Physiologiam & anatomes compendium.

J. Casp. BLASSIUS *theses medicæ de humoribus corporis humani* defendit præside *Sim.* OBSOPOEO Heidelbergæ 1616. 4°.

EJ. disp. *de mulierum sterilitate* Basil. 1628. 4°. SCIH.

Guil. GUYON & *Franc.* MANDAT *Ergo cor appetentiæ sedes* Paris. 1616.

Maurit. de MONTREIL & *Simon le* LETIER *Ergo ventriculo calidis carnes frigidæ* Paris. 1616.

Philiberti GUYBERT & *Joh.* BEVAULT *Ergo a color sexus differentia* ib. 1616.

Jean PIETRE & *Fr.* BOUJONNIER *Ergo septenario conceptus partus est vita* ibid. 1616.

Abraham HEINECCIUS *de hominis generatione & conceptione* Wittebergæ 1616. 4°. HEFT.

EJ. *quæstionum anthropologicarum decas* ibid. 1617. 4°. HEFT.

EJ. *de temperamentis* ibid. 1626. HEFT.

EJ. *de oscitatione* ibid. 1627. 4°. HEFT.

J. Rupert. SULZBERGER *de respiratione* Lips. 1616. 4°. HEFT.

EJ.

Ej. *disp. de osteologia* Lipsiæ 1624. 4°. HAENEL.

Georgius LOTHUS *de usu partium nutritioni inservientium in coctionibus facultati cum harum excrementis* Regiom. 1616. HEFT.

Ej. *de hominis generatione* ibid. 1617. 4°. HEFT.

Ej. *de urinarum differentiis earumque causis* ibid. 1623. 4°. HEFT.

Ej. *de hepatis structura* ibid. 1650. HEFT.

§. CCCIX. *Varii.*

Clementis TIMPLER *optica, systema methodicum, & physiognomia humana* Hanau 1617. 8°. LIND.

Bernardi SUEVI *trias progymnasmatum medicorum* Basileæ 1617. 4°.*. Pro clysteribus nutritiis.

Roberti FLUD, Angli, alias *de fluctibus dicti, utriusque cosmi majoris & minoris metaphysica* T. I. *de microcosmi historia, de ejus generatione ortu & progressu. De supernaturali naturali, & præter naturali, & contra naturali microcosmi historia. Internum s. anima. Externum s. corpus. Animæ in corpore operatio. Tectonica microcosmi interni & externi historia. Ars memoriæ: physiognomia, chiromantia. De morte. De uromantia s. divinatione per urinam. Pulsus s. nova & sacra arcana pulsuum historia ex sacro fonte extracta* Openheim. 1617. fol. MARTINI.

T. II. *anatomia triplex, homo nutritus anatomia visibili & invisibili bifariam dividitur* Openheim 1623. fol. TR.

In T. II. refert Cl. CLEMENT *de supernaturali, naturali, præter naturali & connaturali microcosmi historia* Openh. 1619. fol. Nonne IDEM, quod modo dixi.

Ej. *universale medicinæ catoptricon* Francofurti 1631. fol. LIND. Continet præter alia physiognomiam, chiromantiam, considerationem excrementorum, urinæ, sudoris, sputi, pulsuum.

EJUSD. *anatomiæ amphitheatrum effigie triplici unic & conditione varia designatum* Francofurti 1623. fol. 1635. fol. cum figuris PL. An IDEM cum *anatome triplici.*

EJUSD. *pulsus s. nova & arcana pulsuum historia e sacro fonte radicali extracta & medicorum ethnicorum dictis comprobata* 1629. fol. CLEM. absque anno. Thermometrum excogitavit factum ex sphæra, tuboque longo, aqua semipleno. Pulsum dixit expansionem esse DEI in vasis habitantis. Monochordi rationem musicam cum temperamentis comparavit.

Homo fanaticus, Rosencruzianus, qui se noluit intelligi.

Lazarus RIVERIUS, Medicus & Professor Monspeliensis, chemicorum & calidiorum medicamentorum ope arabicis medicaminibus robur addidit. Ejus sunt *Institutiones medicæ* L. V. Lipsiæ 1654. 8°. Lugduni 1656. 4°. LIND. Haag. 1657. 8°. maj.* quarum pars I. est Physiologia, qualem ea ætas ferebat.

In centuriis 4. *observationum* & *in communicatis observationibus* passim reperias aliqua ad physiologiam facientia. Ventriculum vitiose in thoracem irrepsisse.

Ej. *quæstiones medicæ* 12. Monspelier 1617. 4°. Huc faciunt *An vitiosi & morbosi partus eadem sit causa.*

J. Casimir JORDAN *de monstris* Heidelberg. 1617. 4°. HEFT.

Johannis BOURGEOIS & *Joh.* BOMPAIN *Est ergo cuique parti facultas sua insita* Paris. 1617.

Henrici BLACVOD & *Mart.* ROBICHON *Ergo similarium temperies facultatum basis* Paris. 1617.

Gabr. BIART & *Pauli* GYRON *Ergo a semine calidiore mares* Paris. 1617.

Caroli le CLERCQ & *Fr.* QUIQUEBOEUF *Non ergo sine semine virili mola* Paris. 1617.

Georg. SCHARPE in *quæstionibus medicis* 12. quærit, an certa sint signa, quæ virginitatem, fetus conceptionem, sexumque notent Monspel. 1617. 4°.

ABERNETHEE in suarum *quæstionum* prima quæsivit, an vulnera occisorum præsentibus occisoribus sanguinem fundere possint naturaliter, atque occisores indicare. In Quæst. 7. an conceptio fieri possit absque voluptate Monspelier 1617. 4°.

GENESTET in *quæstione* I. An noctambuli & somniantes delirent, dum loquuntur, vident, aliasve functiones humanas exercent Monspel. 1617. 4°.

SAILLER in *Quæstionum medicarum* 12. *editar.* Monspel. 1617. 4°. quinta quærit an singultum sanet sternutatio & vomitio? Hæc PORTAL.

§. CCCX. *Carolus* GUILLEMEAU.

Carolus GUILLEMEAU, RIOLANI discipulus, Chirurgus Parisinus Parisiis 1618. 8°.*. edidit *Ostomyologie s. discours des os & des muscles du corps humain.* Integra fragmenta præceptoris sui RIOLANI, potissimum myologica, operi suo inseruit; alia se didicisse ait a REDON, qui fit ex optimis sui seculi anatomicis. In ossibus, inque sceletis præparandis, se omnino exercuit, & ossa in scholis chirurgicis demonstravit, cæterum rarius naturam consuluit. Nihil se posteris dicendum reliquisse putat, fusus cæterum, verbosus & amans controversiarum. In musculis sæpe COLUMBUM sequitur. In biventre & coracohyoideo veram fabricam vidit. Minutiores musculos passim rejicit, & habet pro

pro ligamentis, ut in uvula. In leonum ossibus aliquam medullam reperit. Puellas gallicas fere dextra scapula esse altiori, ut RIOLANUS. Interosseos musculos recte habet.

L. de la grossesse & des acouchemens des femmes Paris 1620. 8°. paternum ipse reddidit, & addidit icones aliquas.

EIDEM tribuitur *discours apologetique touchant la vérité des geans contre la gigantomachie d'un certain médecin,* Paris 1615.

Et cum respondisset HABICOTUS, *reponse à un discours Apologetique touchant la vérité des geants,* noster reponsuit *Jugement d'Heraclite & de Democrite sur la réponse d'Habicot au discours attribué à* M. GUILLEMEAU. Ita PORTAL, quem vide, tum p. 316.

§. CCCXI. J. R. SALZMAN.

J. Rudolphi SALZMAN, per multos annos anatomes Professoris in Academia Argentoratensi, CASSERII discipuli & BAUHINI, *disp. de natura sanguinis* Argentor. 1618. 4°.*

EJUSD. *de anatomicis quibusdam observationibus epistola* cum HORSTIANIS Ulm. 1620.

EJ. *exercitationes medicæ ex* FERNELIO. Earum *Quinta* est *de supremi ventris partibus animalibus* Argentorat. 1623. 4°.*.

EJ. *de difficultate respirationis* ibid. 1635. 4°.

EJ. *discursus psychologicus de vita & morte hominis* 1642. 4°. B. THOM.

EJ. *de vita & morte hominis* 1648. 4°. HEFT. annon idem.

EJ. *de uromantia* 1651. 4°.

EJUSD. *συμπαθεια rerum naturalium* Argentorati 1661. 4°. BURCK. nisi junioris est SALZMANNI.

EJ. *observata anatomica hactenus inedita* Amstelodami 1669. 12°.*. Brevis libellus; sed totus ad naturam factus, cadaverum quidem inprimis morbosorum, tamen etiam eo solo fine susceptarum incisionum historiam tradit, ut aliqua melius innotescerent. Icones viarum fetui propriarum ad C. BAUHINUM misit. Ossiculum auditus unicum avium habet. Puer atreta; ejus renes tuberculosi. Intersectiones in musculis transversis abdominis. Varietates vasorum pectoralium, renalium. Urachus cæcus. Vena lienalis porosa. Valvula venæ jugularis externæ, adscensui sanguinis contraria. Uterus puerperæ crassus; ossa pubis in partu non laxata. Ventriculi cerebri descendentes. Pori nervi optici. Noduli ARANTII.

§. CCCXII. *Varii.*

J. Dan. MYLII *opus medico-chymicum, tres continens basilicas. In I. physiologia antiqua Hippocratica* Francofurti 1618. 4°.

Hannibalis ALBERTINI, Cesenatis, *de adfectionibus cordis* L. III. Venet. 1618. 4°.*. Primus liber est de adfectionibus naturalibus s. physiologia cordis. Cor animæ sedem esse: in systole longius fieri, a fibris rectis & obliquis moveri. Multa cæterum ex scholarum sensu & more.

Petri BERRETTINI, Cortoniensis, celebris pictoris, tabulæ anatomicæ, quarum *J. Maria* CASTELLANUS auctor esse videtur. Sculptæ sunt a. 1618. ut non sint VESLINGII. Eum CASTELLANUM opus de venæ sectione in fol. & 4°. Romæ edidisse L. ALLATIUS auctor est, magnumque opus anatomicum in fol. paratum reliquisse: id opus putat esse BERRETTINI Cl. MOEHSEN, quod in eo venæ, quæ secari solent, omnes repræsententur (g).

EJUSD. certe CASTELLANI *phylacterium phlebotomiæ & arteriotomiæ* recusum Argentorati 1618. 8°.* figuras etiam continet venarum & arteriarum totius corporis. Inter eas duæ icones utique sunt eædem, quæ in BERRETTINI tabula, nisi quod valvulæ in ista desiderentur. Conf. G. RIVA a. 1670.

Francesco ARCADIO *parafrasi sopra la medicina sanctoriana nella quale brevemente si dichiara l'arte suddetta in aforismi ridotta dall E. Santorio* Parma 1618. 12°. MAZUCHELLI.

Petri LOPEZ *poësis philosophica in sex* l.l. *digesta de rebus non naturalibus* Conimbricæ 1618. 4°. CAP. de VIL.

EJ. *flosculus medicinæ tribus libris comprehensus & totidem rebus quas corpus humanum continet* Olyssipon. 1620. 8°. Malacæ 1635. 4°. LIND.

Joh. MANELPHI *de fletu & lacrumis* Rom. 1618. 8°. LIND.

EJ. *urbanæ dissertationes in I. Problematum* ARISTOTELIS *sectionem* Rom. 1630. 8°.

J. SCHOENLIN *de visus nobilitate & conservandi modo* Monach 1618. 16°. LAURENTII opus latine redditum.

Thomas GIANNINI in l. *de substantia cœli stellarum* agit etiam de infelicitate partus octimestris, & de stigmatibus, quibus in utero obsidetur, Venet. 1618. 4°.

Antonii CÆLII *tract. de pulsibus* Messin. 1618. 4°. LIND.

Scipionis PORTII *opus physiologicum, in quo varia quæsita discussa elucidantur* Massa 1618. 4°. commentatur in I. l. de auditu ARISTOTELIS; agit de sanguinis tempe-

(g) MOEHSEN *Bildnisse* p. 102.

temperamento, quod sit calidum; ad quem sensum dolor spectet. Ad scholarum saporem.

Jacobi MULLER *de natura motus animalis & voluntarii ex principiis physicis, medicis, geometricis, & architectonicis deducta* Ulm. 1618. 4°. LIND. & in HORSTIANIS, Conf. p. 300.

Erasmi POSTHII *posthuma pietas h. e. carmina & epitaphia in obitum* J. POSTHII *patris sui* Francofurt. 1618. 8°.

Antonius VARUS *de usu lienis* Francof. ad Viadr. 1618. 4°. BOEHMER.

Chr. RHORBORN *de vita & morte* Lipf. 1618. 4°. THOMAS.

Valentin HARTUNG *de lienis natura & structura* Lipf. 1618. 4°.

EJ. *de hepate* ibid. 4°. eod. anno, HEFT.

EJ. *de corde* ibid. 1619. 4°. HEFT.

EJ. *de simplici trino ut alimento medicamentoso, lacte, melle, vino* Lipsiæ 1625. 4°. HEFT.

Theoph. ARNETIUS *de partibus principalioribus ad corporis humani structuram mirabilem concurrentibus* Jen. 1618. 4°. HEFT.

EJ. *Num anima humana sit forma adsistens vel informans, num formæ in homine sint plures* Jen. 1622. 4°. HEFT.

Claude GIGOT *an coitus a ligatura arceatur* Monpelier 1618. 8°. Ita putat.

Jacobi COUSINOT & *Claudii* QUIQUEBOEUF *Ergo Melancholia divinior* Parisiis 1618.

Lazarus PENA & *Petr.* GIRARDET *Ergo sanguis putrescens in alios degenerat humores* Paris. 1618.

§. CCCXIII. *Chr.* SCHEINER.

Christophori SCHEINER S. I. *oculus h. e. fundamentum opticum in quo ex accurata oculi anatome, abstrusarum experimentiarum sedula pervestigatione &c. radius visualis & sua visionis in oculo sedes eruitur, sua visioni in oculo sedes decernitur &c.* Oeniponti 1619. 4°.* Lond. 1652. 4°. Bonum opus. Post KEPLERUM Auctor sedem visionis lenti crystallinæ eripuit, cujus vim refringentem dixit, cataractæ sedem definivit, retinæ dignitatem restituit, causas presbyopiæ & myopiæ in lentis crystallinæ figura positas, necessarias oculi interni mutationes demonstravit. Multa ad inversiones & eversiones imaginum adque angulum opticum pertinent. In uvea tunica fibras esse musculares. Lentem a processu ciliari convexiorem reddi. Anatomen oculi dedit; retinam pellucidam, chorioideæ membranæ internam faciem in aliis aliisque animalibus aliter coloratam esse. Corneæ majorem convexitatem icone expressit, nervique ingressum multo interiorem quam axis

axis est visus: denique lentis crystallinæ inæquales duas convexitates. Experimento ostendit, in retina imaginem pingi.

§. CCCXIV. Tardinus. Glandorpius. *Alii.*

Johannis TARDINI, Turnonensis, *de pilis disquisitio physiologica* Turnoni 1619. 8°.*. Fusissime, sed absque proprio experimento scripsit, cum innumeris controversiis.

EJUS l. *de undecimestri partu* Turn. 1640. nuper Parisiis recusus est 1765. 8.*. Contra partum undecimo a morte mariti mense, ex Hippocraticis fere auctoritatibus.

Aegidii GUTMANN *Offenbarung göttlicher Majestät &c.* Hanau 1619. 4°. & Halberstatt 1675. 4°. Commentarius est in quatuor capita priora Geneseos: In eo circuitum sanguinis tangi lego.

Matthias GLANDORP, Medicus Bremensis, *Hieronymi* FABRICII & A. SPIGELII discipulus, chirurgica fere opera reliquit. Inter ea *speculum chirurgorum* Bremæ a. 1619. 8°.* edidit, quo vulnera omnium partium universi corporis persequitur. Solet autem cujusque partis anatomicam descriptionem, sed perbrevem addere.

In tr. *de paronychia* Brem. 1623. 8°.* manus anatome traditur. Sic in tractatu *de polypo* Brem. 1628. 4°.* narium fabrica, brevissime quidem.

In *Gazophylacio polyplusio* Brem. 1633. 4°.* figuræ sunt, sed omnino mutuatitiæ, quæ venas subcutaneas anteriores & posteriores exprimunt, musculosque subcutaneos. Eo fusior autem est Auctor, quo quisque liber posterior prodiit.

Opera omnia recusa sunt Londini 1629. 4°.*.

Johannis VARANDÆI *Physiologia* cum aliis libris prodiit Hanau 1619. 8°. Montpelier 1620. 8°. ENDTER, & in operibus omnibus Lyon 1658. fol. ENDTER.

Guilielmi DUVAL, Medici & Professoris Parisini, *Synopsis analytica doctrinæ peripateticæ* Paris. 1619. DOUGLASSIUS. Mulierum testes vesiculis esse referto docuit. Conf. p. 323.

Isoardi GUIGNON *autopsiomma cum ejusdem oculi actionibus & utilitatibus* Turin. 1619. 4°. *le* TELLIER.

Francisci Matthæi FERNANDEZ, Pacensis, *de facultatibus naturalibus, disputationes medicæ & philosophicæ* Granat. 1619. LIND.

Traité de la physiognomie Paris 1619. 8°.

Sebastiani PRENNER *groß Planeten-Buch, samt der Geomantic, Physiognomie und Chiromantie, auch einen besondern Tractat von der Chiromantie, so aufs neue dazu kommen* Strasburg 1619. 8°. PL.

Pedis admiranda Paris. 1619. 8°.

Michael MAIER *de volucri arborea absque patre & matre: de ortu miraculoso potius quam naturali vegetabilium, animalium, hominum &c.* Francofurti 1619. 8°.*. Bernaclam ex concha nasci, etiam se ipse teste.

Dirk KLUYT *spreckinghe van de byen haar orspronk natuer en zeldsame werken, wonderlyke politien en ordentliche regeering* Utrecht 1619. 8°. BURCKH. Reginam apum habet.

Josephi SCALIGERI *loci cujusdam* GALENI *difficillimi explicatio doctissima,* edita a JOACHIMO MORSIO Leid. 1619. 4°.*. De præconis voce.

J. Caspar HELBLING *de oculi structura* Ep. in Cent. I. Epistolarum HILDANI Openheim 1619. 4°. & in operibus.

EJ. *de facultatibus corporis humani* Friburg. Brisg. 1619. HEFT.

J. SIGLICIUS *de anatomia scientiæ medicæ oculo* Lipſ. 1619. 4°. PL.

Zachar. BRENDEL *de temperamentis* Jen. 1619. 4°. THOMAS.

J. Jac. BRUNN, Prof. Basil. *de humoribus corporis humani* Basil. 1619. 4. HEFT.

J. HARTRANFT *disp.* XX. *de corpore humano* Lipſ. 1619. 4°. HEFT.

Renati MOREAU & *Valentini* HYERAULME *Ergo ex physiognomia corporis constitutio* Parif. 1619.

EJUSD. *diss. an oculi amorum illices & indices* Paris 1619. 4°. MURR.

§. CCCXV. *Fabricius* BARTHOLETTUS,

Bononiensis, Professor Mantuanus, EJUS *anatomica corporis humani descriptio per theses disposita* prodiit Bonon. 1619. fol. MAZUCHELLI.

EJ. *Prælectio anatomica habita Bononiæ e subsellio anatomico* Bonon. 1620. 4°. MAZUCHELLI.

EJ. *Encyclopædia* HERMETICO *dogmatica* P. I. Physiologia Bonon. 1619. 4°.* Ex scholarum sensu contra Hermeticos.

EJUSD. *Methodus in dyspnœam s. de respirationibus* L. IV. Bonon. 1633. 4°.* posthumum opus. In P. IV. multa bona habet, in cadaveribus incisis visa, glandulas etiam bronchiales. In P. V. animam humanam suadet in magna vitra colligere, in quibus abeat in crystallos. Tæniam bene describit.

EJ. *Anatomiæ magnæ partem secundum* inpressam esse, nondum vero publicatam . . . . MAZUCHELLI. T. III.

Michaëlis ZANARDI *disputationes de triplici universo cælesti, elementari & mixto parvo homine* Venet. 1619. 4°. Colon. 1620. 4°.*. Brevem physiologiam continet, cum physiognomia conjunctam, ex scholarum sensu. Ita cellulas duas uteri retinet, masculiferam, & alteram destinatam feminis.

§. CCCXVI. *Daniel* SENNERTUS,

Uratislaviensis, Professor Wittebergensis, clinicus equidem, & in decerpendis libris, bonoque ordine compilandis felix, conciliator novæ philosophiæ cum vetere, multa scripsit, quæ eo ævo maximo plausu excepta fuerunt.

EJ. *disputatio de pilis* Wittebergæ 1620. 4°.

EJUS *institutionum medicinæ* L. V. Witteberg. 1620. 4°. Paris. 1631. 4°.* & alias editi (*h*). In L. I. brevis physiologia traditur. L. III. de pulsu agit, bono ordine.

Epitome institutionum medicarum Witteberg. 1634. 12°. & alias.

EJ. *de singultu* Witteberg. 1624. 4°. RIV.

In *meditina practica* Paris. 1632. 4°. subinde locos adfectos describit, ut in exemplo cartilaginem mucronatam. Ossicula (WORMIANA) triangularia PARACELSI a DOBRINGIO reperta fuisse. De mensium varietate, de virginitate, de alieno partus tempore, formatione fetus, nævis ab imaginatione materna natis. Et sic in aliis etiam organis physiologica & anatomica cum morborum cura conjunxit.

In lib. *de Chymicorum cum Aristotelicis & Galenicis consensu* Paris. 1633. 4°.* de anatome etiam agit & de physiologia.

In *Epitome naturalis scientiæ* Paris. 1633. 4°.* in l. VII. breviter de anima, de sensibus internis, externis, de animalibus, de homine, de corpore humano cum brevi physiologia.

EJ. *hypomnemata physica* Francofurt. 1635. 8°. LIND. Eorum quartum est de generatione viventium, quintum de spontaneo viventium ortu.

EJ. *de origine animarum in brutis* Francof. 1638. 8°. Cat. HEID. brevis libellus in J. FREYTAG.

Epitomen s. tabulas institutionum medicinæ D. SENNERTI *summam exhibentes* scripsit *Christian* WINKELMANN Wittebergæ 1635. fol. 1673. fol.

§. CCCXVII. *Varii.*

Thomæ CAMPANELLÆ, Stylensis monachi, hominis singularis, ex libris potius & ingenio quam ex contemplata natura docti, *de sensu rerum & magia* L. IV. Francofurti 1620. 4°. Omnia sentire, etiam inanimata.

EJ. *de sensu rerum & magia* L. IV. *defensi & correcti* Paris. 1637. 4°. CLEM.

EJUSD.

(h) Editionem video citari 1611. 4. sed vitio procul dubio typographi.

EJUSD. *medicinalium juxta sua principia* libri VII. Lyon 1635. 4°.*. Inter reliqua physiologiam habet, in L. I. & II. ex scholarum sapore scriptam. Animæ etiam in febres imperium adgnoscit. Bilem ex liene derivat.

J. Dominici SALAE, Patavini, & in urbe patria Professoris, *Ars medica, in qua methodus & præcepta medicinæ conservatricis & curatricis explicantur* Venet. 1620. 4°.*. Physiologica etiam continet.

Joh. COMBACHII, Wetterani, l. *de homine, de nobilissima creatura essentia, partibus & ordine ad* DEUM *universum & alias creaturas* Marpurg. 1620. 8. LIND.

Francisci Antonii CASERTÆ, Neapolitani, *de natura & symptomatis motus animalis* Neapoli 1620. 4°.*. Bona fruge vacuus.

Gabrielis ILLEFONSI, Villa Braximensis, *de viri & feminæ comparanda fecunditate* Villa Braximæ 1620. 4°. LIND.

David de PLANISCAMPI *discours de la phlebotomie* Paris 1620. 8°. Venas describit, quæ secari solent, DOUGL. app.

Pablo BONET (balet servant de su Majestad) *reduction de las letteras y arte para ensennar a hablar a los mudos* Madrit. 1620. 4°. CAP. de VIL. (*i*). Artem loquendi mutos docuit.

Wolfg. SCHALLER *brevis & generalis infimi ventris contemplatio* Witteberg. 1620. 4°. BURKH.

EJ. *de viribus imaginationis* Witteberg. 1624. 4°. HEFT.

J. Georg. GROSS *compendium medicinæ ex s. scriptura depromtum* Basileæ 1620. 8°.

Petri ROBINET & *Car. le* SCELLIER *Ergo ex seminum mixtione sexus* Paris. 1620.

Franc. BOUJONNIER & *J. Cæcilius* FREY *Ergo medico oneiromantia* Paris. 1620.

Dionys. GUERIN & *Franc.* PIJART *Ergo torpor ventriculi omnium confusio* Paris. 1620.

Val. HYERAULME & *Nic.* ROLAND *Ergo indefinitum pariendi tempus* Paris. 1620.

§. CCCXVIII. *Franciscus* PLAZZONUS,

Patavinus, ex castris in academiam vocatus, SPIGELIO collega additus, immatura morte anno 1624. abreptus est (*k*).

EJUS *de partibus generationi inservientibus* libri II. prodierunt Patav. 1621. 4.* Leidæ recusi 1664. 12°. cum ARANTII l. *de fetu*. Minus inanis, quam vulgo scribi

(i) Apud MORHOF *stent. hyaloclast.*
(k) TOMASIN *Gymnas.* p. 80. 447.

scribi solebant libellus, etsi magna pars ex veterum est sententia. Varietates aliquas vasorum spermaticorum vidit, & lacunas, quæ sunt circa urethræ ostium. Tubas male cæcas dixit, vasa vulgo deferentia dicta recte plena esse monuit, & vera ligamenta, negatque in uterum aperiri. VAROLII tamen & LAURENTII ductum deferentem in cervicem uteri apertum admittit. Rugas vaginæ per ætatem evanescere. Vaginam turgere posse docet. Puncta nigricantia per quæ menses fluant.

§. CCCXIX. *Varii.*

Camilli BALDI, Bononiensis, *in physiognomica* ARISTOTELIS *commentarii ab Hieronymo* TAMBURINO *editi* Bonon. 1621. fol. Idem forte opus est *de humanarum propensionum ex temperamento prænotionibus tractatus* Bonon. 1629. 4. LIND.

EJ. *de naturali ex unguium inspectio præsagio commentarius* Bonon. 1629. 4°. LIND. Utrumque Bonon. 1664. 4°. BURKH.

EJ. *de ratione cognoscendi mores*, *f. de humanarum propensionum differentiis* Bonon. 1664. 4°. idem, ut puto opus, quod ad a. 1621. & 1629. diximus.

Paolo Emilio BIANCHI *de partu hominis pro medicis & Jurisperitis* Papiæ 1621. 4°. MAZUCHELLI T. IV.

Salvator Ardevinus ISLA scripsit *fabrica universal y composition del mundo major y minor* Madrit 1621.

Johannes COLLE, Bellunensis, Medicus, Professor Patavinus, scripsit *elucidarium anatomico chirurgicum ex Græcis, Arabibus & Latinis selectum* Venet. 1621. fol.*. Habere foramen tympani PORTAL.

In *facili præparatione alimentorum* Venet. 1628. Transfusionem suasit sanguinis.

Jacob HASEBARD *quæstio an lac in mammis mulierum sit sufficiens conceptionis indicium* Hafn. 1621. cum responso *Olai* WORM. In *cista Hafn.*

Georgii MULLER *idea hominis* Lips. 1621. 4°.

Emanuelis STUPANI *de corporis humani partibus* Basil. 1621. 4°. THOMAS.

EJ. & ZIEGLER *de lacte* Basil. 1629. 4°.

Eusebii SCHENK *problematum medicinalium decas* Jen. 1621. 4°.* intercedunt etiam anatomica.

Nicol. REGNIER & *Frid.* FRANÇOIS *Ergo a corde juventus* Paris. 1621.

Anton. le GROS & *Ant.* CHARPENTIER *Ergo partus dolor maximus*, Paris. 1621.

§. CCCXX.

§. CCCXX. P. ZACCHIAS.

Pauli ZACCHIÆ, archiatri pontificii, *quæstiones medico legales: in quibus omnes materiæ medicæ, quæ ad legales facultates pertinere videntur, pertractantur & resolvuntur* L. I. Romæ 1621. 4°. LIND. L. II. ib. 1625. Id. L. III. ibid. 1628. L. IV. ib. 1628. Libri IV. priores Lipsiæ 1630. 8°. B. *Bern*. Lib. V. Romæ 1630. 4°. TREW. L. VI. ibid. 1634. L. VII. ib. 1635. L. VIII. & IX. conjuncti Amstelodami 1650. fol. ENDT. Lyon 1661. fol. 1674. fol. ENDT. Francofurti 1666. fol. 1698. fol.* curante *J. Daniele* HORSTIO, deinde *Georgio* FRANCO, cui editioni *Henricus de* COCCEJI notas & additiones aliquas adjecit; & denuo Noriberg. 1726. fol. PL. Lugdun. 1726. fol. MART. Doctum opus & magno judicio scriptum, communem plausum meruit, & maxima parte ad nos spectat, ut L. I. titul. I. de ætatibus hominis. Titulus II. de partu vitali & legitimo tempore partus naturalis, de fetuum numero. Titulus III. de graviditate & superfetatione. Tit. V. de similitudine parentum, veroque pueri patre. L. VI. titul. I. de iis qui diu absque sensu vivunt. Tit. III. de sterili, & arcta, & mensium varietate. L. III. tit. I. de necessariis ad concipiendum, de impotentibus, hermaphroditis. L. IV. de virginitate & ejus signis. L. V. de jejunio & asitia. In T. II. Consiliorum multa ad rem physiologicam spectant. De monstris etiam & partubus male fabricatio aliqua habet.

§. CCCXXI. *Varii*.

Helvicus DIETERICUS, Medico-Chirurgus, vir a vanitate non purus (1), disputavit *de cerebro* Altdorf. 1622. 4°. MOELLER.

EJ. *elogium planetarum cœlestium & terrestrium Macrocosmi & microcosmi* Argentorat. 1627. 8°. MOELLER.

EJ. *vindiciæ adversus* TACHENIUM Hamburg. 1655. 4°.*. C. HOFMANNO dudum, & anno fere 1622. se aperuisse circularem sanguinis motum, atque eo joco quodam fuisse deterritum, ne inventum publicaret. Verum etsi plurimis vivorum canum dissectionibus se vacasse addat, nullo tamen alio invento meruit, ut tanti inventi gloriam ei tribuamus.

Francisci PELLEGRINI *discorsi d' astrologia e fisonomia naturale* Vicenza 1622. 16°. CINELL.

Wolfgang HILDEBRAND *magia naturalis* Darmstatt 1622. 4°. Erford. 1664. 4. B. *Bern*. Habet etiam monstra aliqua.

Cum J. NEANDRI *antiquissimæ medicinæ natalitia &c.* Brem. 1623. 4°. etiam anatomes historiam continent.

(1) Vide, ut CHRISTIANUM Daniæ principem curandum susceperit, & re infecta, parva cum gratia, dimissus fuerit WORM. *ep.* 468. 511. 539.

Cum ejus *tabacologia* Leid. 1622. 4°.* 1626. 4°.* Utrecht 1644. 16°.* prodierunt epiſtolæ aliquæ, hactenus anatomici argumenti. Inter eas eſt *Guilielmi de* MERA Ep. qua negatur cerebrum a fumo tabaci denigrari, experimento etiam facto: contra P. PAW qui nigrum a tabaci uſu cerebrum dicebatur reperiſſe. In alia de appendice ilei inteſtini dicit, quam vidit, & oſſicula in falce duræ membranæ cerebri.

Ibidem bene magna ſequitur epiſtola *Adriani* FALKENBURG, Leidenſis anatomici. In ea docet, foramina pro fumo tabaci ad cerebrum admittendo patere, ad glandulam usque pituitariam. Nervos olfactorios cavos vult ſe vidiſſe. IDEM non potuit glandulas renales invenire, quas ipſi præſenti P. MOTH oſtendit (ep. ad WORM. 575.). Idem poros in cordis ſepto demonſtrabat, teſte PLEMPIO. Ex his ſpeciminibus non putes, multum fidei viro tribui poſſe. Cavum mediaſtini nullum adgnovit, niſi *potentiale*. In exceſſum A. FALKOBURGII oravit M. Z. BOXHORN Leid. 1650. 4°.

Guillaume DONCIEN *Singularités de la memoire* Lyon 1622. 12°.

Ricardi BANISTER, Chirurgi ocularii, *a treatiſe of the eyes* Lond. 1622. 8°. OSB. Continet etiam anatomen.

Franciſcus SPINÆUS *de hominis procreatione* Macerat. 1622. 4°. LIND.

Joh. KNYPHÆI *Augentroſt, nützliche Kunſt und Vortheil zu den Augen* Darmſtatt 1622. 8°. THOMAS. ſi huc facit.

J. GERHARD *de generatione hominis* Roſtoch. 1622. 4°. HEFT.

RETZER *diſquiſitio totius ſcepſios anatomica* Tubing. 1622. 4°. OSB.

Sebaſtiani BLOSSII, Ulmenſis, *diſquiſitio totius ſcepſeos anatomica* Tubingæ 1622. 4°. LIND. Idem forte libellus.

Juſtus CRAFT *de cardialgia* diſputavit. Vide GENATHI *diſp.* doc. VI. Baſileæ 1622. 4°.

Petri SEGUYN & P. SAVARRE *an fetus ex ſuperfetatione vitalis* Pariſ. 1622.

Petri PIJART & *Joh.* FAYOLLE *Ergo bilioſi ſanguineis deteriores* Pariſ. 1622.

Hiſtoire merveilleuſe & épouvantable d'un monſtre engendré dans le corps d'un homme Pariſ. 1622. 8°. abſurda fabula ex hiſpanico gallice verſa PORTAL.

§. CCCXXII. F. BACON.

Franciſci BACON, Baronis de Verulamio, Vicecomitis S. Albani *hiſtoria vitæ & mortis* Londin. 1623. 8°.* Dillingen 1645. 12°.* ſæpe in collectione cum aliis edita, Anglice Lond. 1650. BODL. etiam gallice verſ. cum titulo NANCY *recherches & obſervations ſur la durée de la vie de l'homme* Pariſ. 1714. 8°. quæ vitioſa

tiosa est versio, & mutila. Liber etiam nobis utilis. In corpore animalis putat vir ILL. spiritum habitare, puriorem aere, igne mitiorem, obrutum particulis viscidioribus. Eum erodere paulatim & consumere sua vincula, & exhalare, hanc esse causam mortis naturalis. Spem longævitatis poni in moderando impetu, excludendo aere, renovandis succis, inviscando spiritu, obstruendis poris per quos exhalat. Eo facere vitam minus actuosam, debilitantem victum, nitrum, opium. Hæc magnam partem vera illustrat exemplis longæviorum homines inter & animalia. Animalia diu gestata, lente crescentia, carne se nutrientia, diutius vivere. Vitæ denique stadia persequitur, & mortis exhibet phænomena.

EJ. *Sylva Sylvarum*, *s. historia naturalis* Cent. X. London 1638. fol. 1652. 8°. edente *Wilh.* RAWLEY, Amstelodami 1651. 12°.* 1661. 12°.* vertente in latinum sermonem *Jacobo* GRUTERO. Plurima faciunt ad physiologiam corporis animalis. In Cent. I. a sumtis purgantibus venas mesaraicas liquorem plorare. De iis quæ maxime nutriunt. De sanguine ex vulneratis arteriis erumpente, compescendo per impositum digitum. Cent. II. de extensione vocis humanæ, quam intra octavam restringit. De vocis articulatione. De configuratione oris ad certas literas exprimendas. De sonorum quorumdam per proprias literas expressione. Centuria III. de imitatione sonorum, qua homo pollet & aviculæ. De speciebus visibilibus aliquamdiu persistentibus. De adminiculis auditus. Cent. IV. Phænomena Chamæleontis. Pulsus ad tempus metiendum adhibiti. Cent. VII. de oscitatione, sternutatione, singultu, venere. Omnes reliquos sensus habere quæ sibi displiceant, visum non habere. Cent. VIII. de adfectuum animi physicis phænomenis: de gestationis in animalibus varietate. Cent. X. fuse de imaginationis viribus, nimis aliquanto credule admissis.

In l. *de augmentis scientiarum* Amstelodami 1652. 12°.*. Liber IV. s. de homine huc facit. Admirabili perspicacitate vir summus desideria physiologica perspexit. Historiam anatomes comparatam, & ex multis cadaveribus, requirit, tum vivarum bestiarum sectiones, eo tempore nimis raras, plurium animalium incisiones, historiam sensuum, motus vitalis, alia.

Redeunt hæc in operibus omnibus *Guilielmi* RAWLEY cura Londin. anno 1638. fol. editis, & anno 1740. fol. splendidius recusis, etiam Francof. 1665. fol. Lipsiæ & Hafniæ anno 1694. fol. Amstelodami 1696. & 1730. 12°. 7. Vol.

§. CCCXXIII. *Varia.*

Ludovici GARDINII, Professoris Duacensis, *quæstio de animatione fetus, in qua ostenditur quod anima rationalis ante organisationem non infundatur* Duaci 1623. 8°. LIND.

Ej. *animæ rationalis restituta in integrum s. altera refutatio opinionis, quæ sibi persuadet, animam rationalem ante omnem organizationem in semen infundi* Duac. 1629. 8°. ex catal.

Ej. *Manuductio per omnes Medicinæ partes, s. institutiones Medicinæ* Duac. 1626. 8°.* 1634. 8°. 1674. 3.Vol. Totam anatomen & physiologiam continet.

Marini MERSENNI *quæstiones celeberrimæ in Genesin* Paris. 1623. fol.*. Passim anatomica & physiologica tanguntur.

Jacobi CARANTÆ, Cuneatis, *de natura visionis L. unicus, in quo demonstratur visionem fieri extra missione* Savigliani 1623. 4°.*. PLATONIS opinionem restituere conatur.

J. HEINZ *anatomicæ artis studium commendat in Oratione* Lips. 1623. 4°. HEFT.

Christ. MULLER *de sensu in genere* Lips. 1623. 4°.

Daniel WILDBOLZ *de tussi* Basil. 1623. 4°. RIV.

Jacques PURY *le propagatif de l'homme & secours des femmes en travail d'enfans* Paris 1623. 8°. Non laudat credulum PORTAL.

Ph. HARDOUIN & *Franc.* MALLET *Ergo humorum incrementa a luna* Parisiis 1623.

Joh. BEAUCHESNE & *Phil.* HARDOUIN *Ergo medico ἰαματομαντεία* Paris. 1623.

Petri GIRARDET & *Jac.* JOUVAIN *Ergo prægnantibus ditiores mammæ præstant gracilibus* Paris. 1623.

Francisci PIJART & *Herm. de* LAUNOY *Ergo exterius apposita nutriunt* Parisiis 1623.

Ant. CHARPENTIER & *Jac.* JOUVAIN *Ergo datur sudor sanguineus* Paris. 1623.

§. CCCXXIV. *Æmilius* PARISANUS.

Æmilii PARISANI, Romani, Medici Veneti, *nobilium exercitationum L. XII. de subtilitate accessit Par & sanius judicium de seminis proventu a toto, ac de stigmatibus* Venet. 1623. fol.* & cum alio titulo 1633. fol.*. Duodecim libri sunt. Lib. I. & II. agunt de genitalium semine. L. III. de similitudine parentum. L. IV. de calido innato. L. V. de materie fetus & caussis eamdem efficientibus. L. VI. de procreationis modo & ordine. L. VII. de respiratione. L. VIII. de cerebro. L. IX. de musculis & spontaneo animalium motu. L. X. de visione. L. XI. de auditus organo. L. XII. de tactu & ad ipsum facientibus.

Ej. *Epilogi Dei Epilogi epilogus.* EJUSD. *par & sanius judicium*, de semine contra MUNDINUM.

EJUSD. *nobilium exercitationum de subtilitate pars altera. Lapis lydius de diaphragmate ad* RIOLANUM: *de seminis a toto proventu & de stigmatibus ad* MUNDI-

MUNDINUM (ubi ARISTOTELIS vita & gesta), *de calido innato* ad SALAM, CREMONINUM, CAIMUM, & SANCTORIUM: *de cordis & sanguinis motione ad* HARVEJUM & *contra eum* Venet. 1633. fol.* 1635. fol. Leidæ 1639. 4°.*.

Ej. *de microcosmica subtilitate* P. III. Venet. 1638. fol*. De seminis a toto proventu, de principiis generationis ad *J. Gallego della* SERNA, de visione ad A. LAURENTIUM italice; & RIOLANI de visione refutatio latine.

EJUSD. *nobilium exercitationum &c.* P. IV. *Microcosmi salus. Cosmica subtilitas* Venet. 1643. fol.*. L. II. de semine & anima. L. III. potissimum contra FOLII, quam dicemus, de usu foraminis ovalis sententiam.

Spissa volumina peripateticæ ratiocinationis plena, absque experimento.

Scriptum contra HARVEJUM sæpe recusum est.

§. CCCXXV. *Melchior* SEBIZ,

Vir eruditus, per plurimos annos Professor Argentinensis. Recenset *J. Ant. v. der* LINDEN Ejus viri *exercitationes medicas in alma Argentoratensium Academia propositas* Argentorat. 1624. 1631. 1636. 4°. 1674. 4°. collectionem ut videtur.

EJUSD. *de discrimine corporis virilis & muliebris* Argentor. 1629. 4°.* seorsim, quæ est differt. 46.

Prodierunt etiam *Miscellanearum quæstionum medicarum fasciculi* 53. Argentor. 1630. 8°. UFF.

Ej. *prodromus examinis vulnerum singularium corporis humani partium* P. IV. Argentor. 1632. 4°.* Habet etiam descriptiones partium.

GALENI *ars disputationibus triginta resoluta* ib. 1633. 8°.

Ej. *de notis virginitatis* ib. 1630. 4°. Ter in teneris puellis se vidisse hymenem. Cum PINÆO excusus est anno 1641. 12°.*.

Quæstiones ex GALENI L. I. *de elementis desumta* ib. 1641. 4°.*.

Ej. *de concoctione alimentorum* ib. 1642. 4°.*.

Disputationes III. de respiratione ib. 1643. 4°. PL.

De dentibus disputationes IV. ib. 1644. 4°.*.

De facultatibus naturalibus ib. 1644. 4°.

De senectute & senum statu, & conditione ib. 1645. 4°.*.

Ej. *de conditura s. balsamatione cadaverum humanorum* ib. 1645. 4°.*.

Ej. diss. *duæ de pilorum humani corporis nominibus, definitione, materie, forma & efficiente fine* ib. 1651. 4°.

Ej. *de dolore* ib. 1652. 4°.

Ej. *de fame & siti* ib. 1655. 4°. HAENEL.

Ej.

Ej. *de marasmo, macilentia & corpulentia, crassitie & magnitudine morbosa &c.* Argentor. 1658. 4°.*.

Ej. *de singultu* ib. 1659. 4°.*.

Ej. *de ventriculo* ib. 1660. 4°.

Plus ubique eruditionis, quam cum cadaveribus consuetudinis.

Librum *de alimentorum facultatibus* Argentor. 1650. 4°.* hactenus huc referas, ob animalium humores.

§. CCCXXVI. *J. Rudolphus* Camerarius,

Professor Tubingensis, vir equidem magis clinicus, quam incisor, edidit *memorabilium medicinæ & mirabilium naturæ arcanorum Centurias* IV. Augustæ Trebocorum 1624. 12.*.

Centuriam V. ibid. 1626. 12°.

Centuriam VI. ibid. & eod. anno.

Centuriam VII. ib. 1627.

Centuriam VIII. Argentorati (Silberdinæ) 1627. 12°.

Centuriam IX. Augustæ Trebocorum 1627. 12°.

Centuriam X. Silberdinæ 1629. 12°.

Centuriam XI. ib. 1630. 12.

Centuriam XII. ib. & eod. anno, 12.

Cent. XIII. XVI. Silberdinæ 1630. 12. & 1652. 12.

Centuriæ XX. Tubing. 1683. 8.*.

Plurima compilatio, etiam ex vulgatissimis & parum fidis fontibus. De adfectuum animi effectibus memorabilibus: de nævis ex imaginatione natis. Colores imaginarii, scintillæ quæ de pilis animalium emicuerunt. Sternutationis effectus: αναφυξις. De visu, auditu, somno; somniis. Numerus pulsuum, ex Kepleri *epit. astronomica* recte satis a 60. ad 80. definitus. Sed omnia enumerari nequeunt.

§. CCCXXVII. *Thomas* Reinesius,

Gothanus, vir ad miraculum eruditus, librorum omnis generis, etiam barbarorum, accuratissime lectorum succo innutritus, non quidem anatomicus; ut tamen ad conparanda veterum loca, adque etymologias & nomenclaturas, nemini cederet. Ejus *de vasis umbilicalibus eorumque ruptura* observatio singularis Lipsiæ 1624. 4. Lind.

Ejusd.

EJUSD. *variarum lectionum* L. III. *priores* Altenburg. 1640. 4.* liber doctissimus, quo potissimum veteres, etiam imæ latinitatis auctores excutit, de eorum ætate, de sensu eorum & analogia disputat, & profundissime ubique in id studium se demergit. Ad anatomen multa faciunt. Gurgulio veteribus latinis pro larynge dictus. De secundis. Oculus imagines non reddens, index mortis. Hymen ὑπεζωκὼς a barbaris deformatus. Lien nothum, hepar. Fel hyænæ ut dulce dictum sit. Venarum brachii nomina. Ceruminis antiquitates, Ruma. Typhloteron, radius pro pene. Osculatio pro anastomosi. Sed omnino eruditus medicus hoc libro carere nequit.

EJ. defensio variarum lectionum Rostoch. 1643. LIND.

In epistolis ad C. HOFMANNUM passim aliqua huc faciunt, quæ Lipsiæ anno 1660. 4.* prodierunt. Fuse FOLIUM refutat, & cordis meminit absque ventriculis solidi.

§. CCCXXVIII. *Varii.*

Stephani a SCHOONEVELD *ichthyologia* Hamburg. 1624. 4°.*. In egregio opere passim aliqua intercurrunt de generatione spontanea, anatome Aselli (Kohlmulen), harengi, mustelæ, siluri.

Henricus v. HEER *observationes medicæ oppido raræ* Leodii 1631. 8°. 1624. 8°. LIND. Leid. 1685. 12°.* & alias editæ, aliqua ad rem anatomicam continent, ut de oculis reparatis ab agyrta, qui gallo gallinaceo oculum conpungebat & imposito succo gallarum ulmi velocissime redintegrabat.

J. Conrad RHUMELIUS scripsit *partum humanum s. diss. perbrevem de humani partus natura, temporibus & caussis* Noriberg. 1624. 8°. BOECL.

EJUS *philosophia animalis carminice descripta* Nuremberg. 1630. 8°. LIND. si huc facit.

Antonii Ponce SANTACRUZ, Archiatri Hispanici, *Opuscula medica & philosophica* Madrit. 1624. fol. lego & 1622. fol. Inter ea sunt dispensationes in primum Avicennæ, in quo multa anatomica & de semine lites, de temperamentis, de pulsibus, de facultatibus, de spiritibus. ARABES contra ARGENTERIUM defendit. In L. III. agitur *de pulsibus*.

Antonius SAPORTA *de tumoribus* Lyon 1624. 8°.* arteriam vidit contrahi & dilatari. Mors ex paracentesi, cum aqua subito emissa fuisset.

Gilbert JACCHÆI *Institutiones medicæ* Leid. 1624. 12°.* 1627. 12°.* 1631. 12°. L. I. Brevis etiam physiologia hic reperitur, ad scholarum saporem.

Daniel BECKHER *de calido innato* Regiomont. 1624. 4°. HEFT.

EJ. *de lachrymis* ibid. 1634. 4°. HEFT.

Ej. *anatome imi ventris duodecim disputationibus delineata* ibid. 1631. 4°.

Ej. *Medicus microcosmus s. spagyria microcosmi exhibens medicinam ex corporis hominis docte eruendam* London 1660. 12°.* editio II. De succis corporis humani, lacte, sanguine, menstruis, urina, & physiologica aliqua.

Christophorus CELLARIUS *de sensibus internis* Jenæ 1624. 4°. HEFT.

Michael KALERTUS *de visu* Lipsiæ 1624. 4°. PL.

Mauritii BLUM *problematum medicorum* Witteberg. 1624. 4°.* aliqua anatomica sunt.

Henrich INICHENHÖFER *hypnologia s. de somni natura* Witteberg. 1624. 4°. HEIST.

Joh. HEINSTIUS *diascepsis de pilis eorumque natura* Arnstad. 1624. 4°. LIND.

Claudii QUIQUEBOEUF & *Urb.* ROBINAU *Non ergo lac in mammis certum corruptæ virginitatis indicium* Paris. 1624.

Ludovici ROBILLART & *Remigii* l'EVEQUE *Ergo ex solo sanguine nutritio* Paris. 1624.

Nicolai REGNIER & *Philippi* MORISOT *Ergo actio a temperamento* ib. 1624.

Joan. de CLEDAT & *Anton.* SUART *Ergo ab ortu surdi etiam muti* ib. 1624.

Eliæ BEDÆ & *Guid.* PATIN *Ergo feminæ in virum mutatio ἀδύνατος* ib. 1624.

§. CCCXXIX. J. GERMAIN.

Parum notus liber Neapoli prodiit 1625. fol.* curante *Ludovico* RICCI Canonico. Medicum chirurgum fuisse lego, inde *minimum* ex religione *Francisci de* PAULA. Titulus est *Breve e sustatiale trattato intorno alle figure anatomiche delli piu principali animali terrestri aquatili e volatili.* Sceleti sunt humanæ & plusculorum animalium, cum aliqua eorum animalium historia.

§. CCCXXX. J. HORNUNG. *Alii.*

Medicus Principis Badensis, potissimum ex *Sigismundi* SCHNIZER Ulmensis Bibliotheca edidit Noribergæ 1625. 4°.*. *Cistam medicam*, in qua epistolæ clarissimorum Germaniæ medicorum familiares adservantur. Annum alii faciunt 1626. sed chronostichon auctoris annum dicit 1625. Clinici quidem scopi sunt, & a medicis scriptæ epistolæ, eo ævo in Germania anatomen parce exercentibus. Intercurrunt tamen aliqua ad nostrum finem. Catella non imprægnata, quæ lac tamen in uberibus habuit. Calculi coli equini: calculi fellei CLEMENTIS VIII. Gemelli diversi sexus. Vagitus uterini exemplum. LIBAVII de partibus similaribus, & humoribus præter naturam sex epp. Fetus capite difformi & galea cranii destitutus. Calculi in pulmone & hepate. Ovorum miracula.

Louis de SERRES *discours de la nature, cause & signes & curation des empechemens de la conception & de la stérilité des femmes*, Lyon 1625. 8°. D'ETR. Collectio de sterilitate.

Filippo

Filippo FINELLA *fisionomia naturale* Napoli 1625. 8°. D'ETR.

Josephi GEOPHYLI *novissima de causis & prognosticis pulsuum methodus* Venetiis 1625. 12°. B. THOMAS.

Conr. DIETERICH's *Discurs von nächtlichen Träumen* Ulm 1625. 4°. Bibl. THOMAS.

J. PAGES *l'œconomie des trois familles du monde sublunaire animale, végétale & minerale, & particulierement de la nature de l'homme* Paris 1625. 8.

Tob. BURCHARD *de quinque sensibus interioribus* Lipsiæ 1625. 4°. HEFT.

Georg NÖSLER *de nutritione* Altdorf 1625. 4°. B. THOMAS.

EJUSD. *de sensibus* ibid. 1640. 4°. B. THOMAS.

EJ. *de analogia microcosmi & macrocosmi* Noriberg. 1635. 4°.

Hier. REEKLEBEN *de vita & morte* Lipsiæ 1625. 4°. B. THOMAS.

Phil. HARDOUIN & *Cl.* SEGUYN *sunt ergo distinctæ facultates in viventibus* Paris. 1625.

Hermanni de LAUNAY & *Jacobi* CORNUTI *Ergo ex vultu partium totiusque temperies* Paris. 1625.

Jacobi ADAM & *Jac.* THEVART *Ergo φραιοταξια sanitatis vindex* Paris. 1625.

Petri SAVARRE & *Fr.* FOUQUE *Ergo Melancholicorum in medendo præstantior αγχινοια* Paris. 1625.

Gabr. BIARD & *Remig.* L'EVEQUE *Ergo somnus a cibo* Paris. 1625.

§. CCCXXXI. J. B. CORTESIUS.

CORTESE, Bononiensis, per plurimos annos Professor Messanensis. Edidit *Miscellaneorum medicorum* Decades X. Messan. 1625. fol.*. Magna pars hujus operis pertinet ad anatomen & physiologiam. Decas I. ad anatomen activam. De cerebri anatome in hac decade agit, & figuras dat proprias, non quidem elegantes, ut non mireris sperni a TARINO (*m*). Pontem tamen non male designat; nervum quarti paris pro nono pare depingit, & originem pone testes natesque. Corpus callosum a parte inferiori cum septi lucidi origine. Cornu ventriculi anterioris posterius & inferius; arbuscula medullaris cerebelli; ossicula carotidis. Porro ossicula auditus suo in situ cum membrana tympani & anulo. Cæterum addit, edere se ista ante 40. annos elaborata, rogatu C. BAUHINI, & in Sicilia vix duo vel tria cadavera se nactum esse. Sibi tamen tribuit inventam novam cerebri dissectionem, præter VAROLIUM, qui breviter de ea egerit. Cerebrum nempe inversum dissecat, remota undique cranii basi, ut cerebrum tamen dura membrana conprehensum maneat (*n*). Id vero mihi videtur absque maxima cerebri concussione non posse obtineri.

 Decas

(m) *Advers.* p. 18. 19.
(n) *Dec.* I. n. 7.

Decas II. de anatome contemplativa & Decas IV. anatomen fere tradunt & humorum historiam. In Decade V. huc faciunt de somno, vigilia, motu & quiete. Dec. III. tota est de curtis resarciendis. Decas VI. de pulsu & urina. Decas nona de via, qua aqua ex hepate in abdomen elabatur, & de alia via, qua materia in thorace contenta per urinam effundatur. Num sanguificatio fiat in jecoris parenchymate: Nullam esse membranam allantoideam, neque cavum esse urachum.

Apud ALDROVANDUM incisiones avium reperiuntur, quæ sunt CORTESII. Inter eas est Aquilæ, in qua aliquid membranæ pupillari simile vidit.

Commentarium in HIPPOCRATEM *de vulneribus capitis* edidit Messan. 1632. 4.*

In *institutione ad universam chirurgiam* Messan. 1633. 4°.* brevem habet osteologiam.

§. CCCXXXII. J. FABER.

Etsi collectio nobilium libellorum ad plantas Mexicanas pertinentium anno 1651. demum prodiit Rom. fol.* non potest tamen serius recenseri, cum a. 1625. hæ chartæ paratæ fuerint, quæ diu posthumæ apud NARDUM RECCHUM & apud PETILIUM ejus heredem latuerunt. Inter eas sunt ergo J. FABRI Bambergensis, de Lynceorum academia, notæ *Nardi Antonii* RECCHII imagines & nomina jam anno 1625. Romæ data. Ut quodque animal Mexicanum recenset, ita de ejus historia naturali, sæpe & de physiologia & anatome minime vulgaria profert. Occasione tauri accuratam vituli monstrosi dat anatomen. De motu cordis & bilis propria experimenta habet, tum de partibus fetui propriis, & de ruminatione. Inde de avibus, earum etiam sceletos suas citat. Porro de chamæleonte, ejusque phænomenis; de testudine ejusque corde minime male, phænomena in animalibus cæsareo partu natis; ventriculi ruminantium & cibi iter: de incubato ovo cum nonnullis figuris. Iterum anatome lupi. Sceleti animalium a *Theophilo* MOLITORE præparatæ. Una prodiit *Fab.* COLUMNÆ epistola ad FABRUM de animali cibethico, & folliculo odorato ei proprio.

In Principis CÆSII conjunctis tabulis sapores recensentur.

§. CCCXXXIII. *Cæsar* CREMONINUS,

Centensis, acris peripateticus. EJUS *apologia dictorum* ARISTOTELIS *de calido innato adversus* GALENUM Venet. 1626. 4°. prodiit LIND. aut anno 1627. CLEM. & *Apologia doctrinæ* ARISTOTELIS *de origine & principatu membrorum adversus* Venetiis 1627. 4°.*. Fuso opere ARISTOTELIS sententiam defendit; cor unicum organum princeps esse, in eo habitare omnes facultates, neque hepar venarum esse principium, nervos ipsos a corde originem habere. Experimenta nulla, dictio dura & scholastica.

Recusi sunt libelli cum titulo C. CR. *de calido innato & semine pro* ARISTOTELE *adversus* GALENUM Leidæ 1634. 16.*. Calidum innatum a calore elementali non differre. Semen feminas non habere.

EJUSD.

EJUSD. *tractatus de sensibus externis, internis & de facultate appetitiva* Messan. 1637. 4°. LIND. Venet. 1644. 4°. VOGT. & B. THOMAS. CLEM.

EJUSD. *quæstio utrum animi mores & facultates sequantur corporis temperamentum* M.S. in B. R. P. IV. n. 5644.

J. Hieronymi BRONZERII *de innato calido & naturali spiritu, in quo pro rei veritate* GALENI *doctrina defenditur* 1626. 4°.*.

EJUSD. *disputatio de principatu hepatis ex anatome lampetræ* Patav. 4°. absque anno *. Ex hepate lampetræ viridi satis videbat AUCTOR, sanguinem in hepate colorem suum non adquirere, & tamen etiam eo libello GALENI opinionem defendit; spiritum naturalem cum genitali conjungit.

EJUSD. *de principio effectivo semini insito* Venet. 1627. 4°. TREW.

Pompejus CAIMUS *de calido innato* L. III. *in quo* GALENICA *doctrina a necotericorum objectionibus vindicatur* Venetiis 1626. 4°.

§. CCCXXXIV. *Adrianus* SPIGELIUS.

SPIEGEL, Bruxellensis, Professor Patavinus ab anno 1616. (*o*) ad annum 1625. quo ex vulnerato a vitio digito ante diem periit, vir splendidus & eloquens. Nihil puto, dum vixit, anatomici argumenti edidisse. Sed post mortem viri *Liberalis* CREMA gener edidit opus posthumum, quo *l. de formato fetu*, & *duæ epistolæ* continentur Patav. 1626. fol.*. Physiologici quidem potius quam anatomici argumenti sunt, quæ in L. de formato fetu scripsit. Membranam allantoideam conatur fetui humano restituere, secutus VESALIUM. Umbilicum neque sentire, neque nervum habere. Inde fetus sequitur anatome. Differentiam eum inter & adultum hominem exponit. Intestinum cæcum magnum habere. Osteogenia aliqua. Exemplum partus sedecimestris. Epistolæ breves sunt. Negat absque corde hominem vivere posse, & latuisse putat sub adipe, quoties in victimis desiderabatur. Deinde quod flammis non potuerit destrui. Recus. Francofurti 1631. 4°.

Altero anno, eodem *Liberali* CREMA curante, tum D. BUCRETIO, prodierunt *de humani corporis fabrica* Libri X. Venetiis 1627. fol.*. Ex VESALIO, cive suo, multa habet, propria pauca, neque lobulus, qui dicitur SPIGELIANUS, priscis ignotus fuit. Dictionis puritate se commendat, & practicis adnotationibus. Tres in cervice vesiculæ felleæ valvulas habet, & aliquid de vasis lymphaticis suboluisse videtur, quando chylum rubrum sæpe se dicit vidisse (*p*). Venæ sine pari anastomoses cum venis renalibus dicit; & venam dorsalem cutaneam, a summo dorso ad imum decurrentem, quæ utiliter secetur, quam etiam RONDELETIUS dixerat. Eam venam RHODIUS testis est, a SPIGELIO esse demonstratam (*q*). Septum cordis impervium esse. Bilem de hepate primum in vesiculam fluere. Tabulas XX. BUCRETIUS dicit se auxilio pictoris & sculptoris

 SPI-

(o) TOMASIN p. 80.
(p) L. V. c. 3.
(q) ROLFINK *diss.* p. 981.

SPIGELIANIS adjecisse: earum aliæ sunt ex VESALIO, aliæ ex *Pentæsthesejo* CASSERII. Additionibus SPIGELII opus potius corrupisse criminati sunt (r). Recuderunt Francofurti 1632. 4°.

Opera omnia viri prodierunt cura *J. Anton. von der* LINDEN Amstelodami 1645. fol. gr.* multis additis. Accessit hic SPIGELIANA, a RHODIO communicata, figura hymenis. Laminæ æneæ sunt eædem, quæ in editione Veneta.

De incerto tempore partus epistola prodiit Patav. 1618. cum PLAZZONO 1664. 12°. recusa.

Catastrophe Anatomiæ publicæ in L. Patavino ab A. SPIGELIO feliciter absolutæ Padua 1624. 4°.* sunt versiculi plausivi nationis germanicæ.

§. CCCXXXV. *Varii.*

J. ELER *de partu* Luneburg. 1626. 4°. HEIST.

Joach. POLLIO *de insomniis* Lipsiæ 1626. 4°. PL.

Philippus SALMUTH HENRICI filius, Medicus Anhaltinus, reliquit *observationum medicarum centurias tres*, quas anno 1648. *Hermannus* CONRING Brunsvicæ edidit 4°.* obierat autem anno 1626. Passim aliqua habet nostri argumenti, pilos albos in cadavere in nigros mutatos: uterum in partu ruptum. Varietates in testibus, in vasis spermaticis, quas putat auctor ad venerem fecisse: partum vesicularum. Scintillæ igneæ oculis obversantes, virginem lactantem, homines ruminantes &c. credulus enim fuit. Infantem per os redditum a præpostera venere III. n. 94.

P. Hieron. PRÆTORII *de modo & ratione videndi* Lips. 1626. 4°. PL.

EJ. *de sensibus interioribus, sensorio communi, phantasia* Jen. 1633. 4. HEFT.

Alberti MENZEL *de præcipuo ventriculi officio ac vitio* Ingolst. 1626. 4°.

Caspar HORN *de vomitione* Altdorf. 1626. 4°, RIV.

Theod. ILLING καρδιολογια sive *cordis natura & essentia* Lips. 1626. 4. HEFT.

Dionysii GUERIN & *Guid.* PATINI *Non datur certum graviditatis signum ex urina* Paris. 1626.

Jac. CORNUTY botanici & *Nic.* BRAYER *Ergo a bile insania* Paris. 1626.

Lazari PENA & *Georg.* JOUDOUYN *Ergo fetus nutritio a sanguine menstruo* Paris. 1626.

Petr. de BEAURAINS & *Hug.* CHASLES *Non ergo congressus publicus utilitatis virginitatisque examen* Paris. 1626.

Caroli GUILLEMEAU & *Petri* GUENAULT *Ergo utraque bilis excrementitia utilis innoxia* Paris. 1626.

Valentini CHARSTADT *de sanitate ejusque subjecto* Argentorat. 1626. 4°.

EJ.

(r) RIOLAN. in SPIGEL. p. 735.

Ej. Differt. III. *de functionibus corporis humani*, ibid. 1627. 4°. Heft.

Ej. Diss. duæ *de sanitate ejusque subjecto* ib. 1627. 4°.

Zacharias Rosenbach addidit ad *Alstedii* compendium Lexici philosophici Zodiacum s. animalium indicem & *anatomiam partium corporis humani*, Herborn. 1626. 8°.

§. CCCXXXVI. *Hermannus* Conring,

Nordensis ex Ostfrisia, vir eruditissimus, qui sub ultima tempora vitæ suæ totum se dedit historicis studiis; lectione librorum idem magis valuit, quam corporum animalium dissectione, magnus Peripati sectator. Leidæ disputavit pro gradu *de calido innato* 1627. 4°. Trew.

Ejusd. *de respiratione animalium* Helmstatt. 1634. 4°. Burck.

Ej. *de somno & vigilia animalium* ibid. 1635. 4°.

Ej. *de motu animalium secundum* Aristotelem Helmst. 1635. 4°. Burck.

Ej. *de nutritione hominis* ib. 1639. 4°. Pl.

Ejusd. *de aquis* ib. 1639. 4°. 1680. 4°. Burck. si huc facit.

Ejusd. *de sanguinis generatione & motu naturali* octo differt. 1641. 4°. 1642. & conjunctim Helmstadii 1643. 4°. Leid. 1646. 8°. Pro circuitu sanguinis.

Ej. *de calido innato & igne animali* L. I. Helmstatt 1647. 4°. calorem animalem habitare in septo cordis, inde per universum corpus se diffundere. Addit Lind. ed. Leid. 1631. 8°. Nova ut videtur editio *dissertationis inaug.*

In Lib *de hermetica veterum Aegyptiorum medicina* Helmstatt 1648. 4°.* 1669. 4°.* auctius recuso, agit de anatomica Aegyptiorum exercitatione, quam minimi facit. Cum posteriori editione prodiit *responsio ad* Borrichii *objectiones*.

Ej. *de lacte* Helmst. 1649. 4°. recus. ib. 1678. 4°.* *R. Val. Henric.* Vogler.

Ej. *de germanicorum corporum habitus antiqui ac novi caussis dissertatio* Helmst. 1645. 4°. Lind. 1652. 4°.* ed. 2. 1666. 4°. Trew. cum multis additamentis *J. Philippi* Burggravii recusa Francofurti 1727. 8°.*. Habitum a moribus & alimento pendere, cum totis gentibus communis sit. Brevis descriptio corporis humani a Burggravio addita. De proceritate: eam Conringius ad 7. pedes admittit, gigantes habet pro fabulosis, quibus B. favet. De candore cutis germanorum mechanice interpretando B. De oculis germanorum cæruleis; de longo capillitio. De caussis vetusti & novi germanorum habitus. De causis priscæ proceritatis, ejusque diminutæ. De causis quæ candorem, oculorum colorem pilorumque longitudinem mutarunt.

Ejusd.

Ejusd. *de fermentatione* Helmst. 1657. 4°.*.

Ejusd. *de natura & dolore dentium* Helmst. 1662. 4°.*.

Introductio in universam artem medicam Helmst. 1645. 4°. sæpe recusa, ut Halæ 1726. 4°.* Continet historiam anatomes, non sine anecdotis & minus notis rerum monumentis.

§. CCCXXXVII. *Varii.*

Gregorii Nymman, Wittebergensis, diss. *de vita fœtus in utero, in qua demonstratur infantem non anima matris, sed sua ipsius vita vivere, & matre exstincta sæpe vivum & incolumem ex ejus ventre eximi posse &c.* Witteb. 1627. 4°.*. Motum sanguinis in fetu a proprio corde produci, etiam per experimenta. Malles non docuisset etiam respirare. Recusus est cum Plazzono Leidæ 1664 12°.*.

Alexandri Alexii *epitome pulsuum* Patav. 1627. 4°.* brevissimus libellus.

Andreæ Emmenii, Medici Zittaviensis, *Abbildung und Beschreibung zweyer Wundergeburten, die erste zweyleibig anno* 1618. *zu Drausendorf, die andre zweyhäuptig anno* 1625. *zu Wilgendorf* Leipzig 1627. 4°.*. Anatome hactenus satis accurate. Partus alter pectoribus coalitis, alter umbilicis.

Vincentius Alsarius a Cruce. Ejus est *disquisitio ad historiam fœtus emortui nonimestris editi mole valde exigua, ut vix quadrimestris fuerit æstimatus*, Rom. 1627. 4°. Bodl.

Coeffeteau *tableau des passions humaines* Paris 1627. 8°. B. *van der* Aa.

Francesco Pona *la maschera jatropolitica overo cervello e cuore principi rivali* Milano 1627. 12°.

J. Nicolai Thoming *de somno adfectione animalis* Lipsiæ 1627. 4°.

Sebastian Meyer *Augustæ laudes divinæ Majestatis a* 139. *miraculis in homine e divinis* Galeni *de usu partium libris* Friburg. Brisgov. 1627. 12°. Leuw.

J. Stephan. Strobelberger, Ratisbonensis, in thermis Carolinis medici *adumbratio systematis universæ medicinæ* Lipsiæ 1627. 16°.* aliqua ad anatomen ejusque historiam.

In l. *de dentium podagra*, aliqua habet ad anatomen dentium.

Aloysius Albertus, Patavinus, *de nutritione, augmento & generatione disputationes, in quibus* Aristoteles *defenditur adversus* Galenum Venetiis 1627. 4°. Lind.

François Hedelin *traité des satyres, monstres & demons* Paris 1627. 8°. D'Etr.

Jacobi

Jacobi MOCCII, Friburgensis, *disquisitio calidi innati & influentis* Marpurg. 1627. 4°. LIND.

Godofr. CANDISII *de ossibus* Lipsiæ 1627. 4°. B. THOMAS.

EJ. *de auditu* Witteberg. 1628. 4°. HEFT.

EJ. *de viris* ibid. 1629.

EJ. *de mulieribus* ibid. eod. anno. Theoriam suam ex LAURENTIO sumit.

Johannis TEXIER & J. VACHEROT *Ergo quibus rariores dentes βραχυβιωτεροι* Parif. 1627.

Philippi MORISSET & *Nic.* HELIOT *Ergo μικροκεφαλοι prudentissimi* Parisiis 1627.

Guil. DUPRE' & *Joh.* COMPLAINVILLE *Ergo μεγαλοφωνοι calidiores* Parisiis 1627.

Rob. TULLOUE & *Sebast.* RAINSSANT *Ergo a prima venere vocis mutatio* Parif. 1627.

REMIGII L'EVEQUE diss. *an ex oculis de mentis & animi pathematis fides* Paris 1627. 4°. ita lego, neque enim exstat *in catalogo* authentico.

LIBER VI.

ANIMALIUM INCISIONES.

§. CCCXXXVIII. *Caspar* ASELLIUS.

Circa hæc tempora anatome corporum humanorum, quæ hactenus potissimum in Italia viguerat, cepit declinare. Patavii enim respublica Vineta, ut sumtibus parceret, incisiones corporum publicas intermisit, quæ ipsa caussa fuit, cur VESLINGIUS relicta Academia Cairum petierit. Germania nondum theatris anatomicis instructa, præterea a crudelissimo bello vastabatur. In Anglia medici vix ad corpora secanda accesserant (*s*). Leidæ aliquæ, solennes, sed parum numerosæ dissectiones instituebantur. Novus forte ob eam ipsam rationem, anatomes animalium colendæ ardor increvit, ut fere per quadraginta annos in anatome comparata, inque vivorum etiam potissimum animalium, medicorum scalpelli occupati fuerint. Nocuit equidem hic nimius animalium amor veræ & minutæ musculorum, ossium, & reliquarum partium humani corporis cognitioni, quam eo toto tempore paucissimi incisores excoluerint: magnorum tamen inventorum fuit occasio, neque alio ævo ad nova vasa, humorumque per ea motum plus lucis ad fusum est.

Primus *Caspar* ASELLIUS, Cremonensis, Anatomicus Ticinensis, memorabili invento se illustravit. Edidit *de lactibus s. lacteis venis quarto vasorum mesaraicorum genere, novo invento dissertationem, qua sententiæ anatomicæ multæ, vel perperam receptæ convelluntur, vel parum perceptæ illustrantur* Mediolan. 1627. 4°.* Basil. 1628. 4°.* Leid. 1640. 4°.* & cum SPIGELIO Amstelodami 1644. fol.* & *in theatro anatomico* MANGETI. Posthumum opus, cum auctor anno 1626. obierit. Cum vir Cl. in vivis animalibus de chyli itinere quæreret, incidit in vasa lactea mesenterica, ab ipsis HEROPHILI & ERASISTRATI temporibus a nemine repetita. Ea ab intestinis ad hepar, ut putabat, persecutus est, docte descripsit, iconesque tribus coloribus distinctas artificiosas edidit, quas, qui imitati sunt, fere corruperunt. Sed neque valvulas earum venarum ignoravit. Male derisit novum inventum, nimis parcus sanguinis, *Caspar* HOFMAN (*t*): & doleas HARVEJUM hæc vasa, ne suæ de venis mesentericis reducentibus sententiæ nocerent, constanter rejecisse (*u*), ut soli lymphæ vehendæ ea dicaret.

Ceterum

(s) Conf. CAJUM l. pr. p. 171. h. CROOKE.
(t) *Apolog. pro* GALEN. L. II. c. 133.
(u) *De generat. anim. & in epistola ad* HORSTIUM.

Cæterum ASELLIUS, cum animalibus uteretur, congeriem glandularum mesentericarum, in canibus magis conspicuam, pro Pancreate habuit, & verum pancreas pro glandula ignota depinxit. Inde nomen *Pancreatis* ASELLII, & multa in historia vasorum lacteorum obscuritas. Deinde vasa lymphatica hepatis pro lacteis vasis habuit, & depinxit, verumque iter chyli ignoravit.

§. CCCXXXIX. *Guilielmus* HARVEY.

Ex ea ipsa Anglia, in qua hactenus anatome fere nulla fuerat, exstitit novum artis lumen, cujus nomen ab ipso retro HIPPOCRATE in medicina secundum est. *Guilielmus* HARVEY H. FABRICII discipulus, & Doctor Patavinus, excitatus, ut videtur, nupero valvularum venosarum invento, confirmatus per sua in vivis animalibus experimenta, ab anno 1616. ad annum 1618. Londini, cum lector esset anatomes, de circuitu sanguinis prælegit (x), anno certe 1619. si serius malis eas prælectiones factas esse (y). Diu tamen illustre inventum pressit, & anno demum 1628. Francofurti 4°.* edidit *Exercitationem anatomicam de motu cordis & sanguinis in animalibus*. In aureo opusculo, per sola experimenta nato, cordis primum motum describit, qualem in vivis animalibus viderat: deinde arteriarum, & auricularum, & veram successionem motus in dextra auricula, ejus lateris ventriculo, auricula sinistra, & sinistro ventriculo: cordis in motu pertinaciam, auriculæ dextræ privilegium. Inde circuitum minorem per pulmonem, per valvularum fabricam, septique cordis imperviam soliditatem demonstravit. Tunc circuitum illum majorem, necessarium omnino, cum alioquin nullo modo dextræ auriculæ cordique suppeteret ea sanguinis copia, quæ per experimenta demonstratur, & ad quam reparandam solus ab hepate chylus nunquam posset sufficere. Deinde per arterias quidem ex veterum placitis sanguinem de corde in partes universas humani corporis exire: per venas vero ad cor redire docuit, cum vincula sanguinem eam viam sequi manifesto demonstrent. Ab eo eventu, & a contrariis effectis vinculorum arteriis injectorum sequi ostendit, sanguinem ex arteriis in venas transire, non vicissim. Eadem confirmare sanguinem arteriosum a venoso non differre, a valvularum in venis natura, quæ sanguinem ad cor euntem admittant, a corde redeuntem sustineant, & intercipiant. Recusa est hæc exercitatio cum refutatione PARISANI Leidæ 1639. 4°.* 1647. 4°. Patav. 1643. 12°. DOUGL. & cum SPIGELIO Amstelodami 1645. fol.* *in collectione* Leidæ 1647. 4°.* tum Roterodami 1661. 12°. 1671. 12°.* cum sequente & in B. MANGETI.

Inde cum J. RIOLANUS anno 1649. suum *opusculum anatomicum & pathologicum* edidisset, Cl. HARVEJUS *secundam & tertiam Exercitationem de circulatione sanguinis* reposuit.

In ea summa cum modestia (z), archiater nunc regius & mille modis iracundo adversario major, l. ejus objectiones resolvit, ejus partialem circuitum

(x) *Univ. Magazin* T. XII. *Supplem.*
(y) TAYLOR *Orat.* HARVEY. 1756.
(z) Laudat ipse modestiam adversarius ejus NARDIUS *noct. genial.* p. 273.

tum refutat. Anastomoses rejicit, sanguinem ex arteriis in venas per parenchyma transire putat. CARTESII effervescentiam sanguinis emendat, sanguinem arteriosum adeo insigniter a venoso distare negat. Inter partes extremas & vinculum venam damæ multum sanguinem dedisse, nullum vinculum inter & cor, coram Rege expertus est. Ligatis venis cor quiescere. Arterias non micare, nisi sanguine a corde impulso: subtracto sanguine cordi & auriculæ pulsum subtrahi. Nomen arteriæ venosæ venæque arteriosæ in meliora nomina reformavit. Prodierunt hæ exercitationes Roterodami 1649. 12°. curante *Zach.* SYLVIO, tum 1661. 12°. 1671. 12°.* Cantabrigiæ 1649. 12°. DOUGL. Paris. 1650. 12°.* Lond. 1660. 8°. Anglice *The anatomical exercitations of* W. HARVEY Lond. 1653. 8°.* tres exercitationes, una cum BACKIO.

Cæterum novum inventum HARVEJI universam Europam medicam ad arma excivit. Qui GALENI theorias, venarumque delectum, videbant a novo invento funditus subverti, qui præterea in dignitate constituti nolebant fateri, se errores meros per omnem vitam suam docuisse, ii universi undique in novatorem suos calamos strinxerunt. Eorum aliqui non novum esse demonstrare sunt conati, quo HARVEJI nomen clareret inventum, sed aut ab omni antiquitate notum fuisse, aut certe ab aliis dictum, quorum singulorum argumenta expendimus. Ad HIPPOCRATEM multi retulerunt, J. NARDIUS (*a*), *J. Antonius van der* LINDEN totis 29. disputationibus Leidæ ab anno 1659. excusis. *Philippus Jacobus* HARTMAN *de peritia vett. anatomica*. *Joh. ab* ALMELOVEEN (*b*); *Petrus* BARRA (*c*); *Car.* DRELINCOURT (*d*), *Carolus* PATIN (*e*), *Noël* FALCONET (*f*), *Laur.* HEISTER (*g*), P. REGNAULT (*h*); G. C. STENZEL (*i*); L. DUTENS (*k*). Alii ad SALOMONEM (*l*), PLATONEM (*m*); veterum SCHOLIASTEM (*n*), ad NEMESIUM hoc inventum retulerunt, ut Editor editionis Oxoniensis & J. G. BERGER (*o*), ad Sinenses vel Persas alii (*p*). Multi ad P. SARPIUM (*q*), *Thomam* HARRIOTUM, celebrem mathématicum, alii (*r*) ad *Honoratum* FABRUM S. J. qui anno 1638. in disput. publica, ante quam HARVEJI librum edidisset, eum circuitum docuerit (*s*). Alii *Aegidio* GUTHMANN, homini

(a) *Noct. gen.* X.
(b) *Invent. nov. jant.*
(c) HIPP. *de la circulation du sang.*
(d) *Epimetra ad diss. de lienos.*
(e) *Circulat. sang. veter. notam fuisse.*
(f) Cum l. *des fievres.*
(g) *An sanguinis circulatio veteribus ignota fuerit.*
(h) *Orig. antique de la phys. moderne.*
(i) *De vestig. circulat. sang. apud* HIPPOCR.
(k) *Découv. des modernes.*
(l) J. MURALT &c. vide *Elem. phys.* p. 241.
(m) HEISTER *progr.* anno 1720. *ann.* Jul. I. p. 146.
(n) IDEM. (o) *Natur. human.* p. 55.
(p) *Elem. Physiol.* T. I. p. 247.
(q) ULMUS. WALÆUS, T. CORNELIUS, LEONICENUS personatus, J. VESLING. ad BARTHOL. *ep.* 26.
(r) *v. d.* LIND. n. 196. WOTTON p. 251. (s) *Essays de physiq.* p. 426.

mini fanatico (*t*); *Helvico* DIETERICO (*u*), aut *Jacobo* RUFF (*x*) illustre inventum tribuerunt.

Horum hominum plerique nunquam animalia inciderant, & de omnibus audivimus (*y*) rationes advocatorum.

ALII, meliorem hactenus viam ingressi, rationibus & experimentis in HARVEJUM pugnarunt, primus *Jacobus* PRIMIROSE, tunc *Aemilius* PARISANUS, J. RIOLANUS, C. HOFMANN (*z*), *Eccardus* LEICHNER, aliique, de quibus ex ordine audiemus. Nuper omnino *La* CAZE, J. T. BORDEU, ROBERTUS, aut infirmare magnum inventum conati sunt, aut elevare (*a*).

Mihi quidem, cum plurima in eam rem legerim & meditatus sim, non dubium videtur, circuitum minorem multis innotuisse, majoris tenue vestigium apud CÆSALPINUM reperiri, neminem vero ante HARVEJUM experimentis & ratiociniis, quæ virum peritum vincant, eum circuitum demonstravisse, vocesque CÆSALPINI per semiseculum publicatas neminem ad verum adgnoscendum movisse, sed ne quidem H. FABRICIO viam aperuisse ad intelligendam veram valvularum venarumque functionem.

Continuo vero, ut multos adversarios, ita adseclas numerosos vis veri sibi paravit, inter quos WALÆUS eminet, alter certe stator inventi, qui suis copiosis experimentis HARVEJANA confirmavit. Sed etiam *Renatus des* CARTES, cujus eo ævo summa fuit auctoritas, eam vim veri inter primos sensit. Verum hæc per singula scripta videbimus. HARVEJUS ipse se vivo vidit verum a se inventum ab universa Europa adoptari. Statuam jam anno 1663. ei posuisse cives BORRICHIUS (*b*) scribit, etsi alii a R. MEADIO in collegio demum CUTLERIANO bustum marmoreum dicunt dedicalum fuisse (*c*).

Cum J. BETTI lib. *de ortu & natura sanguinis* prodiit Lond. 1669. 8°.* HARVEJI dissectio corporis T. PARRE, viri qui ad summam ætatem 150. annorum vixerat. Brevis libellus, & memorabilis, etsi nulla tam raræ longævitatis causa in cadavere detecta est. Repetitur in *Phil. Trans.* n. 44.

Alterum immortale magni viri opus, *Exercitationes de generatione animalium, quibus accedunt quædam de partu, de membranis ac humoribus, de conceptione &c.* prodiit Londini 1651. 4°.* recusum Amstelodami eodem anno 12.* & 1662. 12°. Patavii 1666. 12°.* Haag. 1680. 12°. HUTH. & in MANGETI Bibliotheca. Anglice *anatomical exercitations on the generation of living creatures* Lond. 1653. 8°. OSB. Seni suarum rerum negligenti, & litium pertæso, quas

 passus

(t) G. W. WEDEL.
(u) Conf. p. 347.
(x) GARENGEOT, *de la* FAYE.
(y) Conf. *Elem. Physiol* T. I. p. 240. seqq.
(z) *Apolog. pro* GALENO L. II. *sect.* IV. c. 8. *digress. de circulat. sanguinis* Parisiis 1647. 4. 1652. 12.
(a) Nimii fieri BORDEU *pouls* p. 175.
(b) ap. BARTH. IV. p. 92.
(c) *Tour through great Brit.* II. p. 135.

passus erat, has schedas *Georgius* ENT extorsit, mutilas, amissis per bella civilia summi viri de generatione insectorum experimentis. Eximia vero sunt, & per plurima experimenta nata. Gallinarum organa genitalia, renes, ovi incubati mutationes suos per dies, cordis formationem aliarumque partium longe quam ARISTOTELES minutius & accuratius exposuit, etsi aliquid supersit, quod emendes. Scripta erant circa anno 1633.

In formatione quadrupedum etiam plura præstitit, quam in damis a Rege sibi permissis contemplatus est. Quadrupedibus manticam pro ovo esse, cætera liquore plenam. Celebre Problema in hoc opusculo proposuit, cur quæ respiraverunt animalia, non possint absque aeris usura vivere. Ut fetus partes paulatim evolvantur, sic in homine. Partus, in quo ossa pubis monet discedere: de vi propria uteri & fetus. Urachum cæcum esse confirmat, nullamque tunicam allantoideam.

Ex utraque zoogonia confirmat, omnia animalia ex ovo nasci, membrana nempe liquore plena. Multa etiam alio pertinentia utilissime tradidit, ut ventriculos animalium, eorumque functionem. Sed infinita sunt, quæ nova & meliora vidit. Et injustum nuperi auctoris est judicium, qui nihil habere, nisi ab ARISTOTELE, præter omnem causam criminatus est (*d*).

EJUS anatome practica periit, quam promiserat (*e*).

Hæc opera cum præfatione B. S. ALBINI prodierunt Leidæ 1737. 4°. 2.Vol.

Omnia, quæ de HARVEJO supersunt, cura Collegii medici Londinensis prodierunt Londin. 1766. 4°. maj.* quæ splendida est editio.

Epistola ibi exstat anni 1651, ad M. SLEGEL, in ea circumeuntem per pulmonem ex dextro ventriculo in sinistrum aquam describit. Contra anastomoses inter fines arteriolarum, & venarum initia. Ad MORISONUM de vasis lacteis & ductu PECQUETI, quos incredulus rejicit, anno 1652.

Sic in epistola ad *J. Dan.* HORSTIUM a. 1655. tum altera ejusdem anni (*f*).

Ad C. HOFMANNUM, qui novum sanguinis circuitum despiciebat, a. 1636.

Reliquas epistolas omitto.

In fastis Societatis regiæ excusæ sunt theses physiologicæ & anatomicæ aliquæ (*g*). Incidisse etiam hirundines sub aqua mersas, neque aut motum deprehendisse aut calorem.

§. CCCXL. *Varii.*

Victoris CARDELINI *de origine fetus* L. II. *in quibus luculentis Græcorum auctoritatibus calidum a calore dirimitur ac expeditur quid significet cum adfectione innati*,

(d) BUFFON *hist. natur* T. II. p. 79.
(e) *De motu cord. & sang. Exercit.* II. p. 174.
(f) Exstat inter epistolas J. D. HORSTII Francof. 1656. 4.* excusas.
(g) BIRCH IV. p. 535.

innati, *vitalis*, *naturalis*, *genitalis* & *animalis*, *quidve sit archigonum* Vincentiæ 1628. 4°.*. Semen femininum negat, & menses materiem fetui præstare ex ARISTOTELE contendit. Adlaborat ostendere, feminas semen in coitu non emittere, & minorem, quam viri, voluptatem percipere. Plerisque dum concipiunt, negat clitoridem rigere.

J. Baptista NAVARRO, ex diœcesi Dertosana, *Commentarii in* GAL. *de pulsibus ad Tirones* & *spurium* l. *de urinis* Valent. 1628. 8°. Aucti a *Luca* FUSTER ibid. 1651. 8°. & 1693. 4°. CAP. de VIL.

Alphonsi a CARANZA, J. C. Hispani, *tractatus novus de partu naturali* & *legitimo*, *de partus conceptione*, *formatione*, *de fetu in utero*, *de posthumis*, *de conditione partus*, *tempore partus vario*, *abortivo*, *monstruoso*, *numeroso partu*, *superfetatione*, *generatione* Madrit 1628. fol. Genev. 1630. 4°.*. Jurisconsulti opus, acuti viri, & eruditi, sed nostris in studiis non innutriti, & in juridica parte fusissimum.

Michaelis DOERING de musculorum usu epistola.

Jac. MULLER de eodem argumento, & *Henrici* HOPFNER de virginitate. Hæ Epistolæ exstant cum G. HORSTII observationibus Ulm. 1628. 4°. Conf. p. 341.

Martin LEUSCHNER & PRÆTORIUS *de partibus corporis humani similaribus* Stettin 1628. 4°.* & 1629. 4°.* & *dissimilaribus* ibid.

J. Henrici TONSOR & MONACHI *de nutritione* Marpurg. 1628. 4°.*.

Gottfried RASPE disp. XXma *de somno* & *insomniis* Lips. 1628. 4°. HEFT.

Pauli SLEVOGT *de identitate potentiarum vitalium inter se* & *cum anima* Jen. 1628. 4°. ZOCHA.

Petri PIIART & *Nic.* HELIOT *Ergo lac recens recenti puero bonum* Paris. 1628.

Cypriani HUBAULT & *Guil.* PUYLON *Ergo natorum similitudo a vi formatrice* & *imaginatione* Paris. 1628.

Nic. BRAYER & *Dionysii* BAZIN *Ergo in venis αἱματοσυμπνῖξις* Paris. 1628.

Cl. des BOIS & *Cl.* MARTIN *Ergo ab aere sanitas*, *morbus* Paris. 1628.

Petri le CONTE & *Nicolai* MATHIEU *Ergo cor omnium facultatum principium* Paris. 1628.

Guil. de VAILLY & *Guil.* GUERIN *Ergo a temperamenti viventis mutatione ætatis temperamenta* Paris. 1628.

§. CCCXLI. *M. Aur.* SEVERINUS.

Marcus Aurelius SEVERINUS solebat se Thurium scribere & Crathigenam, Professor anatomes & botanices Neapolitanus, vir acris ingenii, masculæ chirurgiæ restitutor, non mediocris suo ævo anatomicus, potissimum animalium incisor.

Ejus

Ejus exstat, quam non vidi, *historia anatomica & observatio medica eviscerati corporis Marcelli* SACCHETTI Neapoli 1629. 4°. PLATN.

Inde Noribergæ, VOLCAMERI cura, prodiit *Zootomia Democritea sive anatome totius animalium opificii* 1645. 4°.*. Anatomen equidem comparatam non bene supra humanam anatomen extollit, cæterum numerosas habet animalium dissectiones, breves, neque per intima, & icones rudiusculas. Multa tamen hic reperias nova & inexspectata, ut vas ex capsulis renalibus VALSALVIANUM, glandulas PEYERI, musculos bronchiales avium aquaticarum, septum pectiniforme penis asinini, intestinorum aliorumque viscerum passim fabricam. Machinas cum animalibus comparat. Excarnationem viscerum sibi tribuit, anno 1617. inventam, & ejus primum tentamen in jecore (h) factum. In fele glandulas bronchiales vidit: monticulos vesicæ crassiores habet. Canalis hepaticysticus in vesiculam fellis insertus.

EJ. *de vipera natura, veneno, medicina, demonstrationes & experimenta nova* Patav. 1651. 4°.*. Senile opus & confabulatorium, paucissima habet propria, bonas tamen VESLINGII & HODIERNÆ de viperæ anatome observationes. Parere, ut reliqua animalia, recte docet. Ipsa initia embryonis & pulsum micantis corculi ex VESLINGIO. Dentes venenatos mobiles esse, ut quietum animal eos recondere queat. Vesiculam tenui flavoque veneno plenam describit. Dentes innocuos esse, solumque succum nocere docuit.

EJUSD. *seilophlebotomia castigata*, in *collegio anatomico* Hanau 1654. 4°.* & Francofurti 1668. 4°.* edita. Anatomen tradit universæ venæ axillaris, & præcipue etiam venæ, quæ digitos minimum & minimo proximum adit, & vulgo seilem audit. Ejus deinde venæ, & salvatellæ privilegia, & causam refutat, cur ea potissimum vena præ aliis aperiatur. Nullum esse lieni cum peculiari aliqua in brachio venâ commercium recte ostendit. Venæ portarum cum phrenicis communicationem confirmat.

Porro ejusdem SEVERINI pro sua *seilomastige* Epistola ad CASTELLUM.

EJUSD. *Antiperipatias* h. e. *adversus Aristotelicos de respiratione piscium diatriba. Phoca illustratus. De radio turturis marini, ejusque vi, medicina, veneno* Neapoli anno 1659. fol.* a morte SEVERINI, quem anno 1654. pestis exstinxerat. In Antiperipatia primum defendit, pisces utique respirare, & per branchias suas aerem spiritumque cum aqua commistum haurire: sed etiam pulmonem possidere, trilobum, a diaphragmate adusque imum ventrem extensum, quem primum in polypo viderit. Ab anguilla se vidisse bullas in aqua & resorberi, & denuo proferri, sic in lampetra. Icon pulmonis piscium periit, videtur autem a piscibus vero pulmone præditis nimiam conclusionem ad omnes pisces extendisse. De vesica natatoria fuse. Arterias branchiarum absque venis esse. Pisces calere adfirmat. Altero libello agit de piscibus in sicco viventibus. Tertio phocam describit, & in eo ductum arteriosum & concursum duorum ramorum tum venæ cavæ tum aortæ. Inde divagatur ad anastomoses in

(h) p. 404.

in universum, quas per universum corpus humanum reperiri contendit. Lapillos in proprio sacculo piscium conprehensos, primus ni fallor, dixit, & eorum aliquem cum malleo comparavit (*i*). Circulationem HARVEIANAM rejicit, & contra eam se scripturum esse minatur (*k*). Icones desiderantur, etsi spatium pro iis nudum relictum est.

In *efficaci medicina* Francofurt. 1646. fol. 1671. fol. arteriæ & venæ recensentur, quæ per singula membra secari possunt.

In observationibus *de abscessibus novissimis* testimonium exstat, tendines parum sentire.

Anno 1650. vasa lactea demonstravit.

Plurimos codices M.S. ineditos reliquit, ut symbola anatomica, & quatuor discursus in quæstiones *Julii* JASOLINI, quos inter etiam erat de utero & fetu sermo.

§. CCCXLII. *Varii.*

Tiberio MALFI *de Montesarchio, nuova pratica della decoratoria manuale e della sangria.* Napoli 1629. 4°.*. In L. II. venarum habet nomina, quæ secantur. Aliqua de arteriis & nervis vicinis breviter scripsit, ut nihil proprii habeat. In L. III. quærit, cur tonsores sint anatomici. Aliqua de venis brachii, quæ secantur. Venam pollicis alias a basilica provenire, alias a sola cephalica.

Caroli Annibalis FABROTTI, Antecessoris Aquisextiensis, *exercitationes duæ de tempore partus humani & numero puerperii.* Datæ sunt Aquis Sextiis anno 1629. 4°.* LIND. editæ cum CARANZA Genev. 1630. 4°.*. Eruditi viri ex veteribus collectanea.

Claudius SALMASIUS, vir eruditissimus, in *Plinianis ad* SOLINUM *exercitationibus* Paris. 1629. fol. Ultraject. 1689. fol.* editis, multa dedit ad naturam animalium, ad partes corporis animalis, ad philologiam pariter pertinentia.

EJ. *de annis climactericis* Leid. 1648. 8°.* spissum & doctissimum opus, aliqua parte huc pertinet ob doctrinam de crisibus & annis periculosis.

EJ. *Epistola* ad *Andr.* COLVIUM *super* I. *ad Corinth.* XI. *de cæsarie virorum & mulierum coma* Leid. 1644. 8°.

Leo ALLATIUS hoc anno edidit latine versam EUSTATHII, Episcopi Antiocheni, lib. *de Engastromythis, & syntagmate illustravit* Lyon 1629.

Balthasaris FABRICII *opusculum physiologicum & medicum libris tribus distinctum tractans* I. *corporis humani temperamenta: deinde res non naturales* Amstelodami 1629. 8°. LIND.

Antonii SANTORELLI *postpraxis medica s. de medicando defuncto* L. I. *in quo explicantur, quæ medicus debet defuncto præstare,* Neapoli 1629. 4°. LIND.

EJUSD.

(*i*) P. 95.
(*k*) *Epist.* VII. ad SEGER. de quidditate lymphæ Bartholinianæ.

EJUSDEM *de sanitate naturali* L.L. XXIV. Neapoli 1643. fol.* Libri XX. ad physiologiam pertinent. Auctor scholasticus, plurimum utitur D. THOMA.

In *Pantheo hygiastico Claudii* DEODATI analysis aliqua sanguinis traditur, „oleum rubrum, quinta essentia, & lamellæ quasi talci, quæ ex capite mortuo cum spiritu suo, igne subjecto destillant.

Joh. GUTIERREZ *de* GODOY *disputationum super lib.* ARISTOTELIS *de memoria & reminiscentia* L. II. Lovanii 1629. 4°. MANGET.

EJ. *tres discursos para probar que estan obligados a criar a sus hijos alos pechos todas las madres, quando tienen buena salud, buen temperamento, buena leche y fuerzas para alimentarlos* Gienn 1629. 4°.

Giovanni ARTISCO *pedis admiranda* Paris. 1629. 8°. CIN. Conf. p. 342.

Ramires de CARION in *mervellas de naturaleça* PONTII habet inventa, ad docendos loqui surdos.

Secco SPONTONI *la metoposcopia* Venet. 1629.

PERSII ROSSII *de humanarum propensionum ex temperamento præventionibus ex* CAM. BALDI *sermonibus excerptus* l. Bonon. 1629. 4°.

C. HORNII *elephas* Norimberg. 1629. 4°. HUTH. Si huc facit.

Petri GUENAULT & *Vict.* PALLU *Ergo μαλακογαρκοι ingeniosi* Paris. 1629.

Fr. GUENAULT & *Car. du* PRE' *Ergo semen αψυχος* Paris. 1629.

Gab. HARDOUIN & *Aus.* BICQUET *Ergo ut spiritus sic flatus a calore* Parisiis 1629.

Mich. de la VIGNE & *Petri* HOMMETZ *Ergo magnum caput parvo præstantius* Paris. 1629. Conf. p. 334.

Simon le LETIER & *Lancelot de* FRADE *Ergo corporis & animæ mutua sympathia* Paris. 1629.

§. CCCXLIII. *Vopiscus Fortunatus* PLEMPIUS,

Discipulus SPIGELII, Amstelodamensis, qui Lovanium se contulit, & cathedræ præfectus, in ea academia consenuit. EJUS *verhandelingh der Spieren* prodiit Amstelod. 1630. 8°.* cum nomine solo FORTUNATI. Musculorum descriptio cum nonnullis adjectis, quæ ad chirurgicas administrationes pertinent, in quaque parte suscipiendas. Aliquantum a præceptoribus PAVIO, FALCOBURGIO & SPIGELIO profecerat, propria vix habet, neque vulvæ, neque aurium internarum & externarum musculos unquam viderat. Bicipiti brachii musculo duos esse tendines, tenuem alterum, alterum teretem, pro re nova (*l*).

EJUSDEM est *ontleeding des menschelycken lighaams beschreeven door* B. CABROL *nu verduytschd en met byvoegzelen als och figuren verrykt* Amsterdam 1648. fol. min.*. Icones corrasit ex PAVIO & VESALIO, proprii nihil addidit.

EJUSD.

(*l*) p. 127.

EJUSD. *de fundamentis medicinæ* L. VI. *acribologia scholasticæ accurati* Lovan. 1638. 4°.* 1644. fol.*. Scholasticas quæstiones agitat, & anatomici parum habet. Valvulas ureterum refutavit. Duas habet distantia aliqua separatas tympani membranas. Ligato nervo octavi paris cor nihil pati. In spongia pulsum suffocari. Iconem ductus pancreatici dedit, quam anno 1644. SYLVIUS Amstelodami delineari curaverat, eamque satis bonam. Hactenus candidus, quod HARVEJI inventum, in priori editione repudiatum, nunc in posteriori admisit, & experimentis confirmavit, porosque septi cordis rejecit. Foramina papillarum renalium descripsit, in quæ stylum inseruerit.

Alias video editiones citari Lovan. 1653. fol. cum VERMOOSTII apologia UFF. & ibid. 1665. fol. BEUGHEM. & Amstelod. 1659. 4°.

EJUSD. *ophthalmographia s. tractatus de oculo* Amstelod. 1632. 4°. OSB. Lovan. 1638. 4°.* (m) ed. III. 1659. fol.*. Juvenis opus, octodecim annos nati, minime tamen inutile. Multum KEPLERO usus est & SCHEINERO: Acute scripsit & latine; in judicando perspicax, etsi scholarum methodum sequitur. Recte post KEPLERUM retinam esse organum visus, non lentem crystallinam: in ea lente residere causam myopiæ & presbyopiæ: eam loco moveri necesse esse. Problemata magno ingenio solvit.

In nostra editione *Gerardi* GUTSCHOVII mathematici animadversiones reperiuntur, cum PLEMPII responsione.

IDEM AVICENNÆ Canonis L. I. & II. edidit Lovan. 1658. fol.* & scholia etiam anatomica adjecit.

§. CCCXLIV. *Stephanus* RODERICUS,

Castrensis, Professor Pisanus. EJ. *Asitia tractatus* Florent. 1630. 8°. 1647. 8°. BUR.

EJUSD. *de sero lactis tractatus* Florent. 1632. 4°. vel 1631. ut LIND. Norimbergæ 1646. 12°.

EJUSD. *commentarius in* HIPPOCRATEM *de alimento* prodiit Florent. 1635. fol.

In variis exercitationibus medicis Venet. 1656. 4°. huc facit unica de tempore expurgandis lochiis destinato.

EJ. *tractat. de natura muliebri s. disputationes ac lectiones Pisanæ* Hanau 1654. 4°.* Francofurt. 1668. 4°.* liber a filio FRANCISCO editus. De sexuum discrimine: de temperamento mulierum, quod frigidum facit; de constitutione corporis muliebris; num sexus permutari possit. An menstruus sanguis ad generationem fetus necessario requiratur? eum sanguinem minime malignum esse ostendit. Porro de notis virginitatis, de conceptione: quid semen ad generationem faciat, omnia ex scholarum sententia.

(m) Negat exstare BORNER *relat.* I. p. 50.

§. CCCXLV. *Werner* ROLFINK,

Hamburgensis, suo ævo vir insignis & publice utilis. Linguas orientales tenebat, & artis universum ambitum. Academia Jenensis ei theatrum anatomicum debet, & hortum medicum, & laboratorium chemiæ destinatum, cujus artis primus in Europa Professor fuit publicus; sed etiam chirurgicorum instrumentorum magnam vim collegerat. Anatomen ipse novo penitus instituto exercuit, ut nomen viri in anatome apud vulgus hæserit. Patavii etiam pro H. FABRICIO aliquoties Germanis studiosis cadavera incisa demonstravit (*n*), & in Palatio (*o*) Contareno nervos, & medullam spinalem. Cum tamen non sufficerent cadavera, non potuit multa detegere. Vasa lactea anno 1626. primus post ASELLIUM vidit (*p*). Libros scripsit undique doctos, anatomen dedit collatitiam, potissimum etiam ex VESALIO. Disputationes plurimas edidit,

Anatome medicinæ oculus.

Anatome microcosmi commentata Jenæ 1631. 4°. VATER.

De chylificatione & circulatione sanguinis Jen. 1632. 4°. MOELLER.

De innato calido Jen. 1635. 4°. BURCKH.

De natura cervi ibid. 1639. 4°. B. THOMAS.

In disp. a. 1642. proposita, defendente *J. Th.* SCHENK, primus Professorum Germanorum circulationem sanguinis defendit. Poros tamen cordis retinet (*q*).

De arteriis Erford. 1651. 4°. aut 1653.

De fundamentis microcosmi Jen. 1652. 4°.*.

De chylo & sanguine ibid. eod. anno 4°.*.

De hepate ex veterum recentiorumque observationibus concinnata, & ad circulationem sanguinis accommodata diss. Jenæ 1653. 4°.*.

De corde ex veterum & recentiorum propriisque observationibus concinnata, & ad circulationem sanguinis accommodata diss. Jen. 1654. 4°.*.

De fetu ibid. 1658. BURCKH.

De sanguificatione læsa ibid. 1659. 4°. MOELL.

De tussi ibid. 1663. 4°.

De pollutione nocturna ibid. 1667. 4°.

EJUSD. *dissertationes anatomicæ synthetica methodo exaratæ* prodierunt Jenæ 1656. 4°.*. Ex Græcis, & locis ARISTOTELIS & GALENI, non sine eruditione arabica. In l. I. collegit priora programmata, quæ ad anatomes commendationem faciunt. In reliquis ossa, musculos, vasa & nervos descripsit, cum plurimis controversiis. Quartum par nervorum, quod linguam oportuerat adiisse, ait

(n) *Diss.* p. 909.
(o) *Diss. anat.* p. 381.
(p) *Otto* SPERLING in *præf.* ad ROLFINKII *genital.*
(q) SCHENK *schol. part.* p. 57.

ait se vidisse ad occiput reflexum. Valvulas venæ sine pari sibi tribuit. Ossiculum auditorium quartum aliter a SYLVIO describit. Musculum CASSERII membranulam esse recte monuit. Membranam musculorum in intima penetrare.

Eas diss. volebat recusas multo dare auctiores, sed labori intermortuus est (r).

EJUSD. *ordo & methodus generationi dicatarum partium per anatomen cognoscendi fabricam* Jen. 1664. 4°.* alii Francofurt. Loci græci ARISTOTELIS, GALENI amicorum; proprias vero adnotationes vix habet.

EJUSD. *de sexus utriusque partibus genitalibus Specimen, cum microcosmo Johannis v.* HORNE prodiit Lipsiæ 1675. 12°.

Vitam viri dedit G. W. WEDEL Jen. 1673. 4°.

§. CCCXLVI. *Jacobus* PRIMIROSE. *Alii.*

Burdigalensis, in Anglia Medicus regius, inclaruit suis in HARVEJUM scriptis, & quod primus in novum inventum insurrexerit. Ergo *exercitationes & animadversiones in librum de motu cordis & circulatione sanguinis* edidit Londini 1630. 4°.* recusas Leidæ 1639. 4°.*. Subtilitatis satis, & cavillorum, experimentorum nihil. Ipsi Præceptori suo RIOLANO, magno HARVEJI adversario, minime satisfecit.

Inde cum J. WALÆUS eximia exercitatione HARVEJI experimenta suis confirmasset, PRIMIROSIUS porro *in eam disputationem medicam, quam pro circulatione sanguinis* HARVEIANA WALÆUS *proposuit, animadversiones suas* edidit Leidæ 1640. 4°. ni fallor, recusas in collectione Leidensi anno 1656. 4°.*. Multum laborat, ut HARVEIUM inter & WALÆUM dissensum aliquem detegat. Cavillum arctius ligatæ venæ repetit, quam laxare oporteat, ut sanguinem det incisa. Totus vanus & scholasticus.

In eadem causa edidit porro *animadversiones in theses, quas pro circulatione sanguinis Henr. le* ROY *disputandas proposuit* Leidæ 1640. 4°.* 1644. 4°. & cum iste respondisset, *Antidotum adversus Henrici* REGII *spongiam* Leid. 1644. 4°.* recusam ibid. 1656. 4°.* qua suas in HARVEJUM exercitationes defendit.

EJUSD. *de usu lienis sententia* Leidæ 1639. 4°.* & 1656. 4°.* cum animadversionibus in WALÆUM. Factum esse ad receptionem humoris atrabilarii.

Edidit porro *destructionem fundamentorum medicinæ* V. F. PLEMPII Roterodami 1657. 4°.*. Puto ob invidiam admissi circuitus sanginis in PLEMPIUM insurrexisse. Negat sanguinem perpetuo moveri. De vena secta plus sanguinis fluere, quam aorta suppeditare possit. Sanguinem profluere de vena cor inter & vinculum incisa. Carpit PLEMPIUM, quod LAURENTIUM exscribat. Multa scholastica. Inde in WALÆUM arma vertit, quem tamen PLEMPIO præferat. Negat sanguinis in singulo pulsu aliquid emitti vel recipi: effluere etiam de vena ligata, si cor inter & vinculum incideris. Contra vim veri eo confugit, ut

(r) MOELLER I. p. 565.

§. CCCXLVIII. *Michael Rupert.* BESLER,

Medicus Noribergensis, BASILII filius, *de sanguine secundum & præter naturam* Altdorf. 1631. 4°.*.

EJUSD. *admiranda fabricæ humanæ muliebris partium generationi potissimum inservientium & fetus fidelis quinque tabulis hactenus nunquam visa delineatio* Noriberg. 1640. fol. atlant.*. Ova bene, & verior de uracho cæco sententia, deque carnosa umbilici substantia. Icones cæterum satis rudes. Anulum foraminis ovalis habet.

EJUSD. *Gazophylacium rerum naturalium ex regno vegetabili, animali & minerali depromptarum fidelis repræsentatio* Noribergæ 1642. fol.*. Varia habet anatomica, ut lyncis dentes, cranium, os hyoides ramosum, lienem. Cygni cranium, os hyoides, sternum perforatum. Recusum est Lipsiæ 1716. fol. maj. TREW. varie auctum.

EJUSD. *observatio medica singularis mulieris tres filios enixæ* 1642. 4°.*. Placenta unica. Cordis vasa in fetu usu esse promiscuo: fetum potissimum per vasa dorsalia nutriri.

§. CCCXLIX. *Johannes* SPERLING,

Professor Wittebergensis, Peripateticus, & ab anatome alienus. Ejus numerosissimæ sunt disputationes, *Osteologia* Witteberg. 1631. 4°. B. THOMAS.

De facultate nutritiva Witteberg. 1634. VAT. 1635. B. THOMAS.

De pilis Witteb. 1636. VATER.

De homine Witteberg. 1636. VATER.

De respiratione piscium ibid. 1637. VATER.

De somniis 1637. 4°.

De viribus imaginationis 1639. B. THOMAS. 1643. BURCKH. VATER. rectius ut videtur.

De modo visionis 1640. PL.

De speciebus sensibilibus 1643. 4°. VAT.

De somno & somnio 1645. VAT.

De causis corporis humani 1646. VATER.

De capite humano 1648.

In SCALIGERUM *de partibus & generatione ex* VI. *sect. aph.* 12. 13. 1649.

De anima 1649. HEFT.

De generatione 1649. HEFT.

De visu 1650. 4°. PL.

Nutritio primus vegetativa actus 1650. HEFT.

De

De sanguine 1650. 4°. VATER.

De appetitu rationali 1654.

De monstris 1655. HEFT.

De pulmone 1655. PL.

De generatione æquivoca 1657.

De anima rationali 1658. HEFT.

De appetitu sensitivo 1658. HEFT.

De homine 1658. HEFT.

EJUSD. *de formatione fetus in utero* Witteb. 1641. VATER. 1661. 8°.* addit LIND. annos 1655. 1672. Arguta dictio, aliquantum ad SCALIGERI saporem: multum quæstionum parum utilium, & responsionum parum docentium. Anatomes nihil.

EJUSD. *anthropologia physica* Witteb. 1647. 8°.*. LAURENTIUM sequitur & SPIGELIUM, absque anatome.

EJ. *Zoologia physica* Lipf. 1661. 8°.* Witteb. 1667. 8°.*. Undique collecta.

EJUSD. *de semine* Witteberg. 1651. 8°.* una excusa est *perturbatio calumniatoris*. Contra ZEISOLDUM. Noster defendit, semen in utero continuo animari, animam ab utroque parente advenire. Bellum incivile, & auctoritates datæ pro rationibus.

EJ. *de calido innato pro Dan.* SENNERTO *contra* FREYTAG Witteb. 1634. 8°. Lipf. 1666. 8°. LIND. & *de origine animarum pro* D. SENNERT. *contra* FREYTAG ibid. eod. anno.

EJ. *de origine formarum* Witteberg. 1634. 8°.

EJ. *meditationes in* SCALIGERUM *de subtilitate* Witteb. 1656. 8°.

EJ. *Institutiones medicæ* Witteb. 1672. 8°.

§. CCCL. J. JOHNSTON.

EJ. *Thaumatographia naturalis in decem classes distincta* prodiit Amstelodami 1632. 16°.* 1633. 16°. LIND. 1661. 16°. 1665. 16°. LIND. nitidissime excusa. Libri quinque posteriores huc pertinent, quibus animalium historia continetur. In ultimo, quo de homine agitur, potissimum gigantes recensentur, pygmæi, monstra, asiti, edaces, & qui alio modo aliquid habebant insoliti. Deinde viscera singula, generatio, aliæ actiones humanæ. Indicium limatum ne exspectes. In *historia animalium*, cujus duo tomi in folio apud MERIANUM anno 1649. 1650. & 1652. 1653.* provenerunt, compendium quoddam habetur ALDROVANDI, singularis nempe cujusque animalis cibus, generatio, partus, monstra, subinde aliqua anatome.

§. CCCLI. *Varii.*

C. Geo. QUECCII *Anatomia philologica* P. I. *de nobilitate & præstantia hominis contra iniquos conditionis humanæ æstimatores.* Noribergæ 1632. 4°. Lipsiæ 1654. 4°. LIND. Poetica & philologica farrago: de partu aliqua, & de brevitate vitæ &c.

Vincentii ROBIN *Synopsis rationum* FIENI *& adversariorum de tertia die fetus animatione, ex quibus constabit, antiquitatis opinionem de fetus formatione deferendam esse,* FIENI *vero amplectendam* Dijon 1632. 4°. PAPILLON.

Joh. FREYTAG disput. *de calidi innati essentia* Groning. 1632. 8°. MÜLLER.

EJ. *de formarum origine* ibid. 1633. 8°. ex Catal.

EJ. *refutatio sectæ* SENNERTO *Paracelsicæ, qua antiquæ veritatis oracula & Aristotelicæ & Galenicæ doctrinæ fundamenta convellere moliuntur* Amstelodami 1636. 8°. 1637. 8°. LIND.

Petri SERVII, Spoletani, Professoris Romani, *Institutionum, quibus tyrones ad medicinam informantur* L. III. EJ. *prolusiones duæ ad inflammandos Tyrones accommodatæ* Rom. 1638. 12°.*. Prima pars est philologica cum aliqua anatome.

EJ. *ad lib. de sero lactis Stephani* RODERICI *Castrensis declamationes, s. privatæ exercitationes* Paris. 1632. 12°. LIND. Rom. 1634. 8°.*. Ingeniosus homo & latinus, in refutando subtilissimus. Scopus est ostendere, dari in sero lactis particulas subtiles, nitrosas, calidas, purgantes, tum alias refrigerantes. Destillasse se serum ait, & nitrum subsedisse: serum destillatum valde laudat. Aquam marinam ante omnes nuperos simplici destillatione dulcem reddidit. Nomen sibi faciebat *Persii* TREVI.

EJ. *de odoribus dissertatio philologica* Rom. 1641. 8°.*. Zibethi etiam animal describit.

In EJ. *tract. de unguento armario* Rom. 1642. 8°. LIND. & in *Theatro sympathetico* Noriberg. 1662. 4°.* exstant historiæ cruentati ad occisoris adventum vulneris.

J. MULLER *de corpore ejusque partibus similaribus & dissimilaribus in genere* Lipsiæ 1632. 4°.

Joh. ITTIGII *de phantasia* Lips. 1632. 4°. B. THOMAS.

EJ. *de memoria & oblivione* ibid. 1644. 4°.*.

EJ. *de sensu* ibid. 1655. 4°. PL.

Salom. FISCHER *de sanguine* ibid. 1632. 4°. B. THOMAS.

Nicolai RITTERSHUSII diss. *de feminis hirsutis & sua sponte fecundis* Noribergæ 1632. 4°. B. THOMAS.

Guil. GUERIN & *Joh.* CHARTIER *Ergo εν φρενιτιδι το αιμα* Paris. 1632.

Fr. BLONDEL & *Jac.* BARELIER *Ergo primi partus vivaciores* Paris. 1632.

§. CCCLII.

§. CCCLII. *Iterum Varii.*

J. STEPHANI *comm. in* HIPPOCR. *de structura hominis*, exstat inter opera Venetiis excusa 1633. 4°.

Joh. GALLEGO *de la* SERNA, Malacensis, Archiatri Philippi III. & IV. *opera physico-medica.* Tract. I. *de principiis generationis omnium viventium.* Tract. II. *de conservatione fetus in utero, de summo naturæ artificio in partu* Lyon 1633. fol. LIND.

EJUSD. *de naturali animarum origine, invectiva adversus* D. SENNERT Bruxell. 1640. 4°.*. Ex scholarum more, & absque experimento.

Sebastianus Georgius FROES, Professor Conimbricensis. EJUS sunt *commentaria super Galeni l. de naturalibus facultatibus.* Tr. *de Anatomia Regni animalis.* *Comm. super Avicenna Fen. I. Comm. in L. IX. Razis ad Almanzorem* anno 1633. vel 1634.

N. BEAUGRAND *le marechal expert, tr. du naturel des bons chevaux avec une description de toutes les parties & ossemens du cheval* Lyon 1633. 8°.* habet icones ligneas ossium equi.

Matth. ALTON & *Petri* YVELIN *Non ergo sola menstrualis fecunda* Paris. 1633.

Petri le CONTE & *Fr.* VIGNON *Ergo hominis* εκ των συγγενων *systema musicum* Paris. 1633.

Ludov. RENOUARD & *Matth.* DENYS *Ergo ex titillatione risus* Paris 1633.

Germ. PREAUX & *Joh.* PIETRE *Ergo temperamentum melancholicum heroicum* Paris. 1633.

§. CCCLIII. *Joh. v.* BEVERWYCK,

Medicus & Consul Dordracenus, & ad *Status Generales* Deputatus, vir doctus & poëtici ingenii, multa edidit physiologici argumenti. EJUS *epistolica quæstio de vitæ termino fatali an mobili cum doctorum responsis* primum Dordraci anno 1634. 8°. LIND. inde multo auctior Leidæ 1636. 4°. & denuo ib. 1651. 4°.* prodiit, quæ mea est editio. Pars II. est epistola SALMASII. Pars III. excusa est Leid. 1639. 4°.* 1651. 4°.* LIND. cum ejusdem argumenti libello J. ELICHMANNI & *Annæ Mariæ* SCHURMANN: in I. vero tomo *Arnoldi* de RECK, C. BARLÆI, *Cornelii van* SOMEREN, medicorum, epistolæ exstant. Etsi multi medici symbolam suam contulerunt, hoc tamen opus theologici potius est argumenti, quo de causa quidem naturali mortis inquiratur.

EJUSD. *idea medicinæ veterum* Leid. 1637. 8°.* apud ELZEVIR. Physiologiæ compendium continet.

EJUSD. *epistolica quæstiones cum doctorum responsis* Roterodam. 1644. 8°.*. Aliquæ argumenti sunt anatomici & physiologici. Ita epistola J. BEVEROVICII ad B. LYDIUM defendit „ non dari vera & certa signa virginitatis: cum LYDIUS contrariam sententiam tueatur.

Otho HEURNIUS anno 1632. refert, ut valvulam coli certo & indubitato demonſtraverit, quæ etiam aërem contrario ductu meantem retineat: IDEM duo valvulæ labia recte dicit (*s*).

Guidonis PATINI & *Lud.* COURTOIS diſſ. in hæc verba: *Ergo totus homo a natura morbus eſt*, hic tota repetitur.

In EJUSD. *Schat der gezondheit* Amſterdam 1652. 4°.*. Germanice Amſterdam 1671. fol. Frankfurt 1674. fol.* exigua pars operis huc pertinet. De rebus ſex non naturalibus agit & de partu.

In P. II. *Schat der ongezondheit* Dordrecht 1641. Belgice, & 1644. 8°. & Germanice cum priori editione, continet anatomes encomium, & occaſione morborum aliquam etiam ſingularum partium corporis humani deſcriptionem.

In *Chirurgia ſ. heylkonſt* Francf. 1674. fol.* inque parte ſecunda agitur de cute, muſculis, tendinibus, pilis, vaſis ſanguineis, oſſibus, cum iconibus anatomicis mutuatitiis.

In libello *Steenſtuk* . . . anatome partium genitalium traditur.

Opera omnia Belgice prodierunt Amſterdam 1652. 1672. 4°. 1680. 4°. LAMB. *Chirurgia & anatomia* Gallice Dordraci 1645. 8°.

§. CCCLIV. *Olaus* WORM,

Aarhuſienſis, Archiater, Profeſſor Hafnienſis, vir doctus, & hiſtoriæ patriæ ſtudioſus, etiam rerum naturalium theſauros collegit, non expers anatomes.

Controverſias medicas edidit Hafniæ 1634. 4°.* quarum aliquæ apud me ſunt. In octava agitur de exemplis aſitiæ.

De renum officio diſſ. cum H. MEIBOMII *de uſu flagrorum in re veneres* Hafn. 1669. 8°.*. Sanguinem in renibus præparari, ut ſemen in teſtibus commodius perficiat.

Inſtitutionum medicarum epitome Hafn. 1640. 4°. LIND.

Catalogus Muſæi WORMIANI Hafniæ curante *Georgio* SEGER 1653. 4°.*. A morte auctoris ſplendide recuſus eſt, multumque auctus, titulo *Muſæi* WORMIANI ſ. *hiſtoriæ rerum tam naturalium quam artificialium, quæ in ædibus auctoris adſervantur* Leidæ apud ELZEVIR 1655. fol.*. Dum animalium ſpolia recenſet, paſſim aliqua miſcet, quæ ad anatomen, aut ad phyſiologiam faciunt, ut ſirenis manum, cranium balænæ monocerotis (quæ mihi bicornis videtur), ova aliqua, equinam mandibulam, quæ ramum quernum perforat, paſſim etiam de cibo, latibulis, & generatione animalium aliqua. Inter humanæ fabricæ peculiaria exempla, etiam recenſet cranium rotundum cerebrum recepturum duplo humano majus, cum tamen ſit alterius animalis. Sceletum muris migratoris hic depingit. Anatome apri indici.

EJ. *Hiſtoria animalis quod in Norvegia quandoque e nubibus decidit, & ſata*

&

(s) p. 228.

& gramina celerrime depascitur Hafniæ 1653. 4°.*. Mus maculatus, peregrinator, hic describitur, cum sceleto, etiam cum ossiculis auditus. Eos mures noster serio credit de nubibus decidere, etiam in naves.

In *Epistolis ad* BARTHOLINUM Cent. I. n. 25. describit cranium monocerotis.

EJ. *& ad eum doctorum virorum epistolæ, medici, anatomici, botanici, physici & historici argumenti* Tomi II. Hafniæ 1728. 8°. prodierunt, cura J. ROSTGAARD, & cum incendium urbis pleraque exempla destruxisset, recusæ sunt cura J. GRAMMII Hafn. 1751. 8°. 2. Vol.*. Plurima hic reperias anatomici argumenti, & historiam quamdam medicinæ ab anno retro 1610. In Epist. 96. & 98. describit WORMIUS furnum Danicum, ad excludendos pullos adhibitum. In Epist. 29. sua ossicula dicit. HENNINGUS ARNISÆUS de signis prægressi partus. *Henrici* FUIREN vena azygos duplex, ossicula inter duas meninges. *Pauli* MOTH fetus anatome, cui ductus bilarius inserebatur in ventriculum, & meconium in ventriculo & appendicula cæci erat, & de capsulis FALCOBURGIO ostensis. *Thomas* BARTHOLINUS ex itinere ad WORMIUM scripsit de appendice lienis: de vasis lacteis a TULPIO anno 1639. in cadavere strangulati hominis quinto die visis: de renibus ternis in cane, de appendice ilei: de ductu pancreatico nuper invento. Idem pro circuitu sanguinis dicit. *Olai* WORM propria etiam sunt, eaque varia, etiam cordis polypi anno 1608. visi. Ossicula WORMIANA, sex anno 1628. primum inventa, ubi GUINTHERUS citatur, qui simile ossiculum viderat. OLAI etiam ibi legas de circuitu sanguinis dubia, cui invento a. 1640. & 1643. fidem nondum adhibuit. Descriptio capitis ceti monocerotis. De carnibus lucentibus. Notæ ad BARTHOLINUM de unicornu. Scintillæ de principis regii capillis, & de tergo reginæ natæ. Serio contendit (Ep. 281.) feminam ovum peperisse albumine præditum & vitello, deinde alterum. S. C. Gratiano politanum de puero ab absente marito concepto fabulosum esse. Acris cæterum vir, neque tolerans errorum.

§. CCCLV. J. NARDIUS.

J. NARDIUS, Florentinus, vir eruditus, non quidem anatomicus, dedit Florentiæ 1634. 4.* *lactis physicum analysin.* Fuse serum, etiam destillatum, defendit contra OBICIUM, eique frigidam tribuit naturam cum nonnullis calidis particulis. Butyri antiquitates: eo romanos caruisse, quod oves potissimum mulgerent, quarum lac minus butyrosum sit. De caseo aliqua. Totius libri sapor peripateticus, & absque experimento.

EJUSDEM *posthumæ noctes geniales.* Earum annus I. prodiit Florent. 1656. 4.* Multa huc faciunt. In nocte I. de organo tactus. In II. de semine non animato, ex ARISTOTELIS sententia contra SCALIGERUM. Nihil esse in semine, præter motum a parente communicatum, & innato calori commissum. De animæ ortu, gratis dicta omnia, & pene nullam demonstrationem admissura. In nocte IV. de noviter repertis, ut de lacteis vasis, quæ contendit priscis nota fuisse: tum de sanguinis circuitu. Nocte V. num homo aliunde quam per os possit nutriri: num enemata nutriant. Nocte VI. de lacte, butyro, caseo. Fetum puriori sanguine nutriri. De castratione. Nocte X. Commentarius in HIPPOCRATIS lib. *de corde:* deinde quæstiones aliquæ physiologicæ: an sanguis natura in arteriis & venis contineatur. De motu cordis & arteriarum. Contra HARVEJUM & sanguinis circulationem. Aliquid tamen de potu in asperam arteriam descendere. Omnia absque experimentis.

EJUSD. *apologeticon in Fortunii* LICETI *Mulctram vel de duplici calore* Florent. 1638. fol. & 4°. LIND.

In LUCRETII editione, præter physiologica varia, describit pollincturam ægyptiam, solis bituminibus graveolentibus contentam.

§. CCCLVI. *Gabriel* NAUDE'. *Alii.*

G. NAUDÆUS, vir eruditus, polyhistor, magnus nocentium defensor, etiam lanienæ Parisinæ. EJUS est disputatio in hæc verba *Ergo vita homini hodie quam olim non brevior* Cesenæ 1634. *le* TELLIER, Genev. 1647. 8°. RIV.

EJ. *de fato & fatali vitæ termino* Genev. 1647. 8°.*. Multum hinc & inde ratiociniorum. Redit in BEWERWYCKIANIS.

IDEM edidit *Barth.* PERDULCIS *opera* Paris. 1643. 4°.*.

Alexandri READ *the manual of the anatomy or dissection of the body of man* London 1634. 12°. OSB. 1642. 8°. OSB. 1638. 12°. BODL. 1650. 12°.*. Ex RIOLANO, LAURENTIO aliisque compilatus.

EJUSD. *treatise of all the muscles of the body of man* Lond. 1659. 4. tert. edit.

EJ. *physical works* London 1650. 4°. OSB.

Alexandri de VINCENTINIS *de calore per motum excitato atque de cœli influxu in sublunaria* Veron. 1634. 4°. BURCKH.

EJ. *Epistola sitne eorum, quæ ex putri mucosaque materie, & eorum, quæ ex semine derivata fluxere, species eadem* Veron. 4°.

Francisci LEIVA, Cordubani, *Antiparadoxa de motu duplici* Cordubæ 1634. 4°. LIND.

Andreæ GONZALES *Simbolo de la astrologia con medicina* Medina 1634. 4°.

In *Caroli* BATTI, Medici Dordraceni, *Handtboek der Chirurgyen* Amsterdam 1634. 8°.* sceleti illæ minores Vesalianæ recuduntur. In eo, qui una prodiit, *Petri* HASSARDI commentario ad HIPPOCRATEM de vulneribus capitis, aliqua pertinent ad suturas, & capitis ossa, cum nonnullis figuris. Vetustum librum esse non ignoro, sed prima editio non est ad manus.

Jacobi van der GRACHT *Anatomie der uyterlyke deelen van het menschelyk ligham* s'Gravenhaag 1634. fol. cum iconibus, & 1660. fol.

Abraham LEHMANN *de monstris* Wittebergæ 1634. 4°. HEFT.

Claud.

Claud. de POIS & *Petri* LEGIER *Ergo alimentum corpus, animum mutat* Parisiis 1634.

Quirini le VIGNON & *Petri le* MERCIER *Ergo calor nativus ιδιοκτος* Parif. 1634.

Dionysii GUERIN & *Nicolai* RICHARD *Ergo a lacte & solo morum & humorum diversitas* Parif. 1634.

Joh. CHARTIER & *Claudii* GUERIN *Ergo membrana τε αισθητηριον* Parif. 1634.

§. CCCLVII. T. MOUFFET. *Car.* BUTLER.

Insectorum s. minimorum insectorum theatrum olim ab Eduardo WOTTON, *Conrado* GESNERO *Thomaque* PENNIO *inchoatum, tandem Thomæ* MOUFETI *Londinensis opera perfectum* Londini 1634. fol.*. Aliqua ad generationem horum animalium, ad mel, ad cibum.

Caroli BUTLER *feminine Monarchy &c.* Lond. 1634. 4°. OSB. Anglice excusa: recusa est cum titulo *Monarchia feminina s. apum historiæ:* a R. RICHARDSON latinitate donata Lundin. 1673. 8°. min.*. Auctor ineunte seculo XVII. vixit. Regulum vere Reginam esse intellexit, sed omnes pariter præter fucos apes feminas fecit. Anatomen dedit, non perfectam, bifidam tamen linguæ thecam non ignoravit. Curam, moresque apum sollicite descripsit. Sonum reginæ junioris supplicem distinxit, quæ a matre veniam petit educendi examinis. Numerum apum inivit. Pleraque ad historiam naturalem potius pertinent.

Augerii CLUTII (KLUYT) *hemerobium ephemerum & majalis vermis* Amsterdam 1634. 4°.*. In anatome ephemeri errasse SWAMMERDAMIUS.

§. CCCLVIII. J. WALÆUS,

Professoris Leidensis. EJUS & *Petri* SPARKII disp. *de humoribus alimentariis* prodiit Leid. 1635. 4°. MOELLER. Lac in anseris sanguine vidit.

EJ. *disp. medica quam per circulatione sanguinis harviana proposuit, una cum* EJUSD. *de usu lienis adversus medicos recentiores sententia* Amst. 1640. 4. GUNZ.

EJUSD. *Epistola I. de motu chyli & sanguinis ad* T. BARTHOLINUM, *cum ejus viri editione Institutionum anatomicarum patris sui* Leid. 1641. 8°.* & porro in omnibus aliis editionibus recusa; tum Leidæ 1656. 4°.* in collectione, & cum A. SPIGELII operibus Amstelodami 1645. fol.*. Quæ WALÆUS dedit, ea eximii sunt pretii. Vincula plurimis venis, etiam pulmonali injecit, reperit omnino, partes inter extremas & vinculum sanguinem congeri, atque adeo ad cor redire. Ad objectiones motas respondit. Mutationem ciborum in ventriculo accurate adnotavit. Celerem sanguinis circuitum confirmat, & auricularum cordisque motum exponit. Ad naturam ubique. Epistola data est IV. Cal. Octobr. 1640.

EJUSD.

EJUSD. *de motu sanguinis* Epist. II. eodem anno data kalendis decembribus & una excusa cum priori. Ad aliquas objectiones respondet, ostendit cur laxetur in venæ sectione vinculum.

Capsulam GLISSONII primus indicavit.

Utraque epistola exstat in MANGETI Bibliotheca.

Opera omnia WALÆI edidit C. IRVIN Londin. 1660. 8°.*. Prælectiones sunt in medicas institutiones, a discipulo Cl. viri editæ, vix ullis ditatæ experimentis, in quibus multa veteris scholæ vestigia, ut calor vitalis, alia. Duæ epistolæ priores una recuduntur. IRVINUM aliena WALÆANIS illevisse WELSCHIUS (*t*).

§. CCCLIX. *Varii.*

Josephi BUA, *Sebastiani* PETRAFITTA, & *Stephani* BALDI *tripus delphicus, in quo uno in lebete apollineo medica quædam philosophico igne coquuntur* Neapoli 1635. 4°.*. J. B. CORTESII discipuli. Quæstio I. est utrum chylificatio fiat deductis ad minima alimentis. Pro CORTESIO in SANTORELLUM & alios. Quæst. II. fiatne elixatio in ventriculo tamquam in lebete. Quæstio III. num coctio in ventriculo nequeat absque potu fieri. Hæc & reliquæ quæstiones omnes pertinent ad ventriculum, ad quas ex scholarum sapore respondetur.

Honorati BOUCHE *de morbo scelesto* (Epilepsia) *addita in eumdem consultatio* Avignon 1634. 8°.*. Spiritum vitalem, non animalem, embryonem formare.

J. Pharamund RHUMEL *Compendium hermeticum de macrocosmo & microcosmo* Francofurt. 1635. LIND.

Martini HORTENSII *oratio de oculo ejusque præstantia habita* Amstelodami ibid. 1635. 4°.*.

J. Marci MARCI *v.* KRONLAND, Alchemistæ, *idearum operatricium idea s. hypotyposis & detectio occultæ virtutis quæ semina fecundat & ex iis corpora organica producit*, Pragæ 1635. 4°. Francof. 1676. 4°.

EJUS *de proportione motus s. regula sphygmica, ad celeritatem & tarditatem pulsus ex illius motu ponderibus geometricis librato absque errore metiendum* Prag. 1639. 4°. RIV.

EJ. *philosophia vetus restituta, in qua de statu hominis secundum naturam agitur* Francof. & Lips. 1676. 4°. LIND.

An huc diss. *de pluvia purpurea* Prag. 1647. 8°. PL.

EJ. *Othosophia s. philosophia impulsus universalis, in quo genesis progressus ad res impulsas in animalibus, tum in liquidis & solidis corporibus explicantur* Prag. 1682. 4°. Posthumum opus edidit *J. Wenceslaus* DOBRZENSKY.

Theophili GELEE, Medici Dieppensis, *anatomie françoise en forme d'abregé revue, augmentée d'un discours sur les valvules* Rouen 1635. 8. 1664. 8.* oportet

(t) *agagiopil.* II, p. 53.

tet autem multo antiquiorem dari editionem, quam ignoro. RIOLANUM fere ſequitur. Recuſa eſt anno 1683. 8. cum libello D. SAUVAGEON de vaſis lacteis & *Gabriel* BERTRAND de veritatibus anatomicis & chirurgicis PLATN. denique anno 1742. Non improbat PORTAL. Oſſiculorum in fetu partem cartilagineam eſſe.

Henry de BOYVIN *de* VAUROUY *la phyſionomie* Paris 1635. 8°. D'ETR. alibi 1636.

Fab. VIOLET *la parfaite & entiere connoiſſance du corps humain* Paris 1635.

Chriſtian WINKELMANN *tabulæ inſtitutionum medicinæ* D. SENNERTI *in tyronum guſtum* Witteberg. 1635. fol. LIND. 1636.

Paul CAILLER *le tableau du mariage preſenté au naturel* Orange 1635. 12. ſi huc facit.

Theodor HOEPINGH *meditatio de notis naturalibus genitivis & gentilibus* Marpurg. 1635. 4. B. THOMAS.

C. FINSINGER *de anima ſentiente in genere* Lipſ. 1635. HEFT.

J. CHARTIER *an Melancholicis oculi nigri* Paris 1634. 4. Non exſtat in catalogo authentico.

Petri LEGIER & *Petri* CONSTANT *ergo calidum naturale αειкινητον* Pariſ. 1635.

J. BOURGEOIS & *Nicol.* CAPPON *Ergo anima ſedendo prudentior* Pariſ. 1635.

Matth. DENYAU & *Nicol.* COLLETET *Ergo ſplendor ſiccus animus ſapientiſſimus* Pariſ. 1635.

Fr. le VIGNON & *Dur.* FRYON *Ergo amor mutat ingenium* Pariſ. 1635.

Petri IVELIN & *Nic.* COLLETET *Ergo fluor muliebris ſemper ab utero* Pariſ. 1635.

§. CCCLX. *Marini* CUREAU *de la* CHAMBRE.

De la CHAMBRE *nouvelles conjectures ſur la digeſtion* Paris 1636. 4. D'ETR. neque enim alterius *la* CHAMBRE opus fuiſſe putem.

EJ. *de l'inſtinct & de la connoiſſance des animaux & du raiſonnement des bêtes* Paris ante annum 1646. quo refutatum ſit a P. CHANET, recuſ. 1662. 4°. BODL. Germanice nuper verſum *Betrachtungen über der Thiere Erkenntniß, Naturtrieb und Abſcheu* Leipzig 1751. 8.*. Contra CARTESIUM non male ſcripſit; animalia oſtendit cogitare, judicare, experiri, & experientiam ſuam in uſus ſuos convertere. Memoria novas generat imagines. Verſio Germanica non bona.

EJ. diſſ. *ſur la chiromance* ibid. 1653.

EJ. *de l'amitié & de la haine qui ſe trouve entre les animaux* Paris 1667. 8. & Germanice Leipzig 1751. 8. ſi a priori diverſum eſt.

EJ. *art de connoitre les hommes* Paris 1660 4. *Kunſt und Art die Menſchen zu erkennen* Frankfurt 1672. 8.

Ej. *Systeme de l'ame* ibid. 1664. 8.

Ej. *les characteres des Passions* Paris 1640. & 1662. 4. 5. Vol. Bodl.

Ejusd. *extrait d'une letre qui contient les observations faites sur un grand poisson* Paris 1663. 4. Videtur anatome Galei, quæ exstat inter incisiones Academicorum Parisinorum.

§. CCCLXI. *Franciscus* Sanchez,

Bacarensis, Professor Tolosanus, Scepticus. Ejus *summa anatomica, in qua breviter omnium corporis partium situs, numerus, substantia, usus & figura continetur, ex* Galeno *&* A. Vesalio *collecta. Additæ sunt adnotationes, quibus* Columbi *&* Fallopii *repugnantia cum* Galeno *&* Vesalio *continetur & inter se* Tolos. 1636. 4. spissum volumen Lind.

Ej. in *lib.* Galeni *de pulsibus ad tyrones* Tolos. 1636. 4. Lind.

Ejusd. *de longitudine & brevitate vitæ* Tolos. 1636. 4. Lind. Lyon 1649. 16.* Roterdam 1649. 16. brevis libellus, cum classibus longævorum & causis.

Una in editione Lugdunensi prodiit *commentarius in* Aristotelis *de divinatione per somnum & physiognomica.* In operibus Tolosæ 1634. 4. conjunctim excusis B. B. reperias l. de locis in homine, summæ anatomicæ l.l. IV. & de longitudine & brevitate vitæ.

§. CCCLXII. *Varii.*

J. Sophronii Kozak, Bohemi, *anatome utilis microcosmi, in qua natura humana proprietates &c. explicantur* Brem. 1636. 4. Grau.

Aless. Venturini *zomista overo secretario degli animali* Rom. 1636. 12. Falc. si huc facit.

J. Caspar Zopf *de homine* Lipsiæ 1636. 4. Heft.

Claud. Guerin & *Martini* Akakia *Ergo mutua omnium corporis partium concordia quadam & consensio* Paris. 1636.

Petri Richer & *Mich.* Maret *Ergo ex utero matris exstinctæ vivus infans suapte vi non potest in lucem prodire* Paris. 1636.

Matth. Denyau & *Cl. le* Vasseur *Ergo heroum filii noxa* Paris. 1636.

Fr. le Vignon & *Franc.* Paiot *Ergo a temperie ingenium* Paris. 1636.

§. CCCLXIII. *Renatus* Des Cartes,

Vulgo Cartesius, nobilis Gallus, militiam secutus, inde in Belgico secessu meditationi se dedit, analyseos peritus, vir acuti ingenii, deditus hypothesibus, etiam in dissectionibus vivorum animalium non inexercitatus. Holmiæ obiit anno 1650.

Ejus *la méthode, la dioptrique, les météores & la Géometrie* prodierunt Leyde 1637.

1637. 4. CARLSON, & 1658. 4. CHION, sæpe etiam latine, ut in operibus Amsterdam 1656. 4. CHION Leid. 1677. 4.* Amst. 1692. 4. BURCKH. Philosophica omitto. Dioptricen pro optimo operum Cl. viri NOLLETUS habet (u), & veram utique de partium oculi muneribus sententiam secutus est, etsi in causa refractionis contrariam veræ opinionem proposuit. Lentem crystallinam a processu ciliari convexiorem reddi, & oculum longiorem. Pupillam ad propiora arctari, ad remota laxari. Oculi fabrica, Experimentum pictæ in expansa retina imaginis. De sensatione in universum & de nervorum fabrica. Auxilia vitrorum convexorum & concavorum. Multa eo tempore parum nota.

Inter *Epistolicas quæstiones* T. BEVEROVICII Roterdam 1644. 8.* excusas, aliquot sunt CARTESII ad medicum Lovaniensem datæ. Is defendebat, vim pulsificam per membranas arteriæ influere, negabat sanguinem rarefactum de corde prodire, & circuitum sanguinis HARVEIANUM refutabat. Contra eum CARTESIUS bene longam epistolam anno 1637. scripsit, en experimentum GALENICUM refutavit, quod fit calamo in arteriam inserto. Calor insitus cordis. Sanguinem de ligata arteria vidit profilire, dum ea distendebatur: basin cordis diu supervivere resecto mucrone: defendit sanguinem de corde prodire, dum relaxatur. Circuitum HARVEJANUM ex primis recepit & tuitus est. Auricularum frequentiorem micationem ad unum cordis pulsum recte vidit. Cor anguillæ calore fotum ad motum redire.

Non sunt ad manus *Letres de Mr.* DESCARTES *où sont traitées les plus belles questions de la médecine* . . . Paris 1675. 4°. 3. Vol. WASSENAER.

EJUSD. *les passions de l'ame* Amsterdam 1650. 8°. BURKH. Sæpe recusus liber & Paris. 1679. 12°. *B. v. der* AA, tum latine Amstelodami 1650. 12°. 1656. 4°. 1664. 4°. 1692. 4°. & cum aliis operibus Leidæ 1677. 4°.*. Hic mechanica habetur explicatio, qua ratione anima & sensuum impressiones recipiat, & excitatis motubus corpus regat. Motus in corpore humano ex sensationibus mechanice oriri, fere ut nuper D. HARTLEY, ut nervea fibra ab externo objecto perculsa, fibram in motum cieat, quæ ad aliquem musculum tendit, absque animæ opera. Conjectura etiam hic reperitur de sede animæ in glandula pineali posita, quæ sola in cerebro impar sit. Adfectionum animi mechanica ratio. Amorem odium &c. interpretatur per celeriorem chyli in sanguinem mutati adfluxum in cor, aut vicissim tardatum. Id fieri per nervum octavi paris, & a missis spiritibus in musculos, qui sunt circa ventriculum & intestina.

EJUSD. posthumus lib. *de homine* figuris & latinitate donatus a *Florentio* SCHUYL, qui paulo post in Academia Leidensi botanicen publice docuit Leid. 1662. 4°.* 1664. 4°. B. B. SCHUYLIUS codices M.S. ab *Alphonso* PALOTTI, & *Antonio* STUTLER *van* SURK habuit. Opus etiam in fastis ingenii humani memorabile, ex quo intelligas, quam exigua maximi ingenii sit utilitas, si præter experimenta ex solis conjecturis rerum naturalium causas sibi constituere sumserit. Mechanicam nempe rationem CARTESIIS dedit, qua in corpore humano ex mero

(u) *Expér. de phys.* T. V. p. 245.

ro mechanismo officia vitæ humanæ perficiantur, potissimum vero sensus, memoria, motus animalis, somnus, vigilia. Hic redit conarium, animæ sedes, cum omnibus corporis humani partibus per nervos connexum. Harmoniam esse inter matris conarium & fetus. Motus muscularis per canales inter antagonistas musculos mutuo commeantes explicatur, in quibus suæ sint valvulæ. Motus cordis, ut in prioribus, ut cor in relaxatione inaniatur. Insomnia deduxit a parte aliqua cerebri libera, & BOERHAAVIUM habuit adseclam. Icones addidit FLORENTIUS.

Alia editio est, aliquanto amplior, *Ludovici de la* FORGE Amsterdam 1677. 4°.* cum perpetuis editoris notis. In præfatione, ex Gallica editione repetita, *Claudius* CLERSELIER aliquos SCHUYLII errores castigat. Eos in hac editione adeo correctos putes; additæ etiam sunt Cl. GUTSCHOVII & *Lud. de la* FORGE numerosæ figuræ, accuratius mentem CARTESII redditur&, & magis compositæ. Notæ Cl. viri ex hypothesi natæ sunt.

Gallicas editiones curavit Cl. CLERSELIER, quas reperio Amstelodami 1664 4. GUNZ. 1677. 4°.* BUR. 1680. 4°. prodiisse (MARTIN.) & Genev. 1725. 12°. Ho.

EJUSD. lib. *de formato fetu* Amstelodami 1672. 4°.* & denuo 1677. 4°.*. Gallice Paris. 1664. 4°. CHION. 1677. 4°. BURCKH. Amsterd. 1680. 4°. MARTIN.

Mechanice tentat explicare, ut ex utroque semine effervescente, sibique cuticulas inducente, absque ullo modulo, ullave potentia plastica, corpus humanum generari queat. Contra HARVEJUM suam de motu cordis sententiam tuetur. Causam senii acute vidit, quæ est in incremento partium solidarum, & in pororum angustia.

In *operibus posthumis physicis & mathematicis* Amstelodami 1701. 4. quæ non solius sunt CARTESII, potissimum a Cl. viro urgetur, non esse in corporibus colores, odores, quos anima percipit.

§. CCCLXIV. *Franciscus* SYLVIUS *de la* BOE,

Hanoviensis. Vir nobilis, & apud ægros gratiosus, celeberrimus Leidensium Professor, numerosos discipulos ex universa Europa collegit, & in practicis potissimum studiis novam sectam condidit, physiologicis placitis superstructam. Anatomen junior studiose exercuit, & super centum cadavera incidit (x), experimenta etiam in vivis canibus numerosa fecit (y), nullo lucro suo (z); & BARTHOLINO (a) plura cadavera aperuit; idem auctor fuit utilis instituti, ut corpora in nosodochio Leidensi defunctorum a morte inciderentur. Ex primis idem fuit circuitus sanguinis defensoribus. Hoc unum ei fuit vitii, quoties probabilitatis aliquid videbat, superstruebat ei theoriam, quam discipuli pro certa recipiebant, rejectis, quæ SYLVIUS aliqua cum dubitatione proposuerat, cautionibus.

Dispu-

(x) *Disput.* V. p. 61.
(y) Conf. *Disp.* V.
(z) *Diss* VIII.
(a) *Anat. pract.* p. 11.

Disputationem primum inauguralem recenseo *de animali motu ejusque læsionibus* Leid. 1637. 4.*. Brevissimæ sunt theses.

Inde cum Institutionibus anatomicis C. BARTHOLINI, a filio THOMA editis, Leid. 1641. 8°.* exstant *notæ de cerebro* F. S. signatæ, quæ sunt F. SYLVII, tunc maxime in cadaveribus incidendis occupati. Nullum esse communem quatuor sinuum priorum concursum. Alveus, particula prope aquæductum parum nota. Ventriculus septi lucidi. Venas a cerebro ad sinus nullas venire: arterias esse, quæ se in sinum aperiant. Fissuram descripsit, quæ nomen inventoris retinet. Sinum Quintum pro novo dixit, tunc laterales minores, qui sunt venæ tentorii. Ventriculos anteriores eorumque cornu descendens plenius descripsit, & limbum invenit. Pedunculos glandulæ pinealis notos habuit. Novas icones cerebri BARTHOLINO suppeditavit.

Ductus etiam Pancreatici bonam figuram ad PLEMPIUM misit.

Vasa lymphatica anno 1640. in hepate jam demonstravit (*b*).

Inde, cum cathedram Leidensem conscendisset, dixit anno 1658. *de hominis cognitione*, quæ oratio in operum omnium collectione redit. Pauca habet physiologica.

Tunc *disputationes* cepit edere *medicas*, quibus potissimum theoria auctori propria continetur. Prima fuit *de alimentorum fermentatione in ventriculo* respondente *Abrahamo* QUINA, anatomico, Leid. 1659. 4°.*. Fermentationem a saliva excitari.

De chyli a facibus alvinis secretione atque in lacteas venas propulsione in intestinis perfecta ib. 1659. 4°.*. Effervescentiam cieri inter bilem subalcalinam, & succum pancreaticum, ita fæces præcipitari.

De chyli mutatione in sanguinem, circulari sanguinis motu, & cordis arteriarumque pulsu 1659. 4°. Ignem in corde habitare, eum sanguinem receptum rarefacere, & perficere: sed a cordis tamen contractione sanguinem in arterias expelli.

De spirituum animalium in cerebro cerebelloque confectione, per nervos distributione, atque usu vario Leid. 1660. 4°. Cerebrum describit & aquæductum, qui etiam nunc SYLVIANUS dicitur. Spirituum magnam partem in vasa lymphatica, nuper inventa, transire.

De lienis & glandularum usu ibid. 1660. 4.*. *Adolphum* VORSTIUM circuitui sanguinis adversum, convicit: vasa brevia nihil ad lienem vehere, vinculo injecto, ostendit, sanguinem in liene ulterius elaborari, & adfusis spiritibus plusquam perfici hic docuit, ut in tincturam aut fermentum abeat. Glandularum hic classes constituit, conglomeratas, conglobatas; capsulasque renales.

EJUSD. *de bilis & hepatis usu* 1660 4.*. Bilem non ex venoso sanguine præparari, sed ex arteriis vesiculæ, & ex vesicula partim in duodenum intesti-

 num

(b) *Diss.* VI. p. 84.

nium propelli, partim in hepar. Bilem multum ſalem lixivialem continere: ad ſanguinem admiſcere, & vitale cordis incendium ſuſtinere. Vaginam (nuper inventam GLISSONII) id iter bilis adjuvare: Inflatum aërem ex ductu bilario hepatico in ſanguinem penetrare, & ex arteria hepatica in veſiculam felleam.

De reſpiratione uſuque pulmonum 1660. 4. Hic dilucide docet, ignem vitalem accendi ex ſanguinis amara bile miſti conflictu cum ſubacida lympha, a ductu thoracico veniente. Eum ardorem ab aëre temperari, ſanguinem condenſari, pro ratione nitri ſui. Aërem verum ſanguinem ſubire. Reſpirationem perite deſcribit. Motus venæ cavæ.

De vaſis lymphaticis & lympha 1661. 4.*. Ea vaſa cum valvulis ſuis deſcribit, verumque ductum lymphæ ipſe injecto vinculo demonſtravit. Lympham a ſpiritibus animalibus oriri, hinc acidam partim eſſe, partim volatilem.

Hæ *diſputationes* cum tit. *Diſſ. Medicarum ſelectarum* P. I. Amſtelodami 1663. 12°.* 1670. 12°. LIND. &c. prodierunt, cum præfatione in A. DEUSING & BILSIUM. Nonne ſunt eædem exercitationes Jen. 1674. 12°. Francof. 1676. & Patavii excuſæ LIND.

Dedit etiam *Epiſtolam apologeticam improbas* A. DEUSINGII *& aliorum ejus farinæ hominum calumnias perſtringentem* Leid. 1664. 12°.* 1666. 8°. LIND. iracundam, ut ex titulo adparet. Nihil habet publice utile.

In EJ. & VERMEIREN diſput. *de cordis palpitatione* Leid. 1664. 4°.* extat experimentum inflati per ductum thoracicum cordis.

Praxis medica, cujus L. I. Leidæ 1667. 12°. LIND. L. II. 1672. 8°. OSB. Amſterdam 1674. 12°. LIND. L. III. ibid. eodem anno. L. IV. Amſt. 1679. 4°. prodiit, & in *operibus omnibus*. Placita hic phyſiologica repetit, etiam aliquanto confidentius, cum acido hoſtili tamquam febrium cauſæ fere totam ſuam praxin ſuperſtruat.

Sic in *methodo medendi* poſthuma, in *operibus omnibus* excuſa, ſucci pancreatici acidam naturam & reliqua ſua dogmata repetit.

Una etiam in operum collectione exſtant *dictata in* C. BARTHOLINI *inſtitutiones anatomicas*, nunc primum edita, breve compendium anatomicum. Oſſiculum quartum auditus invenit (c), poſt aliqua apud priores ſcriptores veſtigia.

Opera omnia prodierunt Pariſiis 1671. 8°. OSB. Amſtelodami 1679. 4°. Ultraj. 1695. 4°.* quæ nitida eſt editio, tum Genev. 1680. fol. Venet. 1637. fol.

Cum obſervationibus *Juſti* SCHRADERI aliquæ cadaverum inciſiones recenſentur, quas F. SYLVIUS adminiſtravit. Ductus choledochi duo in duodenum aperta oſtia. Nervuli glandulæ pinealis.

§. CCCLXV. *Nicolaus Claudius* FABRI *de* PEIRESC,

Vulgo PEIRESCIUS, Senator Aquiſextienſis, qui a. 1637. obiit. Nihil quidem ſcripſit, ſed in vita viri, a *Petro* GASSENDO anno 1639. ſcripta, & Pariſ. 1641.

(c) LINDANO, C. BARTHOLINO & KYPERO teſte *Anthropol.* p. 185.

1641. 4.* edita, tum alias, & Quedlinburg 1706. 8.* numerosa monumenta exstant curiositatis, etiam anatomicæ. Oculos plurimos dissecuit. Imaginem in retina repræsentari vidit; & duos angulos, quibus in thynno lens crystallina sustentatur: convexitatem ejus lentis in variis animalibus variam contemplatus est. Imagines clathrorum coram oculis sibi aliquamdiu superesse expertus est. Chamæleonis phænomena, ossiculum cujus ope linguam suam gubernat: ejus anatome. Testudinis anatome: epiglottis nulla, asperæ arteriæ rami undique ad renes usque & vesicam missi, geminus ductus choledochus. Vasa lactea in homine visa, quod primum, nisi fallor, in homine exemplum est. Cæterum dissimulari nequit, & ex ævi vitio excusari debet, viri credulitas, qui catulos putat in urina reperiri hominum, quos rabidus canis momordit (*d*).

§. CCCLXVI. *Varii.*

The abstemious life of Henry WELBY, *who lived 44. years unseen to any*, Lond. 1637. 4. BODL. si huc facit.

Beschreibung und Erzählung aller Glieder des menschlichen Körpers Danzig 1637. 12. Nürnberg 1646. 12. BOEHM.

Emanuel MARTINEZ, Professor Complutensis, *de rebus naturalibus nonnaturalibus & contranaturalibus* L. III. Complut. 1637. fol. CAP. de VIL.

Joh. MASIUS *de hominis & reliquorum animalium ex semine generatione* disputavit Præside *Christoph.* TINCTORIO Regimont. 1637. 4.

EJUSD. *de mutatione fetus, quam utero adhuc inclusus suscipit a phantasia materna* Regiomont. 1640. 4. Utramque habet MOELLER.

Petri le MERCIER & *Cl.* BREGET *Ergo jecur primum vivens* Parif. 1637.

Nic. RICHARD & *Dion.* JONQUET *Ergo aurora veneris amica* Paris. 1637.

Nic. CAPPON & *Flor.* LANGLOIS *Ergo sola menstrualis femina fecunda* Parisiis 1637.

Petri CONSTANT & *Rob. de* BONNAIRE *Non ergo fortunatiores homines, qui galeati nascuntur* Paris. 1637.

Leo le TOURNEUR & *Jac.* GAVOIS *Ergo ideo mulieri sanguis redundat, quia ad gignendum alendum fœtum nata* Paris. 1637.

Nic. HENAULT & *Jac.* GAVOIS *Ergo ingenii stimulus ira* Paris. 1637.

§. CCCLXVII. *Joh.* VESLING,

Mindanus Westphalus, Patavium se contulerat, ut anatomicis studiis se daret. Cum vero anno 1628. Respublica veneta sumtus sectionum publicarum detrectaret (*e*); Cairum abiit, consulis veneti medicus. Redux Patavii anatomen

(d) Vit. p. 74.
(e) ad HILDAN. *ep. med.* 329.

men docuit, magno cum fructu, fed immatura morte abreptus eft a. 1649. (*f*). Neque vero fola humana cadavera in ufum fcholarum inciderat, fed innumeras animalium vivorum, aut alioquin rariorum, incifiones adminiftraverat.

Edidit primo Patavii 1638. 4.* *de cognato anatomici & botanici ftudio* Orationem: cum ipfe in utraque arte effet inter principes.

Inde *Syntagma anatomicum publicis diffectionibus diligenter aptatum* Patav. 1641. 4.* Francofurt. eodem anno excufum 12.*. Tum multo auctius Patav. 1647. 4.* cum figuris, quam editionem *Gerardus* BLASIUS recufam dedit, multis additionibus auctam Amfterdam 1659. 4. TREW. 1666. 4.* Ultraj. 1696. 4.* quæ editio non differt, & 1677. 4. nuper etiam Patav. 1728. 4. repetitam B. WASSENAAR. In editione 1677. WELSCHIUS BLASII commentarios reddidit, adjecta VESLINGII anatome gravidæ, & notabilibus in fceleto a LEONCENA adnotatis, atque tabulis fetus anatomicis. Germanice etiam prodiit *Künftliche Zerlegung des menfchlichen Leibes durch Gerard* BLAS. *ins Deutfche überfetzt* Leiden 1652. 4. HEIST. Nürnberg 1676. 8. 1688. 8°. MOELLER. & Belgice *konftige entleeding des menfchelycken lighams int nederduytfch vertaalt door* G. BLASIUS Leiden 1661. 8. HOTTON. Anglice vertente CULPEPER London 1653. fol. Italice *Tavole anatomiche del* VESLINGIO *fpiegate in lingua italiana* Padova 1709. fol. B. BOEHMER. Compendium eft anatomicum, breve, puriffime fcriptum, ut quamque partem corporis integre abfolveret, cum fuis vafis, nervis, mufculis, vifceribus, offibus. Propria pauca quidem habet, neque erat iis locus; hymenes in eadem virgine duos; indicatorem mufculum in os metacarpi infertum. Veficæ lunatam eminentiam, duas ureterum infertiones conjungentem, proftatam unicam. Pulchre delineata dedit offa auditus, cochleam, proceffum longiffimum mallei, offa fetus, cordiformem diaphragmatis aponeurofin, laryngis cartilagines: cerebri fornicem, anum, vulvam, eminentias mammillares; officulum quartum auditus, chordam tympani fuo in fitu; etiam valvulas cordis venofas, & nervos in funiculos minores folutos, plexus femilunares, ventriculos laryngis. Truncum communem vidit arteriæ cœliacæ & mefentericæ: Quatuor venas pulmonales. Mufculum ftapideum. Primus vafa lactea in homine depinxit & quatuor venæ pulmonalis ramos. Icones cæterum in univerfum non bonæ, aut Cafferianæ, aut propriæ.

Exftat etiam *pro* SPIGELIANA *doctrina apologeticon adverfus* SEVERINUM in collectione Hanovienfi & Francofurtenfi 1654. 4.* 1669. 4.*.

Multo majoris facio pofthumum viri opus, *obfervationes anatomicas & epiftolas medicas, quas ex fchedis Cl. viri, a* J. RHODIO *fervatis*, T. BARTHOLINUS edidit Hafn. 1664. 8.* Haag. 1740. 8. aureum undique opufculum, cujus non licet hic divitias omnes decerpere. Ad generationem & evolutionem partium pulli in Aegypto obfervatam: ad ovi incubati phænomena & incrementa: ad anatomen viperæ valde accuratam, & ad crocodili incifionem & hyænæ. De lacteis vafis, etiam in homine vifis, plurima experimenta habet, & anno 1647. duplicem

(f) TOMASIN p. 63.

duplicem ductum chyliferum vidit. Vidit & lymphatica (*g*) vasa a liene ad pancreas tendentia. Aliqua etiam eristica intercedunt, ut adversus C. CREMONINUM de semine, & contra sanguinis circuitum. Tum adnotationes variæ, de infante a morte matris in lucem edito. Vasorum varietates. Vasa lactea ventriculi. Aqua pericardii de vulnere manans. Cœliacæ & mesentericæ arteriæ communis truncus. Tendines omnes in sene ossei vidi. Ductum pancreaticum pro suo candore *Chr.* WIRSUNGO tribuit. Spurium nomen pancreatis ASELLII abrogavit.

Aliquæ passim VESLINGII epistolæ sunt inter HILDANIANAS inedìtas, alibique.

Anno 1649. *Mauritio* HOFMANNO aperuit „ Vasa sibi sub pancreate apparuisse, a quibus rami ad hepar, cor & thymum abierint, ipsissima vasa lymphatica (*h*). Lymphatica etiam vasa a ventriculo ad lienem euntia, & ad hepar vidit (*i*).

§. CCCLXVIII. *Petrus* CASTELLUS. *Alii.*

Romanus, Professor Messanensis. EJUS *hyæna odorifera* prodiit Messan. 1638. 4.* recusa Francofurti 1668. 12.*. Duas species zibethiferi animalis depingit, & alterius folliculos unguentiferos, tum sceleton: eosdem porro folliculos accurate describit, cum glandulis id unguentum parantibus, & penis ossiculo. Aliqua etiam de castoris folliculis. Laminæ lentis crystallinæ.

In *epistolis medicinalibus* Patav. 1626. 4.* editis, ubi acida medicamenta laudat, etiam ventriculi digestionem ab acido pendere docet.

In collectione Hanoviensi 1654. 4.* & Francofurtensi 1669. 4.* reperitur ejus ad SEVERINUM *de vena secilem phlebotomia adversus* SPIGELIUM *dissertatiuncula.* Ratiocinia. EJ. *Emetica de vomitu & vomitoriis* L. I. Rom. 1634. fol.

§. CCCLXIX. *Varii.*

Petri NUNNEZ, Complutensis, *libro del parte humano en el qual se contienen remedios mirabiles i usuales para el parto difficultuoso de las mugeres* Cesaraugust. 1638. 8.

A. de POURS *le racourcissement des jours où examen si en cet age acourci nos jours peuvent être abbregés & accourcis où sont du tout déterminés* Amsterdam 1638. 4. WASSEN.

T. WHITAKER *tree of human life* Lond. 1638. 8. OSB.

Valerii MARTINI *Epistola de monstri generatione* Venetiis 1638. fol. LIND. cum subtilitatum veriloquiis.

J. Petri MARTELII l. *de natura animalium, in quibus explanatur* ARISTOTELIS

(g) Tribuit VESLINGIO GALOIS ad BOURDELOT *entret. perf.*
(h) M. HOFMANN in diss. *de sanguine ejusque observatione.*
(i) Id. *de vasis lacteis.*

TELIS *philosophia de animalibus*. Ej. *tractatus qua demonstratur animi humani immutabilitas* Paris. 1638. 4. BURCKH.

Georgius SHARPIUS, Scotus, scripsit *institutiones medicas*, quas CLAUDIUS filius edidit Bonon. 1638. 4. LIND.

Hermanni BOCCO *dubiorum anthropologicorum de principibus corporis humani partibus πλειάδες tres s. diss.* XXI. Lips. 1638. 4. RIV.

Daniel WEISSMANN *de somno* Lips. 1638. 4. B. THOMAS.

Danielis MÜLLER *θεωρία duorum exteriorum sensuum visus & auditus specialis* Lipsiæ 1638. 4. PL.

Ej. *de olfactu, gustu & tactu* Lips. 1639. 4. B. THOMAS.

J. BALDOVIUS *de sensibus internis* Lips. 1638. 4. B. THOMAS.

Ej. *de sensibus externis* 1638. 4.

Polycarpi LYSERI *de sensibus internis* Lips. 1638. 4. B. THOMAS. An forte idem.

Mart. HEINSIUS *de motu spontaneo* Witteberg. 1638. 4. HEFT.

Samuel AVENARIUS *de somno ejusque adjuncto, insomnio & opposito vigilia* Lips. 1638. 4. HEFT.

J. HOPPIUS *de temperamentis* Lips. 1638. 4. HEFT.

Ej. *διάγνωσις ventriculi humani physiologica & pathologica* ibid. 1649.

Christ. GUEINZIUS diss. *ἀνθρωπολογική* I. *de capite* Hal. 1638. 4. HEFT.

Diss. II. *de thorace* ibid. 1638. 4. HEFT.

Diss. III. *de abdomine* ibid. 1645. 4.*.

Ej. *de artubus, humoribus, spiritibus*, ib. eod. anno, & 1646. 4. HEFT.

Hartmann SCHACHER *de vita hominis* Lips. 1638. 4. B. THOM.

Matth. SCHNEIDER, *portenta Dresdensia*, h. est, *elegidion breve, de prodigiis sanguinis, quæ adparuerunt Dresdæ*, Dresd. 1638. BURCKH. Si huc facit.

Mart. AKAKIA & *J. de* MONTREUIL *Ergo generatur lac in virginibus* Parisiis 1638.

Rob. de BONNAIRE & *Car. le* BRETON *Ergo geminorum est primogenitus, qui prior in lucem editur* Paris. 1738.

§. CCCLXX. *J. Daniel* HORST,

GREGORII Fil. Professor Marpurgensis, Archiater Darmstadiensis, aliquamdiu anatomen exercuit.

EJUS *positionum academicarum decades X.* prodierunt Marpurg. 1638. 4.*.

EJUSD. *Programma ad anatomen canis gravidæ* Marpurg. 1639. 4.* cum icone & descriptione uteri, placentæ &c.

EJUSD.

EJUSD. *Anatome corporis humani tabulis comprehensa* Marp. 1639. 4. LIND. quæ eadem fuerit *deutsche Anatomie anno* 1629. *gehalten* Marpurg 1679. 8.

EJUSD. *anatomia oculi* Marburg. 1641. 4.* cum figuris sibi impositis.

EJ. *Manuductio ad medicinam* Marpurg. 1648. 8. 1657. 12. & aucta Ulm. 1660. 12. LIND.

EJUSD. *dubia de lacteis thoracicis ad* BARTHOLINUM exstant in BARTHOLINI *ep.* 58. *Cent.* II. & inter ejus viri *dubia*.

EJUSD. *decas observationum anatomicarum & decas epistolarum* Francofurti 1656. 4*. In observationibus reperio alterni lateris resolutionem a cerebri vulnere: vasa lymphatica cordis in femina visa, abortum ex gracilitate vasorum umbilicalium, calculos felleos. Cæterum corporum morbosorum sunt incisiones.

EJ. *judicium de chirurgia infusoria* 1665. 12.*. Repetitur hic prodromus MAJORIS; additur de eo judicium HORSTII, quatenus pertinet ad speratam suscitationem moribundorum.

§. CCCLXXI. *Petrus* GASSENDUS,

Philosophus, atomorum defensor, æmulus CARTESII, idemque doctior. Passim ad physiologica etiam se dimisit. Exstat ejus libellus *de septo cordis pervio*, datus anno 1639. 12. LIND. excusus cum PINÆO & aliis Leid. 1641. 12.*. Poros cordis a PAGANO repertos recipit, & contra sanguinis circuitum producit.

EJUSD. *de nutritione animalium, de venis lacteis, de pulsu, de respiratione, de circulatione sanguinis.* In T. III. *de philosophia Epicurea* Lyon 1649. fol. & inter opera omnia 1658. fol. Multa contra HARVEJUM. Valvulas venarum non factas esse ad dirigendum motum sanguinis, sed ad tardandum. Cor micare in diastole. Ciborum in ventriculo statum in animale adnotavit a pastu inciso, de quo liquidiora jam se separaverant. Ductum choledochum chylum de intestino sugere & ad hepar ferre. Vasa lactea vidit in strangulato.

In *operibus omnibus* Lugduni 1658. fol. 6. Vol. editis B. B.

In *syntagmate philosophico*, quod tomo II. continetur, integram tradit œconomiam animalem: de partibus similaribus & dissimilaribus, earum usu, formatione & nutritione fetus, sensibus, pulsu, motu, volatu, gressu, temperamentis, anima, ejus adfectibus, vita, mente. In tr. de sensibus veram de cataractæ in lente crystallina sede sententiam dicit, eam sibi ab eximio chirurgo gallo traditam. Non esse pelliculam. Lentem opaeam posse deturbari visu non corrupto.

Veram etiam anatomen habet organi auditus. Celeritatem soni facit 230. hexapedarum in minuto secundo. Oculo unico nos videre. Ductum thoracicum

cum se anno 1654. vidisse & vasa lymphatica. Partus serotinos recenset, etiam 18. & 23. mensis. Senatum Parisinum partum 14. mensis pro legitimo declaravisse.

In T. III. s. opp. de apparente magnitudine aliqua habet optica de sensu magnitudinis, distantiæ: effectu telescopiorum, microscopiorum, axibus opticis.

In T. VI. Operum exstant epistolæ, quæ passim argumenti sunt physiologici. Ad FIENUM de origine animæ in fetu. Ad J. B. HELMONTIUM, hominem non esse animal carnivorum. De dentibus fuse. Etiam nunc foramen in septo cordis se vidisse; idem PAGANUM demonstrasse. Ad D. BERNIER de ductu PECQUETI anno 1652. Ad NEURÆUM, cui anatomen Phocæ commendat. Ad PRATÆUM de poro choledocho, vasis lacteis, sanguine. Queritur de SORBERIO, qui suum de trajectione chyli & circulatione sanguinis libellum gallice absque auctoris nomine ediderit. De poro choledocho, vasis lacteis, sanguinis circuitu. Contra EPICURI sententiam, qui causas finales rejicit.

PEIRESCII vitam dedit Paris. 1641. 4. &c. in qua non minima pars ad ipsum spectat, qui cum eo viro vivebat, eumque consiliis suis juvabat. Cornua gallorum.

§. CCCLXXII. *Paulus Marquard* SLEGEL. *Alii.*

Hamburgensis, Professor Jenensis, inde Hamburgensis hactenus incisor, ut etiam terrori ab alapa a cadavere inflicta mortem suam dicatur debuisse, etsi ea historiola fabulosa est (*k*). Parisiis etiam anatomen docuit.

EJUS est *de dentibus* disputatio Jen. 1639. 4.

EJ. *Ophthalmographia & opsioscopia* Jen. 1640. 4.*.

EJ. & J. T. SCHENK *De natura lactis* ibid. 1640. 4.*. H.

EJ. *de saluberrimo delectu venarum in corpore humano* Jen. 1641. 4. MOELL.

De sanguinis motu commentarius, in quo præcipue in J. RIOLANI *sententiam inquiritur* Hamburg 1650. 4.*. Circulationem RIOLANEAM refutat, civilis cæterum adversarius.

Programma administrationi Anatomicæ præmissum Hamburg 1653. 4. & inter *Memorabilia Hamburgensia* J. A. FABRICII Hamburg 1715.

Problema an spiritus externo aëre nutriatur Altdorf 1627. 4. præsidi C. HOFMANNO tribuerim.

Renatus CHARTIER, Medicus Parisinus, HIPPOCRATIS & GALENI opera edidit Paris. a. 1639. fol.*. Adjecit vitam GALENI: in T. V. anatomica cum censuris librorum, & notulis ad variam lectionem spectantibus. Adjecit GALENI fragmenta ex NEMESIO & THEMISTIO, HIPPOCRATIS ex PHILONE.

§. CCCLXXIII.

(k) PLACCIUS apud MOELLER.

§. CCCLXXIII. *Gottfried* WELSCH,

Professor Lipsiensis. Ej. est *anatome cerebri humani* Lipsiæ 1639. 4. HEFT. lego etiam 1674. 4.

Ej. *de ratione vulnerum lethalium* Lips. 1660. 8.* de quo alias.

Ej. *de nutritione infantis ad vitam longam* HELMONTIANA ibid. 1667. B. THOMAS.

Vertit etiam *Scipionis* MERCURII *commare* cum titulo *Kindermutter oder Hebammenbuch* Lips. 1652. 4.* variisque additionibus, emendationibus, etiam iconibus auxit, partim ex CASSERIO & VESLINGIO sumtis, etiam propriis. Anatomen pelvis & genitalium partium de suo addidit.

Ej. *diss. de anatomicorum & chymicorum inventis casu magis quam consilio detectis* Lips. 1681. 4. PLATN.

Jacob TAPPE (TAPPIUS), Professor Helmstadiensis, *de usu & officio lienis contra vulgarem opinionem* disputavit Helmstadii 1639. 4. BURKH.

Ej. *de somno naturali ejusque causis* ibid. 1664. 4.*.

Joh. LOESEL, Professoris Regimontani, *de ventriculi fabrica, actione ejusque affectibus potioribus* disp. Regiomont. 1639. 4. HEFT.

EJUSD. *de pulmonum fabrica* Regiomont. 1640. 4. HEFT.

EJUSD. *scrutinium renum ac schema aberrantis structuræ vasorum emulgentium & spermaticorum, cum appendice observatorum in anatome corporis strangulati administrata* Regiomont. 1642. 4.*. Non inutile opusculum. Continet varietates vasorum seminalium & renalium, adnotata varia, ventriculum ingentem, valvulam coli, cujus loco apud FALCOBURGIUM vidit anulum: hepar immane gallinæ.

§. CCCLXXIV. *Varii.*

In *tre trattati del secundo Giovanne* FRAGOSO Panormi 1639. fol.* excusis plures sunt quæstiones anatomicæ. Defendit plures esse quam quatuor oculi musculos. Num sutura sagittalis in solis feminis per frontem producatur. Lac in mammis non certo demonstrare graviditatem.

Paul. FELWINGER *de temperamentis* Altdorf 1639. B. THOMAS.

Melchior POLIS *de cute* Francofurti 1639. 4. B. THOMAS.

Ej. & *Sig. Rup.* SULZBERGER *tussis natura & curatio* Lips. 1655. 4.*.

Christian LANGE *de respiratione* Lips. 1639. 4. BOEHM.

Ej. *de lacte humano* ibid. 1653. 4*. LANGIUM ductum PECQUETI demonstrasse.

Christophori TINCTORII *problemata anatomica* Regiomont. 1639. 4.

J. KLINGER *de primario sensitivæ facultatis instrumento* Lipsiæ 1639. 4. B. THOMAS.

Felicis PLATER (junioris ut puto) *theoria visus* Basil. 1639. 4.

Matthiæ Andr. LAURENTII *scepsis menstruorum* Lips. 1639. 4. PL.

J. Conrad. SCHRAGMÜLLER *de monstris* Marburg. 1639. 4. BOEHM.

J. MUSÆUS *de generatione hominis* Jen. 1639. 4. HEFT.

Seb. Gottfried STARKII *contemplatio oculi* Lips. 1639. 4. B. THOMAS.

Samuel HABERREUTER *de anima sentiente & facultate ejus apprehendente & sensu externo* Genev. 1639. LEUW.

EJUSD. forte cum titulo *Samuel* HAFENREFFER *Monochordon symbolico biomanticum abstrusissimam pulsuum doctrinam ex harmoniis musicis dilucide figurisque oculariter demonstrans, de causis & prognosticis inde promulgandis fideliter instruens, & jucunda per medicam praxin resonans* Ulm. 1640. 8. RIV.

Franc. BLONDEL & *Petri* BOURDELOT *Non ergo partium typus est ηθοποιος* Paris. 1639.

Claudii BREGET & *Quintin* THEVENIN *Non ergo potest in tuba fetus generari* Paris. 1639.

Nicolai MARES & *Eusebii* RENAUDOT *Ergo formosi temperatissimi* Paris. 1639.

Jac. GAVOIS & *Claudii* PERRAULT, celebris inde viri, *Non ergo ut corporis ita animæ senectus* Paris. 1639.

§. CCCLXXV. *Henricus* REGIUS,

Le ROI, Professor Ultrajectinus, *theses pro circulatione sanguinis proposuit* anno 1640. 4°. Nam ad eas respondit PRIMIROSIUS anno 1640. 4°. Eas non legi.

Vindicavit se contra PRIMIROSIUM in *spongia qua eluuntur sordes animadversionum* PRIMIROSII Leidæ etiam anno 1640. edita *. sæpe recusa, & in collectione Leid. 1656. 4.*.

EJUSD. est *physiologia tribus disputationibus proposita* Ultrajecti 1641. 4.*. In hoc libello primum CARTESIANA philosophia ad medicinam traducta fuit.

EJ. disp. *de affectibus animi* Ultraject. 1650. 4.*.

EJ. *de generatione hominis* ibid. 1677. 4.* auctor dicitur in titulo *Henr. Christian* HENNING.

EJ. *Epistola pro circulo* CARTESIANO in Epist. 4. Centuriæ IV. BARTHOLINI.

EJUSD. *philosophia naturalis* Amstelodami 1654. 4.* edita, & prius a. 1646. Integram physiologiam continet, cum iconibus anatomicis, etiam propriis. A CARTESIO multa sumsisse criminatur Cl. CLERSELIER.

EJUS

EJUS *opera medica cum explicatione mentis humanæ* Ultraject. 1657. 4. LIND. & *explicatio mentis humanæ* Ultraject. 1659. 4. LIND.

Roger DRAKE præside WALÆO defendit anno 1640. *theses de circulatione naturali s. de cordis & sanguinis motu circulari pro* HARVEJO Leid. 1640. 4. & in collectione Leid. 1656. 4°.*. Conf. p. 383.

EJUSD. *vindiciæ contra animadversiones Jac.* PRIMIROSII Lond. 1641. 4.* Leid. 1647. 4. & in collectione Leidæ 1656. 4.*. Potius ratiocinia quam experimenta.

§. CCCLXXVI. *Cæcilius* FOLIUS,

Professor anatomes Venetus. EJUS *sanguinis e dextro in sinistrum cordis ventriculum defluentis facilis reperta via, cui non vulgaris in lacteas nuper patefactas venas animadversio præponitur* Venet. 1639. 4.* Francof. 1641. 12.* Leidæ 1723. 8.*. Primum se in cadaveribus humanis vasa lactea ostendisse: eorum valvulas versus truncos motum chyli dirigere adnotavit. Foramen ovale & ductum arteriosum etiam in adulto patere. Vas lacteum vult vidisse, quod in hepar venerit. Ad latus foraminis ovalis alter tubulus minor.

EJ. *discorso sopra la generazione ed uso della pinguedine* Venet. 1644. 4.*. Pinguedinem ex lacte generari, non ex sanguine.

EJ. *nova internæ auris delineatio* Venet. 1645. 4.* & in epistolis BARTHOLINI recusa, tum inter meas *disputationes selectas*. Mera explicatio figurarum, in quibus canales semicirculares, hic primum osse nudati, superioris & posterioris canalis commune ostium, cochlea ex osse soluta, processus mallei longissimus, & musculus anterior ei insertus exprimuntur. Denique quartum auditus ossiculum, & musculus stapideus.

EJUS exstat epistola 62. Cent. I. BARTHOLINI; in ea hepar cum liene connatum describitur, & fellei calculi. Ductus excretorius lienis.

GALENI & BOTALLI *placita de via sanguinis in corde* Venetiis 1640. 4. & GALENI *sententia de nupero Botallianorum invento* Patav. 1640. 4. LIND. Putes in FOLIUM scripta esse.

§. CCCLXXVII. *Varii.*

Joseph COUILLARD *chirurgien operateur* Lyon 1640. 8.*. Partium corporis humani, in quibus curandis versatur, aliquam tradit anatomen.

J. BELOT *œuvres en Chiromance, physionomie &c.* Rouen 1640. 8. *B. v. der* AA. 1669. 8.

Petr. Terrer MORANO *flor de anatomia* Madrit. 1640. 8. *Nic.* ANT.

Joh. IMPERIALIS, Vicentini, *Musæum historicum & physicum, — imagines virorum illustrium — ingeniorum naturæ & differentiæ causæ ac signa. Adeo ut artis loco esse possit dignoscendi ad quam quisque artem & scientiam sit habilis* Venet. 1640. 4. LIND.

J. MAU-

J. MAUKISCH *de morte* Lipsiæ 1640. 4. B. THOMAS.

Nicolai LANGLOIS & *Gabr. de* BRIOUDE *Ergo a thorace motus pulmonis* Parisiis 1640.

Cl. CHRESTIEN & *Nic.* CRESSON *Ergo in homine sano a solo sanguine nutritio* Parif. 1640.

§. CCCLXXVIII. *Thomas* BARTHOLINUS.

Suo ævo non aliud nomen celebrius fuit. CASPARI filius, longis per Belgium, Germaniam, Italiam itineribus nova inventa nuperorum addidicit, sibique amicos conciliavit. Idem in summa auctoritate constitutus a numerosis discipulis percepit, quæ in omnibus academiis memoria digna agitarentur. Per varia quidem studia, etiam per antiquitatum patriarum cognitionem, se diffudit, ab anatome tamen potissimum inclaruit. Ex primis circuitum sanguinis recepit, & MONSPELII odia subiit, ob disp. de lacteis, & sanguinis circulationem (*l*). Numerosa Cl. viri scripta exstant.

Primum patris CASPARI *Institutiones anatomicas* edidit Leid. 1641. 8.* novis recentiorum opinionibus & observationibus auctas. Hæc editio utique WALÆI, SYLVIIQUE potissimum, sed & aliorum ejus ævi Cl. virorum, inventis aucta est, ita ut filius suam operam a paterna distinguat. Icones in universum VESALIANÆ sunt, aliquæ ex VESLINGIO & CASSERIO sumtæ. Anatome viscerum studiosius descripta, in musculis, nervis vasisque minus sibi placuit. Novum psoam parvum tamen dixit, in ossis ilium marginem superiorem insertum, aut in tendinem alias degenerantem. Hæc editio a SYLVIANIS in cerebri inventis pretium habet, WALÆI epistolæ cum omnibus editionibus recusæ fuerunt.

Institutiones anatomicæ secundum locupletatæ prodierunt Leid. 1645. 8. Germanice redditæ a S. PAULI Hafn. 1648. 8. HEIST. Gallice versæ ab *Abrahamo* PRATÆO Paris 1646. 8. Italicis versibus ab *Hostilio* CONTALGENO Florentiæ 1651. 12. (*Catal. operum* BARTHOLINI *in anat. pract.*)

Inde titulus datus *Thomæ* BARTHOLINI *Anatomia ex parentis institutionibus, omniumque recentiorum & propriis observationibus tertium ad sanguinis circulationem reformata* (*m*) Leid. 1651. 8. Haag. 1655. 1660. 1663. (MART.) 1666. 8.* Leid. & Roterd. 1669. 8. Belgice vertente *Th.* STAFFART Leid. 1653. 8. 1668. 8. Haag. 1658. 8. Anglice London 1668. fol. Anno 1666. adhuc distinxit, quæ patris erant, & adjecit lacteorum vasorum historiam, etiam ex orbe pisce; tum lactea thoracica, ex libello ejus tituli desumta.

Multo auctior est editio *ad circulationem* HARVEJANAM *& vasa lymphatica quartum renovata, curante Ger.* BLASIO, Leid. 1673. 8.* 1686. 8. TREW. Lyon 1677. 8.* quæ a Leidensi differt, ut tamen sit simillima, & paginæ respondeant, denique Lyon 1684. 8. Germanice versa *Neuverbesserte künstliche Zerlegung des menschlichen Leibes*.

(*l*) WORM. *ep.* 672. ann. 1641.
(*m*) Ita certe titulus est in edition. 1660, TREW, in mea 1666, & 1669, RUEE.

Leibes, übersetzt durch El. WALNERN Nürnberg 1677. 4. TREW. Indice a *Francisco* BERNIER versam fuisse, ipse BARTHOLINUS. In hanc editionem transierunt nova inventa anatomica N. STENONII, J. SWAMMERDAM, *Regneri de* GRAAF, etiam RUYSCHII: ductus salivales noviter detecti, experimenta ad vasa lymphatica, alia. Solus nunc filius THOMAS loquitur. Ipse præter lymphatica vasa & ductum thoracicum parum de suo addidit, paucis enim annis anatomen exercuit, ad annum fere 1656. (*n*). Anno vero jam 1661. honorarius nunc Professor anatomen totam deseruit (*o*), ad aliud vitæ genus transiit, inque villa multum tempus trivit aliisque in studiis. Utut sit, classici aliquamdiu libri locum iste tenuit. Glandulas renales fetui majores esse, cruentum liquorem continere. Unicum esse thoracicum ductum. In thymo succum lacteum esse. Valvulosum circulum ad venarum hepaticarum insertionem, alium in renalibus, alium in mesentericis describit. Capsulas renales cavas esse adnotavit. Primam ductuum lacteorum manumæ iconem dedit.

De monstris in natura & arte Basil. 1645. 4°. disputatio inauguralis.

EJUSD. *de unicornu* Patav. 1645. & auctius a filio C. BARTHOLINO Amsterdami 1678. 12°.*. Vix huc pertinet. Aliqua habet de hominibus cornutis, de animalibus præter legem naturæ cornua alentibus, de unicornu vario, præsertim cetaceo, quo unicornu offic. revocat, etsi asininum cornu unico admittit.

De luce animalium L. III. *admirandis historiis novis rationibus referti* Leid. 1647. 8°.* Hafniæ 1669. 8°.*. De splendore ex animalibus & humano corpore emanante maxima collectio, occasione carnium lucentium macelli Monspeliensis.

EJUSD. *Anatomica vindiciæ Casparo* HOFMANNO *opposita & animadversiones in Anatomica* HOFMANNI Hafn. 1648. 4°.*. HOFMANNUS, vir doctus, sed parum anatomicus, *Casparum* BARTHOLINUM lacessiverat. Noster nuper ab itineribus redux, acriter in adversarium paternum invectus est, & rerum cognitione superior, & in his anatomicis literis: judicio plerumque vero, ut tamen passim fallatur, ut in spatio, quod inter cranium & duram cerebri membranam vult intercedere. Recte ostendit docto viro, prostatam a vesiculis seminalibus differre. Fidem etiam facit, CASPARUM aliqua ex paternis institutionibus mutuatum esse, tum ex STEPHANO & SCHERBIO. Malam theoriam refutat, chylum per vasa mesenterica ad lienem ferri.

EJ. *Collegium anatomicum disputationibus* XVIII. *adornatum* Hafn. 1651. 4°. *Anat. pract.*

EJUSDEM *de lacteis thoracicis in homine brutisque nuperrime observatis disputatio respondente Michaele* LYSER Hafniæ 1652. 4°.* sæpe recusa, Parisiis 1653. 8°.* Leid. 1654. 12°. Londini. 1652. 12°.* Ultraject. 1654. 12°. Hafniæ 1670. 8°.* cum aliis & in *Siboldi* HEMSTERHUYS messe aurea Heidelb. 1659. 8°.* inque collectione MUNIERI Genua 1654. 8°.* atque in B. MANGETI. In

(*n*) Anat publica ultima, quæ est oratio 36.
(*o*) *Ep. Cent.* III. n. 50.

In fure ductum thoracicum viderat & hic delineat, nuper a PECQUETO descriptum. Glandulas lumbales pro lacteis habuit, & vasa lymphatica lumbalia pro lacteis depinxit. Cæterum tres ductus thoracici insertiones adscendentes, & reliqua non bona: recte tamen in solam subclaviam sinistram ductum ducit chyliferum. Urinæ aliqua ab H. PORNE accepta analysis hic habetur.

EJ. *Vasa lymphatica nuper in animantibus inventa & hepatis exsequiæ* Hafn. 1653. 4°.* & 1670. 8°.* Paris 1653. 8°.* tum in *Messe aurea*, inque MUNIERI collectione, & in B. MANGETI. Brevis libellus, quo vasa lymphatica describit 15. Dec. 1651. & 9. Jan. 1652. in canibus inventa, tum 28. Febr. 1652. cum sodale *Michaele* LYSER. A VESLINGII schedis nostrum excitatum fuisse putes, qui vasa lymphatica, lacteorum nomine, sæpe viderat. Vidit BARTHOLINUS vasa pellucido liquore plena, circa axillas, in lumbis, & in hepate, deinde & alibi. Hepatis munus, quo sanguinem dicebatur coquere, ex eo invento cadere facile perspexit, cum non essent lactea vasa, quæ putabantur ad hepar venire, neque adeo chylus ad hepar feratur. Hepar adeo perspicax vidit chylum non recipere, neque in sanguinem coquere. In homine fibrillas circa hepar aliquas jam tunc viderat.

EJUSD. *Dubia de lacteis thoracicis, & an hepatis funus immutet methodum medendi* Hafniæ 1653. 4°.* 1670. 8°.* Paris 1653. 8°.* & in *Messe aurea*, & in B. MANGETI. J. RIOLANI objectiones solvit. Vasa lactea mammarum describit, tum in utero alia, quæ facile videas de lymphaticorum classe fuisse.

EJUSD. *Vasa lymphatica in homine nuper inventa* Hafn. 1654. 4°.* 1670. 8°.*. Ea vasa eodem a. 1654. mense Januario in hepate vidit. Nomen vasorum serosorum refutat, quod RUDBEKIUS imposuerat, melius certe, si ad vim sermonis respicias. Addit aliqua de hydatidibus, de vasis lymphaticis in aliis & aliis animalibus visis. Tangit, sed brevibus, RUDBEKIUM, alterum inventorem horum vasorum.

EJUSD. *Defensio lacteorum & lymphaticorum & dubiorum anatomicorum contra* RIOLANUM Hafniæ 1655. 4°.* 1670. 8°.*. Fusior libellus & acris adolescentis in famam viri contra senem in maxima auctoritate constitutum. Accedit *de lacteis venis sententia Cl. G.* HARVEJI *expensa*.

Ne separemus conjunctas ex sua natura opellas, addemus *Spicilegium I. ex vasis lymphaticis* Hafniæ 1657. 4°. & *secundum* 1660. 4°. utrumque recusum Amstelodami 1661. 12°.* & Hafniæ 1670. 8°.*.

In priori *Spicilegio* Hafniæ 1655. 4°. excuso, expenditur GLISSONII sententia, & PECQUETI. GLISSONIUS lymphæ partem ab arterioso halitu nasci scripserat, in partium interstitiis coacto, partem ex nervis. Contra ea noster multis disputat. Aliqua ad RIOLANI postremas objectiones reponit.

In *Spicilegio* II. Hafniæ 1660. 4°. primum edito, *Jacobi* BACKII, hepatis defensoris, sententiam refutat, tum *Isaaci* CATTIER, qui nolebat omnem chylum per ductum thoracicum ad cor ferri. *Caroli le* NOBLE experimenta recenset. Cl. TARDY refellit, qui tamen partem chyli ad hepar ferri defendebat, tum

tum T. WHARTON, qui recte monebat, glandulas lumbales non esse chyli receptacula. In CHARLETONUM addit, neminem de JOLIVIO inaudivisse, lympham nunquam albam esse. In BILSIUM.

EJUSD. *Responsio de experimentis anatomicis Bilsianis & difficili hepatis resurrectione* ad *Nicolaum* ZAS Hafniæ 1661. 8°.* 1670. 8°.* Amstelodami 1661. 12°.*. Belgice, vertente J. BLASIO, ibid. 1661. 12°. Contra BILSIUM, non valde tamen acriter, uti neque in RUDBEKIUM unquam acerbe scripsit. Exempla cadaverum diu incorruptorum.

Castigatio epistolæ maledicæ BILSII, *ubi Bilsianæ artes deteguntur, & Professoria dignitas vindicatur* Hafn. 1661. 8°.* Amstelod. 1661. 12°.*. In *anatome practica* hic libellus BARTHOLINO tribuitur, qui titulum fert *Nicolai* STEPHANI. Exstat etiam inter *Orationes* BARTHOLINI Hafn. 1668. 8°.*. BILSIUM multum suæ nobilitati tribuentem, acriter repellit, & avaritiam viro objicit, & mumias de fama quotidie amittere exprobrat.

EJUSD. *Diss. anatomica de hepate defuncti novis Bilsianorum observationibus opposita* Hafniæ 1661. 8°.* & in collectione Hafniensi 1670. 8°.*. Nempe BILSIUS contendebat, tamen chylum ad hepar venire. Eam sententiam tuebatur *Antonius* DEUSING. Contra eum BARTHOLINUS scribit. Lac cum sanguine mistum rubrum colorem augere. Vulneris ductus thoracici meminit, ex quo chylus stillabat. BORRICHII experimenta infusoria describit, coloresque sanguinis a variis admistis salibus mutatos. Sanguinis venarum mesentericarum colorem cinereum non demonstrare, chylum ei sanguini esse admistum. Siccata aliqua & incorrupta cadavera describit.

EJUSDEM *Hepatis exauctorati desperata causa* Hafniæ 1666. 8°.* & in collectione Hafniensi 1670. 8°.*. Iterum contra BILSIUM & DEUSINGIUM: Ductum thoracicum omni chylo vehendo sufficere. Subcinericium sanguinis colorem, in vasis mesentericis visum, non demonstrare chylum in ea vasa receptum fuisse. Contra novam VATTERII œconomiam corporis, qui pro hepatis sanguifica vi scripserat, quam noster studebat hepati adimere. Inde ad EVERARDI, LEICHNERI, aliorum, pro tuendo hepate argumenta. Lactea vasa ad uterum & mammas ferri porro docet. De sanguine in fervida coacto.

Hæc *opuscula nova anatomica de lacteis thoracicis & lymphaticis vasis in unum volumen comprehensa, aucta & recognita*, excusa sunt Hafniæ 1670. 8°.*.

Redeo ad reliqua T. BARTHOLINI opera. Inter ea eminent *historiæ anatomicæ*, quarum *centurias* VI. edidit, primam & secundam Hafniæ 1654. 8°.*, & in aliis exemplis Amstelodami 1654. 8°.*. Germanice recusas vertente G. SEGER 1657. 8°. Etsi multa minus firma ex credulitate seculi admisit, plurima tamen memorabilia hic reperias. Vagitus uterinus, ovum a femina partu editum, glis a puerpera, vomitus mirifici, gigantum ossa, gallus oviparus, sirene, septum cordis pervium, hæc suspecta. Meliora tamen alia intercedunt. Monstra aliqua obiter indicata, puellæ nuper natæ anatome, sudor sanguineus, menses ex pedibus, polypi cordis, varietates vasorum renalium, aliorum, futurarum:

turarum: ductus thoracici duæ descriptiones, fibræ lienis, ova humana f. vesiculæ satis bene descriptæ. Psoas minor novus musculus, flexoris peculiaris digiti minimi pedis duo tendines. Glandulæ ad anum, diversæ a civetticis; lienes grandes, vasa lactifera mammæ primum depicta; orbis piscis anatome, cum vasis lacteis, multæ hominum incisiones, & animalium, inter ea xiphias (p), tursio, caprea, chamæleon, porcus, mus norwegicus, cygnus, lepus, Babyrussa; ductus arteriosus in adulto patens, prima initia inventorum vasorum lymphaticorum, ren unicus, semilunaris. Facile animadvertas, inventa sua a BARTHOLINO in diversis scriptis repeti.

Centuria III. & IV. successit Hafniæ 1657. 8°.*. Idem de istis judicium redit. Bona passim. Vasa lymphatica in homine visa, monstra, corporum humanorum incisiones. Medullæ spinalis fissura, vasa interna, latro cor suum evulsum contemplatus; scintillæ ex capite emanantes, pulli fimi ope exclusi, anatome civettæ, gruis, gulonis, leonis, superfetatio, vasa lymphatica in capite visa. Vasorum sceleti. Cranium WORMII quod habet pro monstroso; de vena dorsali superficiali RONDELETII. Androgynus absque sexu certe natus, Duo penes. Gruis aspera arteria in sternum demersa. Contra repudies parientem androgynum, quæ femina fuerit majori clitoride. Ita non visus in nuper nata puella hymen, spectra funesta, septum cordis pervium. Una prodierunt P. PAVII *observationes aliquæ*.

Centuria V. VI. Hafniæ 1661. 8°.*. Hic anatome civettæ feminæ, martis. De secundis educendis fuse. Ovum gemello cortice. Pulli exclusi in furno Danico. Ossa emollita, ventriculus in thorace. Fetus in ventre.

Non perinde laudem merentur prolapsus vaginæ non intellectus. Homo ruminans. Felis per os pariens. Spurius HIPPOCRATIS de pustulis libellus, transplantatio morborum. Fabula Gratianopolitana de concepto ex imaginatione puero. Embryo prægnans.

Una prodierunt RHODII *observationes anatomicæ*, de quibus alias.

EJ. *de integumentis corporis humani* Hafniæ 1655. 4°. Francof. 1656. 4°.

EJ. *de usu thoracis & ejus partium* Hafniæ 1657. 4°.

EJUSDEM *cista medica Hafniensis variis consiliis aliisque ad rem medicam, anatomicam, botanicam & chymicam spectantibus referta. Acc. ejus domus anatomica brevissime descripta* Hafniæ 1662. 8°.*. Pauca huc faciunt, fere ex genere forensi: De superfetatione. Num lac sit certum indicium graviditatis.

In *domo anatomica* dat historiam theatri Hafniensis, in quo primus S. PAULI cadavera humana secuit, & sceletos paravit. Catalogum dat rerum anatomicarum, ab *Henrico* FUIREN legatarum: tum *Henningi* ARNISÆI. Demum sua dona, inter quæ sunt tabulæ splendidæ, quas naturali magnitudine ad humana cadavera depingi curaverat, pro anatome augusta, quæ numquam prodiit.

EJ. *de pulmonum substantia & motu diatriba* Hafniæ. 1663. 8°.*. Fieri ex mem-

(p) Negligenter describi olim HARTMANN de xiphia p. 19.

membranaceis vesiculis. Patulis foraminibus in avibus patere; a thorace, aut a diaphragmate motum habere, non a corde. Contra circulum CARTESIANUM. Adjecta est MALPIGHII *de pulmone epistola*.

EJUSDEM *epistolarum medicinalium a doctis vel ad doctos scriptarum Centuria* I. & II. Hafniæ 1663. 8°.* & nuper Haag. 1740. 8°. Grata hic varietas, neque certe sterilis. Prima epistola est anni 1639. dabatque in ea BARTHOLINUS ex itineribus suis ad *Olaum* WORM aliosque patronos eorum aliqua indicia, quæ nova viderat. Vasa lactea ergo describit, a se visa. De pygmæis fabulosis cuniculorum subterraneorum custodibus. Monspeliensibus doctoribus ignaris & invitis vasa lactea demonstravit a VESLINGIO visa. Castoris anatome, folliculi, sceletus. De carnibus lucentibus. Ad HARVEJUM aliqua, a. 1642. data, contra circuitum sanguinis, & locus ubi VESLINGIUS dicitur in chartis a P. FULGENTIO conservatis se F. PAULI SARPII de invento sanguinis circuitu locum vidisse. Iconem novi ductus pancreatici ad WORMIUM misit. De F. LICETI circuitu sanguinis duplici, alio arteriarum, venarum alio, ut ex una classe ad alteram nihil transeat, sed Euripi modo huc illucve fluat. Contra tertium cordis ventriculum ARISTOTELICUM. Pro circuitu sanguinis ad dubitantem WORMIUM anno 1643. Ductum pancreaticum nunc vidit anno 1644. Ad C. FOLIUM, mirari se quod quartum suum ossiculum aliud a SYLVIANO faciat, non recte, nam FOLIANUM quartum ossiculum est musculus stapideus. Ad A. PRATÆUM contra circulum CARTESII. De valvula coli: de novo chyli receptaculo. PECQUETUM excusat, qui non viderit lactea vasa ad hepar euntia. LYSERUM accusat, quod artem incidendi vulgaverit. Satis frigide de suo lymphaticorum vasorum invento. Aliqua contra BACKIUM. Cæterum post *Centuriam* I. reliqua fere omnia sunt discipulorum, sua inventa suosque labores cum BARTHOLINO communicantium; & pretiosa sæpe monumenta *Nicolai* STENONIS F. *Olai* BORRICHII, *Henrici* v. MOINICHEN, *Michaelis* LYSER, quæ suis locis laudabimus. Vix quidquam in anatome ab anno 1639. ad annum 1667. gestum est, cujus non primos nuncios, & inventorum semina his in epistolis reperias.

Centuria III. & IV. prodierunt Hafniæ 1667. 8°.*. De femina duabus vaginis instructa, per quarum alteram pepererat. De fetu mussipontano sententiam dicit. Iterum de ovo quod mulier peperit. De superfetatione tergeminorum. Agnus androgynus. Partus, BOERHAAVIO laudatus, ovi integri. Ex circuitu sanguinis invento tolli selectum venarum. De RUFI codice, quem ex FLORENTINO habeat, diverso ab editis. Duo fetus per abscessum umbilici editi. Vasa lactea ad mammas euntia nunc fatetur se non certo vidisse. Ova gravida.

EJ. *de insolitis partus humani viis* diss. Hafniæ 1664. 8°.*. Occasionem libello dedit duorum gemellorum per ulcus umbilici exitus, decimo octavo post conceptionem anno. Inde compilatio plurima de fetibus per os, si Diis placet, per umbilicum, hypochondria, ilia, anum exclusis: de partu ventrali, de fetubus gravidis.

Ej. *de cometa consilium medicum, monstrorum nuper in Dania natorum historia* Hafn. 1665. 8°.*. Fetus tumore cranio adnato, nullo oculo, naso nullo: alius, pro monstro habitus, unice ob cellulosam telam aqua ebriam deformatus.

Ejusd. *de cygni anatome, ejusque cantu, olim a J. Jac.* Bewerlino *subjecta, nunc ex schedis paternis a filio* Casparo *aucta* Hafniæ 1668. 8°.*. Sceleton depingit, & nodos duorum ramorum asperæ arteriæ; osteologiam ad sceleton quam *Simon* Pauli paraverit; deinde viscera, cæcas appendices, asperæ arteriæ gyrum sternalem. Musculi pulmonum a *Nicolao* Stenonis f. inventi. Tum plurima philologica. Cantum cygni defendit.

Ej. *Orationes varii argumenti* Hafniæ 1668. 8°.*. Harum orationum multæ anatomici sunt argumenti, sed breves, neque legenti multum profuturæ. Titulos dicam. De C. Hofmanni *laudibus & naevis* 1648.

De corde apud Veteres 1648.

De capitis dignitate 1648.

De morte Veslingii *atque* Walæi 1649.

De ventriculo & intestinis 1649.

De mesenterio & pancreate 1650.

De lacteis 1650.

De jecoris extispicio 1650.

De lienis dignitate 1650.

De renum monstris 1650.

De ureteribus 1650.

De circulatione sanguinis 1650.

De ossibus 1651.

De lacteis thoracicis 1652.

De dubiis lacteis 1653.

Anatome cadaveris feminini 1653.

De vasis lymphaticis 1655.

Anatome ultima publica 1656.

De usu partium 1656.

De usu thoracis 1657.

De lymphaticis 1660.

In Bilsium *invectiva* 1661. quam diximus.

Ej. *de flammula cordis epistola* Hafniæ 1669. 8°.* brevissimus libellus.

Ej. *de cerebri substantia pingui & oculorum suffusione* Hafn. 1669. 4°.* cum Burrhi Epistolis, & cum Sculteto.

Ej.

EJ. *de flagrorum usu in re venerea* Hafn. 1679. 12°.* cum opusculo *J. Henrici* MEIBOM. Philologica.

EJ. *de sanguine vetito* Hafn. 1673 8°.* theologici potius argumenti. Præceptis legis Mosaicæ nos pariter putabat teneri.

Idem cœpit anno 1671. edere *acta Medica & Philosophica Hafniensia*, quorum duo anni prodierunt Hafniæ 1673. 4°.*. In iis multa sunt aliorum, discipulorum fere auctoris nostri, aliqua tamen ei propria. Huc ergo Ungues monstrosi. Leonis anatome. Maculæ ex sanguinis ebullitione natæ. Monstra animalium. Molæ uterinæ volatiles (fabulosæ). Anatome cercopitheci *Mammonet*. Moschi folliculus.

Acta anni 1673. s. Vol. II. prodierunt anno 1675. 4°.*. Corymbus (Peruque) in fetu. Catuli ex vacca. Anatome cercopitheci. Ova galli. Oculus & dentes balænæ. Fetus a morte matris editus.

Anni 1674. 1675. 1676. prodierunt Hafniæ 1677. 4°.* cum titulo Vol. III. IV. In III. de Bilsiana corporum conservatione. Monstrum agninum. Femina cornuta.

Anni 1677. 1678. & 1679. s. Vol. V. prodierunt anno 1680. 4°.*. Tota sunt juniorum, quos laudabimus, scriptorum.

In *Lib. de peregrinatione medica* Hafn. 1674. 4°.* aliqua ad historiam anatomes: de infelicitate anatomicorum. Anatomen fatetur suo ævo Patavii florere & Parisiis.

EJUSDEM *de anatome practica ex cadaveribus morbosis adornanda consilium* Hafniæ 1674. 4°.*. Morbosorum nempe cadaverum. Quam adornaverat, eam incendium villæ abstulit: Quæritur de odiis in patria ob incisa cadavera contractis.

Multa aliorum Cl. virorum *opuscula* IDEM edidit, quæ suis locis laudavimus, VESLINGII potissimum & LYSERI.

Obiit anno 1680. & vitam viri dedit *Wilhelmus* WORM Hafn. 1681. 4°.*, & *Oligerus* JACOBÆUS ibid. 1681. 4°.* & *Georgius* HANNÆUS Hafn. 1680. 4°.

Exstat ejus epistola *de viis lacteis & de vasis lymphaticis cum* HARVEJANARUM *contra vasa lactea objectionum resolutione*, inter epistolas HORSTIANAS.

Passim in *Actis Naturæ curiosorum* aliqua edidit.

Dec. I. *Ann.* I. *obs.* 1. de conceptu imaginario, cum femina se gravidam putasset.

Obs. 36. de ovo prægnante.

Obs. 123. de pilis demortuorum.

Obs. 124. Sensus superstes, cum motus abolitus esset.

Obs.

Obs. 125. Afellus androgynus.

Ann. II. *obs.* 72. Trimammis femina.

Obs. 860. Mola volatilis, animalis informis sceletos, ex avium genere.

§. CCCLXXIX. *Simon* PAULI,

Collega BARTHOLINI, qui primus in theatro anatomico Hafnienfi corpora humana diffecuit (q), multis etiam sceletis idem ornavit. *Orationes* etiam plusculas anatomici argumenti edidit. Primam, *cum* GALENUM *de offibus publice ad sceleton esset interpretaturus* Hafniæ 1641. 4°. MOELLER; Germanice cum versione tabularum CASSERII recufam Frankfurt 1656. 4°. Alteram *de anatomes origine, præstantia & utilitate* Hafn. 1643. 4°.* tum aliud programma anno 1644. 4°. pariter cum tabulis CASSERII recufum; & duo anni 1645. cum *domo anatomica* a BARTHOLINO recufa, & in editione tabularum C. CASSERII.

EJUSD. *Machina anatomica s. descriptio accurata instrumentorum ad sceleta compingenda cum artificio offa præsertim trunci dealbandi, ut nitore ebur superent, cum figuris æneis* Hafn. 1668. 4°. & recufa in MANGETI *theatro anatomico*. Adest etiam in Act. Hafn. Vol. II. n. 18. ejusdem argumenti epistola SIMONIS, in qua offa in lapide fiffili pluviæ & aeri exponere jubet: & alia epistola de coctura offium, & potiffimum sterni ibid. n. 113. Blando igne jubet coquere. Utrumque de sterno & offibus coquendis opusculum redit in B. MANGETI.

EJUSD. *Anatomisches Bedenken über ein Reitpferd* Frankfurt 1674. 4°.* potius pathologici est argumenti.

Julii CASSERII *anatomische Tafeln und Adriani* SPIGELII *Unterricht von der Frucht in Mutterleibe*. Germanice reddidit Frankf. 1632. 4°.* 1707. 4°.

§. CCCLXXX. *Nicolaus* TULPIUS,

Medicus Amstelodamensis, solidi ingenii vir, consul urbis patriæ, quam servavit, ne anno 1672. Gallis traderetur, peritura nisi venerabilis senex fortiffimo sermone turpia consilia refutasset (r). Ejus *observationes medicæ* limpido sermone breviter & mascule scriptæ prodierunt Amstelodami apud Elzevir 1641. 8°.* tum anno 1644. 8°. 1652 8°. LAMB. 1672. 8°.* 1716. 8°.* 1739. 8°. nonnullis adjectis, & inter ea auctoris vita, tum alias, Belgice etiam Leid. 1730. 4°. In editione 1716. *Abrahami Salomonis van der* VOORT Biographia auctoris præfixa est; in nostra alia vita a *Ludovico* WOLZOGEN scripta. Accessit in editione utraque 1716. & 1739. A. S. *van der* VOORT index locorum, in variis scriptis reperiundorum, quibus declarandis observationes TULPIANÆ usui esse possunt.

(q) Putes aliqua ex æmulatione factum esse, ut WORMIUS *Simoni* PAULI exprobret intra biennium ne canem quidem eum secuisse *epist.* 502.

(r) CRAFTSMAN I. p. 162.

funt. Cæterum in aureo opere, uti multa ad physiologiam utiliter adhiberi possunt, ita passim aliqua pure sunt anatomica. Vasa lactea anno 1639. & inter primos vidit. Pedes talpini; Respiratio per aures; lac sanguini innatans. Mira feminæ gravidæ voracitas, valvula coli, quam nonnulli TULPIO inventam tribuunt, monstra pluscula, juvenis balans. Sed totum opus debet elegantiori medico notissimum esse.

§. CCCLXXXI. *Georgius* ENT,

Medicus, Eques, magnus causæ Harvejanæ defensor. Edidit jam 1641. 18°.* Londini *Apologiam pro circulatione sanguinis, qua respondetur Aemilio* PARISANO, quam multo auctiorem reddidit Lond. 1685. 8°.*. Auctor acuti ingenii homo, cum ignem cordi insitum defenderet, in multas pro illo biolychnio contra LOWERUM & MAYOWIUM concertationes, & in varios errores incidit, ut etiam cordis motum a sanguinis fermentatione nasci persuaderetur. Alia tamen bona habet: lienem per varia animalia persecutus ejus visceris in eorum quoque discrimina adnotata dedit, tum ventriculi equini & bubuli. De lienis officio cum PARISANO & ULMO decertavit; arterias cum venis anastomosi quidem continuari, arteriam tamen paulum ultra venam produci docuit, ut aperiri posset. Contra SARPIUM ita HARVEJUM defendit, ut ab isto legatum venetum circuitus sanguinis inventum habere, & quatuor ante mortem annis SARPIO aperire potuerit. PARISANUM facile repulit.

EJ. *Antidiatriba in Malachiam* THRUSTON *de respirationis usu primario* Londin. 1679. 8°.* 1682. 8°. LEHMANN. Animadversiones suas G. ENT manuscriptas cum THRUSTONO communicaverat. Eas M. THRUSTON cum sua *diatriba* Lond. 1670. 8°.* edidit, tum Leidæ 1671. 8°.* recusas, & una ad eas respondit. Eas ergo responsiones hic reperias, cum animadversionibus, & cum novis ENTII objectionibus. Scopus est ENTIO, THRUSTONI theoriam refellere, qui sanguinem in pulmone volebat conteri. Verum non satis habet experimentorum, neque firmas objectiones protulit, in manifestos etiam errores incidit, ut septum transversum immobile faceret, & negaret ex arteriis quidquam in ureteres urgeri. Ad varia etiam divagatur. Mucum villosæ intestinorum tunicæ putat succum esse alibilem, qui per eos villos resorbeatur. Totum corpus fieri cavis fibrillis. Negat a spiritibus vim motricem in animalibus provenire: Vidit serum lactis in arteriam pulmonalem injectum, continuo in ventriculum sinistrum penetrasse. Recusum dedit MANGETUS in B. ANAT.

Hæc duo opera conjuncta sunt in *operibus physico-medicis* ENTII Leidæ 1687. 8°.* recusis.

Exstant præterea *Georgii* ENT aliqua cum G. CHARLETON *exercitationibus de differentiis & nominibus animalium* Londin. 1677. fol.*. Mantissam enim anatomicam noster addidit, in qua anatome continetur ranæ piscatricis, galei piscis, & ranæ vulgaris. In ea pulmones ab officio respirationis removet, qui meræ sint natatoriæ vesicæ. Renes etiam animalis dixit, & urinariam vesicam.

 In

In *Phil. Tranſ.* n. 194. de pondere hiberno & verno & perſpiratione teſtudinis agit.

In codicibus ASHMOLIANIS ſunt etiam *George* ENT's *anatomical lectures* M.S.

§. CCCLXXXII. *Varia.*

In *Nicolai* FONTANI. Medici Amſtelodamenſis, *analectis rariorum obſervationum* Amſterdam 1641. 4°.* editis, aliqua huc faciunt, ut cranium monſtrificum, longa appendice occipitis, fronte gibboſa.

Chriſtiani LUPI, Yprenſis, *apologia pro anima ſenſitiva ovi contra Univerſitatem Marpurgenſem in Haſſia, in qua oſtenditur, quod ovum fecundum anima ſenſitiva inſtruatur, quodque ſit verum animal*, Lovan. 1641. 4°. *le* TELLIER.

Pauli VECCHII *obſervationum ex omni genere eruditionis in divinam ſcripturam* L. II. In primo l. obſervationes ſunt phyſiognomonicæ. In ſecundo obſervationes medicæ &c. Neapoli 1641. 4°. LIND.

J. Jac. BOCCARDI *il mangiaſaſſi* Paris 1641. 4°. FALC.

Gisberti VOETII *de vita termino diſſ.* Utrecht 1641. 8°. & cum BEVERWYCKIO.

Michael Raphael SCHMUTZEN *kurze Handlung von des menſchlichen Leibes Wundergebäu* Nürnberg 1641. 4°. B. THOMAS.

Gilberti PUYLON & *J. Le* PREVOT *Ergo membrana auri obtenſa omnium ſicciſſima* Pariſ. 1641.

J. de MONSTRUEIL & J. COUSIN *Ergo κωναριον ſenſus communis ſedes* Pariſ. 1641. adeo jam prævaluerat CARTESIUS.

§. CCCLXXXIII. *Varii.*

Ezechiele de CASTRO *tr. di coloſtro, dove ſi tratta de' diverſi mali di bambini* Venet. 1642. 4°. recuſus cum *Scipione* MERCURIO. De meconio.

Simon a CAMPO *Comm. in artem medicam* GALENI Neapoli 1642. 4. 1647. 4.

Victoris PALLU *quæſtiones medicæ an riſus vitam producat* Turonibus 1642. 8°. *le* TELLIER.

Friderici MONAVII *de tegumentis* Regiomont. 1642. 4°. SCHEFFEL. In ejus viri *bronchotome* Regiomont. 1644. 8°. Greifswald. 1654. 8°. Jenæ 1711. 8°.* exſtat laryngis anatome.

Hans Jurge de WAHRENDORF circa hæc tempora chirurgiam infuſoriam exercuiſſe lego, & canes inpulſo in venas vino inebriari, apud J. D. MAJOREM *Memor.*

Alberti LINEMANN *viſionis natura phyſicis & opticis rationibus explicata* Regiomont. 1642. 4°. H.

Henr. MEYER *viſus theoria* Lipſiæ 1642. 4°. PL.

Georg.

Georg. LEHMANN & *Georg.* HOEPNER *de somniis* Lipsiæ 1642. 4°. H.

Ej. *de somniis* ibid. 1647. 4°. B. THOMAS.

Georg. JOUDOUIN & *Cl.* TARDY *Ergo decimestris partus perfectissimus* Parisiis 1642.

Hug. CHASLES & *Simon* BOULLOT *Non ergo motus sanguinis circularis* Parisiis 1642.

Rol. MERLET & *Guill.* PETIT *Ergo signatura fetus ab imaginatione* Parisiis 1642.

§. CCCLXXXIV. *Zacutus* LUSITANUS, SINIBALDUS,

Judæus, Medicus Amstelodamensis, longævus, obiit anno 1642. Huc refero, quæ sunt in operibus omnibus physiologici argumenti, etsi ea demum prodierunt Lyon 1649. fol.* 1657. fol.*. Inter *Quæstiones* aliquæ huc faciunt, ut 60ma utrum spiritus animatus generetur in ventriculis cerebri, utrum in rete mirabili. Q. 107. utrum succus melancholicus acidus sit, tum n. 108. atra bilis.

In *historiis*, quæ sunt ex veteribus collectanea, varia huc faciunt, ut de fetu, cum coitus, & genitalium singularibus, de obesitate.

J. Benedictus SINIBALDUS, Archiater & Professor Romanus. Ejus *geneanthropia s. generationis hominis pentateuchon* prodiit Rom. 1642. fol.* & Francofurti 1669. 4°.*. Nulla anatome, quæstionum, aetiologiæ confabulationis, obscuritatis plus satis. Ex propria praxi aliquas observationes addit, non certissimas. Historia puellæ, quæ vir erat.

§. CCCLXXXV. *Conradus Victor* SCHNEIDER,

Professor Wittebergensis, magnus sed cum judicio conpilator, fusissime undique congessit, quæ utcunque ad suam materiam faciant, non tamen ipsius naturæ imperitus, & qui multa utiliter viderit. Id incommodum habet, quod longa fragmenta scriptorum in textum suum recipiat, ut difficulter caveas, ne pro auctoris placitis habeas, quæ sunt aliorum. EJUS video citari Disp. *de sanguine ut de corporis parte principe* Witteberg. 1629. VATER. neque vero temporis ratio eum annum admittit, & annum 1649. facit HEISTERUS, magis probabilem, sed alii omnino 1679.

Vetustissimum auctoris, quod apud me est, opusculum est *de liene* Witteberg. 1641. 4°.*.

De corde agit Witteberg. 1642. 12°.*. Ridiculam litem Heidelbergensem narrat, cum de cordis in pectoris situ medici dissentirent, & alii in medio thorace poni adfirmarent, alii in sinistro latere, manifesto argumento neglectæ anatomes; denique experimento in porcello capto evictum est, cor in sinistro latere poni, & dimissus ex aula medicus, qui in medio pectore posuerat. Hydropem pericardii sibi in tabido homine visum describit, cum in aliis corporibus nullam in ea membrana aquam reperiret. Fetum varie deformem dicit.

De capite Diff. I. & II. ibid. 1643. 12°.*. Officula falcis duræ meningis habet & osteogeniam capitis.

De hepate ibid. 1643. 12°.

Osteologica I. ibid. & II. 1649. 12°.* de offibus in genere cum futurarum tabula. De finuum pituitariorum ufu. Sternum coqui poffe, ut tamen identidem de aqua eximatur.

De offe frontis ib. 1650. 12°.*. Offa dicit triangularia in conjunctione coronalis futuræ cum fagittalis, tum ad lamdoideam.

De offe occipitis ib. 1653. 12°.*.

De offibus fincipitis ib. 1653. 12°.*. Suturam frontalem vult dici debere, quam dicimus fagittalem, eamque ab ifta negat provenire.

De offibus temporum ib. 1653. 12°.*.

EJUSD. *de offe cribriformi, & fenfu ac organo odoratus, & morbis ad utrumque fpectantibus* Witteberg. 1655. 12°.* & in Bibl. ANATOMICA MANGETI. Ex infpectis cadaveribus & craniis animalium fe librum fuum defcripturum recipit, multum tamen mifcet eruditionis. Experimenta fecit in bove, cane, anfere. Duos epidemicos errores etiam refutat, alterum quo docebatur, particulas odoras venire in ventriculos cerebri, & ibi fenfum excitare: alterum a cerebro per os cribrofum excrementa in nares defcendere. Nervi ab olfactorio pare in nares euntes non effe, ut in brutis, cavos.

EJ. *de lacrymis* R. J. *Daniele* MAJOR Witteberg. 1656. 4°. PL.

EJUSD. *de catarrhis* vaftum opus. L. I. quo agitur *de fpecie catarrhorum & de offe cuniformi, per quod catarrhi decurrere finguntur* Witteberg. 1660. 4°.*. Pathologica omitto. Quærit primum de vocibus *larynx & pharynx*, quæ valde promifcue a veteribus fumtæ fuerunt. Inde os cuneiforme defcribit, & ejus antiquitates enarrat. Deinde de foraminibus veris & imaginariis fellæ pituitariæ, quæ ad palatum negat patere.

L. II. *quo Galenici meatus catarrhorum perfpicue falfi convincuntur*, ibid. eod. anno 4°.*. Opiniones veterum fufiffime recenfet: recte monet, duram membranam cerebri fortiffime cranio adhærere; adeoque foramina offis cribrofi claufa effe. Cerebri in variis animalibus pondera. Nequaquam in ventriculis cerebri catarrhos colligi: eosque ventriculos anterius claufos effe, nullamque ab iis viam ad os cribriforme patere: nihil per infundibulum defcendere, nihil per pituitariam glandulam. Ejus glandulæ pondus in numerofis animalibus adnotat, ab adminiftro anatomico fibi curatum: inde adparet, eam glandulam non fequi molem cerebri, minimamque effe in homine & in animalibus carnivoris: majorem in ruminantibus. Ad tonfillarum anatomen in hecticis multam effe aquam pericardii. Quatuor VESALII canales refutat, & fellæ equinæ foramina; & oftendit, nihil poffe per foramina cribriformis offis, aut per vaforum meatus tranfire. Sed neque aërem per os cribriforme in cerebrum venire, neque

neque tabaci fumum. Neque ſpiritus eo modo generari, quo in alembico aqua ſtillatitia adſcendit. Materiem catarrhorum nullas vias habere, per quas de cerebro deſcendat, neque vapores per cranii ſuturas exhalare. Optime certe de genere humano meruit, qui hos ſcholarum errores de mentibus hominum exſtirpavit.

L. *tertius*, *quo novi catarrhorum fontes demonſtrantur* Witteberg. 1661. 4°.*. Hoc princeps Cl. viri opus eſt. Inmiſcuit quidem alia plurima. A ſanguine, in quo vita ſit, omnes in corpore humano humores naſci. De ſanguinis circuitu, & de chyli in venas, etiam in arterias meſentericas (*s*) reſorbtione. Deinde in ſecunda ſectione membranam pituitariam deſcribit, non illam ignoratam veteribus, plenius autem a SCHNEIDERO dictam, cujus etiam nomen ei velamento impoſitum eſt. Eam ex animalibus diverſarum claſſium deſcribit, ab oſſe retro occipitis, per nares, laryngem, œſophagum. Tonſillarum etiam & glandularum ad radicem linguæ hiſtoriam exponit, ad adminiſtrationes cæterum chirurgo miniſtro uſus (*t*). In ea glandula mucum generari, & catarrhorum ſedem eſſe primus oſtendit. Glandulas tamen muciparas non adgnovit.

L. IV. *ubi generalis catarrhorum curatio ad novitia dogmata & inventa paratur* Witteberg. 1661. 4°.*. Hic iterum in capite quarto dixit contra aëris per os cuneiforme & cribriforme iter.

Liber *de catarrhis ſpecialiſſimus* Wittebergæ 1664. 4°.* iterum plurima habet huc facientia. Nares ad cerebrum non patere: in coryza equina dudum ante *la* FOSSE vidit cerebrum, & proceſſus mammillares ſanos eſſe, & membranam pituitariam anteriorem, non poſteriorem ſolam, corrumpi. Membranæ pituitariæ ab aliis membranis diverſitas. De ſternutatione. De deglutitione, eam per muſculos fieri. De medulla ſpinali, ejus vaſis; de viis, quibus ad eam de cerebro humor venit. Sibi vaſa lymphatica inventa tribuit.

EJ. *de morbis capitis ſ. cephalicis ſoporoſis*, & *de horum curatione* Witteb. 1669. 4°. Fuſe de ſomno: de ejus cauſa, quam ex privata animæ facultate deducit. Facultates animæ; earum per totum corpus humanum conſenſus, indeque orta ſymptomata &c.

EJUSD. *de apoplexia*, *lipopſychia*, *paralyſi* Francofurt. 1672. 4°.*. Spiſſum volumen. Sedem apoplexiæ non in cerebro ſolo eſſe, ſed in vitali facultate. Ventriculorum cerebri antiquitates. De arteriis carotidibus, iisque injecto vinculo, de earum valvulis. De ſinubus cerebri, & torculari, de ſinuum duræ membranæ numero. Conſenſus partium corporis humani. De facultatibus animæ. Infinita ubique ſcriptorum loca collecta.

EJ. *de ſpaſmorum natura & ſubjecto nec non de cauſis ſpaſmorum & motuum ſpaſticorum*, *qui in recens defunctis & in occiſis corporibus maxime viilitum manifeſtantur* Witteb. 1678. 4°.*. Eorum motuum poſt mortem ſuperſtitum exempla adfert. Fuſe contra *Nicolaum* CHESNEAU, qui catarrhos ex ſcholarum doctrina

(*s*) p. 63. (*t*) p. 514.

doctrina ex cerebro per os cribrosum ad nares duceret. De musculorum fabrica. Motus animalis & vitalis diversi, ille musculorum, iste cordis.

§. CCCLXXXVI. G. BALLONIUS. J. H. MEIBOM. *Alii.*

Guilielmus de BAILLOU, magnus hippocraticæ doctrinæ laudator & imitator, in practica quidem potius medicinæ parte dicetur. Passim tamen aliquas particulas anatomes aut physiologiæ adtigit, ut in L. *de mulierum & virginum morbis* Paris. 1643. 4.* in L. *de urinarum hypostasi* ibid. 1643. 4°.* & alibi.

J. Henricus MEIBOM, vir eruditissimus, *de usu flagrorum in re medica & venerea* scripsit libellum Leidæ 1643. 4°.* (u) excusum, deinde a T. BARTHOLINO repetitum Francofurti vel Hafniæ 1669. 4°.*. Exemplum proprium habet viri ad venerem flagris excitati, id similibus historiolis ornat. Aliquam dat lumborum anatomen, in iis veneream cupidinem residere putat. Renes aliquid ad venerem facere. Anglice versus 1718. 8°.

Giacinto GIORDANO *Theorica medicina* S. THOMÆ *patrum & scripturæ s. locis illustrata, physiologica &c.* Neapoli 1643. 4°.

Martini SCHOOK, Professoris Groningensis, *diss. de ovo & pullo* Utrecht 1643. 12°.*. Habet, at aliunde, ovi per uteri partes iter, formationem pulli per suos dies.

EJUSD. *de signaturis fœtus* Groning. 1659. 8°.*. Nævorum compilatæ historiolæ.

EJ. si huc velis facere, *de butyro* tr. & *de aversatione casei* Groning. 1658. 12°. L. deinde in altera editione aucta & vindicata ibid. 1664. 12°.*. Antiquitates butyri, in Palæstina patriarchis non ignoti. Populi qui lacte vitam sustentarunt. Butyri in belgio præparatio. Serius ad Romanos & Græcos ejus usus pervenit. Usus medicus. Butyrum ex lacte humano. Lac in belgio prius acescit, quam in butyrum fiat.

In altero libello multa exempla congesta hominum hunc illumve cibum aversantium, aut male ab eo adfectorum. Casei ex lacte coctio, præparatio. Aversationem oriri, quando nutrix impraegnatur, dum lactat, cujus eventus exempla producit. Mihi non alia præter fœtorem causa est aversationis.

EJ. *de fermento & fermentatione* L. Groning. 1660. 12°. De fermentatione ventriculi, quem rejicit, cibosque ait a solo calore coqui, multis undique collectis experimentis.

EJ. *de ciconiis ad altera auctior* Amsterdam 1661. 12°.*. Habet aliquam anatomen & de volatu aliqua.

Erici PUTEANI *ovi encomium* Leid. 1643. 12°.*. Aliqua etiam anatomica & physiologica.

Leonhardi URSINI *de corporis humani proportione* Lips. 1643. 4°. B. THOM.

(u) Epistola data est anno 1639.

Frider.

Frider. Wilhelm. LYSER *de risu* Lipſ. 1643. 4°. BURCKH.

Claudii SEGUYN & *Andreæ* GUYET *Ergo decimus menſis heroum natalis*, Pariſ. 1643.

Petri BOURDELOT & *Pauli* COURTOIS *Ergo quæ ſerius nubunt difficilius pariunt* Pariſ. 1643.

Sim. le LETTIER & *J.* FORESTIER *Ergo bilioſi præſtantiſſimi* Pariſ. 1643.

Sebaſt. RAINSAINT & *Petri* MOREAU *Ergo oculi ſunt animi ut corporis indices* Pariſ. 1643.

Lancel de FRADES & FORETIER *Ergo ſanitas firma ſervatur, quæ a pluribus obſervatur* Pariſ. 1643.

Jac. MANTEL & *Andr.* GUYET *Ergo gemelli mente & corpore minus validi* Pariſ. 1643.

§. CCCLXXXVII. *J. Georg* WIRSUNG.

Bavarus, VESLINGII diſcipulus, inde inciſor & æmulus (*x*) circa hæc tempora novum inventum publicavit, ductum nempe pancreaticum, anno 1642. inventum (*y*). Nihil quidem ſcripſit, ſed *figuram* ſculpi curavit *ductus cujusdam cum multiplicibus ſuis ramulis noviter in Pancreate inventis in diverſis corporibus humanis* Padua 1642. fol.*. Eam iconem anno 1643. 7. Jul. ad RIOLANUM miſit (*z*).

Id inventum anni fuerit nondum elapſi, cum numeroſa cadavera & varia animalia ad eum finem inciſa (*a*) aliquot omnino menſes conſumſiſſe neceſſe ſit.

Paulo poſt miſſam ad RIOLANUM iconem induſtrius juvenis ab inimico Dalmato interfectus occubuit die 22. Aug. 1643. (*b*). Non certe vel VESLINGII technis (*c*), etſi eum WIRSUNGUS hactenus irritaverat (*d*), neque Monspelienſis (*e*) ſodalis, cum WIRSUNGUS Patavii ſuum ductum invenerit.

§. CCCLXXXVIII. *Mauritius* HOFMANN,

Furſtenwaldenſis, Profeſſor Altorfinus, & theatri anatomici conditor, hoſpes WIRSUNGI, multis teſtibus (*f*) ductum pancreaticum autumno anni 1642. invenit, in gallo indico, & occaſionem dedit WIRSUNGO inveniendi in humanis

(x) BARTHOLIN. *præf.* ad LYSER.
(y) Sibi anno 1642. oſtenſum T. BARTHOLIN.
(z) RIOLAN. p. 811. *ſeqq.*
(a) IDEM p. 812.
(b) MORGAGN. *Epiſt. anat.* p. 83. 85.
(c) GRAAF de S. *pancr.* GOERICKE &c.
(d) Negaverat ei præceptori ſuo iconis conſpectum BARTHOLIN. l. c.
(e) DEIDIER *anat. raiſ.* p. 364.
(f) BARTHOLIN. qui eodem tempore Patavii vixit, *anat. reform.* p. 113. deinde nuperis plurimis. Conf. FRANK *bon. nov. anat.* & *Magnus Daniel* OMEIS ap. SCHMIDT *de Germanorum in anatome meritis.*

nis cadaveribus ejusdem ductus (g), quem ei MAURITIUS in ave ostenderat, neque tamen nisi casu invenerit (h). Publico etiam convivio quotannis audio hoc illustre inventum Altdorfii celebrari.

IDEM a. 1643. d. 10. Martii in canalem inter septi transversi crura ad thoracem migrantem se incidisse scribit, ductum nempe thoracicum (*i*). Vasa demum lymphatica vidit, & discipulis ostendit a. 1646. lactea nempe a cerebro mesenterii ad lienem euntia (*k*).

Altdorfium redux nihil valde anatomici argumenti edidit, præter *physiologicas aliquas theses*, *de nutritione & usu partium eidem præfectarum* Altdorfii 1648. B. THOMAS.

EJ. *de palpitatione cordis* Altdorf. 1644. 4°.*. Cordis anatome.

EJ. *de nutritione & usu partium eidem inservientium* R. STOBERLIN Altdorf. 1648. 4°.*. De suo ductus pancreatici invento: de varietatibus ejus ductus in animalibus visis.

EJ. *de generatione & usu partium eidem inservientium* Altdorf. 1650. 4°.*.

EJ. *de venis lacteis oculatioris ævi anatomicis decantatis* Altdorf. 1650. 4°.*. Vasa lactea se vidisse, discipulis demonstrare; etiam ad lienem a centro mesenterii euntia, & ad abdominis musculos.

EJ. *anatome corporis humani partiumque præcipuarum usum demonstrans* R. BRENDEL. Altdorf. 1651. 4°.*.

EJ. *de motu cordis & cerebri, sanguinis ac spirituum animalium pro vitæ continuatione per corpus commeatu* 1653. 4°.

EJ. *notitia Dei ex cadavere humano* Altdorf. 1657. 4°.*. Laudat sceletos animalium servatas Altdorfii.

EJ. *de transitu sanguinis per medium cordis septum impossibili contra* GALENUM *&* RIOLANUM 1659. 4°.*.

EJ. *de transitu sanguinis per medios pulmones facili* Altdorf. 1659. 4°.*.

EJ. *de sanguine ejusque observatione* 1660. 4°.*. De ductu thoracico dudum a se viso, quem anno etiam 1656. chylo turgentem vidit.

EJ. *de alimentorum coctione prima s. fermentatione chylosi dicta salva & læsa* 1662. 4°. Non vidisse se ductum bilarium in lupo ventriculo insertum.

EJ. *de lacrumis* 1662. 4°.*.

EJ. *anatome corporis feminini* Altdorf. 1662. 4°.

EJ. *de naturali & præternaturali mammarum constitutione* 1662. 4°.*.

EJ. *prudentia medica ex sanguine pro salute mortalium exagendorum ratione expo-*

(g) SCHENK *exerc. anat.* p. 543.
(h) *De nutritione & usu partium eidem inservientium* R. STOBERLIN 1648. 4.
(i) *De sanguine ejusque observatione.*
(k) *De venis lacteis* Altdorf. 1650. 4.

exponentis fundamento 1662. 8°. HEIST. junctim 1672. 8°. 1690. 8°.*. Erant perbreves disputationes omnino 25. ab anno retro 1662. propositæ, cum nonnullis corollariis.

EJ. *Synopsis institutionum anatomicarum ex sanguinis natura* 1661. 8°. & auctius 1681. MERKL.

EJ. *Synopsis institutionum medicinæ* Altdorf. 1661. HEIST.

EJ. *Synopsis medicinæ ex sanguinis natura vitam longiorem artem breviorem promittens* 1663. 8°. Patav. 1664. 8°.

EJ. *Theatrum anatomicum Altdorfinum* HEIST.

EJ. *structura partium humanarum utilis & jucunda* Altdorf. 1667. 4°.

EJ. *structura corporis humani non minus utilis, quam jucunda* ib. 1669. 4°.*.

EJ. *de meliceria s. articulorum læsorum inundatione aut diluvio* ib. 1670. 4°.*.

EJ. *de lactis ex chylo statu, tum naturali, tum præternaturali* ib. 1673. 4°.*. De vasis lacteis, nempe lymphaticis, quæ ad mammas male dicantur tendere.

EJ. *structura partium corporis masculini* ib. 1674. 4°.*.

EJ. *anatome partus cerebro carentis* E. N. C. *dec.* I. *ann.* II. *obs.* 36.

EJUSD. *anatome vituli monstrosi* ib. *ann.* IX. & X. *obs.* 4. Caput unicum, corpora duo.

EJUSD. *anatome vituli bicipitis* ibid. *obs.* 5. Colla duo, corpus simplex, áspera arteria cum œsophago confusa. Utraque anatome redit in BLASII *obs.*

EJ. & filii J. MAURICII *programmata anatomica decem* Altdorf. 16 . . . . 4°. absque anno B. THOMAS.

In epistolis BARTHOLINI, *ep.* 84. *Cent.* II. narrat MAURICIUS se apud VESLINGIUM a. 1649. in lupo ductum pollicis crassitie a lumbis ad thymum chylum ducentem vidisse, nempe thoracicum.

In *appendice Centuriæ* IX. & X. Act. Nat. Cur. integra pentecoste reperitur adnotationum posthumarum. In 2. viri meminit triginta annos nati, cui arteriæ umbilicales apertæ fuerint. Ductum etiam pancreaticum sibi vindicat in ædibus WIRSUNGI repertum.

Obs. 3. uterum in graviditate non fieri tenuiorem. Valvulæ venosæ.

Obs. 4. Salamandræ feminæ brevis dissectio: sic multorum animalium, corvi *Obs.* 10.

Sciuri *Obs.* 11. mustelæ piscis intestinula pylorica *Obs.* 12. Lupi anatome *Obs.* 13. capreæ *Obs.* 14. noctuæ *Obs.* 15. pici *Obs.* 16. ventriculi ranæ & serpentis *Obs.* 40. cervæ gravidæ *Obs.* 46. hæc uberior, cum hinnuli anatome. Porro incisio lutræ *Obs.* 47. Fulicæ *Obs.* 48.

Obs. 30. Partus quadrigeminorum.

Obs. 44. femina sexagenaria lactans.

§. CCCLXXXIX. *Albertus* KYPER.

Regiomontanus, Professor Leidensis. In ejus *medicinam discendi & exercendi methodo* Leid. 1643. 16°.* etiam physiologiæ exstat compendium.

EJUSD. *responsio ad pseudapologema quod* B. F. PLEMPIUS *secundæ editioni fundamentorum suorum medicinæ subjungi curavit* Leidæ 1647. 12°. LIND. & cum *anthropologia* Leid. 1660. 4°.* Amsterdam 1665. 4°.*. Vix ad medicinam pertinet.

EJ. *Anthropologia, corporis humani contentorum, & animæ naturam & virtutes secundum circularem sanguinis motum explicans* Leid. 1647. 12°. 1650. 4°. 1660. 4°.* Amsterdam 1665. 4°.*. Anatome & physiologia, absque proprio experimento. Aliqua, non optima, ex FALKENBURGIO.

EJ. *Institutiones medicæ ad hypothesin de circulari motu sanguinis compositæ*, Amsterdam 1654. 4°.*. Diversum a priori opus. In eo continetur anatome, physiologia, tractatio de sanitate. Utcunque huc referas *Transsumta de elementis & mistis*.

EJ. *Collegium medicum 26. disputationibus breviter complectens, quæ ad Institutiones pertinent* Leid. 1655. 8°. LIND.

EJ. *de formatione fetus* Amsterdam 1677. 4°.

§. CCCXC. *J. B. v.* HELMONT.

J. Baptista de HELMONT, vir nobilis, acris ingenii, & paradoxus, magnæ in re medica, & potissimum etiam in physiologica, conversionis auctor, obiit anno 1644. quare hunc ad annum ejus opera recensebimus, cum paucissima prius edita sint, neque ea coram habeam. Cum chemiæ esset innutritus, ab ejus elementis, salibus & sulfure, ab ejus operationibus, ut a fermentatione, principia fere phænomenorum desumsit, quæ in animalibus adparent. GALENICÆ scholæ theorias, sæpe certe gratuitas, audacter impugnavit, neque raro evertit. Ejus opiniones F. SYLVIUS ornatas, & hactenus mitigatas, in Medicam artem introduxit, in qua late regnarunt. Neque tamen dissimulari potest, in evertendo fuisse feliciorem, quam in adstruendo, nimisque paucis phænomenis sæpe late patentes conjecturas festinum superstruxisse. Ita cum acorem in ventriculis animalium granivororum deprehendisset, non consultis aliis animalibus, in quibus nullus est (ut piscibus), neque æqua mente reputans, eum acorem naturalem esse alimenti vegetabilis degenerationem, continuo fermentum acidum ventriculo inhærens admisit, a vulgari equidem acore hactenus diversum, verum tamen vitalem acorem. Anatomes imperitum fuisse facile ex studio chemico existimes, cui totum se dedit.

Quæ ut vere se ita habent, non tamen eo minus HELMONTIUS utiliter legitur, qui undique peculiares aliquos eventus collegerit, ab aliis prætervisos, & qui rebus physiologicis novam lucem adspergant.

Primo

Primo loco *J. Ant. v. der* LINDEN, & ipse HELMONTIANUS (etsi HIPPOCRATICUS erat) ponit *febrium doctrinam inauditam* Antverpiæ 1642. 12°. editam, quæ in operibus omnibus rediit. In eo majori opere HELMONTIUS multa physiologica admiscuit. Urinæ a scoria sive liquido vicini intestini coli stercore tincturam (*l*). Contra humores scholarum eoremque sedem. Archæus motuum vitalium auctor febrem facit, dum molesta expellit, quæ theoria proxime a STAHLIANA abest.

Opuscula medica inaudita, in quibus repetitur lib. de febribus, deinde exstat l. de lithiasi, passiva scholarum deceptio, & l. de peste Colon. 1644. 8°. LIND. & in operibus. In lib. *de lithiasi*, qui HELMONTIANORUM operum est amplissimus, calculum legas nasci ex ipsis lotio contentis, non ex muco, qui calculo demum superveniat. Analysis lotii in propria urina suscepta. Ex ea, post fermentationem, spiritum inflammabilem (hunc solus) obtinuit, deinde salem urinacei odoris: & post *cohobationem* repetitam crystallos flavas. Eo spiritu urinæ cum puriori vini spiritu misto offam vidit cogi, cui HELMONTIUS nomen dedit. Ex fæce urinæ obtinuit salem marinum, tum alium, quem a marino distinguit, non tamen diversum, siquidem in cubos coit. Volatilem salem ab utroque distinguit. In liquore clarissimo, ab urina separato, tamen vidit calculum deponi, non ergo a muco esse. Denique liquorem dicit se obtinuisse, qui cum spiritu vini non cogatur, & calculum dissolvat, ex eadem natum urina. Ex calculo eadem stillare, quæ ex urina. Omnes nervos motui destinatos, etiam sentire, utiliter contra scholas vidit (*m*). Lixiviosos sales ab humani corporis viribus secerni, & a copioso usu cinerum nihil in lotio fuisse lixiviosi.

III. *Scholarum humoristarum passiva deceptio.* Fuse contra quatuor humores scholarum, & solidis rationibus, ut lectorem convincat. Ante nuperos monuit, æthiopum sanguinem pene nigrum esse, & in universum sanguinis superficiem aëri expositam rubere, qua vas imum tangat, atrum fieri eumdem. Contra atram bilem, contra flavam, quæ sit in sanguine. Fel esse vitalem balsamum. Mucum non venire a cerebro. De signis ex urina, ejus colore, sedimento; fictitia esse scholarum omnia. In felle spiritum vitalem salinum & balsamicum habitare, quo ventriculi concoctionem regat, acoremque in ventriculo conceptum in salinum mutet. Urinas ægrorum appendit, iterum ante nuperos, pondus in tertiana febre insigniter augeri reperit. Calida urina quam frigida levior. Non a felle lotium tingi. Vesiculam nullum habere meatum supernum, per quem bilem trahat.

IV. *Pestis tumulus.* Hominum perturbationes sedem habere in ore stomachi superiori. Pestem a terrore generari. Novum Archæum in excrementis enasci, alia, minus probanda.

Opera paterna omnia filius FRANCISCUS MERCURIUS conjuncta edidit primæ quidem, tunc numerosos alios libellos. Titulus primæ editionis est *ortus Medicinæ,*

(l) C. XI. n. 6. 7. 8.
(m) L. IX. n. 19.

dicinæ, i. e. *initia physicæ inaudita. Progressus medicinæ novus in morborum ultionem & vitam longam.* Amsterdam 1648. 4°. apud Elzevir. ib. 1652. 4°.*. Recusa Venetiis 1651. fol. Lugduni 1655. fol. 1667. fol. quæ editio vix quidquam ab editionibus Elzevirianis diversa est, Francofurt. 1682. 4°. LIND. 1707. 4°. Anglice Lond. 1662. fol. OSB. Gallice *Oeuvres de J. B. v.* HELMONT *contenant des principes de medecine & de physique, trad. par Jean le* CONTE Lyon 1671. 4°. D'ETR. Germanice Sulzbach 1683. fol. ut lego. Numerosissimi sunt libelli quos omnes indicare nimis longum fuerit. Specimina tamen dabo, vel ideo, quod Auctor propria sua cogitata & visa proponat, neminemque aut sequatur aut compilet. In l. *Imago fermenti impraegnat massam semine* docet, omnia in rerum natura per fermenta fieri. Ab iis volatilem naturam oriri, etiam in sanguine. In singula corporis animalis culina suum esse fermentum. Fermentum in spontaneis seminibus, adtingere horizontem vitæ, ejusmodi enim phrasibus HELMONTIUS uti solet. Fermentum stomachi acidum, specificum, a liene venire.

Formarum ortus. De anima sensitiva, vegetabili, & archæo. Ita vocavit naturam quamdam HIPPOCRATICAM, motuum in animalibus effectricem, & a corpore distinctam, & a rationali anima.

Blas humanum, voluntarium, & naturale. Fuse de pulsu contra GALENUM. Calor in corde sedens.

Calor efficaciter non digerit sed tantum excitative. Contra ciborum coctionem, quæ a calore secundum scholas fiebat. Pisces cibum suum absque calore digerere. Resolutionem ciborum ab acido esse, passerum argumento, acidum ructantium.

Sextuplex digestio alimenti humani. Prima in ventriculo, qui suum fermentum a splene habeat. Acor ejus est organum fermenti vitalis. Inde bilem cremoris acidum in salem volatilem urinæ mutare. Tertio loco in venas mesentericas fermentum cruentum hepatis adspirare, eam digestionem in hepate terminari, & ita sanguinem fieri venosum. Bilis, balsamica, non tingit fæces, quæ dulces sint. Quartam digestionem in corde esse, atque ibi sanguinem arteriosum flavum & plane volatilem fieri. Quintam digestionem sanguinem arterialem in spiritum Archæi vitalem perficere. Sextam digestionem esse in singulo membro suam, ut in quaque parte residens spiritus alimentum sibi coquat. Quæ iterum sententia paulum mutata nunc in celebri Academia docetur.

Pylorus rector. Moderari digestionem primam, & ventriculum sua ex natura claudere. Acor peculiaris a liene per vasa brevia in ventriculum venit.

Custos errans. Is custos lacessitus mucum generat, ut partem suam defendat, & obliniat. Mucum non esse cerebri excrementum, sed a custode in quaque sede generari, quæ lacessitur.

Jus duumviratus. Monstra aliqua & animalia hybrida. Anima sensitiva est duumviratus, stomachi, cerebri & splenis. In liene somniorum causa; stomachus ohus sedes animæ, Asita. In reliqua viscera, ut duumviratus jura sua exerceat, etiam in cor, & cerebrum.

De flatibus. Vidit in homine motum peristalticum, antiperistalticum.

Latex humor neglectus. Laticem dicit serum sanguinis. Ex eo sudor. Glandulas non factas esse ad fulcienda vasa, sed ad laticis ex venis emulsionem.

Aura vitalis. Primus vaporem sanguinis dixit.

Catarrhi deliramenta. Pulmonem immobilem esse, in avibus undique pectori adnatum; aërem ex pulmone in pectoris cavitatem effundi. Plus aëris putat, mensura sumta, adtrahi inspirando, quam pulmo capiat. Neque pulmonem caveam pectoris replere, eumdem undique foraminibus patere, qui aërem in caveam pectoris emittant. Hæc erronea; recte vero ut pulmo per adscensum costarum dilatetur. Catarrhi materiem non a cerebro descendere. Ad deglutitionem humorum. Contra choanas veterum. Respirationem potissimum fieri a diaphragmate. Seorsim prodierunt *errors of physicians concerning defluxions* Lond. 1650. 4°. OSB.

IDEM videtur, aut certe ex HELMONTIO sumtum, opusculum M. J. *Spiramina or respiration revived being the arguments of J. B. v.* HELMONT *discerning certain uses of the lungs not commonly observed, and asserting that they have no alternation but in a sound man are porous and pervious to vapour.*

Humidum radicale: Fluxus ad generationem, Lunare tributum, pauca hæc ex multis.

Dageraat der geneeskonst nooit int licht gesien Roterdam 1660. 4°.*. In prima parte aliquæ sunt dissertationes operis latini prioris, sed breviores: in altera l. *de peste.*

Fundamenta medicinæ recens jacta de caussis & principiis morborum constitutivis Ulm. 1682. 12°. LIND. non satis mihi nota.

In Bibl. ASHMOLIANA M.S. sunt codices de febribus, calculo, peste, quatuor humoribus. Tum *philiatrus and pyrophilus or Helmont disguised.*

§. CCCXCI. *Paulus* AMMAN,

Professor Lipsiensis. EJUS est *disputatio de spiritibus influentibus* Lipsiæ 1644. 4°.

EJUS diss. *de ειδηγονεια struthionis* utraque Lipsiæ prodiit 1657. 4°. B. BOEHM.

EJUS *de caloris nativi natura* Lips. 1657. 4°. BURCKH.

EJ. *de motu s. circulatione sanguinis* ibid. 1659. 4°. B. THOMAS.

EJ. *medicina critica s. centuria casuum in facultate Lipsiensi resolutorum variis discursibus aucta* Erfordiæ 1670. 4°.* & auctius Stadæ 1677. 4°. denique 169... 4°.*. *Accedit Facultatis Medicæ Lipsiensis præliminaris excusatio qua casuum & responsorum suorum importunam editionem deprecatur* Lipsiæ 1670. 4°.* edita.

edita. AMMANNUS ait, a J. MICHAELIO has medicas relationes se habuisse, antiquas aliquas esse & ab anno 1516. ad sua tempora continuari: Academia de editis conqueritur, neque male, in tanta inconstantia. Nam fetum duodecimestri tardiorem pro legitimo n. 44., undecimestrem pro illegitimo declarant n. 29: pro vivo quinquemestri etiam respondetur, n. 68. In n. 75. videtur de MOELLERIANO fetu 173. dierum dici. Vulnus medullæ spinalis non lethale esse pronuntiatur. Ad quodque responsum PAULUS discursus & consentientia loca scriptorum addit.

EJUSD. *Parænesis ad discentes occupata circa institutionem medicarum emendationem* Rudelstatt. 1673. 12°.* Lips. 1677. 12°.* auctius. Multis in hypotheses invehitur, & potissimum in GALENISTAS, sed meliora substituere, hoc opus, hic labor. Vulgares fere sunt, quas adfert, adnotationes. Fetum abortivum describit, respirationem fetus defendit.

EJUSDEM *Archæus syncopticus archæo synoptico Eccardi* LEICHNERI *oppositus* 1674. 12°.* & cum priori 1677. 12°.*. LEICHNERUS veteres contra *Parænesin* AMMANNI defenderat: noster acriter carpserat. Nihil ex ea lite in Physiologiam emolumenti redundavit.

EJ. *praxis vulnerum lethalium sex decadibus historiarum variorum & plurimum traumaticarum cum cribrationibus singularibus adornata*, Francof. 1701. 8°.*. Responsa iterum Lipsiensium Forensia, cum adnotationibus AMMANNI. Huc facit historia atretæ: de bilis utilitate. Experimenta pulmonis natantis & subsidentis, recte proposita. De anastomosibus in corde, fetui propriis. De fetu intra involucra sua, & de fetu aërem nacto. Anomala fabrica partium genitalium. Alia ejus generis. Justitiæ cæterum amator, reis non parciturus.

EJUSD. *irenicum* NUMÆ POMPILII *cum* HIPPOCRATE, *quo veterum medicorum & philosophorum hypotheses in corpus juris civilis perite ac canonice hactenus transsumtæ a præconceptis opinionibus vindicantur* Lips. 1689. 8°.*. Scopus est AMMANNO, leges ex HIPPOCRATE & scholis Medicis desumtas, critica face perlustrare, & sæpe antiquare. Ita pro suo acri judicio & septimestres partus rejicit, & undecimestres, & ordinis sui in his mensibus inconstantiam redarguit, qui undecimestrem pauperis feminæ partum rejecerit, duodecimestrem divitis mulieris sit tutata. Exempla non veræ impotentiæ. Indicia graviditatis, potissimum antiquioris, minus certa esse. Minus anatomicus hymenem non bene rejicit; satyricus cæterum & passim etiam nimis jocosus scriptor. A percussione gravidæ gemellorum alter continuo periit, alter incolumis mansit.

EJUSD. *disp. de auctione* Lips. 1685. 4°. HEFT.

§. CCCXCII. *Gottlieb* MOEBIUS,

Professor Jenensis, numerosorum libellorum auctor. Ej. disp. *de respiratione* prodiit Jen. 1644. 4°. HEFT.

Ej. *de bilis natura ejusque usu nobilissimo* Jenæ 1644. 4°.*.

Ej. *de chylificatione s. coctione prima* ibid. 1645. 4°. Burckh.

Ej. *Institutionum medicarum* Diss. I. *de medicina natalibus* ibid. 1651. 4°. Diss. II. *de sanitatis natura* ibid. eod. anno 4°.

Diss. III. *de spiritibus, temperamento & appetitu* ib. 1658. 4°. Heft.

Diss. IV. *de cibi in ore praeparatione, in ventriculo coctione &c.*

Ejusd. V. *de sanguinis in diversis locis depuratione.*

Diss. VI. *de usu dentium* ibid. 1652. 4°.

Diss. VII. *de usu ventriculi & intestinorum* ibid. 1652. 4°.*.

Diss. VIII. ut videtur *de usu cordis* 1654. L.

Diss. IX. *de usu pulmonum* 1655. 4°.*.

Diss. X. *de usu hepatis & bilis* ibid. 1654. 4°.*.

Ej. *οδοντολογια s. dentium status naturalis & praeternaturalis* Jenae 1661. 4°.*

Ej. *fundamenta medicinae physiologica, in quibus origo & natura medicinae, doctrina de animae facultatibus, spiritibus & temperamentis, nec non constitutio partium principalium naturalis & praeternaturalis &c.* Jenae 1657. 4°. Lind. 1661. 4°.*. Collectitium opus.

Ejusd. *Synopsis epitomes institutionum medicarum* Jen. 1662. fol.* & auctius 1690. fol.*. Forma tabularum, physiologia brevissima.

Ejusdem *epitome institutionum medicarum ex juniorum fundamentis* Jenae 1663. 4°.*. Ex disputationibus a nobis recensis aliisque, collectitium opus, absque propriis experimentis.

§. CCCXCIII. *Varii.*

J. Bapt. Hodierna *opuscoli cioe l'occhio della mosca discorso fisico, intorno l'anatomia dell' occhio, in tutti gli animali anulosi detti insetti. Il sole del microcosmo* Palermo 1644. 4°. Mong.

Ej. *dentis in vipera virulenti anatome* Panorm. 1646. 4°.

In Severini etiam *vipera pythia* anatome est Hodiernae.

Andreae Tremanci *anatomia ex* Galeno, Hippocrate, Avicenna, *Carmen italicum* Messan. 1644. Bartholinus.

Livio Agrippa *discorso sopra la natura e complessione humana* Venetiis 1644. 4°. D'Etr.

Danielis Vermostii *brevis apologia pro Vop.* Plempii *fundamentis medicinae adversus dicteria cujusdam κυ γουρου* (Kyperi) Lovan. 1644. fol. Lind. 1653. fol.*.

Laelii Zaccagnini, Romani, *notabilium medicinae* lib. II. *Primus de vita humana longitudine ac brevitate: an possit prorogari? de hominum hodiernis & antiquis complexionibus* L. II. *adversus eos qui praeter duos in homine testes, tertium dari*

dari posse opinantur. Dilucidatur item peripateticorum opinio, circa generationis humanæ principium, nempe utrum mulier verum semen habeat, vi generandi præditum Rom. 1644. 4°. LIND.

Athanasius KIRCHER S. J. passim physiologiam adtigit. In *arte magna lucis & umbræ*, quæ Romæ 1644. fol. & Amstelodami 1671. fol. B. B. prodiit, anatome oculi, aliqua etiam de reliquis sensibus & de generatione occurrunt: experimentum etiam de imagine objecti solis radiis illustrati diu coram anima superstite: de monstris ex nævis natis &c. sed notum est, non debere facile ei viro fidem adhiberi.

EJUSD. *Magneticum naturæ regnum s. de triplici in natura magnete inanimato, animato, sensitivo* Rom. 1667. 4°.*. Ad historiam animalium & hactenus ad physiologiam multa pertinent, equidem pleraque superstitiosa, & vana. Hic lapidem serpentis perspicillati dedit pro venenorum omnium magnete, etiam experimentis productis. De serpente caudisono. Rabidi canis morsus lapide serpentis pileati sanatus. Animalium sympathiæ, antipathiæ. Remora. *Alexandri* FABIANI relatio de animale marino stuporifico, quod non videtur anguilla Surinamensis esse, effectu tamen simile. De torpedinis vi narcotica.

In EJUSD. *Magnetica medicina* L. III. P. VI. egit de magnetica facultate animalium, de sympathiis, antipathiis, remora, torpedine, sirene.

In EJ. *Sphinge mystagoge s. diatribe hieroglyphica de mumiis* Amst. 1676. fol. B. B. aliqua pertinent ad rem anatomicam, eaque fere ex NARDIO decerpta. Solo asphalto Ægyptios in condiendo usos esse. De corpore humano diu in muria conservata. Ars condituræ græcorum.

In EJ. *Physiologia* KIRCHERIANA *experimentalis* Amsterd. 1680. fol.* a KESTNER edita, medica etiam aliqua continentur.

John BULWER's Chirologia *or the natural language of the hand as also chironomia or the art of manual Rhetorick* Lond. 1644. 8°. BODL.

EJ. *Pathomyotomia or the significant muscles of the passions of the mind, and dissection of the muscles of the affections* London 1649. 8°.*. Habet musculos capitis. Musculis a pathematibus nomina imposita. Qui musculi in quoque animi adfectu agant.

EJ. *Man transformed or the artificial changeling, shewing the several ways, how divers people alter the natural shape of some parts of their bodies* London 1653. 4°. BODL.

EJ. *Chirologia chironomia* Lips. 1661. 4°.

Robert NICOUD? *histoire mémorable de deux étranges accouchemens d'une femme de Montluçon* Paris 1644. 12°. PORTAL. Retenti fetus per novem menses, exemti per incisionem.

Jean DARABLE *Onomatologie chirurgique, où l'on explique des mots grecs apartenants à la chirurgie* Lyon 1644. 12°. habet etiam osteologica.

Christoph

Christoph SCHELHAMMER *Hamburgensis de spiritibus* Jen. 1644. 4°.*.

Ej. *de corporis humani humoribus* Diss. I. Jen. 1649. 4°. MOELLER. Diss. II. & III. ibid. 1650. 4°. HEFT. Immaturi operis prodromus, quod auctor morte præventus non potuit absolvere.

Frid. RAPPOLT *de lætitia & tristitia* Lips. 1644. 4°. B. THOMAS. si huc facit.

Ej. *de somno* ibid. 1658. 4°. HEFT.

Jac. JOUVIN & *Antoine* MORAND *Ergo alimenti & humorum adtractio similitudine substantiæ* Paris. 1644.

Guil. PETIT & *J. de St.* YON *Ergo mulierum a frequenti puerperio vita brevior* Paris. 1644.

Henrici de LAUNOY & *Nic.* BLANCHET *Ergo a frequenti puerperio vita brevior* Paris. 1644.

Phil. HARDOUIN & *Jac.* DUVAL *Ergo obesi minus fecundi* Paris. 1644.

Elias BEDA *de* FOUGERAIS & *Tuss.* FOUCAULT *Ergo rara roboris & ingenii concordia* Paris. 1644.

§. CCCXCIV. *Dominicus* PANAROLUS. *Alii.*

Romanus. EJUS *il cameleonte esaminato* Romæ 1645. 4°. FALC. Latine ab ipso auctore vers. *Chamæleo examinatus* Romæ 1652. 4°.* recusus Hanau 1654. 4°.* cum aliquot iconibus. Linguam & oculos animalis delineavit. Negat oculum musculos habere. Linguam flatu distendi & quasi erigi. Naturalem colorem cineritium esse.

EJUSD. *Jatrologismorum s. medicinalium observationum pentecostæ quinque* Rom. 1652. 4°.* Hanau 1654. 4°.*. Multæ, quas vocant, varietates, lienes duo, ren unicus, ureteres quatuor: menstruus sanguis per os rejectus: cor villosum (*n*). Vasorum spermaticorum varietates. Bis in singulo mense purgatio uterina (*o*). Menses in vetula. In cadavere nulli musculi palmares, plantares, & pyramidales. In utroque latere vena sine pari. Digitus sextus (*p*). Nympha monstrosæ molis, sic Clitoris. Lien isthmo divisus. Menses per mammas. Capillorum humanorum ad microscopium contemplatio. Duo musculi pectorales. Psoas alter (*q*) suo tendine psoam vulgarem amplexus. Pulsus duarum manuum diversus. Cœliacæ arteriæ aneurysma. Fames 22. diebus tolerata. Auricula sinistra (male) ultimum moriens. Hymenem a nullo cadavere abesse (*r*).

Cum *Johannes* SCULTETUS anno 1645. obierit, hic oportet meminisse observationum, quæ cum *armamentario* Ulm. 1653. fol. & alias prodierunt, & in quibus

(n) *Pentec.* I.
(o) *Pentec.* II.
(p) *Pentec.* III.
(q) *Pentec.* IV.
(r) *Pentec.* V.

quibus passim aliqua huc referas, ut linguæ frenum male discerpi. Anum maligne apertum: Alia sparsim in ipso exstant armamentario, ut clysteres vere nutritii, fetus abdomine aperto, partus monstrosi aliqui, & biceps fetus, hymen. Ductus incisivos nihil transmittere.

Hieronymus FRANZIOSIUS *de semine* Verona 1645. 4°. RAST.

EJ. *de motu cordis & sanguinis in animalibus pro* ARISTOTELE *&* GALENO *adversus neotericos* L. II. 1651.

Habet etiam LINDENIUS EJ. l. *de divinatione per somnum* Francof. 1632. 4°.

Chrestiin BERNIER *questions anatomiques recueillies des meilleurs auteurs* Paris 1645. PORTAL. alii 1648. 12°. nihil boni.

Abrahami PRATÆI, qui BARTHOLINI anatomen vertit, duæ epistolæ pro CARTESII circulo.

Gerbrand Joh. ANSTRA *de jecore* Franeker. 1645. 4°.*.

Ahasveri PAYNER *Disp. de corde* Groning. 1645. 4°. BARTHOL.

Petri MOREAU & J. HAMON *Ergo πολυαιμι: obest felicitate ingenii* Parif. 1645.

Pauli COURTOIS & *Petri* RENIER *Ergo bona cerebri temperies princeps somni causa* Parif. 1645.

J a GARBÉ & *Lud. le* NOIR *Ergo a primis generationis nostræ principiis vita longior* Parif. 1645.

§. CCCXCV. *Varii.*

Eccardi LEICHNER, Professoris Erfordiensis, *de motu sanguinis exercitatio Antiharvejana* Arnstatt 1646. 16°.*. Experimenta HARVEJI admittit, objicit vim doloris, & torminum, & similes cavillos, adque novæ lucis fulgorem oculos claudit.

In eumdem sensum epistolam bene longam edidit, quæ est inter BARTHOLINIANAS *Cent.* III.

EJ. *de indivisibili & totali animæ exsistentia* Erford. 1650. 8°. BOECL.

EJUSD. *pentas exercitationum de calido innato* Erford. 1654. 4°. LIND.

EJ. *de generatione s. propagativa animalium, plantarum & mineralium multiplicatione, exercitationes antiperipateticæ* 20. Erford. 1649. 4°. RIV.

EJ. *de cordis & sanguinis motu hypomnemata septem* Jen. 1653. 4°. BOEHMER.

EJ. *de cordis constitutione & usu* Erford. 1657. 4°. PL.

EJ. *Schediasmatum de principiis medicinæ* Pentas I. Erford. 1664. 12°. LIND.

EJ. *Archæus synopticus s. duodecim tabulæ de legibus medicæ reipublicæ fundamentalibus &c.* ibid. 1674. 12°. Videtur adversus *Pauli* AMMANNI *Paranesin* scripsisse.

EJ. *de principiis medicis epistola apologetica pro Archæo Synoptico contra Pseudarchæum* *darchaum syncopticum Pauli* AMMANNI ibid. 1675. 12°.*. Circuitum sanguinis etiam nunc rejicit, & nescio quam analysin demonstrativam unice urget.

Ej. *Epicrisis medico analytica supr.* II. *disputationes medicas* F. SYLVII Erford. 1676. 12°. LIND.

Ej. *de fame canina* ibid. 1680. PL.

Ej. *de catarrho* ibid. 1690. 4°. HEFT.

Disputationem *de generatione* ibid. 1643. 4°. editam habet RIV.

Cornelii van HOOGHELAND *cogitationes quibus* . . . *brevis historia œconomiæ corporis animalis proponitur & mechanice explicatur* Amsterd. 1646. 12°. LIND. Cartesianus, ignis in corde residentis defensor.

J. CASTELLINI, Virgulectensis, *de dura cerebrum vestiente membrana tract.* Venet. 1646. 8°. Non ubique adhærere.

Alexis de MONTFORT *portrait de la mouche à miel, ses vertus, forme & sexe & instructions* Liege 1646. 8°. Fabulosus.

Florii BERNHARDI *brevis exercitatio de ultimo corporis alimento cum aliquot dissertatiunculis* Venet. 1646. 4°.* cum CLAUDINO.

Lazari MEYSONNIER *de glandulæ pinealis usu* epistola ad BARTHOLINUM anno 1646. data, quæ est 78. C. I.

Ej. *Cursus medico practicus* esse dicitur, cui titulus est *Ludovici* GUYON Lyon 1678. 4°. quem non vidi. Lego etiam anno 1639. edidisse *artem novam reminiscentiæ*.

Ej. *de scriptis & inventis anatomicorum qui post* LAURENTIUM scripserunt Lyon 1650. 8°.

Henrici ANHALT *von der natürlichen und Kunst-Memorie* Frankfurt und Leipzig 1646. 4°. TREW.

Nellani GLACANI *Cursus medicus in* III. *Tomos divisus* I. continet *Physiologiam* Bonon. 1646. 4°. OSB. 1655. 4°. RIV. In T. III. agitur de pulsu & urina.

Salomon de la BROUE *Cavalerie françoise* Paris 1646. fol. si huc facit.

P. CHANET *de l'instinct & de la connoissance des animaux, avec l'examen de ce que Martin* CUREAU *de la* CHAMBRE *a écrit sur cette matiere*, la Rochelle 1646. 8°. BUR.

Citat etiam PATIN ad SPON Ep. 42. ejusd. *tr. de l'esprit de l'homme & de ses fonctions*.

Andr. FROMMAN Disp. IX. *de mistione, generatione, corruptione, temperamento & mineralibus* Witteberg. 1646. 4°. HEFT.

J. HEYSTII *diascepsis de pilis eorumque natura* Amstelod. 1646. 12°. BURCKH.

Casp. EBELIUS *de generatione & corruptione hominis* Marburg. 1646, 4°. BOEHMER.

Jeremias SCHOBINGER *de indiciis, quæ ex urina desumuntur* Strasb. 1646. 4°.

J. Rudolph SALZMANN junior, *de somniis* Argentor. 1646. 4°.*.

EJ. *de nutritione* ibid. 1647. 4°.*

EJ. *de vita & morte hominis* ibid. 1648. 4°. HEFT.

EJ. *de phantasiæ actionibus in corpus* 1653. 4°.*.

Sebastiani RAINSSANT & *J. de S.* YON *Ergo perspiratio sanitatis vindex* Parisf. 1646.

J. MAURIN & *Jac.* GAMARRE *Ergo heroës melancholici* Parisf. 1646.

§. CCCXCVI. *Thomas* BROWN,

Celebris medicus & eques, in suis *popular Errours* Lond. 1646. fol. & alias editis, Gallice etiam excusis Paris 1733. 12°. 2.Vol.* aliisque linguis, passim anatomica adtingit & physiologica, dum epidemicos errores refutat: non sine judicii acumine, quod ex ætate viri magis quam ex nostra æstimari debeat. Vulgo enim receptæ erant opiniones, quas nos paulatim didicimus spernere. Neque est absque experimento proprio. In equi hepate non quidem vesiculam, sed tamen amplum & ramosum receptaculum reperit. In columba vult vesiculam reperiri, sed ad intestina. Castoreum non colligi in castoris testibus. Fuse contra cervorum longævitatem. Sexum femininum in masculum mutari persuadetur, in homine & in lepore. Folliculos ad latera pudendi in utroque leporum sexu reperiri. Chamæleonem aëre non nutriri, neque ferro struthocamelum. Recte de origine spermatis ceti ex animalis capite. Hæc in L. III.

In IV. de gressu erecto homini proprio: de cordis situ, non in læva, ut basis in medio sit. Hæc ex animalibus. Nullam esse prærogativam venarum digitum minimum adeuntium: nullam brachii dextri. Experimento cognovit, hominis pondus in cadavere minui. Aliquantum liquoris posse in pulmonem irrepere. De pygmæis.

L. V. male umbilicum protoplastis adpingi.

L. VI. Satis recte de nigritis, quorum color utique cum semine propagatur.

L. VII. Viris nullam deesse costam.

§. CCCXCVII. *Varii.*

Andreæ OTTO, Colbergensis, *Anthroposcopia s. judicium hominis de homine ex lineamentis externis a capite ad calcem* Regiomont. 1647. 12°. LIND. Lipsiæ 1668. 12°. IDEM.

Georgius STENGEL S. I. *de monstris & monstrosis* Ingolstad. 1647. 8°.*. Per monstra omnia rariora & singularia intelligit: ea suo modo demonstrat suos habere usus, & potissimum divinæ justitiæ indicia. Verum fabulis ita indulget,

indulget, ut fidem omnino ei nullam tribuas. Ita a principio fere piscem describit, nuper visum, in cujus dorso tormentum curule fuerit suis cum rotis. Monocerotes dari, & centauros, Polycriti monstrosam historiolam, nævos incredibiles, lycanthropos &c. Paucissima habet, quæ vera putes, pullum bicipitem, quatuor alis pedibusque præditum; cæcos ingeniosos, truncatum manibus, qui pedibus artificiose usus sit. Alia excuses, larvatum, qui cellulosa tela fuerit laxiori, manum e ligno natam fungi genus.

Guil. PEMBER *de sensibus internis tractatus* Oxon. 1647. 12°. BOEHMER.

Opuscules où petits traités 5. *des couleurs*, 7. *des monstres* Paris 1647. 8°. BOEHMER, nam reliqui libelli nihil huc faciunt.

Neque forte pluvia purpurea Bruxellensis *Godofredi* WENDELINI Parisiis 1647. 8°. LIND.

L. BOSSEUS *de temperamentis* Leid. 1647. 4°.

J. Henrici BURCHART *de respiratione integra & læsa* Altdorf. 1647. 4°.

Joh. HAMON & *Arm. Joh. de* MAUVILAIN *Non ergo eunuchus monstrum* Paris. 1647.

Th. de GAMARRE & *J. de* MONTIGNY *Non ergo femina opus naturæ imperfectum* Paris. 1647.

Petri REGNIER & *Bertin* DEUXIVOYE *Ergo parentibus jam senibus nati prudentiores* Paris. 1647.

Ant. CHARPENTIER & *J. B.* MOREAU *Ergo lien est alterum αἱματωσεως organum* Parisiis 1647.

§. CCCXCVIII. *J. Antonides van der* LINDEN.

J. van der LINDEN ANTONII fil. Enchusanus, Professor Leidensis, HIPPOCRATICUS, qui tamen jam senex præceptis novæ scholæ HELMONTIANÆ se dedit, & ex ea curatione periit. *Disputationes physiologicas* LIX. jam a. 1648. edidit Franeker. 4°. PL.

EJ. *Medicina physiologica nova curataque methodo ex optimis auctoribus contracta propriisque observationibus locupletata* Amstelodami 1653. 4°.*. Spissum opus, anatomicum magis quam physiologicum. Plurimum noster Græcos legerat, HIPPOCRATEM & ARISTOTELEM, & de controversiis antiquorum nimium laborabat, veros fontes parcius adierat, & nimium tribuebat propriis hypothesibus: uti in corde, quod sensus & motus pariter faciebat causam. Habet tamen & anatomicas aliquas observationes, ut in musculis manus: cujus octo facit interosseos. Trachelomasteideos a tergeminis, & conplexis, separat. Ossiculum quartum auditus peculiari cum cura describit.

EJ. *de chylo vitioso Exercitatio* I. Leid. 1658. 4°. HEFT.

EJ. HIPPOCRATES *de circulatione sanguinis Exercitatio* I. Leid. 1659. 4°.* indeque ex ordine ad usque 27. Leid. 1663. 4°.*. Nimia cupidine vindicandæ gloriæ

gloriæ Græcorum percitus, ex collectis locis HIPPOCRATIS, eruere voluit, circuitum sanguinis divo seni perspectum fuisse. Admiscet non firmas adnotationes. Quis enim credat, ex haustu herbario puerperæ propinato fetum os eo succo habuisse plenum.

EJ. *Meletemata Medicinæ* HIPPOCRATICÆ Leid. 1660. 4°.*. Prima pars est Physiologica. Breve compendium, non quidem ex HIPPOCRATE sumtum, sed qualem anatomen ipse LINDENIUS didicerat.

EJ. *de scriptis medicis* L. II. Amstelodami 1637. 8°. 1662. 8°.* Noribergæ 1686. 4°.* cum auctariis G. A. MERKLINI. Etsi non ubique possis auctori confidere, etsi passim dubias editiones admiscuit, etsi auctorem eumdem diversis nominibus repetiit, non facile tamen possis eo opere carere, in Hispanicis operibus etiam minus, quæ plurima ex ipso LINDENIO *Nicolaus* ANTONIUS in suam *Bibliothecam* transtulerit. Una prodiit *manuductio in medicinam* jam Amstelodami 1637. 8°. edita.

Non vidi *universæ medicinæ compendium decem disputationibus propositum* Franeker. 1630. 4°. L. Neque *Medullam medicinæ quatuor partibus comprehensam*, Franeker. 1642. 8°. ib.

Neque diss. *de lacte* Groning. 1655. 12°. cum DEUSINGIANIS.

§. CCCXCIX. *Philippus Jac.* SACHS *v.* LEUWENHEIMB.

Medicus Uratislaviensis. EJ. ἀνθρωπολογια Lipf. 1648. 4. PL. 1658. HAENEL.

EJ. *de miranda lapidum natura ad J. Dan.* MAJOR Jen. 1664. 8°.*. Fetus & animalia petrefacta; fetus prægnantes.

EJ. *Gammarorum vulgo cancrorum consideratio* Francof. & Lipsiæ 1665. 8°.*. Anatomen animalis aliquam dat, & fusissime generationem conpilatam cum magna collectione spontaneorum animalium: etiam monstrorum aliquid cancrini habentium. *Pauli* MELISSI testimonium pro cantu cygni producit. Cor canceri diu pulsat, vesiculæ simile.

EJUSD. *Oceanus macromicrocosmicus de motu sanguinis a corde & in cor* Uratislav. 1664. 8°.*. Circuitum sanguinis cum aquæ Oceani circuitu comparat.

Plurima dedit in E. N. C. scholia in *ann.* I. & in *appendice* plurimas observationes adjecit, in quibus similes historias colligit.

Tum *observationes proprias* Dec. I. n. I. c. 13. collectionem microscopicarum observationum etiam ad animalia, & hominem.

Obs. 20. de consensu labiorum oris & vulvæ: ut una in utrisque pustulæ erumpant.

Obs. 110. de fetu extra uterum posito Aurelianensi, ex aliorum relatione.

§. CCCC. *Jacobus* BACK.

J. BACK, Roterodamensis, quem Batavi *nervosum* dicere solent. Ej. est diss. *de corde in qua agitur de nullitate spirituum, de hæmatosi: de viventium calore* Roterodam. 1648. 12°.* 1660. 12°.* 1671. 12°.* Leid. 1664 12°. ita LINDEN. Anglice cum HARVEJO London 1653. 8°.*. Magnam physiologiæ partem tradit, passim interspersis suis experimentis ut vas lacteum (nempe lymphaticum) in hepatis cavum excurrens. Punctum saliens breviter describit. Cor non esse sanguinis opificem: a contracto corde sanguinem expelli, non ebullire. Ductum Pancreaticum habet pro lacteorum vasorum maximo. Omnem bilem, ut SYLVIUS, in vesicula generari, ejus partem ad intestina venire & partem ad hepar: cum bile partem chyli venire ad idem viscus.

Necesse autem est, posteriores editiones pleniores esse, nam in mea de ductu thoracico, deque lymphaticis vasis agit, quæ sunt post annum 1648. inventa.

§. CCCCI. *Varii.*

Sam. SORBIERE *discours sceptique sur le passage du chyle & le mouvement du cœur* Leid. 1648. 12°. GASSENDI opusculum Gallice versum, & absque veri auctoris nomine excusum.

An huc *recueil d'un voyage d'Angleterre où sont touchées plusieurs choses qui regardent l'état des Sciences &c.* 1664. 12°. Hoc opusculum Societati Regiæ Britannicæ displicuit (s).

Sub nomine *Sebastiani* ALETHOPHILI epistolam edidit pro PECQUETO inter ejus opera editam.

Nicolai PAPIN *de cypselide s. de aurium ceruminum usu novis experimentis invento prolusio medica* Saumur 1648. 12°. BUR.

Ej. *Considerations sur le traité des passions de l'ame par* DESCARTES Paris 1652. 8°. BUR.

EJUSD. *Cordis diastole adversus Harvejanam innovationem defensa* Alençon 1653. 4°. BOEHMER.

Philippi FINELLA *metoposcopia* L. III. Antwerp. 1648. 8°. LIND.

Ej. *Nævorum* libr. III. Antwerp. 1648. 8°. LIND.

Ej. *de quatuor signis, quæ apparent in unguibus manuum* Antwerpiæ 1649. 8°. LIND.

Honorati NICQUET *physiognomia humana* L. IV. *distincta* Leid. 1648. 4°. RAST.

Anselmi Petit DOUXCIEL *speculum physiognomonicum* Parisiis 1648. 8°. D'ETR. alibi video Langres 4°. eodem anno.

Laurentii EICHSTED *collegium anatomicum s. quæstiones de natura corporis humani* in 56. disputationibus, Gedan. 1649. 8°. PRÆTORIUS.

Ej.

(s) BIRCH. II. p. 456.

Ej. *Progr. duo ad dissectionem publicam cadaverum* Gedan. 1651. & 1655. PRÆTOR.

Samuel POMARII *de noctambulis* Witte bergæ 1649. 4°. & 1656. 4°. BURCKH.

Ej. *de modo visionis* Witteberg. 1650. 4°. VAT.

Ej. *de tribus in homine concoctionibus* ibid. 1652. VAT.

Basil. CZÖLNER *synopsis physiologiæ Peripateticæ* Thorun. 1648. 4°. HEFT.

Sebastian MEYER præside *Stephan.* SCULTETO *disputatio anatomica de natura lienis* Rostock 1648. 4°. MOELLER. Alius, ut puto, a cognomine p. 360.

J. BARTHOLOMÆUS *de pandiculatione* Lipsiæ 1648. 4°. BURCKH.

Joh. FREY *de appetitu canino* Argentorati 1648. 4°. B.

Isaac RENAUDOT & *Mich.* LANGLOIS *Ergo heroës biliosi* Parif. 1648.

Euseb. RENAUDOT & *Ant.* BOURGAULD *Ergo temperatissimi hominis somnia purgatissima* Parif. 1648.

J. B. MOREAU & *J. de* BOURGES *Ergo formosæ fecundiores* Parif. 1648.

Joh. WALTHER *de vita & morte* Lipsiæ 1648. 8°.

§. CCCCII. *Joh. v.* HORNE,

Amstelodamensis, Leidensis Professor, anatomicus industrius, artisque suæ amantissimus, in sceletis & figuris adornandis indefessus, sed ante diem præmatura morte abreptus.

Ejus *Exercitatio anatomica* I. & II. *ad observationes* FALLOPII *anatomicas, & earundem per* VESALIUM *examen, addita ubique epicrisi* Leid. 1649. 4. HAEN.

Ej. *novus ductus chyliferus nunc primum delineatus* Leid. 1652. 4°.* 1660. 4°. BOEHMER. PECQUETUS in cane viderat aliquantum longius ab humana diversam ductus thoracici fabricam, ut utriusque lateris subclaviam venam ingrederetur. Iconem vasorum lacteorum, receptaculi, ductusque cum sua insula noster satis bonam dedit, insertionem rariorem, in axillarem nempe venam una & jugularem. Vinculo viam veram chyli confirmavit. Idem vinculis injectis verum iter chyli docuit, vasa lymphatica vidit circa venam portarum & aortæ repentia.

Ej. *de ductibus salivalibus disp.* I. Leid. 1656. 4°. *secunda* 1656. 4°.* *tertia* 1657. 4°.* recusæ in meæ collectionis T. II. ignotæ *J. Guilielmo* PAULI, editori aliorum HORNII operum. WHARTONIANOS ductus describit, ex homine & ex animalibus. Nervi optici celebratum porum rejicit. Tria filamenta dicit, quibus olfactorius nervus a radicibus anterioribus medullæ spinalis provenit, & latiusculam substantiam ab anteriori cerebri medulla natam, neque in homine cavam.

Ejusd. Disp. *de nutritione* Leid. 1658. 4°. BOEHM.

STENONIO *de glandulis oris disputanti* Leid. 1661. 4°.*. Præsidis munus præstitit.

EJUSD. *Microcosmus s. manuductio ad historiam corporis humani* Leid. 1660. 12. LIND. 1661. 12°. HOTTON. 1662. 12°.* ed. II. LIND. 1665. 12°. PL. Lipsiæ 1675. 12°. & cum amplis notis *J. Wilhelmi* PAULI Lipsiæ 1707. 8°.*. Gallice Geneve 1675. 12°. Germanice Halberstatt 1679. 12°. Belgice Amst. 1684. 8°. HEIST. Brevissimum compendium. Monstra aliqua describit. Commentarium in eum microcosmum scripsit J. M. HOFMANN Altdorf 1685. 4°.*.

Apud SORGELOOS in *œconom.* dicitur in brachio juvenis vasa lymphatica vidisse.

EJUSD. *Waarschouwing aan alle liefhebbers der Anatomie tegens de gepresene wetenschap derselve van L. de* BILS Leidæ 1660. 4°.*. De nimiis jactationibus BILSII: de anatome incruenta. Contra motum lymphæ Bilsianum. De Bilsianis mumiis.

IDEM anno 1660. 8°.* edidit L. BOTALLI opera, & bonas icones valvulæ foraminis ovalis addidit, & in rene lusus naturæ.

IDEM Leidæ anno 1665. 12°.* edidit GALENI libellum *de ossibus* cum VESALII, SYLVII, HENERI, EUSTACHII exercitationibus, GALENI textus græcus accessit, & HIPPOCRATIS, de ossium natura.

EJUSD. *Diss. anatom. medicæ pars prior de partibus in ore contentis* Leidæ 1666. 4°. HEFT.

EJ. *Prodromus observationum suarum circa partes genitales in utroque sexu* Leid. 1668. 12°. LIND. & cum notis J. SWAMMERDAM Leidæ 1672. 4.* 1717. 4.* tum cum J. M. HOFMANNI *commentariis in microcosmum*, & alias. Socius laborum erat J. SWAMMERDAM, qui icones aliquas paravit, & contentorum etiam prodromi partem sibi vindicavit. Arteriam spermaticam flexuoso ductu incedere. Corpus HIGHMORI cavum non esse, sed stabilimentum utique vasorum. Valvulas esse in venis spermaticis, neque ullam iis venis cum sociis arteriis anastomosin intercedere. Testem congeriem esse vermiculorum. Non communicare cum vesiculis seminalibus deferentes ductus (hoc erroneum). Urethram cavernoso corpore ambiri. Femininos testes vera esse ovaria. Fimbriæ ostii tubarum. Ligamenta teretia vasorum esse fasciculos. Icones nondum noster addiderat.

EJUSD. *Observationes anatomico-medicæ aliquot a Justo* SCHRADERO *editæ* Amstelodami 1676. 12°.*. Incisiones sunt cadaverum morbosorum. Glandulæ omenti. Ductus thoracicus, bis visus, rarum in homine eo ævo spectaculum. Arteria bronchialis. Nullus processus peritonæi, qui vasa spermatica comitetur, eaque membrana undique clausa. Hymen integer. Membrana tertia cerebri (*t*). Ureteres in vulvam desinentes (*u*).

(t) anno 1664.
(u) p. 231.

Pulcherrimas icones anatomicas musculorum dicitur reliquisse (x), etiam nunc ineditas. Quatuor erant volumina, inter BOERHAAVIANOS libros vendita.

Commentarius in VESALIUM, STENONIO dictus (y), undique periisse videtur.

In *Epistola de aneurysmate*, Panormi anno 1644. 8°.* cum T. BARTHOLINI *anatomica dissecti aneurysmatis historia* edita, & recusa in J. G. PAULI *editione operum* HORNII, memorabilis sanguinis effusi in fibras musculi similes conpactio describitur. Communicantes arterias brachio sanguinem reddentes vidit.

Plusculæ ejus ad BARTHOLINUM exstant *epistolæ*, ut 30. *Cent.* II. de vasis lymphaticis a BARTHOLINO inventis. N. 48. *Cent.* II. primum sibi a RUDBEKIO demonstrata esse, invenisse tamen BARTHOLINUM. N. 95. *Cent.* III. de glandulis cutaneis. N. 81. monstri anatome & contra BILSII præparata aliqua.

EIDEM *Guilielmus ten* RHYNE papillas linguæ tribuit inventas (z).

§. CCCCIII. *Antonius* DEUSING.

Ex Meursiæ principatu natus, Professor Groninganus, vir eruditus, etiam linguarum orientalium peritus, cum absque propria anatomica exercitatione se in lites physiologicas demisisset, BILSIUMque tueri suscepisset, cumque *Francisco* SYLVIO, viro gratioso, acerbas inimicitias contraxisset, fere inter perpetua porro odia vitam trivit.

Dedit jam 1649. 12°.*. Groningæ Cantici AVICENNÆ editionem ex arabico conversam.

EJ. *Synopsis medicinæ universalis s. compendium institutionum medicarum publicis antea disputationibus ventilatarum* Groningæ 1649. 12°. LIND.

EJ. *Anatome parvorum naturalium s. Exercitationes anatomicæ & physiologicæ de partibus corporis humani conservationi specierum inservientibus* Groningæ 1651. 4°. B. BOEHMER.

EJ. *Dissertationes duæ, prior de motu cordis & sanguinis: altera de lacte & nutrimento fetus in utero* Groning. 1651. 4°. & 1655: 12°. B. THOMAS. In ea editione addit LINDENIUS, accessisse Cl. cujusdam viri notas: DEUSINGII ad eas notas responsiones: objectiones *J. Andreæ* SCHMITZII adversus *diss. de lacte:* cum DEUSINGII responsionibus. Disputationem LINDENII de lacte: H. CONRINGII disputationem de lacte &c.

EJ. *Genesis microcosmi s. de generatione fetus in utero* Groning. 1653. 12°. LIND. Amstelodami 1665. 12°.*. Acc. *curæ secundæ de generatione & nutritione*, ibid. *. HARVEJUM in priori opusculo sequitur: in altero J. *de la* COURVEE refutat, & fetum per os nutriri adfirmat.

EJ.

(x) BARTHOLIN. *epistol.* 91. *Cent.* IV.
(y) *Disp. inaug.* p. 14.
(z) *De bile veter. dupl.* p. 78. 79.

EJ. *Disquisitio medica de morborum quorumdam superstitiosa origine . . . de surdis & mutis : de ratione & loquela brutorum* Groning. 1656. 4°. LIND. & in *fasciculo dissertationum selectarum* ibid. 1660. 12°.* & 1664. 12°. In eodem etiam fasciculo de anseribus scoticis & de unicornu agit. Collectanea.

EJ. *Idea fabricæ corporis humani s. Institutiones anatomicæ ad circulationem sanguinis aliaque recentiorum inventa* Groning. 1659. 12°. TREW.

Exercitatio physiologico-medica de nutritione animalium: tres disputationes Groning. 1660. 4°. HE. & conjunctæ ibid. 1660. 12°.*. Contra CHARLETONUM, nimis novatorem, & antiquitatis contemptorem.

EJ. *de nutrimenti in corpore elaboratione, de chylificatione, sanguinificatione, depuratione alimenti, spiritibus. Acc. appendix de chyli motu & de admiranda anatome* BILSII Groning. 1660. 12°.* ista recusa Roterodam. 1661. 4°.* BILSII sibi ignoti experimentis usus, secretiones varias ex ejus viri decretis deducit, & resorbtionem chyli per venas mesentericas defendit. BILSII anatomen laudat, nunquam a se visam. Lac thymi.

EJ. *Oeconomia animalis in quinque partes distributa*, P. I. *in qua continetur de nutritione animalium Exercitatio* Groning. 1660. 12°. quam modo diximus.

Altera de nutrimenti in corpore elaboratione Groning. 1661. 12°. pariter dicta.

Tertia de nutrimento animalium ultimo ibid. 1660. 12°. LIND. cui adnexæ *vindiciæ hepatis redivivi*. Has 3. 4. 5. ego solas possideo Groning. 1661. 12°.*. Adversus *J. v.* HORNE BILSIANAM iterum sententiam defendit, per venas rubras chylum ex intestino sorberi : lympham per ductus BILSIANOS undique in partes corporis animalium ferri, & ex ea humores elaborari.

P. IV. *s. de motu animalium exercitationes physico-anatomicæ* Groningæ 1661. 12°.* quas diximus.

P. V. *de sensuum functionibus, sensuum functione in genere, & appetitu sensitivo*, ibid. 1661. 12°.*. LIND. Absque eo titulo Partis V. Partes IV. & V. habeo Groning. 1661. 12°.* cum appendice *de hepatis officio*.

EJ. *Oeconomus corporis animalis ac speciatim de ortu animæ humanæ* Groning. 1661. 12°.*. Contra CHARLETONIUM, & traducem. Fetum in semine strui a principio vera ratione destituto.

EJ. *Oeconomus corporis animalis restitutus, in quo genuinus animæ humanæ ortus adversus furiosos insultus Petri* ALVARES sub BLOTTESANDEI *coborte optionis asseritur* Groning. 1662. 12°.*. Irati opus.

EJ. *Apologeticæ defensionis pro œconomia corporis animalis prodromus, quo personato Benedicto* BLOTTESANDEO *larva detrahitur. Acc. vindiciarum hepatis redivivi supplementum* Groning. 1662. 12°. LIND.

Resurrectio hepatis adserta contra Vincentium SLEGELIUM *sub* BLOTTESANDEI *coborte signiferum. Acc. disquisitio alterior de chyli motu & officio hepatis* Groning. 1662. 12°.*. Hic SLEGELIUS credebatur BORRICHIUS esse, sed negat OLAUS.

OLAUS. Princeps lis eſt de aliqua parte chyli in venas meſeraicas reſorbti; quam noſter tuetur.

EJ. *in ſylvam Echo ſ.* SYLVIUS *heautontimorumenus cum appendice de bilis & hepatis uſu,* Groning. 1663. 12°.*. Reſpondet ad voces aliquas SYLVII præmiſſas diſputationum collectioni. De BLOTTESANDEI ſcripto, BORRICHIO imputato, de H. MEIBOM irarum inter DEUSINGIUM & SYLVIUM miniſtro. In *appendice* mors ex rupta veſicula fellea deſcribitur. Medicinam eſſe ſcientiam.

Diſquiſitio antiſylviana de calido innato & aucto in corde ſanguinis calore, qua SYLVII *ſuſpiciones & opiniones refutantur* Groning. 1663. 12°.*. In ſolidis corporis humani partibus calorem reſidere, neque tamen fieri ex acido lymphæ & alcalino bilis ſale. Collectanea & iræ.

EJ. *Diſquiſitio antiſylviana de motu cordis & arteriarum* Groning. 1663. 12.*. Acerba expoſtulatio.

EJ. *Sylva cædua cadens ſ. diſquiſitiones antiſylvianæ de alimenti aſſumti elaboratione ac diſtributione; de alimentorum fermentatione &c.* Groning. 1664. 12°.* Cauſam litis narrat, BILSII defenſionem, & DEUSINGII ad cathedram Leidenſem vocationem, cui SYLVIUS obſtiterat. Mores adverſario exprobrat, & corruptam puellam: cætera inanis.

EJ. *Sylva cædua jacens ſ. diſquiſitiones antiſylvianæ de ſpirituum animalium geneſi & uſu, de uſu lienis & glandularum* Groning. 1665. 12°.*. Contra iter bilis ſylvianum, contra acidam lympham, & famam adverſarii, quem facit plagiarium. Acc. differt. *de natura.*

EJ. *Examen anatomes anatomiæ* BILSIANÆ *ſ. epiſtola de chyli motu* Groning. 1665. 12°.*. Pro BILSIO adverſus J. H. PAULI. Aliqua ex novis publicis Brabanticis: alia ex confeſſione *Henrici v.* MOINICHEN, nonnulla, non valde accurata, ex autopſia.

Has lites nolui ſeparare.

EJ. *Diſp. de chyli a fecibus alvinis ſecretione ac ſucci pancreatici natura & uſu* Groning. 1665. 4°.* LIND.

Hiſtoria fetus extra uterum geniti conſideratione phyſico anatomica illuſtrata Groning. 1661. 12°.* & in *Collectione* STRAUSSIANA Darmſtatt 1661. 4°. 1663. 4°. denique cum SINIBALDI *geneanthropia* Francof. 1669. 4°.*. De eo fetu alias. Ad eam hiſtoriam collectanea. De nævis fuſe. Cur fetus a putredine liber in lapideam naturam tranſiverit. Vidiſſe ſe, defuiſſe venam cephalicam. Perſuadebatur fetum ubique, etiam in ventriculo, adoleſcere poſſe.

EJUSD. *Fetus muſſipontani ſecundina detectæ* Groning. 1662. 12°.* & cum priori Francofurt. 1669. 4°.*.

EJ. *Fetus hiſtoria partus infelicis, in quo gemellorum ex utero in abdominis cavum*

cavum elapsorum ossa sensim multis annis post in lucem prodierunt cum resolutione Groning. 1662. 12°. & Francof. 1669. 4°.* ubi utrumque opusculum conjungitur. Varia de vagitu uterino, prodigiis, monstris androgynis, fetu prægnante, imaginationis potentia, curtorum reparatione; contra traducem; de conceptu absque mare, aliis alienissimis.

EJ. *Vindiciæ fetus extra uterum geniti nec non scriptorum fasciculo suarum disputationum comprehensorum. Elegantiarum philologicarum examen s. calonum caterva disjecta cujus antesignanus Antonius* ROSINUS Groning. 1664. 12°.* & pars quæ ad fetum Mussipontanum pertinet Francofurti 1669. 4°.*. Prima pars est adversus *Bernardum* DOMA, qui inter BLOTTESANDÆOS militaverat, & nostrum exagitaverat, docueratque non fuisse gemellum matris suæ fetum. Seminis masculi, ut vocat, corpore nihil opus esse ad conceptum. De conditura cadaverum, suoque BILSIO.

Inter Epistolas BARTHOLINI sunt aliquæ querulæ, satis tamen amicæ, DEUSINGII.

Quid fuerunt *Antonii* DEUSINGII *observationes anatomicæ selectiores figuris illustratæ*, Amstelodami 1667. quarum mentio fit in *Bibl.* THOMASIANA n. 1038.

§. CCCCIV. *Varii.*

Philiberti GUIBERT cadavera condiendi modus Paris. 1649. 8°. *cum medico officioso.* Gallice ib. 1660. 8°. Pro Chirurgis, qui magnatum cadavera condiunt.

Hic recensebimus *Guidonem* PATIN, doctum virum, acrem veterum defensorem, novitatis osorem, sed potissimum chemiæ, non quidem anatomicum, cujus tamen scripta non absque utilitate legas. Dissertationes omitto.

Epistolarum autem *duæ collectiones* libertate judiciorum, & varietate gratæ exstant. Prima est *lettres choisies de Gui* PATIN Amsterdam 1692. 8°. 2.Vol.*. Potissimum ad *Camillum* FALCONET scriptæ sunt, & ad *Carolum* SPON. De *Casparo* HOFMANNO rectissime judicat; cum virum, quem amabat, justo liberius de anatomicis rebus sibi parum notis judicare: negat A. LAURENTIUM sua a *Fabricio ab* AQUAPENDENTE habere, quem nunquam audiverit. Nullos dari androgynos. Monstrum deforme absque sexu describit.

Altera collectio ad C. SPONIUM anno 1718. 8°. 2.Vol. Amstelodami prodiit*. Exstant etiam G. PATINI epistolæ de controversiis ob lactea thoracica in Gallia obortis inter BARTHOLINIANAS 76. *Cent.* 4. & de RIOLANO *ep.* 96.

Joh. MICHAELIUS *de oculi fabrica & usu* Leid. 1649. 8°.*. Male sedem visus in lente crystallina ponit, inque ventriculis anterioribus.

Joh. ZEISOLD, Philosophus, *de seminis natura* Jen. 1649. 8°. Negat animatum esse.

EJ. *de humoribus corporis humani* Jen. 1652. 4°. BURCKH.

EJ. *Tradux non tradux, s. traductio formarum, quæ in naturali generatione vulgo statuitur, se ipsam evertens* Jen. 1657. 8°.

EJ.

EJ. *de nativo rerum naturalium ortu* Jen. 1658. 4°.*.

Hermanni FOLLINI, Sylæducensis, *speculum naturæ humanæ s. mores & temperamenta hominem usque ad intimos animorum secessus cognoscendi modus.* Ex Belgico latine vertit J. FOLLINUS Colon. 1649. 12°. LIND.

J. Andr. SCHMIDT *de anatomia in genere* Harderi 1649. 4°. PL.

Marci BANZER *controversiarum medico miscellanearum Decades* 3. Lipsiæ 1649. 4°.* nescio num plures. Physiologica passim tangunt.

SEELMANN *de homine* Witteberg. 1649. 4°. VAT.

Stephani BACHOT & *Petri* PERREAU *Ergo patrum in natos abeunt cum semine mores* Paris. 1649.

§. CCCCV. C. POSNER.

Caspar POSNER, Professor Jenensis, *de causa physica & morali generationis humanæ* Jen. 1649. 4°.

De chylo imprimis in corporibus hominum B. BURCKH.

De viventium sponte ortorum causa efficiente Jen. 1650. B. THOMAS.

De calido innato Jen. 1651. 4°. B. THOMAS.

De monstris quod ea sint, ac in quibus obtingere queant Lipsiæ 1652. 4°. PL.

EJUSD. *de monstris illorum differentiis in genere. iisque in specie, quæ speciem mutant* Lips. 1652. 4°.

EJ. *de morte* Jen. 1659. 4°. B. THOMAS.

EJ. *de alimenti vera & viva indole atque ingenio* Jen. 1659. 4°.*.

EJ. *de sudore sanguineo* Jen. 1661. 4°. B. THOMAS.

EJ. *de principatu partium in corpore animalium* Jen. 1662. 4°. B. THOMAS.

EJ. *de principiis generationis & nativitatis humanæ* Jen. 1662. 4°.

EJ. *de calido innato viventium cum primis vero animalium perfectiorum* ibid. 1663. 4°. B. BURCKH.

EJ. *de chylo cum primis in corpore humano* ibid. 1666. 4°.*.

EJ. *de sanguine cum primis corporum humanorum* ibid. eod. anno 4°.*.

EJ. *de ordine partium in compositione ac formatione corporis animalis* ib. 1668.*

EJ. *de pluvia sanguinea* ibidem 1670. 4°. B. PL.

EJ. *de respiratione cum primis ut in hominibus se habet* ibid. 1671. 4°. PL.

EJ. *de principiis generationis atque nativitatis humanæ* ibid. 1672. 4. B. THOM.

EJ. *de longævitate hominum* ibid. 1673. 4°. B. THOMAS.

EJ. *de fetuum in uteris vita* ibid. 1676. 4°.

EJ. *de nutritione cum primis ut in hominibus animalibusque congeneribus se habet* ibid. 1676. 4°. B. BURCKH.

EJ.

Ej. *de sensibus, an sint fallaces*, ibid. eod. anno. 4°.

Ej. *de anima adsensu in generatione hominis* ibid. 1688. 4°. B. Thomas.

Ej. *de memoriæ adminiculis* ibid. 1689. 4°. B. Thomas.

Ej. γενανθρωπολογια *s. generationis humanæ operum naturalium maximi descriptio* ibid. 1692. fol. *. Nulla experimenta propria habet, neque a crassis erroribus abstinuit.

Ej. *von denen Mißgeburten* 1. *und* 2. *Theil*, aus dem Lateinischen übersezt von M. M. Dresden 1702. 8°.*. Nihil proprium præter aliqua de molis.

§. CCCCVI. *Gualtherus* Charleton,

Medicus Londinensis & Regius, ex primis novæ Societatis Brittannicæ collegis; Lego ejus *ternary of paradoxes* prodiisse London 1650. 4°. Osb. Ante Malebranchium floruit, neque ejus fuit adsecla.

Ejus *Natural history of nutrition, life and voluntary motion containing all the discoveries of anatomists concerning the œconomy of human nature, methodically deliverd in exercitations physico anatomical* London 1659. 4°.* quæ sunt *Exercitationes physico anatomicæ de motu animali* latine editæ Amstelodami 1659. 12°.* & recusæ Haag. 1681. 16.* cum G. Cole *de secretione*, tum Lond. 1659. 12. 1678. 12. Lind. 1688. 12. Trew. Non videtur Gualtherus in anatome valde exercitatus fuisse, neque alioquin satis certus auctor: in ipsa enim societate non erroris, id enim leve foret, sed minus certæ fidei convictus fuit (*a*). Cæterum circuitum sanguinis inter primos amplexus est; igniculum cordi insitum defendit, tum acidum ventriculi succum, & chyli fermentationem. Nuperis Pecqueti, Bartholini & Walæi experimentis multum utitur: chyli ad hepar iter rejicit. Sanguinis natura, motus. Cor a sanguine ad contractionem irritari. Admiscet hypotheses, ut spiritum vitalem, qui in sanguine hospitans chylum in eum humorem convertit; sanguinem in embryone primum parari. Secretio ex pororum figura deducta, fere ad Cartesii placita. Diaphragma esse primarium organum respirationis. Fetum in utero respirare. Cerebrum pulsare, vi arteriosa. Succum nutritium per nervos adfluere; ex Glissonio. Motum naturalem musculorum ab animali diversum habet. Aliquam mathesin ad motum muscularem interpretandum adhibet.

Ej. *Oeconomia animalis* Lond. 1658. 8°. aut 1669. 8°. Marsh. Nonne idem opus.

Ejusd. *Disquisitiones chymico physicæ* II. *Prior de fulmine, altera de proprietatibus cerebri humani* Londin. 1665. 12.*. Fatetur se inopia laborasse cadaverum humanorum, aliqua tamen collegisse. Homini crura cerebri quam brutis animalibus majora esse, & convergere, quæ in istis parallela sint. Aliqua in utilitate peculiarium particularum cerebri contra Willisium profert; sed ea meræ sunt theoriæ.

Ej.

(a) Birch. I. p. 482. *de corde*.

Ej. *Exercitationes de differentiis & nominibus animalium, quibus accedit Mantissa anatomica* Londin. 1677. fol.*. Mantissa est *Georgii* Entii, & ad eum forte spectaverit tr. *de voce animalium*.

Ejusd. *Enquiries into human nature in* VI. *anatomic prælections, in the new theater of the R. College of physicians* London 1680. 4.* Osb. habet 1689. 4. Tres de nutritione exercitationes, de vita una, altera de fetu, ultima denique de motu musculari. Pleraque theoretica. In musculis male sibi sumit, longitudinem chordæ ejus momentum augere: cæterum diversa sunt a prioribus. De ventriculi sensu proprio, quo particulas emeticas distinguat. Cutem per ventriculum & intestina continuari, eamque & epidermidem eorum membranam internam constituere.

Ejusd. *Oratio anniversaria in Theatro anatomico Collegii medici* dicta Londinensis Londin. 1681. 4.

Ej. *Three anatomical lectures concerning the motion of thee blood through the veins and arteries*; 2. *the organic struction of the heart, and the efficient causes of the heart's pulsation, read* in March. 1683. Londin. 1683. 4.*. Borelli fere placita in compendium contrahit, fermentationem tamen sanguinis rejicit. Valvulas docet ita sanguinem sustinere, ut ad proximum par relabatur, deinde ab iis repercussus duplici velocitate intervallum duorum parium percurrat: accelerari ergo sanguinem venosum a valvularum officio. F. Paulum valvulas invenisse, non sanguinis circuitum. Blasium refutat, qui Stenonium a Lowero dixerat compilatum fuisse: cum tamen descriptiones cordis valde dissimiles sint, quas uterque dedit. Sanguinem in arteriis per contractionem non inaniri, neque enim sufficere ejus humoris penum, ut arteriæ repleantur, siquidem inanitæ fuissent. Fibra torta. Sanguinem triplo lentius per venas quam per arterias fluere. In cordis motu totus Borellianus est: spiritum nervosum causam esse pulsus: lente fluere, qui de albuminis genere sit. Agere humectando fibras ut decurtentur, hic proxime a vero distans. Guttulas nervei liquidi in cellulas rhomboideas ad cunei modum urgeri.

Ejusd. *Inquisitio physica de causis catameniorum & uteri rheumatismo* Londin. 1685. 8.* Leid. 1686. 12.*. Anatomica ex Graafio sumsit, sinus uteri ex Bayleo. In iis sinubus succum alentem stagnare, & acrem fieri, effervescere, sanguinem uterinum exagitare. Contra fermentum uterinum.

In *conventibus Regiæ Societatis* multa demonstravit anatomici argumenti. Alternos dentes lucii piscis mobiles esse (*b*).

§. CCCCVII. *Varii.*

Nicolai le Maigre *monstri anno* 1649. *in lucem editi historia* Paris. 1650. 8.

Henricus Martinius Dantiscanus dedit *Anatomiam urinæ Galenospagyricam & artem pronuntiandi de urinis &c.* Francofurti 1650. 12. 1658. 12. 1661. 12. Lind.

David

(b) Birch. I. p. 117.

David LAIGNEAU, Medici, *tr. sur la physionomie* Paris 1650. 4. HERISS. tum alias.

Bartholomæo BUONACORSI *della natura de polsi* Bologna 1645. 4°. 1647. 4°. MAZUCHELLI.

EJ. *de humano sero s. de urinis* l. Bonon. 1650. 4°.* Anatome Renum. Loci veterum, etiam nuperorum, de urinis in ordinatum sermonem conpilati, sic urinarum discrimina, & ex quoque præsagia.

Justus CORTNUM *de motu cerebri* Franeker. 1650. 4.*. Non cerebrum, sed meninges & quidem ab arteriis moveri.

G. RIPERDA *de temperamentis* Leid. 1650. 4.

J. Andr. LUCIUS *de generatione* Witteberg. 1650. 4. LIND.

Tobias HOFER *de spiritibus* Basil. 1650. 4. LEUW.

J. THILO *de vita & morte* Lipsiæ 1650. 4. alii 1659. 4.

Petri de BEAURAINS & *Fr.* LANDRIEU *Ergo sanguis est animatus* Parisiis 1650. 4.

Petri PERREAU & *Franc.* LOPES *Ergo a sterilitate tarda senecta* Parif. 1650.

§. CCCCVIII. *Radulph.* BATHURST.

Etwas neues vom Tode ex Anglico versum, ubi prodierat Oxon. 1650. 4. Germanice prodiit etiam 1650. 4*. Historia *Elisabethæ* GREN infanticidæ, quæ in anatomico theatro ad se rediit, & curante WILLISIO convaluit. Nunc lego auctorem esse R. BATHURST (c).

EJUS viri, Cl. primum medici, inde Decani in Wells & Præsidis Collegii Trinitatis Oxoniensis *Life and literary remains* diu a morte edita sunt a *Thoma* WARTON Londin. 1761. 8.*. Amicus WILLISII ad theologiam transiit & obiit 84. anno ætatis suæ anno 1704. vir literatus & classicæ eruditionis. Ejus *prælectiones tres de respiratione* anni sunt 1654. multo meliores, quam ab ea ætate exspectes, cum in plerisque de respiratione litibus noster veriorem sententiam tenuerit, & sua experimenta cum aliorum Cl. virorum experimentis perite conjunxerit. Voluntariam esse functionem, & a musculis abdominis atque diaphragmatis perfici. Pulmones quadrupedum non esse perforatos. Unius lateris thoracis vulnera anxietatem excitare, utriusque occidere. Nitrum de aere sorberi persuadetur. Inter quæstiones minus ad medicinam pertinentes etiam de sensibus agit, quos universos ad tactum revocat. Acido ventriculi, & in universum HELMONTIO favet. Fetum per os ali. Vesiculam muscularem habet.

C. NILOE circa hunc annum scripsit Belgice *de fermento & nutritione.*

(c) DERHAM *phys. theol.* p. 157.

§. CCCCIX. *Nathanael* HIGHMOR,

Medicus Oxoniensis. EJUS *Corporis humani disquisitio anatomica* prodiit Haag. 1651. fol.* etsi putes in Anglia impressam esse, & additur octo annis latuisse, ut liber scriptus esset anno 1643. Descriptiones partium corporis humani breves, inornatæ, & multum ratiocinii. Icones pleræque clanculum ad VESALIANAS fictæ; neque auctor corpora humana satis frequenter incidisse videtur. Nomina tamen variis inventis suis inposuit, ut sinui maxillari olim noto, sed per chirurgicam administrationem ab HIGHMORO illustrato. Porro cellulosæ lineæ, in qua rete vasorum testis latet, quam non ausus est satis certo cavam dicere. Lienis etiam fabricam venæque lienalis poros ex animalibus plenius quam VESALIUS dedit. Renum mirificas icones, & valvulas in vasis splenicis depinxit. Venas intercostales incisas lac dedisse: eas venas cum thoracicis externis communicare. HARVEJI inventa defendit, cui opus suum dedicavit.

EJ. *The history of generation examining the opinions of divers autors and chiefly of Sir* K. DIGBY *&c.* London 1651. 8.*. Liber pene ignoratus, propria tamen aliqua habet, & inter ea ovi incubati phænomena, cum satis bonis primævi embryonis & figuræ venosæ iconibus. Venam umbilicalem ad venam cavam albumen revehere, vitellum in venam portarum suam reddere. Sententia HIGHMORO est, atomos, in quas corpus animale dissolutum secedat, indestructas superesse, & coire in nova animalia, ea nutrire, & singulas in partes formari. Easdem de sanguine extrahi, inque semen colligi, paratas quamque corporis partem reparare, aut in novum animal, aut in plantam aliquam conjungi. Duo seminum extracta, masculum & femininum, coire, & fetum efficere. Reliqua non sunt hujus loci, quæ ad vulnera per sympathiam sananda pertinent.

EJUSD. *Exercitationes duæ, I. de passione hysterica, altera de hypochondriaca affectione* Oxon. 1660. 12. LIND. Amstelodami 1660 12.* Londin. 1670. 4. Jenæ 1677. 12. Multa habet physiologica; in priori dissertatione de actione spirituum in motu musculari. In altera lienem describit, negat nunc esse atræ bilis rereptaculum; fibras nervosas firmitatem visceri præstare docet. Acorem in ventriculo nullum habitare, neque adeo ab eo appetitum esse.

De eadem passione hysterica & hypochondriaca epistola responsoria ad T. WILLIS Lond. 1670. 4. LIND. Hysterica mala fieri a sanguine nimis tenui, & multo aëre saturato.

§. CCCCX. *Johannes* PECQUET,

Diepæus, Academiæ Scientiarum adscriptus, non perinde fac. medicæ Parisinæ (*d*), vir in experimentis sedulus, nisi eum nescio quis error abripuisset, ut in spiritu vini vim totam alentem contineri persuasus, eo veneno mortem suam præcipitasset. EJUS *experimenta nova anatomica, quibus incognitum chyli receptaculum, & ab eo per thoracem in ramos usque subclavios vasa lactea deteguntur.* EJ. *Dissertatio anatomica de circulatione sanguinis & chyli motu* Paris. 1651.

(d) RIOLAN. *de vin lact.* 1653. 8. p. 3.

1651. 4.*. Nobile opus & inter præcipua seculi decora. Post EUSTACHII (e) voces aliquas, nondum publicatis VESLINGII laboribus, ASELLII errorem noster emendavit, & lactea vasa non ad hepar ire, sed in vesiculam lumbis impositam convenire, ab ea per pectoris totam longitudinem in subclavia vasa adscendere docuit. Juvenis (f) & ob inventi gloriam alacer, non satis frequenter experimenta repetiit, & peculiarem rarioremque ductus sui fabricam descripsit, ut in utramque subclaviam divisus se immitteret. Etiam in ovibus eum ductum vidit: in homine PEIRESCIO visum citat.

Diss. *de motu sanguinis* perinde magni facio. In ea per injecta vincula verum iter venosi sanguinis demonstrat, etiam in vena Portarum & in pulmonali. Causam motus sanguinis esse in contractione cordis, tum arteriarum, etiam venarum. Neque chylum in vasa lactea trahi, sed impelli. Pulmonem nullis poris pervium esse: a diaphragmate chylum per thoracica vasa sursum premi. Hæc editio recusa est cura *J. Alcidii* MUNIER Genuæ 1654. 8.* & eamdem continere putem editionem Londinensem 1653. 8. tum Hardervic. 1651. 12. L. Sola vero PECQUETI de suo ductu Diss. in *Messe aurea Siboldi* HEMSTERHUYS Heidelberg. 1659. 8.* & in B. MANGETI redit.

IDEM opusculum auxit & recusum dedit Paris. 1654. 4.*. Accessit nunc J. PECQUETI *nova de thoracicis lacteis* Diss. *in qua* J. RIOLANI *responsio ad experimenta nova anatomica* PECQUETI *refutatur &c.* RIOLANUS experimenta volebat ratiociniis evertere, ut nostro etiam ævo fieri solet. Facile iis se tricis PECQUETUS solvit. In ductu pancreatico aquam subacidam ait se reperisse, hactenus GRAAFII præcursor. Vinculo in thorace ductui injecto chylum in receptaculum confluere docet: eumdem chylum pressis venis in dextrum cordis ventriculum cum sanguine fluere confirmat: iterum injecto vinculo & soluto, per thoracem chylum adscendere vincit.

Hæc editio recusa est Amstelodami 1661. 12. LIND. & Leid. 1654. 12.*.

Contra MARIOTTUM epistolas scripsit, recusas in *Mém. de l'Acad.* inque *Journ. des Savans* 1668. Sept. Maculas in retina esse: ejus fibræ.

EJUSD. *Letre à M.* CARCAVI *touchant une nouvelle découverte de la communication du canal thorachique avec la veine emulgente* 27. *Mars* 1667. *& avec la veine cave inferieure* exstat in *Mémoires avant* 1699. Tom. X. pag. 462. 465. *in Journal des Savans* 1667. n. 7. & 1672. & in Cl. PERRAULT *Essays* T. I. p. 307. Flatus ope ductus non quidem visos in eas venas ex thoracico ductu se aperuisse conjicit. Ductum ipsum descendentem in subclaviam unicam rectius nunc pingit & trifidum.

In *Mém.* X. p. 519. habet etiam ovum membrana molli tectum.

(e) Ab eo habere ENT *apolog.* p. 37.

(f) Nondum M. D. BINNINGERO Monspelii novum receptaculum demonstravit *Obs.* I. n. 30. Invenerat cisternam anno 1647.

§. CCCCXI. *Varii.*

Cum utraque PECQUETI, editione prodiit *Jacobi* MENTELII epistola. Vasa quidem lactea se jam anno 1629. (*g*) vidisse, & una cisternam, ut tamen nullam gloriæ ad invento ductu thoracico redundantis partem sibi sumat. Latronem describit, cujus viscera omnia transposita erant.

Jacobus AUZOUT pariter PECQUETO plaudit. Vasa omphalomesenterica describit. Utraque Epistola redit in *Messe aurea.*

Philippi le HOUST *exercitatio contraria assertioni Caroli* LUSSAULÆ *de functionibus fetus officialibus* Niort. 1651. 8. LIND.

Caroli LUSSAULÆ *functionum fetus officialium assertio cum animadversionibus in contrariam exercitationem Philippi le* HOUST Niort. 1651. 8. cum priori LIND. Oportet antiquius aliquod LUSSAULÆ fuisse opusculum. Fetum propriam vitam vivere. Matris imaginationem utique fetum mutare posse.

Theophili RAYNAUD S. J. *Judicium de incorruptione cadaverum occasione feminini corporis post aliquot secula incorrupti nuper Carpentoracti refossi* Arausione 1651. 8. edit. 2. BUR. Avenione 1665. 8. LIND.

Claudii TARDY in libellos HIPPOCRATIS *de septimestri & octimestri partu commentarius* Parisiis 1651. 4. UFF.

EJUSD. tr. *du mouvement circulaire du sang & des esprits* Paris 1654. 4. BUR.

EJ. tr. *de la monarchie du cœur de l'homme, des quatre humeurs & de leurs sources, de l'usage du foye, des vaisseaux du chyle* Paris 1656.

EJUSDEM *Observationes anatomicæ* . . .

EJUSD. *Cours de Medecine* Paris 1662. 4.

Et *de l'ecoulement de sang d'un homme dans un autre & de ses utilités* Paris 1667. 4.*. Maximas de ea transfusione spes concipit.

EJUSD. *Lettre a M.* BRETON *touchant la transfusion du sang* Paris 1668. 4.* Melius humanum sanguinem transfundi; non in omni morbo, sæpe tamen prodesse.

Claudii de la COURVEE, qui Gedani medicinam fecit, *Discours sur la sortie des dents aux petits enfans, de la precaution & des remedes que l'on peut y aporter* Warsovie 1651. 4. Habet duplicia dentium feminia.

EJ. *de nutritione fetus in utero paradoxa* Gedan. 1655. 4.*. HARVEJI experimentis sua addit ratiocinia: aquam amnii alere & per os a fetu sugi: inde & chorii aquam, quæ etiam alendo apta sit: nihil per umbilicum advenire, præter paucum a matre aërem. Sanguinem per placentam circulum non obire. Fetum utique in utero respirare.

Agostino

(*g*) p. 149. edition. 1654. Apud HENAULD in clypeo etiam dicitur anno 1629. & 1635. receptaculum chyli vidisse, & testis citatur FOURNIER.

Agostino COLTELLINI (*Ostilii* CONTALGENI) *istituzioni dell' anatomia del corpo umano i versi Toscani* P. I. Fiorenza 1651. 12. sic P. *secunda* & *tertia*. Ex BARTHOLINO.

Josephi MANCUSI *de partu dierum* 238. *quod non sit novimestris legitimus naturalis & civilis, sed octimestris aut ad octimestrem spectans minimeque vitalis* Panormi 1651. 4. MANGET.

Augustinus THONER in *observationibus medicinalibus*, Ulm. 1651. 4.* editis, eamdem, quam diximus, ridiculam litem recenset, quæ inter medicos Durlacenses & Heidelbergenses nata inciso porcello in deteriorem partem decisa fuit (*h*). In *epistolis* una editis de sede facultatum principum egit: deque semine feminino utique ad materiem fetus conferente.

In *appendice epistolarum medicinalium* ibid. 1653. excusa 4.* contra fallacem uromantum, & de uromantia egit, & contra HELMONTIANA catarrhi deliramenta.

Pauli STRECTES *consilium de partu novimestri* Pisis 1651. fol. MANGET.

Augustini SCOTI *Anthropologia s. de corporis humani fabrica & nobilitate* Diss. Patav. 1651. 8.

J. FRANCK *de oculo* Upsal. 1651. 4. BOEHMER.

Roberti PATIN (GUIDONIS F.) qui ante patrem obiit, & *Car.* BARALIS *Ergo fortes creantur fortibus* Paris. 1651.

Joh. de BOURGE & *Ant. de* SARTE *Ergo certus unus graviditatis index motus* Paris. 1651.

§. CCCCXII. *Petrus* GUIFFART. J. MARET.

Medicus Rothomagensis, edidit ibid. anno 1652. 4.*. *Cor vindicatum s tractatum de cordis officio & de proxima lactis materie.* HARVEJI & PECQUETI experimentis utitur. In priori tractatu negat ab hepate venas oriri: in altero a chylo & lac gigni, & ipsum per vascula ad placentulas producta amnii liquorem. Citatur inter eos, qui ductum thoracicum, & receptaculum chyli viderint, obscure vero de iis scripsit.

EJ. *Lettre à un D. en Med. touchant la connoissance du chyle & de ses vaisseaux, qui le portent au cœur, ensemble la découverte de la noble valvule & des observations sur l'hydropisie* Rouen 1656. 4. BUR. Valvulam dicit *Johannis le* NOBLE, sanguinem venæ cavæ superioris retinentem, ne gravitet in cavæ inferioris sanguinem: quæ ponatur in parte superiori trunci adscendentis cavæ paulum, sub venæ coronariæ ortu, subeat in venæ substantiam, & pene circa venam cavam circumeat. Obscure, ut EUSTACHIANAM valvulam ex CATTERIO velle videatur.

Jean MARET *abregé des nouvelles experiences anatomiques des veines lactées, reservoirs du chyle &c.* Toulouse 1652. 8. B. THOMAS.

(h) p. 102.

§. CCCCXIII. *Dominicus de* MARCHETTIS,

PETRI fil. Anatomicus Patavinus, quem nimia venus occidit *(i)*, ob industriam coævorum laudes meritus, solus fere suo ævo humanam anatomen pro dignitate exercuit: & licet ad nuperorum inventa se paulo alieniorem gesserit, plurima tamen in brevi opere rectissime vidit, non satis a nuperis aut laudatus, aut in usus suos versus. EJUS breve *compendium anatomicum* prodiit Patav. 1652. 4. LIND. *(k)*, 1654. 4.* sæpe recusum Hardervici 1656. 12.* Leid. 1688. 12. B. THOMAS. Plus boni continet, quam vasta compilatorum volumina. Sæpe VESLINGIUM contra RIOLANUM tuetur. Anastomoses mammariorum vasorum, utriusque generis, cum epigastricis, & vidit, & in lactantibus addit ea vasa multo esse ampliora. Aqua per umbilicum effusa. Omentum lobo hepatis adhærere. Mesocolon ab omento diversum esse, quas membranas tota antiquitas confuderat. Vasa brevia in ventriculum negat aperiri. Vasa sanguinea ubique studiose describit. A ductu Pancreatico canales oriri in hepar insertos, per eos chylum ductu resorbtum ad hepar venire, & eum ductum ostio nonnunquam duplici in duodenum intestinum patere. Ramum a mesenterica arteria ad hepar euntem vidit. Maximum hepar: Non bene rejicit valvulas cervicis vesiculæ felleæ. Duplex lien. Nullæ in venis ad portas valvulæ. Renes in adulto glandulosi. Vasa capsularum renalium in puero majorum. Septum scroti. Cavitas renum succenturiatorum. Cor in systole brevius reddi. Duæ aut tres arteriæ bronchiales. Myloglossus musculus. Nullum nervum ad tendinem ire. Canalem a tubis in uteri cervicem euntem recte repudiat. Urachum esse ligamentum. Negat ossa pubis in partu discedere. De fetus ab adulto homine discrimine. Cor maximum vidit, ut totum thoracem repleret. Circuitum sanguinis minorem describit. Septum cordis perforatum, sed raro exemplo. Foramina venosa cranii, satis plene. Duram matrem undique ad cranium adhærere. Ventriculos cerebri anteriores in tertium aperiri. Cornua eorum ventriculorum descendentia. Apud BARTHOLINUM injectum liquorem docet ex arteriis in venas transire.

§. CCCCXIV. *Augustinus de* LAURENTIO. *Alii.*

AUGUSTINUS ille, Panormitanus Medicus, *disceptationum medicarum Decadem* I. edidit Panormi 1652. 4.*. Prima est de asitia num sit possibilis, tertia de sternutatione. Juvenis non absque ingenio, verum qui ex seculi sui vitio persuaderetur, satis evicisse causam suam, si auctoritatem Græcorum aut Arabum posset adlegare. Asitiæ exemplum proprium habet, neque impossibilem esse persuadetur, ut tamen ea abstinentia vires frangat. Sternutationem ubique prodesse negat. Signa hominis aquis suffocati, a strangulati signis ante nuperos distinguit.

Alexander ROSS *arcana microcosmi or the hid secrets of man's body discoverd in an anatomical duel between Aristotle and Galen .... a refutation of Thomas* BROWN's

(i) LEAL *hebd febr.* p. 73.
(k) Dedicatio est ejus anni.

BROWN's *vulgar errors from* BACON's *natural history, and* W. HARVEY's *book de generatione &c.* London 1652. 8. PL.

Isaaci CUJACII *uromantia* Brem. 1652. 12.

James HART's *anatomie of urines* London 1652. 4. OSB. alii 1653.

Georgii GELMAN's *dreyfache chirurgische Blumen, in welchen zu finden* 1. *anatomische Beschreibung des Haupts*, 2. *der Brust*, 3. *der äussern Glieder*, *nebst* 90. *nützlichen Fragen aus der Anatomie* Frankfurt 1652. 4.* cum multis sed malis iconibus.

Anthon. Gunth. FRIDERICI *de nutritiva facultate* Lipsiæ 1652. 4. HEFT.

EJ. *Aenigmatica vitæ & mortis descriptio* Witteberg. 1653. 4. V.

David STOLLII *endoxorum & paradoxorum sylva* Basil. 1652. 4. adoptat sanguinis circuitum.

Esajas PUFFENDORF *de sanguine & ejus motu* Lips. 1652. 4. B. THOMAS.

Caroli BARALIS & *Alani* LAMY Disp. *Ergo statim a conceptione creat Deus in humano semine animam rationis participem* Paris. 1652.

Franc. LOPEZ & *Romani* PARGAULT *Ergo præmaturæ senectutis index præcox sapientia* Paris. 1652.

Viti RIEDLINI *de symptomatibus loquelæ* Argentorat. 1652. 4.*.

J. TACK *de anima rationali* Giess. 1652. 4. & de potentia plastica.

§. CCCCXV. *Olaus* RUDBEK,

Suecus, celebris per plurimos & vastissimos, quos suscepit labores, cum juvenis ex seculi consuetudine animalia viva numerosa incideret, & potissimum annis 1649. & 1650. in vasis lacteis inquirendis laboraret, in vasa lymphatica hepatis incidit, eaque dixit *vasa hepatis aquosa.* Anno 1650. dum de corde quærit, ductum thoracicum detexit: iterque chyli vinculis injectis anno 1651. definivit, vesiculam vero chyli anno 1652. Reginæ ostendit. Vasa demum lymphatica in thorace & lumbis alibique invenit anno 1651. & edidit Arosiæ 1652. 4.* in Disput. *de circulatione sanguinis*, in qua hepati jus coquendi sanguinis ademit, & circuitum sanguinis confirmavit. Anno porro Arosiæ 1653. 4.* dedit *novam exercitationem anatomicam exhibentem ductus hepatis aquosos & vasa glandularum serosa*, recusam in *Messe aurea* HEMSTERHUYSII & inter *meas selectas disputationes.* Hoc libello vir Cl. sua inventa exposuit, & administrationem docuit. Addidit minime vulgares observationes anatomicas. Vasa omphalo-mesenterica. In fetuum catellæ ventriculo humorem amnii humori similem reperit: oculos his fetubus rubere vidit, uterique motum contractilem, ductum thoracicum & vasa lactea lympha plena. Valvulas luculenter ostendit.

Videtur ex his ipsis *datis* verus novorum vasorum inventor fuisse. Nam & tempora citat anni nempe 1651. priora, cum BARTHOLINUS Decembrem m. ejus

ejus anni nominet: & est in BARTHOLINO manifestum indicium, inaudivisse eum cum scriberet, de RUDBECKII vasis serosis, cum nomen vasorum aquosorum a RUDBECKIO impositum sibi displicere indicet in primo, quem de vasis lymphaticis animalium scripsit, libello (*l*). Porro etiam in libello, quem anno 1653. RUDBECKIUS edidit, multo plura vasa lymphatica, & ex numerosioribus quam quidem apud BARTHOLINUM, corporis animalis partibus, descripsit, ut & rectius BARTHOLINO vidisse certum sit, & probabile fiat, priorem vidisse, cum pluribus incisionibus ad sua inventa eguerit, paucioribus, qui paucissima in his vasis vidit, BARTHOLINUS. Sed etiam communis (*m*) amicus primam inventi ostensionem RUDBECKIO tribuit. Porro nova vasa mense Aprili 1652. Reginæ OLAUS ostendit, cum mense Majo ejus anni T. BARTHOLINUS in Diss. *de lacteis thoracicis* ostenderit, ea vasa sibi non esse perspecta. Sublevat etiam nonnihil RUDBEKIUM BOURDELOTIUS (*n*). Vasa enim ignota cum diceret, quæ nunc vocantur lymphatica, addit se contra BARTHOLINUM defendisse, non esse lactea, ipseque iterum BOGDANUS fatetur M. Decembri 1651. se pro lacteis habuisse (*o*), ut adeo eo tempore & præceptor ejus BARTHOLINUS pro lacteis habuerit. Nam quæ addit, se tribus ante RUDBEKIUM mensibus hæc nova vasa vidisse, neminem præter ipsum, non certæ fidei hominem, testem habent. Et aliquid in hac causa valet, quod ipse T. BARTHOLINUS nunquam tantum inventum sibi diserte adscripserit.

Inde cum *Insidias* suas *Martinus* BOGDAN edidisset, respondit OLAUS in libro, cui titulum fecit *Insidiæ structæ aquosis ductibus Olai* RUDBEKII *a Thoma* BARTHOLINO Leid. 1654. 8.*. Mense Aprili a. 1652. se ductus suos Reginæ demonstrasse. Lis princeps per varias alias quæstiones se diffudit, & utrinque inciviliter gesta est. Cor exemtum diu micare.

In *Messe aurea* HEMSTERHUYSII RUDBEKIUS Leid. 1654. 8.* Heidelbergæ 1659. 8.* novas undecim figuras addidit, vasa lymphatica glandularum bronchialium, pulmonis, mediastini, hepatis convexi, lienis, testium, uteri, lumborum, aliqua etiam cum ductu thoracico ex homine. Corda in gallina duo. Habet etiam lineam eminentem uteri; lineam rubentem, quæ medullam spinalem dividit. Sanguinem per placentam post mortem negat circumire; atque adeo non putat necesse esse, funiculum ligare umbilicalem. De glandula serosa ventriculum inter & hepar, hæc ultima PORTAL.

Epistolam ad T. BARTHOLINUM *de vasis serosis* Upsal. 1657. 12. editam citat LINDENIUS.

EJUSD. *de sero ejusque vasis* Upsal. 1661. 4.* & in *selectis meis* disputationibus T. VII. Novas aliquas icones vasorum lymphaticorum colli, cordis, linguæ & septi transversi, ductusque thoracici habet.

In *Atlantica s. Manheim* Upsal. 1675. 1689. 1698. de diuturna vita veterum septentrionalium hominum aliqua profert.

§. CCCCXVI.

(l) p. 55.
(m) J. v. HORNE *Epist.* cum *insid.* RUDBEK. edita p 148. 149. & in *microcosmo*.
(n) *Entretiens* p. 51. 52.
(o) Conf. BOGDANI *insidias*.

§. CCCCXVI. *Petrus* BORELL. *Isaac* CATTIER. *Alii.*

Prior medicus Castrensis, minime indiligens vir, qui in variis partibus artis medicæ laboravit, etsi non satis diffidens aut credere difficilis.

Historiarum & observationum medico physicarum Centuriæ IV. prodierunt Castris 1653. 12. Paris. 1656. 8. Francof. & Lips. 1670. 8. 1676. 8.*. Rariora utique quæsivit, & quæ admirationem moverent. Carnes noctu lucentes. Puella hirsuta. Cornu in facie. Sanguis albus: subita canities. Pueri nimium incrementum. Duæ in mamma papillæ, & tres mammæ. A clystere ebrietas. Septimestris partus notæ. Atretus & atreta. Bilis fervens. Tendo Achillis consumtus, ut nulla in artu impotentia superesset. Violarum in urina odor. Lacrumæ sanguineæ. Puer biceps. Testes tres, aut unus. Varietates suturarum. Scintillæ in interula. Ova monstrosa. Puer fratri adnatus, nævi, alia.

EJUSD. l. *de vero telescopii inventore ac Centuria observationum microscopicarum* Haag. 1655. 4.*. Aliqua habet de oculis arancarum, circuitu sanguinis in pediculo, animalculis scabiei, ovi germine, vermiculis nasi, squamis piscium, venis unguium. Brevia omnia & imperfecta.

In *Antiquités de la ville de Castres* jam monuit, gemmam Callaidem sive *Turquoise* esse ossa petrefacta (p).

Isaacus CATTIER, Medicus Regius, *observationes* suas cum BORELLO communicavit, cum quibus in omnibus editionibus a nobis indicatis excusæ sunt. Meliores sunt; pathologici & chirurgici potissimum argumenti. Hic reperitur MENTELII de sicario historia, in quo omnia viscera ad alterum latus transposita fuerunt. Vasorum lacteorum & ductus thoracici varietates. Partus aliqui monstrosi. Valvula EUSTACHII, nam manifestum est, de ea dici.

IDEM in *description de la Macreuse* Paris 1651. 8.* cum piscibus eam avem non debere numerari, recte ostendit.

Wilhelmus WORM OLAI fil. varias *epistolas anatomicas* ad BARTHOLINUM dedit. Exceptum RUDBEKIANÆ Diss. ad patronum misit anno 1653. Nov. 3. in Epist. 34. C. II. Receptaculum chyli a RUDBEKIO primum inventum dixit Ep. 36. Orationem in BARTHOLINI mortem edidit Hafniæ 1680. 4*.

§. CCCCXVII. *Fr. Maria* FLORENTINUS,

Nobilis Lucensis. EJUS est *de genuino puerorum lacte mamillarum usu & in viro lactifero structura cum nova assertione disquisitio* Lucæ 1653. 8.*. Melioris notæ libellus. Plurima habet nova & peculiaria: lac in puerulis, lac in viro: fabricam lacunæ f. areolæ albæ in viro, in femina, in muliere demum lactante, omnia ex proprio experimento. Vesiculas lactiferas MORGAGNI, ductus papillares, corpus glandulosum mammæ, vasa lymphatica axillaria habet.

(p) ASTRUC *mal. des femmes* I. p. 183.

§. CCCCXVIII. *Michael* LYSER.

Lipsiensis, BARTHOLINI incisor industrius, in lymphaticis vasis inveniendis socius, hactenus æmulus, ut de eo, a morte viri, BARTHOLINUS conquereretur (*q*), & RUDBECKIUS æmulo suo objecerit, nihil eum absque incisore LYSERO invenisse. Veteres passim administrationes suas docuerant, dum partes corporis humani describebant: primus LYSERUS proprio opere artem tradidit, qua quæque particula corporis humani ad demonstrationem præparetur. Nihil exspectes plenum, nondum inventa vasorum repletione artificiosa, neque satis cognita macerationis, aut liquorum vel solventium vel conservantium, potestate. Quare LYSERUS fere in sceletis parandis, in ossibus mundandis, inque musculis substitit. Instrumenta etiam non nulla invenit. Eum BARTHOLINUS in difficilioribus adjuvit. Ejus *culter anatomicus* prodiit Hafniæ 1653. 8.*. Passim dum administrationem tradit, fabricam tetigit, ut in valvula coli, quam liquorem sustinere animadvertit, in cerebri administratione, in carpi ossiculis, quibus nomina imposuit. Novæ editioni Hafniensi anni 1665. 8.*. BARTHOLINUS adjecit *observationes medicas* LYSERI & aliorum. Inter eas est LYSERI de lacte in duabus mammis diverso. Tertia editio est Hafniensis 1679. 8.* quæ etiam Francofurtensis dici potest, cui C. BARTHOLINI libellus accessit. Quarta est in collectione BONNETI Genev. 1685. fol. Alias hic *culter* Ultrajecti 1706. 12. & Leidæ recusus est anno 1726. 8. HAEN. 1731. 8. Germanice versus a J. TIMMIO & Bremæ editus anno 1735. 8.* Anglice non bene reddidit *Georg.* THOMSON, & Londini edidit anno 1740. 8.*

Inter epistolas BARTHOLINI aliquæ sunt LYSERI, Patavii datæ anno 1652. ut n. 25. c. II. aut anno 1653. ut ep. 33. demum anno 1656. ut c. II. n. 23. Serum sanguinis ad ignem in gelatinam concrescere noster ex primis animadvertit; MARCHETTO juniori lacteum thoracicum ductum & vasa lymphatica demonstravit, obnixe refraganti.

Etiam Dissertatio *de auditu* Lipsiæ 1653. 4.* & Disp. *de spiritibus influentibus* anno 1656. 4.* prostat. Nihil in iis reperio, exercitato incisore dignum.

§. CCCCXIX. *Joh.* WALLIS,

Illustris Mathematicus. EJUS *Grammatica linguæ Anglicanæ cum tractatu de loquela s. sonorum formatione*, primum Oxonii prodiit 1653. 12.* deinde 1664. 8.* 1674. 8.* hæc multum aucta, & Leidæ 1727. 8.* cum AMMANNO, Hamburgi 1672. 8. HEIST. & inter *opera omnia* WALLISII. In posteriori libello literarum formationem & comparationem huc revoces. Verum lingua Anglica nimis diversam habet a scriptis literis pronuntiationem, ut ne puræ quidem vocales puris literis exprimi possint, sed i per ee, u per oo scribere sit necesse. Quare noster neque valorem literarum aliarum linguarum liquide exprimere potuit. Nuper Londini 1765. prodiit eadem *Grammatica linguæ Anglicanæ*, *cui præfigitur de loquela*

(q) In *præf.*

quela s. sonorum omnium loquelarium formatione tractatus grammatico physicus Ed. VI. Accedit epistola ad *Th.* BEVERLEY *de mutis & surdis informandis.*

EJ. WALLISII *ad* R. BOYLE *de modo docendi surdos & mutos data* anno 1662. recusa est in *Eph. Nat. Cur. Dec.* I. *ann.* I. & in *Phil. Trans.* n. 61. Utique surdum natum loqui docuit.

In *Phil. Trans.* n. 178. exemplum narrat stupendæ memoriæ, & difficilium calculorum in tenebris perfectorum, & artem qua ad eos calculos ponendos usus est in n. 245.

In n. 269. contendit, duabus epistolis, hominem esse animal herbivorum, neque enim dentes aut cæcum intestinum habere carnivororum.

N. 276. de ossibus giganteis agit, passim repertis.

Litem cum *Wilhelmo* HOLDER aluit. Docuerat iste POPHAMUM loqui, qui surdus erat natus: cum vero idem eorum esset oblitus, quæ didicerat, post triennium se WALLISIO tradidit docendum, bono cum successu. Motus eo eventu HOLDERUS libellum scripsit, ad quem noster respondit Lond. 1679. *A defense of the R. Society and chiefly of the Philosophical Transactions July* 1670.

§. CCCCXX. *Varii.*

Johannes VIGIER, Castrensis, anno 1653. obiit. Ejus *opera* filius, pariter medicus, edidit Haag. 1659. 4.*. Cum aliis opusculis continetur uno volumine *Enchiridion anatomicum.* Prodiit etiam Gallice *le manuel anatomique* Lyon 1658. Totius artis compendium, in quo nihil peculiare reperi. SCHULZIUS PAREUM exscripsisse monet.

Alius est nuperus chirurgus ejus nominis.

HERMAN *van der* HEYDE, Medici Gandavensis, *synopsis discursuum latinitate decreta* Londin. 1653. 12.*. Aliqua huc faciunt. Tendines obtuse sentire non ignoravit.

Richardi SANDERS *physiognomy, chiromancy, art of memory* London 1653. B. BODLEYANA. 1671. WHITE.

Johannis BARILII *physiologia humana & pathologia per tabulas synopticas ex* HIPP. & GALENI *genio* Cadomi 1653. HOTTON.

Jean CHARPENTIER *refutation de la doctrine nouvelle des humeurs par J. B. de* HELMONT Sedan. 1653. 8. *le* TELLIER.

Th. LANGELOT *epistola de lacteis thoracicis ad* BARTHOLINUM n. 43. *Cent.* II.

August HAUPTMAN *de bile ejusque usu* Lipsiæ 1653. 4. Vermium copia, Vesicula fellis inanis & ejus loco calculi. Icterus. Vesicula fellis plenissima, sed exitus viscida materiem obstructus, ut ne gutta exiret.

Mart. Clemens COLER *de calido innato* Witteberg. 1653. 4. HEFT.

J. Alberti SEBIZ MELCHIORIS f. Professoris Argentoratensis, *Problemata de variis corporis humani partibus in genere consideratis theses miscellanea* Argentorati 1653. 4.* alii 1663.

Ej. *de liene* 1655. 4.*.

Ej. *de ventriculo* ibid. 1660. 4.*.

Ej. *Problemata quædam anatomica* 1662. 4. Pl.

Ej. *de inedia* 1664. *.

Ej. *Problemata quædam anatomica* ibid. 1665. *.

Daniel ARBINET & *J. Edm.* CHARTIER *Ergo cor magnum parvo præstantius* Parif. 1653.

Barthol. BARALIS & *Nic. le* LETIER *Ergo calor nativus elementaris* Parisiis 1653.

§. CCCCXXI. *Franciscus* GLISSON,

Professor Cantabrigiensis, vir profundæ meditationis, multiplici præter anatomicam cognitionem laude conspicuus, non quidem ampla dissecandorum cadaverum opportunitate instructus, ea, quæ ei supererat, sollicite usus est, ut tamen in hypotheses pronus esset. Ejus *anatomia hepatis cui ad calcem operis subjiciuntur nonnulla de lymphæ ductibus nuper repertis* Londini prodiit 1654. 8.* sæpe recusa, Haag. 1681. 12.* & in magna collectione MANGETI. De hepatis tribus ligamentis, pondere, vesicula fellis ejusque peculiaribus ductibus, quos absque ullo dubii signo describit: de anulo fibroso vesiculæ, ubi non bene valvulas cystici meatus rejicit: de motu bilis, vere & utiliter. Sinus venæ portarum (qui est ramus ejus venæ sinister). Vagina, quæ a GLISSONIO nomen habet. Vasa lymphatica hic, ut alii Angli, JOLIVIO tribuit inventa, ignoto inter incisores nomini (r). Nullas esse venæ cavæ cum vena portarum anastomoses (magnas nempe & conspicuas). Contra vim sanguificam hepatis. Ductus ex hepate in vesiculam. Hepar non esse venarum originem. Venam Portarum arteriis adfinem esse & bilem secernere. Succum nutritium per nervos ferri, quem succum glandulæ mesentericæ præparent, nervisque subministrent, tum aliæ aliquæ conglobati generis. Injectionibus usus est, suumque tubulum depictum dedit.

EJUSD. *de ventriculo & intestinis & partibus continentibus abdominis* Londin. 1677. 4.* Amstelodami 1677. 12.*. Senile opus plus habet ratiocinii, anatomes minus, Neque tamen eo minus eximia plurima continet, physiologica & anatomica. Fibræ naturam omnium primus contemplatus est. De irritabilitate nemo ante GLISSONIUM rectius cogitavit, quam equidem paulo liberalius fere omnibus corporis humani partibus tribuit, etiam fluidis. Motum cordis primus ab irritatione derivavit; gradus irritabilitatis definivit; nimiam fecit, & nimis parvam, aque sensu distinxit, ipsum demum nomen excogitavit. Omnia vasa esse sectione circulari. De motu peristaltico fuse & bene, deque vario ejus ductu. Musculorum abdominis vis in convertendo corporis trunco. Celebre experimentum, quo confecit, dum agit musculus, una eum intumescere. Palatum mobile ab uvula post FALLOPIUS pene primus separavit. Anatome

(r) Etiam PLOT *Oxfordshire* p. 301.

tome ventriculi, intestinorum, omenti. Pinguedinem in cellulas deponi. Panniculum carnosum refutavit. Hominis cutem ex natura sua pilos producere. Fusissime de coctione ciborum, de fermentatione.

In Lib. *de natura substantiæ energetica s. de vita naturæ* Londin. 1672. 4.* causam motus in ipso corpore habitare defendit, non ut in animalibus solis subsistat.

Vitæ compendium reperias apud BIRCH. *hist. of the Roy. Society* III. p. 376.

§. CCCCXXII. *Georgius* SEGER,

Thoruniensis, T. BARTHOLINI discipulus, & adsecla. EJUS *triumphus cordis post captum de hepatis clade duce* BARTHOLINO *victoriam*, Hafniæ 1654. & Basil. 1664. 4. Ad controversias de corde & hepate: loca auctorum colligit.

EJ. *de usu communium corporis humani integumentorum* Hafn. 1654. 4. L. PRÆTORIUS facit 1656.

EJ. *de quidditate & materie lymphæ* BARTHOLINIANÆ. *Accedunt de ea lympha doctorum virorum epistolæ* Hafniæ 1658. 4.* LINDEN facit 1655. Lympham generari ex spiritibus animalibus. Accesserunt *epistolæ aliquæ* J. D. HORSTII, M. KIRSTENII, aliorum.

EJ. Diss. de HIPPOCRATIS *orthodoxia in doctrina de nutritione fetus humani in utero. Acc. binæ disputationes, altera de* DEMOCRITI *heterodoxia in doctrina fetus in utero: altera de cotyledonibus uteri* Basil. 1660. 4.*. Scopus est ostendere, HIPPOCRATEM in suis operibus, inter quæ noster etiam spuria admittit, sibi non contradicere, sed fetum docere nutriri, & sanguine per placentam & funiculum umbilicalem, & lacte per umbilicum, per vasa lactea propria ad placentam veniente, & demum eodem lacte de chorio in amnion stillante, hinc per os recepto. Conjecturam etiam habet, tubulos dari, qui ex placenta in chorion patuli hient, per quos chylus in chorion descendat, inde in amnion percoletur.

In *altera Dissertatione* ostendit contra DEMOCRITUM, uterum papillas non habere, fetum adeo non sugere, si verum sensum vocis sequaris. In *ultima* cotyledonum vocem explicat per ostia venarum & arteriarum sanguinem menstruum in uteri cavum effundentium. Hæc disputatio, quam LINDENIUS conjungit, vere seorsim prodiit, respondente *Casone* GRAMM. Sic & altera Disputatio de DEMOCRITI heterodoxia.

EJUSD. de HIPPOCRATIS lib. *de παρθένι ortu legitimo* Basil. 1661. 4.* & 1678. 4. PRÆTOR. Pro eo libello non bene pugnat.

EJ. *Triumphus & querimonia cordis repetitus* Basil. 1661. 4.*.

EJ. *Progr. ad dissectionem cadaveris* 1676. PRÆTOR.

EJ. *Disputatio de lacte* 1678. 4. PRÆTOR.

In *epistolis* BARTHOLINI variæ sunt SEGERI, ut *Cent.* II. *Epist.* 79. qua cranium leporinum cornutum descripsit.

In *Epist.* 86. ALDROVANDI anatomen cranii psittaci confirmat, & de martis anatome agit.

In *Epist.* 67. *Cent.* III. de monstro dicit, & de vestigiis vasorum lymphaticorum apud HIPPOCRATEM obviis.

In E. N. C. *Dec.* I. *ann.* I. de serpentum anatome, eorum exclusione, vernatione.

Ann. II. n. 57. Anatome talpæ. Habet fellis vesiculam & oculos.

Obs. 58. Echini anatome utriusque sexus.

Obs. 94. Vitulus biceps, absque anatome.

Ann. III. *Obs.* 93. anatome leporis: foramen vulvam maris referens.

Obs. 94. secundæ leporis.

Obs. 163. vir 117. annorum superstes.

Obs. 164. vagitus uterinus.

Obs. 188. ova duplici vitello.

Obs. 195. lutræ anatome & penis ossiculum.

Ann. IV. n. 144. Princeps 340. l. lapidem elevans & projiciens.

Obs. 145. pisces audire.

Ann. VI. VII. *Obs.* 128. capra moschata cum dentibus exsertis.

Obs. 130. hortulani Suecici historiam admittit & explicat.

Ann. VIII. *Obs.* 33. de prolapsu cartilaginis mucronatæ in embryone.

Ann. IX. X. *Obs.* 96. femina hirsuta & barbata.

Obs. 97. agna biceps.

Obs. 98. anatome phocæ feminæ, & sacci in principio duarum arteriarum.

Obs. 99. lacrumæ sanguineæ.

§. CCCCXXIII. *Martinus* BOGDAN.

Driesa ex Nova Marchia oriundus, inde civis & poliater Bernensis, cujus gens hactenus superest, perinde ut SEGERUS ex acerrimis gloriæ BARTHOLINIANÆ adsertoribus fuit.

EJUS *insidiæ structæ* BARTHOLINI *vasis lymphaticis ab Olao* RUDBECKIO *Sueco in suis ductibus hepaticis & detectæ a* M. BOGDANO Francof. vel Hafniæ prodierunt 1654. 4.*. Asperum scriptum sed disertum, ut olim RUDBECKIUS conquestus sit, BARTHOLINI (*s*) se manum adgnoscere. Lis est de tempore, quo Danus

(s) Negat BARTHOLINUS in præf. ad apologiam.

Danus (t) Suecusve nova vasa detexerint. Hic fatetur quidem BOGDANUS, BARTHOLINUM præsente *Petro* BOURDELOT vasa lymphatica Decembri M. 1651. adhuc pro lacteis habuisse, excoluisse vero addit anno 1652. & edidisse Kal. Maj. 1653.

Cum RUDBECKIUS in suis *insidiis* BARTHOLINIANIS respondisset, quas citavi, regessit BOGDANUS iterum *Apologiam pro vasis lymphaticis* T. BARTHOLINI *a* M. BOGDANO *contra insidias secundo scriptas ab Olao* RUDBECK Hafniæ 1654. 12.*. Literate, sed acerbe noster respondet, ut grammatici non sit dissimilis, inter quos a RUDBECKIO relegatus fuerat. In eo malam causam tuetur, quod RUDBECKIUM plagii insimulet, absonam accusationem molitus, cum RUDBECKIUS tanto uberiorem lymphaticorum vasorum historiam dederit, quam quidem BARTHOLINUS.

EJUSD. *Observationes anatomicæ ad* T. BARTHOLINUM *cum* LYSERI *cultro* Hafniæ 1665. 8.* & 1679. 8.* editæ, lienem continent loco motum, reliqua pathologica, datæ sunt anno 1663.

Inter *epistolas* BARTHOLINI 62. *Cent.* II. tradit agitata cum HARVEJO aliqua de lacteorum vasorum natura.

In *Ep.* 47. de valvula agit, quam *Car. le* NOBLE invenerit in vena coronaria, & quam pridem EUSTACHIUS viderat.

In *thesibus medicis inauguralibus miscellaneis* Basil. 1649. aliqua sunt anatomica.

§. CCCCXXIV. *Varii.*

J. Alcidii MUNIER, Genuensis, *de venis tam lacteis thoracicis quam lymphaticis novissime repertis sylloge anatomica* Genuæ 1654. 8.*. Libelli sunt PECQUETI, & T. BARTHOLINI vasa lactea thoracica & lymphatica, tum prolusio MUNIERI, & auctariolum, in quo LICETI, RIOLANI, aliorum de vasis lacteis judicium continetur, denique testimonium, utraque vasa Patavii ab *Antonio* MOLINETTO fuisse ostensa.

Cum PECQUETI editione anni 1654. prodiit *Sebastiani* ALETHOPHILI ad PECQUETUM *venarum lactearum thoracicarum inventorem epistola*, mere gratulatoria.

Tum *Hygini Thalassii* SANGERMANI, quo nomine A. AUZOUT latere creditur, *Brevis destructio s. litura responsionis* RIOLANI ad experimenta nova anatomica. In cavillos iracundi senis, quibus rem gestam male conabatur reddere irritam.

Siboldus HEMSTERHUYS Leidæ 1654. 12.* primum opusculum, deinde Heidelbergæ 1659. 8.* edidit J. PECQUETI libellos, *Th.* BARTHOLINI de lacteis thoracicis: de iisdem dubia vasa lymphatica ex animalibus, & RUDBECKII quæ diximus, ductus

(t) Fatetur in præfat. BARTHOLINUS.

ductus hepatis aquosos, observationes anatomicas, denique epistolas AUZOUTI & MENTELII.

In collectione opusculorum SEVERINI, JASOLINI & CABROLII, quae prodiit Hanau 1654. 4.* continetur *Johannis* TRULLII, Chirurgi Romani, epistola ad SEVERINUM, qua nonnullarum venarum historia traditur, quae in brachio secari solent.

IDEM circuitum sanguinis nuper inventum primus in urbe defendit (*u*).

Georgii CORTACII *trutina medica* Patav. 1654. 4. si huc facit.

Joseph SCHMIDT *Spiegel der Anatomie* Frankfurt 1654. 12. LEHM.

Sigismundi Ruperti SULZBERGER *de pilis* Lipsiae 1654. 4.

EJ. *de singultu* Lips. 1655. 4.*.

EJ. *de dignitate & praestantia anatomes* ibid. 1663. 4.

EJ. *de rore microcosmi* ibid. 1665. 4.*.

Val. FRIDERICI *de sapore* Lips. 1654. 4.

Christ. LOESNIZER *cor humanum* Lips. 1654. 4.

Mart. Friderici FRIES *de dentibus* Lipsiae 1654. 4.*.

Andreae PROBST *de phantasia ejusque per melancholiam affectione* Berolin. 1654. 12. LIND.

Jacobi ISRAEL *de liene: acc. vasorum lymphaticorum nuper inventorum observatio* Heidelberg. 1654. 4. BOEHM.

J. de GORRIS & *Nic.* LIENARD *Ergo animi mores sequuntur corporis temperamenta* Paris. 1654.

Car. BOUVARD & *Car. de* FLADES *Ergo partium dextrarum fortior motus* Paris. 1654.

J. MERLET & *Franc.* BOUTONNIER *Ergo sternutatio est actio naturalis* Parisiis 1654.

§. CCCCXXV. *J. Theodorus* SCHENK,

Professor Jenensis, vir eruditus, graecissans, ROLFINKII imitator, neque tamen anatomicis studiis innutritus.

EJ. & *Christoph* LIBSTORP *de oculo* Jen. 1654. 4.

EJ. *de suo sanguinis historia* Jen. 1655. 4.*. Collectitia ut fere reliqua hujus scriptoris. Rediit 1663. 4. LIND. 1671. 4.* cum Disp. de natura lactis.

EJ. *Programma quo anatomen a difficili & pulchro commendat* Jen. 1656. 4.*.

EJ. *Exercitationum anatomicarum* I. *anatomiae natura, utilitate, praestantia, tractandique methodo* Jen. 1657. 4.*.

EJ. *Programma, quo anatomen localem a calumniis defendit* Jen. 1657. 4.*.

EJ.

(u) SINIBALD *geneanthrop.* p. 523.

Ej. *Exercitationum anatomicarum Ex. secunda de partibus similaribus in genere* Jen. 1657. 4.*.

Ej. *de tribus coctionibus corporis humani* Jen. 1658. 4.*.

Ej. *de partibus generationi inservientibus masculis* Jen. 1662. 4. Pl.

Ej. *Exercitationes anatomicæ ad usum medicum accommodatæ* Jen. 1662. 4.* sunt disputationes novem collectæ, ad anatomes historiam.

Ej. *Humorum corporis humani historia generalis* Jen. 1663. 4.*. Pariter collectanea, potissimum ex veteribus. Eadem fuerit *Isagoge historica eaque generalis de vera natura humorum totius generis humani* Francof. 1684. 4. Burckh.

Ej. *Schola partium humani corporis* Jen. 1664. 4.*. Iterum undecim disputationes conjunctæ. Compendium anatomicum collectitium, ut ipsum motum peristalticum nunquam viderit, & ex Harvejo citet, hymenem confidenter rejiciat. Aliqua tamen de ductu thoracico propria habet.

Ej. *de conceptione disputatio* ib. 1664. 4.*. Situs fetus in utero.

Ej. *de singultu* ib. 1667. 4.*.

Ej. *Synopsis institutionum medicinæ disputatoriæ prolegomena Physiologiæ & pathologiæ* ib. 1668. 4.

Ej. *de tinnitu aurium* ib. 1669. 4.*.

Ej. *de bulimo* ib. 1669. 4. Riv.

Ej. *de conceptione* ib. 1670. 4. Pl.

Ej. *de poris corporis humani* ib. 1670. 4. Vat.

Ej. *de diaphragmatis natura & morbis* ib. 1671. 4.*.

Ej. *Medicinæ generalis novantiquæ Synopsis* ib. 1671. 4. Lind.

Epistolæ sunt inter Bartholinianas *Cent.* IV. n. 64. & 73. misti argumenti.

§. CCCCXXVI. *J. Sigismund* Elsholz. M. Heiland,

Elsholzii Brandenburgici, Medici Electoralis, tunc juvenis, *Anthropometria, cui acc. doctrina nævorum* Patav. 1654. 4.* Francof. ad Viadr. 1663. 8.* multo auctius. Doctus libellus, in partium corporis humani externarum nominibus, neque absque propria in mensuris industria natus. Comparationem duorum sexuum omittit, & variis proportionibus ad præsagiendos mores utitur. De pygmæis, de gigantibus. Multa ex Durero. Germanice prodiit *Meßkunst des menschlichen Körpers &c.* Una excusa Cardani est *metoposcopia & de Rubris Physiognomia* Nürnb. 1695. 8.

Ejusd. *Clysmatica nova s. ratio qua in venam sectam medicamenta immitti possint, ut eodem modo operentur, ac si ore admissa fuissent, addita inaudita omnibus seculis sanguinis transfusione* 1665. 8. Colon. Brandenburg. (Berolini) 1667. 8°.* & cum *Collegio Anatomico* Severini & *aliorum* Francofurti 1668. 4.*. Non inutile opusculum. Infusi in venas humanas medicamenti ipse

 expe-

experimentum fecit: & in canibus sæpius: refert etiam experimenta Gedani facta, & secum communicata, & compendium eorum, quæ alibi in eam rem capta fuerunt.

EJ. *de conceptione tubaria* VASSALII, *qua humani fetus extra uteri cavitatem in tubis quandoque concipiuntur, itemque puella monstrosa caudata, vulva ab ano non distincta & hernia umbilicali nuper Berolini nata.* In E. N. C. *Dec.* I. *ann.* IV. V. app.

EJ. *Ann.* VI. VII. ovum prægnans, *obs.* 80.

Obs. 160. de restitutione humorum oculi. Eam sponte fieri expertus est, & vestigia apud veteres reperit.

Obs. 196. Observatio RUYSCHIANA.

Obs. 197. Tubæ FALLOPIANÆ descriptio, & ovarii corporisque lutei cavi cum proprio ductu.

Obs. 198. De gemellorum origine ex ovis in una cellula duobus.

Obs. 215. in corde principis odor medicamentorum fragrans.

Ann. VIII. *obs.* 18. de hirundinum oculis restitutis.

Obs. 19. 20. de phosphoro multiplici.

Ann. IX. X. *obs.* 85. pila plumbea per penem.

Michael HEYLAND, Professoris Giessensis, *monstri Hassiaci disquisitio medica Giessæ absque anno*, annum 1654. puto verum esse 4.* annum 1664. 4. LIND. & 1677. 8. RIV. Fetus videtur ex duobus distinctis fetubus conponi, solo capite confusis. Anatome ipsa sollicita & accurata.

EJUSD. *de phantasia* Giess. 1664. 4. HEFT.

EJUSD. Disp. *de principiis corporis humani materialibus* Lips. 1655. 4.

EJUSD. *de generationis humanæ principiis materialibus* Lips. 1655. 4 *.

EJUSD. *de tussi* Giessæ 1677. 4. RIV.

§. CCCCXXVII. *H. v.* MOINICHEN.

Henrici v. MOINICHEN egregii BARTHOLINI discipuli, plusculæ anatomici argumenti *epistolæ* sunt in *Centuriis* præceptoris.

EJUS *observationes medico chirurgicæ* 24. cum M. LYSERI editionibus posterioribus prodierunt, in quibus sunt ossa fetus de abdomine extracta, atreta, acus deglutita ex crure erumpens. Eæ cum adnotationibus *Jos.* LANZONI Dresdæ recusæ sunt 1691. 12. VAT. In *Epist.* BARTHOL. *Cent.* II. n. 56. Patavina nova præceptori indicat, ut *Ant.* MOLINETTI sententiam de circulatione sanguinis, quam admittebat. Vidit apud eum anastomosin vasorum epigastricorum cum mammariis. IDEM ossa pubis discedere docuit. MOINICHENIUS ductum thoracicum ostendit, & aliqua vasa lymphatica cum receptaculo. In *Cent.* II. n. 60.

de

de *Dom. de* MARCHETTIS ostensionibus agit, thoracici ductus : & de continuitate arteriarum cum venis per experimenta demonstrata. In *Epist.* 70. alia narrat, Patavii sibi ostensa : & de ductu pancreatico duplici, quem MOLINETTO ipse demonstravit. In *Epist.* 87. de incisa Patavii femina gravida, vasis splenicis in gyrum convolutis, septo cordis perforato ex MOLINETTI ostensione. In *Ep.* 97. aorta squamis osseis varia.

§. CCCCXXVIII. *Ludovicus de* BILS,

Vel BILSIUS, Dominus in Coppendam, Prætor oppidi Ardenburg, miro quodam amore anatomes incitatus, primum sceletos nonnullas, & ossicula auditus Leidensi theatro donavit, deque iis scriptum edidit *Anatomisch vertoon van het gehoor* Brughe 1655. 4.* latine recusum cum iconibus non optimis. Laudat tamen *J. v.* HORNE, quod BILSIUS novo instituto organum auditus per suturas in quatuor partes dissolverit.

Eodem anno prodiit *Vertrog van eenigen anatomische stucken door Sr. L. de* BILS Amsterdam 1655. 4.* quo dona sua recensuit.

Inde varia artificia anatomica cepit publicare : anatomen incruentam (*x*), & novam artem condiendorum balsamo corporum, ut incorrupta manerent. Ejusmodi cadavera, sed immenso pretio, ut 25. florenos pro inspiciendis quatuor speciminibus posceret, pro tota arte & suis thesauris vero 120000. flor. exegerit, in Exemplare fusioris codicilli anno 1656. signato, & sæpe edito ut Roterd. 1661. 4.* a ZASIO. Belgice *kopye van zekere ampele acten van L. de B. rakende de wetenskap van oprechte anatomie des menschelyken lighams* Roterdam 1654. 4. GUNZ. Germanice *Copie einer weitläufigern Notification, betreffend die wahre Anatomie des menschlichen Leibes* 1659. 4. BOEHMER. Anglice *treat. touching the skill of a better way of anatomy* Lond. 1659. 8. & *The hopes of a large art &c.* London 1659. 8. Tum in *berigt aan de liefhebbers der Anatomie* Roterdam 1659. 4. Neque hæc artificia viri *Johanni v.* HORNE displicuerunt, qui BILSII anatomicum thesaurum suppellectile argentea redimere voluerit (*y*). Flexilia enim membra manebant, & apta dissectionibus (*z*).

Multæ inde lites ortæ sunt, & *Ludovicus de* BILS asperam *epistolam ad T.* BARTHOLINUM parum sibi faventem Roterodami 1661. 4.* edidit. Eam BORRICHIUS *Laurentio* JORDANO tribuit (*a*).

Deprædicavit laudes BILSII *Antonius* DEUSING in *appendice de admiranda anatome nob.* BILSII Groningæ edita & Roterdami 1661. 4.* recusa.

Huc puto pertinere *L. de* BILS *waarachtig vertoog der handelinge van de Anatomie* Roterdam 1668. 8. HEISTER.

(x) *Tob.* ANDREA p. 85.
(y) *Waarschouwing.* p. 31.
(z) *Tob.* ANDREA l. c.
(a) *Ep.* ad BARTHOLIN. 91. *Cent.* III.

Denique cum multum litigatum fuiſſet de his mumiis, Lovanienſes non modico 22000. florenorum pretio earum aliquas emerunt, arcanasque artes BILSIUS GUTSCHOVIO aperuit. Ita adparet ex *reſponſione ad epiſtolam Tob.* ANDREÆ, *qua oſtenditur verus uſus vaſorum hactenus pro lymphaticis habitorum, & hiſtoria memorabilis, quæ auctori occaſione balſamationis potiſſimum Lovanii evenerunt* Roterod. 1669. 4.* Marpurg. 1678. 4. TREW. Non balſamo, ſed ſalino liquore utebatur, & ex putridorum cadaverum vapore phthiſicus periit (*b*), ipſæ mumiæ brevi tempore computruerunt (*c*), totaque res in fabulam evanuit. Incruenta anatome aut injectis vinculis (*d*), aut conpulſo in venas liquori congulanti adſcripta eſt (*e*). Salem mirabilem, quæ ſuſpicio erat HEUCHERI (*f*), negat CARTHEUSERUS ad eum finem valere (*g*).

Sed aliæ lites BILSII propius ad anatomen ſpectant. Edidit nempe Roterodami 1659. 4.* & 1661. 4.* & alias *Epiſtolicam diſſertationem, qua verus hepatis circa chylum & pariter ductus chyliferi hactenus dicti uſus docetur.* Vaſa lymphatica ex anulo quodam imi colli, qui inſula eſt ductus thoracici, ad omnes partes humani corporis ſuccum ſuum vehere docet, ex quo reliqui totius corporis humores ſeparentur. Chylum in venas meſentericas ſorberi, quæ vinctæ cinereum ſanguinem ex vulnere emittant. Belgice prodiit *waaragtig gebruyk der tot noch too gemeende gyl buys beneffens de verryzenis der lever* Roterd. 1658. 4.

Deinde cum in BILSIUM *J. v.* HORNE & P. BARBETTE ſcripſiſſent, reſponſum eſt BILSII nomine *kort berigt van de waarſchouwinge van* J. HORNE *en op de aanmerkingen van Paul* BARBETTE Roterdam 1660. 4.* cum icone gyri ſui ex cane depicti, oppoſita ductui chylifero HORNIANO, additis teſtimoniis Roterodamenſium. Latine vertit G. BUENIUS Roterod. 1661. 4.*. Inanes lites.

Contra hanc hæreſin univerſa pene cohors anatomica inſurrexit; BARTHOLINI ſchola, *J. v.* HORNE, *Paulus* BARBETTE, *J. Henricus* PAULI, denique *Fridericus* RUYSCHIUS. Donec victus experimentorum numero BILSIUS, alioquin latinæ linguæ imperitus, vadimonium provocatus bis deſeruerit (*h*), & ſententiam priorem moderari ſit coactus, ut fermentum quidem per medium tubulum vaſorum lymphaticorum refflueret, alimentum vero per muſcoſam, ut vocat, naturam duabus tunicis interceptam mearet, cui valvulæ nullum impedimentum obponant: Chyli etiam minor pars per medium tubulum ad gyrum veniat, major in tunicarum intervallum effundatur. Denique ſilentium inimicis ſolum oppoſuit. Vide eamdem *Epiſtolam reſponſoriam ad Tobiam* ANDREÆ Roterod. 1669. 4.* excuſam, quam diximus.

EJUSD.

(b) CLAUDER. *balſ.* p. 130.
(c) BORRICH. *hermet. med.* p. 210. & BILS. ad ANDR. p. 42.
(d) BORRICH. *Ep.* ad BARTHOLIN. 89. *Cent.* III.
(e) GRAAF *de uſu ſiphon.* p. 534.
(f) *Ars magna anat.* n. 45.
(g) *Pharmac.*
(h) Semel a *Petro* HOFWENIO provocatus HORNE *Waarſchouwing*; altera vice ab *Henrico v.* MOINICHEN, BARTHOLIN. *caſtig. ep. maledica.*

EJUSD. *Anatomische beschryvinghe van een waanschepzel* Middelb. 1659. 4.*. Puer biceps, bipes, cum aliqua anatome. Latine vertente BUENIO Roterodami 1661. 4.*.

Opera BILSII cum titulo *inventorum anatomicorum antiquinovorum cum Cl. virorum epistolis & testimoniis conjuncta* prodierunt Amstelodami 1682. 4.* interprete BUENIO, cum nonnullis aliorum, non magni momenti epistolis. Idem titulus est Noriberg. 1684. 4. Specimina anatomica audiebant in editione Roterodami 1661. 4.* sed deerant nuperiora.

§. CCCCXXIX. *Carolus le* NOBLE,

Rothomagensis. EJUS *observationes raræ & novæ de vasis lacteis mesentericis & thoracicis* Paris. 1655. 8. & Rothomag. 1655. 8.*. Ductus thoracicus & vasa lactea ex quatuor humanis cadaveribus depicta. Sed contendit minorem partem chyli per ductus PECQUETIANOS in subclavias venas ferri. In ductu thoracico limpidum humorem repertum esse. Cisternam citat visam GUIFFARTO. Per venam Portarum, vasa chylifera inflata fuisse. Adjecta est RIOLANI *Epistola*.

Deinde *appendix ad eam epistolam*, in qua recte monetur, plerumque in unicam, & sinistram, subclaviam venam ductum thoracicum chylum infundere.

Guilielmi de HENAUT, Rothomagensis, *clypeus, quo tela in* PECQUETI *cor a Cl. C. le* NOBLE *collega suo conjecta infringuntur & eluduntur*, Rothomagi 1655. 12. LIND.

Histoire de deux monstres, le premier d'un corps humain, l'autre d'une brute Paris 1655. 4. cum figg. D'ETR.

§. CCCCXXX. *Varii.*

Caroli FRACASSATI *oratio in funere* B. MASSARII 1655. 4. Egregium fuisse anatomicum.

Carolus M. MALPIGHII amicus fuit, Professor Bononiensis & Pisanus: dedit ad MARCELLUM *epistolas de lingua, & de cerebro* Bononiæ 1665. 12.* cum *Tetrade anatomicarum epistolarum* excusas, tum alias. Præcipua laus FRACASSATI est in experimentis infusoriis, quæ variis cum liquoribus instituit. Inventum sibi tribuit meatum, qui ducit in vesicam piscium aeream. WILLISII nuperum systema nervorum cerebelli a nervis cerebri officio suo differentium refutat.

Linguam describit vitulinam, & caninam. Papillas perforatas posteriores bovis dicit. Papillas linguæ in piscibus nullas esse. Figuræ diversæ salium, sales plantarum ex *Antonio* OLIVA. Eodem cum MALPIGHIO tempore scripsit, neque amicus amico sua inventa aperuerat.

In Bibliotheca MANGETI hæc redeunt.

Claudii QUILLET sive CALVIDII LÆTI *Callipadia s. de pulchræ prolis habendæ ratione*

ratione Poema didacticum Leid. f. Parif. 1655. 4.* Leid. 1708. 8.* Parif. 1656. 8.* Gallice Paris 1709. 8. Latine & Gallice Parif. 1749. 12. NEAUME. Anglice Lond. 1718. 8. Auctor chirurgus, inde *Abbas*, minime malus poëta, coelebs, qui amaverat, Aftrologiæ deditus, nimium prurienti fubinde ufus eft calamo. L. I. cecinit de pulchritudine. L. II. de conceptu multa fabulofa profert, tum de graviditate agit & partu. L. IV. Virgines hortatur, ut dent fe bonis ftudiis. Multis LUDOVICUM XIV. monet, ne uxorem Italam ducat, non fatis nobilem. Editio pofterior Parifina mihi Lipfienfis videtur, & auctior eft.

Petri DIANÆ, Utinenfis, *Difputationes duæ* I. *de concoctione* II. *de femine* Utini 1655. 4.*. Semen muliebre defendit contra ARISTOTELEM, cæterum totus fcholafticus, & absque experimento. De lotio pallido phreniticorum.

Du MOULIN *Anatomie* Genev. 1655. 8. 2. partes. Catal. anonymus.

ROMPHILE *chiromantie naturelle, de la nature & des caufes des lignes de la main . . . de la divination & des jugemens que l'on tire avec les figures des mains* Paris 1655. 12. NEAUME.

Claudii BONNET *Epitome univerfam Dan.* SENNERTI *doctrinam fumma fide complectens &c. ab omni hæretica pravitatis fufpicione libera* Avenion. 1655. fol. LIND.

J. Baptifta GARZAROLI *epitome quæftiuncularum de coitu f. de opportunitate coitus* Utin. 1655. 4. PORTAL. Spiritum feminalem ftatuit.

Caroli de St. GERMAIN *traité des fauffes couches* Paris 1655. 12.

HIGRÆUS *van de medicyne en chirurgie* Amfterdam 1655. 4. RUFFORTH. ignotus mihi fcriptor.

Reformed commonwealth of Bees Lond. 1655. 4. OSB. *Reformed virginian filkworm* ibid. Forte ad phyfica magis fecerit.

T. STANLEY *hiftory of philofophy containing thofe on whom the attribute of wife was confered* Lond. 1655. & alias.

§. CCCCXXXI. *Varii.*

J. MICHAELIS & R. M. SULZBERGER *de fingultu* Lipf. 1655. 4. B. THOMAS.

EJ. *de fudore & fudoriferis* Lipf. 1661. 4. B. THOMAS.

Valentin MOELLENBROCCIUS *de ventriculo* Erfurt 1655. 4. HEFT.

De eodem Diff. II. ibid. 1656. 4. HEFT.

J. Andreæ SCHMITZII, Sufatenfis, *Objectiones adverfus differtationem de lacte Antonii* DEUSING II. Groning. 1655. 12. cum DEUSINGIO.

Andreæ RIVINI *de pollinctura f. balfamatione* Lipf. 1655. 4.*.

Henrici HILDERS *de generatione fpiritus animalis ejusque operationibus — & nonnullis capitis affectibus* Leid. 1655. 4. HEFT.

J. SIMON *de generatione* Witteberg. 1655. 4. VATER.

Ej. *de generatione æquivoca* Witteberg. 1659. 4. HEFT.

Ej. *Diversicolor ovium fœtus, opere* JACOBI *Patriarchæ productus* Witteb. 1668. 4. 1675. BURCKH.

Joh. HOMBORGII *Exercitatio physica* III. *de vita & morte* Helmstadii 1655. 4. HEFT.

Ej. *Exercitatio* V. *de visu* ib. 1655. 4. HEFT.

Ej. *Exercitatio* VI. *de auditu* ibid. 1655. 4. HEFT.

Ej. *Exercitatio* VII. *de odoratu* ibid. 1655. 4. HEFT.

Dionys. GUERIN & *Abr.* THEVART *Ergo melancholici brevioris vitæ* Parisiis 1655.

J. RIOLAN & *Nic.* MORIN *Ergo hepar sanguificationis opifex* Paris. 1655.

Nic. le LETIER & *Phil.* CHARTIER *Ergo imaginatio operatur* ad extra Paris. 1655.

Alani LAMY & *Aegidii le* BEL *Ergo tactus quam reliquorum sensuum voluptas major* Paris. 1655.

Dionys. ALLAIN & *Caroli* PATIN *Ergo nutricis subfuscæ lac salubrius* Paris. 1655.

§. CCCCXXXII. *Iterum Varii.*

Bartholomæi BAUSNER, Transsylvani, *de consensu partium corporis humani* L. III. Amstelodami 1656. 8.*. Theologus de medicina scripsit, partes singulas corporis humani percurrit, earumque usum dixit, & cum aliis nexum.

Christophori BENNET *theatrum tabidorum* Londin. 1656. 8.* & sæpe alias. Aliquæ exercitationes argumenti sunt physiologici, ut de subactione alimentorum; de saliva acida; de colore sanguinis, cum nonnullis experimentis.

Virorum eruditorum de circulatione sanguinis disceptationes, conjunctim prodierunt Leid. 1656. 4.*. R. DRAKE, J. PRIMIROSE, J. WALÆI & *Henrici* REGII, quæ diximus, opuscula.

Valentin Henric. VOGLER, Professor Helmstadiensis, *de chyli generatione & motu* Helmst. 1656. 4.*.

EJUSDEM *Institutionum physiologicarum* lib. *quo natura elementorum, mistionis ac temperamenti dilucidatur* ibid. 1661. 4. VAT.

EJUSD. *Physiologia historia passionis* J. CHRISTI ibid. 1673. 4. LIND.

Leonhardi SIMON *Gelodachrya*, i. e. *de naturali & præternaturali risu & fletu cæterisque humani intellectus proprietatibus, cum physiognomia* Messan. 1656. 4. MANGET.

BOSSE *representation de diverses figures humaines avec leurs mesures* Paris 1656. 12. *B. van der* AA.

Aegidii

Aegidii MARINII *de naturæ humanæ principiis s. de compositione hominis Poëma* Paris. 1656. 12.

Joh. CHICOT *epistola & dissertationes medicæ de somno & vigilia &c. cum aliis pathologici argumenti* Paris. 1656. 4. LIND.

BERTRAND *Anatomie françoise en forme d'abrégé* Paris 1656. 8. OSB. An forte IDEM p. 325.

J. Christian KIESLING *de singultu* Argentorat. 1656. 4. HEFT.

Melchior ZEIDLER *de respiratione piscium* Jenæ 1656. 4.*.

H. BESEM *de partibus in ore contentis* Leid. 1656. 4.

Franc. de la CHAMBRE & P. CRESSE' *Ergo totus homo ex facie* Paris. 1656.

Fr. BOUTONNIER & *Petri le* LARGE *an quæ statim ex purgatione concipiunt, citius pariunt* Paris. 1656.

Germ. HUREAU & *Edm.* CHARTIER *Ergo manifesta in oculis arcana cordis* Paris. 1656.

J. de BOURGES & *Ant.* MORAND *Ergo aliqua pulmones inter & testes sympathia* Paris. 1656.

J. Christiani AGRICOLA *aliqua* de vasis lymphaticis habet inter epistolas BARTHOLINI T. I. *Cent.* II. & quemdam JOHN citat, qui septem annis ante BARTHOLINUM vasa lymphatica se vidisse adfirmaverit.

Petrus SCHUMACHER, celebris ille inde Comes *de* GREIFFENFELD, de puella hirsuta ad BARTHOLINUM retulit *ep.* 80.

Jacobus HOLST aliqua de lymphæ usu scripsit in *Ep.* 68. *Cent.* II. BARTHOLIN.

EJ. *de flammula cordis* Diss. Hafn. 1669. 8.* HIPPOCRATIS de eo igne sententia: de pinguedine, ejus ignis alimento: de sede ejus ignis in carne sinistri ventriculi posita.

§. CCCCXXXIII. *Thomas* WHARTON,

Primus anatomicorum, occasione prælectionum ei ex officio mandatarum, glandulas corporis humani ex ordine a capite ad calcem enarrandas suscepit. Appendicem habet glandulæ maxillaris. Earum glandularum externam faciem, pondus, ductus excretorios, succum secretum, alias conditiones recensuit: ut tamen fere ubique solis brutorum animalium corporibus uteretur. Ductum ad latera linguæ, veteribus notissimum, a nuperis per 130. annos neglectum suscitavit, eique nomen suum imposuit. Mesenterii duas laminas, & interpositam cellulosam telam dixit. Placentæ etiam, ovarii, testiumque historiam dedit. Ex nervis plerosque humores secerni docet, cum GLISSONIO, cujus auxilium laudat. EJUS *adenographia* prodiit Londini. 1656. 8.*. Vesaliæ 1675. 12.* & recusa est in B. MANGET.

§. CCCCXXXIV. *Johannes* RHODIUS,

Non quidem incifor, cæterum & diligens librorum lector, & in adnotandis Profefforum Patavinorum inventis accuratus, aliqua edidit, quæ ad rem anatomicam faciunt. *Obfervationum medicinalium Cent.* III. Patavii prodierunt 1657. 8.* recufæ cum P. BORELLO Francofurti 1676. 8.*. Breves funt adnotationes. Puer dentatus in lucem editus. Dentes fera ætate aut primum confpicui, aut renafcentes. Ignis dentibus excuffus. Ingens robur non dentium adeo quam mufculorum caput extendentium. Lac virgineum. Pulfus inordinati, nulli. Afiti, etiam potu abftinentes. Ruminans homo. Membrana inteftini excreta. Urina per alvum egefta: mefenterii pars, & veficula fellea offea. Urinæ varietates, & hydrargyrus per urinam ejectus. Mulier barbata. Virgo in virum mutata ex *Pompeji* CAIMI auctoritate. Longa clitoris. Menfium varietates. Ovum ex muliere. Monftrifici partus. In venis vermes. Sed nimis multa ex auditu, nofter repetit.

EJUSD. *Mantiffa anatomica ad T.* BARTHOLINUM Hafn. 1661. 8.*. Adnotationes in theatro Patavino factas continet, varietates futurarum, mufculorum, venam dorfalem. Cartilagines coftarum offeæ. Cor appendiculatum, a PLAZZONO dictum. Vena fine pari ramos edens, quos folet vena intercoftalis. Vena fine pari nulla, ejusque loco duæ venæ intercoftales fuperiores. Ligamentum finiftrum hepatis. Vena cava cæca, ut in noftra adnotatione. Anaftomofis inter venam fplenicam & renalem. Ductus pancreaticus duplex. Vafa lactea anno 1634. a J. VESLINGIO oftenfa. Ren unicus, ren acceſforius. Varietates vaforum. Lacunæ PLAZZONI. Numerus adnotationum eft 60.

EJUSD. *Obfervationes pofteriores* in Act. Hafn. IV. n. 28. Afitiæ. Puer absque femoribus, pleraque practica.

De Celfo RHODIANO, qui in fua Bibliotheca fit, aliquoties T. BARTHOLINUS. Ad CELSUM nempe RHODIUS varias lectiones, notulas & lexicon paraverat *Cent.* IV. *Epift.* 34. & 61.

In *Lexico* SCRIBONIANO aliqua huc faciunt, ut de mammofo adolefcente.

§. CCCCXXXV. *Francifcus Mercurius van* HELMONT,

Filius J. BAPTISTÆ, etiam magis fingularis (*i*) fuo patre, vagam vitam amplexus, alchemifta, & cabalifta, diu Hanoveræ vixit, & BOERHAAVIO pariter atque LEIBNIZIO innotuit, atque provectam valde ætatem adtigit. Ejus *alphabeti veri naturalis hebraici breviffima delineatio* prodiit Sulzbaci 1657. 12.*. Germanice recufa, *kurzer Entwurf des eigentlichen natürlichen Alphabets der Heil. Schrift &c.* ibid. 1667. 12.*. Res ipfa vera eft, nempe linguæ motus defcribuntur, quibus quæque litera exprimitur, novo ftudio, & meliori, quam antea

(i) Metempfychofin ftatuebat, & in fcypho puerum creare tentavit.

tea factum fuerat. Id nimium linguam, dentes & uvulam figura sua characterem exprimere, quo Hebraei quamque literam depingunt. Ex hac literarum generatione noster exponit, ut possit surdus doceri, dum nempe discit lingua sua quamque literam Hebraicam imitari. Organa etiam vocis & loquelae describit. Surdum hominem intra 20. diem a se ipso didicisse pronuntiare. Mira quaedam accedunt de robore ab aëre pendente, deque aëris circulatione per abdomen, per artus, ut iterum in pulmonem redeat. Undique aliquid in corpus animale ex aëre adtrahi, etiam per capillos: de eorum natura cornuum analoga. De sympathia & similitudine fetuum atque parentum.

Ejusd. sunt *the paradoxal discourses of* F. M. *van* Helmont *concerning the macrocosm and microcosm, or the greater and lesser world and their union, set down in writing by* J. B. London 1685. 4.*. Belgice vers. a C. K. *paradoxal discourse ofte ongemeene meeningen van de groote en kleyne wereld &c.* Amsterdam 1693. 12. *v.* Beughem. Germanice *Paradoxal discours, oder ungemeine Meinungen von der grossen und kleinen Welt und derselben Vereinigung* Hamburg 1691. 8. Mirus liber, & non alterum similem inventurus. Multa semina nuperiorum opinionum hic reperias. Primo de macrocosmo, pauca adnoto. Vitam esse, etiam in singulo grano arenae. Spiritum mundi in lapide habitare: eo destructo lapidem in terram abire, quae novo partu in plantam fiat aut in animal, & ex dissoluto animale renascatur, perpetua revolutione. In microcosmo nihilo minus paradoxus, in viro dormientem feminam latere docet; in femina marem dormientem, quod quidem in multis plantis accurate verum est, quas Linnaeus vocat dioecias. Non ignoravit noster ductus pancreatici ramum inferiorem. Virum imaginem feminae recipere, & vicissim viri imaginem a femina recipi: eas imagines descendere in partes genitales. Rahelem cum spiritualiter a Jacobo impraegnata non pareret, & imagines ad caput raperentur, glandes terrae s. Dudaim comedisse, quae imagines deorsum traherent, cum earum natura sit, partem superiorem demergere. Imagines conceptas in aqua suffocari, hinc lacrumas desiderium levare, & lunaticos homines in aquam dimissos sanari. Ex multorum hominum conjunctis imaginibus spectra nasci. Animas revolvi de homine in hominem, & multas adeo in uno homine esse, ut exeuntes ex ordine de uno animae successive repraesententur. Iterum de circulatione aëris per nares in ventrem, inde in artus omnes.

Ejusd. *Observationes circa hominem ejusque morbos per Paulum* Buchium: latine versae per *J. Conradum* Amman, celebrem surdorum doctorem, qui & ipse peculiari religione tenebatur, Amstelodami 1692. 8.*. Editio Belgica *aanmerkingen van des mens en dessels sicktens* Amsterdam 1692. 8. Multa nimis paradoxa, quae neque repeto. Ut omnia marem & feminam facta esse, inde duas nares esse. Cogitationes cum lunae revolutionibus periodicas redire. Et tamen in hoc Ennii stercore auri est non nihil.

Ej. *quaedam cogitationes super quatuor prima capita libri primi* Moysis *Genesis nominati* Amstelod. 1695. 8.* Clem. 1697. 8. Omnia, etiam animalia feminini

minini sexus ex maribus suis per somnum nata esse. Evam caput esse omnium animalium, & in se vim continuisse omnium maternam, ut ADAMUM paternam.

Patris sui opera anno 1644. ediderat p. 418.

§. CCCCXXXVI. *Varii.*

Guilielmi CAVENDISH, Marchionis in NEWCASTLE viri summi, *a general system of horsemanship in all its branches &c.* London 1657. fol. 1743. fol. Germanice *der vollkommene Bereuter* Nürnberg 1700. fol. 1764. fol. Gallice *Methode & invention de dresser les chevaux* Anvers 1658. fol. Lond. 1737. fol. Paris 1743. fol. Suecice Stokholm 1752. 8. In T. II. *directions for the choice of stallions and mares, for weaning and managing of foals, perfect knowledge of horses, osteology and myology of a horse.* Ossa equi barbari vix cava esse, frisico amplum esse in osse tubulum: illum senescere viribus integris, hunc sensim deficere &c.

Lamberti VELTHUYSEN *tractatus duo medico-physici, unus de liene, alter de generatione* Ultraject. 1657. 12.*. CARTESIANUS, in præfatione litigat cum theologis *Gisberto* VOETIO & *du* BOIS. In liene vult sanguinem in statum fusionis & velocitatis evehi, hinc etiam ad venereos stimulos facere. In altero libello HARVEJI adnotationes decerpit, suorumque verborum addit abundantiam.

Opera omnia latine prodierunt Roterodami 1680. 4.

Burchardi WITTEBERG Diss. *pour donner à connoitre la nouvelle dissection sans effusion de sang* Brugge 1657. 4.* pro BILSIO.

Hieronymi OCCHI *de febribus & humoribus* Venet. 1657. 4.

Caroli PATIN GUIDONIS F. potissimum in antiquitatibus sibi placentis Disp. *Non ergo anima rationalis sui domicilii architecta*, respondente *Fabiano* PERREAU Paris. 1657. fol. pat.*.

EJ. *Vanam esse astrologiam, medico plane indignam* Patav. 1681. 4. LIND.

EJ. *Theoremata physico-medica de vita & morte* ibid. 1685. 4.

EJ. *Idea capitis humani* Oratio habita in archilyceo patavino 5. Nov. 1686. Patav. eo anno 4.* edita, nihil habet utile.

EJ. *Circulationem sanguinis veteribus notam fuisse* Patav. 1685. 4.

In E. N. C. *Dec.* X. *ann.* 10. describit monstrum biceps, duplicatis visceribus, intestinis in unum coalescentibus.

Samuel PURCHAS V. D. M. *theatre of political flying insects, the Bee* London 1657. 4.*. Nuperior *Carolo* BUTLER, neque indoctus homo. Feminam esse, quæ Rex dicebatur: veras tamen feminas facit apes operarias, quæ a fucis, ut maribus, impraegnentur. Multa de moribus animalis, consensu reginæ ad emittendum examen, nece junioris reginæ quando regina mater examen recusat dimittere, voces petentis & similia.

Raymundi RESTAURAND *monarchia microcosmi* Paris. 1657. 4.

EJ. FIGULUS *exercitatio de principiis fetus* Arausione 1657. 8. resp. FIGULO. ex catalogo.

EJ. *Responsio* FIGULI *ad lutosas figulo figuli animadversiones* ibid. 1658. 8.

EJ. HIPPOCRATES *de natura lactis & ejus usu* ibid. 1667. 8.* ex chylo generari.

EJ. *Magnus* HIPPOCRATES *Cous redivivus* T. I. continens *Physiologiam* Lyon 1681. 12. BEUGHEM.

ID. *Contra circulationem sanguinis* ZOD. MED. GALL. V.

Gabrielis FONTANI *de veritate* HIPPOCRATICÆ *medicinæ stabilita — in qua dogmata medica, etiam physiologica contra* PARACELSI *& Hermeticorum placita clarissima promulgantur.* II. *Apologeticum adversus* HELMONTIUM, *quatuor humores* GALENI *non esse fictitios* Lyon 1657. 4. LIND.

Attilii BULGETII, Patavini, *de cordis adfectionibus* L. III. *nec non* l. *de morbis venenatis & venenis* Patav. 1657. 4.*. Negat arteriis facultatem pulsificam, & pulsum impellenti sanguinem cordi tribuit, ex proprio experimento.

Gaspar HANNASCH *Miscellanea medica* Basil. 1657. 4. Fere anatomici esse argumenti.

Michaelis SENNERTI, Professoris Wittebergensis, plusculæ disputationes sunt. EJ. *de dentibus* Witteberg. 1657. 4. PL.

EJ. *Quæstiones medicæ miscellaneæ* Witteberg. 1660. 4.*. An feminæ semen habeant. De partium nutrimento, uteri & mammarum consensu, renum in præparando sanguine ad seminis secretionem officio, usu pinguedinis, numero costarum femininarum.

EJ. *de cerebro* Witteberg. 1662. 4.*.

EJ. *de sanguine* ib. 1664. 4. PL.

EJ. *de ossibus in genere* ib. 1664. 4.*.

EJ. *de corde* ib. 1664. 4.*.

EJ. *de intestinis* ib. 1664. 4.*.

EJ. *Casus geminus lactis e vena aperta educti* ib. 1670. 4. VAT.

Joh. WERGER *de generatione æquivoca* P. I. —— P. posterior Witteberg. 1657. 4. HEFT.

EJ. *de somniis* ibid. 1657. 4.

Ph. CHARTIER & *Mich.* DENYAU *Ergo ingeniosi ad risum & fletum proclives* Paris. 1657. 4.

Nic. MORIN & *Lud.* GALLAS *Ergo qui cæteris præstant mente, minus præstant corporis valetudine* Paris. 1657.

Philip. DOUTE' & *Francisci* GOUEL *Ergo canities a timore* Paris. 1657.

§. CCCCXXXVII.

§. CCCCXXXVII. *J. Jacobus* WEPFER,

Scaphusinus, vir eximius, & in toto ambitu medicæ artis inter principes enumerandus. EJUS *observationes anatomicæ ex cadaveribus eorum quos sustulit apoplexia cum exercitatione de ejus loco adfecto* prodierunt Scaphusiæ 1658. 8.* 1675. 8.* Amsterdam 1681. 8. LIND. 1724. 8.* Leid. 1734. 8. Venet. 1759. *Cat.* TOURN. Prima editio reliquis parcior, quatuor tantum incisorum cadaverum historias continet. Apoplexiæ causam ponit vir Cl. in quacunque causa, quæ sanguinis ad cerebrum accessionem impediat. Exercitatio de loco adfecto amplior est & utilissima, & plurima ad cerebri anatomen continet. Fuse pugnat contra RIOLANUM, & spiritus in cerebri ventriculis habitantes. Rete mirabile solidis rationibus fultus evertit: gyrum carotidis ad latus sellæ equinæ depingit. Vasa multa & capillaria per ipsam cerebri, quam vocant, substantiam decurrere: nullos a carotide interna ad ephippii latus in duram membranam ramos venire, quod injecta aqua crocata expertus est. Foramina parietalia, & eorum arteriæ ad duram matrem euntes: aliæ duæ supra oculorum tabulatum. Venas utique in cerebro dari, ab arteriis distinctissimas. Carotidis internæ per cerebrum divisio; vasa minima, quæ ex pia matre se in cerebrum demergunt. Conjunctio carotidis cum arteriis vertebralibus. Ex ea communicatione numerosi ramuli. Rami arteriæ vertebralis. Polypi in sinubus cerebri. Contra vias catarrho a scholis adscriptas, ante SCHNEIDERI opus: duram matrem nusquam patere, & omnia cranii foramina esse plenissima. Uteri humani anatome.

In editione 1675. Cl. WEPFERUS sedecim alias incisorum cadaverum apoplecticorum historias addidit, partim ab amicis communicatas, partim ex schedis Cl. J. BURGOWER. In editione 1724. undecim historiæ aliæ undique collectæ accesserunt.

EJ. *de dubiis anatomicis epistola ad J. Henr.* PAULI Argentorat. 1665. 8.* addit LINDENIUS editionem Noribergensem 1664. 4. Nihil de chylo ad hepar ferri. Vasa lymphatica ligamenti lati. Lympham super ignem in gelatinam & membranam coire. Hepar totum glandulis fieri, ante MALPIGHIUM.

EJ. *Historia anatomica de puella sine cerebro nata* Schafhus. 1665. 8. LIND. & in E. N. C. *Dec.* I. *ann.* 3. *obs.* 129. tum in MANGETI *theatro.*

EJUSD. *Cicutæ aquaticæ historia & noxæ* Basil. 1679. 4.* 1716. 4.* Leid. 1733. 8.*. Eximium opusculum, in quo innumerabilia adnotata sunt ad intestinorum & ventriculi fabricam, motum peristalticum & antiperistalticum, munera; valvulam pylori; glandulas duodeni & intestinorum: ad cordis motum per flatum suscitabilem; ad diaphragmatis motum. Ductus ab hepate in cystidem. Pleraque auctoris, aliqua HARDERI, BRUNNERI & aliorum amicorum. Præsidem systematis nervosi statuit, ARCHÆI non disparem. Non possunt in nostra brevitate recenseri, quæ bona in his experimentis continentur, quem cuique anatomes cupido oporteat esse notissimum librum. Caput de glandulis ventriculi redit in B. MANGETI. Historia, quam promittit ventriculi, nunquam prodiit. Aliqua eo facientia hic reperias. Motus ventriculi ad vomitum: motus ejus antiperiſtalticus. Villi ventriculi. Fibræ, ipſa gallorum *cravate ſuiſſe.* Succus ventriculi. Folliculi.

Poſthumas reliquit numeroſiſſimas cadaverum morboſorum inciſiones, quibus bonus ſenex, apud magnates ubique gratioſus, diligentiſſime vacaverat. Earum partem, *Obſervationes* nempe *medico practicas de adfectibus capitis internis & externis* Nepotes ſummi viri ediderunt *Bernhardinus* WEPFER & *Georg Michaël* WEPFER Scaphuſ. 1727. 4.*. In magna collectione, præter plurima ad vitia motus & ſenſuum internorum & externorum pertinentia, capita aliqua monſtroſa deſcribuntur, cerebri nempe herniæ. Præmittitur vita optimi ſenis, in cujus inciſo corpore aorta arteria late ſquamis oſſeis variata reperta eſt.

Obſervationes *de adfectibus pectoris* una promiſſæ, nondum prodierunt.

Egregia monumenta magni viri exſtant in E. N. C. In *ann.* I. de liene magno inciſo.

In *ann.* II. *obſ.* 251. Anatome caſtoris, cum ejus animalis ventriculo undique intus villoſo, glandulis ejus compoſitis, valvula coli, ejusque inteſtini cellulis. Caſtorei folliculi, aliique ad latus recti inteſtini.

Ib. *ann.* II. *obſ.* 174. fetus absque galea cranii per foramen in cervice reſpirans.

Ej. *Epiſtola de puella ſine cerebro nata* recuſa eſt in E. N. C. *ann.* III. *obſ.* 129. iterum valde memorabile ſcriptum, cum aliis, tum ab amicis, tum ab ipſo WEPFERO diſſectis monſtris fetubusque cranio & cerebro deſtitutis.

Ib. *obſ.* 167. glandulæ leporum ad anum, adipe plenæ, cum ſuis ductibus. Bulbum urethræ ejusque glandulas ex variis animalibus hic auctor deſcribit, occaſione arietis hermaphroditici ſ. potius urethra aperta præditi, qualem & ipſe dixi. Proſtatarum ſuccum ſemini non miſceri. Eximia diſſertatio.

Dec. II. *ann.* VI. *obſ.* 117. cervi veſiculæ ſeminales & vaſa deferentia.

Obſ. 118. viæ lacrumales cervi.

Ann. VIII. *obſ.* 68. hiſtoriæ hominum cibo abſtinentium.

Vita viri a J. C. BRUNNER ſcripta, reperitur in *Dec.* III. *ann.* 3. app.

§. CCCCXXXVIII. *Georgius Wolfgang* WEDEL,

Profeſſor Jenenſis, ſocrus meæ ſororem in matrimonio habuit, etſi jam anno 1658. ſcriptis innotuit. Non deerat honorato viro ingenium, non linguarum peritia, neque fervens labor, magno etiam in frequente Academia cum applauſu per dimidium ſeculum docuit. Verum ei ſumma accidit calamitas, quæ etiam aliorum bonorum ingeniorum, potiſſimum in Germania impetum depreſſit. In omnes nempe dum medicinæ partes ſe diffundit, & ne antiquitates quidem præterit, non potuit ubique naturam ipſam conſulere: eaque minor viri peritiæ in anatome maxime conſpicua eſt.

Ejus innumeræ fere sunt disputationes argumenti physiologici, fere sexaginta enim annis in cathedra sedit. Ej. Disp. *de consensu partium corporis humani* prodiit Coburg. 1658. 4. Pl.

De insomniis Jen. 1662. 4.

De pollutione nocturna 1667. 4.*.

De vomitu 1673. 4. Riv.

De menstruis 1674. si huc facit Heft.

De visu 1674. hæc melior.

De infantum dentitione 1678. 4. Heft.

De archeo 1678. 4. Heft.

Ej. *de glandula* Hippocratis 1683. 4.

De bile, fermento intestinorum 1684. Vat.

Ej. *Venus modica & mortifera* Jen. 1685. 4. Thomas.

De nutritione & atrophia 1682. 4.*.

De spiritu animali 1682. 4.

De antipraxi viscerum 1683. 4.*.

De consensu partium 1686. *.

De tussi 1688. Heft. & 1714. 4.

Ej. *de naevis maternis* 1688. Thomas.

Physiologia pulsus 1689. Heft.

De bile ejusque morbis 1689.

De hominis animalitate 1690. 4. Heft. B. Thomas.

De insomniis 1690. 4.*.

De notis graviditatis 1690. 4.*.

De balsamatione corporis Christi 1691. B. Thomas.

De valvulis conniventibus 1695. 4.* tum in *Decade* VIII. *exercitationum.*

De circulatione sanguinis 1696.* 1698. Pl.

De vita longa 1707. Heft.

De Syncrisi, & diacrisi humorum 1713. 4.

De tussi 1714. Heft.

De circulatione sanguinis 1714. Heft. nisi eadem est, quæ anno 1696.

De hippomane I. & II. 1720. Heft.

Majores de physiologia libros plusculos edidit.

Ej. *Physiologia medica* Jen. 1680. 4.* 1704. 4.*. Disputationes decem conjunctæ.

Aliud

Aliud opus est *Physiologia reformata* Jen. 1688. 4.* ex disputationibus XV. coalita.

Prior physiologia anatomen aliquam continet, tum historica; neque tamen propria experimenta ulla: altera magis rhetorica & chemica aque anatome remotior est. Animam lucem esse; famem sensationem sulfuris deficientis; medullam ossa alere &c.

Ejusd. *Theoria saporum medica* Jen. 1703. 4.*. Genera saporum constituit, caeterum physiologiam vix adtingit.

In lib. *de morbis infantum* Jen. 1717. 4.* habet monstra & naevos.

In *exercitationibus medico-philologicis*, quarum *Centuria* I. Jenae 1703. prodiit 4.* programmata fere redeunt, inter quae nonnulla argumenti sunt physiologici, ut in primis XX. 8. *de spiritu motore*, archaeum enim Wedelius admittebat, de glandulis in genere & glandulis subcutaneis: de respirationis organis: de uvula vocis plectro: de pulsu: de respirationis usu: de usu glandulae lacrymalis: de bile fermento intestinorum. In *Decade* III. *de sudore* Christi *cruento*: in *Decade* V. *de Balsamatione corporum in genere*, & *speciatim de Balsamatione* Christi, tum *de animalitate hominis*: in X. *de unicornu* & *ebore*. *Valetudinarium senum Salomoneum*. Ibi veram habet adnotationem de pruritu intolerabili, quem senes patiuntur.

In E. N. C. *Dec.* I. *ann.* 2. *obs.* 12. sternum gruis, & asperae arteriae in ejus cavo angulo mirificum gyrum describit.

Obs. 194. cor in dextro latere pulsans.

Obs. 236. Testiculum unicum.

Ann. III. *obs.* 24. Menses per anum egesti.

Dec. II. *ann* I. *obs.* 157. piscem bipedem.

Ann. II. *obs.* 161. de usu peritonaei.

Ann. V. *obs.* 5. 6. uvulae defectus & corrupta inde loquela.

Obs. 78. menses in sexenni puella.

Obs. 56. sanguis ad microscopium ramosus.

In *Act. Hafn.* 1673. *obs.* 44. cor in dextro latere pulsans.

§. CCCCXXXIX. *Henricus* Eysson,

Professor Groningensis, minime malus auctor. Ejus *de officio omenti* Disp. prodiit Groning. 1658. 4. Heft.

Ej. *Tractatus de ossibus infantis cognoscendis* & *curandis* Groning. 1659. 12.*. Unicam possidebat sceleton fetus maturi, neque eam perfectam: ex ea molitus est historiam ossium infantilium scribere: neque tamen malum dedit libellum, diligenter enim & veraciter, quae videbat, descripsit.

Ej.

Ej. *Observationes rariores in nupero subjecto anatomico R. Heinr.* MEIBOM. Groning. 1660. 4.*. Bona Disp. quam in *selectis* meis reddidi.

Ej. Disp. *de fetu lapide facto, in qua ejusdem in utero generatio, in abdomen irruptio, ultra 20. annos retentio, ac lapidescentia explicantur, & confirmantur* Groning. 1661. 12.*. Femina erat, cujus in abdomine anno 1659. fetus lapideus Mussiponte repertus est. Eum docet noster verum fuisse fetum, qui ob durius caput partu edi nequiverit, ruptoque utero sit in ventrem elapsus. Multa de petrefactis collectio.

Ej. *Collegium anatomicum s. omnium humani corporis partium historia examinibus triginta brevissime comprehensa* Groning. 1662. 12. LIND.

Ej. *de functionibus microcosmicis* Disp. VI. quæ est inter DEUSINGIANAS. De ventriculo potissimum & intestinis. Valvulam coli alias conspicuam esse, alias minus. Nervos internos octavi paris per parvam ventriculi curvaturam, externos per majorem circumduci. Lien septo transverso adnatus, particulis cartilagineis varius: pulmo undique adnatus. Polypus cordis. Suturæ abolitæ.

§. CCCCXL. *Varii.*

Andreæ GRAINDORGE *animadversio in fictitiam* FIGULI *exercitationem de principiis fetus* (quæ hic *Raymundo* RESTAURAND tribuitur) Narbone 1658. 8.* Pro scholis, meris ab auctoritate repetitis argumentis militat, & FIGULUM impugnat, nullo suo experimento usus.

Claudius AUBERIUS, Gallus, sub nomine *Vauclii Dathirii* BONCLARI Florentiæ edidit 1658. unico folio *testem examinatum* Jenæ recusum. Testem apri depictum dat. Corpus HIGHMORI pro communi toties testis ductu excretorio habet, in eum convenientes ramos parallelos & serpentina vascula testis, demum ductus efferentes ex corpore HIGHMORI datos delineat. Exstat etiam in *Phil. Transf.* n. 42.

J. SCULTETI junioris *trichiasis admiranda* Noriberg. 1658. 12.* huc referri potest. Pilorum folliculi mobiles in hydropico.

Kenelm DIGBY, nobilis vir sed credulus. Ejus est *discours de la guerison des playes par la poudre de sympathie* Paris 1658. 12. & Anglice eodem anno, tum sæpe alias, & in *theatro sympathetico* Noribergæ 1660. 12.* 1662. 4.*. Aliqua de nævis & monstris.

Ej. *Of the nature of bodies, and the nature of man's soul* London 1658. 4. HEISTER.

Les œuvres de Guillaume THEVENIN *Chirurgien ordinaire du Roi* Paris 1658. ex privilegio, aut 1669. 4.*. Dictionarium græco gallicum huc facit, in quo voces etiam anatomicæ exponuntur.

Jean FOYAUD *nouvelle doctrine sur la connoissance naturelle de l'animal* Toulouse 1658. 8. BURCKH.

Georg Caspar KIRCHMAIER, Professor Wittebergensis, physicus & litterator. EJUS *de vita & morte* Diss. Witteberg. 1658. 4. HEFT.

EJ. *Exercitatio physica responsoria ad introductum nuper in Academia Francofurtana dogma. „ Calorem & motum membrorum naturalem in humano corpore adeoque vitam non dependere ab anima rationali, sed a materie cælesti subtilissima statuens* Witteb. 1659. 4. B. BURCKH. HEFTER anno 1660. 4.

EJ. *Quæstionum illustrium anthropologico-physicarum tetras* ib. 1659. 4. HEFT.

EJ. *de origine vitæ humanæ & potioribus quibusdam philosophiæ Cartesianæ speciminibus* ibid. 1660. 4. HEFT.

EJ. *de visu* ibid. 1660. 4. HEFT.

EJ. *de generatione & conceptione* ibid. 1660. 4. BURCKH.

EJ. *de temperamento* ibid. 1661. 4.

EJ. *de vitæ humanæ unitate; animæ in eum & sub semine propagatione & caloris innati indole* Witteberg. 1661. 4. HEFT.

EJ. *de viribus mirandis toni consoni* ibid. 1672. 4. JORDAN.

EJ. *de passionum animi & corporis morborum traduce* Witteb. 1684. 4. HEFT.

EJ. *de calido innato corporis animæque vinculo* ibid. 1689. 4. B. BURCKH.

EJ. *de Majestate barbæ* Witteberg. 1698. 4. UFF.

Tobiæ Ludovici KOLHANS, Borussi, *de spiritu animali literæ ad J. Daniel* HORST .1658. 8. *le* TELLIER. Lympham acidam fecit.

EJ. *Tractatus opticus* Lips. 1663. 8.

J. Christophori GEILFUS *Institutiones medicæ, historiis, observationibus rarioribus secretisque multis auctæ* August. Vindel. 1658. 12. LIND.

Martinus de LAURENDIERE hoc anno MELAMPUM *de nævis* græce & latine edidit, & CARDANI *metoposcopiam* Paris. 1658. fol.

Guilielmi PISONIS *de utriusque indiæ re naturali & medica* Libri XIV. Amstelodami 1658. fol.*. In L. V. continentur anatomica aliqua, ut sceletus animalis tardigradi *Ai*, quod crura pedemque fere humanum habet, brachia prælonga. Bursa ventralis didelphidis. De felle venenato bufonis *curucu*.

In *Jacobi* BONTII una edita *historia naturali & medica* continentur morbi quidem & morbosorum cadaverum incisiones, quibus tamen suus in physiologia usus est, ut vena cava medullosa & adiposa materie referta.

§. CCCCXLI. *Hieronymus* FLORENTINUS.

Hieronymi FLORENTINI, Monachi, *de hominibus dubiis s. de abortivis baptizandis pia prothesis &c.* Lyon 1658. Lucca 1663. Dissertazione secunda Rom. 1672. Lyon 1675. Venet. 1660. 4.*. Anatomicis potest adnumerari. Scopus est ostendere, incertum tempus esse, quo anima rationalis in fetum infunditur.

tur. Quare, ne quid detrimenti capiat, fetui semper baptismum esse impertiendum, quacunque ætate partu edatur. Refutat eos omnes, qui aliquem animationis certum diem statuunt, citat frequenter scriptores anatomicos, ipsum HARVEJUM, eorumque utitur adnotationibus. Multa de tempore partus. Exemplum fetus 80. dierum, satis formati. Editor ultimæ editionis P. a CUNEO auctorem suum tuetur, fetum a prima origine putat animatum esse. BIANCHUM sibi ostendisse fetum triduanum nucis avellanæ mole, capite jam conspicuo. Nullam esse humanam allantoideam.

§. CCCCXLII. *Varii.*

Henric. Christoph. LOEBER *de oculo* Jenæ 1658. 4. BURCKH.

J. Christian FROMMANN *de consensu partium corporis humani* Coburg. 1658. 4. HEFT.

Samuel HAFENREFFER *de conde ejusque adfectu gravissimo, syncope* Tubing. 1658. 4. HEFT. An IDEM p. 398.

Michael DENYAU & *Petri* POURRET *Ergo solus sanguis purus corporis alimentum* Paris. 1658.

Isaac RENAUDOT & *Dionys.* DODART, quem alias laudabimus, *Ergo pulmonum motus naturalis & insitus* Paris. 1658.

Anton. Joh. MORAND & *Anton.* RUFFIN *Non ergo potest homo extra uterum gigni* Paris. 1658.

§. CCCCXLIII. *Thomas.* WILLIS,

Professor Sedleyanus Oxoniensis, aliquantum nimis hypothesibus (*k*) a chemia repetitis deditus, nimis parce etiam usus opportunitate dissecandorum corporum humanorum, cæterum in anatome minime indiligens. Ejus lib. *de fermentatione s. motu intestino particularum in quovis corpore, alteru de febribus s. de motu earundem in sanguine animalium. Acc. diss. epistolica de urinis,* prodiit Haag. 1659. 8. LIND. Londin. 1660. 8. LIND. 1662. 12.* quæ tertia est editio eademque aucta, 1665. 8. 1677. 8. Haag. 1662. 12. LIND. Amstelod. 1663. 12. 1665. 12. 1669. 12. LIND. Leidæ 1680. 8. LIND. 1683. 8. tum in operibus omnibus. Primus libellus physici est argumenti, caput tamen V. habet de animalibus, in quo fermentationem cordis, ventriculi, sanguinis, lienis, seminis, cerebri & fere omnium corporis humani partium admittit, aque fermentatione morbos omnes derivat, eorumque curationem.

In tractatu *de febribus* sanguinem describit, chemicam ejus dat analysin, ut ex spiritu, sulfure, terra & aqua constet: inde humores GALENICOS rejicit, sanguinis fermentationem naturalem & artificialem adoptat. Circulationem spirituum animalium docet.

(k) Fatetur MEAD *imper. sol. & lun.*

Melior fere est *libellus de urinis*, quarum analysin per exhalationem & *reagentia* commendat. Principia dat chemica, eadem quæ in sanguine, ab iis colores derivat. De crystallis vasi se adfigentibus, & arenulis. De urinarum a vario cibo tinctura.

Ej. *Cerebri anatome cui accessit nervorum descriptio & usus* Lond. 1664. 4.* & 8.* ib. Amstelodami 1683. 12. Præcipuum est auctoris opus, in quo LOWERI scalpello & calamo, WRENIIQUE penicillo adjutus fuit. Omittimus theorias varias, tum animalium incisiones cum humanis mistas, non monito sæpe lectore, ut in arteria spinali: neque nervorum historiam valde laudes, potissimum in visceribus, neque medullæ spinalis vasa. Auctor est hypotheseos de provincia vitali cerebelli: In cerebro animalem facultatem posuit; imaginationem quidem & appetitum in calloso corpore, perceptionem in corporibus striatis, in plicis cerebri memoriam. Corpora pyramidalia, & geminum centrum dixit. Nervum sympathicum magnum a nervo vago separavit. Primus aliqua ad ganglion ophthalmicum adtulit. Multa adeo bona habet, aliqua propria. Rete mirabile recte rejicit, intercostalem nervum ab octavo separat; primus ni fallor, ganglia præcipua constituit, aliquas etiam partes cerebri melius depictas dedit; nervorum paria accuratius recensuit, ut etiam nostro ævo ejus numeri retinentur, admisit in numerum primum & nonum & sextum par. Corpora striata melius a thalamis opticis distinxit. Centrum geminum semicirculare recte depinxit, tum raphen & strias faciei inferioris callosi corporis, bulbos venarum jugularium, anastomosin ramorum anteriorum carotidum, circulum qui dicitur WILLISII, etsi horum postrema WEPFERUS nuper dixerat. Sinus vertebrales repetiit, omissis petrosis FALLOPII sinubus. Injiciebat humores coloratos. Multa eloquentiora lego esse BATHURSTII (*l*). Recusum est opus Lond. 1670. LIND. Amstelodami 1664. 12. ID. 1667. 12. ID. & cum reliquis operibus, inque MANGETI Bibliotheca, sed multo meliores icones sunt duarum quas dixi, editionum.

EJUSD. *Pathologia cerebri & nervosi generis, in qua agitur de morbis convulsivis & de scorbuto* Oxon. 1667. 4. & 12.* Amstelodami 1668. 12. 1670. 12. LIND. 1678. 12.* Leid. 1671. 12. &c. quæ quarta editio dicitur ab auctore locupletata fuisse, denique Genev. 1675. 12. Theoria plurima, spirituum in variam acrimoniam degenerantium, se explodentium &c. Sedem mali non esse in meningibus, sed ipso in cerebro. Adfectionem hypochondriacam pertinere ad morbos convulsivos. Practica omitto.

Contra hæc scripserat N. HIGHMOR. Respondit *Thomas* WILLIS *in adfectionum, quæ dicuntur hysterica & hypochondriacæ pathologia spasmodica vindicata: Accesserunt exercitationes medico-physicæ duæ de sanguinis accensione & de motu musculari*, Lond. 1670 8. ex LINDENIO, Leid. 1671. 12.* & in Bibl. BONNETI. Primum opusculum pathologici est argumenti, quo WILLISIUS confirmat, hypochondriacas adfectiones nervorum vitio fieri. Genus morbi convulsivum esse. Inde *de sanguinis accensione*. Eum sanguinem ait animatum esse, eam animam ab

(*l*) *Critical review.*

ab incendio pendere sanguinis. Hanc flammam in primordiis hominis accendi. *Motum muscularem* fieri a spiritibus ex tendine in carnem se diffundentibus & cum sanguine confligentibus, qui motum fibris communicent. Icones aliquæ additæ, ad STENONII morem. Aliqua experimenta ad motum fibrarum in abscisso musculo fecit. Primus cogitavit de effervescentia, spiritum inter animalem & sanguinem ad fibras musculares inflandas adhibenda.

EJUSD. *de anima brutorum, quæ hominis vitalis & sensitiva est. Exercitationes duæ. Prior physiologica, altera pathologica*, Oxon. 1672. 4.* nitida editio & Londin. 1672. 8.* minori typo, Amstelod. 1672. 12. TOURN. 1674. 12. Anglice vertente PORDAGE Lond. 1683. fol. OSB. Supplementum quoddam anatomes cerebri in priori est exercitatione, in quo varia nova, ut stria a natibus veniens, tribus fibris in corpora striata disjecta: conjunctio duorum centrorum semicircularium VIEUSSENII. De sensibus theoria. Anatome cancri, lumbrici, & ostrei cum eorum branchiis, in quibus arteriæ & venæ, cum corde, venis cavis &c. Icones multæ & nitidæ. Multum hypothesium de spiritibus lucidis degenerantibus. Adjutum se fuisse ab *Edmundo* KING, & a *Johanne* MASTER.

EJ. *Pharmaceutice rationalis s. diatriba de medicamentorum operatione in corpore humano* Pars I. Oxon. 1673. 4.* Haag. 1675. 12. alii Amsterdam 1674. 12. Pars II. Oxon. 1675. 4.* Haag. 1677. 12. Pars utraque Oxon. 1678. vel 1679. 8.* (nam utrumque numerum reperias). Anglice 1679. fol. OSB. Dum hoc opus sub prelo erat, auctor obiit, pleuritide correptus, anno 1675. Vita huic ejus operi adjecta est. In P. I. agit de ventriculo & intestinis, quorum anatomen habet, tunicas sibi succedentes, fibras musculares ventriculi. Minus hæc laudes, & admistæ sunt in ventriculo & intestinis membranæ, quas vix in ipso corpore ostendas, ut glandulosa & vasculosa, quæ sint diversæ a cellulosa. Arteriæ etiam anatome hic reperitur, & de vomitu motuque peristaltico aliqua. Villosam tunicam firmius constituit.

In Parte II. omnino non probes, quæ ostendi non possint, vesiculas pulmonales de ramis asperæ arteriæ pendulas, nervorum mirificas in fibras divisiones, arteriarumque tunicas, cum simili tunica vasculosa & glandulosa. Vasa lymphatica pulmonis hic depicta sunt. Passim corporum morbosorum incisorum historiæ accedunt. Ceram hic commendat cum oleo terebinthinæ mistam, pro injectione. Excerpta in B. MANGETI.

Opera omnia aliquoties prodierunt Lond. 1679. fol. Anglice 1681. 4. Lyon 1676. 4. B. B. Genev. 1680. 4. Amstelodami 1682. 4. edente G. BLASIO. Venet. 1720. fol. TOURN.

§. CCCCXLIV. *Gerardus* BLASIUS,

Amstelodamensis, LEONHARDI f. non LEONHARDUS, Medicus Amstelodamensis & Professor, anatomes amator, & qui studiosis pariter secandi cupidis hospitium præbebat, cæterum plerumque corporis animalium usus. EJ. *Oratio de* *de noviter inventis* Amſtelodami 1659. 4. & a *Corn. v.* BEUGHEM in *prolegomenis ſyllabi ſui recens in re medica phyſica ac chimica exploratorum* Amſtel. 1696. 12.* fere tota recuſa.

EJUSD. *Medicina generalis* Amſtelodami 1661. 12.* compendium anatomicum breviſſimum continet.

Sic *anatome contracta in gratiam diſcipulorum conſcripta* Amſtel. 1666. 12.* breve pariter compendium.

EJUSD. *Appendix ad* F. LICETUM *de monſtris* Amſtel. 1665. 4.*. *Nova rariora monſtra* cum ſatyro indico & muliere cornuta continet. Primo loco monſtra ſunt undique collecta, Satyrus ex Tulpio: homines lapidefacti. Monſtrum BILSIANUM, EVERARDIANUM. Aethiops cui hernia umbilicali congenita. Denique monſtrum HEILANDI, ut intelligas antiquius eſſe ſcriptum.

EJ. *Anatome medullæ ſpinalis*, Amſtelod. 1666. 12.*. Pars magna, quæ de vaſis, ex WILLISIO cum ipſis iconibus ſumta eſt, fere omnia demum ex brutis animalibus. Habet tamen membranam arachnoideam, corticem interiorem cruciformem medullæ ſpinalis, ligamentum denticulatum, nervorum ex ſpinali medulla exitum, piæ matris in fiſſuram medullæ deſcenſum. De fine medullæ ſpinalis dubius eſt. Diſputatio erat, reſpondente *Daniele* GODSKE, minori forma recuſa.

Idem Amſtelodami 1666. 4.* edidit *Syntagma anatomicum* J. VESLINGII *commentario atque appendice auctum*. In *notis* plerumque aliorum ſcriptorum loca comparat. Appendices amplæ recentiorum inventa continent. In ea C. ASELLIUS, deinde de BILSIANA lite ex J. H. PAULI, ex lacteis thoracicis T. BARTHOLINI, tum de lymphaticis, & GRÆFII de ductu pancreatico diſputatio. Ex BELLINO de renibus: ex MALPIGHIO de pulmone. Ex N. STENONIO de glandulis oris, ductibus oculorum & narium: ex SCHNEIDERO de membrana pituitaria: de cerebro & nervis ex WILLISIO; de lymphaticis aliqua ex J. SWAMMERDAMIO anno 1664. oſtenſa, alia ex RUYSCHII nuperrimo opuſculo, alia propria: varia ex HIGHMORO & aliis. Hoc opus Ultrajecti 1696. 4.* recuſum eſt.

Cum *Laurentii* BELLINI exerc. *de renibus & guſtus organo* edidit Amſtelodami 1665. 12.* aliquot exempla renum coalitorum reniſve unici. Recuſus eſt l. Leidæ 1711. 4.*.

Inſtitutionum medicinæ compendium diſputationibus 12. *in Athenæo Amſtelodamenſi publice ventilatis abſolutum* Amſtelod. 1667. 12. LIND.

Neſcio quid occaſione editionis operum *Pauli* BARBETTE editor *J. de* GELDER contra BLASIUM ſcripſerat, reſpondit ob editionem operum BARBETTII hoc anno BLASIUS Amſtelod. 1672. BURCKH. IV. p. 138.

EJ. *Miſcellanea anatomica hominis brutorumque fabricam diverſam magna parte exhibentia* Amſtelodami 1673. 8.*. Anatome primo hominis integra, parum habens proprii. Spinoſum proceſſum mallei dixit. Ductum STENONIANUM

NUM ex homine depingit. Sequuntur additamenta, varietates venæ sine pari: valvulæ coli, & præcipuæ duæ, quæ sunt ad ingressum intestini ilei. Membranæ fetus. Tunc historiæ anatomicæ diversorum animalium, canis primum, hæc fusior. Processus peritonæi apertos defendit, recte si de cane dicit, ductus hepaticos numerosos habet, vasorum varietates, ductum STENONIANUM. Pulmonem quinque vel sex lobis fieri, quorum unus cor sustentat, ubi non bene docet, pulmonem pectus non replere. Fuse de medulla spinali. Tunc anatome simiæ cum colo & cæco humani non dissimili: ductu deferente celluloso cum suo in urethram ostio, diverso a ductu vesiculæ seminalis. In anatome felis zibethicæ ductus pancreaticus. Porro vulpis, gliris, testudinis terrestris anatome, in ista aspera arteria longe bifurcata & in utroque latere in gyrum flexa: cloaca, coli valvula. Inde aves, anas, columba. Iterum vitulus, agnus, porcus. Ex homine rariora aliqua, lien duplex.

Hunc, ut puto, librum alio cum titulo LINDENIUS citat „ *Observata anatomica practica in homine, & brutis variis. Acc. extraordinaria in homine reperta* Leidæ 1674. 8. GRONOVIUS. HAENEL titulum facit *Zoologiam s. anatomen hominis, brutorumque variorum*, cui libro in HAENELII cat. annus est 1676. 8.

Habet MOELLERUS G. BLASII *ontleeding des menschlichen lichams beschreven en in verscheydene figuren afgebeelt* Amsterdam 1675. 8. cum carmine SWAMMERDAMII. Et lego etiam *l. de fetu humano* Amstelodami 1675. 8.

EJ. *Observationes medicæ rariores, accedit triplicis monstri historia* Amstelodami 1677. 8.*. In sex libris plerumque quidem morbosorum corporum dat dissectiones, multa tamen sunt vere anatomica; ut varietates viscerum, vasorum. Lien loco motus, præmagnus. Ilei intestini intro susceptio: cystis fellea alieno loco posita: ductus cholodochus a pancreatico totus separatus. Vesica urinaria nulla & ureteres circa pubem aperti. Vena sine pari duplex: ventriculus duplex, & cystis fellea, ductus choledochus, pancreaticus, lien, ren, ureter: tres testes. Abortus monstrosus, vix hominis figuram retinens. Multa præter naturam ossea, HEILANDI fetus monstrosus & M. HOFMANNI.

EJUSDEM *Anatome animalium terrestrium variorum, volatilium, aquatilium, serpentum, insectorum ovorumque structuram naturalem proponens* Amstelodami 1681. 4.*. Maxima quidem pars collecta ex SEVERINO, HARVEJO, MALPIGHIO, WILLISIO, C. BARTHOLINO, *J. v.* HORNE, WEPFERO, COITERO, SCHRADERO, SYLVIO, NEEDHAMIO, SLADO, BORRICHIO, RONDELETIO, STENONIO, sex prioribus animalibus Parisiis dissectis, *Philos. transactionibus* E. N. C. ACT. HAFNIENSIBUS. Habet tamen utilitatem aliquam, quod in angustum spatium plurimas incisiones animalium contraxerit. *Caroli* DRELINCOURT historiæ non alias excusæ hic exstant, simiæ, hystricis, hac bonæ. Noster pauca sua habet, ex priori opere sumta, erinacei incisionem, tigridis, ardeæ, vespertilionis, ranæ. Historias ovi incubati *Hieronymi* FABRICII, COITERI, VESLINGII, HARVEJI, NEEDHAMI, MALPIGHII, Bombyx etiam MALPIGHII hic redit.

Inter

Inter *Epistolas* T. BARTHOLINI est in *Cent.* III. *Epistola* 43. in qua BLASIUS ductum salivalem STENONIO se indicasse adfirmat, qui *Johanne* BLASIO fratre GERARDI hospite utebatur. Mansit tamen cum STENONII nomine inventum, & ipse BLASIUS cum docto juvene videtur reconciliatus fuisse. Epistola recusa est cum N. HOBOKEN *ductu salivali* BLASIANO Utrecht 1662. 12.*.

Secundam partem observationum anatomicarum anno 1673. 12. editarum G. BLASIO MOELLERUS tribuit, sed est omnino Societatis quinque medicorum opus, quos inter etiam BLASIUS fuit.

§. CCCCXLV. *Paulus* BARBETTE. *Varii.*

Argentinensis, clinicus Amstelodamensis, EJUS *anatome practica* Amstelodami 1659. 8.* 1657. 8. *Cat.* LINDEN. Belgice 1659. 8.* 1663. 8. LAMB. *A. P. ofte ontleeding des menschelycken lichmams*, recusa in operibus *chirurgico-anatomicis*, quæ dicemus. Compendium est anatomicum, cum quo morbi cujusque partis recensentur, & medicamenta. Hypotheses etiam eo tempore celebriores recenset: Peculiare nihil reperi.

Operum collectio duplex anno 1672. 8. prodiit, una Leidæ, altera Amstelodami *. Genevæ curante *J. Jac.* MANGET 1683. 4.* 1688. 4. BURCKHARD. 1704. 4. TOURN. Francof. 1688. 4. BURCKH. Germanice *chirurgische und anatomische Schriften* Frankfurt 1673. 8. TREW. Hamburg 1677. 8. TREW. 1683. 8. curante & emendante *J. Jac.* WALDSCHMIDT 1694. 8. TREW. Lübeck 1692. 8. Leipzig und Lübeck 1700. 8. 1718. 8. TREW. cum notis MANGETI & DEKERI Gallice Genev. 1671. 12. 1675. 8. 1674. 12. Lyon 1687. 12. Anglice 1672. 8. *Transact.* 1675. 8. MARSH. Italice Venet. 1696. 12. TREW.

EJ. *Aanmerkingen op d'anatomische Schriften van L. de Bils* Amst. 1660. 8.*. Contra systema viri de vasis lymphaticis. Aërem ex vena mesenterica in intestinum non erumpere. Non reperiri cinereum in venis mesentericis succum.

Epistola viri est inter BARTHOLINIANAS C. III. n. 67. de vitiosis mumiis & ruditate BILSII.

Thomas WINSTON *anatomical lectures* London 1659. 8.* 1664. 8. Lego etiam titulum *the compleat anatomist being a compendious treatise of the anatomy or dissection of the body of man* London 1664. 4. GUNZ. In Collegio GRESHAMIENSI prælectæ, a discipulo quidem H. FABRICII, neque tamen anatomico. Compendium artis est, aridum, neque propriis dives experimentis. Ne circuitus quidem sanguinis meminit.

Rutger LOEN in *synopsi prælectionum physicarum* etiam sensus tractat 1659. 12.*

J. Conradi WÆCHTLERI *homo oriens & occidens* Francofurti 1659. fol. Physiologia collectitia.

Francisci ULMI (UMEAU (m)) FRANCISCI nepotis, *in circulationem sanguinis* HARVEIANAM *exercitatio anatomica* Poitiers 1659. 4. *du* RADIER.

Henrici

(m) VIMEAU PATIN I. *Ep.* 137.

Henrici CITADINI *paradoxum orthodoxum de homaomeria massæ sanguineæ* Parif. 1659. 8. BOEHMER.

J. MERLET *opuscula medica duo quorum alterum est paradoxum de tussi* Parif. 1659. 12. BUR.

Francisci PLEMPII *munitio fundamentorum* PLEMPII *adversus Jac.* PRIMIROSIUM Amstelodami 1659. 4.*. Fratris VOPISCI filii J. C. nomen præfert, verum tamen auctorem vehementer fuspicor ipfum esse VOPISCUM. Multum in metaphyficis & univerfalibus occupatur, & circuitum fanguinis tuetur. Non undique inutilis.

§. CCCCXLVI. *Varii.*

Georgii WAGNER *de anima humana* Witteberg. 1672. 4. HEFTER.

EJ. *Mors mortua* Witteberg. 1661. 4. BURCKH.

EJ. *Quæstionum pneumaticarum quadriga* ibid. 1659. 4. HEFT.

Jac. THOMASIUS, vir eruditiffimus, *de visu talparum* Jenæ 1659. 4.* Altenburg. 1671. 4.

EJ. *de hibernaculis hirundinum* Lipf. 1658. 4. GRONOV.

EJ. *de transformatione hominis in bruta* Lipfiæ 1667. 4. VATER.

EJ. *de origine animæ humanæ* Lipf. 1669. 4. HEFT. Hall. 1725. PL.

EJ. *de forma hominis* Lipf. 1676. 4. B. THOMAS.

J. Jac. BAUHINUS *de elementis & temperamentis* Bafil. 1659. 4. HEFT.

Samuel REYHER *de tactu* Lipfiæ 1659. 4. HEFT. 1660. PL.

Balthaf. Joh. PECHTEL *de modo visionis* Witteberg. 1659. 4. BURCKH.

Ifrael CONRAT *de fanguine* Leid. 1659. 4.* SYLVIANUS.

J. Pet. KLIPPER *de respiratione* Lipf. 1659. 4. BOEHMER.

Frid. RAPPOLT *de somno* Lipfiæ 1659. HEFT.

Samuel HENTSCHEL *Disp.* I. *de vita hominis* Witteberg. 1659. 4. HEFT.

EJ. *Disp.* II. ibid. 1659.

EJ. *Disp.* III. 1660. ib. IV. ibid. V. ibid. VI. ibid. 1661. HEFT.

Georg Balthafar MEZGER, Profeffor Tubingenfis; EJUS *Disp.* I. & II. *de fanguinis in circulum motu* Tubing. 1659. * & III. ibid. 1660.

EJ. *Historia anatomica ventriculi* Tubing. 1661. 4. PL.

EJ. *Historia anatomica Lienis*, 1664. 4.*.

EJ. *de tussi* ibid. 1676. 4. HEFT.

EJ. *de humoribus uteri* ibid. 1677. 4. PL.

EJ. *de hæmorrhoidum statu fecundum & præter naturam* 1677. 4.*. ib.

EJ. *σκιαγραφιά respirationis humanæ* ib. 1677. 4. 1676. 4. B. THOMAS.

EJ. *Historia anatomica thymi* ibid. 1679. 4.*.

EJ. *σκιαγραφια suturarum cranii humani earumque veri usus* ib. 1684. 4. HEFT.

EJ. *Anatome dentium humanorum* 1685. 4.*.

Ludovicus POUCHIUS *de unguibus monstrosis ad* BARTHOLINUM *Centur.* II. *Epist.* 99.

Antonii MORAND & *Anton. de* CAEN *Non E. sanguinis conficiendi munere jecur abdicandum* Paris. 1659.

Petri le LARGE & *Dionysii* PUYLON *Ergo in sensuum externorum organis sola pars princeps sensum edit* Paris. 1659.

Joh. HAMON & *Carol. de* LAVAL *Non ergo actio sine spiritu* Paris. 1659.

Petri CRESSE' & J. GROULT *Ergo somnolenti stolidi* Parisiis 1659.

§. CCCCXLVII. G. H. WELSCH.

Gregorius Hieronymus WELSCH, Augustanus, clinicus, astronomiæ deditus, & polyhistor. Numerosissimos libros incepit, perfecit non paucos, non quidem incisor.

EJ. *de ægagropilis diss. med. phil.* 1660. 4.* & auctius 1668. 4.* cum secunda diss. iterumque cum tertia Aug. Vind. 1690. 4. In P. II. hujus editionis, multa collectanea reperiuntur, de ciborum digestione: de quatuor ventriculis animalium ruminantium, cum eorum anatome.

EJ. *de vena medinensi ad mentem Ebnsinæ s. de dracunculis veterum exercitatio* Aug. Vindel 1674. 4.*. Inter plurima, quæ hic noster congessit, aliqua spectant ad anatomen lumbricorum, in quibus contra FABRICIUM, negat se musculos reperire.

In *sylloge curationum & observationum medicinalium* August. vel Ulm. 1668. 4.* aliquot auctores vetustos colligit, quos inter *Jeremias* MARTIUS Augustanus & *J. Udalricus* RUMLER. In eorum obss. aliquas cadaverum incisiones reperias, equidem potius pathologicas.

In adjectis G. H. W. ipsius *observationum medicinalium episagmatibus centum*, aliqua faciunt ad physiologiam, ut surda per os audiens. Asphyxia. Vir ruminans. Potu abstinens. Cibi per urinam excreti. Viri menstrua passi. Fetus quinquemestris: multiplex: superfetatio. Vis stupefaciens torpedinis. Ossa emollita. Puella hirsuta. Reviviscens quæ mortua putabatur.

EJ. *Hecatostea* II. *observationum physico-medicarum* Aug. Vindel. 1675. 4.*. Intercedunt varii naturæ lusus, quibus noster indulget; incisa testudo; larynx anatis, & talpa insectum; cranium crassissimum absque sutura.

EJ. *Somnium Vindiciani s. desiderata Medicinæ* Aug. Vindel. 1676. 4.*. Satyra metaphoris involuta, contra C. HOFMANNUM GALENO iniquiorem. Laudes

des Arabum, quibus noster plurimum delectabatur. Desideria medica, nempe fere universa ars medica, quam elaborandam recipit.

EJ. *Mictominematum s. miscellaneorum medicinalium Centur.* III. In E. N. C. *Dec.* I. *ann.* IV. V.

In ipsis Ephemeridibus aliquæ ejus viri præf. In *Dec.* I. *ann.* I. anatome muris alpini. Habet felleam vesiculam, sed parvam.

§. CCCCXLVIII. *Varii.*

Honorati Mariæ LAUTIER *prodigium incredibile fœtum humanum triginta annis gestatum lapideum & viventem, quem Mussipontana exhibet civitas, aquæ Sextiæ diluunt* Aq. sext. 1660. 12. & cum *J. Bened.* SINIBALDI *geneanthropia* Francofurti 1669. 4.*. Deinde *duæ epistolæ* ad Cl. FOELIX, & *responsio adversus Medicum Massiliensem* ibid. Collectanea & ratiocinia mera. Propriam tamen fetus 32. annis in utero retenti, novem semper mensibus elapsis dolores cientis, & carnosi, non lepidum exemplum habet, & se editurum promittit.

Nicolai ZAS *den dgauw der dieren en de de wellen des waters tot bevestiginge der ongemeene ontleedinge van L. de* BILS Roterdam 1660. 8.*. Theoria BILSIANA, qua docetur, chylum in venas sorberi mesentericas, vaporem vero vasa rorifera subire, inde ab anulo s. corde rorifero ad universum corpus didi: Accedit celebris illa BILSIANA canis. In *Johannem v.* HORNE aspere invehitur. Varia tempora dixit, quibus a sumto cibo pro ejus discrimine vasa lactea conspicua redduntur.

EJ. *Epistola apologetica ad* BARTHOLINUM *de calumniis Lud. de* BILS *perperam impactis* Roterodam. 1661. 4.*. Laudes BILSII, ob anatomen incruentam, & artificiosas mumias. Aspera epistola. Cum ea redit *Codicillus* BILSII, testimonium HORNII, BILSII Disp. *qua verus hepatis circa chylum & ductus chyliferi usus docetur*, etiam gyri.

In hanc epistolam data est N. STEPHANI pariter aspera apologia, dicta p. 403.

M. GRAUSIUS JOHNSTONI *historiam naturalem Belgice* edidit Amsterdam 1660. fol.

Roberti BAYFIELD *exercitationes anatomicæ in varias regiones corporis humani* Lond. 1660. 12. LIND. Londini etiam in titulo mei exempli, sed omnino in Belgio 1668. 12.*. In eo exemplo capitis historia deest, quæ videtur prima sectio fuisse, traduntur reliqui ventres & artus. Nihil proprium.

V. H. Z. *Xenium s. miranda synopsis omnium humani generis symptomatum a capite ad plantam* Francofurti 1660. 12.*. Continet etiam physiologiam, brevissimam.

Petri PETIT *de motu spontaneo animalium* L. I. *quo* ARISTOTELIS *de hujus motus principio sententia illustratur, partim nova motus musculorum ratio indagatur* Paris. 1660. 8.* LIND. 4. Eruditus vir, in veterum lectione innutritus, &

aëris ingenii, seculi vitio fere in auctoritatibus & locis parallelis subsistit. In præf. jam monet, ne ab ARISTOTELIS doctrina discedatur, & GALENUM castigat, quod passim a magno viro dissenserit. Animam tamen in corde residere, spiritus ex corde influentes ad motum animalem necessario requiri: cerebrum cordis esse instrumentum. Contra CARTESIUM, neminem in glandula pineali motum vidisse. Inde suam hypothesin profert „ Imaginationem causam esse motus, eam non in cerebro sed in nervis habitare, atque ex proximo motum in musculis ciere. Explicat, ut spiritus feminæ gravidæ nævum fetui insculpant. Experimenti nihil.

EJ. *de lachrymis* L. III. Paris. 1660. 4. LIND.

In *miscellaneis observationibus* Utrecht 1683. 4.* passim veterum loca castigat, sed ad fines fere philologicos.

Philippi LABBE Cl. GALENI *chronologicum elogium cum epistola* J. MENTELII Paris. 1660. 8.*.

Petrus VATTIER *le cœur dêthroné* Paris 1660. apud BARTHOL. Hep. Disp. caus. Sanguinem non parare.

DAVISSON *Comm. in* SEVERINI *ideam medicinæ philosophicæ, in quo* PLATONICÆ *doctrinæ explicantur fundamenta, super quæ* HIPPOCRATES, PARACELSUS & SEVERINUS, *nec non ex antithesi* ARISTOTELES & GALENUS *sua stabilivere dogmata* Haag. 1660. 4.

In G. PANCIROLLI *rerum memorabilium s. deperditarum* L. II. Francofurti 1660. 4.* vix quidquam huc facit, nisi velis de botargo & caviar dicta huc trahere.

In J. GOEDAART *metamorphoseos insectorum historia naturali* Medioburg 1660. edita, quam *J. de* MEY latine vertit ib. 1668. 4. & addidit observationes suas: *Paulus* VEEZAARDT *auctarium notarum* in partem secundam adjecit. Gallice prodierunt 1700. 8. Cum GOEDAARTIUS insecta per multos annos aluerit, & metamorphoses eorum adnotaverit, hactenus varia ad rem physiologicam faciunt, ut tamen monendus sit lector, sæpe bonum pictorem ab ichneumonibus vespis sibi parum cavisse, ut alienissima insecta pro partubus erucarum haberet. Figuras solas aliquanti æstimabat SWAMMERDAM (*n*), qui idem tamen GOEDAARTIUM plura in insectis vidisse fatetur, quam eruditi ante eum viri (*o*).

§. CCCCXLIX. *Iterum Varii.*

Joachim FELLER *de cygnorum cantu* Lips. 1660. 4. BURCKH.

J. SCHIEFERDECKER *de nutritione animalium* Lips. 1660. 4. B. THOMAS.

Andreæ UNGELENK *de sensatione* Jen. 1660. 4. ibid.

Samuel EGLINGER, Prof. Basileensis, *disp. de humoribus* Basil. 1660. 4.

Nicolai

(n) p. 398. *bibl.*
(o) *Bloodel diertjes* p. 45. seqq.

Nicolai EGLINGER *in universam physiologiam* Basil. 1660. 4.

EJ. *Theses* Basil. 1667. 4.* etiam anatomicæ.

EJ. *Centuria positionum anatomico-botanicarum* ib. 1685. 4. LEUW.

EJ. & HOEGGER Disp. *de saliva* ib. 1685. 4. HEFT.

Mich. SCHMIDT *theses ex universis Institutionibus medicis* Ingolst. 1660. 12.

J. FRENCELII *exercitationes anatomicæ in historiam Mesenterii* Franeker. 1660. 4. HEISTER.

Huc refero, cujus annus non reperitur, J. LECHELII *observationes physicas binas, quarum altera partum abortivum fetus humani quinquemestri paulo majoris pro circumstantiis utique notabilem, altera vero aperturam defuncti corpusculi puerilis unum circiter mensem nati præter naturalia rariora detegentem exponit* Brunsvic. 4°. HEFT. Circa hæc certe tempora auctor vixit.

Gabriel IPELAER *de spirituum animalium in medulla & cerebro generatione* Leid. 1660. 4.*.

George QUESTIER *de naturalibus legitimis matrimonii dissolvendi causis medica decisio* Rouen 1660. 12.

J. Benedicti CARPZOV *de gigantibus* Lips. 1660. 4. HEFT.

Herman BRAND & *J. Jac.* VOLMAR *de sensuum internorum symptomatis & morbis* Steinfurt 1660. 4.*.

Sethus CALVISIUS *de sermone* Lips. 1660. 4. HEFT.

Christoph GRÆFIUS *de monstris* Lips. 1660. 4. HEFT.

J. Georg WEDEL *de generatione æquivoca* Witteberg. 1660. 4.

Simon Frid. FRENZEL *de physiognomia anthropologica in genere* Wittebergæ 1660. 4. HEFT.

EJ. *de cadaveribus humanis ad præsentiam occisoris cruentatis* ibid. 1673. 4. BOEHMER.

EJ. *Monstrum humanum* ibid. 1674. 4.*. Fetus difformis, capite præamplo, pedibus & manubus valde imperfectis.

EJ. *de origine animæ rationalis in generatione hominis* ibid. 1676. 4.

Cæsonis GRAMM *Disp. de monstris* Basileæ 1660. 4.* MOELLER titulum facit 1661. 4.

EJUSD. *de rarioribus quibusdam problematibus* Basil. 1662. 4.

EJ. *Examen problematis Hippocratici an de liquidis aliquid in fistulam spiritalem illabatur secundum naturam* Kiel. 1665. 4.*. Aliquid colorati humoris in asperam arteriam descendere experimento comperit.

Simon BOULLOT & *Petri* POURRET *Ergo somnus* ἄψυχος ψυχῆ Paris. 1660.

Ludovici GALLOIS & *Nic.* BONVARLET *Ergo homo exquisitissimi tactus quia rationis compos* Paris. 1660. *Dionysii*

Dionysii PUYLON & *Nic.* ROBIN *Estne vitalis facultas naturalis* Parif. 1660.

Dionysii DODART & *Nic.* RAINSSANT *Non Ergo statura temperamenti* τεκμήριον Parif. 1660.

Car. de LAVAL & *Jac. le* MENESTREL *Non Ergo a regione morum diversitas* Parif. 1660.

§. CCCCL. J. LEONCENA

ATHELSTENIUM nonnunquam fe vocat, quod alii fcribunt Ateftanum. Zamofcienfis, VESLINGII profector, nihil quidem fcripfit, ejus tamen anatomici labores paffim laudantur. Tabulas vaforum & nervorum ab eo paratas T. BARTHOLINUS habuit (*p*), laudat *Robertus* BOYLE (*q*), donavit Regiæ Societati Britannicæ *Johannes* EVELYN, qui fatis caro pretio redemerat (*r*). In Tranf. Philofophicis denique icones LEONCENÆ fculptæ exftant. Tabula prior aortæ eft, venæ cavæ altera. In illa arcus magnus bene expreffus. Vertebralis arteria, ex rariori fabrica, ex trunco aortæ deducta; magnus arcus gaftro epiploicus. In vena cava duæ azygæ venæ infertiones inferiores, fatis recte. In Academia etiam ZAMOSCIANA anatomen exercuit, & hydropis faccati exemplum vidit (*s*).

§. CCCCLI. *Marcellus* MALPIGHIUS,

Meffanenfis ad a. 1665. Profeffor, inde Bononienfis, ab a. 1666. cum Cl. AUBERY & J. A. BORELLO Academiæ Cementinæ auctor, denique a. 1691. archiater pontificius, etfi minus clinicus (*t*), ruri fere inter anatomicos labores & animalium potiffimum incifiones vixit (*u*). Utebatur ad indagandam fabricam maceratione, divulfione, elixatione, injecto humore colorato, aut atramento, denique vitrea lente & microfcopio, quod eo tempore novum fuit inftitutum. Stylo fcripfit parum latino & difficili (*x*); acidam theoriam eft amplexus; & procul dubio glandulofam fabricam nimis late extendit, neque ubique ab erroribus fibi cavit, magnus tamen fua ætate vir, & inter inventores celebris, qui primus fabricam vifcerum fubtiliorem per experimenta eruere adgreffus fit: qui etiam nupera inventa in Italia potiffimum fit tuitus, ex primis etiam ftatoribus theoriæ evolutionis. Multum odiorum paffus eft, etiam collegæ fui J. H. SBARAGLI, tum medicorum Meffanenfium, denique MINI, MONTALBANI, TRIUMPHETTI, BONANNI.

Primum Bononiæ *de pulmonibus duas epiftolas* ad BORELLUM edidit 1661. fol. a BARTHOLINO cum fuo de pulm. libello recufas Hafn. 1663. 8.* tum Leid. 1672. 12. & in operum omnium MALPIGHII editionibus, inque MANGETI *Bibl.* Fabricam pulmonis

(p) *Hift.* 81. *Cent.* IV. *refp. ad exper. Bilfian.* p. 34.
(q) *Util. philof. exper.* p. 120.
(r) *Phil. Tranf.* n. 280.
(s) D. WELSCH *epifag. obf.* 50.
(t) F. TORTI *apolog.* p. 149.
(u) ID. ibid.
(x) CORTI *milan.* p. 152.

monis ranini descripsit, ex vesiculis polygonis compositi, per quorum parietes vasa sanguinea in minimos ramos inque rete dividantur; quæ eædem in multis animalibus, etiam calidis, musculosis instructæ sint fibris. Lobulos & eorum interstitia exponit. Vasa minima decolora in Ep. II. Ad sanguinem miscendum pulmones factos esse. Primus videtur microscopio ad contemplandum sanguinis circuitum usus esse.

EJ. *Tetras anatomicarum epistolarum* M. MALPIGHII *& Caroli* FRACASSATI Bonon. 1665. 12.* & in MALPIGHII operibus, tum apud MANGETUM, & Amstelodami 1669. 12.*. Epistola prima est *de cerebro*. Ex variis animalibus, corticem ad intestina cerebri penetrare, vasis percurri sanguineis. Medullam fibris fieri. Serum concrescibile in cerebro secerni, & in nervos derivari. Nervum opticum laminis intus medullaribus conplicatis fieri post EUSTACHIUM reperit, quam fabricam etiam in minoribus piscibus vidi. Nervum opticum arcte constringi prius, quam retinam generet, recte vidit.

Altera *de lingua* epistola ad BORELLUM. In ea MALPIGHIUS triplices linguæ papillas describit, nervos eo tendentes, corpus reticulatum, quod pro papillis transmittendis perforatur, vaginas epidermidis, in quas eædem papillæ subeunt, fibras linguæ motrices varias, glandulas ad basin linguæ, & in œsophagi principio positas, ex ruminantibus animalibus omnia, nova & vera, sed quæ properata fiducia ad linguam humanam sunt translata.

EJUSD. *de omento & adiposis ductibus exercitatio* una prodiit. Sacculos adipe plenos in ranis describit, ex quibus adeps possit in sanguineas venas premi. Proprios adiposos ductus statuit, per quos perinde pinguedo secernatur, ut per alios ductus saliva &c. Cæterum strias adiposas ex vesiculis componi recte vidit. Adipem in sanguinem refusum asperam ejus naturam temperare.

EJ. *de externo tactus organo* l. Neapoli 1665. 12. sæpe recusus, & in MANGETI *Bibl.* Fabricam linguæ hactenus ad cutem transtulit, ut in ea papillas & corpus reticulare invenerit: in quo ipso sedem nigredinis æthiopum posuit: hæc in gallo indico & in suillis ungulis vidit. Glandulas sudoriferas descripsit. De ungulæ fabrica. Papillæ labiorum; glandulæ penis in glire, glandulæ sebaceæ faciei. Nova iterum omnia, ut tamen a fabrica humana aliquantum distent.

EJ. *de viscerum structura exercitatio*, *acc. disp. de polypo cordis* Bononiæ 1666. 4. Londin. 1669. 12.* Amstelodami 1669 12. LIND. Jenæ 1697. 12 Amstelodami 1698. 12. Tolosæ 1682. 12. Montpel. 1683. TOURNES. Gallice Montpelier 1683. 12. RAST. 1687. 8. NEAULME. Porro in operibus omnibus & apud MANGETUM. Dissertationes sunt quinque 1. *de hepate*. Parenchyma hepatis ex minimis glandulis constare, WEPFERUM non eas glandulas vidisse; sed lobulos: hepar esse glandulam conglomeratam. Recte porro contra SYLVIUM, utique in hepate parari bilem, ductumque hepaticum esse excretorium hepatis canalem. Folliculi vesiculæ felleæ. Bilem in hepate etiam secerni, quando vesiculæ

vesiculæ cum hepate commeatus interceptus est. Vinculo injecto ostendit, bilem ex naturæ lege ad duodenum fluere.

2. *de cerebri cortice.* Et ipsum ex glandulis componi.

3. *de renibus.* Sic istos, & ex glandulis urinam in ductus uriniferos deponi, qui in papillas conjungantur, etsi non satis certo glandularum cum iis ductubus continuationem vidit. Pelvim porro exponit & infundibula.

4. *de liene.* Cellulis fieri, in quas sanguis effundatur, & quæ a propriis fibris moveantur. In mediis cellulis inque earum sanguine glandulas suspendi.

5. L. *de polypo cordis* hactenus huc facit, quod de sanguinis etiam fibris agatur: & de ejusdem sanguinis a spiritu sulfuris coagulatione: tum de modo quo membranæ præter naturam generantur. Ad lymphæ analysin.

EJ. *Dissertatio epistolica de bombyce* Londin. 1669. 4.* Gallice Paris 1686. 12. Nova omnia, & quæ ante ea tempora nemo erat molitus. Anatome animalis microscopio adjuvante facta. Via cibaria: asperæ arteriæ ad eam viam, cor & musculos distributæ. Cor alterne latius, ejusque motus. Medulla spinalis, serici generatio, & vasa. Experimenta quibus constat, animal obstructis asperis arteriis interire. Papilionis nova, quibus eruca carebat, organa. Partes genitales utriusque sexus, generatio, & ova. Ad cæca intestina piscium, quæ sunt circa ventriculum.

EJ. *de formatione pulli in ovo dissertatio epistolica* Londin. 1673. 4.* (non 1666. 4. ut LIND. cum omnes epistolæ & præfationes anni sint 1672.) tum in *operibus omnibus* & in MANGETI collectione. Gallice Paris 1686. 12. Multo plura vidit in ovis certis horis apertis & per augentia objecta vitra inspectis, quibus auxiliis priores auctores destituebantur, figuræ etiam additæ sunt, figura venosa, cordis phases, quo in objecto vir Cl. errorem admisit; duos enim ventriculos dixit, qui erant sinister ventriculus & aortæ bulbus, cum dexter ventriculus nondum natus esset. Subjectæ aliquæ MALPIGHIUM inter & OLDENBURGIUM epistolæ.

EJ. *Appendix de ovo incubato* data Bononiæ 1672. Londin. & in operibus omnibus. Omnia paulo accuratius, prima incrementa cordis, pulli, vesicula umbilicalis, vagina, quæ amnios.

De utero epistola ad Jac. SPONIUM, data 1681. in operibus, & in *Phil. Transf.* n. 161. Describit sinus muciferos uterinos, ex vaccis. Reticulatæ ejus visceris fibræ. Corpora lutea ovarii, in quibus intus ovum verum nasci putat.

In *anatome plantarum* dentium fabricam breviter describit.

Hæc quæ diximus *opera* conjunctim edita fuerunt Londini 1686. fol. 2. Vol.* & recusa Amstelodami 1687. 4.*. Prior editio splendida, pessimo vero ordine absque ulla cura in lucem extrusa est, altera minoribus cum figuris aliquanto comtior, etiam plenior.

Post hanc collectionem prodiit Diss. *de glandulis conglobatis* Lond. 1689. 4.* Leid. 1690. 4. in Diario Parmensi 1689.* in *Galeria di Minerva* anno 1696.* &

cum

cum operibus posthumis. Ex optimis auctoris operibus. Sollicite hic describit glandulam simplicem veram: tum conglobatam, cui tamen non bene fibras tribuit musculares, & loculos. De fabrica renum succenturiatorum, in quibus putat se ductus vidisse excretorios. Glandulæ pericardii. Fabricam glandulosam viscerum confirmat, eoque etiam testes refert, & pericardium. Inde de villosa tunica ventriculi in sue, in asino, in avibus. Neque ignorat in glandula fistulosam esse lanuginem. Glandulas habet ventriculi & recti intestini.

EJUSD. *Opera posthuma* Londini 1697. fol.* Venet. 1698. fol. & 1743. fol.* Leid. 1698. 4.* quæ editio aliquanto correctior est, Londinensis valde vitiosa. Collectio diversorum opusculorum 1. Vita MALPIGHII ab ipso Cl. viro scripta *pragmatica*, ut inventorum principia & progressus recenseat, nova addat ad ea tuenda argumenta, & responsiones ad objectiones. Spirales fibras cordis valde juvenis ostendit; dialogos physiologicos, aliasque chartas per incendium amisit, quas inter experimenta erant chemica ad serum sanguinis spectantia. Rugæ minores in ventriculo animalium. Ad lymphæ analysin. Seminia dentium duplicia. Pulmonum vesiculas & eorum usum contra ENTIUM defendit; anatomen eorum viscerum ex ranis repetit, musculosum velamentum confirmat. Contra SWAMMERDAMIUM etiam & WILLISIUM, BORELLUM & J. MINUM se tuetur. WILLISII icones acriter carpit. Venam pulmonalem in rana sodali arteria majorem esse. Xiphiæ piscis anatome, & lentis crystallinæ manubria. Nerveum succum (pinguem & extrinsecum) ex cauda bovis describit, sic monstrosos ungues. Papillas cutaneas defendit: tum adversus KERKRINGIUM hepatis glandulas: WEPFERUM lobulos vidisse, non glandulas simplices. Pro lienis glandulis contra HARDERUM. Morbosum renem describit: sic lienis ex homine glandulas, ossium fabricam hic exponit, filamenta, & laminas; claviculos GAGLIARDI rejicit, vasa interna vidit, succum osseum ex capite petrefacto illustrat. Tunc dentes; quorum crustam vitreæ similem describit, ejusque filamenta, folliculum, vasa. De bombycibus supplementum, ova feminina masculo semine adsperso fecundari. Trachearum arteriarum fabrica, tum viscera, & adversus SWAMMERDAMIUM apologia. Ad seminales vesiculas, cerebrum, cor. Aquilæ incisio: in ea membrana pupillari adfinis: œsophagi glandulæ cæcæ: appendices piscium. Iterum de sinubus uteri mucosis. Embryo humanus, placenta vesicaria. Ovum monstrosum. Sanguinis motus in vasis minimis microscopii auxilio descriptus, oscillatio, retrogressio, accurate, vere, & minute. Pili fabrica, bulbus, pili alieno loco orti; pennæ structura, & unguis. Contra NUCKII fabricam glandularum conglobatarum. De ductubus suis pinguiferis ipse nunc dubitat MALPIGHIUS. Fibras lienis habet pro musculosis.

Inde sequuntur libelli aliqui MALPIGHIANI. *Placidi* PAPADOPULI, ficto nomine scripta, *adversus oppositiones regestas in* (*Marci* LIPARI) *triumpho galenistarum responsio* italice & latine: fusa apologia, & longe diversi styli ab iis nervosis opusculis, quæ hactenus diximus. Pro nuperorum inventis, pro anatome subtiliori, pro microscopiorum usu. Physiologiæ nuperæ aliquæ partes. Adversus auctoritates.

Responsum ad Diss. (J. H. Sbaragli) *de recentiorum medicorum studio*, qua anatome, ante Stahlium, parum dicitur clinico utilitatis adferre. Contra noster utilitatem novorum inventorum per singula adstruit. Comparat anatomen nuperorum cum veterum anatome, ostendit quantum ex illa in praxin lucis eniteat. Fuse, italice & latine.

In editione Veneta 1743. fol.* quam *Faustinus* Gavinellus curavit, satis longa præfatio accessit, & animadversiones aliquæ, non maximi momenti.

In *Phil. Trans.* n. 71. epistola est, qua de pulmone variorum animalium agit, ejus naturam musculosam confirmat, etiam fibras lienis carneas dicit, tunicamque internam testis, hanc ex equo.

§. CCCCLII. *J. Alphonsus* Borellus,

Neapolitanus (y), Professor Pisanus, Malpighii amicus & in Mathematicis Doctor, vir & ipse insignis, qui primus serio mathemata ad physiologiam adplicavit. Multa animalia incidit, etiam pisces (z). Aliquæ ejus ad Malpighium epistolæ jam exstant in *posthumis* Malpighii ab anno retro 1659. scriptæ. In aliis anni 1661. cadavera hominum a febre maligna exstinctorum incisa describuntur.

In iisdem posthumis anno 1664. Borellus Malpighii famam tuetur, & negat ab eo Eustachium exscriptum fuisse, quando piscium majorum nervum opticum descripsit.

De renum usu judicium cum Bellini libello Argentorat. 1664. 8. & alias.

Ej. *Osservazioni interno alla virtu ineguale degli occhi Giorn. de Letter* 1669. & Denys. *Conf.* n. 5. Duos oculos plerisque mortalibus inæquali esse robore, & alterum objecta distinctiora & majora videre. Præfert sinistrum.

Deinde magnum opus *de motu animalium* molitus, cum primum volumen jam Reginæ Sueciæ dicasset, eodem anno morte occupatus est. Prodiit interim Tomus I. Rom. 1680. 4.* & Tomus II. anno 1681. 4.* recusi in Belgio 1685. 4.* Leid. 1711, 4. Neapoli 1734. 4. 2.Vol. Haag. 1743. 4. & in Mangeti *Bibliotheca.* Fabricam primum musculi describit, potissimum etiam fibrarum ad tendinem inclinationem variam, jam a Stenonio tactam & Lowero, quorum priorem refutat. Inde ad æstimandas vires a musculis impensas progreditur, & eas, contra vulgatam opinionem, multo majores esse ostendit, quam sit earum effectus. Per singula exponit, cur vires a musculis exercitæ minorem sortiantur effectum: & quid ab angulo recto minori dispereat, quid a distantia hypomochlio viciniori virium adhibitarum, & majori ponderis distantia; a fibrarum carnearum cum tendine intercepto angulo; a vi porro quæ frustra impenditur a stratis fibrarum interioribus, quam quidem jacturam noster plurimi facit; a vi demum quæ perit, quod omne momentum potentiæ duplum sit momenti ponderis suspensi. Ex his considerationibus adparet, immensam vim a muscu-

(y) a. 1608. Mongitore.
(z) Fracassat. *cerebr.* p. 117.

musculis exerceri, ut exiguum effectum edant, quam vim ad multa librarum millia noster æstimat, & in nonnullis musculis sigillatim metitur. Inde de statu, gressu, volatu, natatu. Fibræ cordis ab anno 1657. extricatæ, fere ad LOWERI modum. Fibræ musculorum vesiculares. Vim muscularem pendere ab inflatione fibrarum. Eam inflationem fieri a succi nervei cum sanguine fervore chemico. Tunc motus cordis, & vires ad eum motum requisitæ, quas 180000. lib. pares facit. Hinc de respiratione, ubi veram sententiam de simultanea actione musculorum intercostalium proponit, & aream cavi pectoris æstimat. De animalibus in vacuo spatio pereuntibus, & rupta vesica natatoria. Ibi contra MALPIGHIUM sanguinem in pulmone non misceri ostendit: aërem autem in pulmone sorberi, qui in sanguine oscillet. Lactis & sanguinis aliqua analysis. Fermentationem ad secretiones interpretandas adhibere renuit, & a pororum figura & angustia secretionem interpretatur, in renibus, in hepate. Nerveus succus: eum cum sanguine nutritionem facere, a spiritibus vero differre. Motus animales omnes esse ab anima, etiam vitales. Sternum inspiranti antrorsum ferri. De somni causis. De testis fabrica AUBERIANA, sibi jam anno 1657. Pisis ostensa. Ventriculi avium granivorarum structura & vis. Globuli vitrei ab earum avium ventriculis contriti. Pro resorbtione chyli in vasa mesenterica. Pathologica aliqua. Contra sanguinis fibras.

§. CCCCLIII. *Nicolaus* (a) STENONIUS,

Danus, Discipulus T. BARTHOLINI, aliquamdiu Professor Hafniensis, inde in Hetruriam vocatus, post non plurimos annos in artem anatomicam impensos, mutata religione, presbyter & episcopus in partibus infidelium, nondum quinquagenarius in aula Megalopolitana obiit (b). Multa bona præstitit vir Cl. etsi potissimum brutorum animalium anatomen coluit, neque plurimis annis.

Inauguralem disputationem proposuit Leidæ a. 1661. 4. *de glandulis oris, & nuper observatis inde prodeuntibus vasis* præside *Johanne v.* HORNE. In ea diss. potissimum ductum describit, qui etiam nunc nomen viri fert, a parotide glandula ortum, & a CASSERIO pro ligamento habitum. Sed præterea sublinguales ductus breviores indicat, & buccalium glandularum, majoris etiam & conglomeratæ, ductum excretorium, & palatinas minores. Suum ductum apud *Joh.* BLASIUM fratrem GERARDI invenerat, & utrique fratrum demonstraverat. Prior de eo scripsit GERARDUS, eumque sibi tribuit. Tuetur se STENONIUS, tum in disputatione, quam diximus, tum in *epistola*, quæ est 24. *Cent.* III. BARTHOLINI.

In eadem *epistola* plusculą habet de vasis lymphaticis, ductu thoracico, & itinere lymphæ per vincula demonstrato.

In alia n. 57. anno 1666. lymphaticum in naribus vasculum describit, & valvularum lymphaticarum in regendo lymphæ itinere potestatem confirmat.

(a) UCHELANT video dici in *Dänisch Journal* I. p. 356.
(b) MOELLER.

In *Ep.* 65. de glandulis cutaneis, & lymphaticorum vasorum ductu & valvulis.

In *Epist.* 1. *Cent.* IV. Lympham sponte in gelatinam vivo in cane coactam vidit.

In *Ep.* 26. varia vasa lymphatica vinculo adstrinxit, itineris lymphæ ductum vidit. Ductus pancreaticos duos, bilarios duos in avibus. Venam cavam ultimam supervivere: varia ad motum auricularum cordis pertinentia.

In *Epist.* 55. Contra vesiculas pulmonales MALPIGHII. Quantum ab aëre admisso pulmo mutetur. Ab inspiratione venam cavam in abdomine inaniri. Ostiola ad latera linguæ in cygno visa. Vasa lacrumalia in homine reperta, quæ in palpebræ superioris membrana aperiebantur.

Ep. 70. musculorum penniformium figuræ, quas alias dedit ornatiores.

EJUSD. *Observationes anatomicæ, quibus varia oris, oculorum & narium vasa describuntur, novique salivæ, lacrumarum & muci fontes deteguntur, & novum* BILSII *commentum rejicitur* Leid. 1662. 12.* 1680. 12.* & in MANGETI Bibliotheca. Disputatio est, quam dixi, sed multum aucta, adjectis ratiociniis, tum vasis lymphaticis a glandula conglobata ad aliam transgredientibus: gyro addito vasorum lymphaticorum colli, eodem qui BILSIO dictus est: refutatione BILSII. Glandulæ narium: glandulæ ceruminis. Contra eumdem BILSIUM confirmatæ vasorum lymphaticorum valvulæ, & iter lymphæ vinculis injectis evictum. In iisdem vasis lympha visa & lac. Contra vasa lac ad mammas vehentia EVERARDI.

Una prodiit *responsio ad vindicias hepatis redivivi.* In DEUSINGIUM nimis BILSIO credentem. Fatetur tamen, esse ubi lympha relabatur.

Tum *de glandulis oculorum — obs. quibus veri lacrumarum fontes deteguntur.* Vera utique vasa lacrumalia a glandula ejus nominis descendentia in palpebram superiorem: carunculæ lacrumalis ductus, ex bove. Lacrymarum fluxum a constrictis venis deducit.

De narium vasis. Glandulas simplices narium contra SCHNEIDERUM stabilitæ, deinde duo nova & longa vasa mucifera narium. Ductus incisorii, de iis gutta stillantes.

EJUSD. *de musculis & glandulis observationum specimen cum duabus epistolis anatomicis, quarum* I. *agit de raja anatome, altera de vitelli in pulli intestino transitu* Hafniæ 1664. 4.* Amstelodami 1664. 12. LIND. Leid. 1683. 12. GUNZ. & in MANGETI Bibliotheca. Aureus libellus, quo multa novorum inventorum seminia continentur, quæ abinde Cl. vir uberius elaboravit. De musculis. Musculi linguæ. Non dari carnem in musculo, quæ a fibris diversa sit. Laminæ lentis crystallinæ. Cor musculum esse. Levatores costarum, triangularis sterni. Recte vidit intercostales (exteriores quidem) cum levatoribus spatia inter cartilagines costarum arctare, dum spatia inter partes osseas dilatant: in internis cum scholis sensit. De musculis in universum, conpositis & simplicibus, eorum fabrica.

brica. De linguæ fibris musculosis gulæque. Tendines frequenter offescere. Cordis fabricam fibrarumque ductus primus tentavit exponere, in eo viscere explicando felix (c). Inde de glandulis. Suum inventum in ductu parotico confirmat, repetit quæ in priori libello fusius exposuerat. Canaliculos dicit epiglottidem perforantes, lymphaticorum vasorum in glandulas conglobatas distributionem, in venas rubras insertionem. De lymphæ vero motu. In rajæ cute ductus muciferos, fusa & dissoluta in ventriculo ossa, & thoraces cancrorum tabefactos: valvulam cochlearem recti intestini, ova quater caudata; operculum peculiare radiatum pupillæ. Denique vitelli ductus & intestini resorbtionem.

Ejusd. *Myologiæ specimen s. musculi descriptio geometrica. Acc. carchariæ dissectum caput, & dissectus piscis ex canum genere* Flvrent. 1667. 4.* Amstelodami 1669. 8.* & in *Bibl.* Mangeti. Fibrarum carnearum cum tendine conjunctionem variam dixit, musculosque pennatos & radiatos, aut alio modo compositos, uberius exposuit. Intumescentiam musculi simplicissime explicari posse sibi persuasit, si rhomboidea fibrarum strata in rectangula quadrangula mutarentur (quod quidem fieri nequit, nisi plurima materies eam auctam aream repleat). Vertebrarum musculos secundum eorum ductum ad vertebrarum spinas accedentem, aut ab iis recedentem distinguit.

Inde apologia pro prioribus, in *Epistola* ad Thevenotum, qua multa bona, ad motum musculorum spectantia continentur, inventa etiam alia auctoris defenduntur. Hic etiam experimentum habet, quo evincere putavit, vincta arteria aorta animalis crura resolvi.

In canis carchariæ capite multa utiliter vidit: ex *Michaëlis* Morcati codice M.S. anatomen capitis ejus animalis dedit, inque ea vasa mucosa cutanea piscium majorum & dentes descriptos, lentis crystallinæ exteriora aquea esse mollitie, cerebri minimam molem, nervos opticos ut in homine connexos adducit. Varia addit Stenonius, tendines cuti insertos. Cl. Phelypeaux hypothesin probat, processus ciliares ejus lentis convexitatem deprimere. Humor inter laminas tunicæ chorioideæ. Vasa chorioideæ tunicæ vorticosa, & lymphatica oculi a se visa nihil nisi nominat. Nervos a cerebro paucos, plerosque a medulla spinali prodire. Fuse de glossopetris.

Denique *anatome alterius piscis ex canum genere*. Et hic de extimæ peripheriæ lentis crystallinæ aqua. Cerebri minutissimi anatome, lamellata narium fabrica. Cochlea membranosa intestini. Ovi ductus.

Ej. *Discours sur l'anatomie du cerveau a M... de l'assemblée qui se fait chez* M. Thevenot Paris 1679. 12.* recusa in Winslowi anatome. Latine a *Guidone* Fanoisio versa *anatome cerebri*, Leid. 1672. 12.* denique in Mangeti *Bibliotheca*. Nullam administrationem cerebri satisfacere. Contra Willisii hypotheses & figuras, quas Stenonius sigillatim castigat. Contra Cartesium,

(c) Duo corda ita parata, ut fibrarum ductus adparerent, Ruyschio donavit, *Cat. Mus. rar.* p. 141.

TESIUM, glandulam pinealem non federe in ventriculis. De ambiguitate vocis *tertius ventriculus*. Fornicem a basi cerebri violente feparari, interpulfo flatu. Quemque nervum feorfim debere ad fuam originem deduci. Tantam effe anatomes difficultatem, ut neque (*d*) medicus clinicus, neque Profeffor ad demonftrationes officio fuo adftrictus huic oneri fufficiat. Ventriculos cerebri non continuari. Magna valvula cerebri. Icones rudiufculas, quæ fere defunt, TARINUS repetiit. Apud T. BARTHOLINUM legitur, STENONIUM vafa lymphaticis fimilia in plexubus chorioideis vidiffe.

In l. *de folido intra folidum* Florent. 1669. 4.* Leid. 1679. 12.* & nuper Cl. *Antonii* MATANI cura Piftorii 1763. 4.*. Anglice London 1671. 8. BODL. pleraque quidem phyfici funt argumenti. Intercurrunt tamen quædam peculiaria cogitata de triplici animalium fluido, externo, quo caveæ cibariæ, aereæ, & genitales replentur: interno communi, quod vafis corporis animalis continetur: proprio, quod in parenchymate, circa fibras motrices, alibi reperitur. Ibi addit, fere ad HIPPOCRATIS mentem, ubique in corpore cavitates effe, in quas fecretæ a fanguine partes fluido illius loci mifceantur, quæ partibus folidis fe addant, easque alant. In easdem cavitates relabi detritas de folidis partibus particulas, quæ fanguini reftituantur, & ad fluidum externum redeant. Ab eo interno fluido callum oriri, aliaque incrementa, quæ amiffas partes reparant, & demum fibras generari. Inde de teftis & de earum filis, atque origine ex fuperficie animalis, ejusque vifcido fudore.

In *Actis Hafnienfibus* plufcula ad STENONIUM pertinent. In Vol. I. n. CX. embryo monftrofus cum labio leporino, digitis connatis, ventribus inferioribus nudis & apertis. Cor valde fingulare, aorta pulmonalis quam aorta major: ductus arteriofus nullus, ejus loco ductus ex ventriculo cordis dextro in aortam euntis. De digeftione ferpentum, & plumularum devoratarum pilis parum mutatis. De amplo hepate anferum faginatorum. Lepufculi in utero materno confumti, paucis officulis reliquis factis.

N. 131. Cerebrum hydrocephalicum mire mutatum. Magni momenti huic incifioni corollaria fuperftruxit: animal vivere poffe, etiam fi duo hemifphæria cerebri tota feparata fint. Non credere fe cerebrum in aquam refolvi.

Vol. II. *obf.* 34. In ovo & pullo obfervationes, recufæ in MANGETI *Bibliotheca.* Ova incubata per horas fpeculatus eft. Halones, facculus f. macula fitu variabili: nidi vera figura. Venofa area. Embryonis prima apparentia, bene. Veficula umbilicalis. Cordis initia, idem a calida refufcitatum, & fetus pene emortuus vitæ redditus. Lactis concreti in ventriculo fpecies. Vitelli ductus, reforbtio & valvulæ pulcherrimæ vitelli.

Ib. n. 46. de motu cordis, auricularum & venæ cavæ experimenta in vivis animalibus facta, recufa a MANGETO, optima & utiliffima. Vena Cava ultima fupervivit. A fanguinis fubtracta penu cordis quies, a fanguine reddito motus. Motus cordis in fingulis fibris, periftaltici ad modum progrediens.

N. 88.

(d) Adv. p. 26.

N. 88. & 89. de ovis viviparorum animalium, iterum eximie: phænomena uteri gravidi, cotyledones, ova. Primus enim STENONIUS testes animalium quadrupedum ovaria esse, vesiculas ova, per suas adnotationes constituit. Uteri fibræ motusque. Uterus & ova piscium, serpentum, animalium quadrupedum variorum. Amnii humor, & in eo coagula, etiam in ventriculo visa. Corpora lutea. Ova in mula. In Galeo pisce liquor ex placenta venit in intestina.

Ib. n. 97. figuræ variæ vasorum lymphaticorum in gyrum flexorum, & ductus thoracici.

Ibid. n. 127. Accurata historia musculorum aquilæ, oculorum etiam potissimum.

N. 124. Procemium demonstrationum anatomicarum Hafniæ anno 1673. instituendarum. Clausum per plures annos theatrum noster aperuit.

In BARTHOLINI *anatome* ejus locus exstat de vasis, quæ vidit, cerebri lymphaticis.

§. CCCCLIV. *Olaus* BORRICHIUS,

Ripensis, Hafniensis Professor, ex BARTHOLINI schola, Chemicus quidem potissimum, tamen & anatomicus, vir acuti ingenii. Quæ pauca in incidendi arte, potissimum in animalibus tentavit, ea tamen bona dedit & utilia.

Primæ ejus sunt epistolæ ex itinere ad BARTHOLINUM missæ, & quidem a. 1661. *Epistola* 85. *Centur.* III. de SYLVII placitis, & de cavitate septi lucidi. De BILSII incisionibus vivorum canum, & de lymphaticis vasis, cum nomine lacteorum ostensis.

De iisdem n. 87. De tribus ramis ductus thoracici, qui sint gyrus BILSII. Recte vidit ductum thoracicum deorsum tendere, ut se in venam inmittat. Iterum de BILSII experimento. De ejus artificio incruentæ sectionis: fieri sanguine in aliam partem corporis compulso, ibique vinculis injectis retento.

Ep. 91. Iterum de BILSII ostensionibus. Laudat sceletum ferream *Petri* HOFFWEN (e), cum vasis: tum figuras musculorum *J. van* HORNE industria paratas, quas laudavimus.

Ep. 93. Contra BILSIUM. Pericardium cordi adnatum. Puella obesissima.

Ep. 95. Mumiam tamen BILSIANAM laudat.

Ep. 97. Aliquæ cadaverum morbosorum incisiones. Ductus thoracicus humanus. Glandulæ labiales, arenulæ in pineali glandula. Ductus foraminis ovalis patens. In cane vivo chirurgia infusoria tentata; sanguis ab aceto niger, a sale ammoniaco fluidus. In ductu thoracico liquor acidiusculus. Vasa lymphatica in varias venas aperta.

Ep. 99. de BLOTTESANDÆO. Eo nempe anno acris in DEUSINGIUM libellus in Belgio prodierat, cui titulus *Benedicti* BLOTTESANDÆI DEUSINGIUS *heautotimorumenus*. Negat suum esse partum BORRICHIUS. BURRHIANA humorum oculi restitutio. *Cent.*

(e) *Chem. Ep.* 97.

Cent. IV. *Ep.* 17. De eadem restitutione. Inflata arteria coeliaca lienis arterias, venas, & vasa lymphatica intumuisse. Venas coronarias videri valvulis destitui, & per eas redire aërem per arterias impulsum. Glandulæ bronchiales subnigræ, quas novas putat. Vitulus bipes.

Ep. 51. Fetum Mussipontanum fabulosum esse. Cisternæ chyli bipartitæ icon. Ventriculus in medio contractus. Sphincteris vesicæ fibræ longæ. In vivis animalibus ultimam moveri venam cavam. Muris maximi testiculi. Oscillatio in meatu bilis columbæ. Pori ad latera linguæ cygni.

Ep. 76. De pulmonibus ranarum. Cordis in ranis pertinax motus. Aërem in asperam arteriam inflatum cor subire. Insulæ ductus thoracici. Aliqua in vesicæ anatome conamina.

Ep. 92. nova ex anglico itinere. Talpæ anatome & oculi veri. Ex BOYLEO, capite forfice præciso pullum gallinaceum supervivere. Muscas ablato capite venerem pati & exercere, (quæ nimia sunt). Ab injecto in venas opio somnum fieri. De WALLISII surdo homine, quem loqui docuit. De HARVEJI monumento.

EJ. *Hermetis Aegyptiorum & chemicorum sapientia ab* H. CONRINGII *animadversionibus vindicata* Hafniæ 1674. 4.*. Capite V. BORRICHIUS anatomen Aegyptiorum defendit, solitis locis adductis, etiam nonnullis, quæ vix fidem merentur. Inde dum ARISTOTELEM carpit, leonis dat anatomen, cum viscerum ponderibus. Asperam arteriam vastissimam esse. Linguæ papillæ. Deinde aquilæ anatomen exponit. Fauces dentatæ: humor vitreus pene æque solidus, quam crystallinus. Membrana nictitans. Ductus bilarii duo, pancreatici duo. Ventriculus superne glandulosus, inferne carnosus. Lac album in sanguine anserum visum. Porro haliæti anatome. Labyrinthus organi auditorii. Tertia anatome aquilæ. Crocodili anatome. Linguam utique habere. Valvula coli iter occupans, non cessura flatui inverso.

Inter *disputationes s. orationes* a morte viri Hafniæ anno 1715. 8.* editas curante *Severino* LINTRUP sunt 1. Oratio de sanguine anni 1676. De chirurgia infusoria & transfusoria. Aliqua de liquoribus qui ad ignem de sanguine, stillant. 2. De animalibus hieme sopitis a. 1680. dicta, hæc plenior.

EJ. & *Joach.* JURGENS *de alimentorum cursu eorumque in chylum, sanguinem, & corporis humani substantiam mutatione* Hafn. 1676. 4.*.

EJ. *de somno & somniferis* Diss. Hafn. 1683. 4.*. Magis ad medicamenta somnifera pertinet.

In *Actis Hafniensibus* plusculi sunt Cl. viri labores. *Vol.* I. n. 69. oculorum humores, in homine, sponte restituti.

N. 70. Sudor nigerrimus.

N. 71. Vox post quatuor annorum aphoniam redux.

N. 90. Erinacei anatome, ejusque musculus circularis.

N. 92. Jecur gallinaceum monstrosæ molis.

N. 93.

N. 93. in rariorum thesauris duo cyclopes visi.

N. 94. Infans hirsutus.

N. 96. Columbæ anatome. Nulla omnino fellis vesicula. Iterum motus oscillatorius in ductu bilario hepatico. Bilis multa in ventriculo. Duo intesticula cæca.

In Vol. II. n. 48. Anatome aci marini. Vasa argentea ex vesicula ad hepar sparsa. Bulbus aortæ.

N. 49. Ovum humanum, in quo embryo. Os ei hians.

N. 52. Ex variis avibus lingua, & os hyoides.

N. 53. Aliqua de quatuor membranis felleæ vesiculæ.

N. 54. Interiorem tunicam ureteris coctam crassescere.

N. 56. Fetus in Fionia monstrificus, galea cranii destitutus, ore clauso.

N. 67. & 69. de salibus animantium fixis.

N. 82. A terrore mutilus.

N. 83. Lac ex brachio feminæ.

In Vol. IV. n. 59. Trajectinus cæcus, odoratu metalla distinguens.

N. 54. Contra lumbricos prægnantes.

N. 66. Monorchides alterum testem in abdomine gerere.

N. 69. Sudor podagricus acidus.

N. 80. & 89. Analysis chemica cantharidum.

Vol. V. n. 38. Urina in febriente viridis.

N. 56. Aliquot superfetationum exempla.

N. 74. Menstrua per nares stillantia.

N. 76. Sudor in manu perpetuus

N. 79. Periculosa incurvatio cartilaginis ensiformis.

In *Ephemeridibus Naturæ Curiosorum Dec.* I. *ann.* I. n. 168. plumbum per urinam excretum.

Ann. III. *obs.* 237. saliva sacchari dulcedine.

§. CCCCLV. *Johannes* BOHN,

Medicus & Professor Lipsiensis, vir minime vulgaris, chemicus & hactenus incisor, ut certe in vivis animalibus experimenta fecerit, MALPIGHII amicus; sub vitæ finem paulum scepticus, & veri tamen amans. Obiit a. 1719.

Ej. Disp. *de sudore* Lipsiæ 1661. præside *Johanne* MICHAELIS.

Ej. *Exercitationes physiologicæ* XXVI. Lipsiæ ab anno 1668. 4. ad 1677. a Cl. HEFTER recensæ. Aliquas possideo I. *de appetitu* 1668. 4.

II. *de masticatione & deglutitione* 1668. 4.

VI. *de hepatis & lienis officio.*

VIII. *de pulmonis & respirationis usu.*

XIII. *de urinæ secretione.*

XIV. *de diaphoresi & sudatione.*

XXV. *de fetus œconomia.*

Inde natus est *circulus anatomico-physiologicus s. œconomia corporis animalis*, Lipf. 1680. 4. 1686. 4. 1710. 4.* in quo omnes ætatis suæ hypotheses convellit, quæ omnia non sine fructu certe leguntur: etsi lites illæ nostro ævo fere obsoleverunt. Pauca proferam de multis, quæ laudem merentur. Vesiculam bili secernendæ non sufficere, contra SYLVIUM: bilem cysticam ab hepatica differre; pressa vesicula bilem tamen in hepar adfluere; minorem partem bilis arteriam suppeditare, majorem venam. Ad vesieulam perpetuo ferri. Phænomena bilis cum variis salibus mistæ. Lienem feliciter exstirpavit: de ejus usu ampliat, nisi quod sanguis ejus sit fluidior, minusque cohærens. Ligato uretere vesicam inanem reperiri. Ova feminina nonnisi a seminis masculini vi de ovario solvi: amnii humorem & coagulari & alere: Ossa pubis in partu non divelli: Aërem non totum sanguinem subire, neque vitalem oscillationem ciere. Aquam injectam musculos ad motum sollicitare. Contra panspermiam. Cor a sanguine in ventriculos inpulso stimulari, Organa olfactus ex animalibus.

EJ. *de alcali & acidi insufficientia pro principiorum seu elementorum corporum naturalium munere gerendo* Lipf. 1681. 8. LIND. Unice fere disputatur de rebus physicis 1696. 8.*. Vix quidquam ad physiologiam habet.

EJ. *de aëris in sublunaria influxu* Lipf. 1678. 8. lego etiam 1675. 8. LIND. & cum priori 1696. 8.*. Ab aëre per asperam arteriam inpulso sanguinem, qui in mortuo animale niger erat, spumosum & fluidum in sinistrum sinum cordis pelli.

Contra Dissertationem J. H. SBARAGLI pro MALPIGHIO dixit in *prælectione therapeutica* Lipf. 1691. 4. edita, & a SBARALEA recusa Bonon. 1701. 8.*

EJUS *de officio medici duplici Clinico & forensi* Lipf. 1704. 4.*. In posteriori libello aliqua ad rem nostram faciunt, de partu septimestri, de cruentatione cadaverum, de virginitate, de fetu vivo vel mortuo edito, ubi noster pulmones submersos monet, non semper mortuum ante partum fetum indicare; cum per propria exempla puer absque respiratione aliquamdiu vivere possit, etiam in catulis experimento facto.

In l. *de renuntiatione vulnerum lethalium*, Lipf. 1711. 4.* duæ appendices physiologici sunt argumenti. I. de infanticidio. Ibi contra argumentum a natatione vel submersione pulmonum sumtum disputat. Putredinem negat, pulmonem reddere natatilem: & vitalis fetus pulmonem mergi posse docet, dum nunquam respiraverit. Altera est de vivis mortuisque hominibus aqua submersis, suspensis &c. Aquam negat, vivi hominis viscera subire.

Præter

Præter 26. illas Disputationes, nuperiores aliquæ Cl. viri exstant.

An mors sit malum 1668. 4. B. THOMAS.

De lactis defectu 1675. 4.*.

De vomitu 1688.* HE. ib.

De menstruo universali animali 1687. 4. recusi cum *Circulo*.

De duumviratu hypochondriorum Lipf. 1689. 4.*. Contra SYLVIANAM sectam; Diss. cum *circulo* recusa.

De motu cordis Lipf. 1690. 4.*.

Lectio anatomica de utilitute anatomiæ subtilioris in praxi medica. 1691. 4.

De anatomici & therapeutici studii conspiratione ac rei anatomicæ notitia accuratiori medico, quam necessaria & proficua Lipf. 1691. 4. PL. contra P. MINUM. Idem puto opusculum recusum cum SBARAGLI.

De singultu 1697. 4. VAT.

In programmate lego defendere *solum gluten firmarum partium mutari*, partes ipsas immutatas manere.

In *Act. Erud.* 1682. de vasis bilariis hepatico-cysticis, in ductum cysticum insertis, ex bove, cum icone: Tum de proportionibus partium sanguinis. Pars rubra vix est sanguinis duodecima.

A. 1683. De bilis ab hepate motu. Satis multam bilem ex hepate in vesiculam fellis venire.

IDEM processum anatomicum f. de recta partium corporis humani secandi ratione M.S. reliquit. GUNZ.

§. CCCCLVI. *Laurentius* STRAUSS,

Professor Giessensis, non quidem incisor, pluscula tamen physiologica scripsit.

EJ. *Resolutio observationis singularis Mussipontanæ fetus extra uterum in abdomine retenti tandemque lapidescentis* Darmstatt 1661. 4.*. Collectio fetuum monstrosorum, nævorum. Historia memorabilis ventriculi cum omento per foramen septi transversi in thoracem penetrantis. Acc. aliorum judicia, inter quæ fusiora T. BARTHOLINI & *J. Jacobi* WEPFERI, tum *Guidonis* PATINI, qui rem totam putat fabulosam esse, & STRAUSSII epilogus.

Hæc Dissertatio recusa est cum titulo *historiæ fetus Mussipontani extra uterum in abdomine reperti & lapidescentis* prodiit Francofurti 1669. 4.*. Accesserunt in hac editione DEUSINGII, quæ diximus, scripta, & LAUTHIERI, & *J. Christophori* EISENBERGER de eodem fetu ad *J. Dan.* HORSTIUM Epistola, & *ostentum f. historia mirabilis infantis in ventre a morte matris reperti post annos sexdecim & amplius graviditatis* Dolæ 1661. edita.

EJ. *Curſus medicus* XX. *diſputationibus abſolutus* Gieſſ. 1663. 4. RIV.

EJ. Diſp. *de anima rationali* ib. 1663. 4.*.

EJ. Diſp. *de hepate* ib. 1665. 4. BURCKH.

EJ. *Conatus anatomicus aliquot diſputationibus exhibitus* ib. 1660. 4.*. Compendium anatomicum.

EJUSD. *Exercitatio phyſica de ovo Galli* ib. 1669. 4.*. Occaſione Galli, qui dicebatur ovum peperiſſe, oſtenditur, extra uterum non poſſe ova gigni.

EJUSD. *Exercitationes medicæ ad Gr.* HORSTII *compendium inſtitutionum medicarum accommodatæ* ib. 1670. 8.*. Pars aliqua ad phyſiologiam pertinet.

EJ. *Humani corporis fabrica elegiaco carmine exhibita & ad circulationem ſanguinis, & pleraque nova anatomicorum inventa accommodata* ib. 1679. 8.*.

Diſp. *de monſtro* Reſpondente C. C. HABERKORN citat HEFT. anno non addito.

§. CCCCLVII. *Gabriel* CLAUDER,

Ducis Saxoniæ Archiater, Chemicus. EJ. *Ep. de obſervatione practico-anatomica mirabili ad Marcum* RUYCH prodiit Patav. 1661. 4.*. Inciſio hominis ex morbo nigro exſtincti, cui ventriculus cum duodeni & pancreate ex cauſa interna per diaphragmatis foramen in thoracem migraverat.

EJ. *Methodus balſamandi corpora humana* Altenburg. 1679. 4.*. Non muria (*f*), ſed ſpiritu ammoniaco tartariſato corpora præparata animalium immerſa conſervabat (*g*). Experimentis propriis didicit, neque melle (*h*) cadavera condi poſſe, neque cera (*i*), etſi utrumque veteres reliquerunt. Sed neque acetum utiliter adhiberi, nam omnia ab aceto erodi (*k*). In ſpiritu vini poſſe animalia minora conſervari, rem novam, ab *Adamo* WEBER edoctus repetit (*l*), & alcohol nihilo ſale mirabili GLAUBERI deterius eſſe. In monte ſalſis aquis pleno repertum eſſe cadaver incorruptum, oculis apertis, vitam quaſi ſpirantibus, inſtar ſaxi rigidum: idem in aëre diffluxiſſe (*m*). Succino ſoluto iterumque coacto KERKRINGIUM infantes conſervaſſe (*n*). Diligenter enim noſter omnia colligit, quæ hactenus inventa fuerant.

In *Eph. Nat. Cur. Dec.* II. *ann.* III. *obſ.* 72. fetus prægnans.

Obſ. 73. de hippomane, minus plene.

Obſ. 75. femina ut videtur clitoride nimia.

Ann. IV. *obſ.* 138. 139. ſanguis frigidus & urina 140.

Obſ. 142. ſuturarum cranii diſceſſio a cephalea & a partu *obſ.* 143.

Ann. V. *obſ.* 175. felis ſi diis placet ſciurum pariens.

Obſ.

(f) *Tobias* ANDREAS muriæ uſum cavillatur. (g) p. 156. ſeqq.
(h) Ne quidem triduo cadaver conſervare p. 75.
(i) Interiora enim viſcera conputreſcere p. 70.
(k) p. 170. (l) p. 124. (m) p. 70. ex KIRCHERO.
(n) ex MORHOFIO p. 117.

Obſ. 178. ſacculus frumentarius muris *Hamſter.*

Obſ. 180. ſcortum album ex æthiope parit fetum bicolorem.

Obſ. 195. Vagitus uterinus.

Obſ. 196. clyſter vomitu rejectus abſque malo.

Ann. VI. *obſ.* 182. equa cornuta & *obſ.* 183. lepus cornutus.

Obſ. 168. cornua deformia in cervo caſtrato.

Obſ. 171. fetus puero ſimilis ex capra.

Ann. VIII. *obſ.* 20. aliqua de balſamatione cadaverum.

§. CCCCLVIII. *Antonius* EVERARD,

Medicus Medioburgenſis Seelandus. EJUS *novus & genuinus hominis brutique animalis exortus* Medioburgi prodiit 1661. 12.* recuſus cum mutato titulo *Coſmopolitæ hiſtoriæ naturalis comprehendentis corporis humani anatomen &c.* Leidæ 1686. 12.* adjecta *breviori fetus humani*, & *accuratiſſima corporis humani anatomica delineatione*, de quibus alias; Præfationem EVERARDI editores omiſerunt. In vaſis lymphaticis BILSIUM ſecutus eſt, perque ea ad omnes corporis animalis alimentum, etiam ad mammas lac putavit didi. Ad generationem tamen utiles labores adtulit, & formationem paulatinam viſcerum. Nono die membranas, undecimo die fetum cuniculi primum vidit, non majorem acaro, in his multis celebribus vivis rectius, decimo ſeptimo jam formatum. Chyloſa vaſa umbilici habet. Nullius animalium placentam ab utero vaſa accipere.

Ej. *Lux e tenebris effulſa ex viſcerum monſtroſi partus enucleatione* Middelb. 1662. 12. 1663. 12.*. Fetus abſque capite, thorace, abdomine ſolo præditus & pedibus, vaſis umbilicalibus ex hepate natis, ut adeo fetus iſte per ſolum umbilicum nutriri potuerit. Aliqua contra STENONIUM pro ſuis vaſis lacteis ad uterum tendentibus.

§. CCCCLIX. *Robertus* BOYLE,

Non quidem inciſor, multis tamen modis phyſiologiam illuſtravit. In experimentis vitam trivit, & ad reſpirationem, humores humanos, perſpirationem, paſſim reſpexit.

EJUS *Experimenta nova phyſico-mechanica de gravitate & elatere aëris* Anglice prodierunt Oxon. 1660. 8. 1668. 4. Latine Oxon. 1661. 8.* 1684. Huc pertinet experimentum 40. de inſectorum in ſpatio aëre communi vacuo interitu. Experimentum 41. de avium & quadrupedum ſimili morte, & ſuſcitatione ab aere reddito. Deinde digreſſio *de reſpiratione*, in qua dubia aliqua proponuntur, hunc enim modeſtum ſuæ ſententiæ colorem vir ſummus amabat. Diaphragma moderatæ reſpirationis princeps eſſe inſtrumentum, enixioris vero muſculos intercoſtales. De viro, cui amplo foramine pectus patebat. De ſuffocatione a vapore muſti, ab aëre non renovàto. Contra recepta præjudicia fatetur, nullum ſe in alpibus reſpirationis impedimentum ſenſiſſe. Multo validiores eſſe catulos cæſareos, qui reſpirando aërem adtraxerint. Etiam piſces mala ſua pati, ſi aërem iis ſubtraxeris. Non poſſe urinatores ſupra duo minuta horæ ſub aqua vivere, niſi aëris ſibi penum procuraverint. Inſecta in ſpatio, de quo aër ſubtractus eſt, non poſſe vere enecari. Reſpirationis ignotam aliquam utilitatem eſſe. Hæc diſſertatio videtur ſeorſim Bononiæ prodiiſſe cum titulo *nova experimenta pneumatica reſpirationem ſpectantia* 1675. 12. CINELLI, ad quam adjecta eſt Diſſ. *P. Fr.* PASQUALI, *in qua* legas *vena ſectionem animalia in vacuo moribunda refocillâſſe.* Sanguinem in ſpatio inani ebullire.

EJ. *Chemiſta ſcepticus ſ. paradoxa chymico-phyſica circa experimenta, quibus ſpagyrici vulgares conari ſolent evincere ſuum ſal ſulphur & mercurium eſſe vera rerum principia* Oxon. 1661. 8. & 1679. Londin. 1662. 8.*. Scopus princeps eſt (o) oſtendere, analyſin, quæ igne fit, veram naturam elementorum non patefacere, multa deſtruere, alia mutare, & educere de corporibus, quæ in iis nunquam fuerint. Nulla dari elementa, eaque quæ dicuntur, ex mixtione variisque potentiis & componi & deſtrui. Aquam tamen elementi dignitati proximam eſſe, ab ea enim, propria per experimenta, & plantas nutriri poſſe, & animalia, exque ea poſſe oleum, ſalem & terram obtineri, eamque aquam in omnia elementa abire, quæ quidem experimenta nuper ſunt repetita. Intercedunt & alia utilia. Per vaporem fætidum putredinis fatua fieri, quæ putreſcunt, neque porro ſales volatiles aut ſpiritus ſuppeditare. De oleo cornu cervi & ſanguinis vario. Plurimam in ſanguine aquam eſſe.

EJ. *Tentamina phyſiologica & hiſtoria fluiditatis & firmitatis* Londin. 1661. 4. 1663. 1669. Amſterdam 1667. 12.*. Paſſim aliqua huc pertinent, ut in l. *de infido experimentorum ſucceſſu*, eventum non-conſtantem eſſe ſaponis Helmontiani, qui non cogatur, niſi urinæ ſpiritus per putrefactionem paratus, & acerrimum ſit alcohol.

In *experimentis quæ non ſuccedunt* aliqua ſunt anatomica, uti cartilagines intermediæ, quibus coſtæ conjunguntur. Nullum ſe in pilis cavum videre.

In *hiſtoria fluiditatis & firmitatis* ſpiritum urinæ repetito, quod vocant, cohobatum demum ita mutari, ut calidus fluat, frigidus in cryſtallos colat.

EJ. *Experiments touching colours* Oxon. 1663. 4. & latine 1665. 12.* Amſterdam 1667. 12.*. Huc faciunt aliqua, ut cæci illius celebris hiſtoria, qui tactu colores diſtinguebat. Aliqua de coloribus phantaſticis oculo obverſantibus.

Certain phyſiological eſſays on the uſefulneſs of natural philoſophy P. I. Oxon. 1663. 4.*. P. II. ibid. 1671. 4.* & utraque conjuncta latine Londin. 1692. 4.*. Exercitatio I. & II. huc faciunt. In I. cani ſplenem ſe præſente a JOLIVIO ereptum memorat. Ranas per aliquot horas & dies ſub aquis durare, non ergo videri vere reſpirare. Cor pectunculi piſcis evulſum & inane palpitare & oſcillare. Ranas cordi extracto ſupervivere. Pulli cor cerebro deſtructo aut capite reſecto

(o) P. II.

resecto motum suum continuare; eum motum calida recreari. Corda de viperis avulsa salire. Testudines capite detruncato vivere, muscas etiam venerem pati. Rubrum in pullo sanguinem esse, quo tempore jecur decolor est. Cancris chelas reparari, lacertis caudas. In piscium ventriculo devoratos pisces erodi, quasi a stygia aqua, acorem tamen nullum percipi. De corporibus anatomice præparatis & conservatis. De gypso ad replenda vasa adhibito aut colla piscium (*Isinglaß*). De spiritus vini ad putredinem arcendam usu.

In *Exerc.* II. de veneno viperarum innoxio. Chirurgiæ infusoriæ experimenta. In *additionibus* spiritum sanguinis humani describit, tum urinæ & cornu cervi spiritum.

EJ. *New experiments touching cold s. historia experimentalis de frigore* Londin. 1665. 8. & 1683. 4.* hic auctius. Pleraque pure physica sunt, huc tamen faciunt adjecta experimenta alibi dicenda C. MERRET de congelatis oculis, sanguine, sero, lacte.

In libello *of the great efficacy of languid and unheeded motion.* Omnem fere calorem a tritu esse.

Of the origine of forms and qualities Oxon. 1667. 4. 1668. 8. latine ibid. 1669. 12.* 1671. 8. OSB. Pauca huc faciunt, ut LANCASTRII planta sensitiva, puto de polyporum genere.

Video citari a GRONOVIO BOYLEI *Diss. physicas, in quibus principia proprietatum in mistis œconomia plantarum & animalium causæ & signa propensionum in homine demonstrantur* Haag. 1672. 12.

EJ. *Continuation of physico-mechanical experiments* Oxford 1669. 8. ad aëris naturam, & vacui spatii.

EJ. *Essays on the strange subtility determinate nature and great efficacy of effluvioes* London. 1673. 8.* & latine ib. 1673. 8. OSB. Leidæ 1676. 12.*. Etiam durissima corpora suum habere odorem: ea effluvia in aëre suam peculiarem indolem retinere, hinc canes heros sagire, cujus peritiæ in his animalibus NOSTER mira exempla producit. Aliqua etiam exempla acuti in homine sensus, auditus, olfactus.

EJ. *Some physico-theological considerations about the possibility of resurrection* London 1675. 8. Corporis humani partem non exiguam ossa esse: plurimam partem perspirare: alias particulas determinatam suam naturam pertinaciter retinere. Ita ex his ipsis, exque ossium particulis, exque perspiratione novum corpus posse constitui, ex eadem materie natum, quæ nostra fuit.

Obss. circa mechanicam variarum particularum qualitatum originem Londin. 1676. 8. 1692. 8. min.*. Ad odorum & saporum productionem.

Experimenta nova physico-mechanica in aëre compresso, factitio, instituta, circa ignem, animalia &c. Londin. 1681. 8. 1688. 8.*. Plurima ad rem nostram faciunt.

PAPINI

PAPINI opera usus BOYLEUS machina experimenta fecit, in qua aër ad vigesimam prioris spatii partem comprimi poterat, & in ipso vacuo spatio coqui. Usus est etiam clauso lebete, quem etiam nunc a PAPINO dicimus. Adparuit, animalia in aëre compresso supervivere; in exinanito spatio interire, inque aëre non renovato, demum in aëre factitio per fermentationes generato. Nullam putredinem in spatio aëre vacuo vermes generare. Ossa in lebete undique clauso emolliri. Hæc omnia alio, quam in reliquis BOYLEI operibus, modo narrantur, per diaria & tabulas. Quare totum opus legere oportet, quod mihi inter BOYLEANA excellere videtur.

EJUSD. *Noctiluca aërea s. experimenta in substantiæ factitiæ sponte lucidæ productione* Londin. 1680. 8. 1682. 8.*. EJ. *Experimenta nova in glaciali noctiluca facta* ib. una edita 1682. 8.*. In priori libello prima initia phosphori urinosi KRAFTIANI habetur: in altero BOYLEUS jam peritior, naturam ejus acidam, lucidæ indolis cum vini spiritu communicationem, facilitatem docet qua in oleis deliquescit, alia.

EJ. *Tentamen porologicum ad porositatem tum animalium, tum solidorum detegendam* Londin. 1684. 8.*. In P. I. agit de poris cutis animalium, vapores, aquam, mercurium, vim medicamentorum sorbentibus, de clysteribus medicatis, de perspiratione interna viscerum, de poris ossium, & viscerum, testarum, ovorum, de calloso concremento a pleuritide relicto. De resorbtione aëris in ossa.

EJ. *Apparatus ad historiam naturalem sanguinis humani ac præcipue spiritus ejus* P. I. & *appendix* Londin. 1684. 8.* & Anglice *Memoirs for a natural history of human blood* Lond. 1684. 8. OSB. Primus NOSTER ad hunc laborem post gratuitas priscorum confabulationes accessit. De pondere specifico sanguinis & seri, quæ quidem a nuperioribus emendata sunt. De proportione sanguinis ad serum: & de liquorum, qui de sanguine ad ignem stillant, mutua ratione. De phænomenis, quæ in sanguine ab admistis liquoribus acidis, a lixiviosis, ab aëre ipso oriuntur. De rubore, quem sanguis ab aëre contrahit. De spiritu sanguinis varie explorato, ut constaret, salem esse volatilem in aqua dissolutum. Seri analysis. Sed totum præstat legisse.

EJ. *de ipsa natura* Lond. 1687. 12. contra archæos.

EJ. *Disquisition about final causes of natural things, to which are subjoyned some uncommon observations about vitiated sigth* London 1688. 8. HOTTON. Contra CARTESIANOS & priores Epicureos utiliter defendit, manifesto certam corporum fabricam ad prævisos fines fuisse excogitatam. Oculis nos ad videndum non ideo uti, quia ita nobis videatur, cum intimæ partes oculi nobis insciis in videndo perinde officio suo defungantur, ut eæ, quæ nobis sunt notissimæ. Neque quidquam contra fines prævisos a nostra ignorantia posse concludi, quoties alicujus partis usum ignoramus, nihilque detrahere eam partialem ignorationem certitudini eorum, de quibus convicti sumus. Felibus pupilla perpen-

perpendicularis est, ut deorsum sursumque videre possint, bobus transversa ut ad latera. In *appendice* exstat celebris observatio de homine ex carcere educto, quem subita lux fere excaecavit. De visu in tenebris, de visu qui fit oculo unico; de felis oculo ac de cataracta membranosa, de duabus in uno oculo cataractis, de visu ad certam distantiam duplici, de malo de distantiis judicio, quod fit uno oculo.

In *cause of Suction* ostendit, ut aër pulmonem scriberet, quia dilatatus in eo viscere aer nimius externo aëri resistit.

Opera omnia curante T. BIRCH Londini 1744. fol. B. B. prodierunt, cum numerosissimis epistolis, iisque quae BOYLEUS in *philos. Transact.* edidit. Omnia primum Anglice prodierant.

In BIRCHII *historia Societatis Regia* exstat memoria monstrifici partus bicapitis, sed bipedis, cujus intestina coalescebant (*p*), tum renis unici.

Experimentum paris vagi incisi (*q*).

Experimenta infusoria in cane facta (*r*).

Experimentum incisi utrinque thoracis, & canis superstitis, quod vulnus adducta cute tegeret.

Ex magno vulnere thoracis canes perire, non ita ex parvo (*s*).

N. 12. de conservandis in spiritu animalibus.

N. 29. Vindiciae suorum experimentorum, & injecti a. 1664. in venas animalium spiritus acidi.

N. 62. Experimenta de respiratione, de animalibus variis in vacuum spatium inclusis. De eorum morte sub aqua & in vacuo. Cor a corpore avulsum saliens.

N. 63. de symptomatibus animalium, in aëre in montibus rariori: de dilatatione humorum animalium in spatio inani. Aërem vim prementem retinere, quando respirationi ineptus factus est. Diu vacuum spatium tolerare hirudines, & alios vermes; neque tamen posse absque aëre aut formicas vivere, aut acaros.

N. 89. Experimenta facta cum carne absque putredine lucente.

N. 91. de variantis ponderis atmosphaerae in corpus humanum effectibus.

In n. 114. experimenta habet quibus confirmatur, vesiculam piscibus propriam ad natationem factam esse, ut animal pro arbitrio suo se levius possit facere aut ponderosius.

In n. 196. de parando phosphoro ex urina humana.

§. CCCCLX.

(p) T. I. p. 485.
(q) p. 504.
(r) p. 509. T. II. p. 49.
(s) p. 46.

§. CCCCLX. *Caspar a* REYES. *Alii.*

Caspari a REYES FRANCO, Medici Carmonensis in Hispania, *Elysim jucundiarum quæstionum campus* Bruxell. 1661. fol. Francofurti 1670. 4.*. Liber datus est a. 1658. Centum sunt quæstiones s. capita, quorum multa huc faciunt. Num detur rejuvenascere. Absque capite & corde animal aliquamdiu supervivere. De cruentatione cadaverum. De corporibus incorruptis. De splendore ex homine effulgente. De insomniis. Plurima de muliebribus, de virginitate. Conceptio in virgine incorrupta. Animalia hybrida, lac virorum. Androgyni, pica, nævi. Similitudo filiorum cum parentibus. Sexus mutatio. Asitiæ exempla &c. Ubique grata in collectione varietas.

Francisci BOUCHART *ostentum Dolanum*, Dole 1661.

Stephani WILLET *de ostento Dolano* Dole 1661. 4. LIND.

Vie du Pere Paul Leid. 1661. Auctor P. FULGOSUS. Ad circulationem sanguinis.

J. BLASII, fratris GERARDI, *Ep. ad* BARTHOLINUM 19. *Cent.* III. de litibus BILSIANIS.

J. Friderici HELVETII, Chemici, *Amphitheatrum physiognomico medicum* d. i. *Wunderschauplatz der arzneyischen Gesichtkunst*, *worinn die Physiognomia und herbarum signatura von ihrer Vollkommenheit spricht* Heidelberg 1661. 8.

Ej. *Microscopium physiognomiæ-medicum s. die Physiognomia* Amsterdam 1676. 8. BURCKH.

Ej. *Teeltuyn des menschelycken geschlechts.* Annum ignoro.

Joh. PRÆTORII *Thesaurus Chiromantiæ* Lips. 1661. 4.

Ej. *Ehrenbergische blutige Klöster nebst mehrern dergleichen Strafmahlen* Lips. 1678. 4. PL. Physici forte argumenti.

Ej. *Philologemata abstrusa de pollice* ibid. 1677. 4. BOECL.

Daniel VOET *physiologia adjectis aliquot ejusdem argumenti disputationibus publice antehac propositis* Amstelodami 1661. 4. Cat. anon. Posthumum opus, a fratre editum.

Eduard GREAVE *Oratio habita in ædibus Collegii Medici Londinensis* 25. *Jul.* 1661. *Dec.* HARVEJI *memoria dicato* Londin. 1667. 4.

§. CCCCLXI. *Varii.*

J. Arnoldus FRIDERICI, Professor Jenensis. Ej. Diss. *de cerebro, cerebello & horum medulla oblongata* Jen. 1661. 4. HAENEL.

Ej. *de oculo* ib. 1663. 4.*.

Ej. *de renibus* 1663. 4.*.

Ej. *Femina naturæ miraculum* ib. 1664. 4. HEFT.

Ej.

Ej. *de anatome medicinæ fundamento* 1665. 4.

Ej. *de δυστοκια naturali* 1665. 4.*.

Ej. *Anatomia lienis* 1669. 4.

Ej. *de tentigine* ib. 1669. 4.*.

Ej. *de constitutione mammarum* ib. 1669. 4. PL.

Ej. *de conceptione* ib. 1670. 4. B. THOMAS.

Ej. *de aure* ib. 1670. 4. PL.

Ej. *de ventriculo* ib. 1671. 4. PL.

Ej. Δευτερολογια *s. de secundinarum natura usu & noxa* ibid. 1671. 4. B. THOMAS.

Gerhard WICHMAN *de radii optici quidditate & visionis per eundem formalitate* Wittebergæ 1661. 4. HEFT.

Christian MÜLLER *de cute* Lips. 1661. 4. BURCKH.

Wilhelm ZESCH *theorematum physiologicorum quaternarius* Wittebergæ 1661. 4. HEFT.

Ej. *de termino vitæ homini divinitus* præfixo ib. 1681. 4.*.

Henrich RIXNER *de modo videndi* Helmstadii 1661. 4. B. THOMAS.

Theodorus MORETUS *de imagine visionis* Uratislaviæ 1661. 4. PL.

Joh. FORESTIER & B. FERRAND *an similium sympathia major a spiritibus* Paris. 1661.

Mich. du PONT & *Frid.* SORAND *Ergo partus tempora ad* HIPPOCRATIS *calculum exigenda* Paris. 1661.

Ant. de CAEN & *Car.* le BRISSET *Ergo natura optimus dux vitæ* Paris. 1661.

Petri POURRET & *Jac.* BOUJONNIER *Ergo mulierum semen infecundum* Parisiis 1661.

§. CCCCLXII. *Laurentius* BELLINUS,

Florentinus, BORELLI discipulus & REDI, Professor Pisanus, & Hetruscus, Jatromathematicus, vir ingeniosus, sed ad augendā miraculā rerum pronus, neque ubique, ut in nova arte, erroris expers, dictione cæterum obscura usus.

Ejus lib. *de structura renum* Florentiæ prodiit 1662. 4. deinde Argentorati 1664. 12.* Patavii 1666. 8. 1665. 8. TREW. Amstelod. 1665. 12. Leid. 1665. 12. 1711. 4.* 1724. 4. & alias, etiam in MANGETI *Bibliotheca:* EUSTACHIUM nusquam citat, dum scriptorum de renibus placita recenset, & vervecinum renem atque unicam papillam describit, quam non oportet ad humanam fabricam transferre. Sinulos EUSTACHII hactenus perfecit, ut in cavos tubulos mutaverit, quos a BELLINO solent vocare, & ex quibus renem constare docuit. Arterias renis venasque ex suis circulis ramos sursum ad visceris superficiem spargere:

 inter

inter arterias & urinarias fistulas spatium esse intermedium, in quod & arteriolæ humorem deponant, & ductus uriniferi resorbturi producantur.

In editionibus Belgicis renes monstrosi ex variis auctoribus a BLASIO editore colliguntur. BORELLI libellus non bene in nuperis editionibus omittitur, qui reperitur in Argentoratensi.

EJUSDEM *Gustus organum novissime deprehensum* Bonon. 1665. 16. & cum priori in editione Leidensi 1711. 4.* & 1714. 4.* inque MANGETI *Bibliotheca.* Aliquanto nuperior libellus est MALPIGHIANO, qui in nostro citatur, tamen ut cum BELLINUS non legerit. Salium figuras describit; ex variis etiam plantis paratos. Sapores in sola lingua percipi; neque in tota, non in carnea parte, sed in papillis solis, hæc primus. Eas papillas ex bove describit, tum membranam reticulatam, denique membranam linguæ, & radices papillarum nerveas.

In *Epistola anno* II. *Decadis* I. E. N. C. *obs.* 75. inserta *de respiratione* librum promittit. Nihil de eo prodiit præter *lemmata* aliqua, quæ editioni Leidensi 1717. 4. libri de urinis & pulsibus præposita sunt, & cum DRELINCOURTII libello de *lienosis* Leidæ 1711. 8. recusa. Duos ordines musculorum intercostalium conjunctim agere, & costas elevare, & extrorsum oblique convertere, dum eæ costæ, quæ abdomini proximæ sunt, introrsum vertuntur; id fieri a sacro-lumbari musculo & a triangulari; Omnes pectoris diametros una crescere. Sternum inspiranti antrorsum ferri. Inflatum pulmonem aptum fieri, qui sanguinem transmittat. Nihil ex aëre in vasa sanguinea subire. Theoremata sunt, absque demonstratione.

Gratiarum actio ad M. principem Hetruriæ Pisis 1670. 12. MAZ. Aliqua anatomica continet & expositionem mechanicam. Cum titulo *epistolical adress in Phil. Trans.* n. 65. & E. N. C. *ann.* II. n. 75. excerpitur. Sententiæ suæ de respiratione & de motu bilis compendium.

Magnum opus *de urinis & pulsibus* Bonon. 1683. 4. Lips. 1685. 4. & 1731. 4. cum BOHNII præfatione: Leidæ 1717. 4.* cum præfatione *Hermanni* BOERHAAVE excusum est. Præfiguntur lemmata aliqua de motu sanguinis: quem a vasorum flexionibus minui docet: 2. de motu liquidi nervei. Motum ejus ab arteriis derivat. Alterne influere in musculos & refluere. Omnes nervos una contremiscere. 3. De motu musculorum: necessario requiri ad villi contractionem, ut liquido repleantur subito rarescente; rarescere vero ob ejus cum sanguine commistionem. 4. De respiratione, quæ modo diximus. 5. Separationem humorum pendere a duplici motu progressivo & laterali.

In ipso opere primum *de urinis* agit, quarum diversitates unice ab aquæ copia repetit, aucta aut diminuta, ut febrilis urina sola aqua adfusa naturali simillima reddatur.

Inde *de pulsibus*. Hic sanguinis a corde in omnes arterias impulsio, & omnium arteriarum eodem tempusculo dilatatio, & pulsuum genera.

De

De sanguinis missione. Celebertimum opus auctoris, quod suo tempore late medicorum scholas rexit. Derivationem & revulsionem explicat ex aucta in genere velocitate sanguinis: tum sigillatim in ea parte cujus vena secatur, si ponas debilitatem nasci, quæ sanguinis fluentum supprimat. Reliqua pathologica. Ejus princeps est theoria celeritatem in vasis liberis augeri, quando pars eorum obstructa est.

Ejusd. *Opuscula aliquot ad Archibaldum* Pitcarnium Pistorii 1695. 4.* (in quibus præcipue agitur de motu cordis in & extra uterum, ovo; ovi aëre & respiratione: de motu bilis, & liquidorum omnium per corpora animalium; de fermentis & glandulis) Leidæ 1714. 4. & 1737. 4. Agitur hic

De motu cordis, & ventriculorum alterna cum auriculis contractione.

De amnio, albumine, liquore amnii evaporabili. Vim albumen promoventem residere in aëre foveæ majoris verticis densiori rarefacto, & albumen urgente, per ovi poros resorbto. Chalazam cavam esse: dividi in novem canales, ducique oninde albumen tenue in amnion.

De vi explicante plicas canalis longi alterne flexi. Vim motricem humorum animalium in corde esse, Cor in primis initiis esse irritabile. De motu liquidi per canalem cylindricum & conicum.

De motu progressivo, & pressione laterali; de impedimento, quod nascitur a figura vasorum conica. Glandulæ definitio, quam pro meris vasculis minimis habet.

Bilem fluere a ramis in truncum.

De filis testium, quorum longitudinem metitur.

Sufficere generale fermentum, quod sanguinem & chylum resolvat; id ipsum aërem esse. De retium usu. Contra fermenti in generatione animalis usum.

De villo contractili, & contractionis explicatione mechanica, per parallelogrammorum alternas series in flexione situ motorum.

Pauca hæc ex multis. Magna emphasi autem suas adfirmationes urget.

Discorsi di Anatomia di Lor. Bellini *colla prefazione di Antonio* Cocchi Firenz. 1742. 8. P. I. Firenz. P. II. III. 1746. 8. Monitus sum olim a Cl. Editore, non debere me serio de his sermonibus judicare, qui in consessu Academiæ *della Crusca* habiti, eloquentes & dithyrambici, non sint ad mathematicam severitatem correcti. Circa annum 1696. editi sunt, & joci sunt sui auctoris; addita est auctoris vita. Agitur de cibo, exhalatione, musculis statum facientibus, fabrica musculi fibris facta, quas transversa tela constringit, distentis a sanguine cum spiritu intra fibras fervente. Dari in pulmone musculos & ubique.

Scripsit etiam Italico sermone *anatomen Toscanam* cum novis inventis, in vita Cocchiana citatam & alias.

Epistola exstat in *Giorn. de letter. d'Italia* 7. II. de vasis aëreis ovi, cum iconibus exprimentibus, ut ea vasa per ovi membranam disponantur, cumque arti-

artificio, quo possint conspicua reddi. In III. *Supplemento* alia est epistola, in qua BELLINUS adserit in sanguinem aërem recipi. Particulas aëris esse minutissimas & 400, 000es pilo tenuiores.

Ejus experimentum in nervo phrenico factum, passim citatur, recensum in *præfatione ad* TAUVRYI *versionem latinam*.

Opera omnia prodierunt Venetiis a. 1708. 4. 1720. 4. & 1747. 4.

De morbo & morte viri ILL. anonymus libellus, Firenze 1741. 4. MAZ.

§. CCCCLXIII. *Carolus* DRELINCOURT,

Gallus, celebris Theologi Carentonensis filius, aliquamdiu militaris medicus, inde ab anno 1670. Professor Leydensis, BOERHAAVII Præceptor, cujus laudes ex aureo ore HERMANNI sæpe percepi, antiquitatis admirator, osor SYLVII & novarum hypothesium, in coævos asperior, hinc acerbis exercitus odiis. Solebat exiguos libellos subinde edere, plerosque hactenus polemicos, ut alios scriptores refutaret. Anatomici fere omnes argumenti sunt, & nitidum incisorem BOERHAAVIUS solebat vocare. Collecta habemus *opuscula medica, quæ reperiri potuere omnia* Haag. 1727. 4.* alioquin vix unquam colligenda: præfationem BOERHAAVIUS addidit, in qua vita viri traditur. Dictionem fatearis nimis fucatam esse, metaphoris ampullatisque plenam vocibus. Earum prima est *de partu octimestri vivaci diatriba* Paris. 1662. 12. aut potius 1663. ineunte, tum Lyon 1666. 8.* Leidæ 1668. 12. BURCKH. 1680. 12. Hactenus recepta præjudicia superavit, ut omnino fetum vivere posse ostendat, qui octavo mense natus sit.

Johanni v. HORNE, prædecessori suo parentavit a. 1670. vitamque descripsit.

Præludia anatomica Amsterd. 1672. 12.* & 1680. 12. Inter meliora viri est opuscula. Brevibus verbis corpus humanum percurrit, nuperos sæpe sibi adrogare ostendit, quæ sint veterum: sua etiam inventa profert, ventriculos laryngis, glandulas epiglottidis: processus a cerebello ad medullam spinalem, magnam valvulam cerebri, glandulas ceruminosas, duplicem non unam glandulam pituitariam, valvulam quæ postea a VIEUSSENIO dicta est, ventriculo quarto prætensam, quinas nasi cartilagines, glandulas narium, membranam stapedis. Myloglossum ad ossis hyoidei musculos revocat: ductum lacrumalem recenset inter salivales. Lentem crystallinam vidit induratam: ossiculum quartum auditus COLUMBO vindicat, sed is potuit de vero stapedis capitulo dixisse.

Cum *Libitinæ tropæis*, quæ vix huc faciunt, asperrimam & acerbissimam *appendicem edidit ad doctores glandulosos*, pancreatis nempe patronos & conarii, ex SYLVII secta & CARTESII Leid. 1680. 12.* 1689. 12.

Microcosmus schematismum Macrocosmi exhibens in laudem anatomiæ Leid. 1680. 12.

De conceptu adversaria Leid. 1682. 12. TREW. 1686. 12. Priorum scriptorum sententias exponit & refutat: addit suam. Totum fetum esse a paterno no semine, ovum solum hospitium præstare: atque ab eo semine in utero fecundari.

Et *hypomnemata de humani fetus membranis* Leid. 1685. 12.*. Iterum meræ refutationes. Membranas ovi jam adesse in ovario, neque ab utero esse, neque ut pelliculas lactis a frigore cogi. Nullas esse uteri papillas. Amnion primum adparere, huic chorion circumnasci, nullam esse allantoideam membranam. Tubas veteribus non fuisse ignotas.

Et *de tunica fetus allantoide meletemata* Leid. 1685. 12.*. Auctores 48. refutat, & allantoideam membranam rejicit. Urachum humanum docet in funiculum non continuari.

Et *de tunica Chorio animadversiones* Leid. 1685. 12.*. Ejusdem generis. Aquam inter chorion & amnion negat colligi.

Et *de membrana fetus agnina castigationes* Leid. 1685. 12.*. Perinde per meras negationes sua de amnio cogitata proponit.

EJUSD. *de fetuum pileolo s. galea emendationes* Leid. 1685. 12.* Nullam esse.

EJ. *de humani fetus umbilico meditationes elenchticæ* Leid. 1685. 12.*. Ejusdem saporis. Venam esse unicam, nullas in arteria valvulas. Nullum in funiculo urachum reperiri: alia de umbilico.

EJ. *de conceptu conceptus* Leid. 1685. 12.*. Tubas anulo quasi sphinctere circumdari: in venere fere ut mentulam erigi, ovarium amplecti, ovulum exprimere maturum; id ovum in utero seminali spiritu impraegnari, acido-salino. Pars altera. Ovum in utero exagitatum a seminali spiritu fibrillas vasculosas & nervosas edere, inter eas tria vasa funiculi, Acinuli adcrescunt extremis vasis, ii in placentam conglobantur, & urina fetus in amnion effunditur.

EJ. *de feminarum ovis historicæ & physicæ lucubrationes* Leid. 1684. 12. Ova humana se coxisse, coacta de suis nidis exemisse. Ea vera esse ova propriis ab experimentis se doctum esse, & aliqua de iis prodidisse anno 1663. ante *J. v.* HORNE & STENONIUM. Testimonia pro ovis collegit omnino septuaginta auctorum, ita tamen, ut omnes ullo modo huc referendas voces eo detorqueat.

Et *de feminarum ovis cura secunda* una prodierunt. Ovorum muliebrium historia, duæ membranæ, niduli fibrosi, maturitas, albor a superaddito ex semine germine, descensus in uterum.

Et *appendix de utero*. Ligamenta teretia non posse uterum suspendere, cum deorsum flectantur. In fundo uteri conceptum fieri. Quæstiones.

Appendix altera de tubis uteri. Quæstiones. Fimbrias esse musculosas. Parerga de tubis uteri. Iterum vasa ejaculantia priscorum esse arterias. Prodierunt etiam cum sequente libello.

EJUSD. *Experimenta anatomica ex viscerum sectionibus petita, edita per Ernestum Gottfried* HEYSE Dantiscanum Leid. 1684. 12. TREW.; sed dedicatio est a. 1681.

a. 1681. Princeps DRELINCOURTII opusculum, ex quo intelligas, artificem in arte inoidendi fuisse, etsi fere canicidia sunt, quæ hic tradit. Systoles cordis phænomena; alternus cum auriculis motus. Gelatina in ductu thoracico & chyli receptaculo. Vesicæ urinariæ vis contractilis. Mors subita ex compuncto cerebello: vox destructa a ligatis nervis recurrentibus. Vasa lymphatica thymi (etiam nervi). A vinculis venarum phænomena HARVEJANA. Diaphragmatis agentis phænomena, & ab eo concussa viscera abdominis. Per vincula verum chyli & lymphæ iter demonstratum, plenius quam a quoquam alio. Lacteorum vasorum phænomena, valvulæ, ductus thoracicus. Lympha pro chylo in receptaculo, ductu thoracico. Valvula ad ejus ductus ostium.

Una parva *opuscula* prodierunt *de semine virili*, *muliebri*, *utero*, *tubis*. Quæstiones, incommodum scribendi genus, ex quo auctoris sententiam vix divines; Hic p. 712, 713. aliqua repetuntur superius jam impressa; adeo exigua cum cura vera hæc editio parata est.

Passim collectiones operum Cl. viri prodierunt. Primum Leid. 1680. 12. *Studium Apollineum de partu octimestri. Oratio in mortem J. v.* HORNE. *Præludium: tropæa libitinæ.* Inde opera varia a. 1693. 12. 2. Vol.

Ad filii sui *Caroli* DRELINCOURT Diss. *de Lienosis* editam Leidæ 1697. 4. 1711. 8.*. Patris argumenta reperias, quibus evincere studuit, HIPPOCRATI sanguinis circulationem cognitam fuisse. De succo styptico glandularum renalium.

In Disputatione *Nathanaëlis* SYLVII *de fluore muliebri* Leid. 1687. legas, DRELINCOURTIUM ostendisse glandulas viscerum prostatis analogas inter vaginam & intestinum rectum positas, & eorum ductus in vaginam patulos. Ureterum arterias & venas ex hypogastricis demonstratas apud METZ de Calcul.

In B. MANGETIANA reperias DRELINCOURTII argumenta pro HIPPOCRATICA circuli sanguinei descriptione.

De acido sanguini misto experimenta.

De volatilibus & fixis salibus.

Et de argento vivo in sanguinem injecto.

In eodem theatro C. BARTHOLINUS plagii accusatur, ut in l. de feminarum ovis T. KERKRING.

In *animalium anatome* BLASIANA plusculæ sunt bestiarum incisiones, quarum auctor est C. DRELINCOURT, ut hystricis, cui claviculæ sunt, & intestina vix breviora humanis. Simiæ utriusque sexus anatome. Pulmo, ut in quadrupedibus, lobum habet venæ cavæ subjectum; scrotum nullum: musculi varii descripti: neque in hoc animale musculus digastricus a processu styliformi natus. Nulla appendicula cæci intestini. Glandulæ bronchiales. In fele zibethica pariter nulla appendicula cæci intestini. Glandulæ duæ ad radicem penis in multis bestiis repertæ, quæ nomen vulgo a COWPERO habent. Rima & sacculi zibethici eorumque glandulæ, lac quasi fundentes.

LEONICENUS

LEONICENI *metamorphosim* & LUDOVICI *le* VASSEUR *duos libellos* dicemus alias, etsi valde probabile videtur, aliquas DRELINCOURTII, potissimum in LEONICENI opusculo, partes fuisse, dictionem enim fucatam & metaphoricam adgnoscas.

§. CCCCLXIV. *Arnoldus* SENGUERD.

EJUS *Discursus de ostento Dolano* Amstelodami prodiit 1662. 12.*. Fetus, sedecim ante annos conceptus maturus, in abdomine repertus. Varia de hac historia dubia: ad finem fetum adjicit Mussipontanum.

EJ. *Epistola ad* BARTHOLINUM *Cent.* IV. *Ep.* 44.

EJ. *Osteologia corporis humani* Amsterdam 1662. 12. Ex FONTANO unam & alteram adnotationem habet. Ipse steriles agitat lites de numero costarum Adami.

Collectanea de diuturna graviditate, scil. J. ALBOSII *lithopædium.* EJ. *Exercitatio de causis citæ indurationis.* *Sim.* PROVANCHERII opinio de iisd. *Ostentum Dolanum cum Arnoldi* SENGUERD *discursu de eodem* Amstelodami 1662. 12. GUNZ.

§. CCCCLXV. *Varii.*

J. JACOBI, M. D. Brandenburgici, *problemata miscellanea circa fundamenta medicinæ physiologica occurrentia* Jenæ 1662. 4. ROLFINKII discipulus quinquaginta problemata agitat.

Frederici MOELLER, Archiatri Brandenburgici, *obs. de partu* 173. *dierum vivo, qui legitimus in foro fuit judicatus* Custrin 1672. 12.* Fetum vitalem, nondum semestrem, septimestrem facit & legitimum, mensibus lunaribus substitutis, omnibusque ingenii impensis viribus. Videtur aliquis thalassionem prævertisse.

Andreæ GRYPHII *Mumia Wratislaviensis* Wratislav. 1662. 12.*. Bonus libellus, eruditus, latinus, & e re ipsa natus. Mumiam nempe sollicite contemplatus depinxit, virginem ossibus non integre nudatis. In corpore odoratos pulveres reperit, in cranio pissasphaltum, corpus aliter apertum, quam HERODOTUS scripserit.

Vincentii PHELIPEAUX *de præcipuis actionibus automaticis in homine* Lovan. 1662. 2.

J. Dan. MAJOR, Professor Kiloniensis, in Sueciam ob reginæ morbum vocatus, obiit, minus bene ob infelicem eventum exceptus. Solebat multa promittere, expedire pauca. Disputationem *de pulmone* Wittebergæ 1655 4. præside J. SPERLING defensam, & alteram *de lacrymis* præside C. *Victore* SCHNEIDER ib. 1656. 4. præsidibus reliquerim.

In EJUS Disp. *de calculis* SPERLINGII Lipsiæ 1662. 4. legas, valvulas in venis nimium extensis non perinde extendi, & partem venæ liberam relinquere.

Sed ejus est, dum Hamburgi medicinam faciebat, *Prodromus inventæ a se Chirurgiæ infusoriæ*, *s. quo pacto agonizantes aliquamdiu servari possint infuso in venam sectam liquore peculiari* edidit Lipsiæ 1664. 8.* recusum cum *J. Daniel.* HORSTII judicio, Francofurt. 1665. 12.* MAJOR hoc opusculum subito edidit, ne gloria a novo invento sperata excideret; sola vero consilia dat, nimis raro expertus (*t*), neque dissimulat apud C. SCHOTTUM reperiri experimenta in cane facta; sed in *prodromo* & in *memoriali* aliqua tamen experimenta citat.

In ejus *deliciis hibernis* Kiel. 1666. editis citantur experimenta MOELLERI in ægris hominibus facta.

EJUSDEM *Chirurgia infusoria placidis Cl. virorum dubiis impugnata cum modesta ad eadem responsione* Kiel. 1667. 4.* satis spissum opus. Redit primo prior libellus, deinde judicia & dubia Cl. virorum, cum responsionibus MAJORIS. Multa de termino vitæ fatali. Aliqua videtur fecisse experimenta, humoribus variis ad sanguinem adfusis, sed præstitisset objectiones experimentis superare.

EJ. *Occasus & regressus Chirurgiæ infusoriæ* Gotha 1667. 4.*. Germanice *Auf- und Untergang der neuen Art zu curiren, durch Einspritzung in die Vasa.* Contra scriptum anonymum se tuetur, in quo J. S. ELSHOLZIO laus inventæ hujus chirurgiæ tribuitur. Fatetur tamen se manum operi non admovisse.

EJUSD. *Appendix zum scripto occasus & regressus chirurgiæ infusoriæ* Kiel. 1667. 4.*. Administrationem continet, & necessaria instrumenta.

EJ. *Anatome litterato quovis digna, medico autem necessaria* Kiel. 1665. 4. BURCKH.

EJUS *Historia Anatomes Kiloniensis primæ* Kiel 1666. fol.* continuo a condita Academia edita. Multa minatur anatomica & botanica: septem sunt tum demonstrationes tum prælectiones. Observationes, ut vocant, aliquæ: Ventriculus decem librarum capax, flatus a valvula coli non coërcitus. Ductus e prostata in urethram pro re nova. Vas lymphaticum inguinale. Calculi vesiculæ felleæ dicit, officulum penis canini.

EJUSD. *Progr. quo anatomen cygni indicat* Kiel. 1666. 4.*. Maluisses ipsam anatomen.

EJ. *Progr. quo ad oculi declarationem anatomicam invitat* Kiel. 1667. 4.*.

EJ. *Americanische Schulpe in Brasilien, Coati, ein sehr artiges Thier zur künftigen Anatomie willen beschrieben* Kiel. 1668. 4. MOLLER. si huc facit.

EJ. *Memoriale anatomico miscellaneum* Kiel. 1669. 4.*. Denique opium dissolutum in venam canis injecit; alvus inde mota est. Melis anatome; animalculi informis delineatio: foramen & sacculus ad anum, ex quo putat aliquid alimenti hyeme sugere. De urticis marinis: earum motu; de luculis quibus marina aqua imbuitur. Denique jura sua in Chirurgiam infusoriam contra TIMOTHÆUM CLARKE tuetur.

EJ. *Consideratio physiologica occurrentium quorumdam in nuper editis epistolis duabus* F. J. BURRHI *de cerebro & oculis* Kiel. 1669. 4. MOELLER.

EJ.

(*t*) Nunquam ELSHOLZ in *clysmatic. nov.*

Ej. *Collegium medicum curiosum* Kiel. 1670. 4. Aliqua huc faciunt.

Ej. *de ultimo totius medicinæ efficacis termino* Kiel. 1670. 4. MOELLER.

Ej. *de sanguine prodromo* Kiel 1673. 4. HO. B. THOMAS.

Ej. *Scholion anatomicum in textum quemdam* JUSTINIANI *in prodromo Institutionum* Kiel. 1675. 4. etiam de sensuum exteriorum harmonia & analogia. MOELLER.

Ej. *de concipienda anatome nova breve consilium* Kiel. 1677. 4. HO.

Ej. *Aurea catena* HOMERI, Kiel. 1685. 4.*. Compendium physiologiæ. Aliquæ adnotationes interspersæ. Cygni intestina proprii corporis tantum quadrupla sunt longitudine.

EJUSD. *de ærumnis gigantum* Kiel. 1689. 4.*. Functiones corporis humani fere spiritibus tribuit. Fermentationem in ventriculo admittit.

Ej. *Progr. ad collegium anatomicum de oculo humano, chamæleontis, noctuæ, & aliorum animalium* Kiel. 1690. 4. MOELL.

Ej. *Thesium anatomicarum ex circulatione sanguinis depromtarum fasciculus* I. & II. Kiel. 1691. 4.*.

In E. N. C. huc facit *Phocænæ anatome Dec.* I. *ann.* III. *obs.* 20. satis plena. Glandula & sinus cæcus prope anum. Ventriculus triplex, quod in animali carnivoro pene incredibile, ab aliis tamen confirmatur: intestina duodecuplo suo corpore longiora; genitalia utriusque sexus.

Scripsit etiam Memoriam SACHSIANAM *ann.* IV. V. E. N. C. *app.*

Ann. VIII. *obs.* 2. de respiratione phocænæ.

Et ib. n. 3. de bregmate infantis clauso.

Joh. GRAUNT *natural and political observations made upon the bills of mortality* Lond. 1662. 4. a. 1676. 8.* & alias. Londini jam ab a. 1609. fasti emortuales a propriis hominibus colliguntur, in quibus ætas sexus morbusque civium recensetur. Iis primus usus est GRAUNTIUS, ut inde civium numerum erueret: rationem numeri morientium ad numerum natorum, adve superstites homines: vices morientium in quaque vitæ ætate, morborum pericula & incrementa per anni ætates: incrementa humani generis. Magna cum sagacitate, & grata facilitate hæc omnia investigavit: etsi multum decedit horum fastorum utilitatis, quod mortui plerique in fastis referantur, partus tantum eorum, qui ab Ecclesia Anglicana baptismum accipiunt. Hunc cæterum virum plurimi nuperorum sunt imitati.

Ernest. VAENIUS *de pulchritudine* tr. philologicus Bruxell. 1662. 8. LIND.

Isaac THILO *de temperamentis* Lipf. 1662. 4. H.

Paul. PREUSER *de odore* Lipf. 1662. 4. THOMAS.

J. Mich. SACHS *de partu* Argentor. 1662. 4. B. THOMAS.

Christoph. KRAUSE *de insomniis* Lipf. 1662. 4. B. THOMAS.

Christoph. KRAHE *de crocodilo, & de lacrumis crocodili* Lipf. 1662. 4.

J. Ernst HERING *de vita* Wittenberg. 1662. 4. HE.

J. BISCOP *de motu cordis & ejus palpitatione* Leid. 1662. 4.*.

Jacob BOUSSONNIER & *Ant. le* MOINE *E. gemellorum par sexus dispari vivacior* Paris 1662. 4. (u).

Robert. MERLET & *Hipp. du* VAL *Ergo ex salacitate calvities* Paris 1662. 4.

Steph. le GAGNEUR & P. LIGIER *Ergo procreandis maribus florens ætas felicior* Paris 1662. 4.

Jacobi BIRCHERODE *descriptio Monstri Fionensis*, in *Ep.* 75. *Cent. III.* BARTHOLINI.

§. CCCCLXVI. *Nicolaus* HOBOKEN.

Ultrajectinus, Professor Harderovicensis, amicus BLASII & defensor, non inutilis incisor.

EJUS *ductus salivalis* BLASIANUS *in lucem protractus* Utrecht. 1662. 12. continet duas epistolas BLASII, duas HOBOKENI: & testimonia nonnulla medicorum, quos inter puto esse *Johannem* BLASII fratrem, qui prius eum ductum sibi in præsentia STENONII demonstratum fuisse testantur, quam a STENONIO fit descriptus. BLASIUS male ab externa maxillari glandula suum ductum derivabat.

EJUS *Anatomia secundinæ humanæ* Utrecht 1669. 8.* & longe melius *Anatomia secundinæ humanæ repetita* 1675. 8.*. Bonus libellus, icones auctoris manu delineatæ. Nodi arteriarum umbilicalium: & tumores venosi depicti: membrana media adserta: membrana chorion placentæ superstrata. Multa minuta & acribologica. Incommodus ordo, per cadavera, hinc plurimæ repetitiones. Epistolæ aliquæ adjectæ.

EJ. *Anatomia secundinæ vitulinæ* Ultrajecti 1670. 8.*. Breviter & bene scriptus liber, bonæque icones. Corpora lutea ex vaccis. Allantoideam tunicam & urachum repudiat. Glandulæ duæ parvæ in allantoidea membrana. Humorem amnii nutrire confirmat. Hoc princeps est auctoris opus.

EJUSD. *Exercitatio bipartita de sede animæ in corpore humano*, Arnheim & Utrecht 4668. 12.*. Animam non in sanguine residere, neque in conario, neque in cerebri ventriculis, sed in cerebro, cerebello & medulla oblongata.

EJUSD. *Cognitio physiologiæ medica accuratissima methodo tradita, qua humani corporis functiones & hominis actiones explicantur* Utrecht 1670. 4.

EJUSD. *Cognitionis medicæ physiologicæ delineatio tabularis* Utrecht 1670. fol.

EJUSD.

(u) Additur in catalogo ab eo tempore omnes disputationes forma 4. prodiisse. Sed contraria specimina possideo.

Ejusd. *Medicina physiologica ex recentiorum principiis exposita* Utrecht 1685. 4.* quæ altera est editio *cognitionis* physiologicæ. Divisionum & definitionum plurimum. Nihil ex proprio labore natum.

§. CCCCLXVII. *Th.* Cornelius. *M.* Kerger.

T. Cornelius, Consentinus. Ejus *progymnasmata physica primum* prodierunt Venet. 1663. 4.* Jenæ & Lipsiæ 1683. 12. Trew. deinde *opera quædam*, plenius recensa Neapoli 1688. 8.*. Primus in Italia novas & vetitas opiniones Cartesianas amplexus (x), propriis experimentis nisus, de scholarum doctrina ausus est dubitare, ut etiam musicam curationem demorsorum a tarantula hominum rejiceret. In progymnasmate V. de generatione agit; canem abscissis testibus generasse testatur. In V. de nutritione; eam per canales a sanguineis diversos fieri contendit; succum & glandulas œsophagi & humani ventriculi describit. Lac in juniorum columbarum ingluvie reperiri. Cibos in ventriculo ferventes vidit. Vias breviores urinæ admittit. In Prog. VII. de vita: dissocti cordis subsultus a se visos memorat. Calamo in arteriam inserto, pulsum ultra calamum deprehendit, contra Galenum. In posteriori editione accessit Prog. de sensibus posthumum, imperfectum. Physici potius argumenti.

In *Phil. Transf.* n. 83. & Birch. VII. p. 9. 17. dubia movet de vi tarantulæ musica. Melancholiam esse, quæ absque tarantula superveniat.

Ejusd. *Relatio de gigante in Tiriolo castro reperto* (sceleti nempe balsamo conditi, enormis historia, cujus caput duos cum dimidio pede longum erat, dentes molares pondere unciali ap. Tinassi 1669.

Jacobi Gregorii *optica promota subdita radiorum reflexorum & refractorum mysteria* Londin. 1663. 4.

Ej. *Elements of catoptricks and dioptricks* ib. 1735. 8.'

Martinus Kerger, Chemicus, Physicus Lignicensis. Ejus l. *physico-medicus de fermentatione* Witteberg. 1663. 4.*. Post generalia de fermentatione transit ad corpus humanum: defendit fermenta in sanguine, semine & ubique reperiunda, & in ventriculo contra Moebium fermentationem tuetur. Caussam concoctionis ciborum ponit tum in renascente forma ciborum, tum in ventriculi fermento.

Joachim Beccher, Chemicus & anatomes minus peritus, magno tamen ardore in omnes bonas artes ferebatur, & Würzburgo coactus est aufugere, quod cadaver incidisset. Ej. *Parnassus medicinalis illustratus* Ulm. 1663. fol.* exigua parte huc facit. In *Zoologia* nempe humores animalium cum sua utilitate medica recensentur, & aliqua ex iis facta præparata chemica.

In *Physica subterranea* Francof. 1669. 8.* cumque notis Stahlii Lipsiæ 1738. 4.* recusa, de tribus terris agit, deque terra animali ossium, de mixtione

(x) Giannone T. IV. p. 62.

tione animali, de forma ſpermatis, anima, nævis, quibus fidem adhibet; monſtris, formato fetu & pullo. Porro de putrefactione, de fermentatione.

In *Henrici* ROONHUYSEN *heelkonſtige anmerkingen* Amſterdam 1663. 8.* *tweede book betreffende de gebreeken der vrouwen* ib. 1672. 8.* Magna pars operis huc facit, & in parte ſecunda anatome partium genitalium muliebrium, & ſecundarum traditur, cum iconibus. Fetus ex rupto utero cum placenta in ventrem elapſus. Uterus clauſus, atretæ variæ. Veſicæ defectus. Palatum in fetu nuper edito fiſſum.

In P. I. duram cerebri membranam accurate ad cranium adnaſci. Anglice prodiit Lond. 1676. 8.

Ferdinand GRUYWAERT *aanhangzel van de oomloop des bloeds, en van dem doſen der purgantien* Middelburg 1663. 8.

PERUCCHIO *Chiromance & Phyſionomie* Paris 1663. 4. Puto eſſe ADAMANTIUM.

§. CCCCLXVIII. *Jacobus Pancratius* BRUNO,

Profeſſor Altdorfinus. EJUS *diſputatio de fermentatione ſanguinis* prodiit aliis 1663. 4.

EJ. *de ſudore ſecundum naturam* A. 1669. 4.*.

EJ. *Dogmata medicinæ generalia* Noriberg. 1670. 8.*. Brevem phyſiologiam continent.

EJ. *de pinguedine* Altdorf. 1674. 4.* R. J. M. HOFMAN.

EJ. & HEIM. *de nutritio & animali liquore* ib. 1678. 4.*.

EJ. & MOLLER *de tranſpiratione inſenſibili* 1680. 4.*.

EJ. CASTELLUS *renovatus ſ. Lexicon Medicum & auctum* Norib. 1682. 4. 1668. & Lipſ. 1713.

EJ. *de fuliginibus humani corporis* Altdorf. 1688. 4.*.

EJ. *de circuitus ſanguinis ad vitam & valetudinem neceſſitate* Altd. 1690. 4.*

EJ. *Cholegraphia de bile* 1694. PL. 1694. 1695. BURCKH. cum analyſi.

EJ. *Diſquiſitio medica circularis* ad aphor. 21. Sect. III. Hipp. Altdorf. 1694. Comparat per ſingulas partes novam medicinam cum antiqua.

EJ. *de bile vitioſa corrigenda* 1695. 4.*.

EJ. *Propylæum medicum, ſ. epitome medicinæ elementa & dogmata generalia comprehendens* Altdorf. 1696. 8.* Compendium dogmatum in quo brevis phyſiologia.

EJ. *de retrimentis corporis humani coloribus variam ſignificationem præbentibus* Altdorf. 1702. 4.

Edidit

Edidit etiam, cum peramplis commentariis, J. JESSENII *de sanguine vena secta dimisso judicium* Noriberg. 1668. 12.

Samuelis BOCHART *Hierozoïcum* Londin. 1663. fol. * &c. Aliqua ad historiam physiologicam animalium etiam anatomicam, ut de camelo felle carente.

§. CCCCLXIX. *Varii.*

J. Christian MACK *de calido innato* Argentor. 1663. 4.*.

Andr. KINDERLING *de corpore animato in genere* Helmstätt 1663. 4. BUTTN.

Georg. Tob. SCHWENDENDÖRFER J. C. & Auctoris *Joachim Andreæ* CORVINI *anatomen jure divino & humano licitam esse* Lipf. 1663. 4. 1690. 4.*.

C. Valerii FELICIS (pseudonymi) ad DEUSINGIUM *epistola dehortatoria* Rotterdam. 1663. 12.

J. MANITIUS *de somno* Witteberg. 1663. 4. HE.

Frid. LEPNER *de usu lienis* Regiomont. 1663. 4.

EJ. *in doctrinam de partibus corporis humani earumque morbis exercitationes sexta* Witteberg. 1661. 4. HE.

J. Jac. FESSLIN *quot sint partes in homine* ib. 1663. 4. HE.

J. MAGIRI, alterius a cognomine dicto p. 281. *disputationes ex physiologicis & pathologicis doctrinis desumtæ* Marburg. 1663. 4.*.

Caspar LOESCHER *ecloga de engastrimythis* Lipsiæ 1663. 4. HE.

J. HARDER *de partu septimestri tam J. C. quam medicorum placitis insigni* Leid. 1663. 4. HE.

Valentini ALBERTI *Theoria voluntatis humanæ* Lipsiæ 1663. 4. HE.

EJ. *de insomniis* Lipsiæ 1667. 4. HE.

EJ. *de senectute* ib. 1667. 4. HE.

EJ. *de sternutatione* Lipsiæ 1671. 4. TREW. 1667.

EJ. *de oscitatione* 1685. 4.* HE.

Petri BOURDELOT & *Gaspar* MAURIN *E. qui sunt hebetes raro vivaciores* Paris 1663. 4.

Nicol. RAINSSANT & *Jac. de* BOURGES *Ergo optime temperati sunt omnium ingeniosissimi* Parif. 1667. 4.

Nicol. BONVARLET & *Guid. Cresc.* FAGON, qui archiatrorum comes fuit, *E. a sanguine impulso cor salit* Parif. 1663. 4.

Matthias Jacob. MATTHIÆ F. in *Ep.* 53. *Cent.* IV. BARTHOLINI anatomes cygni meminit; in gliribus vesiculam felleam negat reperiri. Bilem cum variis humoribus miscuit, reperit cum oleo tartari cogi. Bilem fetus albicare, & parum amaram esse adnotavit.

§. CCCCLXX. *Franciscus* REDI,

Nobilis Aretinus, Archiater M. Ducis Hetruriæ, vir elegantissimi ingenii, cujus stylus in lingua patria censetur inter classicos; insectis potissimum se dedit, multis vero modis anatomiam & physiologiam adjuvit, cum præjudiciis liber totum se dederit experimentis. Ei viro potissimum debetur, quod animalia ex putredine nasci nuperiores eruditi scholis credere desierint. Nonnullis tamen experimentis destitutus ex gallarum vermibus se non potuit expedire.

EJUS *Osservazioni intorno alle vipere* Florentinæ 1664. 4.* 1686. 4.* prodierunt, tum in operibus collectis; latine in *Misc. Nat. Cur. Dec. I. ann.* I. app. & Amstelodami 1675. 12. Hic potissimum traduntur *Jacobi* SOZZI experimenta, qui homo magnam vim venenati liquoris absque noxa devoravit, ut constaret nullam ejus fucci noxam esse, nisi continuo in sanguinem penetraverit: ei enim admistum animalia continuo necare: posse vero absque periculo id venenum sugendo extrahi. De dentibus, eorum vaginis & veneno.

Cum MOSES CHARAS in Gallia venenatam vim viperarum in sola ira poneret, edidit FRANCISCUS *Lettera sopra alcune oppositioni fatte alle sue osservazioni intorno alle vipere* Fiorenz. 1670. 4. d'ETR. 1686. 4, & in operibus: latine Amsterdam. 1675. 12. 1685. 12.* & in E. N. C. *Dec.* I. *ann.* II. app. & Londini 1672. 8. Utique eundem succum, qui absque noxa deglutitur, in sanguinem admissum per certa experimenta mortem inferre, etiam postquam vipera ipsa desiit vivere. Exhausto veneni penu viperam etiam iratissimam animali non nocere, quod demorderit.

EJ. *Esperienze intorno alla generazione dell' insetti* Fiorenz. 1668. 4. 1688. 4. in oper. Latine Amsterd. 1671. 12. 1685. 12.* 1686. 12.*. Hic potissimum vetustam illam opinionem refutat de insectis animalibus ex putredine nascentibus, & ostendit, ea insecta ex ovis nasci, quæ propriæ matres posuerint. Quare, si muscas ova ponentes abegeris, nullos ex putredine vermes provenire. De scorpiis, eorum generatione & venenato aculeo. Contra serpentes, apes & alia animalia, ex hominis arbitrio absque parentibus nascentia. De variis gallarum generibus, quarum animalcula animæ vegetabili tribuit. Zoophytorum quorumdam sensus & motus.

EJ. *Esperienze intorno a diverse cose naturali, & particularmente a quelle che si vengon portate dall' Indie* Firenz. 1671. 4.* 1686. 4.* Amsterdam. 1675. 12.* 1686. 12.*. Huc faciunt, quæ vir Cl. de oculis hirundinum reparatis profert. De torpedinis vi stupefaciente, per retia & instrumenta piscatoria propagata; cum ejus animalis anatome, cujus cor extra proprium corpus fulit. De vitreis ampullis a caponibus deglutitis, & a vi triturante ventriculi in pollinem contritis. De mutatione cornuum in cervis.

EJ. *Osservazioni intorno agli animali viventi negli altri animali viventi* Firenza 1684. 4 & in operibus. Latine 1708. 12.* vertente *Petro* COSTE. Serpens biceps duobus ventriculis cordibusque instructus, intestino & cauda unica. De pene serpentum. Iterum animalia enecta veneno viperarum mortuarum in eorum

rum sanguinem introducto. Via cibaria & genitalis lumbrici. Limacum fabrica genitalis valde composita. Anatome cochleæ s. limacis potissimum quæ ad partes genitales spectat. Cor in multis persimplicibus animalibus marinis repertum. Varia in BONANNO castigata, qui ex putridis plantis animalia nasci scripserat, quæ noster omnia reperit a vero aliena esse. Capones lapides non digerere, multa vero animalia, potissimum rapacia: diu absque cibo supervivere. Lumbricorum partes genitales: olei in iis necandis imbecillitas. Tubercula verminosa in multorum animalium œsophago vidit, ante VERCELLONUM. Melis & muris aquatici folliculi fætidi. Testudo absque capite vivens. Avium variarum intestina cæca, ingluvies, ventriculus. Canalis alimentarius sepiæ, polypi. Vesica aërea variorum piscium. Cerebra exigua nonnullorum animalium. Cloacæ avium. Melis cloaca leporisque & clitoris.

In *lettere*, quæ efficiunt operum omnium T. IV. & V. paucula huc faciunt. In T. V. aliqua de anatome testudinis adjuvante TRAUTWEINIO dissectæ, quæ historia nunquam videtur prodiisse. In recensione CORNELIANI scripti de generatione hominis ex ovo, contra eum virum & veteres, ova potius per tubam ad uterum venire, quam per canalem imaginarium veterum. Animadversiones in BLASIUM de anatome gliris (ex significatione vocis natæ, aliud enim est animal Glis Italorum, aliud mus major, quem eis Alpes solent glirem nominare). In suo glire REDUS vesiculam fellis reperit, nullum vero intestinum cæcum. In PLATONEM & in deglutitionem, quæ fit per asperam arteriam. De calcaribus insertis in capita caponum, quo artificio fiunt cornuti.

Nescio an huc referas *Osservazioni intorno a pellicelli del corpo umano, insieme con nuove osservazioni* Firenz. 1687. 4. cum nomine COSMI BONOMO. Observationes sunt HYACINTHI CESTONI, verba ipsa & sermo REDI. Scabiem ab animalculis testudinum similibus fieri.

Epistola in qua REDUS *suis sylvestris secundas describit.* In amnio liquor albus & natantes globuli, qui pariter in ventriculo reperti sunt: quod idem phænomenum REDUS in vaccis, cervis & damis vidit, nuper a FLEMYNGIO confirmatum. Quartum & proximum involucrum aprorum progenies habent. Reperitur etiam in E. N. C. *Dec.* I. *ann.* IX, X.

In *Giorn. de letter. Supplem.* II. de gliribus agit, de loculo fætido putorii. Ib. *de vesicis avium in quas aër de pulmonibus exit, & de modo respirandi piscium* epistolæ tres.

In *Supplemento* III. de aëreis bullis in sanguine testudinum marinarum visis.

Opera omnia conjuncta prodiere Neapoli 1687. 8. & plenius Venez. 1728. 4. 1742. 4*.

De anguillis liber, quem teste LORENZINO parabat, nunquam prodiit.

§. CCCCLXXI. *Henricus* POWER. G. CROONE,

Medici. POWERI *Experimental Philosophy in two books* London 1664. 4*. Pars I. continet microscopica eo ævo nova. Vesica venenata apis. Oculi muscarum

ſcarum reticulati, quos negat humores habere, eum cerebrum ipſum in oculos producatur. Motus cordis ejusque in pediculo ſyſtole atque diaſtole. Oculorum in variis araneis ordo. Anguillas aceti frigore non totas enecari, ſed convaleſcere ſoluto gelu. Minima vaſa, etiam ſanguinea, pellucere. Anatome & viſcera cochleæ, ſpiritus animales vapores ſpecie putat a cauda ad caput adſcendere. Lampretæ pericardium corneum & cordis motus. Capillorum cavitas. Habet etiam oculi congelationem a D. GASCOYNE acceptam, & lentis cryſtallinæ nucleum. Breviter omnia & quaſi obiter.

Guilielmi CROONE *de ratione motus muſculorum* London 1664. 4.* anonymus l. tum Amſterdam 1667. 12.* Nerveum liquidum & ſanguinem in fibrarum intervallis ſtagnare & fervere. Inter compendia motus numerat tumorem muſculi majorem, quam eſt oſſis longi prope hypomochlion in muſculi actione iter. In editione poſteriori epiſtola eſt auctoris, qua conſentit opuſculum ſuum inprimi, majus vero opus deprecatur, cum STENONIANUM exſpectet.

Prælectiones tamen ejus viri ſunt, *theory of muſcular motion* anno 1674. & 1675. in conſeſſu *Soc. Reg.* habitæ, ejusque tractatus fragmentum prodiit in collectionibus philoſophicis HOOKII. Habet veſiculas muſculares, & efferveſcentiam adhibet ad motum muſculi explicandum.

In ovis etiam incubatis laborem poſuit, figuramque venoſam vidit, & corculum 48. hora ſaliens apud BIRCH. *hiſt. Reg. Soc.* III. p. 31. quod egregium opuſculum eſt, etiam figuris ornatum. Varia HARVEJANA corrigit.

Apud eumdem BIRCH. T. I. aliqua in cyprino experimenta fecit, & cor exemptum etiam conciſum vidit micare.

Non ſucceſſit ei experimentum HOOKIANUM (*y*).

In T. III. muſculos componi ex veſicularum ſeriebus (*z*).

Ibid. alio loco. Non poſſe premendo de pulmone aërem expelli: & de eo viſcere ſub aquam merſo. Subtracto aëre, bullas prodire, etiam ſi pondere oneretur.

Ib. (*a*) de ovis virgineis etiam cicatricula præditis, & fecundis. Calidum induſium lucere, ſi indutum mane fricetur (*b*).

In HOOKII *collectionibus philoſophicis* n. 2. motum muſcularem mechanice explicat per ſeries veſicularum. Tamen in muſculoſo motu paulum molem augeri. Verum arcanum motus muſcularis ſe putat detexiſſe.

Apud GIBSONUM deſcribit eum muſculum, quem HEISTERUS ceratoſtaphylinum dixit.

Joh. ROGERS *diatribe de quinque corporis humani concoctionibus, potiſſimum de pneumatoſi & ſpermatoſi* Lond. 1664. 4. Conf. *Journal des Savans* anni 1665. p. 42.

§. CCCCLXXII.

(*y*) ib. p. 444. (*z*) p. 180. (*a*) p. 456. (*b*) T. IV. p. 70.

§. CCCCLXXII. Regnerus de Graef,

Vulgo Graafius, Delphensis, acris sectator Sylvii, non vulgaris incisor & quem dolor ex acerbis cum Swammerdamio litibus conceptus ante diem enecuerit. Primum edidit de *succi Pancreatici natura & usu Diss.* anatomico medicam Leid. 1664. 12.* cum figura Sylviana, & auctius Gallice Paris anno 1666. 12.* 1671. 8. 1674. 8. & in B. Mangeti. Juvenile opusculum, quo pancreatis ex animalibus varietatem, & ex homine figuram dedit (hanc tantum in posterioribus ab anno 1666. editionibus): sed potissimum difficile, neque nisi solerti incisori bene successurum, experimentum recenset, cani nempe vivo tubulum in pancreaticum ductum inseruit, succum collegit: ut ejus copiam & saporem definiret. Ita factum est, admista forte de ventriculo acida illuvie, ut Graafius subinde eum succum acidum & salsum se reperisse putaverit. Reliquam hypothesim omitto, de ejus succi cum bile fervore, indeque deductis Sylvianis late patentibus pathologicis & philologicis opinionibus.

Ej. *de virorum organis generationi inservientibus, de clysteribus & de usu siphonis in anatomia* Leid. & Amsterd. 1668. 8.* 1670. 8. Lind. quam priorem editionem ob figurarum pulchritudinem præferas. Redit in operibus & in B. Mangeti. Non potest dissimulari, neque abundantiam cadaverum Cl. viro suppetiisse, neque nisi ex corpore excisas partes eum aut delineasse, aut descripsisse. Minime tamen contemnendum laborem præstitit. Pulchriores etiam ubique figuras & ex homine dedit. Bulbus urethræ. Nullum esse corpus Highmori, sed vascula. Vasa ex teste educentia melius quam quisquam ante annum 1745. descripsit & depinxit; septula testis & vascula serpentina, unicum epididymidis vasculum, quod passim sibi nuperrimi incisores adrogant, sinus mucosos urethræ minime ignoravit. Tumores ab ureteribus continuatos: & in caput gallinaginis convergentes, hoc ipsum caput, corpus cavernosum urethræ, arteriam internam sacculorum penis, bene delineavit. Vesiculas seminales quidem non dissolvit, cæterum perpulchrè cum suo ductu cumque celluloso ductus deferentis fine expressit.

Siphonem anatomicum cum tubulis ad replenda liquore vasa corporis animalis primus delineatum dedit. Solos liquores solebat impellere, quos circulum ex arteriis in venas abire vidit, & aërem ex intestinis crassis venire in venas avium. Erectionem penis ejusmodi liquore injecto imitatus est. Ductum thoracicum replevit; denique aqua injecta venarum sanguinem ita eluit, ut animal absque sanguinis effusione liceret dissecare. Idem tentavit sanguine per spiritum acidum injectum coacto, quod artificium a Swammerdamio tunc amico suo didicerat.

Ejusd. Epistolæ ad L. Schacht de nonnullis circa partes genitales inventis novis, Leid. 1668. 16. (mea data est anno 1671. 8.*) & in operibus. Compendium eorum, quæ in sequenti opere præstitit.

Ej. *de mulierum organis generationi inservientibus tr. novus* Leid. 1672. 8.* & in B. Mangeti. Gallice vertente N. P. Bâle 1699. 8. Hoin. Multa perinde, ut in priori opere, bona habet: vaſa uteri, eo tempore minus nota; deinde potiſſimum formationem fetus, in cuniculo. Corpora lutea expreſſit & incrementa novi animalis. Ova fecundari per ſeminalem auram, excitatum a tuba recipi. Genitales partes multorum animalium, uti ſe circa conceptus tempora habeant. Hymenem minime ignoravit, etſi nomine rugoſitatum membranacearum eum occultat. Corpus luteum demum a conceptu naſci. Ligamenta uteri inferiora. Glandulæ mucoſæ uteri.

EJUSD. *Partium genitalium defenſio* Leidæ 1673. 8.* paulo ante mortem auctoris edita. De SWAMMERDAMIO queritur, qui de iisdem partibus genitalibus ſcribens, paſſim inventionis gloriam GRAAFIO reddebat dubiam. Non ideo credas *A. Ottomaro* GOELICKE (c), qui *Johannem v.* HORNE a GRAAFIO exſcriptum fuiſſe ſcribit, neque enim icones GRAAFIANÆ ab HORNIANIS ſunt imitatæ. Aliquas hic novas adnotationes habet; ut plexum vaginæ cum clitoridis plexu communicare. Rectius oſtendit, utique non in ductum deferentem veſiculas ſeminales ſuo ductu terminari, ſed in urethram. Cæterum de diebus litigant; & odia virorum nata ſunt ex tabula SWAMMERDAMII, quam nolebat GRAAFIUS ante ſuas editam, ſe enim ait ante annis non minus 12. in partibus genitalibus laboraſſe, & ſua eſſe antiquiora. In tabulam TULPIO dicatam æmuli animadvertit, inque totum SWAMMERDAMII libellum. Crura interiora clitoridis rejicit. Negat ligamenta teretia ex ſolis vaſis componi. Denique LEONICENUM breviter & acerbe refutat. Exſtat etiam cum MANGETO.

Opera omnia Leid. 1677. 8. & Londini 1678. 8. Amſtelodami 1705. 8.* prodierunt.

§. CCCCLXXIII. *Bernardus* SWALWE,

Medicus Haarlingenſis, quem magnus BOERHAAVIUS legere amabat. Ejus *querelæ & opprobria ventriculi ſ. proſopopæja ejusdem naturalia ſibi vindicantis &c.* Amſterdam 1664. 12.* & *querelæ renovatæ* 1675. 12.*. Mihi neſcio quid ſpirat theatricum, Pleraque ad pathologiam & diæteticam pertinent. Anatomen aliquam habet & coctionis ciborum hiſtoriam. Appetitum a ſpiritu acido congenere derivat. Contra BILSIUM, & reſorbtionem chyli in vaſa meſenterica. Aſitias reddit ſuſpectas.

EJUSD. *Pancreas pancrene ſ. pancreatis & ſucci ex eo profluentis commentum ſuccinctum* Amſterdam 1667. 12.* 1668. 12. *des* TOURN. Jenæ 1672. 12.*. Perinde nimis theatricus libellus. Anatomen viſceris ſuſcipit, nunc a 20. annis clinicus. Succum pancreaticum raro in ſuo ductu fatetur reperiri; in eo addit multum eſſe ſalem, neque abeſſe acidum ſpiritum, ut ex ipſa inſita indole ſuccus pancreaticus ſubacidus ſit. Utique commixtionem locum habere inter eum ſuccum, bilem & ſalivam. Pancreas febrium intermittentium eſſe mineram.

EJ. *Alcali & acidum ſ. naturæ & artis inſtrumenta pugilica per Neochorum & Palæphatum reſtituta* Amſterdam 1670. 12.* 1678. 12. WACH. Totum ſyſtema

(c) *Hiſt. anat.* p. 142, 143.

stema fermentationum & Sylvianæ theoriæ proponit, & post singulum paragraphum refutat. Flammulam cordis insitam defendit.

§. CCCCLXXIV. *Varii.*

François VERDE, Theologi Neapolitani, *ingenua observationes apologetica physico-legales* Lyon 1664. 4. De tempore animationis fetus. Admittit & præcoces fetus & serotinos.

EJ. *Anacephalaeosis* ib. 1672. fol. *Journ. des Savans.*

Daniel PUERARIUS, Medicus Genevensis, *ad* BARTHOLINUM a. 1664. scripsit *Epistolam* 86. *Centuria* IV. & de carnibus egit lucentibus, parvumque de eadem re libellum dedit, a BARTHOLINO a. 1669. 8.*. Hafniæ editum, cum sua responsione.

EJ. Diss. *de generatione* Genev. 1669. 4.

Jean MARLET *Abregé des nouvelles experiences anatomiques des veines lactées* Paris 1664. 12. ASTRUC.

Claude BIMET *Quatrains anatomiques des os & des muscles du corps humain, ensemble un discours sur la circulation du sang* Lyon 1664. 8. R.

C. *de la* BELLIERE S. *de* NIELLE, Aumonier du Roi, *Physionomie raisonnée, ou secret curieux pour connoitre les inclinations par les regles naturelles* Paris 1664. 8. Lyon 1685. 12. B. B. Non absurdus libellus. Signa sumta ab omnibus corporis humani partibus, etiam visceribus, a gestubus, a facie, a corpore: inde concluditur ad temperamenta & ad mores.

Les jugemens astronomiques des songes par Artemidorus, par Ant. du MOULIN. Rouen 1664. 8. B. WASSENAAR.

P. Francisci PALLIERI *de vera lactis generatione & usu* Genuæ 1664. LIND.

BURCHARD *de* VOLDER *de natura* Leid. 1664. 4.* SYLVIANUS. Aquam in ductum hepaticum inpulit per venam umbilicalem.

EJ. Disp. *de circulatione sanguinis* Lips. 1698. 4. HAENEL. Suspicor vero VOLDERUM eo anno Rectoratu esse defunctum.

§. CCCCLXXV. *Alii.*

Alexander MAUROCORDATUS, Medicus Græcus, qui Patavii Medicis studiis incubuerat, & cujus familia ad purpuram Moldavicam evecta est. EJUS *pneumaticum instrumentum circulandi sanguinis, s. de motu & usu pulmonum* l. prodiit Bonon. 1664. 12. Francof. 1665. 12.* & 1682. 12.*. Sanguinem nempe in pulmone tamquam in torculari premi, & incalescere, in eo nimius, quod in exspiratione putet sanguinem ex corde admitti, in inspiratione expelli. Neque bene motum pulmonis cordis motui synchronum facit.

PEREONI *anatomical lectures* Lond. 1664. 12. Anomalus titulus.

Matthæi MAHEULT *de* VAUCOULEURS *de lacte* Rouen 1664. 4. BUR.

§. CCCCLXXVI. *Henricus* MEIBOM,

Vir eruditus, *J. Henrici* Filius, Professor Helmstadiensis, neque ab anatome alienus; exiguos intra libellos substitit.

EJUS Disp. *de longævis* Helmstad. 1664. 4.*. Exempla.

EJUS *de vasis palpebrarum novis epistola ad J.* LANGELOTUM Helmstad. 1666. 4.* recusa Leid. 1723. 8.*. De intestinulis sebaceis sermo est, quæ in utraque palpebra sunt, & in tarsi sede aperiuntur, obiter indicata in icone CASSERIANA.

EJUSD. *de ossium constitutione naturali ac præternaturali*, auctore & respondente *David* KELNER. Helmst. 1668. 4.*.

EJUSD. *Theses ex universa arte depromta* Helmst. 1668. 4. etiam anatomicæ.

EJ. *de motu vasorum* ib. 1668. 4. Testem fieri fibris non glandulis, & cæcum in medio corpus habere.

EJ. *de motu sanguinis naturali & præternaturali* Helmst. 1668. 4. Ostia arteriosa uteri, quæ menses fundunt, setá immissa exploravit. Non valvulas esse, sed limbos, qui in arteriarum tubum emineant.

EJUSD. *Exercitatio pathologica* VI. *de pulsibus* ib. 1669. 4. HE.

EJ. *de hæmorrhoidibus* ib. 1670. 4.

EJ. *de chylificatione* auctore & respondente *Christiano Arnoldo* CORNERDING ib. 1671. 4.*.

EJ. *de respiratione ejusque difficultate* ib. 1673. 4. HE.

EJ. *de vomitu* ib. 1678. 4. RIV.

EJUSDEM *de valvulis s. membranulis vasorum, earumque structura & usu* ib. 1682. 4.*. Antiquitates valvularum & historia anatomica. In capreoli hepate veras se valvulas invenisse. Vinculis injectis confirmatum iter sanguinis venosi.

EJ. & auctoris *Antonii Ulric.* SCHWALENBERG *de fluxu humorum ad oculos* ib. 1687. 4.*. Iter lacrumarum restituit, a FALLOPIO inversum.

Epistolam ad BARTHOLINUM addidit patris sui *de usu flagrorum in re venerea* libello Hafniæ 1669. 8.*.

Ex *obs.* 3. *Justi* SCHRADERI *Dec.* I. adparet, MEIBOMIUM foramen cæcum linguæ & papillas circumpositas invenisse.

§. CCCCLXXVII. *Varii.*

Gaspar SCHOTT, Soc. Jes. in sua *technica curiosa* Herbipoli 1664. 1667. & 1687. 4.* excusa, habet varia huc pertinentia. Animalium in aëre rarissimo exspirantium phænomena. Experimenta infusoria a Principe facta, qui canem a vino in venas impulso inebriari, a medicamento purgante alvum cieri vidit. Oculos expunctos Pragæ restitutos.

Jeremias

Jeremias LOSS, Professor Wittebergensis, vir sua ætate minime vulgaris.

EJ. Diss. *de oscitatione* Lipsiæ 1664. 4. HE.

EJ. *de fermento ventriculi* Jen. 1665. 4.*.

EJ. *de ovario humano* ibid. 1674. 4.*. Cogi liquorem vesicularum.

EJ. *de salivæ natura & usu* Witteberg. 1677. 4.*.

EJ. *de natura glandularum in genere* 1683. 4.* & in mea collectione. Minime male de earum classibus scripsit, & rectius quam reliqui coævi eas descripsit, dum pro glutine cellulosam telam supponas. Congregatas, conglobatas veras, conglomeratas, conglutinatas glandulas constituit. Habet glandulas intestinorum, & vasa cerebri lymphatica.

Hieronymi ROETELN & *Joh. Jac.* WALDSCHMIDT *de fermento ventriculi* Giess. 1664. 4. VAT.

Herman GRUBE *de odoratu* Jenæ 1664. 4. MOELL.

Chr. PFAUZ *de fluxu sanguinis e corpore occisi ad præsentiam occisoris* Lipsiæ 1664. 4. B. THOMAS.

Philipp. Henr. DIETZ *de phantasia* Giess. 1664. 4.*.

Christian PIHRINGER *de monstro* Witteb. 1664. 4.*.

Joh. de BRUYN & *H. de* PAUW *de respiratione* Utrecht 1664. 4.*.

Jac. BURLIN *de feminis ex suppressione mensium barbatis* Altdorf. 1664. 4.

A. Herman CUMME *de conceptione* Lipsiæ 1664. 4.

Petr. LEGIER & *Lud.* MORIN *E.* φιλογέλοιοι *habitiores* Paris. 1664. 4.

Jac. de BOURGES & *Matth.* THUILLIER *E. feminæ brevioris staturæ fecundiores* Paris 1664.

Florini LANGLOIS & *Phil.* MATHON *Non est ergo aliqua in sanguine menstruo & semine prava qualitas* Paris 1664.

§. CCCCLXXVIII. *Robert* HOOKE,

Societatis Regiæ Britannicæ membrum, aliquamdiu faciendis experimentis præfectus; vir mechanicus, & magni ingenii, melancholicus & morum singularium. EJUS *micrographia, or some physiological descriptions of some minute bodies made by magnifying glasses with observations and enquiries thereupon.* Prodierunt London 1665. fol.* & recisis ratiociniis ibid. 1745. Microscopiis usus est satis augentibus, nitidasque dedit eorum, quæ viderat icones: cæterum non erat incisor, & obiter anatomicam partiumve interiorum fabricam contemplatus est. De pilis & capillis, non cavos esse, plenosque medulla. De cutis fabrica, aculeo apis, plumis, oculis muscarum ex numerosissimis hæmisphæriis compositis. Insecta varia: pediculus, & in eo motus succi alentis per proboscidem resumti.

In

In BIRCHII historia anni 1664. habetur descriptio dentium viperæ. Ib. celebre experimentum HOOKIANUM (*d*) recensetur: & anatome pulmonis viperæ (*e*).

In *Philos. Transact.* n. 28. celebre idem experimentum HOOKIUS publicavit, dudum quidem a VESALIO tentatum, dilatato nempe per flatum pulmone moribundum animal refocillari. Sic in BIRCHII opere II. p. 183. 187. 200. 282. III. p. 405. 407.

In eodem opere BIRCHII de pertinaci ad alterum diem motu cordis in catulo p. 181.

Aliud experimentum, quo catelli cæsarei revincta aspera arteria, & aëre intercepto, pene continuo perierunt p. 232.

Ab aëris contactu sanguinem floridum colorem induere p. 271.

Avis in aëre compresso bene habet p. 304.

Cellulas esse, in quas adeps colligitur p. 360.

T. III. p. 180. musculos meris fieri tubulis.

Ib. p. 352. animalcula enata in aqua pluvia.

Ib. p. 379. globuli sanguinei.

Ib. p. 396. 401. 402. 403. 404. de musculo ex seriebus vesicularum composito.

Ib. p. 403. de piscis corde avulso, per multas horas pulsante.

Ib. p. 404. In secundis velatos fetus cæsareos diu vitales superesse, & altera etiam die cor ipsis salire.

Ib. p. 454. cur animal in aëre non renovato pereat.

Ib. p. 502. cur non videamus inversa: esse legem naturæ.

Ib. p. 547. nervos ciliares avium vidit.

In *Philosophical experiments and observations*, quæ a morte Cl. viri *Guilielmus* DERHAM edidit Lond. 1726. 8.* parum facit ad rem nostram: Huc *Thomæ* MOLINEUX anatome vespertilionis, cujus intestina perbrevia sunt; & cor in mortuo animale supervivit. Phosphori varii, etiam animales. Tres epistolæ LEEUWENHOECKII.

The posthumous works of R. HOOKE *published by Richard* WALLER London 1705. fol.*. Huc pertinet libellus III. in quo summo ingenio noster mechanicam rationem explicat, qua animam in ideis accipiendis, recipiendis & comparandis uti suspicatur. Sensorium s. repositorium idearum ponit in cerebro, quo omnes sensuum impressiones conveniant. In eo sensorio formari ideas, ex temporis ordine, ut novissima animæ sedi sit proxima, tum quæ proxima nata est, inde ex ordine, remotissima demum sit, quæ vetustissima. Tempus mensuratur per distantiam primæ ideæ ab ultima. Id repositorium fieri ex materia diversi generis, ut quæque species impressioni unius sensus admittendæ nata sit. Circa sedem animæ materiem poni, quæ apta sit formari in ideas materia-

(d) p. 406. (e) p. 496. 497.

materiales. Ideam format anima ex ea materie, vel propria vi, vel cum auxilio impressionis a sensu aliquo advenientis. Eas ideas deponit in repositorio; celerius autem ideam format, quæ acutioris est indolis, & contra. Sentit anima ideas repositorii tamquam radios in eam, quasi centrum, convergentes, ut ex longitudine radii tempus distinguat, quod a formata idea elapsum est. Distincte ut sentiat anima in determinatam partem repositorii radiat. Vicissim ideæ in animam radiant, & potentius quando multæ congeneres in repositorio reperiuntur. Hinc revocatio memoriæ per adfinitates. Anima etiam ideas format ex comparatione earum, quæ sunt in repositorio, quarum consensum vel dissensum percipit: id est ratiocinari. Perfectiores ideæ sunt, quæ ex pluribus conponuntur. Cogitatio est radiatio animæ in aliquam ideam repositorii, cum qua vel novam ideam format, vel renovat vetustam.

In posthumis etiam fabricam oculi, vires confringentes tunicæ corneæ, minimum angulum visibilem, picturam objecti in oculo artificiali & alia habet.

§. CCCCLXXIX. *Fridericus* RUYSCH.

Haganus, Professor Amstelodamensis. Ex Pharmacopolio prodiit (*f*), & in maximæ circa hæc tempora famæ incisorem evasit, qui pene septuaginta annis a primo opusculo anatomico ultimum edidit. Longam vitam, cum plurimam in populosa urbe certe occasionem & laboris amorem rarissimum conjungeret, potissimum replendis vasis corporis humani, & condiendis visceribus impendit, partibusve corporis, quas artificiose repleverat. Ita *thesauros* collegit *anatomicos*, quorum priores PETRO I. vendidit; deinde animosus senex novos sibi comparavit, neque mente minor, neque solertia, eique labori immortuus est. Sæpissime bonum senem vidi, sæpe BOERHAAVIUM inter & ipsum literarum vector. Simplex erat, & modice libris certe innutritus, ut omnino neque ab erroribus sibi utique caverit, neque omnem ex maxima experientia utilitatem hauserit, quam potuerat hausisse, admirator artificii sui, quod a SWAMMERDAMIO amico suo acceptum, & perfectum, tamquam *arcanum* sibi servavit, & quod idem a morte viri RIEGERUS publicavit. Mirifica patientia ad ornatum & munditiem sua omnia comparabat, a filiabus adjutus; macerandi, resolvendi, indurandi, inplendi, siccandi perinde guarus. Amabat omnia sua ad ostensionem conservare, hinc vix quidquam in conjunctione cum reliquo corpore depinxit. Cellulosas telas primus flatu distentas servavit. Primus & pene solus corpora repleta in aëre suo cum nativo colore conservata ostendit. Primus cerebri indurandi artem invenit. Neque, si LIEBERKUHNIUS (*g*) RUYSCHII mumias sprevit, oportet aut ingratum esse in diuturnos viri labores, aut multa bona negligere, quæ per ejus viri opera sparsa latent, aut ex ejus experimentis

(*f*) apud VYLHOORN.

(*g*) Nimis pingui & molli materie usum esse, vasa de situ movisse &c. *Mem. de Berlin* 1748.

tis deduci possunt, quæ potissimum etiam BOERHAAVIUS pro fundamento theoriæ suæ vasculosæ adhibuit. Candidus cæterum vir, neque recusaturus errores suos fateri (*h*).

Primus Cl. viri labor, idemque certe ex præstantissimis, est *dilucidatio valvularum in vasis lymphaticis & lacteis: cui accesserunt observationes anatomicæ rariores* Haag. 1665. 12. Leid. 1687. 12.* & in operibus, inque *Bibl.* MANGETI. Fervebat, cum RUYSCHIUS hæc moliretur, BILSIANA secta, & ipse ejus auctor BILSIUS valvulas dubias reddebat, quas ajebant alii iter lymphæ chylique regere. Noster tunc juvenis, lynceis oculis & subtilissimis manubus instructus, ad opus accessit; inflavit vasa lactea & lymphatica per vitreos tubulos, tanta arte, ut eidem operi ætate nunc provectior non suffecerit: inflata siccavit, siccata divisit, ut in aperta fistula eorum vasorum duplices membranulas semilunares ostenderet, quo demum artificio BILSIUS ad incitas adque nova fingenda effugia redactus est. Hic, quod raro fecit RUYSCHIUS, brutis animalibus usus est.

In adjectis 26. *observationibus* potissimum varietates vasorum & viscerum dicuntur: sed prætorea arteria bronchialis, unica, ex aorta nata, quam noster penitus ignorabat veteribus notam fuisse; deinde arteria œsophagea a bronchiali educta.

Jam eo tempore pulchritudinem conditarum a RUYSCHIO partium corporis animalis gnari admirabantur (*i*).

EJ. *Observationum anatomico-chirurgicarum Centuria: accessit catalogus rariorum, quæ in musæo* RUYSCHIANO *asservantur* Amsterdam 1691. 4. 1721. 4.* & Gallice Paris 1734. 8. cum PALFYNIANA anatome.

In *observationibus* plurima sunt pathologica & chirurgica; intercedunt tamen & physiologica & anatomica. Superfetatio. Hymen, & ureteres supra vulvam aperti. Atreta. Placenta vesicaria. Menses stillantes ex inverso utero, & per tubam. Lien in pelvim prolapsus. Lien exstirpatus. Fames perpetua ex laxato pyloro. In vetulis alveoli dentium consumti. Glandis penis cavernosa natura ex urethræ corpore cavernoso continuata, septo proprio a cavernoso corpore penis separata, quod ambit. Viscera Noster eo tempore pro glandulis habebat sanguineis.

In *Musæi catalogo* multæ sceleti fetuum describuntur, ut hactenus ad osteogeniam faciat, tum adultorum. Intestini cæci primæva facies, ut appendicula sit arctatus cæci finis. Vasa spermatica peritonæum non perforare, recte, cum SWAMMERDAMIO. Cellulosa tela intestini inflata. Os sincipitis giganteum. Vasa coli intestini in appendiculas omentosas producta: hæ appendices renovatæ. Bronchialis arteriæ cum pulmonali anastomosis. Coli ligamenta tria enarrata. Coli

(h) Venam Thymicam pro ductu excretorio habitam apud SCHELHAMMER *Epist.* p. 355. antiquavit *Advers.* 2.

(i) Anno 1663. BARTHOLIN, *de pulmone* p. 64.

Coli intestini finis absque ligamentis & cellulis. Rejecit ductus hepatocysticos Highmori. Ligamenta radiata sterno-costalia, & arteriæ mammariæ. Sceletos multidigita, KERKRINGIO dicta.

Cæterum hic & in reliquis thesauris RUYSCHIUS potius aliqua suarum mumiarum ornamenta indicavit, quam physiologica inde sequentia corollaria; simplex totus & a ratiocinio remotus.

EJUSD. *Responsio ad Godofredi* BIDLOI *vindicias* Amsterd. 1697. 4. 1721. 4.*. BIDLOUS multo minus laboris amans, subinde discipulis suis aliqua negligenter exponebat; animalibus etiam in anatome utebatur; denique figuras dederat ad opinionem potius quam ad naturam factas, cæterum ut literatus homo RUYSCHIUM spernebat. Inde plurima inter utrumque contentio exorta est. Ita arcum aortæ male a BIDLOO depictum fuisse noster recte monet, fibrasque lienis in humano splene depictas, & radiculas biliosas vesiculæ felleæ. Discipulos nempe suos, fere Germanos, habebat RUYSCHIUS, quos anatomen doceret, laudes UFFENBACHII meritus, non facillimi judicis (*k*). Solebant ii de BIDLOI erroribus ad præceptorem *Epistolas* dare, ad quas noster ita respondebat, ut Leidensem Professorem refutaret. Ita natæ sunt 16. epistolæ discipulorum, cum totidem responsoriis RUYSCHII.

Prima est *Johannis* GAUBII, data a. 1695. Septum scroti hic depingit, & figuras dat, quas solas ex RUYSCHII figuris suspiceris artificiosæ manus auxilium sensisse, reticulum nempe subcutaneum vere perforatum, & papillas uniens exprimit.

Altera & ipsa GAUBII, data eodem a. 1695. Pulchre hic RUYSCHIUS retia vasculosa membranarum depingit, scroti, pericardii, pleuræ, & mammariarum arteriarum ramos, intercostalium finibus occurrentes & inosculatos.

EJUSD. *tertia* est epistola, ineunte ut puto anno 1696. edita. In hac vasa iridis noster depicta dat, arcum aortæ bene, arteriolas aortæ, cor cum auricula dextra, cum corona arteriæ coronariæ utriusque perfecta, quod rarum esse opinor, & cum vasis anterioribus cordis.

Epistola IV. *J. Jac.* CAMPDOMERC anni est 1696. Hic RUYSCHIUS lienis glandulas rejecit, & iis arteriarum pulposos fines substituit, quam deinde emendationem ad reliqua viscera extendit, & denique fabricam MALPIGHIANAM evertit. Fibras & cellulas lienis humani rejicit, arteriam pingit flexuosam, & penicillos in ipso viscere pulposos.

Epistola V. *Gerardi* FRENZ Amsterdam 1696. 4. Pulchra hic varia in vasis bilariis. Vesiculæ felleæ inflexum rostrum inviolatum, vascula reticulata faciei internæ, plenæ scrobium, quas vocat glandulas. Vasa lymphatica hepatis convexi.

Epistola VI. *J. Henrici* GRAETZ Amsterdam 1696. 4. Arteria bronchialis humana

(k) *Reisen* III. p. 640.

humana ab intercoſtali orta, œſophagea pariter ab intercoſtali. Anaſtomoſes arteriolarum bronchialium cum pulmonalibus. Polypus arteriæ aſperæ.

Epiſtola VII. EJUSD. etiam 1696. Proceſſus a pia membrana in cerebrum & cerebellum immiſſi, qui vaſcula in utrumque adducunt.

Epiſtola VIII. Amſtelod. 1697. 4. Oſſicula auditus cum vaſculis ſuis. Cartilaginum naſi quatuor paria. Septum narium cum vaſculis & glandulis. Vaſcula perioſtei ſub membrana pulpoſa narium poſiti. Arbuſcula arterioſa tympani.

Epiſtola IX. *Andreæ Ottomari* GOELICKE Amſterd. 1697. 4. Pulchra figura arteriarum piæ membranæ cerebri. Arachnoidea tunica, quæ celluloſam telam referat, neque vaſa habeat. Arteriæ a phrenicis ad hepar euntes. Phrenicæ minores ex intercoſtalibus inferioribus & ſubclaviis natæ.

Epiſtola X. *Bartholomæi* KEERWOLF Amſt. 1697. Pulchræ ſunt figuræ cordis, auriculæ, ſinus dextri, tuberculi LOWERI, & pectinata interna auricularum fabrica exprimitur.

Epiſtola XI. *J. Chriſtiani* WOLF Amſt. 1698. Fabrica & membranæ inteſtini tenuis & craſſi; valvulæ recentes, glandulæ ſolitariæ. Spurias nunc vocat glandulas, quæ mera ſunt ſinuoſa vaſa.

Epiſtola XII. *Michaëlis Ern.* ETTMULLER Amſterd. 1699. 4.*. De variis modis incidendi cerebri. Contra corticis glandulas. Latex ventriculorum cerebri. Varia in VIEUSSENIUM monita. Corpora pyramidalia & ovaria ſuperiora. Pulchra tabula baſeos cerebri humani, potiſſimum ad arterias, ubi multa videas, quæ noſter non expoſuit, ut arterias cerebelli, ramos quatuor cerebrales arteriæ baſilaris, arterias ſpinales: Arteriolæ ſubtiliſſimæ corticis cerebri & earum fines pulpoſi. Aliquæ partes medullæ oblongatæ &c.

In fine *Epiſtolæ* RUYSCHIUS cum RAVIO de ſepto ſcroti litigat.

Epiſtola XIII. *Chriſtiani* WEDEL, *G. Wolfgangi* F. Amſterdam. 1700. 4. Pertinet ad anatomen oculi. Pori nervi optici: vorticoſa vaſa chorioïdeæ tunicæ, circulus iridis uterque, proceſſus ciliares, vaſa longa, membrana RUYSCHIANA, ſ. lamina interior tunicæ chorioïdeæ. Vaſa pellucida uveæ.

Epiſt. XV. *Alberti Henrici* GRAETZ Amſt. 1704. 4.*. Mammarum fabrica vaſculoſa. Utique per ductum deferentem veſiculas ſeminales repleri. De penis fabrica, celluloſa tela ſubcutanea, papillis glandis penis, fibris per corpus cavernoſum euntibus; corpore cavernoſo unico penis balænæ.

Abrahami VATER, inde Profeſſoris Wittebergenſis, *Epiſtola* XVI. Amſt. 1708. 4. Witteberg. 1713. 4.*. De fibrillis nerveis cerebri, & viis reconditis pulmonum.

Inde NOSTER cepit *theſauros anatomicos* edere, catalogum nempe variarum partium corporis plerumque humani, artificioſe præparatorum, quas ſolebat publice oſtendere, adjectis nonnullis iconibus & rariorum indicio. *Primus theſaurus*

ſaurus anno 1701. 4. prodiit, latine & belgice, ut reliqui. Coli inteſtini in appendiculam degenerationem recte deſcribit. Lacunæ recti inteſtini. Pori faciei naſique humani, & glandulæ cutaneæ. Fines vaſorum hepatis, & fines vaſorum in quoque viſcere diſtincti ab aliorum viſcerum vaſculoſis finibus. Cortex interior medullæ ſpinalis. Dentes in ovario muliebri. Papillæ linguæ, & papillæ mammæ. Ductus lactiferi.

Theſaurus II. Amſterd. 1703. 4. Ad oculum varia. Circulus uveæ interior fibræque: vaſcula lentis cryſtallinæ, trunculus ejus lentis centralis, cujus originem noſter non indicavit. Mirificus acervus fetuum & artuum imperfectorum coaleſcentium. Vaſa omenti pulchre repleta: pori ventriculi, ejus plicæ & cellulæ minimæ. Exempla diverſorum finium vaſculorum ultimorum in hepate, placenta, ſplene, rene.

Theſaurus III. etiam anno 1703. Penis difformi glande. Crines in omento. Epidermis totius manus. Papillæ labiorum. Renis vaſa ſerpentina. Ductus uriniferi in papillas collecti, quas pelvis ſuſcipit. Sinus aliqui mucoſi.

Theſaurus IV. a. 1704. 4.*. Iterum fabrica renis. Teſtis diſſolutæ fibrillæ ſed inordinatæ; cor bene expreſſum, cum vaſis repletis, in quibus arterias a venis ægrius ſepares.

Theſaurus V. Amſterdam 1705. 4.*. Contra glandulas uterinas. Chorion placentam undique obducere. Neque allantoideam membranam ſe reperiſſe, neque pervium urachum; chorion vero duplicem, nempe chorion & membranam mediam. Cavea medullam inter & vertebras, humore viſcido plena. Uterum intumeſcere, qua ei placenta adnaſcitur. Vaſa duræ matris. In hoc & in IV. *Theſauro* nervi olfactorii ramos deſcripſit, a multis negatos.

Theſaurus VI. anno 1705. 4.*. Primum *Prodromus*, in quo, inque *theſauro* ipſo ſceleti fetuum & ova humana, fetusque paulatim adultiores pulchre depinguntur. Ren humanus cum vervecino comparatus.

In ipſo *theſauro* ductus inciſori. Glandulæ narium, quæ vaſorum extremi ſunt fines. Corpus luteum, cujus contenta coagulata ſunt. Membrana ex ſanguine humano ficta. Celluloſa tela inteſtinalis. Uterus adulteræ, ſemine virili plenus. Iterum corpus luteum, quod calycem ovi vocat. Pro vaſculoſa corticis cerebri natura. Nihil ante diem vigeſimum ſatis diſtincti in embryone adparere.

Theſaurus VII. anno 1707. 4.*. Glandulæ hepatis gliris meros vaſorum pulpoſos fines eſſe. Lien puellæ proceræ pulchre repletus. Appendices inteſtinorum hic & alias. Vaſcula uteri vermicularia. Papillas ſe putat in buccis, ventriculo, & inteſtinis, vidiſſe. Papillæ labiorum. Minutus embryo. Vaſa membranæ pituitariæ narium.

Theſaurus VIII. Amſt. 1709. 4.*. Fetus ſine cerebro natus, cum exigua medulla ſpinali. Diploe in tibia. Placentam meris vaſculis componi. Androgyni

drogyni ſunt macroclitorideæ feminæ, ut noſter putat. Papillæ menti. Pulmonem pectus replere.

Theſaurus IX. Amſterd. 1714. 4.*. Teſtis humanus in fila reſolutus. Hepar totum obductum pulpoſis maculis, quas alii acinos dixerunt.

Theſaurus X. Amſterd. 1715. 4.*. Papillæ buccales. Ovum humanum. Vaſcula hepatis ſuperficialia. Non dari in lingua involucrum reticulatum.

EJ. *Curæ poſteriores, ſeu theſaurus anatomicus omnium maximus* Amſterdam 1724. 4.*. Vaſa quæ putabat e vena cava ad inteſtina ferri. Hunc theſaurum cominus vidi, & quæ peculiaria videbantur, in adverſaria mea retuli.

EJ. *Curæ renovatæ ſ. Theſaurus anatomicus poſt curas poſteriores novus* Amſterdam 1728. 4.*. Senis depoſiti ultimus labor.

Ex *Theſauro animalium* anno 1710. 4.* edito huc referas, bufonis pipæ dorſum fetubus obſitum.

EJUSD. *Adverſariorum anatomico-medico-chirurgicorum* Pars I. acc. *Mich. Ern.* ETTMULLERI *epiſtola problematica de ovario novo* Amſterdam 1717. 4.*. Hi libelli utiliores ſunt, in quibus auctor cum viſis cogitata ſua conjungit. Iterum de utero, in quo ſemen virile conſpicuum ſupererat. Contra ova NABOTHIANA. Contra glandulas membranarum. Papillas eſſe, quæ habeantur pro glandulis odoriferis penis. Monſtra varia. Corpus luteum antiquum. Vaſcula ſanguinea cordis interni. Peculiare involucrum penis.

EJ. *Adverſariorum &c. decas ſecunda* Amſterd. 1720. 4.*. Vaſa patellæ & cartilaginum ſemilunarium. Lacunæ BOERHAAVIANÆ pro glandulis habitæ. Vaſa lactea. De thymi ductu non vero. De ſterno ejusque nucleis & vaſculis. Pulmonem undique pleuram contingere. De embryonis craſſo funiculo. Non avellendam eſſe placentam, ſi firmius adhæſerit. Papillæ cutaneæ verius expreſſæ. Vaſcula ligamenti teretis & acetabuli. Glandulæ appendiculæ cæci inteſtini. Vaſorum corporis humani numerum per ætatem minui.

EORUMD. *Decas* III. Amſterdam 1723. 4.*. Mira hiſtoria dentium perfectorum in tumore ori ſuperiori ventriculi adnato. Sudor ſanguineus. Paſſim etiam docet ſudoris in telam cellulosam transſudationem. Cadaverculum lutei corporis. Glandulas meſentericas in ſenibus contabeſcere. Induratus in ſebum adeps. Contra vaſcula epidermidis D. St. ANDRE'. De epiphyſibus. De arteriolis cruſtarum cartilaginearum. De papillis ſuis ventriculi. Uteri fibras contractiles placentam expellere: earum icon. Vaſcula membranarum inteſtinorum & perioſtei.

De fabrica glandularum in corpore humano, epiſtola reſponſoria ad H. BOERHAAVE Leid. 1722. 4.*. Maſcule ſatis ſe adverſus eloquentiſſimum adverſarium tuetur. Iterum ſuccoſa eſſe vaſculorum extrema, quæ in viſceribus glandulæ dictæ ſint. Arte ſua ſe partes corporis animalis non mutare. De ſanguinis transſudatione, & hic & paſſim alibi. Cryptas vocat, quas in via cibaria, aërea ad-

admittit. Membranam cellulosam sibi inventam tribuit. A morbis non bene pro MALPIGHIO argumenta repeti, cum varii tumores in cellulosa tela nascantur. Glandulam mesenterii cum acinis pulposis & vasculis delineatam dat.

EJ. *Tractatus de musculo in fundo uteri observato, antea a nemine detecto.* Latine vertente *J. Christophoro* BOHLIO Amsterd. 1726. 4.*. *Ontleedkundge verhandelingen over de vinding van een spier in de grond der baarmoeder* Amsterdam 1725. 4. *Vervolg van de ontleedkondige verhandeling &c.* Amsterd. 1726. 12. RUYSCHIUS præfatur aliqua de arte replendorum vasorum. Inde musculum orbicularem fundi uteri describit, qui placentam depellat.

EJ. *Responsio ad epistolam Abrahami* VATER *de musculo orbiculari novo in fundo uteri detecto* Amsterdam 1727. 4.*.

EJ. *Responsio ad Diss. epistolicam* J. C. BOHLII *de usu novarum venæ cavæ propaginum in systemate chylopœo, nec non de cortice cerebri* Amsterd. 1727. 4.*. Trunculum arteriæ corticis cerebri cum pulposis ejus finibus delineat.

A morte viri publica auctione venditi sunt reliqui Cl. viri thesauri anatomici. Eorum brevis catalogus prodiit Amstelodami 1732. 8. cum titulo *Catalogus van weltberoemde anatomische voorweerpen &c.* Brevissimi tantum tituli. Pars eorum thesaurorum a Rege Poloniæ 20000. flor. bat. redemta Wittebergæ servatur.

In JOBI a MEEKERN observationibus citatur delineatio humani uteri cum vasis lymphaticis a RUYSCHIO Haagiensi missa. cap. 54.

Inter *observationes Justi* SCHRADERI Amstelod. 1674. 12. editas* in *Decade* I. *obs.* 8. & 9. & 11. sunt RUYSCHII. Sinus mucosi intestini recti, vasa lymphatica inguinalia. Feminæ gravidæ incisæ. Dura membrana undique cranio adnata, pori glandulosi asperæ arteriæ.

In BLANCARDI *Jaarregister Cent.* III. *obs.* 92. est embryonis in utero primordium, & corpus luteum apertum cum icone.

In SCHELHAMMERI posthumis epistolis plusculæ sunt RUYSCHII, quibus de VIEUSSENIO sua inventa involante conqueritur, cujus renum fabricam corrigit. Thymi venam pro ductu se habuisse fatetur.

Plenum indicem operum anatomico-chirurgicorum RUYSCHII adornavit ISBRANT GYSBERT ARLEBOUT Amstelodami 1725. 4.* editum; ut aliqua utique post eum indicem RUYSCHII opera prodierint.

Posthumas etiam aliquas RUYSCHII tabulas excudit *Johannes* ADMIRAAL, pictor, in quibus vasa utriusque faciei duræ membranæ cerebri, & sinus mucosa penis majores & minores, & membrana vasculosa ad inferiora acetubuli ossium innominatorum vivis coloribus exhibentur, Amsterdam 1738. 4.*.

Historiam vitæ & meritorum viri scripsit noster amicus *Joh. Frid.* SCHREIBER Amsterdam 1732. 4.*. Per singulas partes corporis humani RUYSCHII inventa

venta exponit, & criticam facem adhibet. Multa ibi reperias, quæ ſpatio iniquo excluſi omiſimus.

§. CCCCLXXX. *J. Henricus* PAULI,

Simonis F. aliquamdiu Profeſſoris Hafnienſis, *Anatomia* BILSIANÆ *anatome Argentorati* 1665. 8.*. Primum de incruenta anatome. Eam poſſe vinculis injectis perfici. De alio & alio uſu vaſorum lacteorum & meſentericorum, & de incertitudine coloris in venis meſentericis cinerei. Non reſorbere venas meſentericas. De gyro BILSII: eſſe vaſorum lymphaticorum colli cum ductu thoracico conjunctionem, ut ex comparata ea, quam ipſe ad ſua meliora experimenta paravit, & ex BILSIANA icone adparet.

EJ. *ad dubia anatomica J. Jac.* WEPFERI *reſponſio*. Vaſa lactea ſatis ad reſorptionem ampla eſſe, & meſaraïcis ad inteſtina ampliora, hic nimius. Omnem urinam a potu eſſe, qui per vaſa lactea circulum obierit.

§. CCCCLXXXI. *Varii.*

Florentii SCHUYL, poſtea Profeſſoris Leydenſis, SYLVIANI, *de phyſiologia medica*. Pars I. Leid. 1665. 4.*.

EJ. *de veteri medicina* Leid. & Amſterdam 1670. 12.*. Celebre experimentum fecit, quo inter duo vincula bilarii canalis & pancreatici oſtia incluſit. Ita inteſtinum interceptum intumeſcebat, ſpumoſoque ſmegmate plenum adparebat. Deinde in HIPPOCRATE aliisque antiquis loca conquirit, quæ hypotheſi alkali & acidi patrocinantur. Bilem non eſſe excrementum. Poſthumum nec ineruditum opuſculum. Multa habere ſua queritur G. ten RHYNE *veter. med.* pag. 87.

Edmund de MEARA *Diatriba* T. WILLISII *de febribus examen* Lond. 1664. 8. Amſterd. 1667. 12.*. Magna pars libelli verſatur in phyſiologicis. Doctrinam GLISSONII de ſucco nervoſo rejicit. Sanguinem negat ſanguificare, quatuor principes in ſanguine humores defendit. Contra fermenta.

Joh. ALOS, Profeſſoris Barcinonenſis, *criticum apologema adverſus ſtateram jatricam Michaelis* VILLAR Barcinone 1665. deinde *diſquiſitio de corde hominis phyſiologico anatomica* Barcinone 1694. Ejus 2. caput de cordis humani admirabili fabrica agit. C. 3. de unione vaſorum in fetus corde. In c. 4. quæritur an cor ſit muſculus. C. 5. num in ſolo corde ſanguis generetur. C. 6. de cauſa effectrice ſanguinis in corde & in hepate. C. 7. Utrum in fetu per vaſa chylifera aliquis chylus ad cor adferatur. 8. Spirituum vitalium natura. Num in ſolo corde generentur. 9. An cor in fetu vitales generet ſpiritus, & moveatur. 10. An aliquis aër inſpiratus ad cor veniat. 11. Quem uſum cordi reſpiratio præſtet. 12. De motu cordis ejusque cauſa, 13. An & diaſtole & ſyſtole cordis per ſe fiant a facultate motrice. 14. An cordis facultas motrix ſit naturalis

ralis an animalis. 15. Usus & finis motus cordis. 16. Causa motus arteriarum. 17. An simul cor contrahatur & arteriæ. 18. An cerebrum ab arteriis moveatur. 19 An sanguis ex dextro ventriculo cordis in sinistrum transeat. Per septum, num per pulmones. 20. De motu sanguinis circulari. 21. De temporis spatio quo circulatio, ut vocant, in corpore absolvatur, de ejus utilitate. 22. An ex invento circuitu medendi ratio invertatur. 23. Chirurgia infusoria. 24. Transfusoria. 25. Rariora in corde observata. 26. Et in arteriis. 27. De differentiis pulsuum præternaturalium. Laudat Cl. SEGUER anatomicum, veteris & novæ Philosophiæ peritum.

J. Laurentius BAUSCH, Suinfurtensis, primus auctor Academiæ Naturæ curiosorum, scripsit l. *de aetite* Lipsiæ 1665. 8.*. Aliquas monstrorum historias partuumque difficilium adjecit: in tr. de hæmatite, una excuso, integram historiam vulnerum lethalium & non lethalium dedit.

In l. *de cæruleo & chrysocolla* Lipsiæ 1668. 8. inmensa collectio habetur casuum melancholicorum & variarum imaginationum.

J. Conradi STETTER *censura argumentorum* GALENI *de motu musculorum, qua illi a vetustissimo officio removentur & id ossibus vindicatur* Francof. 1665. 8.* Medicus Oppenheimensis. Non a musculis artus moveri, sed ipsam animam ossium ope eos regere, ut nuper LIBERTUS.

Phil. MAY *la chiromantie medicinale un traité de la Physionomie, & des marques sur les ongles des doigts, traduit en François par Phil. Henry* TRUCHSESS la Haye 1665. 12. LEHM. Germanice *mit einem Anhang von den Zeichen auf den Nägeln der Finger* Dresden 1670. 8. LEHMAN.

Petri Mich. ab HEREDIA *de somno & vigilia*, inter opera Lyon 1665. fol.

Michaelis LIPARI *Galenistarum triumphus novatorum medicorum insanias funditus eradicans, ne hæreticalibus doctrinis mortales immatura morte moriantur,* Cosenza 1665. 4. Venetiis 1666. 4. hic cum epistola ad BELLINUM. Hoc opus in MALPIGHIUM scriptum est, ab eo in posthumis refutatum, sub nomine PLACIDI PAPADOPULI.

Francisci FOLLII *a* PUPPIO ex Burgo S. Sepulchri *Recreatio Physica, qua de sanguinis & omnium viventium universali analogica circulatione differitur,* Florent. 1665. 8.*. Nupera inventa conatur cum veterum placitis conciliare. Atram bilem tamen per vas breve in ventriculum adfundi. A bile febrem tertianam & quartanam nasci. Femina in virum mutata. Respirationem fieri a pulmone per sanguinem arteriæ pulmonalis irritatum: collapso pulmone sanguinem in sinistrum cordis sinum inpelli.

In *flateris medica* adserit, se suam doctrinam ex insitione plantarum jam a 1654. deduxisse.

§. CCCCLXXXII. *Varii.*

SCHÖN *subtilissima sensuum species sensibilis* Witteb. 1665. 4. VAT.

Chr. FASELTUS *de stillicidio sanguinis ex interemti hominis cadavere præsente occisore* Witteb. 1665. 4. BOEHMER.

EJ. *de visu* ib. 1666. 4. HE.

EJ. *de auditu* 1668. 4.

EJ. *de natura soni* ib. 1668. 4. HE.

EJ. *de primo avium ortu* 1674. 4. HE.

Balthasar STOLBERG *de cuticula & cute* ib. 1665. 4.* BUL.

EJ. *de elephante* ib. 1665. 4.*.

J. Ern. HERING *de ortu avis britannicæ* Witteberg. 1665. 4.*. Ex suis ut alia animalia, parentibus nasci.

EJ. *de natura brutorum* 1706. 4. GRONOV.

Bartholom. SCHULTZE *de phantasia* Witteb. 1665. 4. HE.

J. Henric. LOTICH, & *J. Wilh.* HECHLER *de noctambulis* Giess. 1665. 4.

Laurentii GISELER *de pinguedine* Brunswic. 1665. 4.

J. COPER *de circulatione sanguinis* Bremæ 1665. 4. HE.

EJ. *de oculo* 1671. 4. ibid.

J. CLODII *de Capillis Romanorum veterum* Witteb. 1665. 4. VATER.

J. Christ. HUNDESHAGEN *de imaginatione ejusque viribus* Jen. 1665. 4.*.

EJ. *de monstris* Jen. 1665. 4.*.

EJ. *de stillicidio sanguinis in hominis violenter occisi cadavere conspicui, an sit sufficiens præsentis homicidæ indicium* Jen. 1679. 4. BOEHM. Redit inter VALENTINI novellas.

Philippi MATTHÆI *de bile* Franeker. 1665. 4.*.

EJUSD. *de liene* ibid. 1667. 4.*.

EJ. *de sanguine disputationes undecim* Utrecht 1668. & 1669.*

Cl. le VASSEUR & *Pauli* MATTOT *Non ergo motus cordis a sanguinis fermentatione* Paris 1665.

Guid. Cresc. FAGON & *Petri* LOMBARD *Ergo sudor cruentus fit vi naturæ* Paris 1665.

Dionysii JONQUET & *Raymundi* FINOT *Non ergo semper & certum impedimentum generationis est amoris vinculum* Paris 1665.

Jac. GAVOIS & *Car. le* LONG *Non ergo chylosis prævia fermentatione perficitur* Paris 1665.

Antonii le MOINE & *Roberti* RAOULTE *E. statim a menstruorum effluvio concepti firmioris valetudinis* Paris 1665.

§. CCCCLXXXIII.

§. CCCCLXXXIII. Societas Regia Londinensis.

Coaluerat primum Oxonii cura *Joh.* WILKINS, Episcopi inde Cestriensis, anno 1645., deinde magis solenniter Londini coivit: & dudum in anatome etiam laboraverat, cujus testimonia aliqua MONCONIS adtulit, multo vero numerosiora habet *Th.* BIRCH in *historia ejus Societatis* non dudum dictæ.

Ita anno 1661. (*l*) ipse *Johannes* WILKINS vires animæ humanæ exploravit, quibus pondera appensa elevat, & invenit superare 110. pondo.

An. 1663. experimentum Socii fecerunt temporis, quo idem neque renovatus, aër diversis hominibus ad respirandum sufficiat, quæ tempora valde diversa fuerunt, omnino ut 23. & 56. (*m*).

Experimenta piscis a subtracto aëre ægre habentis & pereuntis (*n*). In eorum piscium aliquo vesicula aërea rupta fuit.

Robertus MORAY mensuras dedit giganteæ puellæ, quæ anno ætatis nondum altero pleno $37\frac{1}{2}$. pollices alta fuit (*o*).

Partus 18. mensibus in utero retentus, ut demum rupto abscessu ossa prodierint (*p*).

D. HOAKE de exciso de canibus liene (*q*).

CLAYTON de dente reposito qui comprehendit (*r*).

Christophorus MERRET de sanguine & humoribus oculi congelatis (*s*).

An. 1664. HILL de experimento cryptæ caninæ (*t*).

Lien canis feliciter excisus (*u*).

Mus in aëre ad octavam sui partem compresso vixit (*x*).

Rob. MORAY de animale hybrideo, ex cato & cuniculo nato (*y*).

De R. CAROLI II. experimentis staticis in seipso captis (*z*).

Sed primum publicum opus anno 1665. M. Martio SOCIETAS edere cepit, cum titulo *Philosophical transactions giving some account of the present undertakings studies and labours of the ingenious* curante H. OLDENBURG; Recusum est in Belgio & Lipsiæ. Totum opus Parisiis prodire cepit, interruptum tamen, & nuper Wittebergæ tomi anni 47. & 48. anno 1768. & 1769. prodierunt. In n. 1. & 2. *David* THOMAS de monstroso vitulo retulit. Multa pars pars animalis putrefacta, lingua triplex.

In n. 5. dicuntur visi in vituli capite duo oculi coaliti, palpebræ quatuor.

In n. 6. de lacte in sanguine viso. Asperam arteriam gramine plenam fuisse.

N 7. de Chirurgiæ infusoriæ progressibus, quam *Christophorus* WREN proposuerit, BOYLEUS apparatu adjuverit; bono successu Londini & Oxonii varii exercuerint.

(l) p. 36. (m) p. 192. 216. (n) p. 214. 243. 244. (o) p. 270. (p) p. 315. (q) p. 277. (r) ib. (s) p. 354. (t) p. 421. (u) p. 426. (x) p. 428. (y) p. 393. (z) ib.

EJ. Destinatus de renum fabrica tr. nunquam prodiit.

N. 8. Variæ peculiares corporum humanorum temperies.

Ib. de spermate ceti ex capite balænæ nato.

Qui non exhalabat quidquam. Quæ salem devorabat, & ex eo cibo obriguit. De lacte in sanguine viso.

Apud T. BIRCH (a) C. MERRET vesicam semiduplicem ostendit, ex bove.

Animalia in vacuo spatio enecta, & reddito aere suscitata (b).

Infusis venenis occisa animalia (c).

§. CCCCLXXXIV. JOURNAL *des* SAVANS.

Diarium, quod etiam nunc edi pergit; primum hoc anno cœpit edi. In eo princeps est scopus, nova opera recensere. Admiscentur tamen hinc inde adnotationes rariores, & libelli proprii; potissimum etiam in prioribus diarii annis. Ita anno 1665. traditur anatome puellæ bicipitis, quadrimanæ & bipedis.

§. CCCCLXXXV. *Johannes* SWAMMERDAM,

Medicus, Leidæ laboribus anatomicis innutritus, vir miræ solertiæ, & patientiæ in minutissimis animalium partibus dissecandis unicæ, inventor materiæ ceraceæ (d), qua vasa non replerentur solum, sed distenta manerent, admirabilem potissimum in anatome insectorum industriam adhibuit. *Antoniæ* BOURIGNON veneratione demum percitus, omissis rebus physicis & anatomicis, totum se curis æternitatis dedit, & præmatura morte abreptus est.

EJUS labores videas mature a contemporaneis laudari, ut aëris per pulmones in sanguinem impulsionem a STENONIO, anno jam 1663 (e): ductum thoracicum ab *Olao* BORRICHIO (f): experimenta de respiratione anno 1663. instituta a F. SYLVIO (g). Neque dubium est, quin ipsi RUYSCHIUS eam artem replendorum vasorum debuerit, qua inclaruit; sed neque diffitetur. Nondum doctor varias figuras vasorum lymphaticorum *Gerardo* BLASIO impertivit, in tabula 29. *syntagmatis anatomici* excusas.

Inde anno 1667. 4. edidit *theses* quidem *inaugurales brevissimas*, in quibus a lacessito nervo phrenico diaphragma docet convelli. Uveam insectorum tunicam pone corneam expandi.

Deinde eodem anno dissertationem suam inauguralem edidit cum titulo *Tr. physico-anatomico-medicus de respiratione usuque pulmonum* Leid. 1667. 8.*. Recusus est Leid. 1679. 8.* tunc 1738. 4.* & in *Bibliotheca* MANGETI. Nihil hujus speciminis inauguralis simile hactenus aut in Belgio prodierat, aut alibi. Circulum

(a) T. II. p. 21. (b) p. 25, 46. (c) p. 50.
(d) RUYSCH. *musc. uter.* p. 2.
(e) ad BARTH. *Ep.* LV. *Cent.* IV.
(f) eodem anno *Ep.* 76. *Cent.* IV. (g) *Diss. med.* 7.

Circulum quidem Cartesianum noster admittit & fermentationes, non aliter a suis præceptoribus doctus. Experimenta tamen addidit sua, quibus dilatatio pectoris, pulmonis ab admisso aëre externo subsidentia docetur, & aërem eo secedere, ubi minus resistitur, per varias machinas confirmatur. De musculorum antagonismo & perpetua contractione eorum, quibus nulli sunt antagonistæ. Humor in pectore fetus, qui non respiravit. Etiam vespertilionibus aërem in pectore esse, (ut avibus), ut omnino is pectoralis aër ad volatum pertinere videatur. Vesicula fellea reticulata & glandulosa. Contra fibras & cellulas lienis. Valvulas vasorum aquosorum lymphæque motum demonstravit; tubulos subtiles ad inflanda ea vasa depinxit. Sanguinem in vasis minimis lentius fluere putat. Penem vulvamque in cochlea motumque venarum dixit, & icone expressit. Chylum in venas mesentericas sorberi docuit. Thermoscopium ad calorem febrilem definiendum suasit adhibere.

E⁴. *Miraculum naturæ seu uteri muliebris fabrica*, *notis in J. v.* HORNE *prodromum illustratum*, Leid. 1672. 4.* 1679. 4.* 1717. 4. 1729. 4. GUNZ. & in *Bibl.* MANGETI, tum cum J. HOFMANNI *dissertationibus anatomico-pathologicis* Noriberg. 1685. 4.* & Londini 1680. 8. HARLEY. Icones a PALFYNIO sunt recusæ Leid. 1708. 4.* Eum *prodromum* diximus, & labores istos sibi SWAMMERDAMIUM tribuisse. Vasa utriusque generis depinxit, quæ uterum adeunt, & ova quasi de arteriis pendula. Sic plexum vaginalem arteriosum & venosum. Ligamenta teretia vasculosa. Non bene negat, ductum deferentem cum vesicula seminali communicare; ut proprium vesicularum semen esse docere cogatur. Ductum HIGHMORI ex arteriis & venis conponi, multaque ejus cava esse. Penis erectionem a sanguine esse, per experimenta didicit. Icones bombycis MALPIGHIANAS castigat, quæ sint ex ingenio delineatæ, & in quibus cerebrum male omittatur. Tubam ovarium amplecti, ovumque sorbere. Chylum a venis mesentericis resorberi: in lacteis lympham ferri. Injectionem ceraceam docet. Rudiusculæ cæterum icones, & ad siccas humani corporis partes factæ.

IDEM Belgice edidit *algemeene verhandeling van de bloedeloose diertjes* Utrecht 1669. 4.*: quæ latine, vertente *Henr. Christiano* HENNINIO, *historia* est *generalis insectorum* Leid. 1685. 4. edita*, etiam Gallice excusa.

Omitto classes insectorum: nympham, quæ ipsa sit involutum animal: chrysalidem, in qua & ipsa futurum animal complicatum lateat, & ex qua papilionem sua manu ipse eduxerit. IDEM ex eruca se chrysalidem fabricare posse, aut evolutionem retardare gloriatur: dimidiatam etiam chrysalidem facere. In omni natura evolutionem meram esse, quæ dicitur generatio; quæ theoria late a peritis adoptata, SWAMMERDAMIO debetur. In quaque classe insectorum phases vitæ mutatas ostendit. De apibus. Se penem testesque marium vidisse & ostendisse, & in regina ovarium. De culicis historia & aculeo. Alas papilionis ut facias monstrosas. Ut in eruca papilio lateat; ut eadem in chrysalidem intumescat. Ut per suos vitæ gradus transeat, alasque explicet. Pulmonem pleuræ continuum esse, neque musculosum: quiescere quoties vulnus glottide latius inflictum est.

In HARVEJO etiam nonnulla emendat. Pulicis generatio ex ovo. Dignissimus certe liber, qui in *operibus* redit, nuper recusis.

EJUSD. *Ephemeri vita of afbeeldingh van's menschen leven vertoont in de historie van het vliegend ende een dagh levend hast oft oeveraas*, Amsterd. 1675. 8. LAMBERGEN & 1681. 4. In BOURIGNONIÆ gratiam hunc libellum dicitur scripsisse. Metamorphoses hujus insecti tradit, nymphamque rapacem. Cor vidit & genitales partes, venerem ei non contigit vidisse. Musculos vero expressit, medullam spinalem & asperam arteriam. Vermis ephemeri sic satis longævus, volatile animal ephemerum.

Auctor noster a. 1680. quidem obiit; postquam a paupertate pressus codices & icones vili pretio THEVENOTIO vendiderat. Eos feliciter superstites post dimidium seculum thesauros *Hermannus* BOERHAAVE non exiguis pecuniis redemit; vitam viri descripsit, opera edi curavit belgice & latine, cura D. H. GAUBII. Titulus est, *Biblia naturæ s. historia insectorum in certas classes reducta, nec non exemplis & anatomico variorum animalculorum examine illustrata, insertis numerosis rarioribus naturæ observationibus* Leid. 1737. fol.*: Germanice recusum Lipsiæ 1752. fol. & Anglice vertente FLOYDIO Londini 1758. fol. Gallice in collectione Divionensi T. IV. V. excerptum. Historia apum etiam excerpta est a D . . NETTIS. Incommode utraque lingua conjuncta est, & tabulæ duobus tomis destinatæ ita distributæ, ut in secundo tomo plusculæ sint, quæ ad primum pertinent aut vicissim.

Nova hic sunt, anatome pediculi humani. Systema animalculum nervosum pulchre eruit, tum aëreum, cor nequivit invenire. Organum alimentarium etiam descripsit, & quod mireris, solas in hoc animalium genere feminas incidit. Validissimus est in pediculo motus peristalticus.

Historia aliquot cochlearum. Eximium opus. Systema nerveum subtilissimum, & integra anatome: sacculus in omnibus purpurifer, in unica tamen specie coloratus. Nervi optici spirales in musculum inclusi. Oculi tres humores, & fabrica, quæ facit, ut propiora non videant. Myologia animalis. Musculi omnes punctum fixum in testa habent. Polypos aquæ dulcis minime ignoravit. Mytuli anatome, in quo neque cor vidit, neque ventriculum.

Anatome cancelli solitarii. Nativum esse suæ testæ hospitem, cumque ea connatum. Cerebrum, medulla spinalis. Fibræ nervi optici.

Historia scarabæi nasicornis anatomica. Hic hominem ante lapsum minoribus fuisse intestinis BOEHMIO credit, & per insecta confirmat. Verus in scarabæo penis. Testes sunt glomeres vasorum. Ductus seminales varii. Pinguedinem globulis fieri.

In T. II. Bibliorum princeps opus auctoris reperitur, apum nempe historia: ea diu in Gallia latuerat, & suspicatur BOERHAAVIUS, Academicos Gallos, qui de apibus scripserant, non neglexisse ditissimum inventis codicem. Viderat eum codicem *Petrus* HOTTON (*h*). Pulcherrime SWAMMERDAMIUS tres sexus descri-

(h) *Phil. Trans.* n. 257.

describit: venerem tamen nunquam vidit. Operarias apes habere scrobem in crurum articulo quinto, quæ neque in maribus sit, neque in femina. Quando femina sterilis est, mares in multam hiemem ali, & conservari. Primum laborem novi examinis esse cellulas regias. Oculi historia subtilissima & difficillima, & nervi optici ad quamque hemisphæram propria propago. Visus fit fibris pyramidalibus a radiis lucis percussis. Numerum apum iniit. Fistulæ aereæ in mare magis expansæ quam in femina, & dentes operariarum majores.

Anatome papilionis diurni.

Anatome erucæ & ex chrysalide evoluti papilionis. Tubuli pulmonales crassiores in chrysalide, in papilione tenuiores, plus tamen aëris recipiunt.

Anatome muscæ asili, cum asperæ arteriæ ramis ad omnia viscera distributis. Dum in muscam abit, animal brevius fit, & magnam partem sui deserit, aëre plenam.

Anatome acari.

Tum muscæ ichneumones, quæ in gallas sua ova deponunt.

Iterum eximia historia ranarum. Testes ranarum, ductus nempe seminales convergentes in centrum testis. JACOBÆUM male tubam recto intestino inserere. Ova in abdomine; tuba, ovaria. In iisdem animalibus experimenta facta in musculis de corpore separatis, quorum nervum Sw. irritavit, contractionem speculatus est, musculum in agendo minorem fieri reperit; verum corde hic usus est, aliter ac reliqui musculi facto & intus cavo. Non verum esse, arteria ligata motum musculi deleri. Omnem in animale ab anima motum esse.

Anatome sepiæ: ubi ante NEEDHAMIUM juniorem paxillos dixit, qui in aqua se evolvunt, & materiem lumbrici similem evomunt.

Ephemeri & Cancelli historia sola Gallice prodierat Paris 1682. 8. BUR.

In *Philos. Trans.* n. 94. negat ranas habere arterias pulmonales. Id ita accipias, ut nullam ex corde arteriam habeant, nam habent ex arteria aorta evidentissime natas. Testiculum scarabæi nasicornis evolvit, filum obtinuit 30. unciarum longitudine.

Processum peritonæi (cellulosum) non ingredi venas arteriasque spermaticas, noster invenit apud *Justum* SCHRADER *Dec.* II. *obs.*

IDEM in *Philos. Trans.* n. 112. ruptum mesenterium dixit, cum intestinum flatu turgeret & fæcibus.

Apud Cl. BIRCH memorantur (*i*) aliquæ partes corporis animalis artificiose siccatæ, quas SWAMMERDAMIUS Societati Regiæ obtulit: inter eas vas lymphaticum de gallinæ abdomine sumtum.

§. CCCCLXXXVI. *Varii.*

Honorati FABRI *Tr. duo quorum primus de plantis & de generatione animalium, posterior de homine* Paris. 1666. 4.*. Noriberg. 1677. 4.*. Physiologiam tradit,

(i) T. III. p. 312.

tradit, in oculo multus. Circulum ſanguinis aliqui huic viro tribuunt, de quo anno 1638. ſcripſerit. Sed anno 1628. HARVEJUS ſua experimenta deſcripſerat.

EJ. *Synopſis optica* Lugd. 1667. 4.

Joh. PEYSSONEL, Medici Maſſilienſis, *de temporibus humani partus juxta doctrinam* HIPPOCRATIS *tract.* Lyon 1666. 8.*. Dies HIPPOCRATICI, ternarii, quaternarii, ſeptenarii. Menſes. Dies pro partu ab HIPPOCRATE definiti, a 182. ad 280. Multum tribuit diebus & numeris.

Pierre BARRA, Medici, *de veris terminis partus humani* Lyon 1662. 12.

EJUSD. HIPPOCRATE *de la circulation du ſang & des humeurs* Lyon (ou Paris) 1683. 12.*. Circuitum ſanguinis HIPPOCRATIS inventum eſſe ex libro *de corde* defendit, non quidem accuratiſſime, ſed etiam id notabile foret, ERASISTRATEO alicui medico notum fuiſſe. In L. II. *de oſſibus* dicitur, venas pulmonis de corde ſugere & eo ſtillare; id videtur ad circuitum minorem ſpectare, ſed hæc omnia egent aliqua accomodatione.

Sebaſtianus BADUS circa hæc tempora floruit, cujus *de viribus imaginationis* ſcriptum MAZUCHELLIUS citat.

EJ. *de generationis hominis.* Ib.

Ludovici de la FORGE *de mente humana, ejus facultatibus, & functionibus ſecundum principia* RENATI DES CARTES, Paris 1666. 4. Amſterdam 1669. 4. Bremæ 1674. 4. ordine meliori B. BOEHMER. Gallice *tr. de l'eſprit de l'homme* Paris 1666. 4. CARLSON.

Septimi Andreæ FABRICII *Diſcurſus medicus de termino vitæ humanæ* Romæ 1666. 4.*.

QUERBRAT CALLOET *Avis. On peut élever en France des chevaux auſſi bons, que dans les royaumes voiſins. Secret pour faire entrer des cavales en chaleur, pour leur faire porter des moles &c.* Paris 1666. 4. *Bibl. de France.*

Pierre de BETBEDER *queſtions nouvelles ſur la ſanguification & circulation du ſang, avec un traité des vaiſſeaux lymphatiques decouverts depuis peu* Paris 1666. 12. BUR.

J. SMITH *K. Salomons deſcription of old age* Lond. 1666. Laudant Socii S. Reg. Circulum ſanguinis in deſcriptione Salomonis, & ipſe reperit.

Geraud de CORDEMOI *ſur le diſcernement du corps & de l'ame* Paris 1666. 1670. 8. Carteſianus.

EJUSD. *de la parole* Paris 1668. 4. Anglice Lond. 1668. 12.

Opera omnia Paris 1670. 12. 2.Vol. 1704. 4. 2.Vol. utrumque quod diximus opuſculum. Genev. 1679. 12.* latine verſum a J. C. Modum deſcribit quo quæque littera generatur.

Matth. CLEMASIUS *de putredine* Lipſiæ 1666. 4. B. THOMAS.

Gottfried

Gottfried VOGT *de lacrymis Crocodili* Witteberg. 1664. 4.

EJUSD. *de stillicidio sanguinis ex interemti hominis cadavere præsente occisore* Witteberg. 1661. B. BOEHMER.

EJUSD. *Curiositates physicæ* Gustrow. 1668. 8.* Rostoch. 1671. 8. Lipsiæ 1698. 12. Multa huc pertinent, ut congressus & partus viperarum; victus chamæleonis; cantus cygni; lacrymæ crocodili; de piscibus volatilibus; de infantibus suppositiis, & de cruentatione cadaveris &c.

EJUSD. *Physicalischer Zeitvertreiber, worinn* 300. *lustige und annuthige Fragen aus dem Buch der Natur kund gemacht werden* Rostock 1675. Stettin 1686. Lipf. 1694. & forte Gustrow 1671. 12. Non vidi.

Chiromantie Royale & naturelle avec les prognostics des Chiromantiens anciens & modernes Lyon 1666. 12.

SOLEYSEL *parfait Marechal* Paris 1667. 4. 1684. 4. 1746. 4. Genev. 1677. 4. Amsterd. 1696. 4. 1698. 4. Anglice cum Supplemento *Guilielmus* HOPE Lond. 1696. fol. Anatome parvi momenti est BOURGELAT *Hipp.* II. p. 23. 174. 175.

Georg. KORMARK *de spiritu animalium corporeo vero s. vitali* Lipf. 1666. 4. B. BOEHM.

Michael MARGGRAF *de sensibus internis* Lipf. 1666. 4. B. THOMAS.

Christ. DONATI *de somno* Witteberg. 1666. 4. VAT.

Ej. *de somniis* 1671. 4. BURCKH.

Ej. *Demonstratio Dei ex manu humana* Witteb. 1686. 4. BURCKH.

J. SCHMIDT *de nutritione* Jen. 1666. 4. HE.

Georgii TRINKH *Diss. unde fiat ut animalia quædam insecta diu moveantur, quædam vero minime* Jenæ 1666. 4.

Constantin. ZIEGRA *de lacrymis* Witteberg. 1666. 4. HEFT.

Ej. *de Zoophytis* ib. 1667. 4.

Ej. *de rege avium Aquila* 1667. 4.

Ej. *de halcyone* 1667. 4.

J. Georg SEEMAN *de fetus humani generatione & nutritione in utero* Hafniæ 1667.

Frider. HOFMAN *de singultu* Jenæ 1667. 4. PLATNER. Idem puto majoris filii parens.

J. Bapt. FERRAND & *Raymondi* VASLET *Ergo ingenii diversitas a sexu* Parisiis 1666.

Petri IVELIN & *Cl.* GUERIN *E. minus certa virginitatis quam conceptus signa* Paris. 1666.

Matth. THUILLIER & *Mich.* POINSSART *Non ergo ex chylo lac* Paris 1666.

Mathurin DENYAU & *Dom. de* FARCY *Ergo in humano corpore imperium monarchicum exercetur* Paris 1666.

Fr. L. VIGNON & *Cl.* BIENDISANT *Non dautur certa virginitatis indicia* Paris 1666.

§. CCCCLXXXVII. *Philosophica Transactiones* a. 1666.

N. 18. *Edmundus* KING de parenchymatibus. Viscera meris ex vasis componi. De celeri emaciatione & restitutione quorumdam ægrorum.

N. 23. Ej. De formicarum ovis, evolutione, vita.

N. 24. Ej. De transfusione sanguinis rectius administranda per venas solas, nulla arteria aperta.

N. 52. Vasa propria testis.

N. 30. EJUSD. & LOWERI transfusio sanguinis in homine tentata, hactenus feliciter. Sic apud BIRCH. II. p. 125. Sic ejusd. KINGII opera anno 1667. ib. p. 162. 164. 179. 190.

EJUSDEM experimentum STENONIANUM ib. II. p. 261. 300. bono eventu: & HOOKIANUM p. 284. 291.

Experimentum avis enectæ in aëre compresso p. 352.

IDEM testem cuniculi in fila resolvit p. 327.

IDEM corpus animale ex vasis, hæc iterum ex vasis componi: omnia vasa fibras habere motrices.

T. III. p. 402. de nervorum minutissima per musculos distributione. Fibras carneas in omnibus arteriis reperiri, arteriasque veros esse musculos.

T. IV. p. 205. Lac in venas injectum, funesto eventu.

N. 19. 20. De transfusione sanguinis ex animale in aliud animal, primum a R. LOWERO administrata, cum encheiresi & spe effectus inde sperabilis in curatione morborum.

N. 19. J. HEVELIUS de animalibus colorem mutantibus.

De hirundinibus se in aquas demergentibus.

Apud BIRCH ad hunc annum experimenta transfusoria (k) LOWERI.

In *Diario eruditorum* anni 1666. de animalculis lucentibus agitur a D. *de la* VOYE: & de animalculis lapides rodentibus.

§. CCCCLXXXVIII. *Academia R. Scientiarum Parisina.*

Hoc anno curante COLBERTO coaluit, & mense Junio Academicas aliquas exercitationes orsa est, magis tamen serio anno 1667.

Primum-

(k) II. p. 58.

Primumque GAVANT chirurgus vidit lac quidem circulum per pulmonem absolvere, non perinde aerem. Hoc etiam anno PECQUETUS, GAYANT & PERRAULT anastomoses vasorum lymphaticorum cum venis lumbalibus detexerunt. Conf. *J. Sav.* 1667. p. 53.

Transfusionem etiam sanguinis tentaverunt, minus feliciter.

Sed inprimis hoc anno nobile cepit opus prodire, historia nempe animalium, de integro elaboranda, potissimum vero animalium rariorum, quæ in vivariis suis LUDOVICI XIV. regia magnificentiâ alebat, eo certe hoc tempore fine, ut veterum errores detegerentur & refutarentur. Princeps auctor, dum vixit, CLAUDIUS fuit PERRAULT, incisor idemque delineator eximius (*l*). Deinde *Josephus du* VERNEY, nobilis incisor, *Philippus de la* HIRE artis pictoriæ peritissimus, & *Johannes* MERY.

Primum prodierunt Paris 1661. 4.* *Observations sur un lion dissequé dans la Bibliotheque du Roi.*

Deinde, *Observations faites sur un grand poisson dissequé dans la Bibliotheque du Roi* Paris 1667. 4.*.

Porro *Description anatomique de l'ours, du castor, de la gazelle, du Caméléon* Paris 1669. 4.*.

Inde *Mémoires pour servir à l'histoire des animaux* Paris 1671. fol. maj. Magnifica editio cum præfatione, in qua scopus auctorum indicatur, finis est in Aguti.

Auctius prodiit id opus anno 1676. pariter fol. magn. secunda parte auctum, ut animalia nunc contineret 32. *Cl.* PITFIELD ea Anglice vertit, & Londini edidit 1687. fol. figuris diminutis. Latine *M. Bern.* VALENTINI in *amphitheatro zootomico* Francof. 17 . fol. 1742. fol.*. Plures autem fuerant animalium incisiones, multæque priorum emendationes a PERRALTIO perfectæ & a *du* VERNEYO. Eæ cum cepissent edi, inde suppressæ fuissent, demum Parisiis 1733. 4.* Amsterdam 1758. 4. 3.Vol. prodierunt, tertiumque tomum historiæ animalium faciunt; adjectis nonnullis aliis, ut CHARASII vipera, & Jesuitarum Siamensium anatome Crocodili, atque lacertæ Tockaya. Hæc Parisina hactenus editio plenissima est, Belgica enim posteriora incrementa non habet. Pisces a *du* VERNEYO, & a PHILIPPO *de la* HIRE incisi, nondum prodierunt.

In universum Academici cujusque animalis bonam dederunt figuram, deinde ventriculum, intestina, viscera reliqua, oculos, subinde etiam vasa aliqua, sæpe cum mensuris. Subtiliorem anatomen non sunt persecuti, de nervis vix unquam egerunt, neque de minutiori fabrica viscerum, testium, oculorum. Multa tamen utiliter viderunt, & primi. Pauca decerpam ex multis. In leone Ruyschianam tunicam tapeti nomine dixerunt, tum prostatas superiores, inferiores, vesiculam fellis quasi septis divisam. Lac in ciconia. In aquila membranam

(l) *Journ. des Savans* 1689.

nam pupillarem, ut videtur. In chamæleonte pulmonem ramosum & cornigerum, & oculi naturam. In camelo cellulas quadrangulares ventriculi, in quibus aqua colligitur. In urso renculos in renem coalescentes. In tigride sacculos ano vicinos, in propria papilla apertos, utrique sexui communes, & in omnibus animalibus quadrupedibus digitatis redeuntes, etiam in crocodilo. Civettæ sacci duo in spuriam vulvam patentes, in quos ex suis glandulis odoramentum deponitur, alii ab illis fœtidis folliculis ano ad positis. Prostatæ iterum superiores, inferiores. In oryge (gazelle) ventriculorum fabrica, acini hepatis. In galeo pisce, quem primum dissecuerunt, valvula dicta est cochleata intestini, cor pro portione minimum. In castore vesiculæ unguentariæ; sic in fele zibethica. In corvo marino larynx inferior. In gallo indico & grue numidica flexio asperæ arteriæ. In otide glandulæ bulbi ventriculi, cloaca. In meleagride musculi asperæ arteriæ, systema partium genitalium avium feminarum, cloaca, vagina, infundibulum, ovarium. In struthio-camelo systema respirationis, diaphragmatis & musculorum abdominalium æquilibrium. Musculi pulmones constringentes. Vesicæ abdominales & thoracicæ quæ alterne distenduntur: pulmo poris apertus. In eadem ave oculi, sacci ad anum positi. In casuario tres ventriculi, musculi pulmonis, membrana nictitans, pulmones & vesicæ aereæ. In testudine cordis fabrica, renes, motus pulmonum a rete ligamentoso perfectus. In panthera, inque mure montano, iterum superiores & inferiores prostatæ. In platea ventriculus ejusque bulbus. Sic in phœnicoptero & præterea ingluvies. In ciconia radices bilariæ hepaticæ, vesicula fellea. In salamandra mira fabrica ductuum deferentium. In ave regia (Grue) glandulæ bulbi ventriculi. Sic in grifone (vulture nudi colli) ingluvies, bulbus & ventriculus. Elephantis amplissima & pulcherrima anatome, musculi palpebræ interni. In crocodilo Siamensi seminia dentium.

Anno 1667. duæ epistolæ D. *de la* VOYE de vermibus luciferis in Academiæ consensu prælectæ fuerunt. Conf. p. 546.

§. CCCCLXXXIX. *Academia Cimentina.*

Brevi floruit, etsi nobilissimos sodales numeravit. Ad rem nostram paucissima faciunt. Vis nempe enormis ventriculi avium carnivorarum. Vitreæ ampullæ fractæ & in minima fragmenta tritæ, ligna intrita &c. Succum in ventriculo avium rapacium non acidum esse. Deinde animalium in spatio aëre vacuo phænomena. Inflato aëre rana ad vitam revocata. Prodiit Acad. opus Florentiæ 1667. fol.* 1691. fol. Neapoli 1714. fol. & cum notis, ut dicemus, MUSCHENBROECKII.

§. CCCCXC.

Collegium Anatomicum privatum Amstelodamense.

Ejus membra erant G. BLASIUS, M. SLADE, *Abr.* QUINA, *Dan.* GODSKE, *Egbertus* VEEN, *Joach.* CORDES, *Petrus* BODDENS, SWAMMERDAMIUS, & *Marcus*

cus RUYSCH. Dederunt Amstelodami anno 1667. 12.* exigrum libellum, cum titulo *Observationum anatomicarum selectiorum Collegii Medici privati Amstelodamensis*. Is libellus bonis inventis plenissimus est. Huc tunica arachnoidea cerebri, cortex internus medullæ spinalis, vena intus in corde aperta, valvula cochleata intestini coli cuniculi, radices hepaticæ vesiculæ felleæ, & communicationes inter ductus hepaticos & cervicem vesiculæ. Hic venæ cavæ, auricularum, & cordis in cane & rana motus, villosa tunica & valvula pylori. Primi etiam docuerunt infundibulum solidum esse. Glandulæ sebaceæ auriculæ. Arteriam pulmonalem vena sodali majorem esse. Vesicula natatoria piscium. Succus pancreatis piscium non acidus.

Alter tomus ib. 1673. 12. excusus totus dicitur ad SWAMMERDAMIUM pertinere, & agere de piscium sacculis pancreaticis, & eorum succo non acido. MOELLER.

§. CCCCXCI. *Matthæus* SLADE.

Exiguum sed memoria dignum libellum hoc anno edidit, quo G. HARVEJI auctoritatem conatus est infirmare. Nomine tectus *Theodori* ALDES edidit *dissertationem epistolicam contra* HARVEJUM *interpolatam & tribus observationibus auctiorem* Amsterdam 1667. 12.*. Duplices aquas HARVEJO dictas rejicit, & humanam allantoïdeam tunicam. In tribus observationibus uterum fetusque vaccinos describit.

Eæ observationes in vaccis factæ sunt. Sciagraphia pulli in ovo & fetus in utero cum F. RUYSCHII observatiuncula de ovo in utero humano cura *Caroli* SCHÆFFERI prodiit, Hall. 1674. 12. RIV. 1673. BURCKH. & in B. MANGETI.

Ejus D. SLADI exstat *epistola, qua describitur recenter impragnata feminæ incisio a* RUYSCHIO facta; vesicula in qua corpusculum mucosum: rima in ovario ducens in cavum sanguine suffusum Act. Hafn. 1673. *obs.* 4.

Citantur etiam observationes naturales in ovo factæ Amst 1673. 12. GRON.

§. CCCCXCII. *Claudius* PERRAULT,

Medicus artis delineandi peritissimus (*m*), plurimum in animalium anatome laboravit, quæ partim inter monumenta Academiæ reperias, omisso auctoris nomine, partim ipse edidit. Ex incisione cameli scabiosi morbum funestum contraxit (*n*).

Reperias primum anno 1667. (*o*) ejus contra transfusionem chirurgicam objectiones, modumque administrationis descriptum. Reperitur in *Essays de phys.* Tom. IV.

(m) Oper. p. 237. *Mem. avant* 1699. ad annum 1681.
(n) DU HAMEL p. 254.
(o) *Mem. avant* 1699. p. 36.

Deinde *epistolam*, ut puto, anno 1669. scriptam contra EDME MARIOTTE novam de oculis theoriam. Eventum experimenti ejus viri, cæcamque sedem nervi optici, refert ad arteriam centralem retinæ (*p*). Titulus est *Lettre au sujet d'une nouvelle decouverte sur la vue.*

IDEM ductum ex hepate (*q*) multis ramis ortum, in vesiculam fellis insertum, & in hepaticum ductum, ex animalibus depictum dedit.

Reperias etiam inter scripta CLAUDII aliquot breves libellos de communicatione inter venas rubras & vasa lymphatica, quæ tamen est PECQUETI & GAYANTI. Primus ductum thoracicum pinxit, descendendo in venam immissum.

Deinde majora opuscula scripsit. *Du mouvement peristaltique in Essais de Physiq.* T. I. De valvulis venosis. De plicis intestinorum. De motu musculorum, cujus causam esse putat contractionem fibrarum membranæ extimæ; causamque ejus motus esse elaterem naturalem. A relaxatione adversarii musculi magnam partem ejus motus deducit. Fibras longitudinem sequentes habere tantum motum passivum, ad ligandas transversas necessarium.

Tomus II. operis *Essays de Physique* totus pertinet ad auditum, cum titulo *traité du bruit.* Organum auditus noster descripsit, iconesque dedit, potissimum ex avibus novas bonasque. Laminam spiralem cochleæ primus habuit pro organo immediato auditus: particulas corporum omnes in corpore sonoro tremere ostendit. Musculum internum ad sonos debiles tympani membranam tendere. Glandulæ ceruminis.

In Tom. III. *Essays de Physique,* continetur *Mecanique des animaux*, integra nempe physiologia, quam sibi tribuisse DUVERNEYUM (*r*) LAMYO non credo. Multa hic bona & nova, multa hypothetica. Animam in animale motum producentum, ipsosque ejus errores in cura corporis commissos, & desperationem NOSTER ante STAHLIUM dixit: corpus etiam suum regere & vitales actiones gubernare; cogitationes confusas ei esse eorum, quæ sibi longa consuetudine familiaria sunt, neque eam ad motus nimis consuetos percipiendos adtendere, ad eos vero omnino, qui corpus suum possent destruere. Generationem interpretatur per seminia animalium undique sparsa, a homogeneis particulis animata. Locum HIPPOCRATIS huc trahit. Sensum insectis unicum esse. Imaginationis maternæ effectum per nutrimentum explicat, quam magis minusve ad datum locum determinet. In embryone partes omnes præparatas esse, & unice evolvi. Musculum agere sponte sua, & vi naturali, quando antagonistam influentes spiritus laxaverunt. De dentibus, ubertim, ex anatome conparata. In corde fibras relaxantes admittit, etsi sensuum testimonio non confirmentur. Fuse de valvularum venosarum fabrica & agendi modo. Branchiæ piscium, tracheæ arteriæ insectorum, vesiculæ aëreæ avium. Valvulæ intestinales, etiam spirales. Ventriculi animalium

(p) In operibus omnibus p. ult.
(q) *Essays de phys.* I. ad fin *Journ. des Savans* 1680, *Decemb.*
(r) In præf. libri *de l'ame sensitive.*

malium ruminantium, avium granivorarum. Cerebra piscium, insectorum. Cornua boum in ipso cranio radicari, & ejus esse adpendices. Natatio, reptatus, volatus. Tali humani, tali animalium diversorum. Musculi insectorum intra eos inclusi.

In T. IV. de sensibus agit. Tactum internum obscurum admittit. Papillas cutaneas rejicit. Oculos a processu ciliari reddi breviores. Animam ubique in quaque corporis parte habitare, hinc cor evulsum salire, a præsente anima motum.

In l. *de la circulation de la séve*, sanguinem alere, non chylum.

De regeneratione partium amissarum, caudarum lacertarum. Esse ab evolutione partium in ovo jam præsentium, sed quæ ex ordine evolvuntur.

Du mouvement des yeux. Fibras ligamenti ciliaris lentem crystallinam dilatare. Iridi fibras motrices proprias esse. Omnes motus esse musculares, & ab anima nasci.

Hæc *Essays de Physique* prodierunt Parisiis Tomi tres priores a. 1680. 8.*. Tomus quartus anno 1688. 8.* & *Oeuvres diverses de mecanique & de physique* utriusque fratris Leid. 1721. 4.* 2.Vol.

In *Journal des Savans* 1676. exstant CLAUDII ova prægnantia & aliter difformia. Eadem in *Mem. avant* 1699. T. X. p. 559.

Anno 1702. 8. Parisiis prodierunt duæ PERRALTII epistolæ, *des moyens de perfectionner l'ouie.*

§. CCCCXCIII. *Varii.*

Lucas SCHROECK, Academiæ Naturæ Curiosorum Præses. Ejus est l. *de Moscho* Jen. 1667. 4. Augsb. 1682. 4.* add. *Dec.* I. *ann.* VI. VII. *obs.* 228.

Ann. VIII. *obs.* 53. aliqua de animale moschifero.

Ann. IX. X. *obs.* 162. Fetus alter vivus, alter ante 4. menses mortuus.

De partu numeroso *Dec.* II. *ann.* II. *obs.* 9.

Dec. III. *ann.* II. *obs.* 25. Os sine palato.

Obs. 27. Trigemini, quorum ultimus biduo post reliquos natus est.

Obs. 28. Fetus altero pede mancus.

Ann. VIII. *obs.* 57. de hippomane, ad naturam.

Obs. 58. de fetu canino, quam puer per alvum ediderit.

Obs. 64. de pullo absque cerebro vitali.

Calculus per alvum *ann.* IX. X. *obs.* 90.

Partus gemellorum monstrosus *obs.* 161.

Ej. *Cent.* VIII. *obs.* 50. icon uteri.

Hiero-

Hieronymus BARBATUS *de sanguine ejusque sero* Paris. 1667. 12. Francofurti 1667. 12. Leid. 1736. 8.* defendit hepar tamen sanguinem coquere, & chylum recipere per pancreas. Serum sanguinis partes spermaticas nutrire, quod ad ignem concrescat. Ex eo sero lac generari, sanguinis grumum sero graviorem esse.

EJ. *de formatione, organizatione, conceptu & nutritione fetus in utero Diss. anat.* Patav. 1676. 4.*. Dictio mirifica, plurimum controversiarum. Misceri semina parentum persuadetur, & ex muliebri semine partes spermaticas formari, vi seminis masculi. Albugineæ testis tunicæ tres facit laminas, quarum una ex vasculis conponatur piæ membranæ similibus, ex qua arteriolæ in testes eant. Testis ductum excretorium unicum dicit, corpus Highmori cæcum. Vascula ovarii albo liquore plena esse. Modulos dari, secundum quos particulæ spermaticæ formantur, ex quibus embryonis corpusculum conflatur. Vidisse se fetum tubarium. Glandulas esse, quæ ova dicuntur.

Christianus Ludovicus WELSCH, Professor Lipsiensis. Ejus est *Disputatio de gemellis & partu numerosiori* Lips. 1667. 4.*.

EJUSD. *de renibus succenturiatis* Lipsiæ 1691. 4.*. Aliquid ab iis glandulis ad ductum thoracicum mitti.

EJ. *Tabulæ anatomicæ* Lips. & 1698. fol.*. Non masum opus, in quo etiam propria & RIVINIANA inventa reperias. Istius meatum in membrana tympani defendit; ductum NUCKIANUM ab humana fabrica excludit. Diaphragma negat perforari. Vascula dicit, ex vesiculis seminalibus versus corpora cavernosa penis euntia. Carunculas esse lacerati hymenis reliquias. Sinus duræ matris omnino 16. habet, quos inter duo transversi.

EJ. *de masticatione* Lips. 1703. 4.*.

J. Henrici GLASER, Professoris Basiliensis, Disp. *de respiratione ex* HIPPOCRATE & GALENO *desumta* Basil. 1667. 4. PL.

EJUSD. *de suppressione mensium eorumque per aures excretione* ib. 1667. 4.*

EJUSD. *Tractatus posthumus de cerebro*, editus a *J. Jacobo* STEHELINO Basil. 1680. 8.*. In cerebro WILLISIUM, in vasis VESALIUM fere sequitur, multus in physiologia spirituum & adfectuum animi. Proprium habet hiatum (GLASERI) in circulo, quo membrana tympani comprehenditur. Rationes mechanicæ adfectuum animi.

Medicus Bernensis nomine BENOIT apud GLASERUM vasa lymphatica cerebri dixit se vidisse.

In vita viri a *Fr.* PARIZ scripta recensentur aliquæ Cl. viri observationes. Cor innumeris carunculis asperum. Hepar prægrande sinistrum hypochondrium occupans. Cor insolitæ molis cum valvulis osseis.

Ortus & progressus clysmatica nova, oder der Anfang und Fortgang der neuerfundenen Clystier-Kunst 1667. 4.*. Vindicat inventum ELSHOLZIO.

Wohl-

Wohlgemeinte Ueberlegung der Hauptgründe, welche in einer sogenannten ortu & progressu clysmatica nova angeführt worden 1667. 4.*. Contra chirurgiam & infusoriam & transfusoriam.

Jani ORCHAMI, vero nomine *Johannis* VORSTII l. *de generatione animalium*, Colon. Brandenb. (Berlin) 1667. 12.*. Semen utique in uterum venire, & ex utriusque parenti semine fetum coalescere defendit.

Herm. BEECK *de folliculo bilis* Traject. 1667. 4.*.

J. Jac. SPORLIN *de respiratione* Basileæ 1667. 4.

Abrahami MYLII *de origine animalium & migratione populorum scriptum* Genev. 1667. 12. B. THOM.

In LAMBECII *Bibliotheca Vindobonensi*, inque ejus Tomo VIII. dentes aliqui enormes depinguntur, quos giganti tribuit, & reticulum marinum: habet etiam pullum bicipitem.

§. CCCCXCIV. *Varii.*

J. Christian HIPPIUS *de corde* Lipf. 1667. 4. PLATN.

ID. & *Marc. Frid.* FRIES *de tussi* Lipf. 4.* absque anno.

Petri NOTTNAGEL *de monstris* Witteb. 1667. 4. HE.

Georg. WOSEGIN *de cordis structura ejusdemque usu* Regiomont. 1667. 4. B. BOEHM.

EJ. *de sanguinis in adultis motu naturali* 1681. 4.*.

J. Jac. THURM *de differentia animæ rationalis & sensitivæ* Lipf. 1667. 4. HE.

Gottfried THILO *de generatione piscium* Witteberg. 1667. 4. PL.

EJ. *de memoria* 1668. 4. HE.

Caroli RAYGER *de salivæ natura & vitiis* Argentor. 1667. 4.*.

EJ. Monstrum biceps, tribus, brachiis, pedibus duobus. E. N. C. *Dec.* I. *obs.* 7.

EJ. Fetus galea cranii & cerebro destitutus. *Ann.* III. *obs.* 280.

EJ. *Ann.* IV. *obs.* 1. arterias spermaticas defuisse.

ID. *Ann.* VI. & VII. *obs.* 200. lacrumas sanguineas dixit.

Petri le MERCIER *Potestne infans per plures annos in utero matris ejusque tubis, sanus superstite matre conservari* Parif. 1667. fol.

Petri LEGIER & *Wilh.* PETIT *Ergo calor innatus παντοκράτωρ* Paris 1667.

Fr. SORAND & *Gabr.* DACQUET *Non ergo in corde ex chylo sanguis generatur* Paris 1667.

Raym. FINOT & *Henr.* MATTHIEU *Non ergo vita sine somno* Paris 1667.

§. CCCCXCV. *Gualtherus* NEEDHAM,

Medici Londinensis, *de formato fetu* Londin. 1667. 8.* Amsterd. 1668. 12.* & in B. MANGETI. Animalibus quidem satis frequenter usus cæterum multa bona protulit, & ex proprio labore nata. Lymphæ iter in sanguinem contra EVERARDUM tuetur, & lymphatica abdominalia describit. In præfatione sibi ductum STENONII anno 1658. inventum tribuit. De placentæ in variis animalibus varietate, tum involucrorum fetus, quæ tria sint. Defendit allantoïdeam membranam, etiam in muliere. De amnio & ejus liquore vere coagulabili & nutritio. Vasa omphalo-mesenterica animalium carnivororum. Urachum humanum tuetur. Contra fervorem succi pancreatici cum bile; contra vasa lactea ab utero ad mammas tendentia; contra aëris in sanguinem receptionem. Vasorum magnorum communicationes fetui propriæ. Contra igniculum vitalem, eo tempore passim receptum. Aërem in quadrupedum thoracem non effundi. Anatome uteri in variis animalibus & in homine. Nitidæ icones. Ovi optima anatome vasorumque pulli. De rajæ ovis caudatis. De glandulis testarum liquorem fundentibus.

In *Phil. Trans.* contra novas illas anastomoses vasorum lymphaticorum cum venis abdominalibus dubia movet.

In historia a Cl. BIRCHIO scripta 1675. T. III. p. 233. bene magna Diss. exstat Cl. viri. Aquam & lac transire ex vasis bilariis in venam cavam, & in vasa lymphatica. Adipem renalem chylo plenum esse, & a diversitate chyli etiam ejus adipis naturam aliam fieri & aliam. Sanguinem in suis initiis pellucere, esseque fluidum. Analysis cruoris & seri: in isto plurima portio est aquæ, in illo minor. Plus in grumo sanguinis esse salium volatilium. Liquores, qui cibos dissolvunt, esse salivam & succum gastricum. Succum pancreaticum cum bile non fervere. Omnia lymphatica vasa abdominalia in animale bene pasto chylo plena esse, alio tempore lympha. Parenchyma hepatis pallere, suumque ruborem a sanguine habere.

A. PORTAL citat G. NEEDHAM *Observationes anatomicas demonstratas in Collegio Regio Cantabrigiæ* Lond. 1714. 12.

§. CCCCXCVI. *Philos. Transactiones.*

In n. 25. *Thomæ* COKE Experimenta in cane facta cum transfusione sanguinis.

In n. 26. GAYANTI Experimentum transfusorium.

Monstrum simile simiæ.

Aliud cui pro cerebro caro.

Aliud, agnus cyclops

Et agnus biceps.

In n. 27. & 28. LOWERO transfusio vindicatur. Tum monita contra hanc curandi rationem.

FABRICII

FABRICII Experimenta infusoria in homine administrata.

N. 27. Experimentum pro inhalatione cutanea in Jamaica factum.

N. 30. *Thomæ* ALLEN descriptio hermaphroditi. Vir erat cui urethra in perinæo rima patebat.

§. CCCCXCVII. *J. Baptista* DENIS,

Medicus Regius, in sanguinis transfusione plurimum laborem posuit, deque ea multos scripsit libellos.

Primus videtur, *extrait d'une lettre à M. sur la transfusion du sang* Paris 1667. . inserta in *Journal des Savans* ejus anni p. 44. Chirurgo EMMEREZ adjutore usus, ad Anglorum imitationem experimenta in canibus fecit, quæ feliciter cesserunt. Anglice in *Phil. Transf.* n. 25.*.

EJ. *Lettre à Mr. de* MONTMOR *touchant deux experiences de la transfusion faites sur les hommes* Paris 1667. 4. In homine stupido experimentum fecit, cui sanguis agni in venas infusus est, bono eventu. Sic in altero. Anglice in *Phil. Transf.* n. 27.*.

Aliud experimentum, quo quatuor arietum sanguinem in equum vetulum derivavit, qui ab eo sanguine visus est rejuvenascere.

EJUSD. *Lettre touchant une folie inveterée guérie par la transfusion* Paris 1668. 4. Conf. Diarium TINASSI Romæ 1668. p. 4. 23. quæ nimis præcocia fuerunt gaudia.

Tota enim res miserum eventum habuit; nam ille idem homo parum sanæ mentis (*t*), de cujus sanitate noster gloriabatur, post transfusionem sanguinis periit, ejusque vidua medicos ejus operationis auctores in jus vocavit (*u*). Deinde Suecus nobilis, ex familia BONDE, cum ex febre acuta laboraret, alieno certe tempore, eamdem operationem passus, brevi post extinctus est. Intercessit senatus, & medicos ea curandi ratione jussit abstinere. Infusoria tamen experimenta Cl. DENIS non deseruit (*x*).

IDEM cum *Journal des Savans* cessaret, subplevit suo diario, cui titulum fecit *Memoires concernant les arts & sciences* Paris 1672. 4.* recusum Amsterdam 1682 12.*. De puero nimium adulto & barbato. De ovis mulierum, notæ nempe ad KERKRINGII anthropogoniam. Tritonis historia. Monstrum biceps & bipes. Puer enormi ventre, quod urina nullum exitum inveniens hydropem fecisset.

Successerunt *conferences presentées à M. le Dauphin* anno 1672. 1673. & 1674. Cornu ex poplite humano. De lienis utilitate & amputatione. *Lettre de l'Abbé B. touchant la grandeur aparente de la lune.* Hic reperias lentis crystal-

(*) *Phil. Transf.* n. 36.
(t) TINASSI Diar. p. 23. 24.
(u) *Phil. Transf.* n. 36. 54.
(x) DIONIS *Cours de chir.* p. 498. DU HAMEL *Hist. Acad.* p. 21. 22.

cryſtallinæ ſitum arctata pupilla mutari. L. de M. N. de conſervandis partibus animalium. De nutritione animalium, ubi auctor ſe Sylvianum eſſe oſtendit, & de mutatione chyli in ſanguinem. De cordis anatome. Cor in agendo brevius fieri. In Conference 12. & 13. de fetu absque cerebro nato, vitali. De puero cerebro deſtituto. De alio puero, cujus umbilicus clauſus erat. Recuſus eſt uterque libellus cum diario eruditorum, cum titulo *Supplement du Journal des Savans*.

In *Philoſ. Tranſ.* n. 99. deſcribit fetum tubarium VASSALII (y).

§. CCCCXCVII. *Varia ad Transfuſionem Sanguinis.*

GUILLIELMI (z) LAMY *Lettre à Mr.* MOREAU *contre les pretendues utilités de la transfuſion* Paris 1668. 4.* Varia incommoda. Diverſitas ſanguinis in diverſis animalibus; nimia copia ſanguinis ſubito transfuſi.

C. GADROYS *Lettre à Mr. l'Abbé* BOURDELOT *pour ſervir de reponſe à la lettre ecrite par Mr.* LAMY *contre la tranſfuſion* Paris 1668. 4.* Experimenta opponit ratiociniis, & arbores alienas in arboribus non ſui generis bene nutriri adnotat, atque convaleſcere. Hominem demum morti proximum admiſſo ſanguine rectius habuiſſe (ut tamen perierit). Excuſat infortunium BONDII.

Seconde lettre de Mr. LAMY *pour confirmer les raiſons qu'il a apportées dans ſa premiere lettre contre la transfuſion* Paris 1668. 4. Et canem & nobilem Suecum poſt transfuſionem periiſſe.

EJUSD. *Diſcours anatomiques* Rouen 1675. 12. *revus & augmentés* Bruxelles 1679. 12.* & denuo Paris 1685. 12. BOECLER. Legi ALANUM nomen viro eſſe, apud alios GABRIELEM: non eſſet adeo GUILIELMUS LAMY, qui contra transfuſionem ſanguinis ſcripſit: temporum tamen ratio, & titulus quo in approbatione deſignatur, ſatis ſuadent, noſtrum eum ipſum GUILIELMUM eſſe. Juvenis videtur medicus fuiſſe, qui ad diſſectiones ab alio factas hos ſermones adaptavit. Erroneam autem omnino & hactenus impiam ſententiam tuetur; partes in corpore animali dari ſuperfluas, certe utilitate carentes, argumento mammarum virilium: deinde partes corporis animalis non eſſe factas ad eos uſus, qui ipſis tribuuntur, ut ad LUCRETII mentem neget, oculum eſſe ad videndum factum: denique, non potuiſſe aliter ex ſuis particulis coaleſcere eas partes, quam quidem coaluerunt, tribus enim talis ſemper numerum obtineri, qui ſit inter 3. & 20. Hos errores nullo proprio invento redemit.

In mea editione præmiſſæ ſunt *quinque epiſtolæ apologeticæ*.

Ej. qui hic dicitur D. Regens facultatis Paris. *Explication des fonctions de l'ame ſenſitive, où l'on traite de l'organe des ſens, des paſſions & du mouvement volontaire; avec une Diſſ. ſur la generation du lait; une Diſſ. contre la nouvelle opinion des animaux engendrés d'un œuf: une reponſe aux raiſons de Mr.* GALATHEAU;

(y) GOULIN, qui negat ALANUM quidquam ſcripſiſſe.

(z) Ita C. v. BEUGHEM. Sed puto verum nomen eſſe GUILLAUME, quod in faſtis facultatis Pariſinæ reperitur.

LATHEAU; & *une description de l'oreille* Paris 1677. 12. 1681. 12. & 1687. 12.*. quæ eadem ex approbatione videtur esse editio prima. In PERRALTUM ubique invehitur. Aerem per aurem inspiratum circumire per vestibulum: canales semicirculares & cochleam, hinc per fenestram rotundam in tympanum, & exire per tubam. Dum de sensibus agit, membranam unicam linguæ recte dicit, quæ est pro epidermide & pro cuticula; aurem vero describit, ut in libello adjecto MERYUS. Audacter animæ vocabulum & spirituum confundit, ut spiritus sint ea animæ pars, quæ est in nervis. Nulla dari peculiaria vasa, quæ chylum ad sanguinem vehant. Contra ova humana, a tubæ distantia, angustia. Contra D. GALATHEAU, hominem non esse rerum dominum. De MERYI libro suo loco dicam.

Porro ad transfusionem. *Lettre de* M. GURYE *de Montpellier à* M. BOURDELOT *sur la transfusion* Paris 1668. 4.*. Male evenisse, & canem periisse, quem conservare volebant.

EURYPHRONIS *De nova curandorum morborum ratione per transfusionem sanguinis* Paris. 1668. 4.* Contra transfusionem. Detracto sanguine opus esse, non addito. Lego *Petrum* PETITUM sub hoc homine latere.

Recueil de quelques nouvelles observations de la transfusion du sang & de l'infusion des medicaments dans les veines, la Haye 1668. 12. BOEHMER.

Pierre MARTIN *de la* MARTINIERE *opuscules contre les circulateurs & transfusions du sang* 1668. GOULIN.

§. CCCCXCVIII. *In Italia.*

Relazione dell' esperienze fatte in Inghilterra, Francia ed Italia, intorno la transfusione del sangue per tutto Gennaro 1668. Rom. 1668. Bologna 1664. 4. SEG. 1698. 4. alii. Redeunt hic duæ epistolæ, epistolæ LAMYI, GADROYSI, J. GURYE, & EYTYPHRONIS, omnes extractæ. Deinde experimenta Romæ facta a Chirurgo HIPPOLYTO MAGNANI, quæ feliciter evenerunt, sed in bestiis.

Pauli MANFREDI *De nova & inaudita chirurgica operatione sanguinem transfundente de individuo ad individuum, prius in brutis & deinde in homine*, Romæ experta. Rom. 1668. 4.*. Excitatus a belga nomine CAMAY in animalibus, deinde in homine, transfusionem feliciter administravit. Pro ea porro orat, & ad objectiones respondet.

EJUSD. *Novæ observationes circa uveam oculi & aurem* Rom. 1674. & in B. MANGETI. Membranam inter crura stapedis habet: sulcum crurum stapedis, porulos baseos. Chordas quasdam, mihi obscuras. In oculo nervos uveæ. Ligamentum ab incudis parte superiori ad os lenticulare productum.

Bartholomæi SANTINELLI *Confusio transfusionis, s. confutatio operationis transfundentis sanguinem de individuo in individuum* Romæ 1668. 4.*. Ratiociniis fere utitur, quod sanguis humanus a brutorum sanguine differat, deinde, quod canis

canis extemplo perierit, cui MAGNANUS sanguinem infuderat. VENANTIUS VENTRONI, Medicus, perierat, transfusionis facto experimento (*a*).

§. CCCCXCIX. *Alibi.*

Ondervinding door de bervemdeste Geneesheeren van het leyden des bloods uyt een gedierte in het ander Leeuwaarden 1668. 12. HEISTER.

Irenæi VEHR *præsidium novum chirurgicum de methæmochymia* Francofurti ad Viadr. 1668. 4.*. *Mauritio* HOFFMANNO hoc inventum tribuit, anno 1663. in programmate expositum.

EJ. *de fermentatione eaque in sanguine omnino exsistente* ib. 1698. 4.

EJUSD. *de phantasia morborum parente & medicina* A. & R. M. B. KALDENBACH. 1681. 4.*.

EJ. *de læso spiritu mundi parvi* 1698. 4.*.

§. D. *Richardus* LOWER,

Medicus regius & incisor minime vulgaris. Primum in *Philos. Transact.* n. 29. ejus experimentum recensetur, quo perforato pectore, & admisso aëre, nervo phrenico lacerato, canis asthmatico equo reddebatur similis, utroque respirationis instrumento læso. Idem habet BIRCH. II. p. 200.

EJUSD. & *Edmundi* KING transfusio in homine bis feliciter administrata. N. 30. BIRCH. II. p. 215, 216. 225. 227.

Aliud experimentum hydropis per ligatas venas inducti BIRCH. II. p. 202. & porro 203. 207. 209.

Ib. experimentum disrupti ductus Chyliferi p. 203.

Experimentum STENONIANUM IDEM fecit, & aortam arteriam revinxit. Aliquando crura canis resolvi comperit (*b*): alias neutiquam (*c*).

Demum insignis Cl. viri liber est *tractatus de corde, item de motu & colore sanguinis & chyli in eum transitu* Londini 1669. 8.* 1680. 8.* (hic cum minoribus figuris) Amstelod. & Leid. 1708. 8. 1722. 8.* 1728. 8. 1740. 8. 1749. 8. & in B. MANGETI. Gallice *traité du cœur, du mouvement & de la couleur du sang, & du passage du chyle dans le sang* Paris 1679. 8. KOENIG. Primum cordis fabrica, ex brutis quidem animalibus potissimum (ut tamen bonam arcus aortæ figuram ex homine dederit). Fibras musculares conatus est expedire, & strata earum depinxit. Tuberculum, quod dicitur LOWERI, nimis ornavit, angulumque cavum inter duas veras cavas expressit, qui potius convexus est. Spiritus animales fibram muscularem putat relaxare. Tendines orificiorum vasorum magnorum. Auriculæ dextræ fibræ & lacerti: carotidis cerebrum subeuntis

(a) PANELLI, II. p. 296.
(b) p. 493. (c) p. 254. KING p. 262.

beuntis flexum serpentinum exprimit. Ad sinus duræ matris aliqua. De musculis compositis. Potissimum de cordis motu ex vivorum animalium incisionibus. Contra sanguinis in corde fervorem recte dixit. Ut a risu, aliisque respirationis varietatibus, cordis motus adficiatur. A ligatis venis hydrops, aut salivatio. Pancreas nulli animali deesse. Utique sanguinem arteriosum a venoso differre.

De tempore, quo circuitus sanguinis absolvitur. De rubore sanguinis ab aëre nato. Integro fere capite agit de transfusione sanguinis, invento suo, & ejus encheiresi. De chyli motu per valvulas determinato. Experimentum fecit rupto ductu thoracico. Chylum aliquando sanguini conspicuum innatare. Receptaculum ad latus sellæ equinæ. Bulbus jugularis. Inæqualitas duarum venarum jugularium.

Seorsim prodiit Londin. 1671. 8. & in editione 1680. 8.* & in Leidensibus editionibus adjectum est caput 6. *de catarrho*, ejusque viis, in quibus negatur, quidquam per ossium foramina descendere, sed humorem cerebri per infundibulum in glandulam pituitariam venire, inde in venas resorberi.

Calumniam puto, quando C. BARTHOLINUS vel erronea esse LOWERIANA, vel a N. STENONIO profecta, minatur se ostensurum (*d*).

Gallice prodiit *le traité du cœur du mouvement de la couleur, de la transfusion du sang* Paris 1679. 12.

In *vindicatione* T. WILLIS *diatribes de febribus* London 1665. 8. 1666. 12.*, magna pars ad physiologiam pertinet: de modo quo sanguis coquitur, quo partes humani corporis aluntur: An omnis sanguinis motus a corde sit. Contra hepatis hæmatosin. De sanguinis arteriosi & venosi discrimine. Sanguinem sanguificare. Contra calidum innatum cordis. Contra quatuor in sanguine humores. De natura sanguinis in universum.

§. DI. *Ex Philos. Transactionibus aliisque Diariis.*

Timotheus CLARKE anno 1668. n. 35. fuse egit de infusione & transfusione. Illam anno 1656. a *Christophoro* WREN excogitatam, & Oxonii administratam fuisse: anno sequente ipsi *Timotheo* revelatam. Transfusionem, propositam quidem in conventu Societatis Regiæ, non successisse, quoad LOWERUS eam anno 1666. feliciter perficeret. Bonam addit figuram vesicularum seminalium & ductus deferentis, ut vere sunt, communicantium. Ex filis testem fieri. Jam anno 1663. sua experimenta infusoria Regiæ Societati indicaverat.

In n. 36. cor testudinis.

EJ. exstant in E. N. C. *ann.* IV. *obs.* 164. 165. lienis & ex animale & homine resecti exempla.

In n. 39. recensentur SMITHII, qui idem est nuper ille p. 555. dictus FABRICIUS, Geda-

(d) BLAS. Anat. anim. p. 5.

Gedanensis medicus, medicamenta in venas infusa hominum variis morbis laborantium, bono eventu.

N. 37. Adgnoscunt locum A. LIBAVII de transfusione, quam tamen idem potius deridere voluerit, quam commendare.

In n. 37. 39. 40. De visu per tubos inanes confirmato: de myopia.

N. 40. Globus plumbeus deglutitus, per urinam excretus. Asitia in femina (e).

In *Journal des Savans*. Fetus cui alter pulmo totus consumtus, viscera situ mota.

In Diario TINASSI Rom. 1668. duæ epistolæ *Samuelis* SORBIERE excusæ sunt, in quibus curationem fatui hominis laudat, quam J. B. DENIS transfusionis ope peregerit.

Inde de transfusione in animalibus Bononiæ apud CASSINUM feliciter administrata.

§. DII. *Guilielmus* HOLDER,

V. D. M. in *Phil. Transf.* 1668. n. 35. historiam narrat juvenis, qui surdus natus fuerat; tum curationem, quam tympano percusso obtinuit, quo strepitu membrana ejus nominis tenderetur.

EJUSD. *Elements of speech or an essay of inquiry into the natural production of letters with an appendix concerning persons deaf and dumb* London 1669. 8.*. Ipse surdum docuit loqui, nemini præter AMMANNUM secundus. Litteras subtiliter pro organorum diversitate dividit: vocis & spiritus discrimen recte vidit, litterarumque formationem mechanicam, melius quam WALLISIUS, exposuit. Subjecit sua ad docendos surdos consilia.

Cum *Johanne* WALLIS lis ei intercessit (f), ob quam anno 1678. 4. edidit *Supplement to the philosophical transactions* July 1670. *with some reflexions on* D. WALLIS *letter*. WOODIUS in annalibus causam HOLDERI probat. Melius certe artem suam quam WALLISIUS docuit.

§. DIII. *Joh.* MAYOW.

EJ. *Tractatus duo, de respiratione prior, alter de rachitide* Oxonii prodierunt 1668. 8. Leid. 1671. 8. LIND. & *de respiratione* in B. MANGETI. *Deinde tractatus quinque medico-physici* 1. *de salnitro & spiritu Nitri aëreo.* 2. *De respiratione.* 3. *De respiratione fetus in utero & ovo.* 4. *De motu musculari & spiritibus animalibus.* 5. *De rachitide* Oxon. 1674. 8.* & cum titulo opera *omnia medico-physica* Haag. 1681. 8.*. Belgice Amsterdam 1683. MARTIN. Juvenis, ut ex pictura videtur, vir ingeniosus neque mathematum ignarus, ceterum in hypotheses pronior, quod fere commune ejus ætatis vitium fuit. Nitrum statuit per aërem obvolitans, quod in pulmonem resorbtum abeat in spiritus

(e) BIRCH. II. p. 334. 386. 390. (f) p. 450.

ritus animales, inque ignem, & sanguini calorem impertiat. Aërem per respirationem elaterem suum amittere, quem ab eo suo nitro habeat. In l. de respiratione primus recte docuit, omnes intercostales musculos consentire in costarum elevatione. Costas rotari. Aliqua de diaphragmate. Motus cordis & systole sensim progrediens. Fetum cum succo nutritio a matre necessarium aëris elementum adtrahere. Musculum contrahi, partim a missis a cerebro spiritibus, partim a sanguine, absque fervore tamen. Eosdem spiritus coctionem perficere. De motu cordis & musculorum experimenta aliqua. De fibra per irrorationem contorta. Multa admista alterius scopi. L. de motu musculorum redit in B. MANGETI.

§. DIV. *Moses* CHARAS.

Pharmacopola, de quo DRELINCOURTIUS conqueritur, quod suis se plumis ornaverit. EJUS *histoire naturelle des animaux, des plantes & des mineraux, qui entrent dans la composition de la Theriaque d'Andromachus* Paris 1668. 12.*. Varia de animalibus. Venenum in dentibus viperæ esse: castorem testiculos suos non posse morsu truncare &c. Truncum viperæ diu exemtis visceribus supervivere, & caput periculose mordere; cor exemtum 25. horis salire.

EJ. *Nouvelles experiences sur la vipere: Une description exacte de ses parties, la source de son venin &c.* Paris 1669. 8. 1672. 8.* 1694. 8. B. BOEHMER. 1699. 8. WASSENAAR. Anatome hujus animalis, venus & partus, repudiatis fabulis. In eo nimius fuit, quod nullum in succo salivali venenum esse, omneque periculum ab ira animalis pendere contenderit. Glandulas hunc succum secernentes detexit, earumque ductus in vesiculam terminatos, & ad radicem dentis exserti apertos; & numerosa experimenta protulit.

Germanice *Neuerfahrne Proben von der Viper* Frankfurt 1679. 8. Alibi titulum lego *Beschreibung der Viper und des Theriaks.*

Anglice *New experiments upon vipers* 1670. 8. BODL.

EJ. *Suite des nouvelles experiences sur la vipere* Paris 1671. 8. 1672. 8.*. Contra REDI epistolam. Confirmat novis experimentis, se varia animalia a mortuis viperis aut non iratis convulnerari curasse, nihil exinde passa esse. Anglice & REDI epistola recusa est, & MOYSIS Londini 1672. 8. Utrumque opusculum recusum est 1694. 8.

§. DV. JOB a MEEKERN. C. *van de* VOORDEN.

JOBUS a MEEKERN, celebris & candidus Chirurgus. EJUS *epistola ad* P. BARBETTE, cum hujus anatome practica edita, agit de viis, per quas in capitis concussione graviori sanguis per aures effluit.

EJ. posthumæ sunt adnotationes *heel en geneeskonstige aanmerkingen* Amsterdam 1668. 8.*: latine versæ ab *Abrahamo* BLASIO, *Gerardi* fil. Amsterdam 1682. 8.*. Pluscula sunt argumenti anatomici. Urina per anum reddita. Cutis

tis mira facilitas ad dilatationem maximam patiendam. Ren unicus. Ductus choledochi intussusceptio. Imperforata. Calculus vesicæ felleæ. Ossa pubis in puerpera non dissoluta, sed os sacrum loco motum. Manus anatome. Obtusum esse tendinis sensum, contra communem nuperorum opinionem. Unguium aliqua anatome. Puer difformis, cerebro extra caput in tumore frontis hærente. Infans suturis separatis. Limax ex femina. Puer absque cranii galea. Puer natus hydropicus. Homo brevissimis femoribus. Urachus a vesica in umbilicum deductus. Figura processus ciliaris. Suscitatus qui pro mortuo habebatur.

Cornelii van de VOORDE *lichtende fakkel der Chirurgie verdeeld in* 3. *deelen; de eerste handelnde van de Anatomie* Amsterd. 1668. 4.* 1676. 4. B. BOEHMER. & *geheele anatomie des menschen lighaems* Middelburg 1680. 8. GUNZ. Anatome integrum volumen efficit. Proprii nihil reperi.

Cum *C. van der* VOORDE prodiit *de Schepskist Johannis* VERBRUGGE, quare huc refero ejusdem *Examen of land en zee Chirurgie*, cujus editiones meæ sunt Amsterd. 1714. 8.* quæ sexta, & 1748. 8.*. Prodiit etiam Amsterd. 1687. 8. B. BOEHM. & Germanice vertente *Martino* SCHURIG Dresd. 1701. 8. Waldeburg 1714. 8. Continet & ipsa compendium anatomicum.

Cum versione, quam dedit GUILLEMÆI, J. VERBRUGGE de ocūlorum morbis breve de dentibus opusculum edidit Amsterdam 1678. 8.* 1681. 8.

§. DVI.

Tobiæ ANDREÆ, Prof. Francofurtensis, inde Franekerani, *triumviratus intestinalis cum suis effervescentiis* Groning. 1668. 4. PLATNER.

EJ. & *Frid.* BECMANN *de concoctione ciborum in ventriculo* Francof. ad Viadr. 1675. 4.*.

EJ. *Breve extractum actorum in cadaveribus methodo* BILSIANA *præparatis* Marpurg. 1678. 4. Redit in sequente opusculo.

EJ. *Bilanx exacta Bilsianæ & Clauderianæ balsamationis* Amsterd. 1678. 12.*. BILSII olim amicus fuit, ejusque hic causam orat. Rejicit CLAUDERI siccam mumiam; laudat BILSIANAM suamque, qua corpora flexilia servantur. Anatomen fetus eo modo præparati subjicit: tum nonnullorum animalium descriptionem, denique quinque corporum a BILSIO balsamo conditorum.

IDEM docuit vesicam urinariam inversam aqua stillare, habere adeo poros aquam admittentes pro breviori itinere lotii paratos.

§. DVII. *Ludovicus le* VASSEUR. *Alii.*

Vivebat eo tempore *Claudius le* VASSEUR: de *Ludovico* nihil inaudivi, & sunt, qui opuscula ejus nomine inscripta *Carolo* DRELINCOURTIO tribuant, cujus certe græcissatio hic manifesta redit. Ejus quicunque fuerit LUDOVICI *Epistola de* SYLVIANO *humore triumvirali* Parisiis 1668. 8.* prodiit, eodem anno in in Belgio recusa 12.*. Contra succi pancreatici & bilis conflictam. Nihil proprii experimenti adfert.

EJ. SYLVIUS *confutatus s. in Pseudo Schuylii falso ab eo dictam Medicinæ defensionem animadversiones* Parif. 1673. 8.*. SYLVII partum esse, qui nomen SCHUYLII præ se fert. Dictio eadem. Male theoriæ SYLVIANI fontes apud veteres quæri.

Amici ad amicum epistola Amst. 1668. 12. pro SYLVIO adversus CASSIUM.

Andreæ GRABA *Elaphographia* Jen. 1668. 8. Longævum esse utique animal. De chymica analysi cervi.

In *Baldass.* TIMÆI consiliis Lipsiæ 1668. 4.* fuse agitur de partu MÖLLERIANO 173. dierum.

Andr. OTTONIS *anthroposcopia s. de lineamentis externis in corpore humano* Lipsiæ 1668. 12.

Henr. Sigismund. SCHILLING *Tractatus osteologicus, s. osteologia microcosmica* Dresd. 1668. 4.*. Nihil proprium.

Video etiam citari ejus *discursum de microcosmi miseria & perfectionis excellentia* Witteberg. 1668. 4. MANG.

Balthassar Andr. FERRIOLI *wahrhafte Art und Natur der Dauung, so im Magen geschicht* Frankfurt 1668. 8. B. TH.

Edm. MARIOTTE *nouvelle decouverte sur la vue* Paris 1668. 4. in *Philos. Trans.* n. 59. & in operibus, inque *Mem. avant* 1699. ad annum 1669.

Celebre hic experimentum refert de sede cæca oculi, qua nervus opticus subit, unde putat confici, in chorioïdea tunica, neque in retina, visus esse organum, cum in ea cæca sede retina adsit, chorioïdea deficiat. In editione 1682. responsiones addidit ad PECQUETI & PERRALTI objectiones. Sic in editione Leidensi 1717. 4.* titulus est, *seconde lettre de* M. MARIOTTE à M. PECQUET. Retinam tamen pellucidam esse, neque adeo radios lucis retinere, qui a chorioïdea reflectantur. Excusat albedinem in ista membrana in nonnullis animalibus visam. Cæcitatem non esse a vasis, quæ nimis parva sint. Hæc ad PECQUETUM. Respondet etiam ad D. *Claude* PERRAULT objectiones. Iterum cæcitatem non esse a vasis. Chorioïdeam speculi vices accurate gerere.

Anno 1677. de capillorum structura agit, qui ex fibris componantur.

J. WOLFERD SINGUERD *de Tarantula* Leid. 1668. 12. Actionem musicam physiologiæ, ex hypothesi interpretatur.

EJUS *inquisitiones experimentales, quibus aëris athmosphærici natura traditur* Leid. 1690. 4.*. Experimenta hic sunt ad respirationem pertinentia, quibus conatur circulum CARTESIANUM defendere, & diaphragma inutile reddere. Experimenta bona, conclusiones malæ.

EJ. *Philosophia naturalis* Leid. 1681. 4. 1685. 4.*. Physiologiam in parte quarta tradit CARTESIANAM, ut etiam corporis animalis formationem a fermentatione derivet.

Ejus *rationis & experientiæ connubium* Rotterdam. 1715. 8.* De respiratione hic compendium redit, & lib. *de Tarantula*.

§. DVIII. *Varii.*

J. Jac. Zentgrafen's Disput. *de notis genitivis* Witteb. 1668. 4. Vat.

J. Jac. Du Chastel *de Lochiis* Leid. 1668. 4. Sl.

Christ. Strobach *de morte* Lipf. 1668. 4. B. Thom.

Christ. Andr. Schoengast *de respiratione* Lipsiæ 1668. 4.

Isaac a Loef *de medicina per Societates illustrata* Leid 1668. 4. Boehm.

Matth. Denyau & *Cl.* Biendisant *E. sedes somniorum &c.* Paris. 1668.

Nic. Matthieu & *Cl.* Puylon *Non ergo solius gustus est de alimentis ferre judicium* Paris. 1668.

Cl. Guerin & *J. B.* de Montreuil *E. vita longioris ex junioribus parentibus orti* Paris. 1668.

Henr. Matthieu & *Franc.* Vesou *E. cœlibes μακροβιοτατοι* Paris. 1668.

§. DIX. *Michael* Ettmuller.

Celebris suo tempore Professor Lipsiensis, qui ante diem obiit, & cujus pleraque scripta posthuma sunt.

Ejus *Dissertatio de Chirurgia infusoria* Lipsiæ 1668. 4.*, bonæ notæ est, & experimenta propria continet, liquorum chemicorum in venas inpulsorum. Sanguis a spiritu nitri coactus: oleum tartari injectum pariter funestum, cum sanguine fluido. De Wahrendorfii experimento. Recusa est hæc Diss. Gallice Lyon 1690. 12. cum Cl. viri chirurgia.

Sic *respirationis humanæ negotium, exulante vacui fuga ex genuinis caussis plenius erutum* ibid. 1676. 4.* pariter melioris notæ est, nisi fuerit Neukranzii respondentis.

Ej. *de nimia corpulentia* 1681. 4.

Ej. *de morsu viperæ* 1666. 4. hactenus huc facit.

In Disp. cui titulus *parva magnorum morborum initia* Lipsiæ 1676. 4. habet de generatione aliqua.

Ej. *de cerebro orcæ s. spermate ceti* 1678. 4.

Ej. *Institutiones medicinæ physiologicæ.*

Ej. *Fundamenta medicinæ veræ* Francof. Lipf. & Dresd. 1685. 4.*. Chemicæ sectæ & fermentationibus erat addictus. Operum omnium editio Francofurtensis anni 1696. fol. pauca habet nova, aliquanto plura J. G. Westphali editio Francof. 1708. fol. Ultima cura Cyrilli Neapoli prodiit 1729. fol. 4. Vol. a Mangeto recusa Genev. 1736. fol.

§. DX. *Otto* TACHENIUS,

Chemicus non incelebris, in Italia diu vixit. Ibi edidit *Hippocratem Chymicum, qui novissimi viperini salis antiquissima fundamenta ostendit* Venet. 1669. 12. *Phil. Trans.* 1666. LIND. Brunswic. 1668. 12.* 1690. 4. OSB. De eo sale brevissime agit, potissimum vero principatum acidi & alcali vult adstructum. Passim aliqua de sale lixivo sudoris, de sale fixo sanguinis &c. Analysin urinæ habet, & alcalinum salem.

EJ. *Antiquissima medicinæ Hippocraticæ clavis* Francof. 1669. 12.* 1673. 12. Leid. 1671. 12. Scopus idem. Acidum idem esse cum igne, cum calido innato, cum seminali principio vegetationis, fere, ut nuper *Georgius* BERKLEY. Alcali aquam esse s. humidum radicale.

EJ. *Tractatus de morborum principe &c.* Brunswic. 1668. 8.* Francofurti 1679. 12.* Leid. 1671. 12. Iterum idem finis libelli. Acidum s. ignem, alcali s. aquam, causas esse omnis in corpore humano motus, eamque rem HIPPOCRATI notam fuisse.

§. DXI. *Franciscus* MAURICEAU.

Celebris per quinquaginta annos vir obstetricius, qui Parisiis artem exercuit. Edidit *Tr. des maladies des femmes grosses & de celles, qui sont accouchées,* qui sæpe prodiit: primum Parisiis 1669. 4. (aliis 1668.) tum anno 1673. 4.* 1681. 4. 1684. 4. B. BOEHMER. 1694. 4. GUNZ. 1718. 4. 1721. 4.* 1740. 4. Germanice, *von Krankheiten schwangerer und gebährender Weiber* Basil. 1680. 4. Anglice, *diseases of the women with child and in childbed, translated by* HUGH CHAMBERLEN, & ipso viro obstetricio, neque MAURICÆO ignoto Lond. 1683. 8. 1716. 8. Italice, *trattato delle mallatie delle donne gravide e delle infantati* Genua 1727. 4. Scopus est equidem, præcepta dare suæ artis; plurima tamen anatomica & ad physiologiam utilia habet: descriptionem partium genitalium, non quidem optimam, cum iconibus, quæ in nuperis editionibus aliter se habent, nusquam vero ut probes. Urachum solidum esse. Meliora sunt, quæ vir plurimum expertus habet de graviditate, partu naturali, pondere fetus in diversis ejus ætatibus, etsi etiam trivialia & apocrypha habet, ut ova primi, tertii & decimi diei. Multa inde bona per consilia chirurgica sparsa.

EJ. *Observations sur la grossesse & l'accouchement des femmes* Paris 1695. 4. 1715. 4.*. Germanice, Dresd. 1709. 8. & *dernieres observations sur les maladies des femmes grosses & acouchées* Paris 1708. 4. 1715. 4.*. In priori editione septingentæ, in altera 150 observationes reperiuntur, quæ variis modis ad physiologiam faciunt, potissimum etiam, quod fetus præmaturo partu editi describantur.

EJ. *Aphorismes touchant la grossesse, l'accouchement, les maladies & autres indispositions des femmes* Paris 1694. 8. Amsterd. 1700. Paris 1721. 4.*. Corollaria ex observationibus.

§. DXII. *J. Baptista du* HAMEL. J. ROHAULT.

J. Baptista du HAMEL, Clericus, amans conciliare cum CARTESIO veteres, vir modestus & a litibus alienus, Cancellarius Ecclesiæ Bajocensis & novæ Scientiarum Academiæ Parisinæ a secretis. EJUS *de consensu veteris & novæ Philosophiæ* libri IV. prodierunt Oxon. 1669. 4. & 8.* 1675. 8.*, in operibus omnibus & alias recusi. Hic vix quidquam ad rem nostram facit.

EJUSD. *de corpore animato* L. IV. Parif. 1673. 12. & in operibus omnibus Noribergæ 1681. 4.*. Ex nuperis, STENONIO & WILLISIO atque ex scriptis Academiæ Scientiarum sua fere habet; non alienus ab hypothesibus, & fervoribus acidi cum alcali eo seculo dominantibus. De sensibus agit & de voluntario motu. Musculos vegetabiles per siccitatem in actum cieri; animales per succum. Ut epidermis regeneratur. Unguium cum spinis comparatio.

EJ. *Quatuor l. de mente humana* Parif. 1672. 12.

EJ. *de corporum adfectionibus tam manifestis quam occultis* Parif. 1670. L. II.; continet etiam tractatum de sensuum objectis, coloribus, odoribus, saporibus, sonis.

EJ. *Historia Academiæ Regiæ Scientiarum* Paris 1698. 4.* & auctius 1701. 4.* Latinissimum compendium eorum, quæ in Academia ab an. 1666. ad 1699. gesta sunt.

Jacobus ROHAULT scripsit Gallice *Traité de physique & œuvres posthumes* Paris 1671. 4. 2. Vol. latine versum & editum cum notis *Samuelis* CLARKE Londin. 1710. 8.*. Quarta pars tota pertinet ad corpus humanum, & anatomen conjungit cum physiologia. In L. I. de sensuum objectis & ratione sentiendi, tum de visione etiam potissimum, de oculi fabrica & videndi modo.

§. DXIII. *Antonius* MOLINETTI,

Venetus, successor VESLINGII (f), non indiligens incisor, cum quo anatome Patavina adeo celebris, pene sopita periit, quoad a MORGAGNO suscitata revixit. Prius ejus viri opus sunt *Dissertationes anatomicæ & pathologicæ de sensibus & eorum organis* Patav. 1669. 4.*. Hic musculum peculiarem describit, qui cum trochleari conjungatur, & una in oculum inseratur, a *Fr.* BALDUINO demonstratus. Retinam tunicam ad lentem crystallinam a musculis externis adduci, a processibus ciliaribus removeri. Ambitum lentis crystallinæ ellipticum esse.

EJ. *Dissertationes anatomico-pathologicæ, quibus corporis humani partes accuratissime describuntur* Venet. 1675. 4.*. Morbos cum anatome partium conjungit, neque absque utilibus adnotationibus, potissimum chirurgicis. Sensum communem in ponte, minime absurde collocavit. Tendines obtuse sentire monuit.

Codex

(f) TOMASIN p. 304.

Codex M.S. methodi qua utebatur in corporum humanorum anatome erat in libris *Eduardi* BROWN n. 4198. *B. Brit.*

Ei *Jacobus* PIGHIUS in theatro Anatomico successit: sed etiam *Michael Angelus* MOLINETTUS, *Antonii* fil. chirurgiæ Professor fuit & anatomes (*g*).

§. DXIV. *Varii.*

Thomas SPRAT *history of the Roy. Society of London* Lond. 1669. 4. 1734. 4.* 1764. 4. Inter specimina laborum societatis narrat HOOKII experimentum inflatorum pulmonum, generationem ostreorum &c.

Georgii Friderici RALLII *de generatione animalium disquisitio medico-physica* Stettin 1669. 12.*. HARVEJUM contra J. ORCHAMUM defendit. Originem animalis ex ovo tuetur, & negat, marem præter motum quidquam addere.

Andreæ CASSII, Hamburgensis, *de triumviratu intestinali cum suis effervescentiis repetita disputatio* Groning. 1668. 4. Præside *Tobia* ANDREÆ, Nimmeg. 1669. 12.*. Chemicus anti-Sylvianus, SYLVIANAS humorum analyses carpit, plus in bile aqua esse defendit, negat in sanguine, bile, succo pancreatico acidum esse, aut alcali: negat paratos sales in corporibus exsistere. Bilis analysis.

Adjecta est *epistola amici qua præcedens epistola examinatur* ib. Multa fatetur recte a CASSIO dicta esse, & tamen fervores Sylvianos tuetur, licet nullus in sanguine sal expeditus adsit.

J. BETTI, medici regii, *de ortu & natura sanguinis* Londin. 1669. 8.*. Indiam adierat, sed theorias fere meras adfert. Una prodiit HARVEJI incisio *Thomæ* PARRE.

Benedetto CASTELLO, Abb. *alcuni opusculi filosofici* Bologn. 1669. 4. CLEM. Inter opuscula est *lettera con un discorso sopra la vista.* Altera *lettera* de eodem argumento.

Francisco LIBERATI *La perfezione del cavallo* Rom. 1669. 4. Si huc facit.

In EVELYNI *Georgicis* fimum rariorum animalium accurate videas dissolutum & descriptum. In *Phil. Transf.* n. 280. vasorum icones LEONCENÆ edidit.

Ej. *Digression concerning physiognomy* London 1697. fol. cum aliis libellis. Laudatur significatio morum & adfectuum animi ex omnibus corporis humani partibus sumta. In alio libello fimos variorum animalium laboriose excussit.

VASSAL, Chirurgi, *description d'une double matrice* Paris 1669. recus. in *Phil. Transf.* n. 48. & cum ELSHOLZIO de partu tubario, inque E. N. C. & in Diario TINASSI. Fetus in ovario reses.

Francisci Josephi BURRHI *Epistola de cerebri ortu & usu medico & de artificio humores oculi restituendi* Hafniæ 1669. 4.*. Pinguedinis se fere quartam partem de cerebro eduxisse, quod nupera experimenta confirmant. Arcanum inde revelat, ab equite SOUTHWELL acceptum, aquam nempe stillatitiam chelidonii, qua humores oculi amissi reparantur, in junioribus animalibus etiam lens crystallina. Vagus homo, alchimista, heterodoxus; morum non satis pu- rorum

(*g*) PATIN Lyc. p. 131.

rorum (*h*), in carcere castelli S. Angeli obiit, hæresium reus, ut tamen ei laboratorii usus permitteretur (*i*). MAZUCHELLUS tamen ex inquisitione liberatum, & ex carcere ob pulchras curationes dimissum fuisse.

J. WOLPHIUS *van't Menschen leven* Amsterdam 1669. 12. HEISTER.

§. DXV. *Disputt.*

Wilh. ten RHYNE *in cel.* HIPPOCRATIS *textum de veteri medicina* Leidæ 1669. 4.* agit de loco HIPP. quo dicitur in homine amarum esse & acidum &c. SYLVIO DRELINCOURTIUS hunc libellum tribuit.

EJUSD. *Meditationes in* HIPPOCRATIS *textum* XXIV. *de veteri medicina, quibus traduntur brevis pneumatologia, succincta phytologia, intercalaris chymologia &c.* Leid. 1672. 12.*. Ante iter indicum scripsit, SYLVIANUS, ut etiam bilem circulationis sanguinis auctorem faciat. Dictio phalerata, commista varia non ejusdem argumenti. Exemplum testium sub umbilico positorum.

Ex ultimo oriente, ubi medicinam fecerat, redux edidit cum *Diss. de arthritide. Orationes tres*, inter quas est II. *de physiognomia*, *tertia de monstris* Londin. 1683. 8.*. In neutra aliquid proprium habet.

In *descriptione capitis bonæ spei* Scaphus. 1679. 8.* habet aliqua huc facientia, ut piscem qui pedatus sit, & bufonem generet, pulmonemque ut bufo habeat; tum de prolixis mulierum ejus regionis nymphis.

Adam MEYER *ὀδοντολογία s. de dentibus* Curiæ Variscorum 1669. 4. HE.

Friderich August JANUS *de visu* Lipsiæ 1669. 4. MOELLER.

Theodor KIRCHMAYER *de cruentatione cadaverum fallaci illo præsentis homicidæ indicio* Wittebeg. 1669. 4. BURCKH. alii 1670. Hall. 1726. 4. BURCKHARD. Phænomenon pro certo receptum explicat per spiritus, qui sanguinem in motum cieant.

Just. Ortolf MAROLD *de abortu per vomitum rejecto* Altdorf. 1669. 4.*. Redit in E. N. C. *ann.* I. *Dec.* I. *obs.* 108. Fetum bimestrem ad secundas adhæsisse, & vomitu esse redditum. Tum alium cum officulis. Hæc revocat ad connatum cum recto intestino uterum.

Hermann BARTHOLD *de pancreate & ejus usu* Jen. 1669. 4. BOEHM.

Frider. MADEWIS *de longævitate patriarcharum* Jen. 1669. 4. HE.

EJ. *de basilisco ex ovo galli decrepiti oriundo* Jen. 1671. 4. B. THOMAS.

Wenceslai KHALI *de lacrymis* Witteb. 1669. 4. HE.

J. Frid. CROCIUS & P. SIMLER *de singultu* Marburg. 1669. 4.*.

Andreas SCHARMAN *de lochiis* Altorf. 1669. 4.*.

J. Dan.

(h) Conf. MONCONIS in itin. Belgico.
(i) CONNOR. *Poland* I. p. 319.

J. Dan. MEYER *de vivacitate patriarcharum* Kiel 1669. 4.

Henr. LINCKEN *de partu humano legitimo & illegitimo* Wittebergæ 1669. 1740. 4. HEFT.

Jac. RENAUT & *Petr.* GUILIN *Ergo ventres hieme calidiores* Paris 1669.

Nicolas MATTHIEU & *Felicis* LISLEMAS *Non ergo hermaphroditus utroque sexu potens* Parif. 1669.

Guil. PETIT & *Ludov.* GAYANT *Ergo fetus animæ feta pathematis obnoxius* Parif. 1669.

Nicolas POINSSART & *J.* ROBERT *Ergo ab uno sanguinis calore vitæ munia* Parif. 1669.

Domin. de FARCY & *Claud. de* QUANTEAL *Ergo femina viro salacior* Parisiis 1669.

Francisci BLONDEL & *Petri* YVELIN *Non e monstra formatricis peccata* Parisiis 1669.

Jac. MENTEL & *Lud.* GAYANT *E. lotium chyloseos excrementum* Parif. 1669.

§. DXVI. *Diaria.*

In *Phil. Transf.* n. 52. 53. *William* DURSTON de subito mammarum tumore.

N. 65. Ej. partus biceps pectoribus connatus, quadrupes, cum anatome.

Majorem acum crinalem deglutitam per anum exiisse.

Jonathan GODDART, medicus experimentum, quod vulgo GLISSONIO tribuitur, in *Regia Societate* proposuit anno 1669. (*k*) ex quo creditur effici, nixu edito, artum in universum detumescere: quod phænomenon, si verum est, sanguini venoso expulso tribuas.

Idem anno 1670. proposuit, omnium arteriarum capillarium lumina conjuncta videri trunco æqualia esse (*l*).

Idem in *Phil. Transf.* n. 137. chamæleontis aliquam anatomen dedit, & granula dixit cutanea, a quibus colorum mutationes putat produci. Mistos esse colores, cinereum, flavum, saturate flavum. Calefacto animali maculas erumpere &c.

Apud BIRCH. (*m*) agit de incerto loco vacuo ovi.

In *Diario Romano* TINASSI negat *Aegidius Franciscus de* GOTTIONIES, veros esse oculos pulchros illos & reticulatos insectorum globulos. Dari enim alios duos veriores oculos, quos in cimicis specie viderit.

§. DXVII.

(k) BIRCH. II. p. 356. Conf. III. p. 405.
(l) p. 127. (m) I. p. 381.

§. DXVII. *Johannes* LOCKE,

Philosophus, equidem scriptis politicis, ethicis & theologicis celebris, ceterum medicinæ minime imperitus, amicus SYDENHAMI, quem proprio carmine cecinit, & consiliis suis adjuvit (n), tum GUILIELMUM III. Ad nos potissimum spectat *Philosophical essay on human understanding* Lond. 1690. fol. FOLKES. 1701. fol. 1706. fol. quæ editio pro optima habetur, & alias sæpissime editum. Gallice versum a *Petro* COSTE, & sæpe recusum Amsterdam 1700. 4. B. B. 1742. 4.* 1755. 4. Basle 1723. 4. & in operibus viri omnibus London 1714. fol. 1727. fol. 1759. fol. &c. Vir judicii recti, meditationi deditus, nullique credens scriptori, historiam naturalem animæ hoc libro tradidit; idearum originem, conservationem, combinationem, naturam perceptionis, cogitationis, imaginationis, memoriæ, judicii, adsociationis idearum, caussas erroris &c. Omnes ideas per sensus advenire defendit.

Compendium hujus operis ipse scripsit, quod lego prodiisse Londini 1688. 8.* Gallice versum Genevæ 1738. 8.

Contra anatomes subtilioris utilitatem scripsisse dicitur (o).

In *Transf. Phil.* n. 230. monstrosi in manu pedeque ungues.

In n. 272. de homine neque legente neque scribente, maximos tamen calculos ponente.

Primus anno 1670. sensit, latiores esse conjunctos omnium arteriarum fines, ipso principio quod in aorta est (p).

§. DXVIII. *Theodorus* KERKRING.

Homo singularis, morum suspectorum (q), ὀψιμαθής (r), qui aliquas suas adnotationes a RUYSCHIO (s) habere videtur, a C. DRELINCOURTIO ob alias plagii postulatus (t), alias omnino suspectas dedit, & inter eas potissimum ova humana, quæ non videntur primo die conspicua esse, cum in ove die demum 17. de fetu aliquid in tuba distinguatur.

EJUS *Spicilegium anatomicum continens observationum anatomicarum centuriam; nec non osteogeniam fetuum*, prodiit Amstelod. 1670. 4.* recusum Leidæ 1717. 4.* & 1729. 4. osteogenia vero in *Bibliotheca* MANGETI. Osteogenia ex septuaginta corporibus excerpta, habet sceletos ex ordine mensium, ita expressus, ut pars cartilaginea ab ossea distinguatur: ossa etiam peculiaria delineantur. Nihil habet, quod cum nitore ALBINIANARUM iconum compares.

In *spicilegio* pathologica aliqua, pleraque tamen anatomica reperias, neque incom-

(n) COCCHI *dell' anatomica* p. 20. (o) COCCHI l. c.
(p) BIRCH. II. anno 1670. Mart. 3.
(q) Uxorem veneno occidisse, ut servam ejus duceret.
(r) Præfat. ad LICETUM *de monstris*.
(s) Nam RUYSCHIUS passim easdem sceletos in *thesauris* suis habet, ut illam cacodæmonis.
(t) Sua ex PINÆO habere *de fem. ovis*, Id nimium.

incommoda. Ita duos fetus valde inæquales uno partu editos. Valvulas venarum longas & graciles, tubulos RIOLANI, quos RUYSCHIO tribuit. Varietates valvularum vulgarium, ut in uno circulo quinæ fuerint. Vasa umbilicalia diu post partum aperta. Hermaphroditos sive potius pueros, alterum perinæo fisso, alterum pene imperfecto. Ligamenta uteri id nomen non mereri. Manus pedesque semiduplices. Cacodæmoni similis fetus, collo nempe nullo, capite cum pectore conjuncto, vertebris colli amplissimis & fissis. Vascula arteriosa & venosa in superficie aortæ. Vasa omphalo-mesenterica. Ureteris sedes latiores. Vena cava abdominalis tota duplex; ductus thoracicus triplex. Quatuor arteriæ spermaticæ absque venis, ista suspecta. Valvulæ coli duæ: & valvulæ tenuis intestini, flatu impulso induratæ a RUYSCHIO, pro re nova datæ. Valvula coli non semper retrogressum impedit. Ossa fetus flava, in matre icterica: fetus galea cranii destitutus. Succus pancreaticus acidissimus, a magmate chyloso non dubie pro eo succo habito. Obesitas nimia. Tres cordis ventriculi. Pulmones absque malo eventu costis adhærentes. Contra polypos cordis; non dari veros. Menstruus sanguis per verticem capitis, per manum erumpens: idem præmaturus, serotinus. Vulnera vasorum lymphaticorum. Contra microscopii in anatome usum. Vena portarum & vena cava hepatica *excarnata*. Sic pulmonum vasa & placentæ. De arteria bronchiali. Crystallina lente amissa visum superesse posse.

Dicitur succino certa arte soluto corporis animalis partes circumfudisse, quas volebat conservatas, & testis est *Ph. Daniel. G.* MORHOF (u).

EJ. *Anthropogenia ichnographia* Amsterd. 1671. 4.* cum prioribus operibus anno 1717.* & 1719. recusa, etiam in DENISII *Memoire* IV. & in MANGETI *Bibliotheca*. Parvus libellus, sed maximi momenti, si fidem ei dare liceret. Verum neque primi diei sphærico ovo, neque triduano aut 14. dierum humano ovo possis te credulum dare (x). Sceleti minimæ ac paulo magis credibiles, utilesque, ut tamen sceleto 21. dierum minus tribuas.

Catalogus anatomischer Sachen D. Antonii VERBORCHT Hamburgi prodiit absque anno, in quo potissimum KERKRINGII thesauri recensentur, ex quibus etiam fides fit ejus observationibus.

§. DXIX. *Christianus Fridericus* GARMANN,

Medicus Chemnizensis. EJUS *de miraculis mortuorum* L. III. prodierunt 1670. 4.* & aucti a filio *Immanuele Friderico* GARMANNO Dresd. 1709. 4.*, Amplissima compilatio, in qua plurima reperias collecta, quæ faciunt ad physiologiam vel ad anatomen. Sic in L. I. de capillis etiam viridibus, eorumque a morte incremento in cadaveribus adnotato; de eorum pene indestructibili constantia; de naso insititio loca aliqua scriptorum; de mortuis sonum edentibus quasi manducantium; de dentibus varia; de cordis incremento secundum

 Aegy-

(u) *Polyhistor.* L. II. P. II. p. 293.
(x) Olim de fide viri dubitavit J. SWAMMERDAM in *prodr.* & LA MOTTE *de la gener.*

Aegyptios & decremento; de corde ignem eludente; de abdomine patente; de partu cadaveris; de unguium incremento, de penis erectione. In additamentis de motu & sudore cadaverum; de eorum cruentatione, luce, putredine, incorrupta constantia, & mumiis, petrefactione; alia varia, & integra fere anatome.

EJ. *Homo ex ovo s. de ovo humano dissertatio* Chemniz. 1672. 4.*. Ejusdem ingenii.

EJUSD. *Oologia curiosa ortum corporum naturalium ex ovo demonstrans* Zwickau 1691. 4.*. Collectitium opus.

EJUS *Epistolarum Centuria posthuma a filio edita* Rostock 1714. 8.*. Plusculæ huc faciunt, ut Epistolæ III. de chirurgia infusoria cum MAJORIS responsoria: discursus III. de gemellis & partu numerosiore, cum SACHSII responsoriis: de cruentatione cadaverum: de ovo humano plusculæ epistolæ.

In E. N. C. Ovum prælongum *Dec.* I. *ann.* I. *obs.* 141.

Obs. 138. de luce scolopendræ innata.

Ann. III. *obs.* 42. mentula monstrosa ex capite pendula.

Ann. VI. VII. *obs.* 89. de submersis Suecicis.

Ann. IX. X. *obs.* 171. Dentitio in nonagenario.

Dec. II. *ann.* IX. *obs.* 212. dentes molares septimo demum anno provenientes.

Dec. III. *ann.* 7. 8. *obs.* 137. de hepatis difficili putredine.

§. DXX. *Mathias* TILING.

Fere ejusdem generis: Professor fuit Rinteliensis, qui perinde ex libris, magis quam ex natura, sua opera collegit.

EJUS est *de tuba uteri deque fetu nuper in Gallia extra uteri cavitatem in tuba concepto exercitatio anatomica* Rintel. 1670. 12.*. Vix quidquam habet proprium, recenset MAJI monstrum Marburgense hermaphroditum, capite deformi, mento ad collum adfixo.

EJUS *de placenta uteri disquisitio anatomica* Rinteln 1672. 12.*. Collectanea.

EJ. *de admiranda renum structura eorundemque usu nobili in sanguificatione, seminis præparatione &c. Exercitatio anatomica* Francof. 1672. 12.*. Iterum collectanea. Recusus est libellus cum titulo M. T. *mirabilis anatome renum* Francof. 1699. 12., & iterum *Nephrologiæ novæ curiosæ titulo*, cura J. *Helfrici* JUNGKEN Francof. 1709. 12.

EJ. *Anatomia lienis ad circulationem sanguinis accommodata* Rint. 1673. 12.* simile opusculum.

EJ. *Disquisitio physico-medica de fermentatione* Brem. 1674. 12. hactenus huc facit.

EJ. *Di-*

Ej. *Digressio de vase brevi lienis ejusque usu nobili* Mindæ 1676. 12.*. Acidum succum lienis per arterias breves in ventriculum destillare.

Ej. *de fetus in utero nutritione* Brem. 1698. 4.

§. DXXI. *Joh.* Muraltus,

Tigurinus, ex nobili familia Helvetiæ transalpinæ natus, quæ & Tiguri floret, & Bernæ, vir solers, & indefessus, qui postquam Monspelii, Parisiis & Leidæ artem didicit, in patria theatrum anatomicum condidit, artem obstetriciam exercuit, botanicen hactenus coluit.

Prima citantur *Experimenta anatomica* Monspel. 1670. L. Ej. Diss. *de bile & excrementis biliosis* Tiguri 1673. 4. L.

Experimenta anatomica de chylo & lacte, lympha & saliva, humoribus in corpore nostro circumfluentibus; bile, excrementis biliosis, sanguine, & reliquis humorum excrementis Tiguri 1675. 4. Pl.

Ejusd. *Vademecum anatomicum, s. clavis medicinæ pandens experimenta de humoribus, partibus & spiritibus* Tiguri 1677. 12.* Amsterdam 1685. 12. Tela libri est compendium anatomicum, in quo de chylo, lacte, lympha, saliva, bile, sanguine exercitationes reperias 4. Deinde de partibus firmis corporis; denique de spiritibus. Ipsum quidem compendium non plurima propria habet, tamen aliqua. Hookianum experimentum Monspelii fecit. Arteriam bronchialem sibi tribuit inventam, sociam etiam venam describit. Novum musculum pedis, nonum puto Vesalii, dicit. De thoracico ductu varia propria. Deinde animalium incisiones addidit, non inutiles, si nimis subtilia non desideres; incisiones certe propria manu factas. Graafii historiam acidi succi pancreatici falsam esse, consentiente D. Cronier apud J. Leonicenum. Cordis præ aliis musculis constans irritabilitas. Sibi tribuit ductus sublinguales.

Ej. *Collegium anatomicum, in welchem alle Theile des menschlichen Leibes beschrieben worden* Nürnberg 1687. 8.*. Morbos omitto & plantas. Anatome pro tironibus, fere ex bestiis sumta.

In Ej. *Kindbüchlein, oder Unterricht vor Wehmütter* Tiguri 1689. 8. *Hebammen-Büchlein, oder Unterricht, wie sich die Wehmütter zu verhalten haben* Basil. 1697. 8.*. Anatomen partium habet, cum iconibus fere Bidlojanis, & observationibus passim tamen etiam propriis. Pro hermaphrodito habitum partum describit, ubi neque vesica erat, neque anus, & intestinum rectum communi cum ureteribus ostio, aperiebatur.

Ej. *Zoologia* Tiguri 1709. 8.

In *Schriften von der Wundarzney* Basil. 1711. 8.*. Vix quidquam est proprii anatomicum argumentum.

Ej. *de humoribus microcosmum irrigantibus, chyli & lactis natura* Tiguri 1695.

Ej. *de sanguinis & lymphæ natura* ib. 1696.

Ej. *de bilis natura* ib. 1698.

Ej. Disp. *de œconomia corporis humani* Tiguri 1700. Haenel.

Ej. *de sanitate* ib. 1702.

Ej. *Nosce te ipsum; microcosmus expositus* ib. 1708. 8.

Ej. *de insectis & eorum transformatione* ib. 1718. 8. Leuw.

In *Acad. Nat. Cur. Dec.* II. *ann.* I. numerosæ animalium incisiones, breviusculæ quidem, aliquæ insectorum, non vero anatomicæ.

Obs. 46. Mustela fluviatilis; vasa mucifera, appendices.

Obs. 47. Troctæ vesica urinaria. Arteriæ branchiales.

Obs. 48. Vespertilionis anatome.

Obs. 49. Mustelæ quadrupedis nervi optici ad usque interna cerebri separata incesserunt.

Obs. 50. Aquilæ ventriculus, ejus glandulæ, pilæ.

Obs. 51. Noctuæ glandulæ ventriculi.

Obs. 52. Alterius noctuæ nullam fuisse bilariam vesiculam.

Obs. 58. Ventriculus grylli, qui pro lubitu vomit.

Obs. 59. Limacis.

Obs. 61. Simiæ, cum aliqua musculorum recensione.

Obs. 65. Erinacei sceletus, lympha in vasis lacteis visa.

Ann. II. *obs.* 28. Bombycis aliqua anatome.

Obs. 29. Milvi.

Obs. 30. Gryllotalpæ ventriculi.

Obs. 31. Ardeæ.

Ann. V. *obs.* 32. Anatome taxi cum sceleto.

Obs. 132. Ardeæ sceletus.

Cent. IV. *obs.* 134. Os fetui quasi lacerum, labio superiori nullo, ex terrore, ut credit.

Inter mea est *Clavis medica* M.S. qua etiam anatome continetur.

§. DXXII.

§. DXXII. *Varii.*

William MOLINS, Chirurgus. Ejus eſt *Myotomia, or the anatomical administration of all the muſcles of the human body* London 1670. 12. & *newly reviewd with additions, to which is added Sir Charles* SCARBOROUGH's *Syllabus muſculorum* Londin. 1676. 12.*. Multa habet valde antiqua, ut ligamentum buccinatoris, pro re nova, ſcalenum unicum. Habet tamen etiam magis propria aliqua, ut ligamentum POUPARTII, p. 6. a quo muſculus oblique adſcendens nonnunquam oriatur, quando pyramidales deficiunt: ſex flexores pollicis, coraco-brachialem a nervo non perforatum. Muſculi naſi quinque, tenſores pollicis duo, flexores ſecundi internodii quatuor &c. *Syllabus muſculorum* nimis brevis eſt.

Georg. THOMPSON *αἱματιατις ſ. legitime method of preſerving the blood* Lond. 1670. 8. Contra WILLISIUM.

MENGOLI *Muſica ſpeculativa* Bologn. 1670. 4. Duo deſcribit tympana, exterius & interius, inter ea poſita oſſicula: ad hoc vibrationes tympani exterioris pervenire.

Engelbert HOELTERHOF *Das lange und kurze Leben der Menſchen* Cölln 1670. 12. B. THOM.

EJUSD. *Animadverſiones in Franciſci de le* BOE *Diſſ. de primariis corporis humani functionibus demonſtrantes fundamentu illius nova veritati contraria* Cölln 1675. 12. MANGET.

MIRBEL *Palais du prince du ſommeil où eſt enſeignée l'oneiromancie où l'art de deviner par les ſonges* Lyon 1670. 16.

Collectio operum de urinis Ultrajecti prodiit 1670. 8.*. ACTUARII, WILLICHII, WILLISII & *Guilelmi* STRATEN de erroribus popularibus, de fallaci urinarum judicio.

George SIPSCOTA *A deaf and dumb man's diſcourſe* London 1670. cum Diſſ. de ſermone animalium.

Adrian GOLLES, Chirurgus Dieppenſis. Ejus eſt *Abregé de l'economie du grand & du petit monde* Rouen 1670. 12. In parte ſecunda anatome traditur. Urachum facit ſolidum. De fetu dicit, abſque ventre & medulla ſpinali, tamen maturo, ſexies ſe fetum de utero excidiſſe. Puerilia multa. Ita PORTAL.

J. L. M. C. *Kurzer Begriff der Wundarzney, wie auch ein Diſcours von der Generation der Menſchen, ins Deutſche überſetzt* Hamb. 1670. 12. TREW.

Arien SICELER *Hiſtoire inouïe d'un accouchement de dixneuf mois* Au Puy 1670. 8. Superſtitione plenum eſſe lego:

J. LUPII *Groſſes und ſonderbares Traumbuch* Hall. 1670. 8. M.

Filipo

Filipo MASIERO *Chirurgo in pratica* Venet. 1670. 8.* habet etiam aliquam anatomen, & venarum subcutanearum icones.

Vincentii TORDERA, Professoris Valentini, *Commentaria pertinentia ad libros physiologicos* HIPPOCRATIS *&* GALENI *vel de natura hominis, quibus adjungitur introductorium ad autem medicam* Valent. 1670. fol. CAP. de VIL.

§. DXXIII. *Varii.*

Henrich RIDEMANN *de camera obscura* Kiel. 1670. 4. PL.

Henr. SCRETA *de* ZAVORZIZ *de causis & natura auditionis* Heidelb. 1670. 4.

Frideric. NITSCH & *Fr.* POLKE *de visione* Giess. 1670.

Christian HOFMAN *An ex homine & bruto generari possit homo* Jen. 1671. 4. HE.

CORNELII *van* SON *de spirituum animalium natura & vitiis* Leid. 1670. 4.

Elias NITSCHKE *de productione muci depravata* Leid. 1670. 4. Præside F. SYLVIO.

Dan. de HOEST *de vomitu* Leid. 1670. 4. RIV.

Leonhard SENER *de origine lymphæ pericardii* Leid. 1670. 4.*.

Henr. MAJ & *Joh. Lud.* HUXHOLZ *fetus monstrosus* Marpurg. 1670. 4.*. Imperfectus, cor minimum, sexus uterque, nullum vas umbilicale, nulli testes, nec ventriculus, nec sternum: cranium vix ullum. Cordis loco vesicula, ex qua vas ad palatum euns.

EJ. H. MAJI *de formatione fetus humani* Marpurg. 1672. 12. HE.

EJ. *Physiologia medica Nov. antiquæ Disputat. physiologici argumenti* Rinteln 1695. 4. HE.

Benjamin SCHARF *de conceptione* Jen. 1670. 4.* recensa est inter *Friderici* scripta.

EJ. in E. N. C. *Dec.* II. *ann.* II. *obs.* 100. aquarum præmaturus fluxus.

Obs. 101. Menses per os.

Obs. 102. Fetus capite connati semiduplici.

Dec. III. *ann.* V. VI. *obs.* 88. leporem se putat androgynum vidisse.

Obs. 89. cum quinque testibus homo sterilis.

Obs. 91. Menses in 64. annorum vetula.

J. Frider. SCHEPFER *omphalographia* Giess. 1670. 4.

Thomas ITTIG *de lacrymis* Lipsiæ 1670. 4.

M. CARCÆUS *de acido præcipue microcosmi* Leid. 1670. 4.*.

Andreas PETERMANN, Professor Lipsiensis, *de nutritione integra servanda, abolitaque reparanda* Altdorf. 1672. 4.

Ej. Disp. *de visu* Lipsiæ 1690. 4. Vat.

Ej. *Theses de principiis cognitionis humanæ* 1707. 8.

Petri Yvelin & *Guil.* Lamy *An ut semen materies fetus sic & ejusdem opifex* Paris. 1670.

Claud. Puylon & *Ant. de S.* Yon *Ergo conformatio temperiei nota* Paris. 1670.

Guidonis Patin & J. Cordeile *Non ergo sanguis per omnes corporis arterias & venas jugiter circumfertur* Paris. 1670.

§. DXXIV. M. Thruston. J. Ott.

Malachias Thruston *de respirationis usu primario diatribe* London. 1670. 8.* Leid. 1671. 8.* 1708. 8. & in B. Mangeti. Placet modestus. Sanguinem in pulmone incalescere. Liquor in arteriam pulmonalem impulsus per venam copiosius, tamen etiam per arteriam rediit. Biolychnium refutat. Usum respirationis in transmittendo sanguine recte vidit. Experimentum simile Hookiani.

Accesserunt *responsiones ad Cl. viri* (G. Entii) *animadversiones*, humanæ ipsæ & solidæ.

Transfusionem sanguinis tentavit, sed animal periit (*y*).

J. Ott, *Cogitationes physico-mechanicæ de natura visionis* Heidelb. 1670. 4. Proponit telescopia eo modo parare, ut aucto angulo visorio longitudo tubi compensetur.

Ej. *Epistola de sono vocis humanæ*, data Scaphus. 1679. & cum Wepfero *de apopl.* Vix titulo respondet, & inter theorias subsistit.

Ej. *de propriorum oculorum defectibus ad mechanicas leges revocatis* Basileæ 1671. 4.* Promissor.

§. DXXV. *Franciscus* Bayle.

Professor Tolosanus, jatromathematicus, non quidem incisor, cæterum acuti ingenii homo.

Ej. *de menstruis mulierum. Sympathia partium corporis humani cum utero; usu lactis ad tabidos; & immediato corporis alimento* Tolos. 1670. 4. d'Etr. Brugis 1678. 12. B. Thomas. Haag. 1678. 12.* Menses esse a fermento in sinubus mucosis uteri congesto, laxante vasa uteri sanguinea. De causis sympathiæ variis, vicinia, vasis & nervis communibus. Fetum in utero succum sugere lacteum.

Ej. *Dissertationes physicæ sex, ubi principia proprietatum in œconomia corporis animalis in plantis & animalibus demonstrantur* Tolos. 1677. 12. 1681. 12.* Hic tertia dissertatio est de physiognomia. Generari corpus animale ex succo, quem

(y) Birch. II. p. 316.

ſpiritus animalis informet. Vim imaginationis maternæ in fetum interpretatur per fetus alimentum, quod generet ſpiritus maternis ſpiritibus ſimiles. In IV. aliqua de viſione.

EJ. *Diſcours ſur l'experience & la raiſon* Paris 1675. 12. Anatomica inventa recenſet, nimia ratiocinia caſtigat. PORTAL.

EJ. *Problemata phyſico-medica* Toloſ. 1677. 12. 1681. 12.*. Pauca ad rem noſtram, pleraque ad praxin pertinent, ad venæ ſectionem etiam potiſſimum, in qua BELLINI theoriam ſequitur, motum nempe ſanguinis in ejus partis arteriis accelerari, cujus vena inciditur.

EJ. *Hiſtoire d'un enfant qui a demeuré 25. ans dans le ventre de ſa mere* Toloſ. 1678. 12. & in operibus omnibus latine. Incorruptus, gypſea quaſi maſſa obductus, in ventrem per ulcus uteri effuſus fetus.

Video citari *Diſſ. ſur quelques matieres de phyſique & de medecine* Toulouſe 1688. 12. in quibus Noſter primum defenderit, coſtas a muſculis intercoſtalibus internis deprimi.

Collecta prodierunt anno 1693. *Oeuvres de M.* BAYLE'. *Hiſtoire d'une groſſeſſe de vingt-cinq ans. Relation de quelques perſonnes poſſedées à Toulouſe* 1693. 12. d'ETR.

EJ. *de corpore animato* Toloſ. 1700. 4.*. Plena phyſiologia & anatome. Muſculorum motum eſſe a ſpiritibus in fibras influentibus. In reſpiratione, muſculis intercoſtalibus internis officium reddit coſtarum deprimendarum.

Ventriculum digitum immiſſum vix comprimere.

Magis quam ad $\frac{7}{10}$ muſculum contrahi.

Statio, progreſſio, volatus. Humores; pro fermentatione, fermento acido ventriculi. Aër eſt ſanguinis fermentum. Acriter in HARVEJUM. Omnes partes una formari, ut connexas. Corneam oculi tunicam a muſculis convexiorem reddi poſſe, ad varias objectorum diſtantias.

EJ. *Inſtitutiones phyſicæ* Toloſ. 1700. 4.* continent tractatus *de ſenſibus* deque *muſculorum motu.*

In Tomo IV. operum continentur *Diſſ. circa conſuetudinem duæ & totidem de generatione animalium.* Iterum pro ſimultanea generatione.

Demum Diſp. *de voluptate & dolore.* Opera omnia prodierunt Toloſ. 1700. & 1701. 4.* quatuor voluminibus.

§. DXXVI. *Guilielmus* RIVA,

Aſtenſis, qui Romæ vixit ibique obiit, quod ſomno ſe ſub dio in agro Romano dediſſet (z).

EJUS in *Ephem. Nat. Curioſ.* pluſculæ ſunt Diſſ. *Ann.* I. *obſ.* 39. Secundæ gemellorum diſtinctæ.

Obſ. 45.

(z) LANCIS. L. I. P. I. c. 20.

Obs. 45. Sceletus fetus post duos annos de utero egesta.

Obs. 117. BURRHI experimentum aqua simplici imitatus est.

Obs. 149. Tria experimenta transfusoria, cum testimoniis in homine factorum periculorum, felicis eventus, & sublatorum morborum.

Eas tabulas anatomicas, quæ *Cajetani* PETRIOLI ope Rom. 1741. fol* prodierunt, ab ipso *Petro* BERRETINO Cortoniensi tribuuntur, ut auctorem anatomicum dicat se ignorare. Pluscula sunt a VESALIO aut manifesto imitata, aut clanculum aliqua ex EUSTACHIO & CASSERIO. Alia, & nervi etiam potissimum, huic operi propria. Nervi, ut eo ævo non male, & in situ suo naturali, cum musculis expressi. Nervus intercostalis recte ab octavo sejunctus; ejus anulus circa arteriam subclaviam; nervus maxillaris inferior; nervi brachiales, crurales. Plexus abdominis semilunaris, nervi viscerum. Medulla spinali, sed nimis longe continuata. Cerebri figuræ, sed incommodo in situ. Denique venæ cutaneæ inque iis valvulæ, cauda equina, cum nervo impare; & nervi uteri & ovariorum.

Ut de RIVA olim cogitaverim volumen fecit in BIBLIOTHECA GOETTINGENSI servatum. Ei præfixa est RIVÆ icon; sequuntur figuræ 32. inter quas pluscula chirurgicæ & joculares aliquæ. Sed etiam anatomica varia, tergemini, monstra, vitulus tribus oculis, pullus biceps, fetus biceps, cum cordis icone; vasa renum. Sequuntur in eodem volumine eædem tabulæ, quas PETRIOLUS edidit. Potuit autem BERRETINUS, qui anno 1669. obierat sexagenarius, pro RIVA delineasse, qui anno 1676. obierit. Potuit IDEM VESLINGIO penicillum commodasse, qui anno 1649. vivere desierit.

Hæc cum scripsissem, lego nunc Cl. MOEHSEN sententiam, qui probabile reddidit, tabulas esse *Joh. Mariæ* CASTELLANI (Conf. p. 340.) & tabulam æneam citat, cui insculptus est annus 1618. ut G. RIVÆ esse non possit. Et certe eadem CASTELLANI & nostræ collectionis est tabula.

Apud ARENT *de cephalalgia* Leid. 1675. 4.* RIVÆ extispicium reperitur.

§. DXXVII. *J. Ludovicus* HANEMANN,

Professor Kiloniensis. EJUS *nova ars clysmatica enervata* Stadæ prodiit 1670. 12. Unica scheda MOELLER.

EJUS *Fasciculus* 60. *quæstionum miscellanearum. Una exhibens mantissam anti-Hoffmannianam de vero sanguificandi organo* Brem. 1672. 4. Eorum aliqua in mantissa prolata ipse in *Phœnice botanico* retractavit & deleri jussit. MOELLER.

EJ. *Exercitatio de vero & genuino sanguificandi organo ad Th.* BARTHOLINUM Kiel. 1675. 4. LIND.

EJ. *Ovum* HARVEJANUM *generationis animalium curiosum, quo demonstratur quod generatio animalium fiat ex nihilo* Kiel. 1675. 4. LIND. 1699. 4.

EJ. *Curiosum scrutinium nigredinis posterorum Chami i. e. Æthiopum* Kiel. 1677. 4.*.

Ej. *Vertheidigung der Astrologie — daß — die Chiromantie und Metoposcopie aus der Natur können behauptet werden* Hamburg 1699. 4.

Ej. *Fortsetzung der Vertheidigung der Astrologie, Chiromantie, Metoscopie &c.* Hamburg 1699. 4.

Ej. *de tribus naturæ regnis* Kiel 1705. 4.*.

Ej. *de motu cordis* Kiel 1706. 4.

Ej. *de pisce torpedine ejusque proprietatibus admirandis* Kilon. 1710. 4.*.

Ej. *de visus & oculorum thaumatographia* Kiel. 1711. 4.

In *Act. Hafn.* 1673. *obs.* 101. de organo sanguificationis egit, cum responso Bartholini.

Obs. 103. de sanguine lacteo perinde &

Obs. 104. de generatione hominis ex ovo,

& *Obs.* 105. de fermento stomachi.

Vol. III. *obs.* 13. hiatus palati & uvulæ.

Vol. IV. *obs.* 13. de respiratione sub aquis.

Obs. 17. Æthiopissæ anatome.

Vol. V. *obs.* 6. anatome monstri ovilli difformis, ventre maximo.

In E. N. C. *Dec.* I. *ann.* VI. VII. *obs.* 70. de lacte nimis abundante.

Dec. II. *ann.* II. asphyxia.

Ann. III. fetus vivi ex matre mortua excisi. *obs.* 153.

Ann. IV. *obs.* 60. Canities a metu.

Ann. V. *obs.* 125. cruentatio cadaveris ad præsentiam occisoris.

Ann. VII. *obs.* 67. fetus per sectionem suscitatus.

Ann. VIII. *obs.* 91. hircus lactans.

Obs. 159. homo 162. annorum, sed ex aliena fide.

Obs. 160. Urina a morte excreta.

Dec. III. *ann.* V. VI. *obs.* 197. Menses per alvum.

In *Act. lit. Mar. Balth.* 1700. Lac in mammis feminæ sterilis.

Ib. 1701. de adipe per umbilicum effluente.

Ann. 1702. *Febr.* de vena in gena virginis sponte rupta.

M. Mart. de partium humani corporis sympathia, & *M. Novembr.* de generatione æquivoca.

Ann. 1705. *M. Jan.* Gallina colorem plumarum mutans.

M. Febr. de strepitu ossium.

M. Maj. femina per novem annos sopita.

J. Ferdi-

J. Ferd. HERTODT, Brunnæ in Moravia physicus, pluscula dedit in E. N. C. In *Dec.* I. *ann.* I. *obs.* 60, de fetu in utero a croco tincto, quem mater sumserat.

Ann. II. *obs.* 5. Anatome leænæ.

EJ. *Opus mirificum sextæ diei, i. e. Homo physice, anatomice, moraliter consideratus* Jen. 1671. 8.*

§. DXXVIII. *Ephemerides Naturæ Curiosorum.*

Cum ab ann. 1652. societas medica coaluisset, tandem primum volumen operum ann. 1670. prodiit *Philippi Jacobi* SACHSII cura. In hoc immenso diario plurima anatomici argumenti continentur, brevissimæ sæpe notulæ, aliquando historiolæ ad miraculum ornatæ, sæpe tamen etiam utilissimæ & eximiæ dissertationes. In iconibus studium certe in priori seculo desideres: optares etiam in libera equidem republica, censorium munus aliquanto severius.

Joachimus Georg. ELSNER, Vratislaviensis Medicus, in *Dec.* I. *ann.* I. *obs.* 40. dedit placentam excarnatam.

Obs. 61. in ductu thoracico, chyli loco liquor ruber.

Obs. 118. Dubia de sede veneris in liene. Eo exsecto catellam mansisse fecundam.

Obs. 136. de spermate ceti, quod sit ex cerebro piscis Cachillot de cetorum genere.

J. Georg. GREISEL, Medicus Viennensis, E. N. C. *ann.* I. *obs.* 55. de fetubus gemellis pectoribus connatis.

EJ. *de cura lactis in arthritide* 1683. cum aliqua analysi.

Albard Herman CUMME, Archiater Brunswicensis, in *obs.* 93. de visu duplicato.

Obs. 94, 95, 96. sanguis menstruus ex pulmone, ex ore, & in gravida superstes fluxus ejus sanguinis.

Ann. III. *obs.* 109. officulum pruni germinans a rustica rejectum.

Obs. 110. testes coaliti.

Obs. 113. arteriarum spermaticarum defectus.

Obs. 114. menses muliebres serotini & præcoces.

Obs. 117. secundæ pars post mensem expulsa.

Obs. 135. Os coccygis luxatum.

Jac. J. Wenceslaus DOBRZENSKY *de Negroponte* de unguento fabula, quo illiti pueri in pygmæos abeant. *obs.* 79.

EJ. *Hippocrates redivivus s. theses medicæ inaugurales præliminaria antiphysiologica, tum ad usum partium. Physiologica demum ad medendi methodum pertinentia* Prag. 1684. 4. HE.

Val. Andr. MOELLENBROECK. E. N. C. *ann.* I. *obs.* 109. felem ex ore mulieris natam dixit.

Ann. II. *obs.* 19. 20. Adeps per sudorem & urinam.

Obs. 76. Cor inversum, ut ventriculus dexter sinistra teneret.

Laurent. WOLFSTRIEGEL, Viennensis anatomicus, in *obs.* 76. os cuneiforme in fetu ex tribus partibus conponi, sellamque turcicam in fetu, non in adulto, perforari.

Ann. II. *obs.* 6. Anatome aliquot leonum. In eorum altero polypi cordis. Ossa non solida.

Ib. *obs.* 7. Tigridum anatome & sceletus. Hic, & in leone, vasa sanguinea retinæ tunicæ conspicua.

Obs. 22. satis accurata ani clausi anatome. In recto intestino appendix pro vesica.

J. PATERSON HAIN, Medicus Eperiensis, *Ann.* I. *obs.* 62. de fetus jam capite exclusi in uterum reditu.

Ann. II. n. 27. Aliqua microscopica, vermes aceti.

J. Jacobi PISANI, Viennensis Professoris, flamma ex ventriculo animalis, cui utrinque ligatus fuerat ventriculus; vapor nempe inflammabilis. *obs.* 77.

§. DXXIX. *Philos. Transactiones.*

In n. 58. *Jacobi* GRANDI mirifica historiola ductus pancreatici in lienem ducentis. Puellæ pectore coalitæ. Puer tribus ventribus apertis.

IDEM scripsit *de laudibus* SANCTORII Venet. 1671. & *orazione nel aperirsi il nuovo teatro d'anatomia in Venezia* ib. 1671. 4. CINELLI.

N. 64. Præceps fama de inventis a Germano anonymo ductibus, a thoracico canali ad mammas euntibus, & chylum eo ferentibus. Tum de breviori a ventriculo in vesicam via inventa.

N. 67. Fuse de ea breviori via. Ureteribus nempe ligatis, expressa vesica, canem cum affatim biberet, tamen in vesica lotium habuisse.

N. 68. de acido succo formicarum.

Apud BIRCH. II. p. 426. eo anno. Pulsantem arteriam utique intumescere.

§. DXXX. *Varii.*

Cornelii van SOLINGEN, Chirurgi Hagiensis, BILSII discipuli, *Embryulcia of te afhalinge eenes doden vruchts* Haag. 1673. 12.*, tum in operibus omnibus. Adnotationes non contemnendas adspergit. Non omisit uteri ejusve cervicis obliquitatem. In hernia uteri fetus. Atreta gravida. Nullum in cervice & vagina uteri adipem esse.

EJ. *Ampt en plicht der Vrœdvrouwen* Amsterd. 1684. 4.* 1695. 4.*. Multa habet pertinentia ad generationem, graviditatem, partum naturalem, potissimum in adjectis & adnotationibus. Atreta, partus ovi integri. Nymphæ prælongæ. Falsum germen. Ossium pubis discessio. Gemellorum secundæ separatæ; & alias conjunctæ. Nodus funiculi umb. Clitoris inferiori loco sita.

Molæ

Molæ & placentulæ. Urethra in vaginam aperta. Funiculus umbilicalis bifidus. Caruncula prope urethram. Fetus ex tuba excisus. Fetus per antiquum funiculum nutritus.

Cosmi VIARDEL, Chirurgi, *Observations sur la pratique des accouchemens naturels, contre-nature & monstrueux* Paris 1671. 8. 1748. 8.*. Germanice Frankfurt 1676. 8.*. Ordo nullus, multa passim superstitio, & veteris vestigia ruris. Partium genitalium historiam habet & graviditatis, partusque, hæc breviter. Tria monstra describit: simiæ facie unum; alterum spina bifida; & tertium cornutum, si Diis placet. In nupera editione non malæ additiones accesserunt.

Pauli PORTAL *Discours anatomique sur le sujet d'un enfant d'une figure extraordinaire* Paris 1671. 12. d'ETR. FALC.

IDEM, ut puto, auctor fuerit, cujus *pratique des accouchemens soutenue par un grand nombre d'observations* prodiit Paris 1685. 8.*. Nam & hic & aliqui fetus monstrosi describuntur, tum immaturi, galea cranii destituti, & tergemini quorum duo conpressi & fere plani; porro placentæ vesiculares: Puer absque sexu, vesica cum recto intestino confluente; ovum humanum.

In appendice LAMZWEERDIANA SCULTETI Amst. 1671. 8.* agitur de transfusione sanguinis, & LOWERI atque aliorum inventa recensentur, tum BURRHI & BARTHOLINI l. de cerebro & suffusione.

Etat général des baptêmes, mariages & mortuaires des paroisses de la ville & fauxbourgs de Paris avec des observations generales sur les années 1670. & 1671. Paris 1671. fol. DEN.

Franc. Oswald GREMBS *Arbor integra & ruinosa hominis* Francof. 1671. 4.*. Totam physiologiam ad HELMONTII & chemicorum saporem continet.

Phil. GRULING *de triplici in medicina evacuationis genere — insensibili transpiratione, somno, & veneris evacuatione* Lipf. 1671. 4.

Erici Ericii PONTOPPIDANI *Epistola in qua verba avium & animalium voces exprimentia Danice redduntur* Hafniæ 1671. 8.

Antonii le GRAND *Institutio philosophiæ secundum principia* RENATI *des* CARTES Londin. 1672. 8. (potius 1671. 8., cum in tomo 1671. *Philos. Trans.* recenseatur) Noriberg. 1683. 4.*. Physiologiam tradit cum iconibus. Sectam, quam dixi, sequitur.

EJ. *Curiosus rerum abditarum naturæque arcanorum perscrutator* Noribergæ 1681. 8.*. Compilatio, in qua varia physiologica parum firma.

EJ. *Historia naturæ elucidata, secundum principia stabilita in institutione philosophica* Lond. 1673. 8. 1680. 8. BUR. Libro VIII. agit de animalibus: libro 9. de homine & functionibus corporis: hic potissimum de sensibus.

EJ. *de carentia sensus in brutis* Lond. 1671.

L'Abbé BOURDELOT (*Pierre Michon* BOURDELOT) idem medicus Christinæ olim

olim familiaris, *Recherches & observations sur les viperes, en reponse à une lettre de Mr.* REDI Paris 1671. 12. BUR. In Italia sufficere succum flavum ad occidenda animalia. In Gallia egere auxilio biliosi spiritus viperæ. Levissimum hominem fuisse, pharmacopolæ famulum, tonsoris filium PATINUS (*a*). Veneno seipsum occidisse alii. Huc referas *Conversations de l'academie de l'Abbé* BOURDELOT *recueillies par le* S. GALLOIS Paris 1675. 12.*

Ovidii MONTALBANI *Curæ analyticæ aliquot naturalium observationum Aldrovandicas circa historias* Bonon. 1671. fol. si huc facit.

CINTHIO d'AMATO *prattica . . . . di balsamare corpi umani* Napoli 1671. 4.

Secrets de la medecine des Chinois consistant en la parfaite connoissance du pouls Grenoble 1671. 12.

Novæ hypotheseos de pulmonum motu & respirationis usu specimen Londin. 1671. 8. GUNZ. Septum transversum non nisi antrorsum & retrorsum moveri, & pulmones cedere, neque a septo & costis moveri, sed aere elastico illapso repleri. *Ph. Tr.*

§. DXXXI. *Varii.*

Arnoldi v. AALSEM *de humoribus* Leid. 1671. 4.*.

Theodori SCHNEIDER *de pilis* Jen. 1671. 4. HE.

Nicolai Benedicti PASCHAL *Quæstio an Esau fuerit monstrum* Wittebergæ 1671. 4. UFF.

Andr. HOMBERG *de tentigine s. clitoridis nimia excrescentia* Jen. 1671. 4.

J. COPER *de oculo* Brem. 1671. 4.

Joh. Valentin WILLI *de ira* Argentor. 1671. 4.*.

EJ. in *Act. Hafn. Vol.* III. *obs.* 78. analysis albuminis ovorum.

Obs. 80. Integri fetus ex manco patre.

Obs. 82. Clitoris leporis ingens: fetus leporini tenerrimi, absque corporis involucris. Corpus luteum in lepore, vulpe, & tursione. Anastomoses duarum arteriarum umbilicalium. Bona dissertatio.

Fr. VESOU & *Petri* OZON *E. quibus ingenii vis major, minor est corporis* Paris 1671.

Lud. GAYANT & *Petri* YON *E. spiritus animales in cerebri substantia procreantur* Paris. 1671.

§. DXXXII. *J. Jacobus* HARDER,

Professor Basileensis, & in practica anatome diligens, & in comparata.

EJUS *Epicheiresis physica animæ humanæ s. intellectivæ naturæ imperium* Basil. 1671. 4.

EJUS.

(a) Ep. 51. ad C. SPON.

Ejus *Examen anatomicum cochleæ terrestris domiportæ, cum app. de partibus genitalibus* (ejus animalis) Basil. 1679. 8.*. Integra anatome, maxilla superior, inferior, ingluvies, œsophagus, sacculus, ossiculi, vas lacteum, vas coliforme s. cellulatum, in quod vascula ab intestini tubulo eunt, processus vermiformes, vasa lymphatica, plexus lymphatici. Intestinum, hepar spirale a quo idem ramos habet, fæces globulosæ; Hepar quadrilobum, inde ad cor vas magnum. Cor cum pericardio; ejus magna vasa. Plexus tortuosus, bronchus. Ductus a vasculo lacteo, & a sacculo lacteo spirali ad testam.

In *appendice*, ova vidit in omnibus cochleis, & coitum, & utriusque coeuntis animalis corpus ossiculo confixum.

Una prodiit Ej. *prodromus physiologicus* Basil. 1679. 8.*. Juvenile opus, in quo multa vestigia sunt veterum præjudiciorum, ut quatuor humorum, tum fermentationum. Pro epigenesi. Humores vero solos percurrit.

Ej. & L. SCHROECK *epistolæ aliquæ de partibus genitalibus cochlearum* August. Vindel. 1684. 8.*. Ovarium cochleæ, penem, etiam testes describit. REDI animam cogitabilem impugnat.

In *exercitationibus* PÆONIS & PYTHAGORÆ habet glandulas vesicæ alia, vide cum J. C. PEYERO.

Ej. *de viscerum præcipuorum structura & usu* Basil. 1686. 4.*.

Ej. *Apiarium observationibus medicis & experimentis refertum, scholiis & iconibus illustratum: cum responsione ad invectivas J. Baptistæ de* LAMZWEERDE Basil. 1687. 4.*, recusum 1736. 4. cum titulo *Thesauri observationum medicarum rariorum, experimentis physico-medicis, nec non scholiis &c.* Hoc opus inter HARDERIANA princeps est, magna quidem parte pertinens ad anatomen practicam, tamen etiam ad nostrum scopum. Observationes centum cum scholiis. Subsidiariæ observationes. Glandulas duræ matris habet, quas sibi tribuit PACCHIONUS. Ren maximus quadrifissus. Iterum de cochleis. Vesiculam lacteam videri testam generare. Experimenta venenorum vivis animalibus propinatorum, & animalium enectorum incisiones, ut ciconiæ, ranæ, serpentis. Fetus vitulini anatome & secundarum. Sic leporini & cuniculi Brasiliensis catuli. Uterus porcinus prægnans. Fetus humanus quinquemestris. Viscera canis, hinnuli, rupicapræ, aquilæ, gallinæ, tardæ, lacertæ, muris montani, talpæ: hæc MURALTI. Cum LAMZWEERDIO de generatione litigat.

Ej. *de chylificatione* Disp. Basil. 1688. 4.

Ej. *de naturalis & præternaturalis sanguificationis in humano corpore historia* Basil. 1690. 4. HE.

Ej. *de chyli secretione & distributione* ibid. 1698. 4. HE.

Ej. *de sanguinis motu vitali* 1694. 4. HE.

Ej. *de cerebri humani structura naturali* 1710. 4. HE.

In *Act. Nat. Cur. Dec.* III. *ann.* I. *obs.* 35. agit de puellæ rene unico sinistro.

In *app.* de rupicaprarum viſceribus & ægagropilis. De foraminibus prope aures reſpirationi dicatis. Quatuor ventriculorum deſcriptio, valvula duodeni, veſiculæ ſeminales.

Ann. II. *obſ.* 185. de molarum generatione.

Ann. IV. *obſ.* 123. anatome muris alpini.

Ann. VI. *obſ.* 103. de glandulis duodeni, tum *Dec.* III. *ann.* I. *obſ.* 96.

Obſ. 105. anatome erinacei.

Ann. IX. *obſ.* 90. in allantoide vituli ſcybala.

Obſ. 92. Cor hirſutum &c.

Dec. III. *ann.* II. *obſ.* 172. puella nono anno prægnans.

Obſ. 173. uvula nulla.

Ann. IX. X. *obſ.* 63. lienes tres.

In *Act. Erudit.* deſcribit novam glandulam lacrumalem, cum ſuo ductu excretorio, in cervis & damis viſam. Eam etiam HEUCHERUS habet, & in *idea machinæ humanæ J. Mauritius* HOFMANN, cum ductu excretorio, circa initium membranæ nictitantis aperto.

§. DXXXIII. *Mart.* LISTER,

Medicus Eboracenſis. Paradoxorum amans, cæterum in anatome animalium frigidorum exercitatus & diligens; denique R. ANNÆ medicus.

In *Phil. Tranſ.* 1671. de inſecto ſuavi odoris in hyoſcyamo vivente.

Ib. de pyrallidibus.

N. 73. de Kermes Anglico.

N. 76. iterum de inſectis grati odoris & n. 77.

N. 95. Nullo pigmento potuiſſe ſe chyli candorem fucare. Glandulas miliares fragiformes inteſtinorum tenuium dicit.

In collect. HOOKII n. 6. Animal piſci ſimile, vomitu excluſum.

Apud BIRCH. Tom. IV. p. 169. de cæruleo colore chylo impertiendo, dum Indicum in inteſtinum infunditur, quod cum nonnunquam parum ex voto ceſſiſſet (*b*), a *Wilhelmo* MUSGRAVE feliciter repetitum eſt (*c*) (& à nobis). De eodem experimento *Phil. Tranſ.* n. 143.

In *Phil. Tranſ.* n. 149. de Chyli albedine.

N. 155. de cæco inteſtino animalium. Factum eſſe ad figurandas fæces.

N. 160. Senum exempla, inter quæ vir 126. annorum.

Apud BIRCH. T. IV. p. 292. Sanguinem equi viſcidiſſimum eſſe.

p. 356. Videtur lympham illam in vaſis lacteis ſæpe pro morbi effectu habere.

Phil.

(b) p. 183. 184. (c) p. 186.

Phil. Tranf. n. 229. Anatome pectinis, cor, branchiæ, partes generationi infervientes. Habet pro animale androgyno.

N. 244. Dubia contra LEEUWENHOECKIUM, etiam alibi prolata, & repetita ab obfcura origine vermiculorum feminalium.

In n. 270. fibi vindicat experimentum vaforum lacteorum cæruleo colore repletorum.

EJUSDEM *Hiftoria animalium tres tractatus. Unus de araneis, alter de cochleis terreftribus & fluviatilibus, tertius de cochleis marinis* Lond. 1678. 4.*. Aranearum hiftoria naturalis, ova, fila etiam quæ projiciunt. Cochlearum aliqua anatome, vafa lactea. Limacum coitus & intertexti penes, ut apud SWAMMERDAMIUM. Cochleæ pullæ humor coccineus, fexus androgynus.

EJ. *Exercitatio anatomica de cochleis maxime terreftribus & limacibus* Lond. 1694. 8.*. Tabulas HARDERI & REDI in fuum opufculum inferuit. Veros oculos effe tuetur, quos animal in antenna præfert. Branchiæ. Vifcus pancreati aut hepati hactenus analogum. Arteriæ, vafaque animalis. Cor, aorta ejusque rami, vena cava, vafa argentea per hepar & inteftina diffufa (quæ alias lactea dixit.) Cordis pulfus. Caput, dens unicus, gula, ventriculus cum cæca appendice, ductus inteftinalis. Hepar verius, lobulofum, quod nullam tamen bilem feparat. Inteftinula cæca cancrorum. Globuli fanguinei noftris majores. Genitalia cochleæ & coitus. Gladiolus irritans. Appendices vaginæ, ovarium, vulva, ova, partus. Negat cochleas alterne intortis flagellis coire. Perfpirationem nimiam a SANCTORIO defcribi moveat, doctus a CRESSENERIO.

Digreffio de refpiratione; aërem negat noftra vafa fubire, nifi cum chylo. Pulmonem effe fanguinis diverticulum, & difflare vapores, neque fanguinem in pulmone conteri: hæc Diff. recufa eft in B. MANGETI.

Mantiffa anatomica: ad cochleas. Auricula cordis minima. Chylum animalium quadrupedum fponte non concrefcere. Venarum in pifcibus magnam ad arterias rationem effe. Margarita morbus eft.

EJ. *Exercitatio anatomica altera in qua agitur de buccinis fluviatilibus & marinis* Londin. 1695. 8.*. Aliqua ad cochleas, earum branchias, & oculos & contra POUPARTIUM. Cochlea non eft androgyna; ejus teftes, anatome. Ad hepar inteftinale. Ova in alia fpecie & genitalia. Tunc buccina, eorum anatome, fexus androgynus, trachea, auricula, anatome, lactes coccineæ. Succus coccineus. In alia fpecie branchiæ duæ, auricula major. Purpuræ, & earum fuccus tinctorius. Nullum inter animalium arterias & venas parenchyma intercedere. Nervos folidos effe, irrigari lympha cerebri. Pro glandulis cerebri contra LEEUWENHOECKIUM. De aëre vitali. Nitrum in aëre nullum effe. Aër vitalis fulphureus eft & vaporofus; in omnes humores de fanguine fecretus tranfit, coctionem perficit, calorem in fanguini fufcitat, eum fanguinem in animalibus frigidis agitat. Cordis motus in cochlea arbitrarius. Fabricam glandulofam corticis cerebri contra LEEUWENHOECKIUM tuetur. Icones propriæ & pulchræ.

Ej. *Conchyliorum bivalium utriusque aquæ Exercitatio anatomica tertia* Londin. 1696. 4.*. Loliginis sed in spiritu servatæ anatome via alimentaria, vesicula, gladiolus, viscera, branchiæ, genitalia utriusque sexus, vesicula venenifera. Musculi anatome, cor, auricula, aorta. Pectunculi tracheæ, cor. In tellina tracheæ, intestinum, genitalia. Similia in chama. Pholadis anatome: ad concham margaritiferam aliqua, cujus uniones pro morbo habet. Bivalvia ex ovo & suis parentibus generari. Pro ovis. Objectiones contra LEEUWENHOECKII vermiculos. Testarum generatio & analysis. Pro fermento & putredine ciborum, contra tritum. Branchias solas arterias continere absque venis.

Hæc omnia redeunt in Cl. viri magno opere, quod cum præsto non sit, nescio an plura aliqua anatomici argumenti contineat.

Ej. *Journy to Paris* London 1698. 8. 1699. 8.*. Germanice Schwabach 1753. 8. Continuo a pace Ryswicensi, Parisios adiit, studia doctorum virorum & nova inventa cominus inspecturus, Du VERNEYUM medias inter sordes anatomes deprehendit, inde MERIUM, quem laudat. Non ignoravit duram matrem multo longius produci, quam spinalem medullam. De lite J. MERY mota ob inversum sanguinis per cor fetus motum. Foramen ovale in homine adulto apertum.

Denique nunc senex, majus opus edidit, *dissertationem de humoribus* London 1709. 8.* Amsterdam 1711. 8.*. Magna pars physiologiæ in hoc opere comprehenditur. In præfatione medicinam geometricam increpat, quod ultra experimenta progrediatur & contra ea. Asperior cæterum in *Jacobum* DRAKE, *Fr.* RUYSCH, *A. v.* LEEUWENHOECK, *A.* PITCARNE. Maxima pars operis eo spectat, ut ostendat, a fermentatione, aut putrefactione, neque enim eas distinguit, ciborum coctionem pendere. Multa hic congerit ex animalium anatome repetita, lectuque utilia. Contra nitrum aëreum. Contra acidum. Salem marinum in sanguine esse. Inflati per laniones corporis experimentum. Sudorem in aquam salsam collegit. Secretiones omnes a chylo deducit, non a sanguine. Bilem ex chylo, sed parcissime parari. Menses muliebres fætere, viscidos esse. Non esse a plethora. Fuse in spiritus animales: irriguam in cerebro pituitam parari. In vermiculos LEEUWENHOECKII; ad venerem incitandum factos esse.

In *secunda exercitatione de Thermis & fontibus medicatis Anglice* Londinens. 1684. 8. Leid. 1686. 12.* agit de concoctione, eamque ad putredinem refert. Lac vaccinum ultimum salsum esse. Humores ex lympha nasci, semen, pituitam, alios.

Edidit etiam SANCTORII *medicinam staticam cum notulis* Londin. 1716. 12.* vide p. 324.

Reformavit & edidit J. GOEDAARTIUM, in methodum redactum Londin. 1685. 8.*. Multos & maximos errores GOEDAARTIUS commiserat, cum ichneumonum ova haberet pro ovis compunctæ erucæ, eique alienos fetus imputaret,

taret. Alios etiam errores LISTERUS correxit, & utiles adnotationes addidit, de repetitionibus monuit.

Addidit adpendicem ad historiæ animalium Angliæ tres tractatus; novas icones; & aliquas adnotationes.

Objectiones in LEEUWENHOECKIUM repetuntur in MANGETI *Bibliotheca Anatomica*.

In RAJI epistolis de tribus apum oculis egit.

§. DXXXIV. *Johannes* RAJ,

Magnus botanicus, suisque in arte laudibus dignissimus, passim aliquam partem physiologiæ adtigit. De generatione in *Phil. Trans.* n. 74. Omnia animalia ex ovo & ex suis parentibus prodiisse.

N. 172. ib. de ave fulica macreuse.

N. 308. posthuma reperitur anatome leporis, & cæci ejus intestini: tum gallinæ montanæ, & ejus appendicum intestinalium.

In *topographicis observationibus*, plures quam puellas pueros docuit nasci.

EJUS *wisdom of* GOD *in the works of the creation* London 1691. 8. Editio 8va. 1722. 8.* Glasgow 1750. 12. Pene totum opus est physiologicum. Animalium communia, generatio, instinctus, aptitudo partium ad suos usus: fabricæ avium ad volatum, piscium ad natatum aptatæ, fabrica mammarum, aponevroseos cervicis. Deinde fabrica hominis sigillatim per singulas partes. Constantia partium præcipuarum, varietas in minoribus. Digestio. Causæ & fines fabricæ oculi. Sensus. Respiratio. Generatio. Venus. Animalia ex semine aut ovo produci. Nullas novas species nasci. Sacci ad uropygium pro illinendis avium pennis.

EJUSD. *Synopsis methodica quadrupedum & serpentum generis* Londin. 1692. 8.* Generalia animalium. Contra generationem æquivocam, speciesque novas. Contra LEEUWENHOECKIUM pro ovis. Passim anatomen animalium addit, ex bonis citatis fontibus desumtam, fusam in nonnullis, ut in elephante & tajassu. Corpus sanguineum pro retinendo pene in cane de ED. TYSON.

EJ. *Three Physicotheological discourses concerning the primitive chaos and creation of the world &c.* London 1717. 8.*. In parte prima contra evolutionem scribit, negat nempe omnia animalia potuisse in Evæ ovario contineri, neque admittere eam theoriam nævos, qui fetus fabricam mutent. Quare ad plasticas naturas confugit.

EJUSD. *Insectorum historia à Guil.* DERHAM a morte viri optimi edita Londin. 1710. 4.*. Passim de victu, oculis, generatione, aliisque animalculorum proprietatibus.

EJUS *Synopsis methodica avium & piscium*, pariter posthuma Lond. 1713. 8.*. Parcior hic in anatome quam in quadrupedibus.

EJ. *Philosophical letters between M.* RAY *and several of his correspondents*, posthumæ, a W. DERHAM editæ London 1718. 8.*. Passim aliqua huc facientia continent; LISTERI cicindelam, opinionem de excrescentiis vegetabilibus, de venenatis succis animalium, de kermes, de coccinella, quæ de eodem genere sit. Ipsius RAJI anatome rajæ dorso spinoso. H. SLOANEI viperarum genitales partes masculæ & femininæ. D. TOWNE aliqua ad canem marinum. JOHNSON suspicatur, & recte, anguillam esse oviparam. TENTZEL de sua sceleto Elephantina. Cl. WILLOUGHBY ad variorum animalium anatomen.

De liquore acri formicarum.

De transfusione sanguinis testimonium, de tribus minoribus apum oculis. Puer ultra ætatem doctus.

Sanguinem nigritarum non atrum esse SKIPPON.

In *Select Romains* nuper anno 1760. 8.* editis paucula huc faciunt, de intestinalibus appendicibus piscium.

§. DXXXV. *Varii.*

P. CHERUBIN d'ORLEANS *Dioptrique oculaire* Paris 1671. fol.*; & *vision parfaite où le concours des deux axes de la vision en un seul point de l'objet* ib. 1677. fol. Non putat anatomen cadaverum oculi in videndo munia declarare. Humorem vitreum & crystallinam lentem suas firmitates invicem commutare. Lentis anteriorem faciem parum facere ad cogendos radios, quæ corneæ concentrica sit, posteriorem magis. Unico oculo hominem in videndo uti negat contra GASSENDUM. Corneæ tunicæ in refringendo eamdem esse vim, quæ aquæ, experiendo invenit. Non in unum retinæ punctum radios confringi. Hæc in *dioptrique oculaire*.

D. FOURNIER, Chirurgus Parisinus, edidit Paris 1671. 4.* *l'anatomique pacifique*, quæ pars est *Oeconomiæ Chirurgicæ*. Integrum compendium anatomes, per omnes suas partes, cum figuris, fere ex VESALIO sumtis. Varia undique habet singularia. Cor sanguinem ab hepate habere, in hepar expellere. Cisternam chyli ait sibi anno 1635. visam, & lymphatica vasa septi transversi anno 1647.

§. DXXXVI. *J. Jacob* WALDSCHMIDT,

Cartesianus, cæterum non absque ingenio vir, non quidem incisor, Professor Marburgensis.

In *Eph. Nat. Cur. Dec.* I. *ann.* II. *obs.* 210. de sanguine albo.

Obs. 212. infans cui, si diis placet, penis palatum legebat, orisque cavitatem ad fauces usque.

Dec. II. *ann.* VI. In suffocatis sub aqua, neque in ventriculo, neque in thorace aquam reperiri.

Dispu-

Disputationes nostri argumenti sunt

De chylificatione Marpurg. 1674. 4.*.

De sanguificatione quæ fit in hepate.

De glandulæ pinealis statu secundum & præter naturam.

De generatione ex ovo (respondente *Dominico* BEDDEVOLE).

Inventa circa opium Marpurg. 1676. 4. ad somnum.

EJ. *de colore Æthiopum* Marpurg. 1683 4.*.

De causis partus monstrosi nuperrime nati & de causis monstrorum in genere 1684. 4.*. Puellæ nostro more connatæ. Derivat a duobus ovis, quæ aura genitalis una fecundaverit.

EJ. *Specimen de sensibus* Marpurg. 1684. 4.

De chylo & sanguine Marpurg. 1686. 4.*.

EJ. *Fundamenta medicinæ ad mentem neotericorum delineata* Marp. 1682. 8.* Leid. 1685. 8. Totus Cartesianus, ut etiam rarefiendo sanguinem de corde velit erumpere.

EJ. *Institutiones medicinæ rationalis* Marpurg. 1688. 8. Brevis physiologia.

EJ. & DOLÆI *Epistolæ in quibus in inventa anatomica, physica, chymica inquiritur* Leid. 1688. 12. Francofurt. 1689. 4.*. Aliqua habet huc pertinentia, NUCKII, BRUNNERI & aliorum amicorum. Quæstiones etiam agitat de nævis, de cordis motu mirifica cogitata DOLÆI: alia WALDSCHMIDII. Tubercula cornuum similia in puero. Urinæ fluxus maximus.

Opera omnia prodierunt Francofurt. 1707. 8. 2. Vol.* Neapoli 1727. 4. 2. Vol. 1736. 4. 2. Vol.

Edidit etiam postremam BILSII ad T. ANDREAM epistolam Marb. 1678. 8.* in T. ANDREÆ l. *de balsamatione.*

An ejus an filii *Erkenntniß Gottes aus dem Bau des Menschen* 1706.

Video etiam citari *exercitationes medicas* Cliviæ editas 1677. 12.

Apud PASCHIUM legas, habere WALDSCHMIDIUM uteri cellulas.

§. DXXXVII. *Acta Naturæ Curiosorum.*

In *anno* I. *obs.* 61. *Simonis* SCHULZE manus fetus ex terrore matris incurvæ.

Obs. 84. placenta vesicularis.

Obs. 135. lac ex mamma juvenis.

Ann. III. *obs.* 190. ovum serpentiferum.

Obs. 2. 3. abortus curatio.

Ann. IV. *obs.* 75. mensium errores.

Georg. Christoph. PETRI *de* HARTENFELS, Professoris Erfordiensis, ren monstrosus, minimus.

Ej. de androgynis n. 203.

Ej. de dentibus Erfurt. 1697. 4. Pl.

Ej. *Elephantis descriptio* Erford. 1715. 4.*. Anatomen etiam collectaneam continet.

Iterum Anonymi animadversiones. Pisces habere benè crassum diaphragma, neque tamen respirare. *Eph. Nat. Cur. ann.* I. *obs.* 156.

Obs. 157. pro viis propioribus urinam ad vesicam ducentibus.

Salomon Reisel, Medicus Würtembergicus. Ejus est lepus bicorporeus & biceps vitalis. *obs.* 199.

Ann. VI. VII. *obs.* 193. de noctu lucente urina.

Obs. 192. de submersis Suecicis.

Ann. VIII. *obs.* 28. de flamma ex oculis erumpente & litteras illuminante.

Obs. 30. de pinguedine in gelatinam soluta.

Ann. IX. *obs.* 1. Statua humana, in qua per tubulos circuitum sanguinis imitari licet. Adde *Dec.* II. *ann.* I. *app.*

Ann. IX. *obs.* 14. de sede visionis perfectissimæ.

Obs. 141. valvulas depingit in vena cava sub hepate, ad ortum ramorum hepaticorum positas.

Dec. II. *ann.* II. *obs.* 115. hernia cerebelli.

Obs. 119. ovum monstrosum.

Ann. VI. *obs.* 47. Vortices in urina bubula.

Ann. VII. *obs.* 9. anus & glans penis clausa.

Obs. 10. fetus ventralis.

Obs. 14. Corpus pene exsangue.

Ann. VIII. *obs.* 53. fetus deformis, cæcus.

Obs. 54. infans absque artubus.

Obs. 58. saliva dulcis.

Ann. X. *obs.* 97. de corneæ tunicæ laminis.

Dec. III. *ann.* III. *obs.* 23. partus novem annis in utero retentus.

Ann. IV. *obs.* 80. serosi lactis diuturnus de mammis fluxus.

Ann. V. VI. *obs.* 150. fuse de colore coronæ urinæ.

Obs. 151. Anus perforatus, intestinum terminatum sacco cæco.

Ann. VII. VIII. *obs.* 169. Ceti Narwhal bicorne caput.

Georg Sebastian Jung, Professor Vindobonensis. Ejus est lepus duplicato corpore sed capite unico, auribus tribus n. 200.

Ovum ovo prægnans n. 201.

Caspar

Caspar Theophili BIERLING, MOLINETTI discipuli, practici Magdeburgensis, urethra ad radicem penis aperta n. 204.

EJUS *adversariorum curiosorum Centuria* I. Jenæ 1679. 4.*. Pleraque practica, intercurrunt tamen monstra aliqua, obiter quidem descripta. Modus condiendorum cadaverum VESLINGII aliorum. Varietas vasorum renalium. Rariorum per itinera ab auctore visorum catalogus, inter ea novum cranium apri, post prius destructum subnatum.

J. Georg. VOLCAMER, Senior ut puto, Physicus Norimbergensis. EJUS est *obs.* 221. partus fetus putrefacti.

EJ. Epistola *de stomacho* Noriberg. 1682. 4.*. Contra fermentationem ventriculi.

An EJUS de SEVERINO JASOLINO & INGRASSIA 1690. 4. BOEHMER.

Ehrenfried HAGEDORN, Medicus Görlizensis. EJUS est columellæ ab ipsa nativitate defectus n. 239.

Ova duobus vitellis n. 241.

Ann. III. *obs.* 136. lac ex mammis non fetæ.

Ann. IV. *obs.* 69. partus quadrigeminorum.

Ann. VI. *obs.* 145. Menses in nonagenaria.

EJ. *Historiæ medico-physicæ* Rudolstatt 1690. 8. idem puto opus quod *observationum & historiarum medico-practicarum Centuriæ* III. Francof. & Lipsiæ 1698. 8.*. Monstrum, nempe adpendix capitis, suturæ dehiscentes. Humores oculi in femina sponte restituti. Nullæ a nativitate auriculæ, nulla uvula. Dentium varietates. Nonagenarius fecundus. Menses præcoces, serotini, in gravida. Partus a morte matris. Bidigita. Ruptæ a morte venæ. Infans absque epidermide. Glans penis imperforata.

In SCULTETI junioris, Medici Norimbergensis, *obs.* 253. Andria, quæ mihi vir videtur.

Ann. II. *obs.* 27. de sanguine per cutem pedis transsudante.

Ann. III. *obs.* 22. Fetus biceps, bipes, manu tertia intermedia. Collata alia.

Henric. VOLGNAD EJUS est lepus semiduplex n. 94.

Ann. IV. n. 170. Dracones Carpathici, nempe animalis ex cetorum genere sceleti.

§. DXXXVIII. *Acta Hafniensia.*

Potuissem cum BARTHOLINI operibus recensuisse, qui *Acta* ista *medica & philosophica Hafniensia* solus ediderit. Cum tamen diversorum auctorum conjuncti sint labores, eos scriptores enumerabo, qui sua cum Editore communicaverunt. Prodiit tomus I. pro annis 1671. & 1672. Hafniæ 1673. 4.*.

Fridericus HAMMERICUS, classis Regiæ medicus, aliquot monstrosos partus, hominis & animalium ad BARTHOLINUM misit n. 24.

Erasmus BARTHOLIN, *Thomæ* frater. Ova aliqua longissimo tempore incorrupta n. 52.

Caspar KOILICHEN de ano clauso n. 84.

J. Henr. BRECHTFELD *obs.* 106. testiculus alter demum circa pubertatis tempora erumpens.

Ann. VIII. *obs.* 127. descripsit fetum capillis promissis, cincinnatis, nullis auribus, oculis.

§. DXXXIX. *Caspar* BARTHOLINUS, *Thomæ* fil.

Juvenis industrius, in adhibendis alienis laboribus non meticulosus (*d*), pervenit ad altiora, & inter Aulæ ministros consenuit.

EJUS primum opusculum fuit, leporis anatome. *Act. Hafn.* I. n. 126. In unico ventriculo tamen duorum generum massa cibaria, Cæcum int. maximum, latum, glandulosum. Cor magnum.

N. 139. Puella inediam ferens diuturnam. Sed latentis fraudis metus subest.

Vol. III. *obs.* 3. de globulis sanguineis nuper detectis.

Obs. 31. BLASIUM in equo voluisse vidisse felleam vesiculam.

Obs. 53. De chirurgia transfusoria aliqua.

Obs. 54. Paternam anatomen in Indicum sermonem conversam fuisse.

Vol. IV. *obs.* 3. de sua nova diaphragmatis anatome.

Obs. 4. de siphone anatomico.

Obs. 20. de glandulis uteri in muliere repertis.

Vol. V. *obs.* 13. de ovariis mulierum, & *obs.* 14. dubia de iis soluta.

Obs. 16. de olfactus organo.

Obs. 32. Methodus demonstrationum anatomicarum.

EJ. *Exercitationes miscellaneæ varii argumenti, inprimis anatomici* Leidæ 1675. 8.*. In Prima lympha potius quam sanguine a matre adveniente fetum nutriri contendit. In Secunda contra gallos oviparos monet, ovarium eos non habere. In VIII. cor negat sanguificare. In IX. non male fundum ventriculi aut uteri dici contendit.

EJUS *de diaphragmatis structura nova* Paris. 1676. 8.* & in B. MANGETI cum querela C. DRELINCOURTII, qui hoc opusculum sibi vindicat. Juvenis auctor vix 22. annorum. Ipsa anatome quidem fere ex animalibus sumta, & icones malæ. Decussationem tamen fasciculorum carneorum circa œsophagi anteriorem

(d) Vide conquerentem SWAMMERDAMIUM p. 675. DRELINCOURTIUM in B. MANGETI.

teriorem habet. Superiorem & inferiorem musculum in diaphragmate distinxit, ex utroque & abdominis transverso musculo trigastricum musculum composuit. Avium respiratio per saccos membranaceos facta, quos propriæ fibræ carneæ regant. Asperæ arteriæ & bronchiorum compressionem, ortam a propriis fibris, adjuvare exspirationem. Male diaphragma exspirationi servire cum DIEMERBROECKIO docet. Reliqua longe plurima fere totam physiologiam tangunt, & varias eo seculo celebriores hypotheses. Chylum per vasa lactea resorberi. Contra hepatis functionem hæmatopojeticam. Venam cavam sphincterem prope cor habere. Tendineas fibras unice carnearum motum sequi. De lymphaticis vasis, etiam intestinorum. Vasa, quæ vocantur lactea secundi generis, subinde lympham vehere. Glandulam prostatæ analogam in vaccæ vulva reperiri, (non bene illam ad hominem translatam). Glandulas ad latera vaginæ ex DUVERNEYO, fibras musculosas uteri ductusque ramosos describit.

Accesserunt C. BARTHOLINI injectiones viscerum cum siphonis icone. Venas aqua eluebat. Ea ex pulmonali arteria in asperum transit. Lienis & pulmonis siccatio.

Una prodiit *epistola* ad OLIGERUM JACOBÆUM *de nervorum in motu musculari usu*. Cerebrum & medullam spinalem ranæ describit. De organo olfactus animalium, etiam ranarium. Sublato eorum animalium corde & cerebro musculos pergere moveri, & emortua membra facile ad motum revocari. Contra WILLISIUM.

EJUSD. *de ovariis mulierum & generationis historia epistola anatomica* I. Rom. 1677. 8. *Ep.* II. Amsterdam 1678. 12.* Noriberg. 1679. 8. & in *Bibl.* MANGETI. Ductus mucosi uteri ex vaccis, & prostata muliebris. De corpore luteo aliqua. Ovariorum nomen confirmat. Addit aliqua contra BARBATUM, qui ova humana rejecerat.

EJ. *de œconomia corporis humani, exercitatio anatomica* Hafn. 1678. 4.*. De intestinorum varietatibus; de valvularum vasorum lymphaticorum ad sustinendos impulsos humores impotentia, de circulo sanguinis &c. Rangiferi intestina in helices involuta: Valvula cochleata intestini struthio cameli; Rajæ cæcum intunicum esse, marti nullum; damæ longum &c.

EJUSD. *Positiones anatomicæ ex novissimis aliorum & propriis observationibus* Hafn. 1678. 4. CINELL.

Cum LYSERI *cultro* Francofurti 1679. 8.* prodiit *administrationum anatomicarum specimen*, quod etiam in *Act. Hafn.* exstat, & in MANGETI Bibliotheca. Ordo demonstrationum anatomicarum pro seculi consuetudine. Demum instrumentum anatomicum. Microscopia commendat, & GRAAFIANUM siphonem: repletionem vasorum, pulmonis iterum & lienis præparationem docet. De cera brevissime.

EJ. *de cordis structura & usu* Hafniæ 1678. 4. MOELL.

EJ. *de olfactus organo disquisitio anatomica* Hafn. 1679. 4.* idem libellus, qui

qui in *Actis Hafnienfibus* reperitur, & in *fpecimine anatomico.* Sectio narium ex animale. Spiræ offium fpongioforum, & varietates ex diverfis brutorum fpeciebus.

EJ. *de ductu falivali hactenus non defcripto obfervatio anatomica* Hafniæ 1684. 4.* Utrecht 1685. 4. In leone ductum longum, ex glandula fublinguali exeuntem, defcribit & cum Wharthoniano confluentem. Aliqua de glandulis in univerfum. Repetitur in *Phil. Tranf.* n. 164. A DUVERNEYO fumtum effe inventum MURALTUS in *Vademec. anat.*

EJ. *de formatione & nutritione fetus in utero* Hafn. 1687. 4.*. Difp. Defcribit fetum vaccinum in utero adhuc latentem, tubam ovarium amplexam.

EJ. *Exercitationum anatomicarum de partium ftructura & ufu Prima* Hafniæ 1692. 4.*. Aliquæ adnotationes anatomicæ. De mufculo cutaneo hyftricis, papillis cutaneis, & comparatione fabricæ animalium cum humana.

EJ. *de fecretione humorum in corpore animato* ib. 1696. HE.

EJ. *de partium ftructura & ufu* Hafn. 1696. 4.

EJ. *de refpiratione animalium* Hafn. 1700. 4. HE.

EJ. *Specimen hiftoriæ anatomicæ partium corporis humani* Hafniæ 1701. 4.* Amfterdam 1701. 8.*. Compendium anatomicum cum inventis nuperorum, fplanchnologia potiffimum, & nonnullis de mufculis & offibus in univerfum adn.

Acceffcrunt *Analecta obfervationum anatomicarum.* Hic bene de modo agit, quo peritonæum vifcera abdominis obvolvit. De ductu falivali inferiore. Circuitus fanguinis per præcipua vifcera icone expreffus. Nervi tunicæ uveæ ex avibus, organum olfactus ex variis animalibus. De diaphragmate aliqua. Mufculi vertebrales, ut in STENONIO. Quæ offa funt, ea fuiffe tendines. Repetita aliqua, ut caruncula & puncta lacrumalia.

EJ. *de via alimentorum & chyli in corpore humano* Hafn. 1700. 4.* Dicitur opus effe EDUARDI WIUM.

Differtationem patris *de cygni anatome & cantu* auctam reddidit Hafniæ 1668. 8.*

EJUSD. *de unicornu obfervationes* Amfterdam 1677. 12.*.

In *Act. Hafn.* 1673. *obf.* 114. Anatomen dedit pavonis. Ut aër infpiratus per anuli afperæ arteriæ defectum emittatur in cava membranarum thoracicarum.

§. DXL. *J. Conrad* BRUNNER,

Dieffenhoffæ in Helvetia natus, magni WEPFERI gener, poftea Profeffor Heidelbergenfis, archiater Palatinus, Baro de BRUNN in Hammerftein, vir acuti & firmi ingenii. Ad praxin clinicam vocatus, pauca dedit argumenti anatomici, fed eximia.

Difputatio inauguralis *de fetu monftrofo & bicipite* Argentorati 1672. 4.*.

Anato-

Anatomen & sceleton continet fetus humani, cujus duæ pelves confluebant, duoque brachia.

Ej. *Experimenta nova circa pancreas, accedit diatribe de lympha & genuino pancreatis usu* Amsterdam 1683. 4.* Leid. 1722. 8.* & in B. Mangeti. Hic potissimum libellus sectæ Sylvianæ nocuit. Ut nempe pancreatici succi maximam in vita animali sustinenda dignitatem refutaret, Brunnerus difficili experimento pancreas canibus amputavit, aut certe ductum filo adstrinxit aut resecuit: octies administrationem repetiit. Plerique canes feliciter evaserunt, neque ullum signum dederunt vitiatæ coctionis alimentorum. Sed neque eum succum acidum comperit, verum subsalsum.

In *Diatribe*. Ex lympha, primario succo corporis humani, tum glandularum conglobatarum, tum conglomeratarum succos secerni. Pancreas principem esse fontem succi visciduli, qui alimenta emolliat & misceat: verum tamen instrumentum ciborum coctionis esse spiritum, qui cum lympha advectus cibos dividat. Pulchra experimenta de digestione absque tritu. Lympham undique confluere in cisternam lymphaticam s. ampullam ductus chyliferi proximam in subclaviam venam insertioni. In sanguine lympham globulos rubros irretire spiritusque. Corda animalium post aliquot dies salientia. Utique amnii humorem a fetu deglutiri.

Ej. *Respons. ad J. C.* Peyer *de pancreatis usu*. De animalium origine.

In nova editione accesserunt ex *Eph. Nat. Cur.* nova in pancreate instituta experimenta, & nova descriptio glandularum intestinalium.

Ej. *de glandulis in duodeno intestino detectis* Heidelb. 1687. 4.* Schwabach 1688. 4.*. A Weppero, Pechlino, aliisque, indicatas hic tradit glandulas simplices duodeni, valde agminatas, quales raro adparent, homine tamen aliquoties visas, deinde in aliis animalibus. Eas chylo perficiendo servire.

Ej. *de glandula pituitaria Diss.* Heidelbergæ 1688. 4.*. Recte duplicem describit, anteriorem rubicundiorem, posteriorem albam, molliorem. Per infundibulum partem posteriorem inflari. Reti mirabili carere animalia, quibus caput erectum est. Equo gl. pit. major est. De vasis lymphaticis parotidis glandulæ aliqua. Pituitariam gl. esse de conglobatarum classe. Per eam amandari cerebri lympham, & ad venas per inconspicua vasa lymphatica meare. Nervorum olfactoriorum duplex origo. Sinum circularem indicat.

Uterque libellus recusus est Francofurti 1715. 8.* cum tabula glandularum duodeni s. pancreatis secundarii. Derasa tunica villosa intestini hæ glandulæ adparent, ex pluribus acinis compositæ, foramine patentes, & succum effundentes ad ignem concrescentem, in jejuno int. sensim evanescentes. Inde varietates per animalia. Distinguit suas solitarias ab agminatis vesiculis: eam lympham secernere, chylum non recipere. De vasorum lacteorum radicibus, in villosa tunica visis. Digestionem ciborum a spiritibus perfici. Lymphæ in ea usus. Aërem ex intestinis in venas venisse. Bilem non effervescere, acorem tamen

tamen massæ cibariæ corrigere. Suarum glandularum humorem esse digestivum, Peyerianarum esse viscum oblinientem. Iterum de cane, cui absque noxa pancreas excidit.

In *Ephemeridibus Naturæ Curiosorum Dec.* II. *ann.* V. *obs.* 241. novas suas glandulas indicat.

Ann. VII. *obs.* 132. nova circa pancreas, & revinctum, aut dissectum ejus ductum experimenta.

Ann. VIII. *obs.* 1. Liquor hydropicus igne coactus.

Dec. III. *ann.* I. *obs.* 152. Canalem in medulla spinali se vidisse.

Obs. 154. In cerebro venas esse, & in sinus inseri.

Dec. III. *ann.* V. VI. *obs.* 293. Experimentum STENONIANUM. Non arteriæ cruralis vinculum paralysin cruris facere, sed aortæ, unde medulla spinalis patiatur.

Cent. VI. *obs.* 1. de resorbtione in venas mesentericas.

Incisiones aliquæ apoplecticorum in posterioribus editionibus operis WEPFERI prodierunt.

§. DXLI. *J. Nicolaus* PECHLIN,

Kiloniensis Professor, Archiater Holsaticus, nobilem prosapiam in Suecia reliquit, vir acer & ingenio valens, inque anatome animalium minime peregrinus. EJ. *de purgantium medicamentorum facultatibus exercitatione nova* Leidæ & Amsterdam 1672. 8.* 1702. 8. & in E. N. C. edita magna parte sui huc pertinet. Florida quidem DRELINCOURTIANA & Græca nimis dictio. Cæterum huc facit tunica villosa intestinorum melius exposita, ejusque lympha concrescibilis; glandulæ ventriculi & recti intestini suilli, agminatæ: vesiculares intestini tenuis glandulæ; confirmatio bilis ab hepate adfluentis contra SYLVIUM. Experimentum, vinculo ductui cystico injecto, per hepaticum tamen bilem advenisse. Nihil ab arteriis in intestina percolari. De lymphæ motu & vi contractili vasorum. Purgantium medicamentorum vim & in lactea vasa penetrare & in mesenterica, totumque sanguinem. Arterias destitui fibris musculosis, neque adeo peristaltice moveri. Oesophagi glandulæ; motus peristalticus intestinorum.

EJUSD. *de fabrica & usu cordis* Kiel. 1676. 4.* & in meis *Dispp. selectis* T. II. Verum situm cordis habet, & superiorem esse ventriculum intellexit, quem vulgo dicimus sinistrum.

EJUSD. *de aëris & alimenti defectu* Kiel. 1676. 8.*. Hortulanum Holmiensem 18. horis sub aqua glaciali stetisse & revixisse narrabatur: de ejus rari certe phænomini causa PECHLINUS inquirit. De avibus sub aqua hibernantibus; de ursorum aliorumque animalium somno hiberno. De hominibus absque respiratione viventibus, de urinatoribus, quam vitæ tenacitatem nitro aëris abundantiori tribuit; a qua ipsa causa & ab aquis nitrosis etiam sui olitoris

ris diuturnam vitam repetit. Longa jejunia ad perſpirationem ſuppreſſam, ad humores glutinoſos refert. Nimium conjecturarum.

Ej. *Progr. anatom. cadaveris feminæ Æthiopicæ* præmiſſum, Kiel. 1675. fol. MOELLER.

Ej. *de habitu & colore Æthiopum qui vulgo Nigritæ* Kiel. 1677. 8.*. Semel Æthiopem viderat. Pinguiores & rotundiores eſſe artus horum hominum. Nigredinem in reticulo cutaneo reſidere, poſt MALPIGHIUM: hoc rete in canibus etiam vidit; in molles nodos villoſque excreſcere. Bilem ad tingendam cutem conferre, neque a ſole atrorem eſſe. Sudoris & ſucci poros detexit. Adjecit chamæleonis phænomena.

Ej. *Obſervationum phyſico-medicarum* l. III. Hamburg. 1691. 4.*. Pathologici quidem ſcopi, ut tamen multa huc faciant. Atrētæ: menſtruorum varietates, eorum per verticem capitis & ulcus pedis eruptio, tum per pulmonem, nares &c. Pulſus arterioſi varietates. Chylus ex vena inciſa; oſſicula præternaturalia; oſſium cranii generatio. Sudoris & tranſpirationis varietates. Chamæleonis, ſed in Holſatia languentis, phænomena, ut vix colorem mutaret. Veſperi palleſcere, noctu album eſſe: color illi viridis, anatome aliqua: adſerti renes. Pulmones undique animal univerſum replentes. Ductus ex hepate in veſiculam ducentes. Vaſa lymphatica ſub oculis evaneſcere. Succum inteſtinalem cogi. Glandulæ inteſtinorum. Linguæ fabrica. Varietates tactus, aliorum ſenſuum, imaginationis errores. Affectuum animi potentia. Sitis crudeliſſima. Corpus humanum æſtate turgere. Ex cæcis opacas lentes cryſtallinas extractas fuiſſe. Pro ductibus bilariis HIGHMORI.

In *Act. Nat. Cur.* IX. & X. *obſ.* 28. 29. Menſes præcoces in puella trienni & in gravida.

Non longe a PECHLINO removebimus *Jani* LEONICENI, Veronenſis, *metamorphoſin Apollinis & Æſculapii* Leid. 1673. 8.* exc. cujus alium video titulum *Metamorphoſis Æſculapii & Apollinis* Gratianopol. 1728. ſive nunc ipſius ſit PECHLINI opus, ſive dirigentis calamum DRELINCOURTII (*e*). SYLVIUM nuper morbo epidemico exſtinctum acriter exagitat, ut etiam ejus mortem nimio opii uſui tribuat. Non mitius GRAAFIUM increpat, ut neque grammaticis erroribus parcat: ejus acidum ſuccum pancreatis ex analogia ſucci inteſtinulorum cæcorum piſcium refutat. Malum fuiſſe experimentum GRAAFII, quo eum ſuccum acidum eſſe ſibi perſuaſit. Obſcura cæterum ſatyra per totum opus dominatur, cujus ſal mihi non ſapit.

§. DXLII. *Iſbrandus* v. DIEMERBROECK,

Profeſſor Ultrajectinus. Ejus *anatome corporis humani* prodiit Ultrajecti 1672. 8. (*f*) Genev. 1679. 4.* 1687. 4 2.Vol. Leid. 1683. 4. Ultrajecti cum reliquis operibus 1685. fol.* Patav. 1688. 4. Gallice vertente J. PROST Lyon 1728.

(e) Conf. p.
(f) Sic paſſim ſed 1671. 4. *Phil. Tranſ.*

1728. 4. 2. Vol.*. Anglice Lond. 1689. fol. vertente SALMON. Compendium anatomes & physiologiæ integrum, cum plurima controversiarum excussione. Proprias quidem incisiones vix sequitur; adnotationes tamen aliquas adspersit, tum anatomicas, tum pathologicas. In partu difficili vidit ossa pubis discessisse. Cervicalem descendentem musculum descripsit, & a sacrolumbali distinxit. Qui clysterem vomitu reddiderit.

Additamenta ad priorem suæ anatomes editionem seorsim edita citat TREW. 4.

Benjamin a BROECKHUYSEN *Oeconomia corporis animalis, s. cogitationes succinctæ de mente, corpore & utriusque conjunctione*, Noviomagi 1672. 8.* Amsterdam 1683. 4. B. v. der Aa. Non est, ut nonnulli putant, idem opus cum *Oeconomia animali ad circulationem sanguinis breviter delineata* Goud. 1685. 8.*, de qua alias dicemus.

EJUSD. *rationes philosophico medicæ* Haag. 1687. 4. LAMBERGEN. 1698. 4. B. v. der Aa. Idem priori opus. Auctor CARTESIANUS, dictione præterea pene poetica usus: sanguinem rarescentem de corde erumpere, ignem in corde residere docet &c.

Ignatii Gaston PARDIES *de la connoissance des bêtes* Paris 1672. 12. d'ETR. Pro anima brutorum. Etiam in homine multos motus absque cognitione (apperceptione) peragi, & absque ea dari sensationem.

Sic aliqua huc faciunt in *Friderici* LOSSII, Palatini, qui Dorcestriæ medicinam fecit, *Observationum medicinalium* L. IV. Londin. 1672. 8.*. Clyster vomitu rejectus. Funesta obesitas. Hydatides per urinam. Mensium insolitæ viæ & tempora. Superfetatio, mola vesicularis.

§. DXLIII. *Georgius* FRANK,

Naumburgensis, Heidelbergensis Professor, denique Hafniensis. Non quidem incisor fuit, in floribus tamen rerum colligendis delectatus est.

EJ. *Institutionum medicarum synopsis* Heidelberg. 1672. 16.*. Brevissima. Deinde numerosæ disputationes. *De restitutione in integrum* ib. 1672. 4.

De sterilitate muliebri ib. 1673. 4.

De umbilico & vasis umbilicalibus ib. 1673. 4. Hafn. 1699.

Satyra I. *de hymene, pullorum exclusione, hepate, liene & eorum viscerum usu* Heid. 1673. 4.

De saliva & vasis salivalibus ib. 1673. 4.

De testibus virilibus & muliebribus ib. 1674. 4.

De sanguine menstruo per se non malo, in viris rarius, in muliebribus citius & tardius justo imo nunquam præsente ib. 1674. 4.

Satyræ medicæ Cont. VI. ib. 1675. 4.* homines sine visceribus &c.

De anguillis, discessu ossium pubis ib. 1675. 4.

De

De impuberibus generantibus & parientibus ib. 1675. 4.

De auribus humanis mobilibus ib. 1676. 4. HE.

De superfetatione ib. 1676. 4. HE.

Quamdiu dormiendum ib. 1676. 4.*.

De triplici lacte virginis ib. 1678. 4.*. Exempla lactis in virgine visi.

Tr. *philologico-medicus de cornutis* ib. 1678. 4. joculare videtur opusculum. BURKHARDUS annum habet 1676. 4.

EJ. *de naso* ib. 1679. 4.

De principiis anatomicis ib. 1679. 4.

EJ. *Disputationes privato publicæ* VII. an. 1679. & 1680. Prima de urinis. reliquæ de calido innato, num coctio ab acido; de ortu animalium, de cibo & potu; glandularum divisione; glandula pineali; num lien sedes melancholiæ.

EJ. *Bona nova anatomica* ib. 1680. 4.*. Inventa recenset nuperorum.

EJ. *Bibliotheca parva Zootomica* ib. 1680. 4. BOEHMER.

EJ. & *Dan.* BSCHERER *de halitu humano* ib. 1681. 4.*.

De risu Sardonio ib. 1683. 4.*.

ID. *Anatomen suspensi indicat* ib. 1683.

EJ. *de autopsia & iconibus anatomicis* ib. 1683. 4.

EJ. *de studio anatomes* ib. eodem anno. BURKH.

Quinque programmata recensentur in ACT. LITT. MAR. BALTH. an. 1679. ad. 1681.

EJ. *Collegii disputatorii ad institutiones medicas conamina* VIII. an. 1686. & 1687.

EJUSD. *Satyræ medicæ* XX. quibus accedunt dissertationes VI. a filio G. FRIDERICO editæ, Lips. 1722. 8.*. Aliqua collectanea & loci collecti auctorum.

In *Eph. Nat. Cur. ann.* IV. *obs.* 100. sudor unius lateris.

Dec. II. *ann.* II. *obs.* 128. Nova aliqua inventa anatomica.

Ann. III. *obs.* 201. quadrigemini.

Ann. VI. *obs.* 83. vir menstrua pariens.

§. DXLIV. *Varii.*

La generation des œufs defendue par EUDOXE & PHILOTIME *contre* ANTIGENE Rouen 1672. 12. PLATNER. Contra quemdam SAUNIER, Monspeliensem, qui epistolam suam refutaverat scribit anonymus. Non difficulter ostendit, hunc adversarium parum anatomes peritum esse. Ipse hypothesin proponit, nuper magno plausu acceptam, insitionem nempe plantæ masculæ in uterum, in quo comprehendat & radices agat. Negat

 ova

ova fuisse, quæ adversarius in puella septem mensium repererit. Deridet eundem, qui ovarium & uterum gallinæ descripserat. Auctorem lego dici *Guilielmum de* HOUPEVILLE.

Lego etiam titulum *la generation de l'homme par le moyen des œufs & la production des tumeurs par les sels* Rouen 1675. 12. d'ETR.

Tum *la generation de l'homme par le moyen des œufs & la production des tumeurs par les sels, defendus par* EUDOXE *&* PHILOTIME *contre* ANTIGENE (nempe per *Guill. de* HOUPPEVILLE) Rouen 1676. 12.

Reponse à la lettre de HOUPPEVILLE *de la generation de l'homme par le moyen des œufs* Rouen 1675. 8. d'ETR.

François ANDRE, Medici Cadomensis, *de acido & alcali.* Gallice *Entretiens sur l'alcali & l'acide* Paris 1672. 12. 1680. 12. BUR. Pro duumviratu contra R. BOYER. Italice rediit, vertente *Laurentio* BACCHETI in *Galer. Min.* 1696.

Georg Simon WINTER *de re equaria tractatio nova complectens* P. III. *secunda de forma coloribus, signis ac ætate admissarii & equæ ineundæ &c.* Lat. Gall. Germ. Nuremberg 1672. fol. cum titulo *vollkommener Rossarzt* ibid. 1679. fol. 1685. 4. 1691. 8.

§. DXLV. *Disputationes.*

J. Martin JOHRENIUS *de circulatione sanguinis* Marburg. 1672. 4.*.

J. Henr. LAVATER ἐντεροπεριστολή *s. de intestinorum compressione* Basileæ 1672. 4.* & in *meis selectis Chir.*

Gottfried Sigism. BIRNBAUM *de sternutatione Disp. prior & posterior* Lipsiæ 1672. 4. HE.

Samuel SKUNK *de sensibus* Halle 1672. 8.*.

Ernest REDSLOBIUS *de homine* Witteberg. 1672. 4. VAT.

Adam PURPIUS *humanæ nutritionis ratio* Witteberg. 1672. 4. VAT.

Everard WORKUM *variæ quæstiones medicæ* Leid. 1672. 4.*: inter eas physiologicæ multæ.

Petri HOTTON *positiones quædam medicæ* Leid. 1672. 4.* Aliqua physiologica.

Wilhelm. Christ. KUEFFER *de lacte* Argentor. 1672. 4.*.

Balthasar BEBEL *de bis mortuis* Jenæ 1672. 4. BURCKH.

Jacobus Severus JOHN *de menstruis immodicis* Altdorf. 1672. 4.*.

Johannes USLEBER *de sterilitate utriusque sexus* Altdorf. 1672. 4.*.

Henr. MARTIN *Theses medicæ miscellaneæ* Basil. 1672. 4.

J. Christ. ADLUNG *animadversiones physico-medicæ bipartitæ in corollarium de sanguinis motu* Erfurt 1672. 4. HE.

Arnold ECKARD *de illis corporis functionibus, quæ a nulla anima pendent* Rinteln 1672. 4.*.

Phil. HARDOUIIN & *Frid.* BAZIN *E. sanguinis circulatio impossibilis* Parif. 1672.

Ant. de S. YON & *Nic.* BAVEAU *E. nothi ingeniosiores* ib. 1672.

Petri YON & *Renati* CHAUVEL *Ergo mulier ætate provecta cui menstrua dudum defecerunt gravidari potest.* ib. 1672.

Guill. LAMY & *Man.* HELLOT *Ergo sensus veneris a tactu diversus* ib. 1672.

Guill. LAMY & *Nic.* PELLETIER *Ergo chylosis a succo acido* ib. 1672.

§. DXLVI. *Academia Naturæ Curiosorum.*

Hieronymus Conrad WIRDUNG ab HARTUNG, Medicus Schwarzenbergicus, *ann.* III. *obs.* 68. de generationis modo: bonam habet descriptionem ovi humani & embryonis.

Samuel LEDEL, Medicus Grunbergensis, Ej. *obs.* 83. sudor post mortem.

Obs. 84. vermis biceps.

Dec. II. *ann.* I. anno 145. gallus oviparus. *Ann.* II. *obs.* 34. sudor sanguineus.

Obs. 98. cerva cornuta.

Ann. IV. *obs.* 18. calor in cadavere ad quartum diem superstes.

Ann. VI. *obs.* 64. caput semiduplex.

Ann. VII. *obs.* 43. vagitus uterinus.

Ann. VIII. *obs.* 86. menses per vulnus digiti.

Ann. IX. *obs.* 3. Mamma absque papillis.

Obs. 36. sudor a morte.

Obs. 37. menses venenatos esse.

Dec. III. *ann.* II. *obs.* 49. Quadrigemini.

Obs. 50. anus imperforatus.

Obs. 52. sudor in uno latere.

Dec. III. *ann.* III. *obs.* 107. alter testiculus in abdomine resii.

Ann. VII. VIII. *obs.* 60. cuticula ter intra mensem novata.

Obs. 93. lintea lucida.

Melchior FRIBE, Medicus Haynoviensis, *Dec.* I. *ann.* III. *obs.* 98. penis in parte inferiore perforatus.

Obs. 165. partus biceps, bipes, brachiis duobus, & tertio imperfecto.

Friderich LACHMUND, Hildesheimensis, *obs.* 103. de visceribus sub cute prominentibus.

EJUSD. *Epistola de ave diomedea data* 1672. & cum REDI *insectis* excusa Amsterdam 1686. 12.*. Cranium avis depingit, & ovum isthmo interceptum.

Ann. IV. *obs.* 182. vespertilio large caudatus. EJUS sceletus.

Obs. 183. Testudinis sceletus.

Johann. SCHMIEDT, Gedanensis Medicus, idem ut puto, qui chirurgiam infusoriam administravit, & quem cum FABRICII nomine citavi p. 555. 559.

Dec. I. *ann.* III. *obs.* 123. lac ex secta vena.

Ann. IV. *obs.* 22. nævus.

Obs. 23. menses præcoces.

Obs. 27. anima frigida.

Obs. 28. puella capite monstroso.

Obs. 63. monstrum vitulinum biceps, unica cervice.

Ann. VIII. *obs.* 86. de lacte in mammis puellæ modo natæ.

Obs. 96. pro mortua habita & suscitata.

Ann. IX. X. *obs.* 61. pulsus in utroque carpo dissimilis.

Gottfried SCHUBART, Practicus Bergensis, *Dec.* I. *ann.* III. *obs.* 138. sternutatio tercenties repetita.

Ann. VI. VII. *obs.* 75. de illis sub aqua mersis Langelotianis.

Christian RUDNICIUS, Practicus Gedanensis, *obs.* 159. cæcum intestinum vulpis & leporis.

Henrich SAMPSON, Londinensis, *obs.* 168. Hermaphrodita, quæ in *Phil. Trans.* dicta est. Videtur vir fuisse cum perinæo fisso, & glande cæca.

Obs. 169. fetus valde imperfectus.

Obs. 171. Anatome catellæ jamjam pariturae. Omentum per diaphragma in thoracem adscenderat.

Obs. 172. duo lienes in homine.

Obs. 17 . Asitia puellæ absque enthusiasmo, deficientibus omnibus excretionibus.

In *Phil. Trans.* n. 146. homo omnibus visceribus ita inversis, ut etiam ductus thoracicus in dextram axillarem venam inmitteret.

Henricus SCRETA, Scaphusiensis, *Dec.* I. *ann.* III. in n. 217. puella sexennis undique adulta.

Obs. 177. de gallo gallinaceo ova pariente.

Daniel LUDOVICI, Gothanus, *obs.* 155. maxima discessio ossis pubis in partu.

Ann. IV. *obs.* 207. Moschi folliculi, tum *ann.* IX. X. *obs.* 48.

Obs. 208. rostrum leporinum, ut putat ex nævo.

Ann. VI. VII. *obs.* 242. fetuum caninorum anatome, continuata *anno* VIII. *obs.* 17.

Ann.

Ann. VIII. *obs.* 68. sopor ex terrore diuturnus.

Obs. 69. Partum septimestrem speciem esse abortus.

Obs. 160. de ruminatione hominis brutorumque.

Paulus de SORBAIT, Professor Wiennensis, *Dec.* I. *ann.* III. *obs.* 273. impraegnatio facta pene non innisso.

EJUSD. *Universa medicina tum theoretica tum practica* Noriberg. 1672. fol. Wien. 1681. fol.

Institutionum medicarum nova & aucta isagoge Wien. 1678. 4.

Johannes JAENIS, Uratislaviensis, *obs.* 277. fetus acephalos.

Francisci BOUCHART, *obs.* 10. lac ex femina neque feta, neque lactente, sed ex vetula.

Obs. 12. ostentum Dolanum & 13. aliud, labio leporino duplici artubus imperfectis.

Christophori ROESLER, Medici Anhaltini, qui vertente seculo 16. vixit, observationes posthumae breves. Inter eas est partus a morte.

§. DXLVII. *Philosophicae Transactiones.*

N. 87. *Thomas* PLATT epistolam scripsit de novis experimentis cum viporarum veneno Florentiae institutis. Mortuae viperae dentibus compuncta animalia perierunt. Recusa est in operibus REDI T. II.

Apud BIRCH de morte sub aquis agitur, & de modo quo in Finlandia extinctos ad vitam revocant. Nimis longo tempore vitam sub aquis super esse adfirmat.

Johannes TEMPLER canem spiritu vini lotum reddi rachiticum.

IDEM in *Philos. Trans.* n. 93. de echinorum corde saliente, postquam ex corpore evulsum est.

Apud BIRCHIUM (*g*) reperitur minime spernendum W. NEEDHAM, G. CROONE & KING de lite inter SWAMMERDAMIUM & GRAAFIUM judicium. GRAAFIUM arteriam spermaticam virilem recte depinxisse. Credere se GRAAFIO, vasa efferentia testis dicenti. Utique ductum deferentem communicare cum vesicula seminali, & recte eam conjunctionem a GRAAFIO delineatam. In nonnullis animalibus ductus deferentes cum vesiculis non communicare, quam fabricam ex variis animalibus describit. Non immerito GRAAFIUM SWAMMERDAMII TULPIO dicatam tabulam carpere, errores tamen in nuperioribus figuris correctos esse. Generationem pulli se in multis aliter habere, quam sit ab HARVEJO scriptum (*h*).

(g) III. p. 88. 103. (h) p. 40.

§. DXLVIII. *Franciscus* WILLUGHBEY.

Cum anno 1672. nondum quadragenarius obierit vir nobilis, ejus opera hic recenseo, quæ *Johannes* RAJI posthuma edidit, quo tutore varia itinera obierat. Huc ergo *ornithologia s. de avibus libri* III. Recognovit, digessit supplevit J. RAJ Londin. 1676. fol.* Anglice versa ab eodem RAJO, & cum appendice edita Londini 1678. fol. Liber I. huc pertinet, quo anatome avium altqua traditur, potissimum collectitia, quo communia avium traduntur, & ea quibus volucrum viscera ab aliorum animalium visceribus dissident. Deinde generatio avium, & de ætate aliqua; propria singularum avium mensura, pondera; aliqua anatome. Glandulas uropygii minimas esse in avibus, quibus cauda nulla est: iis pennas suas ea animalia ob ungere. De bulbo ventriculi; de appendicibus intestinalibus, & earum varia longitudine, longissimis in gallina, in carnivoris brevissimis, nullis in picis. De crassissimis musculis pectoralibus, quibus aves alas regunt.

EJ. *Historiæ piscium* libri IV. Opus recognovit, coaptavit, supplevit, primum & secundum librum adjecit *Johannes* RAJ Oxon. 1686. fol.* sumtibus Societatis Regiæ. Anatomica pleraque RAJI sunt. In L. I. communia piscium a reliquis animalibus discrimina ex bonis fontibus collecta. In L. II. cetaceorum piscium historia, & sæpe anatome. In reliquis piscibus passim etiam aliqua viscerum memoria. Cetum Narwahl sensit bicornem esse. In asello ostendit membranam mobilem, qua oculus possit operi.

Supplementum ad hoc opus prodiit Londini 1743. fol. nempe index piscium in *Francisci* WILLOUGHBY ichthyologia descriptorum & nominum ex notis M.S. TANCREDI ROBINSON aliisque fontibus, etiam conspectu classium piscium. Edidit CROMWELL MORTIMER.

§. DXLIX. *Anton. v.* LEEUWENHOECK.

Hoc anno 1673. primum *Antonii* LEEUWENHOECK aliqua experimenta adparuerunt. Delphensis civis, exercebat se vitris convexis poliendis, quæ limpidissima parabat, etsi post mortem in ejus apparatu nulla valde augentia (*i*) vitra reperta sunt. Nisi forte, nam arcana amabat (*k*), neque a morte revelavit omnia. Interim totis quinquaginta annis se usui eorum vitrorum, molem apparentem minimorum corpusculorum augentium, unice dedit, & quæ nova sibi videbantur, cum Regia Societ. Brit. communicavit. In anatome, ut in aliis artibus, ipse quidem fere amusos (*l*) fuit: cum tamen diligenter vitris uteretur, multa vidit, quæ accedente doctorum virorum industria non mediocrem ei famam conciliarunt (*m*).

Primum in *Phil. Transf.* n. 94. & 97. aculeum apis describit, vaginam & duos veros

(*i*) Non vendebat UFFENBACH. itin. III. p. 360.
(*k*) Habuisse arcana BIRCH. IV. p. 365.
(*l*) BIRCH. IV. p. 366. latine non calluisse. EJUS errores HILL *review* p. 157.
(*m*) Non debere LEEUWENHOECKIUM sperni LEIBNIZ oper. T. II. ad BOURGUET.

veros aculeos. Dentes apis, oculos, qui cum favorum habeant fabricam, ipsi videntur moduli esse, ad quos hæc animalcula suos favos melliferos struant.

N. 102. tum 106. sanguinem ex globulis conponi hic primum docet: sed & lac & adipem & pilos & lanam, & quæ non, globulis constare.

N. 106. epidermidem ex squamis componi. In sudore globulos esse.

N. 117. Nervi optici structuram describit, maculas medullares, cellulositate cinctas. In sanguine suo globulos se reperisse modo duriores, modo molliores. Esse in sanguine particulas quadrangulares.

N. 133. 134. de animalculis, in aqua cum variis seminibus & herbis infusa nascentibus.

N. 136. de carne, quæ & ipsa globulis fiat, & de cellulosa tela fibras uniente. Cerebrum etiam & medullam spinalem globulis fieri pinguibus, diversis a sanguineis.

In BIRCHII T. III. p. 347. eadem & præterea, sanguinem anguillarum fieri acutis tubulis. Se in anguillis vivas anguillas vidisse.

In *Phil. Trans.* porro n. 140. fabrica dentium ex tubulis conpositorum. Fabrica capilli, medullæ, bulbi.

N. 143. Epistola jam ab anno 1677. scripta hic recensetur, in qua *A. v.* LEEUWENHOECK viva animalcula describit, in semine masculo hominis & animalium visa, capite prædita longaque cauda. Ova muliebria jam nunc refutat. De eo invento agitur apud BIRCH. III. p. 332. 494.

In *Lectionibus* CUTLERIANIS R. HOOKE anni 1679. prodiit epistola anno 1677. data, in qua mirificum numerum computat animalium, quæ in aqua piperata vivunt, & de eorum exilitate agit.

Ibid. de globulis sanguineis. Quemque habere involucrum, in quo habitant sex globuli minores. Globulos etiam in pituita intestinali reperiit.

In n. 1. *collectionum philosophicarum*, pariter anno 1679. editarum, describit animalcula seminis masculi, ex variis animalibus, eorumque numerum init.

In n. 3. vermiculos seminales dicit in variis insectis etiam perminutis. Vera animalcula esse, quæ reperiuntur in aqua cum fœno, pipere &c. infusa.

In n. 4. de capillorum & setarum fabrica: in istis intus medulla fistulis facta numerosissimis. De vermiculis ex naribus expressis, qui fiant materie, quæ pilos alit. In materie fluida fæcum globuli, & in urina equæ.

In n. 5. Nunc fatetur, non ex globulis fibras musculorum conponi, sed rugis transversis exsculpi. Fibram esse fibrillarum fasciculum. Et fibram & fibrillam suam propriam membranam habere. Sanguinis piscium particulas ovales esse. Globuli istis minores in sanguine. Testarum laminæ.

In n. 7. Iterum musculosas fibras cancrorum plenas esse rugarum, & fieri fasciculis.

Phil. Tranſ. n. 145. Contra ova & ſyſtema ovariſtarum. Omnium animalium muſculos perinde transverſis inſigniri rugis. Generatio pulicis. Globulos ſanguineos in ſex minores globulos a ſalibus diſſolvi. Nullas in ſanguine bullas eſſe aëreas.

Ib. n. 152. Vermiculos ſuos in ovis nidulari. De particulis planis & ovatis, in ſanguine ranarum viſis. Iterum de fibra muſculari. Ventriculum contractione ſua poſſe cibum comminuere.

N. 159. Epidermidem ſquamulis fieri. In dentium ſordibus animalcula eſſe, non in ſaliva. Nullos eſſe in epidermide poros.

N. 160. De infante ſquamoſo. Nullas ſe in vaſis ſanguineis anaſtomoſes reperire. Tunicam villoſam eſſe muſculum internum inteſtini.

N. 165. De laminis fibrisque lentis cryſtallinæ, ejusque fiſſione trifida.

N. 168. De cerebri fabrica: minutiſſimis & tamen rubris globulis, in cortice viſis: ejus natura vaſculoſa, adipoſis in medulla particulis. Cryſtallinam lentem humanam ſubflavam eſſe. Squamæ anguillarum.

N. 170. De falſis in ſanguine particulis.

N. 174. Memorabilis Diſſ. de generatione. Utique ſe in cornu femellarum uterino vermiculos ſeminales poſt coitum vidiſſe, atque adeo utique ſemen maſculum in uteri intima penetrare. Se die 17. in fetu ovillo, octies piſo minore, omnes partes animalis diſtinctas vidiſſe, ſexto etiam a venere die in cuniculo rotundam veſiculam in uteri cornu &c.

N. 196. Anatome teſticuli gliris, ex manifeſtis filamentis compoſiti. Animalcula in oſtreis.

N. 197. De vermiculis, ut putabatur, cutaneis, qui merus ſint adeps. De ſquamis epidermidis, per quarum intervalla putat materiem exhalare.

N. 199. Aliqua de generatione animalium.

N. 202. De fabricæ ligni cum fabrica oſſium ſimilitudine. De vaſis porisque exhalantibus, quos nunc demum invenit, & per quos, non autem per ſquamarum intervalla, perſpirari docet.

N. 205. In ſudore globulos vidit, ſalſasque particulas quadratas, & in bile globulos.

N. 213. De phalæna granariorum & inſectis microſcopicis.

N. 221. De ſexu & ovis anguillarum, hactenus veri ignarus, qui androgynas putat eſſe. Motum ſanguinis in iis animadvertit. De acarorum generatione.

N. 240. De oculis ſcarabæi objecta multiplicantibus, tamen ut perminuta adpareant De nervo cujusque corneæ tunicæ optico.

N. 255. Ad LISTERI objectiones. Poſſe vermiculos ſuos duorum eſſe ſexuum, ſeque propagare.

Ib. De

Ib. De *D. de la* PLANTADE homunculo in vermiculo involuto. Non adeo perfecta esse animalium rudimenta. Recte sensit Batavus figmentum videri, quod GALLUS vidisse voluit.

N. 260. In girino putat se vidisse sanguinis circuitum; arterias afferentes in venas continuatas, cum oscillatione & retrocessione.

Idem n. 261. in rana. Vidisse se putat, sanguinis motum a musculorum actione substitisse, a quiete rediisse.

N. 263. Circuitus sanguinis in pisciculis visus. In globulis incertus est, nam & ovatos vidit & rotundos, & utrosque ex sex globulis conponi putat. Circuitum describit per vascula media arteriam unientia cum vena peractum.

N. 265. De vermiculis dentium, acaris, eorumque ortu.

N. 266. De aphidibus. Eas absque miscela sexuum generare, & vivis animalculis prægnare. Muscas ichneumones in aphides ova deponere.

N. 268. De vermiculis spermaticis ab anno retro 1674. sibi visis. Contra HARTSOEKERUM & ejus icones. Ipse caudas constanter depingit flexuosas.

N. 270. Iterum de vermiculis seminalibus asellorum & arietis.

N. 272. De aranea, ejus tela & generatione, fuse.

N. 273. De vasis sanguiferis corneæ tunicæ.

N. 279. De vermiculis spermaticis gallorum, anguillarum similibus, diu superstitibus, postquam de teste exemta sunt. De pene aranearum & earum animalculis spermaticis. De animalculis pluviæ aquæ. De circulatione sanguinis in minimis enguillis.

N. 283. Memorabilis iterum libellus. LEEUWENHOECKIUS hic describit polypum vulgarem, cum fetubus de latere germinantibus, tum polypos alios; ramosum de tubulo prodeuntem, petiolatum, campaniformem.

Sic n. 286. videtur describere polypi, certe zoophyti genus, arbusculæ simile & ramosum, motu communi præditum, cum globulis agminatis de cortice exeuntibus.

N. 289. De animalculis hepatis ovilli.

N. 292. De Coccinella. Esse animal.

N. 293. De crystallina lente variorum animalium, ejusque striis & laminis, etiam

N. 295. & 337. animal rotiferum ex tubo eminens describit.

N. 307. De fibrosa fabrica lienis non carnosa; & de proboscide pulicis ejusque vagina.

N. 311. De fabrica margaritarum, testæ ostreæ (in qua vasa vidit.)

N. 312. De particulis ramosis materiæ albæ, qua lingua in febre obducitur. De eadem materie n. 318.

N. 314. Aliqua de ſanguine ex vaſculis inteſtinalibus effuſo.

N. 315. De papillis & velamentis linguæ bubulæ & porcinæ, deque villis ſ. papillis graciliſſimis filiformibus. Papillæ ramoſæ ſunt & conglomeratæ.

N. 319. De motu cordis in piſcibus, deque ſanguinis motu: eum in arteriis perenni fluento putat pergere, in venis alternis retardari vicibus.

N. 320. Papillæ, foramina, glandulæ palati bubuli.

N. 323. Lanam eſſe, quæ data fuerit pro pilis, a femina per urinam ejectis. Ut circuitus ſanguinis in anguillis adjuvante microſcopio cerni poſſit.

N. 324. Aliqua de pilis & eorum bulbis.

N. 333. De Acaris, eorum pilis, ovis, animalculi excluſione, aliis animalculis.

N. 334. De carne balænæ, ejusque fibris, cute, nigro ſanguine.

N. 336. De cute elephantis.

N. 339. In omnibus animalibus fibrillas membranulis (celluloſa nempe tela) ambiri, potiſſimum etiam in balæna.

N. 366. Mira de vaſis oſſium hypotheſis, quæ credit non ex perioſteo in os venire, ſed ex oſſe in perioſteum, indeque per univerſum corpus didi.

N. 367. De celluloſa tela ambeunte fibras muſculares, quam fere invenit: de vaſis ex ea tela has fibras adeuntibus & per fibras in ramos diviſis. De transverſis fibris intra muſculos viſis. De eorum vaſculorum parvitate, quorum diameter quater minor ſit diametro globuli rubri.

N. 368. Eadem in aliis animalibus, inque piſcibus repetit.

N. 371. Iterum de carne, ejusque fibris; deinde de adipe, cujus particulas putat hilum habere, ut ſemina leguminum; tum numeroſa vaſcula.

N. 373. Fetum in utero ovis majuſculum quinto a venere die ſe reperiſſe putat; ſed certo bono ſeni a lanione impoſitum fuit, vix enim vigeſimo die ovicula ejusmodi molem adtigerit. Porro adverſus ovorum hypotheſin; nimis magna eſſe, neque poſſe per tubam iter invenire. Ea ova meris conponi vaſculis.

Idem de callo manuum ex particulis rhomboideis conpoſito.

N. 377. Aliqua de globulis ſanguineis eorumque menſura. Iterum anguillas omnes eſſe feminas.

N. 379. De fabrica diaphragmatis, membranulis plicatis inter fibras tendineas poſitis: foraminulis a pectore ad abdomen penetrantibus.

N. 380. Iterum de globulis in omni animali conſtanter ejusdem magnitudinis.

De animalium generatione: ſecum Leibnizium ſentire.

Martini Folkes relatio de microſcopicis Leeuwenhoeckii. Limpidiſſima fuiſſe vitra, non vero maxime augentia: multum adjutum fuiſſe apta objectorum diſpoſitione.

Hoc

Hoc demum anno 1723. pene nonagenarius obiit. Ejus scripta varie edita sunt, quæ plerasque neque tamen omnes, epistolas ad Societatem Regiam Britannicam, deinde etiam alias complectuntur. Ecce catalogum, quem puto plenissimum, esse ex *L. Theodori* GRONOVII Bibliotheca sumtum.

Ondervindingen en beschryvingen der onsigtbare geschapene waarheden vervat in verschiedene brieven an het K. Soc. Leidæ 1684. 4. B. THOMAS.

Ontdekkingen en ontleedingen van sout figuren, van levendige dierkens in mannelyke saden der Baermoeder ingestort, en van de voortteelinge Leid. 1685. 4.

Ontleedingen en ontdekkingen van het begin der planten, en zaden van boomen, waaruyt beweezen word, dat ieder boom och plant zyn rol van mannekee en wyfken speelen moet, als mede dat dieren van verscheyde aart met malkanderen verzamlende noodzaakelyk moeten schepzels hervoorbringen, die nog na de vader, nog na de moeder gelyken Leiden 1685. 4.

Ontledingen en ontdekkingen van de Cinnaber naturalis en buspoeder, van het maakzel van been en huyd, van de walnoot, kastanje, ookernoot; van de voortteelinge van zaaden vergeleeken by de voortteelinge van garneel krabbe en kreeft: waar in de duygzamheid van Eykenhout bestaat Leid. 1686. 4.

Vervolge der brieven geschreeven aan de K. Soc. in Londen Leid. 1688. 4.

Natuurs verborgentheden ontdekt zynde een tweede vervolg der brieven geschreeven aan de K. Soc. Delft 1689. 4.

Ontledingen en ontdekkingen van onsigtbare verborgentheden Leid. 1691. 4.

Derde vervolg der brieven geschreeven aan &c. Delft 1693. 4.

Vierde vervolg &c. ib. 1694. 4.

Vysde vervolg der brieven geschreeven aan verschydene hooghe standspersoonen en geleerde luyden ib. 1696. 4.

Zes de vervolg geschreeven aan verscheide hooghe stands perzoonen en geleerde luyden Delft 1697. 4. AND.

Vervolg, waar in gehandelt wordt van veele opmerkens en verwonderens waardige natuurs geheimen Delft 1702. 4. AND.

Sendbrieven 200. aan de hoogedelehееren de Koninglyke Soc. als aan andere aanzienlyke en geleerde luyden over verscheyde verborgenheden der natuur ib. 1718. 4.

Anno 1696. prodierat collectio *natuurkundige werken* Delft 4. HOTTON.

Opera omnia latine recusa sunt Leid. 1722. 4°. 4 Vol.*. Hac collectione continentur, *Anatomia & contemplationes.* P. I. Hic tres *epistolæ ad Soc. Reg.* 1683. & 1684. *datæ*, agunt de structura cerebri, lente crystallina, generatione animalium, vermiculis spermaticis, comminutione ciborum & motu cordis: Videntur prodiisse 1685 4. tum Leidæ 1696. 4.* B. B.

Deinde *P. altera, s. quindecim aliæ epistolæ ad annum* 1686. In iis de animalculis spermaticis variorum animalium: aliis vermiculis; carne & ejus fabrica in quadrupedibus & piſcibus: de gallis quas oſtendit ex vermiculis naſci: de ovis & embryonibus variorum animalium.

Hæc prodierunt Leidæ 1687. 4.* cum titulo *Anatomia & interiora rerum*, tum Leid. 1696. 4. B.B.

Continuatio epiſtolarum Leidæ 1689. 4. 1696. 4. 1715. 4.*. Epiſtolæ ſunt octo anni 1687. ad Soc. Regiam omnes, de dentium fabrica, bombycum ovis & generatione, tum curculionum & formicarum. Coccinellam eſſe animalculum. De variis minutis animalibus, & de motu chyli in acarorum inteſtinis.

Arcana naturæ detecta Delft 1695. 4.* Leid. 1722. 4.*. Epiſtolæ ſunt ad Societatem Regiam datæ, omnino 38. ab anno 1680. ad annum 1694. ſubjunguntur aliquæ ad alios Cl. viros epiſtolæ: numeri incipiunt addi ad n. 61., & ultima eſt n. 92. Hic globuli ſanguinis humani, chyli & lactis. Negat arterias minimas cum venis continuari. Contra ovorum hypotheſin. Teſticuli pulicis & vermes. Sanguis non fermentatur. Epidermis ſquamoſa. Lentis cryſtallinæ fabrica. Culicis anatome. Aſelli lactes & ova. Ranæ. Circulatio ſanguinis in girino, tum in anguilla, perca &c., etiam in homine, & de variato ſanguinis motu. Curculio. Pennæ. Anguillæ generatio, quam putat viviparam eſſe. Pulicum generatio, vita, tum aliorum animalium. Tænia. Contra ova. Fabrica linguæ cordisque. Mytulus. Motus ſanguinis in cancello. Oculi inſectorum. Animalcula varia minora. Oſtrea.

Continuatio arcanorum naturæ detectorum Leid. 1722. 4. & ut videtur Delft 1697. 4. B. BURKH. Pergunt epp. ad uſque 107. & ad diverſos viros doctos ſpectant. Animalcula teſtacea aliqua, & eorum ova. Generatio pediculorum fuſiſſime. Omnes anguillas feminas eſſe: in iis motus ſanguinis. Oſtrea maſculum ſexum habere & femininum. Coagulum ventriculi ruminantium. Squamæ piſcium.

Epiſtolæ ad Societatem Regiam aliosque illuſtres viros Leid. 1719. 4.*. Numerus pergit ad 146. & anni ad 1702. quod ultimum opus eſt Belgicorum. Oculi ſcarabæi. De ſanguinis circulatione multa. Decertatio cum HARTSOEKERO ob vermiculos ſpermaticos. De iis plurima. Ad ſanguinis motum multa. Animalcula minora varia; inter ea, quæ jecur animalium infeſtant. Squilla. Globuli & particulæ plan ovales piſcium. De apibus aliqua, & de earum regina. De araneis varia. Animalculorum aquaticorum poſt multorum menſium quietem vita reddita. Ad bombyces & ſericum.

Epiſtolæ phyſiologicæ (quadraginta ſex) Delft 1719. 4.* ad varios eruditos viros, etiam ad Societatem Britannicam. Multa de balænæ aliorumque animalium carne fibrillis & membranulis. De pilorum fabrica, animale rotifero. Pro ſuis animalculis adverſus A. VALISNERIUM. Squamæ piſcium. Contra ova. Ad cerebri nervorumque fabricam, & adipis. Exhalatio corporis humani. Prima epiſtola eſt anni 1712.; ultima anni 1717.

Doleas, quod nulla plena editio operum hujus viri prodierit. Viginti ſeptem

ptem primas epistolas ipse verecundia motus suppressit, sed reliquae poterant facile colligi, & earum numerus ex philosophicis transactionibus compleri.

Gallice aliqua prodierunt *Observations faites avec le microscope sur le sang, le lait, le sucre, le sel & la manne*; traduit par Mr. MESMIN Paris 1679. 12.

In *Roberti* HOOKE *philosoph. experiments* Londin. 1726. 8.* prodierunt tres epistolae LEEUWENHOECKII, prima de minutissimis in aqua animalculis; altera de pilorum fabrica & globulis alvinarum faecum; tertia de musculis, cerebro, dura meninge.

§. DL. *Acta Naturae Curiosorum ann.* 1673. & 1674.

Salomon BRAUN, *obs.* 13. Monorchis fecundus.

Obs. 15. Cerevisia ex mamma excreta.

Obs. 16. Uvulam omnino ad formationem litterarum gutturalium conferre.

J. Michael FEHR, Swinfurtensis Medicus, & aliquamdiu Academiae Naturae Curiosorum Praeses, *obs.* 28. de obesitate nimia.

Dec. II. *ann.* I. Lien in multos lobos divisus.

Ann. VI. *obs.* 30. Noxa imaginationis feminae gravidae & visi homines mutili.

Iterum *Dec.* I. *ann.* IV. *Antonii de* POZZIS futurarum discessio *obs.* 33.

Andreas CNOEFFEL, Regis Poloniae Medicus, de infante monstroso, cutem assatam porcelli habente *Dec.* I. *ann.* IV. V. *obs.* 61.

Christophori Lud. DIETHERR de capillis & barba *obs.* 140: longa epistola, collectitia.

Matthiae PAISIN aliquot corporum incisiones a *J. v.* HORNE administratae *obs.* 196. 197. Duram membranam nullo intervallo a cranio distare.

§. DLI. *Acta Hafniensia* T. II. pro anno 1673.

Matthiae JACOBAEI, Prof. Regii Monstrum, nempe infans absque galea cranii.

Oligeri JACOBAEI, discipuli BARTHOLINI, postea Professoris Hafniensis, qui Liburni etiam cum STENONIO pisces incidit.

Obs. 39. Girini prima formatio.

Obs. 98. Ululae canalis alimentarius.

Obs. 99. Ardeae viscera.

Obs. 124. Psittaci anatome. Maxillae superioris os mobile, aspera arteria, larynx inferior & superior.

Vol. III. *obs.* 59. Fetus contortis cruribus: caprea unicornis.

Vol. V. Multae animalium dissectiones.

Obs. 94. Ciconia, in qua videtur vasa mesenterii lymphatica vidisse.

Obs. 95. Linguæ pici; musculi ex thorace in linguam euntes.

Obs. 96. Centrinæ incisio, &

Obs. 97. Torpedinis, deque tremore quem creat. Non e longinquo stupefacere. Cor duabus auriculis instructum 7. horis salire.

Obs. 98. de lampetra ejusque cerebro.

Obs. 99. de scorpione & vesica venenifera.

Obs. 100. Serpentum & viperarum morsum sanguinem cogere. Augere seri secretionem.

Obs. 102. Caput monstrosum infantis maxima de fronte appendix.

Obs. 101. Anatome asini. Nulla ipsi aut equo fellis vesicula.

Obs. 103. Puella monstrosa hirsuta.

Obs. 104. Fetus absque ossibus, artubus flexilibus.

Obs. 105. Cornu ex palpebra prælongum.

Obs. 106. de renibus.

Ej. *de ranis observationes* Paris 1676. 8.* cum C. Barth. *de diaphr.* Girini in perfectam ranam paulatim reformatio. Anatome ranæ; pulmones; ovarium cum ovi ductu longissime proserpente; corpuscula ad latus medullæ spinalis cum acore ferventia. Sacculi pingues. Testes. Tympani membrana, duo ossicula:- dentes, musculi aliqui.

Hunc libellum meliorem & auctiorem reddidit Hafniæ 1686. 8.* cum titulo *de ranis lacertis* observationes. Torpor ranarum hibernus. Testudinis anatome; pulmo vesiculosus, cor cum duabus auriculis, penis. Anatome salamandræ, humor cutis lacteus, testes quatuor. Unicus cordis ventriculus in testudine.

Ejus *Compendium institutionum medicarum in gratiam tironum* Hafn. 1694. 8.* Brevissime. Fermentationes docet.

Musæum Regium, s. catalogus rerum tum naturalium quam artificialium, quæ in Bibliotheca Regia Danica adservantur Hafn. 1696. fol. Animalia aliqua rariora, paucissima tamen nostri scopi habet. Pro ovo humano, duro cortice pugnat, verum esse & legitimum. Mandibula equi & cornu ligno inmersa.

§. DLII. *Varii.*

Louis Bables *les nouvelles decouvertes sur les parties principales de l'homme & de la femme, avec des dissertations sur chacune en particulier* Lyon 1673. 8°. min.* lego etiam 1675. 8. Heist. Medicus Massiliensi collegio aggregatus, Kerkringiana repetit.

Video etiam citari Ejus *nouvelles decouvertes sur le bas ventre* Lyon 1673. 12.

Ej. *sur les organes de l'homme* ib. 1675. 12. Rast. & *decouvertes sur toutes les parties principales de l'homme & de la femme* Lyon 1680. 12. 4.Vol. Bur.

J. N.

J. N. PFIZER *drey Bücher von der Weiber Natur, Gebrechen und Krankheiten* Altorf. 1691. 8.*. Præfatio data est anno 1673. Fusa anatome & physiologia partium genitalium. In Commentario lac virgineum etiam in animalibus recipit, auramque seminalem. Glandulas vaginæ a DUVERNEYO esse ostensas.

Gerhardi FELDMANN J. C. *de cadavere inspiciendo* Groningæ 1673. 4.*. Docta disputatio, neque a nobis silentio prætereunda, etsi ad medicinam forensem fere spectat. Sanguinem a morte sæpe de vulnere fluere monet, etiamsi nemo criminis suspectus adsit.

J. Nicolai BINNINGER, Monsbelgardensis, *observationum & curationum medicinalium Cent.* V. Montbelgard. 1673. 8.*. MOLINETTUM audiverat & Monspelienses. Quare passim vel aliqua ad physiologiam pertinentia admiscet, vel omnino physiologica. Sic *Lazari* COLLOREDO dat historiam, & urinæ calculosa crusta tectæ. Hibernum quemdam sanguinis naturam coagulabilem primum anno 1550. *Hieronymo* FRIZIMELICÆ demonstrasse. Quare neque GOLZADII inventum esse, neque BARBATI. Renis sinistri defectus. Triangularis sterni musculus a MOLINETTO ostensus, pro re nova. Ab eodem hymen demonstratus. PECQUETUM anno 1651. suum ductum se præsente demonstrasse. Ovum humanum. Menses aberrantes, immodici. Atreta, & ani defectus; sudor sanguineus. Infans absque sexu. Pollex in manubus pedibusque duplicatus. Serum sanguinis in laminam concretum, ex vena extractum. Polyphagus (impostor, ut videtur).

In *Dom.* GERVASI *tratt. delle dislogazioni* Lucca 1673. 4.* aliqua est anatome.

Josephi MAGNASSII *disquisitiones physicæ de motu cordis & cerebri* Parisiis 1673. 4. BURCKH.

EJUSD. Disp. *physica de finibus corporis & spiritus* ib. una prodiit.

Sebastian WIRDIG *nova medicina spirituum* Hamburg 1673. 12. FALC.

Cornelio GIRARDELLI *Compendio della cephalologia physionomica: cento sonetti sopra cento teste humane* Bologna 1673 8.

Christian WINKELMANN *Tabulæ institutionum medicarum* D. SENNERTI Witteberg. 1673 fol.

J. B. FERRARI *Tr. utile per guarir cavalli, bovi, vacche &c.* Bologna 1673. 12. habet etiam aliqua anatomica & ossa equi.

PACICHELLII *Chiroliturgia s. de varia & multiplici manus administratione & ornamento, itemque de pede* Colon. 1673. 8.

§. DLIII. *Disputationes.*

Corn. van der LINDEN *de anima hominis vitali cum commentario* Leidæ 1673. 8.

Fridemann BECHMANN *de termino vitæ humanæ* Jen. 1673. 4. HE. & 1676. 4. ID.

J. Henr. MELISSANDER, alias ACKER, *de homine ejusque anima rationali* Jenæ 1673. 4. HE.

J. de

J. de STOPPELAER *de calido innato* Leidæ 1673. 4.*.

J. BOECLER *de vomitu* Argentor. 1673. 4. HE.

Albertus MOEHRING *de animæ pathematibus* Leid. 1673. 4.*.

J. Gabriel DRECHSLER *de sermone brutorum* Lipſ. 1673. 4. B. THOMAS.

Juſtus v. BOGAERD *de humoribus* Leid. 1673. 4.*.

David MARTINI *de natura acidi & alcali, geminarum ſanitatis & mortis cauſarum* Leid. 1673. 4.*.

Claud. de QUANTEAL *An octimeſtris partus vitalis?* Lutet. 1673. fol.

Anton. de S. YON & *Petri* DACQUIN *E. præcox canities vitæ longioris argumentum* Pariſ. 1673.

Cl. de QUANTEAL & *Fr.* APPORTY *E. octimeſtris partus vitalis* Pariſ. 1673.

J. ROBERT & *Claud.* MARILLIER *Non ergo ex ore ductus aër ſubit cor* Pariſ. 1673.

Petr. OZON & *Ren. le* CONTE *E. proceritas corporis brevitate præſtantior* Pariſ. 1673.

Petri LAURENCEAU *An oculis ſit meditantis animæ & amantis cordis ſpeculum* Pariſ. 1673. 4. Ita lego.

EJ. *E. ab oculis faſcinatio* Paris 1618. 4.

§. DLIV. *Diaria.*

In *Philoſ. Tranſ.* n. 105. de vitulis lactantibus.

N. 109. de ſudore ſanguineo.

ACTA HAFNIENSIA *Vol.* III. *Franciſci de* L'ESTANG. Renes quadruplices *obſ.* 7.

Stevelini Adami REUTZII, V. D. M. Agnus capite ſemiduplici, auribus quatuor, linguis duabus, oculo unico, pedibus octo.

Georgii HANNÆI femina tribus mammis prædita *obſ.* 93.

EJUSD. Hermaphroditus *Vol.* IV. *obſ.* 79. Verus vir cum rima in perinæo.

EJ. in E. N. C. *Dec.* II. *ann.* IV. *obſ.* 114. Placenta veſicularis.

Obſ. 115. Ovum gemellum.

Ann. VI. *obſ.* 135. Aſphyxia abſque damno.

Ann. VII. *obſ.* 150. Lienis pars in homine reſecta abſque noxa.

Obſ. 155. Capilli virides.

Ann. VIII. *obſ.* 17. Gallina ſuperfetans.

Ann. IX. *obſ.* 169. Anſer cornutus.

Ann. X. *obſ.* 148. Fetus in utero petrefactus.

Iterum in *Act. Hafn. Vol.* IV. *Martini* HELLOT ſenex 127. annorum *obſ.* 10.

§. DLV.

§. DLV. *Guilelmus* COLE,

Medicus Anglus. EJ. *de secretione animali cogitata* Oxon. 1674. 8°. min.* Haag. 1681. 12.* & in MANGETI *Bibl.* Poros non sufficere, & fermenta ad secretiones necessario requiri. Ea fermenta in glandulis nasci, motum intestinum producere, & verum fermentum esse succum nervosum, ut adpareat, ex nervorum glandulas adeuntium copia (imaginaria), cum glandulæ præterea neque sentiant neque moveantur. Bilem hepaticam acriorem, cysticam mitiorem esse. Vidit tamen, ad secretionem pertinere motum in vasis minimis tardiorem, dilatationem vasorum in minimis, & proportionem summæ ramorum ad truncum, quæ semper major est. Dictio obscura.

EJ. *Novæ hypotheseos ad explicanda febrium intermittentium symptomata & typos excogitata hypothesis* Londin. 1693. 8.* Amstelod. 1698. 8. Nutritionem fieri per fistulas minimas nerveas, quas succùs nervosus lente perrepit, & in cavernulas inter solidas partes relictas deponitur. Totum corpus ex nervis constare.

Adjecta est Diss. *de mechanica ratione peristaltici intestinorum motus*, ex inspectione anatomica, qua ostenditur fibras, quæ pro circularibus habentur, esse revera spirales. In latinum versa est per auctorem ipsum Londin. 1693. 8.* & prius in *Philos. Trans.* edita M. Maji anno 1676. n. 125. Rem ipsam vidit, & fibras finibus suis inter vicinas fibras intortas, spiras ex ingenio addidit. Citat D. BACIACCUM Genuensem, qui sibi per experimenta demonstraverit, ventriculum in motu peristaltico quiescere.

EJ. *Consilium ætiologicum de casu quodam epileptico.* Adnexa est *disquisitio de perspirationis insensibilis materia & peragenda ratione* Londin. 1702. 8. Sudorem differre a materie perspirationis. Fieri istam a sanguinis halitu, ab aliqua parte succi nutritii, & a partibus solidis corporis humani. Exponit, ut sudor & diarrhœa defectum perspirationis subpleant. Nutritionem fieri a succo per nervos & eorum propagines, fibras, deportato.

ID. in *Phil. Trans.* n. 178. Purpuræ dixit tingentem succum viridem, qui sensim per cæruleum in rubrum sole adfulgente transit, ante Gallos.

§. DLVI. *Justus* SCHRADER.

Observationes & historiæ ex G. HARVEJI *l. de generatione animalium excerptæ, in ordinem redactæ. Wilhelmi* LANGLEY *de generatione animalium observationes quædam: accedunt ovi fecundi singulis ab incubatione diebus facta inspectiones, ut & observationum anatomico-medicarum Decades* IV. *Denique cadavera balsamo condiendi modus.* Studio *Justi* SCHRADERI, ex familia Cl. viris celebri Amsterdam 1674. 12.*. Magni pretii libellus. HARVEJUM omitto, cujus solæ rerum visarum descriptiones hic reperiuntur. *Guilielmus* LANGLEY ovis incubatis utiliter usus est. Halones, figuram venosam, duo puncta salientia, inde tria, colorem in sanguine primis diebus flavum vidit: embryonis bonam figuram dedit.

dit. Membranæ, sacculus, quem vocat cicatriculam. Duæ sunt incubationes. Inde de quadrupedum generatione. Valvulæ colli uteri. Embryones ovilli.

In *quatuor Decadibus* multa sunt memorabilia, in cadaveribus Leidæ incisis visa; a *J. v.* HORNE, *Fr.* SYLVIO, *Frid.* RUYSCHIO, *J.* SWAMMERDAM, etiam ab *Henrico* MEIBOM. Porro agni bicipitis, & prægnantis sciuri, aliorumque animalium. Ureteres in vulvam inserti. Castoris anatome, & ex folliculo in vulvam ductus. Cadaverum conditaram laudat suam.

§. DLVII. *Johannes* MUNNIKS,

Professor Ultrajectinus. EJUS exstat *Dissertatio de urinis earumdemque inspectione* Utrecht 1674. 12.*. Renum anatome. De urina aliqua, reliqua pathologica aut semejotica.

EJ. *de appetitu & deglutitione* Ultraject. 1677. 4. THOM.

EJ. *de corporis animalis œconomia Diss.* I. Ultraject. 1677. 4.*.

Diss. II. ib. 1678. 4.

Diss. III. *de chyli confectione & motu* ib. 1679. 4. B. THOM.

Diss. IV. vasa chylifera 1679. 4.

EJ. & SPOOR *de sudore* Utrecht 1679. 4.*.

EJ. *de re anatomica l.* Utrecht 1697. 8.* Dictio bona, neque nullæ propriæ adnotationes. Hiatum tympani confirmat. Sesamoidea poplitis ossicula habet. Gelatinam funiculi umbilicalis cum BIDLOO habet pro ductibus succosis, humorem amnii secernentibus. Allantoïdeam membranam in muliere se invenisse adserit, & cæcum urachum. Exhalantia cordis vasa. Pulmonem primo trimestri in fetu ponderosiorem esse. Fibræ transversæ asperæ arteriæ. Duæ mallei epiphyses. Succus thymi lacteus.

EJ. *de circulatione sanguinis* Diss. Traject. 1709. 4. Vasa in ventriculis cordis aperta vidit.

De hydrope tubæ adnotatio est in BLANCAARDI *Jaarregister* C. I. n. 61.

§. DLVIII. *J. Baptista* LAMZWEERDE,

Medicus & Professor Coloniensis. EJUS *respirationis* SWAMMERDAMIANÆ *exspiratio, una cum anatomia neologices Jo. de* RAEI Amsterdam. 1674. 8.*. Non quidem incisor; principem scopum præ se habuit, circulum CARTESIANUM refutare; experimentum etiam fecit, in quo homo absque ullo pectoris motu, solo diaphragmate respiravit. Credulus carbones putat per urinam egestos fuisse. Aliqua habet de pectoris, diaphragmatis & pulmonum anatome. Non mere pati pulmonem; non augeri a diaphragmate pectoris caveam. Contra SYLVII effervescentiam. De motu musculorum.

EJ *Naturalis molarum uteri historia* Leid. 1686. 8.*. Non valde superstitiosus. Aliqua anatome partium genitalium. Molas virgineas, diabolicas, partus

tus ex homine & bestia hybridas rejicit. Nimis cæterum fusus, propriaque fruge cassus.

Ej. *Examen eucharisticum Harderianæ apologiæ supra fraternas admonitiones in c. 24. tractatus de molis uteri contentas* 1689. 4. non vidi.

Armamentarium SCULTETI observationibus auxit, quibus aliqua anatomica admista sunt.

§. DLIX. *Varii.*

P. GUIDE, Medici Monspeliensis, qui Londini vixit, *observations anatomiques sur plusieurs animaux au sortir de la machine pneumatique* Paris 1674. 12.*. Libellus vix notus, neque tamen inutilis, qui mera experimenta contineat, eaque eo quo scripsit tempore, minime vulgaria. Pulmonum mutationes describit, quas patiuntur in spatio, cui aëris magna pars subtracta fuit, aut omnis denique aër exhaustus, quoad id per artem fieri potest. Invenit pulmonem solidescere, fundum in aqua petere, si aperta fuerit aspera artëria, natare si intercepta. Monet de vi medicamenti vomitum cientis ad expedienda, quæ asperam arteriam obstruunt.

Ej. *Reflexions sur les sucs dont nous sommes nourris, où il paroit probable, que le lait n'est pas une production du sang, & que c'est le chyle qui nourrit nos parties* Leid. 1684. 8. BUR.

Adalberti TYLKOWSKY S. I. *Disquisitio physica ostenti duorum puerorum, quorum unus cum dente aureo, alter cum capite gigantis Vilnæ spectantur* Oliva 1674. 12.*. Immensa fabularum farrago. Dens aureus videtur, ut prior ille in Silesia dictus, fabula fuisse: alter fetus hydrocephalos.

Philippi HOECHSTETTER, Augustani physici, *rararum observationum medicinalium Decades VI. antea editæ: accesserunt quatuor Decades nunquam hactenus visæ: curante J. Phil.* HOECHSTETTERO auctoris nepote Francof. & Lipsiæ 1674. 8.*. PLATERI & C. BAUHINI discipulus, vixit furente bello tricennali; non malus certe auctor. Observationes centenis plures sunt, etsi titulus non plures indicat. Multæ cadaverum morbosorum incisiones. Partus a morte matris. Aliqua nostri scopi. Sæpe indicata partium humani corporis fabrica. Admista monstra aliique eventus memorabiles. Sanguinis errores varii, etiam per oculos, per renes in variolis funestus, alias salutaris. Venæ sponte hiscentes. Hernia abdominalis congenita.

In *Antonii* BOIREL, Chirurgi Aginnensis, *tr. des playes de la tête* Alençon 1674. 12.* passim aliqua huc faciunt. Cerebrum in aqua fundum petere. Paralysis ejusdem lateris ex lapsu in caput &c.

Isaaci BARROW *optica*, quæ magni a peritis fiunt, potius ad mathematica pertinent Londin. 1674. 4.*.

De CAUX *varia philosophica & medica de atomis, circulari sanguinis motu.*

Adversus Pyrrhonios. De generatione hominis: de usu lienis: de causa motus pulmonum in perspiratione: Anatomica quædam Rothomagi 1674. 12. BURCKH.

Pauli de MINIS & *Antonii Vincentii* MAJOLI *Galenistarum hypothesis adversus recentiorum placita confirmatio* Bonon. 1674. & in *Act. Nat. Curios. Dec.* II. *ann.* 9. app. Contra theoria ex figura corpusculorum deductas, & contra fermentationes.

EJUSD. *Medicum igne non cultro necessario anatomicum esse* Venet. 1678. 4. alii 1679. 4. Contra MALPIGHIUM.

Martini PEREGRINI *resurrectio corporum humanorum probata rationibus naturalibus* Rom. 1674. 12. B. THOM.

David van der BECKE *Amœnitates physicæ* Hamburg. 1674. 8.* 1705. 8.*. Ideas plasticas defendit, & animas vegetabiles. In ovario idem corporis formatricem residere.

Henrici MARTINI *de sanguinis natura, origine &c.* Brig. 1674. 4.*.

Joh. a CHOKIER *de senectute* Leodi 1674. 4.

Henrici SCHAEVII, Professoris Stettinensis, cum JESSENII Chirurgia Nurnberg 1674. 8.*. *Anatomischer Abriß des menschlichen Körpers.* IDEM l. *mit neuen anatomischen Erfindungen vermehrt; durch* (E. KOENIG) Basel 1687. 8.* Compendium anatomicum brevissimum.

Orationes de fama & siti Tubing. 1674. 8. BOECL.

J. V. S. H. H. D. M. P. P. *Anatomia monstri Francofurtensis* anno 1674. *per abortionem rejecti* Heidelberg. 1674. Refutatur quidam NISIUS, qui contra FRANCUM scripserat de suffocatione hypochondriaca. Monstrosi nihil.

§. DLX. *Disputationes.*

J. DORNFELD *corporis humani statura physice delineata* Lipsiæ 1674. 4. B. THOMAS.

J. Heur. RUMPEL *de inedia quorumdam hominum diuturna* Lipf. 1674. 4.*.

Chr. Henric. RUPERTUS *de Pancreate & ejus succo* Erfurt. 1674. 4. BOEHM.

J. Georgii GRÜBEL & *R. J. A.* SLEVOGT *de ductu chylifero* PECQUETIANO Jen. 1674. 4.*.

IDEM in E. N. C. *Dec.* II. *ann.* X. *obs.* 42. dicit Hydrocephalon pro monstro habitum.

Dec. III. *ann.* I. *obs.* 5. Fluxus sanguinis tertia a morte die.

Herman van BEECK *de fellis folliculo* Utrecht 1674. 4. Vide supra p. 552. Error sub esse videtur:

Aug. Henr. FASCH *Anatome quod sit columna praxeos* Jen. 1674. 4. PL.

IDEM *commendat anatomen utriusque sexus* Jen. 1674. 4. HE.

EJ. *de Castoreo* ib. 1677. 4.

Ej. *de ovario* 1681. 4. Tres bullæ de ovario pendulæ.

Ej. *παρωτίδες physiologiæ considerata* Jen. 1683. 4.* B. THOMAS.

Ej. *de circulatione lymphæ* Jen. 1683. B. THOMAS.

Ej. *de doloribus post partum* 1683. 4.*.

Ej. *sterilitas* Jen. 1684. 4.*. Uterus ruptus; graviditas diuturna, expulsis vesiculis soluta. Feminas commendat Jen. 1684. 4.*.

Ej. *Ventriculi sc. naturæ coqui cura circa sustentanda humani corporis organa & viscera* Jen. 1687. 4. PL.

Ej. *de bile vitæ balsamo* 1689. 4. B. THOMAS.

Gottfried SAND, Professor Regiomontanus, vir minime vulgaris, edidit Regiomonti anno 1674. *de menocryphia* Regiom. 1674. 4. & *progr. an femina concipere possit, cui nunquam menses fluxerunt.*

Ej. *de incertitudine signorum conceptus* 1682. 4.

Ej. *de sapore* 1685.

Ej. *de effetarum lactatione* 1701.

Ej. Disp. *de fungo cerebri* Regiom. 1700. 4.*

Ej. *rarus ventriculi abscessus* ib. 1701. 4.*

Ej. *de effœtarum lactatione* ib. 1701. 4.* B. BOEHM.

Andreæ GERET *infans monstrosus* Witteberg. 1674. 4.*. Hydrocephalus erat, pectore vix ullo, artus imperfecti.

Abraham KINKHUYSEN *de chylosi* Leyd. 1674. 4.*.

Gerard SERMES *de chyli elaboratione ejusque motu* Leid. 1674. 4.*.

Frider. BURMESTER *de sexu* Marpurg. 1674. 4.*.

Jac. de BOURGES & *M. Anton.* HELLOT *Ergo statim a cœna somnus* Parisiis 1674.

Petri DACQUIN & *Armand Johan. de* MAUVILLAIN *Ergo vultu matri similes patrem animo referunt* Paris. 1674.

Ger. PREAUX & *J. Bapt. Ren.* MOREAU *Non ergo ex capillis certum de temperamento judicium* Paris. 1674.

§. DLXI. *Philos. Transactiones.*

N. 117. *Thomas* TOWNS utique sanguinem Nigritarum nigrum esse.

N. 122. Anonymus duos lienes in cane vidit.

N. 122. HUGENII & PAPINII experimenta in vacuo aëre instituta: ea animalia D. GUIDE dissecabat, de quo diximus. Nulla pressione aëris ex pulmone abigi posse.

Isaacus NEWTON in *historia Soc. Reg. Lond.* p. 253. spiritus animales esse

 ætheræ

ætheræ naturæ, & libere omnia pervadere. Ab eo motum musculorum fieri. Novos spiritus in corde ex fervore humorum generari.

Redeunt hæc in *Queries*, quæ prodierunt cum *opticis* London 1709. 4. 1721. 8.* 1729. 4.* & alias. Vibrationes a penicillo radiorum in fibris retinæ tunicæ putat excitari, coloresque diversos percipi, uti hæ vibrationes majores fuerunt, minoresve. Reliqua eximii operis physici fere argumenti sunt.

§. DLXII. *Academia Naturæ Curiosorum.*

Joel LANGELOTT, Medicus Holsatus chemiæ addictus, in E. N. C. *Vol.* VI. & VII. ann. 1675. & 1676. agit de menstruis serotinis *obs.* 5.

De sudore sanguineo *obs.* 10.

De hominibus pluribus horis sub aqua mersis & superstitibus *obs.* 20.

Ann. IX. X. *obs.* 88. cerva cornuta.

Luc. SCHROECK, *Lucæ* fil. Ejus est fetus intestinis propendentibus E. N. C. *Dec.* I. *ann.* VI. VII. *obs.* 232.

Animal moschiferum *ann.* VIII. *obs.* 53.

Ovum monstrosum *Dec.* II. *ann.* I. Mulier absque mensibus mater, & alia scholia.

J. Christian FROMMANN *Dec.* I. *ann.* VI. VII. *obs.* 185. Sudor post mortem.

EJUSD. lego esse historiam motus periodici sanguinis. Non reperiri apud Salomonem. Loci HIPPOCRATIS, GUTHMANNI.

J. Matthiæ NESTER de fetu monstroso n. 27. Puella quadrupes, capite & brachiis simplicibus.

Daniel WINKLER, Silesius, aliquos mensium errores dicit *obs.* 48. 49.

Christoph LIPSTORP *obs.* 101. vitula semibiceps *obs.* 74.

ANONYMUS de submersis Suecicis *obs.* 76.

Christian MENZEL, Archiater Brandenburgicus, *obs.* 78. sudor luteus ex usu rhabarbari.

Ann. VIII. *obs.* 8. hermaphroditi, nempe viri cum vulvæ in perinæo imagine.

Ann. IX. X. *obs.* 108. tria in ansere corda.

Dec. II. *ann.* III. *obs.* 15. Senex 120. annorum, qui in summa senectute dentiit.

Ann. V. Alius fetus octupes.

J. Frider. HULDENREICH. Hepar 14. loborum *ann.* VI. VII. *obs.* 219.

Gottfried Christian WINKLER *obs.* 118. Sedigitus.

§. DLXIII. J. Dolæus,

Archiater Castellanus. In E. N. C. *Dec.* I. *ann.* VI. VII. *obs.* 67. sudor cæruleus.

Obs. 131. aliqua de ovario muliebri.

Ann. IX. X. *obs.* 129. strepitus ossium.

Obs. 174. dens caninus in octogenario reparatus.

Obs. 177. puella bilinguis.

Dec. II. *ann.* I. *obs.* 131. fetus intra extinctæ matris uterum, vitalis.

Ann. VI. *obs.* 76. lac per os erumpens.

Ann. VIII. *obs.* 131. transfusio sanguinis in cane.

Obs. 132. improbabilis nævus.

Ej. *Encyclopædia Chirurgica*, in operibus omn. recusa, passim ad anatomen spectat.

Ej. *Encyclopædia medicinæ theoretico-practica* Francof. 1684. 4.*.

Ej. *Encyclopædia medica dogmatica* Francof. ad Mœn. 1691. 4.*. Notissimum systema spirituum secutus est, a quibus res humanas gubernari posuit, nominibus Græcis & Hebræis impositis, ut in hoc vel illo viscere residerent.

Ejusd. *Opera omnia* Venet. 1695. fol. 2. Vol. Francof. 1703. fol. Trew. In operibus præter Waldschmidianas illas redeuntes, epistolæ variæ continentur, quarum aliquæ sunt physiologici argumenti, etiam Brunneri.

In *observationum Centuria*, ut puto, ex E. N. C. repetita, aliqua sunt hujus argumenti; quædam equidem incredibilia, ut urina per foramen prope claviculas profluens. Animal bipes per alvum excertum. Sed etiam de sanguinis transfusione agit.

§. DLXIV. *Bernardinus* Genga,

Medico-Chirurgus Romanus, & incisor. Ej. *Anatomia Chirurgica, cioe Istoria Anatomica dell' ossa e muscoli del corpo umano, con la descrizione de vasi* Rom. 1672. 8. Gunz. 1675. 8.* 1687. 8.* quæ editio melior est. Liber minime contemnendus. Pro circuitu sanguinis propriam dissertationem addit. Rariores, quas vocant, adnotationes passim habet. Defuisse utrinque in femoris acetabulo ligamentum teres. Unicus gemellus femoris, Portal. Indicatorem sæpe peculiarem a medio cubiti ortum vidit. Extensorem longum digiti minimi, a radio natum: aliumque minimi digiti musculum ex ligamento carpi ortum. Tres adductores & tres abductores breves pollicis numerat. In primo sinu glandis penis sedem esse gonorrhœæ.

Ad Gengam etiam refero splendidum librum cui titulus, *Anatomia per uso ed intelligenza del disegno* L. I. cum cadavera secuerit, etsi *J. Mariæ* Lancisii explicationes addidit. Prodiit Romæ 1691. fol. apud Rossi *. totus æri incisus. Musculi sunt & ossa artificiose & nitide sculpta: ut semper memor sis, scopum auctoris fuisse, pictoribus servire, & musculorum nonnisi subcutanea

tanea ſtrata hic quæras, neque inſertiones in oſſa exigas. Celebriorum etiam ſtatuarum, Herculis, gladiatoris, Laocoontis muſculos hic ſuppletos videas.

In *commentariis ad aphoriſmos* HIPPOCRATIS Rom. 1694. 8.*, etiam anatomica aliqua intercurrunt.

§. DLXV. *Varii.*

Sebaſtian ALBINUS *kurzer Bericht, wie man den Perſonen, ſo nicht zu lang im Waſſer geweſen, und gleichſam wie todt herausgezogen worden, das Leben erhalten konne* 1675. 4.*. Reſpirationem ſuadet imitari, & compreſſo abdomine, ſanguinem ſurſum urgere.

BARNES *diſcovery of the pygmees* London 1675. 8.

Nicola SPADON *ſtudio di curioſita nel quale ſi tratta di fiſionomia, Chiromantia e Metopoſcopia* Venez. 1675. 12. d'ETR.

Converſations academiques tirées des conferences de l'Academie de Mr. l'Ab. BOURDELOT Paris 1675. 12.*. Auctor eſt *D. le* GALLOIS. Latine exſtant in ZODIACI MED. GALLICI T. III. anno 1681. Multa ad phyſiologiam, vaga tamen fere, neque a natura repetita, ut de communicatione vaſorum lymphaticorum cum venis lumbalibus: de pilis in cadavere ſubnatis. De cauſa ſemen in fetum formante. Num animal in ſemine ſit. De pinguedine, ſpermate ceti, & cerebro pingui. De renaſcentibus oculi humoribus. Num oſſa vegetent: ut in lapides abeant De longævis animalibus. De dentibus in ſenio reparatis. De incurvata feminæ ſceleto, de fetu VASSALIANO. Vaſorum lymphaticorum inventum BOURDELOTO tribuitur.

Nicolai Orphæi PAULONII Diſſ. *contra novas opiniones de ſanguinis generatione & motu* Macerata 1675.

J. Paulus WURFBAIN *ſparganoſis* Altdorf. 1678. 4.* alii 1675. 4.

EJ. *Salamandrologia* Noriberg. 1683. 4.* & prius Altdorf. 1675. 4. GRONOV. Animal incidit, etiam gravidum: vidit vivos fetus eniti, & ipſe vivos exemit. Succum ſibi non nocuiſſe, neque ignis violentiæ obſiſtere. Plurima philologica.

Jacques CHAILLOU *recherches de l'origine du mouvement du ſang, du cœur & de ſes vaiſſeaux, du lait, des fievres intermittentes & des humeurs* Paris 1675. 12. 1699. 12.*. Nova eo tempore inventa ſequitur, ſanguinis circuitum, duplicem ductum thoracicum. Chylum ad cor venire, non ad venas. Lac chylum eſſe.

Thomas PETRUCCIUS, Medicus Romanus. EJUS *ſpicilegium anatomicum de ſtructura & uſu capſularum renalium* prodiit Rom. 1675. 12.* etſi vulgo annus dicitur 1679., recuſus cum C. BARTHOLINI & J. VERLE opuſculis Lyon 1680. 12. alii 1681. tum 1696. 12. Plenus errorum. Arterias capſulares aorticas rejicit: valvulam eſſe in venæ capſularis in venam cavam ingreſſu, quæ non ſinat eo ſanguinem venire. Caveam in ea capſula renali admittit, & ſuccum atro fuſcum. Atram bilem

bilem per venam in eam caveam vult deponi, inde per arterias resumi, in renem venire, urinæ adfundi, eam saturato colore tingere. Non bonæ icones.

Friderich MARTENS, Chirurgus Hamburgensis, in *Spitzbergischer oder Grænländischer Reisebeschreibung gethan anno* 1671. Hamburg 1675. 4.* aliqua habet ad vitam, generationem, cibos, etiam anatomen animalium septentrionalium, phocæ rosmari, balænæ, in cujus cute poros manifestos vidit.

Henrici MORE *de anima ejusque facultatibus* Lond. 1675. 8. & etiam prius Anglice, tum Roterdam 1677. 8. B.B. Omnino huc faciunt, quæ de partibus humani corporis, de sensorio communi, contra CARTESIUM adfert. Animam proprium corpus informare, & esse ejus facultatem plasticam docet.

§. DLXVI. *Varii.*

J. Georg. AAREND *de cephalagia* Leid. 1675. 4.*. Ab eo morbo membranæ cerebri duræ: suturæ nullæ. In alio casu nervi optici, & auditorii, arefacti.

Paulus LINSIUS *de occulto aëris cibo, juxta mentem hermeticorum* Jenæ 1675. 4. HE.

Chr. SCHMID *de viribus imaginationis* Lipf. 1675. 4. B. THOMAS.

J. HOFMAN *de animæ rationalis natura ac potentiis* Jen. 1675. 4. HE.

J. Adam LIMPRECHT *de tussi* Leid. 1675. 4. HE.

Theodor. CELLARIUS *de anima vegetante* Tubing. 1675. 4. HE.

EJ. *de anima rationali* Tubing. 1677. 4. HE.

J. Wilhelm ANDREÆ *de generatione* Erfurt. 1675. 4. HE.

Quintus Septimus Florens RIVINUS *An emittendo vel recipiendo fiat visio* Lipf. 1675. 4. B. THOMAS.

Joh. v. WYNINGHE *de intemperie sanguinis crassa* Utrecht 1675. 4.*.

Nic. RAVEAU & *Lud.* POIRIER *Ergo Hippocratis physiologia medico satis* Parif. 1675.

Nicolas de JOUVERNEY & *Josephi* THOMASSEAU *Ergo nitidus faciei color bene moratorum viscerum index* Parif. 1675.

Henr. MAHIEU & *Franc.* GIRARD *E. vivunt longius & felicius qui juniores conjugium ineunt* Parif. 1675.

Fr. AFFORTY & *Petr.* BONNET *E. natura intendit feminarum productionem* Parif. 1675.

§. DLXVII. *Guichard Josephus* DUVERNEY.

In *Mem. avant* 1699. ad annum 1675. reperitur B. THIBAULT monstrum quadrupes, quadrimanum, biceps, duobus cordibus, hepate unico.

Hic primum lego labores *Guichardi Josephi* DUVERNEY, Professoris anatomes Regii, qui per sexaginta fere annos innumerabilia corpora incidit, & a praxi

praxi etiam medica abstinuit (*n*), ut inter mortuos viveret (*o*); multorum certe inventorum auctor, quæ aliis nominibus tribuuntur. Siquidem secundum ILL. SENACI testimonium, nihil additum est ejus posthumis. Id habuit vitii (*p*), quod desiliret ab invento ad inventum, neque priora inventa perficeret.

Primum hic in ansere ostendit, sanguinem arteriosum & venosum colore differre.

Canem ligata super ductum thoracicum vena subclavia, quindecim diebus supervixisse.

Anno 1678. de naribus egit, earumque conchis & laminis ad olfactum pertinentibus; & de motu tunicæ uveæ absque fibris peracto. Nullum in avibus lacteum vel lymphaticum systema esse. Lapillos, quos aves deglutiunt, ad terendos cibos facere.

In *Mem. avant* 1699. ad ann. 1679. branchias piscium pro re nova describit: totum corpus animale ex vasis componi docet.

In *Journal des Savans* 1678. & *Mem.* X. p. 607. Duos musculos palpebræ internæ describit, ut puto ex avibus.

Journ. Sav. n. 30. de organis nutritionis, glandulis salivalibus, intestinalibus ex variis animalibus, quibus vim dissolventem tribuit. Redit in *Mem. avant* 1699. X. p. 610.

Aliqua de ejus, qui continuo dicetur l. de organo auditus *Journal des Sav.* 1681.

EJUSD. *Traité de l'organe de l'ouie, contenant la structure, les usages & les maladies de toutes les parties de l'oreille* Paris 1683. 12.* 1718. 12. tum in posthumis operibus. Etiam Noribergæ recusum 1684. 4.* Leidæ 1731. 12. & in *Bibl.* MANGETI. Germanice Berlin 1732. 8. Anglice demum Lond. 8.

De integro organum auditus descripsit, partim bene, partim minus recte. Glandulas ceruminosas depinxit, etiam ab aliis tactas: aquæductus nomen non bene tubæ imposuit. Unicum habet musculum auriculæ in fibras resolutum. Incisuras ductus auditorii distinxit; tympanum stapedis dixit & musculum exteriorem mallei; processum recipiendo anteriori destinatum omisit: faciculas articulares ossiculorum expressit. Tympani scalas, septumque radiatum, & modiolum, & canales semicirculares, eorum ostiola ampliora, eorumque nervos nimis ramosos depictos dedit. Intercapedo aperta anuli tympani. Anterior auriculæ musculus. Chordæ tympani originem & nervi duri faciales ramos delineavit, hos utcunque, nervum mollem hactenus. Differentiam organorum in fetu exposuit. Deinde usum partium, tensionem & laxationem membranæ

(*n*) In Elogio.
(*o*) Vide LISTERI testimonium in *itinere*.
(*p*) FONTENELLE in Elogio.

branæ tympani ; aptitudinem laminæ spiralis, ut cum omnibus tonis contremiscat. De morbis bonas adnotationes habet. Icones artificiose sculptæ.

In *Mem. avant* 1699. an. 1684. Fetus pelvibus obversos dicit, glandulas ventriculi suilli, & lymphaticorum vasorum originem ex partibus corporis membranosis & musculosis.

In *Philos. Trans.* n. 226. Chylum uterinum dixit.

Apud BIRCH. IV. p. 340. eodem anno invenisse dicitur prostatas succenturiatas, peni adjectas.

In *Mem. avant* 1699. anno 1685. Cæcum intestinum in carnivoris animalibus parvum, amplum esse in herbivoris. Mireris eum virum *suspicari*, in tenuibus intestinis motum peristalticum locum habere. In gallina fæces in appendices transire, priusquam in rectum intestinum veniant.

Anno 1686. Erinaceo mediastinum esse pro pericardio. Vocem in gallo formari in larynge inferiori. De cauda lacerti renascente.

Anno 1687. Salivam acidam esse, & in adultis magis : sic liquorem in ventriculo avium & animalium ruminantium. De motu convulsivo post mortem superstite. Dura membrana ossea in maniaco. Fetus tubarius.

EJUSD. *Lettre contenant plusieurs nouvelles observations sur l'osteologie anatomes* Paris 1689. 4.* & in select. disp. VI. Plurima peculiaria habet; potissimum ex anatome comparata sumta. Dentium in variis animalibus fabrica, cujusque vitæ generi accomodata.

Lettre écrite à M. COUSIN. Excerpta reperitur in *Journal des Savans* 1689. p. 219. Ossa non formari ex tendinibus ; neque medulla nutriri, neque succo nerveo. De medulla, de ejus vasis. Multum salem alcalinum in ossibus esse. Etiam ab intimis ossa nutriri, certos per poros. De cornuum fabrica, dentium regeneratione, unguium structura.

Compendium hujus Diss. in VERDUCI *osteologia*, & apud Cl. VAUGUYON reperitur, prioris quasi appendix s. continuatio.

Ad *Memoires de mathematique & de physique*, quæ MISSIONARII in Siamense regnum missi ediderant, notulas DUVERNEYUS adjecit, potissimum etiam ad Crocodili anatomen.

In *hist. de l'Academ. avant* 1699. anno 1690. de vesicula leonis septem septis divisa.

Anno 1691. de struthio-cameli palpebra interna ejusque musculis : de spermate ranarum, qui liquor sit in ovi ductu natus.

In *Mem. de Mathematique & de Physique* 1692, struthio-cameli & erinacei ductus bilarios bilem in ventriculum effundere adnotat : ductum vero pancreaticum in hystrice & struthio-camelo longissimo a bilario ductu intervallo in intestinum aperiri.

Mem. de 1694: utique bilem viridem (cum ſit hepatica) ſtruthio-cameli in ventriculum muſculoſum effundi.

In hiſt. de l'Acad. anno 1695. incipit noſter MERYUM impugnare: valvulam nempe utique adeſſe, quæ ſufficiat obturando foramini ovali.

Ib. anno 1696. de fetu ventrali, pauca verba.

In anno 1698. canem uvula deſtitui: in palato tamen habere muſculos, quos homo.

In *Mem. de l'Acad. des Sciences* 1699. inſignem dedit diſputationem, MERYO quidem eminus oppoſitam, qua cordis teſtudinis anatome continetur; ſinus venoſus maximus, arteriæ duæ abdominales; ventriculi cordis communicantes, eorumque valvulæ. Addidit etiam corda univentria viperæ, & ranæ, & cyprini; demum branchias, quarum arterias putat in venas abſque intercedente diviſione in minimos ramos converti. Cor teſtudinis nil pro MERYO facere, neque ſimilem in eo animale inque fetu fabricam reperiri, cum teſtudo ſæpe, fetus nunquam reſpiret &c.

In *hiſt. de l'Acad.* 1700. pro CHIRACI de vomitu ſententia. De glandulis nonnullis præputii (in beſtiis); de venarum corporis cavernoſi urethræ, cum venis corporum cavernoſorum penis communicatione.

Ventre aperto, reſectis nervis crurum, demum irritatos crurum muſculos convelli.

In *Mem.* ejus anni, vaſa omphalo-meſenterica animalium, quæ nova putat.

Ibid. de medulla oſſium. Reſorberi & oſſeas fibras obungere, & cavere ne fiant friabiles. Senſu acri eſſe.

In *Mem.* anni 1701. bronchiarum fabrica, & venarum in ea parte in arterias mutatio.

In *hiſt. de l'Acad.* 1702. acus in vena viri.

Hiſt. 1705. Venerem limacum accurate contemplatus eſt, ſed nunquam edidit.

Mem. de 1706. Anatome duorum infantum, obverſis pelvibus connatorum, in quibus propriæ particulæ artificioſe ad eam ipſam fabricam adaptatæ repertæ ſunt.

De eodem fetu duæ epiſtolæ in *Journal des Savans* 1707.

Hiſt. de 1708. Venus limacum. Aculeus, quo ſe mutuo compungunt, penis quem quisque viciſſim in alterius valvam immittit &c.

Hiſt. de 1717. Serpentem qui piger ex ovo perrepſit, agilem fieri, quam primum reſpiravit.

In *Mem. de* 1725. WINSLOWIUS DUVERNEYI poſteriora, non levia, in corde fetus inventa, recenſet. Utique valvulam foramini aperiendo parem eſſe: ejus fibræ muſculoſæ; auriculæ duæ cordis ſeparatæ. Valvula EUSTACHII anguſta,

gusta, quando foramen ovale apertum est, lata vicissim. In fele se vidisse foramen ovale quasi sphinctere clausum, & valvulam ei adplicatam.

EJUSDEM DUVERNEYI *Oeuvres anatomiques* Paris 1761. 4. 2. Vol.* curante J. E. BERTINO, cui SENACUS codices DUVERNEYI commiserat. Præter ea, quæ Cl. vir dum vivebat edidit, exstat hic compendium anatomicum, in quo plurima nova reperias, quæ vulgo solebant WINSLOWIO tribui.

Ductus lachrymalis superior curvulus, inferior rectus.

Sclerotica tunica non nascitur a dura membrana.

Cornea tunica cocta in gluten abit.

Arteria posterior lentis crystallinæ.

De cerebro fuse, cum propriis iconibus & sectionibus. Lineæ transversæ & colliculus medius corporis callosi. Vasa pontis & plexus chorioïdei. Fibræ decussatæ in principio medullæ spinalis.

Sinus petrosi utrique, occipitales, circularis: sanguis circa carotidem. Motus duræ membranæ, tum qui a respiratione cietur, tum qui ab arteriis. Physiologia cerebri & nervorum.

Ganglion ophthalmicum, inventum ut videtur Cl. viri. Musculus in saccum nasalem insertus. Circulus arteriosus iridis.

Organum auditus nova tabula auctum, in qua arteriosa vascula membranæ tympani, & ossiculorum vascula.

Narium ossa bene, & inter ea corniculum sphenoideum BERTINI. Nervi & vasa narium absque interpretatione. Glandulæ nimiæ. Foramen cæcum, & papillæ linguæ, ex variis animalibus. Omnes musculos pharyngis præter hyopharyngeum habet pro unico. In cute multæ tabulæ pilorum, papillarum, unguium, corporis reticulati, glandularum cutis, perinde absque interpretatione. Fuse de structura ossium & nutritione: ossa ex membranis generari. Ligamenta. Vidit discedentia ossa pubis. Sinum sphenoideum ab osse palati perfici. Sinus cæcus linguæ. De dentibus dissertatio, quæ in Diario *Journal des Savans* prodierat. De incremento cornuum: de plexu retiformi, mirabili, animalium.

In T. II. pergit compendium anatomicum. Fuse de valvula EUSTACHIANA. De modo quo pleura pulmonem obvolvit, recte. Fila cellulosa habet pro fibris pulmonis muscularibus. Nihil esse in pulmone, præter inflatum cellulosum textum, ante HELVETIUM docet, neque cellulas fieri ex asperæ arteriæ vesiculis, & etiam in equo bronchia in tela cellulosa evanescere. De aere communicante inter pulmonis lobulos. Mira vis musculorum intercostalium in equo. De voce cum DODARTO. Sinus occipitalis an. 1683. inventus, apud KEILIUM & PALFYNIUM dictus. De vasis umbilicalibus fuse, deque eorum ramis, qui in adulto aperti manent. De musculis vesicæ, vesiculis, & prostata, nitida icone expressis. Ad penem, ejusque vesicam triquetram eminentiam

 pulchræ

pulchræ figuræ. Venarum cavarum ſphincteres. Aditus omenti hepaticus. Duodenum. Omnium inteſtinorum ampliſſimum eſſe. Tria ligamenta coli, & tres ordines cellularum. Hepar ex parvis veſiculis bilariis componi. In liene hominem ſolas habere fibras celluloſas. Omentum minus. Ventriculi pleni ſitus, idem quem WINSLOW. Glandulæ lienis ex elephante. Ligamenta inter uterum & veſicam atque rectum inteſtinum media. Proſtatas inferiores vocat, quas ſibi COWPERUS tribuebat, DUVERNEYO vero jam C. BARTHOLINUS reſtituit (*de diaphr.*). De corporibus luteis, fetuque tubario aut in teſte reperto. Contra ſemen muliebre. Cellulæ uteri.

Propria diſſertatio de generatione. Venus limacum, quam ipſe contemplatus eſt. Liquorem amnii ex veſica pueri provenire.

Pluſculæ diſſertationes de circuitu ſanguinis ante partum.

De valvula EUSTACHII.

De ventriculo animalium ruminantium, de eorum functionibus, & canale ſecundi ventriculi.

De ventriculo carnoſo avium.

Quarta membrana fetus canini.

De roſtro pſittaci, & glandulis ſalivalibus avium.

De renibus animalium, & eorum diverſa fabrica.

In poſthumo *tr. des maladies des os* Paris 1751. 12.* fabrica articulationum, capſulæ & ligamenta deſcribuntur.

In *præfatione* aliqua ad oſſium fabricam pertinent, de tubuli oſſis ad medulla incremento &c.

Promiſſa hiſtoria piſcium marinorum nunquam prodiit, cujus icones *P. de la* HIRE delineaverat (*q*). Nunc etiam audio proditura eſſe DUVERNEYI de cochlea experimenta. De integro etiam vaſorum lymphaticorum ſyſtemate, quod in cane demonſtravit (*r*), nihil unquam editum eſt.

In *Phil. Tranſ.* n. 139. aliqua habet de narium fabrica.

In Diſp. MEEKREN *de ſingultu* teſtimonium eſt de obſervationibus ineditis DUVERNEYI apud W. G. MUYS ſervatis.

§. DLXVIII. *Stephanus* BLANCARD,

Medicus Amſtelædamenſis, collector potius quam inciſor, & polygraphus. EJUS *Tractatus novus de circulatione ſanguinis per fibras, nec non de valvulis in iis repertis* Amſterdam 1676. 12.* & iterum 1688. 12.*. Sanguinem ex arteriis per fibras in venas redire: valvulas in venis eſſe, quæ caveant, ne ex iis ſanguis

(q) BIRCH. IV. p. 27.
(r) GRUDER ferment.

guis in fibras redeat, & quæ faciant, ne fibræ per venas possint repleri. Fermentationem cordis rejicit.

Ej. *Collectanea medico-physica of Hollands jaarregister der genees en naturkund; geaanmerkingen van gansch Europa* Amsterdam *Centuriæ* IV. 1680. 8.*. Germanice vertente T. J. M. C. G. L. Leipzig 1690. 8.*. Pleraque in I. tomo ex BLEGNYI *zodiaco medico Gallico*, alia ab aliis sumta VAN DYCK, VAN DUUREN, GRIMMIO. Habet tamen etiam bona aliqua, etiam anatomica, quæ non puto alibi prodiisse, ut RUYSCHII iconem conceptus, & uteri nuper fecundati. Pediculos androgynos esse. Plurima monstra; ex anatome animalium aliqua. In *Cent.* V. continetur Diss. BOKELMANNI Cel. Chirurgi, de pulmone natante & submerso. BOKELMANNUS negabat pulmonem a respiratione in vagina matris, aut ab humorum fermentatione mutari, ut natet; neque valde credebat RUYSCHIUS, ob putredinem natatilem fieri. Cæterum historias medicas a BLANCARDO per fraudem ex aliis transformatas fuisse indicatum est (s).

Ej. *Anatome reformata & concinna corporis humani dissectio. Accedit de balsamatione nova methodus* Leid. 1688. 8.*, & multo auctius ib. 1695. 8.*. Belgice 1686. 8.*. Germanice, vertente *Tobia* PEUCERO Leipz. 1691. 4. TREW. 1705. 4. TREW. Figuræ undique compilatæ (t), totusque liber. Balsamo condiendi methodus ex C. BARTHOLINO aliisque sumta. Adjectæ ultimæ editioni HARDERI obss. de ductu salivali novo.

Ars balsamo condiendi sola Germanice vertente G. A. M. excusa est Hanoveræ & Guelferbyti 1690. 8. 1692. 8. 1697. 8. 1705. 8. TREW.

Ej. *Anatomia practica s. variorum cadaverum morbis denatorum anatomica inspectio* Leid. 1688. 12.*. Undique collectæ fontibus non citatis cadaverum incisiones. Intercedunt passim etiam anatomica.

Ej. *Cartesiaanze Academie* 1683. 8. 1691. 8. LAMBERGEN. Germanice Leipzig 1693. 8.*. Physiologia inprimis CARTESIANA, cum omnibus illis effervescentiis, acida theoria febrium, acidæ diætæ proscriptione.

Ej. *Lexicon Medicum* Amstelodami 1702. 1717. 1735. 8. Hallæ 1739. 8. Anglice Lond. 1726. 8. & alias excusum, definitiones etiam partium corporis humani continet.

An huc facit *Schauplatz der Raupen, Würmer, Maden und fliegender Thierchen* Leipzig 1690. 8.

Ej. *Opera medica theoretica & practica & Chirurgica* Leid. 1701. 4. 2.Vol.*. Nihil priorum continet, sed diatriben *de fermentatione*, quæ aliqua parte huc spectat, lactis etiam phænomena. Tum *institutiones medicas*, in quibus etiam Physiologia CARTESIANA traditur, cum suis fervoribus.

§. DLXIX.

(s) MORG. *sed. & caus.* II. p. 17. 324.
(t) Vide de compilatore judicium MARCELLI MALPIGHII *posth.* p. 321. 322. & GRAETZII apud RUYSCH. *Ep.* VIII.

§. DLXIX. *Theodorus* CRAANEN,

Archiater Braudenburgicus, CARTESII adfecla. EJ. *de fluxu sanguinis menstrui* Diss. Leidæ 1676. 4.*

EJ. (nomine omisso) *Oeconomia animalis ad circulationem sanguinis breviter delineata; it. generatio hominis ex legibus mechanicis* Goudæ 1685. 8.* Amsterd. 1703. 8. TREW. quod opus alii ad quemdam nomina FREGAN referunt (PLATN.) In priori opusculo ad CARTESII mentem omnia interpretatur: succi tamen pancreatici Graafianum fervorem rejicit; & consentit, non in diastole sanguinem de corde erumpere. Venas pulmonales micare. Pro viis brevioribus urinæ. Animam in glandula pineali residere acriter defendit, nihil motus calculis, qui sint in ea glandula reperti.

Inde brevis & simplex œconomia animalis.

Tunc generationis mechanica explicatio, ad CARTESII mentem.

EJ. *Tractatus physico-medicus de homine* Leid. 1689. 4.* Neapoli 1722. 4. TREW. Ampla satis, & per omnes suos recessus deducta physiologia CARTESIANA, cum iconibus, sæpe ad hypothesin reformatis. Anatomici proprii nihil quidquam. Se vidisse poros vesicæ urinariæ introrsum spectantes, & extrorsum, cum valvula qua caveatur, ne liquor possit regredi. Osteogenia ex KERKRINGIO.

Opera omnia prodierunt Amsterdam 1689. 4. *Journ. Sav.*

§. DLXX. *Johannes Christophorus* STURM,

Professor Physices Altdorfinus, ex primis qui experimenta physica in aliqua Academia Germanica fecit. Passim physiologiam adtigit.

EJUS Disp. *de transfusione sanguinis* Altdorf. 1676. 4.* Historica.

EJ. *Oculus telescopicus* ib. 1678. 4.

EJ. *de generatione plantarum & animalium* ib. 1687. 4. Panspermiam docet.

EJ. *de principio hylarchico* ib. 1685. 4.

EJ. *Idolum naturæ* ib. 1692. 4. contra archæum.

EJ. *de respiratione, prolixiori tractatui argumentum destinatum* ib. 1686. 4.*

EJ. *de sensu unius gemino* ib. 1686.

EJ. *Locus imaginum a speculo repræsentatarum* ib. 1693.

EJ. *de presbytis & myopibus* ib. 1693. 4.* resp. SCHEUCHZERO.

EJ. *de elephante* ib. 1696. 4.*

EJ. *Sensus visus nobilissimus ex camera obscura tenebris* ib. 1699. 4.*. Mutationem oculi interni fieri a processibus ciliaribus. Rotundas apparere faces, quod pupillæ figuram exprimant.

EJ. *Collegium experimentale s. curiosum* ib. 1676. 4.

Inter

Inter experimenta viri, huc etiam pertinent, quæ in animalibus fecit, aëri rarefacto commissis; tum quæ in urinatoria campana, denique in camera obscura. In scorpiis etiam microscopio usus est; ad oculum etiam & vires musculorum legi potest.

Ej. *Physica electiva s. hypothetica* Noriberg. 1697. 4. 1730. 4.* Tomus II. . . . . . . Noriberg. 1722. 4.*

In T. I. aliqua de animalibus in universum, & de eorum generatione: & rudimentis organicis subtilissimis. Machina Papiniana & ejus effectus. Fabrica hominis ad prævisos fines evidentissima. Quid natura sit. Sensus & eorum objecta.

In T. II. panspermia. Perspiratio insensibilis. Putrefactio &c.

Ad Borelli de motu musculorum opus experimenta mechanica continet. In *app. anni* II. E. N. indaginem primam confirmat. In *appendice anni* III. in indagine secunda & tertia stabilienda laborat.

In *appendice anni* IV. ad indaginem IV.

In *appendice anni* V. indago V.

In *appendice anni* IX. & X. contra *Paulum de* Minis pro recentioribus medicis apologiam dat.

Et in *Dec.* III. *ann.* V. VI. *app.*

De motu cordis theoriam viri laudat Cl. de Hahn *de aëris effect. in pulm.* p. 89.

§. DLXXI. *J. Georg.* Morhof. *Alii.*

Morhof, Professor Kiloniensis, polyhistor, chemiæ amans. Ej. Diss. *paradoxa sensuum* Kiel. 1676. 4.*

Ej. *Stentor hyaloclastes, s. de scypho vitreo per certum humanæ vocis sonum fracto* Kiel 1683. 4.*. Ingeniosa commentatio ad cauponis cujusdam artificium, qui tonum scypho vitreo proprium, per experimentum doctus, paulo altiori voce inclamans, scyphum dirumpebat. Varia ad sonum, & vocem humanam.

In *polyhistore* Hamburg 173 . 4.* aliqua sunt de zoophytis animalibus, eorum generatione, denique de homine ejusque physiologia & anatome.

Guilielmus Briggs, Socius Collegii *Corporis Christi* Cantabrigiensis. Ejus est *Ophthalmographia, s. oculi ejusque partium descriptio anatomica* Cantabrigiæ 1676. 12.* Lond. 1685. 12. Leid. 1686. 12.* Osb. & in *Collect.* Hookii inque Mangeti *Bibliotheca.* Sola anatome & nova visionis theoria. *Continuatio novæ visionis theoriæ ex* Hookii *collectionibus.* In anatome fibras retinæ ad ligamentum usque ciliare productas, in nonnullis animalibus conspicuas, rectius constituit. In theoria chordas alias curvas longasque, alias breves in optico nervo admisit. Unicum objectum adparere suspicatus est, quando id objectum in homologis utriusque oculi fibris depingitur.

In *Philos. Trans.* n. 147. tuetur suam theoriam contra varias objectiones. Aliquid glutinosi fibras retinæ conjungere.

N. 159. Exemplum cæcitatis nocturnæ & visus duplicis.

Pauli Ludovici SACHS *Monocerologia s. de genuinis unicornibus* Razeburg. 1676. 8.*. Cranium ceti Narwhal describit, & depingit, tum reliqua ossa, & satis quidem accurate.

James COOKE *mellificium chirurgiæ, or the marrow of Chirurgery much enlarged to which is new added anatomies* 1676. 8. BOEHM. 1685. 4. OSB. 1730. 8. OSB.

Charles GOODALL *the college of physicians vindicated and the true state of physik in this nation faithfully represented* London 1676. 8.* Huc facit apologia anatomes, quam ad meliorem morborum cognitionem viam aperuisse ostendit. Porro nuperos medicos & potissimum, etiam Anglos, anatomen ditasse; chemiam etiam ad illustrandam physiologiam adhibuisse.

GALATHEAU *Diss. sur la digestion de l'estomac & touchant l'humeur acide* Paris 1676. 4. 12. Contra triumviratum SYLVIANUM, contra acidum ventriculi humorem: contra vim digestricem spirituum CURÆI. Ipse rem medio relinquit.

EJ. *de l'empire de l'homme sur les animaux* Paris 1676. 12. PORTAL.

J. Peter GIESWEIN *systema universæ medicinæ* Francof. 1676. 8.

Tobias VOGELIUS, Werdensis, *Mnemosynologia s. de memoria libellus* Jen. 1676. 12. BEUGHEM.

Zachariæ TRABER, S. I. *nervus opticus* Wien 1676. fol. 1690. fol.* Oculi aliqua descriptio, & solitæ de visu quæstiones.

J. DELLY *de l'ame des bêtes* Lyon 1676. 8. Amsterdam 1676. 8. Pro CARTESIO contra animam brutorum & *Ignatium* PARDIES.

Caso d'un parto maraviglioso seguito in Venezia nella contrada di S. Croce Venez. & Modena 1676. 4.

In DOMINICI AUDA *compendio di maravigliosi secreti* Venet. 1676. 16.* agitur etiam de physiognomia.

§. DLXXII. *Varii.*

J. Conrad BRODTBECK *de sanguine menstruo* Tubing. 1676. 4. alii 1679. 4.

EJ. *χολογευμα gustamen physico-medicum bilis* Tubing. 1676. 4. PL.

J. Christoph. BECMANN *de prodigiis sanguinis* Francof. ad Viadr. 1676. 4. PL.

Joh. MULLER *utrum ex facie hominis de animi inclinatione judicium ferre liceat* Witteberg. 1676. 4. VAT.

EJ. *de notis & figuris infantum ab imaginatione matrum* Witteberg. 1677. 4. B. BOEHM.

EJ.

EJ. *An aliqua species corporum naturalium de novo orta sit, & an aliqua perierit* annum ignoro.

Georg. PRUKELS *fetus posthumus* Jen. 1676. 4. BOECL.

Valentin MERBIZ *de varietate faciei humanæ* Dresden 1676. 4. BOECLER.

EJ. *de infantibus suppositititis & de nymphis* Lips. 1678. 4. BURKH.

J. Henr. STARK *An sanguis venis & arteriis inclusus in pus mutari possit* 1676. 4.

J. G. ROETENBECK *de sudore præter naturam* Altdorf. 1676. 4.

J. Frid. KREBS *de visu* Onoldi 1676. BURCKH.

Philipp. Arnold am ENDE *de productione ignis vitalis* Utrecht 1676. 4.*

Henrici MAHIEU & *Andre* ENGUEHARD, *E. melancholicis animi motus vehementiores* Paris 1676.

J. Bapt. Ren. MOREAU & *Petri* LAURENCEAU *E. ex vocis loquela modo corporis & animi virtus conjici potest* Paris. 1676.

Armand Joh. de MAUVILLAIN & *Petri Pauli* GUYART *E. iracundiores feminæ difficilius pariunt* Paris. 1676.

J. CYPRIANUS *de sensu & cognitione in brutis adversus A. le* GRAND Lipsiæ 1676. 4. BURGKH.

§. DLXXIII. *J. Jac.* DOEBEL.

J. Jac. DOEBEL *de ovis exercitat.* III. Rostock 1676. 4. HE.

EJ. *Conclusiones de corporis naturalis principiis* ib. 1682. 8.

EJ. *Sciagraphia corporis humani* ib. 1683. 8.* cum ea in civitate Professor esset & Poliater.

EJ. *Valvularum vasorum lacteorum, lymphaticorum & sanguiferorum dilucidatio* ib. 1694. 4. alias 1695. 4.

In *actis litt. maris Balthici* dedit bonam descriptionem gliris vere hermaphroditici, pene semen continente, tamen absque testibus; ovario vero, & vulva præditi.

Fetum etiam ventralem dixit, &

Visum in septuagenario ante mortem restitutum.

Anno 1702. sanguis de vulva puellæ 30. mensium.

IDEM, nisi alius & ejusdem fuit nominis, de celebri illa puella per plures annos

annos a cibo abstinente varios libellos scripsit; & primo *Simonis* HALLENBERG, judicis provincialis, inquisitionem judicialem de Estheræ morbo ob diuturnam inediam & aliqua symptomata notabili, latine versum Londini Scanorum edidit. Puella a suis durius habita, fanatica, hysterica, lecto addicta 10. annis absque cibo & potu victitavit, si testimoniis fidem præbeas; neque aut menses interim passa est, aut sudorem, sed neque alvum deposuit, neque urinam reddidit. Denique a milite impraegnata convaluit, & ad cibum rediit.

Historia Esthere Norre Obyensis Suecice scripta a *J. Jac.* DOEBELIO. Ratiocinia aliqua.

Discursus Academicus de Esthere Norre Obyensis angelo, stella, templo albo & deliquiis; pariter DOEBELII. Lundin. Scanor. 1715. 8.* A cibo ea femina abstinere cepit anno 1704., ab aqua anno 1707; a syrupo, quem subinde adsumpserat, anno 1708. Anno 1712. cepit os aqua eluere: Anno 1713. ad cibum rediit. Et tamen, dum syrupo utebatur, aliquas fæces per alvum edidisse dicitur. Sanguinem aquosum fuisse. Egit etiam de viro 40. diebus jejunante, & de feminis hystericis asitis.

Germanice prodiit *Bericht von Esther Johanna und ihrem zehnjährigen Fasten* Hall. 1724. 8. B. BURCH.

Anno 1725. 4. Londini Disp. prodiit *de temperamentis doctrina emendata & de sanguinis statu naturali & corporis humani principio vitali.*

§. DLXXIV. *Fridericus* SCHRADER,

Primarius Professor Göttingensis, deinde Professor Helmstadiensis, & *Justi* CELLARII Disp. *de panis natura* Helmstätt 1676. 4.*. Agnum nondum natum leni calore totum in mucilaginem defluxisse.

EJUSD. Diss. *Epistolica de microscopiorum usu in naturali scientia & anatome* Götting 1681. 8.*. De LEEUWENHOECKII microscopiis & generatione pulicis. Ipse de musca ichneumone. De pene muscæ apud SWAMMERDAMIUM viso. Insectorum anatomen ad physiologiam utiliter transferri. Semen ad uterum non pervenire contra LEEUWENHOECKIUM. HAMMIO, amico suo, vermiculos seminales inventos tribuit.

EJ. *de admiranda naturæ in suis operibus subtilitate* Helmstad. 1681. 4. Hr.

EJ. & auctoris *Georgii Conradi* WOLF, *de aëris in corpus humanum effectibus* ib. 1685. 8.*

EJ. *de imaginationis maternæ in fetum efficacia* ib. 1686. 4.*

EJ. *Lymphæ & glandulæ pathologice considerata* ib. 1686. 4. HE.

EJUSD. *Additamenta ad* VESLINGII *syntagma anatomicum* ib. 1689. 4.*. Plures sunt, ad 16, perbreves disputationes cum hoc titulo collectæ. Liquorem in arteriam spermaticam impulsum transiisse in venam; urinam ex arteria in ureterem.

Ej. *de Idiosyncrasiis* ib. 1696. 4.*

Ej. *de brutorum animantium armatura* ib. 1697. 4.*

§. DLXXV. *J. Mauritius* HOFMANN,

Mauritii fil. Professor pariter Altdorfinus, vir eruditus, neque ab anatome alienus.

Ej. *de primæva salutis unda, non ergo mortalitatis aura, saliva natura usu & affectibus* Altdorf. 1676. 4.*

Ej. γλωττεογραφια τριμερης, *linguæ statum naturalem, præternaturalem & signa inde petenda exponens* ib. 1677. 4. HE.

Ej. *de differentiis alimentorum & potulentorum* ib. 1677. 4.*

Ej. *Structura partium corporis masculi* ib. 1679. 4.*

EJUSD. ἀεροτηρεια ib. 1680. 4.*

Ej. *de dolore* ib. 1680. 4.*

Ej. & M. MASSON *de urina* 1681. 4.* Aliqua ossium anatome. Vertebræ carie a steatomate nata contritæ. Sapor acerrimus acidus in scirrhosa renis glandula.

EJUSD. *de faciei promontorio, olfactus organo* ib. 1682. 4.

Ej. *de glandulis renalibus* ib. 1683. 4.*

Ej. *de anatome corporis feminini* ib. 1685. 4.*

Ej. *de cuticula & cute* ib. 1685.

Ej. & A. KNOPFII, qui auctor audit, *de odoramentis & suffimentis* ibid. 1686. habet organum hujus sensus.

Ej. & AYRER *de vena portæ* ib. 1687. 4.*

Ej. & *Bernhardi Matthæi* FRANK *de gustu Disp.* prodiit Altdorf. 1689. 4.* Melioris notæ. Papillas describit. Papillæ linguæ ex variis animalibus. Glandulæ ad latus epiglottidis, & arytænoideum. Buccas, fauces quas non totas gustandi facultate destitui. Ductum sublingualem distincto ostio aperiri. Pro ductu salivali NUCKIANO. In lepore prægnante pulchre vidit, flatum ex cornu uteri per tubam viam sibi aperire ad ovarium. Id ruptum fuisse; eaque sede corpora lutea, quæ numero suo respondebant numero fetuum in cornubus repertorum. Glandulæ ad latus epiglottidis, & glandulæ arytænoideæ.

In *append.* fissura in utroque ovario canis patula, ad tubam respiciens, & corpora lutea, ad fetuum numerum.

Ej. *de structura partium corporis masculi* ib. 1689.

Ej. *de liquore gastrico* ib. 1690. 4. HE.

Ej. *de pericardio* ib. 1690. 4.*

Ej. *de suturis cranii humani earumque usu* ib. 1691. In procero viri cranio nulla sutura.

Ej. *Anatome corporis feminini adornat* ib. 1691.

Ej. *de differentia viscerum abdominalium in homine & bruto* ib. 1691. 4. Bohem.

Ej. *de nervis in genere* ib. 1692. 4. He.

Ej. *de salivatione mercuriali* ib. 1692. 4. Veri ductus salivales.

Ej. *de fluidorum catholicorum in fetu motu* ib. 1695. 4.

Ej. *Sciagraphia secretionis animalis* ib. 1695. 4.*

Ej. *de omento* ib. 1695. 4.*

Ej. *de injectionibus variis* ib. 1695. 4. He.

Ej. *de pancreate* ib. 1706. 4.*

Ej. *Secretionis animalis specimen* ib. 1707. 4.*

Ej. *Ptarmographia physiologico-pathologico-therapeutica* ib. 1710. 4. Burkh.

Ej. *Disputationes anatomico-physiologicæ ad J. v.* Horne *microcosmum* ibid. 1685. 4.* Aliqua habet a Marchetto & Molinetto, præceptoribus suis. Succum pancreaticum acidum contendit se reperisse.

Ej. *Idea machinæ humanæ anatomico-physiologica ad recentiores observationes conformata* ib. 1703. 4.*. Sunt primum viginti Dissertationes nihil mutatæ, quæ conjunctæ compendium anatomicum efficiunt, cum physiologicis utilitatibus. Parcissime anatomica admista. Programmata decem subjuncta oratoria sunt.

Ej. *Disquisitio corporis humani anatomico-pathologica* ib. 1713. 4.* Partium corporis humani brevis census, reliqua pathologica. Subjiciuntur programmata anatomica nuperiora postea edita, quæ cum *idea* prodierunt.

Ej. *Sciagraphia institutionum medicarum posthuma* prodiit *curante J. Henrico* Schulze Hall. 1742. 8.* Breve pro tironibus compendium.

In *Ephemeridibus Naturæ Curiosorum Dec.* II. *ann.* I. *obs.* 155. anatome ovis gravidæ & fetuum. Liquor in horum ventriculo similis ejus qui in amnio, sapore acido salso.

Dec. II. *ann.* III. *obs.* 27. Sudor sub axillis miniatus.

Ann. IV. *obs.* 152. Fetus pectoribus connati, inde semiduplices, aliquamdiu intestino simplici.

Obs. 153. Vasa plexus chorioidei.

Obs. 155. Intestinum cæcum in fetu inane.

Ann. VI. *obs.* 164. Partus hydatidum.

Obs. 165. Fetus capite deformi, galea cranii destitutus.

Obs. 166.

Obs. 166. Vena carpi sponte se aperiens.

Ann. VII. *obs.* 246. Cartilago inter ossa pubis in puerpera, mollis & spongiosa.

Ann. VIII. *obs.* 186. P[illegible]er sub aquis mersus, sponte reviviscens, cum pro mortuo haberetur.

Obs. 187. Ex nævo saccus de sacro osse pendens.

Ann. X. *obs.* 80. Catelli eodem partu alii glabri, pilosi alii.

Dec. III. *ann.* I. *obs.* 142. Pullus gallinaceus quadrupes.

Obs. 143. Vitulus quinquipes.

Ann. II. *obs.* 110. Diverticula peritonæi in femina.

Ann. IX. X. *obs.* 177. Aqua pericardii in bove.

§. DLXXVI. *Christianus Franciscus* PAULINI,

Collector, multorum animalium historias scripsit, quibus & anatome continetur. Ej. Diss. *curiosa de sudoribus admirandis* Amsterd. 1676. 4. MOELLER.

Cynographia Noriberg. 1685. 4. Primæ opusculi lineæ exstant in E. N. C. *Dec.* II. *ann.* III. *app.*

Bufo breviter descriptus Noriberg. 1686. 8.

Talpa Lipsiæ 1689. 8.

Anguilla Lipsiæ 1689. 8.

Lagographia curiosa, s. leporis descriptio Aug. Vindel. 1691. 8.* Anatome & reliqua ex aliis: adnotationes aliquæ inter uberrimam compilationem intersperfæ.

Lycographia Francofurti 1694. 8.*

De asino Francof. 1695. 8.*

In *Acad. Nat. Curios. Ephemeridibus* aliqua sunt PAULINI.

Dec. II. *ann.* VIII. IV. mammæ sine papillis; & lac mensium tempore album ex papillis manans. *obs.* 104. 106.

Ann. V. *app. obs. medico-practica.* Multa in iis incredibilia; aliqua, quæ forte usum inveniant. Sudor a sirupo violaceus. Vulva cum hymene, ut videtur, pro re monstrosa. Vacca trimammis. Capra uberibus inter pedes anteriores positis. Femina tribus in mamma papillis: menses ex mamma: sudor arenosus. Clitoris maxima. Uterus difformis.

In *app. anni* V. *Dec.* II. iterum observationes habet. Huc facit pilorum robur, aves cornutæ, sudor urinæ, pubes nulla, lac viride, alia.

In *app. ann.* VII. aliquæ *observationes* ut sudor stercoris odore; fetus per os & vulvam rejectus: atreta, tamen impraegnata.

Dec. III. *ann.* IX. & X. *obs.* 53. ovum quadratum.

§. DLXXVII.

§. DLXXVII. *Philos. Transactiones* 1676. 1677.

N. 125. J. BEAL de carnibus lucentibus.

N. 137. J. GREAVES de modo, quo pulli in Ægypto per calorem artificialem excluduntur.

In BIRCHII *hist.* T. III. p. 341. Canes & feles nunquam sudare.

p. 350. *Christophorus* WREN, idem cui infusio sanguinis tribuitur, & ipse anguillas exemit ex anguillis, & ex cancrorum ovis perfectos cancros.

§. DLXXVIII. *J. Conrad* PEYER,

Nobili familia Scaphusina natus, discipulus DUVERNEYI, non diu quidem anatomicis se dedit, sed quamdiu in iis se exercuit, maximam spem fecit sui.

EJUS *Exercitatio anatomico-medica de glandulis intestinorum, earumque usu & adfectionibus, cui subjungitur anatome ventriculi gallinacei* Schafhauf. 1677. 8.* Glandulas agminatas intestinorum muciferas, poro apertas, in homine inque animalibus vidit, aliter in aliis se habentes: tum solitarias crassi intestini glandulas. In parte posteriori, in suis glandulis viscidum putat humorem, fermento similem, spiritibus gravem separari. Porro motum antiperistalticum in muliere vidit. Purgantium medicamentorum effectum ab irritatione suarum glandularum deducit. Excretionem arteriosam, resorbtionem venosam rejicit. Intussusceptionem intestini in homine vidit inque rana.

In gallinaceo genere bulbus glandulosus; inde duo musculorum paria, carnosorum, quorum alterum crustas cartilagineis adducit: alterum laxat.

Hæc Dissertatio recusa est Genevæ in B. MANGETI & in *Parergis anatomicis & medicis* VII., quorum primum locum occupat Genevæ 1681. 8.* Amsterdam 1682. 8.* Contra eos se tuetur, qui a PECHLINO PEYERUM sua habuisse criminabantur. Plexum in duodeno intestino constantem reperiri: agminatas glandulas fermentum dissolvens, solitarias mucum oblinientem secernere. Adjectum est certamen epistolicum cum *Johanne* MURALTO, qui PEYERI glandulas pro lacteorum vasorum colis habebat.

EJUSD. *Methodus historiarum anatomico-medicarum, occasione ascitis, vitalium organorum vitio ex pericardii coalitu cum corde nato, illustrata* Parisiis 1678. 12.* & in *Parergis anatomico-medicis* n. III. Ut debeant incisorum cadaverum morbosorum descriptiones adornari.

In *epistola ad* HARDERUM, quæ prodiit in ejus *anatome cochleæ domiportæ*, Noster vasa varii generis, sanguineis adfinia & lymphaticis, describit, etiam glandulas muciferas. Veri oculi. Bronchi ostium ducens ad cavum membranis cinctum. Vasculum lacteum videtur generare materiam operculi. Testa crescit, mutato humore viscido, qui sensim induratur. Ossiculum cum acido vitrioli liquore fervet.

Intsr *parerga* septimum est, experimenti enarratio, quo cor emortuum flatu

flatu per ductum thoracicum aut per venam impulso, reviviscere conspectum est. Additamentum accessit *J. Jac.* HARDERI.

EJ. *de valetudine humana* Diss. Basil. 1681. 4.*

PÆONIS & PYTHAGORÆ *exercitationes anatomico-medicæ familiares bis quinquaginta* Basil. 1682. 8*, nempe PEYERI & *J. Jac.* HARDERI. PEYERI priores epistolæ ex itinere datæ sunt, Parisiis, Monspelio, & passim nova inventa tangunt: tum brutorum, animalium incisiones. Glandulæ uterinæ in rupicapra; de ejus animalis prostatis, earumque ductibus. De aliorum animalium prostatis. Ventriculus hirci, leporis, cochleæ. In cuniculo glandulæ in cordis tunica. Ex anatome cochleæ varia; de ejus oculis &c. Puella galea cranii destituta. Glandulæ ventriculi & intestinales. Glandulæ sub cruribus clitoridis, quæ prostatæ BARTHOLINI. Glandulæ ad anum. Mulo omnia organa genitalia data esse. Vesiculæ seminales variorum animalium. HARDER de glandulis PEYERI. Ren unicus, testes vasculosi. Glandulas renis esse vasa contorta. Cordis motus flatu suscitatus. Tardæ anatome. Piscium appendices intestinales. Lien duplex.

Hic etiam, tum in BRUNNERI opere, exstat *de pancreate schediasma* PEYERI.

EJUSD. *Merycologia s. de ruminantibus & ruminatione commentarius* Basileæ 1685. 4.* & in B. MANGETI. Verbosior paulum & magis polemicus liber, potissimum in J. C. BRUNNERUM. Cæterum ventriculos animalium ruminantium copiose & abunde describit, internas omnium asperitates, fibras musculosas, has primus. De aliis animalibus & hominibus ruminantibus.

In *appendice* sunt Cl. virorum epistolæ, etiam WEPFERI. Ruminationem curiose contemplatus est. Non ignorant Helvetii modum aperiendi ventriculi, quando cum periculo animalis flatu distenditur. Inde HARDERI, MURALTI epist.

EJUSD. *Observatio circa urachum*, *post mortem* Cl. viri a filio *J. Jacobo* edita Leid. 1721. 8.* Urachum etiam in homine pervium esse, in fetu, ut ipse viderit, aliquando etiam in adulto.

Epistola ad MURALTUM *de generatione ex ovo*, cum hujus viri clavi medicinæ prodiit Tiguri 1677. 12.*

In *Eph. Nat. Cur. Dec.* II. *ann.* I. *obs.* 85. Lepusculorum anatome. Salmonum appendices pyloricæ: ductus bilem ex hepate in vesiculam ferentes. Cæci intestini per varia animalia discrimina. Ventriculus anseris cum glandulis.

Obs. 86. Veri meatus pone aures rupicapræ respiratorii.

Ann. II. *obs.* 111. Puellæ vulvis connatæ.

Ann. III. *obs.* 163. Agnus cyclops capite monstroso.

Obs. 164. Canis bipes.

Obs. 165. Bilis in ductu pancreatico.

Ann. IV. *obs.* 77. Pro motu antiperistaltico intestinorum.

Ann. V. *obſ.* 176. De rete mirabili in homine non reperiundo.

Ann. VI. *obſ.* 132. De glandulis inteſtinorum & duodeni, quas non ſatis veras putat eſſe glandulas. De villis.

Obſ. 133. De ſecretione in univerſum.

Ann. VII. *obſ.* 204. Anatome gravidæ. Urachus cæcus.

§. DLXXIX. *Johannes* MERY.

Hujus Chirurgi, Pariſini Academici, & inſignis inciſoris, *deſcription exacte de l'oreille cum Guilielmi* LAMY l. *de l'ame ſenſitive* prodiit Paris 1677. 12. 1687. 12.* Poſt PERRAULTI opuſculum, ante DUVERNEYUM ſcriptum eſt, cum illum refutet, huic parcat. Muſculo mallei interno duos tendines tribuit, tum anteriorem habet, demum muſculum ignotum, qui tympanum tendat. Proceſſus helicis. Inciſuræ meatus auditorii. Cochleæ duas ſcalas pervio foramine communicare. Nucleum non eſſe perforatum. Nervi mollis aliquot rami. Icones propriæ, quas inter eſt cochlea denudata.

EJUSD. *Nouveau ſyſteme de la circulation du ſang par le trou ovale dans le fetus humain, avec les reponſes aux objections faites contre cette hypotheſe* Paris 1700. 12.* Cum MERYUS videret, arteriam pulmonalem in fetu majorem quam aortam eſſe, inde non improbabiliter deduxit, videri adeo ventriculum cordis dextrum plus ſanguinis emittere quam aortam, cum vaſorum diameter conſtanter ſit in ratione transmittendi ſanguinis. Quare non videri de ſanguine dextri ventriculi diſcedere eum, qui per foramen ovale tranſit: ita fieri, ut probabile ſit, ſanguinem a ſinu ſiniſtro per foramen ovale in dextrum ſinum venire; ita intelligi, cur arteria pulmonalis, quæ plus ſanguinis accipiat, major ſit & aorta minor, quæ minus. Valvulam foraminí nullam eſſe, quod ſit ſuper eam membranam, quam vocant valvulam. Reſpondet ad objectiones TAUVRYI, SYLVESTRI, BUSSIERE & VERHEYENII. Icones pluſculas addit.

EJ. *Problemes de phyſique; 1. ſi la generation du fetus depend de ſa nourriture; 2. s'il y a entre lui & la femme une reciproque circulation. Si le fetus ſe nourrit d'une portion du lait de la matrice, où du ſang de ſa mere. S'il ſucce le lait ſuppoſé. Si ſa vie depend de ſa mere. Si l'enfant ſort de la matrice parcequ'il eſt privé d'alimens, où parce qu'il en eſt chaſſé par la contraction de cette partie* Paris 1711. 4.* Contra FALCONETUM, qui negaverat, ſanguine materno exhauſto, fetum reddi exſanguem. Noſter affirmat; negat anaſtomoſes vaſorum ſanguineorum uteri & placentæ; communicare tamen fatetur, cum funiculo reſecto, neque ligato, de placenta in utero relicta, ſanguis matris per funiculum effluat. Nullum dari lac uterinum; fetum continuo cum matre mori. Partum fieri a contracto utero, non ab aliqua fetus fame, cum etiam mortuus fetus expellatur. Multa utilia intercedunt.

Hæc ſeorſim edita. Pleraque vero viri opera reperiuntur in *Mem. de l'Acad. Roy. des Sciences.*

In *Mem. avant* 1699. T. X. *anno* 1684. experimentum est felis sub aqua mersæ, cujus pupilla mirifice dilatatur, ut in retina vasa rubra videas.

Anno 1685. jam ostendit, ventriculum cordis dextrum cum sinistro in ave regia foramine communicare.

Ib. de testudinis pulmone vesiculari.

Ib. de simia magna clitoride, pro androgyna habita.

Anno 1686. ductus lacteos dicit, ad mammas tendentes in fele zibethica.

Anno 1687. in avibus circulum osseum ambire tunicam corneam.

Anno 1688. agit de calcaribus in capi caput insertis, quæ comprehenderunt.

Anno 1689. incisio viri, cui omnia viscera a dextro latere in sinistrum transposita.

Anno 1690. de respiratione avium. Inspiratio fit, quando sternum extrorsum fertur & vicissim.

In *Memoires de mathematique & de physique* 1692. novam suam de sanguinis per cor in fetu circuitu aperit.

Mém. de 1693. aperto pectore alia animalia (calidi sanguinis) interire, frigida, ut testudo, supervivere, quod in testudine cor roboris habeat satis, ad eum circuitum perficiendum. In testudine ventriculos cordis communicare, & omnes tres ventriculos vires suas ad sanguinem expellendum unire. Pulmonem quidem amplissimum esse, parum vero sanguinis continere, lentius etiam ejus sanguinem circumire. Humanum fetum, matris suæ partem esse.

Eodem anno gemellos cum unica placenta & secunda describit.

Eodem, aërem de vesiculis aëreis pelicani in cellulosam telam subcutaneam penetrare docet.

Anno 1694. sanguinem in arteriis adquirere rubrum colorem, in venis amittere.

Fetum bufoni similem describit, cranio minimo.

In *hist. de l'Acad.* 1695. novam suam de transitu sanguinis per cordis canales in fetu apertos opinionem aperit: negat valvulam esse in ovali foramine: venas pulmonales e directo ad id foramen ducere monet; arteriam pulmonalem esse aorta majorem: in corde testudinis eandem esse directionem motus sanguinis, quam ipse in fetu ponit. Ad objectiones DUVERNEYI respondet.

IDEM ib. vesiculam fellis vidit hepar in vulpe perforare. In ovario feminæ, os reperit quasi maxillæ. Reticulum cutaneum perforatum describit, & cutaneas glandulas.

In *hist. de l'Acad.* 1696. de musculi fabrica aliqua. Vaginas fibrarum carnearum non bene tendineas facit.

Ib. de musculis palpebræ internæ avium agit.

In *progrès de la medicine* anni 1697. de cute agit, de reticulo, quod verum admittit & cribrosum cum papillis conspicuis, fere ut MALPIGHIUS. Nervos olfactorios negat servire ei sensui, qui morbosi visi sint, cum is sensus integer esset: neque possunt in nares deduci. Quare olfactum esse a quinto pare. Fibram muscularem non oriri a tendine. Recte monet ad secundam lumborum vertebram medullam spinalem terminari. Chordam tympani, ut prius, vult musculum esse biventrem, cum medio tendine. In caruncula lachrymali glandulas esse suis cum ductibus excretoriis Musculos, qui dicuntur, erectores penis non posse eo officio fungi, ipsasque laminulas corporis cavernosis carneas esse. Veros dari canales deferentes perforatos inferiores. Ova GRAAFIANA habet pro hydatidibus. Fetum a seminibus commistis fieri.

Iterum in *hist. de l'Acad. des Sciences* 1697. aliqua de sua nova hypothesi, qua iter sanguinis per cor fetus mutat & invertit.

Novum suum ductum deferentem describit in *historia* anni 1698.

In rupicapra ductum pancreaticum in choledochum terminari.

Lumbricum teretem caninum describit.

In *hist. Acad. Reg. Scient.* ann. 1699; motum peristalticum in viva femina vidit.

Apud J. B. DU HAMEL & in *Mém. de l'Acad.* 1709. de lingua pici cum musculo ex medio rostro nato & multo posterius inserto, duobus ligamentis, quæ os hyoides gubernant.

In *hist. Acad. Reg. Scient.* 1700. Gemellos placenta unica, colon & vesica urinaria in umbilicum aperta.

EJ. Fetus contortus, ventribus omnibus apertis, cordis unica aure, ex qua utraque vena magna & pulmonalis prodibat, ventriculo dextro minimo, in sinistrum communicante.

Ibid. in *Mémoires*, aërem in sanguinem resorberi. Membranas corporis humani aquæ esse permeabiles, aërem vero coërcere. Ex aspera arteria aërem in cor viam invenire.

Anno 1701. contra ova Graafiana. Ovarium morbosum in fecunda femina. Glandulæ in sinu longo duræ meningis.

Gliris Indici & Talpæ anatomen omiserunt.

In herniosorum historiis habet appendicem intestini: phænomena ani artificialis, post amissum longum intestini tractum &c.

Anno 1701. glandulosum lienem se vidisse.

Duæ feles connatæ.

Anatome pelicani & cruris aquilæ in thesauris latet.

Ann 1703. integrum librum de sua cum DUVERNEYO lite edidit, etiam seorsim excusum Paris. 1705. 4.* Non licet omnia persequi, quæ plurima contra

tra ADVERSARIUM protulit. Cor testudinis & terrestris & marinæ aliter descripsit, quam vel DUVERNEY vel BUSSIERE. Inde de foramine ovali ejusque valvula egit, & pariter DUVERNEYUM refutavit; negavit valvulam esse, cui id nomen tribuatur: ventriculum sinistrum contendit duplo minorem esse dextro: ursit argumentum hujus discriminis, & minoris in fetu aortæ, ut ostenderet, a sinistris ad dextra sanguinem ire, non vicissim. Pulchras dedit icones.

Anno 1704. De iride; nullas habere fibras anulares recte ostendit. Productionem earum fibrarum cum penis erectione comparat. Experimentum felis sub aqua mersæ, cujus nervum opticum & membranam chorioideam eo in situ conspicere dicitur. Pro chorioidea; esse sedem visionis.

IDEM de puero, cui sola basis cranii supererat, absque cerebro aut cerebello.

In *hist.* 1705. recte ostendit, duram cerebri membranam undique cranio adhærescere.

Hist. 1706. In utero puerperæ aliqua. Musculosum esse corpus uteri & crassum.

Ovum prægnans.

Iterum glandulæ in hepate bubulo.

In *Mem. ejus anni.* Sceletos feminæ omnibus ossibus, & ipsa dorsi spina mirifice contortis, ut misera ad nanæ staturam rediret.

Mem. 1707. Aëris in pulmone massam adsumi, per humores vero nostros aërem dissolutum fluere. Non ergo per sudorem exire aërem, qui per pulmonem receptus sit, sed per pulmonem eumdem iterum expelli, postquam circuitum per vasa sanguinea obiit.

Ibid. cum cornea tunica facile sanescat, & aqueus humor reparetur, suadet MERYUS, per corneam tunicam cataractam extrahere.

Uterum musculum esse.

Mem. 1708. Utique sanguinis commercium esse inter matrem & fetum; neque uterum, neque placentam membrana tegi. Fetum per vulnera materna sanguine exhauriri.

Mem. de 1709. Contra ovorum dignitatem STENONIANAM. Objecit ova Nabothi, & hydatides iis vesiculis simillimas.

Ib. Fetus monstrosi descriptio; cyclops erat, ore naribusque clausis.

IDEM fuse de osse hyoide & lingua pici. BORELLI & PERRALTI descriptiones corrigit.

Mem. de 1710. de mytuli anatome. Cerebri habere aliquam imaginem: cor, sed absque venis aut arteriis: aquam per proprium canalem in cor venire, nusquam exire. Habere utrumque sexum, & seipsum fecundare. Testam utique partem esse sui animalis.

IDEM de fibris & motu iridis. Pupillam a morte semper dilatatam esse, a solo elatere, non ab actione musculari.

Aortam pene a corde avulsam vidit.

Mem. 1712. Pro chorioidea tunica, sede visus, contra pellucidam retinam, quæ videatur lucis impressionem frangere.

Nervi optici fabrica cellulosa.

Fetus absque cerebro, cerebello & spinali medulla.

Mem. 1713. De cellulositate subcutanea, occasione emphysematis.

EJ. Herniæ vesicales.

In *Diarii Trivultini anno* 1713. MERYUS contra BUSSERII anatomen cordis testudinis. Non quatuor, sed tres esse arterias. ARNALDUM suam adprobationem retractasse. Unicum quidem, sed quadripartitum aut tripartitum esse in corde ventriculum.

Hist. de 1714. De causa flatuum, recte.

Pro matris communicatione cum fetu. Placentam nullo perpetuo involucro ab utero separari. Plurimum sanguinem a matre esse amissum, cui placenta in utero relicta, funiculus resectus hiasset.

Mem. de 1716. Exomphalos in puero nuper nato, tum alter. Ex eo deduxit MERYUS, absque musculis abdominis, & chylum propelli, & fæces abdominales.

In *Mém. de* 1720. fetum describit, natum absque capite & corde, etiam absque ventriculo & intestinis tenuibus. Inde deducit, fetum utique pro *parte* matris, haberi posse.

Epistolæ ad PACCHIONUM cum hujus viri dissertationibus Rom. 1721. 8.* prodierunt. Agitur de vasis lymphaticis cerebri.

§. DLXXX. *Gunther Christoph.* SCHELHAMMER.

Christophori fil. *Hermanni* CONRINGII gener, acer peripateticus, vir acuti ingenii, parcus incisor, Professor Helmstadii, Jenæ & Kiloniæ. Ejus numerosæ sunt Disputationes.

EJ. Diss. *inauguralis de voce ejusque effectibus.* Præside G. W. WEDEL Jen. 1677. 4.* potius videtur SCHELHAMMERI. Vasa lymphatica laryngis describit.

EJ. *Introductio in physiologiam, programma auspicale* Helmstad. 1681. 4.* Historia aliqua inventorum.

EJ. *Disquisitio de spiritibus animalibus* Helmstad. 1682. 4.*

EJ. *de lymphæ ortu, & vasorum lymphaticorum causis* Helmstad. 1683. 4.* & in B. MANGETI.

EJ. *Epistola de pulsu* Helmstad. 1690. 4.* ad mathematicorum morem. Multa in BELLINUM.

EJ.

Ej. *Programma de homine microcosmo præmissum corporis virilis dissectioni* Jenæ 1690. 4. MOELLER.

Ej. *de aqua pericardii* Jen. 1694. 4.*

Et *de imperfectione doctrinæ de humoribus corporis humani programma* Jenæ 1694. 4.*

Ej. *Programma quo philiatros suos postremum adlocutus est* Jen. 1695. 4.* Jenam nempe relinquebat. Quæ in sex cadaveribus viderit, hic adnotat. Papillas dorsi linguæ in speciem literæ V. dispositas. Papillas majores dorsi linguæ. Valvulas laryngis (ventriculos). Sublinguales ductus in Warthonianos apertos. Arteriam venamque bronchialem, novum eo ævo spectaculum. Valvulam coli esse producti ilei intestini partem. Ductum pancreaticum duplicem, ab eo ductu distinctum choledochum. In digitorum pulpa glandulæ: animadversiones aliquæ in varios auctores.

EJUSDEM *Phocæ maris anatome* Kiel. 1699. 4.* Hamburg. 1707. 4. & in E. N. C. *Dec.* III. *ann.* VII. VIII. *app.* Satis accurata. In eo ceto pancreas ASELLII. Renes absque pelvi, ex renculis conpositi, tecti vasorum reticulo. Intestinum unicum longissimum. Maximus sinus venæ cavæ sub corde, cordis dextræ caveæ peramplæ, sic venæ in universum. Prostatæ duplices, absque seminali vesicula. Vitreum oculi corpus rubrum.

EJUSD. *Theses selectæ de medicina in genere* Kiel. 1700. 4.

De fine medicinæ & sanitate ib. 1700. 4.*

De temperamentis & calido innato ib. 1700. 4.*

De partibus similaribus ib. 1700. 4.*

De principio motus animalis ib. 1700. 4.*

De animali motu ejusque organis ib. 1700. 4.

De alimentorum digestione ib. 1701. 4.

De cordis & pulmonum officio & usu ib. 1701. 4.

De lienis structura & usu ib. 1703. 4.*

Ej. *Theses selectæ de partibus generationi dicatis & earum usu* ib. 1703. 4.*

Ej. *de ventris imi visceribus secretoriis* ib. 1703. 4.

Ej. *de mentis palatio* ib. 1703. 4.

EJUS *Analecta anatomico-physiologica in breves theses congesta* ib. 1704. 4.* complectitur priores Diss. tredecim.

Ej. *Via Regia ad artem, stadium* II. *de studio anatomico & partium corporis humani natura & usu rite cognoscendis* ib. 1706. 4.*

Ej. *Anatome xiphiæ piscis* Hamburg. 1707. 4. & *append. Cent.* II. E. N. C Ventriculi ostium unicum; vesicula fellis ab hepate sejuncta. Cerebrum in adipem abiit. Ventriculus glandulosus, intestinum in hepar apertum; ad ejus latus duo sacculi, materie quasi seminali pleni. Una

Una prodiit *anatome lumpi.* Duo ei animali ventriculi, alteri appendices accumbunt. Nulla vesicula aërea. In eo vasa lactea vidit.

EJ. *de animi humani affectibus, speciatim de perceptione sensuali* Kiel. 1710. 4.

Majora ejus opera non plurima sunt.

De auditu L. I. Leid. 1684. 8.* recusus in B. MANGETI. Physica pars operis melior est. Dari radios sonoros: in meatu auditorio, ut in tubo acustico, vim soni augeri, multo magis vero in cochlea, inque canalibus semicircularibus, nervumque percutere, qui in utriusque harum partium confinio excubat. Anatomica minoris sunt momenti. Ossiculum novum possit esse uncus musculi interni. BARTHOLINUM aliosque carpit ob male impositum tubæ nomen: cæterum neque musculum anteriorem mallei, post tot aliorum indicia, neque chordam tympani, neque stapedis musculum vidit.

EJ. *de animi adfectibus & inde exspectandis bonis & malis* Kiel 4.* absque anno, sed annum 1713. in viri vita lego. Exempla affectuum ab animi passionibus ortorum, partim collecta, partim propria. Explicatio per spiritus.

EJUSD. *Natura sibi & medicis vindicata, s. de natura liber bipartitus* Kiel. 1697. 4.* & *naturæ vindicatæ vindicatio, ubi* J. C. STURMII *querelis respondetur* ib. 1702. 4.* Contra MALEBRANCHIUM & alios, qui motus omnes DEO imputent. Naturam ens quoddam videtur facere, ut tamen id ens in fabricam corporum resolvatur, legemve, qua quodque corpus jussum est agere convenienter ad finem. Practica passim admiscet. Credulus cæterum scriptor. De malis adfectuum noxis.

EJUSD. posthuma prodiit *Ars medendi universa ex veris suis fundamentis eruta, edita ab Ern. Friderico* BURCHART Wismar. 1747. 4.*. Compendium medicinæ hortante LEIBNIZIO scripserat, cujus volumen I. est physiologia. Receptas opiniones proponit. De iis acute judicat; rarius autem propria aliqua monita aut adnotata habet, ut historiam potius artis tradat. STAHLIUM, Archæi sectatores, CARTESIANOS & SYLVIANOS, demum Jatromathematicos contemnit, neque eos amat, qui omnia suscipiunt explicare. Negat arteriarum in venas continuationem, arteriarum fibras carneas & felleæ vesiculæ, lienis cellulas. Musculos intercostales pro unico numerat. Vesiculam fellis propriam bilem putat secernere. Corporis animalis partes firmas mutari negat. Spiritus animales medium quid esse putat corpus inter & animam, inque iis cogitationes residere &c. Vasa lactea in Xiphia & Delphino vidit. Unicum facit intestinum tenue. SANCTORIUM nimium perspirationi tribuere. Chirothecas integras epidermidis detraxit.

Virorum Cl. ad G. C. SCHELHAMMERUM *epistolæ selectiores: recensuit vitam G. C.* SCHELHAMM. & *addidit Christian Stephanus* SCHEFFEL 1727. 8.* Magna hic nomina occurrunt, LEIBNIZII, RUYSCHII, BOHNII, PECHLINI, aliorum. Pauca tamen anatomici sunt argumenti, ut PECHLINI de dentibus.

SCHELHAMMERUS etiam CONRINGII *in universam artem medicam introductionem*

ctionem edidit Helmstad. 1687. 4. recusam Spiræ 1688. 4. titulo solo mutato: & Hallæ 1726. 4.* Eam passim locupletavit, & additamentis auxit, ostenditque, soceri sui, non SCHEFFERI opus esse.

In *Act. Acad. Nat. Curios.* passim symbola sua contulit. *Dec.* III. *ann.* I. *obs.* 130. talpæ anatome, renum fabrica, ductus uriniferi: glandulæ inter animalia maximæ.

Ann. V. *obs.* 13. Partus, qui jam brachium produxerat, eo retracto retardatus.

Obs. 14. Fetus diu intra uterum mortuæ matris vitalis.

Ann. VI. *obs.* 109. Ciconiæ non mala anatome; ductus pancreatici tres; cysticus ab hepatico sejunctus &c.

Ann. IX. *obs.* 148. Monstrum ex gliribus numerosis connatum, ein Rattenkönig.

Obs. 224. Feminæ gravidæ incisio; rima ex qua ovum prodierat, corpus, ut puto, luteum.

Dec. III. *ann.* II. *obs.* 89. Fetus mortuus, duobus mensibus absque malo gestatus.

Ann. III. *obs.* 92. Vas magnum chylum & lympham vehens intestini coli.

Ann. V. VI. *obs.* 225. Leporis anatome; non esse clitoridem, quæ putabatur. Glandulæ ad latus vaginæ & aliæ ad anum.

§. DLXXXI. *Nathanael* HENSHAW.

F. R. S. Libellus ejus cum titulo *Aerochalinos or a register for the air* prodiit Londini 1677. 12. min.* primum ut videtur anno 1664. editus. Pene totam physiologiam tractat; de fermentatione, chylificatione, respiratione, sanguificatione. Solebat BOERHAAVIUS hunc virum laudare. Princeps caput est de respiratione, ubi demonstrare suscipit, neque refrigerationem, neque resorbtionem alicujus de aëre alimenti, sed accelerationem motus sanguinis finem esse respirationis. Aerem admittit in cavea thoracis & in humoribus nostris, æquilibrium cum aere externo defendentem, denique fermentationem vitalem.

Dicitur anno 1668. tentasse transfusionem sanguinis. *Phil. Trans.* n. 38.

Ap. BIRCH. III. p. 455. de KUFFLERI pullitie Ægyptiaca Conf. p. 459.

Ej. *de dentibus artificialibus comprehendentibus* p. 458. 459. T. IV. P. I.

§. DLXXXII. *Augustus Quirinus* RIVINUS,

Lipsiensis Professor, paulum paradoxus, non quidem incisor. Ej. Diss. *de acido ventriculi fermento* Lipsiæ 1677. 4. B. THOMAS. 1678.

Ej. Disp. *de dyspepsia* ib. 1678. 4.* Hic in *corollario* ductus breviores glandulæ sublingualis describit, multos eos & parvos.

Ej. *de nutritione* Lipſ. 1678. 4.*

Ej. *de ſanguificatione* ib. 1678. 4. BURKH.

Ej. *de bile* ib. 1678. 4. BURKH. 1678.

Ej. *de ſpiritu hominis vitali* ib. 1681. 4.* Tria nempe principia in homine ſtatuebat, inter ea archæum & a corpore diverſum & ab anima, qui ſentiat, comparet, animi adfectibus agitetur, motuum in corpore humano omnium cauſa ſit. Unicum eſſe, cum una læſa omnes functiones patiantur. Corpus eſſe ad motum impotens. Spiritum fieri materie puriſſima, ignea, ut ex luculis ante oculos adparentibus adpareat. Eſt anima vegetabilis, & ſenſitiva.

Ej. *de viſu* 1686. 4.

Ej. *de ſymmetria partium corporis* Lipſiæ 1769. VATER.

Ej. *de omento* 1717. 4. BURCKH.

Ej. *de auditus vitiis* 1717. 4. Foramen in membrana tympani depingit, anno 1680. inventum, per quod nicotianæ fumus exeat, ore hauſtus.

Ej. *de puella monſtroſa* 1717. 4.* appendix ex occipite pendebat.

Ej. *de lienis gemino uſu* 1722. 4.* ad lubricandum abdomen.

Priores ante annum 1710. diſputationes recuſæ exſtant, *in unum faſciculum collectæ* Lipſiæ 1710. 4.*

Ej. *Theſes phyſiologicæ* 12. abſque anno prodierunt, breviſſimum compendiolum.

Codices M.S. reliquit, ut *obſervationes anatomicas* anni 1687. 1688. factas.

Theſium phyſiologiam totam comprehendentium tomos tres 4. apud HEBENSTREITIUM.

Breviarium anatomicum B. LEHMANN.

In *Act. Erudit.* 1687. deſcripſit poros muciferos piſcium, ad oſſa uſque continuatos.

Deinde aliqua ad graviditatem, adque partum ranarum.

Pollicem tumentem ranæ maris &c.

§. DLXXXIII. *Varii.*

Leonhardi Franciſci DINGHEN, Profeſſoris Lovanienſis, *fundamenta phyſicomedica* in VI. l. diviſa Lovan. 1677. fol.*. Phyſiologia ſatis fuſe ad ſcholarum ſaporem. De temperamentis, ſpiritibus, humoribus partibus corporis. Lac e ductu thoracico in mammas deſcendere.

Joſephi GALLARATI, Novarienſis, *ſyſtema renovatum phyſiologiæ medicæ* Lyon 1677. 12. Bonon. 1684. 12.*, cui editioni liber III. de anima ſenſitiva acceſſit. Scholaſticum opuſculum.

Ej. *Diatribe medico ſceptica de acido & alcali* Bonon. 1688. 12. MANGET.

In

In *Roberti* PLOT *natural history of Oxfordshire* Oxford 1677. fol. 1705. fol.* huc pertinet caput VII. de animalibus & VIII. de homine. In priori varietates aliquas reperias, hœdos quadricornes, fetus prægnantes; cornua cervina difformia. In cap. VIII. de vagitu uterino, partubus numerosis, serotinis, nanis, resuscitata, quæ strangulata fuerat. Aliqua superstitiosa.

EJ. *Natural history of Staffordshire* Oxford 1686. fol.* Similia, sed aliquanto uberiora. De bufonibus in solido lapide repertis. Lepus dentibus exsertis prælongis. Lepusculus in abdomine repertus; canum & ovium varietates; superfetationes; pilæ in ventriculo, monstra. Homo sexu destitutus; dentati fetus & deformes; dentes & pili in ovario. Fetus vitalis carens naso & labris, & foramen in dorso, ossa nulla. Sopor diuturnus. Robur singulare, & sensuum acumen.

Matthias GARCIA, Anatomes Professor Valentinus. EJ. *Disputationes medicæ selectæ* Lyon 1677. fol. *Physiologia* Valent. 1680. fol. CAP. de VIL.

Museo di Ferdinando COSPI *descritto da Lorenzo* LEGATI Cremonense Bologna 1677. fol.* Musæum patriæ Bononiæ donatum, ALDROVANDIANO adnexum fuit. Habet L. I. de animalibus, monstris & mumiis aliqua. L. II. de coralliis.

J. Baptistæ SCARAMUCCI *de motu & circulatione sanguinis tractatus* Ferrar. 1677. 12.

EJ. *de motu cordis mechanicum theorema* Senis Gallicis 1689. 8. & in *Diario Parmensi* 1689. Alternum auricularum & ventriculorum motum, putavit se in vipera videre. Sanguinem in fibras cordis penetrantem contractionem facere; relaxari idem, quando porro sanguis ad fibras cessat advenire. De causis diversitatis pulsus.

EJ. *Theoremata familiaria de physico-medicis lucubrationibus juxta leges mechanices* Urbin. 1695. 4. De mechanico effectu venæ sectionis. Sanguinem ab acido compactum per eamdem solvi. Viam breviorem potui patere per vasa lymphatica in arterias emulgentes inserta.

EJ. *Meditationes familiares de sceleto elephantino* Urbin. 1697. 4.* Vera fuisse elephantis ossa, quæ TENZELIUS viderit. Varia admiscet physici argumenti, etiam potissimum de petrificatione.

Marguerite du TERTRE *veuve du Sr. de la* MARCHE, *instruction touchant les choses qu'une sage femme doit savoir pour l'exercice de son art* Paris 1677. 12. & *augmenté par Louise* BOURSIER Paris 1710. 12.* Intercurrunt aliqua utilia ut duplex uterus. Non bene tamen in carunculis hymenem ponit, aut pueros ante puellos docet moveri.

§. DLXXXIV. *Marcus* MAPPUS. *J. Valentinus* SCHEID,

Marcus MAPPUS, Professor Argentoratensis. EJ. Disp. *de oculi humani partibus & usu* Argent. 1677. 4.*

Ej. *de voce articulata* ib. 1681. 4.* Literarum formatio mechanica.

Ej. *de aquis fetus* 1681. 4. aquam seorsim in utero ante partum reperiri.

Ej. *de risu & fletu* 1684. 4.*

Ej. *de aurium cerumine* 1684. 4.* De fumo per aures exeunte, deque foramine membranæ tympani, quod D. COLLE statuit, ipse non admittit.

Ej. *de acephalis* ib. 1687. 4.* cum figura & anatome fetus capite destituti.

J. Valentinus SCHEID & ipse Prof. Arg. *de visu dodecas* Argentor. 1677. 4.*

Ej. *de visu vitiato decas mathematico-medica* Argent. 1677. 4.*

Ej. *de corporis humani & brutorum discrimine. Acc. Historia primæ sectionis solennis in Theatro anatomico Argentinensi publice exhibitæ* Argentinæ 1691. fol. Pl.

Ej. *de usu lienis pentas* Ib. 1691. 4.*

Ej. *de hominis generatione* Spir. 1694. 4.

Ej. *de dilecto naturæ filio, sanguine* Argent. 1702. 4.*

Ejusd. *Doctrinæ splanchnologicæ Diss.* I. Argent. 1705. 4.* secundo 1705, tertio 1706.

§. DLXXXV. *Varii.*

Henrich HORCH *de insomniorum natura, interpretatione* Marburg. 1677. 4.

J. SCHNEIDERMANN *de partu difficili* Leid. 1677. 4.*

Henrich Christian HENNINGS *de hominis generatione* Utrecht 1677. 4.

J. Ern. HERZOG *de visu* Witteberg. 1677. 4. HE.

Valentin. GREISSING *de partu septimestri* Witteberg. 1677. 4. B. BOEHM.

J. Ulrich BIX *de pulsu* Argentor. 1677. 4.

Rud. a ZYLL *de cruditate acida ventriculi* Utrecht 1677. 4.*

Pauli BRAND *de ovo humano* Hafniæ 1677. 4.*

Petri BONNE & *Fr. le* RAT *Non ergo viviparorum fetus ex ovo* Paris. 1677.

Ludovici POIRIER & *Cl.* HUGOT *Nullum ergo sani hominis excrementum corpori inutile* Paris. 1677.

Lud. MORIN & *Lud.* LABBE' *E. motus spirituum ab æthere* Paris. 1677.

Josephi THOMASSEAU & *Jac.* DESPREZ *Non ergo uterus pars ad vitam necessaria* Paris. 1677.

§. DLXXXVI. *Nicolas de* BLEGNY,

Chirurgi, hominis variabilis & diversissima tentantis, quo emergeret, multa sunt opera. Laudes quod anatomes gratia in magna mala inciderit: cum

G. des

G. des NOUES, ut iste quidem ad quinquennium, BLEGNYUS in perpetuum relegatus fuerit (*u*). EJUS *Art de guerir les hernies* Paris 1677. 12. 1693. 12.* & alias, habet etiam anatomica.

EJ. *Histoire anatomique d'un enfant qui à demeuré 25. ans dans le ventre de sa mere* Paris 1679. 12.* Anglice Lond. 1680. 8. OSB. idem fetus, quem etiam F. BAYLE descripsit, qui de utero ulcerato prope tubas elapsus, induratus, post matris mortem excisus fuit.

EJ. *Les nouvelles decouvertes sur toutes les parties de la medecine* Paris 1679. 12.* Menstrua collectio. In M. 2. idem fetus redit, descriptus a *Guilielmo* SUBERCASAUX medico.

IDEM edidit aliqua contra congressum. De virginitate, de suffocationis signis, de suspensionis in vivo homine, & in cadavere indiciis, & submersionis.

Fetus referens latronem funibus constrictum.

TAMPONET, Chirurgi Regii, observationes anatomicæ. Varietates venæ azygos & emulgentium. Fetus absque sexu. Hymen perfectus.

PICHART, Chirurgus, de fetu bicipite, quadrimano & tripede, cum aliqua anatome.

Menses præcoces.

Felis in ventre gallinæ, si diis placet.

PAULE', Medici, descriptio fetus duplicis pectoribus uniti, cum anatome: & de eodem D. LANDOUILLETTE, De modo quo animæ adfectus operantur.

IDEM contendit se septum cordis pervium reperisse.

Hic annus Gallice versus a *Theophilo* BONNET Genevæ prodiit 1680. 4.* cum titulo Zodiacus medico-Gallicus.

EJ. *Doctrine des rapports de Chirurgie* huc facit Lyon 1684. 12. &c.

§. DLXXXVII. *Georg. Abraham* MERKLIN.

In *Actis Acad. Nat. Cur. Dec.* I. *ann.* VIII. *obs.* 46. de imaginatione feminæ gravidæ fetui nocente.

Obs. 47. de recens nati infantis dente præcociter erumpente.

Dec. II. *ann.* III. *obs.* 191. tertio a partu die gemellus.

Dec. III. *ann.* VII. & VIII. *obs.* 211. triorchis frigidus.

EJ. *de ortu & occasu transfusionis sanguinis* Noriberg. 1679. 8.*, quod opusculum anno 1674. scriptum fuisse adfirmat. Historiam hujus administrationis tradit, & demonstrat, non esse ad curandos morbos idoneam. Propria vix habet.

IDEM LINDENII L. II. *de scriptis medicis* auctos recudi fecit ib. 1686. 4.*

(u) PREVOT *jurisprudence* p. 302.

Christophori SELIGER, fetus difformis, ut putat, ex nævo. *Eph. Nat. Cur. ann.* cit.

§. DLXXXVIII. *Alia Diaria.*

In Diario eruditor. 1677. Chirurgus DESCHAMPS fetum dicit capite semiduplici, brachio semiduplici, aliis duobus & pedibus duobus.

Eodem anno describitur novus J. D. KRAFTII phosphorus, quem BRANDIUS inventit, ab eo habent J. KUNCKEL & KRAFTIUS.

In *Memoires avant* 1699. *Dionysius* DODART prima sua statica experimenta protulit. Libram sanguinis intra quinque dies reparari (quod non certum est, cum pondus hominis alio humore potuerit reparari). Excretiones visibiles per senium augeri, certe urinam, perspirationem minui. Non neglexit sordes cutaneas, quas ad calculos revoc..it. Per jejunium quadragesimale de pondere corporis libras octo uncias quinque decessisse. Perspirationem maximam esse primis a pastu horis. Laryngem in sonis altis descendere, & vicissim.

In *Mem. de l'Acad. des Sciences* 1701. systema evolutionis defendit.

IDEM in *Mem. de l'Acad.* 1706. fuse egit de ligamentis glottidis elasticis, & tamen subtilius musculosis, quæ adducta vocem per infinitis gradus mutant. De vocis variis vitiis. Conjunxit utique tensionem chordarum glottidis cum angustia.

In *Mem. de* 1707. iterum de voce, de labiis quorum propior adductio etiam sonos facit acutos &c.

Quæ de perspiratione dedit, cura recusa redeunt *Petri* NOGUEZ Parisiis 1725. 12.* Experimenta facta in unico homine, per 33. annis continuata.

Apud DORIGNY *E. in somno perspiratio minuitur* Paris. aliqua sunt DODARTII.

In *Act. Hafniens. Vol.* V. *obs.* I. *Thomas* BARTHOLINUS, *Thomæ* fil. egit de vermibus aceti, & de vermiculis seminalibus, de quibus Leidæ inaudiverat.

§. DLXXXIX. *Godofredus Guilielmus* LEIBNIZ.

Vir summi ingenii, qui vix ullam humanarum artium intactam reliquit, medicinæ etiam cum aliquo amore se dedit. Ad anatomen aut physiologiam pertinet in *Journal des Savans* 1677. descriptio cincinnorum, ut quidem intelligo, qui circa caput capreoli captivi nati sunt, osse aliquanto molliorum.

Porro animadversiones circa assertiones aliquas theoriæ medicæ STAHLII. Satis æquus in adversarium. Anatomen tamen contra eum tuetur. Animam imperare quidem, sed machinæ sponte facturæ, quæ imperat, neque animæ imperia observaturæ, nisi aliunde eadem fuisset operura. Improbat, quod STAHLIUS omnem ab anima motum derivet.

Cum STAHLIUS respondisset, quæ alias sumus visuri, reponit LEIBNIZIUS, omnino motus in materie absque anima oriri; in corpore humano ab explosionibus

ſionibus naſci. Motus in morbis ex machina oriri, neque debere animæ tribui. STAHLIUM multis locis animam corpoream facere. Animi adfectiones motus quosdam ſequi, ſed in machina ortos.

Epiſtolæ aliquæ ad SCHELHAMMERUM exſtant in earum collectione.

In *hiſt. des ouvrages des Savans* 1705. de ortu plantarum & animalium agit; neutra poſſe mechanice formari: ex machinis vero conſtare præformatis, & per mechaniſmum evolutis.

De canis voce nonnulla experimenta, qui aliqua vocabula pronuntiaverit, *hiſt. de l'Acad.* 1706.

Quæ de harmonia præſtabilita numeroſa ſcripſit, ea omittimus.

In *Journal des Savans* 1695. ſuam de ea harmonia præſtabilita hypotheſin aperit, quæ hactenus huc pertinet.

In Epiſtola ad BOURGUETUM. Non ſpernendos eſſe LEEUWENHOECKII vermiculos. De germinibus præexſiſtentibus.

In *Miſc. Berolinenſium* T. I. hiſtoriam dat phosphori urinoſi.

Hæc redeunt in collectione operum LEIBNIZII a Cl. viro *Laurentio* DUTENS curata Genev. 1768. 4.

§. DXC. *Act. Nat. Curioſorum ann.* 1678. 1679.

J. Petrus PRUCKEL, Medicus Ratisbonenſis. Ejus eſt ſedigitus, *obſ.* 8.

Obſ. 9. Menſes in gravida, in vetula.

David SPIELENBERG, Medicus Leutſchæ in Hungaria, *obſ.* 12. Capilli prodigioſe promiſſi.

J. Alphonſus KOHN, Ulmenſis, *obſ.* 23. Fetus galea cranii deſtitutus.

Sigismundus GRASS, Med. Suidnicenſis, *obſ.* 65. Lac ex vulnere ſcarificatorio.

Obſ. 66. Ex femoris tuberculo.

Obſ. 67. Serum ſanguinis nigrum.

Sebaſtian SCHEFFER, Medicus Francofurtenſis, qui CONRINGII *introductionem* ediderat, & aliquamdiu pro ſuo opere venditaverat. Ejus eſt *obſ.* 102. Ren monſtroſus. (potius calculoſus.)

Godofredi Samuelis POLIS, Medici Francofurtenſis ad Viadrum, *obſ.* 105. de glande penis cæca.

Dec. II. *ann.* IV. *obſ.* 41. Anſer quadrupes.

Obſ. 42. Partus a morte matris.

Obſ. 44. Ovum gallinaceum longum & contortum.

J. BURG, Vratislavienſis, *obſ.* 189. Sutura cranii hiſcens.

Dec. II. *ann.* VI. *obſ.* 58. Exempla fetuum varie difformium.

Stephani

Stephani SPLEISS, Scaphusiensis, Schediasma de visione distinctissima, *obs.* 291. Sedem ejus sensus esse in retina.

Obs. 193. Uvea tunica bicolor.

Dec. III. *ann.* II. *obs.* 146. Lienis varietates.

J. Otto HELBIG, novæ Bataviæ Medicus, in *obs.* 194. Brevia quædam & partim parum probabilia profert, de hominibus caudatis, feminis mammas in dorso habentibus.

J. Baptistæ VERLE, Veneti, oculus artificialis; Italice *anatomia artifiziale dell' occhio umano* Firenza 1679. 12. Latine in E. N. C. *ann.* IX. X. *obs.* 80. tum Amsterdam 1680. 12.* inque B. MANGETI. Habet etiam anatomen oculi humani. Corneæ tunicæ laminæ. Fibras & semifibras iridis esse octoginta. De ortu humoris aquei prope nervum opticum mira adfirmatio. Constrictionem pupillæ solis pueris ab quarto ad 15. annum tribuit.

§. DXCI. *Stephanus* LORENZINI,

Florentinus, REDI & STENONIS discipulus, *osservazioni intorno alle torpedini* Florent. 1678. 4. Anglice versæ a J. DAVIS cum titulo *observations on the dissection of the crampfish* London 1705. 4.* Eximium opusculum. In torpedine musculos succutientes bene descripsit: effluvia stuporifera refutat. Vasa mucifera subcutanea, viscera omnia, cerebrum etiam potissimum, & utriusque sexus genitalia organa, & primordia fetus describit.

Porro cum REDO multos pisces Liburni dissecuit p. 48, & lutræ, ursi, astaci etiam dissectiones addidit. In urso nares describit, & numerosas in iis lamellas. In lutra ductus hepaticos numerosos in ductum cysticum apertos. De lingua & dentibus piscium.

Præcipua momenta hujus de testudine libri reperiuntur in E. N. C. *ann.* IX. & X. ab *obs.* 172. ad 179.

§. DXCII. *Philosophical Transactions ann.* 1678.

Apud T. BIRCH, J. MOORE de juventute in Insula S. Helenæ reparata p. 456. De pullitie Ægyptia DREBEL. HUGENII testimonium, se vermiculos spermaticos a L. HAMMEN demonstratos sæpe vidisse.

N. 138. S. MORRIS anatome fetus bicipitis, corpore & artubus simplicibus.

§. DXCIII. *Edwardus* TYSON.

Vir ILL. in *Philos. Trans.* n. 142. ureteres quadruplices. Glandulas renales cavas esse, & quam adulto homini majores.

EJ. Anatome viperæ caudisonæ *Phil. Trans.* n. 144. Penes bini hispidi. Hepar a vesicula remotum. Vertebræ per enarthrosin commissæ. Fætor in folliculis habitat. De pulmonibus, corde, apparatu venenato, renibus, liquore fætido. Pro natura venenata serpentis, de dentibus in vulnus stillantis.

In

In BIRCHII T. IV. p. 18. & in HOOKII *Phil. Coll.* n. 2. de capillis in ovario feminæ repertis.

Ib. p. 96. Odor liquoris facci mustelæ, moschatus. Eum saccum lepores, feles, canes, mustelæ, serpentes, aves gallinaceæ & struthio habent.

Ib. p. 204. Liquorem nigrum sepiæ bilem esse.

Ibid. Vesicula odorifera leonis.

In R. HOOKE *Collect.* II. ossa, pili, dentes, in variis humani corporis partibus reperti.

EJUSD. Lumbricus latus *Phil. Transf.* n. 146. Caput ei tribuit & setas, & chylosum succum. Contra generationem univocam. Duos tæniæ articulos separatos vixisse. Hanc Diss. *Daniel* CLERICUS latine vertit & edidit.

EJ. Lumbricus teres *Phil. Transf.* n. 147. Partes genitales accurate. Sexu enim distinguuntur.

EJUSD. Massa partu edita, in qua capilli & os dentibus molaribus consitum n. 150.

EJ. Tajassu s. aper Mexicanus moschifer (cui cellula unguentaria in dorso) n. 153. Ejus animalis anatome, partes masculæ, vesiculæ seminales glandulosæ: folliculus unguentarius, ventriculi tres: aorta cum anevrysmatibus.

Apud BIRCH. T. IV. p. 202. de polypi anatome aliqua, de hepate, & fellis vesicula.

Ib. Anatome lacertæ p. 206.

Ib. p. 210. De catulis extra uterum repertis.

p. 257. 258. Sanguinem erinacei pariter frigere, ut testudinis.

p. 409. Sepiæ atramentum bilem esse negat M. LISTER.

In *Phil. Transf.* n. 193. Lumbricus hydropicus: Singulare animal, lagenæ simile, sed cujus collum vivat & se contrahat, a nuperis naturæ cultoribus confirmatum.

In n. 228. Fetus dat exemplum, cui cranium depressum, & cerebrum in caveam vertebrarum colli compulsum erat.

In n. 269. Contra *Johannem* WALLIS disputat de alimento naturali hominis. Id alimentum facit omnigenum, potissimum etiam ex fabrica intestinorum, cum canalis alimentarius princeps animalis sit character.

In n. 290. Aliqua addit de Sarigueia s. didelphide. Cerebrum absque anfractibus. Classis quadrupedum.

Ad COLLINSIANUM opus multa contulit, etiam potissimum pisces & cancri lati anatomen.

Apud COWPERUM ejus glandulæ odoriferæ recensentur.

EJUS *Phocana or an anatomy of a porpess* London 1680. 4.° bonus omni-

 no

no liber, ut omnes clari viri libelli. Animal cetaceum bimanum, absque pedibus. Commendat anatomen animalium nimis neglectam. Osteologiam animalis describit, atque splanchnologiæ partem. Multi lienes. Machina aquam expellens cetacea. Tres omnino ventriculi, satis ruminantium adfines, cum tamen animal piscivorum sit. Musculosa strata bina ab ovario & a tuba orta, partesque genitales femininæ, & glandulæ muciferæ vaginæ. Corpus glandulosum utrinque medullæ spinali adpositum. In maxilla inferiori canalis, in quo aliquid medullæ simile aut spermati ceti. Corpus glandulosum multis ductibus in cavum intestinale apertum. Perfectas manus habet.

EJ. *Carigueya* (Sarigueja) s. *Marsupiale Americanum, or the anatomy of an opossum dissected at Gresham college* London 1698. 4.* & in *Phil. Trans.* n. 239. Didelphis LINNÆI, habet in pede digitum pollici similem, cum ungue plano. Pro sacco sustinendo, in quem catulos recondit, habet duo ossa peculiaria ex ossibus pubis producta, cum quatuor peculiaribus musculis. In eo sacculo unguen reperit fætidum, quod autem sponte fragrantiam conciperet. Mammas, quas alii in sacculo indicant, noster non reperit. Viscera, œsophagus pyloro proximus. Duo mesenteria, intestina ut in carnivoris animalibus. Duo uteri, duæque vaginæ. Renum, recti intestini & vulvæ communis, ut in avibus, cloaca. Claviculæ ut in sciuro; nullus anulus in pyloro, glandulæ magnæ ventriculi.

EJ. *Anatomy of a pygmy, compared with a monkey, an ape and a man: and a philological essay concerning pygmies, cynocephali, satyrs, and sphinges* London 1699. 4.* Bipes animal describit, quadrimanum, quod erectum incedit, sitque pygmæus HOMERI. Ejus integram anatomen tradit, & comparat cum simiæ anatome, cumque humana: ostendit pygmæum suum homini, quam simiæ propiorem esse. Nihil habemus in comparata anatome huic operi comparabile, (si ab insectis recesseris). Per arterias vasa lymphatica repleri. Cerebri anatomen etiam potissimum persequitur. Myologia est COWPERI. Glandulas penis & axillares internas peculiares descripsit. Felium, leonum, & tigridum persimilem esse anatomen. Peritonæum a vasis spermaticis non perforari.

Recusum est hoc opus satis nuper Londini 1751. 4. cum variis animalium incisionibus ex *Phil. Transact.*, male omissa anatome Phocænæ.

Varia reperias apud RAJUM in *synopsi quadrupedum*, quæ sunt TYSONI, ut corpus in cane sanguineum pro retinenda pene.

In WILLUGHBYI ichthyologia lumpum describit.

§. DXCIV. *Amatus* BOURDON,

Medicus Cameracensis, edidit Paris. 1678. fol. 1683. fol.* 1702. TREW. fol. maximo, tabulas æneas octo, & explicationem, cui titulus: *Nouvelle description anatomique de toutes les parties du corps humain, sur le principe de la circu-*

circulation & conformément aux nouvelles decouvertes. Secunda editio dicitur aucta esse. Tabularum maxima pars undique collecta est, passim tamen aliqua, aut in iconibus, aut in descriptione addita non inutilia. De hymene recte sentit. Canem vivere, ligatis prius magnis vasis, si cor ei evulseris. In cane vidit palatum fissum. Angiologia reliquis operibus potius melior est. Vasa lymphatica pulmonis dixit, ductumque thoracicum delineavit. Lentem crystallinam posterius esse convexiorem.

In *Journal des Savans* 1690. agit de puella septem annorum menses patiente, & lac per femoris abscessum fundente.

§. DXCV. *Leonardus* TASSIN.

Les administrations anatomiques & la myologie Paris 1678. 12.* Lyon 1696. 12. HOUSSET. Paris 1723. 8. Belgice Amstelodami 1730. 8. Chirurgus Trajecti ad Mosam, laude dignus hactenus, quod ad naturam scripserit, non ut tot alii ad aliorum placita: etsi passim non recte res facillimas visu neget adparere, ut musculos aryarytænoideos, musculos uvulæ. Aliqua habet ad procerum musculum nasi, musculum clitoridis s. vaginæ. Bicornem brachii dividit, ut sit alter seminervosus indicis, alter radieus externus. Plantaris tendinem in corium plantæ pedis inseri, non bene. Decem interosseos numerat. Longum, brevem & anconcum rectius tricipitem dici.

In *Chirurgie militaire* monet, non valde periculosa esse vulnera tendinum, neque convulsiones ciere.

§. DXCVI. *Daniel* DUNCAN,

Medicus Monspeliensis ob religionem exsul, qui aliquamdiu Bernæ, deinde in Anglia vixit. EJUS est *Explication nouvelle & mecanique des actions animales, où il est traité de la fonction de l'ame, avec une methode facile pour demontrer toutes les parties du cerveau sans couper sa substance, & un discours sur sa formation* Paris 1678. 12.*. WILLISII doctrinam proponit, adversus CARTESIO: ab alio puto habere suam cerebri incidendi methodum. Multa habet hypothetica: a sale ammoniaco in cerebro dominante colorem cinereum derivat. Spiritus sublimari per inflammationem, quæ fiat a spiritu acido aereo cum sanguine in cerebro effervescente. A simili fervore motum muscularem fieri.

EJ. *La chymie naturelle* Paris 1681. 8. prior tom. & 1687. tom. 2. & 3. Latine & auctius, *Chymiæ naturalis specimen, quo plane patet, nullum in chymicis officinis processum fieri, cui similis analogus in animali corpore non fiat* Haag. 1707. 8.*. Lusus ingenii boni senis; & operationum, ut vocant, chemicarum catalogus, calcinationis, cohobationis, stratificationis &c. quibus similes in corpore humano operationes reperit. Hydrargyrum cum acido luis venereæ veneno putat in acrem salem abire. In rene a sale ammoniaco lotium præcipitari. In ventriculo & acidum succum esse, & sulphureum animalem spiritum.

EJ. *Histoire de l'animal, où la connoissance du corps animé par la mecanique & la chymie* Montauban 1686. 8. v. der Aa. Paris 1687.

§. DXCVII. *Jacobus* SPON &c.

Medicus Lugdunensis, qui sedem suam Genevæ fixit. EJUS est *Voyage d'Italie, de Dalmatie, de Grece & du Levant* Lyon 1678. 12. 2.Vol.* & alias. Ad antiquitates potissimum pertinet. Experimenta habet in chamæleone facta: locum aliquantum ad colores facere, certe ad viridem: ex timore bestiolam ex viridi nigram fieri, & a frigore maculis flavis pallidis variari. Hæc fuse & accuratius quam fere alii. Denique & anatome viscerum: lien nullus. Membranulæ ut in avibus, diaphragmatibus adfines. Habet & monstrorum exempla, & hominis cui ossa emollita, & hydrocephali suturis hiantibus. Quod habebatur pro corde perdicis duplici, fuisse cordis auriculas male inspectas. Apud BORELLUM sceletum cyclopis pueri vidit. De nummis aureis a VAILLANTIO deglutitis, & per alvum edidis. Pygmæus ossibus dilatatis, fontanella maxima, fronte valde prominente. Monstrum atticum leonis simile duobus in summo capite oculis.

In Aphorismis HIPP. Lyon 1684. 12. habet etiam physiologica.

EJUS Pater *Carolus* SPON *myologiam* carmine heroico expressit, & musculorum corporis humani originem & insertionem. Hi versus sunt in *Bibliotheca* MANGETI.

Samuel ANDREÆ epistola ad *Tobiam* ANDREÆ *de balsamationibus veterum, cum* TOBIÆ & BILSII scriptis prodiit Marpurg. 1678. 4. TREW.

Etienne le ROY *reflexions sur ce que les Cartesiens pensent de l'homme & de la bête* Poitiers 1678. 12. FALC.

Gazophylacium artis memoriæ, s. Tractatus variorum auctorum de arte memoriæ Francofurt. 1678. 8. d'ETR. alii Lipsiæ 1677. 8.

Francisci BERNIER *abregé de la philosophie de* GASSENDI Lyon 1678. 12. 8.Vol. Etiam physiologiam continet.

MALEBRANCHE *recherche de la verité* Paris 1678. 4. Multa de vi imaginationis, cui nimium tribuit, etiam artus confractos: deque vinculo animæ cum corpore.

J. BROWN, Chirurgus. EJUS est *adeno chiradologia, s. de glandulis & strumis anatomica & chirurgica tractatio of glanduls and struma's or of kings evils, swellings* London 1678. 4.

EJ. *A compleat treatise of the muscles or they appear in humane body* London 1681. fol.* 1697. fol. Leid. 1688. fol. (*Journ. des Sav*) *Myographia s. musculorum omnium descriptio* ib. 1684. fol.* Amstelædami 1694. fol. Germanice, vertente *Christiano Maximiliano* SPENER Berolin. 1704. fol. TREW. Lipsiæ 1715. fol. & in MANGETI *Bibliotheca*. Icones fere ex CASSERIO sumtæ, aliquæ ex GRAAFIO. Tabula tamen X. salpingopalatinus (Levator) & circumflexus

flexus satis bene exprimuntur: hæc ex T. CROONE. Censuram MORGAGNI meritus est & expertus.

In *Phil. Trans.* n. 178. hepar (ex morbo) manifesto, ut putat, vasculosum describit.

Nonne idem cujus est *treatise of wounds* London 1678. 4.* ubi osteologiam capitis describit.

Traité de la Musette avec une nouvelle methode d'aprendre ajours de cet instrument Paris 1678. fol. Capistrum dicit, quo veteres cavebant, ne unquam in cantu genæ tumescerent.

§. DXCVIII. *Varii.*

Georg SEERUP defendit sub C. BARTHOLINO Diss. *de olfactus organo* Hafn. 1679. 4.

Disputavit sub eodem præside *de cordis structura & usu* ib. 1678. 4.

Justus CELLARIUS *De viventibus sponte nascentibus* Helmstad. 1678. 4. B. THOM. anno 1679. BUTTNER.

Gregorii HORST nepotis *specimen anatomiæ practicæ in Acad. Giessensi, aliquot philiatris exhibitum* Giessæ 1678. 4. MANGET.

J. Frid. HENNING *de ratione brutorum* Lipsiæ 1678. 4. B. THOM.

J. Daniel DORSTEN *de ductu thoracico chylifero* Marpurg. 1678. 4.*

EJ. *de succi nutritii statu naturali & præternaturali* Marpurg. 1683. 4.*

EJ. *de monstro humano nupero* Marburg. 1684 4.* Puellæ pectoribus connatæ. Unum hepar, duæ vesiculæ felleæ; duo ventriculi; unicum intestinum in saccum amplissimum insertum, ex quo porro duo intestina &c.

EJ. *de oculo* ib. 1687. 4. Gelu ad humores cogendos usus est.

Friderici SCHILLING *circulationis sanguinis negativa* Basil. 1678. 4.*. Juvenis ausus est circuitum sanguinis jam confirmatum in dubium revocare.

Caspar Henrich SCHREY *ortus morborum e fermento ventriculi in eorum ultimum ad vitam sanam* Altdorf. 1678. 4.*

Justus Jacob WINTHER περι ανπακτων μοgιων Argentor. 1678. 4.*

Conradi JOHRENII *de adfectione hypochondriaca diatribe* Rinteln 1678. 4.* cum icone ductus pancreatici.

EJ. *de visu integro & corrupto* Francof. ad Viadr. 1701. 4. HE.

Eliæ Rudolphi CAMERARII Disp. *de lacrumis* Tubing. 1678. 4.

EJ. *de subitanea refectione* ib. 1683. 4.*

EJ. *Historia anatomica renum & vesicæ* ib. 1683. 4.* Ren consumtus, pure plenus.

EJ. *de mictione pultacea* ib. 1683. 4.*

Ej. *de vomitu aquæ ex gula* ib. 1688. 4. Pl.

Ludovici Gallois & *Petri Pauli* Guyart *E. corporis exercitatio omnium saluberrima a gaudio* Paris 1678.

§. DXCIX. *Diaria.*

In *Journal des Savans* n. 3. & 6., ren monstrosæ molis.

N. 5. de campana urinatoria.

N. 16. ren unicus, ut videtur, ex duobus coalitus.

N. 25. & 29. de fetu 26. annos gestato Baylei.

N. 34. ex Diario Tinassi aliqua de tarantula.

In *Mem. avant* 1699. X. p. 609. Hugenius mentionem facit vermiculorum seminalium. Conf. p. 656.

§. DC. *Philippus de la* Hire,

Mathematicus, peritus delineator (x), passim anatomen insectorum & physiologiam adtigit.

In *Journal des Savans* 1678. n. 29. tres oculos in capite muscæ describit. Palpebras iis tribuit. Sic in *Mem. avant* 1699. X. p. 609.

In eodem *Diario Eruditor.* a. 1685. duas Dissertationes dedit contra vulgarum opinionem, oculum se ad diversas distantias accommodare mutatione aliqua interna.

Anno 1688. in vesica poros dixit, valvulis munitos, ut aqua, sabulum, aër effluat: eadem exstant in *Mem. avant* 1699. ad annum 1685.

In *Mem. de mathematique & de physique* 1692. ipse & Sedileau insecta quædam coccinellæ adfinia, eorumque generationem describit, quæ in aurea malo reperiantur. De iisdem denuo in *Mem. de l'Acad.* 1704.

Anno 1694. de ovis & muscis ad animal Kermesinum pertinentibus.

Ejusd. Diss. *sur les differens accidens de la vue* Paris 1694. fol. & in *Mem. avant* 1699. T. IX.*. Insigne opus, quo multum usus est Boerhaavius. Motum pupillæ in juventute vividum, in senio vix ullum superesse. Myopes: presbyopes: visus optimus: visus duplex: vitrorum convexorum & concavorum utilitas. Mensura parvitatis objecti in retina depicti. Maculæ, lineæ, globuli, scintillæ, radii, objecti imago multiplex. Retinam tamen princeps esse visus organum. P. II. oculum pro diversitate distantiæ objectorum visibilium non mutari: sufficere diversam amplitudinem pupillæ. Maculas volaticas in humore aqueo fluctuare. Locum cæcum esse a defectu chorioideæ tunicæ, quæ pro retina lumen moderetur.

Libellum

(x) *Mem. avant.* 1696. p. 308. 322.

Libellum *sur les dents* ei tribuit PORTALIUS, qui est in *Mem. de l'Acad.* sed est filii.

In *Mem.* 1706. Cataractæ sedem ponit in lente crystallina, & eam ex laminis conponi addit.

In *Mem. de l'Acad.* 1709. contra MERYUM defendit, retinam ob fibras suas distinctas, tamen organum visus esse: pupillam claudi ab elatere fibrarum se restituentium, dilatari a vi musculari. Inquirit, cur in felis oculo sub aqua pupilla dilatetur, & vasa oculi externa conspicua reddantur.

§. DCI. *Nicolaus* HARTSOEKER,

Academiæ Gallicæ sodalis: ins vitris poliendis & adhibendis exercitatus.

In *Diario eruditorum* n. 30. anni 1678. vermiculos seminales ex gallo descripsit, breviter quidem, fusius alibi, ut in *Journal des Savans* 1695.

EJUS est, *Traité de dioptrique* Paris 1694. 4.*. Visionis rationem explicat. Lentem crystallinam necesse esse mutari. Animam corrigere judicio suo situm inversum imaginum. Animalcula seminalia; esse primordium animalis sui, inque ovum suum irrepere, atque umbilico suo inseri, qui sit cauda vermiculi. Ea animalcula frigus melius ferre quam calorem &c.

EJUS *conjectures physiques* Amsterdam 1706. 4.* De radiorum parvitate & tenuitate fibrillarum nervi optici.

Suite des conjectures physiques Amsterdam 1708. 4.* vermem semper caput habere in parte ovi, quæ ultima ex infundibulo prodiit. Pro via urinæ breviori. Repleri vesicam ligatis ureteribus.

Seconde partie de la suite des conjectures 1712. 4.

Eclaircissemens sur les conjectures physiques 1712. 4.

Suite des eclaircissemens 1712. 4. PLATN.

EJ. *Cours de Physique accompagné de plusieurs pieçes concernant la Physique & d'un extrait critique des lettres de* LEEUWENHOECK la Haye 1730. 4.* Multi libelli, quorum potissimum huc spectat compendium epistolarum LEEUWENHOECKII, a quo noster parum civiliter exceptus fuerat. Animalcula sibi vindicat, quæ in semine sunt masculo, quæ eadem LEEUWENHOECKIUS vult ab HAMMIO inventa esse, noster jam anno 1674. valde juvenis viderit; HUGENIO autem ita ostenderit, ut præ pudore mentiretur, in saliva habitare. Non omnes aphides ova in ventre habere. Vermiculum seminalem in ovum irrepere; animalculum per umbilicum ex ovo nutriri; unicum in ovario locum esse, per quem subeat vermiculus, & cauda sua possit adhærescere, nam fetus semper eodem ordine disponi, ut unius caput proximi caudam contingat: LEEUWENHOECKIUM ex fama tantum de vermiculis aliqua percepisse, in saliva contineri dixisse. De ruditate queritur & de moribus LEEUWENHOECKII (y). Globulos

(y) Conf. SAVERIANI vitam HARTSOEKERI.

los ſanguineos & ſquamulas epidermidis refutat: neque inutile fuerit, hanc cenſuram inventorum civis Delphenſis legiſſe.

In alia epiſtola, ſua animalcula contra MULLERUM defendit: ad animas plaſticas redit.

De paſſionibus animi. Animæ in ſuum corpus plenum imperium tribuit.

§. DCII. *Philoſophicæ Tranſactiones.*

Cum anno 1678. *Philoſophicæ Tranſactiones* edi ceſſaſſent, *Robertus* HOOKE proprio nomine eum defectum ſupplere conatus eſt.

Et primum Londini 1679. 4.* edidit *Lectiones Cutlerianæ or a Collection of lectures phyſical, mechanical, geographical and aſtronomical read before the R. Society at Greshams college; to which are added miſcellaneous diſcourſes.* Vix quidquam ad nos fecerit, præter duas LEEUWENHOECKII epiſtolas.

Eodem etiam anno edere cepit *philoſophical collections,* in quarum n. I. etiam epiſtola eſt LEEUWENHOECKIANA. Numerus II. anno 1681. ſucceſſit.

In *hiſtory of the R. Society,* quam poſthumam edidit *Thomas* BIRCH, annus 1679. non ſterilis eſt. Hic primum *Dionyſius* PAPIN (z) ſua emollita oſſa produxit, annuumque ſtipendium a Societate Regia meruit.

EJ. *Maniere d'amollir les os, & de faire cuire preſque toutes ſortes de viandes en très peu de tems* prodiit Paris 1681. 8. Amſterd. 1688. 12. Paris 1721. 8.* Anglice *new digeſter, or engine for ſoftening of bones* Lond. 1685. 4. *Journ. Sav.* & anno 1687. *a correction of the new digeſter.* Lebetem bene clauſum paravit, in quo incluſus vapor miram vehementiam exercet, ut oſſa & cartilagines in gelatinam ſciſſilem convertat. Non ideo terra oſſium molleſcit, ſed gluten educitur.

EJUSD. *Continuation du digeſteur, où maniere d'amollir les os,* forte alter liber Anglicus. Machinam ſuam aliquantum perfecerat. Cornu bubulum non ſolvi. In vacuo ſpatio pullum non perire.

IDEM artem vaſorum ope vacui BOYLEANI replendorum docuit (*a*).

IDEM vaſa pulmonis gypſo fluido replevit (*b*).

Cum BOYLEO experimenta fecit alias dicta (*c*).

IDEM, cornu non fundi, ſed lamellas in chartæ craſſioris ſpeciem coaleſcere (*d*) in ſuo lebete.

Fridericus SLARE etiam vidit animalcula ſeminalia (*e*).

EJUSD. in *Phil. Tranſ.* anno 1682. ad analyſin urinæ aliqua. Nullum de ea adſcendere ſpiritum vinoſum.

EJUSD.

(z) p. 486. &c. (a) *Journ. des Sav.* 1684. (b) BIRCH, IV. p. 296. (c) p. 504. 621. (d) p. 318. (e) p. 493.

Ejusd. de salivæ elementis experimenta. Cum acidis & lixivis non fervet. In sedimento aliquid est lixiviosi.

N. 193. de viro ruminante.

N. 204. de sanguinis florido colore, quem ab aëre habeat.

N. 229. Fasti emortuales & natales Francofurtenses.

N. 337. Dentium eruptio anno 80. ætatis facta.

§. DCIII. *Nehemias* Grew.

In Birchii Tom. III., legitur, jam anno 1675. prælegisse *de succo nerveo*, quod opusculum omnino intercidit.

Deinde recensentur anatomica, ut vocantur præparata, quæ societati obtulit (f). Pedes posteriores muri ad saliendum majores, talpæ anteriores ad terram effodiendam. Lentem crystallinam in trifidas stellas sponte dissilire. Larynges variorum animalium, indeque pendens varietas vocis.

Ej. *Musæum regalis societatis, or a catalogue and description of the natural and artificial rareties belonging to the royal society, and preserved at Greshams college* Lxndon 1681. fol.* Sollicitæ descriptiones cum mensuris. Pauca capita huc pertinent; mumia Ægyptiaca; Leoncenæ sceleti vasorum. Sceleti humanæ & sexuum discrinen. Animalium sceleti, & exuviæ, etiam moschi. Maxillam superiorem crocodili moveri. Unicus ventriculus cordis in testudine.

Ej. *The comparative anatomy of the guts* London 1681. fol.* Prælegerat coram societate R. ann. 1676. utile opus, quo ex magno numero animalium via cibaria depingitur, mensuratur & describitur. Fabrica musculosa gulæ. Glandulæ intestinales solitariæ & agminatæ. Glandulæ ad anum positæ; cæcum intestinum cuniculi in spiram contortum. Cæcum idem maximum & cellulæ coli apri: Quatuor ventriculi ruminantium, & spirales fibræ œsophagi. Appendices. Duo & tres ventriculi avium: glandulæ, bulbi, ventriculus carnosus granivororum. Piscium numerosa cæca intestina. Glandulæ fætidæ putorii felis, vulpis.

In Ej. *Cosmographia sacra* Londin. 1701. fol.* quæ teleologia est, aliqua spectant ad fines peculiares fabricæ animalis: & de animæ facultatibus. De aspera arteria in aliis animalibus dura, molli in aliis. De vesicula aërea. De analogia vegetabilium & animalium.

In magno opere *the anatomy of plants* London 1682. fol.* de saporibus agit, deque partibus oris, præter linguam, quibus quisque sapor percipitur.

In *Phil. Trans.* n. 159. depingit lineas spirales in digitorum apicibus, & poros, ut putat cutaneos, quos Leeuwenhoeckius negat poros esse.

Ap. Birch. IV. p. 296. fibræ lentis crystallinæ.

(f) p. 475. 476. 483. 484.

§. DCIV. *Theophilus* BONNET,

Medicus Genevensis, non quidem anatomicus, sed integri judicii scriptor, & utilis collector. Ej. *Sepulchretum anatomicum* Genevæ 1679. fol. 2. Vol. excusum, & anno 1700. auctius a MANGETO redditum fol. 3. Vol.*. Ad anatomen cadaverum morbosorum spectat, utilissimum promtuarium; neque absque propriis Cl. viri laboribus. Eo etiam in physiologia scribenda utiliter usus sum; sed quæ bona habet, ea hic nequeunt enarrari.

IDEM cum titulo *Medicinæ septentrionalis collectitiæ* T. I. Genevæ 1684. T. II. 1686. fol.* Ex Miscellaneis Naturæ Curiosorum, Actis Hafniensibus, & primis voluminibus philosophicarum Transactionum excerptæ adnotationes, ad ordinem morborum digestæ sunt. In L. VIII. physiologica quidem ex titulo promittuntur: plurima vero præterea alia eo spectantia passim inter pathologica disponuntur.

§. DCV. *J. Georgius* WALTHERUS. *Alii.*

Adfinis hactenus est hujus Lignicensium Medici, *sylva medica opulentissima*, quæ Görlizii 1679. 4,* prodiit. Index ex medicis operibus congestus, ad adfectiones varias humani corporis spectans, adque titulos passim physiologicos. Tumor ex fronte pueri funestus.

Giacomo MORO *Anatomia ridotta ad uso de scultori e pittori* Venez. 1679. fol.*. Tabulæ musculorum & ossium VESALIANÆ sunt, ut solus ambitus lineis exprimatur.

Daniel BARTOLI *trattato del suono de tremori armonici, dell' udito* Rom. 1679. 4. 1681. 4. Bologna 1680. 4.* MAZUCHELLI. Egregium opus, physici quidem potissimum argumenti. Anatomen tamen etiam auris continet cum icone cochleæ: eam, non quidem incisor, ex BARTHOLINO, RIVA, aliisque collegit. Vitra a voce humana fracta, aliter quam MORHOFIUS interpretatur; eumdemque etiam effectum per unisonum obtinuit. Tremorem harmonicum chordarum non per aërem, sed per solida corpora propagari.

Barthelemi MARTIN, pharmacopœi, *tr. sur les dents* 1679. 12.* Chirurgici scopi, cum brevissima anatome.

Ej. *Traité de l'usage du lait* Paris 1684. 12.* 1706. 12. BUR. Parum ad rem nostram, & fere de lacte tamquam medicamento diuturno usu sumto.

J. Conrad AXT *dialogus de partu septimestri, an sit perfectus, vegetus, legitimus* Jenæ 1679. 12.* Tempus pariendi non adeo incertum esse; partum septimestrem esse imperfectum, sua enim certe ovis tempora esse, feminasque impudicas sua facta mutatis temporibus occultare.

Petrus Paulus a SANGALLO edidit *experimenta circa generationem culicum* Florent. 1679. Italice & latine in *app.* ad E. N. C. Contra generationem æquivocam.

Moses

Moses REUSDEN *Monarchy founded on nature, proved by the history of bees with directions for keeping them in colonies* Lond. 1679. Practica & bona esse, lego, & ad conservandam apis vitam consilia. De rege apum & ejus semine fabulas proferre.

de St. HILAIRE *anatomie du corps humain avec ses maladies* Paris 1679. 8. 2.Vol. 1684. 8.* 1688. 8. 1725. 8. 2.Vol.* Vastum compendium, in quo nihil proprium reperi.

Recueil d'experiences sur les saveurs, les odeurs, le sang, le lait, traduit de GREW, BOYLE & LEEUWENHOECK.

§. DCVI. *Sebastianus le* CLERC, *Alii.*

Celebris delineator & scriptor, ingeniosus vir & industrius. EJUS *discours touchant le point de vue dans lequel il est prouvé que les choses que l'on voit distinctement ne sont vues que d'un oeil* Paris 1679. 12.* Globulum (aut objectum quodcunque) duobus locis adpariturum fore, si utroque oculo in eo inspiciendo uteremur. Posse equidem corporis majoris plures partes una videri utroque oculo, sed eam visionem non esse distinctam. Denique radios visorios, quorum ope distincte videmus, in unico puncto uniri, & unico radio visorio nos videre.

EJ. *Observations sur la vue. Journ. de Trev.* Maj. 1705. Unico oculo nos distincte videre.

EJUSD. *Systême de la vision fondé sur de nouveaux principes* Paris 1712. 8.* Plenius hic repetit, quæ in priori libello protulerat. Aliquam oculi dat anatomen. Unico nos, & fere dextro oculo ad videndum uti. Nullos dari radiorum penicillos, nullam in humoribus oculi refractionem: unicum punctum per unicum radium nos videre. Radios lucis corneam tunicam non perforare neque ad retinam venire, sed impressionem solam a cornea tunica eo tendere; (hoc manifesto falsum). Negat oculum ad remota aut proxima videndum mutari.

Eloge de Sebast. le CLERC *par* VALLEMONT Paris 1715. 12.

Friderici Wilhelmi SCHMUCKEN, Tabularum ænearum negotiatoris, *Fasciculi admirandorum naturæ accretio, oder der spielenden Natur Kunststück in verschiedene Mißgeburt vorgestellt* Strasburg 1679. 4.* Icones fetuum semiduplicium: porci capite equino aut elephantis proboscide: porcelli capitibus, ut putat, humanis. Pulli tripedes. Raro auctorem addit.

EJ. *Continuatio* II. Argentor. 1680. 4.* Femina obesissima. Equus pedibus semiduplicibus. Duæ feles communi capite. Anguilla deformis. Admista utrinque fabulosa.

Alia editio fol. Argentor. prodiit, in qua præter priores, Continuatio III. anni 1682. & IV. anni 1683. accessit. Sed posteriores continuationes, fere undique collectas habent figuras, aut rariora etiam, neque monstrosa animalia.

§. DCVII. *Disputationes.*

Philip. ROHR *de masticatione mortuorum* Lipſ. 1679. 4. BURKH.

Gottfried Friederich SELIGMANN *de dubiis hominibus iis, in quibus forma humana & brutina mista fertur* Lipſ. 1679. 4.

EJUSD. *Sciagraphia virium imaginationis* Roſtock 1682. 4. THOM.

Corn. Winand SPOOR *de ſudore* Utrecht. 1679. 4.*

Herman LUFNEU *de fermentatione* Leid. 1679. 4.* An idem, qui ſcripſit contra *Guilielmum* SNELL.

André ENGUEHARD & *Phil.* TOURBIER *Ergo a ſanguinis motu vita* Pariſ. 1679.

J. HESS *de fluore ſanguinis & aquæ ex latere Chriſti* Witteberg. 1679. 4. B. TIG.

§. DCVIII. *Diaria Anglica. Gallica.*

Anno 1680. in T. BIRCH hiſtoria & in *Phil. Coll.* n. 2. agitur de cadavere toto tecto pilis a morte natis.

Ib. (*g*) FLAMSTEAD refert de anguilla ſtuporifera Surinamenſi, cujus effectus in diſtantes homines, inque eos propagatur, qui ſtupefactos contigerunt. Mortua non nocet. Hæc mihi prima de hac nuper celebrata electrica anguilla relatio videtur.

AUBREY de fetubus ſupra umbilicum connatis (*h*) & vitalibus.

Nic. de BLEGNY *le temple d'Eſculape ou le depoſitoire des nouvelles decouvertes* T. II. Paris 1680. 12.* & latine T. II. *Zodiaci medico-Gallici* Genev. 1682. 4.* *continuatio* operis p. 653.

In eo CARON egit de duplicatis utrinque teſtibus.

EJ. Partes infantis a dextris in ſiniſtra converſæ.

BLEGNY pro via breviore urinæ.

BELIN de menſtruis per oculos.

BLEGNY de natura dentium, potius pathologice.

Petri DUVERNEYI Chirurgi (*i*) de generatione animalium, contra originem ab ovis deductam.

EJ. de ſtructura & uſu partium genitalium utriusque ſexus.

EJ. de natura dentium *ann.* III.

In *Journ. des Sav.* 1678. Duos muſculos palpebræ internæ deſcribit, ut puto, ex avibus. N. 30. de organis nutritionis, glandulis ſalivalibus, inteſtinalibus ex variis animalibus, quibus vim diſſolventem tribuit. ID. in *Mem.* X. p. 610.

In

(g) p. 27. (h) p. 41.
(i) Diſtinxit a *Joſepho* SCHELHAMMER phyſiol. p. CCXL.

In *Zod. ann.* III. de cutis organo, papillis, reticulo. In *Memoir. avant* 1699. venas duræ matris. Sinum occipitalem. Glandulam pinealem a cane monet abesse. Ramulos nervi olfactorii, & ejus in homine aliam naturam quam quæ in animalibus est.

EJUSD. Observations anatomiques sur les ovaires des vaches & des brebis. *Mem. de l'Acad.* 1701. Horum aliquem vereor ne sint JOSEPHI.

In T. II. Diarii BLEGNYANI SEIGNETTE aliqua ad anatomen. Balænæ Rupellis in litus ejectæ.

BLEGNY calculi ex semine nati. Nasus præcisus, qui comprehendit. Suspensa in vitam revocata.

RIVET fetus imperfectus, unico pede & brachio.

Petri RUSSE anatome erinacei. Motus peristalticus intestinorum, in homine ostensus.

BAUX puer partibus corporis a dextris in sinistra transpositis.

CONTE gemelli valde inæquales.

EJ. de virginitate historiola.

BAUGRAND vasorum renalium varietates.

Vitulus duabus vulvis.

GERBERON præcox pueri incrementum.

In *Journ. des Sav.* 1680. cati monstrosi bicorporei, capite semiduplici historia.

CATALAN non esse oculos reticulata illa muscarum corpora, verosque se oculos detexisse, tres nempe illos minores.

Culicis aliqua ib. a. 1681.

§. DCIX. *Varii.*

J. HELWIG, Medici Ratisbonensis, *observationes physico-medicæ* a *Luca* SCHROECK, *Lucæ* fil. August. Vindel. 1680. 4.* editæ, qui & scholia addidit. Non sola ea narrat, quæ ipse vidit, sed undique etiam ex codicibus anonymis collecta. Infans acephalos, infans galea cranii, ut videtur destitutus: alia passim communicata, ut infans felino capite, alter excoriati leporis similis; infantes bicorporei; alia propria, ut fetus artubus imperfectis, porcellus monstrosus, duplex dentium series. Brevia omnia & absque anatome. SCHROECKIUS loca parallela collegit.

Petri GUENELLON, Medici Amstelædamensis, epistolica diss. *de genuina medicinam instituendi ratione* Amsterdam 1680. 12.* Anatomen commendat, etiam potissimum comparatam. Alium vult in anatome ordinem adhiberi, ut circuitus sanguinis demonstretur, deinde a partibus similaribus incipiatur. STENONII consilia ad inveniendi artem data laudat, BIDLOUM pungit.

IDEM in *nouvelles de la Republique des lettres* 1686. multa utilia dixit de oculis piſcium; Duas laminas retinæ; celluloſam naturam humoris vitrei, membranam novam chorioideæ & retinæ interpoſitam, quæ omnem a chorioidea radiorum commentum arceat; fibras radiatas retinæ; alia.

Octavii SCARLATINI, Canonici, *homo & ejus partes figuratus & ſymbolicus* Italice prodiit curante *Matthia* HONCAMP Bonon. 1680. fol. Dilling. 1695. fol.* Partium nonnullarum corporis humani anatome compilatitia, ad cranii oſſa, tum capilli, oculi, aures, frons, & ejus oſſa. De oſſiculis auditus, naſo, maxilla, facie, pectore, abdomine. In T. II. de monſtris, hermaphroditis.

Franciſci HENRIQUEZ *de villa corta de humoribus ſpiritibus & partibus corporis humani* Lyon 1680. fol. & in T. II. *de urinis pulſibus* ib. 1688.

Cornelii van DYCK, pharmacopolæ Medenblicenſis, *oſteologia, of naauwkeurige geraamte beſchryving van verſcheyde dieren nevens haare hiſtorien* Amſterdam 1680. 8.* Non bonæ icones 20. ſceletorum. Animalium hiſtoriæ undique, ex PLINIO aliisque collectæ.

J. Stephan KESLER *Phyſiologia Kircheriana experimentalis* Amſterd. 1680. fol. De generatione æquivoca, abſque concubitu.

TILEMANNUS *Cous ſ. hippocratica praxis* Ulm. 1680. 8. Compendium anatomes, cum ſceletopœja & arte balſamo condiendorum cadaverum. Vaſa hepatis lymphatica ſe vidiſſe ipſi ſibi teſtis eſt.

In *Jacobi Joſephi* JOEPSER *manuductione ad vitam longam* Noriberg. 1680. 4.* Phyſiologica aliqua ad ſcholarum mentem, de calido innato, humore radicali.

Gottfried von LANKISCH, Med. Zittavienſis, *Abriß und Beſchreibung der wunderſelzamen Mißgeburt, welche neben einer geſunden Frucht, anno* 1679. *gebohren worden* Zittau 1680. 4.*. Fetus acephalos & imperfectus, qui a renibus fere incipiebat. Multa præterea collectanea.

In *Act. Erudit.* Lipſ. 1693. IDEM dixit de conceptu, cum vagina pene coalita eſſet.

GRAINDORGE, Med. Monſp. *de l'origine des macreuſes* Caen 1680. 12 Veras eſſe aves ſuis ex parentibus ortas.

Henrici MUNDII Βιοχρηστολογια *ſ. commentarii de aëre vitali &c.* Oxon. 1680. 8. Francofurt. 1685. Pro nitro aëreo.

Daniel BSCHERERS *Beſchreibung eines Kunſtauges* Nürnberg 1680. 4.* Conf. in E. N. C. *Dec.* III. *ann.* VII. VIII. *obſ.* 220.

EJUSD. Arteria ſpermatica circa vaſa renalia conflexa, quod & ipſe vidi, in E. N. C. *Dec.* II. *ann.* IV. *obſ.* 172.

EJUSD. *de halitu humano* Heidelberg 1681. 4. B. THOM.

DALGARNO'S *deaf and dumb mans tutor* London 1680. 8. OSB.

Joh.

Joh. PRÆTORII *ciconiarum latibulum hybernale* Francof. & Lipſ. 1680. 4. Germanice *Störche und Schwalben Winter-Quartier* ibib. 1676. 8. GRON.

Lud. Maria BARBIERI *ſpiritus nitro aërei operationes in microcoſmum* Bonon. 1681. 12. TREW.

De la CHAUME, Medici, *Tr. de medecine contenant la parfaite connoiſſance de l'homme, ſa ſanguification au cœur, la circulation du ſang* Auxerre 1680. 12. *Journ. des Sav.*

Iſaac SCHOOK *Diſquiſitiones hiſtorico-politico-medicæ curioſæ de capite humano* Francof. ad Viadr. 1680. *Journ. des Sav.*

§. DCX. *Chriſtian Joh.* LANGE,

Profeſſor Lipſienſis, BOHNII diſcipulus. Ej. Diſputatio *de circulatione ſanguinis* Lipſ. 1680. 4.*

Ej. Diſp. *homo aerometrum* Lipſ. 1694. 4.*

In *operibus omnibus medicis theoretico-practicis* Lipſiæ 1704. fol.* a RIVINO editis, continetur hiſtoria medica: paſſim miſta erroribus Phyſiologica Theoremata proponit, ſubjicit objectiones, ad eas reſpondet. Aliqua propria. In canibus a morte apertis, ſe veſtigia egreſſorum ovorum reperiſſe. Placentam per uterinas arterias tinxit. Injectum liquorem ex arteria pulmonali in aſperam vidit tranſire. In meſenterio galli Indici vaſa pellucida. Contra deglutitionem ſucci amnii.

In *poſthumis* multæ hic diſputationes repetuntur, neglectis annis. Ut *de vi animi commotionum medica.*

De odoratu ejusque læſionibus.

De guſtu.

De loquela.

De loquela hominis læſa.

De requiſitis bonæ nutricis.

§. DCXI. *Varii.*

Franciſci KLEINII Diſp. *An ſanguinis transfuſio utilis ſit & admittenda* Herbipol. 1680. 4. BOEHM.

J. Bernhard SCHWELING *de admiranda hominis microcoſmi fabrica poëma* Brem. 1680. 4. HE.

Martin HERBST *de ſpiritu vitali animalium & ſpeciatim hominum* Jen. 1680. 4.

Antonii VALLAN *de ſemine* Ultraject. 1680. 4. B. THOM.

J. Jac. MISLER *de viſus ſtatu naturali & præternaturali* Gieſſ. 1680. 4.*

J. Chriſt. HOEFICHEN *de viſione* Leid. 1680. 4.*

Petri

Petri JENS *Considerationes quædam circa corpus humanum* Leid. 1680. 4.*

Sim. Henr. MUSÆUS *de auctoritate* HIPPOCRATIS *in jure tam canonico quam civili* Giess. 1680. 4. HE.

Petri van den BOSCH *de lympha* Leid. 1680. 4.*

Renat CHAUVEL & *Rud.* OREN *An ab uterino fermento menstruorum fluxus* Paris. 1680.

Jac. DESPREZ & *Fr.* MAILLARD *Non ergo alia a spiritibus in corpore fermenta* Paris. 1680.

§. DCXII. *Cornelius* BONTEKOE.

Vero nomine DECKER, Medicus Haagiensis, inde archiater Brandenburgicus, acris & confidentissimus CARTESIANUS, qui omnem fere perfectionem vitæ humanæ in humorum tenuitate posuit. EJus primum opus reperio, *nieuw gebouw van de Chirurgie of heelkonst stukwyze opgetimmert Eerste deel* Haag. 1680. 8.* Initium facit a physiologia & ab anatome, quam in *elogio* dicitur diligenter exercuisse. Germanice prodiit cum vita auctoris, edente *J. Petro* ALBRECHT Francof. & Lips. 1697. 8. TREW.

EJ. *Notæ in* BLASII *Corollaria* Amsterdam 1682. 8. B. RUFFORTH.

EJ. *Fragmenta dinnende tot een Berwys van de beweginge en viendschap oft lieuver Vriendshap van het acidum met het alkali, als mede de grondtleg tot de opbouw der medecyn en Chirurgie* Haag. 1683. 8. MOELLER.

Korte verhandeling van t' menschen leven gezondheit ziekte en dood, begrypende recepten l. over't ligham on zyne werkingen in gezondheit, over de middelen van het leven en gezondheit te bewaaren, en de meeste ziekten voor te koomen door spyze dank slap en Thee, Coffee, Chocolade, Tabak en geneezmiddelen, zynde een vervulling van t' over gebouw der Chirurgie: den tr. van de kortzen en thee, als mede 3. verhandelingen over de natuer de bevinding en de zekerheit in de genees en heelkonde Gravenhage 1684. & 5. 6. 8. B. B. nam tres ultimæ Dissertationes sunt anni 1685. & 1686. Germanice Bauzen 1701. 8. TREW. 1728. 8. TREW.

EJ. *Fundamenta medica* Amsterdam 1688. 12. RAST. Germanice *Grundsätze der Medicin, oder Lehre vom alcali & acido durch die Würkung der Fermentation und Effervescenz, übersetzt aus dem Holländischen durch H. H.* Frankfurt und Leipzig 1691. 8. TREW.

EJ. *Metaphysica l. de motu & œconomia animalis* Leid. 1688. 8. RUFFORTH. Brem. 1692. 8.

EJ. *de passionibus animæ*, l. *posthumus cum* GEULINKII *ethica* editis Amsterd. 1695. 12. BEUGHEM.

EJ. *Verscheyde tractaten, handelnde van de vornaamste grondstukken om tot een waare kentnis der Philosophie en Medicyn te geraaken* Haag. 1687. 8. MOELLER. Aliqua ad physiologiam pertinere lego, inesse etiam de ulceribus tr. omnia imperfecta

perfecta esse, exque codicibus sumta, ultimam manum non expertis, le CLERC *Bibl. univ.* T. IV.

Hæc passim legi, sed in collectis operibus *de philosophische, medicinale en chymische werken* Haag 1689. 4.* alia omnino opera reperio, alios certe titulos.

Omwerp van t' oud gestel der Medicyne eerste deel dat de general theorie der Chirurgie vals is; idem opus quod citavimus sub titulo *nieuw gebouw van de Chirurgie.* Nullam dari naturam, neque calidum innatum, neque humores, neque facultates, neque rorem aut cambium, neque diversas spirituum classes.

Tweede boek van de gemeinen opinien in de Anatomie die loos onzecker en meest alle vals en onnut zyn. In ossium historia damnat subtilitatem & Græca nomina. Sic intestinorum discrimina, nomina musculorum.

Deerde book dat gemeene gevoelen van de oorzaaken der gezwellen wonden en ulceration valsch zyn. Nullam plethoram dari, neque atram bilem. Reliqui duo l. practici sunt.

Kort en vast bewys dat er geen annus climactericus ofte mord jaar is.

Van de twiffelinghe in de Philosophie derde boek; de adfectibus animi.

In l. *van de verscheyde geslagten van beweging*: agit de fermentatione & effervescentia.

Opbouw der medicyne derde deel, behelzende de anatomie met den loop der sappen, de natuur der menschen en haare werkingen: vans menschen leven, gezondheit, ziekten en dood, met eennette verhandeling van de huyshouding des menschen. Videtur esse librum *korte verhand.* p. 672. Anatome & physiologia nil boni habet aut proprii.

Kort denkbeeld van de œconomia animalis of een nieuwe leer van de physiologie. Brevissimum compendium.

De groudslag en nieuw gebouw der medicyne en chirurgie nieuwelyke ontdekt in het acidum en het alcali. Scriptum videtur *nieuw gebouw &c.* p. 672. Lego in corpore calloso sedem animæ posuisse.

§. DCXIII. *Joseph* ZAMBECCARI.

EJUS *Esperienze intorno a diversi visceri tagliati a diversi animali viventi* Genova 1680. 4. & in D. SANCASSANI *dilucidationibus*, recus. in MANGETI *Bibl.* & *Eph. Nat. Cur. Dec.* III. *ann.* IV. *app.* versa a *Jos.* LANZONO. Hæ *obs.* omnino memoria apprime dignæ sunt. A GALILÆI nonnullis vocibus excitatus tentavit noster, varia viscera vivis animalibus exscindere, & eventum experiri. Lienem ergo feliciter excidit; tunc renem, funesto hunc plerumque eventu, & fellis vesiculam pariter feliciter, ut nihil inde decederet functionibus bilis, porro cæcum intestinum funesto eventu, nisi in avibus. Ea occasione bona de varietate cæci intestini in avibus & aliis animalibus adnotata profert. Oculorum etiam humorem aqueum, & in avibus & in quadrupedibus, sponte restitui confirmavit. Pancreas etiam cani excidit.

Multos codices M.S. argumenti anatomici reliquit (*k*).

(k) CORTE apud MANGET.

§. DCXIV. *Petrus* ROMMEL.

Petri ROMMEL *de fetibus leporinis extra uterum repertis, & de conceptione alia uterina epistola* Ulm. 1680. 4.* Absurdæ historiæ fetuum in ventriculo repertorum.

EJUSD. improbabilis historia mensium pro voluntate retardatorum. *Eph. Nat. Cur. Dec.* II. *ann.* V. *obs.* 29.

EJ. Ovum caudatum. *obs.* 147.

Obs. 148. Pullus quatuor alis pedibusque.

Ann. VI. *obs.* 226. Capilli virides.

Ann. VII. *obs.* 209. Puer absque funiculo umbilicali.

Obs. 210. Vitulus androgynus pedibus cervinis.

Obs. 212. Ossa mollia.

Ann. X. *obs.* 31. Partus cæcus, latente sub inferiori palpebra oculo.

Obs. 194. Sudor unius lateris.

Dec. III. *ann.* IV. *obs.* 13. & 14. Urina nigra innocua.

Ann. VII. & VIII. *obs.* 39. Clysteres absque malo vomitu rejecti.

Obs. 41. Femina sine mensibus.

Obs. 45. Gemellorum placenta modo simplex, modo duplex.

Obs. 177. Lac per umbilicum.

§. DCXV. *Philippus Jacobus* HARTMANN.

Professor Regiomontanus, vir omnino eruditus & solers, inque libris veterum exercitatus, qui & plurima animalia incidit, & hominum morbosa corpora.

EJ. Disp. *de generatione spirituum eorumque affectionibus in genere* Regiomont. 1681. 4. HE.

EJ. *de sanguine alimento ultimo* ib. 4. 1682. PL.

EJ. *Exercitationum anatomicarum de originibus anatomiæ* l. ibid. 1683. 4.* Subjecta aliqua de signis imprægnationis.

Exerc. II. ib. 1683. 4.* Experimenta in pulmonibus catulorum nuper natorum facta. Non natarunt, cum tamen animalcula vixissent.

Exerc. III. ib. 1683. 4.*. De situ fetuum diversi sexus in utero diverso.

Exerc. IV. ib. 1683. 4.* Pro nutritione fetuum per os. In porcellis cuti sordes inhærent, quarum simillimæ in ventriculo reperiuntur.

Dec. II. *ann.* V. *obs.* 76. Fetus deformis, cui epiphyses ab ossibus decesserant, & alia monstrosa & morbosa.

Eph. Nat. Cur. Dec. II. *ann.* VII. *obs.* 17. 18. Anatome fame enectorum.

Obs. 20.

Obſ. 20. Anatome fetuum in ſceletos converſorum.

Obſ. 22. Varia in renibus aliisque partibus præternaturam facta, aut rara.

Obſ. 23. Anatome veſiculæ fellis.

Et *obſ.* 24. Lienum.

Obſ. 26. Pro androgyna male habita.

Obſ. 27. Vitulus ſexu utroque imperfecto.

Obſ. 31. Porcelli diſparis molis.

Obſ. 32. Turtur ab obeſitate ſuffocatus.

Obſ. 50. Ventriculus ſiluri, ejusque motus periſtalticus.

In *appendice*, contra generationem animalium in aëre.

Ann. IX. Morboſorum corporum inciſiones.

Ann. X. *obſ.* 159. Atreta.

Obſ. 162. Fetus termino ſimilis, unipes, & omnia in viſceribus imperfecta.

Dec. III. *ann.* II. *obſ.* 193. & *Dec.* II. *ann.* IV. *obſ.* 73. Lumbricus hydropicus, etiam TYSONI dictus.

Obſ. 194. Hepar gallinaceum pingue.

Obſ. 195. Lien in ſue geminus.

Ann. IV. *obſ.* 83. Partus a morte, cum bonis teſtimoniis.

Ann. VII. VIII. *obſ.* 38. Vitulæ monſtrifica genitalia, inteſtinum rectum vaginæ inſertum, uterus in amplum ſaccum inſertus.

Ann. IX. X. *obſ.* 103. Hœdus hermaphroditus, pene perforato, utero deformi.

Obſ. 189. & ſqq. Fetus monſtrifici aliqui. Biceps unicorporeus, pelvi ſimplici, cordibus duobus.

Obſ. 190. Sceletus Jani ſimilis varie difformis.

Obſ. 191. Uteri ovilli collum in ligamenti ſpeciem coaleſcens, & tamen fetus in eo adultus. Contra tubarum officium: miram de modo impraegnationis hypotheſin habet.

Obſ. 19 . Ovum humanum undique villoſum, in quo fetus papaveris grano non major.

EJ. *De iis, quæ contra peritiam veterum anatomicam afferuntur in genere*, *Exerc* I. ib. 1684. 4.

Exerc. II. ib. 1687 Vulnus cordis non continuo mortem inferens. Talparum oculum unicum habere humorem.

EJ. *De iis, quæ contra peritiam anatomicam veterum afferuntur in ſpecie*. *Exerc.* I. ib. 1689. 4.

De diverticulo inteſtinorum in ſalmone; de valvula coli in variis animalibus, quas duas facit.

Exerc. II. ib. 1693.

Exerc. III. ib. 1693.

Exerc. IV. ib. 1693. 4.

Hæ exercitationes, omiſſis annis & adnotationibus anatomicis auctoris, recuſæ ſunt cura *Godofredi* KURELLA cum titulo, *faſciculi Diſſ. ad hiſtoriam medicam, ſpeciatim anatomes ſpectantium* Berolin. 1754. 8.* Docta certe ſcripta, & magna cura ex veterum monumentis decerpta, etſi paſſim putes, deſiderium ornandorum veterum aliquantum a ſtricto ſenſu veri Cl. virum abduxiſſe. Ita duas laminas piæ membranæ adtulit, ut arachnoideam tunicam COLUMBO adrogaret. Sed neque lactea vaſa apud GALENUM *de vivorum ſectione* reperiuntur, neque ductus narium STENONIANUS uſpiam apud veteres exſtat deſcriptus.

EJUSD. *de Phoca ſ. vitulo marino* ib. 1683. 4.* Plena anatome. Inteſtina prælonga undique ſui ſimilia. Foramen ovale hic & in caſtore cæcum. Tympani membranæ duæ.

EJUSD. *de Xiphia* ib. 1693. 4.* & in *app. anni* II. *Dec.* III. E. N. C. Plena anatome. Proceſſus uteri duo glanduloſi, glandulæ muco obſitæ. In ventriculo oſſa prædæ emollita. Glandulæ in ventriculo generis compoſiti.

EJ. *de generatione viviparorum ex ovo* ib. 1699. 4. & in meis *diſp. ſelect.* T. VI. Nihil contra ovorum hypotheſin fortius hactenus prodiit. GRAAFII experimenta in cuniculis facta critice recenſet, quorum multa repetiit; multa ipſe pulchre vidit, corpora lutea totum ovarium ſibi ſumentia: ſanguinem in corpore luteo, etſi aliter interpretatus eſt. Ovula, ut neque ego, nunquam in tuba invenit. Globulos albuminoſos etiam in cuniculis ſterilibus reperit, quibus GRAAFII experimenta ſtudet evertere. Nimis frequenter circa uterum veſiculas reperiri, tubas nimis anguſtas eſſe. Pro panſpermia & epigeneſi. Nullum, niſi poſt conceptum, corpus luteum apparere.

EJ. *de bile ſanguinis ultimi alimenti excremento* ib. 1700. 4.* Ex anatome comparata aliqua, ut de ductu cyſtico cornicis. Bilem ſanguine ponderoſiorem eſſe.

EJ. *Synopſis primæ partis artis medicæ de ſanitate* ib. 1701. 4.

§. DCXVI. *Leonardus a* CAPOA. L. TOZZI.

Leonardus a CAPOA, empaictes & empiricus. EJUS *parere diviſo in otto ragionamenti, ne quali narrandoſi l'origine & li progreſſi della medicina, ſi fa manifeſta l'incertezza della medeſima* Napoli 1681. 4. BUR. 1698. 4. HEIST. 1714. 8.* Hiſtoriam dat medicinæ, etiam anatomes, inſidioſam, fere ut medicorum vitia demonſtret. & hypotheſes refutet omnes, etiam quæ ad phyſiologiam ſpectant, non veritus HIPPOCRATEM cum reliquis carpere, qui Græcorum ingenium miraculis deditum recte perſpexerit. Ipſe non ſatis alienus a ſecta, fermentationem ſanguinis admittit, & ab ea explicat, quare alia animalia reſpiratione indigeant, alia poſſint carere. ARISTOTELI ruditatem anatomes

mes exprobrat. Nimis, & potissimum in anatomicos, asper, in universum non ita dives propriis inventis, ut adeo acriter alios censeat.

Ej. *Raggionamento intorno alle moffete* Cologna (Neapoli) 1715. 8. *. Huc pertinet respirationis historia, censura eorum, quæ de ea functione dicta sunt: hypothesis auctoris, factam esse ad aerem pro fermentatione vitali sanguinis sustinenda recipiendum. Aërem celsorum montium recte negat nocere. Mephitides suffocare, quod aërem de pulmone expellant.

Lucæ TOZZII, Aversani, Professoris Neapolitani, & Archiatri Pontificii, plures sunt libelli, anatomici quidem, *de hominis generatione; feminæ & maris vi in generatione; fetus conceptione, formatione: fetus vita & nutricatione in utero: superfetantibus & multiparis: fetubus monstrosis & maculosis: motu cordis: respiratione: sensibus, somno & vigiliis: motibus corporis & animi.*

Ej. *Medicinæ pars prior theoretica* Lyon 1681. 8.* & auctius 1711. 4. TREW. Physiologia & pathologia. Passim *Leonardo a* CAPOA adhæret, Electico propior, ditior aliorum inventis quam suis. Androgynos habet pro feminis clitoride longa. Tarantularum miracula confirmat: addit incredulos, diris quæ inde passi fuerint, malis convictos fuisse.

EJUSD. in l. *artis medicinalis* GALENI *paraphrastica anacephalæosis: adjectum est practicum opusculum, de usu sex rerum non naturalium* Patav. 1711. 4. Addita est de respiratione digressio. Inflammationem ab acido deducit.

Opera omnia prodierunt Venet. 1747. 4. 5. Vol.

§. DCXVII. *Franciscus Maria* NIGRISOLI.

Prodiit ann. 1681. l. *dell' anatomia chirurgica delle glandole di Francesco Maria* GILIO, Pisaurensis Chirurgi Comachiensis nomine præfixo, Ferraræ 1681. MANGETI: video etiam citari annum 1682. Tribuitur NIGRISOLIO, Ferrariensi medico.

EJUSD. *Lettera nella quale si considera l'invasione fatta da topi nelle campagne di Roma* Ferrara 1693. 4.* Putat fieri posse, ut fetus feminei sexus in utero materno concipiant, & gravidi pariantur. Collectitium opus.

Ej. *Lettera in cui si contiene l' argomento, l' idea e disposizione, di un opera il di cui titolo e, considerazioni intorno alla generazione de viventi, e particolarmente de mostri* Ferrara 1710. 4.*. Sciagraphia operis, quod continuo dicemus, oppositi LEEUWENHOECKIO & SBARALEÆ, in tutelam theoriæ ovorum.]

Ej. *Considerazioni intorno alla generazione de viventi e particolarmente de mostri* Ferrara 1712. 4.* Modeste & prudenter tuetur generationem ex ovo, & eam quæ univoca dicitur: per ova vero vesiculas notissimas intelligit, formationem tamen novi animalis naturæ plasticæ tribuit, quam luce seminale ideata vocat. LEEUWENHOECKIUM & vermiculos seminales impugnat. Monstrorum icones satis multas addit; libri ipsi, quibus de iis erat acturus, nunquam prodierunt. In eo deficit, quod parce propria experimenta producat.

Difesa della considerazione del S. NIGRISOLI *dalla lettera critica dell' Abbate di* CONTI Ferrara 1714. 4.*; ipsius, ut videtur, NIGRISOLI opus, satis asperum. Ad inanem censuram responsio utilitatis egena.

EJ. *de onocrotalo exerc. subcisiva* Ferrar. 1720. MANGET.

Elogium Cl. viri exstat in *Giorn. de letter. d' Italia* T. XXXVIII. p. 2.

§. DCXVIII. *Philippus* BONANNUS.

S. I. delectatus testis, & microscopicis observationibus. EJ. est *ricreazione della mente e dell' oculo*, quæ primum Italice prodiit Rom. 1681. 4.* deinde Latine, *recreatio mentis & oculi in observatione animalium testaceorum* Romæ 1684. 4.* Pro generatione æquivoca, argumento dactylorum & balanorum. In REDUM.

EJ. *Riflessioni sopra la relazione del ritrovamento dell uova delle chiocciole di A. F. M.* Rom. 1683. 12. MAZUCHELLI. In Abbat. MARSILIUM.

EJUSD. *Observationes circa viventia, quæ in rebus non viventibus reperiuntur, cum micrographia curiosa* Romæ 1691. 4.* Dialogi, quibus MALPIGHII & nuperorum sententiam impugnat, qui omnia animalia ex ovo velint provenire. Pleraque ex auctoritate aut experimentis dubiæ fidei desumta; dictio hic & ubique ægre tolerabilis. Gallis utitur, vermibus in glutine farinæ triticeæ subnascentibus, nuper celebratis. Experimenta etiam REDI audet carpere.

Micrographia, etiamsi BONANNUS valde augentibus vitris usus, tamen sterilis est, ut pauca habeat nostri argumenti, de pilis, & arenæ globulis, papilionis plumulis, proboscide, muscarum aculeo, oculo reticulato. Levia fere & aliqua aliunde sumta.

EJ. *Musæum Kircherianum* Romæ 1709. fol. In L. XI. agit de observationibus microscopicis, in L. I. & in III. de testaceis.

§. DCXIX. *Varii.*

Ludovici v. HAMMEN *de herniis* Diff. *Academica : acc.* Diff. *de crocodilo* Ed. III. Leid. 1681. 12.* Gedanensis, vermiculorum spermaticorum inventor ab anno 1677. Aliqua Crocodili anatome.

Petri HOFWEN, Professoris, Diff. *physico-medica de corde* Upsal. 1681. 8.* *Johannis v.* HORNE (*l*) laudat cupream sceleton, ab hoc viro cum arteriis & venis paratam.

Jean PASCAL *la nouvelle decouverte & les admirables effets des fermens dans le corps humain* Paris 1681. 12.*. Juvenis 21. annorum, omnes fermentationes ab alcali & acido derivat, ut etiam in farina conflictus sit inter acorem & farinam alcalinam. Spiritum ab astris per aërem descendere; variis cum corporibus varios sales constituere, ut nitrum. Mercurium alcalinum luem veneream acidam subjugare. In corpore humano omnia per fermentationes fieri, quæ in sanguine inque chylo fiant. Dari volatilia fermenta circumeuntia acida,

(l) *Waarschouwing* p. 22. 23.

da, tum fixa, quæ cum alcali *in substantiam* partium corporis humani abeant. Humidum radicale veterum esse fermenta fixa. Volatilia illa in cerebro oriri, quod acidum contineat, & cum farinacea pasta ferveat, spiritus animales etiam acidos esse. Hoc acidum in corde de sanguine decedere, venire in cerebrum, ibi depurari. Non dari succum nervosum, neque ex nervo vivi animalis dissecto stillare quidquam. In corde non esse ignem, sed effervescentiam inter spiritus acidos & sanguinem. Spiritum seminis vehementer acidum esse, feminæ semen alcalinum, ea fervere, similes particulas uniri, neque alienas adhærere alienis ob figuræ disparitatem, hæc ante nuperos. Acorem ventriculi esse a spiritu animali. Succum a sanguine in fundo ventriculorum cordis depositum alcalinum esse.

Lucas Antonius PORTIUS, Professor Neapolitanus, commentarium in HIPP. *de veteri medicina* edidit ann. 1681; deinde anno 1683. Venetiis varias dissertationes, inter quas multæ sunt de ciborum digestione, quam ad fermentationem refert, tum de cordis motu, deque nativo calore. In *opusculis* Neapoli 1701. editis est lib. de artificiosa respiratione. In BULIFONII *racolta* IV. *lettere all anatomia appartenenti* Neapoli 1698. Denique hæc omnia recusa sunt in *operibus* Neapoli 1736. 4. excusis*. Codices anatomicos bene multos reliquit, & lexicon anatomicum MOSCA.

In *Act. Nat. Cur. Dec.* II. *ann.* VI. *obs.* 19. Cancrorum utriusque sexus genitalia dixit.

DEROY, Chirurgi, *de la nature des liqueurs animales* Paris 1681. PORTAL. Fermentationes sequitur.

Bonaventura PAX *quid sit sonus* Mediolani 1681. 4. Etiam ad anatomen.

Wolf. HELMHARD von HOCHBERG *Adeliches Landleben* Nurnb. 1681. fol. 3.Vol. & 1715. fol.* Habet animalium domesticorum & ferorum aliquam historiam, generationem, partum.

Heidenryk OVERKAMP *nieuwe beginselen tot de genees en heelkonst steunende op de gronden der fermentatie, en deeze op die van Ren.* DESCARTES Amsterdam 1681. 4. & in operum collectione, cujus fere priorem partem efficit. Integra physiologia & anatome viscerum. Titulus cæterum mentem viri exprimit, qui ex alcali & acido omnia derivat. Germanice *Unterricht von der Geburt, Nahrung und Wachsthum des Menschen* Leipzig 1690. 8. B. TIG.

In *alle medicinale, chirurgicale en philosophische wercken* Amsterd. 1694. 4.* editis continetur etiam *Tafelpraatje* de diæta & ventriculi officio, & commentarius in SANCTORII *ontdekte uytwassemíng.* Germanice hæc opera omnia prodierunt Leipzig 1705. 4.

J. J. *bondige verhandeling van de voortellinge* Amsterd. 1681. 8. LAMBERGEN.

Traité historique & medico-physique touchant les enfans nouv. nés 1681.

William SALMON, magni compilatoris, *synopsis medicinæ, or a compendium of physik, chirurgery and anatomy* London 1681. 8. GUNZ.

EJ. *Synopsis medicinæ, or a compendium of a theory, and practice of physik* London 1685. 8. 1699. 8.

EJ. *Complet system of physik* ib. 1684. 4.

EJ. *Ars anatomica, or the anatomy of human bodies in 7. books* London 1714. 8.* A morte auctoris prodiit. Nihil habet proprium, neque judicium ad scriptorum merita expendenda adhibuit, qui ductum NUCKIANUM absque controversia admittat.

Lapis animalibus microcosmicus, samt einem Tractätlein vom Urin Strasburg 1681. 8.

C. *de la* BELLIERE *la physionomie raisonnée* Lyon 1681. 16. B. B. De temperamento ex omnibus corporis humani judicat, vanissimus.

§. DCXX. *Varii.*

Crisp. JERNFELD *de pygmæis* Holmiæ 1681. 12.

J. Frider. ORTLOB, Professor Lipsiensis, BOHNII discipulus & adsecla, *de adfectibus animi.* Præside B. ALBINO Francof. ad Viadr. 1681. 4.*

EJ. *de analogia nutritionis plantarum & animalium* Lipsiæ 1683. 4.

De integro cholepoieseos negotio ib. 1691. 4.* Liquorem in venas injectum per ductus felleos redire.

De dentitione puerorum difficili ib. 1694. 4. VATER.

De gustu & olfactu ib. 1695. 4. HE.

De tono & atonia ib. 1700. 4.

EJ. *Historia partium & œconomiæ hominis secundum naturam. s. Dissertationes anatomico-physiologicæ Lipsiæ ventilatæ* Lipsiæ 1697. 4.* Longe plures sunt, quam quas ego possideo, omnino 37. quibus totus physiologiæ ambitus continetur. Est inter eas, quæ iconem habet sinuum duræ membranæ, petrosorum, superiorum, inferiorum, circularis occipitis, transversi pone sellam equinam, cavernosorum, frena quædam in sinu longitudinali duræ membranæ.

Præfationem dedit ad versionem anatomiæ rationalis TAUVRYI. In ea describit experimentum canis, cui lien exsectus, & BELLINIANUM illud, nimium ornatum, in nervo phrenico sursum stricto, vel deorsum.

Adam Erdmann MIRUS *de monstris* Witteberg. 1681. 4.*

Michael PAULI *de calido innato, s. spiritu corporis vitali* Basil. 1681. 4.*

Petri NEITHARD *de tributo lunari feminarum intercepto* Altdorf. 1681. 4. B. THOMAS.

Benedict HOEFFER *de victu aëreo s. inedia Chamæleontis* Tubing. 1681. 4. B. BOEHM.

Nicol. Anton. FLACH *de callo* Argentor. 1681. 4.*

Samuel KEUCHENIUS *de nutritione* Utrecht 1681. 4.*

Christian

Christian FUNK *Mumia Philologica consideratio* Gorliz. 1681. 4.*

Phil. TOURBIER & *Joh. du* MESNIL *Ergo sanguineis sensus acutiores* Paris 1681.

Car. MARTEAU & *Mich.* HODENCQ *Non ergo carnosi minus ingeniosi* Paris. 1681.

Ant. le MOINE & *Guil. Fr.* LEMEREZ *Ergo princeps visionis instrumentum retina* Paris. 1681. fol.*

Guil. Crescent. FAGON & *Joh.* POISSON *E. ventriculi motus ad elaborationem chyli confert* Paris. 1681.

Jac. de BOURGES & *J.* BOUDIN *Ergo nutritio & accretio ad motus leges exigenda* Paris. 1681.

Anton. Joan. MORAND & *J.* BOUDIN *Ergo, qui humidioribus vescuntur diutius vivunt* Paris. 1681.

§. DCXXI. *Diaria.*

Hic *annus* III. s. 1681., NICOLAI est BLEGNY, & prodiit, cum titulo *Journal des nouvelles decouvertes.*

Huc PURI infans cum hernia umbilicali natus.

Ovum cometa notatum.

DE ROY, Medici, de humoribus humanis.

CLERICI puella absque cerebro nata.

PICHART mola vesicularis.

VIMONT ad labium leporinum difformius.

CONQUEDO anatome duarum puellarum cum visceribus duplicatis.

In *Journal des Savans* 1681. Ovum idem a cometa notatum.

PANTHOT de rene unico, cui duae pelves.

In ovo figura capitis infantilis, seorsim recusa observatio, Avignon 1681. cui titulus, *la fidele relation de la figure humaine trouvée dans un œuf, decrite par Mr.* GUISONY, Medicum Avenionensem. Exstat etiam in T. III. Diarii *Nicolai* BLEGNY.

In *Roberti* HOOKE collectione II., puellae vitales umbilicis connatae.

§. DCXXII. *Petrus* DIONIS.

Chirurgus Aulicus. In *Diario Eruditorum* 1681, inque ZOD. GALL. T. IV. in *app.* ad *ann.* II. *Dec.* II. E. N. C., demum in proprio libello reperitur descriptus ab eo partus tubarius, qui idem redit in libello, cui titulus, Dissert. *sur la generation de l'homme, où l'on raporte les diverses opinions des modernes sur ce sujet* Paris 1698. 8.* Iterum recusus cum *Cours d'Anatomie* Paris 1716. 8.* &c. Auctor tubae tumorem pro altera parte uteri bipartiti habuit. Duos etiam fetus in ventrem effusos describit. De generatione in universum, & pro ovorum hypothesi.

Adjecta est, *Description d'une oreillette du cœur extrèmement dilatée.*

Ej. *Histoire anatomique d'une matrice extraordinaire* Paris 1683. 12. est is ipse partus tubarius. BUR.

EJUSD. *Anatomie de l'homme suivant la circulation du sang* Paris 1690 8. 1695. 8. TREW. 1698. 8.* 1716. 8. 1723. 8. 1729. 8. cum notis J. DEVAUX Genevæ 1696. 8. 1699. 8. MARSH. Latine Amsterd. 1696. 4. HEIST. Anglice London 1702. 8. RUFFORTH. 1716. 8. OSB. Germanice demum. Ab anno 1672. in horto regio corpora inciderat, præsidente D. CRESSE, LAMYI adversario. Non eruditus proprium nihil habet, aliqua Parisinorum inventa aliena exponit. Azygos uvulæ duplex, Secerni in thymo succum lacteum, quo fetus alatur. Icones non bonæ; editio ultima aliquanto auctior est: ei adjecti duo libelli quos dixi. Lego pro Chinensium imperatore hoc compendium in linguam ejus gentis versum esse (*m*) (puto in *Mansuricam*).

In *traité general des accouchemens*, post mortem LUDOVICI XIV. scripto, edito Paris. 1718. 4. 1724. 8.* Belgice prodiit Leid. 1735. 8.* Germanice *von Geburt und Erzeugung des Menschen &c. durch* J. T. M. D. Frankf. und Leipzig 1723. 8. TREW. De falsis germinibus præduris, in quibus cavum aqua plenum sit, inque eo puncti simile germen. Ossa pubis non distrahi. Nodi umbilicalium vasorum. Anatome ex *Cours d'Anatomie.*

In *Cours d'operations de Chirurgie* Paris 1707. 8. Bruxelles 1708. 8.*, & alias excuso, passim aliqua anatomica intercedunt.

§. DCXXIII. *Petrus Sylvanus* REGIS,

Medicus Monspeliensis. EJUS anatomica historia duorum catulorum, quibus cor nudum de pectore propendebat, exstat in *Journ. des Savans* 1681.

In EJUSD. *Cours entier de Philosophie* qui Parisiis anno 1690. 4. 3. Vol., Amsterdam 1691. 4. 3. Vol.* prodiit, liber VII. est de physiologia & anatome, additis iconibus collectitiis. Nuperorum inventa profert & opiniones, & judicium suum interponit. Ita contra BAYLEUM ostendit, musculos intercostales internos pariter costas levare. Fermentationes, fervores & præcipitationes ad SYLVII sensum admittit. In L. VIII. humanam anatomen & physiologiam tradit.

§. DCXXIV. *Guillaume* DES NOUES,

Chirurgus Gallus, ob illicitam anatomen exsul, Genuæ fere vixit. Lienes tres, testis unicus: novæ vesiculæ in cervice uteri, & aliqua de puella sine cerebro nata: quæ dedit in BLEGNYI Diario anni 1681, ubi etiam de glandulis piæ membranæ nonnulla perhibet.

Cum in Italia viveret, dedit Romæ 1706. 8.* *Lettres de Mr.* DES NOUES *à Mr.* GUILLIELMINI. In iis plerumque de suis, quas vocant, injectionibus loquitur,

(m) *Hist. l'Acad. R. des Sciences* anno 1726.

loquitur, & de anatome cerea, quam me Londini anno 1727. vidisse memini, cum natura non bene convenientem, & de qua edidit *Avertissement pour les anatomies toutes nouvelles de cire colorée* Paris 1717. 12. Habet tamen interspersas bonas adnotationes, ut MISTICHELLI de fetu, qui putabatur leonem referre, cum aquam in cellulosa spatia subcutanea effusam haberet. De MARCHETTI paradoxis ductibus chyliferis, ad medullam spinalem tendentibus. De suis injectionibus & cerea anatome, quam abbas ZUMBO imitatus sit. De experimento LOWERI, in vena jugulari revincta facto, non eum eventum sortito, quem ILL. BRITANNUS expertus est. De glandulis odoriferis penis. De operationibus chirurgicis (puto *de la* CHARRIERE) ad suos codices descriptis. De corporibus incorruptis, Panormi & Tolosæ & alibi ostensis.

§. DCXXV. *Acta Acad. Nat. Curios. Dec.* II. *annus* I. *Prodiit anno* 1682.

In eo *Carolus* OFFREDUS, Medicus Patavinus, de processu falcato duræ membranæ cerebri osseo egit *obs.* 127.

IDEM *ann.* II. *obs.* 15. Hepar dixit maximum.

Ann. IX. *obs.* 24. Vir 110. annorum robustus & vegetus.

Andreæ CLEYER, Medici Bataviæ orientalis, de ovo prægnante. *obs.* 17.

EJUSDEM hoc anno prodiit *Medicina Sinica* Francofurti 1682. 4. *. Ipse nihil ad id opus contulit. Pulsum Chinenses quemque tribus locis tangunt; ad radicem sive in radice, in medio, & in ramo, sive versus pollicem. Cuique pulsui suam significationem tribuunt, in distinguendis pulsibus subtilissimi. Malæ cæterum observationes, ut pulsum etiam unum cum singula respiratione admittant.

Dec. II. *ann.* VI. Lactis puerperæ & dudum lactentis diversitas.

Ann. VIII. *obs.* 22. Aliqua monstra semiduplicia & deformia.

J. Georg SOMMER, Medicus Arnstadiensis. EJUS est ovum prægnans, *obs.* 44.

Ann. II. *obs.* 176. Granula per urinam reddita.

Obs. 181. Fetus exsanguis.

Ann. IX. *obs.* 16. Pisa in ventriculo puellæ germinantia.

Obs. 23. Variolæ in fetu.

Ann. X. *obs.* 203. De suturarum usu.

Dec. III. *ann.* V. & VI. *obs.* 247. Non male de avium vi digerente cibos.

Obs. 250. In gallo Indico asitia.

J. Petri ALBRECHT, Hildesheimensis, meatus a vesica in rectum intestinum in cadavere virili inventi; pro via urinæ breviori dati, *obs.* 78.

Dec. II. *obs.* 12. Sternutatio ad mortem usque.

Obs. 13. Puer a nævo niger.

Obſ. 14. Abſurda nævi hiſtoria, fetus ex deſiderio mortui.

Obſ. 15. Fetus intra uterum ſingultiens.

Dec. III. *ann.* III. *obſ.* 124. Cuticula de univerſo corpore decidens.

Ann. IX. X. Papilionis ova abſque venere fecunda.

Adami Adamandi KOCHANSKI S. I. de gallina reviviſcente, cum exenterata & deplumata eſſet. *obſ.* 132.

Balthaſaris CHILIANI, Eisfeldenſis Medici; fetus corpore ſimplici, capite ſemiduplici. *obſ.* 143.

Gregorii HILLING Ungues molis monſtroſæ. *obſ.* 160.

§. DCXXVI. *Diaria Anglica.*

In HOOKII Coll. 5. exſtant *Eduardi* BROWNE notata ad anatomen arteriæ aſperæ in Struthiocamelo. Muſculi ejus arteriæ directores, (etiam Gallis dicti). Anulus craſſior in diviſione arteriæ aſperæ. Glandulæ ad gulam & carotidem. Penis majuſculus. Ventriculi bini cum pulchris glandulis. Nulla veſicula bilaria.

Apud BIRCH (*n*), genitalia apri, & quadruplex ſemen. Liquor proſtatarum viſcidiſſimus. Semen teſtium album; veſicularum minorum ſemen tenue; aliæ craſſiores, quarum ſuccus albus.

§. DCXXVII. *Diaria Gallica.*

In *Journal des Savans* 1682. aliqua de inſectorum vita hiemali.

Canis bipes, & ſepes.

Homo corde deſtitutus.

In *anno* IV. *Zodiaci Gallici*, de St. MAURICE fetus in ovario reſes.

CHASSEBRAS a GRAMAILLES fetus monſtroſus, deformis.

Anonymi de via breviori urinæ.

RIVALIER fetus putridus per vulvam & umbilicum egeſtus, & alius per umbilicum.

De ROY de humoribus humani corporis. Conf. p. 681.

Porcelli coaliti, capite ſemiduplici.

In *Hippocratem chemicum* animadverſiones, & *contra theoriam acidi & alcali* objectiones.

§. DCXXVIII. *Antonius* NUCK,

Harderwicenſis, Profeſſor Leidenſis, vir ſolers, in replendis potiſſimum vaſis lymphaticis, quorum hiſtoriam molitus erat: qui tabulas eorum vaſorum argento vivo repletorum concinnaverit, quas nobis BOERHAAVIUS laudabat (*o*). Pari

(n) IV. p. 184. (o) *Prælect.* I. p. 165.

Pari facilitate vasa lymphatica ostendebat, ut alii rubra (*p*). Antlia pneumatica ad eum scopum usum fuisse lego (*q*). Pauca edidit, neque undique perfecta, matura morte præventus.

In fastis *Societatis Regiæ Britannicæ* anni 1682. (*r*), reperitur indicium novi a Cl. viro detecti ductus salivalis: lymphaticorum vasorum in venas rubras insertorum cum valvulis: de pulmonibus flatu plenis conservandis &c.

Primum edidit Leidæ 1685. 12.* *de ductu salivali novo, saliva, ductibus oculorum aquosis, & humore oculi aqueo* libellum. Novus ille ductus salivalis ex propria nonnullis quadrupedibus glandula intra orbitam posita natus, ductu suo non longe a Stenoniano aperitur: homo & glandula destituitur & ductu. Circulus uveæ obiter. De salivæ secretione, de ejus copia; de phænomenis nascentibus, quando cum variis liquoribus commiscetur, aut igne subjecto urgetur, & per quæ pauxilla in saliva salis copia ostenditur. Morbi etiam & vulnera ductuum salivalium.

De ductibus oculorum aquosis. Arterias longas scleroticæ accumbentes vidit, Vir Cl. quas ostendit, in circulum uveæ ramos inmittere; eas pro ductibus secretoriis habuit, aquosum succum fundentibus. Restituti, etiam in homine, humoris aquei exempla producit, etsi nulla medicatio accessisset. Analysis humoris aquei; aliquantum salis continet.

Recusum est opus cum titulo, *Sialographia, & ductuum aquosorum anatome nova auctior & emendatior* Leid. 1695. 8. 1723. 8.* Ductus oculorum in *Bibl.* Mangeti. Icones hic aliquæ novæ, tum ex cane, tum salivalium ductuum hominis, vasorum & nervorum faciei.

Ejusd. *Defensio ductuum aquosorum* Leid. 1691. 8.* etiam cum *Sialographia* recusa est. Ductus suos aquosos a Warnero Chrouet impugnatos, quoad ejus fieri poterat, tutatur. Etsi rubrum succum vehant, tamen etiam lympham rubere. Secretionem posse in vasis peragi absque glandula, ut etiam colores injectorum liquorum secedant. Per vasa spermatica, vascula lymphatica testis impleri. Sic lienis aquosa vasa per lienis arteriam. Vasa lymphatica per ductum deferentem repleta. Ureteribus ligatis viscidam salivam provenire. Jugularibus venis ligatis oculos non tumere.

Ejusd. *Adenographia curiosa* Leid. 1691. 8.* 1696. 8. 1722. 8.*, quæ editiones non differunt, & in *Bibl.* Mangeti. Tres sunt libelli. Prima adenographia, in qua nova datur descriptio glandularum conglomeratarum: peculiariter mammarum, quarum ductus describit mercurio plenos; non bene vero communicationes per ramos transversos iis tribuit. Papillarum fabrica cellulosa, erectio a sanguine in cellulas effuso. De conglobatis glandulis, uberius, de earum natura cellulosa. Vasa lymphatica ab arteriis venire per mediam intercedentem vesiculam, etiam absque ea. Argentum vivum ex vasis lacteis in arterias

(p) Dolæus ad Waldschmid. ep. I.

(q) Camerar. *Anat. præs. ex Antl. pneum.*

(r) Birch. IV. p. 152.

arterias transiisse. Lymphatica vasa inferentia, efferentia; valvulæ, hæ accurate. Lymphatica vasa aëre, vel liquore per arterias impulso repleri. Sigillatim lymphatica vasa renum, uteri, ovariorum, fere ex animalibus. Experimenta ad generationem pertinentia. Vinculo ostendit injecto, nihil generari a semine virili, si ovuli adventum interceperis. Calculum pro lubitu produxit, corpore aliquo peregrino in vesicam urinariam introducto. Porro vasa lymphatica peritonæi, sacra: mesocolica. Processus peritonæi animalium, quibus homo destititur. Diverticula ejusdem peritonæi in femina (cellulosa). Uteri humani icon, non ut sperares, anatome. Tubam ligavit, ita ut inter ovarium & vinculum fetus reperiretur. Membranam allantoideam admittit.

Epistola de inventis novis anatomicis (ad *Dominicum* BEDDEVOLE). Lymphatica vasa pene ubique, in abdomine, teste, pede reperit; in cerebro, sed rarius. Lactea vasa in homine etiam vidit.

Opera omnia prodierunt Leidæ 1733. 2.Vol.

Hymenem discipulis suis ostendit *v. der* LAHR *de sterilitate* Leid. 1687.

§. DCXXIX. *A. M.* ALLEN. MULLEN, alibi MOULIN.

Medici Dublinensis EJ. *Anatomical account of an elephant accidentally burnd in Dublin: with a relation on the eyes of animals* London 1682. 4.* Bonum opus, etsi festinato natum, cum putredo vastum animal & semiustulatum consumeret. Papillæ cutaneæ in tanto animale tamen non majores capite aciculæ. Sanguis & caro animalis abundantes sale urinoso. Nullæ vesiculæ bilariæ neque seminales: cæcum intestinum magnum & valens, ejus ligamentum unicum. Ductus pancreaticus. Ren absque pelvi & papillis. Nullum cordis ossiculum. Lingua perforata aditum dat in œsophagum. De sceleto & ossibus fuse.

Minus firma sunt, quæ de oculis habet, & de ligamentis in bovis oculo visis, & in avibus, quæ putat crystallinam lentem ad retinam adducere. Vasa persuadetur, se vidisse, a processibus ciliaribus in lentem crystallinam euntia, inque vitreum humorem.

EJUS obss. *de aure avium.* Dextram cum sinistra & supra cerebrum communicare & infra (*s*). Unicum esse ossiculum (*t*).

EJUS experimenta cum coagulo facta, & ab eo in venas canis injecto mors (*u*).

EJ. in n. 174. Feles duæ connatæ cum capite semiduplici, cum bona anatome.

EJ. apud BIRCH. (*x*) de pulsu in capitis vertice forti, exstinguente pulsum carpi.

Ib. de hydatidibus per anum emissis (*y*).

In *Phil. Trans.* n. 191. de copia sanguinis; vix excedere vigesimam partem corporis

(s) BIRCH, IV, p. 273. (t) p. 546. (u) p. 295. (x) p. 420. (y) p. 546.

corporis in quoque animale, in homine adeo vix superare 8. libras. In cor ad minimum uncias quatuor venire; circuitus esse circa 92. intra horam.

N. 192. Mali effectus argenti vivi in venas vivi animalis injecti.

N. 199. de organo auditus avium. Tubam EUST. unicam esse. Communicare duas aures canali in arcum a dextris in sinistra flexo. Unicum ossiculum esse cum cartilagine. Piscibus omnibus membranam esse nictitantem.

Dec. III. *ann.* II. *obs.* 138. Mus ex nævo.

Obs. 139. Anatome ranæ piscatricis.

§. DCXXX. *Emanuel* KOENIG,

Mihi in senio suo notus, Basileensis Professor, non quidem incisor. EJUS tamen *regnum animale* omnino huc pertinet Basileæ 1682. 4., & auctius 1698. 4.* excusum. Integram physiologiam continet: sed ad nos potissimum facit *Petri* CHIRAC Nevrologia, & Chirurgi LESCOT Parisini, deinde Genuensis Profectoris, myologia, Gallico sermone utraque ab AUCTORE, eorum virorum discipulo, in Gallia calamo excepta; passim etiam aliquæ peculiares adnotationes intercedunt. Anatomen comparatam conjungit. De urinæ anatome mirifica aliqua.

EJUS *Spicilegium botanicum & anatomicum* prodiit Basileæ 1703. 4.* Nova inventa aliqua.

EJUSD. *De eo, quod summum est in medicina, una cum triplici regno, minerali, vegetabili & animali* Basil. 1711. 4.*

In *Act. Nat. Cur. Dec.* II. *ann.* IV. *obs.* 32. de organo cantus gryllorum.

In eodem *Petri* CHIRAC experimentum motus cordis 24. horis superstitis postquam evulsum erat, *obs.* 33.

Noctuæ anatome & oculi, *obs.* 34. Non satis ursit miram convexitatem corneæ.

Ann. V. *obs.* 101. Aliquot piscium ventriculi.

Ann. VIII. *obs.* 145. Gemelli leviter connati, ut separari potuerint.

Ann. IX. *obs.* 129. Homo caudatus.

Lego *de adfectibus* disputasse Basileæ 1677. 4.

§. DCXXXI. *Cornelius* STALPART *van der* WIEL,

Medici Haagiensis, *Eerste honderd genees heel en snydkondige aanmerkingen* Amsterdam 1682. 8.* *Eerste deel van het tweede honderd* Haag. 1686. 8.* Latine 1687. 8. 2. Vol. Leidæ 1727. 8. 2. Vol.* Gallice vertente PLANQUE Paris 1758. 12. 2. Vol. Adnotationes sunt, cum subjectis scholiis & parallelorum casuum collectione. Multa anatomica. Infans destitutus cerebro, ex hernia, ut videtur, cranium perforante. Aqua post capitis ictum, de aure emissa. Sanguis menstruus e palpebris erumpens. Cor pericardio adnatum, lien loco motus.

motus. Bilis per vesiculæ poros sudans pro re rara. Lien maximus. Renes coalescentes. Alvus pigra; feces per vomitum rejectæ, adeps & pituita per anum. Placenta vesiculosa. Canis, si diis placet, ex muliere. Fetus in secundis induratus. Gemini suo singulus funiculo donati, & præterea communi tertio. Menses in anicula: per papillas fluentes: Penis imperforatus. Pili in abscessu nati.

In *secunda centuria.* Asitia in puella diuturna. Menses per vomitum rejecti; glans plumbea per lotium. A mensibus propinatis, ut putat, magna symptomata. Partus ventralis. Puer absque umbilico natus, & inde pro alimento embryonis per os. Hernia spinalis & umbilicalis connata. Puer squamosus. Nævi. Pili & os in altero ovario. Lac cum lotio editum. Ovum prægnans. Hippomanis descriptio. Sacculus linguæ adhærens.

§. DCXXXII. T. GIBSON. NOVARINUS. STOKHAMER.

Thomas GIBSON, Medicus Londinensis, edidit anno 1682. 8. PL. *Anatomy of human bodies epitomized* recusam 1684. 8.* 1703. 8. 1716. 8.* Nova est & aucta READII editio. Addidit aliqua ex TYSONIO, ut icones glandularum renalium, multa ex GRAAFIO, WILLISIO, aliisque nuperis, cum figuris. Nihil de suo.

Antonii NOVARINI *Anatomia curiosa; Wahrhafte Vorstellung von des Menschen Ursprung und Gliedern &c.* Rotenburg 1682. fol.*

Et EJUSDEM *Chirurgia curiosa ander Theil, oder neues Feld- und Stadtbuch bewährter Wundarzney.* Hic nunc reperio recudi DRYANRI vetustas icones, stanno, ut puto, incisas.

Francisci STOKHAMER *Microcosmographia, s. partium humani corporis omnium brevis & accurata descriptio, novis inventis adornata* Viennæ 1682. 12.* Compendium breve & simplex, cum physiologia aliqua. Nuper recusum Ulm. 1755. fol.* cum titulo ARCH. PICCOLHOMINEI *anatome integra.*

§. DCXXXIII. *Dionysius van der* STERRE,

Medicus. EJ. *Voorstelling van de noodzaakelykheit der Kayserlyken Snee daarneven de verhandelinge van de teeling en baaring* Leiden 1682. 12.*, qui de partu & generatione tractatus alter est libellus. Propriam fetui vitam esse, neque adeo cum matre eum mori, & ea exstincta debere de sepulchro extrahi. Exempla fetuum in matris mortuæ utero viventium. Primam respirationem esse a sanguinis impulsione in pulmonem, hujusque adeo dilatatione. Septimestres non esse robustiores. Omitto chirurgica & obstetricia.

EJUS *Epistolæ duæ de generatione ex ovo & monstrorum productione* Amsterdam 1687. 12.* In I. epistola aliqua, neque male, contra LEEUWENHOEKIUM profert. Vermiculos in variis humani corporis humoribus visos. Diutius vim imprægnantis galli in ovario gallinæ superesse, quam possit a vita vermiculorum sperari. Ova ovis inclusa ab ea hypothesi non explicari. Marem vult solum

solum fermentum ad ovum conferre. Ante nuperos putat se animalcula in liquore genitali mulierum vidisse.

Ep. II. De nævis. Matris animam constringere fibras alicujus partis fetus, ita obesse nutritioni & incremento. Primis temporibus fetum magis signari, quando matris adpetitus vehementiores sunt.

§. DCXXXIV. *J. Georgius* GREULICH. *Alii.*

Moguntini. EJUS *χοληλογια*, *s. themata paradoxa de bile sana & agra* Francof. 1682. 8.* Bilis utilitates & vitia colligit.

Georgii ROGERS *oratio* HARVEJANA anni 1681. *in memoriam beneficiorum Collegio Medico Lond. præstitorum* Lond. 1682. 4.

Non undique omiseris J. MUYS *praxeos medico-chirurgicæ rationalis Decades* IV. Leid. 1682. 12. quinque 1685. 12. sex ib. 1690. 12. duodecim Amsterdam. 1695. 4.

DE FLEURIVAUX *Moyens de conserver les dents belles & bonnes* Paris 1682. 12. De dentitione.

In *Georgii* WHEELER *Journy into Greece* Londin. 1682. fol. habet suas de mutatis chamæleontis coloribus adnotationes.

Matthiæ NALDII, *rei medicæ prodromi de præcipuis physiologiæ problematibus* Rom. 1682. fol.

William PETTY, F. R. S. *Essay concerning the multiplication of mankind and the growth of the city of London* London 1686. 12.*, & prius 1682. Plusculi libelli. Magna incrementa urbis Regiæ ab anno 1665. & 1666., quo partus fuerunt infra 10000, mortes vix 7000. Cives facit 672000. Ut Angliæ incolæ ab anno 1565. ad annum 1842. duplicatum eant: videtur vero nimia incrementa gratis admittere.

Further observations upon the Dublin bills London 1686. 8.*

Five Essays in political arithmetiks concerning the people, housing, hospitals of London and Paris London 1687. 8.* 1755. 8. Multo plures mortales Parisiis in nosodochiis mori, & vitio quidem aliquo curæ publicæ.

Observations upon the cities of London and Rome Lond. 1687. 8.*

Four essays on political arithmetiks ib. eod. anno. Æstimatio numeri incolarum Londinensis urbis, quem fere ad 700000. eives auget. Ut ii numeri ex partuum & funerum numero eruantur.

Petri ANGO, Prof. Cadomensis, *l'optique divisée en trois livres* Paris 1682. 12. Pro retina contra chorioïdeam.

EJUSDEM, ut videtur, est *quæstio medica, an homo sit a vermibus* Caen. 1711. 4. Contra LEEUWENHOECKIUM fetum ex seminibus commistis componi.

Anton. Filipp. CIUCCI *Filo d'Ariadna, nel quale si aggiunge un breve trattato della circulazione del sangue* Macerata 1682. 12

Lego J. BROWNE *novam & genuinam animalium generationem, necnon accuratissimam humani corporis delineationem academicam* Leidæ 1682. 12. prodiisse GRON. Sed id est opusculum EVERARDI & STOCKHAMERI.

Vitus RIEDLIN, Medicus Ulmensis, clinicus, numerosas edidit observationes medicas, quas inter passim aliqua physiologiam tangunt. In *Centuria observationum medicarum*, quæ anno 1682. 12.* prodiit, amaræ vis medicamenti in lac transitus reperitur, & testes ex nævo deleti.

In EJUS *lineis medicis & curarum medicarum millenario* passim aliqua reperiuntur physiologici argumenti. Monstrosæ fabricæ rariores adnotationes, insoliti eventus, etiam physiologicæ cogitationes. Obiter omnia, neque sollicito studio facta.

Traité de la circulation des esprits animaux; par un Religieux de la congregation de St. Maur Paris 1682. 12.* Ex corde spiritus venire ad glandulam pinealem, inde in nervos erumpere, inque cor redire per ductum thoracicum, perque venas. A nervis calorem esse &c. Nomen auctori *Natalis Philibert* JAMET. In *Cat.* FALCONETI tribuitur *Johanni* BONNET fratri *Theophili.*

Louis CUSAC *traité de la transpiration des humeurs, qui sont les causes des maladies* Paris 1682. 12.* Ad vendendum nescio quem spiritum scriptus libellus, quo perspirationem promittebat se promoturum. Agyrta. Aliqua de perspiratione, ex SANCTORIO.

EJ. *Reflexions sur la theorie* D'HIPPOCRATE *& de* GALIEN Paris 1692. 12. ASTRUC.

Andreas NORCOPENSIS *de somnio & divinatione* Holm. 1682. 12. B. BOEHM.

A. BOSSE *natuurlyke en schilderkonstig ontwerp der menschkunde* Amsterdam 1682. 8. HOTTON. Quomodo differt a P. GOREE.

J. Bapt. CUCHOT: Medicus in Auxerre, *histoire d'un monstre né à Auxerre* Dijon 12. obiit anno 1682. PAPILLON.

In *Julii* MALVICINI *utilibus collectionibus medico-physicis* Venet. 1682. 4.* aliqua physiologica sunt. Puer cui os coccygis rectum anterius prominebat.

DANIELIS *Physica Hippocratea recentiorum commentis illustrata* Francofurt. 1682. 12. Animalia tangit & eorum œconomiam.

§. DCXXXV. *Varii.*

Frid. Jac. BRUNO, GALENI *axioma, mores animi sequuntur temperamentum corporis, explicatum* Altdorf. 1682. 4.* HE.

Frid. Wilhelm WINCLER *de singularum partium corporis humani nutritione* Heidelberg. 1682. 4.* B. BOEHMER.

Johannes

Johannis BAGLEY *observationes circa fetum humanum* Leid. 1682. 4.* Anatome feminæ gravidæ, fetus & secundarum. Uteri crassities eadem, quæ inanis uteri. Fetum digitos habere ad tempora positos, carpos ad maxillam inferiorem. Liquorem amnii salsum esse, odore urinoso. Maximam partem sanguinis continuo per foramen ovale in sinistram aurem transire. Urina de vesica facile in penem effluens, in urachum nequaquam.

T. KENNEDUS *de nutritione fetus* Leid. 1682. 4.

Nicolaus van der KAPPEN *de sanguificatione* Leid. 1682. 4.*

J. REINOLD *de spiritibus animalibus* Leid. 1682. 4.*

J. Andreas SCHMIDT *cæcus de colore judicans.* Jen. 1682. 4.

EJ. *Auris theodeictos* Jen. 1694. 4.*, & Germanice *Klarer Beweis der Existenz Gottes von dem Ohr hergenommen* ib. 1731. 8.

EJ. *de periosteo ossiculorum auditus* Leid. 1719. 4.* cum iconibus.

EJ. *de Germanorum in Anatome meritis* Helmstad. 1723. 4.*

EJ. *de menstruo fluxu ejusque suppressione* ib. 1722. 4.

EJ. *de lienis genuinis usibus* ib. 1723. 4.

J. Lud. NEUENHAHN *anatomen indicit* Meinungen 1682. 4.

Michael Friederich LOCHNER, Præs. J. M. HOFMANN, Altdorfii 1682. 4.* disputavit *de faciei promontorio naso odoratus organo.* Organum ipsum describit. Dari in naribus quasi valvulam. De sinubus mucosis narium &c.

EJ. *de ossium strepitu Eph. Nat. Cur. Dec.* II. *ann.* V. *obs.* 97.

Ann. VIII. *obs.* 26. Gallus cornutus.

In *rarioribus musæi* BESLERIANI passim anatomica tangit, ut in chamæleonte. 1716. fol.*

Christ. Gunth. SCHMALKALDEN *de felici atque infelici hominis arbore s. de hominis generatione* Gotha 1682. 4. HEIST.

J. Siegfr. KISSLING *de fame canina s. bulimo* Erford. 1682. 4. ut lego.

§. DCXXXVI. *Rud. Wilhelm* CRAUSE,

Jenensis Prof. numerosæ disputationes, *de lochiis naturaliter fluentibus & præternaturaliter suppressis* Jen. 1682. 4 PL.

De fermentatione in sanguine non exsistente ib. 1682. 4.*

De respiratione cordis ib. 1684. 4. BURKH.

De principatu cordis ib. 1694. 4. HE.

Aeger bulimia laborans ib. 1695. 4. PL.

De ærumnosa muliebris sexus conditione ib. 1702. 4.*

De dentium sensu ib. 1704. 4.*

Ej. *de tonsillis* Jenæ 1704. 4.*

De liene ib. 1705. 4. Burkh.

De restitutione in vitam suffocatorum laqueo vel aqua ib. 1705. 4.

De vanitate lusuum naturalium speciatim in animalibus & cumprimis hominibus programmata quatuor ib. 1705. 4. Hr.

Ej. in *Eph. Nat. Curios. Dec.* III. *ann.* V. *obs.* 268. Abortus sex mensium dentatus.

Obs. 269. Dens cartilagineus.

Obs. 270. Dentes connati.

Obs. 273. Semen virile a croco tinctum.

Joh. Poisson & *Petri* Gamare, *an bilis præcipua vis in amarore* Paris 1682.

Fr. Maillard & *Fr. de* Bellestre *Ergo heroum virtus in sobole* ib. 1682.

Dionysii Puylón & *J. Mich.* Garbe *Ergo innupta ævi brevioris* ib. 1682.

§. DCXXXVII. *Godofredus* Bidloo,

Chirurgus, Medicus, Archiater Guilielmi III. Professor Leidensis, non ineruditus homo, sed vitæ liberiori plura tempora daturus, quam studiis. Magnum opus molitus, celeriter perfecit, anatomen corporis humani 105. tabulis illustratam, quam *Guilielmus de* Lairesse tabulis exquisita cura delineatis & sculptis ornavit.

Artificium iconum summum est, in carnibus membranisque potissimum. Neque nullæ bonæ sunt, quoties pictoris oculus sufficiebat. Arachnoïdea medullæ spinalis membrana bene expressa est, pulchre fetus humani, non male penis, cum suis musculis exemtus, denique viscera abdominis in vario situ. Habet etiam musculum trachelo-mastoideum, inscriptiones sternohyoidei, vincula quæ flexoris utriusque digitorum tendines conjungunt. Bismutho fuso pulmones repletos exprimit, eam etiam artem describit.

Quæ vero pictori non sponte patebant, ea negligentior incisor non curabat sollicite exprimi. Musculorum origines, intervalla, fines, plerumque obscuri sunt, multa denique omnino fictitia, quæ per microscopium depicta dicuntur, tum arteria aorta, quæ ad venæ cavæ similitudinem in thorace expressa est. Ductus succiferi funiculi umbilicalis, merae videntur cellulæ.

Ipsius tamen Bidloi has tabulas esse, non, ut Cowperus non bene criminabatur, Swammerdamii, confirmavit nobis olim vir summus B. S. Albinus. Neque enim Swammerdamio unquam tanta fuit humanorum cadaverum copia, neque adeo negligenter in opere fuisset versatus.

Reliquorum Bidloi opusculorum non omnes editiones teneo. *De variis anatomico-medicis positionibus* Leid. 1682. 4.*

De antiquitatibus anatomes Leidæ oravit 1694. fol. Trew.

EJUSD. *Vindiciæ quarumdam delineationum anatomicarum, contra ineptas animadversiones Fr.* RUYSCHII Leidæ 1697. 4.* RUYSCHIUS melior erat incisor, doctior BIDLOUS. Cum vero ille quidem Amstelodami scholam studiosorum anatomes aperuisset, æmulatione motus curabat, aut certe adnuebat, ut juvenes de erroribus aliquibus BIDLOI epistolas ad magistrum darent, ad quas ille ita respondebat, ut BIDLOO non parceret; ita pleræque RUYSCHII epistolæ natæ sunt. BIDLOUS ut poterat se excusabat, potissimum quidem usus ratiocinationibus. Addit tamen aliqua etiam peculiaria, & quæ in magno opere non exstant, ut iconem lienis humani cum suis vasis, etiam lymphaticis. Respondet autem ad RUYSCHII priores novem epistolas.

EJUSD. *de animalculis hepatis ovilli epistola ad A. v.* LEEUWENHOECK prodiit Leid. 1697. 4.*, in qua oculi, vasa, os, intestina, ovaria horum animalculorum describuntur. Belgice, *Brief aan* LEEUWENHOECK *over de dieren die man in 't lever der Schaapen vind* Delft 1698. 4. GRONOV.

EJUSD. *Guilielmus* COWPER *citatus coram tribunal* Leid. 1700. 4.* Justam querelam contra COWPERUM movet, qui bibliopolarum lucro studens trecentas tabulas operis BIDLOIANI, a Belgis emtas, omisso BIDLOI opere, pro suo ediderat, sermonem BIDLOI varie mutaverat, explicationes tabularum etiam alias dederat. De glandulis & secretionibus aliqua addit, & de vasis lymphaticis glandulas conglobatas aut adeuntibus, aut penetrantibus.

EJ. *Positionum anatomico chirurgicarum* pars quarta apud me est, disputatio, Leidæ 1698. 4.*, proposita. Hæc theoretica est, & arteriæ divisionem, ramosque & denique pulposos fines exhibet. Tres priores exstant in opusculis, theses nempe physiologicæ, & sanguinis in tubulo vitreo conspecti globuli.

De venenis Leid. 1704. 4.

Deinde prodierunt Leidæ 1708. 4.* *Exercitationum anatomico-chirurgicarum Decades duæ*, repetitæ in *opusculorum* editione Leid. 1715. 4.* In prima Decade propria sunt de nervis experimenta, circa ann. 1695. facta. Nervos ligatos potius infra vinculum intumuisse, succum de nervis effluxisse nullum, sive secares, sive compungeres. Ligatis nervis in cane gangrænam supervenisse, quod etiam ipse sum expertus; neque adeo tubulosos esse nervos, neque spiritus animales posse demonstrari. Hæc in prima exercitatione. In altera anni 1704, cerebri in fetu sede moti & inter occiput primamque vertebram latentis exemplum.

In *Decade* etiam *prima* Diss. de hydatidibus hactenus huc facit, quas plusculas dat depictas, & ab obstructis vasis lymphaticis derivat. Et in *secunda* de nervo olfactorio & osse cribroso, nasis & enormi de naribus profluentis liquidi copia.

In collectione, quæ Leidæ ann. 1715. 4.* cum titulo prodiit *opera omnia Anatomico Chirurgica edita & inedita*: hæc priora præter magnam anatomen redeunt, & præterea *observationes physico-anatomicæ de oculis & visu variorum animalium*, ultimum opus auctoris & posthumum, cum anno 1713. obiisset, tamen ut totum ante ejus mortem de prelo prodierit. Talpæ minutissimum

oculum

oculum & cæciliæ icone expressit. Acutius nos videre pupilla contracta. Experimento comperit, felem olfacere murem & sagiendo insequi, potius quam visu. De varietate partium oculi in variis animalibus breviter, sed ut videtur, ad rem ipsam. Aliquot insectorum oculos reticulatos delineat, & de eorum visu quærit.

Præside BIDLOO *de thymo* a MULLERO, *de viis lacteis* a Cl. EVERTSE, de glandula thyroidea ab eodem disputatum est. Cum vero eæ disputationes in operum collectione non redeant, neque ego BIDLOO sustinui tribuere.

§. DCXXXVIII. *Acta Eruditorum.*

Hoc anno novum Diarium Lipsiæ cepit prodire, curantibus primum MENKENIIS patre & filio, deinde aliis doctis viris. In eo præter librorum pleniores censuras, etiam passim adnotationes aliquæ anatomicæ prodierunt, potissimum dum J. BOHN in eo diario laboravit. Primo anno *Joh.* SCHREYER, physicus Cizensis monstrum satis negligenter descripsit, quod putet partim vituli naturam habere, partim hominis.

EJ. SCHREYERI *Erörterung der Frage, ob es ein gewiß Zeichen, wann eines todten Kindes Lunge im Wasser untersinket, daß solches im Mutterleibe gestorben seye* Zeitz 1690. 4. Hall. 1745. 4.* Quærebat Cl. THOMASIUS, num satis certo ex subsidente pulmone constet, fetum nunquam vita esse fruitum. Adfirmat auctor, & natare pulmonem, si fetus respiraverit, & subsidere, si mortuus sit editus. Responsa Lipsiensium & Francofurtensium consentiunt, Wittenbergenses ne ex putredine quidem pulmonem putant natatilem fieri.

§. DCXXXIX. *Diaria Gallica.*

Zodiaci Gallici hoc anno ultimum volumen prodiit. Ejus primos quatuor menses videtur edidisse ABBAS *de la* ROQUE, si recte Diarium eruditorum interpretor (2), cum titulo *Journaux de Medecine*. Reliqua *Theoph.* BONNETUS addidit. Inter ea dialogi sunt de valetudine, physiologici argumenti, cum satyra in ejus ævi medicos. CUCHOTI etiam monstrum huc redit, & aliud bicorporeum quadrupes, quadrimanum, cum anatome, duobusque intestinis confluentibus, binisque cordibus.

In *Journal des Savans* 8. Febr. aliqua in BORELLI de motu animalium opere carpuntur.

D. DUNCAN de mensibus præcocibus in puella septenni refert.

P. MERINDOL levem commentarium edit de hædula octipede.

Demum Canonicus BRUCHET fictitiam iconem dat infantis veste monachali induti.

In

(2) Annum indicat 1683., sed error subest, nam ad annum 1682. a BONNETO in ZODIACO reperiuntur.

In *Memoires de l'Acad. des Sciences avant* 1699. anno 1682. de hydrocephalo agitur cum ossibus cranii cartilagineis.

§. DCXL. *Diaria Anglica.*

Hoc anno revixerunt Transactiones Philosophicæ.

In n. 147. vera superfetatio in catella, sive conceptus, cum prior fetus in cornu uteri resedisset.

Porcellus ano clausa, vesica nulla, neque utero.

N. 151. *Wilhelmus* MUSGRAVE, idem, qui cæruleo colore chylum tinxit p. 586. cæcum intestinum variis animalibus excidit, sine malo.

EJ. (*a*) Aqua absque noxa in canis venas injecta.

EJUSD. in *Phil. Transf.* n. 162. Experimenta facta, ut ostendat nullum in ventriculo acorem esse. Glandulæ ventriculi lucii.

N. 166. Lympham sæpe in lactis vasis reperiri.

IDEM experimentum ligatis venis jugularibus repetiit, neque reperit ullum inde symptoma sequi (*b*). Aquam in canis venas injectam resorberi (*c*).

N. 242. Experimentum per quod ostendit, animal aëre privatum perire, quia sanguis per pulmones non potest circumire, & in dextris cordis vasis coacervatur.

Ejus experimentum, quo ostendit aquam in pectus vivi canis impulsam resorberi.

N. 275. Vindicat sibi experimentum venarum lactearum cæruleo liquore repletarum.

PATTENSON de visis in cadavere. Vena spermatica dextra ex renali (*d*).

§. DCXLI. *Acta Nat. Curios.* 1683.

Adam a LEBENWALD sanguis acerrimus, *Dec.* II. *ann.* II. *obs.* 106.

IDEM *ann.* VIII. *obs.* 122. Duplex vesica.

Ann. IX. *obs.* 118. Amnion cum fetu connatum.

Jacob SCHMIDT urina pinguis, crystallina, sudor unius lateris. *Dec.* II. *ann.* II. *obs.* 124. 125. 126.

Petri JALON vesica reticulata, *obs.* 129.

Georg. Christoph. GOELLER fetus difformis, capite maximo, nullum hepar, neque lien, neque pulmones, neque cor, *obs.* 143.

§. DCXLII. *Rosinus* LENTILIUS,

Clinicus in Curlandia, deinde Stutgardiæ. EJ. Globuli pingues per alvum excreti, *obs.* 152. EJUSD.

(a) apud BIRCH. IV. p. 213. (b) p. 309. (c) p. 321.
(d) p. 429. 430. (e) p. 273.

Ejusd. *Prima linea oologia. Eph. Nat. Cur. Dec.* II. *ann.* VI. *app.* Opus ipsum nunquam prodiit.

Ann. VII. *obs.* 237, Fetus ossa per umbilicum.

Ann. VIII. *obs.* 230. Hircus androgynus.

Obs. 231. Gallinæ ingluvies hiatu patens.

Ann. X. *app.* Variæ parallelæ historiæ ad observationes in *Acad. Nat. Cur.* recensas. Sic ad *Dec.* III. *ann.* III. *app.* ad V. VI. *app.* tum ad VII. VIII. *app.*

In *Cent.* IV. *obs.* 171. De ranis in piscium naturam redeuntibus.

Obs. 172. De bufone dorsiparo.

Cent. VII. *obs.* 62. Foramen ovale apertum in adulto.

In ejus variis operibus passim aliqua sparsa sunt argumenti anatomici aut physiologici, ut in *miscellaneis medico-practicis chymicis* Ulm. 1698. 4.* *Eteodromo medico-practico* anni 1709. Stuttgard. 1711. 4.* & *Jatromnematibus theoretico-practicis* Stuttgard. 1712. 8.*, ut trichiasis admiranda; de uterino vagitu; de fetus alimento: lien cani exsectus; mensium varietates; pilorum anatome; pullus intra ovum pipiens. Incisiones cadaverum. Ossicula in duræ matris falce. Pili de puella bimula undique efflorescentes; & calx de facie podagrica, Vagitus uterinus. Pulsus per notas musicas expressus (in *Eteodr.*)

§. DCXLIII. *Michael Bernard* Valentin.

Professor Giessensis. In *oppendice* ad *E. N. C. Dec.* II. *ann.* II. addidit matricis novam anatomen, ut vocat, collectitiam, ut ea sunt quæ scripsit omnia. Prodiit etiam Giessæ 1683. 8. Nicolai.

Ej. *de monstrorum Hassiacorum ortu atque causis* Marburg. 1684. 4.* & in *append.* ad. *Eph. Nat. Cur.* ejusdem anni.

Ejusd. *Medicina novantiqua* Francof. 1698. 4.*: cursus, ut ajunt, medicus, in quo etiam physiologia continetur.

Ej. *de natura naturæ* Gieff. 1689. 4. Lehm.

Ej. *de lapide porcino* ib. 1699. 4.*

Ej. *Diss. variæ* Francof. 1700. 4.* Anatome etiam uteri & glandulæ vaginæ hic continentur.

Musæum Musæorum T. III. Francof. 1708. 1714. fol.* In prima parte habet eas partes animalium, quæ ad medicinam faciunt; in altera animalia passim cum aliqua anatome, cum rarioribus nonnullis & monstrosis: in tertio etiam monstrifica & rariora aliqua, ut hominem solertem, cui nulli artus.

In *armamentario naturæ & artis*, *s. compendio physico* Giessæ 1709. 4.* excuso, etiam physiologia continetur.

Ej. *Amphitheatrum zootomicum*, *s. historia animalium anatomica* Francof. 1720? fol. 1742. fol.* Pars prior anatomen animalium continet, ex *Alexandro*

dro PITTFIELD *natural history of animals*, SEVERINO, MALPIGHIO, *Natura Curiosis*, & *Actis Hafniensibus* descriptum, paucissimis ab editore additis.

P. II. continet cultrum anatomicum, s. administrationem partium corporis humani, cum injectionis ceraceæ materia & artificiis; *Sim.* PAULI de ossibus dealbandis lib. & RAVII compendium anatomicum, quod cum ejus viri scriptis indicabimus. Programma etiam Berolinense, quo primi novi theatri labores indicuntur, hic recusum est.

EJUS *Corpus Juris medico-legalis. Pandectæ, novellæ, authenticæ, adpendices* Francof. ad Mœn. 1722. fol.* Collectio responsorum variarum facultatum, Giessensis etiam potissimum, tum ex TIMÆO, AMMANNO, ZITMANNO repetitorum, in qua, plurima ad physiologiam, partum, virilitatem, impraegnationem. Adjectæ orationes auctoris.

EJ. *de vacillatione casu & palingenesia dentium* Giess. 1727. 4.*

In *Eph. Nat. Cur. Dec.* II. *ann.* V. *obs.* 81. Menses per ulcus tibiæ.

Ann. X. *obs.* 122. de vagitu uterino.

Dec. III. *ann.* III. *obs.* 77. Puer binis mentulis.

Ann. V. VI. Glandula moschata orbitæ porcinæ, quam habet pro lacrumali HARDERI.

Centur. III. IV. Invaginatio duplex intestini.

Vol. I. *obs.* 130. Felis a morte reviviscens.

Obs. 131. Ardeæ stellaris anatome.

Vol. II. *obs.* 121. Lac in catella non impraegnata.

Obs. 171. Androgynus, atreta.

Septem continuationes historiæ Academiæ Naturæ Curiosorum paulatim edidit. Collectas omnes & auctas reddidit, cum titulo, *Historia litteraria Academiæ Naturæ Curiosorum* Giess. 1708. 4.* Censuras & compendia continet librorum, quos sodales ad Academiæ nutum edidissent.

§. DCXLIV. *Georgius Ernest.* STAHL,

Vratislaviensis, non quidem incisor, ut etiam & ipse & tota ejus secta ab anatome subtiliori medicos revocaverint, chemiæ præterea addictus, vir acris & paulum immitis ingenii, aliarum, præter suam, hypothesium osor, dictione, & opinionibus ipsis obscuris usus. ARCHÆI theoriam a *Claudio* PERRAULT ad animam humanam translatam ornavit, extendit, sapientia ejus consilia laudavit, & talem probabiliter proposuit, ut magna pars Germaniæ eam hypothesin receperit; nuper etiam eadem, paulum quidem mutata, in Anglia & Gallia incrementa ceperit.

In universum docuit, hæc pariter ut RIVINUS, motum nullum a corpore esse, ab anima omnem, eam motus pariter vitales dirigere ad prævisos scopos.

 Corpus

Corpus proprium ſtruere; ſanguinem ope textus fibroſi adſtricti ad certas ſedes compellere & evacuare: motus febriles ad expulſionem noxiæ materiæ & ſuperandam ſanguinis craſſitiem moliri: & in univerſum proprios cauſis morborum motus opponere, etſi propriæ actionis, ob conſuetudinem non conſcia ſit: ſubinde tamen errare, aut deſperabundam inutiles convulſiones excitare. Hæc omnia ſolebat non ab experimento, ſed per varias in ægrotis adnotationes concludere: mechanicos vero medicos, & omnes eos contemnere, qui a corporis fabrica proprios motus exſpectarent.

Pauca ſcripſit, ſed novæ Academiæ Halenſis per viginti annos & ultra Profeſſor, plurimas diſſertationes & programmata edidit, quibus mentem ſuam declaravit.

Primum ſcriptum fuit, *Ætiologiæ, phyſiologiæ, chemiæ* Jenæ 1683. 12. NICOLAI, recuſæ in *opuſculo*. Voluntatis efficaciam, & ſyſtema ſuum jam indicat.

Inde Diſſ. inauguralis, ſive STAHLII fuerit, ſ. CRAUSII *de inteſtinis* Jenæ 1684. 4.*

De ſanguificatione in corpore ſemel formato Jen. 1684. 4.* Hall. 1711. 4.*

EJ. *Epiſtola de motu tonico vitali, & inde pendente ſanguinis particulari* Jen. 1692. 4.* Hall. 1702. 4.* Hic primum ſuam hypotheſin expoſuit. Germanice Lipſiæ 1728. 8.

Vindiciæ theoriæ veræ medicæ, ſuperfluis alienis falſis ex incongrua Anatomia, Chymiæ, Phyſicæ applicatione progniatis &c. Hall. 1694. 4.*

Programma quo lectionum ſeriem indicat ib. 1694. 4.*

De commotione ſanguinis translatoria & eluctatoria ib. 1694. 4.* 1704. 4.*

De menſium muliebrium fluxu & ſuppreſſione ib. 1694. 4.* 1705. 4. Germanice *Abhandlung von den monatlichen Reinigungen &c.*

EJ. *de ſynergia naturæ in medendo* ib. 1695. 4.*

De paſſionibus animi corpus humanum varie alterantibus ib. 1695. 4.* 1719. 4.*

Huc etiam facit *febrium pathologia & therapia* ib. 1695. 4. 1707. 4.* 1722. 4.

Poſitiones de mechaniſmo motus progreſſivi ſanguinis, quibus motus tonici partium poroſarum neceſſitas, utilitas ad motum ſanguinis & ſeri dirigendum demonſtratur ib. 1695. 4.* 1710. 4. Iterum ſuam hypotheſin tradit; motuque excitato, animam corruptionem proprii corporis impedire. Multum adfinitatis hic ſubeſt cum ſyſtemate irritabilitatis, niſi quod STAHLIUS conſilium mentis addat.

De autocratia naturæ, ſ. ſpontanea morborum excuſſione & convaleſcentia ib. 1695. 4.* etiam Germanice. Non aliter explicari poſſe, ut fibræ coaleſcant.

De natura ut ſubjecto phyſiologiæ, & ſuperfluis anatomicis ib. 1696. 4.

Temperamenti phyſiologico phyſiognomico pathologico-mechanica enucleatio ib. 1697. 4.* 1707. 4. Germanice, *Neue Lehre von den Temperamenten*, vertente *Gottfried Henrich* ULAU Leipzig 1716. 8. & 1723. 8.

De

De motibus humorum spasmodicis a motu pulsus ordinarii diversis 1697. 4.* 1707. 4.* Humores a spastica strictura colligi, quæ transfluxum sanguinis moretur.

De vena portæ porta malorum, 1698. 4.* 1705.* 1713. 4. Hic, ut ostendat vir Cl. se anatomen non negligere, vasa ab uterinis ad rectum intestinum communicantia adducit, per quæ ipsa actionem hæmorrhoidum mensiumque fluxuum explicat. In lentiori autem sanguinis per venam portarum motu caussam plurimorum morborum chronicorum ponit.

De motu sanguinis hæmorrhoidali & hæmorrhoidibus externis ib. 1698. 4.* 1705. 4.

De hæmorrhoidum internarum motu & ileo hæmatite HIPPOCRATIS ib. 1698. 4. 1722. 4. Pro magno naturæ beneficio hunc motum habuit vir Cl.

De requisitis bonæ nutricis ib. 1698. 4.* Germanice *von den Stücken, die zu einer guten Amme gehören* ib. 1724.

De commotionibus sanguinis activis & passivis ib. 1698. 4.*

Inflammationis vera pathologia ib. 1698. 4.*

De lumbricis terrestribus ib. 1698. 4.* Negat in pediculo circuitum sanguinis posse demonstrari.

De cornu cervi deciduo ib. 1699. 4.*, & de caussis hujus delapsus. Utile opusculum.

ARISTOTELIS *error circa definitionem naturæ conatus* ib. 1700. 4. & in *opusculo*: tum inter obss. curiosas 1709. 8. excusas *.

De vita ib. 1701. 4.*

Febris in genere historia ib. 1701. 4.

Cogitationes de medicina medicinæ necessaria & de natura ib. 1702. 4.*

Excusatio respondens examini pulsus celeris & frequentis, eorumque constans distinctio ib. 1702. 4.* 1709. 4. Recte distinguit. Apologiam pro se ipso scribit, & anatomen, potissimum comparatam, se exercuisse confirmat.

Mortis theoria medica ib. 1702. 4.* Fatetur cum mentis quiete mortem corporis nondum conjungi, nam & fæces adhuc expelli, & evulso cordi amphibia supervivere.

Fluxus muliebris quatenus menstrui caussa ib. 1762. 4.* etiam Germanice.

De mensium insolitis viis ib. 1702. 4.*

De spasmis ib. 1702. 4.* Pro potestate animæ in motus vitales.

Φυσις απαιδευτη. ib. 1703. 4.*

Fundamenta theoriæ medicæ ib. 1704. 4.* Non necesse esse texturam scire partium.

De abortu & fetu mortuo ib. 1704. 4.* 1708. 4.

De novitatibus medicis in genere ib. 1704. *,

Physiologia medici ad pathologiam, therapiam & praxin clinicam directe conferenda Hall. 1705. 4.*

De organismi & mechanismi diversitate ib. 1706. 4.

De differentia rationis & ratiocinationis ib. 1706. 4.* Cogitationis cum apperceptione & conscientia, & sine ea. Distinguit nempe, ut se a mechanicis tueatur, internam animæ voluntatem, quæ est fere absque conscientia, ab externa, cujus conscia sibi est anima.

Sanguinis temperies optima conservanda & restauranda ib. 1706. 4.*

Hereditaria dispositio ad varios affectus ib. 1706. 4.* Pro potestate animæ, quæ corpus proprium fabricatur.

De diversitate corporis mixti & vivi ib. 1707. 4.

Febrium pathologia & therapia ib. 1707. 4.*

Anno 1707. *collectæ disputationes* prodierunt 4.*

De animi morbis ib. 1708. 4.

De motus sanguinis vitiis a crasi & viis non pendentibus prudenter tractandis ib. 1709. 4.

Præparatio artificialis pro circulatione humorum vitali secretoria & excretoria ib. 1710. 4.

Sciagraphia physiologiæ vere medicæ ib. 1711. 4.*

Proportio humorum ad motus ib. 1711. 4.

De viribus ib. 1711. 4. & termino mortis.

De uromantiæ & uroscopiæ abusu tollendo ib. 1711. 4.*

Alia disputationum collectio ab ann. 1701. ad 1707. hoc anno prodiit.

De mutatione temperamenti ib. 1712. 4. 1720. 4.

De secessionibus humorum ib. 1712. 4.

Observationes luculenta medicæ ib. 1713. 4.

Medicina medicinæ curiosæ ib. 1714. 4.

Hæ disputationes erant. Princeps autem viri opus est, *Theoria medica vera, Physiologiam & Pathologiam sistens* Hall. 1708. 4.* 1737. 4. Pars prior Physiologiam continet, cujus brevem repetitionem ad finem libri subjungit. Corpus humanum putredini esse obnoxium. Eam ab anima motus ope averti, qui sit ab ea; & ab ea sola. Eam corpus suum gubernare ad prævisos fines. Ab ea secretiones esse, excretiones, mutationem, motus tonici augmentum, relaxationem. Inesse partibus corporis humani aptitudinem ad constrictionem ab irritatione.

In *opusculo Chymico physico, medico* Hall. 1715. 4.*, 1740. 4.* aliqua huc faciunt, quæ citavimus, tum epistolæ gratulatoriæ.

Ej. *Negotium otiosum, s. σκιαμαχια adversus positiones aliquas fundamentales* Hall. 1720. 4.*: adversus LEIBNIZIUM, & primas atque secundas ejus viri animadversiones, pugnat pro motus animalis omnis ab anima origine, contra harmoniam LEIBNIZII præstabilitam. Hic vir Cl. quam alibi mihi obscurior videtur.

In *fundamentis chymiæ dogmatico-rationalis* Norimberg. 1723. 4.* & multo auctius 1747. 4.* 1749. 4.* editis possis huc adhibere, quæ in T. III. de fermentatione & putrefactione exstant.

Sic *Zymotechnia fundamentalis, s. fermentationis theoria generalis* Hall. 1697. 8. & in *opusculo* 1715. 4.*

In *specimine* BECCHERIANO, Lipsiæ 1720. 8. de terra triplici, atque adeo etiam de terra animalium agit.

Synopsis medicinæ STAHLIANÆ *ab ipso auctore proposita in quadam epistola familiari* Hall. 1726. 8. BURCKH.

Multa Germanica prodierunt, ut *Abhandlung von den Zufällen des Frauenzimmers. Bericht vom motu tonico vitali &c.* Leipzig 1724. 8. 1735. 8. male 1835.

Abhandlung von der guldnen Ader Leipzig 1729. 8.*. Sex sunt Diss. Naturæ esse opus, motumque etiam per horas suas definitum; sanguinem hæmorrhoidum motu tonico regi, & ab alterna constrictione musculorum ani; molimen esse naturæ; fieri a motu tonico, quo vasa per fibras comprimuntur; & peculiariter ab alterna laxatione & constrictione musculorum ano vicinorum. De hæmorrhagiis cuique ætati congruis, per nares, sputum, anum. In Diss. de hæmorrhoidibus fuse de anima suum corpus emendante, ut ex variis exemplis pathologicis adpareat.

Proprius de scriptis G. E. STAHLII aliorumque ad ejus mentem differentium liber prodiit, *J. Ludovici* APINI Nürnberg 1729. 4.*, quo & usus sum.

§. DCXLV. *Varii.*

Francisci ZYPÆI, Professoris Lovaniensis, & secreti BILSIANI depositarii regii, *fundamenta medicinæ reformata* Bruxell. 1683. 8. 1692. 8.*. SYLVIANA & CARTESIANA principia plerumque sequitur, & vix quidquam proprii habet.

Antonii FELICIS, Abb. MARSIGLI, *relaz. del ritrovamento dell uova di Chiocciole* Bologn. 1683. 12. sive *de ovis cochlearum epistola ad M.* MALPIGHIUM Aug. Vind. 1684. 8.*. Contra BONANNUM ejusque pro generatione æquivoca argumenta. Ova cochlearum describit, & sensim de iis prodeuns cum vera testa animal. Adjectæ sunt aliquæ HARDERI & SCHROECKII epistolæ.

Gerard AUDRAN *les proportions du corps humain mesurées sur les plus belles figures de l'antiquité* Paris 1683. fol. B. B. Germanice; *des menschlichen Leibes Pro-*

Proportionen von den Antiken abgemessen, apud *J. Jac.* SANDRAART. fol. TREW. Mensuræ sunt variarum partium corporis humani in statuis celeberrimis Laocoontis, & ejus filiorum, (qui mihi minime nani videntur) Herculis Farnesii, Apollinis ex Belvoder, Veneris Medicææ (Cnidiæ) Antinoi, Gladiatoris, nonnullis aliis sumtæ. Denique seorsim figuræ & mensuræ oculi, auris, nasi aliarum partium faciei, pariter ex antiquis statuis.

Andrea FERRER *de* VALDECCHI l. 19. *de las aves monstrosas* Madrit. 1683. 4.

Menonis MATTHIÆ *experimentorum medico-chymicorum Decades tres* Francofurti 1682. 12.* Est inter eas fetus humanus facie galli gallinacei calecutici, tum menses in puella bimula. In juvenca die 12. rudimenta embryonis in dextro uteri cornu se vidisse.

Problema della parola hiomina, dove si riceve, se l'uso della parola possa essere un ritrovato dell' huomo, o pure se si debbe ricorrere ad un principio infuso di Dio nell' anime humane Venez. 1683. 12. B. THOMAS. FALCON.

BERTRAND *reflexions curieuses sur l'acide & sur l'alkali* Lyon 1683. 12. BUR.

BRONCHET *lettre à Mr.* BRYON *sur un monstre* Paris 1683. 4.

§. DCXLVI. *Eberhardus* GOEKEL,

Medicus Ulmensis, E. N. C. *Dec.* II. *ann.* VI. *obs.* 126. Hernia umbilicalis congenita.

Obs. 128. Ova sole signata.

Ann. VIII. *obs.* 127. Palatum fissum, labium leporinum duplex.

Consiliorum & observationum Decuria VI. Aug. Vind. 1683. 8. Monstrum habet tumore capite adnato deformatum.

EJ. *Der Eyer legende Hahn samt seinem Basilisken-Ey* Ulm 1697. 8.* ovum caudatum, teste tectum, in vero gallo natum, nullo fetu gravidum.

EJ. *Consiliorum observationum & curationum medico-practicorum Centuriæ duæ cum dimidia* Ulm. 1700. 4.* Pleraque practica. Aliquæ hominum vulneratorum incisiones. Fetus idolum referens. Gemelli monstrosi. Fetus deformis duplici labio leporino. Alii fetus deformes. Multa superstitiosa; ovum sole signatum. Facies humana in piro expressa. Dæmonum historiolæ.

§. DCXLVII. *Disputationes*.

Christophori HELWIG *de sanguine* Greifswald. 1683. 4.*

J. Georg. SARTORII *admiranda narium hæmorrhagia* Altdorf. 1683. 4.

J. Gottlieb HARDT *de sensatione; an in solo fiat cerebro* Lips. 1683. 4. HAENEL.

Andrea Wolfang AM ANDERN ENDE *oratio de mirabili quodam homunculo non ita pridem in Holsatia viso aliisque rebus admirandis* Francofurti ad Viadr. 1683. fol. BUROKH.

Theoduli

Theoduli KEMPER & *J. Ern.* RICHELMANN *de valvularum in corporibus hominis & brutorum natura, fabrica & usu mechanico* Jenæ 1683. 4. & in *Diss. meis selectis* T. II. Valvulas primarum viarum, inde vasorum sanguineorum & lymphaticorum. Duas in ductus thoracici insertione valvulas vidit. Valvulæ cordis in avibus. Nullas in avibus valvulas esse.

Guilielmi MOLIER *de nutritione fetus & ejus meconico* Leid. 1683. 4.

Jac. VALLAN & *Nicolaus de* RYP *de generatione hominis* Utrecht 1683. 4.*

Bernard ALBINUS, Professor Francofurtensis ad Viadrum, inde Leidensis, Diss. *de adfectibus animi* Francof. ad Viadr. 1681. 4.* est ORTLOBII. Ej. *de sterilitate* ib. 1683. 4.

Ej. *de poris corporis humani* ib. 1685. 4.* Contra fabricam glandulosam pro vasculosa RUYSCHII. Hic habet ductus molares s. pulatinos: NUCKIANUM sibi vindicat.

Ej. *de phosphoro liquido & solido* ib. 1688. 4*

Ej. & *J. Ernesti* SCHAPER *de massæ sanguineæ corpusculis* ib. 1688. 4.* & in meis *Diss. sel. Vol.* II. sanguinis phænomena sibi commissi, & cum variis liquoribus commisti, & aliorum humani corporis humorum analyses continet.

Ej. *de salivatione mercuriali* ib. 1684.* Ductus sublinguales describit, ut BARTHOLINUS.

Ej. *de fame canina* ib. 1691. 4.

Ej. *Oratio de incrementis & statu artis medicæ Seculi XVII.* Leid. 1711. 4.*; etiam anatomes profectus laudat.

Ej. *Oratio in obitum J. Jacobi* RAVII Leid. 1719. 4.* celebris anatomici.

Ej. in *Act. Nat. Cur. Dec.* II. *ann.* IV. *obs.* 94. ovum de ovario humano ex vasis pendulum.

Bapt. de REVELLOIS & *Bert. Sim.* DEUXIVOYE *E. quæ primo partu marem generant fecundiores* Paris. 1683.

Pont. MAURIN & *Nicolai* BAILLY *Ergo a salibus fermentationis motus* Parisiis 1683.

Mich. de HODENCQ & *Mich.* PICHONNAT, *E. vita munia a spiritibus* Parisiis 1683.

Guyer EMMEREZ & *Claudii* QUIQUEBOEUF *Non ergo sanguis in corde generatur* Paris. 1683.

Edm. CHARRIER *Estne oculus microcosmi miraculum* Paris. 1683. 4. Non est in catalogo authentico.

§. DCXLVIII. *Diaria Anglica.*

In *Philosophicarum Transactionum* T. XIV. n. 160. exemplum pueri monstrosi & caudati.

Caroli

Caroli LEIGH liquor digestivus ex vitulina carne faciens chylum.

EJ. apud BIRCH. IV. p. 295., aliqua de respiratione.

EJ. *Natural history of Lancashire Cheshire, and the peak in Derbyshire* Oxford 1700. fol.*. Repetit quæ de digestione habet in *Philos. Transact.* De generatione anserum Scoticorum, de canis carchariæ duplici sexu, de ranarum somno, de sepiæ atramento, de viperæ veneno.

Thomas MOLYNEUX de circuitu sanguinis in pulmone lacertæ aquaticæ viso (*e*).

IDEM de LEEUWENHOECKII ruditate, microscopiis &c. (*f*).

IDEM n. 168. de enormi & giganteo osse frontis Leidensi, & n. 177. de circuitu sanguinis in lacerta aquatica viso.

De viro, cui sanguis ex apice digiti prodierat (*g*).

N. 225. Scolopendræ marinæ descriptio & anatome.

N. 227. de cornubus vasti animalis, alcis, ut videtur. N. 261. Pro gigantibus. De osse frontis maximo Leidensi denuo. Molem ejus negat a morbo auctam esse.

§. DCXLIX. *Diaria Germanica.*

In *Act. Acad. Nat. Cur. Dec.* II. *anni* III. anni 1684.

Franciscus LEBENWALD de femina, in qua nullus ventriculus repertus sit.

Joh. BLUMIG ovum in succinum conversum, *obs.* 58.

Benedict HERMANN, Monorchis utriusque sexus prolem generans.

Zacharias FURST anus nullus, *obs.* 148.

Ernestus Fridemann SCHELHAS de puella capite semiduplici, *obs.* 156.

Obs. 157. Placenta vesicularis.

Obs. 158. Puellus cerebro destitutus.

EJ. Obs. anatomicæ. *Dec.* III. *ann.* III. *obs.* 166. Observationes ut vocant, anatomicæ, potissimum *Antonii* MARCHETTI, cujus discipulus fuit. Cor 14. librarum.

Dec. II. *ann.* III. *J. Jac.* WAGNER levia aliqua de culicum generatione, *obs.* 188.

Dec. III. *ann. obs.* 164. Puer duplici uvula.

Daniel CRUGER, Lien absque malo excisus in viro, *obs.* 295.

Ann. VI. *obs.* 22. Hepar anati subreptum, expressum in ovo.

Ann. IX. *obs.* 139. Lac ex puella modo nata.

Dec. III. *ann.* VII. VIII. *obs.* 111. Sanguinis fluentum quinto a morte die.

In *Act. Eruditor.* ann. 1684. *Ern. Gottfr.* HEYSE (ut puto) Castoris & maris & feminæ anatomen descripsit.

§. DCL.

(e) BIRCH. IV. p. 304. (f) p. 366, 386. (g) p. 375.

§. DCL. *Diaria Gallica.*

In *Journ. des Sav.* 1684. 24. Januar. describuntur puellæ pelvibus conjunctæ.

Die 20. Martii. SAROTTI experimenta Venetiis instituta, ad replenda vasa ope aëris in vacuum spatium irruentis.

Die 1. Maji. Novem fetus uno partu editi.

Die 29. Maji. Puerpera novennis.

Die 3. Jun. Lac ex femoris abscessu.

In Diario, cui titulus *Mercure Galant*, subinde aliqua medici argumenti intercurrunt, ut COMIERS *traité des phosphores.* Mense Junio & Julio 1683.

§. DCLI. *Antonius de* HEYDE,

Medioburgensis. EJUS *ontleedinge des mossels met ontledkondige waarnemingen* prodiit Amsterdam 1684. 8. B. WACHENDORF, & eodem anno latine ibid. recusa est. Anatome mytuli, cui subjecta est *Centuria observationum medicarum.* Satis accuratam dat viscerum & musculorum mytuli historiam, tum vasa, fibrarum fabricam, linguam, fila, stylum crystallinum, quem non habet pro spinali medulla. Ventriculum, intestina, hepar.

In *observationibus* adnotavit, duram meningem læsam absque magnis symptomatibus sanari. Glans penis inferius perforata, Ovum humanum. Canum veneno occisorum incisiones. Ranarum ossa fracta, quæ effuso sanguine conservere vidit, & calli generatio observata. Circuitus sanguinis in ranis per continua vasa. Sanguinis spontaneus secessus, phænomena cum admistis salibus, elementa in quæ igne subjecto discedit. Ita salivæ analysis & urinæ. Experimenta facta flatu & variis liquoribus in vivorum canum venas impulsis. Gallus male natis genitalibus. Ranæ feminæ partes genitales.

Utrumque opusculum recusum est ib. anno 1686. 8.*, præmissa vero *Experimenta circa sanguinis missionem, fibras motrices, urticam marinam &c.* In vivis ranis venas incidit. Acceleratum inde sanguinis motum adnotavit, & alia phænomena, satis eorum similia, quæ ipse in similibus experimentis vidi. In BELLINI theoriam animadvertit, negat sanguinem arteriosum per sectam venam accelerari.

Inde de fibræ carneæ ex fibrillis compositione & transversis rugis. Tunc urticæ marinæ quadricinnatæ anatome. De vermis ex hepate ovillo anatome, & de tænia aliqua. Redit in Amphitheatro zootomico VALENTINI.

§. DCLII. *Clemens Joseph* BRECHT. *Alii.*

BRECHTII διδυμογραφια *s. diatribe de vita gemellarum a thorace umbilicotenus coalitarum* Argentorati 1684. 8.* Puellæ earum similes, quas descripsimus, non vitales. Earum anatome, cor mirificum, triventre, sceletus. Tota adjecta physiologia.

J. Daniel STRAUSS, *Laurentii* fil. EJ. *Administrationum anatomicarum decas, anno* 1684. *Francofurti ad Mœnum exhibita.* Erinaceum carere pericardio. Pila pilorum in utero feminæ.

Theodori JANSSON ab ALMELOVEEN *inventa novantiqua* Amsterd. 1684. 8.* Scopus viro fuit ostendere, non ignota fuisse veteribus, quæ nuperi præcipua invenerint, ut circuitum sanguinis, ovaria, ductus salivales, canalem pancreaticum, fermentationem bilis cum succo pancreatico, quæ non alia.

Matthias Gottfried PURMAN, Chirurgus Castrensis apud Brandenburgicos, tum Vratislaviensis, vir satis excitati ingenii. EJUS exstat *Chirurgischer Lorbeercranz, oder Wundarzney* Halberstatt 1684. 4. Frankf. 1691. 4. Frankf. und Leipzig 1703. 4.* Cum singula corporis parte conjungit anatomen. In *appendice partis* 2. agit de chirurgia infusoria & transfusoria. Illam in se ipso, cum scabie laboraret, passus est administrari, ut spiritus theriacalis & aqua cochleariæ injicerentur, periculoso certe experimento, etsi bene cecidit. Eadem felicitate altero vere in quotidiana febre aquam cardui benedicti sibi curavit in venam injici.

In *chirurgia curiosa* 1699. 4. & Frankf. & Leipz. 1716. 4.* recusa, iterum caput est de chirurgia infusoria.

Roberti SIBBALD *Scotia illustrata, s. prodromus historiæ naturalis Scotiæ* Edimburg 1684. fol.* excusa aliqua huc faciunt, ut cornu feminæ. De animalibus aliqua, de anseribus Scoticis vere ex ovo natis, & tota suppellectili genitali instructis.

In *Phalanologia* etiam osteologiam pinnarum balænæ habet, quæ vices gerunt brachiorum, cum scapula, humero, ulna &c. Ceti etiam anatomen aliquam dedit *Phil. Trans.* n. 308.

François LAMBERT *explication des accidens extraordinaires que cause la ratte par son dereglement; nouvelle façon d'expliquer les sensations de la vue & de l'attouchement, du mouvement volontaire & des actions animales* Toulouze 1684. 12. BUR.

Sacra eleusinia patefacta, s. tractatus anatom. de organorum generationi dicatorum structura mirabili in utroque sexu Francof. ad Mœni 1684. 4. BUR.

Isaac AYME *trichiasis admiranda & observatio pilorum de abdominis fistula, & alvo per plures annos redditorum* London 1684. 8.

J. Jac. NOSET *Delineata bilis petulantius dominantis idea* Friburg. 1684. 12.

J. LANGEN *exercitium anatomicum* Hamburg 1684. 8. HEIST. Germanice.

In *Sylvii* BOCCONE *osserv. nat.* Bonon. 1684. 12. agitur de viro infantem lactante.

§. DCLIII. *Disputationes.*

Henrici Christophori ALBERTI *de lactis statu, secundum & præter naturam* Erfurt 1684. 4. PL.

EJUSD. *de bilis natura & usu medico* ib. 1691. 4. PL.

EJ.

Ej. *de sanguine* ib. 1691. 4. Pl.

J. Conrad SCHEID & *Christian* KUERNER *de causa partus monstrosi nuper nati* Marburg. 1684. 4.*

Melchior SEBIZ, junior, præside *Marco* MAPPO, *de visu & fletu* Argentor. 1684. 4.*

Ej. & J. BOECLER *de spiritibus* ib. 1702. 4.*

Eberhard Rud. ROTH *de probatione per cruentationem cadaverum* Ulm. 1684. 4. BURCKH.

J. Stephani ADAMI *de osse cordis cervi* Giess. 1684. 4.

J. BUKING *de influxu facultatum animæ* Leid. 1684. 4.

J. Albert BORST. *de nutritione fetus, ejusque nati augmentatione* Leid. 1684. 4.*

J. Melchior GOEBEL *de lacte ejusque vitiis* ib. 1684. 4.*

J. COOKE *de intestinis eorumque affectibus in genere* ib. 1684. 4.*

Christophori SCHMID *de prodigiis sanguinis vulgo creditis* Lips. 1684. 4. Pl.

Daniel. Christophori BECKER *de respiratione* Utrecht. 1684. 4.*

J. Volkman BECHMANN *de coitu damnato von sündlichen Vermischungen* Jen. 1684. 4. Hall. 1733. 4. He.

Cl. QUIQUEBOEUF, & *Nic. de la* CARLIERE *E. cor instar musculi movetur* Paris 1684. 4.

§. DCLIV. *Diaria Anglica.*

N. 167. de cicindelarum oculis hemisphæriis factis innumerabilibus pilosis.

N. 171. de homine, cui sanguis ex digiti apice erumpit, eodem, qui BIRCHIO dictus est.

N. 172. *Tancredi* ROBINSON de fulica macreuse. Utique esse oviparam.

IDEM de ætate 170. annorum *Henrici* JENKINS.

N. 175. *Georgii* GARDEN fetus gemini pectoribus connati.

N. 192. IDEM experimenta LEEUWENHOECKII in systema constituit, quod ipsum fuit BOERHAAVII, & plurimorum hujus seculi physiologorum. Vermiculum esse junius animal, & nusquam nisi in ovo feminino posse convalescere.

Georgii ASH n. 176. puella, cui undique cornua erumpebant.

IDEM apud BIRCH de viro lactante (*i*).

§. DCLV. *Petrus* CHIRAC,

Professoris Monspeliensis, inde Archiatrorum Comitis, acris ingenii viri, sed amantis hypothesium, experimentum quo putabat demonstrari, vomitum absque

(*i*) IV. p. 417.

absque vi contractili ventriculi, sola actione musculorum abdominis peragi, *obs.* 125. *ann.* IV. *Dec.* II. *Ephem. Natur.*

In *Journ. des Sav.* 1685. experimentum HOOKII pro re nova ei tribuitur.

EJ. *Extrait d'une letre ecrite à Mr.* REGIS *sur la structure des cheveux*, Montpelier 1688. 12. recusa (*k*) in *consultat. de* SYLVA & CHIRAC Paris 1744. 12.* & in *Act. Eruditor. Supplem.* II. Fibras tendineas cutis pilum efficere per longitudinem protensas; medullam inesse ex glandulosa membrana sanguine ebria continuatam, quæ in radice bulbosa pili intus continentur. Medullam fere ad unciam supra radicem terminari. Ab eo sanguine præter naturam totum pilum replente plicam derivat. Pleraque hæc inventa *Placidus* SORACI sibi vindicavit.

EJUSD. CHIRACI *An incubo ferrum rubiginosum* Monspel. 1694. & cum Diss. I. Paris. 1744. 12.* Morbum ex fermentatione læsa derivat.

EJUSD. *de motu cordis adversaria analytica* Monspel. 1698. 12. ASTRUC. Non recusa est, cum rariora videantur exemplaria fuisse. Prodiit tamen libellus, parvi a SENACO factus (*l*), quem negabat DEMETRIUS prodiisse (*m*). Motum cordis CHIRACUS contendit, non esse a spiritibus, cum cor & evulsum diu micet, & resectis nervis; sed neque resectis venis cordis motum tolli; vim ergo contractilem spirituosam ei musculi innatam insidere: relaxari eundem ab elastica vi tendinearum fibrarum (*n*). Fibras habet transversales dilatantes, & alia fictitia.

EJUSD. *An passioni iliacæ globuli plumbei hydrargyro præferendi* Monspel. 1694. 12. De motu peristaltico aliqua.

EJUSD. *Tres priores epistolæ*, ad quas VIEUSSENIUS respondit, Monspelii 1698. excusæ, pariter non redeunt in collectione, sed duæ literæ nuperiores, quæ quarta sunt & quinta; asperæ, & inciviles. Plagii VIEUSSENIUM postulat. Jesuita ad opus suum scribendum usum esse. Modum acidi liquoris de sanguine educendi habere a D. SIDOBRE &c. Editæ sunt anno 1698. 8. exeunte, & ineunte 1699. posterior JULIANI titulo. Secundam habet ASTRUC.

Libelli de pilis, de incubo & posteriores epistolæ continentur in *Dissertations & consultations medicinales de* CHIRAC & SYLVA Paris 1744. 12. 2. Vol.*

In epistola cum *lettre à Mr.* BESSE edita contendit, ostendisse ASTRUCIUM acidum sanguinis esse a bolo.

In *Phil. Trans.* n. 226. cerebello inciso non continuo animal perire.

In

(k) In *Journal des Sav.* 1688. aliqua jam habet.
(l) *du Cœur* p. 34.
(m) *Penelope* I. p. 122.
(n) *Phil. Trans.* n. 263.

In *hist. de l'Acad. des Sciences* 1716. Animalia umbilicum mandendo abscare, ita hæmorrhagiam vitare.

Icones anatomicas vasorum lymphaticorum parasse dicitur, quas Cl. MONTAGNAT valde laudat. Multa de CHIRACO ASTRUCIUS in *hist. Acad. Monspel.* *Johannem* BESSE accusabat, qui suas exscripsisset prælectiones: acer & gloriæ cupidus.

§. DCLVI. *Diaria Germanica.*

In *Act. Nat. Cur. Dec.* II. *ann.* IV. f. 1685.

Ernest Sigmund GRASS de calore in cadavere perdurante, *obs.* 22.

IDEM *Dec.* II. *ann.* X. *obs.* 55. Mira historiola de viro, qui uxorem duxerit pene perforato, & tamen & ipse imprægnaverit & pepererit.

Obs. 56. Fetus dicitur perfectus & articulatus in tumore colli repertus.

Obs. 163. *Jacobus* DOBRSENSKY fetus tertio anno barbatus.

Dec. II. *ann.* IV. *Michaelis* BOYM, Chinensium de pulsu sententia, jam alias dicta, & anatome aliqua in appendice.

ISEBORDI ab ALMELUNXEN, Monachi Corbiensis, breviarium memorabilium a C. F. PAULINO editum, plenum fabellis & monstrosis historiis.

LIBER

LIBER VII.

ANATOME HUMANA.

§. DCLVII.

Circa hæc tempora & magna & salutaris in re anatomica conversio facta est. Cum enim in Academia Leidensi, inque Germania universa, corpora humana hactenus valde rara fuissent, ut fere Patavium migrarent, qui humana corpora vellent sibi nota reddere (*o*), nunc paulatim Leidæ, in Germania & Anglia dissectiones humanæ frequentiores sunt factæ, Parisiis etiam frequentissimæ, ubi quadraginta prius annis anatome peritis minime satisfaciebat (*p*). Cum præterea uterque successor MOLINETTI minoris esset famæ, & paulatim in ea schola opportunitas incidendorum cadaverum minor esset, minorque, desiit Patavium communis medicorum schola esse (*q*), & paulo post Leida præfulgente BOERHAAVIO inter Academias medicas caput extulit. Parisiis vero incidendorum corporum occasione aucta, & chirurgorum etiam fama & peritia, adlecti exteri frequentes confluxerunt.

§. DCLVIII. *Raymundus* VIEUSSENS,

Professor Monspeliensis cerebrum nervosque, qui hactenus fere in brutis animalibus innotuerant in humanis cadaveribus est persecutus (*r*). Vir nobilis, nunquam Professor, sed indefessæ industriæ, parum latinus, & in hypotheses pronior, ad eum laborem accessit.

EJUS est *nevrographia universalis*, quæ Lyon 1685. fol.* prodiit, in Germania, sed minus bene recusa Ulm. 1690. 8. tum in MANGETI *Bibliotheca*. Ut nihil est ab omni parte beatum, ita glandulas corticis cerebri non bene tentavit adserere. Sculptore non optimo usus est; in minutis etiam capitis nervis defecit. Maxima tamen sunt viri in anatomen merita. Cerebrum multo quam priores omnes scriptores accuratius incidit, per varias parallelas incisiones, & potissi-

(o) Anno adhuc 1661. Chirurgum vivum hominem dissecuisse PASCHIUS, & sceleris pœnam tulisse.

(p) C. BARTHOLIN. *epist.* 668. ad O. WORM. *anno* 1640.

(q) Negat eam rerum conversionem vir ILL. *caus. sed morbor.* p 248. Sed res ipsa loquitur. Priori ævo nemo fere ad famam pervenerat, nisi qui Patavii studiis se dederat.

(r) ex quingentis corporibus natum esse LAMERTAIE *comm.* p. 115.

potissimum partes visceris inferiores: ad ipsam naturam seniori CHICOYNEAU demonstratas figuras paravit. Sinus petrosos post FALLOPIUM interlapsos restituit, & transversum; sinus orbitarios adtigit, arterias plusculas in sinus cerebri reperiri ostendit; multis particulis nomina imposuit, ut ovali centro (in nominibus quidem minus felix), gemino cerebro semicirculari, corporibus olivaribus & pyramidalibus. Fibras a cruribus medullæ oblongatæ ad ea corpora, tuberculum thalamorum opticorum, valvulam magnam cerebelli, varias fibras medullares ventriculi quarti: pontis Varoliani fibras & corporum striatorum (quorum incommode nomina multiplicavit, etsi rem ipsam vere proposuit) fibras thalamorum opticorum, addititium collem thalami optici, caudas natium & testium, corpora rhomboidea cerebelli, receptacula ad latus sellæ equinæ, multa minora duræ membranæ vascula, aut primus dixit, aut plenius. Potissimum vero nervos universi corporis, primus in homine diligenter persecutus est, & magnas in tabulas dispositos depingi curavit, paulum incommode, quod nudas eorum sceletos, a musculis aliisque corporis partibus avulsas exprimant, cæterum summo labore in nervo intercostali, ejus ramo splanchnico, gangliis semilunaribus, plexubus abdominis; in dorso demum, hic unicus, inque artubus; porro in spinali medulla ejusque vasis, sinubusque, fine vero, & duobus quibus terminatur nodulis. Admiscuit de muniis partium theorias, deque sensibus internis, motu etiam musculorum, cordisque motu, ad quem propria in vivis animalibus experimenta contulit. Cellulas etiam ethmoideas habet, viam liquori colorato per foramina ossis cribrosi apertam, poros membranæ pituitariæ. Experimenta habet de pulsu. Non meritus est *Petri* CHIRAC censuram, qui nevrographiam sibi tribuit, & SYLVESTRIO. In icones nervorum brachii, MERY animadvertit in *progrès de la medecine*.

EJ. *Tractatus* II. *Primus de remotis & mixti principiis in ordine ad corpus humanum. Secundus de natura, differentiis, causis fermentationis* Lyon 1688. 4.* Libelli de corporis humani anatome, & observationes medico-practicæ nunquam prodierunt, quos in præfatione promittit. Theorias omitto & causam contractionis cordis repetitam a vi elastica, a verticoso fluido, ipsius substantiæ motu, & ab impulsione spirituum. Sed in priori opere fibras cordis describit, iconesque dat valvularum, non optimas, isthmique, ut vocat; venas demum aliquas in cordis sinus apertas. Aliqua repetuntur in MANGETI *B. Anat.*

Anno 1698. *duas epistolas* dedit *ad Collegium Lugdunense in Gallia*, quas in opusculo citat, cujus paulo post mentionem faciam. Eamdem esse puto, quam eodem anno dedit ad Lipsienses medicos, ep. *de sanguinis humani cum sale fixo spiritum acidum suggerente, tum volatili in certa proportione sanguinis phlegma, spiritum subrufum, ac oleum fœtidum ingrediente, nec non de bilis usu* Lips. 1698. 4.* editam, recusam *in tr. des liqueurs* ejusdem omnino argumenti. Ex sale fixo primum sanguinis, cum bolo mixto, spiritum acidum verum ignis vi expressit; deinde ex oleo empyreumatico sanguinis ejusdem generis spiritum separavit. Similem ex animalium sanguine acorem obtinuit. Denique certa proportione mistis, quæ ex sanguine obtinuerat elementis, cum aqua simplici, sanguinis

& spi-

& spiritum & oleum fœtidum imitatus est. Ex bile lacteum humorem habuit, & ob sulphur sale acri acido gravidum chylum albescere conjecit, quem a bile haberet.

EJUSD. *Deux dissertations; la premiere touchant l'extraction du sel acide du sang: la seconde sur la proportion de ses principes sensibles* Montpellier 1698. 8.*. In priori dissertatione ostendit, salem fixum sanguinis non esse culinarem, neque ab eo nasci, neque a bolo, & acidum de sanguine liquorem obtineri cum bolo omini acore privato. Sed etiam in urina acorem esse, qui difflato sale alcalino volatili conspicuus reddatur. In altera, temperamenta ex diversa proportione phlegmatis, salis acris, sulphuris, terræ & acidi derivat. In præfatione repetit, ut admistis ad aquam certis liquoribus & salibus, aquam & alios humores imitetur, qui ad ignem de sanguine adscendunt, ut adeo definire possit, quantum salis volatilis in phlegmate sit, inque viscido oleo.

EJ. *Reponse à trois lettres de Mr.* CHIRAC Montpelier 1698. 8.*. *Petrus* CHIRAC acriter in VIEUSSENIUM invectus fuerat. Acriter pariter iste se tuetur, & vicissim CHIRACUM accusat. Acidum sanguinis liquorem se ab A. DEIDIER non habere, ostendit productis ejus viri litteris. Neque a CHIRACO, qui eum ipsum acorem in suis prælectionibus rejecerit, neque a D. FABRE, ut pariter ex ejus ipsius epistola producta appareat. Neque a SYLVESTRIO se in nervorum anatome adjutum, ejusdem testimonio; neque a CHIRACO, cum ab anno 1671. cadavera in nosocomio D. AEGIDII secuerit, nervosque persecutus sit; anno vero demum 1676. CHIRACUS discipulus ad eas sectiones accesserit. Vicissim CHIRACUM accusat, quod BELLINIANUM colores in urina producendorum experimentum, & SORACI de capillis & pilis, inventa sibi adrogaverit.

EJ. *Epistola, nova quædam in corpore humano inventa exhibens, ad* D. SYLVESTRE Montpelier 1703. VATER. Lipf. 1704. 4.* Minora sanguinis vasa per injectiones patefieri, filamenta quæ a membranis producuntur, omnia vasa esse, & in liene adparere repetito eluto. Glandulas viscerum meros esse vasorum glomeres, etiam uterum.

EJ. *Novum vasorum corporis humani systema* Amsterdam 1705. 8.* Difficile opus: totum fere occupatur in vasis illis imaginariis nevrolymphaticis, quæ ex arteriarum parietibus in parietes venarum, vel excretoriorum ductuum exeant, quæ ego quidem pro mera cellulosa tela habeo, ut vel ex administratione adparet, maceratione enim sola VIEUSSENIUS, vel siccatione, conspicua reddebat. Arterias maceratione in spongiosam naturam resolvit, earumque fibras musculares delet. Fabricam viscerum internam tradit, ventriculi, pancreatis, penis (in quo putes clanculum RUYSCHIUM imitari (s),) hepatis, uteri, cerebri. Totam machinam humanam nunc ex vasis ait componi, & glandulas MALPIGHIANAS antiquat. Humores arteriis injectos per venas redire. Sic argentum vivum etiam ex aspera arteria in vasa rubra pulmonis penetrare. Ventriculi fabrica; vomitum non esse a diaphragmate. Ab arteriis mesentericis argentum vivum

(s) Ita ipse RUYSCH prodit thes. VI.

vivum in cavum inteſtini penetrare. Venæ fabrica. Nullas in liene cellulas eſſe. Nihil de vaſis rubris in vaſa bilaria hepatica tranſire, præterquam a venæ portarum ramis. Venas ad portas dilatari, quoties cor contrahitur. Ab arteria cyſtica injectum humorem penetrare in fellis veſiculam. Intercedunt aliquæ diſſectiones morboſorum corporum.

Ej. *Experiences & reflexions ſur la ſtructure & l'uſage des viſceres* Paris 1755. 8.* Poſthumum opus, cujus magna pars ex paulo priori nata eſt. Fermentationes tuetur. Veram bilem in fellis veſicula ſecerni. Ex uteri arteriis argentum vivum in vaginam, non in uterum exire. Ex arteriolis tunicæ uveæ humorem injectum in aquoſum humorem ſudaſſe. Errorem loci, & ſanguinis ex arteriis in ductus lymphatico-arterioſo-nerveos, pleuræ tranſeuntis facere pleuritidem. Anatome morboſa uberior. Membranam uteri intimam, octavo menſe vaſculoſam adparere; vaſa lymphatica hepatis, vaſa bilaria inſerta in porum hepaticum.

Ej. *Nouvelles decouvertes ſur le cœur, dans une lettre à Mr.* BOUDIN Paris 1706. 12.* Fibras cordis deſcribit, quas ductus carnoſos vocat, & a quarum elatere, cum aëris interni ſanguinis de corde expulſi elatere pugnante, alternas cordis vices derivat. Ab aortæ ſanguine ductus carnoſos (fibras) dilatari; eas ſuo elatere conari, ut ſe liberent, & ſanguinis partem reprimere; ſic aërem comprimi, qui intra ipſos humores habitat, novumque elaterem adquirere, & fibras iterum dilatare, ut novum ſanguinem recipiant. Venas in cavo cordis apertas deſcribit, quas etiam THEBESIUS vidit. Glandulæ lienis. Pro fermento cordis CARTESIANO.

Ej. *Diſſertatio anatomica de ſtructura uteri & placentæ muliebris;* prodiit cum P. VERHEYEN *ſupplemento anatomico* Colon. 1712. 4.* Hiſtoria partus ventralis. Vaſa lactifera placentæ. Hymen integer ſanguinem menſtruum retinens. Membrana fetus media adſerta, tum chorion, qua parte placenta utero obvertitur. Lactea in placenta vaſa. Commeatus ex vaſis lymphatico-lacteis uteri in ſimilia placentæ vaſa, in quæ argentum vivum tranſierit, quod in matris carotides arterias injectum fuerat.

EJUS ad ea quæ leguntur in capite IX. & X. tractatus Illtii Cl. VERHEYENII. A morte ejus viri vindicat ſuam cordis hiſtoriam & vaſa exhalantia.

Excerpta ex ejus epiſtolis ad Profeſſores Patavii & Bononiæ. De arteriis argentum vivum ſibi in ductus lacteos mammarum penetraſſe ex matre in catulum. Hanc ſuam injectionem RUYSCHIANÆ præfert.

Ej. *Epiſtola ad* SOC. REG. LONDINENSEM. Renis figuram contra RUYSCHIUM tuetur, & confirmat, inter arterias, venas & ductus uriniferos, medios ductus carnoſos interponi. In hepate, quod & in nova vaſorum hiſtoria docuerat, non bilem adeo, quam lympham per capſulam GLISSONII ſecerni, quæ vaſorum lymphaticorum tela ſit, & per eam ex vena cava & portarum, in ductum hepaticum deponi, quem vas vocat lymphaticum bilioſum. Hæc tria opuſcula etiam cum T. I. VERHEYENII prodierunt.

Ejusd. *Traité nouveau de la structure & des causes du mouvement du cœur* Toulouse 1715. 4.* Non sine labore natum opus, etsi fermentis & hypothesibus vitiatum. Quatuor causas esse contractionis cordis, inter eas elaterem fibrarum carnearum, sanguinem arteriarum coronariarum sua vasa dilatantium & cor decurtantium, & partes aëris elasticas. Similia in auriculis locum habere. Arterias cordis exhalantes hic repetit. Novam descriptionem dat venarum coronariarum; innominatas, mediam, sinum venosum addit, & profundum ramum arteriosum. Fibrarum cordis difficilem descriptionem proponit, quas putat tamquam ramos ex arteriis oriri, & secundum eas describit. Bonæ hic icones. Sanguinem non celerius per pulmones circumire.

Ejus *Traité de la structure de l'oreille* Toulouse 1714. 4.* cum priori obscurus libellus, icones certe in meo exemplo obscuræ, id ut alibi vitium habet, quod eamdem corporis partem alia & in alia sede aliis nominibus designet. Mallei duos musculos in unum monogastricum conjungit, ut prius Meryus. Musculi auriculæ anterior, superior, duo posteriores. Fuse de membrana, quæ periosteum est tympani, & eam caveam a cellulis mastoideis separat, & aliquando ad septi modum tympanum bipertit. Membranam vestibuli etiam habet, & ipsissimas zonas Valsalvæ, humore madidas, qui fiat ex spiritibus animalibus coagulatis. De ramis nervi mollis, & scypho nervi optici. Nervus mollis accuratius.

Hæc pleraque jam prodiderat in *epistola ad* Soc. Reg. Lond., quæ reperitur in *Philos. Trans.* n. 258.

Ej. *Traité des liqueurs du corps humain* Toulouse 1715. 4.* Multa quidem habet ex prioribus operibus repetita, potissimum etiam hypotheses, & fermenta. Multa tamen & bona habet anatomica, ad ventriculos animalium ruminantium, ad circulum vasculosum iridis, ad papillas uteri muliebris. De temperamentis. Magna fragmenta Bergeri cum animadversionibus. Porro analyses varias sanguinis, seri ejusdem, sale acido; de aliis humoribus corporis humani. Vasa pellucida uveæ.

Ej. *de spiritu animali* Ep. II. ad Mangetum, Nervos undique molles esse: non posse per eorum tunicas motum acceptum communicari, a spiritibus adeoque esse.

Una prodierunt *de acido sanguinis elemento epistolæ responsoriæ medicorum Parisiensium, Romanorum, Senensium, Lipsiensium, Lugdunensium,* quarum Ep. Romana alias dicetur.

Ejus l. *de la nature du levain de l'estomac* in Diario Trivultiensi 1710. Jan., in *Journ. des Sav.* ejusd. anni Octobri M. & cum Hecqueti Disputationibus, & repetito in Planque *Bibl.* III. p. 674. Annon idem libellus, qui in *tr. des liqueurs* citatur p. 255. Argentum vivum ex arteriis ventriculi in ejus caveam penetrare. Fabrica ventriculi suilli & humani. Nullas in ventriculo glandulas esse. Contra vim tritus. Humorem ventriculi esse alcalinum. Ventriculi ruminantium. Diaphragma ventriculum claudere. Coctionem ciborum a dissolusolutione incipere, in fermentationem terminari. Contra tritum, qui nullus sit, cum ventriculus leniter a diaphragmate comprimatur.

§. DCLIX. *Samuel* COLLINS.

Magnum opus edidit medicus Reginæ, cum titulo, *a systema of anatomy relating of the body of man, beasts, birds, insects and plants* Tomi II. London 1685. fol.* Vastum opus, parcius est in hominis anatome, in comparata uberius, natum per proprios auctoris ejusque amicorum labores, potissimum *Edwardi* TYSON, multa cum physiologia & pathologia. In homine foramen cæcum linguæ icone hic est expressum, tum papillæ aliquæ, & veli palatini glandulæ, papillæ renales, arachnoidea cerebri membrana. Sed anatome animalium uberrima est, & nemo COLLINO melius de ea est meritus, quantum ad delineationem adtinet, in piscibus etiam potissimum, inque avibus. Colon cellulatum & duo ligamenta ejus ex simia: anseris ventriculus & larynx inferior: piscium intestina, eorum appendices, cerebra, nervi optici recte decussati. Sic avium & quadrupedum cerebra, glandulæ cutaneæ piscium, papillæ majores circa foramen cæcum linguæ, processus mallei longissimus. WILLISIANUM de nervis vitalibus cerebelli systema refutavit. Glandulæ sinus falciformis & pericardii. Pauca hæc ex multis.

§. DCLX. *Varii.*

Johannis ZAHN, Canonici, in *speculo physico-mathematico historia inque ejus parte Geocosmo* Noriberg. 1696. fol. B. B. habet animalium classes, monstra, vires medicas, proprietates singulares, venena; deinde hominem, ejus monstra, nævos, hos fuse, anatomen aliquam, mensuras, functiones, sensus, icones. Collecta omnia.

In *oculo artificiali tele-dioptrico, s. telescopio &c.* Herbipoli 1685. fol. Noriberg. 1702. fol. B. B. Oculi aliqua descriptio cum mensuris ex SCHEINERO sumtis, qui tamen ipse nunquam oculum humanum viderat. De functionibus partium oculi. Problemata & quæstiones circa visionem, presbyopes, myopes, microscopia &c.

Johannis BROEN *exercitatio de duplici bile veterum* Leid. 1685. 12.*. Auctor *Theodori* CRAANEN discipulus, & pariter CARTESIANUS, agit de secretione in genere, de bile flava & atra, de illius itinere: contra ejus cum succo pancreatico fervorem. Acidas particulas in liene separari, & ad sanguinem redire. Plura pathologica.

EJ. *Opera medica*, Roterdam. 1703. 4.* posthuma edita a *Petro de* PELT. Primum est *medicina theoretica*, *s. œconomia hominis.* Iterum ad CARTESII saporem, proprio experimento cassa. SYLVIANAS tamen effervescentias refutat.

Nouvelle histoire des os selon les anciens & les modernes, par (SCIPION) ABEILLE, *Chir. à Paris*, Paris 1685. 12.*. Pro chirurgiæ studiosis factum compendium.

Ej. *Anatomie de la tête & de ses parties* Paris 1686. 12.* PORTAL. 1696. 12.

Nathanaelis SPRY *de fluxu menstruo, ejus retardatione & nimia profusione* Patav. 1685. 12.*. Negat a luna aut a fermentis menses esse. Sinus in vasis admittit mucosos & cellulas, quarum quæ exteriores sunt, oblique aperiantur in interiores, valvulasque adesse, quæ aditum in istas admittant, reditum vetent. In eos tubulos sanguinem stillare, de vasis a pressione ad aucta ruptis.

Reflexions à faire sur l'usage de la rate & du foie Toulouse 1685. 12. ASTR.

David ABERCROMBY *de variatione & varietate pulsus observationes* London 1685. 8. De causis ejus varietatis agente temperamento, aliunde. Classes saporum. Redeunt in opusculis medicis, Londini 1688. 12.

Giacomo BRACHI *pensieri fisicho-medici* Venet. 1685. 8. Animalia in spatio aëre privato perire, quod eorum sanguis cogatur.

EJUSD. de ostreorum ovis *Act. Nat. Cur. Dec.* II. *ann.* VIII. *obs.* 203.

Henrici Georgii HERFELD *philosophicum hominis methodo* CARTESII *concinnatum* Amsterd, 1685. 8. Plantas, zoophyta, animalia, hominem tractat, corporisque humani formationem.

Ej. *Cogitationes de origine morborum adaptatæ ad philosophicum hominis* Amsterdam 1706. 8.* Iterum de generatione hominis, semine, partium corporis humani diversarum formatione, venere, mensibus, reliquis visceribus.

Roberti GROVII (GROVE) *carmen de sanguinis circuitu a Guil.* HARVÆO *invento: acc. miscellanea quædam* London 1685. 4.* Nempe poëtica non illepida laudatio HARVÆI.

Isaac BEBBER, Medici Dordracensis, *waare en vaste gronden der heelkonst* Amsterdam 1685. 8.* Habet etiam compendium physiologicum, & anatomicum, ad CARTESII saporem.

J. MARII, Physici Ulmani & Augustani, *Castorologia aucta a Joh.* FRANCO Aug. Vindel. 1685. 8.* nuper Gallice recusa. Mores, folliculum, utilitates animalis tradit, vix ulla cum anatome, & enormi cum farragine formularum.

§. DCLXI. *Christian* VATER,

Professor Wittebergensis, non quidem incisor. EJUS plusculæ sunt disputationes argumenti physiologici.

Ej. *Disputatio de motu sanguinis per venam portæ* Witteberg. 1685. 4.*

EJUSD. *de natura & cura memoriæ* ib. 1686. 4. HE.

Ej. *de exsistentia & motu spirituum animalium* ib. 1687. 4.*

Ej. *Physiologicarum Disputationum I. de partibus humani corporis humidis & spirituosis* ib. 1689. 4.

Ej. Disputatio II. *de motionibus vitalibus corporis humani* ib. 1689. HAENEL. 1690. 4.

Ej.

EJ. Disp. III. *de partibus genitalibus*, ib. 1690. 4. HE.

EJ. Disp. IV. *de sensibus* ib. 1694. 4.*.

EJ. Disp. V. *de motu animali e fundamentis genuinis eruto* ib. 1694. 4. HE.

EJ. Disp. *de transpiratione insensibili corporis humani* ib. 1695. 4. HE.

EJ. *de machinæ humanæ organis vitalibus secundum αυτοψιαν delineatis* ibid. 1697. 4.

EJ. *Machinæ humanæ organa animalia in specie dicta* ib. 1700. 4.

EJ. *de vitæ humanæ prorogatione* ib. 1704. 4.*

EJ. *de sterilitate utriusque sexus*, ib. 1711. 4.*

EJ. *de partu hominis post mortem matris* ib. 1714. 4. BURKH.

EJ. *de infanticidii imputati signis & prognosticis* ib. 1716. 4.

EJ. *Physiologia experimentalis & demonstrativa iconibus illustrata* ib. 1701. 4. & auctius 1712. 4.* Physiologiam etiam medicam continet.

In E. N. C. *Dec.* II. *ann.* VIII. *obs.* 185. Vagitus uterinus.

§. DCLXII. *Disputationes.*

J. THILE *de tussi* Witteberg. 1685. 4. HE.

EJ. *Spirituum cum lympha connubium* ib. 1686. 4. VATER.

Christ. WEIDLING *An odor deferatur ad organum olfactus materialiter an formaliter* Lipsiæ 1685. 4.*

Christ. CALOVII *de θαυμανθρωπολογια vera pariter & ficta tractatus* Rostok 1685. 4. TREW.

Samuel STRYK *de physiognomia* Francofurti ad Viadrum 1685. 4. HE.

Christoph Daniel MEZGER *de lactatione* Altdorf. 1685. 4.*

IDEM *de cuticula & cute* præs. *J. Maur.* HOFMANN Altdorf. 1685. 4.*

Christ. HEMPEL *ex ungue homo* 1685. 4.* Habet omnes dimensiones hominis ad ungues relatas.

Frid. Gottfried BARBEK, Professoris Duisburgensis, *de insomniis* Duisburg. 1685. 4.

EJ. & *Theod.* SCHOMBART *de generatione animalium* ib. 1693. 4.*

EJ. *de vita* ib. 1694. 4.

EJ. *de generatione corporis humani* ib. 1693. 4.* Contra vermiculos seminales.

P. v. der LAHR *de fermentatione, effervescentiis & inflammatione* Leid. 1685. 4.

Andr. Petrus CONRADI *de partu difficili* Helmstad. 1685. 4.* A femina debili fetus mortuus ad tres fere pedes projectus, sola vi uteri.

Petri Schwendi EBELING *de cruditate ventriculi s. fermentatione alimentorum*, præside C. BARTHOLINO, Hafn. 1685.

Joh. DUVAL & *Ant.* VARIN *Ergo facultas coctrix in vigilia vegetior* Paris 1685.

Nic. BAILLY & *Fr.* GOUEL *E. ex insomniis temperamenti cognitio* Paris 1685.

§. DCLXIII. *Acta Naturæ Curiosorum annus* 1686. *s. Dec.* II. *ann.* V.

Christian. Ludov. GOCEL, Augustanus Medicus. Ejus infans vitiose conformatus, cum tumore spongioso loco penis, in quem ureteres desinebant, *obs.* 43.

Ann. VI. *obs.* 150. Vulneratus ab imaginatione materna fetus,

Et *obs.* 151. fetus cuticula destitutus.

Dec. II. *ann.* V. *J. Bened.* GRUNDEL *obs.* 211. 212. Galli ovipari.

Ann. VIII. *obs.* 103. Capilli post mortem renascentes.

Dec. III. *ann.* IV. *obs.* 81. Pamphagos enormiter vorax.

Ann. VII. VIII. *obs.* 86. Lac in sene & puero.

Obs. 87. Menses ex ductibus salivaribus.

Dec. II. *a.* V. *J. Dan.* GEYER. Cum fetu perfecto ovum humanum editum *obs.* 299.

Ann. VI. *obs.* 85. Ossa lapidefacta.

Obs. 86. Hepar gallinæ præmagnum.

EJ. *Müßiger Reise-Stunden gute Gedanken* Dresden 1735. 4.* De Nigritis; eorum Patriarcham fuisse Cainum.

J. Georgius VOLCAMER junior in *app. ad Dec.* II. *ann.* V. describit anatomen vitulini capitis apud MURALTUM sollicite factam. In ea ductus oculorum lacrumales.

Ann. VI. *obs.* 223. Anatome fatis minuta cervæ; ductus thoracicus, cisterna chyli &c.

§. DCLXIV. *Varia Diaria.*

Apud BIRCH felis monstrosa capite semiduplici.

In *nouvelles de la Republique des lettres* 1685, Cl. SYLVESTRE articulatio ossium fractorum casu nata recensetur.

In *Progrès de la Medecine* 1698 continetur etiam *lettre de M.* SYLVESTII *Medecin de Londres, où l'on examine le sentiment de M.* MERY *sur le mouvement du sang par le trou ovale.* Contra ea, quæ MERYUS in Memoires de 1692 ediderat. Recte adnotat ductum arteriosum peramplum esse, & plurimum sanguinem auferre; hinc cum sanguinis sinistri columna valde diminuta sit, sanguinem a dextro sinu cordis in sinistrum ferri, non vicissim. Valvulam omnino posse foramen ovale claudere. Necesse esse sanguinem per id foramen sinistrorsum ferri, ut possit ventriculus sinister dextro æqualis esse. Auriculam dextram sinistra esse fortiorem.

In *Philos. Trans.* n. 269. non male describit uterum gravidæ, etsi putet gracilescere, tum cicatricem ovarii.

In eodem Diario *Nouv. de la Republ. des lettres* 1685, *Pauli* BUSSIERE, Galli Chirurgi & Anatomici, ob religionem exulis, reperitur historia fetus ventralis; Et de granis hordei, quæ in ventriculo germinaverant.

IDEM *in Progrès de la Medecine pour* 1698, quod prodiit Parif. 1699. 12.* edidit *lettre de M. Mtre Chir. & Demonstrateur à Londres ecrite à M.* BOURDELIN, *D. en Medecine.* Aditum a sinistro sinu in dextrum non respondere venis pulmonalibus, valvulamque ab ipso sinistræ auris sanguine ad eminentem oram adplicari. Quo tenuior est fetus, eo majorem esse aortæ diametrum.

EJ. *Lettre pour servir de reponse à Mr.* MERY *de l'Acad. R. des Sciences sur le trou ovale dans le fetus* Paris 1703. 12.* Bene utitur situ foraminis ovalis pone isthmum: & parvitate arteriæ pulmonalis propriæ. Cor testudinis aliter se habere, quam a MERYO describatur. Accedit descriptio fetus galea cranii destituti, & vesicæ cum saccis petiolatis, distinctis. Sanguinem per pulmones non celerius circumire.

EJUSD. *Nouvelle description anatomique du cœur des tortues terrestres de l'Amerique & de ses vaisseaux. Phil. Trans.* No. 328. Paris 1713. 12. BUR. Omnia confirmata esse a PETITO Chirurgo: arterias ex corde quatuor prodire; circulum sanguinis eumdem esse, qui in fetu, & evidentissime HARVÆI theoriam confirmare. De receptaculo venoso sub corde &c.

In *Phil. Trans.* n. 207. Fetum tubarium describit, uterumque mulieris cum suis utero comparat.

In n. 251. Eumdem quam in epistola fetum galea cranii destitutum.

N. 268. Vesicam cum duabus appendicibus.

In eodem Diario, *Nouvelles de la Republique des lettres* Juill. anno 1686, POSTELLUS in tubis putat semen se vidisse, ibi secretum tubisque inquilinum: communicationem etiam liberam esse inter uterum & ovaria per vasa deferentia (veterum a tubis diversa).

In *Mem. de l'Acad. avant* 1699. anno 1686, succum in ventriculo columbæ acidum esse.

Anno 1687. GALLOYS de puella, quæ noctu diutiuscule videat.

In *Journal des Savans* 1686. de acicula in uretere reperta.

§. DCLXV. *Andreas* SNAPE,

Veterinarius Regius, ex familia, quæ dudum eo munere fungebatur. EJUS *Anatomy of a horse containing a full description of all his parts, with an appendice of two discourses. The one of the generation of animals; the other of the motion of the chyle and the generation of the blood* London 1686. fol.* Totum opus mihi videtur hominis anatome utcunque ad equum adaptata cum iconibus

bus RUINI (*t*). Ita invenio in tabula diaphragmatis t. 13. cerebri t. 26. ex WILLISIO imitata, auris t. 30, f. 1. & de musculis fatetur auctor p. 150. Neque in vasorum aut nervorum historia sinceri quid esse puto. Sola osteologia aliquam fidem invenire potest. Ossiculorum auditus proprias figuras habet. In appendicis Sermone I., de ovo incubato propria, ut ait, narrat experimenta, & icones proprias habet.

In altero libello flatu vult expugnare communicationem arteriarum cum venis.

§. DCLXVI. *Sebastian Christian v.* ZEIDLERN. *Alii.*

Professoris Pragensis, *Somatologia antropologica* (sic scribit), *s. corporis humani fabrica publice in nosodochio celebrata, præparante filio Bernardo Norberto* v. ZEIDLERN Prag. 1686. fol. Wien 1692. fol.* Figuræ VESLINGII, cujus discipulus fuit.

EJ. *Institutiones medicinæ* Wien 1692. 4. ENDTER.

Dominici BEDDEVOLE *Diss. de generatione hominis in ovo* ....

EJUSD. *Sur les ailes des papillons, & les yeux de oisseaux de proie.* BIBL. UNIV. T. XVII. p. 364. Aves rapaces iridem valde dilatare ad objecta remota, constringere ad proxima. Ululæ pupillam esse amplissimam.

EJUSD. *Essays d'Anatomie* Leid. 1686. 12.* 1695. 12. 1699. 12. Paris 1721. 12. HEIST. Anglice London 1696. 8. OSB. Italice *Saggi d'Anatomia* Parmæ 1687. Milano 1690. 12. HEISTER. Padova 1713. 12. HEIST. vertente BACCHINO. Medicus Genevensis, amicus NUCKII, elegans scriptor. Hypothesibus plenum opusculum, acido, alcali, fermentatione, figuris corpusculorum. Aliqua de uvula, de tonsillis, deque vasis salivalibus & muciferis.

Johannis de TERTIIS *de curiositatibus in quo natura stramentorum formationis & qualitatis, odoris & effluviorum explicantur*, 1686. 12. *Journal Savans.* Ex fœno bona effluvia prodire & animali utilia.

§. DCLXVII. *Joh. Godofredus de* BERGER,

Vir eruditus, eloquens, RUYSCHII magnus admirator, ut BOHNIUS MALPIGHII, hinc vicini sui BOHNII æmulus & censor, Professor Wittebergensis & Archiater. EJUS disputationes bonæ plerumque notæ prodierunt.

De chylo Lipsiæ 1686. 4.*

De corde Witteberg. 1688. 4. progr. *.

De ovo & pullo ib. 1689. 4.* progr.

De polypo ib. 1689.

De homine ib. 1691. 4. VATER.

De succi nutritii per nervos transitu ib. 1695. 4.*

De

(*t*) Vide de SNAPIO BOURGELAT hippiatrique II. p. 391, & in præf.

De respiratione Witteberg. 1697. 4.*

De odoratu ejusque præcipuis læsionibus coryza polypo & ozæna ib. 1698. 4.*

De motu & generatione ex ovo ib. 1698. 4. & *in selectis meis.* Corpus luteum, cicatrix, ovum humanum.

De somno meridiano ib. 1706. 4.

De nutritione ib. 1708. 4.* Succum gelatinosum de poris exsudare, in intervallis fibrarum solidescere, inque novas fibras abire.

De vita longa ib. 1708. 4.

De secretione ib. 1712. 4.* contra fabricam viscerum glandulosam.

EJUSD. *Physiologia humana, s. de natura humana l. bipartitus* Wittebergæ 1702. 4.* Lipsiæ 1708. 4. HEBENSTR. & Francof. 1737. 4.* cum præfatione *Frid. Christiani* CREGUT, qua historia anthropologiæ traditur. Elegantissimum compendium, in quo BERGERUS non quidem aliqua nova invenit, sed inventis & experimentis sanissimo cum judicio utitur, & fere semper veriorem sententiam suam facit, ut in respirationis mechanismo; fabrica vasculosa viscerum, itinere bilis. Pulsus unice a robore frequentia & æqualitate distribuit, motus & sensus ab extensione & plenitudine nervorum.

In *Act. Erudit.* 1698. habet exemplum arteriæ vertebralis ex arcu aortæ natæ.

§. DCLXVIII. LEAL & SAVIOLUS.

LEAL LEALIS περὶ σπερματ ζοι' ων οργανων, *s. de partibus semen conficientibus in viro* Patav. 1686. 12.* recusum cum EUSTACHII opusculis Leid. 1705. 8.*. Dictio florida, anatome non fida. Neque enim in communi naturæ consuetudine arteria spermatica sinistra ex renali provenit: neque ex arteriæ spermaticæ suum sanguinem venis tradunt sodalibus: neque ductus HIGHMORI in homine cavus est, neque unicum de teste vas efferens. Vesicularum tamen seminalium plicas evolvit, & hactenus cæca intestinula nota habuit, quæ in unum majus receptaculum confluunt.

Octavii SAVIOLI, *Lucubrationes physicæ & medicæ, in quarum prima principiorum naturalium genesis; in secunda cordis, qua naturaliter exercentur vires, & in specie de vitali fermentatione & circulatione sanguinis, necnon de motu cordis dissesritur* Venet. 1686. 8.* Auctor parum notus, hypothesibus deditus & effervescentiis, SYLVIANUS. In corde bilem cum lympha fervere. Cordis motum non fieri a cerebro, cum evulsum micet, neque a nervis, neque quidquam cum respiratione commune habere. Fieri a sanguinis in cordis recessus facti, cum spiritu æthereo in parenchyma implantati explosione: ita utrumque humorem in spiritum resolvi, spatia fibrarum inaniri, fibras in statum naturalem redire, sinusque constringere; ita systolen fieri. Incisis nervis cordis motus superest, neque cerebro exempto punctum saliens cessat micare. Irascibile etiam in corde habitare, a vi pulsifica diversum.

§. DCLXIX. *Varii.*

Cosmopolitæ historia naturalis comprehendens corporis humani anatomiam a primis fetus rudimentis in utero, ad perfectum & adultum statum in adulto &c. Leid. 1686. 12.* Duo sunt opuscula, prius de fetus formatione EVERARDI. Alterum, compendium anatomicum STOCKHAMERI, inverso ordine larvatum.

J. Andreas SCHLEGEL *von natürlichen, unnatürlichen und wider die Natur laufenden Dingen, in Vergleichung der grossen Welt mit dem Menschen, als der kleinen Welt, durch die 4. Elementa, 4. humores, 4. complexiones, 4. tempora anni, 4. trigonos der zwölf himmlischen Zeichen beschrieben* Nürnberg 1686. 8. B. BOEHMER.

Marii CECCHINI *Elenchus lectionum anatomicarum* Romæ 1686. 4.

Francisci SPOLETI *Diss. duæ, quarum* II. *est de bilis in hepate secretione* Venet. 1686. 4. Non legi, sed video virum theoriam secretionis dedisse, in qua necessaria in vasis minimis dissolutio ponitur: id in liene fieri, deinde particulas lente motas iterum coire.

Vitam reperies in *G. de Lett. d'Italia* T. XII. p. 406.

Franc. MAJI *Brevis & accurata animalium in sacro codice memoratorum historia* Francof. 1686. Si huc facit.

J. Christiani FRANCI *Diss. de Castore seu Fibro* Coburg 1686. 4.* Anatome collectanea.

Georgii PASCHII *de brutorum sensibus atque cognitione* Witteberg. 1686. 4.

In ejus *novantiquis* Kiel 1695. 4. deinde anno 1700. 4. recusis* aliqua ad anatomen pertinent.

§. DCLXX. *Disputationes.*

J. Franc. LOEUW *de* ERSFELD *Theses de transmutatione in chylificatione & sanguificatione, ac intra corpus humanum quotidie contingente* Prag. 1686. 4. HE.

Theodori ZWIKI *de somni naturalis & præternaturalis natura* Basil. 1686. 4.*

David KINNER *de singultu* Leid. 1686. 4.*

Eleazar NIEUWENTYT *de sanguine* Leid. 1686. 4.*

Giov. Ant. ASTORI *de vitali œconomia fetus in utero* Groning. 1686. MAZUCH.

Petri STALPAART *van der* WIEL, *Cornelii* fil. *de nutritione fetus exercitatio* Leid. 1686. 4. & cum paternis observationibus, 1727. 8.* Gallice Paris 1758. 12. 2. Vol. cum iisdem. Contra vasorum fetus & uteri unionem, pro nutritione fetus per os. Placentam velamento etiam ea in parte obduci, quæ ad uterum spectat.

Urb. LEAULTE' & *Am.* BOUTE' *Non E. hospites animi mores ab hospitii structura.*

§. DCLXXI. *Diaria.*

In *Philos. Transact.* n. 185. Medici Tholosani, descriptio androgyni, qui videtur vir esse testicondus & fisso perinæo, cum urina per glandem exiret.

N. 188. *Edward* SMITH de nævo, papilla nempe uberis vaccini, in fetu ex imaginatione materna nata.

In *Eph. Nat. Cur. Dec.* II. *ann.* VI. *obs.* 57. *Joh.* BOEHMII columba biceps.

Georgii HEINTKII *obs.* 125. Bilis analysis, & commistio cum variis liquoribus.

Friderici Wilhelm CLAUDER puer obesissimus, ut putat ex nævo, *obs.* 190.

Ann. VII. *obs.* 179. Pulsuum varietates, & 180. asphyxia ante mortem.

Obs. 183. Adeps per urinam & vomitum.

Alard Mauritius EGGERDES, Trevirensis, hepar humanum 26. librarum, *Dec.* II. *ann.* VI. *obs.* 203.

Obs. 205. Mulier resectis intestinis vivens, si aliqua viro fides.

Obs. 206. Equus sexu destitutus.

Dec. II. *ann.* X. *obs.* 65. Sudor sanguineus infantis.

In *Actis novæ Academiæ Phil. Exoticorum naturæ & artes* 1686., quæ Brixiæ 1687. 12.* *Hermes Franciscus* LANTANA edidit, multa sunt argumenti anatomici. Primum hominis robusti, tardo tamen pulsu, qui sexaginta diebus absque cibo & potu vixerat. *Bernardini* BONI de fele, quem aluerit vapore spiritus, ut videtur vini acerrimi, quoad is vapor casu flammam concepit.

IDEM de usu intestini cæci. Aliqua tamen per sua experimenta in id intestinum cibos venire & aliquantum digeri.

IDEM de utilitate respirationis; videri de pulmonibus aliquod spirituum circumentum exhalare.

In *Giorn. de Letter. di Parma*, quod anno 1686. cepit prodire, a. 1687. 4.* Fusa historia virginis nyctalopia laborantis.

J. Mariani GHIARESCHI aliqua ad bilis in variis animalibus analysin.

§. DCLXXII. *J. Baptista* CALDESI,

Aretinus, edidit Florentiæ 1687 4.* *Osservazioni anatomiche intorno alle tartarughe maritime d'aqua dolce e terrestri.* Bonum opus, dignum amico *Francisci* REDI, & totum per experimenta natum. Tres testudines describit, marinam, terrestrem, & eam, quæ in aquis dulcibus habitat. Non facile animal reperias, cujus æque bonam possideamus anatomen. Ipsum organum auditus habet, & ossiculum tubæ simile. Duæ glandulæ lacrumales. Ductus ab hepate in vesiculam. Ossa absque medulla spongioso textu plena. Oesophagus aculeis plenus, regressum impedientibus. Glandulæ ventriculi. Vita absque cibo 18. mensibus tolerata. Sacci ad anum, sed nullum cæcum intestinum.

Partes genitales masculæ & femininæ. Cor plerumque filis quibusdam ad pericardium adnatum. Ventriculi duo sed libere communicantes; auriculæ duæ, arteriæ tres, aortæ duæ & pulmonalis, robustæ omnes. Sanguis frigidus. Motus auricularum & ventriculorum alternus. Aër in venis. Fluxus & refluxus auriculam inter & venam cavam. Cordis in suo motu pertinacia, tum animalis, cui cor exemptum. Pulmones vesiculosi. Glandula sub lingua suis cum ductibus. Cerebrum minimum. Vita capite truncato superstes. Angiologia satis dives, & duæ arteriæ aortæ confluentes.

Intermista alia utilia de viis variorum animalium bilariis, cellulis ductus cystici in homine, vasis hepato cysticis, animalibus vesicula bilaria destitutis. De taxi corde flatu ad motum excitato.

§. DCLXXIII. J. Zeller.

Johann Zeller, Professor Tubingensis & Archiater Würtembergicus, diligens incisor, dum junioribus annis valuit. Ej. Disp. *de vasorum lymphaticorum administratione* Tubing. 1687. 4.* & in *meis selectis.* Bona disputatio. Tres magni vasorum lymphaticorum trunci, mesentericus, iliacus, hepaticus, cisternam constituentes in homine minus latam; vasa lymphatica in ventriculis cerebri.

Ej. *Pulmonum infantis in aqua subsidentia infanticidas non absolvit* ib. 1691. 4.* & in *meis selectis.* Pueri, qui per dimidiam horam vixerat, pulmonem fundum petiisse. Pro vagitu e uterino.

Ej. *Vita humana ex fune pendens* 1692. 4.* & in *meis selectis.* Amnii glandulæ poris conspicuis humorem secernentes. Dubia contra necessariam funiculi deligationem. Vasa umbilicalia prope funiculum angustiora esse. Sanguinem ex brutorum funiculo demorso non sequi, quod brevis sit. Fetum in utero respirare.

Ej. *de morbis a strictura glandularum præternaturali,* I. Tubingæ 1694. 4.* II. ibid. 1699. 4.

Ej. & *J. v.* Bauer *theses inaugurales medicæ,* 1704. 4.* Undique anatomici sunt argumenti. De aqua pericardii & fabrica vasculosa glandulosæ subrogata. Illam defendit.

§. DCLXXIV. *J. Franz* Griendel. *Alii.*

Griendelius eques & fabrorum præfectus. Ejus est *Micrographia nova, oder neue Bischreibing verschiedener kleiner Corper* Nürnberg 1687. 4.* Icones ad microscopium depictæ, amplissimæ, subrudes. Formica intra sacculum suum. Muscæ proboscis, pilorum fabrica.

Nicolai Venette, Medici Rupellensis, *la generation de l'homme, ou tableau de l'amour conjugal.* Prima editio cum titulo *Nic.* Salonichi prodiit Amsterdam 1687. 12. Hotton. aut 1688. 12. tum Parm. 1689. 8. Wassenaar. Sæpissime recusum est Cologne 1696. 12. 1712. 12. Paris 1732, etiam Hamburg

Hamburg 1751. 12. 2. Vol. RUFFORTH. Lyon 1768. 12. 2. Vol.* Germanice Lipsiæ 1698. 8. Königsberg 1738. 8. Anglice London 1703. 8. 1712. 8. Belgice versum est ab J. V. E. Amsterdam 1695. 8. Haag. 1737. 8. 4. Tom. SCHEURLEER. Sunt, qui *Carolo* PATINO tribuant (*u*). Nimium lubrice scriptum; cum anatome valde superficiali. Seminis utriusque commistionem defendit.

Petri VARIGNON *Projet d'une nouvelle mecanique avec un examen de l'opinion de M.* BORELLI *sur les proprietés des poids suspendus par des cordes* Paris 1687. 4.* Hoc examen nihil facit ad rem physiologicam, & agit unice de virium compositarum computatione, quæ recte ab HERIGONIO, STEVINO & aliis sit inita, minus bene a BORELLO impugnata, quare Cl. VARIGNON calculos dat virium, distributos inter decem potentias ab uno pondere detractas, subque variis angulis applicatas.

IDEM in *hist. de l'Acad.* 1695. de vi qua aer digestionem ciborum premovet, dum particulas a suo contactu divellit.

IDEM in *Mem. de l'Acad.* 1709. de motu musculorum.

EJUSD. *Nouvelle mecanique* Paris 1687. 4. 2. Vol.* Tantum cito ob aliquas in BORELLI opus animadversiones.

Joachimi TARGIER *de abortu* Utrecht 1687. 4.*

EJUSDEM cum nomine TARGIRI *medicina compendiaria* Leid. 1698. 8.* Physiologia & pathologia. Nuperis non nimis credulus; lenem tamen in corde fermentationem admittit, a qua calor & fere omnes functiones oriantur. Eam nasci a fermento prioris sanguinis in corde reside. Negat arteriæ vim motricem inesse. Fermentum ventriculi admittit. Glandulæ pinealis dignitatem refutat. Formationem fetus tribuit spiritui seminis masculi. Non malus tamen auctor, & quodammodo præcursor BOERHAAVII.

Johannis Pauli STABE *de* CASSINA Diss. *de incubatione gallinarum* Mutin. 1687. 8. MANGET.

J. CYPRIANI *historia animalium Wolfg.* FRANZII *continuatio* Lipsiæ & Francofurti 1688. 8. 1712. 12. Si huc facit.

J. Cosmi BONOMO celebris epistola *che contiene osservazioni interno a pedicelli del corpo umano* Firenza 1687. 4. Ostendimus REDI esse: ipsius (*x*) certe calamum. Animalcula scabiei describit.

Cinelli CALVOLI sibi vindicat eas observationes de pediculis corporis humani Firenz. 1687. 4. a BONOMO editas, & varie refutat, negatque scabiem a solis esse pediculis. Bibl. T. I.

Pompeji SACCI *Medicina theoretico-practica* Parmæ 1687. fol. Chymicis fervoribus addictus. Cephalæam tribuit sanguini impraegnato particulis retorridis, & sali lixivo bilioso. Bilis cum succo pancreatico fervorem admittit. Sic per omnia.

(u) LAUNAY *gener.* p. 123.
(x) REDI T. II. p. 180.

Ej. *Novum systema medicum ex unitate doctrinæ recentiorum & antiquorum* Parmæ 1693. 4.

Ej. *Opera medica* Venet. 1730. fol.

Jac. SYLVII *novissima de semine idea* Dublin. 1687. 12.; alii 1686. 12. Una prodiit Diss. *de insensibili transpiratione mechanice probata.*

J. GROENEVELD Diss. *lithologica* Lond. 1687. 8. Varia huc faciunt. Ureteres aperti in umbilico, absque pudendo. Aliqua de anatome vesicæ cum icone.

§. DCLXXV. *Varii.*

Nathanael SYLVIUS *de fluore muliebri* Leid. 1687. 4.* Prostatas muliebres DRELINCOURTII citat.

J. Georg. BEUTTEL *de bile sana & agra* Basil. 1687. 4. PL.

Damasi VERBEEK *de concoctione ventriculi integra & læsa* Leid. 1687. 4.*

Caspari PORTA *Schema theoriæ & praxeos* Leid. 1687. 4.* Varia & inter eá physiologiæ compendium, idem forte, cui titulus alius est; *Medicina brevis exhibens hominis machinam ejusque morbum, morbique curationem, paucis iisque selectis medicaminibus instituendam ad mentem neotericorum* Leid. 1688. 8. MANGET. Ut meo exemplo *Schematis* negatur limaturam martis lactea vasa subire, aut chylum tingere.

Joachim Christian WESTPHAL *natura peccans* Lipsiæ 1687. 4.*

ID. *Eph. Nat. Cur. Dec.* II. *ann.* VIII. *obs.* 215. Hymen vere visus.

Nic. de la CARLIERE, & *Phil.* DOUTE *E. robusti diuturnioris vitæ* Paris. 1687.

Ant. VARIN & *Petri* MARAIS, *Non ergo catamenia a facultate uteri* ib. 1687.

J. Rem. MOREAU & *Mich.* SAUVALE, *E. sua ventriculo facultas* ib. 1687.

Franc. GOUEL & *Car.* CONTUGI, *E. ingeniosi brevioris vitæ* ib. 1687.

Cl. PERRAULT & *Cl. Joh.* DODART, *Non ergo lac sanguis dealbatus* ib. 1687.

Joh. GARBE & *Petri de la* COUTURE, *E. quodlibet temperamentum ut suas virtutes, sic suos habet defectus* ib. 1687.

§. DCLXXVI. *Josephus* LANZONI,

Medicus Ferrariensis & polyhistor, non quidem incisor, varia tamen scripsit argumenti physiologici. Primas editiones non omnes possideo, sed opera omnia Lausannæ 1738. 4. 3. Vol.* excusa.

Ej. *Animadversiones variæ ad medicinam, anatomicam & chirurgicam facientes* Ferrar. 1688. 8. Pluscula huc faciunt; vapor de ano inflammabilis; historica aliqua de spiritibus. Ductus thoracicus in cane ostensus a quo vasa putat ad mammas abeuntia se vidisse. Pro animalium ex ovo generatione. De virginitate, partibus mulierum genitalibus, mensibus: de ventriculo ejusque cum

cum reliquo corpore consensu. Mulier barbata. Alvus medicamentorum odore mota. Lien maximus. De sanguine ejusque circuitu: de sanguinis transfusione; chirurgia infusoria; sanguine albo; condiendis cadaveribus; sinu HIGHMORI; arteria bronchiali ad pulmones perveniente; lacrumis: lacte virili; fetu a desiderio notato. Historica fere & collectanea.

EJ. *de lacrymis ad* L. SCHROECKIUM Ferrar. 1692. 4.

EJ. *de balsamatione cadaverum* Ferrar. 1693. 12. Genev. 1696. 12.* Collectanea. Non mumia in Saxonum conviviis offertur, sed mumma, quæ cerevisiæ genus est.

EJUSD. *de pericardio* in MANGETI *Bibliotheca anatomica* recusus, & Ferrariæ datus libellus. Aliquæ de aqua pericardii adnotationes: de eadem in gelatinam conversa.

EJ. *de dentibus* etiam anno 1697. ad MANGETUM datus libellus, in B. M.

EJ. *de saliva humana* Ferrar. 1702. 8.* De poris membranæ pituitariæ in homine visis. De ductibus salivalibus, saliva: collectanea.

Adversariorum libros VI. edidit *Hieronymus* BARUFFALDUS.

Pluscula physiologica, de barba: lacte in viris viso.

In *Dissertationibus tredecim* prima est de capillis, ultima de visione.

In *Ephemeridibus Academiæ Naturæ Curiosorum*, *Dec.* II. *ann.* VIII. *obs.* 202. Lac in ventriculo coactum, magnorum dolorum causa.

Ann. IX. *obs.* 38. Placenta vesicularis, cum fetu deformi.

Obs. 47. Nummus deglutitus post duos menses vomitu redditus.

Obs. 50. Quinquegemini, fide aliena.

Obs. 51. Inedia novem dierum.

Obs. 55. Femina trimammis.

Obs. 56. Lien octo librarum.

Obs. 171. Vipera biceps.

Obs. 210. Stercus & urina ex cadavere, altero a morte die.

Ann. X. *obs.* 135. Vagitus uterinus.

Obs. 138. Duæ in mamma papillæ.

Obs. 141. Stimuli venerei a purgante medicamento.

Obs. 144. Lac in modo nato infante.

Dec. III. *ann.* I. *obs.* 25. Longævi 106. & 108. annorum.

Obs. 28. Dens molaris quinquagesimo anno erumpens.

Obs. 31. In lacte ad microscopium globuli.

Obs. 35. Juvenis in tenebris epistolas legens.

Obs. 42.

Obs. 42. Gallina vivipara.

Obs. 50. Fetus pectoribus connati, cum aliqua anatome. Cor unicum.

Ann. III. *obs.* 37. Sudor a morte.

Ann. IV. *obs.* 65. Cornu in fronte puellæ.

Obs. 75. Vinum e mamma.

Obs. 76. Iterum quinquegemini.

Ann. V. VI. *obs.* 122. Cor pilosum.

Obs. 282. Anus clausus.

Obs. 283. Mulier barbata.

Ann. VII. & VIII. *obs.* 101. Duplex ordo dentium.

Ann. IX. & X. *obs.* 21. & 204. BAGLIVI chirurgia infusoria.

Obs. 143. Magna sanguinis jactura ex umbilico.

Obs. 203., & *Cent.* III. IV. *obs.* 62. Canis bilinguis; renes tres; unicus: duæ vesicæ: testes in abdomine: testes tres. Lien rotundus.

Append. De vita & morte.

Cent. I. *obs.* 40. Puer cum variolis natus.

Obs. 41. Menses per vomitum.

Obs. 43. Acicula per urinam.

Obs. 183. Pamphagus.

Ann. V. VI. *obs.* 171. Sudor flavus & viridis.

Cent. VIII. *obs.* 13. Lacrumæ sanguineæ.

In T. III. *Galer di Minerva*, de coronis & unguentis.

In observationes medico-chirurgicas H. a MOINICHEN notulas adjecit.

§. DCLXXVII. *Warnerus* CHROUET,

Medicus Leodiensis, non sine laude *Antonii* NUCKII deproperatum ductuum aquosorum inventum refutavit. Edidit Leodii Diss. *de trium oculi humorum aliarumque ejus partium origine & formatione explicata* Leodii 1688. 8.* Solis equidem brutis animalibus usus est; vere tamen & ad experimenta monuit sanguinea, vasa non proprios esse ductus, quos NUCKIUS vidisset. Obscuriuscule de membrana pupillari loquitur. Nullam in cane dari. Cellulosa fabrica corporis vitrei. Analysin Chemicam lentis crystallinæ dedit & reliquorum humorum.

EJUSD. l. editio secunda, *cui accedunt solutiones apologeticæ adversus difficultates* Cl. NUCKII. Leodii 1691. 8.* Arterias esse & ramos carotidis confirmat quas NUCKIUS *fontes* vocet, & NUCKII apologias refutat.

§. DCLXXVIII.

§. DCLXXVIII. *Varii.*

DU RONDEL *histoire du fetus humain recueillie des extraits de Mr.* BAYLE Leyde 1688. 12.* Censura libellorum DRELINCOURTII ex Diario BAYLEI. Epistola DRELINCOURTII ad D. BASNAGE, qua descensum ovorum in tubas defendit. EJUSD scirrhi & hydatidum ovarii descriptio, ad RONDELIUM data.

Caspar LANGENHERT *Brutum Cartesianum*, *s. rationes*, *quibus sensu carere bruta demonstrare nititur* CARTESIUS, *methodo geometrica proposita* Franecker 1688. 8.

Exercitationes medicæ, *observationibus & experimentis anatomicis mistæ*, *quibus universa humorum partium & spirituum historia panditur* Amsterd. 1688. 12.

§. DCLXXIX. *Disputationes.*

Conrad Philip LIMMER *de partu legitimo* Servestæ 1688. 4.* B. BOEHM.

EJUS *de sensibus externis* ib. 1691. 4.

EJ. *de chylificatione*, *chylique & sanguinis in corpore humano circulatione* ib. 1692. 4.*

EJ. *de monstroso abortu Dessaviensi* ib. 1694. 4.* Fetus mediis corporibus connati, cum satis bona anatome.

J. Michael FAUST περὶ πταρμοῦ, *s. de sternutatione* Argentor. 1688. 4.

Matthæi KUNSTMANN *de præputio Christi* Regiomont. 1688. 4.

J. Gerard WINTER *de sermone & loquela* Rinteln 1688. 4.*

EJ. *de memoriæ statu naturali & præternaturali* Rinteln 1689. 4.

Ern. REYHER *de hermaphroditis* Arnstatt. 1688. 4.

Conrad STISSER *de lympha ejusque morbis* Leid. 1688. 4. B. BOEHMER.

J. Ernest. SCHAPER, Professor Rostochiensis, inauguralis disputatio, *de corpusculis massæ sanguineæ*, præside B. ALBINO Francof. ad Viadr. 1688. 4.*, & inter meas *Disp. selectas*. Conf. p. 703. Phænomena sanguinis sibi permissi & in fundo vasis nigredo. Analysis chemica. De lacte, saliva, bile, urina, sudore.

EJ. *Progr. de mucilagine juncturis salutari & nociva* Rostock. 1698. 4. *Act. Mar. Balth.*

EJ. *Qui fiat ut duo fratres uterini locorum intercapedine dissiti simul variolis affici queunt* Rostock. 1701. 4.*

EJUSD. *Medicinæ curiosæ specimen* Rostock. 1711. 4.* Narium glandulæ mucosæ.

Spec. II. ib. 1712. *. Ad fabricam pulmonum: regenerationem chelarum in cancris, fuse.

Thomas SMITH *de conceptu humano* Utrecht 1688. 4.*

Martin KNORRE *de solidorum æquilibrio* Lipſ. 1687. 4.

J. David STREITLEIN *de nutritione* Altdorf. 1688. 4.*

Am. DOUTE' & *J. Franc.* FOYVAILLANT *E. virago fetum generat imbecillum* Paris 1687.

Philipp. DOUTE' & *Petri J.* BURETTE *Non ergo pellitur ſanguis ſola cordis incitatione* Pariſ. 1688. 4.

Cl. J. DODART & *Phil. Ignace* SUCRE' *E. cerebrum omnium corporis functionum principium* Pariſ. 1688. 4.

Franc. F. ALLIOT *An quum ſpectant oculi ſanos vel læſos ſanantur laudantur* Pariſ. 1688. 4. Non reperitur in catalogo authentico.

§. DCLXXX. *J. Hadrian* SLEVOGT,

Profeſſor Jenenſis, nullos libros ſcripſit, ſed numeroſas diſputationes. EJ. *de dura matre* Jenæ 1690. 4. recuſa in *meis diſputat ſelectis.* Duram membranam undique cranio adhærere, per experimenta. Sinum transverſum inter duos transverſos medium dicit.

EJ. *de adfectibus animi* 1695. 4.*

EJ. *de motore cordis* 1696. 4.*

EJ. *Fermentationes microcoſmicæ* 1696. 4. PL.

EJ. *de gurgulione* 1696. 4.* & in *meis ſelectis.* De nomine uvulæ & uſu &c.

EJUSDEM *de æquivoca generatione argumentorum potiorum propoſitio* 1697.

Et ad ea *reſponſio* 1697.

EJ. *de ſudoribus* 1697.*

EJ. *Dolorum partus ſpuriorum cum veris comparatio* 1702.

EJ. *Circa tonſillas ſpicilegium* 1704. 4. PL.

EJ. *Partus naturalis collatus cum præternaturali* 1705. BOEHM.

EJ. *de oculis* 1706. 4.*

EJ. *de origine urinæ* 1707. 4. HE.

EJ. *de incerta placentæ uterinæ ſede* 1710. 4. HE.

EJ. *de menſibus gravidarum fetui innoxiis* 1711. 4. HE.

EJ. *de molæ vita* 1714. 4.*

EJ. *de olfactu exſpirantium* 1715. 4. & *de olfactus præſtantia* 1715. 4.*

EJ. *proceſſus cerebri mamillares ex nervorum olfactoriorum numero exemti* 1715. 4.*

EJ. *de natura ſanitatis conſervatrice* 1715. 4. HE.

EJ. Εὐθυωρία, *ſ. rectitudo partium* 1719. 4. PL.

EJ. *de acquirenda & conſervanda ſobole* 1720. 4.*

§. DCLXXXI.

§. DCLXXXI.

Acta Acad. Natur. Curiof. Dec. II. *annus* VII.

Ad annum 1688. *Carolus Joseph.* MYLLER *obf.* 225. incredibiles nævos narrat.

Hieronymus Ambrofius LANGENMANTEL, Auguftanus, *obf.* 235. offa emollita.

Georgius Tobias DÜRR coalitus anus, *obf.* 63.

Dec. II. *ann.* X. *obf.* 177. femina 62. anno ætatis puerpera.

Obf. 179. Sudor fanguineus.

Dec. III. *ann.* VII. VIII. Menfes in quadrima.

Rudolphus Jacobus CAMERARIUS, Profeffor Tubingenfis, vir minime vulgaris in *obf.* 228. Per ductum deferentem vafa lymphatica teftis replevit.

EJ. *Ann.* VIII. *obf.* 172. Lintea noctu lucentia.

Ann. IX. *obf.* 121. Lintea lucida.

Cent. X. *obf.* 73. Atreta.

EJ. *Paradoxa fenfatio, f. dolor membri amputati* Tubing. 1693. 4. BURCKH.

EJ. *de colore fanguinis e vena fecta miffi florido* Tubing. 1700. 4.

EJ. & PFISTERI *de generatione hominis & animalium* 1715. 4.* Bona difputatio. Partes genitales femininæ infectorum, quadrupedum, hominis: de corporibus luteis bene. Formatio pulli: lacertarum ovi ductus longe diftat ab ovario &c.

EJ. *de fetu 46. annorum* 1720. 4.*, qui nunc in thefauris Acad. Gallicæ eft, & quem Stuttgardiæ olim vidi.

§. DCLXXXII. *Jofephus* COURTIAL.

In *Journal des Savans* 1688. defcribit hydatides in hepate repertas, & vafa lymphatica ejus vifceris.

EJUSDEM *Nouvelles obfervations anatomiques fur les os* Paris 1705. 12.*, recufæ Leidæ 1709. 8.*, & Belgice cum *H. v.* DEVENTER *ziekten van de beenderen* Leidæ 1739. 4.* Præcipua pars operis practica eft. De ortu futurarum a fibris offeis alterne fe fubeuntibus. Proceffus comes ligamenti teretis. Vafa lymphatica hepatis. Fetus ventralis placenta fua ventriculo & colo adhærens. Fabricam etiam tradit, poros & ductus medullæ. De aqua pericardii.

§. DCLXXXIII. *Juftus* VESTI.

Jufti VESTI *Compendium inftitutionum medicinæ* Erfurt. 1788. 12. Lipf. 1731.

EJ. *Oeconomia corporis humani* Jen. 8. abfque anno. Breviffima Phyfiologia.

EJ. *Inftitutiones medicinæ reformatæ* Francof. & Lipf. 1697. 8. Breviffima iterum phyfiologia.

Ejus *Observationum medicarum rariorum Decas* I. prodiit cum C. Crameri compendio chymico. Lapilli in glandula pineali: valvulæ in utroque ductu bilario, duæ in rene pelves. Lac in femina subrubrum. Folliculi ventriculi.

Ej. Diss. *de cerebro minus cognito* Erfurt. 1689. 4. Boehm.

Ej. *De singultu* ib. 1691. 4.

Ej. *de affectibus senum Salomonis* 1692. 4. Pl.

Ej. *de pulli natura* 1694. 4.* 1695. 4. Menz.

Ej. *de doloribus vehementissimis a partu procedentibus* 1696. 4. Pl.

Ej. *de animæ habitudine ad corpus, speciatim quoad mixtionis corporeæ conservationem* 1699. 4.

Ej. *de motu sanguinis circulari naturali & præternaturali* 1700. 4.*

Ej. *de Castoreo* 1701. 4.

Ej. *de spermate ceti* 1701. 4.

Ej. *de spiritu hominis triuno præter naturam constituto, seu causa plurimorum morborum* 1702. 4. 1704. 4.*

Ej. *de temperamentis* 1708. He. 1711. Burkh. 1712. Pl.

Ej. *de transpiratione sanitatis & morborum matre* 1710.*

§. DCLXXXIV.

Acta Natur. Curios. Dec. II. *ann.* VIII.

Anno 1689. *J. Christiani* Bauzmann, Mola vesicularis.

Dec. III. *ann.* VII. VIII. Fetus in utero exsiccatus.

Dec. II. *ann.* VIII. *obs.* 26. Penis sub glande perforatus.

Jacob Augustin Hunerwolf *obs.* 93. Homo dentibus miri roboris.

Ann. IX. *obs.* 100. In puella modo nata menses.

Obs. 98. Puella capite deformi, corde nudo, sic intestinis; alia cum hernia congenita.

Ej. *Fecundi gynæcæi Mysteria* Francof. 1690. 8.

Boisot in *Journ. des Sav.* 1688. Puellæ asitæ historiam dat, & pueri quadriennis robustissimi & puberis.

In *Journal des Savans* 1689. elogium exstat Cl. Perralti.

Deinde Drouin, Chirurgi, obs. de liene loco moto, comprimente ureterem.

Ej. in *Journal des Savans* 1690. foraminum cranii enumeratio.

Ejusdem exstat *description du cerveau, des principales distributions, de ses dix paires de nerfs, & des organes des sons* Paris 1692. 12.* Etsi nova inventa non reperio, non tamen virum contemnas, qui ipsam naturam sit secutus; & ad eam icones

icones suas etsi rudiusculas expresserit, tamen proprias. Tres habet communicationes transversas thalamorum opticorum.

§. DCLXXXV. *Fridericus* HOFMANN,

Celebris Professor Hallensis, collega & æmulus STAHLII, & mechanicæ medicinæ defensor, non tamen jatro-mathematicus, neque incisor, neque perinde profundi vir ingenii, elegantium medicamentorum chemicorum auctor, bene mihi notus, cum anno 1726. Halam inviserem. Ejus plurima opera & numerosissimæ exstant disputationes, certe sub ejus præsidio defensæ.

Prima mihi occurrit *exercitatio acroamatica de acidi & viscidi pro stabiliendis morborum caussis, & alcali fluidi pro iis debellandis insufficientia* Francofurti 1689. 8.* Primum hoc opere inclaruit HOFMANNUS, quo regnantem eo tempore sectam SYLVIANAM impugnavit. Candide BONTEKOI hypotheses proponit. Ad physiologiam pertinent, quæ dicit contra alcalinam naturam bilis. Neque adeo salubres esse alcalinos sales ex chirurgia infusoria ostendit, cum in sanguinem injecti animal enecent. Elementa succorum nostrorum chymica. Germanice vertit J. G. HOYER *eigentliche Untersuchung der Säure und des Schleims* Hall. 1696. 8.

EJ. *Mechanicæ medicinæ idea universalis* Hall. 1694. 8. & *Fundamenta medicinæ ex principiis mechanicis exposita* 1707. 8. 1746. 8.

EJ. *Medicina rationalis & systematica* T. I. *Philosophia corporis humani vivi & sani* Hall. 1718. 4.* cum reliqua medicina systematica, tum Basil. 1738. 4. 7.Tom. Genev. 1761. fol. in coll. 6.Vol. Physiologia simplex & perspicua, non tamen mathematica, etsi nomina scholiorum legas. Multa ubique STAHLII refutatio. Mentem animam & corpus admittit, tria nempe hominis principia; tum ovarium NABOTHI. Sanguinis circuitum in vasis minimis putat accelerari. Experimenta aliqua singularia tamen habet, ut CAMERARIANUM illud, inflati per ductum deferentem & vasa lymphatica, ductus thoracici. Analysis bilis. De senii caussis & cordis motu, fere ut BOERHAAVIUS. Alteram originem vasorum lymphaticorum ex textu celluloso deduxit. Gallice vertit Cl. BRUHIER Paris. 1739. 12. 9.Vol. Tomus III. ad pulsum facit.

EJ. *Physiologia* Hall. 1746. 8.

In *observationum physico-chymicarum selectiorum* T. I. III. Hall. 1722. 4.*. Huc facit in tomo II. examen ovorum physico-chymicum. Perspirationem per testam confirmat. Inde admistis salibus & igne subjecto naturam ovi explorat. In sanguine volatile elementum & proportionem partium, tum analysin dat, in qua leni igne nullum prodiit alcali, neque in cinere sal fixus fuit præter marinum.

Inde jam senex, adjuvante forte SCHULZIO, qui ultima opera HOFMANNIANA aut solus scripsit, aut certe accurate retractavit, bonum edidit libellum *de differentia inter ejus doctrinam physico-medicam, & STAHLII medico-organicam*

cam Francof. 1746. 8.*, edente *V Ern. Eugen.* COHAUSEN, quod opusculum, physiologicorum HOFMANNI præcipuum est. Perspicue enim & bono ordine atque modeste utramque theoriam comparat, & ostendit, quantum utraque discrepet, causasque addit sui dissensus. Defendit succum nerveum: tuetur vim motricem corporibus propriam; mortem negat ab arbitrio animæ supervenire: effectus venenorum non putat ab anima esse, sed a corporis fabrica. Motus a natura ortos sæpe nocere. Febrem motum esse convulsivum.

EJUSDEM *de imaginationis natura ejusque viribus* Jen. 1687. 4. HE.

EJ. *de atheo convincendo ex artificiosissima machina humanæ structura oratio inauguralis, cum munus Professoris adiret* Hall. 1693. 4.* 1705. 4. & in opusculorum Ulmensium Tomo I. 1736. 8.*

EJ. *de saliva ejusque mortis* Hall. 1694. 4.* *Respect. auct.* HOYERO.

EJ. *de animæ & corporis commercio* ib. 1695. 4. HE.

EJ. *de modo veterum balsamandi corpora* ib. 1695. HE.

EJ. *de somnambulatione* ib 1695. 4. 1705. 4.

EJ. *de synovia ejusque origine* ib. 1697. 4. tum 1698. 4. PL. repetita apud HEFFTERUM.

EJ. *de necessaria salivæ inspectione* ib. 1698. 4.* Resp. *J. Jacob* BAIERO auctore.

EJ. *Historia dentium physiologice & pathologice considerata.*

EJ. *de causa caloris naturalis & præternaturalis in corpore nostro* ib. 1699. 4.*

EJ. *de natura morborum medicatrice mechanica* ib. 1699. 4. Leid. 1717. 8.*

EJ. *de animo sanitatis & morborum fabro* 1699. 4. & in collectione Leydensi 1708.

EJ. *de affectibus hereditariis eorumque origine* 1699. BURKH.

EJ. *de pulsuum theoria & praxi* 1702. BURKH. Leid. 1713. 8. Non confundit celerem & frequentem, sed negat discrimen percipi posse.

EJ. *Curiosa pulli gallinacei in femina cachectica generati historia* 1702. 4.*. Fetus per anum egesti exemplum videtur.

EJ. *de anatomia publica* 1703. 4.*

EJ. *Annorum climactericorum rationalis explicatio* 1704. 4.*

EJ. *de bile medicina & veneno corporis* 1704. 4.* Analysin continet; ex oleo componi & sale alcali fixo.

EJ. *de temperamento fundamento morum & morborum in gentibus* 1705. 4. BURKH. & in Collect. Leid. 1708. 8.*

EJ. *de anatomes in praxi medica usu* 1707. 4. BURKH.

EJ. *de duodeno sede multorum malorum* 1708. & Leid. 1717. 8.

EJ. *de usu respirationis in arte medica* 1714. 4.*

EJ.

Ej. *de difficultatibus in medicina addiscenda* Hall. 1718. 4. Nimium studium botanices & anatomes carpit.

Ej. *de consensu partium, præcipuo pathologiæ & praxis medicæ fundamento* 1717. 4.*

Ej. *de pinguedine ceu succo nutritio superfluo. R. Dan. Wilh.* TRILLER, 1718. 4. BURKH.

Ej. *de medicina* HIPPOCRATIS *mechanica* 1719.

Ej. *de ignorata uteri structura, multorum in medicina errorum fonte* 1726. 4.*

Ej. *Morbi hepatis ex anatome deducendi* 1726. 4.*

Ej. *de proceritate corporis ejusque causis & effectibus* 1726. 4.*

Ej. *de mechanica optima in medicina philosophandi ratione* Hall. 1728. 1741. 4.

Ej. *de judicio ex sanguine per venæ sectionem emisso* 1729.

Ej. *de ætate conjugio opportuna* 1729. 4. HE.

Ej. *de abortivis &c.* 1729. 4. 1755. 4.* Fetus vivi editi pulmones tamen subsedisse, cum per aliquot hebdomadas vixisset.

Ej. *de doloribus* 1730. 4.

Ej. *Vitæ animalis consideratio theoretico practica* 1731. 4. Resp. B. LUD. TRALLES *.

Ej. *Vera perpetui mobilis in homine vivo idea* 1731. 4. BURKH.

Ej. *de vomitu* 1733. 4. PL.*

Ej. *de singultu* 1733. 4.*

Ej. & *Christ.* HOFMANN *de gravitate aëris ejusque elasticitate in machinam corporis humani* Hall. 1733. 4.*

Ej. *de ebore fossili Suevico Halensi* 1734. 4.* Auctore *J. Frid.* BEYSCHLAG.

§. DCLXXXVI. *J. Hieronymus* SBARAGLI,

Professor Bononiensis, acris MALPIGHII adversarius, & subtilis anatomes osor. Ejus pluscula exstant scripta, aspero & inamœno stilo exarata, quæ tamen legisse deceat, ut rectius de lite judices.

Prima prodiit *de recentiorum medicorum studio disputatio epistolica* ARISTIDIS Göttingæ (verius Bononiæ) excusa anno 1689. 8. (*y*) recusa Parmæ 1690. 8. & cum aliis, Bonon. 1701. 8.* Data est anno 1687. MALPIGHIUM non quidem nominatum, minuta, multa & in medicina inutilia esse scrutatum. Neque GALENUM eas minutias sua dignatum esse adtentione.

Cum in Programmate proprio *Johannis* BOHN in collectione Bononiensi 8.* 1701. recuso, veram fabricæ partium cognitionem utilem esse adfirmaretur, noster respondit in Dissertatione secunda *de recentiorum medicorum studio*, LIBANII

(*y*) MALPIGH. *posthum.* p. 187.

BANII nomine data 1691., excusa Bononiæ 1693. 8. recusa ibid. 1701. 8.*. Absque omni ista nuperorum subtilitate empiricos feliciter morbos curare, & absque ea curasse HIPPOCRATEM. Nuperos multa dubia inventa & vacillantia protulisse &c.

EJUSD. *Ad physico-anatomicas epistolicas dissertationes appendix*, Bononiæ 1701. 8.* cum vero suo nomine, contra *Bibliothecæ anatomicæ collectores*, qui Anatomen sibi sumserant defendendam.

EJUSD: *de vivipara generatione scepsis*, *s. dubia contra viviparam generationem ex ovo, per tubas ex ovariis ad uterum delato* Vienn. 1696. 8.* Undique difficultates congerit. Negat viviparorum ovis cum ovis oviparorum convenire, aut primordia novi animalis continere. Addit aliqua ex brutis animalibus. Male certe negat; se in istis ostiolum reperire, per quod ovum exierit, quod sit manifestum semen.

EJUSD. *Altera de vivipara generatione scepsis* ib. 1701. 8.* Producit aliquas suas adnotationes. Vidit in femina antiqua corpora lutea, siccata. Vesicularum succum ad ignem non concrescere, ovaria ergo fuisse morbosa, cum femina gravida esset. Tubam angustam nimis, ab ovario longe remotam esse, nullam habere fibrarum suppellectilem, qua ovum promoveatur, non ergo posse ab ovario ova separari, neque tuba recipi, neque in uterum promoveri. Cornicula habet BERTINI. Contra NUCKII experimenta. Icones uteri humani rudes, non tamen pessimæ.

Hæc omnia collecta prodierunt cum titulo *exercitationes physico-anatomicæ authore J. Hieronymo* SBARAGLI Bonon. 1701. 8.*

EJUSD. *Oculorum & mentis vigiliæ ad distinguendum studium anatomicum, & ad praxin medicam dirigendam; accedit mantissa subsidiaria de vi indicationis a parte, & de usu microscopii* Bonon. 1704. 4.* Diss. I. critologica, qua potissimum MALPIGHII glandulas impetit, & omnia ejus viri inventa dicit. In altera apologetica mantissa criminatur microscopia fallere, cava convexa repræsentare, colores mutare. Aliquas suas non subtilissimas incisiones recenset; ubique multo plus dat ratiocinii & auctoritatum, quam in natura observanda peritiæ. Glandulæ lienis.

EJ. *Risposta a Teofilo* ALETINO Bonon. 1711. ORI.

EJ. *Entelichia*, *s. anima sensitiva brutorum demonstrata contra* CARTESIUM Bonon. 1716. 4.

§. DCLXXXVII. *J. Dominicus* GAGLIARDI,

Professor Romanus. Ejus exstat *Anatome ossium, novis inventis illustrata* Rom. 1689. 8.* Leid. 1723. 8.* & in B. MANGETI.* In siccis ossibus fabricam subtilem persequitur, neque prodierunt, quæ de recentibus promiserat. Primus laminas distinxit in leves, corrugatas, cribriformes, retiformes. Ossa mollia fieri succo osseo dissoluto. Claviculos dixit quadruplices, quas laminas con-

conjungant, hos a nuperis rejectos. Inde in singulorum ossium fabricam inquisivit. Emollitorum ossium exemplum produxit. De ossium petrificatione & succo gypseo.

§. DCLXXXVIII. *J. Baptista* VERDUC.

Prodierat *Osteologie nouvelle, où l'on explique mecaniquement la formation & la nourriture des os, avec les squelettes du fetus, & une dissertation sur le marcher des hommes & des animaux, sur le vol des oiseaux & le nager des poissons* Paris 1689. 8. NICOLAI. Suspicor esse VERDUCII osteologiam, non tamen ausus sum conjungere, cum librum non viderim, neque in diario eruditorum conjungatur. Esse compilationem auctores ACT. ERUDITOR. LIPS. & certe VERDUCI opus ex KERKRINGIO & aliis compilatum est.

J. B. VERDUC, Medici, *Nouvelle osteologie, où l'on explique &c.* ut supra, *seconde edition* Paris 1693. 12.* Videtur idem omnino liber, qui absque auctoris nomine anno 1689. prodierit. Compilator. Icones ex VESALIO & COITERO. De motu animalium ex BORELLO. De ossium generatione ex KERKRINGIO; dentium in diversis animalibus historia ex PERRALTO.

EJ. *Suite de la nouvelle osteologie contenant un traité de myologie raisonnée* Paris 1698. 12.* Aliqua de motu musculorum in universum, deinde myologia brevis, mistaque fabellis. Coracohyoideum musculum a processu coracoideo deducit; cæterum, non J. BAPTISTÆ est hic labor, sed fratris Chirurgi, cui LAURENTIO nomen fuit: nam duos chirurgos citat suos confratres (z). Prodiit cum titulo *syllabi musculorum corporis humani* Londin. 1698. 8. Nupera editio Paris. 1711. 12.*: aucta est *d'une description des cartilages, des ligamens & des membranes en general.*

EJ. sive *Laurentii* VERDUC, *Laurentii* fil. *de l'usage des parties, traité physiologique fondé sur les principes de la philosophie moderne* Paris 1696. 12. 2. edit. 1711. 12. 2. Vol.* Anglice versum 1704. 8. OSB. Et iste liber compilatus est, potissimum etiam ex BOHNIO (a), in quo vix distinguas, si quid proprium habet, ut de trachea arteria, glottide, pericardio. Ridicule appendices pylori tribuit insecto cloporte, quæ ad asellum piscem pertinent. Analyses humorum.

In *Traité des operations de Chirurgie* 1693. 8., habet aliqua contra aquam pericardii & ventriculorum cerebri.

§. DCLXXXIX. *Justina* SIEGMUNDIN.

Justina SIEGEMUNDIN, gebohrne DIETRICHIN, *Churbrandenburgische Wehmutter &c.* Berlin 1689. 4. 1723. 4.* Partem chirurgicam omitto. Dedit etiam icones aliquas, ut fetus in utero contenti, & partium genitalium, cum aliqua anatome. Non videri ossa pubis discedere.

Melchioris

(z) p. 224. (a) FANTON *Diss. anat. ann.* 1745. edit. p. 115.

Melchioris Friderici GEUDER *diatribe de fermentis variarum animalis corporis partium ſpecificis & particularibus. Subjicitur Diſſ. de ortu animalium* Amſterdam 1689. 8.* Auctor audiverat DUVERNEYUM, STURMIUM, NUCKIUM. Fermenta ſuo ſeculo dominantia ſibi ſumit refutanda, ut tum in univerſum contra J. PASCAL & *Guilielmum* COLE pugnet, tum per ſingulas humani corporis partes, ipſe olim fermentis addictus. Acorem ventriculi, glandularum ſalivalium, conglobatarum; nutrimenti, cordis, cerebri, lienis, hepatis, renum, ſexus utriusque, mammarum recenſet. Fuſe de glandularum fabrica. Non infelicem conjecturam profert de plethora a liene exciſo ſuperveniente.

In altera ad Præceptorem J. C. STURMIUM data Diſſ. defendit præfiguratum in ovo animal. In LAMYUM pugnat & LEEUWENHOECKIUM. Animam maternam credit infanti mariti ideam imprimere, & de ſemine materno aliquid alendo fetui ſervire. Ita morbos paternos in fetum tranſire.

Franciſci PIENS *de febribus in genere & ſpecie* Genev. 1689. 4. edente MANGETO. Multa phyſiologica. Circuitum ſanguinis a Salomone dictum eſſe. Sanguificatio. Alia.

Georg. GRAU ὑπνολογια, *oder Fragen und Antworten von dem Schlafe* Jen. 1689. 12.* Exigui momenti.

L. Le MONNIER *Tr. de la fiſtule de l'anus* Paris 1689. 12. habet ani anatomen.

Die durch eine wunderliche Mißgeburt geſtrafte Frauenzimmer Hauben-Mode Hanau 1689. 4.* Monſtrum erat vitulinum cum tumore capitis.

§. DCXC. JESUITÆ *in* R. SIAM MISSI.

Bonus libellus anno 1692. 4. prodiit, & Pariſ. 1737. 8.* recuſus eſt, cum titulo, *Obſervations phyſiques & mathematiques pour ſervir à l'hiſtoire naturelle, & à la perfection de l'Aſtronomie & de la Géometrie, avec les reflexions de M. de l'Academie & quelques notes du P.* GOUYE T. I., qui etiam in dedicatione nomen ſuum ſubſcripſit. Primum trium crocodilorum bonæ inciſiones, cum notis *Joſephi* DUVERNEY. Glandulæ ſublinguales. Cor biventre quidem, verum ſepto imperfecto. Penis abſque urinaria veſica. Utramque maxillam mobilem eſſe. Cerebrum minimum, & nervi optici ſeparati. Oſſicula auditus. Inde anatome lacertæ Tockaye & Tigridis. In itinere ſuo Siamenſi alter, P. TACHARD habet aliqua de lacerta (*Gekko*), cui inciſæ ſanguis vix fluat, quando thorax apertus eſt, cum ſatis bona anatome. Prodiit Pariſ. 1689. 4.

§. DCXCI. *Diſputationes.*

Diderici GOTTSCHALK *de tranſpiratione Diſp.* Leid. 1689. 4. Bibl. BOEHMER. HAENEL.

EJ. *Prodromus de oſſium tum generatione, tum corruptione interna* ib. 1691. 8.* De generatione fetus & oſſium breviter.

Daniel

Daniel RINGMACHER *de spiritu s. principio vitali corporis animati* Lipsiæ 1689. 4.

Carol. Philipp. LOMBARDII *de chylificationis statu naturali & præternaturali* Herborn. 1689. 4.

J. Christian SCHAMBERG *de gustu* Lipsiæ 1689. 4.*

Ej. *de respiratione læsa* ib. 1693. 4. BUTTNER.

Paul. Gottfried SPERLING *chemica formicarum analysis* Witteb. 1689. 4.

Ej. *de fame canina* ib. 1699. 4. PL.

Ej. *de vomitu simplici* ib. 1700. RIV.

Ej. *de salacitate* ib. 1701. 4. HAENEL.

Ej. *de sudore* ib. 1706. 4.*

Ej. *de tussi* ib. 1708. 4. RIV.

J. Christoph WENCEL *de purpura sanguinis* Jen. 1689. 4.*

J. MOEBII *de grandævis Dissertatio* I. *Historica* Lipf. 1689. 4.*

Diss. II. *de iisdem Philologico-physica* ib. 1689. 4.*

Pauli DIMIEN *de generatione, augmentatione & decretione microcosmi* Leid. 1689. 4.*

Andreæ DROSSANDRI *meditationes physicæ de spiritu animali* Stockholm 1689. 8. VATER.

Ern. Christ. WARTENBERG *de anima corpus humanum informante* Lipf. 1689. 4.

Laurentii BRAUN *de sudore* Utrecht 1689. 4.*

Francisci AILLOT & *Philippi* CARON *E. fatui diutius & felicius vivunt sapientibus* Parif. 1689. 4.

Fr. VERNAGE & *Lud. de* VAUX *Ergo vita hominis a sanguinis circuitu* Parisiis 1689. 4. Prima in hunc sensum disputatio Parisina.

Caroli CONTUGI & *Alexii* LITTRE (celebris Academici) *E. chylus est fetus alimentum* Parif. 1689.

Guido Er. EMMEREZ & *Alexii* LITTRE *Ergo aër hominem nutrit*. Parif. 1689.

§. DCXCII.

Act. Nat. Cur. Ann. 1690. sive *Tomus* IX. *Dec.* II.

Andreas LOEUW *obs.* 117. Fetus maximo tumore capiti adnato, labio leporino enormi.

Gustav Casimir GAHRLIEP, Archiater Brandenburgicus, *obs.* 71; in lupo reperit septum, ut intelligo, tympanum inter & concham, aculeis osseis hirtum.

Dec. II. *ann.* X. *obs.* 4. De formatione pulli gallinacei: inter ea partus dilatus per 24. horas, testa conferruminata, quæ fracta fuerat.

Dec. III. *ann.* II. *obs.* 110. Hepar gallinaceum vastissimæ molis.

Ann. V. VI. *obs.* 164. Ovum gallopavonis monstrosum.

Ann. VII. VIII. *obs.* 55; miri nævi; manus a terrore amputata; cutis passulis efflorescens.

Ann. IX. X. *obs.* 96. Sudor moschum olens.

Theodorus ZWINGER junior, cujus filii superstites sunt, Professor Basileensis. Ejus partus gemellarum ad umbilicum sibi cohærentium, *Dec.* II. *ann.* IX. *obs.* 134.

Obs. 201. Puer cerebro destitutus, variis cum cerebri herniis.

Dec. III. *ann.* II. *obs.* 8. Serum sanguinis constanter lacteum.

Cent. VII. *obs.* 79. Fetus monstrosus collo destitutus, galea cranii nulla.

Obs. 86. Menses e cute dorsi fluentes.

Vol. I. *obs.* 77. Gemellæ nigra & alba.

EJUSD. *De iræ natura, effectibus & remediis* 1699. 4.

EJUSDEN *De acquirenda vitæ longævitate* 1703. 4. & cum aliis 1705. 8.* 1711. 8. MANGET.

EJ. *Epitome totius medicinæ* Lyon 1705. 8.* Basil. 1724. 8. Continet priorem libellum, tum physiologiam.

In *collectione disputationum* Basileæ 1710. 8.* edita, huc referas *de somnambulatione* Diss.

Huc etiam *otojatreia, in qua auris anatome traditur* Basil. 1715. 4.

J. Matthias FABER sub finem hujus anni; dedit obss. de saliva dulci, cordis pulsatione in hypochondrio, linteis noctu lucentibus.

In *Journal des Savans* 1690. fetus male formatus & absque partibus genitalibus.

SAVIARD, cel. Chirurgus, fetus cranio destitutus, etiam anno 1694.

EJUSD. Partus ventralis, *Journ. des Sav.* 1696. *Phil. Trans.* n. 222. Videtur ex tuba elapsus.

In ejusdem *nouveau recueil d'observations chirurgicales* Paris 1702. 12. Belgice reddito a *J. v.* BEEKHOKEN *de* WIND Haarlem 1755. 8. multa habentur argumenti physiologici; atretæ utriusque generis. Androgyna (*b*) putata, cui vagina elapsa erat. Rupta vagina & fetus in ventrem elapsus. Gravidæ uterus tenuior. Fetus galea cranii destitutus. Sic alter absque cerebro. Fetus extra uterum integerrimum. Ossa emollita. Acus ex deltoide musculo excisa. Tergemini cum unica placenta, & cum duabus. Puer urethra in perinæo patente. Sic alter fetus manubus imperfectis, arteria umbilicali unica, renibus in pelvi, uteris binis. Homo partibus in alterum latus transpositis. Puer decem digitis in quaque manu, & quoque pede. Puer nullo pene.

THE-

(*b*) v. de ea GAYOT de PITAVAL causes celebres T. 4.

THEROUDE, idem, qui in *hist. de l'Academie*. Fetus informe caput in ovario muliebri.

§. DCXCIII. *Daniel* TAUVRY,

Medicus Parisinus & Academicus, quem immatura mors abripuit. EJUS *nouvelle anatomie raisonnée* Paris 1690. 12. 1694. 12.* 1698. 12.* 1721. 12.* Latine, cum titulo *anatomes rationalis*, vertente GEUDERO Ulm. 1694. 8.*. Anglice 1701. 8. 1705. 8. Anatome quidem fere ab aliis sumta, tum malæ figuræ. Ingenio cæterum non caret, & proprias habet hypotheses, ut illam de motu musculari a fibris sanguiniferis orto, quas transversi nervi constringant. BAYLEUM, & vim intercostalium internorum costas deprimentem refutat. Ductum thymi se vidisse putavit.

Editio anni 1698. paulo uberior; altera anni 1721. aucta est duabus EUSTACHII tabulis.

EJ. & *Mich. Lud.* RENEAULME *Ergo ovali foramine in pulmonis venam aditus* Paris. 1698.

EJ. *Objections & reponses principales, qui furent faites au sujet de l'usage du trou ovale à la these, que Mr.* TAUVRY *fit soutenir le* 18. *Decembre* Paris 1699. 12.* Disputatio ipsa contra MERYUM est. Majorem esse columnam anuli ovalis dextram, quam sinistram, hinc ab illa versus istam fluentum sanguinis vergere. Arteriæ pulmonalis magnitudinem esse a difficili sanguinis per id viscus transitu. Vincula & flatum iter a dextris ad sinistra demonstrare. Male testudinem a MERYO pro sua causa produci, cujus cor sit vere univentre.

EJ. *Traité de la generation & de la nourriture du fetus* Paris 1700. 12.* Multum laborem huic opusculo impendit, ut etiam vitæ nocuisse dicatur. De generatione quidem in genere pauca propria habet, & pro ovorum hypothesi pugnat; utique tamen legi meretur, omnes enim opiniones expendit, neque aut ingenio caret, aut judicio.

ANNO 1698. prælegit in *Acad. Scientiarum* commentarium MERYO oppositum.

Replique aux reponses de Mr. MERY. Hic imprimis magna contentione animi nititur, ut novam MERYI hypothesin expugnet. Non satis recte difficultatem solvit a majori arteria pulmonali desumtam, quam mallet negare. Valvulam ovale foramen totum tegere recte monet, quo longior sit. Non bene admittit, eam valvulam ad ventriculum dextrum convexam esse, ad sinistrum cavam. Non bene negat, lumina vasorum esse in ratione permeantis sanguinis.

Problemes anatomiques. In eundem sensum. Arteriam pulmonalem latescere, quod pulmo minus meabilis ejus sanguinem moretur; neque bene negat ventriculum dextrum accurate inaniri, quod in pullo facile sit visu. Inde de corde testudinis, cujus duo cordis ventriculi communicant. Chordulas foraminis ovalis reperit. Hæc anno 1699. 12. conjuncta prodierunt.

Tr. des medicamens & de la maniere de s'en servir Paris 1699. 12. De humoribus humani corporis sanguinis, ejusque seri analysi.

In *Hist. de l'Acad. des Sciences* 1700. ossium omnium emollitio.

§. DCXCIV. G. F. FRANK.

Georg. Frider. FRANK (*Georgii* fil.) *de* FRANKENAU, Professor Hafniensis, vir etiam in aliis studiis laboriosus. Ejus est *de pericardio disputatio* Altdorf. 1690. 4.* præside *J. Maur.* HOFMANNO. A thymo ad pericardium vasculum ire, quod BERGERUS viderit. In bove aquæ pericardi duas esse uncias.

In *Eph. Nat. Cur. Dec.* III. *ann.* I. *obs.* 122. de hepate monstrosæ molis in homine viso.

Ann. IV. *obs.* 5. Hæmorrhoïdes in puero octenni.

Ann. V. VI. *obs.* 172, argentum vivum de vivo homine effluens.

Obs. 176, ren unicus semilunaris.

Vol. I. *obs.* 117. Ovorum variæ figuræ.

Obs. 147. Puellus cornutus.

EJUSD. *Onychologia curiosa, s. tractatus de unguibus physico-medicus* Jenæ 1696. 4.* collectio.

EJUSD. *de unguibus monstrosis & cornuum productione in puella Lalandica* Hafn. 1716. 4.* Cornua monstrosa etiam igne subjecto exploravit, eorumque elementa indagavit. Redit in *Eph. Nat. Cur. Cent.* I. *obs.* 32.

EJ. *Anastomosis detecta, s. disputatio physiologica posterior, mutuas vasorum osculationes, secretiones animales, & membranarum usum ostendens* Hafn. 1704. 4.*

EJUSD. & DEBEL *de sudore* Hafn. 1701. 8.

EJ. *Diapedesis restituta* Hafn. 1716. 4.*

EJ. *Disquisitio epistolaris de succi nutritii transitu per nervos ejusque in corpore humano effectibus* Lips. 1696. 12.* Contra BERGERUM negat spiritus alere: nervos tamen requiri, ut habitum cujusque partis integrum servent.

EJ. & *Ansgar* ANCHERSEN *de strophe septimestri fetus, Gallis dicta la culbute, falso hactenus credita* Hafniæ 1730. 4.*

§. DCXCV. *Homobonus* PISO. J. SINIBALDUS.

Homobonus PISO, Cremonensis Medicus, edidit Cremonæ 1690. 4.* *ultionem antiquitatis in sanguinis circulationem, qua confirmatum communi consensu sanguinis circulum iterum adnisus est expugnare.* Satis hactenus *Jacobi* PRIMEROSE similis, ut ratiociniis potius, quam scalpello pugnaret. Ipse tamen circuitum experimento iterato satagit refutare. Circuitum pugnare cum revulsione, derivatione & venarum prærogativa, quæ omnia nuperi retinuerint. Arteriosum sanguinem a venoso diversum esse, id discrimen a circulatione non posse explicari. Arteriosum sanguinem in febrili frigore ad cor redire. Bis ligatam venam in suo experimento tamen

tamen intumuisse: quando vinculum aufertur, sanguinem de vena propius cor incisa etiam melius prosilire. Valvularum alias esse utilitates. Cum in homine lac in venas injecisset, ad digitos id fluxisse, non ad cor. Hippocratica loca male huc trahi, neque de circuitu sanguinis bonum senem cogitasse. Sanguinem per venas ultra & citra fluere. In *Bibliotheca* MANGETI hic lib. cum refutatione repetitur.

EJUSD. *Nova in sanguinis circulationem inquisitio* Patav. 1726. 4.* cum *medendi methodo* prodiit. Cum priorem libellum Cretensis Medicus MADERO refutasset & MANGETUS, noster priores hic fere objectiones repetit, tum experimentum, in quo sanguis sursum in venam inpulsus, tamen extremum brachium petierit. Venena alia aliis celerius operari, quod quidem fieri non posse putat, si communi via moverentur. Obscurus scriptor, parum æquus, microscopiorum contemtor, alter SBARAGLI. Vocationem ad cathedram præmium sui laboris fuisse gloriatur.

Jacobi SINIBALDI, *J. Benedicti* fil. Romani Archiatrorum Collegæ, theoriæ lectoris, *Apollo bifrons medicas & amœnas Diss. latino & Hetrusco* (sic) *sermone promiscuas exponens* Rom. 1690. 4.* Dissertationes huc faciunt de adipe, de usu respirationis, de sudore. Inde problemata de imaginationis parentum in fetus vi; de fetus respiratione. An aër respiratus sanguinem subeat. An ullum animal possit respiratione carere. Problema HARVEJANUM. Ut urinatores vivant absque ducto aëre. An per fermentationem urina secernatur, an per poros certæ figuræ. Num quæ lambuntur in asperam arteriam veniant. Somnus num calefaciat, num vero refrigeret. Patrem in solo actu conceptionis, matrem per omne graviditatis tempus fetum posse signare. Cæterum non rudis inventorum nuperorum, ea cum GALENICIS confert, & studet conciliare. Propria vix habet experimenta.

J. Pauli FERRARI *zelotypia veritatis in veterum fallaciis & dogmatibus* Parmæ 1690? Contra J. H. SBARAGLI de recentiorum medicorum studio l. CIN.

§. DCXCVI. *Varii.*

Wunder der Natur nach der Menschen unterschiedlichen Beschaffenheit, in drey Theilen zusammengetragen Frankfurt 1690. 4. B. THOMAS.

Gerard SERMES *kortbondige verklaaring van de gezonde en ongezonde stand des menschen, des selfe oorzaaken en genesing* Amsterdam 1690. 8. LAMB. Physiologia aliqua & anatome. Idem forte qui p. 621.

L. S. M. D. *Medicinale Collegie en beschryving van het sceleton* Amsterdam 1690. 8. LAMBERGEN.

Justification des anciens, où l'on fait voir, qu'ils ont su ce que les modernes nous debitent en Medecine comme de nouvelles decouvertes, par JOBERT Paris 1690. 12. BUR.

In *Eliæ* PRAT *Vademecum Chirurgicum* Hamburg 1690. 8.* Compendium exstat anatomes, & propria mira musculorum nomina.

In

In LAUNAI l. *des descentes* Paris 1690. 12. aliquæ sunt icones anatomicæ.

Chrysostomus MARTINEZ, Hispanus, qui Parisiis anatomen coluit, & duas tabulas æneas paravit, mihi non visus, hoc anno 1690. disparuit.

§. DCXCVII. M. E. ETTMULLER. W. U. WALDSCHMIDT.

Michael Ernest ETTMULLER, *Michaëlis* fil. viri eruditi disputationes variæ, præter quas nihil scripsit.

EJ. *Tactus sensuum externorum moderator*, 1695. 4.*

Epistola anatomica 12. *ad* RUYSCHIUM Amsterdam 1699. 4.*

EJ. *Corpus humanum sympatheticum* 1701. 4.*

EJ. *de ira* 1705. 4. HE.

EJ. *de vigiliis involuntariis* 1705. 4.*

EJ. & WERTHER *de monstro Hungarico* 1707. 4. Sororibus nempe ad nates connatis.

EJ. *de secundinarum exclusione* 1710. 4.

EJ. *Effectus musices in homine* 1714. 4.*

EJUSDEM *de circulatione sanguinis in fetu* 1715.*

EJ. *de ventriculi situ mutato progr.* 1721. 4.*

EJ. *de cerebri membranis* 1721. 4.*

EJUSD. & *R. Gottwald* SCHUSTER *de secundinarum exclusione* 1726. 4. HE.

EJ. *de origine animæ* 1728. 4.*

EJ. *de animæ generatione* 1728. 4.*

EJ. *ad* RUYSCHIUM *epistola de ovario novo data* a. 1714; recusa a. 1720. 4* Historiam tradit novi ovarii Nabothiani, dudum ante eum virum noti.

EJUS opera RIDLEYUS latine prodiit.

In *Act. Nat. Cur. Vol.* III. inquisivit fere sceptice de fetu octimestri & decimestri.

Wilhelmi Ulrici WALDSCHMIDT, *J. Jacobi* fil. Professoris Kiloniensis, disputationes, præter quas nihil scripsit.

De corporis statu naturali & præternaturali Marpurg. 1690. 4.*

EJ. *de rebus medicis & philosophicis variis* Kiel. 1693. 4.* de fermentis, calido innato, liquido nerveo.

EJ. *de imaginatione hominum & brutorum* Kiel. 1701. 4.*

EJ. *de sororibus gemellis Hungaricis ab osse sacro monstrose sibi invicem coherentibus* Kiel. 1709. 4.

EJ. *de his qui diu vivunt sine alimento* Kiel. 1711. 4. BURKH.

EJ. *de*

EJ. *de hominis vita & generatione* 1720. 4. BURKH.

EJ. *Superfetatio falso prætensa* Hamburg. 1727. 4. & in E. N. C. *Vol.* II. *app.*

EJ. & SELLII *de allantoide* Kiel. 1729. 4.*

In E. N. C. *Dec.* III. *ann.* V. VI. *obs.* 231. Lampetræ anatome & pericardium cartilagineum.

Ann. IX. X. *obs.* 38. Memoria felicissima rustici.

§. DCXCVIII. *Disputationes.*

Adolph. Christoph. BENZ *de pituita vitrea insipida* Altdorf. 1690. 4. RIV.

J. Andr. CRAMER *de glandulis uterinis* Leid. 1690. 4. HE.

Samuel BATTIER L. Græcæ Professoris Diss. *de generatione hominis* Basil. 1690. 4. SCH.

Seb. HOEGGER *de saliva statu morboso* Basil. 1690. 4. B. BOEHM.

David GOESGEN *de monstris* Disp. I, Lips. 1690. 4.*

L. F. MEISNER *de auditu ejusque vitiis* Prag. 1690. 4.

Just. Frid. DILLENIUS *de pulsu* Giess. 1690. 4.*

In E. N. C. *Dec.* III. *ann.* VII. VIII. *obs.* 161. Lien cani feliciter exsectus.

Obs. 162. Canis teste unico.

Obs. 164. Vertebræ lumborum sex.

Cent. III. *obs.* 42. Lingua duplex.

Cent. VII. *obs.* 43. Puella atreta.

Obs. 45. Glandulæ morbosæ in liene.

Obs. 46. Articulatio ossium pubis laxa in femina infanticida.

Obs. 48. Menses in vetula. Menses feminæ ex faucibus.

J. LINDELII, Sueci, *de vipera* Diss. Ultraject. 1690. 4.* cum ejus animalis anatome. Ductus ab hepate in bilis vesiculam. Nervi præter caput nulli conspicui. Venenum in ira esse.

Gottfr. WEGNER *de origine avium* ex Gen. I. 20. Francof. ad Viadr. 1690.

J. Georg. GUNZELII *de somno atque insomniis* Utrecht. 1690. 4.*

Conr. a LAGE *de pythonibus s. ventriloquis* Vinor. 1690. 4.

Lud. de VAUX & *Claud.* BURLET, *Ergo alterum circuitus sanguinis organum pulmo* Paris. 1690.

Fr. VERNAGE & *Alex. Pet.* MATTOT *Non ergo monstrum tribuendum naturæ erranti* Paris. 1690. 4.

§. DCXCIX. *Johannes* BERNOULLI.

Duorum fratrum junior, summus mathematicus, alter integralis calculi inventor, noster annis 1728. & 1729. præceptor, medicus, ut tamen in mathematibus sibi pene unice placeret. Cum Groningæ doceret, edidit disputationem *de nutritione* 1699. 4. in *Tempe Helveticis* recusam. In ea calculos ponit consumtionis corporis humani, quæ fit per insensilem perspirationem, & tempus definit, quo inquilinæ particulæ ejus corporis evanescunt novisque reparantur. Solidas particulas & ipsas reparari docet. Alimentum ad basin fibrarum adponi, ita eas propelli & protrusione nutriri. De arteriæ cum vena conjunctione.

In *Act. Erud. Lips.* 1694. theoriam suam motus muscularis adumbravit.

IDEM anno 1697. 4. Basileæ *de musculorum motu* disputavit, quam dissertationem P. A. MICHELOTTI cum suo de *separatione liquidorum* opere Venet. 1722. 4.* recudi fecit. Neapoli etiam 1734. 4. & Haag. 1743. 4. recuderunt. Mensuram dat contractionis fibræ, quæ maxima sit, & mensuram elevationis, quæ fit a vesiculis fibram constituentibus inflatis. Vesiculares fibras musculi facit. Causam inflationis tribuit globulis a spiritibus perforatis, ut intus contentus aër erumpat.

Apologiam alias dicam, quam pro hac disputatione MICHELOTTUS scripsit.

Non potest ab ea longe separari Disp. *de effervescentia & fermentatione*, quæ Basilææ 1690. 4. excusa, Neapoli 1734. 4. prodiit, & cum MICHELOTTO Haag. 1743. 4. Hic enim theoria continetur, qua prior libellus nititur, effervescentiam nempe fieri ab acido, quod perrupto alcali aërem internum liberet.

§. DCC. *Diaria. Trans. Philos.*

N. 193. *Richardus* WALLER formationem successivam gerinorum persecutus est.

N. 196. ejusdem aliqua ad anatomen muris majoris vesicula fellea destituti. Glandulæ ad penem adsidentes, vesiculæ seminales: vascula epididymidis evidentissima.

N. 211. Aliqua ad psittaci anatomen. Larynx uterque. Rostrum superius cum cranio dearticulatum; duplex præter carnosum ventriculum ingluvies.

N. 312. de surdis, qui ex motu labiorum sensa colloquentium percipiunt.

N. 350. accuratior anatome capitis pici; quam apud MERYUM & BORELLUM.

N. 196. 198. *Edmundi* HALLEY, celebris physici & Astronomi, Tabula mortium & partuum Vratislaviensium. Hic primum 34000. hominum anni emortuales ex fastis funereis excerpti, probabilitas futuræ vitæ expressa, annus definitus, quo quisque mortalis de vita decedit. Quæ omnia per nuperiores labores ad usus humanos politicos & œconomicos sunt perfecta.

In *Eph. Nat. Cur. Dec.* II. *ann.* X. s. 1691. *Martinus Johannes* HAESBART *obs.* 75. anum & naturam clausam recenset.

J. Con-

J. Conradus MURALTUS J. F. Tigurinus Medicus, de lutræ maſculæ anatome, *obſ.* 112.

EJUS *Compendioſa naturalis hominis ſtatus hiſtoria* Pr. CH. L. WELSCH. Baſileæ 1692. 4.

In addendis Tomi *Ephemeridum* hujus anni icon datur fetus difformis varie conquaſſati.

Et *Coſmi* BONOMO epiſtola de teredinibus humani corporis latine verſa a J. LANZONO.

§. DCCI. *Clopton* HAVERS.

EJUS *oſteologia nova, or ſome new obſervations of the bones &c.* London 1691. 8.* 1729. 8.* & latine Ulm. 1692. 8. in B. MANGET. Amſterd. 1731. 8. vertente SCHREIBERO. Quinque ſermones partim anatomici argumenti, partim phyſiologici. L. I. Fabrica oſſium; bene de perioſteo, vaſis nutritiis, laminis, cancellis. Pericranium a perioſteo non eſſe diverſum. L. II. de accretione hypotheſis mirifica, quam derivat a ſucco viſcido de arteriis ſecreto, per nervorum motum in gyrum acto, circa axin, ut vicinis partibus adhæreſcat. Solidas corporis partes non creſcere. III. De medulla, ſecreta in veſiculis, quæ in lobulos congregantur. IV. De glandulis mucilaginoſis, cum quibus nomen viri conſervatum eſt, compoſitis, quas recenſet, & ſimplicibus. Lienem mucum articularem ſecernere. V. De cartilaginum fabrica & potiſſimum coſtarum, quarum figuram in reſpiratione docet mutari, ut inſpirantibus longiores fiant & planiores, exſpirantibus curvæ magis & breviores. Recte exponit, ut coſtis extrorſum verſis thoracis amplitudo augeatur.

IDEM edidit *Michaëlis* SPACHER & J. REMMELIN *anatomy of bodies of man and woman* cum ſuis emendationibus Londin. 1702. fol. GUNZ.

In *Phil. Tranſ.* n. 254. mirificam theoriam digeſtionis dedit. Cum enim vidiſſet carnem in pulpam ſolvi, ſi oleum vitrioli & terebinthinæ adfuderis, eo ſe abduci paſſus eſt, ut crederet ſalivæ quatuor glandulas, (nam NUCKIANAS numerat) duorum generum ſalivam adfundere, fere ut hi duo quos dixi liquores; eas duas ſalivas efferveſcere, ſic carnem ſolvi.

§. DCCII. *Johannes* VIRIDET,

Medicus Morgienſis in Helvetia. EJ. *Tractatus novus medico-phyſicus de prima coctione, præcipueque de ventriculi fermento* Genev. 1691. 8.*; parum notus, ſua tamen ſibi propria experimenta habet. Pro digeſtionis equidem cauſis habet alcali ex ſuccis arterioſis gaſtricis per glandulas ſecretum, cum acida ſaliva efferveſcens, neque probes, quod alcali volatile ab aëre in ſanguinem ſorberi doceat, & famis eſſe cauſam Succi ventriculi natura. Experimenta vero ſua profert peculiaria: pleraſque glandulas humani corporis, & conglomeratas etiam potiſſimum, ſuccum heliotropii rubro colore tingere, tum ſalivam omnium animalium etiam maxime. Totam officinam chylopoieſeos perſequitur. A bronchiis

chiis se in vesiculam aëream euntem ductum in multis piscibus vidisse. Hoc ipsum fere opus Gallice vertit auctor, & Paris. (potius Genevæ) recudi fecit cum titulo, *Traité des causes de la production du bon chyle, & de celles qui lui nuisent.* 1735. 12. 2.Vol.*

Pars prior potissimum huc facit. Salivam fermentationem ciere, argentum vivum exstinguere; subacidam esse: in succo ventriculi salem volatilem reperiri, & solutionem argenti vivi sublimati cum eo lactescere. Et tamen succum ventriculi animalium plerorumque acidum esse, etiam piscium. Non ab acido cibum coqui. Contra tritus vim. Acidum famem facere, & ab acidi cum volatilibus salibus fervore fieri coctionem ciborum. De vi coquente ventriculi. Acidum ventriculi etiam ab aëre esse.

§. DCCIII. *Franciscus de* HONUPHRIIS. *Alii.*

Medicus Romanus dedit Romæ 1691. 4.* libellum cui titulus est *Abortus bicorporeus monstrosus*, in Academia physico-mathematica examinatus Corpora duo, caput unicum semiduplex, cor simplex; quatuor arteriæ carotides, cerebrum unicum, cerebella duo. Dissecuerat HIPPOLYTUS MAGNANUS.

Richardi CARR *epistolæ medicinales, variis occasionibus conscriptæ* London 1691. 8.* In prima, vasa lymphatica cerebri sibi visa adfirmat, & vasa pariter lymphatica comitantia nervos olfactorios. In 16. agit de duabus puellis, quæ in Italia dicuntur sexum mutasse.

Pauli SPINDLER *observationum medicarum centuria, opera & cum scholiis Caroli* RAYGER Francof. 1691. 4.* Passim aliqua. Pulsus in duabus manubus sæpe dissentire, bonum alius in ægro brachio, vix percipiendum in brachio sano.

Conrad HORLACHER *methodus urinoscopiæ perfacilis & perspicua* Ulm. 1691. 12. PL.

Traité des mouches à miel Paris 1691. 12. hactenus huc facit, quod agatur de cera, ut humore animali.

Carlo ERRARD *anatomia del corpo humano per uso ed intelligenza del disegno* Rom. 1691. fol. ZOCHA.

Abbé NICASSE *les sirenes où discours sur leur forme & figure* Paris 1691. 4. BURE

Traité de l'ame & de la connoissance des betes Amsterdam 1691. 12.

§. DCCIV. *Elias* CAMERARIUS.

EJUS an patris *Eliæ Rudolphi*, Disp. *de subsidiis pro arte medica ab antlia pneumatica petita* Tubing. 1691. 4.* Ad respirationis naturam, coloris sanguinis ab aëre originem, perspirationem insensibilem.

EJUSDEM *Dissertationes tres de naturali statu spirituum animalium &c.* Tiguri 1694. 8.

EJ. *Dis-*

EJ. *Dissertationes Taurinenses epistolicæ medico-physicæ* Tubing. 1712. 8.* Principem Würtembergicum per Italiam peregrinantem comitatus, nova potissimum ejus regionis inventa expendit. Solebat in objectionibus sibi placere & dubiis. De monstris, eorum origine mechanica, fetuum in utero mora. Cadaverum in aere tenui montis CENISII conservatio. De glandulis TERRANEI. De matris cum fetu commercio sanguineo. De lentis crystallinæ ad visum necessitate. De præparatis ceraceis NOUESII, & auris fabrica MISTICHELLIANA.

EJ. Sanguis per insolitas vias erumpens. E. N. C. *Vol.* II. *obs.* 155.

EJ. *Eclecticæ medicinæ & physicæ specimina quædam* Francofurti 1713. 4.* Difficultates & dubia contra theorias nuperorum, & contra BAGLIVII systema solidorum vi contractili nixum. Contra sedem animæ in corpore calloso. De somno, de associatione idearum: sed potissimum sex Diss. contra LEEUWENHOECKIUM, contra ejus dissectos pulices, contra theoriam generationis ex vermiculis, aerem in sanguine, mucum intestinorum pro musculo habitum, globulos sanguinis, squamas epidermidis, vasorum lacteorum cæcam originem, fibras lentis crystallinæ. In Diss. X. *de spiritibus & hypothesi* MORTONI, & XI. contra BAGLIVII fibram solidam & membranarum ex meningibus ortum disputat. Diss. XV. de controversia LEIBNIZII & STURMII circa naturam.

EJ. *Medicinæ conciliatricis conanima* Francof. 1714. 4.* Huc facit Physiologia ad BOHNII fere sensum, in qua laxatis vocum significationibus antiquas hypotheses cum novis satagit conciliare.

EJUSDEM *de modis motus animalis* Tubingæ 1716. 4.* Animam ipsam musculum movere.

EJUSD. *Systema cautelarum medicarum* Francof. 1721. 4.* Aliqua ad methodum studendi: & physiologiæ compendium.

EJ. *de generatione hominis ex verme* ib. 1723. 4.*

EJ. *de efficacia animi pathematum in negotio sanitatis & morborum* ib. 1725. 4.

EJ. *de circulatione sanguinis R. J. Andrea* GERSTLACHER, qui se auctorem vocat Tubingæ 1728. 4.*

EJ. *de ortu, progressu & occasu hominis* ib. 1731. 4.

EJUSDEM, jam depositi senis, *de humani corporis occulto ortu* ib. 1733. 4.* Sceptica.

§. DCCV. *Disputationes.*

Gottfried ICKART *de humani lactis natura & usu* Erford. 1691. 4.*

Abraham RADER *œconomia humana* Erford. 1691. 4. PL.

Frid. Boguslaus HILLIUS *de sero sanguinis, chylosi, ejusque morbis* Leidæ 1691. 4. HE.

Pillegrom HILLEMAN *de succo nerveo* Leid. 1691. 4.*

J. Christ. SCHULZE *de chiromantiæ vanitate* Regiomont. 1691. 4.*

J. Christoph. MOELLER *de melle* Jen. 1691. 4

Thomas BURNET *de vomitu* Leid. 1691. 4.*

Martin van KUYL *circa hominis generationem & medicamenta ex vegetabilibus & animalibus illi dicandis* Utrecht 1691. 4.*

P. TIELENS *de urina* Leid. 1691. 4.

Joseph HALSY *de lympha* Utrecht. 1691. 4.*

Georg. OTHO *miranda imaginationis vis* Marpurg. 1691. 4.*

Petri Joh. BURETTE & *J. Maria* BERTHOLD; *Ergo ex sola partium structura corporis humani functiones* Parif. 1691.

Phil. Ign. SAVE & *Ph.* BOURDELIN *E. viventia ex ovo* Parif. 1691.

§. DCCVI. *Alexius* LITTRE.

Alexii LITTRE, celebris Academici, & *Lud. de* DRAGUEVILLE, Theses *Non ergo ab acido humore fit alimentorum dissolutio* Parif. 1691.

EJUSDEM celeb. viri multa sunt in *Commentariis Academiæ Scientiarum* excusa.

In *hist. Acad. Reg. Scient.* 1700. vomitum tamen a motu peristaltico inverso fieri, contra DUVERNEYUM.

Hernia appendicis intestini.

Ren petrificatus.

Foramen ovale apertum.

De partibus genitalibus virilibus. De prostatæ 12. peculiaribus lobis. De glandula, quam vocat anteprostatam, bulbo urethræ, glandulis sebaceis glandis penis, glandulis COWPERI, quas COUPLETO tribuit, musculo dilatatorio urethræ, lacerto ab acceleratore in præputium exeunte; in animalibus frequentiore.

Anno 1701. commentariorum circulum membranosum recte dicit pro valvulis venosis.

Deinde subito mortuum dicit, in quo aorta duplo major, osseis fragmentis & ulceribus plena.

In *Mem. ejusd. anni* homo, qui foramen ovale apertum habuit, & arteriam pulmonalem quam aortam majorem; ipsum meatum a sinistris ampliorem, quam fabricam pro MERYO facere putat.

Ibid. pro ovis humanis. Vidit in homine & in animale corpora lutea, laceras rimas ovarii, per quas ovum exierat; ipsum in ovario integro minimum fetum; memorabilis utique libellus. Uterum musculum esse reticulatum.

Glandulas hepatis manifestas vidit. Monstrorum bonæ historiæ. Membrana fetus tertia.

Urachus apertus, urina per umbilicum reddita.

Fetus acephali duo.

Fetus ore destitutus.

Alius

Alius absque galea cranii, cerebro & spinali medulla.

In *Comment.* anno 1702. membranas tres fetus ostendit.

Æthiopum sub epidermide reticulum nigrum non esse mucosum, neque in aqua quidquam de eo solvi.

Memorabilis historia sceleti fetus in tuba reperti.

Glandulæ renis humani.

Anno 1703. bonæ historiæ corporis lutei, in feminis visi & cavi.

Anno 1704. de femina tubis cæcis, cum bis peperisset.

Idem post sanguinis jacturas constanter se aërem in vasis sanguineis reperire.

Idem tubam ovario adplicatam & corpus luteum cum cicatrice vidit.

Idem glandulas sinui falcis duræ membranæ cerebri adjectas dixit.

Aërem ex aspera arteria in ventriculum cordis sinistrum, non in dextrum transiisse.

Anno 1705., renis fabrica, glandulæ elementales, earum vascula, nervi, ductus excretorii.

EJ. Vagina septo divisa & duo uteri.

EJ. Cerebrum per ictum subsidens.

Septulum uteri in puella bienni.

Hist. 1706. pericardium cordi adhærens.

In puerpera tuba infundibulo suo undique ad ovarium adnata, & magnum ovum amplexa, cui suus fuerit vasculosus calyx.

Ventriculus catellæ, qui in pectus transmigraverat.

Mem. de 1707. de glandula pituitaria, sinu circulari eam ambeunte, cujus sanguis eam adluat.

In *Historia* Infans rene unico.

Hist. de 1709. Ligamenta unius lateris uterum ad suam sedem adtraxerunt.

Duo corda pulli.

Mem. de 1709. Fetus humani anatome, cui perbrevis funiculus, vena vero umbilicalis cavæ locum tenebat, & se in superiorem venam cavam immittebat. Intestinum & ureter in hypogastrio apertus: testes in abdomine.

Hist. de 1710. Rectum intestinum pene in duas partes divulsum.

In *Memoires* de 1711. de glandulis COWPERI & in iis residente gonorrhœa.

Hist. ibid. Catellum subito occidit. In eo & lac in ventriculo coactum vidit, & aquam in pericardio.

Hist. de 1712. Cor absque pericardio.

Hist. de 1713. Valvula inter aorticas trunco adpressa; hinc ventriculus sinister sanguine obrutus.

Mem.

Mem. de 1714. De aëre in vasis sanguineis viso, potissimum post majores sanguinis jacturas.

Mem. de 1715. Partus placentæ vesicularis. Vasa lactea crassorum intt.

Mem. de 1717. Contra clysteres nutritios, ob valvulam coli resistentem &c.

Ib. Fetus cyclops, cum duabus in uno oculo crystallinis lentibus.

Mem. de 1718. Describit linguam, palatum, uvulam; hujus musculum azygon; epiglottidis musculos levatores & depressores. Arcus duos faucium. Liquores per nares infusos facile in glottidem illabi, posse tamen in morbis faucium tentari. Icones non malæ additæ.

Hist. de 1719. De submersis. Noster reperit, habere in ventriculo aquam paucam cum spuma in pulmone, glottidem apertam, epiglottidem erectam. Deglutitionem describit. Negat in cadaveris ventriculum aquam venire.

Mem. de 1720. De mensibus. Esse in utero foramina, quæ dum menses fluunt, conspicua sint, aliis temporibus exigua. Ex solo utero menses venire. A plethora esse.

§. DCCVII. *J. Conrad* AMMANN,

Scaphusinus Medicus, sectæ cuidam addictus, quæ intercessit ne cathedram oblatam acceptaret. Ruri vixit & latuit. Primum ejus & celeberrimum opusculum fuit *Surdus loquens, dat is wiskonstige beschrywinge op wat wyze man doof geboorene sal konnen leeren spreeken* Haarlem 1692. 8.* latine versus; *S. loquens, s. dissertatio de loquela* Amsterd. 1702. 8. Leid. 1727. 8.* aucta & emendata. Germanice *der redende Taube &c.* Prenzlau 1747. 8.* Anglice London 1694. 8. Artem docendi surdos, ut distincte pronuntiarent, & ex motu labiorum orisque, colloquentium sensa perciperent, noster felicissime (c) exercuit, & candide docuit. Omnium etiam optime cujusque literæ formationem exposuit, & organa motusque definivit, per quos quæque nascatur. Vitia etiam pronuntiationis ad sua organa, organorumque certa vitia revocavit, & docuit reparare: Aureus undique libellus. In editione Germanica Cl. VENZKI notas addidit & WALLISIUM.

§ DCCVIII. *Pierre* BRISSEAU.

EJUS *Traité des mouvemens sympathiques, avec une explication de ceux qui arrivent dans l'affection hypochondriaque & hysterique* Monsp. 1692. 12. ASTRUC. Non legi. Suspicor non ejusdem esse auctoris omnes.

Sed celebris est *tr. de la cataracte & du glaucome.*

Primum anno 1705. hortante DODARTO prælegerat coram *Academia Regia Scientiarum* Diss. in qua ostendebat cataractam non membranam aliquam esse in humore

(c) Testimonium de virgine KOLABRT perfecte loqui docta dedit DECKER *Exerc.* p. 101. Bene oculis audientem & distincte loquentem vidit J. C. WOLF.

humore aqueo concretam, sed ipsam verissimam lentem crystallinam, quæ vitiose opaca sit, quam sententiam etiam GASSENDUS & ROHAULT a B. LASNIER chirurgo acceptam suis scriptis inseruerant. Ea Diss cum titulo *nouvelles observations sur la cataracte* prodiit Turnaci 1706. 8. Deinde altera Diss, *Suite des observations* Turnaci 1708. 12. secuta est. Denique *deuxiemes observations sur la cataracte*. Tres autem conjunctæ prodierunt Paris. 1709. 12.*, præmissa descriptione oculi. In eo vir Cl. a veteribus & scholarum opinione recessit, quod eæ vitium lentis crystallinæ glaucoma vocarent; cataractam, quæ acu deponitur, pro pellicula haberent, in humore aqueo subnata. Per cadaverum ergo incisiones noster reperit, quibus cataracta deposita fuerat, iis lentem crystallinam opacam, loco suo motam, in angulo oculi marcidam latuisse: in cæcis etiam cum cataracta commortuis lentem eandem opacam repertam esse. In ipsa administratione artis suæ, cataractam perforari, & de loco detrudi. Octies in cadavere lentem opacam repertam fuisse, nunquam pelliculam. Varia ad anatomiam.

Troisiemes observations sur la cataracte & le glaucome ib. Contra ea, quæ *Antonius* MATTREIEAN dicebat accompagnemens, *Petiti* & *Auberti* testimonia producit, cataractæ in lente crystallina residentis. Glaucoma morbum esse corporis vitrei. Ad objectiones responsiones. Post cataractam depositam, convexi vitri necessitatem nasci a minori vi confringente vitrei corporis, quod crystallinæ lentis locum replet. Alia contra *Philippum de la* HIRE & *Alexium* LITTRE, qui membranaceam cataractam viderat, MERYUMque simile *Caroli de S.* YVES experimentum repetentem.

Observations faites par Mr. BRISSEAU, *Professeur d'Anatomie & de Botanique a Douai* Douai 1716. 8.* Chirurgici potissimum argumenti sunt. Præter curationes memorabiles vitiorum cerebri, & corollaria inde deducta physiologica. Huc pertinet obs. 5. s. descriptio fetus monstrosi, cui pro cerebro & medulla corpus erat informe. Obs. 6. de capillis ex abdominis cavo eductis. Recusæ sunt cum PALFYNI anatome ex editione B. BOUDOU Paris 1734. 8.* Hæ certo sunt junioris BRISSEAU.

§. DCCIX. *Varii.*

Richardi MORTON *pyretologia* Londin. 1692. 8. &c. Aliqua fundamenta ponit physiologica. Ex cerebro reliquas corporis animalis partes formari. Dari spiritus animales, a quorum vitio plurimi morbi nascantur.

Prosperi MANDOSII *Romanorum scriptorum Centuria, Vol.* I. II. Rom. 1692. 4.* Habet etiam PANAROLUM, aliosque incisores.

In J. CLERICI *ontologia & pneumatologia* aliqua huc faciunt, a. 1692. edita, ut mira felicitas memoriæ in homine, qui 500. nomina repeteret.

Salomon SPRANGER ὑνδρεβιοι, *s. sub aquis viventes* Leipz. 1692. 12.* Ad explicandam miram illam hortulani Suecici historiam, qui 16. horis sub aqua dicitur vixisse. Conjecturam adfert de aëre per cutis poros resorbto. Alimentum spirituosum ex aëre advenire. Recusum est Dresd. 1711. 8. cum SELIGMANNI *exercit. anatomicis.*

Petri BURGER, Candidatus Chirurgiæ, *oder Erörterung anatomischer Fragen* Hannov. 1692. 8. Laudat SCHULZIUS.

Georg. Albertus HAMBERGER, *G. Ehrhardi* pater, mathematum Professor, Diss. dedit Jen. 1692. 4. *de Deo ex inspectione cordis demonstrato* cum iconibus LOWERIANIS, recusam in fasciculo Diss. 1708. 4.* edito, cum quo exstat disputatio de opticis oculorum vitiis.

Mauritii v. REVERHORST, discipuli *Antonii* NUCK & Professoris inde Hagani, *de motu bilis circulari ejusque morbis* Leid. 1692. 4.*, recusa 8. absque anno, & 1696. 8.* Describit hepar, ejusque vasa lymphatica & in convexa facie depingit & in cava. Calculos init. copiæ bilis, quæ in vivo cane secernitur, & ex ea copia deducit, multam bilis partem per vasa intestinalia resorberi.

EJ. *Solutionum apologeticarum Warneri* CHROUET *eversio* Leid. 1691 8. Laudat summam subtilitatem mercurialis injectionis, qualem præceptor NUCKIUS administrabat.

In POTTERI, archiepiscopi inde Cantuariensis, *archæologia* anno 1692. 8. edita, & recusa in GRONOVIANI *thesauri* T. XII. aliqua sunt de cadaveribus & de sepultura.

Abbé COMIERS *sur les geans* Paris 1692. . . .

Stephani CHAUVIN *Lexicon philosophicum* Roterdam. 1692. fol. sæpe recusum, etiam ad anatomen facit.

Letre sur une momie d'Egypte Paris 1692. 4.

Partus unicorporeus doiacaros Spilemberti editus 1692. a *Joh. Ludovico de* BARTOLIS *examinatus*, ad B. RAMAZZINUM: reperitur in *Galer. di Minerv.* VI. p. 277.

Catalogus rerum visendarum Lugduni in Batavi, in Anatomia publica Leidæ 1692. 4.

C. MARTINIZ *brevis explicatio novarum figurarum proportionum corporis humani & ejus anatomen concernentium*, Germ. & Latine, Francofurt. 1692. 8.

FURSTII *an* ZACH? *utilia & curiosa de vita sana & longa, de annis climactericis, de termino vitæ* Francof. 1692. 12.

§. DCCX. *Varii.*

Mathurin CASTANÆUS *de vigilia hominis* Hafn. 1692. 4.

H. Ph. ALBERTI & *Wichman* CORDES *de bilis natura & usu medico* Erford. 1692. 4. MOELLER.

Olai WING *de sudore ejusque speciebus* Upsal. 1692.

EJ. *de lacte* Upsal. 1696. 4.*

Frider. Ferdinand ILMER *de* WARTENBERG *de pancreate physiologice & pathologice considerato* Wien 1692. 4.*

EJ.

Ej. *de structura oculorum* Wien 1697. 4. BURKH.

C. WITTICHIUS *de catameniorum fluxu* Duisburg. 1692. 4.

Joh. de SWARDT *de distributione chyli* Utrecht. 1692. 4.*

Joh. WOLLASTON *de primis vitæ staminibus* Utrecht 1692. 4.*

Cl. BOURDELIN & *Amb. Nic.* CHEMINEAU *Ergo aqua functionum naturalium cum chymicis operibus comparatio* Parif. 1692.

Al. Petri MATTOT & *Gabr.* FRESSAN *Non ergo ingeniosi, qui facile lacrymantur* Parif. 1692.

§. DCCXI.

Memoires de Mathematique & de Physique anni 1692.

Prodierunt Parifiis fol. & recufa funt in T. X. *Mem. avant* 1699.

In iis SEDILEAU & *de la* HIRE infectum ex gallarum vicinia defcribunt, quod Hefperidum malos infeftat.

Guil. HOMBERG experimenta fecit in phosphoro.

IDEM in *hist. de l'Acad.* 1699. miram venerem libellarum defcribit.

Egit etiam de injectione anatomica, quæ aeris ope fit in vacua fpatia irruentis, & amalgama plumbi ftanni & bifmuthi bono cum eventu inpulit.

In *hist. de l'Acad.* 1700. clyfter cum fpiritu vini inebriat.

In *Mem. de* 1704. Pulfationem venarum dixit, cum magnas arterias polypi obfiderent.

In *Mem. de* 1707. agit de araneis.

In *Mem. de* 1709. bilis analyfis, de fpiritu rufo & acido animalium.

Anat. 1711. anatomen dedit faecum alvi.

In *Mem. de* 1712. acidum falem & lixivum per fuas notas deftinctos fecum habitare, abfque effervefcentia. Acidum animale confirmavit. Analyfis lotii, lactis.

In *Journal des Savans* 1692. de puella narratur in puerum transformata, ut tamen per penem menfes pateretur.

§. DCCXII. *Philippus* VERHEYEN,

Profeffor Lovanienfis, altero pede mancus, cæterum diligens homo, & in colligendo & hactenus in fecando, compendium anatomicum claffícum fubftituit BARTHOLINIANO, fæpiffime recufum. Prima editio Lovanienfis eft anni 1693. 4.* Brevis, fimplex libellus cum aliqua phyfiologia; icones fere collectitiæ, parvæ, neque optimæ. In fubtilioribus anatomes partibus, ut in nevrologia & angiologia pauperior; aliquanto ditior in vifceribus.

In altera editione Bruxellis anno 1710. 4. 2. Vol. & 1726. 4. 2. Vol. edita *, multa in melius mutata funt. Aliquas icones auctor proprias addidit, ad

 finus

ſinus pituitarios, pudendum muliebre, vaſa cordis ſanguinem exhalantia, os ſacrum, muſculos ſternocoſtales, infracoſtales, quos invenit, aut certe auxit. Vaſcula ex parte inferiore renis in ſpermatica euntia. Arteriæ bronchiales duæ, tres, m. chondrogloſſus, glandulæ vaginæ, rugæque ejus palmatæ. Aortæ icon non mala, ſic naſi cartilaginum. Ductus in felleam veſiculam ab hepate venientes, aliosque inter ductus hepaticos & veſiculam communicantes ductus deſcripſit. SYLVII hypotheſin per experimenta refutavit. Glandulas epiglottidis, & novam etiam inter arytænoideas poſitam glandulam, & ligamenta fibrasque epiglottidis dixit, animadverſiones meritus J. B. MORGAGNI: tum muſculum cricoepiglottidem. Neque negaverim VERHEYENIUM paſſim aliqua clanculum ex aliis eſſe imitatum, MORGAGNO, RUYSCHIO.

Prima editio Lipſiæ recuſa prodiit 1699. 8. 1705. 8. 1711. 8.* Belgice *Ontleedkondige beſchryving van het menſchen lighaam* Bruſſel 1711. 8.

Cum editione anni 1710. prodiit *ſupplementum anatomicum*. Ejus duæ ſunt partes; phyſiologica prima, ſcriptorum VERHEYENII utiliſſimum, recti judicii, etſi non ſubtilis, cum propria analyſi chemica ſanguinis, bilis, ſeminis, urinæ, & cum numeroſis experimentis in vivis animalibus captis, potiſſimum etiam in ovibus imprægnatis, aliis ad reſpirationem pertinentibus. Medium ſeptum transverſum inter inſpirandum non deſcendere. Mediaſtino perforato, motum pulmonum ſupprimi. Thymi ſatis bona icon. Oculo gelato ad humores delineandos uſus eſt (*d*).

Altera pars tota verſatur in litibus cum MERYO agitatis, cum noſter ſententiam HARVEJI tueretur. Prodierat *lettre ecrite à un Chirurgien de Gand* Paris 1698. 12.* & *ſeconde lettre à un Anatomiſte de Gand* Paris 1698. 12.

Uterque liber recuſus eſt Neapoli 1717. 4. 2. Vol. Lipſ. 1731. 2. Vol. 8. Neapoli 1734. 4. 2. Vol. Supplementum ſolum Amſterdam 1731. 8.

In editione Genevenſi 1712. T. I. reperitur etiam VERHEYENII cenſura in BLANCARDI, etiam aliorum, errores: & epiſtola ad RUYSCHIUM, in qua paſſim ſe excuſat, & figuram aortæ magna cum cura ait a ſe delineatam fuiſſe.

In eadem editione Colonienſi, potius Genevenſi, anni 1712. 4. 2. Vol.* acceſſit libellus VIEUSSENII de uteri & placentæ fabrica, & MANGETI in VERHEYENIUM notæ.

Ej. ad *Wilh. Henrici* MULLER *Diſſ. de thymo reſponſio* Lovan. 1706. 4.* & in *ſelectis meis* T. II. Contra BIDLOUM, qui VERHEYENIANAM thymi deſcriptionem carpſerat. Pondera thymi in fetus inque adulto homine.

§. DCCXIII. *Herm.* BOERHAAVE.

Hermannus BOERHAAVE, vel BOERHAAVEN, uti in primis ſuis ſcriptis audit, communis Europæ ſub initia hujus ſeculi PRÆCEPTOR, idem & meus, vir animi magnitudine & benignitate admirabilis, in omnes pariter mortales benevolus,

(d) PALFYN *Anat, Chir.* II. p. 292.

lus, vere Christianus, ingratorum perinde patronus, eloquio valuit, brevique stylo & nitido, & rectitudine judicii, gnarus mathematum, artemque medicam per calidorum medicamentorum & alcalinorum amorem corruptam restituit. Neminem medicorum audivit præter DRELINCOURTIUM, qui sacris litoris se devovisset, neque nisi casu aliquo, eoque hactenus involuntario, ad medicinam revocatus. Animalia ipse sibi secuit, Professores Leydenses homines secantes vidit, ipsum juvenem ALBINUM, ut sæpe vidi. Præparatas a RUYSCHIO corporis humani partes coram habuit, & meditatus est. Chemiam & microscopicas speculationes in seipso proprioque etiam oculo ad illustrandam physiologiam, & ad refutandos errores adhibuit, optimos libros legit; supra triginta annos Physiologiam docuit, cui suam pathologiam superstruxit. Vir in adfirmando modestus, in refutando parcissimus. Quare æternum ei amorem, & perennem gratitudinem me debere adgnosco, etsi non potui ubique cum summo viro sentire, quem MALPIGHII & BELLINI amor passim aliquantum a vero abduxerant, aut pleni & perfecti undique systematis studium. Ingenio & eruditione parem forte secula reddent, parem animum rediturum despero.

Primum præside *Wolferdo* SENGUERD disputavit *de mente humana* Leidæ 1687. 4.*, quam disputationem putes præsidis esse. Recusa est in HAYMANNI T. II.

Inde pro gradu Harderwici anno 1693. 4. disputavit *de utilitate explorandorum in ægris excrementorum, ut signorum, quam disputationem* Cl. BURTON recusam dedit London 1743. 8.* nescio quare nonnihil contractam: exstat etiam Francofurti 1742. 8. Leidæ 1742. 8. Ut urinæ contenta optime indageris, quiete, filtro, igne subjecto, aliisque artibus. De fæcibus etiam alvi, saliva, sudore, muco vario, bile, lacruma, sed brevius egit.

Disputat. lego dedisse inauguralem philosophicam *de distinctione mentis a corpore*, cujus annum ignoro; recusam in opusculorum editione Veneta 1757. 4.* Contra SPINOZAM.

EJ. *de usu ratiocinii mechanici in medicina oratio, cum tertii suæ stationis anni labores auspicaretur* (1702.) Leid. 1703. 8. 1709. 8.*, inque operum collectionibus. Corpus humanum machinam esse hydraulicam, & ad suos fines quamque corporis partem accurate fabricatam. Vasa minora & tenuiores recipientia humores hic primum dixit.

Institutiones medicæ in usus annuæ exercitationis domesticos digestæ Leid. 1708. 8.* 1713. 8.* 1720. 8.* 1727. 8.* 1734. 8.* 1746. 8.*; alibi sæpissime recusæ Paris. 1737. 8. Venet. 1757. 4.* &c. Gallice versæ a *Juliano* OFRAI. Germanice a *J. Petro* EBERHARD Hall. 1734. 8.* Belgice a C. LOVE 1745. 8. 1752. 8. Cum tabulis æneis recusæ Londini 1751. 4. alii 1741. 4. Arabice versæ, teste *Alberto* SCHULTENS, & sub novo prelo Constantinopolitano excusæ.

Hunc ad librum fere in omnibus universæ Europæ scholis multos per annos prælectum est. Perbrevis prima editio fuit, sequentes sensim auctiores, ultima anni 1727., post quam nihil accessit. Pars prima operis physiologica est,

 eadem

eadem pro portione amplior; anatomicas descriptiones multo quam apud priores physiologos uberiores sumsit VIR ILL. ex VESALIO, EUSTACHIO, COWPERO, RUYSCHIO. A RAVIO dearticulationem maxillæ inferioris recepit, & novum mallei processum; a LEALE seminales ductus, & medium ocellum, & arteriarum seminalium cum venis patulam anastomosin; glandulosam viscerum fabricam a MALPIGHIO, cellulasque lienis; a COWPERO ductum thoracicum, a RUYSCHIO cellulosas aliquas telas. Quare cum non potuerit tot inter diversos labores corporum humanorum sufficientem numerum ipse incidere, factum est, ut subinde minus fidum ducem secutus erraverit. Causas cujusque functionis plures solebat conjungere, non ut vulgo sectarii, unicam, suppressis reliquis. Chemica sibi debuit; fermentationes, alcalinam & acidam humorum animalium naturam rejecit, archæosque. De motu cordis & musculorum hypotheses timide produxit, quas discipuli pro certis repetierunt. Vasorum in senibus exsiccationem accuratius constituit. Totum corpus animale vasis fieri, hæc fibris, in earum intervalla, abrasione facta, gelatinosum succum deponi. Decrementum tribuit vasis minoribus exsiccatis; hinc rigori in arteriis nato, quem denique cordis vires nequeant superare.

In *aphorismis de cognoscendis & curandis morbis*, qui Leidæ 1709. 8. 1715. 8.* & alias prodierunt, aliqua huc faciunt, ut hypothesis vasa majorum ex minoribus componi, & in membranas abire.

Oratio, qua repurgatæ medicinæ facilis asseritur simplicitas Leidæ 1709. 4.*: contra fermenta & hypotheses chemicas.

Sermo academicus de comparando certo in physicis Leid. 1715. 4.* per experimenta nempe & rerum ipsarum notitiam. Exemplum dat in anatome & physiologia pili, ad quam microscopium adhibuit. Sanguinis in rana circuitum & retrocessionem vidit.

Epistola de fabrica glandularum in corpore humano ad F. RUYSCHIUM Leidæ 1722. 4.* MALPIGHII sententiam tuetur & ornat; glandulas simplices, ex simplicibus compositas, conglobatas, conglomeratas describit, & per singulas corporis humani partes earum discrimina diversosque succos persequitur, exhalationem, oleum, sebum varium, mucum. Rationes pro MALPIGHIO colligit, a morbis, tuberculis, hydatidibus, animalculorum analogia: RUYSCHIANA argumenta convellit, a liquore colorato sumta, qui de arteriis in ductus excretorios transit.

Ad *Aloysii* LUISINI *de lue venerea collectionem* Leidæ 1728. fol.* excusam, *præfationem* edidit, seorsim etiam excusam Londini 1728. 8.* &c. Morbi sedem ponit in tela cellulosa, quam ea occasione describit.

Elementa Chemiæ Leid. 1732. 4.* 2. Vol. Sæpe recusum, princeps & perfectissimum summi viri opus est, cujus laudes alias dabimus. Huc autem potissimum analysis corporum & succorum animalium pertinet, lactis, urinæ, ovi, seri sanguinis, sanguinis, ossium: tum historia fermentationis & putrefactionis, quas actiones distinguit. Potissimum autem emendavit vulgo receptam opinio-

opinionem, esse in quoque liquore ea elementa, eosque sales, & ea olea, quæ vi ignis inde exprimantur, cum tamen in sani animalis humoribus neque acor sit, neque alcali, ne in urina quidem, cujus salem nativum describit.

In tanta fama viri factum est, ut prælectiones ejus a discipulis avidissime descriptæ, & a morte partim, tum etiam superstite viro summo passim sint excusæ. Primam culpam ipse deprecor, qui potissimum eo fine, ut ruituræ familiæ bibliopolæ subvenirem, passus sum me persuaderi, ut *prælectiones in institutiones rei medicæ* ederem, quales ipse descripseram ex ore PRÆCEPTORIS, collato bono codice Cl. FELDMANNI, alioque J. GESNERI. Eum laborem suscepi a morte BOERHAAVII, primusque tomus prodiit Göttingæ 1739. 8.*; ultimus 1744. 8.* Multæ sunt editiones; tres ad minimum Göttingenses. Leidensis anni 1758. 8.* Veneta ab anno 1742. ad 1745. 4. 2.Vol.* Turinensis ab anni 1742. ad 1745. 2.Vol. 4.* Neapolitana . . . . Sed etiam in Germania pars prodiit operis, duobus voluminibus, & Anglice versæ sunt Scholæ BOERHAAVII, Londini cum titulo *Academical lectures on the theory of physik* London 1742. 8.*, & Gallice nomen præmittente *Juliano* OFRAI *de la* METRIE Paris 1747. 12. 6.Vol.* Monet tamen SCHREIBERUS *Epist.* 280. Prælectiones annorum ab 1704. ad 1709. multo uberiores fuisse.

De meis hic non est dicendi locus. PRÆCEPTORIS sententiam fideliter, etsi forte non plene, literis consignavi; multa etiam in iis scholis reperias, quæ vir summus per nuperiores cogitationes perfecerat, aliquando etiam, ut fit, hypotheses aliquanto magis ornatas. Non puto alieni quid me admiscuisse quidquam, & repetito moneo, ne mihi tribuantur, quæ solius PRÆCEPTORIS sunt, eam enim injuriam passim expertus sum. Tironibus me profuturum speravi, qui brevissimo stilo institutionum absterriti, hic aliquanto fusius expositam summi viri sententiam percepturi essent.

De HAYMANNI labore dicendi locus erit, qui *institutiones* BOERHAAVIO cum suis commentariis recudi fecit.

In *aphorismos de cognoscendis & curandis morbis Prælectiones*, cum titulo *praxeos medicæ* prodierunt Trajecti 1728. 8. 1745. 8. 5.Vol.* alias etiam recusæ. Non quidem satis emendatus, cæterum copiosus codex est, quem non sine fructu legas, etiam ad physiologica.

In ILL. *v.* SWIETEN *commentariis* multa & utilia effata BOERHAAVII conservantur.

De methodo Studii medici prælectiones, Anglice 1719. 12. Latine 1726. 8. 1734. 8. 1744. 8. 1751. 8., omnino huc faciunt. Nam & Bibliotheca anatomica atque physiologica hic recensetur, & de solidis partibus humani corporis, deque ossium etiam potissimum fabrica peculiari cum cura agitur. Prælegerat de hac methodo PRÆCEPTOR anno 1710. Recusam & auctam dedi Amsterdam. 1751. 4.* Venet. 1753. 4.*

Prælectiones de morbis nervorum edidit *Jacobus van* EEMS Leid. 1761. 8. 2.Vol.* copiosissimum codicem, ab anno enim 1730. ad 1735. de his morbis BOER-

BOERHAAVIUS prælegerat: & Cl. EEMSIUS codices J. HOVII, SWIETENII suumque conjunxit. Anatomen & physiologiam tradit cerebri, nervorumque. Omnes membranas sua vult habere vascula. De dura matre ejusque vasis & fibris; eam motum habere ab arteriis, lacertosque PACCHIONI vascula esse inania. Nervis sua esse tegumenta, ab utraque cerebri meninge nata. Ungues esse induratum reticulum MALPIGHII. De anima fuse, paulum sceptice, & tamen cum nimia nævis præstita fide. Viscera sensu carere. Videtur archæum quemdam sentientem & moventem ab anima rationali distinctum adgnoscere, quale quid in editis operibus nihil reperias.

De morbis oculorum. Vitiosissimum codicem nactus, ad eum prælectiones istas edidi anno 1709. dictatas (*e*) Göttingæ 1744. 8.* ; deinde ex aliis codicibus auctum & emendatum, multo D. *Christiani Ludovici* WILLICH labore, ibid. 1750. 8.* Multa hic PRÆCEPTOR de oculis & visione fusius dixit, quam in editis; ut de imaginibus oculo obversantibus & maculis, ubi sentias, *Philippi de la* HIRE opere PRÆCEPTOREM usum esse. De cataracta, quam in crystallina lente sedere noster ex primis recepit. Unicum punctum nos distincte videre. De visu presbytarum, myopum, utilitate telescopii & microscopii. Sæpe recusæ sunt hæ prælectiones Venet. 1748. 8.* Paris. 1748. 8.* Gallice 1749. 12.* Germanice Noriberg. 1751. 8.* &c.

Tr. *de viribus medicamentorum* Anglice 1720. 8. Latine 1723. 1727. & emendatus opera *Benedicti* BOUDON editus Paris. 1726. 12. 1727. 12.* & Londini 1740. 8. curante J. MARTIN, tum Leidæ 1762. 8. Gallice vertente *de* VAUX Paris 1730. 12. 1738. 12. Belgice Leid. 1750. 8. Magna pars physiologiæ hic habetur, quæ ad elementa corporis spectat, fibram, membranam, vasa. Actionem medicamentorum mechanice, fere ad BELLINI sensum exponit, & acris in membranas vim. Prælegit annis 1711. 1712.

Præl. de lue venerea Prælectiones sunt anni 1729. editæ satis nuper Franeker 1751. 8.* Leid. 1751. 8. Lovan. 1752. 8. Venet. 1753., & Germanice cum amplis notis *Gottfried Henrici* BURGHART. Breslau 1753. 8.* Continent etiam partium genitalium descriptionem.

In libello *de calculo* Londini 1741. 8.* edito, quem recusum dedi Götting. 1744. 8.* urinæ sibi relictæ spontaneæ mutationes reperiuntur, primaque calculi in quieto lotio concrescentis rudimenta. Recusus est Paris. 1748. 12. Anni est 1720.

Prælectiones de auditu 1713; & de cordis actione 1736. & 1737. nunquam prodierunt.

Epistolæ aliquæ ad C. MORTIMER cum vita viri Anglice editæ prodierunt, & cum elogio MATYI.

Passim collectiones operum BOERHAAVIANORUM prodierunt. Orationes Leid. 1730. 4. CHIV. *Opuscula omnia* Haag. 1738. 4. 1748. 4.*, quibus orationes continentur, de glandularum fabrica epistola, & præfatio ad LUISINUM.

Opera

(e) Manifesto, cum biennio prius dicat ANTONII librum prodiisse.

Opera omnia medica 1725. 4. 1743. 4., deinde Venet. 1742. 4. 1751. 4. 1757. 4.*, in quibus Inſtitutiones, orationes, de fabrica glandularum, præfatio ad aphrodiſiacum, diſputatio de excrementis inſpiciendis, & l. de calculo.

Multum vir ILL. contulit ad ſervandas poſthumas SWAMMERDAMII ſchedas, quas ſuo ſumtu redemit: ad editionem VESALIANORUM operum, Leidæ 1725. fol.*; ad alia utilia opera recudenda.

Vita ejus multiplex exſtat, in commentariis quidem Academiæ Scientiarum Gallicis anni 1738; deinde *oratio funebris Alberti* SCHULTENS eodem anno Leidæ 4.* excuſa, quorum elogiorum utrumque Londini 1749. 8.* prodiit.

Inde juſto volumine a *Joh.* BURTON *An account of the life and writings of Herman* BOERHAAVE London 1749. 8.* Deeſt pragmatica hiſtoria inventorum; uſus eſt auctor *Alberti* SCHULTENS elogio.

Demum Cl. MATY edidit *Eſſai ſur le caractere du grand medecin, où eloge critique de H.* BOERHAAVE Cologne 1747. 8.* Candidum elogium animi & ingenii BOERHAAVIANI. Eſt etiam JONCOURTI in *Encyclopædia*.

§. DCCXIV. *Archibaldus* PITCAIRN,

Scotus Aberdeenienſis, vulgo PITCARNE, acris homo & confidens, jatromathematicus, *Jacobo* II. addictiſſimus, aliquamdiu Leidæ, deinde Edimburgi Profeſſor.

EJ. Diſſ. *de circulatione ſanguinis in animalibus genitis & non genitis R. Georgio*-HEPBURNE, prodiit Leidæ 1693. 4. OSB. recuſa in *opuſculis*. In arteriis minimis, potius quam in venis, obſtructiones fieri. Ab opio calorem naſci & humores rareſcere. Aortam eſſe apicem coni, cujus baſis ſit in minimis ramis, hinc ſanguinis celeritatem frangi, ut a corde recedit.

EJ. Diſſ. *de motu ſanguinis per minima.* Eodem reſpondente Leid. 1693. 4.* Contra ſecretionem per fermenta, & contra poros CARTESIANOS.

Reliquarum diſputationum medicarum primas editiones non poſſideo, quæ conjunctæ Edimburgi prodierunt 1713. 4.*

Prodiit autem Leidæ 1693. 4. Diſſ. *de cauſis diverſa molis, qua fluit ſanguis per pulmones in natis & non natis.* Ad problema, ut vulgo vocant, HARVEJANUM. Aërem elaſticum ſanguini non admiſceri, quam ſententiam a PITCARNIO BOERHAAVIUS accepit. Inflatos pulmones ſanguinis tranſitui ſe offerre faciliores. Quare eo adjumento ſublato, in fetu, qui reſpiravit, porro pulmonem ſanguini eſſe immeabilem.

Diſſ. *de motu quo cibi in ventriculo rediguntur in formam ſanguini reficiendo idoneam* Leid. 1693. 4 & in collectione. Hic celebres illi calculi reperiuntur, quibus poſitis immenſa vis ventriculi invenitur, accepto nempe tamquam certo fundamento, vim ventriculi eſſe ad vim flexoris pollicis, ut ſunt utriusque muſculi pondera. Quare tritu cibos in ventriculo diſſolvi.

Diss. *de curatione febrium, quae per evacuationem instituitur* Edinburg. 1695. 4. & in collectione. Iterum contra fermenta. De perspiratione: decuplo esse majorem functione ventrali. Intra minutum horae primum perspirare per villum unius scrupuli partem grani sexagesimam.

Solutio problematis de inventoribus Leid. 1693. & prius Edinburgi 1688. ut lego. HARVEJUM omnino verum esse circuitus sanguinis inventorem, qui primus ejus circuitus demonstrationem dederit.

De opera, quam praestant corpora acida vel alcalica in curatione morborum. Non dari in sanguine fermentum, neque acidum, neque alcali.

Eorum etiam, qui sequuntur libelli, primos annos ignoro, *Theoria morborum oculi.* Aliqua ad visionem. Non posse nos videre corpuscula, quae retinae nimis vicina sint, ut sunt vitia humoris aquei.

Observationes quaedam de fluxu menstruo. Arterias feminarum hypogastricas ampliores esse, quam sint in viris, & minus resistere.

BOERII epistolam alias dicemus.

In Diss. *de legibus historiae naturalis*, auctor in G. COKBURNE invehitur, BELLINI exscriptorem, suumque. Aliqua addit de temperamentis, quae vult unice a sanguinis quantitate oriri.

Addita est haec Diss. iis, quae in Edimburgensi collectione exstant, in editione opusculorum medicorum tertia Roterdam 1714. 4.*

EJUSD. *Elementa medicinae physico-mathematica* Londin. 1717. 8.*: s. theoria, quae physiologiam continet, methodo mathematica scriptam, per postulata, definitiones (saepe non bonas, neque enim humidum radicale veterum sanguis est circulans), & propositiones. Physiologia perbrevis est. Calorem sanguinis esse rectangulum ex vicinitate cordis in velocitatem ductum, cum tamen inter causas caloris indubie etiam aliae sint, quae in ejus humoris indole, potius quam in velocitate latent. Et in universum ex geometrarum consuetudine vir Cl. nimium simplices fecit rerum notiones, hinc incompletas. Aliqua experimenta mutationum, quae in sanguine aut arterioso, aut venoso, nascuntur ex variis succis adfusis, sic in sero. Respirationis effectum esse comminutionem sanguinis. Contra pulsum celerem & tardum, quos male negat, saepe a me visos in moribundo animale. Experimentum BELLINI in nervo phrenico fictum, & ipsum nimis ornatum. Superficies ossium esse concentricas membranas sibi impositas, hoc ante HAMELIUM. Iterum corpuscula in humore aqueo natantia nullum sensum imaginum animae imprimere.

Haec elementa repetita sunt Leidae 1717. 4. Anglice Lond. 1718. 8. MARSH.

Opera omnia PITCARNII Leidae 1737. 4. Venet. 1740. 4. Multa poetica admista.

§. DCCXV. *Varii.*

Salomon van RUSTING *nieuwe Veldmedicyne en Chirurgie* Amsterd. 1693. 8. B. BOEHM.

Ej.

Ej. *Nieuw gebouw der geneeskonst gegrondet op reden en ervarenheit* Amsterdam 1706. 8.* Carpit ubique CARTESIANOS; ipse fere omnia ad abundantiam ignis, aut defectum, liberumque, aut obstructum commeatum reducit. Agit de chylificatione, de incremento partium &c.

J. v. WYCK *lessen tot de ontleed konst* Utrecht 1693. 4. non vidi.

Ej. *Proewen der reedelyke heelkonst* Amsterdam 1732. 8.* Compendium anatomicum, in quo vix quidquam proprii. An idem auctor?

In l. *van peesgezwellen* aliqua sunt de strangulatis & suffocatis.

J. Helfric. JUNGKEN, Medici Francofurtensis, *fundamenta medicinæ moderna eclecticæ, ex celeberrimis medicis neotericis* Noriberg. 1693. 8. Francof. 1718. 8.

Ej. *Kurzer Anhang, bestehend in einigen anatomischen Fragen &c.* Nürnberg 1700. 8.* Compendium est anatomicum collectitium cum iconibus. TILINGIUM *de renibus* suo cum nomine edidit Francof. 1709. 12.

Jacobi le MORT, Prof. Leidensis, Chemici, *Idea actionis corporum præsertim circa fermentationem* Leid. 1693. 12.

Ej. *Chemiæ utilitas in theoria medica* Leid. 1696. 4.

Ej. *Novantiqua fundamenta theoriæ medicæ* Leid. 1700. 8.* Contra mechanicos & jatromathematicos. Negat in corde effervescentiam. Salivam tamen & succum pancreaticum acore donat. Semen femininum instar fermenti esse, quod semen virile excitet & vivificet. Compendium adeo physiologicum.

In *Chymia rationali* acorem urinæ tuetur.

J. Baptist CALLARD *de la* DUQUERIE *Lexicon medicum etymologicum* Paris. 1693. 12. 1714.

J. D. THOM *collectanea chymica curiosa, quæ rerum naturalium anatomiam continent ex R. animali* Francof. 1693. 4.

In *collectaneis chymicis Leydensibus Maetsianis a Theod.* MUYKENS Leid. 1693. 8.* editis, methodus balsamo condiendi traditur, tum analysis bilis.

Introductio ad universum medicinam hodiernam Lundin. Scan. 1693. 8. an forte DOEBELII.

Sonderbares Wunder über der Neudorfische Mißgeburt Dresden 1693. 4. B. BOEHMER.

Carl Fr. LOCHNER *Betrachtung des seltenen Alters des Menschen* Bremen 1693. 8.

L'ancienne Medecine à la mode où le sentiment uniforme d'Hippocrate & de Galen sur les acides & les alcalis Paris 1693. 12.

SEMPRONII GRACCHI (MANITII Dresdensis Medici,) *Medicus hujus seculi s. herma* Dresdæ 1693. 8.* Continet etiam Bibliothecam Medicam, sed cujus pars physiologica brevissima sit, nostroque sæculo inutilis.

§. DCCXVI. *Varii.*

Caroli DRELINCOURT, *Caroli* F., *de lienosis* Leid. 1693. 4.* 1711. 8. & cum operibus paternis. Collectio ex innumeris scriptoribus. Lienem servire diluendo sanguini venæ portarum, qui nulla lympha ei admista diluatur.

In *epimetris* laudantur veterum inventa anatomica, potissimum circuitus sanguinis.

Editioni 1711. additus est BELLINI liber *de respiratione.*

Joh. LOQUET *de arteria hepatica* Leid. 1693. 4.* & in *meis selectis* Tom. VI. Negat arteriam hepaticam sui visceris parenchyma adire: ejus vero ramos ad capsulam GLISSONII, venas, ductus bilarios euntes sollicite describit. In poro bilario bovis fibras vidit musculares. Ductus bubulos peculiares vidit. Vasa lymphatica per venam portarum replevit.

Hermanni Oosterdyck SCHACHT, Professoris postea Leidensis, Diss. *de sensibus internis memoria & imaginatione* Leid. 1693. 4.

Philipp. v. VELTHUYZEN *de spiritibus animalibus eorumque effectis in genere* Leid. 1693. 4.*

E. FREMERY *de facultatibus in genere, & in specie de facultate naturali* Leid. 1693.

Lotharii ZUMBACH *de sudore & sudoriferis* Leid. 1693. 4.

Henrici SPOOR *de homine* Utrecht 1693. 4.*

Henrici CANTERS *de saliva* Utrecht 1693. 4.*

J. Philipp v. STRAELEN *de formatione humorum in corpore humano* Utrecht 1693. 4.*

Theodori v. OVERMEER *de vita fetus in utero* Utrecht 1693. 4.*

J. Christian KELLER *de visu* Lipsiæ 1693. 4. B. BOEHMER.

J. Tob. HENRICI *errores Chiromantarum* Lips. 1693. 4. PL.

J. Henr. HERLIN *de remediis sudoriferis & sudore* Lips. 1693. 4.

J. Paul. HEBENSTREIT & PRANGE *de locustis immenso agmine aërem nostrum replentibus* Jen. 1693. 4.* Cum aliqua anatome.

J. Philipp. TREUNER *phænomena locustarum* Jen. 1693. 4.* Propria neque rudis anatome cum iconibus: de vagina & oviductu, illa pro partu, hoc pro ovis ponendis, tum utero & ovario.

J. Christoph. KIESEWETTER *de gigantibus, de indole & habitu corporis* Jenæ 1693 4.

Altera Disp. *de gigantibus* ib. 1694.

Christ. WILDVOGEL *de jure embryonum von ungebohrner Kinder Rechte* Jen. 1693. 4.

J. Henr.

J. Henr. MEYER *de serto virginum* Lipsiæ 1693. 4. 1713. 4.*

Georg Henrich HÆBERLIN *de generatione plantarum & animalium* Tubingæ 1693. 12.

J. Henric. STÆHELIN *de ossibus & eorum morbis* Basil. 1693. 4.

Jeremiæ ARNOLDI *de motu thoracis cum diaphragmate mixto* Erford. 1693. 4.

Christoph. LAME *de memoria*, præs. C. BARTHOLIN. Hafn. 1693.

Claudii BURLET & *J.* GELLY *E. interioris corporis humani infida cognitio ex anatome* Paris. 1693.

§. DCCXVII. *Franciscus* POUPART.

Locusta pulicem describit in *Journal des Savans* 1693., quod animal aërem cum sacco intestinali intritum per anum expellit.

Ib. descriptio cornuum limacis, quæ humorem adtrahant.

In eodem Diario 1694. egit de motu progressivo limacis aquatici, ejusdemque natatu, postquam aërem recepit, & valvulæ ope retinuit.

Ej. ib. de limacis partibus genitalibus, utero, testa, deferente ductu.

A. 1695. de miro & amplissimo saltu vermiculi acari.

Ib. 1696. in hydrocantharo glandula utrinque adsidens intestino recto. Uterum etiam & clitoridem se putat vidisse. Ventriculum ejusque motum describit.

A. 1697. hirudinis anatome, repetita in *Phil. Trans.* n. 233. Multa valde subtilia. Medulla spinalis, quam nervum vocat; sexus androgynus; penis inanis; testis, ovaria; valvula in intestino; vasa adiposa flava.

A. 1698. de verme cincto bullis aqueis, ejusque intestino, duabusque maximis arteriis aëreis.

In *hist. de l'Acad.* 1699. cellulosam naturam plumarum describit, vasis plenam sanguineis.

Idem succum osseum ex vertebris centenarii senis effusum vidit.

In *Phil. Trans.* n. 266. de libellarum musculis.

In *Mem. de l'Acad. des Sciences* 1700. puella rene unico.

Anno 1704. Formicaleonis historia naturalis.

Anno 1705. Locusta pulex.

Ligamentum FALLOPII pro re nova.

Mem. de 1706. Aliqua ad anatomen mytuli, ejus tubulum aquifugum, musculos aliquos.

EJUS opus esse *Chirurgie complete* Haag. 1695. 12. editum, quam pro opere le CLERC habui, nunc didici ex Cl. PORTAL. Bonam continet anatomen baseos cranii, viarumque nervearum, quibus terebratur.

§. DCCXVIII. *Phil. Tranſ.* 1693. 1694.

N. 202. PASCHALL De partuum, mortis, & paroxyſmorum febrilium cum maris æſtu conſenſu. Ita eos paroxyſmos ſævire putat cum æſtu, mortes & partus cum maris receſſione.

N. 206. J. CLAYTON aliqua habet de avium voce & cantu: utrumque tympanum communicare; nullam habere cochleam. Talpæ aurem non diſſimilem eſſe auris avium.

N. 210. OWEN LLOYD de phyſiognomia ſermo.

In *Mem. de l'Acad. des Sciences* 1694. exemplum exſtat vaſorum totius corporis cruſta intus obductorum, ut pene cæca eſſent.

In *Eph. Nat. Cur. Dec.* III. *ann.* I. *obſ.* 74. *Marcus* GERBESIUS egit de rubore in fetu, ut putat, ex terrore matris nato.

Dec. III. *ann.* V. VI. *obſ.* 138. Ovum ſemilunare.

Ann. IX. X. *obſ.* 199. Lien abſque malo exciſus.

Obſ. 223. Cor prægnum.

Sylveſtris Samuel ANHORN, San Gallenſis, *obſ.* 8. Menſes ex vulnera ſcarifato.

Chriſtian SCHUCHMANN *obſ.* 104. Pulmonem fetus merſum fuiſſe, qui certo vixerit.

J. Jacobi Franc. VICARII, Profeſſoris Friburgenſis in Briſgoja, *obſ.* 109. de ſudore cruento.

Ann. II. *obſ.* 3. *Pyrrhi Mariæ* GABRIELIS Senenſis oſſa emollita.

EJUSD. in *Galer. di Minerva* T. III. exſtat Diſſ. de phoſphoro urinoſo.

J. Georg. Joſeph. SCHWALLER, Solodurenſis, E. N. C. *Dec.* III. *ann.* I. *obſ.* 175. quinquegemini.

§. DCCXIX. *J. v.* HOORN.

Joh. van HOORN, diverſiſſimi ab illo Leidenſi anatomico viri, Archiatri Regii Suecici, *Siphra & pua* Stockholm 1693. 8. 1719. 8. Germanice Lipſiæ 1726. 8.* 1743. 8.* Belgice aucta a *Gerardo ten* HAAFF Amſterd. 1753. 8. Liber obſtetricius cum brevi partium genitalium, graviditatis & partus hiſtoria De oris uteri poſt conceptum deſcenſu.

EJ. *Anatomes publicæ anni* 1705. *prælectiones* Upſal. 1709. 8.* De organis genitalibus & fetu. Bonas habet inciſiones & matrum & fetuum. Partum tribuit incipienti placentæ & fetus putredini. ROBERGIUS editor aliqua adjecit, & vita auctoris cum meo exemplo reperitur. Uteri in parturiente media craſſities.

Alium titulum reperio in HEISTERIANO catalogo *omnipotentis mirabilia circa generationem humanam* Upſal. 1709. 8.

EJUSD. *Bref wharuti underſökes hurywyda man utaf Lungans ſiunkande eller flyttande i watnet kan met ſäkerhet döma: det barnet wharaf lungan tages är dödt fodt* *födt eller lefwande i dags liuset kommet* Stockholm 1718. 8.* Dubius hic est HORNIUS; viderat quidem nonnunquam vitalis fetus pulmonem mergi, non tamen certus erat pulmonem non vitalem certo & semper fundum petere.

EJ. *Det andra bref wharuti det uti förra Brefwet oafgiördet twifwels målet om corruption kan komma ett dofödt barns lunga at flytta aldeles förkastas* Stockholm 1720. 8.* Per experimenta nunc de omni dubio se expedivit. Pulmones infantum, qui nunquam vixerant, putredini exposuit, & nunquam reperit natasse. Quare definit, natationem rectum indicium esse fetus vivi editi. Explicat, cur homo vivus in aqua natet, mortuus subsideat, cadaver vero in aquam projectum denuo enatet: ab aqua nempe deglutita & corpus replente viva corpora subsidere, a putredine vero enatare, quæ aquam expellat. Mortuum hominem natare, quod aquam non deglutiat.

§. DCCXX. *J. Jacob* SCHEUCHZER.

J. Jac. SCHEUCHZER sub *J. Christophoro* STURM disputavit *de presbytis & myopibus* Altdorf. 1693. 4.* Historiam presbyopum ex antiquis habet.

In *Vol.* IV. Anatome melis & glandulæ ad anum.

EJ. *Surdus loquens* Traject. 1694. 4.* Se vidisse, qui audiret voces super suum verticem prolatas.

EJ. *Epistola ad J. Fr.* LEOPOLD *de cerva cornuta* Basil. 1700. 4.

EJ. *Homo diluvii testis & θεοσκοπος* Tiguri 1726. 4. Sceleton humanam in lapide fossili expressam recenset, & ostendit, per sua signa, hominis esse. De eodem in *Phil. Transf.* n. 392. Nuper dubitatur num fuerit hominis.

IDEM in *Physica sacra* passim anatomica admiscet, ut cordis, auris, oculi anatomen & physiologiam. Intercedunt aliqua propria.

In *Phil. Transf.* n. 395. Marmotæ dat anatomen: cæcum intestinum peramplum; valvula anularis retrocessum sustinens; valvulæ conniventes. Myologia animalis, tum in BUCHNERI *misc.* 1728.

In *Bresl. Samml.* 1726. P. I. p. 203. Larynx colymbi describitur, & valvula palati, quæ retrogressum impedit.

p. 585. Vesicula fellea in bove duplex.

Act. Nat. Cur. Vol. III. *obs.* 41. de inedia Krazeriæ, credulus.

Obs. 43. Melis anatome, etiam musculi, & saccus unguinosus.

§. DCCXXI. *Bernardus O.* CONNOR.

Ita vocatur in *Journal des Savans* 1693. ubi sceleton deformem describit, & ancyloticam, cujus omnia ossa conferbuerant.

Inter dissertationes medico-physicas eadem observatio accuratior redit, cum titulo *de stupendo ossium coalitu* Oxon. 1695. 8. tum in *Phil. Transf.* n. 215.

EJ.

EJ. *Evangelium medici, s. de suspensis naturæ legibus* Londini 1697. 8.* Amsterdam 1699. 8.* &c. De miraculis alias. De generatione. Esse staminis humani ex ovo; factam per fermentum genitale, meram evolutionem, ut homo perfectus increscat, nulla parte aut a mare accedente, aut a femina, neque solidas corporis animalis partes mutari. Ut resurrectio physice explicetur; ut novum corpus solo constet corde & cerebro. Animam non facit corpoream, & harmoniam præstabilitam omnino qualem LEIBNIZIUS. De puero in Polonia reperto, cui nulla fuerit prioris vitæ memoria. Neque adeo animam perpetuo cogitare.

Potissimum facit ad nos tentamen epistolicum *de secretione animali.* Glandulam veram, simplicem, cavam describit. Diversos in diversis organis humores secerni, quod a primordiis rerum diversi humores a DEO cuique visceri sint instillati, ad quos soli humores congeneres adtrahantur, exemplo filtri oleo tincti, quod aquam respuat, solum oleum admittat. Nervos ostia secretoria stringere; ne alii, præter solitos, humores in glandulam penetrent. Contra admistos spiritus.

Nova œconomia animalis. Tabula brevissima.

In *hist. of Poland* T. I. Lond. 1698. 8.* redit breve Physiologiæ compendium.

§. DCCXXII. *Guilielmus* COWPER.

Celebris chirurgus & anatomicus Londinensis, peritus in vasis replendis, inque incidendis corporibus, etiam in anatome comparata exercitatus, bonis usus delineatoribus, bonus ipse delineator, splendidorum auctor operum. Vasa lactea & lymphatica argento vivo replebat, bronchia bismutho.

EJ. *Myotomia reformata, or a new administration of all the muscles of human bodies* London 1694. 8.* Etsi cum nupera ALBINI industria COWPERI labores non compares, & icones hujus operis aliquid habeant obscuri, passim tamen priores superavit, tum quod humana ad corpora omnia descripserit & depinxerit, tum quod pluscula primum inventis addiderit, vel renovata, ut rectum lateralem capitis musculum, lineam pharyngis mediam, bicipitis novum tendinem, aliqua in faciei musculis; aliave quæ fere nova, ut rectum anticum minorem capitis musculum, depressorem labii superioris, elevatorem labii inferioris, interspinales colli. Ossiculum in musculo stapideo dixit, inventum D. ADAIR. Adjecit descriptionem penis, cum vasis lymphaticis, vena valvulosa, corpore cavernoso urethræ, ejusque bulbo. Fasciculus a sphinctere in acceleratorem. Vasa lymphatica docuit per arterias rubras repleri, tum cellulas adiposas.

EJUSD. *The anatomy of humane bodies* Oxon. 1697. fol. Leid. 1737. fol.* Utrecht 1750. fol. curante RADULPHO SCHOMBERG. BIDLOI sunt tabulæ, quas Anglicus bibliopola a Belgis redemerat, alia addita expositione: deinde supplemento auctæ.

Tabulis

Tabulis quidem COWPERUS aliquas literas male omissas adjecit, expositionem auxit, & anatomicis adnotationibus & chirurgicis. Splenium colli describit; trapezii carnem ab angulo scapulæ natam, originem humeralem musculi flexoris pollicis. Trachelo-mastoideum M. non ignoravit, etsi non separat. Vasa lymphatica thymi. Capsulas renales aere per venas replevit. Ureterem ad transitum ante vasa cruralia angustiorem esse docuit. Capsularum GLISSONII dignitatem minuit. Ductus hepatico-cysticos humanos rejecit. Sanguinem lienalem sero abundare sensit. In sceletis curavit, ut ossium asperitates exprimerentur. De hiatu, per quem fumus de tympano per aurem exit, & quem putat esse in anulo.

In *supplemento* introductio reperitur physiologiæ, potissimum etiam ad deglutitionem spectans; tum tabulæ quas COWPERUS pro RIDLEYO curaverat, suo loco dicendæ, figuræ porro myotomiæ reformatæ: & aliæ plusculæ, quarum pleræque non satis definitos habent limites. Tabula aortæ arteriæ melior redit in *Jacobi* DRAKE opere, propria tamen aliqua habet, ut magnum arcum arteriæ mesocolicæ superioris cum inferiori, anfractum sub cranio caroticum. Porro ductum thoracicum ex tribus magnis vasis natum depingit, glandulas maxillares & sublinguales recte cum ductu Whartoni: laryngem bene, cum musculis asperæ arteriæ. In fele anastomosis inter arterias & venas mesenterii dixit. Vasa placentæ cum uteri vasis communicare.

Conquestus est de tabularum suarum abusu, neque immerito BIDLOUS. COWPERUS respondet in *Eucharistia*, quam adjecit *Glandularum quarumdam nuper detectarum, ductuumque earum excretoriorum descriptioni* Londin. 1702. 4.* (Eucharistiæ annus præfigitur 1701.) Non recte negat. BIDLOUM harum tabularum auctorem esse, easque SWAMMERDAMIO tribuit, qui nihil simile molitus erat. Deinde suas tabularum expositiones defendit, & errorum a BIDLOO commissorum dat catalogum.

Glandulæ novæ COWPERI duæ sunt, quæ in brutis animalibus dudum innotuerant, in homine parcius, tum tertia anterior, quam recentior industria non confirmavit. Penis venam, urinæ exitum, tumores uretericos, oculos gallinaginis etiam depictos dedit. Rima capitis gallinaginis.

Denique a morte viri prodiit, curante *Richardo* MEAD, *myotomia reformata with an introduction concerning muscular motion* London 1724. fol.* Splendidissima editio operis prioris paulum aucta, sed plurimis etiam superfluis ornamentis & neglectis musculorum figuris decorata. Tabulæ quidem ad naturam, & humanam naturam, delineatæ, sed minus definito musculorum ambitu, neque adhæsione ad ossa accurate expressa; & singuli vero musculi hic delineati reperiuntur, & integra corpora vario in situ musculis suis ad gressum, ad ictum nitentia Parum vero novi hic reperias, nitidas tamen tabulas cordis, detrusorem, ut vocat, urinæ, s. musculosam ejus sacci tunicam, sphincteris ani productionem cutaneam, transversos urethræ musculos, faciei

muscu-

musculos multo quam prius rectius, biventrem maxillæ, cum ejus ad os hyoides tendine, processum RAVIANUM, trochleam musculi interni mallei, musculos pharyngis plerosque, tum palati, pulchre: tendinem latum diaphragmatis, fibras & valvulas cordis, valvulam EUSTACHII, musculos intertransversales, musculos longos dorsi.

De PEMBERTONI *introductione* alias.

Quæ *Jacobo* DRAKE noster tribuit ea dicemus.

In *Phil. Trans.* n. 220. agit de chylificatione fere ut in Introductione.

N. 251. Animadvertit in Chirurgi DUPRE novos musculos cervicis & capitis.

In n. 252. dum suturam tendinis Achillis describit, satis ostendit, sensu destitui.

N. 258. De suis glandulis, quas proprii laboris dixit opus.

N. 270. Vasa arteriosa & venosa pulmonis cera repleta, illa majora.

N. 280. Fuse de vasis corporis humani, arteria splenica curva, vasis spermaticis prælongis, circuitu sanguinis microscopio viso, globulorum rubrorum mutatione in figuras ovales, arteria carotide & vertebrali dilatatis, valvula EUSTACHIANA. Anatomen dat didelphidis.

N. 285. Circulationem sanguinis in ranæ pede visam describit, & in pulmone qua parte liberior est, ut etiam humor in arterias impulsus hic ut in splene & pene per venas redeat.

In n. 290. describit didelphidem marsupialem marem, cui nullum est marsupium. Penes, ut in castore, cavo musculo glanduloso inclusi. Nullæ vesiculæ seminales, sed quatuor sacculi in urethram aperti, duo alii ad anum unguentiferi. Erectio penis fit a sphinctere cloacæ &c. Costæ ei animali totæ osseæ.

In n. 299. Osseæ valvulæ aortæ: icon earum, uti arteriæ magnæ tubulum claudant. Cordis icones &c.

§. DCCXXIII. *J. Jacobus* RAU.

Germanus, Badensis, & ipse Chirurgus, inde Anatomes Professor Leidensis Nitidissime sceletos compingebat, neque mediocri etiam artificio vasa replebat, partesque corporis repletas conservabat. Multum veró nocuit sibi avaritia & asperitate morum (*f*). Pauca scripsit magnamque partem temporis in calculo secando posuit, cujus administrationis novam rationem invenerat, qua propius ad vesicam incisio fiebat. Ejus exstat Diss. inauguralis *de ortu & regeneratione dentium* Leid. 1694. 4.*; recusa in *meis selectis* T. VI. Bona Diss. Contra GAGLIARDI claviculos. Nervus quinti paris bene descriptus. Nervi maxillaris superioris additas nervo intercostali radices hic detexit, tum reliquos ejus ramos vidit, interque eos dentales. Rudimenta dentium membranacea, folliculi, dentesque

(*f*) HEISTER *in vita*, UFFENBACH *Reis.* III. p. 640.

tesque primi & secundi, & primorum destructio. Dentes non adeo accurato ordine prodire. Duplicia dentium seminia.

Cum Amstelodami scholam & ipse anatomicam aperiret, displicuit RUYSCHIO æmulus, ut etiam privilegio uteretur, & RAVII theatrum claudere conaretur. Noster incensus edidit epistolam ad F. RUYSCHIUM *de septo scroti* Amsterd. 1699. 4.*, in qua RUYSCHIO de novo invento sibi plaudenti plusculos auctores indicat, cui hoc septum non fuerat ignotum.

Deinde cum respondisset RUYSCHIUS, in secando, quam in legendis libris, utique magis exercitatus, noster eodem anno addidit *responsionem ad qualemcunque defensionem* RUYSCHII 1699. 4.* Rectius nunc scrotum humanum describit, neque verum septum habere, sed duo distincta scrota convexitate sua se contingere; ita septum nasci.

Leidam vocatus, BIDLOI nunc successor, orationem inauguralem *de methodo anatomen docendi & discendi* habuit & edidit anno 1713. 4.* Anatomes historiam narrat, & B. EUSTACHII merita gnarus laudat, neque RUYSCHIO suas laudes invidet. Chirurgica aliqua sua inventa recenset.

EJ. *Index suppellectilis anatomicæ*, quam Academiæ Leidensi legerat descripsit B. S. ALBINUS Leid. 1721. 4.* Videas in brevi catalogo multam potissimum ossium collectionem, variisque ex gentibus: aliqua ossa mire ampla. Multi etiam oculi, inter eos balænæ. Circulus PETITI, ut videtur, ex balæna.

In *amphitheatri zootomici Michaëlis Bernhardi* VALENTINI appendice Francofurti 1719. fol. 1742. fol.* edita reperiuntur RAVII osteologia, myologia, angiologia, splanchnologia, a discipulo aliquo in chartam conjectæ. Breviter de ossibus, ut ne propria quidem inventa recenseat. Nam RAVIUS primus, quantum reperio, vidit os temporum pro recipienda maxilla inferiori parva ex parte cavum, majori in eminentia sua condylum maxillæ recipere. Id inventum a discipulis RAVII repetitum, BOERHAAVIUS in immortalem suam physiologiam recepit, & nos omnino naturæ consonum esse ostendimus. Deinde processum longissimum mallei, parce & obscuriuscule ab aliis visum, & ipse constituit, eique nomen imposuit.

Myologia & ipsa brevis est. Complexum musculum cum transversospinoso & splenio confundi. Splenium colli minime ignoravit, etsi aliis vocibus usus est. Splanchnologia. Tria habet coli ligamenta, Adenologia. Angiologia in sua brevitate non inutilis, & nevrologia. Venam bronchialem dextram invenit. Vagina vasorum lienalium.

Vitam viri *B. Sigfrid* ALBINUS successor descripsit Leidæ 1719. 4.*

Epistolam de oculi fabrica, quam ad BOERHAAVIUM dederat (*g*), non prodiisse doleas.

(g) *Inst. Rei Med.* n. 545.

§. DCCXXIV. *Philippus* PEU,

Chirurgus & ipſe, & obſtetrix, & *Franciſci* MAURICEAU æmulus, hactenus anatomen adtigit, ejus artis non peritiſſimus, qui duas venas umbilicales numeret. EJUS *pratique des accouchemens* Paris 1694. 8.* anatomen partium genitalium aliquam exhibet: deinde monſtrorum hiſtorias aliquas improbabiles. Inter eas fetus galea cranii deſtitutus, biceps, unicorporeus, abdomine & corde ſimplici; alius biceps, capite altero ſupra os ſacrum adnato, alius vitalis, deſtitutus cerebro. Alius biceps bicorporeus, corde ſimplici, ventriculis duobus, inteſtinis coaleſcentibus. Exemplum per anguſtam rimam concipientis feminæ.

Lites cum MAURICEAU ad Chirurgiam ſpectant.

§. DCCXXV. LE CLERC, COKBURNE. *Alii.*

Gabriel Carolus LE CLERC, qui Medicus Regius dicitur. EJ. *Chirurgie complette* ſæpiſſime recuſa eſt Paris 1694. 12. 1698. 12.* 1705. 16.* 1706. 8. 2.Vol.* 1708. 12. 1720. 12. 1739. 12.* Leid. 1731. 12. 2.Vol. Bruxell. 1749. 12. 2.Vol. 1757. 12. 2.Vol.* cum titulo Paris. In Belgio 1694. 16.*. Anglice 1714. 8. OSB. Germanice Dreſd. 1699. 8. TREW. In editione 1698. 12. habet ARNALDI inventa & DUNCANI adminiſtrationem cerebri. In edit. 1706. oſteologia integrum volumen efficit. Sceletos etiam gibboſæ feminæ hic deſcribitur. Multa ex DUVERNEYO. Habet partes oſſis palati adſcendentes. In editione 1739. exſtat iterum DUNCANI adminiſtratione cerebri, medullæ ſpinalis. Fibras coquendo putat melius apparere. POUPARTI foramina cranii, per quæ vaſa & nervi tranſeunt.

J. CASE *compendium anatomicum nova arte inſtitutum* Londin. 1694. Amſterdam 1696. 12.* Inutile compendium. Pro ovis GRAAFIANIS laborat.

Lettres philoſophiques ſur le principe & la cauſe du mouvement machinal des êtres organiſés Amſterdam 1694. 8.* Uti in univerſo corporeo omnis ab igne motus ſit, ita in corpore animali centralem ignem in corde reſidere, & ab eo omnem in machina motum oriri. Amici objectiones adducit. Nullum uſquam experimentum.

J. F. VALLADE *idea generalis morborum.* In T. I. dat *principia ad conſtructionem hominis ſpectantia* Roterdam 1694. 4.

In A. HELVETII *methode pour guérir toutes ſortes de fievres* Paris 1694. 8. clyſteres febrifugi laudantur.

In *Engelberti* KÆMPFER *amœnitatibus exoticis* Lemgov. 1712. 4. inque *primo faſciculo* Leid. 1694. 4.* editis varia huc faciunt; de mumia, torpedine, ſpermate ceti.

Ægidii DALMAN's, Chirurgi, *nieuw hervormde heelkonſt* Amſterd. 1694. 8. Germanice Berlin 1694. 8. 1702. 8. 1715. 8. addente aliqua GOHLIO. Theoria BONTEKOI repetitur.

Wilh.

Wilh. WOTTON *reflexions upon ancient and modern learning* Lond. 1694. 8. etiam anatome tangitur. *

In POMETI *histoire generale des drogues* Paris 1694. fol. de ſuccis animalibus agitur.

Et in *Diario Erud.* 1694. *Carolus* PLUMIER contra POMETUM adſerit, Cochenillam animal eſſe.

M. Dec. *Caroli* PLUMIER de organo auditus teſtudinis. Oſſiculum tubiforme, & tympani membrana. Crocodili unicus malleus, lacertæ duo oſſicula. Homo cui fumus Nicotianæ per aurem exibat.

IDEM 1703. Sept. Coccinellam eſſe animal ad microſcopium conſpicuum, ex ovo prodeuns: tum de aliis coccis aut animalibus coloriferis.

Ibid. 1704. M. *Januar.* IDEM de Crocodilo agit. Non movere maxillam ſuperiorem, niſi cum univerſo capite, ſed lapides devorare, qui in ventriculo reperiantur: ita lupus.

In *Journal de Trevoux* 1705. M. *Febr.* IDEM dat anatomen Crocodili.

Bernardi Matthiæ FRANK *ſumma theoriæ medicæ ad morborum curationem neceſſitate* Kiel. 1694. 8.*

ALEMAND *ſcience de la tranſpiration* Lyon 1694. 12.

Michaelis A. ANDRIOLI *novum & integrum ſyſtema phyſico-medicum* Baſil. 1694. 8. Habet etiam anatomen.

EJ. *Phyſiologia* Clagenfurt 1701. MAZUCH.

In *Dictionaire de la langue françoiſe dedier au Roi* Paris 1694. fol. Voces etiam anatomicæ & botanicæ exponuntur.

Non ſepurabo, cujus primam editionem non inveniam, dictionarium Abbatis FURETIERE. Prodiit auctum Amſterd. 1727. fol. 4. Vol. Haag 1737. fol. curante BASNAGE & BRUTEL *de la* RIVIERE.

L'ecuyer françois . . . l'anatomie de leurs veines (equi) *& de leurs os* Paris 1694. 8.

BELOT *œuvres & la Chiromance la phyſionomie l'art de memoire le traité des ſonges* Liege 1694. 12. Parochi opus.

§. DCCXXVI. *Diſputationes.*

Andr. EYSSEL *de chylo ſecundum & præter naturam* Erford. 1694. 4. HE.

J. Philipp. EYSEL, Prof. Erfordienſis, *de glandularum natura & uſu* Erford. 1694. 4.*

EJ. *de viſionis ſtatu naturali & præternaturali* 1696. 4.

EJ. *de ſpiritu inſito* 1697. 4. HE.

Inteſtinorum phyſiologia & pathologia 1708. 4.*

EJ. *de conceptione humana* 1709. 4. HE, (*h*).

EJ. *de principiis motus & sensus* 1715. 4.*

EJ. *de generatione* 1716. 4.*

EJ. *de nausea* 1717. 4.

EJ. *Compendium physiologiæ* Erford. 1698. 8.* 1710. 8.* Francof. & Lipsiæ 1718. 8.* Nihil habet proprii.

EJ. *Opera medica & chirurgica* Francof. 1718. 8.*

Samuel RAYHER *de natura & jure auditus & soni* Kiel. 1694. 4. VATER 1698.

Matthiæ HONOLDI Disp. *de visu* Lipsiæ 1694. 4.*

J. OOSTWOUD *de fame canina* Leid. 1694. 4.

P. TENZEL *de fluido nervorum* Leid. 1694. 4. HAENEL.

D. ZYL *de memoria ejusque vitiis* Leid. 1694. 4. HAENEL.

Eberhard LANGERMANN *de excrementis corporis nostri secundum naturam, ratione conservationis individui inutilibus* Leid. 1694. 4. PL.

Nic. de BLAKENDAEL *de chylificatione læsa* Utrecht 1694. 4.*

Georg. MEYER *de virginis partu* Hamburg. 1694. 4. B. BOEHM.

Frid. Theoph. KETTNER *de mumiis Ægyptiacis & de egregia Lipsiensi in Bibl. senatus* Paris. 1694. 4. HE.

J. Phil. GROSIUS *de capillis & capillamentis veterum* Witteb. 1694. 4. HE.

J. Jac. HERING *ὑπνολογία* Lipsiæ 1694. 4. HE.

Christ. Gottfried FINGER *de quotidiano corporis humani decremento* Lipsiæ 1694. 4. HE.

J. GOTTSCHED, Professoris Regiomontani, *de circulatione sanguinis* Regiomont. 1694.

EJ. *de nova trepsi & renutritione eorum, qui ob inediam emaciati sunt* ib. 1694. 4.

EJ. *de motu musculorum* ib. 1694. 4.* per spiritus imperio animæ expansos.

EJ. *de æthere & aere sanguinis, eorumque in corpus humanum ejusque humores vi & operationibus in genere* ib. 1694. 4.*

EJ. *de luce & coloribus* ib. 1701. 4.*

EJ. *de visus modo fiendi* ib. 1702. 4.

EJ. *de viis & circulatione chyli* ib. 1702. 4.* In urso intestinorum villos lacte plenos vidit. Alia ad oscula lacteorum vasorum pertinentia.

J. MAHRAUN *de triplici corporis alimento* Hafn. 1695. præside C. BARTHOLIN.

(h) Hanc & alias disquisitiones Cl. HEFTER, HENRICO PHILIPPO EYSEL tribuit. Earum plures possideo, quæ sunt J. PHILIPPI. Quare neque hanc separo.

Bertin Simon DEUXYVOIE & *Phil.* HECQUET *Non ergo functiones a fermentis* Paris. 1694. quam porro sententiam HECQUETUS strenue defendit.

Urban LEAULTÉ & *And.* CRESSÉ, *E. qui fermentationis, idem & hominis naturam noscit* Paris. 1694.

Nic. BAILLY & *Hon.* MICHELET, *Non ergo praest corporis fabricæ anima* Paris. 1694.

Joh. GELLY & *Car.* THUILLIER *Non ergo a fermentatione naturali sanguinis color* Paris. 1694.

J. DUVAL & *Ant.* SERIN *Non ergo visus in animi adfectibus acutior* ib. 1694.

J. Gabr. FRESSANT & *Jac.* SOUHAIT *Ergo alimentorum dissolutio ab acido* ib. 1694.

§. DCCXXVII. *Diaria.*

Philippus FRAUENDORFER vidit millepedes viva animalia parere in *Eph. Nat. Cur. Dec.* III. *ann.* III. *obs.* 2.

Ann. VII. VIII. *obs.* 19. Fecunda absque mensibus.

Obs. 20. Testis unicus.

Obs. 21. Papillæ figura.

Obs. 22. Caput supra hypochondrium juvenis adhærens.

Dec. III. *ann.* III. *J. Georg.* HOYER, *obs.* 44. de fetu tertio die a matris morte edito.

Obs. 175. De sceleto Elephantis TENZELIANO.

J. FRANK, Ulmensis Medicus, *obs.* 72. Varia anatomica. Viperæ aliqua anatome, ejusque cor evulsum per 24. horas saliens. Ad araneæ anatomen.

Conrad Barthold BEHRENS, Hildesiensis, *Eph. Nat. Cur. Dec.* III. *ann.* III. *obs.* 111. Clysteres valvulam coli non superare, non adeo curare febres, quarum sedes sit in tenuibus intestinis. Sed neque alere posse.

Ann. V. VI. *obs.* 31. Serum sanguinis lentum & lacteum.

EJ. (in *Eph. Nat. Cur. Cent.* IV.) *obs.* 159. de causa gemellos producente.

Cent. V. *obs.* 94. de sanguine post mortem de cadavere fluente.

EJ. *Medicus legalis* Helmstad. 1696. 8. Non malus liber.

Daniel NEBEL, Professor Heidelbergensis, *obs.* 168. de glandulis vesiculæ unguentariæ taxi, quæ ano adsidet. In eodem animale glandulæ in membrana externa hepatis. Denique de nervis intercostalibus ejus animalis inflexis, & quasi serpentinis.

Obs. 164. In cervo glandula HARDERIANA intra orbitam posita, cum ductu suo variis in animalibus reperta, & diversa a glandula lacrumali vulgo nota.

Ann. V. VI. *obs.* 104. Fibras nervorum & tendinum putat se vidisse cincinnatas.

Cent. VI. *obs.* 52. Sceletos fetus per tres annos in utero materno retenti.

Disp. *Analexis Pliniana partes corporis humani similares complectens* Marburg. 1696. 4.*

De reciproco aëris in pulmones hominis ingressu & egressu 1704. 4.*

De coagulo bilis Disp. Heidelberg. 1714. 4.*

Petri Joh. Christ. Friderich HANEMANNI *obs.* 65. Piscis ignoti vertebræ unco quodam anulari per costam, ut intelligo, trajecto articulatæ.

In *hist. de l'Acad. des Sciences* 1695. Ibidem legitur de puero septenni barbato & adulti simili.

In *Journal des Savans* 1695. D. PANTHOT, Medicus Lugdunensis, de puero 22. mense edito.

§. DCCXXVIII. H. RIDLEY.

EJUS *anatomy of the brain* London 1695. 8.* a M. E. ETTMULLER latine recusa in *Eph. Nat. Cur. Dec.* III. *app.*, tum in MANGETI *Bibliotheca*, & Leidæ 1725. 8.*: debet autem editio Anglica haberi, cum tabulæ alioquin nimis teneris circumscriptionibus, expressæ, in reliquis editionibus nimium obscuræ sint: eas COWPERUS delineavit, & pro suis in *supplemento suæ anatomes* repetiit. Duplex clari viri cæterum labor est, incisoris alter, alter physiologi. In illo compendium quidem dedit, multis omissis, quæ VIEUSSENIUS habet; ut ipsis receptaculis: erroribus etiam admistis, ut in rete mirabili, in nervo decimo. Habet tamen etiam sua & nova. Motum sinuum duræ matris & cerebri ad vasa retulit. Invenit, aut certe perfecit, circularem sinum duræ membranæ. Plexum incumbentem glandulæ pineali ad chorioideos deduxit, fibras aliquas medullares addidit, aut accuratius descripsit. Infundibulum in animalibus cavum, in homine solidum esse. Vasa lymphatica plexuum chorioideorum habet, & minora aliquæ duræ matris vasa, & flexionem vertebralis arteriæ; tum vascula aliqua minuta duræ meningis, fibras pontis transversas, processus medullares minores a cerebello natos. Physiologica pertinent ad motum muscularem, cujus causam fere ut BOERHAAVIUS exponit, & ad nervos voluntarios & involuntarios, in quibus a WILLISIO recedit.

EJ. *Observationes quædam medico-practicæ & physiologicæ* Londin. 1703. 8.* Leid. 1738. 8.* Præter incisiones corporum morbosorum hic potissimum reperitur de foramine ovali dissertatio. Id foramen in tenero embryone imam sedem parietis medii tenere, paulatim autem in superiori parte reperiri, denique in suprema. Urachi tubulum apertum esse. In adulto homine foramen ovale patulum fuisse. Cornicula valvulæ foraminis ovalis invenit. Sinum venæ portarum in fetu minorem esse recte vidit. De uracho stillasse aquam ex vesica.

In *Phil. Trans.* n. 287. experimentum recenset, in quo motus cerebri systolicus resecta dura meninge integer & validior superfuit.

§. DCCXXIX.

§. DCCXXIX. *Varii.*

Guilielmi COKBURNE, Archiatri, *Oeconomia corporis animalis* Lond. 1695. 8.*, & in B. MANGETI. De plagio queritur PITCARNIUS. Mihi COKBURNE non videtur esse jatromathematicus, neque novi quidquam apud eum reperio, sed simplex quidem rectumque judicium, & a falsis hypothesibus alienum. Vim tritus in ventriculo rejicit, manifesto adversus PITCARNIO, nisi in pulmonibus. Contra materiem subtilem, acidum & alcali.

In ejusdem *continuation of the account of distempers incident to seafaring people* London 1697. 8.* pulsus numerare jubet, & thermometrum adhibere, ut venæ sectioni certus modus ponatur. Mireris in febrientibus tantum 37. & 40. pulsus reperisse.

EJ. *The symptomes, nature, causes and cure of a gonorrhœa* London 1712. 8. 1715. 8. 1728. 8.*, quæ quarta est editio. Latine Leid. 1717, 8. Gallice Paris 1730. 12. Anatomica descriptio & icon lacunarum urethræ hic reperitur, quas noster omnes inter se invicem communicare docet, & per venas inflari. In his sinubus sedem esse gonorrhœæ. Icon sinuum satis bona, tum vasorum penis internorum.

Hæ icones coloratæ seorsim 4. sine loco & anno cum vivis coloribus prodierunt cum titulo, *Preparation anatomique des parties de l'homme servant à la generation.* PL.

Bartholomæi de MOOR, Professoris Harderwicensis, *cogitationes de instauratione medicinæ* L. III. Amsterdam 1695. 8.* Totam medicinam superstruit pressioni sanguinis per arterias magna vi propulsi. Ab ea motum muscularem repetit, retardato sanguinis motu per expansionem tubulorum nerveorum: somnum ab heterogeneis particulis chyli cum reliquis sanguinis moleculis minus bene commistis. In digestione ciborum diaphragmatis actionem laudat. Parvitatem arteriarum ad venas comparatarum ostendit, os fetus ex filis osseis compositum depinxit. Pars I. operis physiologica est.

In *pathologia cerebri* Amsterdam 1704. 4.* similia docet. Animam ipsam esse sensorium commune, neque aliud dari.

EJ. *de hypothesibus medicis* Amsterdam 1706. 4.*

EJ. *de methodo docendi medicinam* Franeker. 1707. 4.*

EJ. *Præloquium cum corpus virile cultello anatomico subjiceret* Harderwyk. 1715. 4.

Andreæ BROWNE *de febribus tentamen theoretico-practicum ex principiis* BELLINI, *in quo fere tota animalis œconomia enucleatur* Edinburg 1695. 8.

Guilielmi COWARD *de fermento volatili nutritio conjectura rationalis, qua ostenditur, spiritum volatilem oleosum a sanguine suffusum esse verum concoctionis & nutritionis instrumentum* Londin. 1695. 8.* Nempe eam indolem esse spirituum animalium; inde oleum dare ossa recentia, quod sit a spiritibus intra fibras residibus.

ſidibus. Eandem eſſe naturam fermenti ventriculi: ope ſalis volatilis oleoſi cerebrum vituli in lactis ſpeciem reſolvi. SYLVIUM ſequitur, & bilis cum pancreatico ſucco fervorem, vitalemque effervescentiam ex acido chylo cum indigena ſale volatili admittit.

EJ. *Ophthalmjatria* Lond. 1705. vel 1706. 8. acerba experta judicia.

Hactenus huc referens *Nic.* BAERII *ornithophoniam*, *ſ. harmoniam avium muſicam* Brem. 1695. 4.

N. BERANGER, Medici, *Celandre où traité nouveau des deſcentes* Paris 1695. 12.* Habet anatomen & icones partium ad hernias ſpectantium. In theoria HELMONTIUM ſequitur.

In J. BERNIER *hiſtoire chronologique de la medecine* Paris 1695. 4.* vix quidquam huc pertinet.

David GRAEBNER, Medici Vratislavienſis, *medicina vetus reſtituta*, *ſ. paragraphe in* CRAANEN *de homine* Lipſiæ 1695. 4.* CARTESIANA dogmata apud veteres jam reperiri: aliqua tamen corrigit.

Additamentum ad hanc paragraphen dedit inter tractatus anno 1703. 4. editos *. Non anatomicus.

Nicolai GRIMBERG *obſervationes medicæ anatomico-practicæ* Hafn. 1695. 4.* Cum quaque parte adfecta conjungitur hiſtoria aliqua anatomica.

§. DCCXXX. *J. Jac.* STOLTERFOHT. G. DETHARDING.

Medicus Griphiswaldenſis, inde Lubecenſis, inter auctores Actorum maris Balthici. EJ. *de idea errante in monſtrorum generatione* Gryphiswald. 1695. 4.*

EJ. *Studii anatomes deliciæ* ib. 1695. 4.*

EJ. *Hiſtoria formationis fetus in utero* ib. 1695. 4.*

EJ. *Phyſiologia in nuce* ib. 1697. 4.*

EJ. *de ſudore ſanguineo* Leidæ 1698. 4.

In *Act. lit. Mar. Balth.* 1699. *Jan.* Ovum prægnans.

M. Aug. de oſſium generatione vitioſa.

M. Dec. Vir menſtrua per penem patiens.

Ann. 1702. *M. Jan.* aliqua de vaſis ſponte ruptis.

Deinde *M. Majo & Jul.* ova rariora, inter ea gallorum & baſilicus.

Ann. 1703. *M. Mart.* Gallus quadrupes.

M. Junio de ovis, quæ viviparæ feminæ pepererint.

Georg. DETHARDING, Medicus & Profeſſor Roſtochienſis, inde Hafnienſis. EJ. Diſp. *de fontanella infantum* Altdorf. 1695. 4.*

EJ. *de ingreſſu ſanguinis per poros cutis* Roſtoch. 1703. 4.*

Deum ex structura cordis demonstrat Rostoch. 1705. 4.

Ej. *de connatis puellis Ungaricis progr.* ib. 1708.

Ej. *Scrutinium commercii animæ & corporis* ib. 1714. 4.*

Ej. *Carminatio sanguinis in pulmonibus* ib. 1718. 4.*

Ej. *de anatome jucunda & utili* ib. 1718. 4. Duas arterias hepaticas majores, tres parvas dixit.

Ej. *de subactione alimentorum in ventriculo* ib. 1718. 4.*

Ej. *Palæstra medica exhibens themata physiologica* 38. *Disputt. ventilata* ib. 1720. 4.* STAHLIANUS per omnia, in generalibus cautus subsistit.

Ej. *An homo adultus quadraginta diebus extra cibum vitam trahere possit* ib. 1721. 4.*

Ej. *Specimen ethicæ dolentium sub doloribus partus* ib. 1725. 4. PLATN.

Ej. *Physiologia* Hafniæ 1735. 8.

Ej. *de musculo* RUYSCHII Hafniæ 1741. 4.*

In *app. ad Dec.* III. *ann.* V. VI. tum VII. VIII. *Eph. Nat. Cur.* parallelas historias iis adjicit, quæ in eo opere exstant.

Cent. VII. *obs.* 72. De fecunda, quæ menses non fuerat passa.

§. DCCXXXI. *Disputationes.*

Sebastian HOEGGER *de saliva* Basil. 1695. 4. & *de salivæ statu morboso* Basileæ 1696. 4.

Paulus ROETERS *de sterilitate* Utrecht 1695. 4.*.

Petri LATANE *de vita fetus in utero materno* Franeker 1695. 4. B. BOEHM.

Samuel SCHOENING *de odore* Witteberg. 1695. 4. HE.

Wolfgang Wilhelm BACHMAYR *de singultu* Altdorf. 1695. 4.*

Ulr. Sigmund NIMTSCH *de fontanella infantum* Altdorf. 1695. 4. Conf. p. 778.

J. KELK *de fluxu menstruo* Leidæ 1695. 4. HE.

J. Dan. STANGE *homo automatos* Leid. 1695. 4.*

H. ABBEKERK *de motu progressivo & intestino* Leid. 1695. 4.

J. Balthasar SCHWARTZ *de siti morbosa* Altdorf. 1695. 4.*

Mich. Frid. ROMIG *de visu armato* Jen. 1695. 4.*

Cl. QUIQUEBOEUF & *Caroli* BOMPART *Non ergo concipiunt, quæ frigido sunt utero* Paris. 1695.

J. Mich. GARBE & *Josephi de* TOURNEFORT, magni illius botanici, *Non ergo anima principium facultatum corporis* Paris. 1695.

Amb. Nic. CHEMINEAU & *Ant. le* CLERC, *E. robur corporis obstat vi & præstantiæ intellectus* Paris. 1695. 4.

 J. BOUDIN

J. BOUDIN & *Daniel* TAUVRY, Academicus, *E. uteri cum supernis partibus consensus nervorum interventu* Paris. 1695. 4.

GUY ER. EMMEREZ & *Petri* JAQUEMIER *E. sanguis a sanguine* Paris 1695. 4.

§. DCCXXXII. *Diaria.*

In *Phil. Trans.* n. 220. *Johannes* HARRIS aliqua habet de animalculis microscopicis in aqua habitantibus.

Stephani GRAY n. 221. de iisdem insectis globularibus: de insecto figuram mutante.

Caroli PRESTON de fabrica anatomica piscium aliqua; de eorum corde, diaphragmate, hepate, vesicula fellea, vesicula aerea &c.

N. 226. EJUSDEM de infante absque cerebro nato.

In *Eph. Nat. Cur. Dec.* III. *ann.* IV. *obs.* 31. *Christianus* HELWICH, Vratislaviensis Medicus, de menstruo sanguine quarto die post mortem effuso.

Ann. V. VI. *obs.* 70. Oculi ex imaginatione materna vitulinorum similes. In *appendice* de motu bilis circulari.

Ann. VII. VIII. *obs.* 204. in torminoso homine nullum omentum.

Cent. II. *obs.* 146. Menses in gravida.

Cent. X. *obs.* 32. Suturarum discessio.

EJUSD. *obs.* 32. Rusticus natura frigidus & ad venerem ineptus, cum organa genitalia bene se habere viderentur. Videtur eadem historia a P. J. HARTMANNO narrari n. 85. veraque causa in stupiditate videtur posita fuisse.

J. Baptistæ WENCKH *obs.* 87. Femina concepit, cum duo priores fetus in utero retinuisset.

EJUSD. in *appendice ejusd. anni* Diss. de sanguine menstruo, ejusque causa fluendi. Fermentationibus indulget.

Dec. III. *ann.* IX. X. *obs.* 9. Viri menstrua passi.

Cent. X. *app.* An ex nefando coitu cum bestiis homo possit nasci. Negat.

Ambrosii STEGMANN, Islebiensis Medici, puer cum pene erecto natus, *Dec.* III *ann.* IV. *obs.* 105.

Obs. 106. Saliva corrosiva in puero.

Obs. 112. Mirifica quædam de clitoride; inter ea exemplum perforatæ clitoridis, per quam femina venerem sit passa.

Obs. 113. Perbrevis funiculus umbilicalis.

Dec. III. *ann.* VII. VIII. *obs.* 35. Historiam suam mitigat; clitoris magna erat, urethræ ostium amplius.

J. Christian MENZEL *obs.* 122. Gemellorum alter uterum rupit.

In

In *Journal des Savans* 1696. multa monstra describuntur a *D. du* CAUROI Medico Bellovacensi relata. Puer polydactylos, capite difformi; alius uhipes; acephalos alius; & villosus simiæ similis.

In eodem, ovum in ovo, repetitum in *Phil. Transf.* n. 230.

Novum Diarium hoc anno orsus est D. BRUNEL *Le progrès de la medecine*, sequentibus annis continuatum. Anno 1696. recensetur fetus sex vel septem annis gestatus.

Mula pariens.

Tum alterum Diarium Venetiis edi cepit, cum titulo *Galeria di Minerva* 1696. fol.*, in quo & censuræ librorum reperiuntur, & propriæ adnotationes.

Ferdinandi SANTANIELLI de causis & modo somni cogitata.

EJ. *Lucubrationes physico-mechanicæ* Venet. 1698. 4.* (vocatur hic SANTANELLI) discipulus *Cornelii* CONSENTINI, Archiater Ragusinus, Diss. II. est de somno, qui fiat ab halitibus ex ventriculo ad cerebrum adscendentibus, & motum spirituum per cerebrum morantibus. Diss. III. Organismus mechanicus. Spiritus statuit corpus inter & animam æthereos, qui in cerebro gignantur & in testibus, & primordia hominis constituant. IV. De causa mortis: a callositate fibrarum. VI. De nutritione: a spiritibus cibos coqui; salivam esse volatilem-fixam. Percurrit chylificationis negotium. VII. De fermentatione.

§. DCCXXXIII. *Georgius* BAGLIVUS,

Ragusinus, qui Romæ medicinam fecit, magnamque ad famam pervenit, cum tamen ante diem immatura morte anno 1707. 17. Junii die abreptus fuerit. HIPPOCRATICAM in praxi medicinam laudabat; in physiologicis systema PACCHIONII ornavit, ut fibram solidam propria vi contractili valentem, duramque membranam cerebri omnium membranarum matrem adgnosceret. Alienis laboribus inclaruisse, neque immerito, ei objectum est, usumque esse CASSALECCHII, Rhegiensis Medici, opere de transmutatione morborum, tum PACCHIONII (i) inventis, & VALSALVÆ (k), quibus MALPIGHIUM addo; ad eum enim refero circuitum sanguinis in ranis visum.

Passim anatomen & physiologiam adtigit. Romæ edidit 1696. 8. *de praxi medica* L. II. cui op. accesserunt experimenta *infusoria*.

Accedunt Diss. I. de anatome morsu & effectibus tarantulæ, & II. de usu & abusu vesicantium: & III. observationes anatomicæ & practicæ ib. Anatome tarantulæ quidem vix ulla, præter aliqua de ovis, & ostreorum ovis lactisque globulis. Vulgari de tarantularum curatione musica fabulæ fraudem sæpe subesse. Vesicantia medicamenta & nocere monet, & prodesse. Tincturam in canis venas injecit, sanguinem ab ea dissolvi vidit, funesto fere eventu: sed etiam

(i) BAZZAN *Comm. Bonon.* T. I. p. 48.
(k) MORGAGNI *Ep.* XIII. n. 39.

etiam ſanguinem de vena miſſum, adjecta cantharidum tinctura liquari. Actionem horum veſicantium per vim ſtimuli interpretatur. Venena varia in vivorum animalium ſanguinem injecit. Valde certe improbabile videtur, cani ſpiritum vini rectificatum non nocuiſſe. Nervos etiam octavi paris abſcidit, lienem evulſit, arteriam uretericam vidit; bonas in ranæ vaſis factas adnotationes MALPIGHII recudi fecit, omiſſo magni viri nomine.

Prodiit etiam opus de praxi medica Leid. 1700. 8. Lond. 1709. 8. Lyon 1699. 8. 1703. 8. Leid. 1704. 8.

L. II. *de praxi medica & de tarantulis &c.* Germanice vertit non nemo, & Lubecæ 1705. 8. Lipſ. 1718. 8. edidit. Redeunt hæc in *operibus omnibus.*

EJ. *de fibra motrice & morboſa, nec non de experimentis ac morbis ſalivæ, bilis, ac ſanguinis: de circulatione ſanguinis in teſtudine, ejusdemque cordis anatome* Peruſiæ 1700. 4.* Romæ 1702. 4. Leid. 1703. 8. Lond. 1703. 8. Baſileæ 1703. 8. SCHULZ. Aliqua de fibris muſcularibus, quarum vires putat augeri, dum circa globulos ſanguinis circumvolvuntur. Tonum naturalem fibrarum deſcribit & ſenilem rigorem. Vitia nimiæ contractionis exponit. Fibras in variis liquoribus maceravit. Cordis & duræ membranæ vires comparat; & alternam cordis cum ea meninge poteſtatem conſtituit, ut dura mater compreſſo cerebro cordi ſpiritus mittat. Habere fibras longas ſuas, & transverſas, quæ dilatationem impediant: huic, (Meningi) in omnes partes animati corporis imperium tribuit, vimque contractilem, ut ſit præcipua cauſa motus in animale. De ſanguinis motu & circuitu ex viribus ſolidorum. De horum a ſtimulo contractione. Muſculum cutaneum hyſtricis deſcripſit. Erinacei muſculum cutaneum in bulbos pilorum propagines dare.

Salivæ fere putrefactæ analyſin dedit.

Bilis analyſin, tum igne ſubjecto. tum variis liquoribus adfuſis. Multum ineſſe alcali. Experimenta ſua fecit in bile putrida.

De reſpiratione. Non bene putat irruere in pectus aërem, tum demum thoracem dilatari, ſanguinem torpidum ab aëre urgeri. Pro lunæ influxu.

Cor teſtudinis; ejus tres ventriculos conjunctis viribus ſanguinem propellere.

Ad ſanguinis cum variis adfuſis liquoribus phænomena. Cum ſpiritu cornu cervi fervere.

Iterum aliqua experimenta infuſoria.

EJ. *Ad rectum ſtatices uſum canones* Rom. 1704. 12. cum SANCTORIO.

EJ. *Diſſertationes varii argumenti* ad *Petrum* HOTTON . . . 1710. 8. *Inter* eas eſt de motu ſyſtaltico duræ membranæ cerebri: deinde de ſolidorum in fluida poteſtate.

De circuitus ſanguinis analogia cum aquæ marinæ per terræ viſcera circuitu.

EJUSD. *Opera omnia medico-practica & anatomica* Lyon 1704. 4. TREW. 1710. 4. VAT. 1715. 4.* Antwerp. . . . . Leydæ 1744. 4. Baſſani 1737. 4. Venet. 1754. 4.

Nea-

Neapoli studiis incubuit, & in Apulia juvenis vixit. Epistolæ his accesserunt encomiasticæ & fere adulatoriæ.

In præfatione se tuetur contra imputationem, PACCHIONUM ab eo exscriptum esse; physiologicam partem hypothesin contendit sibi propriam esse, & sua in fibris animalibus experimenta.

§. DCCXXXIV. *Johannes* FLOYER,

Medicus Anglus, Lichtfieldiensis. Ej. l. *the preternatural state of animal humours, described by their sensible qualities which depend of different degrees of their fermentation* London 1696. 8.* Multum tribuit variæ humorum degenerationi mucilaginosæ, acidæ, tartareæ, biliosæ, vitriolicæ, salsæ, scorbuticæ, putridæ. Digestionem ciborum esse a fermentatione; ejus vitia varia. Urinam acidum habere. Analysin habet bilis, ossium,

Ej. Equitis nunc & archiatri, *the physicians pulsewatch* T. I. Lond. 1707. 8.* Tom. II. 1710. 8.* Italice *orivolo del pulso* Venez. 1715. 4. Non satis notus liber. Etsi enim cacochymiæ paulo nimium indulsit, etsi etiam pulsus septentrionalibus populis nimis raros fecit, quales vix unquam, nisi in peculiari aliquo morbo visi sunt (*l*); primus tamen hoc in studio glaciem fregit, & ad numeros & mensuras nobilissimum signum medicum revocavit. Primum GALENICOS pulsus, pulsuumque tangendorum præcepta recenset & corrigit, jubet etiam ad horologium numerare. Respirationis cum pulsu concentus. Ut ab excessu & defectu pulsuum indicationes medicæ ad tuendam vitam sumantur. Chinensium demum artes in tangendo pulsu & CLEYERIANÆ clavis compendium. Nimis parcos & ipsi pulsus faciunt, ad 46. in minuto primo. Ipse a 70. ad 75. æstimavit, justo parcius. Experimento ostendit, etiam si in arteriis sanguis alterne saliat, in venis tamen perenni fluento manare.

In *Vol.* II. pulsuum per morbos varietates exponit, & cum Chinensium doctrina conciliat. Bene de respiratione, ejus cum pulsu concentu, & in morbis mutatione. Habet jam pulsus hepaticos, renales, & aliis, ut vocat circuitibus proprios.

In l. *de asthmate* Lond. 1698. 8.* putat id esse a vesiculis ruptis, & aëre sub extimam membranam effuso. In eo morbo perspirationem insensibilem perparvam facit, & minui putat ante insultum. Theoria fermentationis adseritur, cujus diminutæ culpa chylus viscidus asthma faciat.

In *Gerocomio* aliqua de pulsu habet. In *Phil. Trans.* n. 259. describit rostrum porcelli pressione in aliquam speciem humanæ faciei retusum, & coalescentes pullos galli calecutici.

Joh. COLBATCH *Physico medical Essay concerning alcali and acid &c.* London 1696. 8. 1704. 8.* Pharmacopola & Collegii Regii Londinensis, ut puto, Licentiatus. In sanguine nostro alcalinam mortem habitare, eam acidis medicamentis superari. Practici magis argumenti.

Some

(*l*) pag. 30.

Some further considerations concerning acid and alcali London 1704. 8.*

The doctrin of acids in the cure of diseases further asserted London 1698. 8. 1704. 8.* Sanguinem podagricum & scorbuticum plus continere salis alcalini &c.

§. DCCXXXV. *Jacobus de* SANDRIS. VAUGUYON.

J. de SANDRIS, Medicus Bononiensis & anatomes Professor, scripsit *de naturali & praeternaturali sanguinis statu medica specimina, cum tr. de ventriculo & emeticis* Bonon. 1696. 4. ORL. & Francofurti 1712 4.*, edente *J. H.* JUNGKEN. Pene totam physiologiam hic reperias, etiam de ovariis, motu musculari. Aliquid de BELLINIANIS jatromathematibus habet, experimenti nihil, plurimum hypotheseon. Ab arteriis in ipso cerebro nervos trahentibus motum muscularem perfici. Sanguinem venosum parum differre ab arterioso. Lymphæ analysis.

De la VAUGUYON, M. D. scripsit Paris 1696. 8.* *traité complet des operations de Chirurgie.* Anatomica passim cum chirurgia conjungit, ipsam osteogeniam, & osteologiam eamdem quam *le* CLERC. Nihil reperias proprii. Habet ligamentum suspensorium penis.

CL. BRUNEL, cujus est *le progrès de la medecine*, edidit Valenciennes, s. Paris 1696. 8.* *traité raisonné sur la structure des organes des deux sexes destiné à la generation.* Anatomen habet partium genitalium. Semen feminarum ex lacunis prope urethram positis manare. Hymenem habet. Auram seminalem defendit. Sub initia graviditatis, quando uterus nondum plenus est, superfetationem locum habere posse, ita fieri, ut femina quinto & septimo mense pariat. Causam mensium esse in plethora, inque resistentia, quam sanguis arteriosus offendit.

Joh. HARTMANN *anthropologia physico-medica anatomica* Venet. 1696. 4.* Compendium anatomicum cum physiologicis hypothesibus. Renales capsulas serum separare, quod sanguini reddatur suo sero exhausto. Succum pancreaticum acidum facit.

Wilhelmi Ernesti TENZEL, viri eruditi, historiographi Gothani, *epistola ad* MAGLIABECCHIUM *de sceleto elephantino Tonnæ nuper effosso* Göttingæ 1696. 4 Germanice (GRONOV.) & ed. 2. absque anno latina 8.*, & in *Phil. Trans.* N. 234 Elegans opusculum. Sceleton describit & cum MULLINI descriptione comparat. Cranium cellulosum esse. Dentes exserti vegrandes, laminati, a centro radicis cavi; molares pariter maximi: ossa, etsi calcinata fere & friabilia, naturam tamen alcalinam retinuerant, salemque dederunt volatilem. Osseam fabricam porosque marga repleverat, & sceleton in suam naturam mutaverat, ut ossa adstringente essent sapore & friabilia. Ortum a diluvio esse, cum in colle per strata composito elephas repertus sit.

Anonymus contra TENZELIUM scripsit, *Epistel über den zu Burgtonna ausgegrabenen Elephanten* 1696. 4. PL.

Respondit

Respondit noster, *Antwort auf die Epistel eines Anonymi über den in Burgtonna ausgegrabenen Elephanten* 1697. 4. Pl.

Ej. *de inspectione judiciali cadaverum* Erford. 1707. 4. Chirurgos non sufficere.

J. Gaubii *epistola problematica tres* ad F. Ruyschium Amsterdam 1696. 4.*

J. Jacobi Campdomerc, *Gerhardi* Frenz, & *J. Henrici* Graetz ad eumdem Epistola IV. V. & VI. Amsterdam 1696. 4.

Odoardi Franciosii & præsidis *Antonii* Alberghetti *spontanea generationis assertio* P. I. Ferrar. 1696. 12.* Contra Redum suscipit defendere generationem æquivocam, collectis nixus historiolis, & Aristotelis auctoritate, nullo suo experimento.

J. Abrah. Merklin, Medici, *diascepsis neotericorum inventa medica plurima complectens* Pad. 1696. 4.*

Ponce Maurin *deux lettres sur les raisons, qui ont engagé les anciens à n'admettre point de circulation du sang, & celles des novateurs, à se detacher des sentimens des anciens* Paris 1696. 12. Bur.

Earum, ut puto, altera est, quam Cl. Portal citat *lettre sur la circulation du sang contre* Angur. 12.

Die bestialische Fontange, oder Erzählung mit Fontangen-Gewächsen gebohrner Bestien, sonderlich aber eines Kalbes 1696. 8. B. Boehm.

Heinr. Anhalt *von der natürlichen und Kunst-Memorie* Frankf. 1696. 8.

§. DCCXXXVI. *Varii.*

J. Philipp. van Stralen *de fermentatione humorum in corpore humano* Utrecht 1696. 4.*

J. Smith *de lepra græcorum unguibus monstrosis prædita* Utrecht. 1696. 4. cum eorum unguium iconibus.

Frid. Jaegwiz *de rachitide* Utrecht 1696. 4. Theoria nutritionis. Ossium fabrica laminata &c.

Aegidii Thomæ Lambiotte *de salivæ excretione sana & morbosa* Utrecht 1696. 4.*

Daniel Asman *de seminis virilis generatione & vitiis* Utrecht 1696. 4.*

David Krieg *de humorum in corpore humano mutatione ab aëre* Utrecht 1696. 4.*

Ernst Henr. Wedel (*Wolfg. Ern.* Fil.) *de peritonæo* Jen. 1696. 4.*

Ej. *Physiologia urinæ* Jen. 1703. 4.

Ej. *Physiologia salivæ* Jenæ 1704. 4.

Ej. *de cerumine* ib. 1705. 4.

EJ. *de transpiratione insensibili* ib. 1705. 4.

J. Gottfried BORGEHL *de sterilitate* Leidæ 1696. 4.*

Polycarpi Gottlieb SCHACHER, Professoris Lipsiensis, docti viri, bonæ fere sunt, Disputationes. EJ. *de hominis loquela* Lipsiæ 1696. 4.*

EJ. Disp. *de labio leporino* Lipsiæ 1704. 4.* Anatome labiorum.

EJ. *de cataracta* ibid. 1705. 4.*. Hic primam memoriam reperi ganglii ophthalmici.

EJ. *de deglutitione* ib. 1705. 4.*

EJ. *Anatome præstantissimum medicinæ fundamentum* ib. 1701. 4.*

EJ. *de fistulæ spiritalis fabrica* ib. 1707. 4.* Aryepiglottidei M.

EJ. *de placentæ uterinæ morbis* ib. 1709. 4.* Descriptio placentæ & embryonis tenelli causa partus, abortus.

EJ. *de præcipuarum partium C. H. administratione* ib. 1710. 4.*. Ductus hepaticysticos conatur restituere. Injectiones etiam ope hædini sebi cum resina; liquor balsamicus, alia.

EJ. *de anima rationali, an sit corporis vitale principium* ib. 1715. 4.*

EJ. *de vitæ s. sanitatis principio* ib. 1716.

EJ. *Quomodo fiat, ut fetus absque putredine in utero maneat* ib. 1717. 4.

EJ. *de tænia* ib. 1717. 4. Se in ea sanguinem & cor vidisse.

EJ. *de impregnatione pene non immisso* ib. 1720. 4.*

EJ. *de partu gemellorum disparis magnitudinis* ib. 1721. 4.

Lego etiam *de superfetatione* progr. ib. 1721. 4. BUTTNER. forte idem.

EJ. *de morbis a mutato situ intestinorum* ib. 1721. 4.*

EJ. *de vasorum bilariorum exsistentia & distributione* ib. 1722. 4.

EJ. *de partibus corporis humani externis* ib. 1725. 4.*

Et *internis* ib. 1725. 4.*

EJ. *de anatomia & physiologia in genere* ib. 1725. 4.

EJ. *de ossificatione morbosa* progr. ib. 1726. 4.*

EJ. *de conceptione, fetus humani abortus causa* ib. 1728. 4.*

EJ. *de pilis in ovario muliebri* ib. 1735. 4.*

Christoph. BRUNO *de differentia partium humani corporis a materia desumta* Lipsiæ 1696. 4. HR.

Joseph VOGLER & *Jos. Leonh. Hieron. L. B. ab* HALDEN *corpus humanum, s. disputatio physica de fabrica, nutritione & ortu partium corporis humani* Ingolstatt. 1696. 4. TREW.

Henr. Lohalm MEYER *de animi ejusque adfectuum quoad valetudinem impressionibus in corpus* Leid. 1696. 4. PL.

Daniel

Daniel FOG *de loquela brutorum* Hafn. 1696. 4. MOELLER.

J. Grofe MEYER *programma invitatorium ad sectionem cadaveris masculini instituendam* Gedan. 1696. fol. PRÆTOR.

J. Jac. SCHERER *de actionibus corporis humani viventis plerisque* Basileæ 1696. 4. UFF

T. CHANOINE *de imaginatione utero gestantium* Leid. 1696. 4.

Petri LOMBARD & *Matth. Dionys.* FOURNIER *E.* οἰνοπόλαις *mens & sensus acutiores* Paris 1696.

Phil. CARON & *Jac. Sim.* GILLES *de la* RIVIERE, *E. temperamentum melancholicum a sale fixo* Paris. 1696.

Armand Jos. COLLOT & *Philipp. Bern. de* BORDEGARAYE, *E. temperamentum melancholicum præstantius* Paris 1696.

§. DCCXXXVII. *Diaria.*

In *Phil. Trans.* n. 227. *Carolus* MORLEY fetus aliquot a conceptione annis per anum egesti historiam tradit.

N. 228. HILL confirmat magnam illam ætatem *Henrici* JENKINS, qui 157. anno suæ ætatis testimonium dixerit in fastos relatum.

N. 229. J. BRODIE fetus, cujus ossa de ulcerato umbilico prodierunt.

N. 235. *Will.* BYRD puer ex Aethiopissa natus, cute maculosa.

In *Acad. Nat. Cur. Dec.* III. *ann.* V. *J. Fridericus* KHERN, *obs.* 47. Sanguinem ex vena, exigua per intervalla secta, effluentem valde diversum excepit.

Cent. II. *obs.* 158. Pulsus ex ipsa natura intermittens.

J. KUNKEL, celebris Chemicus, confirmat historiolam olitoris, qui octiduo sub aqua latuerit, & vitalis exierit.

J. Menrad VORWALTNER in fetus intestinis motum peristalticum vidit, *obs.* 106.

Barthol. Joh. Otto HANNEMAN *obs.* 202. de sudore unius lateris.

EJ. *Theses miscellaneæ* Kiel. 1697. 4. etiam physiologicæ.

Joseph Ignatius MUSCHEL *de* MOSCHAU, *obs.* 233. vagitus uterini exemplum.

J. Daniel DOLÆI anatome aliqua fetus, *obs.* 256.

Frid. Christian CREGUT, *obs.* 287. coitus absque seminis effusione.

EJ. *de hominis ortu* Hanau 1697. 4. B. BOEHM. IDEM BERGERI physiologiam edidit.

J. Heinrich STARK, Regiomontanus Professor, *obs.* 109. piscis androgynus.

IDEM *obs.* 296. Aries hermaphroditicus, nempe urethra sub pene patula. Satis bona anatome.

In T. II. *Galeria di Minerva* 1697. ſ. T. II. nullum animal ex putredine naſci, ex ovo omnia, oſtendit *Sigismundus* VALCANI.

Antonio VELTRONI de melle.

In *Journal des Savans* 1697. *Ant. de* VALLEMONT de ovo prægnante.

Chirurgus nomine SOYE falſum germen deſcribit, & fetum galea cranii deſtitutum, uteri loco membranam.

In *progrès de la Medecine* 1697. Chirurgus *le* DUC deſcribit fetum monſtroſum cyclopicum, pene de ſuperciliorum intervallo pendulo.

Fetus in teſte viri natus ex retento ſemine (mera ſarcocele). Nana D. de St. DONAT. Narratio eadem redit in *Hiſt. de l'Acad. des Sciences* 1697.

§. DCCXXXVIII. *Varii.*

Antonius MENIOT, Medici Proteſtantis, qui tamen Pariſiis vixit, *Opuſcules poſthumes* Amſterdam 1697. 4.* Phyſiologica aliqua continet, de voce & loquela, ubi muſculos intercoſtales habet pro organis reſpirationis. De generatione lactis, ex ſanguine parari. Notæ in BEDDEVOLE *Eſſays anatomiques*. Corrigit auctorem ob hypotheſin acidi & alcali, quam iſte docet. Nam MENIOTUS, acris veterum ſectator, ab ea hypotheſi erat alieniſſimus. Ita SYLVIANAM ſectam valde deprimit in *lettre ſur la medeçine & les medecins modernes*. Ideas mobiles in ſpiritibus ordinari ad ideas fixas cerebri. Lego jam anno 1662. „ *Diſp. pathologicas* edidiſſe, quas inter ſit de anguſtatione & dilatatione pupillæ.

Richardi BOULTON, *Medici proficientis* Ceſtrenſis, *treatiſe of the reaſon of muſcular motion* London 1697. 12. min.* Eſſe in muſculis glandulas aliquas; in iis convenire ſanguinem & ſpiritus, fermentari & unione ſua conſtituere humorem nutritium, qui in cavas fibras per proprios ex glandulis ductus feratur easque nutriat. Eumdem, quando uberior advenit, majori ubertate in fibras irrumpere, quam quæ per venas poſſit redire.

Petri JENS *tirocinium medicum ad phyſiologiam & pathologiam* Haag. 1697. 8.* Phyſiologia SYLVIANA.

J. HÆNFLER *judicium de ovo gallopavonis* Cuſtrini a. 1697. editi. Cuſtrin. 4.*. Omnino gallopavonem ovum peperiſſe, ovo vulgari non undique ſimile, orbiculare, teſta deſtitutum.

Recit exact d'une groſſeſſe extraordinaire Paris 1697. 12. Contra SAVIARDUM. Deſcriptio fetus maturi in tuba reperti.

Michaelis Aloyſii SINAPII *abſurda vera*, *ſ. paradoxa vera* Genev. 1697. 8.* Warſaviæ medicinam fecit, inde in Helvetia, qui Bernenſi ſenatui ſuum librum dedicaverit, Chemicus cæterum, & arcanorum amator, & paradoxus acidi pancreatici ſucci defenſor; in admittendis fabulis oredulus. Pleraque practica.

EJ. *de remedio doloris*, *ſ. natura anodynorum & opii.* Somnum fieri a grumoſo craſſo quodam, quod cum ſero ſanguinis miſtum in cerebro ſtagnet. . . .

J. Aegidii

J. Aegidii EUTH *Anatome umbilici curiosa* Leid. 1697. 8.* Omnia alia hic potius quæras, quam umbilici anatomen.

J. Bapt. CONTULI *breve instruzione sopra il glutine e colla che si generi in corpo umano, e suoi effetti* Rom. 1697. 4.* Fere practicus libellus.

EJUSD. *de lapidibus podagra & chiragra in corpore humano productis* Romæ 1697. 4.* TACHENIANUS homo & paradoxus, qui multa tamen cadavera, potissimum morbosa, inciderat. In cute ridiculam iconem dat glandulæ sudoriferæ, cum poro semilunari. Aliquos physiologicos tractatus Gallice vertit & a. 1696. & 1697. & Paris edidit 12. 2.Vol.*; de natura humana, carnibus, diæta.

Les œuvres D'HIPPOCRATE *traduites en François sur les M. S. de la Bibliotheque du Roi (par* DACIER) Tom. I. II. Paris 1697. 8. Vitam viri dedit, ad vulgares opiniones. De Syriacis & Arabicis versionibus RENAUDOTUS. Vertit autem libellos illos isagogicos minores *de arte*, *decoro medici*, *de carnibus*, *natura humana*, *de diæta*, *aëre*, *aquis & locis*. Circuitum sanguinis adfirmat, divo seni notum fuisse. Errat in HEROPHILO, quem facit PHALARIDI coævum. Venarum descriptionem falsam esse credit chirurgo PASSERAT.

G. LAVAUX *tr. de la mauvaise articulation de la parole* Paris 1697. 12. FALCONET. Laudat Cl. PORTAL.

Joh. SCHMIDT *uromanticus castratus s. tractatus de urinis earumque inspectione Johannes* MUNNIKS *castigatus* Utrecht 1696. 8. LEU.

Joseph BUTLER *nader ontdekking des menschlycken waters om aller menschen temperament te ontdekken* Haarlem 1697. 12.* Uroscopus paulo melioris conditionis, qui multa sperat ex lotio se visurum, temperamenta hominum, graviditatem, ejus tempora, futuram ipsam arthritidem. In sani hominis urina requirit nubeculam suspensam.

Sainct CRISTAU *La chirurgie pratique* Luxembourg 1697. 12.* etiam anatomen continet.

Jean FONTANELLES *tr. de physique où de medecine, où l'on explique la sanguification, la circulation du sang, les serosités, les differences des fievres &c.* Paris 1697. 12.

John PECHEY *introduction to the art of physik* Lond. 1697. 8. OSB.

Le tresor de la medicine contenant l'anatomie où la division du corps humain &c. Paris 1697. 8.

Carlo CESIO *cognitione de musculi del corpo humano per il disegno* Rom. 1697. fol. MEAD. Germanice vertente *J. Dan.* PREISLER Nurnberg 1706. fol. lego non esse auctam MOEHSEN.

J. Franc. WEYPERT *güldenes Kleeblatt der Chirurgie* Hamburg 1697. 12.* Continet etiam compendium anatomicum.

§. DCCXXXIX. *Disputationes.*

J. Henrich BURCHARD *de respiratione integra & læsa* Altdorf. 1697. 4. BURCKH. alibi tribuitur *Christiano* MARTINO.

Phil. Ab. HULDEN *de admirandis naturæ fontibus, ex quibus ambrosinum humanæ sustentationis nectar hauritur* Jenæ 1697. 4. BURCKH.

Paul. Marquard SLEGEL *de æquivoca generatione argumentorum responsio* Jenæ 1697. 4. HE.

Erich MOINICHEN *de generatione & vita concharum anatiferarum* Hafniæ 1697. 4. HE.

J. Henrich GREULINCK *de multiplicatione hominis secundum utramque essentiæ partem* Hall. 1697. 4. HE.

Christ. Martin BURCHART Disp. *de respiratione sana & læsa* Rostock. 1697. HAENEL.

EJ. *de natura humana* ib. 1722. 4°. & 8°.

EJ. *de principio movente primo in animalis* ib.

EJ. *de partu difficili* ib. 1726. 4.

Daniel Henrich MEIBOM *de patella osse ejusque læsionibus & curatione* Franeker. 1697. 4.* Non mala Disp.

Georgii CUNAD *de respiratione* Leid. 1697. 4. HE.

J. Andreæ FISCHER, Professoris Erfordiensis, *de musculis eorumque officio naturali* Erford. 1697. 4. HE.

EJ. *de lacte optimo elemento & medicamento* ib. 1719. 4. HE.

EJ. *de insensibili transpiratione* ib. 1720. 4. HE.

EJ. *de vigili cura animæ circa corpus humanum* ib. 1720. 4. HAENEL.

EJ. *Utrum fetus in utero materno respiret* ib. 1721. 4.

EJ. *de motu sanguinis naturali, non naturali & mixto* ib. 1718. 1719.

EJ. *Succincta sexus potioris secundum statum* n. & p. n. *spermatologia* ib. 1725. 4.

EJ. *Sialographia medica* ib. 1726. 4.

EJ. *de chylificatione integra & læsa* ib. 1728. 4.

EJ. *Consilia medica in usum practicum & forensem* Francof. 1705. 8. Mavult ... reris excusare infanticidam cum puer clamasset, quem tamen vult mortuum natum esse. Habet exemplum superfetationis.

Andreæ RIDDERSMARK *de signatura fetus in utero Lund.* Scaniæ 1697. 4.

EJ. *de sensu tactus* ib. 1698. 4.

J. Benj. MICULCI θαυματοπεριγραφαι *humani corporis* Witteb. 1697. 4. UFF.

J. ROSENAU *de medicina transfusoria* Gron. 1697. 4. HAENEL.

J. Jac.

J. Jac. WOYT *de chylificatione &c.* Præside *Ol.* JACOBÆO Hafn. 1697.

Ej. *Heimlichkeiten des ganzen weiblichen Geschlechtes* Danzig 1700. 8.

Ej. *Schutzkammer &c.* Lipsiæ 1751. 4. habet etiam vocabula anatomica.

Andreæ Julii BOETTICHER *de vocis organo* Leid. 1697. 4.

Ej. *de ossibus* Disp. I. Giess. 1698. 4. VATER.

Secunda ibid. 1699. 4.*

Tertia ibid. 1700. 4.*

Ej. *de respiratione fetus in utero* Helmstad. 1702. 4.*

Ej. *de cranii ossibus* ib. 1718. 4.*

Benjamin EWALDT *de impotentia virili* Hall. 1697. 4.* Pr. STAHLIO.

Ej. *de somno* Regiom. 1711. 4.

Ej. *An fetus humanus vivus vel mortuus natus sit* Regiom. 1716. 4. B. BOEHM.

Ej. *Medicus practicus dubitans de subtilitatibus curiosis, an in praxi usum habeant* Regiomont. 1701. 4. contra subtilem anatomen.

Ej. *de Eunuchis & spadonibus* Regiom. 1707. 4.

Ej. *Specimina publica medica* Regiomont. 1717. 4. Secundum est de primo inventore circuitus sanguinis: eum facit Salomonem.

Ej. *de uroscopiæ usu & abusu* ibid. 1718. 4.

Ang. CRESSE' & *Lud.* LEMERY, Academici, *E. proxima quo corpus alitur materia chylus* Paris. 1697. 4.

Gil. PUYLON & *Petri le* TONNELIER, *Ergo corpus humanum automatum hydraulico-pneumaticum* Paris. 1697.

§. DCCXL. *Antonius* VALISNERI,

Scandianensis ex Ducatus Mutinensis montanis, vir nobilis & Professor Patavinus, eloquens & in moribus atque generatione insectorum adnotanda felix. Anatomen passim adtigit.

Ej. Descriptio monstri vitulini, exstat in *Giorn. de letter.* 1697. Variis a tumoribus & cellulosæ telæ appendicibus mire deformabatur.

Ej. *Dialoghi* Venez. 1700. 8.* De evolutione & moribus insectorum MALPIGHIUM inter, præceptorem suum, & PLINIUM. Nobile opusculum. Contra generationem, quam dicunt æquivocam; ex putredine nullum nasci animal. Absque aëre ova quidem vegetare, cæterum animalcula perire. Oculos, qui putantur, insectorum, non esse veros oculos. De formicaleone, muscis ichneumonibus, vermibus ovium, equorum. Miscuit utile dulci. Dialogus secundus exstat in *Galer. di Minerv.* T. III.

Ad eos dialogos in editione operum omnium multa additamenta accesserunt,

runt, de nidis insectorum, de cantharidum in asparagis habitantium generatione, de dactylis intra saxa habitantibus. De generatione murium ex putredine. Monita contra mala experimenta defensorum generationis æquivocæ.

Ej. *Nuove esperienze sulli sviluppi* Venet. 1713. 4.* Nolui a dialogis separare. Agitur de muscæ rosisecæ historia naturali. De generatione nonnullorum insectorum, quam Redus animæ vegetabili tribuebat, noster ad ova materna revocat. Novæ insectorum classes. Pulices ex ovis nasci. Vermes sinuum mucosorum quadrupedum. Oestri bubuli historia, vermium, & denique struthiocameli: potissimum etiam ventriculorum anatome, ejusque glandulæ conpositæ; bilis in ventriculum refluens. Ferrum a succo ventriculi putat consumi: reliqua anatome: & spirales appendiculæ; ejus animalis asperæ arteriæ per omnes corporis partes distributæ. Cantharides liliorum. Musca quæ ovum in dorsum boum deponit.

Considerazioni ed esperienze intorno al creduto cervello di bove impetrito Padova 1700. 4.* Non fuisse cerebrum in osseam naturam mutatum, quod Parisiis credebatur, sed exostosin.

Considerazioni ed esperienze intorno alla generazione de vermi ordinarii del corpo umano Padova 1710. 4.* Vermes & teretes & tænias describit cum harum vasis. Fuse contra Andryum. Vermes humanos esse congenitos. Tæniæ caput unicum, anos tot quot sunt articuli; canalem cibarium unicum cum vasis lacteis, demum ova. Fieri ex cucurbitinis se conprehendentibus. Vermem latum caput proprium non habere. Etiam ex ovo nasci. Multa de generatione nonnullorum animalium obscuriori.

Prima racolta d' osservazioni ed esperienze dal s. A. Valisneri *cavata* Venez. 1710. 8. Vitiosa editio & rarissima.

Nuove osservazioni ed esperienze intorno alla storia medica e naturale Padova 1713. 4. Iterum de lumbricis animalium. Non nasci ex generatione æquivoca, sed habere sua ovaria & sua ova. Fetus cerebro & galea cranii destitutus. Mumiæ descriptio. Pro evolutione, contra generationem æquivocam. Plurimæ cæterum breves epistolæ.

Nuova giunta d'osservazioni e di esperienze intorno alla storia medica e naturale, recusa in operum T. I. ed. 1733. fol.* Multa hic aliarum sunt editionum. De morsu viperæ, cui canes oblati. Contra generationem æquivocam. Non deglutitas fuisse acus crinales, circa quas calculi in vesica subnati sunt. Omnino anguillas ova habere. De ovis chancæleonis. De ovorum viis aëreis. De aphidibus, in quas alia insecta ova sua deponunt. Monstra aliqua; *digiti* superflui: pars genæ setis porcinis adspersa. Palingenesiam fere admittit.

Istoria del Cameleonte Africano e di varii animali d' Italia Venez. 1715. 4.* De granis in cute hujus animalis: varii Gallorum errores. Varietatem colorum esse a plicis & rugis innumeris in cute mutabilibus, deinde a turgiditate majori & minori pulmonnm: causam remotiorem vero in spiritibus a variis animi adfectionibus mutatis. Utique hoc animal edere, etiam bibere, egregiæ vero jejunare posse,

posse, & diu. Fasti vitæ & morum Chamæleontis a CESTONO consignati. Aestate imprimis viridescere, pallere sanguine a corporis superficie retracto, tum noctu. Non inducere colores pannorum, quibus imposueris Aerem in sulcos cutaneos receptum videri colorum varietatem facere. Generatio, parturitio, ova, anatome, costæ, earumque duplices dearticulationes; pulmones, vesica aërea cum aspera arteria communicans. Sacculi adiposi, oviductus, bini penes; lingua accurate descripta; nervi optici. Lacertarum anatome. Ranis non pluere. De utilitate sacculorum adiposorum. De ranarum cibis & eorum coctione. Urinam bufonum non esse venenatam. Generatio ranarum, & penis. De bufone pipa; marem esse, quæ femina putabatur, & vicissim, maremque adeo, qui ova in dorso circumferat. Ova ranarum. Anatome bufonis. Aliqua de crocodilo.

Hyacinthi CESTONI *istoria della grana del Kermes* & [illegible] in ilice repertis. Hactenus huc facit, quod mirificam vitam, generationem, mortem hujus animalis describat. Omitto, quæ de multis aliis animalculis profert. Sponte quiescit animal, & in siccam gallam mutatur. Volatilia animalcula partus esse spurios. De generatione pulicum pariter & apud VALISNERUM & in *Phil. Trans.* n. 249. sua experimenta profert.

Nuova e maravigliosa scoperta dell' origine di molti animalculi sulle foglie de' cardi. Omnia parere.

Nuove osservazioni intorno alla costituzione verminosa ed epidemica seguita nelle cavalle, cavalli e pulledri. Hunc morbum esse a vermibus, quos muscæ in ano deponat.

Cum hoc libello videtur prodiisse; certe in editione 1733. conjuncta est, satura diversarum observationum partim ad anatomen pertinentium. Hic placentæ vesiculosæ & aliæ hydatides.

Vitulus difformis (jam dictus).

Porus in aculeo scorpionis.

Monstrorum historiæ; aves quadrupedes; ova monstrosa; dens humanus enormis; alia.

Lingua Chamæleontis.

Ovariorum in anguillis descriptio, ovorumque partus.

Fuse contra ANDRYUM.

Istoria della generazione dell' uomo e degli animali se sia da vermicelli spermatici, o sia dalle uova Venezia 1721. 4.* Germanice a C. BERGER vers. Lemgov. 1739. 8.* Præcipuum & plenissimum VALISNERII opus, & maxima cura elaboratum. In parte prima magno labore LEEUWENHOECKIUM refutat. Vermiculos admittit, sed factos esse putat, ut coagulationem seminis impediant. Nimis passim subtilis. In altera parte hypothesin ovorum corrigit: negat verum ovum humanum notum esse, idque putat inconspicuum in luteo corpore latere. Multa vero bona de iis corporibus ex multis animalibus profert. Molas vitales esse a stamine concepto neque corrupto. Appendicis loco magna adjecta est monstrorum historia, cujus ne titulos quidem hic licet omnes indicare. Memorabiles sunt dissectiones *Caroli* MAZUCHELLI, *Antonii Sebastiani* TROMBELLI, *Johannis* CACCIA, *J. B.* VERNA, *Hyacinthi* VOGLI, *Felicis Adami* MULEBANCHER.

Ad finem est epistola de nutritione fetus per umbilicum, discessione ovi fecundati ab ovario, primis fetus alimentis, ordine quo partes corporis animalis evolvuntur. Hic & alibi vir ILL. pro evolutione dicit.

Raccolta di varie osservazioni spettanti all' istoria medica e naturale. Multa ad nos faciunt. Sacchari lactis historia. Lien catellæ feliciter ereptus. Puer monstroso capite, digitis connatis. Hydatides ex ano. Catus cornutus. Sermo in *Academia degli Abbugliati* dictus, de fermento ventriculi, ubi quæritur, num acidum sit, quod negatur. Acorem in bile latere. Viæ aëreæ secundi corticis ovi. De urina potus, diversa ab urina sanguinis. Seri sanguinis coagulationem impediri ab acido. Viperæ quæ per os peperit, obstructa cloaca, animalculis per intestinum redeuntibus: ejus animalis cloaca.

Estratti varii d' osservazioni dal nostro autore con annotazione sue & d' altri a lui manduti. Sudor sanguineus; serum sanguinis ex vena missi concrescens: hæc SAPORITUS Multa monstra; rana quinquepes; locustæ monstrosæ. Porcellus artubus mancus. Puella quadriennis menstruata. Viperæ morsus infusoria chirurgia curatus. De sanguine; num sit machina solida fibrosa, quæ D. CAPILUPI conjectura fuit. Penis cæcus, & urethra ad basin glandis aperta variis modis. Vulvæ duæ. Urinæ vomitus.

Saggio d' istoria medica e naturale con la spiegazione de nomi &c. Dictionarii medici specimen, in quo etiam anatomicæ voces earumque definitiones. Destinabat supplendo dictionario *della Crusca*, cujus partem physicam non probat.

Raccolta d' alcune lettere scientifiche. De transpiratione SANCTORIANA. Num partus semestris vitalis esse possit. Frigidi hominis historia. Contra ANDRYUM.

Migliorazioni e correzioni d' alcune sperienze del REDI. Nempe CASPARI ostendit multa, quam REDUM, nostrum rectius vidisse.

Conclusiones physico-medicæ, quas sub auspiciis Antonii VALISNIERI exposuit *Leo Bernardus* PAGLIA Senis 1725. Compendium inventorum VALISNIERI etiam physiologicorum, ut refutationis vermiculorum seminalium.

Objectiones adversus ANDRY Gallice prodierunt, *Lettre à l'auteur du livre de la generation des vers* Paris 1727. 12.

Hactenus recensui *opere fisicho-mathematiche* edita Venez. 1733. fol. 3. Vol. cura GIANNARTICI comitis *de Porcia.*

In *Galeria di Minerva* T. II. dialogorum est adumbratio.

T. IV. Varia physico-medica, monstra.

T. V.

T. V. idem monstrorum catalogus.

T. VI. ad bilis anatomen.

T. VII. de vasis ovi aëreis.

In *Giorn. de letter. Suppl.* III. de ovis insectorum absque aëre exclusis.

In *opusc. scientif. e filolog.* T. I. partus illæ idem viperæ per os.

In T. II. Contra vermes, quos Anglus nonnemo microscopio per fraudem ostendebat.

In *Eph. Nat. Cur. Cent.* II. *app.* de ovario anguillarum quod noster detexit.

In *Galeria di Minerva* T. VII. de fetu, qui sexto anno per abscessum umbilici prodiit;

& Ej. ad MANGETUM epistola de puella sine cerebro nata.

Eph. Nat. Cur. Cent. VI. *obs.* 97. Acidum succum seri sanguinis concretionem impedire, quod improbabile.

Cent. VIII. *obs.* 78. Manus sirenes.

Cent. IX. *obs.* 72. Duo exempla urethræ sub pene apertæ.

Obs. 73. Placenta vesicaria, tum *Vol.* I. *obs.* 166.

Obs. 75. Duæ vulvæ.

Cent. X. *obs.* 50. Urina per os excreta.

Tom. III. *obs.* 6. Urina vomitu reddita.

§. DCCXLI. *Diaria anni* 1698.

In *Phil. Trans.* n. 237. de femina sermo est, cui vagina coaluerat, & quæ nihilo secius utero concepit.

N. 238. *Robertus* SOUTHWELL de catulo capite semiduplici.

Samuel DALE aliqua, sed minime lucida, de anguillarum partu. Non satis credit D. ALLEN, qui earum ova putarat se vidisse.

N. 240. *Christophorus* PITT argentum vivum in venas vivi canis injectum vidit exhalasse in caveas corporis humani.

Id. n. 243. de motu peristaltico ventriculi, in vivo cane viso.

N. 241. Eadem *Raymundi* VIEUSSENS, quem dudum diximus, epistola *de sanguine humano*, ad Medicum Collegium Lugdunense data.

Iterum in *P. T.* n. 242. de homine articulos sui corporis in omnem fere versum flectente.

N. 243. de uberibus vaccinorum similibus ex matris imaginatione natis.

N. 256. Nummi cuprei ab infante devorati, videntur sensim sed lentissime consumti fuisse.

Hoc anno prodire ceperunt ACTA LITERARIA MARIS BALTHICI, quo diario & libri recensentur, & aliquæ insertæ sunt adnotationes propriæ.

Hoc *anno* deſcribitur caput deforme ore maximo, appendicibus plenum, ſincipite minimo &c.

Senex 110. annorum.

§. DCCXLII. *Jacobus* KEIL,

M. D. Jatromathematicus, PITCARNII adſecla, qui longe ipſo BORELLO accuratius calculis potiſſimum logarithmicis ad computandas vires corporis humani vaſorum diviſiones, & alia phyſiologica, uſus eſt, & ex cancro oris miſere periit (*m*).

EJUS *anatomy of human body abrigd* primum prodiit Lond. 1698. 12. deinde ſæpiſſime recuſa eſt. Quartam editionem poſſideo 1710. 12.* & undecimam 1742. 12.*, quæ nihil differunt, eſt etiam alia 1723. 12. 1731. 1738. 12. & Edimburgi 1747. 12: etiam Belgice *Korte ſchets van de ontleeding van's menſchen ligham* Amſterdam 1722. 8. 1745. 8. Etſi non fuit inciſor, minime tamen malum libellum nobis dedit, neque proprio fructu caſſum. Paſſim uſus eſt vaſis a COWPERO cera repletis. Vaginalem teſtium tunicam recte a peritoneo repetit. Ductus hepati-cyſticos in ſolo bove reperiri. In ductu choledocho ſe collegiſſe duas in hora bilis drachmas. Cordis motum ſanguiniſque celeritatem computat, de quibus proprio loco; & menſuras dat aliquarum arteriarum. Calculos ponit augmenti pectoris, quod inſpirando fit, id ad 42. uncias quadratas æſtimat. Arteriam pulmonalem inſigniter ampliorem facit aorta, ut 13. ad 10. Lumbalem medullam a cerebri radice natam feciſſe, ut veteres crederent, ſemen a cerebro advenire. Diminuto motu projectili particulas ſimiles ſe adtrahere.

EJUSD. *An account of animal ſecretion the quantities of blood in the human body and muſcular motion* London 1708. 8.* De ſecretione; ſanguinem fieri particulis ſe adtrahentibus; primas adeo uniri, quarum vis adtractilis maxima eſt, noviſſimas, quarum minima. De retardatione ſanguinis nata ex luminibus ramorum amplioribus lumine trunci, quæ retardatio repetita faciat, ut omnino in venæ portarum ramis velocitas reliqua ſit ad truncum arteriæ meſentericæ :: 1 ad 64 X 177, tardato vero motu ſimiles particulas ſe adtrahere. De retardatione ſanguinis in vaſis ſeminalibus ad 150plum æſtimata primigeniæ velocitatis. Inde de glandulis; ita vocat arteriolam flexuoſam: ut humores depurentur, omnibus tenuioribus particulis emiſſis per ramos laterales anguſtiores, quam humor de fine glandulæ exiturus.

Pertinet ad hanc theoriam vis exſpirationis, atque adeo preſſio aëris in pulmones, quam noſter centum libris æſtimat: quare ſanguinis moleculas in pulmone ſolvi putat. Sanguinis copiam æſtimat, tum ex luminis inanis arteriarum ad ſuos parietes ratione, tum ex diminutione ponderis partium ſolidarum, quæ fit per exhalationem. Ita ſanguinem (nempe omnes humores circulum obeuntes) æſtimat ad 100. libras in viro 160. libras pendente. Hic orta eſt

(m) Teſte BECKETO.

est opinio, parietes vasorum vasis fieri. Nutritionem non esse nisi distentionem. Iterum de celeritate sanguinis. Ejus æstimatio in aorta; æstimat ad 52. pedes in minuto primo: deinde retardari in minimis in duorum ramorum ad truncum ratione, ducta in numerum divisionum.

De motu musculorum. PAUCA. Ex vesiculis fibras componit, eas ut pauco humore distendi, possint facit perangustas. Sanguineos globulos sumit aëre plenos; adjectos his globulis spiritus facere docet, ut globuli se expandant.

EJ. *Tentamina medico-physica ad œconomiam animalem accomodata. Acc. Medicina statica Britannica* London 1718. 8.* Leid. 1741. 4.* Lucca 1756. 8. Priora hic repetuntur, multum aucta, & alia nova accesserunt. Redit l. *de sanguinis quantitate*, 2. *de velocitate.* Hic cordis robur æstimatur, quod tentamen novum est. BORELLI enormes calculi rejiciuntur, & ex saltu sanguinis de arteria projecti vis cordis ad octo uncias æstimatur, æque infra verum. Tunc de secretione animali ut prius; de vi exspirationis, s. aëris in pulmonem pressione, quam maximam facit, ob rationem maximam omnium vesicularum simul sumtarum ad glottidem. De motu musculari. Statica medicina nova est. Experimenta sunt auctoris in se ipso facta; valde inæqualia ob laxius vitæ genus. Respirationem nocturnam minorem esse. Copia perspirationis multo minor, quam quæ SANCTORIO dicta; urinæ contra copia major. Neque tanta mala a varietate perspirationis vidit accidisse, neque ab impedita perspiratione catarrhos nasci. Denique corpus animale humorem de aëre adtrahere.

In *Phil. Trans.* n. 306. describit dissectionem cadaveris viri 130. annorum. Cor magnum, arteria aorta pene cartilaginea, cerebrum justo firmius.

In *Phil. Trans.* n. 362. contra JURINI æstimationem virium cordis aliqua protulit.

§. DCCXLIII. Du PRE'.

Chirurgi Parisini, *histoire de différens muscles, qui servent à différens mouvémens de la tête sur la premiere & seconde vertebres du cou: de deux ligamens, dont l'un attache la tête à la premiere vertebre, & l'autre la premiere vertebre à la seconde* Paris 1698. 12. Musculum capitis lateralem rectum pro re nova describit. Sed tres omnino musculos inter apophysin transversam & caput medios facit: deinde novum renuentem posteriorem. Eorum musculorum primus rectus est internus minor: alter lateralis, tertius perminutus est musculus, quem COWPERUS ad obliquum superiorem refert; quartus ad rectum minorem ab eodem refertur. Eosdem quos Du PRE' demonstrasse musculos D. GIGOT (notiori nomine *de la* PEYRONIE).

Excerpsit hunc libellum in *Phil. Trans.* n. 251. G. COWPER cum iconibus.

EJUSD. *Nouvelle description des muscles de l'epine* in *Journal des Savans* 1699. n. 21. Primum describit musculum a quavis costa duobus tendinibus euntem in labium superius ossis. Ibi esse insertum longissimum, etsi alium facit: sacrolumbalem demum a septimo dorsi processu ad inferius in apophyses

 spinosas

spinosas euntem. Habet præterea semispinosum & spinosum (transverso-spinalem), levatores costarum, intertransversales lumborum & colli, & interspinales. Demum fibras musculares decussatas inter duas quasqne vertebras: tum glandulas in fossulis corporis vertebrarum, & ligamentum spinæ dorsi anterius.

EJ. *Les sources de la synovie & une nouvelle description des muscles de l'epine* Paris 1699. 8. Musculos duos parvos in articulo genu describit, inter eos duas glandulas: cerebrum & ab hydrocephalo destructum.

Deinde contra COWPERUM, qui musculos nostri refutaverat, respondet in *Journal des Savans* 1701. p. 366. sqq. Negat suos musculos FALLOPIO dictos esse, aut cuiquam. Mireris, quod rectos majores musculos velit spinæ atlantis inseri, nisi ipse de posteriori loquatur, de anteriori COWPER. Superiorem obliquum a suo *rengorgeur posterieur* remotum esse. Nullos dari inter 1. & 2. vertebram intertransversales.

IDEM in *Phil. Transf.* n. 251. ejusdem DU PRE' cranium tumidum describitur a cornubus extuberans.

§. DCCXLIV. *Varii.*

Charles DENYS *de* LAUNAI *nouveau systeme concernant la generation &c.* Paris 1698. 8. BUR. 1726. 8.*, etiam 1754. 8. ex catalogis. Perfectum puellum esse in semine maris, perfectam puellam in feminæ vesiculis a spiritibus perfici. Observationum vix quidquam. Ovum tamen reperit in oviductu gallinæ, testa rupta, albumine & vitello induratis. Contra vermiculos seminales.

HUNAULD *de la Sauge* Paris 1698. 12.* agit etiam de ciborum digestione & fermenta defendit.

Histoire d'une grossesse extraordinaire Paris 1698. 12. & in *Phil. Transf.* n. 251. fetus tubarius a D. JOUEY descriptus, qui idem fuerit GOUEY alias dicendus. Multa in SAVIARDUM, qui & ipse eum fetum descripsit.

Ludovici TESTI *relazione concernente il zuccaro di latte* Venez. 1698. fol. Latine *de saccharo lactis* ib. 1700. 12.* & in E. N. C. *Cent.* III. *obs.* 33. Triplex saccharum lactis dicit, in quorum primo adipis multum superest, minus in altero, nihil in ultimo. A sale seri distinguit. Encheireses non adfert, per quas paratur. De glandulis mucilaginosis aliqua. In *Galer. Minerv.* T. VI. aliqua ad analysin bilis.

Henrici SNELLEN *de animalculis in ovino aliorumque animalium hepate detegendis* Leid. 1698. 4.

EJ. *de urinarum inspectione* ib. 1701. 4.

EJUSD. *Theoria mechanica physico-medica delineatio* Leid. 1705. 8.* Juvenis, *Jacobi le* MORT discipulus, a *Matthæi* PALILLI forte epistola irritatus, ministraturus præceptoris in mechanicos medicos odiis, BAGLIVI *de fibra motrice* librum adgreditur, deinde fuse *Johannis* FREINDII *Emmenologiam*, & iris suis

contra

contra mechanicorum & jatromathematicorum fastum indulget. Contra BAGLIVIUM humorum dignitatem vindicat, ex quibus solidæ partes coaluerint. Fluidarum corporis humani partium parum plenas classes facit, ex quibus temperamenta interpretatur. FREINDII singulas fere paginas refutat; historiam mensium carpit, plethoram rejicit. Experimenta chemica viri suspecta reddit. Verbosus & acrior æquo.

EJ. *Defensio contra* BARTHOLOMÆI *de* MOOR *insultantem de spiritibus animalibus igneis* ib. 1707. *habitam Orationem* 8.* Atrociter succenset BARTHOLOMÆO mechanico, qui spiritus animales igneos a SNELLIO defensos refutaverat. Hæc lis parum habuit utilitatis.

Thomæ GUIDOT *in* THEOPHILUM *de urinis prolegomena:* Præf. data est 1698. Prodiit Leid. 1703. 8. 1731. 8.* Aliquid de potu per arteriam asperam descendere secundum membranas. Historia ejus litis. Multum de potu in ventriculo sorberi: & de lite super itinere potulenti in vesicam. Serum sanguinis lacteum vidit. Acriter in uromantas.

J. Christ. WOLF *Epistola problematica ad* RUYSCHIUM *de intestinorum tunicis, glandulis &c.* Amsterdam 1698. 4. altera *de glandulis* Hafniæ 1699. Lipf. 1699.

Ad primam RUYSCHIUS rescripsit.

Placidus SORACI *reponse à la lettre écrite par M.* CHATELAIN Montpelier 1698. 12. Se jam anno 1686. sua inventa demonstrasse.

EJ. *Reponse à la lettre de Mr.* CHIRAC *sur la structure des cheveux* 1699. 12. & EJUSD. Disp. *an pili partes corporis humani viventes* Paris 1703. 4.*, præside D. FOURNEAU. Ex glandulis cutaneis gluten secerni, quod sit pilorum radix. Acriter de his inventis etiam coram judice (n) depugnavit cum *Petro* CHIRAC, cum uterque alterum plagii reum faceret.

M. A. MADERI *Apologia per sanguinis circulatione* Venet. 1698. 8. HEIST.

Car. MUSITANUS, Presbyter, Medicus, in l. *de vulneribus* Genev. 1698. 4. tradit anatomen.

Cum l. *de morbis mulierum prodierunt quæstiones duæ de semine cum masculo tum feminæ: altera de sanguine menstruo* Genev. 1709. 4. &c.

J. INGENBERT *Chiromantia metoposcopia & physiognomia curiosa* Francof. 1698. fol. in catalog.

Gebrauch der fünf Sinnen, erster Theil vom Fühlen Leipzig 1698. 8.

In *C. de* BRUYN *Reyze na Klein Asien &c.* Delft 1698. fol. Multa de chamæleontis coloribus. Naturalem esse murinum. Vidisse se etiam in linteo album factum esse.

§. DCCXLV. *Disputationes.*

Wolfgang Ern. WAGNER *de oculo ceu delicatissimo necnon curiosissimo machinæ humanæ organo &c.* Altdorf. 1698. 4. HE.

J. Georg.

(n) CHIRAC *lettre sur les cheveux* p. 340.

J. Georg. FREUND *de semine masculino in statu naturali & præternaturali constituto* Altdorf. 1698. 4. B. BURCKH.

Dan. Wilh. MOLLER *de gigantibus* Altdorf. 1698. 4. BURCKH.

Georg. EMMERICH *de inspiratione* Regiomont. 1698. 4.*

EJ. *de duumviratu* HELMONTIANO ib. 1702. 4. HE.

EJUSD. *Thesium medicarum & paradoxorum pentas* Regiomont. 1698. 4. De aëre corpus conprimente.

EJ. *de conjugio* Astreæ *cum* Apolline, *de inspectione cadaveris* ib. 1710. 4.*

Friderici SEUBERLICH *de stillicidio sanguinis in cadavere præsente homicida conspicui* Regiomont. 1698. 4. cum exemplis.

David STEMLER *de infante manibus pedibusque destituto* Weimar 1698. 4.

J. HEIMREICH *de sanguificatione* Jen. 1698. 4. HE.

EJ. *de chylificatione* Jen. 1698.

J. Andrea KRAFT *de objecto visus* Jen. 1698. 4.*

J. Andr. KUNAD *de homine* Witteberg. 1698. 4.

J. Balthasar WERNHER *de saporibus eorumque differentiis* Lipf. 1698. 4.*

De PORTZ *de fermentatione & effervescentia in corpore humano* Leid. 1698. 4.

Petri ELFWING *de motu peristaltico intestinorum* Upsal. 1698. 12.* Per integrum peritonæum musculis nudatum motum peristalticum ventriculi & intestinorum vidit.

Mathias RIBE *de respiratione* Upsal. 1698.

J. Frid. BELOU *de œconomia corporis animalis* Dorpat. 1698. 4.

EJ. *de odoratu* Lundin. 1703. 4.*

EJ. *de transpiratione insensibili* Lund. 1706. 8.

EJ. *de generatione animalium æquivoca* Lund. 1706. 8.

Discursus medicus de impotentia virili Colon. 1698. 8. HUTH.

Gerard WINTER *de memoria statu naturali & p. n.* Rinteln 1698. 4. PL.

Anton le CLERC & *Eus. Ad.* THUILLIER *Non ergo ex eo quod mulier cerebri superfetet, minus bene concluditur hominis generatio ex ovo* Parif. 1698.

Claud. du FRESNE & *Augustini* LIPPI, celebris botanici, *Non ergo ab ovo conceptus hominis* Parif. 1698.

Guilielmi MYLII Disp. *de glandulis* Leid. 1698. 4.*, & in *meis selectis*. Discipulus BIDLOI catalogum glandularum dat, & varia discrimina: conglobatarum vasa lymphatica, fibras, quas putat habere musculares, cavitatem cujusque centralem.

Eliæ Petri de BEAUMONT *de circulatione sanguinis* Leid. 1698. 4.*

EJUSD.

EJUSD. *de circulatione sanguinis in fetu* Leid. 1698. 4.*

EJ. *de sanguinis natura* Ultraject. 1699. 4.*

A. BUSSI *de imaginationis viribus medicis* Leid. 1698. 4.

Alexand. THOMSON *de vera instituenda medicina ratione* Utrecht 1698. 4.* Defendit anatomen contra B. de VOLDER, qui nuperos incisores in sua de usu & viribus rationis in scientiis oratione eos carpserat, quod fluida negligerent.

EJ. Scoti, *dissertationes medicæ de motu quo renituntur canales in fluida corporis animalis: de morbis animi* Leid. 1705. 8.* Vir ingenii facilis & judiciosi omnino eadem cum BOERHAAVIO sensit, discipulus DUVERNEYI. Præmittitur brevis historia artis medicæ. In I. Diss. non cor solum sanguinem in venas propellere, sed arterias etiam suo renixu eum motum adjuvare.

In Diss. V. opii vim ad rarefactionem refert sanguinis, a qua liquidum nerveum subsistat, & nervi conprimantur, & somnus fiat.

§. DCCXLVI. *Diaria aliqua.*

In *Eph. Nat. Cur. Dec.* III. *ann.* VII. VIII. *obs.* 53. *Michael* PAULI conceptio per vaginam pene connatam.

IDEM E. N. C. *Cent.* I. *obs.* 50. Vagitus uterini historia.

Cent. II. *obs.* 115. Menses in vetula.

Cent. VI. *obs.* 29. Anus imperforatus reparatus.

Obs. 74. Menses in septuagenaria, & 75. in gravida, inque puella novenni.

Vol. IV. *obs.* 120. Virgo partibus inferioribus setosis.

Vol. V. *obs.* 68. Varia rariora. Cor sine pericardio. Lien triangularis. Ossea compages in tuba uteri.

In *Act. Lit. Mar. Balth.* 1699. *Jac. Reinboldus* WAGNER dat anatomen fetus non incommodam, Urachus cæcus, nullæ in vena umbilicali valvulæ; mucus cruentus in ventriculo.

Ib. *Febr.* Embryo suillus petrefactus.

Ib. *M. Mart.* Incisio feminæ gravidæ. Ossicula WORMIANA.

Puto & ejus est *M. April.* porcellus bicorporeus capite semiduplici.

M. Octobr. porcelli duo, alter pedibus quinquefidis, cornu ex fronte; alter eum appendice cranii.

Anno 1700. *April.* aliqua ad ductus salivales,

& *M. Julio* ad colorem Æthiopum.

M. Sept. alia lympha concreta, vasa lymphatica juguli.

E. N. C. *Cent.* II. *obs.* 113. hircus, quem ob ubera promissa & rimam perinæi habet pro androgyno.

EJ. Viri *Collegium Anatomicum M. Sept. ann.* 1706. ſcriptum ſupereſt.

In iisdem *Actis* 1699. *M. Octobri* fetus naſo quaſi duplici, palato nullo.

§. DCCXLVII. *Mem. de l'Acad. des Sciences.*

Hoc denique anno Academia Scientiarum Gallica novis legibus adſtricta, adque annuos labores obligata, ab eo tempore caput magis magisque extulit. Duplex etiam in nuperis omnibus commentariis ordo redit, breve primum adnotationum compendium, inde fuſiores diſſertationes. Sed etiam potiſſimum huic Academiæ decori fuit, quod non aliquas ex caſu natas adnotationes, ut nimis ſæpe reliquæ Academiæ, verum integras peculiaris alicujus quæſtionis phyſicæ vel anatomicæ enodationes dederit, quo nova & minutius viſa continerentur.

Prior pars *hiſtoire de l'Academie des Sciences* inſcribitur, altera *Memoires.*

Ergo in *hiſtoria* hujus anni narratur lis de circuitû ſanguinis per cor fetus, hinc inter MERYUM, inde inter DUVERNEYUM & TAUVRYUM accenſa. Ea hiſtoria a FONTENELLIO quidem ſcripta MERYO favet.

D. CHEMINEAU miram fabricam cordis fetus humani deſcribit, tribus, ut in teſtudine, ventriculis inter ſe communicantibus factum, nullo cum arterioſo ductu.

Gabriel Philippus de la HIRE, *Philippi* fil. deſcribit fibras peculiares vitrei corticis dentium, ad perpendiculum ex oſſea radice erecti.

IDEM *Mem. de* 1707. vidit refractionem humoris aquei a refractione corporis vitrei non differre.

In *Mem. de* 1707. computat vires refringentes corneæ tunicæ & lentis cryſtallinæ, & oſtendit, hujus jacturam per vitrum convexum facile reparari.

Hiſt. de 1712. Qui uvula ſua pro arbitrio nares obturabat.

Non oportet hic omittere *J. Baptiſta* DU HAMEL *Regia Academia ſcientiarumque per triginta annos hiſtoriam* prodiiſſe Pariſ. 1698. 4.*, auctam & libro IV. & V. & præterea etiam paſſim in primis tribus libris, ib. 1701. 4.* Nihil habet, niſi quæ recenſui, ſed elegantia utique inventa Academicorum in compendium contraxit.

Sed etiam *Bernardus le* BOUVIER vulgo *de* FONTENELLE aliqua phyſiologica propria edidit: prima in oculos epiſtola ad BOULIER. Aliis legibus corpus noſtrum regi, quam quidem machinas, cum exiguo a malo nuncio motu maximi in tota machina humana motus excitantur.

§. DCCXLVIII. *Daniel* LE CLERC.

Editionem *Bibliothecæ anatomicæ* Cl. viri ann. 1685. fol. 2 Vol. non recenſui, quod ad manus non eſſet, metusque me retineret, ne aliqua huic collectioni tribuerem, quibus ea careret. Auctior ergo rediit Genev. 1699. fol. 2 Vol.*

2.Vol.* *Bibliotheca anatomica illustrata & aucta, s. recens inventorum thesaurus absolutissima corporis humani descriptio, ejusdemque œconomia & administratio. Digesserunt Daniel* CLERICUS & *J. Jacobus* MANGETUS.

Neuter collectorum incisor fuit, neque valde multa CLERICUS addidit. MANGETUS in priori tomo plusculas cadaverum morbosorum incisiones aliasque suas opellas. Collegerunt potissimum, quæ seculo XVII. ad partium corporis humani fabricam humorumque motum inventa fuerunt, neglectis fere musculis, vasis & ossibus, præter osteogeniam; neglecto etiam toto seculo XVI. & omissis immortalibus EUSTACHII opusculis, quæ tunc exstabant, atque FALLOPII CASSERIIque laboribus. Ita factum est, ut corporis humani anatome hic rara occurrat, inventores enim seculi XVII. fere brutis animalibus usi sunt. Sed neque tabulis anatomicis digna tanto opere cura impensa est. Quæ contineat, non possumus repetere, cum iniquis spatiis intercludamur; diximus vero pleraque suis locis. Solitariæ etiam passim observationes accesserunt.

EJUSD. CLERICI *histoire de la Medecine* Genev. 1699. 4. Amsterd. 1723. 4.*, quæ multo auctior est editio. Historiam anatomes non neglexit, dum antiquos medicos recenset. Recte judicat de ASCLEPIADARUM & Ægyptiorum anatome. HIPPOCRATIS anatomica ex scriptis veris & suppositis colligit. Sic ARISTOTELIS, ERASISTRATI & HEROPHILI, quorum, quos novissimos dixi, laus est primorum corporum humanorum incisorum. GALENI etiam anatomen in compendium contrahit, quem recte monet, parce humana corpora incidisse. Vir sapiens & integri judicii.

EJUSD. *Historia lumbricorum latorum* Genev. 1715. 4.* Doctissimum opus, in quod vir Cl. omnia fere congessit, quæ utilia de his animalculis scripta exstabant. Sed etiam ipse naturam consuluit, in tænia prima unico vero animale, deque secunda, quæ non sit unicum animal; tum de utriusque origine. In plerisque VALISNIERIUM sequitur.

§. DCCXLIX. *J. Jacobus* MANGET,

Et ipse Medicus Genevensis, ab anatome alienior magnusque collector, præter ea, quæ Bibliothecæ anatomicæ adjecit, edidit Genev. 1717. fol. 2.Vol.* *Theatrum anatomicum, quo corporis humani fabrica & quæstiones subtiliores continentur.* Alius ei finis fuit, quam in *Bibliotheca*. Utitur equidem præcipuis, ut putabat fontibus anatomes. Sed eos in compendium ipse contrahit. Neque Bibliopolæ nitorem operis tabularumve neglexerunt. Sed primum collectori veri fontes anatomes erant ignoti; nunquam si meliora opera nota habuisset, ossium historiam ex BIDLOO, musculorum ex *Johanne* BROWN sumturo. EUSTACHII tabulas ad nuperam editionem LANCISIANAM descriptas, sed concisas, diminutas & vitiosas, reddidit. De suo vix præter aliqua de mammis addidit, & cadaverum morbo exstinctorum sectiones. BIANCHI juvenilia aliqua suo operi adjecit, qua imprudentia MORGAGNI formidabilem censuram sibi concivit. Cæterum seculi fere decimi septimi inventa compilavit. Ductum thoracicum per cœliacam arteriam inflavit.

In *Bibliotheca scriptorum medicorum* Genev. 1731. fol. 2.Vol.*, præter vitas scriptorum anatomicorum etiam singulari certe instituto bene multas adnotationes ex actis academicis decerptas inseruit.

Sic in *Bibliotheca chirurgica* Genev. 1721. fol. 4.Vol.* inter observationes chirurgicas undique collectas plurimum huc faciunt, quæ de partu, morbis oculorum aliisque malis agunt.

Cum VERHEYENII *anatome* anno 1712. edidit aliqua de foramine ovali in MERYUM.

§. DCCL. *Aloysius* DALLA FABRA,

Professor Ferrariensis, edidit *de arthritide dissertationem, ac de sacchari lactis usu observationem* Ferrar. 1699. recusam in Dissertationum collectione *. Glandularum mucosarum historiam ex CLOPTON HAVERS excerpit, ei morbo saccharum lactis opponit.

De nutritione aliisque naturæ arcanis Ferrar. 1701. & in *Galer. di Min.* T. IV.

Dissertatio *de nucerina terra minerali* edita est Ferrar. 1700. & in *collectione* redit. De absorbente genere est. Eam terram noster animalibus propinavit; invenit non digeri, minus tamen in ventriculo moreri, quam alias hujus generis terras. Bilis analysis.

Appendix ad eam Diss. Ferrar. 1700.

De animi affectionum physica causa & loco Ferrar. 1702. & in collect. *Collectitia* theoria

De vitæ naturali termino Ferrar. 1710. MANGET.

Conjuncta hæc prodierunt Ferrar. 1712. 4.*, cum titulo *Dissertationes physico-medicæ.*

§. DCCLI. *Johannes* FANTONI,

DUVERNEYI discipulus, Professor & Archiater Regis Sardiniæ, vir sapiens, ingenii pacati, minime rudis anatomes, potissimum etiam comparatæ, quem in venerabili senio decedentem de vita satis nuper amisimus.

EJ. *Brevis manuductio ad historiam anatomicam corporis humani* prodierat Turin. 1699. 4.* Perbreve compendium anatomicum, cui subjecta sunt aliqua physiologica: ut exemplum ventriculi valde angusti, inque medio contracti, unde perpetuus vomitus. Aliqua urethræ glandularum indicia.

Eodem anno *scholia adjecit ad patris sui Joh.* BAPTISTÆ *observationes anatomico-medicas.* Ea scholia fere sunt mechanica ratiocinia. Redierunt Venet. 1713. 4.*, & in *opusculis* Genev. 1738. 4.* Observationes cæterum sunt, in cadaveribus morbosis factæ, quæ passim ad anatomen faciunt; cor maximum, cerebrum siccum, cellulæ coli abolitæ, medulla oblongata durissima; ventriculus in thoracem aberrans, pia membrana duræ similis &c.

EJ.

EJ *Dissertationes anatomicæ* Turin. 1701. 8.* Hæc editio totam anatomen, tres nempe ventres comprehendit. Passim varia ex suo præceptore habet, ut glandulas palatinas, ductus paroticos laterales peramplos, coli partem dextram, quam reliquas robustiorem, pericardium glandulosum. Ex MERYO, altero suo præceptore, spiritum vini ex intestino in venas sanguineas resorbtum, gulæ fibras orbiculares inter duo plana longitudinem sequentia positas: glandulas ventriculi, intestini longitudinem corporis mensura non majorem: glandulas hepatis conspicuas.

Deinde ex suis incisionibus glandulas œsophageas avium; venas lacteas in humano corpore, duos lienes (patri suo visos).

EJ. *Anatomia corporis humani ad usum theatri accomodata* Turin. 1711. 4.* Hic omisso capite anatome pectoris traditur & abdominis. Successionem in cordis motu oriri a vi stimuli. Multa iterum habet ex anatome comparata, demum ex MERYO & DUVERNEYO. Sphincterem vesicæ coctæ in homine se deprehendisse. Renem bubulum describit, & membranam, quæ vaginam obturabat, ut necesse fuerit cultro aperire. Hydatides in extremis tubis pro constantibus habet glandulis. Glandulæ disgregatæ vaginæ. Dilatationes ureterum. Dubitat de necessitate ligandi funiculi. Ductus ex hepate in vesiculam felleam. Allantoideam in fetu membranam defendit, nempe mediam. Linguam fetus vidit a ligamento ita retineri, ut puer sugere non posset. De ovi exitu ex calyce, nimis subtiliter. In pene & longæ fibr& musculares, & anulares. Theoria erectionis a penis nervis serpentinis, distento pene extensis; sic incipere penem tumere, reliquum facere venam dorsi penis conpressam. Canaliculos testis esse intestinula glandulosa. Glandulæ sebaceæ muris alpini. Vim seminis virilis per poros accipi, unde prima gravidarum incommoda. Sed omnino eruditi viri & modesti totum opus præstiterit legisse. Glandulas sebaceas passim describit.

EJUSD. Jam Regii Medici, *Dissertationes anatomicæ septem priores renovatæ* Turin. 1746. 8.* nempe eæ solæ, quæ ad abdomen spectant, & chylopoietica & uropoietica viscera. Fusius aliquanto anatomen animalium ex optimis fontibus depromtam cum humana comparavit. Passim MALPIGHIUM contra RUYSCHIUM defendit. Vascula epidermidis citat, sed ex BIANCHI thesauris. Darton recte negat musculum esse. Ad litem MORGAGNI cum TERRANEO legi debet. Pori cryptarum ventriculi; cellulosa tela ventriculi secunda: cellulosa œsophago circumjecta; anulus pylori. Capsulas renales cavas non esse. Anuli spermatici descriptio. Ductus hepatico-cystico admittit, & ductus a cystide in ductum choledochum euntes; fibras vesiculæ musculares; glandulas hepatis; motum peristalticum ductus choledochi; poros muciferos vesiculæ. Capsulam GLISSONII refutat.

EJUSD. *Opuscula medica & physiologica* Genev. 1738. 4.* Primæ sunt *duæ* J. FANTONI *Diss. de structura & motu duræ membranæ cerebri*, *de glandulis ejus, & vasis lymphaticis piæ meningis*. Duram matrem non esse musculum.

Diss. II. Vasa lymphatica piæ membranæ se etsi parcius vidisse. Tria diversa acinorum genera in meningibus. Piæ membranæ hydatides &. aliæ glandulæ vitiosæ: Data a. 1718.

EJ. *Animadversiones in opuscula* PACCHIONI *de structura & motu duræ matris*, plenum & justæ magnitudinis opus. Glandulas a nonnullis pro morbosis habitas esse WILLISII inventum. Ductus excretorios ex iis prodire gratis dici, tum lymphatica vasa. Humorem cerebri non generari ex vasis lymphaticis. Fibras duræ membranæ non esse musculosas. Contra motum ejus meningis: in epileptico sanam se reperisse: ad cranium eam adhærescere &c.

In *Collectione* Dissertationum PACCHIONI reperiuntur epistolæ FANTONI *tres de lympha duræ meningis veris scaturiginibus: contra motum ejus membranæ. Earum prima cum duabus* PACCHIONI exstat Romæ 1713. 8.*

De observationibus medicis & anatomicis ad MANGETUM *epistola*, anno 1714 datæ. Morbosæ potissimum & alienæ fabricæ exempla. Appendix ilei. Ventriculus angustus, bipartitus; varix morbosus. Femina convaluit, cui lien evulsus. Pulmo undique adnatus, respiratione non læsa.

§. DCCLII. *Varii.*

Josephi BROWNE *lecture of anatomy against the circulation of the blood* non vidi. Oportet autem circa hæc tempora prodiisse (*o*), nam J. GARDINIER respondit pro HARVEJO in *discourse concerning the circulation of the blood in answer to* D. BROWNE *lecture* London 1700. 4. HARLEY. 1702. 4. OSB.

An non ejusdem BROWNE *institutions of physik* London. 1714. 8. FOLKES.

Petrus Andreas de MARTINO *in responsione ad trutinam medicam* MUSITANI egit *de morbis corporis humani*, & impugnavit circulationem HARVEJANAM Neapol. 1699. 4.

Ant. Franc. BERTINI *medicina difesa* Lucca 1699. 4. Contra SBARALEAM.

Dominici SANGUINETI, Apuli, *Dissertationes Jatrophysicæ* Neap. 1699. 8.* Fere totum opus versatur circa alcali, acidum & fermentationes ad chylificationem pertinentes. Contra theoriam acidi & alcali.

Robert BAKER, cursus osteologicus, *being a complete doctrine of the bones* London 1699. 8.* Additur esse editionem secundam. Breve compendium fabricæ ossium: deinde osteologia solita. Passim aliqua habet propria. Sextum processum ossi occipitis tribuit, in quem ligamentum a prima vertebra se immittat. Animalia, quæ processu styliformi destituuntur, habere duplicia ossis hyoidis cornua. Aves sternum habere immobile, ob volatum, sed costas per proprium processum connexas. Denique artificia addit, quibus ossa quam nitidissima & albissima parentur, & in mobilem sceleton compingantur.

Louis PENICHER, pharmacopolæ, *traité des embaumemens sélon les anciens & les modernes* Paris 1699. 12.* Neque veterum artificia habet, neque superiorum,

(o) Legi alicubi esse anni 1701.

rorum, ut BILSII vel RUYSCHII, sed vulgarem illam in magnatum cadaveribus administrationem, quæ fit carnes incisis, repletis pulveribus aromaticis. Mumias merum esse bitumen.

In *Melchioris* FRICCII *paradoxis medicis* Ulm. 1699. 12.* in secundo negatur dari animales spiritus; in quinto defenditur somnum & vigiliam pendere a spiritu vitali. In VI. sanguinem partes corporis humani non nutrire, neque spiritum in sanguinem converti.

J. Moriz TRILLER'S *Beschreibung der an den lebendigen Thieren erscheinenden Regenwetter- oder Schnee- Thauwetter- Zeichen* Altenburg 1699. 4. PL. Refert ad sublatum æquilibrium aëris externi cum interno.

In *Christian* LEHMAN *Meisnischer Bergchronic* Leipzig 1699. 4.* reperias mirificam nævorum & deformatorum per matrum imaginationem fetuum collectionem: tum longævorum.

Bericht vom Geburtsgliede Leipzig 1699. 12. HEISTER.

§. DCCLIII. *Varii.*

J. Philippi BREYNE, olim amici nostri, *de galactosi* Disp. præside *Friderico* DECKER proposita Leid. 1699. 4.*

EJ. Clari viri *historia naturalis cocci radicum tinctorii* Gedan. 1731. 4.* Maris & feminæ hujus animalis metamorphoses recenset, ovum, vermiculum sepedem, coccum: ex eo denuo vermiculum sepedem, tum nympham & muscam marem. Conf. *Act. Erud.* 1750., ubi apologiam, & adnotationes reperias adversus REAUMURIUM & BURCHARDJ; & aliquas emendationes *Phil. Transact.* n. 426.

EJ. de ossibus elephantinis subterraneis. *Phil. Transact.* n. 446.

J. Geörg. KISNER *de læsione tendinum* Leid. 1699. 4.* cum anatome.

Jac. a CUYLENBORG *de motuum corporis humani principio & causa* Leidæ 1699. 4.

Robert. FARQHAR *de organo olfactus* Utrecht 1699. 4.*

Abraham WESTHOVEN *theses miscellanea varia* Leid. 1699. 4.* sunt fere physiologicæ.

Nicolaus WALLERIUS *de mammis* Utrecht 1699. 4.*

Guilielmi GAY *de chylosi læsa* Utrecht 1699. 4.*

Georg. Albert. STUBNER *de Nigritarum adfectionibus* Witteberg. 1699. 4.* B. BURCKH.

EJ. *de animalibus noctu videntibus* Witteberg. 1700. 4.* Erudite, sed nihil proprium.

Joach. FELLER *de avibus noctu lucentibus* Lipſ. 1699. & de cantu cygnorum, quem defendit.

Wenceslao

Wenceslas KALUS *de lacrumis* Witteberg. 1699. 4. B. BURCKH.

Laurentii van dem BUSCH *de incrementis medicinæ* Brem. 1699. 4.* Duos fetus tubarios vidit.

Car. Frid. PETZOLD *de memoria memorabile* Lipsiæ 1699. 4. HE.

J. Johannides WHIT *de sensu externo tactu late dicto* Hafn. 1699. 4.*

Adam Frid. KREMER *de elatere partium corporis humani* Wien 1699. 4. HE.

Wilhelm CURIE *de insensibili transpiratione* Basileæ 1699. 4. HE.

Matthiæ Dionysii FOURNIER & *Lud. Fr.* DU TAL *Ergo prima proles sana corporis constitutione felicior* Paris. 1699.

§. DCCLIV. A. DEIDIER.

Antonii DEIDIER, Professoris Monspeliensis, *quæstio medica de motu musculari* Montpelier 1699. 4. & in *meis selectis* T. III. Contra fermentationes WILLISIANAS.

EJ. *Quæstio de temperamentis* Montpelier 1706.

EJ. & *J.* WYSS atque *Jac. Franc.* CHOMEL *Diss. Academica de humoribus* Monspel. 1708. 8.* Tres dissertationes sunt; secunda physiologica est, & ad chymica principia & fermentationes putat. Tertia salivam alcalinam esse.

EJ. *Explicata materiale sensationum* Monspel. 1715. 8. B. BOEHM.

EJ. *de bile peste emortuorum experimenta*, in *Journal Savans* 1722. & *Phil. Transact.* n. 370. In vulnere infusa ejusmodi bilis occidit. Per os sumta non nocet.

Sensim prodierunt cum titulo *Experiences sur la bile & les cadavres des pestiferés faites par Ant.* DEIDIER, *accompagnées des lettres de M.* MONTRESSE *& de* J. J. SCHEUCHZER Tiguri 1722. 8.* In hac collectione *Antonius* DEIDIER quidem bilem in hominibus peste infectis copiosam reperiri & viridem, quod ab aere pestifero mutata sit. Eamdem in venas animalis injectam pestem excitare funestam. Inde SCHEUCHZERUS per experimenta sua bilem a sale lixivo dilui, cogi in floccos ab acidis.

EJ. *Institutiones medicinæ theoreticæ physiologiam & pathologiam complectentes* Monspel. 1716. 12. Paris. 1731. 12. & Gallice *Institutions de Medicine &c.* Paris 1735. 12.* Agit de nutritione, motu musculorum, sensibus, vasis, & temperamentis. Lympham sola raritate vult a sanguine differre. Vaporem abdominalem & per intestina resorberi, & per urinariam vesicam. Capsulas renales veros esse renes, quorum ductus uriniferi a corporis incremento elisi sint. Nullos esse animales spiritus. Vasa lactea uteri vidit: vasa lymphatica cutis, manuum, hepatis.

EJ. *Anatomie raisonnée du corps humain, où l'on trouve la maniere de dissequer, & où l'on explique les fonctions de l'œconomie animale* Paris 1742. 8.* Hypothesis de fluxu menstruo a vasis lacteis uteri pendente, quæ ipsa vasa sanguinea conprimunt. Fibræ uteri longæ, transversæ. Vasa lactea in earum uteri hiantia, cum placenta. Vasa sanguinea in nervis esse, quæ

fen..um

ſenſum faciant. Diaphragma *per accidens* elevari, dum inſpiramus, a coſtis adtractum. VIRSUNGUM Monſpelii ductum thoracicum inveniſſe.

EJ. *Abrégé complet d'oſteologie* Avignon 1737. 12. RAST. 1759. 12. RAST.

EJ. *Experiences ſur la bile & les cadavres des peſtiferés* Zurich 1722. 8.* Pathologici magis argumenti. Bilem peſte occiſorum hominum canes execuiſſe, ſanguine coacto &c. Devoratam non nocuiſſe.

EJ. *de tumoribus* Monſp. 1714. 8. alias dicemus.

§. DCCLV. *Diaria.*

Huc referas TOURNEFORTIANAM comparationem analyſeos ſalis ammoniaci, fuliginis & cornu cervi, in volumine anni 1700. IDEM in *itineribus* deſcripſit Brucolaccarum nomine Vampiros. Anatomen comparatum cupide exercuiſſe *Recherche d'hiſt. & de liter.* 1731. M. Juin.

S. DONATI concrementum in ſcroto oſſeum, unde nata abſurda de graviditate virili fabella.

Nicolaus LEMERY de duobus leporibus communi capite.

In *Act. Lit. Mar. Balth. Matthias Henrich* SCHACHT anſerculus tribus roſtris.

In *Galer. di Minerv.* T. III. anno 1700. ſermo habetur coram *phyſico-criticis* dictus a *J. Hieronymo* BANDIERA Senenſi, in quo agit de nævis ab imaginatione materna provenientibus: de generatione in univerſum.

In T. IV. *Joſephus* ROCCHI de ſaliva.

His annis *Cajetanus* ZUMBO ceream anatomen excolebat: caput cereum ſollicita cura fictum oſtendebat, & putredinis progreſſum.

§. DCCLVI. *J. Maria* LANCISIUS,

Archiater Pontificius & intimæ admiſſionis CLEMENTIS XI. amicus, vir prudens & ſplendidus, paſſim anatomen ſua opera adjuvit.

Primum reperias in *Phil. Tranſact.* n. 264. *Medicorum Romanorum ad* VIEUSSENIUM *epiſtolam*, quam LANCISIUS ſcripſit, & acorem a VIEUSSENIO detectum ſali marino in ſanguine latenti tribuit. Eadem Diſſertatio redit in *operibus omnibus*, & in M. MERCATI *Metallotheca* Rom. 1718. fol.* excuſa.

Prius etiam opuſculum reperio *Proluſionem cum titulo anatomicæ corporis humani ſynopſeos jam anno* 1684 Romæ editam, phyſiologici argumenti.

A. 1710 prodiit cum VALISNIERI de vermium generatione in hominis corpore libro, LANCISII Diſſ. *de triplici inteſtinorum polypo*, recuſa cum *operibus omnibus*. Tæniam non eſſe unicum animal, ſed muco conjunctos vermes cucurbitinos.

Inde dedit ad BIANCHUM *epiſtolam de humorum ſecretionibus in genere, & præcipue de bilis in hepate ſeparatione, cum hiſtoria hepatis* Turini anno 1711. 4.* & Genev. a. 1725. 4.* editam, cumque LANCISII operibus omnibus. Contra BIAN-

CHUM defendit, bilem ſanguine non eſſe craſſiorem. A menſuris particularum & cribrorum pendere ſecretionem.

EJ. *Diſſ.* II. *quarum prior eſt de phyſiognomia, altera de ſede cogitantis animæ*, cum FANTONI obſervationibus anatomico medicis Venet. 1713. 4.* prodierunt, recuſæ cum *operibus omnibus*. In priori chiroſcopiam tuetur, & lineas ejus artis a contractione muſculorum manus explicat, inde deduci putat, num valide robore fetus gaviſus ſit. Metopoſcopiam a muſculorum frontis cum cerebro nexu interpretatur. Data eſt Diſſertatio anno 1710. De ſede cogitantis animæ dum agit, corpus potiſſimum calloſum, ejus nervos longos, & ſulcos transverſos deſcribit & depingit. In eo corpore animæ ſedem ponit. Data eſt anno 1712.

Paulo poſt univerſam anatomen maximo beneficio noſter adfecit, dum inquirendo apud heredes *Petri Matthæi* PINI *tabulas* demum *æneas Bartholomæi* EUSTACHII Urbini detexit, & in publica commoda edi curavit Rom. 1714. fol.*. Indixit hanc anatomen in epiſtola edita in *Giorn. de letter. d'Italia* T. XII. Ad eam editionem vir ILL. equidem interpretationes non ubique peritis hominibus ſatis facturas adjecit, cum alieniſſimis negotiis obrutus ipſe quidem ſcalpello EUSTACHII icones imitari non poſſet. Vidit etiam aliqua, quæ EUSTACHIUS ignoravit, ut pancreaticum ductum. Verum exigua ea jactura eſt, quam non percipimus, poſtquam ALBINIANI commentarii prodierunt. Addidit etiam præfationem LANCISIUS cum operis hiſtoria, & nonnullorum inventorum indicio.

Diſſ. *de certa ſtudiorum medicorum ratione inſtituenda* Rom. 1715. 8.*, & in *operibus omnibus*, vix huc facit.

Edidit etiam anno 1719. Patavii cum V. adverſariis J. B. MORGAGNI *duas epiſtolas de vena ſine pari priorem*, quam delineatam dat, nervosquè etiam ſodales depingit, & phyſiologice fabricæ hujus venæ cauſas proponit. Sphincteres ei venæ tribuit.

Altera eſt *de gangliis nervorum*, quorum fabricam addit, ex equo repetitam, quam tamen nemo poſt ſummum virum perinde manifeſtam vidit. Ganglia in ſomno quieſcere, in vigilia agere; eſſe cerebella ad motus voluntarios.

EJ. *de motu cordis & anevryſmatibus* opus dudum inceptum, demum Romæ 1728. fol.* prodiit. Poſt aliqua generalia pericardium deſcribit; ei & fibras, & tunicam muſcularis naturæ tribuit, & glandulas, ex quibus eum humorem naſci putat, qui pericardio continetur. Porro ſpeculatio cordis, & fetus in utero ſenſim matureſcentis, phaſes cordis ſenſim ex canale convaleſcentis: ventriculi dextri acceſſionem recte adnotat. Nervus ex abdomine in cor rediens. In cauſam inquirit, quæ primævum canalem in cor compingit. Arteriæ & venæ fabrica. Inde cordis fibræ muſculoſæ, valvulæ, vaſa propria, cum arteriarum ſphincteribus & valvulis. Diverticula quædam venoſa. Nervi cordis, in ampliſſima, neque tamen ſatis diſtincta tabula. Motus cordis, qualem vidit in vivis animalibus. Ventriculorum motus cum motibus auricularum partim aſynchronos eſſe putat, partim ſynchronos. Vaginæ membranoſæ vaſorum pulmonalium.

Hoc

Hoc opus Leidæ 1743. 4. Neapoli 1738. 4. recusum est, & cum aliis operibus Venet. 1739. fol.*

Aliquanto plenior editio Romæ prodiit 1745. 4.* cum Diss. *de gangliis nervorum & vena azyga.*

Opera collecta primum edidit Genevæ *Petrus* ASSALTUS 1718. 4.*, in qua editione desideratur opus de motu cordis. Id accessit editioni Venetæ operum Cl. viri 1739. fol.* Præfatus est *Eusebius* SGUARIUS.

In l. *de subitaneis mortibus* Rom. 1707. 4.* *& de bovilla peste* Rom. 1714. 4.* & in l. *de anevrysmatibus*, plurimæ habentur corporum morbosorum sectiones.

Aliqua contulit ad anatomen *per intelligenza del disegno* Rom. 1691. 4.* (p), indicem nempe & explicationes aliquas.

In *Galeria di Minerva* T. IV. agit de ratione philosophandi in arte medica.

In VALISNIERIANIS operibus reperitur *epistola de mola vesiculari, tum de vermiculis seminalibus* T. II., quos suspicatur esse hominis rudimenta.

Demum anno 1745. prodiit Romæ 4.* *Dissertt. variarum sylloge*, quibus priores illæ continentur, & aliqua accedunt, ut de cataractæ in lente crystallina sede.

Epistola ad BIANCHIUM cum objectionibus adversus ejus theoriam secretionis exstat in *Galer. di Minerv.* T. VII.

Aliquæ etiam epistolæ cum BIANCHI historia hepatica 1725. 4.* & cum MORGAGNI adversariis prodierunt.

In *appendice metallothecæ* MERCATI Rom. 171 . fol.* icones aliquæ venarum reperiuntur.

Multa inedita reliquit, etiam miscellanea anatomica, prælectiones de formatione fetus, & epistolam de motu cordis.

Vitam ejus in *Giorn. de letter.* T. 33. p. 1. dedit *Petrus* ASSALTUS, recusam in *appendice Centuriæ* X. *Act. Nat. Cur.* Aliam ANGELUS FALBRONI Rom. 1770.

§. DCCLVII. *Alexander* PASCOLUS. *Alii.*

Perusinus, Status Ecclesiastici protomedicus generalis, praxin potissimum secutus est: edidit anno 1700. *il corpo umano* Perugia 1700. 4. Venet. 1712. 4. 1727. 4. 1735. 4. Latine, *de homine, s. corpore humano vitam habente* L. III. Rom. 1728. 4.* Venet. 1735. 4. Anatome, physiologia & pathologia hoc volumine continentur, collectitia, & historica, & tabulæ. Ej. *opera* Venet. 1741. 4.

EJUSD. *Anatomia litteraria pro solemni studiorum renovatione prolusio* Romæ 1706. 8.* Generalia aliqua.

Ej. *de vera in literis sapientia, cum physiologiam exponeret* ib. 1715. 8. LIN.

(p) P.

IDEM cum nomine SOFILI MOLOSSII *custode degli armenti automatici* Rom. 1706. 8.* : contra P. ANGELUM PAPIUM se tuetur, *si difende dallo scrutinio che ne fa nella sua critica* P. & P. Rom. 1706. 8.* Pro machinis CARTESIANIS.

Nicolaus ANDRY *de la generation des vers dans le corps de l'homme* Paris 1700. 12.* figuræ 1701. fol. BUR. recuf. 1741. 12. 2.Vol.* Amsterdam 12.* & *eclaircissement sur le traité des vers* Paris 1704. 12. 1741. 12.* Scopus equidem practici est argumenti, tum physici. In præfatione se ait, thesauros tæniarum a se ipso collectos possidere, & VALISNERIUM negat humanas vivas tænias vidisse. Ex ovis per aërem obvolitantibus vermes nasci; tæniam homini congenitam esse, & caput habere. De vermiculis spermaticis pro LEEUWENHOECKIO adversus TAUVRYUM. Eos vermes in gonorrhœa inque impotentibus nullos esse. Distinguit solium capite incerto, ductu per totum corpus producto. Ab eo tæniam cum papillis, ostiolis, vase cuique ramoso. Ova se vidisse. Solium unicum esse vermem, ob vasculum per totam longitudinem protensum unicum. Per ætatem vermes monstrosos reddi. Aliqua ad Cl. GEOFFROY Diss. *de homine e vermi.* HARTSOEKERUS in epistola ostendit, congenitos esse.

In *eclaircissement* defendit, utique medullam ossa nutrire. Nullum ejus sensum esse. Solium vere esse unicum animal. Hæc contra epistolam *D. Ludovici* LEMERY.

EJUSD. *Examen de divers points d'Anatomie, de Chirurgie, de Physique & de Medecine au sujet de deux lettres touchant l'exposé qu'on a fait d'un traité sur les maladies des os* Paris 1725. 12.* Contra *J. Ludovici* PETIT *des maladies des os* De ligamento terete femoris; id planum esse monet, & adscensum capitis ejus ossis impedire; descensum a margine eminente acetabuli coërceri.

In *traité des alimens de carême* Paris 1713. 12. 2.Vol.* Carnes omni alio cibo plenius alere. Ventriculum homini debilem esse, non ut herbivoris robustum. Contra tritum, & pro dissolvente cibos humore. Salivam fermentum esse; ab ea succum heliotropii rubro colore tingi. Fulicam Macreuse ab Ecclesia admitti, quod oleum habeat piscium oleo simile, & sanguinem frigidum.

In EJUS *orthopedie* Paris 1741. 12.* varia physiologica continentur. Subito conatu obliquitas colli superata. Ut corpus dextrorsum inclinetur: debere hominem sinistro pedi inniti. Crura curvari, quando infantes nimis debiles stare coguntur. Mensuræ & descriptiones superficierum partium humani corporis. Palpebram inferiorem mobilem esse.

Censuras librorum medicorum in *Journal des Savans* multis annis scripsit denique de auctoribus ejectus, ob perpetuas, quas suscitabat, lites.

Stephani C. GEOFFROI Diss. *E. hominis origo ex verme* Gallice vertit & edidit Paris 1705. 12.

WINSLOWIO *expositionem anatomicam scribenti* calamum dicitur commodasse.

Jacobi GAVET *nova febris idea, s. nova conjectura circa febris naturam. Præmittitur explicatio motus fermentationis, generationis animantium, materiæ & motus*

tus sanguinis, motus cordis, & arteriarum, secretionis humorum Genev. 1700. 12.* Monspeliensis scholæ alumnus. Cordis descriptio, musculi papillares quatuor ventriculi dextri, quatuor sinistri, hoc male. Ventriculos in diastole rotundos fieri & breviores, immemor in demonstratione sua, fundi cordis mobilis, quem sanguis ante se propellere potest. Diastolen a fermentatione sanguinis fieri a spiritibus seminis masculi per venam umbilicalem irrepentibus, & sanguinem in corde rarefacientibus. De sanguine in auriculas repulso non male. Systolen cordi ingenitam esse & naturalem, & cor & arterias una dilatari, una contrahi. Primam cordis dilatationem esse a vi fermentante sanguinis.

J. Caspar GRIMM *Medicinische Relation einiger Mirabilium Nat. in specie von einem Monstro bicorporeo* Lipsiæ 1700 4.* mei simile, absque anatome.

Bartholomæi KRUGER *anatomicus curiosus theodidactos* Brunsvici 1700. 4.* Mysticus, non incisor.

Abrahami CYPRIAN, Medici & Lithotomi, Professoris Frankerani, *Epistola ad* B. MILLINGTON *exhibens historiam fetus humani salva matre ex tuba excisi* Leid. 1700. 8.* Neapoli 1727. 4. & Gallice Amsterdam 1707. 8.* Pulcher libellus, etsi fetum potius ventralem quam tubarium fuisse, ex ejus nimia magnitudine existimo. Multa utilia ad generationis negotium.

S. J. M. D. *Korte en bondige verhandeling van het Kinderbaren* Amsterd. .... 1711. 8. *Von Erzeugung der Menschen und dem Kindergebähren* Frankf. 1700. 8. TREW. 1706. 8.* ex Belgico vers. pauca aliqua de generatione habet.

Apologiæ adversus Ant. de MARTINO pro MUSITANO Kruswic. (Genev.) 1700. 4. pro sanguinis circuitu.

Giov. Ant. RATTA *descrizzione del corpo umano* Rom. 1700. 12.

Antonii SUAREZ *de* FERIA, Eborensis, proto-medici, *Fasciculus medico-practicus, ex 4. tractatibus collectis, 3. de lacte, 4. de risu recreatione & vino* Lisboa 1700. 4.

In TOLLII *epistolis itinerariis* Amsterdam 1700. 4. HENNINUS de margaritis agit.

Christian WEDEL *epistola ad* RUYSCHIUM XIII. Amsterdam 1700. 4.

DAVACH *la* RIVIERE *miroir des urines, par lesquelles on voit les differens temperamens, les humeurs dominantes & les maladies de chacun* Paris 1700. 12. seconde edition, 1752. &c. Colores, nubes, sedimenta, quantitas &c.

EJ. *Tresor de la medecine contenant l'anatomie &c.* Paris 1722. 8.

Ad finem seculi XVII. pertinet *Johannis* FATIO, Medici Basileensis obstetricantis, *Helvetische vernünftige Wehmutter* Basileæ anno 1752. 4.* demum edita. Anatomen aliquam partium genitalium continet, graviditatis historiam, monstra aliqua fetusque connatos, exigua etiam cutanea propagine, quæ separari potuit, secundis naturalibus & gemelliferis. Fetus sanus, & perfectus absque umbilico.

Circa hunc etiam annum prodierunt *Andreæ de* LEON *definiciones de medicina, differencias y virtudes de l'anima con declaracion de los temperamentos, morbos, pulsos y orinas.* MANGET.

Gid. HARVEY *Ars sanandi per exspectationem* a STAHLIO edita, cum suis notis Ofenbach. 1730. 8.* Intercedunt aliqua capita huc facientia, ut C. 29. de succo lymphatico & glanduloso, qui causa sit febrium intermittentium: C. 30. de spiritibus naturalibus, vitalibus, animalibus & glandulosis.

EJ. *Vanity of physik* London 1700. 8. 1702. 8. Varia physiologica de ciborum coctione, quam spiritibus animalibus tribuit: de spiritu ex sanguine nato, qui cordis motus auctor sit.

AntiCORNARO *où remarques critiques sur le traité de la vie sobre de* J. CORNARO Paris 1700. 12. Nimis rigide victum sibi dimensum esse. Monachos 30. uncias intra 24. horas comedere, neque duodenas sufficere.

§. DCCLVIII. *Disputationes.*

J. Georgii v. BERGEN, Professoris Francofurtensis ad Viadrum, *de aëris per pulmonem in cor sinistrum transitu* ib. 1700. 4.* Negat eo venire.

EJ. *de circulatione sanguinis alias a cordis prelo, bodie simul a villo vasorum contractili deducta* ib. 1705. 4. VATER.

EJ. *de bile icteri causa facta* ib. 1710. 4.*

EJ. *de insomniis secundum & præter naturam* ib. 1711. 4.*

EJ. *de conditura cadaverum* ib. 1712. 4. HAENEL.

EJ. *de lienis structura & usu* ib. 1713. 4.*

EJ. *de vagitu uterino* ib. 1714. 4.* Exempla producit conatuum, quos catuli edunt, priusquam respirent.

EJ. *de vi elastica corporum solidorum & fluidorum* ib. 1731.

Huc referas Diss. *de aceto*, in qua generationem anguillularum describit.

Johannis SALZMANN, Professoris Argentinensis, nostri olim amici, *de urinatoribus* Argentor. 1700. 4.*

EJ. *de dilecto naturæ filio, sanguine* ib. 1702. 4.*

EJ. *de anatome jucunda & utili* ib. 1709. 4.*

EJ. *Theses anatomicæ selectiores* ib. 1711. 4.*

EJ. *Nova encheiresis ductus thoracici* ib. 1711. 4.*, & in *selectis nostris T. I.*, quæ editio variis Cl. viri adnotationibus auctior est. Novas icones ductus thoracici duplici fine habet cum ampullis, tum alias quatuor varietates. Per lymphatica vasa renali venæ incumbentia eum ductum docuit replere.

EJ. *de articulationibus artuum* ib. 1712. 4.*

EJ. *de secretionis & excretionis necessitate, utilitate atque noxa* ib. 1714. 4.*

EJ.

Ej. *de ætatibus vitæ humanæ* ib. 1715. 4.*

Ej. *de vena portarum* ib. 1717. 4.* Anaſtomoſes STAHLIANAS rejicit.

Ej. *de articulationibus analogis, quæ fracturis oſſium ſuperveniunt* ib. 1718. 4.*

Ej. *de aure humana* ib. 1719. 4.*

Ej. *de dubia ſpirituum exſiſtentia* ib. 1720. 4.*

Ej. *de oſſificatione præternaturali anatomice & phyſiologice conſiderata* ib. 1720. 4.*

Ej. *Theſes medicæ* ib. 1728. 4.*

Ej. & HIRSCHEL *de præcipuis fetum inter & adultum differentiis* ib. 1729. 4.* De dentibus &c.

Ej. *Chirurgia curtorum* . . . . Dentes repoſitos comprehendere.

Ej. & DEVAUX *veſicæ urinariæ hiſtoria* ib. 1731. 4.*

Ej. *de glandula pineali lapideſacta* ib. 1733. 4.*

Ej. & filii GODOFREDI, *de plurium muſculorum femoris defectu* ib. 1734. 4.* Varietates ſublimis & profundi.

In *Act. Nat. Cur. Vol.* IV. *obſ.* 63. Anatome puellarum epigaſtriis conjunctarum.

Obſ. 64. Multorum muſculorum defectus, de quo modo dixi.

Ej. *Vita dicta a J. Georg.* SCHERZ Argent. 1738. fol.

§. DCCLIX. *Varii.*

Laurentii ROBERG *inventa anatomica recentiorum* Upſal. 1700. 4.* Glandulas MEIBOMIANAS microſcopio auctas depingit.

EJUSD. *Lykrefnings tâflor* Upſal. 1718. 8.* Compendium anatomicum breviſſimum.

Ej. & *J. Gabriel* GERING *de piſcibus* Upſal. 1727. 4.* Etiam anatomen habet, appendices ventriculares, cerebra, ductus mucoſos.

Ej. *de oſſibus tuberoſis* ib. 1717. 4. De generatione oſſis, ſucco oſſeo. Novas generari fibras, argumento cornuum & peculiarium vaſorum ad ductum chyliferum euntium, lacteſcente ſucco plenorum, natorum poſt obſtructiones hepatis.

Ej. & BONG *de ſalmonum piſcatura* ib. 1730. 4.*, cum anatome.

Ej. *de urſo* ib. 1702. 4.* cum aliqua anatome.

Ej. *de cataracta* ib. 1722. 4. cum iconibus oculorum RUYSCHIANIS.

Ej. *de fluviali aſtaco* ib. 1715. 4.*

Ej. *de monocerote, ſ. unicornu foſſili* ib. 1729. 4.*

Ej. *de lagopode gallinaceo* ib. 1729. 4.*

Ej. *de libella inſecto lacuſtri & alato* ib. 1732. 4.*

Habeo

Habeo etiam icones manu Cl. viri delineatas, ad anatomen rajæ pertinentes.

Ej. *de thesibus physiologicis quibusdam similitudinibus explicatis* Upsal. 1748. 4.

Ej. *inter orationes* Holm. 1748. 8. conjunctim editas est *de thesibus physiologicis.*

J. WINKELGREN *de nutritione corporis animalis* Upsal. 1700.

Daniel STEKSEN *gigantomachia* ib. 1700. 4. Pro gigantibus.

J. Nicolaides DRENIUS, & *Georg.* MONRAD *Num in omnibus animalibus sexus sit discrimen* . . . . . De similitudine fetuum cum parentibus & avis. De viribus imaginationis maternæ.

Christian WARLIZ *de senio Salomoneo* Lips. 1700. 4. 1708. 4.*

Ej. *Scrutinium lacrumarum* ib. 1705. 8.

Georg. Frid. HEUPEL *de somno Adamo divinitus inmisso* Argentor. 1700. 4. Hz.

Gottfr. Theodor. TRUBE *de mortuis ex adfectibus* Lips. 1700. 4.

J. STUART *de fluxu vulgo menstruo* Leid. 1700. 4.

J. THOMSON (Suecus) *de non exsistentia spirituum* Leid. 1700. 4.*

Cornelii TILBORG *de motu musculari & ejus actione læsa* Utrecht 1700. 4.*

Georgii CHRISTIANI *de somno ejusque in morbis efficacia* Utrecht 1700. 4.*

J. FESCH *de mutationibus quas subeunt adsumta in diversis corporis partibus* Leid. 1700. 4.

G. FRANKEN *de pancreate* Leidæ 1700. 4.

C. COOL *de bulimo & appetitu canino* Leidæ 1700.

Georg. Mich. REINHART *de tussi* Altdorf. 1700. 4. B. BURCKH.

Christ. Gottfried SEILER *privilegia quædam partus, qui in utero est* Marburg 1700. 4 Hall. 1723. 4.*

Anton. v. DRAHN *de sudore* Wien 1700. 4.

Al. Mich. DENYAU & *Cl.* TRICHARD *Ergo oculi sunt pathematum idola* Paris. 1700.

Euseb. Adam THUILLIER & *Joh.* PESCHARD *Ergo ab aëris vi elastica motus musculorum* Paris. 1700.

§. DCCLX. *Codices M. S.*

Codices M.S. aliquos ad hoc seculum revoco. *Of the prolongation of life, whether it may be effected by those means assigned by* L. VERULAM *in his opiat diet, which a discourse concerning the statical diet whether it conduus to long life.* H. SLOANE.

Dalepater MINEDEMUS *Quietus for the doctors of physik from their unnecessary tampering with other mans bodies.* CL. FRANCISCI BERNARD.

Two anatomical lectures about the parts of generation and the heart: at the College of physicians. HANS SLOANE.

BACCIACCHUS, Genuensis, nescio quo in l. docuit ventriculum vix in motum ab emetico medicamento cieri.

Lodovico BELISARIO *de instrumento odoratus* MAZZUCH. Nihil porro de hoc scripto mihi innotuit.

Variorum monstrorum descriptio M.S. anno 1606. in catal. indicata est.

Printed in the USA
CPSIA information can be obtained
at www.ICGtesting.com
LVHW051507091023
760586LV00048B/1002